RADDAMPFER AUS DEN ANFÄNGEN DER DAMPFSCHIFFAHRT (II)

1 *»BRITANNIA«, 1840 erster transatlantischer Dampfer*
2 *»CYCLOPS«, 1839 erste Dampffregatte der britischen Flotte*
3 *»GREAT WESTERN« 1838*
4 *Mississippi-Seitenraddampfer um 1870*
5 *Mississippi-Heckraddampfer 1884*
6 *Mississippi-Dampfer, Spantenriß*
7 *»WASHINGTON« eröffnete 1847 die Dampfschiffslinie Bremerhaven–New York des Norddeutschen Lloyd*
8 *»ADRIATIC«, 1856 erbautes letztes Fahrgastschiff auf dem Atlantik mit Holzrumpf und Schaufelradantrieb*
9 *»SCOTIA« 1861, aus Eisen gebaut, letzter Raddampfer der Cunard-Line im Atlantikdienst bis 1875*
10 *»STADT ROSTOCK«, erster Raddampfer zwischen Rostock und Warnemünde*
11 *»KÖNIGIN MARIA«, Dresden 1836*

DUDSZUS · KÖPCKE

Schiffstypen

ROSTOCK

ALFRED DUDSZUS · ALFRED KÖPCKE

DAS GROSSE BUCH DER SCHIFFSTYPEN

Dampfschiffe, Motorschiffe, Meerestechnik
von den Anfängen der maschinengetriebenen Schiffe
bis zur Gegenwart

transpress Verlagsgesellschaft

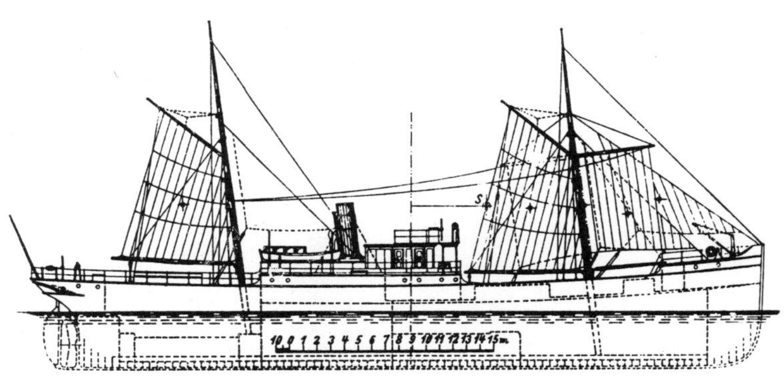

Nachdem unsere geschätzten Leser »Das große Buch der Schiffstypen 1« mit den über 1200 Schiffs- und Bootstypen unter Riemen und Segel aus den Anfängen der Schiffahrt bis in unsere Zeit überaus freundlich aufgenommen haben, können wir Ihnen nun den Folgeband vorstellen. Dieser Band enthält eine noch größere Auswahl der maschinengetriebenen Schiffe, Boote und meerestechnischen Geräte von den Versuchsdampfbooten bis zu den neuesten Schiffstypen.
Der uralte Menschheitstraum, Energiequellen nutzbar zu machen, die die Muskelkraft von Mensch und Tier und die ungewissen Windkräfte vielfach ersetzen, begann um die Mitte des 17. Jh. allmählich Wirklichkeit zu werden. Erste Ideen zur Nutzung der Wirkungen von Feuer, Wasser, Dampf und Gas reichen zwar bis in die altchinesische, altägyptische und altgriechische Zeit zurück, wie die »AEOLITE« oder das »DAMPFKATAPULT« der Griechen Heron und Archimedes zeigen.
Es mußten jedoch das ganze erste Jahrtausend unserer Zeitrechnung und der größte Teil des Mittelalters vergehen, bis die Zeit reif war, daß solche bahnbrechenden Erfinder wie DENIS PAPIN (1647 bis 1714), NEWCOMEN (erster Prototyp einer Newcomen-Dampfmaschine 1712) u. a. praktische Möglichkeiten finden konnten, der Menschheit den Weg zur Nutzung der Dampfkraft zu öffnen.
Nur allzu sehr bewahrheitete sich die alte Volksweisheit »Aller Anfang ist schwer« auch für die Anfänge der Dampferzeuger und der Dampfmaschinen. Ein weiteres halbes Jahrhundert verging vom Bau der ersten funktionsfähigen Newcomen-Dampfmaschine im Jahr 1714 in Britannien, bis JAMES WATT 1764 seine Dampfmaschine bauen konnte. Die 1770 entstandene doppeltwirkende Balancier-Kolbendampfmaschine mit nachgeschaltetem Einspritzkondensator schuf die Möglichkeit der universellen und mobilen Verwendung, also auch für den Einsatz in Dampfschiffen.
Es lassen sich durchaus Ähnlichkeiten zwischen den historischen Anfängen zur Erschließung technischer Energiequellen und den Energieproblemen unserer Zeit mit den Übergängen zur umweltgünstigeren Erschließung von Kernenergie, Sonnenenergie und Windkraft erkennen.
Wir waren deshalb bemüht, wesentliche Erkenntnis- und Entwicklungsstufen am Dampferzeuger vom »kupfernen atmosphärischen Kofferkessel« bis zum Hochdruck-Hochtemperatur-Wasserrohrkessel ebenso zu veranschaulichen, wie die Entwicklung der Kolbendampfmaschine bis zur ventilgesteuerten Hochleistungsmaschine oder die Entwicklung der Dampfturbinen von PARSONS und LAVAL oder des Dieselmotors und der Motorschiffe bis zum heutigen Stand.
Für die Entwicklungsgeschichte des Schiffs ist es außerordentlich interessant, daß sich schon am Beginn der allgemeinen Dampfkraftnutzung DENIS PAPIN unter anderem mit dem Schiffsantrieb befaßte. Aber auch hier mußten viele Vorstufen zum maschinengetriebenen Schiff über ein Jahrhundert durchlaufen werden, bis die ersten funktionsfähigen Dampfschiffe *»CHARLOTTE DUNDAS«* (1802) oder ROBERT FULTONS *»CLERMONT«* (1807) geschaffen werden konnten.
Auch die erstmalige Atlantiküberquerung der *»SAVANNAH«* (1819) vermochte noch nicht die seinerzeit dominierende Position des Segelschiffs zu erschüttern. Die Eisenerzeugung, Bearbeitungstechnik und der Kohlebergbau schufen erst um die Mitte des 19. Jh. die Möglichkeit, daß der berühmte englische Ingenieur ISAMBARD BRUNEL die aus Eisen gebauten Schiffe *»GREAT BRITAIN«* (1843) und das größte Schiff des 19. Jh., die *»GREAT EASTERN«* (1852/57), schaffen konnte.
Über ein Jahrhundert standen Segelschiff und Maschinenschiff im Wettbewerb. Es entstanden die großen Schnelldampfer, die Turbinenschiffe, das Dieselmotoren- und das Kernreaktorschiff, Unterseeboote und -schiffe, Tragflächen- und Luftkissenfahrzeuge, die Offshore- und Meerestechnik.
Die zwei Jahrhunderte des maschinenangetriebenen Schiffs sind durch eine Fülle von technischen Fortschritten, Ereignissen und eine große Vielfalt an Schiffstypen gekennzeichnet, aus der in dieses Buch nur eine repräsentative Auswahl aufgenommen werden konnte. Dem alphabetisch geordneten Hauptteil wurde daher zur besseren Veranschaulichung des jeweiligen Entwicklungsniveaus eine relativ ausführliche Chronologie vorangestellt.
Da entscheidende Fortschritte und Ereignisse in der Schiffstypenentwicklung sehr häufig mit bestimmten Schiffen verbunden sind, die teilweise weltberühmt wurden, ist in diesem Band eine größere Anzahl ausgewählter Einzelschiffe alphabetisch eingeordnet.
Wir möchten uns bei allen Fachkollegen und Freunden herzlich für die Überlassung von Archivmaterial auch für diesen Band bedanken. Weiter gilt unser besonderer Dank den bewährten Gutachtern Herrn Dr. Meyer und Herrn Oesterle sowie unserem Lektor, Herrn Dr. Heinze, und dem künstlerischen Gestalter, Herrn Nitzsche. Auch Herrn Rost für die grafischen Darstellungen sowie den Fotomeistern Eschenburg, Scharf, Schröder und Schwerin für die fotografischen Arbeiten gebührt unser Dank. Dem Verlag transpress, der auch dieses Vorhaben in jeder Hinsicht förderte, sowie den Mitarbeitern sind wir sehr verbunden. Möge auch dieser Band bei unseren Lesern Anklang finden.

Die Autoren

Chronologie 1618–1800

Vorstufen zum Dampfschiff

ab 1618
Verschiedene Patente auf Dampfmaschinen in Britannien erteilt.
um 1620
Giovanni Brancho von Loretto macht Versuche mit einem Dampflaufrad mit Triebstockgetriebe.
1623
Eine britische Parlamentsakte gestattet die Gewährung von Erfinderpatenten auf die Dauer von vierzehn Jahren. Der Schutz erfinderischer Leistungen fördert endlich den technischen Fortschritt.
1634
Colbert veranlaßt die Gründung der »Academie des Sciences« in Paris sowie die Modernisierung und Erweiterung der französischen Flotte.
1661
Versuche des Marquis v. Worchester (Brit.) zum Bau von Dampfmaschinen.
1669
Duquet (Frankr.) macht Versuche mit 4 kreuzweise angeordneten Schaufeln in einer drehbaren Walze.
1673
Erste Modellschleppversuche in Frankreich.
1675
Sternwarte Greenwich am 10. August gegründet.
1677
In Paris erscheint die »Architecture Navalis« von Dassie, eines der ersten theoretischen Werke über den Schiffbau.
1681
Denis Papin veröffentlicht seinen Vorschlag, mit Dampf Schiffe anzutreiben.
1683
Vorschlag von Robert Hooke für einen 4flügeligen Schiffspropeller.
1687/93
Schleppversuche von Duquet in Le Havre.
1695
Denis Papin baut und experimentiert mit Dampfzylinder mit Kolben und Kolbenstange.
1696
Edward Lloyd gibt dreimal wöchentlich die »Lloyds News« heraus.
1698
Thomas Savery (Brit.) baut Modell eines durch Schaufel- oder Ruderräder angetriebenen Schiffs.
1705
Ecole unique des Ingenieurs Constructeurs in Paris gegründet.
1707
Denis Papin versucht auf der Fulda ein Schaufelrad-Boot zu erproben bzw. nach England zu bringen; das Boot wird jedoch in Minden von Schiffern zerstört.
1708
Erstes Trockendock in Liverpool eröffnet.
1714
Erste funktionsfähige Dampfmaschine in Britannien gebaut.
1720
Von der Academie des Sciences, Paris, werden Preise für bedeutende Leistungen zur Stabilitäts- und Widerstandstheorie des Schiffs und deren Hilfswissenschaften ausgesetzt.
1724
Der Schwede Scheldom baut in Karlskrona eines der ersten Trockendocks, das die seinerzeit größten Schiffe aufnehmen konnte.
1726
Bisher handschriftliche Listen von Lloyds Coffee House werden gedruckt veröffentlicht.
1729 bis 1736
Jonathan Hull (Brit.) entwickelt die Idee eines Schleppdampfers mit Schaufelrädern und erhält am 21. Dezember 1736 das Patent Nr. 556 zur Anwendung der Newcomenschen atmosphärischen Dampfmaschine zum Antrieb von Schleppdampfern mit Heckschaufelrädern. Die Kraftübertragung sollte durch Seiltrieb erfolgen.
1752
Daniel Bernoulli (Frankr.) unterbreitet Vorschläge zu einer 8flügligen Schiffsschraube.
1760
- Lloyds Register of Shipping (sog. Underwriters Register oder Greenbook) gegründet.
- Systematische Schleppversuche werden in Frankreich durchgeführt.

1763
- William Henry experimentiert in Pennsylvanien mit einem Dampfboot.
- Der russische Mechaniker Polsunow befaßt sich mit dem Bau von Dampfmaschinen als Antriebsmaschine für Blasebälge an Hochöfen; er gilt als einer der ersten Dampfmaschinenbauer Rußlands.

1763/71
Schleppversuche von Borda und Thevenard in Lorient.
1764
- Erstes Klassezeichen von Lloyds Register.
- Die erste Dampfmaschine von James Watt (Schottl.) ist funktionstüchtig.

1767
Das britische Nautische Jahrbuch, der »Nautical Almanac«, erscheint.
1768
Jean Pierre Paucton schlägt gewindeförmige eingängige Schiffsschraube vor.
1769
Erster Dampfbagger gebaut.
1769/72
James Watt führt die doppeltwirkende Dampfmaschine allgemein ein.
um 1770
Francis Egerston, Herzog von Bridgewater, macht Vorschläge für Dampfboote.
1771
In Britannien wird die Ingenieurorganisation »Society of Civil Engineers« gegründet.
1773
Christoffer Colls baut das erste Dampfschiff Nordamerikas in Philadelphia.
1774
Graf Auxiron und Ingenieur Perrier (Frankr.) experimentieren mit zwei Dampfbooten auf der Seine, es gelingt jedoch noch nicht die Fahrt stromaufwärts.
1775
- Frederic Hendrik af Chapman (Schweden) führt Untersuchungen zum Widerstand von Rotationskörpern durch.
- Benjamin Franklin (Nordam.) entwickelt die Idee von Dampfschiffen in den USA.
- Gautier (Frankr.) baut ein Dampfboot mit einer Dampfmaschine von 1 PS (0,736 kW) Leistung und führt es auf der Seine vor.
- James Watt gründet in Soho bei Birmingham seine Fabrik für Dampfmaschinen »Boulton & Watt«, nachdem er am 25. April 1769 das Patent Nr. 913 für seine »Feuermaschine« erhalten hatte.

1776 bis 1781
Cloude de Jouffroy de Abbans (Frankr.) macht Versuche mit einem Dampfboot auf der Doubs. 1780 baut er Schaufelräder ein und erprobt 1781 ein 42,5 m langes Dampfschiff, die *»PYROSCAPHE«*, in Lyon auf der Saone.
1783
d'Arnal (Frankr.) macht Versuchsfahrten mit einem Dampfboot auf der Seine.
1783 bis 1788
John Fitch (USA) entwickelt Trimaran mit 2 zwischen den 3 Schiffskörpern liegenden handangetriebenen Schaufelrädern; 1786 erhält er ein Patent auf ein Dampfboot mit 12 seitlichen, mechanisch angetriebenen Stechpaddeln. Bei einem 1788 gebauten Versuchsboot versagte jedoch der Kessel durch Kesselexplosion.
1785
- Ein englisches Patent beschreibt die Schiffsschraube.
- Bramah (Brit.) erhält ein (nicht ausgeführtes) Patent für eine rotierende Dampfmaschine für den Schiffsantrieb.
- Christopher Watson baut das erste eigentliche Schwimmdock. Die Urform des Schwimmdocks entstand durch Umbau des alten britischen Segelschiffs »CAMEL«, indem man das Heck abschnitt und durch ein Holztor wasserdicht verschließbar machte.

1787
John Wilkinson (Brit.) baut das erste eiserne Hafen- bzw. Kanalboot »TRIAL« von 23,3 m Länge und 2,05 m Breite in Willey.
1787 bis 1789
Patrik Miller veröffentlicht eine Schrift über Schiffe mit Schaufelrädern, baut ein Doppelrumpfboot von 18,5 m Länge mit einem handgetriebenen Schaufelrad, entwickelt und baut 1787 mit dem Mechaniker W. Symington einen Raddampfer. Die Maschine und der Kessel sind getrennt in beiden Schiffsrümpfen eingebaut. 1789 werden die Fahrten auf dem Forth- und Clydekanal wiederholt und eine Geschwindigkeit von 4 Meilen in der Stunde (6,5 km/h) erreicht.
1788
Lagrange veröffentlicht in Paris die »Mecanique analitique« als erste theoretische Grundlage der Schwingungsmechanik.
1788 bis 1790
John Fitch (USA) entwickelt das Dampfschiff *»EXPERIMENT«* mit Heckstechpaddeln für die Fahrt New York–Trenton und erreicht eine Geschwindigkeit von 8 Meilen (12,8 km/h) in der Stunde.
1789
Erstes britisches Rettungsboot an der Tynemündung stationiert.
1791
Clarke (Brit.) baut an der Clyde ähnliche Dampfschiffe wie P. Miller.
1793
J. Rumsay (USA) führt auf der Themse Versuche mit einem Reaktionsantrieb durch, nachdem er

ein erstes Boot mit einem solchen Antrieb auf dem Potomac erprobte (1786). Mit einer handbetriebenen Hubpumpe von 1,8 m Hub wird eine Geschwindigkeit von 4,8 km/h erreicht.

1793 bis 1798
Der Physiker Marc Beaufoy führt reproduzierbare Modellschleppversuche in London durch.

1794
Der Londoner Kaufmann William Littleton experimentiert mit einem »aquatic propeller«; der Propeller ist in einem Rahmen am Heck aufgehängt.

1795
Samuel Bentham baut erstmalig im europäischen Schiffbau wasserdichte Querschotte in ein holzgebautes Schiff, dem Kutter »TRIAL«, ein.

1796
de Blanc (Frankr.) erhält Patent für ein Dampfschiff.

1797
Robert Fulton übergibt der französischen Admiralität das Projekt für ein Unterseeboot *»NAUTILUS«*.

1799
Lloyds Register of British and Foreign Shipping (LR) in London gegründet.

Chronologie 1801–1850
Anfänge der Dampf- und Eisenschiffe

1802
Der mit einer Symington-Dampfmaschine angetriebene Dampfschlepper *»CHARLOTTE DUNDAS«*, erbaut von A. Hart mit einer Einzylinder doppeltwirkenden liegenden Dampfmaschine, wird mit Erfolg zum Schleppen von Kanalbooten auf dem Clyde-Kanal in Schottland erprobt und erreicht 5,3 km/h (3 1/4 Miles/h).

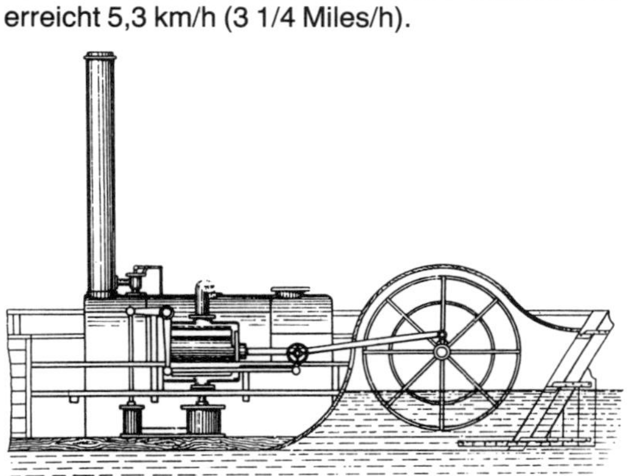

1803
Robert Fulton baut mit J. P. Perrier in Paris ein Schaufelrad-Dampfschiff von 20,3 m Länge und 3,2 m Breite mit einer einzylindrigen doppeltwirkenden Dampfmaschine von 8 PS (5,9 kW), das auf der Seine auch gegen den Strom flußaufwärts fahren kann.

1804
- Die *»PHOENIX«*, das erste von J. C. Stevens in New York konstruierte Dampfschiff, unternimmt die erste Fahrt.
- Das erste deutsche Küstenrettungsboot wird in Swinemünde stationiert.

1804/07
J. C. Stevens (USA) erbaut das Schraubendampfboot *»LITTLE JULIANE«* für Fahrten von Hoboken nach New York. Das ursprünglich mit oszillierender Dampfmaschine, später mit Wattscher Dampfmaschine ausgerüstete Schiff erreicht Geschwindigkeiten bis zu 12,8 km/h.

1805
Der britische Admiral Beaufort entwickelt die 13stufige Beaufort-Skala zur Einteilung der Windstärken nach ihren Auswirkungen.

1806/07
R. Fulton und R. Livingston (USA) erbauen und führen das erste funktionstüchtige, für die Küstenfahrt geeignete Seitenrad-Dampfschiff »THE STEAMBOAT« am Hudson bei New York vor. Stapellauf im Frühjahr 1807 mit erster Fahrt im Oktober gleichen Jahres. Die Wattsche Dampfmaschine leistet 18 PS (13,2 kW). Das Schiff wird in »RIVER OF CLERMONT« bzw. *»CLERMONT«* umbenannt. Es hat eine Verdrängung von 160 t, eine Länge von 40,5 m und eine Breite von 5,5 m.

1807
- Der erste Kursus der Lübecker Seefahrtsschule wird am 27. Juli eröffnet.
- Die erste eiserne Ankerkette ohne Steg (Brit. Fa. Robert Flimm, Northshields) wird hergestellt.

1809
Robert Fulton (USA) erbaut das Dampfschiff »CAR OF NEPTUNE« mit selbst konstruierter Maschine und das Dampfschiff »ACCOMODATION« für die Fahrt auf dem St.-Lorenz-Strom.

1810
- Robert Fulton (USA) erbaut das Dampfschiff »MARITAN«.
- Erste Versuche zum Bau von Holz/Eisen-Kompositschiffen.

1811
- Erstes Dampfschiff Fultons auf dem Mississippi, die »NEW ORLEANS«.
- School of Naval Architecture in Porthmouth eröffnet.

1812
Henry Bell (Brit.) erbaut mit dem Seitenrad-Dampfschiff *»COMET«* das erste Dampfschiff für den Personenverkehr in Europa. Die »COMET« erreicht mit der 4-PS-(3-kW-)Dampfmaschine von J. Robertson die Geschwindigkeit von 4 kn bei den Fahrten Glasgow–Greenwich.

1813
- Robert Buchanan (Brit.) erfindet bewegliche Schaufelblätter für Radschiffe.
- Das erste russische Dampfschiff wird in St. Petersburg gebaut.
- Patenterteilung an Th. Brunton (London) für eine eiserne Ankerkette mit Steg.

1814/15
Robert Pulton (USA) erbaut das erste dampfgetriebene Kriegsschiff der Welt, die *»DEMOLOGOS«*, ein Doppelrumpfschiff mit zwischen den Rümpfen liegendem Antriebsrad, Geschwindigkeit 4,65 kn.

1814/15
Raddampfer *»CALEDONIA«* für die Fahrt auf dem Humber erhält eine Dampfmaschine von 32 PS (23,5 kW).

1815
- Der erste russische Holzraddampfer »ELISABETH« eröffnet Dampfschiffs-Fährverbindung St. Petersburg–Kronstadt. Das Schiff von 18,3 m Länge; 4,6 m Breite und 0,61 m Tiefgang erreicht 9 km/h bei einer Maschinenleistung von 16 PSi.
- In Berlin, Mauerstraße 34, entsteht die erste Dampfmaschinenfabrik Preußens. Eine erste Maschine lief von 1816 bis 1902 in der Gold- und Silbermanufaktur von Heusel und Schumann in Berlin; seit 1902 befindet sich diese Maschine im Deutschen Museum München.
- Das erste Dampfschiff verkehrt auf der Themse.

1816
- Erste Kanalüberfahrt von London bis Le Havre mit Dampfschiff *»ELISE«* ex »MARGERY«, einem Themse-Raddampfschiff.
- Indienststellung der *»DEFIANCE«*, ein britisches Seitenrad-Dampfschiff für die Rheinschiffahrt, Leistung 25 kW (34 PS).
- Samuel Owens (Schweden, Engl.) entwickelt erste Schiffspropeller, und baut das erste schwedische Dampfboot »WITCH« mit einer 8-PS-(5,9 kW)-Maschine und vierflügliger Holzschraube.
- Hölzerner Seitenraddampfer *»WESER«* nach Plänen des engl. Schiffbauers Droop von Johann Lange in Vegesack für den Norddeutschen Lloyd erbaut. (L 24,6 m; B 4,3 m; B Räder 6,95 m; Wattsche Dampfmaschine mit 14 PS bzw. 10,3 kW).
- John Humphrey (Deutschl.) erbaut in Pichelsdorf an der Havel bei Spandau das Doppelrumpf-Dampfschiff *»PRINZESSIN CHARLOTTE VON PREUSSEN«* von 39,6 m Länge für den fahrplanmäßigen Verkehr Berlin–Potsdam mit Wattscher Dampfmaschine von 30 PS.
- Erstes Dampfboot (24 PS bzw. 17,7 kW).
- Erstes deutsches Feuerschiff auf der Elbe.
- Robert Stirling (schott. Pfarrer) experimentiert mit dem Heißgasmotor.
- In einer Patentschrift wendet sich der Engländer Richard Wright besonders gegen die Anwendung »hohen« Dampfdruckes in Zylindern von ungleichem Rauminhalt. Die spätere Entwicklung der Dampfmaschine, besonders der Verbundmaschine, nutzte jedoch gerade dieses Prinzip.

1817
- James Watt fährt mit der *»CALEDONIA«* über Schelde, Maas und Rhein bis Koblenz.
- 131 Dampfboote und Dampfschiffe fahren bereits auf den Flüssen Nordamerikas.

1818
- Bau des Seitenrad-Dampfschiffs *»CITY OF SAVANNAH«*, Indienststellung 22. August 1818, zusätzliche Takelung als Dreimast-Vollschiff.
- Beginn der Dampfschiffahrt auf der Elbe zwischen Hamburg und Harburg.
- Die »ROB ROY«, erbaut von Denny, erhält eine Napiersche Dampfmaschine von 30 PS für Fahrten Dover–Calais.
- Im Schiffbau werden die ersten elliptisch geformten Hecks eingeführt und Rettungsboote außenbords hängend gefahren.

1819
- Beginn der Überfahrt der *»CITY OF SAVANNAH«* am 18. Juni 1819 über den Atlantik. Nur zeitweiliger Maschinenantrieb, da der Brennholzvorrat nach 17 Tagen verbraucht war. Überfahrtdauer Savannah–Liverpool 29 Tage und 11 Std., danach Vorführungsfahrten in europäischen Häfen.

– Ein erstes Balanceruder, bei dem ein Drittel der Fläche vor und zwei Drittel der Fläche hinter der Drehachse liegen, wird patentiert.

um 1820

Der britische Schiffbaumeister Seppings verwendet wegen des Mangels an gewachsenen Kniehölzern erstmals im Schiffbau eiserne Knievbleche.

1821

– Indienststellung der *»AARON MANBY«*, erstes eisernes, in England erbautes Dampfschiff, andere Quellen geben auch das Jahr 1823 an.
– Aviso »COMET«, erstes militärisch als Depeschenboot genutztes Dampfschiff (Brit.).
– In Frankreich fährt der erste eiserne Flußdampfer auf der Seine.

1822

Napier fährt mit einem eisernen Dampfer von London nach Paris.

1823

– 300 Dampfschiffe in den USA.
– Erste Versuche mit ölgefeuerten Schiffskesseln.

1824

– Die erste britische Dampfer-Schiffahrtgesellschaft für den Seeverkehr, die »General Navigation Company«, wird eröffnet. Die ersten Raddampfschiffe der Gesellschaft für den Fahrgast- und Frachtverkehr zwischen London und den größten Häfen Europas sind »CITY OF EDINBURGH«, *»JAMES WATT«*, »EARL OF LIVERPOOL« und »MONARCH«.
– Die *»ENTERPRISE«* macht ihre erste Reise unter Dampf nach Indien.
– Die schwedische Postyacht »CONSTITUTIONEN« und die »ADLER« fahren als erste Dampfschiffe auf der Ostsee, Linie Stralsund–Ystad.

1827

– Tretgold (Brit.) formuliert mathematisch-theoretische Begründungen und Empfehlungen zur Schiffsschraube.
– Erste Reise des Dampfers *»CURACAO«* von Rotterdam nach Curacao.
– Joseph Ressel (Österr.) erhält für 2 Jahre ein Patent auf eine Schiffsschraube.

1828

Die französische Klassifikationsgesellschaft »Bureau Veritas« wird von Charles Bal in Antwerpen als ein Büro für Seeversicherer gegründet, 1832 Übersiedlung nach Paris.

1829

– Galloway (Engl.) konstruiert ein verbessertes Schaufelrad mit beweglichen Schaufeln, das »neunschauflige Polygonrad«.
– Vorführung des Schraubendampfboots *»CIVETTA«* in Triest durch Joseph Ressel.
– Weitere Entwicklungen für Schiffsschrauben von Smith (Brit.) und Ericsson (Schweden).
– Stapellauf des ersten französischen Dampf-Kriegsschiffs, des Raddampfers »SPHINX«.

1830

Die erste deutsche Schiffbauschule wird in Grabow bei Stettin eröffnet.

um 1830

– Die ersten Oszillations-Dampfmaschinen (Maschinen mit kippbeweglichem Zylinder) werden entwickelt und gebaut; sie finden auch für den Schiffsantrieb Verwendung.

1831

Erste deutsche Ankerkettenfabrik in Grabow gegründet.

1832

– Bau des ersten eisernen Seedampfers »LADY LANSDOWN« (146 t) auf einer Eisenschiffswerft in Birkenhead (Brit.).
– Auf der Ischorskom-Werft wird für die russische Marine das erste Dampfschiff der Welt, die »HERKULES«, mit einer Dampfmaschine ohne Balanciers gebaut. Die Leistung beträgt 250 PS (184 kW).
– Gründung der Seefahrtsschule in Elsfleth.

1834

– Bei Lloyd's Register sind 100 Dampfschiffe registriert.
– Jacob Sulzer gründet das Werk Gebrüder Sulzer AG in Winterthur/Schweiz.
– Indienststellung der »GARRY GOWEN«, Verdrängung 263 ts, erstes Schiff mit eisernen wasserdichten Schotten.
– Der kleine amerikanische Dampfer »MIDAS« mit Propellerantrieb fährt von New York nach China.
– Erstes deutsches Trockendock von Friedrich Wenke in Bremerhaven erbaut.
– Erste holländische eiserne Schiffe »ETNA« und »STRELA« gebaut.
– Erster eiserner Flußraddampfer der USA »JOHN RANDOLPH« (122 ts) gebaut.
– Gründung der Rickmers Werft Bremerhaven.

1834/35

Der erste eiserne in Deutschland gebaute Dampfer *»PRINZ CARL«* wird auf der Werft der Königlichen Preußischen Seehandlungssozietät in Berlin Moabit in Zusammenarbeit mit dem Königlichen Hüttenwerk zu Neustadt und Eberswalde gebaut.

1835

– Erstes eisernes Längsspantenschiff von J. Scott erbaut.
– S. O. Buratschek veröffentlicht eine Theorie über Holz und Metall im Schiffbau.
– Die erste Bergungsgesellschaft, die auch Bergungsdampfer unterhält, ist die Em. Z. Zvitzers Bjergnings Entreprise in Kopenhagen.

1836

– »FRANCIS B. OGDEN«, der erste mit einer Ericsson-Schraube ausgerüstete Schraubenschlepper.
– Francis Smith führt erfolgreich ein Schraubenpropeller-Dampfboot auf der Themse vor.
– Erteilung von Patenten für Schiffsschrauben an F. Smith und den schwedischen Ingenieur Ericsson.
– Erste Herausgabe der »Shipping Gazette«.
– Johann Andreas Schubert veröffentlicht seine Schrift »Andeutung über Dampfschiffahrt auf der Oberelbe«.

1837

– Indienststellung der »RAINBOW«, des ersten seegehenden Eisendampfschiffs für die Linie London–Antwerpen; Größe 500 BRT.
– Gründung der Werft Schichau in Elbing (Elblag).
– Die preußisch-rheinische Dampfschiffahrtsgesellschaft in Köln befährt den Rhein mit 9 Flußraddampfschiffen, von denen 4 in Holland und die weiteren auf der Ruhrorter Werft und der Werft Sterkrade gebaut sind.
– Bau der »GROSSHERZOG LEOPOLD« als Kompositschiff mit eisernen Spanten und Verbänden und Außenhaut-Holzbeplankung, Maschinenleistung 118 PS (86,8 kW).
– August Borsig gründet in Tegel bei Berlin eine Maschinenbauanstalt und eine Eisengießerei, die zu einer der bedeutendsten deutschen Maschinenfabriken wird.
– Der Amerikaner Burne rüstet den Dampfer »DON JUAN« mit einer Dampfüberhitzung aus. Der Dampf wird nun »Heißdampf« genannt.
– Der Ingenieur Ferdinand Schichau gründet in Elbing (Elblag) eine Maschinenfabrik, der eigentliche Werftbetrieb entstand 1852.

1838

– Moritz Hermann von Jacobi macht mit dem ersten Elektroschiff Fahrten auf der Newa (Narwa); mit 14 Personen besetzt erreicht das Fahrzeug eine Geschwindigkeit von 2,5 km/h.
– In Deutschland wird der erste eiserne Schaufelrad-Seedampfer »WILLEM I« in Hamburg auf der Gleichmann & Busse-Werft für einen holländischen Auftraggeber gebaut.
– Erstes eisernes Dampfschiff für den Rheinverkehr eingesetzt.
– *»ROBERT F. STOCKTON«*, das zweite von Ericsson gebaute schonergetakelte Schraubenschiff, erreicht mit 50 PS (37 kW) die Geschwindigkeit von 11,5 kn. Es überquert den Atlantik als erstes eisernes Schraubenschiff, das nach Amerika gelangt.
– Indienststellung der *»ARCHIMEDES«*, erstes Schrauben-Dampfschiff von Smith, mit guten Ergebnissen. Deplacement 232 t, Maschinenleistung 58 kW (80 PS), Geschwindigkeit 9,5 kn mit der patentierten Schiffsschraube von Francis Petit Smith.
– Rennie führt Versuche mit einem vierflügligen Schraubenpropeller durch.
– Indienststellung der »SIRIUS«, 700-t-Seitenrad-Postdampfer der British and American Steams Navigation Company; erste Atlantiküberquerung eines Segel-Raddampfschiffs von Liverpool nach New York nur unter Dampf, Geschwindigkeit 9 kn; Ankunft in New York 4 Std. vor Eintreffen der *»GREAT WESTERN«*. Beginn einer regelmäßigen überseeischen Dampfschiffahrt mit Raddampfern, Überfahrtszeit 17 Tage.
– Indienststellung der *»GREAT WESTERN«*, 1340-t-Seitenrad-Dampfschiff der Great Western Company, Transatlantikreisen Bristol–New York, Reisedauer 12 Tage, 10,5 Std.
– Indienststellung der »IRON SIDE«, erstes größeres Seeschiff aus Eisen.
– Tretgold (Brit.) unternimmt Versuch einer rechnerischen Erfassung des Schiffswiderstands.

1839

– Der erste transatlantische Schraubendampfer *»GREAT BRITAIN«* wird mit Schlingerkielen und Balanceruder ausgerüstet.
– Die »CYCLOPS« ist die erste Dampffregatte der britischen Marine.

1839/40

Die Werft von Klawitter in Danzig (Gdansk) baut das erste eiserne Dampfschiff für den Weichselverkehr.

1840
- Gründung der Werft H. C. Stülcken Sohn in Hamburg.
- Der Dampfer *»BRITANNIA«*, erster Dampfer der Cunard Line (British and North American Royal Mail Steam Packet Co.), eröffnet den regelmäßigen Dienst von Dampfschiffen zwischen Europa und Nordamerika.
- Samuel Cunard gründet in Halifax (Nova Scotia) die Cunard-Dampfschiffahrtsgesellschaft, die sich bald zu einer berühmten Passagierlinie entwickelt.
- Henry R. Worthington erfindet die direktwirkende Dampfpumpe, die später auf allen Schiffen als Standardpumpe eingeführt wird.
- MAN-Werksgründung in Augsburg durch Ludwig Sander.

um 1840
- Erster Rostocker hölzerner Seitenraddampfer.

1841
- Der erste eiserne Leichterkahn auf dem Rhein wird von einer niederländischen Schiffahrtsgesellschaft in Betrieb genommen.
- Der Schaufelraddampfer »PRESIDENT« (1863 t) ist der erste Dampfer, der auf dem Atlantik blieb.

1842
»MICHIGAN«, das erste eiserne Schiff der US-Marine.

1843
- Die russischen Flüsse werden für die Dampfschiffahrt freigegeben.
- Indienststellung der *»GREAT BRITAIN«*, 3840 t DW, 3450 BRT, Länge 87 m, Antriebsleistung 2000 PS (1450 kW). Das nach den Plänen des brit. Schiffbauingenieurs Isambard K. Brunel erbaute Schiff ist das erste vollständig aus Eisen gebaute Fahrgast-Frachtschiff für 60 Fahrgäste und 600 t Ladung im Transatlantikverkehr Liverpool–New York, Reisedauer 14 Tage.
- Gründung der Werft AG Weser in Bremen.
- John Ericsson konstruiert die drei Kofferkessel der »PRINCETON« aus Eisenblech anstelle des bisher verwendeten Kupferblechs.
- H. H. Baumgarten richtet in Kopenhagen eine mechanische Werkstatt ein. Unter Beteiligung seines Kompagnon C. C. Burmeister entstand später daraus die Firma Burmeister & Wain, Kopenhagen, heute eines der größten Industrieunternehmen in Dänemark.

1844
- Erstes in Niedersachsen gebautes Dampfschiff.

1845
- Die britische Admiralität veranlaßt den Zugversuch zwischen dem Schaufelradschiff *»ALECTO«* und dem mit gleicher Leistung entgegengesetzt ziehenden Schwesterschiff, dem Schraubendampfschiff »RATTLER«. Beide Schiffe haben 800 ts und 200-PS-(147 kW)-Dampfmaschinen. »RATTLER« zieht »ALECTO« mit 2,8 kn rückwärts.
- Erstes eisernes Versuchsschiff der britischen Marine »BIRKENHEAD«.

um 1845
Einführung des erhöhten Quarterdecks.

1846
- Die Schichau-Werft baut den ersten Dampfbagger.
- Mit deutscher und amerikanischer Staatsunterstützung wird die erste regelmäßige Dampfschiffsverbindung zwischen Europa und Amerika von der »Ocean Steam Navigation Co.« in Bremen aufgenommen, aus der 1857 der »Norddeutsche Lloyd« hervorgeht.
- In Wustrow auf dem Fischland entsteht die »Mecklenburgische Seefahrtsschule« zur Ausbildung von Steuermanns- und Schiffsschülern.

1847
- Hamburg-Amerika-Linie in Hamburg gegründet.
- Werner von Siemens gründet mit zehn Mitarbeitern in einer Hinterhofwerkstatt die »Telegraphen Bau-Anstalt Siemens & Halske«.

1848
- Gründung der United States Naval Academy in Annapolis.
- Für die Cunard-Line werden vier neue Seitenraddampfer für je 140 Fahrgäste und 450 t Fracht, die »AMERIKA«, »CANADA«, »NIAGARA« und »EUROPA« gebaut. Die hölzernen barkgetakelten Dampfschiffe haben ein Deplacement von 3100 ts bei 1825 BRT und 984 NRT, eine Länge Lpp von 76,5 m, Breite 11,6 m, Tiefgang 5,4 m und Raumtiefe 7,7 m. Die Schiffe erreichen mit vier eisernen Kesseln und einer Maschinenleistung von 1400 PSi eine Geschwindigkeit von 10 kn.
- Die »FRANKLIN«, erstes Schiff der amerikanischen »New York and Havre Steam Navigation Comp.« mit vier Rettungsbooten. Das holzgebaute barkgetakelte Schiff erreicht mit 1250 PSi (920 kW) Maschinenleistung und zwei Seitenrädern von 9,9 m Durchmesser mit je 28 Radialschaufeln die Geschwindigkeit von 10,5 kn.
- Die Schleswig-Holsteinische Regierung gibt bei Schweffel & Howaldt die Maschine für das erste Schrauben-Kanonenboot Europas »VON DER TANN« in Auftrag.

1849
- Aufhebung der britischen »Navigationsakte«; Schiffe jeder Flagge können nunmehr von allen europäischen und überseeischen Ländern Waren nach England ein- und ausführen. Damit wird die Ausweitung des Welt-Seeverkehrs mit den Massengütern der Weltwirtschaft (Getreide, Kohle, Eisen, Salpeter, Baumwolle u. a.) bedeutend gefördert.
- Der erste eiserne deutsche Schraubendampfer »HELENA SLOMAN«, 800 BRT, wird in Hamburg gebaut.
- Bau eiserner Flußdampfer bei Buckau & Berliner in Magdeburg.
- Das erste Schiff der amerikanischen Collins-Line, der hölzerne Raddampfer *»ATLANTIC«*, ist auch das erste Schiff mit geradem Vorsteven ohne Bugspriet. Die Holzverbände sind durch eiserne Diagonalbinder verstärkt, die Kabinen für die 200 Fahrgäste durch Dampf beheizt, und die Rettungsboote sind aus galvanisch geschütztem Eisenblech gebaut. Depl. 5200 ts, 2860 BRT, 1559 NRT L_{oA} 91,5 m, L_{pp} 80,5 m, B 13,7 m, B Räder 22,3 m, T 6,05 m, T Raum 9,6 m, Maschinenleistung 800 PS (590 kW), Geschwindigkeit 11,75 kn, 140 Mann Besatzung.

1850
- Liberalisierung der holländischen Schiffahrtspolitik und Öffnung der indonesischen Häfen.
- Schiffsbestand an Seedampfern/Binnendampfern in den vier größten seefahrenden Ländern Europas: Großbritannien 700/600, Frankreich 170/250, Deutschland 77/180, Rußland 56/92.
- Die Cunard-Line stellt als letzte hölzerne Seitenraddampfer die »AFRICA« und »ASIA« in Betrieb, die bis 1868 in Fahrt bleiben. Die für 160 Fahrgäste und 500 ts Ladung ausgelegten Schiffe (Depl. 3620 ts, 2226 BRT, 1214 NRT, L_{oA} 88,5 m, L_{pp} 81,5 m, B 12,2 m, B Räder 19,5 m, T 5,75 m, Seitenraddurchm. 10,7 m) fahren 12 kn mit 2400 PSi, 100 ts Kohleverbrauch/Tag und 38 Mann Maschinenpersonal. Die »ASIA« gewinnt 1850 mit 12,12 kn das »Blaue Band«.
- Preußen schließt mit der britischen Werft von Robinson u. Russel einen Vertrag über die Lieferung von Schiffsmaschinen und Bauplänen für ein Kriegsschiff. Der junge Edinburgher Konstrukteur John Scott Russel erwirbt dazu in Danzig (Gdansk) ein Baugelände und beauftragt den Schiffbaumeister Klawitter mit dem Bau der 1851 fertiggestellten Radkorvette »DANZIG«.
- Eisen wird zum hauptsächlichen Schiffbau-Werkstoff. Die Blütezeit des »Eisenschiffbaus« wird jedoch schon nach drei Jahrzehnten durch den »Stahlschiffbau« beendet.

Dampfschifffahrt
zwischen
Copenhagen und Rostock.
Das schöne, mit allen erforderlichen Bequemlichkeiten versehene, kupferfeste dänische Dampfschiff
„Själland,“
geführt vom Capt. D. M. Beck,
wird in diesem Sommer wöchentlich eine regelmäßige Fahrt zwischen den obengenannten Plätzen über Nyköbing auf Falster unterhalten und zwar in jeder Woche am
Montag, Morgens 5¼ Uhr
von Copenhagen auf hier abgehen und am
Dienstag Nachmittag
von Rostock nach Copenhagen zurückkehren.
(Die erste Fahrt von Copenhagen auf hier wird am Montag den 20. April, und die Rückfahrt am Dienstag den 21. April stattfinden.)
Nähere Auskunft über die höchst billig gestellte Passagier- und Güterfracht wird ertheilt in der Expedition des Schiffes bei
Rostock den 11. April 1846.
C. H. Brockelmann.

Chronologie 1851–1900
Die Blütezeit der Schiffe mit Kolbendampfmaschinen

1851
- Die »BALTIC« der amerikanischen Collins-Line, Schwesterschiff der *»ATLANTIC«*, erringt 1851 mit 13,17 kn das »Blaue Band« des Nordatlantiks.
- Die »TUBALCAIN« (787 BRT) wird als erstes Schiff von Lloyd's Register als Kompositschiff klassifiziert.
- Erstes Eisenbahnfährschiff in der Geschichte der Schiffahrt auf dem Firth of Forth.

- Die Hamburger Ingenieure Früchtenicht und Brock gründen 1851 in Bredow bei Stettin die erste deutsche Eisenschiffswerft, von der aus der Eisenschiffbau in Deutschland Eingang findet.
- Erstes Unterseekabel verlegt.
- Schiffbaumeister K. Scheffer (Österr.) baut Schwimmdock für Triest.

1852
- Die »DIVELOW«, das erste eiserne Schiff auf der Ostsee, erbaut von der Werft Früchtenicht & Brock.
- Palmer baut an der Tyne den ersten Kohledampfer »JOHN BROWN« mit Wasserballasttanks.
- Staatsgesetz zur Regelung des Rettungswesens in Dänemark erlassen, 1854 folgt Schweden.
- Das erste von Ericsson in Amerika mit einer Heißluftmaschine ausgerüstete Schiff geht auf Probefahrt. Diese kann sich jedoch nicht gegen Dampfmaschinen durchsetzen und wird wieder durch eine herkömmliche Dampfmaschine ersetzt.

1852/57
- Bau des Großschiffs *»GREAT EASTERN«* nach Plänen von Kingdom Isambard Brunel aus Stahl in Millwell bei London, Deplacement 27500 t, Länge über Alles 211 m, Breite 25 m, Tiefgang 8 m, Schaufelradpaar mit 14,6 m Durchmesser, Radantrieb 2900 kW (4000 PS), Segelfläche 5200 m^2, Geschwindigkeit mit allen Antrieben 14···15 kn, 4000 Fahrgäste und 400 Mann Besatzung.

1853
- Die *»BORUSSIA«*, erster Dampfer der Hamburg-Amerika-Linie, wird in Dienst gestellt.
- A. Tischbein baut in Rostock das erste deutsche seegehende eiserne Schraubenschiff *»ERBGROSSHERZOG FRIEDRICH FRANZ«*; Länge 40,5 m, 200 t Tragfähigkeit, Maschinenleistung 70 PS (52 kW).

1853/56
- Im Krimkrieg beweisen Dampfkriegsschiffe und gepanzerte Kanonenboote ihre Überlegenheit.

1854
- Erste Entwicklungsstufe des Doppelbodens in McIntyre-Bauweise.
- Lambert (Frankr.) baut in Paris das erste Eisenbetonboot.
- Mit dem »Merchant Shipping Act« wird die Moorsom-Schiffsvermessung eingeführt.
- Lloyd's Register gibt erste Bauvorschriften für eiserne Schiffe heraus.
- Erstes deutsches Schiffsdock, Länge 76,2 m, Breite 19,9 m, bei W. Klawitter in Danzig (Gdansk) erbaut.
- John Elder, Glasgow (Brit.), baut die erste Verbund-Dampfmaschine (HD-Zylinder, ND-Zylinder, Kondensator) in das Schiff »BRANDON« ein.
- In Rostock wird die »Landesnavigationsschule« eröffnet. 1911 »Navigations- und Schiffsingenieurschule« (1921 aufgelöst).

1855
- Erster eiserner Seedampfer von der Schichau-Werft.
- Compagnie Generale Transatlantique gegründet.

1856

Die Schweizer Firma Escher Wyss GmbH. in Ravensburg wird gegründet.

1857
- Bau des ersten Ozeanschiffs in Britannien aus Puddel- und Bessemerstahl.
- American Universal Register in New York gegründet.
- Gründung des Norddeutschen Lloyd, Bremen.
- Erstes hölzernes Schimmdock für die Elbe erbaut von H. C. Stülken, Hamburg.

1858
- Bureau Veritas gibt erste Bauvorschriften für eiserne Schiffe heraus.
- Bureau Veritas Austro-Ungarico in Triest gegründet.
- Ecole du G'enie Maritime Paris gegründet.
- Stapellauf der *»GREAT EASTERN«* am 31. Januar 1858.
- Erste Meldung durch das Atlantikkabel.
- 5 USA-Dampfschiffe in der transatlantischen Fahrt.
- Die *»BREMEN«*, barkgetakelter erster Dampfer des Nordd. Lloyd, verläßt die Weser zu seiner ersten Fahrt nach New York. Kessel und Dampfmaschinen der »BREMEN« sind kennzeichnend für den Entwicklungsstand der Schiffsmaschinen; vier Kofferkessel mit 1,25 kp/cm^2 Überdruck (0,225 MPa), Niederdruckdampfmaschinen mit Einspritzkondensation, Kohleverbrauch 2,2···2,5 kg/PSih, Leistung 1300 PSi; bei einer Durchschnittsleistung von 1000 PSi, einer Schiffsgeschwindigkeit von 8···9 kn und einer Reisedauer von 20 Tagen sind 1300···1400 t Kohle zu Lasten der Nutztragfähigkeit mitzuführen.

1859
- Probefahrt der *»GREAT EASTERN«* (8. September), mit 27500 t Deplacement das größte Schiff des Jahrhunderts.
- Das erste französische Hochsee-Panzerschiff, die *»GLOIRE«* von de Lomes, läuft von Stapel. Es erhält im Wasserliniengürtel eine 12 cm dicke Panzerung, 2537 PS (1870 kW) Antriebsleistung, läuft 12,8 kn und wird mit 36 × 16-cm-Kanonen bestückt.
- Erstes Patent auf eine Steuerung von Schiffen durch Dampfkraft (Pat. Nr. 2410 des Patentamts in London) als Vorstufe zur Dampfrudermaschine.
- Humphry führt den neuen Oberflächenkondensator ein und leitet damit entscheidende Fortschritte im Schiffsmaschinenbetrieb ein.
- Colonel Drake bringt bei Titusville (USA) die erste fündige Ölbohrung nieder.

1860
- Frankreich öffnet die Häfen seiner Kolonien für Schiffe unter fremder Flagge.
- Das erste gepanzerte eisengebaute Schiff Britanniens, die *»WARRIOR«*, läuft von Stapel.
- Erste wirksame Schiffsbodenfarbe gegen Korrosion und Bewuchs in Bremerhaven hergestellt.
- Bessemerstahl wird allgemein im britischen Schiffbau eingeführt.
- Der Donau-Schraubenfrachtdampfer *»NAPREDAK«* erhält für seine langsam drehende Dampfmaschine ein Zahnrad-Vorgelege,
- Die *»AMERIKA«* des Nordd. Lloyd legt die Strecke New York – Southampton in 11 Tagen und 3 Std. zurück; Leistung 1800 PSi, Kesselüberdruck 2,0 kp/cm^2 (0,3 MPa). Der Kohleverbrauch beträgt 1,6 kg/PSih; bezogen auf 1000 PSi und 20 Tage ist noch ein Kohlevorrat von 850···900 t erforderlich.
- Die später weltbekannte Neptune-Werft in Newcastle upon Tyne wird gegründet.

1860/65

Allgemeine Einführung des Oberflächenkondensators anstelle des Einspritz-Kondensators auf Dampfschiffen.
- Erste Schiffsladung Petroleum in Holzfässern über den Atlantik von USA nach England.
- Registro Italiana in Genua gegründet.
- Registre Maritime in Bordeaux gegründet.
- Ludgeon baut den ersten Zweischrauber mit direktem Antrieb jedes Propellers durch eine 60-PS-(44-kW-)Dampfmaschine; das Schiff ist nur 45,7 m lang.

1862
- Underwriters Registry for Iron Vessels in Liverpool gegründet.
- Das erste Seegefecht zwischen Schiffen mit Eisenpanzerung; die *»MERRIMAC«* der Konförderation und die *»MONITOR«* der Union kämpfen bei Hampton Roads während des Bürgerkriegs.
- Erste Patente für Ölfeuerungseinrichtungen an Schiffskesseln in den USA.

1863
- I. S. Russel veröffentlicht die Schrift »On the longitudinal system of iron shipbuilding«.
- In Rostock wird der Germanische Lloyd gegründet, ab 1872 Sitz in Berlin.
- In London wird die »FAR EAST«, 1258 t, 150 PS (110 kW), als erstes seegehendes Doppelschraubenschiff noch mit Vollschiffstakelung erbaut.
- *»LE PLONGEUR«*, ein Unterseeboot mit Druckluftantrieb, wird von Bougois und Brun in Frankreich gebaut.
- Erstes Registerbuch des »Registro Italiano«.

1864
- Rankine entwickelt die Stromlinientheorie.
- Det Norske Veritas gegründet.

1865
- Die Wirtschaftlichkeit von Dampfschiffen wird durch die Verwendung von Verbunddampfmaschinen erhöht; das Fahrgastschiff *»AJAX«* legt mit einer Verbunddampfmaschine 14000 km von Liverpool bis Mauritius zurück, ohne auf dieser Strecke Kohle nachzubunkern.
- Deutsche Gesellschaft zur Rettung Schiffbrüchiger (DGzRS) gegründet.
- Alfred und Edwin Paul erhalten das erste englische Patent auf eine hydraulische Steuervorrichtung.

1866

Beginn der Kettenschleppschiffahrt auf deutschen Flüssen.

1867
- Erste Bauvorschriften für Kompositschiffe von Lloyd's Register herausgegeben.

1868
- Erstes eisernes Schwimmdock (Länge 56,83 m, Breite 24,38 m) in Deutschland für die Norddeutsche Marine, von A. Borsig in Tegel erbaut; es ist ab 1869 in Kiel stationiert.
- Dupuy de Lome unternimmt weiteren Versuch zur formelmäßigen Erfassung des Wider-

stands; seine ersten Schleppversuche erfolgten 1840 in Toulon mit der »SPHINX«.
- In Dresden wird die Elbschiffahrtsgesellschaft »Kette« gegründet.
- Der Seebäderdienst von Cuxhaven nach Helgoland wird eröffnet.

1869
- Eröffnung des unter Leitung von Ferdinand de Lesseps erbauten Suezkanals; dadurch Verkürzung der Seestrecke London–Bombay fast um die Hälfte.
- Gründung der White Star Line, Liverpool.

1870
- Radinger veröffentlicht ein Buch über Dampfmaschinen und klärt den Begriff Massenwirkung.
- Kirk führt die Dreifach-Expansionsmaschine (HD-Zylinder, MD-Zylinder, ND-Zylinder, Kondensator) zur weiteren Verringerung des Kohleverbrauchs ein.
- William Froude (Brit.) führt systematische Schleppversuche in seiner Versuchsanstalt in Chelston Cross bei Torquay durch.
- Die Welthandelsschiffstonnage erreicht 15 Mill. BRT mit einem Anteil der Dampfschiffe von 3,5 Mill. BRT (23 %).

um 1870
- Einführung des Brückenaufbaus zur Sicherung der Maschinenraumoberlichter gegen Seeschlag.
- Entwicklung der sog. »Sturmdecker«, wobei das Stahldeck jedoch erst ab 1877 in das obere, als Sturmdeck bezeichnete Deck verlegt wird; die Schiffsseiten hatten den Vorschriften für Aufbauten zu genügen.
- Veritas Hellenique in Athen gegründet.
- Der russische Marineoffizier Popow konstruiert das erste Rundschiff »*NOWGOROD*«. Die Rundschiffe werden später Popowkas genannt.
- Die ersten Fischdampfer werden in Frankreich, England und den USA gebaut und mit geringem Erfolg eingesetzt.
- Die Schiffskessel (Kofferkessel) ermöglichen jetzt 4,2 kp/cm^2 Überdruck (0,52 MPa), so daß die Einfach-Expansionsmaschinen als »Mitteldruckmaschinen« gebaut werden können.

1871
- Froudescher Schleppversuch der Korvette »GREYHOUND«.
- Erster deutscher Eisbrecherdampfer »EISBRECHER I«; Länge 40,5 m, Leistung 592 PS (436 kW) von F. C. Steinhaus auf der Reiherstieg Werft in Hamburg gebaut.
- Gründung der Hamburg-Südamerika-Dampfschiffahrtsgesellschaft in Hamburg.

1872
- Flensburger Schiffbau-Gesellschaft gegründet.
- Gründung der Maschinenfabrik »Weise & Monski« in Halle an der Saale. Sie bringt als erste deutsche Firma die in den USA entwickelte Duplex-Dampfpumpe auf den Markt.
- Gründung der Maschinenfabrik »De Limon Fluhme & Co.« in Düsseldorf. Sie ist die erste Spezialfirma für Schmiereinrichtungen von Dampfmaschinen.
- Die »HANSA« läuft als erste in Deutschland gebaute Panzerkorvette in Danzig (Gdansk) von Stapel.

1872/77

In der Weltdampferflotte wird die Einfach-Expansions-Niederdruckmaschine durch die verbesserten Zweifach-Expansions-Mitteldruckmaschinen, den sog. »Compoundmaschinen« abgelöst. Der durchschnittliche Kohleverbrauch liegt jetzt bei 1 ··· 1,1 kg/PSih. Ein Dampfer mit 1000 PSi Leistung benötigt für 20 Tage Fahrt noch einen Kohlevorrat von 500 ··· 600 t.

1873
- Als erstes Schiff der HAPAG erhält die »POMERANIA« eine Dampfsteuermaschine der Firma »Muir & Caldwell« aus England.
- Johann Renk gründet seine mechanische Werkstatt, heute bedeutender Getriebehersteller (BRD).

1874
- Register of Australian and New-Zealand Shipping in Melbourne gegründet.
- Die »FARADAY« (4917 BRT) wird als Vorläufer für spätere Kabelleger nach Plänen von Wilhelm Siemens auf einer britischen Werft erbaut.
- Bau des zweiten Rundschiffs »*VIZEADMIRAL POPOW*«.
- Mit der »LA FRIGORIFIQUE« durch Tellier (Frankr.) beginnt die Entwicklung des Kühlschiffs. Das Schiff erhält eine Kompressor-Ladekühlanlage für den Fleischtransport von Argentinien nach Europa.

1875
- Erste Avisos der britischen Marine »MERCURY« und »ISIS« aus Stahl erbaut.
- Gründung der Firma Lürssen Werft in Bremen.
- Einführung der Unterteilung des Doppelbodens durch Doppelbodenzellen.
- Bau der Schraubenfregatte »*GENERALADMIRAL*« mit zwei Schrauben in Rohrtunneln über die ganze Schiffslänge, in denen jeweils auf halber Länge eine Schraube angeordnet ist.
- Versuche zum Dampfschiff »*BESSEMER*« mit rollstabilisierender Aufhängung des Passagierraums.

1876

Die königliche Werft in Amsterdam nimmt eine Schlepprinne in Betrieb.

1877
- Erste deutsche gedruckte Bauvorschriften des Germanischen Lloyd herausgegeben.
- Erstmals wird im Handelsschiffbau Stahl verwendet.
- Gründung der Werft Blohm & Voss in Hamburg.
- Finnland setzt seinen ersten Eisbrecher, die »EXPRESS« in Fahrt, er ist mit seinen 400 PS (294 kW) noch eine Art eisbrechendes Frachtschiff mit Dampfantrieb.

1878
- Erstes See-Tankschiff »*ZOROASTER*« (Länge 55,9 m, Breite 8,2 m, Geschwindigkeit 10 kn) nach Idee von L. E. Nobel für das Kaspische Meer in Schweden erbaut.
- Für Schiffsneubauten werden 8 % Stahl und 92 % Eisen verwendet.
- Edisons erste praktikable Glühlichtbeleuchtung auf dem USA-Dampfschiff »*COLUMBIA*«.

1879
- Einrichtung des Lehrstuhls für Schiffbau an der Technischen Hochschule Berlin.
- Erste elektrische Glühbirnenbeleuchtung auf dem Schleppdampfer »HANNOVER«.

1880
- Fortschritte in der Schiffstypenspezialisierung. Entwicklung spezieller Dampf-Passagierschiffe als erste große Einzweck-Typengruppe ausschließlich für den Passagiertransport.
- Erste Bauvorschriften für Stahlschiffe mit 20 % Minderung gegenüber Eisenschiffen von Lloyd's Register herausgegeben.
- Russische Zarenyacht »*LIVADIA*« mit überbreitem Unterwasserschiff in Britannien nach Plänen des Ingenieurs Guljajew gebaut. Länge 71,6 m, Breite 46,6 m, Tiefgang 2,1 m, Deplacement 4500 t, 8 Kessel und 3 Dampfmaschinen und 3 Propeller mit insgesamt 10500 PS (7730 kW), Geschwindigkeit 14 kn; erster tödlicher Unfall durch elektrischen Strom an Bord eines Schiffs.
- Das britische Kühlschiff »STRATHLEVEN« (2257 t) eröffnet die Linienschiffahrt im Übersee-Fleischtransport Australien–London.
- Für die Maschinisten der Dampfschiffe wird die Staatsprüfung vorgeschrieben; später entstehen Ingenieurklassen mit Abschluß als Schiffsingenieur.

um 1880
- De Laval beginnt mit den Arbeiten zur Entwicklung seiner Aktionsturbine.
- Einführung von dreizylindrigen Mitteldruck-Compoundmaschinen mit 6,3 kp/cm^2 (0,73 MPa) Kesseldruck für Leistungen bis 6000 PSi.

1881
- Erste britische Glühlichtbeleuchtung mit 144 Glühbirnen auf HMS »*INFLEXIBLE*«.
- Gründung der Deutschen Dampfschiffahrtsgesellschaft »HANSA« in Bremen.
- N. N. Benardas unternimmt erfolgreiche Versuche zum elektrischen Schweißen.

1882
- De Lavals erste Patentanmeldung zur Aktionsturbine.
- Erste vollständige Glühlichtbeleuchtung für das dänische Kriegsschiff »NORDENSKJÖLD«.
- Mit einer 22 km langen Kette betreibt die »Berliner Krangesellschaft« von 1882 bis 1892 mit drei Schiffen eine Kettenschleppschiffahrt in Berlin.

1883
- Departement of Naval Architecture an der Universität Glasgow eingerichtet.
- Erste einstufige Laval-Turbine einfacher Bauart erprobt.
- Der spätere Chefkonstrukteur der britischen Marine, Sir Philipp Watts, berichtet über Versuche mit »offenen Wasserkammern« zur Schlingerdämpfung auf dem HMS »*INFLEXIBLE*«.
- Die »A. B. Separator« wird in Stockholm gegründet. Damit wird der Grundstein für die späteren De-Laval-Separatoren gelegt.
- Der Schwede Thorsten Nordenfeld entwickelt eine Antriebsvariante für U-Boote, bei der Dampf für die Unterwasserfahrt gespeichert wird.

1884
- Denny (Brit.) errichtet ersten Versuchstank.
- C. A. Parsons erhält zwei Patente auf seine Reaktionsturbine.

– Die mittlere Ortszeit des Königlichen Observatoriums in Greenwich wird anläßlich einer internationalen Konferenz als Weltzeit festgelegt.

1885

– Der erste deutsche Fischdampfer »*SAGITTA*«, erbaut auf der Werft F.W. Wenke in Geestemünde, Länge 33 m, Breite 6,5 m, 148 BRT, 275 PS (203 kW), geht am 7. Februar auf seine erste Fangreise.
– Für Schiffneubauten werden 48 % Stahl und 52 % Eisen verwendet.
– Gründung der Werft I.G. Hitzler, Lauenburg/Elbe.
– Reichspostdampfer-Gesetz in Deutschland.

um 1885

– Einführung der »Halbschotte«, die später zu »Rahmenschotte« und »Rahmenspante« weiterentwickelt werden.
– Bau erster, elektrisch angetriebener Kleinunterseeboote von Goubets.

1886

– R.E. Froude (Engl.) errichtet einen größeren Versuchstank.
– Erstes Einhüllen-Übersee-Tankschiff »*Glückauf*« mit 2300 BRT in Dienst gestellt; bis 1900 erreicht die Welttankerflotte 0,4 Mill. BRT (1,5 %) der Weltflotte.
– Zweiter einfacher Versuchstank der Admiralität in Haslar.
– Gründung der AG Weser Seebeckwerft, Bremerhaven.
– Franz Tacke beginnt mit fünf Mitarbeitern mit der Herstellung von Transmissionsanlagen; später bedeutendes Getriebewerk.
– Kaufmann Heinrich Garbe und Ingenieur Wilhelm Lahmeyer gründen die »Deutsche Elektrizitäts-Werke zu Aachen-Garbe Lahmeyer u. Co.«; später ein bedeutendes Werk des Elektromaschinenbaus.
– In Deutschland wird der »Nordische Bergungs-Verein« gegründet, der u.a. auch vier Bergungsdampfer im Mittelmeer unterhält.
– Der Norddeutsche Lloyd erteilt erstmals einer deutschen Werft einen Schiffbauauftrag.
– Vom Stettiner »Vulcan« fertiggestellte Reichspostdampfer erhalten hydraulische Steuereinrichtungen der Firma »Brown Brother« aus Edinburgh; als Druckmedium dient Preßwasser.
– Die Firma Haselwander baut in Deutschland den ersten Drehstromgenerator.

1887

– Grundsteinlegung zum Kaiser-Wilhelm-Kanal (Nord-Ostsee-Kanal) Einweihung 1895.
– Deutsche Seeberufsgenossenschaft gegründet.

1888

– Erstes deutsches Zweischraubenschiff »*AUGUSTE VICTORIA*«, 8471 BRT, Länge 140 m, Leistung 12500 PS (9200 kW). Geschw. 18···20 kn.
– Indienststellung der »PARIS«, 13000 t Wasserverdrängung, 20,5 kn.
– De Laval erhält ein Patent auf seinen Dampfeinströmkanal (Vorgänger der heutigen Lavaldüse) für rotierende Dampfmaschinen.

um 1888

– Weitere Einführung der Dreifach-Expansionsmaschinen mit 10 kp/cm^2 Kesseldruck (1,1 MPa) und einem Kohleverbrauch von 0,8 kg/PSih. Als Vorrat für eine 20tätige Reise bei 1000 PSi sind somit nur noch 430···450 t erforderlich.
– Gründung der Lanke-Werft in Berlin.

1889

– C.A. Parsons errichtet seine Turbinenfabrik C.A. Parsons and Co.
– Erster italienischer Schleppversuchstank in La Spezia.
– Indienststellung der »TEUTONIC« und »MAJESTIC«, erste Zweischrauben-Dampfschiffe der White-Star-Line ohne jede Hilfsbesegelung.
– Der finnische Elektroingenieur Gottfried Strömberg gründet in Helsinki eine Werkstatt für Elektromaschinen; 1897 entsteht der erste Elektromotor für den Schiffsbetrieb. Der Strömberg-Konzern wird später ein bedeutendes Elektrounternehmen in Skandinavien.
– Erste Schiffssicherheitskonferenz in Washington.

1890

– Beginn des Serienbaus von »Reichspostdampfern« in Deutschland; von 1890 bis 1898 werden im Staatsauftrag verschiedene Schiffsserien mit jeweils bis zu 10 Schiffen gebaut.
– British Corperation for the Survey and Registry of Shipping in Glasgow gegründet.
– Schiffbaulehre an der Cornwell University, Ithaco USA.
– Für Schiffsneubauten werden 92 % Stahl und 8 % Eisen verwendet.
– Die Kreuzerkorvette »KAISERIN AUGUSTA« ist das erste Dreischraubenschiff der Kaiserlichen Marine.
– Der britische »Kanonenkönig« Hiram S. Maxim erhält ein Patent auf ein Flossen-Stabilisierungssystem, das dem Patent des deutschen Ingenieurs Anton Flettner entspricht (DRP 398710).
– Das erste betriebssichere deutsche Motor-Passagierboot wird auf dem Hollersee in Bremen vorgeführt.
– Die Firma Ostermann & Flüs Metallwerke wird in Köln gegründet, später bedeutender Propellerproduzent.
– Wilhelm Anton Riedemann, A.N. Schütte und die Rockefeller Standard Oil gründen die »Deutsch-Amerikanische Petroleum-Gesellschaft«.
– Auf der Werft »Bergsunds Mekanniska Verkstad« in Stockholm wird der erste finnische Eisbrecher »MURTAJA« (47,5 m Länge, 10,98 m Breite, 4,75 m Tiefgang, 1790 PSi, 12,5 kn) gebaut, seinerzeit stärkster Eisbrecher Europas.

1890/93

Herbert Stuart entwickelt den Glühkopfmotor (Ölmotor mit Selbstzündung durch Glühkopf).

1891

– Taylor beschäftigt sich in »The Causes of Vibration of Screw Steamers« mit Schiffsschwingungen.
– Der Schweizer Elektroingenieur Charles Brown und der in Bamberg geborene Ingenieur Walter Boverí gründen in Baden in der Schweiz das heute weltbekannte Unternehmen »Brown, Boveri & Cie. AG«.
– Der Germanische Lloyd erläßt erste Vorschriften über den Einbau und den Betrieb von elektrischen Anlagen.
– Die Schnelldampfer der Hamburg-Amerika-Linie (HAL) richten »Seeposten« (Postbüros) an Bord ein, um den Postverkehr weiter zu beschleunigen.

1892

– Erste ständige Eisenbahn-Fährschiffsverbindungen Hälsingborg–Hälsingör (1907 Saßnitz–Trelleborg).
– W. Doxford baut die »TURRET« (1970 BRT), das erste Turmdeckschiff für Schüttgutladungen. Erste Turmdeck- und Walrückendampfer kommen auf den nordamerikanischen Großen Seen in Fahrt.
– Die belgische Star Steamship Company, Antwerpen, läßt in Britannien das erste und einzige kombinierte Tank-Fahrgast-Schiff bauen, um Leerfahrten USA–Europa zu vermeiden; die Personenbeförderung wird jedoch nicht genehmigt.
– Parsons erster größerer Turbo-Dynamo hat bei 4800 U/min eine Leistung von 200 HP (etwa 150 kW).
– Britannien hat sieben neue Kriegsschiffe der »Royal Sovereign« Klasse.
– Rudolf Diesel erhält Patentrechte für seinen Motor.
– Erste Patente für Kompaß-Fernanzeigen in Deutschland.

1893

– Erster Motor Rudolf Diesels in der Maschinenfabrik Augsburg montiert, der praktische Betrieb bereitet noch Schwierigkeiten.
– Frankreich baut mit dem Schlachtschiff »CHARLES MARTEL« eine der größten »schwimmenden Festungen« der französischen Marine.
– Stapellauf des französischen U-Boots »*GUSTAVE ZEDE*«.
– Institute of Technologie, Massachusetts, USA gegründet.
– Erstes Schiff mit einer Ammoniak-Kompressionskälteanlage; die »PERTHSHIRE«.
– Der Tankdampfer »DEUTSCHLAND« (3700 BRT) der Deutsch-Amerikanischen Petroleum-Gesellschaft ist der erste auf einer deutschen Werft gebaute Tankdampfer.
– Gustaf de Laval gründet seine Turbinenfabrik A/B de Laval's Ångturbin.

1894

– Brown & Hood in Wallsend beginnt mit dem Bau des ersten Turbinenschiffs der Welt, der »*TURBINIA*«.
– O. Schlick veröffentlicht seine Arbeit »Einfluß der Aufstellung von Dampfmaschinen auf das Vibrationsverhalten von Schiffen«.
– Nach dem Umbau des »ersten Dieselmotors« zum zweiten Motor wird der Leerlauf, jedoch noch keine Nutzenergieabgabe erreicht.

1895

– Technikum Bremen gegründet.
– Technikum Hamburg gegründet.
– Föppl entwickelt Lösungen zur Vermeidung von Unwuchtschwingungen.
– Guglielmo Marconi beginnt Versuche mit den von Heinrich Hertz entdeckten elektromagnetischen Wellen.
– Ernst Sachs gründet seine Kugellagerfabrik.

- Der Nord-Ostsee-Kanal wird eröffnet.
- Untergang des Schnelldampfers *»ELBE«* (NdL.) Der Untergang war Anlaß zur Entwicklung der ersten Unterteilungsvorschriften für Passagierschiffe, die bereits 1896 vom Germanischen Lloyd ausgearbeitet und von der Seeberufungsgenossenschaft (SBG) erlassen wurden.
- Stapellauf der neuen russischen Zarenyacht »SCHTANDART« bei Burmeister & Wain in Kopenhagen. 1948/49 Umbau zum Schulschiff »OKA« auf der Schiffswerft »Neptun« in Rostock, Ende der 50er Jahre außer Dienst gestellt.
- Gründung der Kühlmaschinenfabrik »Thomas Ths. Sabroe & Co. AS.« in Aarhus, Dänemark; später ein führendes Unternehmen der Kältetechnik, insbesondere für Schiffskühlanlagen.

1895/96

Erster 17tägiger Dauerbetrieb des Dieselmotors in Augsburg.

1896

- Erste Vorschriften über Schiffssicherheit in Deutschland veröffentlicht.
- American Bureau of Shipping in New York gegründet.

1897

- Der Dieselmotor erreicht seine Produktionsreife, es folgt ein offizieller Prüfstandnachweis.
- Indienststellung der *»TURBINIA«*; Einführung mehrstufiger Reaktions-Dampfturbinen, Rekordfahrt Parsons mit der »TURBINIA« (44,5 t Wasserverdrängung) während der Flottenparade vor Spithead. Mit drei Turbinen und drei Schraubenwellen erreicht das Schiff 34,5 kn.
- *»KAISER WILHELM DER GROSSE«* wird in Dienst gestellt. Mit 20000 t Deplacement und 14350 BRT fährt das Schiff 23 kn, es ist das schnellste Schiff seiner Zeit und Inhaber des »Blauen Bandes«.
- Die Titan Separator A/S in Kopenhagen beginnt mit der Herstellung von Separatoren, zunächst für die Molkereiindustrie, nach Einführung des Dieselmotors auch für den Schiffbau.
- Die A/S Atlas wird in Kopenhagen gegründet. 1968 entwickelt sie als erste Firma der Welt einen Frischwassererzeuger, der die Abwärme des Dieselmotor-Kühlwassers ausnutzt.
- Der Amerikaner H. Spiller erhält vom Patentamt der Vereinigten Staaten ein Patent auf eine pneumatische Steuervorrichtung. Eine annähernd ähnliche Steuerung erhält erstmals der USA-Monitor »TERROR«, der am 13. Februar in Dienst gestellt wird.
- Das Elektroboot »GERMANIA« wird auf der Germaniawerft in Kiel gebaut.
- Mirless Watson Yaryan Co. in Glasgow baut den ersten britischen Dieselmotor als »dritten Dieselmotor der Welt«.
- Der russische Torpedobootzerstörer »WIBORG« erhält als erstes Schiff eine Ölfeuerung für die Kessel.

1898

- Gründung einer Schiffs-Versuchsanstalt in Dresden-Übigau.
- Krylow berichtet über seine grundlegende Arbeit »Theorie über die Rollbewegung im Seegang«.
- Die Turbinen-Torpedobootzerstörer »VIPER« und *»COBRA«* mit 10000 PS bzw. 7350 kW Antriebsleistung werden gebaut und befinden sich in der Erprobung.
- Die Maschinenfabrik Burmeister & Wain erwirbt Patentnutzungsrechte für den Dieselmotor.
- Die Frederikshavn Jernstoberi og Maskinfabrik, heute Alpha-Diesel A/S, wird in Frederikshavn (Dänemark) gegründet und baut anfangs 4-PS-Glühkopfmotoren.
- Der erste Dieselmotor bei Sulzer in Winterthur/Schweiz steht auf dem Prüfstand und leistet als Einzylinder-Viertaktmotor 14,7 kW (20 PS).
- In Anbetracht seiner großen Vorzüge wird der Hall-Anker allgemein bei der Kaiserlichen Marine eingeführt.
- Der Braunsche Sender des Physikprofessors Ferdinand Braun von der Universität Straßburg wird zum Patent angemeldet. Im Juni 1899 erreicht er von Cuxhaven aus die Insel Neuwerk (12 km).

1898/99

Erste deutsche Tiefsee-Expedition im Atlantischen- und Indischen Ozean mit dem Dampfer »VALDIVIA«.

1899

- Gründung einer Versuchsanstalt in Washington.
- Die *»OCEANIC«* erreicht mit einer Länge von 215 m, Deplacement 28500 t und 17200 BRT die Größe der *»GREAT EASTERN«*.
- Imperial Japanese Marine Corperation in Tokio gegründet.
- Die einstufige Laval-Aktionsturbine erreicht 30000 U/min. Laval konstruiert und baut Untersetzungsgetriebe und die »elastische Welle«.
- Das Küstenpanzerschiff *»AEGIER«* erhält als erstes deutsches Schiff Laval-Turbinen für den Generatorantrieb von je 30 kW, die Turbinen werden in der Maschinenanstalt Humbold in Kalk bei Köln gebaut.
- Die Schiffbautechnische Gesellschaft wird an der TH Berlin gegründet.
- Gründung der FIAT-Motorenwerke (Italien).
- Gründung der Vacuum Oil Company zu Hamburg; Albert Ballin erwirbt als einer der ersten den neuen Schmierstoff für die HAPAG.

1900

- Sommerfeld und Reynolds entwickeln die hydrodynamische Gleitlagertheorie, sie ermöglicht leistungsfähige Druck- und Wellenlager.
- Die Welttonnage (kommerziell und nicht kommerziell) zählt 28000 Schiffe (von mehr als 100 BRT) mit 28 Mill. BRT mit einem Anteil der Dampfschiffe von 21 Mill. BRT (75 %). In Deutschland gibt es 947 Redereien mit 2543 Schiffen über 50 t, darunter 1223 Dampfer.
- Zweiter deutscher Versuchstank in Bremerhaven.
- Die *»DEUTSCHLAND«* wird in Dienst gestellt, Deplacement 23200 t, von 1900 bis 1902 Inhaber des »Blauen Bandes«.

um 1900

- Anfänge des Übergangs von Kohlefeuerung zur Ölfeuerung.
- Laval, Frahm, Föttinger, Melleville, Malcapine u.a. suchen nach Möglichkeiten für Schiffsuntersetzungsgetriebe und Umsteuergetriebe.

ab 1900

- Weiterentwicklung des Stahlschiffbaus, anstelle der engstehenden Stützen an jedem zweiten Spant werden Unterzüge und größere Stützenabstände vorgesehen.
- Großbrand in New York, zwei deutsche Dampfer brennen aus, einer sinkt. Die Katastrophe wird zum Anlaß von verbessertem Brandschutz und für Feuerbekämpfungsvorschriften.
- Überhitzter Dampf wird erstmals zum Antrieb von Schiffen verwendet, die Schiffe fahren auf dem Genfer See und auf dem Bodensee, ab 1904 gibt es auch in der Elbe- und Oderschifffahrt Kessel mit Dampfüberhitzung.
- Die Reederei Rickmers, Hamburg, stellt das erste ölgefeuerte Handelsschiff Deutschlands in Dienst.

Chronologie 1901–1985

Das 20. Jahrhundert

1901

- Untersuchung von Torsionsschwingungen in Wellenanlagen.
- Erster MAN-Einzylinder-Viertakt-Tauchkolbenmotor mit 51,5 kW bei 160 U/min.
- Erstes Turbinen-Passagierschiff *»KING EDWARD«*, Leistung 3500 PS (2570 kW), das Schiff blieb bis 1951 in Betrieb.
- Stapellauf des ersten Eisenbahnfährschiffs Deutschlands »FRIEDRICH FRANZ IV« für die Route Warnemünde–Gedser bei der Schichau-Werft in Elbing (Elblag).
- Die ersten Funk-Notrufe gehen über den Atlantik.

1902

- Erster deutscher Kabeldampfer »STEPHAN«, 4600 BRT, 2400 PS (1766 kW) von Stettiner Vulcan-Werft erbaut.
- Gründung des Technikums Kiel.
- Das deutsche Versuchs-U-Boot »FORELLE« läuft auf der Germaniawerft in Kiel von Stapel.
- Das erste deutsche Fischereiforschungsschiff, die »POSEIDON«, läuft auf der Bremer-Vulkan-Werft von Stapel.
- Die Firma »Alpha Diesel A/S« in Dänemark beginnt mit der Herstellung von Umsteuerpropellern.

1903

- Indienststellung des Naphta-Transportschiffs *»VANDAL«*, erstes Dieselmotorschiff, erbaut in St. Petersburg bei Nobel mit dreizylindrigem Motor 120 PS (88 kW) A/B Diesel Motorer Stockholm, für Fahrten auf dem Ladogasee.
- Erste Freibordvorschriften in Deutschland veröffentlicht.
- Erster MAN-einfachwirkender Vierzylinder-Viertakt-Schiffsdieselmotor von 103 kW bei 400 U/min.
- Die Wichmann Motorfabrik A/S in Norwegen stellt ihren ersten Glühkopfmotor her, Leistung 2 PS.
- Amundsen beginnt seine Fahrt mit der »GJÖA« zur Erkundung der Nord-West-Passage.
- Gründung der Versuchsanstalt für Wasserbau und Schiffbau in Berlin.

1904

- Erster englischer Turbinenkreuzer und erster

Torpedobootzerstörer (»EDEN«).
- Lehrstuhl für Schiffbau an der Technischen Hochschule Danzig (Gdansk) eröffnet.
- Einbau eines Sulzer-Zweizylinder-Viertaktmotors mit 29,4 kW in ein Schiff für Fahrten auf dem Genfer See.
- Die »BALTIC«, Deplacement 40000 t, Geschwindigkeit 20 kn, wird in Dienst gestellt.
- Erste deutsche Turbinen-Kriegsschiffe; das Torpedoboot »S 125« erhält als Versuchsboot der Kaiserlichen Marine eine Turbinenanlage, es folgt der Kleine Kreuzer *»LÜBECK«*.
- Erster deutscher Turbinen-Bäderdampfer *»KAISER«*.
- Autogenes Brennschneiden in Deutschland auf den Werften eingeführt.
- Durch VDE-Beschluß wird die Bordspannung auf allen deutschen Schiffen einheitlich auf 110 V festgelegt.

1905
- Fortschritte der Schiffstypenspezialisierung durch zunehmenden Anteil von Tankschiffen.
- Prof. Laas berichtet über fotogrammetrische Messungen von Meereswellen.
- Die Cunard-Line stellt mit »CARMINIA«, Deplacement 29800 t, Geschw. 20 kn das erste große Passagier-Turbinenschiff in Dienst, die Leistung beträgt 15435 kW (21000 PS).
- Die *»VICTORIAN«* macht die erste Turbinendampffahrt über den Atlantik.
- Hermann Föttinger meldet sein hydrodynamisches Getriebe (Transformator) zum Patent an.
- Bau erster doppeltwirkender Zweitakt- und Viertaktmotoren bei Krupp.
- Dr. Hermann Anschütz-Kaempfe gründet am 23. September 1905 in Kiel seine Firma Anschütz & Co., nachdem er auf sein »Gyroskop« (Kreiselkompaß) ein Patent erhalten hatte, gleichzeitig Versuche auf dem Kreuzer »UNDINE«.
- Der Italiener Enrico Forlanini testet auf dem Lago Maggiore ein Boot mit verstellbaren Unterwassergleitflächen.
- Edouard Branly steuert erstmals drahtlos von Land ein besatzungsloses Schiffsmodell auf telemechanischem Wege.
- Die Motorenwerke »FIAT« in Turin nehmen die Motorenproduktion auf.
- Paul Leistritz gründet in Nürnberg eine Spezialfabrik und fertigt die in großer Zahl benötigten Dampfturbinenschaufeln.
- Die erste »Logis-Verordnung« tritt in Deutschland in Kraft als »Bekanntmachung betreffend die Logis-, Wasch- und Baderäume sowie Aborte für die Schiffsmannschaft auf Kauffahrteischiffen«. Diese Verordnung sicherte den Seeleuten verbesserte Lebensbedingungen an Bord.

1906
- Stapellauf des ersten britischen turbinengetriebenen Schlachtschiffs *»DREADNOUGHT«* Leistung 16905 kW (23000 PS).
- »U 1« läuft als erstes deutsches Unterseeboot von Stapel und wird am 16. Dezember in Dienst gestellt, es wird von Petroleummotoren angetrieben.
- F. F. Maier (Österr./Schweiz) entwickelt die sog. »Maierschiffsform«, die jedoch erstmalig 1928 gebaut wird.
- Blohm & Voss in Hamburg erwirbt von Parsons die Lizenz für Dampfturbinen.
- Großfunkstelle Nauen geht als erste deutsche Seefunkstelle in Betrieb.
- In Hamburg wird die »Getreideheber-Gesellschaft« gegründet; vorher löschten etwa 6 Gänge zu je 7 Hafenarbeiter mit Körben, Kübeln und Säcken etwa 800 t pro Schicht.
- Ein Rennboot der Lürssen-Werft in Bremen-Vegesack erreicht 65 km/h (1927 werden 107 km/h erreicht).
- Als Ergebnis der Brüsseler Seerechtskonferenz von 1905 wird in Deutschland erstmals eine Seestraßenordnung (SSO) verabschiedet.

1907
- Der Seebäderdampfer »SILVANA« (804 BRT, 1030 kW) erhält einen Schlingerdämpfungskreisel nach dem Patent von O. Schlick.
- Erste Turbinenschnelldampfer *»LUSITANIA«* und *»MAURETANIA«*; Stapellauf der »MAURETANIA« erstmals in New York, sie hält danach über 22 Jahre das »Blaue Band« des Atlantik mit 24···26 kn, nach Umbau 1929 auf Ölfeuerung erreicht das Schiff 27,2 kn.
- Taylor projektiert das amerikanische Kriegsschiff »DELAWARE« mit Bugwulst.
- Weltweit sind 50 Turbinenschiffe schon gebaut oder im Bau.
- Die »TURBINIA« macht ihre letzte Fahrt.
- I. Isherwood entwickelt eine Längsspantbauweise für Tankschiffe, die außer in Deutschland allgemein als Patent anerkannt wird.
- Verband Deutscher Reeder gegründet.
- Die ersten Meerwasserentsalzungsanlagen (Brüdenkondensatoren) werden an Bord installiert.
- Panzerkreuzer *»SCHARNHORST«*, letzter Panzerkreuzerneubau der Kaiserlichen Marine mit Kolbendampfmaschine.
- Am 8. September 1907 erhält Hermann Frahm für seine Schlingerdämpfungseinrichtung das Patent Nr. 227134.
- Der italienische Professor A. Artom erhält erstes Patent auf einen Funkpeiler.
- Der Atlantik-Funkverkehr wird für die Öffentlichkeit freigegeben.
- Marinebaumeister Kenter entwickelt den nach ihm benannten Kenterschäckel.
- Das U-Boot Hebeschiff *»VULCAN«*, erstes Schiff mit turbo-elektrischem Antrieb in Deutschland und für fast 30 Jahre einzigstes Schiff mit diesem Antrieb.
- MAN baut für die französische Marine vier U-Bootsdieselmotoren für die Boote »CIRCE« und »CALYPSO«, die noch 1917 in Dienst sind.

1908
- »PAUL PAUX«, Deplacement 6400 t, wird als erstes Tankschiff mit Isherwood-Längsspantensystem gebaut.
- In der Weltflotte gibt es bereits 171 Turbinenschiffe mit insgesamt 1.435.271 kW (1.952.750 PS).
- Dem in spanischen Gewässern kreuzenden Linienschiff »DEUTSCHLAND« gelingt es erstmals, sich mit dem 4-kW-Poulsen-Sender mit dem Heimathafen Kiel zu verständigen.
- Im deutschen Schiffs-Dampfmaschinenbau erhält erstmals der Marinetender »DRACHE« eine ventilgesteuerte Lentz-Einheits-Schiffsmaschine (LES).
- Der russische 5700-t-Tanker »DJELO«, erstes seegehendes Handelsschiff mit Dieselmotorantrieb (2 × 400 kW); es fährt im Kaspischen Meer.

1910
- Föttinger entwickelt das Strömungsgetriebe.
- Parsons setzt erstes Zahnradgetriebe in einer Schiffsturbinenanlage ein.
- Taylor entwickelt den Taylor-Bugwulst weiter.
- Föttinger beginnt mit den Probefahrten seines Versuchsdampfers *»FÖTTINGER TRANSFORMATOR«*.
- Der Dampfer *»CORCOVADO«* (erbaut 1907) 8099 BRT, 4500 PS bzw. 3312 kW wird mit einem Frahm-Schlingertank zur Erprobung ausgerüstet.
- Erster umsteuerbarer MAN-6-Zylinder-Viertaktmotor mit 625 kW bei 450 U/min.
- Der Amerikaner Eugen Ely startet erstmals mit einem Flugzeug von Bord des Kreuzers »BIRMINGHAM«. Am 18. Januar 1911 glückt die erste Landung auf dem Kreuzer »PENNSYLVANIA« in der Bucht von San Francisco. Es beginnt die Zeit der trägergestützten Flugzeuge.
- Baubeginn des italienischen Linienschiffs »GULLIO CESARE«, auf dem erstmals die Hauptartillerie in Drilling-Türmen aufgestellt wird.

1911
- Frahm erprobt den Schlingertank.
- Holzwarth erprobt einen ersten Vorläufer der Gasturbine.
- Die »Deutsche Betriebsgesellschaft für drahtlose Telegrafie mbH« wird gegründet; unter dem Kurznamen DEBEG wird sie bald weltbekannt.
- Das Rennboot »LÜRSSEN-DAIMLER« der Lürssen-Werft gewinnt die »Meisterschaft des Meeres«.
- Der englische Ingenieur Humphrey zeigt auf der Weltausstellung in Brüssel eine Humphrey-Gaspumpe, eine Art Vorläufer der späteren Gasturbine.
- Christian Wirth aus Nürnberg stellt sein unbemanntes Fernlenk-Motorboot »FRIDA» auf dem Wannsee vor.

1912
- Indienststellung des dänischen Zweischraubenschiffs *»SELANDIA«*, als erstes Hochsee-Dieselmotorschiff am 17. Februar 1912.
- Die *»TITANIC«* der White-Star-Linie sinkt am 15. April 1912 nach einer Kollision mit einem Eisberg im Nordatlantik, die Sicherheitsmaßnahmen derartiger Schiffe erweisen sich als unzureichend.
- Erste Versuche zur Aufladung von Motoren durch Sulzer.
- Der englische P & O Liner »OCEANA« sinkt nach einem Zusammenstoß mit der deutschen Viermastbark »PISAGUA«, 46 Kisten Gold, 9 Kisten Silbermünzen und 1567 Silberbarren im Zeitwert von 747610 Pfund versinken, werden aber später geborgen.
- Das erste, von der österreichischen Staatstelegraphenverwaltung errichtete »K. u. K. Bordtelegraphenamt« wird am 8. Mai 1912 auf dem Dampfer »KAISER FRANZ JOSEF I« der

»Austro-Americana-Linie« in Betrieb gesetzt.

1913

- Die »IMPERATOR« (52117 BRT, 22,5 kn) wird als erster Vierschrauben-Turbinenschnelldampfer in Dienst gestellt. Die Turbinen leisten 55860 kW (76000 PS), ihre Masse beträgt 2910 t, die Turbinen sind insgesamt mit 1500000 Turbinenschaufeln bestückt.
- Der Kanaldampfer »PARIS« erhält das seinerzeit größte Rädergetriebe für 10290 kW, Raddurchmesser 1,5 m, Ritzelbreite 800 mm.
- Der Seebäderdampfer »KÖNIGIN LUISE« der Hamburg-Amerika-Linie wird mit einem Föttinger-Transformator ausgerüstet. Im gleichen Jahr folgt das Turbinen-Passagierschiff *»ADMIRAL VON TIRPITZ«*, Leistung 2 × 7350 kW.
- Der Norddeutsche Lloyd befördert den zehnmillionsten Passagier nach Amerika (der Ungar Ferencz Vaszily erhielt aus diesem Anlaß als Ehrengast eine kostenfreie Passage III. Klasse).
- Auf Initiative von Hermann Blohm und Otto Schlick wird die Hamburger Schiffbau-Versuchsanstalt (HSVA) als GmbH gegründet.
- Am Altonaer Fischmarkt erscheint der damals größte Fischdampfer der Welt, die aus Grimsby stammdende »PASSING« der englischen Reederei A. L. Black.
- Mit 657 Personen an Bord brennt auf dem Atlantik der englische Passagierdampfer »VOLTURNO«. Bei fast 50stündigem Funkverkehr eilen 11 Schiffe zu Hilfe und retten 521 Menschen, 136 Menschen fanden den Tod.
- Auf der Schiffsüberfahrt der »DRESDEN« von Antwerpen nach Harwich endet das Leben Rudolf Diesels, er verschwindet auf ungeklärte Weise in der Nacht vom 29. zum 30. September 1913 von Bord.

1914

- Die deutsche Handelsflotte ist mit rund 5600000 BRT die zweitgrößte der Welt.
- Die *»VATERLAND«* (54282 bzw. 56000 BRT) Schwesterschiff der *»IMPERATOR«*.
- Die *»BISMARCK«* (56551 BRT) Schwesterschiff der »VATERLAND« und »IMPERATOR«.
- Die Turbinen des britischen Schlachtkreuzers »REPULSE« leisten 82320 kW (112000 PS).
- Das Fahrgastschiff »AUSONIA« erhält die erste in Deutschland gebaute Turbinenanlage mit Untersetzungsgetriebe.
- Erste Konferenz zum Schutz menschlichen Lebens auf See.
- Eröffnung des Panamakanals.
- Erstmals gelingt es, Stähle durch den Zusatz von Chrom und Nickel säurebeständig herzustellen und damit die Anwendungsmöglichkeiten im Schiff- und Maschinenbau zu erweitern.

1914/15

Die beiden ersten Kühlschiffe Deutschlands werden fertiggestellt; die *»PUNGO«* wird im Krieg zum Hilfskreuzer »MÖWE«.

1915

- Die Zahnradfabrik Friedrichshafen AG beginnt den Getriebebau.
- Die Versenkung der *»LUSITANIA«* (7. Mai 1915) durch Torpedotreffer des deutschen U-Boots »U 20« in der Irischen See mit fast 2000 Menschen an Bord ruft weltweite Empörung hervor, 1198 Menschen finden den Tod.
- In Entwürfen stellt C. W. Linscott eine Doppel-Heckstrahlanlage (Querstrahlruder) vor, die Realisierung bleibt jedoch noch aus.
- Die in Britannien gebaute »AZTEC« ist ein erster Entwicklungsschritt zum Produktentanker.

1916

- Erste Schweißversuche im deutschen U-Bootbau.
- Die ersten Kohlenstaubmotoren von Rudolf Pawlikowski kommen auf den Markt.
- Schiffbautechnische Versuchsanstalt in Wien eröffnet.

1917

- Der erste Flugzeugträger »FURIOS« wird in Dienst gestellt
- Ingenieur Brase aus Berlin entwickelt ein Stufengleitboot, das eine Geschwindigkeit von 40 kn erreicht.

1918

- Durch den zögernden Beginn des Turbinenbaus in Deutschland sind in deutschen Schiffen bisher nur 1249500 kW (1700000 PS) Turbinenleistung installiert.
- Der Amerikaner Alexander Graham Bell fährt mit seinem Pionier-Tragflächenboot »HD-4« Weltrekord mit 114 km/h.

1918/20

Die *»FULLAGAR«* (Länge 50 m, 420 BRT) wird als erstes elektrogeschweißtes Schiff bei Cammellaird & Co, Birkenhead, gebaut.

1919

- Bei den Stettiner Oderwerken läuft nach dem ersten Weltkrieg der 933-BRT-Dampfer »E. RUSS« von Stapel. Er braucht als einziger Neubau des Jahres 1919 nicht für Reparationsleistungen abgeliefert werden und wird somit zum ersten Schiff der neuen deutschen Handelsflotte. Bis zum 30. Juni sind 176 Schiffe mit 1025388 BRT an die Alliierten übergeben.
- Zusammenschluß aller deutschen Seelotsen im Deutschen Lotsenbund.
- Dr. Pungs und Dr. Gerth entwickeln die drahtlose Telefonie weiter. Von Berlin nach Moskau kann bereits über 1700 Kilometer telefoniert und Musik drahtlos gehört werden, ab 1923 erstmalig auch für Schiffe eingesetzt.
- Der für die Standard Shipping Co. (USA) gebaute 11205-t-DW-Turbinentanker »S. B. HUNTER« ist der erste Benzintanker.

1920

- Die »URUNDI« der Deutsch-Ostafrika-Linie erhält als erstes deutsches Frachtschiff eine Getriebeturbine.
- Die ersten großen Diesel-Fahrgastschiffe mit Sammeluntersetzungsgetrieben für 4×1103 kW »MONTE SARMIENTO« und »MONTE OLIVIA« werden von der Hamburg-Süd-Linie in Auftrag gegeben.
- Die D. D. G. Hansa stellt mit »FRAUENFELS« ihren ersten Nachkriegsneubau in Dienst.
- Bis September 1920 sind Schiffe mit 1944565 BRT an die Alliierten übergeben.
- Beginn der allgemeinen Ausrüstung der Schiffe mit Funkgeräten, Funkpeilern und Echoloten.
- Das Kühlschiff »FRIGIDO«, ausgerüstet auf der Wiltons-Schiffs-Werft in Rotterdam, erhält als erstes Schiff ein strombetätigtes Flettnerruder mit angelenkter Klappe.
- Dr. Wagner erhält ein Patent für sein Star-Contra-Ruder.
- Kohlensäure-Feuerlöschanlagen erstmals an Bord.

1921

- Josef Becker gründet in Niederspay am Rhein eine Bootswerft; heute Produzent der bekannten Schottel-Ruderpropeller und des Schottel-Navigators.
- Indienststellung des turbinengetriebenen Passagier- und Frachtdampfers »USARAMO« der Deutschen Ostafrika Linie.
- Die Deutsch-Australische DG stellt als erstes reines Frachtschiff mit Turbinenantrieb die »HANNOVER« in Betrieb.
- Die »G. HARRISON SMITH« (Länge 168 m, Breite 22 m) wird zu einem der ersten Erz-Öl-Frachtschiffe.
- Die Hamburg-Südamerikanische DG kauft von Shipping Controller ihren Schnelldampfer *»CAP POLONIO«* zurück; das Schiff wird damit das größte deutsche Nachkriegs-Handelsschiff.
- Die Hamburg-Amerika Linie stellt den Passagierdampfer *»DEUTSCHLAND«* (16376 BRT), der zwischenzeitlich »VICTORIA LUISE« hieß, als »HANSA« in den Transatlantikdienst.
- Der Schwede Dr.-Ing. Carl Montelius (1881–1954) erhält ein Patent auf seine Schraubenspindelpumpe.

1922

- Stapellauf des Schnelldampfers *»ALBERT BALLIN«* (20815 BRT), später »HANSA«, nach 1945 »SOVJETSKY SOYUS«, erster deutscher Nachkriegsneubau über 20000 BRT bei Blohm & Voss.
- Lloyds Register gibt Bauvorschriften für Tankschiffe mit Längsspanten heraus.
- Beginn der Schiffbaulehre an der Nippon Kaiyi Kyokai Universität Tokio.
- Indienststellung des ersten US-Flugzeugträgers »LANGLEY«.
- Mit der Ablieferung des HAPAG-Schnelldampfers *»BISMARCK«* (mit 56551 BRT seinerzeit größtes Schiff der Welt) an die White Star Line Liverpool endet die Ablieferung deutscher Schiffe.
- Im Schiffbau beginnt die Verwendung von Aluminium.
- Das holländische U-Boot-Mutterschiff »PELIKAAN« ist das erste diesel-elektrische Schiff, das nach dem ersten Weltkrieg wieder in Europa gebaut wird.
- Durch den Germanischen Lloyd werden erstmals Stahl-Lukendeckel zugelassen.

1922/23

Ein neues Getriebe mit Föttinger-Transformator wird erprobt.

1923

- Der Norddeutsche Lloyd nimmt mit der »ERFURT« (4201 BRT) sein erstes großes Frachtmotorschiff in Betrieb.
- In Danzig (Gdansk) wird (nach zehnjähriger Bauzeit infolge des Krieges) der Passagierdampfer *»COLUMBUS«* fertiggestellt, jedoch nicht in Fahrt gebracht.
- Der 1918 gebaute 6205-t-DW-Kohlefrachter »RONA« wird zum ersten Melasse-Tanker umgebaut.
- Der Amerikaner Elmar Sperry erhält auf sei-

nen Kreiselstabilisator das USA-Patent Nr. 1452482.

1924

- Die deutsche Handelsflotte (ohne Schlepper, Leichter, Fischereifahrzeuge) besteht aus 1306 Schiffen mit 2614271 BRT und nimmt den zwanzigsten Platz in der Welt ein, gegenüber dem zweiten Platz mit 5,6 Mill. BRT vor dem ersten Weltkrieg.
- In Kiel wird das erste Rotorschiff »BUCKAU« vorgeführt.
- Mit der Bildung der Schiffahrtsorganisation »Sovtorgflot« wird in der Sowjetunion der Wiederaufbau der Handelsflotte eingeleitet. Im Oktober 1925 läuft der Neubau »TOWARISCH STALIN« als erstes Neubauschiff der UdSSR-Handelsflotte von Stapel.

1925

- Entwicklung der Abdampfturbine (erster Einsatz 1927 auf Fischdampfer »SIRIUS«) und Entwicklungsbeginn schnellaufender Dieselmotoren.
- Spezielle Erztransportschiffe »SVEALAND« und »AMERIKALAND« mit 21000 t DW in Deutschland gebaut.
- Die ersten kombinierten Zahnrad-Hydraulikgetriebe werden als Vulcan-Getriebe auf MS »DUISBURG« und MS »ALTENFELS« eingebaut.
- Für den Walfang werden erste Heckslip-Konstruktionen entwickelt.
- Der Erfinder Walter Douglas La Mont nimmt in New York seinen Versuchskessel in Betrieb.
- Der österreichische Elektro-Ing. Ernst Schneider aus Wien erhält ein Grundpatent auf sein Flügelgittersystem, dem späteren Voith-Schneider-Antrieb.

1925/26

Erster doppeltwirkender MAN-Zweitaktmotor mit 3238 kW.

1926

- Register der UdSSR (RS) in Leningrad gegründet.
- Für die Norddeutschen Seekabelwerke wird der erste große Kabelleger der Nachkriegszeit, die »NEPTUN« (7250 BRT), von Blohm & Voss fertiggestellt.
- Für die Reichsmarine wird bei der AG Weser das Flettner-Rotorschiff *»BARBARA«* (2097 BRT) in Dienst gestellt.
- Der »Andresen-Ring« (DRP 4905356) nach Dr.-Ing. Andresen ist als Vorläufer der Kort-Düse in der Versuchsphase.
- Auf dem Rhein kommen die ersten Motor-Fahrgastschiffe in Fahrt.
- Die ersten »Westfalia«-Ölseparatoren werden eingesetzt, erstes damit ausgerüstetes Schiff ist der Turbinenfrachter »SIMON VON UTRECHT«.
- Der bei Armstrong, Witworth & Co. gebaute Tanker »ARTHUR VON SEWALL« wird einer der ersten Asphalt-Tanker.

1927

- Die Hamburg-Südamerikanische DG stellt den Schnelldampfer *»CAP ARCONA«* (27560 BRT) in Betrieb.
- Der amerikanische Marine-Ingenieur Arthur Butterworth aus San Francisco meldet seine Tankwaschmaschine zum Patent an.
- Der Fischdampfer »SIRIUS« erhält die erste Bauer-Wach-Abdampfturbine.
- Erster Spiegelabtaster von Dr. Hell, Vorläufer für den heutigen Wetterkartenschreiber.
- Speziell zur Probefahrt der *»BREMEN«* entwickelt Prof. Lerbs einen Staudruckmesser zur Geschwindigkeitsbestimmung.

1928

- Rettungsaktion des sowjetischen Eisbrechers *»KRASSIN«* zur Bergung der Nobile-Expedition.
- Die »Columbuskaje« in Bremen wird in Betrieb genommen.
- Der vom Bremer »Vulkan« für die »Internatioal Petroleum Company Ltd.« in Toronto gebaute »C. O. STILLMANN« ist mit 23078 t DW seinerzeit der größte Tanker der Welt.

1929

- Stapellauf des Gefriertrawlers »VOLKSWOHL«; Beginn der Kältekonservierung des Fangs an Bord.
- Versuche zur Schlingerdämpfung mit beweglichen Festkörpermassen nach Siemens auf den Schiffen »CORDILLIERA« und »EUROPA«.
- Ludwig Kort erhält das Reichspatent Nr. 484315 auf seine erste Düsenkonstruktion, die später zur Ruderdüse weiterentwickelt wird.
- Sulzer erprobt die direkte Brennstoffeinspritzung.
- *»BREMEN«*, 51731 BRT und 28,5 kn, in Dienst gestellt (bis 1934 Inhaber des »Blauen Bandes« ostwärts), die Turbinen leisten 66150 kW (90000 PS).
- »FEHMARN« und »USEDOM« (Länge 40,6 m, 75 PS), erste geschweißte Frachtschiffe in Deutschland, von den Deutschen Werken in Kiel erbaut.
- Der Voith-Schneider-Propeller wird erstmals in Postdam der Öffentlichkeit vorgestellt.
- Die von der Firma Gustav Winkler entwickelten »MÖWE«-Floßboote (Schlauchboote) werden erstmals von den deutschen Behörden als Hilfsbootsraum zugelassen.
- Die Firma Siemens erprobt auf dem Versuchsboot »FUCHS« die Dämpfung mit elektrisch gesteuerter Massenverlagerung.
- Der Dampfer »LEUNA« der Hamburg-Amerika-Linie (HAL) erhält zur Verringerung des Widerstands des Hinterstevens einen aufgesetzten Kegel; Vorläufer der sog. »Costa Birne«.
- Die »ST. LOUIS«, 16732 BRT, 973 Passagiere, 16,5 kn, seinerzeit Deutschlands größtes Motorschiff.
- Zollkreuzer »BREMSE« in Dienst gestellt, 1931 folgt der Zollkreuzer »BRUMMER«; beide Schiffe dienen der Erprobung von leichten und wirtschaftlichen Dampfturbinen für die deutsche Kriegsmarine.
- Friedrich Wilhelm Pleuger gründet in Berlin eine Fabrik für Unterwasserpumpen.
- Der 10000-t-DW-Frachter »LICHTENFELS« der DDG HANSA erhält als erstes Schiff einen Schwergut-Ladebaum von 120 t Tragfähigkeit, der eine Ladeluke von 23 m × 7,4 m bestreicht.

1930

- Entwicklung der Tragflügeltheorie für Schiffsschrauben, Schiffsdüsensysteme und erster Verstellpropeller.
- Festigkeitsversuche und -berechungen am Schiff und an einzelnen Bauteilen, Beanspruchungen am fahrenden Schiff, Entwicklung erster automatischer ölgefeuerter Kessel.
- Schnelldampfer *»EUROPA«*, 49746 BRT und 28,5 kn, bis 1934 »Blaues Band« westwärts.
- Erste Klimaanlagen an Bord von Schiffen.
- Die internationale Lademarkenkonvention tritt in Kraft.

1931

- Oberingenieur Adolf Lüchau von der Hitzler-Werft in Lauenburg/Elbe entwickelt sein patentiertes Hitzler-Ruder für Binnenschiffe.
- Die »AGNITA«, erster Schwefelsäuretanker.

1932

- Schweden baut mit der »YMER« den ersten Eisbrecher mit dieselelektrischem Antrieb.
- Dr. Meint Harms meldet ein Navigationsverfahren zum Patent an, welches nach dem zweiten Weltkrieg zum Decca-Verfahren entwickelt wird.
- Mit dem Schnellboot »S 6« wird der schnellaufende Dieselmotor als Antriebsmaschine eingeführt.

1933

- Die Viermotoren »Vulcan«-Getriebeanlagen von 20000 kW für die deutsche Kriegsmarine sind die seinerzeit größten Schiffsmotoren-Getriebeanlagen der Welt.
- Die »WESTFALEN« (5637 BRT) wird erster schwimmender Flugstützpunkt der Deutschen Lufthansa AG im Atlantik, als weitere Schiffe folgen »SCHWABENLAND«, »OSTMARK« und »FRIESENLAND«.

1934

- Untergang des Frachtschiffs/Eisbrechers »TSCHELJUSKIN« auf der Fahrt von Murmansk nach Wladiwostok.
- Erste Objektortung durch Rückstrahlung als Anfang der Funkmeßortung in der Reichsmarine-Versuchsanstalt.

1935

- *»NORMANDIE«*, 83423 BRT; Länge 300 m; 29 kn, in Dienst gestellt; sie wird 1935/36 und 1937/38 Inhaber des »Blauen Bandes«.
- FIAT erreicht mit seinem doppelwirkenden Zweitaktmotor 14720 kW, die bis dahin höchste Leistung eines Motors.
- Erweiterter Einsatz der Schweißtechnik und der Sektions-Vorfertigung.
- Versuchsluftkissenboot »L-1« in der UdSSR erprobt.
- Erste Deutsche Walfang Gesellschaft gegründet, der HAPAG-Dampfer »WÜRTTEMBERG« wird zum Mutterschiff *»JAN WELLEM«*.
- Schubschiff »UHU« fährt mit einem Voith-Schneider-Antrieb.
- Doppel-Düsenschlepper »MACHNOW« fährt mit festen Düsen.
- Die Firma Denny Brown in Edinburgh baut die ersten Flossenstabilisatoren.
- Erstmalige Aufstellung der Hauptartillerie in Vierlingstürmen auf dem französischen Schlachtkreuzer »DUNKERQUE«.
- Die Werft Svan Hunter (Brit.) baut mit der »MOIRA« (2240 t DW), den ersten vollgeschweißten Tanker für die Hochseefahrt.

1936
– USA-Kongreß veranlaßt durch den »Merchant Marine Act« die langfristige Entwicklung von Standard-Frachtschiffen.
– »MISS AMERICA X« wird mit 201 km/h schnellstes Motorboot der Welt (4×12-Zyl.-Packard-Motoren mit insgesamt 6400 PS).
– Erster dieselelektrischer Antrieb auf einem Frachtschiff (6000-t-HAPAG-Frachter »WUPPERTAL«).
– Feuerschiff *»ELBE 1«* gesunken.
– Auf dem Schlachtschiff »TIRPITZ« werden erstmals 3000 m PVC-Rohre verlegt.
1938
– Der Fischdampfer »VOLKSWOHL« wird zum ersten deutschen Fischmehlschiff umgebaut und geht unter dem Namen »KEHDINGEN« auf Fang; er wird im zweiten Weltkrieg als Wetterbeobachtungsschiff der Marine versenkt.
1939
– Die Welthandelsflotte zählt etwa 30000 Schiffe (mehr als 100 BRT) mit etwa 70 Mill. BRT.
– Der britische Passagierdampfer »ATHENIA« (13581 BRT) wird als erstes Schiff im zweiten Weltkrieg, 8 Std. nach Kriegserklärung, Opfer eines deutschen U-Boots.
– Dr. E. Kramer von der Lorenz AG entwickelt das Consol-Funkfeuersystem »Sonne«; einzelne Stationen waren für die Marine- und Luftnavigation noch 1975 in Betrieb.
1939 bis 1945
Auf den USA-Werften und in Kanada werden auf der Grundlage von 3 Schiffbauprogrammen (Peace Program, War Energency Program, Victory Program) insgesamt 5700 Schiffe in Serie gebaut.
1940
– Die *»QUEEN ELISABETH«* (83637 BRT, Geschw. 31 kn) wird als Truppentransporter in Dienst gestellt, nach 1945 hält sie das »Blaue Band« bis 1952. Die Turbinen haben mit 147000 kW (200000 PS) die bislang größte je auf einem Handelsschiff installierte Leistung.
– Beförderung von Kriegsmaterial als »rollende Ladung« auf Schiffen mit Rollrampen.
– »PATRICK HENRY«, das erste Liberty-Schiff, läuft am 26. September in den USA von Stapel, ihm folgen bis 1945 insgesamt 2750 Liberty-Schiffe.
1941
– Vernichtung des britischen Schlachtkreuzers *»HOOD«* durch das deutsche Schlachtschiff *»BISMARCK«*, das 3 Tage danach durch britische See- und Luftstreitkräfte versenkt wird.
– Erster Flugzeugträger zur Begleitung von Geleitzügen im Einsatz; Umbau des ehemaligen MS »HANNOVER« (5725 BRT) des NdL.
– Einsatz erster CAM-Ships (Catapult Aircraft Merchantman), also von Handelsschiffen, die zur U-Boot- und Fliegerabwehr mit Katapult und Flugzeug ausgerüstet werden.
1942
– Erster ungarischer Versuchs-Lastkahn mit dem sog. »Asboth«-Aggregat, einem Motor mit Rotorblättern.
– Die *»NORMANDIE«* sinkt nach einer Brandkatastrophe im Hafen von New York.
1943
In Großbritannien werden erste Versuche unternommen, um aus Flugzeugtriebwerken Schiffsgasturbinen zu entwickeln, 1944 erstmals auf einem Kanonenboot eingebaut. 1951 wird Tanker »AURIS« erstes Gasturbinen-Handelsschiff.
1944
– Untergang des japanischen Großschlachtschiffs *»MUSASHI«* (72800 t).
– Stapellauf der »VANGUARD« als letztes größtes Schlachtschiff, das jemals in Britannien gebaut wurde, bereits 1960 verschrottet.
– Erprobung von »Walter-Sauerstoffturbinen« auf U-Booten der deutschen Kriegsmarine.
1945
Unterzeichnung der japanischen Kapitulationsurkunde an Bord des Schlachtschiffs *»MISSOURI«* in der Bucht von Tokio Ende des zweiten Weltkriegs.
1946
– Die Direktive Nr. 37 der Alliierten Kontrollbehörde in Potsdam vom 26. September 1946 gestattet nach dem zweiten Weltkrieg Schiffsneubauten bis 1500 BRT in Deutschland.
– Erster Neubauauftrag der UdSSR nach dem zweiten Weltkrieg an eine deutsche Werft. Die seinerzeitige Binnenwerft Brandenburg beginnt dementsprechend mit dem Bau von Seinern für die Ringwadenfischerei im Schwarzen Meer.
1947
Die Bildung einer Reparaturwerft in Warnemünde leitet den Aufbau zu einer Großwerft, der heutigen Warnowwerft, ein.
1948
– Abschluß des Londoner Schiffssicherheitsvertrags.
– Einführung der funktionssicheren Stevenrohrabdichtung im Seeschiffbau, später entstand daraus u. a. die »Simplex-Compact-Abdichtung«.
– In den USA wird zu Forschungszwecken ein »Liberty«-Schiff an jeder Bordseite mit 2 Turboprop-Flugzeugantrieben ausgerüstet, Gesamtleistung 17652 kW (24000 PS).
– Der erste Tanker für den Transport von Butan, die »NATALIA O. WARREN« (Kapazität 3000 t) wird in den USA in Dienst gestellt.
– Beginn der Errichtung einer Spezialwerft für Fischereischiffe, der heutigen Volkswerft Stralsund.
1949
– Stapellauf des ersten Loggers auf der Volkswerft Stralsund, Beginn des Serienbaus von insgesamt 594 Loggern im Taktverfahren.
– Fertigungsbeginn von Dieselmotoren in Rostock.
1950
– Erste »Generation« von Bugstrahlrudern als Voith-Schneider-Flügelradpropeller im quadratischen Querkanal entwickelt und im Schiffbau eingeführt; ein erster »Voith-Wassertrekker« wird in Dienst gestellt.
– Die Welthandelsflotte besteht aus etwa 30000 Schiffen (mit mehr als 100 BRT) mit etwa 84 Mill. BRT, Anteil der Tankschiffe an der Gesamttonnage erreicht 20 %. In der einsetzenden beschleunigten Schiffstypenspezialisierung entstehen Massenschüttgutschiffe, Kühlschiffe, technische Fahrzeuge u. a. Der Anteil der Motorschiffe erreicht 50 % an der Gesamtzahl und 30 % an der Gesamttonnage.
– Erster MAN-Sechszylinder-Viertaktmotor mit Hochaufladung.
– Gründung der DSRK als Deutsche Schiffsrevision und -klassifikation, der heutigen DDR-Schiffsrevision und -klassifikation.
1951
– Das schwedische Torpedoboot »T 38« ist mit 50 kn das schnellste Kriegsschiff der Welt.
– Eröffnung der »technischen Fakultät« an der Universität Rostock; die Errichtung einer Technikfakultät stellt ein Novum an einer deutschen Universität dar.
– Stapellauf des ersten Trawlers auf der Volkswerft.
1952
– *»UNITED STATES«*, 53329 BRT, Länge 302, Leistung 246000 PS (181056 kW), Geschw. 36 kn, wird in Dienst gestellt und erhält das »Blaue Band«.
– Auf dem Frachter »LUISE LEONHARDT« wird erstmals ein von der Fa. BHS Getriebetechnik AG Sonthofen entwickeltes »Planetengetriebe« eingebaut.
– Burmeister & Wain (Dänem.) gelingt erstmalig in der Welt, einen Zweitakt-Dieselmotor mit Hochaufladung in Betrieb zu nehmen.
– Erste Versuche in den USA, um Flüssiggas über See zu transportieren.
1952/53
Übergang zur allgemeinen Verwendung von Schweröl für Dieselmotoren
1953
– Erstes Echolot als »Fischlupe« für Fischereischiffe.
– Erstes Versuchs-Luftkissenboot in der DDR.
– Der VEB Schiffswerft »Neptun« Rostock leitet als erste Werft der DDR mit der Übergabe des kohlegefeuerten Frachters *»KOLOMNA«* an die Seeflotte der UdSSR den serienmäßigen Neubau von Frachtschiffen nach dem zweiten Weltkrieg ein. Von diesem Typ werden 19 Schiffe gebaut.
– Gründung der Schiffbauversuchsanstalt Potsdam/Marquardt.
1954
– Stapellauf des U-Boots *»NAUTILUS«*, USA, des ersten Schiffs mit Kernenergieantrieb; in Dienst ab 22. April 1955, heute USA-Marinedenkmal.
– Erste funktionsfähige Kernreaktoren stehen dem Schiffbau zur Verfügung; die Entwicklung kernkraftgetriebener Schiffe beginnt.
– Die britischen Trawler »FAIRFREE« und »FAIRTRY« erhalten als erste Fangschiffe eine Heckaufschleppe.
– Die Fertigstellung des 200. Loggers auf der Volkswerft Stralsund.
1955
– Der schwedische Schüttgutfrachter »JAKARA« erhält als erstes Schiff zusätzliche Hängedecks für den Autotransport.
– Die Howaldtswerft, Kiel, beginnt mit dem Bau der ersten Serie von Fang- und Verarbeitungsschiffen mit Heckfangausrüstung Typ »PUSCHKIN« für die UdSSR.
1956
– Das »True-Motion«-Radargerät wird in der Schiffahrt eingeführt.
– Erste Glattdeckluke von MacGregor auf dem Vorschiff des MS »TRANSSYLVANIA«.

- »ANDREA DORIA« sinkt nach Kollision mit der »STOCKHOLM« infolge der ersten schwerwiegenden Fehlauswertung des Radarbilds.
- Die Firma Karl Jastram (BRD) bietet erstmals Querschubanlagen mit gegenläufigen Propellern an.
- Stapellauf des ersten 10000-t-DW-Frachtschiffs (Typ IV), der »FRIEDEN«, auf der Warnowwerft; Indienststellung durch die Deutsche Seereederei Rostock im Folgejahr.
- Fertigstellung des 400. Loggers auf der Volkswerft Stralsund.

1957
- Der erste sowjetische Kernenergie-Eisbrecher »LENIN« läuft von Stapel.
- Erste Schubeinheit auf dem Rhein mit dem Schubboot »WASSERBÜFFEL«
- Der erste Bohrinselversorger »HOWARD B. COLEJR« wird als Neubau in Dienst gestellt.

1958
- Die Kernenergie-U-Boote »NAUTILUS« und »SKATE« kreuzen unter der Polareisdecke vom Atlantik in den Pazifik.
- Erster FIAT-Zwölfzylinder-Dieselmotor mit 12880 kW.
- Fertigstellung des ersten Seefahrgastschiffs 8000 PS, Typ »Michail Kalinin« (Serie 18 Schiffe) auf der Mathias-Thesen-Werft, Wismar.

1959
- Die »SAVANNAH«, erstes Kernenergie-Handelsschiff der USA, in Dienst gestellt.
- Der Raketenkreuzer »LONG BEACH« ist das erste Überwasserkriegsschiff mit Nuclearantrieb.
- Das erste britische Luftkissenboot S. R. N.-1 macht seine erste Kanalüberquerung.
- Ab 26. Juli müssen die Schiffe laut internationalen Übereinkommen mit Entölern ausgerüstet sein.
- Bildung der Vereinigung Volkseigener Betriebe (VVB Schiffbau) und des Instituts für Schiffbau in Rostock.
- Aufnahme der Großmotorenproduktion in Rostock.

1960
- Die »FRANCE«, 66800 BRT, 31 kn, mit 315,47 m längstes Passagierschiff der Welt, läuft von Stapel und wird 1962 in Dienst gestellt.
- Meereskundliche Anwendung von Wettersatelliten zur Untersuchung der Eisverhältnisse auf den Meeren.
- Fertigstellung des Umbaus des 22400-BRT-Fahrgastschiffs »HAMBURG« zum Walfangmutterschiff *»JURI DOLGORUKI«* als letzter Auftrag eines Reparaturprogramms, bei dem auf DDR-Werften insgesamt 430000 BRT Schiffsraum wiederhergestellt bzw. umgebaut werden.

1961
- Die *»ENTERPRISE«*, USA-Kernenergie-Flugzeugträger, in Dienst gestellt, mit 340 m Länge, 77 m Breite, 35 kn Geschwindigkeit, einer Maschinenleistung von über 300000 PS (220800 kW) und einer Aktionsweite von etwa 350000 Seemeilen derzeit größtes Kriegsschiff der Welt.

1962
- Das amerikanische FLUME-Tanksystem wird patentiert.
- Der Konstrukteur Gerhard Hoffmann von der Warnowwerft erhält ein Patent auf die durch ihn entwickelte Strömungsleitkammer zur Schiffserprobung.

1963
- Erster FIAT-Zwölfzylinder-Motor mit 23920 kW.
- Die Bugwulstkonstruktion des Ingenieurs Ernst Eckert von der »Esso«-Tankschiffs-Reederei wird zum Patent angemeldet.
- Das US-Atom-U-Boot »THRESHER« (3747/4300 t) gesunken; 129 Besatzungsmitglieder finden den Tod.
- Inbetriebnahme der »Vogelfluglinie« zwischen Puttgarden (Fehmarn) und Rodby (Dänemark).

1964
Fertigstellung des ersten Typschiffes für 750 Fahrgäste *»IVAN FRANKO«* (21000 PS) auf der Mathias-Thesen-Werft.

1965
Auf der Werft AG Weser entsteht mit der »NAESS NORSEMANN« der erste OBO-Typ (Ore-Bulk-Oil).

1966
- Erste Elektromotoren mit supraleitenden Wicklungen werden gebaut.
- Das Doppler-Sonar wird als Ortungsverfahren in der Hochseeschiffahrt genutzt.
- Der Konstrukteur Friedrich Wilhelm Jenckel von der Elbewerft Boizenburg erhält ein Patent für das durch ihn entwickelte Mehrflächenruder für Binnenschiffe.
- Unterwasserfahrt einer Gruppe sowjetischer Atom-U-Boote um die Erde ist erfolgreich abgeschlossen.
- Das seinerzeit größte Motorschiff der Welt, der norwegische 143396-t-DW-Tanker »BERGE-BIG« wird in Dienst gestellt.
- Die »ABERTHAW FISCHER«, erstes Spezial-Schwergut-Ro/Ro-Schiff.

1967
- MAN erprobt den seinerzeit größten einfachwirkenden Zweitakt-Kreuzkopfmotor der Welt mit einer maximalen Zylinderleistung von 3773 kW.
- Die erste uferentfernte Bohrung wird im Golf von Mexiko in 6 m Wassertiefe niedergebracht. Seitdem werden aus dem Meeresuntergrund viele Milliarden Tonnen Erdöl und Erdgas weltweit erschlossen.
- Gründung der Sektion Schiffstechnik der Universität Rostock.
- 1000. Neubau der Volkswerft Stralsund: das Fischerei Fang- und Verarbeitungsschiff *Atlantik* 7120 »ASURIT«.
- Fertigstellung eines neuen Fischereischiffstyps, eines Transport- und Verarbeitungsschiffes *»JUNGE WELT«*, auf der Mathias-Thesen-Werft in Wismar für die Flottillenfischerei mit Zubringertrawlern.
- Fertigstellung des Frachtmotorschiffes *»ROSTOCK«* als Typschiff einer Serie von 16 teilautomatisierten Schiffen.
- Der Zug- und Schubschlepper »JANUS« wird als erster mit zwei Schottel-Ruderpropellern ausgerüstet.

1968
- *»OTTO HAHN«*, deutsches Kernenergie-Versuchsfrachtschiff, wird in Dienst gestellt.
- Seinerzeit größter Viertakt-Dieselmotor der Welt von MAN mit der maximalen Zylinderleistung von 736 kW.
- Lloyd's Register beginnt mit der Erteilung von Klassezeugnissen für Container.
- Erstes vollgeschweißtes Leichtmetall-Seeschiff (1200 t) in den USA.
- Die »MOUNTBATTEN«, das seinerzeit größte Luftkissenfahrzeug der Welt, wird eingesetzt.
- Containerpremiere im Hamburger Hafen, Ankunft der »AMERICAN LANCER« mit 1200 Containern.
- Als 100. Hochseefrachtschiff seit Gründung der Warnowwerft läuft am 24. Mai das 12500-t-DW-Stückgutfrachtschiff »VOSTOCHNY« von Stapel.
- Erstes Teilcontainerschiff auf der Schiffswerft »Neptun« erbaut.
- Das True Motion AC-Radargerät (AC Anti Collision), eine Weiterentwicklung des einfachen True Motion-Radargeräts, wird in der Schiffahrt eingeführt.
- Im ersten Halbjahr 1968 wird die bisher größte Neubautonnage in der Geschichte der Weltschiffahrt mit 1294 Schiffen und 8 Mill. BRT neu in Fahrt genommen.
- Der Lotsenversatz aus der Luft wird erörtert und wenig später im Bereich der großen Nordseehäfen von der KLM eingeführt. Erste Versetzung am 7. April 1975 beim Weser-Feuerschiff zur »ESSO-MILANO«.

1969
- *»QUEEN ELISABETH (2)«* wird mit der für moderne kommerzielle Schiffe weltgrößten Turbinenanlage von 81000 kW gebaut.
- Das erste Lash-Schiff der Welt, die *»ACADIA FOREST«* wird in Dienst gestellt.

1970
- FIAT baut einen 29440-kW-Dieselmotor.
- Bau des 100. Fischerei Fang- und Verarbeitungsschiffes »ARGUNJ« Typ Atlantik in der Volkswerft Stralsund.
- Erstes Kühl- und Transportschiff Typ »Polar« von der Mathias-Thesen-Werft in Dienst gestellt.
- Erste neuentwickelte Diesel-Gas-Motoren erprobt. Ein Sulzer-Diesel-Gasmotor von 14940 kW (20300 PS) geht 1973 in Bordbetrieb.
- Zusammenschluß von HAPAG und Norddeutscher Lloyd zur HAPAG-Lloyd-AG.
- Dr. Diethard Weicker, Konstrukteur in der Neptun-Werft, Rostock, entwickelt einen patentierten Wulstbug.

1970/71
Das erste computergesteuerte Navigationssystem von »Norcontrol« wird auf dem norwegischen Frachter »TAIMYR« eingebaut.

1971
- Erstes Seabee-Schiff »DOCTOR LYKES« der Lykes-Linie in Fahrt, Mitte 1972 erstmals in Europa.
- Das sowjetische Tragflächenboot »KOMETA M« beginnt seine Fahrt.
- An der australischen Küste in Point Danger wird ein laserbetriebener Leuchtturm in Betrieb genommen.
- Stapellauf des ersten Fang- und Verarbei-

tungsschiffs vom Typ *Atlantik-Supertrawler »PROMETEY«* in der Volkswerft Stralsund.
- Stapellauf des ersten Universal-Frachtschiffs vom Typ *OBC* (Ore, Bulk, Container), Tragfähigkeit 23200 t, in der Mathias-Thesen-Werft, Wismar.

1972
- Zweitaktmotoren werden von MAN bis zu 35350 kW gebaut.
- Die »DOCKLIFT 1«, erstes wie ein Dock absenkbares Schwergutschiff.

1973

Eine Tankexplosion macht den 216000-t-DW-Tanker »GOLAR PATRICIA« zum größten gesunkenen Schiff in der Geschichte der Seefahrt.

1973/74

Dieselmotoren-Schiffsgetriebe werden bis zu den höchsten benötigten Übertragungsleistungen von mehr als 30000 kW gebaut.

1974
- Erstes BACAT-Schiff »BACAT 1« in Dienst gestellt.
- Fa. Renk in Augsburg baut derzeit größte Getriebe der Welt für 33810 kW (46000 PS).
- Auf der Welt gibt es etwa 1000 Tragflächenboote, davon sind ungefähr 800 in der UdSSR gebaut.

1975
- Der US-Flugzeugträger »NIMITZ« (95000 t), das größte Kriegsschiff der Welt, Besatzung 6000 Mann.
- Der LNG-Tanker »HILLI« ist der erste mit Kugeltanks gebaute Flüssiggastanker, der die 125000 m^3 Ladevolumengrenze überschreitet.
- Der 18000-t-DW-Turbinen-Frachter »TRIFELS« erhält ein Stülken-Schwergut-Ladegeschirr von 2 × 320 t Ladebäumen.
- Versuche in Großbritannien, um durch angeströmte rotierende Zylinder (Rotoren) Ruderwirkungen zu erreichen. Ein Rotor-Ruder wird von der Firma Jastram 1977 in Produktion genommen.
- Die Jansen-Werft (BRD) baut mit der »SEAWAY FALLON« ein erstes dynamisch positioniertes Taucherbasis- und Feuerlöschschiff.

1976
- Die Tanker *»BATILLUS«* und »BELLAMYA«, Deplacement 550000 t, 274310 BRT, 414,2 m Länge, 63 m Breite, werden derzeit als größte Schiffe der Welt in Dienst gestellt.
- Das neuseeländische Gasturbinenschiff »SEAWY PRINCE«, erstes Gasturbinenschiff mit elektrischer Kraftübertragung.
- Mit der »OCEAN SERVANT II« entsteht das halbtauchende Schwergutschiff als Schiffstyp.
- Erster elektronischer Kreiselkompaß der Welt entwickelt.
- Mit Satelliten-Kommunikationsanlagen ausgerüstete Schiffe können erstmals während der Atlantikfahrt über einen Satelliten als Relaisstation mit den USA telefonieren und fernschreiben.

1977
- Der Tanker »PIERRE GUILLAUMAT«, Deplacement 554000 t, 274650 BRT, wird als größtes Schiff der Welt in Dienst gestellt.
- Der sowjetische Atomeisbrecher *»ARKTIKA«* erreicht am 17. August 1977 als erstes Überwasserschiff den geographischen Nordpol.
- Die »SIBIR« geht am 22. Oktober 1977 auf Probefahrt und wird am 5. Januar 1978 offiziell in Dienst gestellt.
- Die finnische Ostseefähre *»FINNJET»*, schnellste Jumbo-Fähre der Welt, geht in Fahrt.
- Die griechische 22852 t große »SEASPEED ARABIA« ist das derzeit größte Ro/Ro-Schiff der Welt.
- Die Tonnage der Welthandelsflotte hat sich seit 1967 mehr als verdoppelt, sie erreicht 393,7 Mill. BRT.

1978
- Der liberianische Supertanker »AMOCO CADIZ« läuft vor der nordwestfranzösischen Küste auf Grund und bricht am 17. März 1978 auseinander, 230000 t Öl verschmutzen über 200 km Küste.
- Der Weltschiffahrtstag wird zum 17. März eingeführt.
- Nach Lloyd's Register zeigen 176 Länder auf See ihre Flagge. Zur Jahresmitte (1. Juli 1978) hat die Welthandelsflotte 69020 Schiffe (über 100 BRT) mit 406 Mill. BRT und 670 Mill. t DW.
- Die französische Kanalfähre »INGENIEUR BERTIN«, derzeit größtes Luftkissenfahrzeug der Welt.
- Das Bremer Lash-Schiff »MÜNCHEN« (37100 BRT) sinkt am 12. Dez. 1978 im Orkan 420 Seemeilen nördlich der Azoren.
- Der britische Supertanker »BRITISH PIONEER« (226000 t DW) befährt als bislang größtes Schiff die Ostsee.

1979
- Die britische »PRINCESS MARGARET« wird das gegenwärtig größte Luftkissenschiff.
- Ein Ro/Ro-Schiff der norwegischen Skaugen-Gruppe ist mit 42000 t DW das größte Schiff dieses Typs der Welt.
- Der letzte der 2750, während des zweiten Weltkriegs gebauten Liberty-Frachter, die 1943 in Fahrt gekommene »JEREMIAH O'BRIAN«, wird am 6. Oktober 1979 außer Dienst gestellt, überholt und geht in San Francisko als Museumsschiff vor Anker.
- Nach Lloyd's Register gibt es Mitte 1979 auf den Weltmeeren 19609 Fischereifahrzeuge über 100 BRT mit einer Gesamttonnage von 8,9 Mill. BRT.
- Der Forschungseisbrecher »OTTO SCHMIDT« verläßt Murmansk zu seiner ersten Fahrt in die Kara-See.

1980
- MAN-B & W-Großdieselmotor 12 L 90 GFCA, Leistung 34800 kW, Masse 1395 t, Länge 23,33 m, Breite 4,78 m, Höhe 12,75 m.
- Der italienische Luxusliner *»MICHELANGELO«* im Juli gesunken.
- Nach dem Bruch einer Schwimmersäule kentert im schweren Orkan die norwegische Hotelinsel »ALEXANDER KIELLAND«; bei der Katastrophe kommen 123 Menschen ums Leben.
- BRD-Taucherschiff »STEPHANIE TURM« wird bei der Bergung von 5,5 t Goldbarren des Kreuzers »EDINBURGH« eingesetzt.

1981
- »SUPERJUMBO« größtes Tragflächenboot im Mittelmeer, es fährt mit 200 Passagieren, 2×1862 kW, 70 km/h die Linie Neapel–Palermo.
- Das erste auf einer DDR-Werft gebaute Ro/Ro-Schiff MS »GLEICHBERG«, läuft auf der Mathias-Thesen-Werft Wismar von Stapel.

1982
- Die Kawasaki-Heavy-Industries fertigt den bislang größten Propeller der Welt mit 11 m Durchmesser und einer Masse von 60 t.
- Die größte kombinierte Eisenbahnfähre der Welt, die schwedische »TRELLEBORG«, wird am 22. Juni des Jahres in Dienst gestellt.
- Das Seitenradschiff »STADT WEHLEN« wird 100 Jahre alt, es ist seinerzeit das älteste Dampfschiff in Europa, das noch voll im Dienst steht.
- Die »FERNCARRIER« ist mit 45000 t Hebekapazität und 4900 m^2 Decksfläche das größte Schwergutschiff der Welt.
- Die 107902 BRT große japanische »SHINO MARU« ist der derzeit größte Erzfrachter der Welt, mit ihm entsteht in Analogie zu den großen Tankern die Bezeichnung »Very Large Bulk Carrier« (VLBC).
- Das bereits 1969 in London geschlossene Internationale Schiffsvermessungs-Übereinkommen tritt völkerrechtlich in Kraft (Schiffsvermessungsreform).

1983
- In der schwedischen Hafenstadt Malmö wird die Weltschiffahrtsuniversität eröffnet.
- Die traditionsreiche britische Chatham Marinewerft bei London, die Geburtsstätte der königlich britischen Marine (gegründet vor 436 Jahren, Bau der »GRACE DIEU«, »VICTORY« u.a. berühmter Schiffe), wird geschlossen.

1984
- Ein unbeladener 423000-t-Tanker passiert als bisher größtes Schiff den Suez-Kanal.
- Als letztes von ursprünglich mehr als 100 Feuerschiffen vor den USA-Küsten und auf den Großen Seen wird das vor New York liegende »NANTUCKET«-Feuerschiff eingezogen.
- In der Schwarzmeerstadt Kertsch, UdSSR, wird mit dem Bau des ersten kernenergiegetriebenen Leichterträger- und Containertransportschiffs für zivile Einsatzzwecke begonnen.
- Kranschiffe des Wärtsilä-Konzerns für 600 t Traglast werden als größte Katamaranschiffe der Welt gebaut.
- Nach achtjähriger Bauzeit wird der Donau-Schwarzmeerkanal für den Verkehr freigegeben.
- Das größte Schleppmanöver der Seegeschichte wird erfolgreich abgeschlossen. Die mit 835000 t Masse als größte Bohrinsel der Welt geltende Plattform »STRATFJORD C« wird durch 8 Schlepper über 290 Seemeilen an ihren Standort geschleppt.
- Die ersten beiden weltgrößten Containerschiffe der dritten Generation werden in Dienst gestellt; es sind gleichzeitig die ersten Panmax-Containerschiffe; Kapazität: 2129 Stück 40″-Container, Tragfähigkeit 57800 t DW.
- Seinerzeit größtes Eisenbahn-Güterfährschiff der Welt, »RAILSHIP II« für 95 Waggons von je 20 m Länge, geht in Fahrt.

1985

Die zwischen Helsinki und Stockholm eingesetzte Auto-Fahrgast-Fähre »MARIELLA« ist mit 36400 BRT das weltgrößte Fährschiff.

Allgemeines

Anliegen dieses Buches ist es, die Entwicklung der wichtigsten Schiffstypen und Schiffsanlagen von den Anfängen der Dampfschiffahrt bis in die Gegenwart allgemein verständlich einem interessierten Leserkreis in Wort und Bild vorzustellen.
Deshalb wurden nur unerläßliche Fachbegriffe verwendet und nach Möglichkeit sogleich im Text erläutert. Hinsichtlich der Grundbegriffe: Hauptabmessungen, Völligkeitsgrade, Verdrängung und Deplacement gibt es zwischen dem maschinengetriebenen Schiff und dem in »Das große Buch der Schiffstypen 1« behandelten Segelschiff keine grundlegenden Unterschiede, so daß dafür eine nachfolgende kurze Zusammenstellung häufig verwendeter Termini und Kurzzeichen ausreicht. Bei den dargestellten Einzelschiffen, die einen bestimmten Entwicklungszustand veranschaulichen oder historisch interessant sind oder aber durch besondere Ereignisse berühmt wurden, ist jedoch zu beachten, daß die Angaben verschiedener Quellen unterschiedlich sein können. Das rührt daher, daß bei den Längenangaben zuweilen statt der Länge zwischen den Loten (Lpp) Wasserlinienlängen bei unterschiedlichen Tiefgängen genannt sind und die Verdrängung nicht immer auf den Konstruktionstiefgang bezogen ist bzw. Umbauten erfolgt sein können. Da bis in unsere Zeit im Schiffbau das englische Maßsystem noch nicht vollständig durch das metrische bzw. internationale Maßsystem abgelöst ist und um auch die jeweils zeitgemäßen Angaben erkennen zu lassen, sind bei diesen Schiffen die Daten in engl. Fuß (1 foot = 0,3048 m; 1 m = 3,2808 foot); bzw. Zoll (1 inch = 2,54 cm; 1 cm = 0,3937 inch) bzw. Flächen in Quadratfuß (1 square foot = 0,09290 m^2; 1 m^2 = 10,7639 square foot) und Volumen in Kubikfuß (1 cubic foot = 0,028317 m^3; 1 m^3 = 35,3148 cubic foot) sowie zusätzlich in metrischen Werten angegeben.
Bei den Massenangaben ist ferner zu beachten, daß insbesondere bei Kriegsschiffen und älteren britischen Schiffen das Deplacement nicht in metrischen Tonnen zu 1000 kg sondern in long tons zu 2240 engl. Pfund = 1016 kg bzw. 1,016 t angegeben wird.
Die meisten Unterschiede in den Grundbegriffen gegenüber dem Segelschiff resultieren aus dem Maschinenantrieb sowie der Vermessung und dem Freibord. Die dazu gehörenden Begriffe sind deshalb nachfolgend etwas ausführlicher zusammengestellt. Demgegenüber erschien es trotz der umwälzenden Fortschritte bei den Schiffstypen bzw. Typensystematik, Schiffsgrößen, Schiffskörperkonstruktionen, Schiffsausrüstungen und Schiffssystemen nicht notwendig, die Vielfalt der Begriffsbezeichnungen voranzustellen und gesondert zu erläutern.

Zu den Hauptabmessungen, Völligkeitsgraden, Verdrängung, Deplacement und Tragfähigkeit

L Länge des Schiffs allgemein
L_{OA} Länge über Alles (over all)
L_{PP} Länge zwischen den Perpendikeln (Loten), wobei das vordere Lot durch den Schnittpunkt des Vorstevens mit der KWL gebildet wird und das hintere Lot in der Mitte des Ruderschafts bzw. an der Hinterkante des Hinterstevens liegt
L_{KWL} Länge Wasserlinie bei Konstruktionstiefgang
L_{WL} Länge der Wasserlinie beim jeweiligen Tiefgang
L_K Länge des geraden Kiels
B Breite des Schiffs allgemein
B_{OA} Breite über Alles (over all)
B_{SPT} Breite zwischen den Spanten, d.h. über Außen- bzw. Mallkante Spant
B_{KWL} Breite in der Konstruktionswasserlinie
B_{WL} Breite in der jeweiligen Wasserlinie
B_D Breite an Deck auf Seitenhöhe D
D Seitenhöhe des Schiffs (engl. depth, frühere deutsche Kurzbez. H) gemessen auf halber Schiffslänge ($L_{PP}/2$) an Seite Schiff von Unterkante Hauptdeckbeplattung bis Oberkante Kiel
D_{DB} Höhe des Doppelbodens
D_{DF} Höhe des Freibord, um den die Bordwände bei voller Abladung bei Glattwasser noch auf halber Schiffslänge ($L_{PP}/2$) »frei«, also nicht getaucht sein müssen, gemessen von T_{KWL} bis zur Höhe des »Freiborddecks«
T Tiefgang des Schiffs allgemein, bei älteren Schiffen zuweilen »Tiefe des Raums«
T_{KWL} Tiefgang bis KWL
T_{WL} Tiefgang bis zur jeweiligen Wasserlinie
C_M früher β, Völligkeitsgrad der Hauptspantfläche $A_{HSPT}/B \cdot T$
C_{KWL} früher α, Völligkeitsgrad der KWL = $A_{KWL}/L \cdot B$
C_B früher δ, Völligkeitsgrad der Verdrängung = $\nabla / L \cdot B \cdot T$
C_P früher φ, Prismatischer Koeffizient = $\nabla / A_{HSPT} \cdot L$
∇ Volumenverdrängung, kurz Verdrängung in m^3, entspricht dem Rauminhalt des unter Wasser befindlichen Schiffskörpers ohne »Anhänge« (Ruder, Propeller), bei Stahlschiffen auf Mallkante (Außenkante) Spant gemessen; $\nabla = L \cdot B \cdot T \cdot C_B$
$M_\triangle$ Masse Deplacement, kurz Deplacement in t; früher Kurzzeichen D; entspricht der Masse der vom Schiff insgesamt verdrängten Wassermenge unter Berücksichtigung des Außenhautfaktors k und der Anhänge. $M_\triangle = \nabla \cdot 1{,}025 \cdot 1{,}006 = 1{,}031 M_\triangle$ in t
M_{LS} Masse des leeren Schiffs
DW Tragfähigkeit (engl. Deadweight all told). Zur Tragfähigkeit gehören die Masse der Nutzladung (M_{LN}) sowie die Masse aller Schmier- und Treibstoffe (M_{OT}) sowie aller Vorräte (M_{VO}) und die besatzungs- und fahrgastbedingten Massen

Zu Schiffsmaschinen und Schiffsdampfkessel

P Maschinenleistung allgemein (engl. power) $P = M_d \cdot \omega$; d.h. die Leistung ergibt sich aus dem Drehmoment und der Winkelgeschwindigkeit $\omega = 2\pi n$
n Maschinen- bzw. Propellerdrehzahl in U/min bzw. U/s; d.h. Umdrehungen pro Minute bzw. pro Sekunde, auch in der entsprechenden Schreibweise min^{-1} bzw. s^{-1}
kn Knoten, Maßeinheit der Schiffsgeschwindigkeit 1 kn = 1 sm/h = 1852 m/h = 1852 m/3600 s = 0,5144 m/s
PS Pferdestärke (horse power), ältere Leistungseinheit 1 PS = 75 kg·m/s = 0,736 kW = 0,986 HP
1 Ch.V = 1 cheval vapeur – franz. Bez. für 1 PS
PSi Mit dem Indikator durch Druck-Wegmessung direkt an der Maschine ohne deren mechanische Verluste ermittelte Dampf- bzw. Gasleistung
PSn Nominelle Leistung, anfänglich für Kolbendampfmaschinen gebräuchliche Leistungsangabe, wie sie in Lloyd's Register üblich war. Der Wert wurde aus dem Zylinderdurchmesser, dem Kolbenhub und der Drehzahl errechnet
HP Horse power; ältere engl. Leistungsangabe, vergleichbar mit PS, wobei 1 HP = 1,0139 PS = 0,7457 kW entspricht
P_e effektive Leistung, Nennleistung (power effective), die von der Schiffsmaschine am Abtriebsflansch abgegebene Dauer-Nutzleistung $P_e = P_i \cdot \eta m$, wobei ηm der mechanische Wirkungsgrad der Kraftmaschine ist
P_B Bremsleistung (brake power), die mit einer Wasserwirbelbremse auf dem Prüfstand abgegebene Dauerleistung, sie entspricht i. allg. P_e, früher auch BHP (brake horse power)
P_D Propellerdrehleistung (power delivered at propeller), frühere Bez. Wellenleistung PS_W bzw. shaft horse power SHP. Es ist $P_D = P_B \cdot \eta s$, wobei ηs den Wirkungsgrad der Leistungsübertragung vom Abtriebsflansch des Antriebsmotors über die Wellenleitung (shaft) an den Propeller darstellt
j Joule, internationale Einheit der Wärmemenge bzw. Energie
$1\,J = 1\,W = 1\,N \cdot m = 1\,m^2 \cdot kg \cdot s^{-2} = 0{,}2388$ cal
1 cal = 4,1868 J
W Watt, Kilowatt, internationale Einheit der Leistung
$1\,W = 1\,N \cdot m \cdot s^{-1} = 1\,J \cdot s^{-1} = 1\,m^2 \cdot kg \cdot s^{-3}$
kW 1 kW = 1000 W = 1,360 PS
N Newton, internationale Einheit der Kraft
$1\,N = 1\,kg \cdot 1\,m \cdot 1\,s^{-2} = 1/9{,}81\,kp = 0{,}1019$ kp
1 kp = 9,80665 N ≈ 10 N;
1 Mp = 9,806,65 kN ≈ 10 kN
Pa Pascal, internationale Einheit des Drucks bzw. mechanischer Spannungen
$1\,Pa = 1\,N/m^2 = 1\,m^{-1} \cdot kg \cdot s^{-2}$
1 kPa = 10^3 Pa; 1 MPa = 10^6 Pa
1 mWs = 9,86665 kPa bzw.
1 mm WS = 9,86665 Pa
1 kp/mm^2 = 9,80665 · 10^6 Pa = 9,80665 MPa
1 kp/cm^2 = 9,80665 · 10^4 Pa = 98,0665 kPa ≈ 0,1 MPa
1 kp/m^2 = 9,80665 Pa
Der Kesseldruck wurde früher i. allg. als Überdruck gegenüber dem atmosphärischen Druck in kp/cm^2 angegeben; damit

entsprechen z. B. 14 kp/cm^2 Überdruck in Pa bei Angabe des Absolutdrucks 0,15 MPa.

Zur Schiffsvermessung

Die »Vermessung« eines Schiffs soll den Rauminhalt und seine wirtschaftliche Nutzbarkeit kennzeichnen, den Vergleich mit anderen Schiffen ermöglichen sowie eine angemessene Berechnungsgrundlage für Versicherungs-, Hafen-, Kanal- und Lotsengebühren und andere Abgaben bilden. Das älteste Gesetz zur »Schiffsvermessung« wurde 1590 in Spanien erlassen, als sich der überseeische Schiffsverkehr zwischen Europa und Amerika rege entwickelte.
Die dazu benutzte Maßeinheit war die »tonelada«. Der Begriff ist ebenso wie die »Tonne« (altengl. tun, später ton) durch die Verschiffung von Weinfässern aus den Mittelmeerhäfen entstanden. Aus tun bzw. ton bildeten sich so die englischen Bezeichnungen tunnage bzw. tonnage für die Lade- und Tragfähigkeit von Schiffen und Flotten. In Britannien war noch lange die »Standard-Frachttonne« bzw. »Ocean-ton« zu 40 Kubikfuß bzw. 1,1327 m^3 (1 engl. Fuß = 0,3048 m, 1 cbf = 0,028317 m^3 bzw. 28,317 l; 1 m^3 = 35,3148 cbf) gebräuchlich.
Dieses ursprüngliche Raummaß ist danach über die Masse des Faßinhalts von 2240 lbs (1 lbs = 1 engl. Pfund von 0,45359 kg; 2240 lbs = 1 long ton zu 1016,0 kg = 1,016 metrische t zu 1000 kg/t) zur Einheit für die Gewichtstonne geworden. Zur Kennzeichnung der Lade- und Tragfähigkeit gab man somit die Anzahl der vollen Fässer an, die ein Schiff laden konnte. Später wurden die Schiffe und ihre Tonnen-Tragfähigkeit in Listen erfaßt, die schließlich zum »Schiffsregister« wurden. Aus der »Tonne« war die »Registertonne« geworden.
Mit der weiteren Schiffsentwicklung entstand das Bedürfnis, die Schiffsgröße genauer zu erfassen. Da in der ursprünglichen »Tonnage« Hauptabmessungen der Schiffe wie Länge, Breite und der Tiefgang nicht ausgewiesen waren, ging man zu einer Berechnungsformel aus

$$\frac{\text{Länge des Kiels} \times \text{größte Breite} \times 0{,}5\ \text{größte Breite}}{94}$$

über, in der anstelle des beim beladenen Schiff schwierig zu messenden Tiefgangs die halbe Schiffsbreite eingesetzt wurde. Ebenso konnte statt der schwierig ermittelbaren Kiellänge die Deckslänge L, vermindert um 3/5 der größten äußeren Breite B, eingesetzt werden. Diese Berechnungsformel war von 1720 bis 1835 in England in Kraft und ist als »Builder's Old Measurement Rule« (BoM) in die Geschichte eingegangen.
Der Übergang vom Segel- zum Dampfschiff sowie vom Holz- zum Eisenschiffbau fand auch in der Schiffsvermessung seinen Niederschlag. In die Vermessungsformel wurde erstmals 1819 ein Abzug für den »Treibkraftraum«, also für den Kessel- und Maschinenraum als Verringerung der Kiellänge um die Maschinenraumlänge aufgenommen. Diese Formel trat 1835 allgemein in Kraft. Dabei wurden die unmittelbar neben Kesseln und Maschinen gelegenen Räume »als nicht für andere Zwecke geeignet« angesehen und später auch Abzüge für die Kohlebunker anerkannt. Ein »Treibkraftraum« von 13 ··· 20 % ohne Bunker (13 % Regel) wurde auf Vorschlag des britischen Schiffbauers GEORGE MOORSOM vom British Board of Trade 1854 zum Gesetz erhoben und als Moorsomsche Regel bekannt. Die Regel beruhte auf einer Innenvermessung mehrerer Schiffsquerschnitte und Tiefen sowie ihrer Berechnung nach der Simpson-Regel. Neben Abzügen für den Maschinenraum wurden Abzüge für die Mannschaftsräume, Licht- und Luftschächte sowie Niedergänge, die Kombüse und das Ruderhaus sowie Sanitärräume gestattet. Von Moorsom stammt auch der gleichzeitig unterbreitete Vorschlag, die »Raumtonne« mit 100 Kubikfuß als Vermessungseinheit festzulegen. Seitdem ist bis in unsere Zeit 1 Registertonne (RT) = 100 Kubikfuß (cbf) = 2,832 Kubikmeter (m^3). Diese Schiffsvermessungsregel konnte aber auch nicht die vielen unterschiedlichen Vermessungsbelange generell lösen. Zwar war das Schiff nunmehr vermessen, aber damit waren noch keine Vorschriften über die zulässige Abladung oder Tiefgangsbegrenzung verbunden. Um 1855 wurden noch keine Tiefgangsmarken (Ahminge) am Schiff gefordert und es gab auch keine Lade- oder Freibordmarken. Je nach Ladungsangebot konnte der Kapitän oder Reeder sein Schiff soweit abladen, wie er es aus Rentabilitätsgründen für richtig hielt oder wie das Schiff nach seiner Meinung noch »gut in der See lag«. Auch sah man insbesondere Fracht-Segelschiffe durch die Vermessung als benachteiligt an, weil die Vermessungsabzüge der maschinengetriebenen Schiffe nicht in Anspruch genommen werden durften. Tatsächlich konnten Dampfschiffe mit kleinen Maschinen, Kesseln, Kohlebunkern u. a. Abzügen im Raumbedarf unterhalb der zugestandenen Abzugsgröße bleiben und so einen Teil des abgabefreien Raums für »zahlende Ladung« nutzen. Obwohl in der zweiten Hälfte des 19. Jh. die vermessungstechnische Benachteiligung des Frachtseglers als ein bedeutsamer Faktor für den Rückgang des Segelschiffs angesehen wurde, war dies sicher nicht die maßgebende Ursache für die allgemeine Ablösung des Segelschiffs durch das Dampfschiff.
Weitere Probleme traten auf, als die Kanalverwaltungen spezielle Vermessungsforderungen stellten. So erhoben die Suez- und Panamakanalverwaltungen Gebühren nach der sog. »Donauregel«, die 1860 international für das seinerzeit neugeschaffene Fahrwasser im mittleren Mündungsarm der Donau vereinbart wurde. Der auf Grundlage der Moorsom-Regel (II) ermittelte Abzug für Maschinen- und Kesselräume wurde mit dem Faktor 1,75 für Brennstoffbunker multipliziert. Die Tonnage der Schiffe, die zum ersten Mal den Suezkanal durchfahren wollten, wurde jeweils von Beamten der Kanalverwaltung nach der 1873 in Konstantinopel international abgestimmten Regel ermittelt, wonach die Durchfahrtsgebühr nicht nach dem Gewicht des Ladeguts sondern entsprechend dem Rauminhalt bestimmter Schiffsräume ermittelt wurde. So ist bis in unsere Zeit die »SCNRT« als Suez-Kanal-Netto-Registertonne zu 2,85 m^3 gebräuchlich geblieben.
Die Bestrebungen zur Herausnahme von Schiffsräumen aus der Abgabenpflicht oder die Erzielung einer möglichst großen Differenz zwischen Bruttoregistertonnen (BRT) und Nettoregistertonnen (NRT) machte die Vermessungen immer uneinheitlicher und unübersichtlicher. So durften später auf dem Oberdeck liegende Mannschaftsräume von der Vermessung abgezogen werden. In Deutschland betrachtete man ab 1888 den Doppelboden eines Schiffs als nicht vermessungspflichtig, da er vorwiegend der Schiffssicherheit diente und für »zahlende Ladung« ungeeignet war. Nach dem Übergang von der Kohle- zur Ölfeuerung wurde jedoch diese Regelung dazu ausgenutzt, um extrem hohe Doppelböden als Ölbunker zu bauen.
Noch einschneidender wirkten sich Regelungen hinsichtlich der oberen Begrenzung des vermessenen umbauten Schiffsraums auf die Schiffsentwicklung aus. So führte die ursprüngliche Absicht, auf Schiffen einen besseren Schutz für Deckspassagiere und Decksladung dadurch zu schaffen, daß der Raum unter einem Deck, das an zwei Stellen unterbrochen wurde, nicht in den Bruttoraum einzubeziehen war, zu »offenen« Räumen und zum nicht vermessungspflichtigen »Schutzdeck« mit negativen Auswirkungen auf die Sicherheit der Schiffe. Die extreme Ausnutzung derartiger vermessungstechnischer Vorteile zur Erzielung einer geringstmöglichen Nettotonnage hatte sogar Schiffsverluste zur Folge. Von den Suez- und Panamakanalgesellschaften wurden diese »Schutzdecker« nicht abgabenbegünstigt.
Erst durch den Völkerbund konnte 1939 der Entwurf einheitlicher internationaler Vorschriften für die Vermessung von Seeschiffen zur Ratifizierung der sog. »Oslo-Konvention« (Belgien, Dänemark, Finnland, Frankreich, Großbritannien, Island, Norwegen, Schweden, USA) vorgelegt werden. Den Vorschriften lagen zum Abzug der Treibkrafträume jedoch noch die Verhältnisse älterer Dampfmaschinenantriebe mit Kohlefeuerung zugrunde, obwohl seinerzeit moderne Maschinenanlagen bereits bedeutend weniger Raum benötigten. Um weiterhin die Vergünstigung der 13-%-Klausel zu nutzen, wurde so der »effektive Maschinenrauminhalt« von mindestens 13 % der Bruttotonnage praktisch beibehalten. Durch verschiedene Auslegungen der Vorschriften ergaben sich immer noch mehrere unterschiedliche BRT-Vermessungen für die Mehrzahl der Schiffe.
Der zweite Weltkrieg verhinderte weitere Arbeiten zur Vereinheitlichung der Vermessungsvorschriften. Im Jahr 1947 machten die Niederlande als erstes Land die Osloer-Konvention zum Gesetz. In der Weltflotte gab es aber weiterhin den Typ des Schutzdeckers, und es entstanden unter Ausnutzung der Vorschriften neue sog. »Paragraphenschiffe« von 299 BRT, 999 BRT und 1599 BRT in großer Stückzahl. Hätte man z. B. 1954 alle Schutzdeckerschiffe nach den Regeln für Volldecker vermessen, so hätte die Welttonnage statt seinerzeit 90 Mill. BRT eine Größe von 126 Mill. BRT erreicht.
Der BRT-Wert gibt daher den Bruttorauminhalt des seefest umschlossenen Innenraums an einschließlich der Aufbauten aber mit Ausnahme der Räume für Antriebsanlagen, Hilfs- und Verarbeitungsmaschinen, Kombüsen, Sanitärräume, Licht- und Luftschächte u. ä. Der Nettorauminhalt in NRT umfaßt demgegenüber den Rauminhalt

des für Ladung bzw. Fahrgäste nutzbaren Raums. Die Verminderung gegenüber BRT ergibt sich somit aus Abzügen in voller Höhe oder teilweise für Besatzungs-, Schiffsführungs- und Navigationsräume, Vorräte und Ballast.
Die 1948 gegründete IMCO (Intergovernmental Maritime Consultative Organization), ab 22. Mai 1982 IMO (International Maritime Organization) setzte nach ihrer endgültigen Konstituierung u. a. die Vereinheitlichung der Schiffsvermessung auf die Tagesordnung ihrer ersten Sitzung. Am 18. Juli 1982 trat das bereits 1969 in London beschlossene internationale Schiffsvermessungs-Übereinkommen völkerrechtlich in Kraft, 24 Monate nachdem mindestens 25 Staaten mit mehr als 65 % der BRT-Welthandelstonnage das Abkommen ratifiziert hatten. Seitdem ist die Regel für Neubauten verbindlich und ab 18. Juli 1994 sollen alle fahrenden Schiffe den neuen Schiffsmeßbrief (Vermessungszeugnis) haben. In diesem Uniforme Measurement System (UMS) werden die Bruttoraumzahlen (BRZ) als Gross Tonnage GT und die Nettoraumzahlen (NRZ) als Netto Tonnage NT angegeben. Während die frühere Vermessung eine Reihe von Schiffsräumen nicht erfaßte und die Maße auf Innenkante oder Schalung der Räume bezogen war, sind in die neue Vermessung der gesamte Inhalt der geschlossenen Schiffsräume V in m^3 auf Mallkante (Innenkante) Außenhaut nach der Formel $GT = K_1 \cdot V$ einbezogen. Der Faktor K_1 ist so festgelegt, daß die neue Bruttoraumzahl GT eines üblichen Volldeckers etwa der Größe der vorherigen BRT-Tonnage entspricht.
Die Nettoraumzahl (NT) ist abhängig vom Rauminhalt der Laderäume (Vc), dem Tiefgang (T), der Seitenhöhe (D) sowie der Anzahl der Fahrgäste (N), sofern diese 12 Personen übersteigt.

Zum Freibord

Der Freibord kennzeichnet bei einem Schiff das Maß, um das die Bordwände mittschiffs bei voller Beladung noch frei, d. h. über der Wasseroberfläche noch sichtbar sein müssen für eine notwendige Reserveschwimmfähigkeit im Seegang, im Leckfall, bei Vereisung und anderen Einflüssen. Da die Überladung der Schiffe zu allen Zeiten eine der gewichtigsten Ursachen für viele Schiffsuntergänge war, gibt es seit dem Mittelalter im Zusammenhang mit Schiffsversicherungen verschiedene Festlegungen zum größten Tiefgang, über den hinaus Schiffe nicht abgeladen werden sollten. Zu Ende des 17. Jh. wurde die Größe des Freibords z. B. in Britannien derart festgelegt, daß je Fuß Raumtiefe einige Zoll Freibord einzuhalten waren. Dennoch wurden die Schiffe oft überladen, und es kam weiter zu vielen Schiffsverlusten.
Um 1835 unterbreitete ein britisches »Comittee of Lloyd's Underwriting Association«, das zahlreiche Schiffsunfälle untersuchte, den Vorschlag, für bestimmte Schiffsklassen einen Freibord von 3 Zoll je Fuß Raumtiefe als Richtwert einzuführen. Die Freibordhöhen wurden nur für Schiffe zur Beförderung von Auswanderern, Truppen und Regierungsmaterial gesondert festgelegt. Diese Regelung wurde als »Lloyd's Rule« bekannt. Obwohl noch keine Besonderheiten hinsichtlich der Größe und Bauweise der Schiffe berücksichtigt werden konnten, war die Regel bis in die 80er Jahre des 19. Jh. allgemein Grundlage für Schiffbau, Schiffahrt, Versicherungen und Verhandlungen über Seeunfälle.
Die Kontrolle des Freibords war jedoch noch unzureichend, weil es zu dieser Zeit noch keine Bestimmungen gab, wonach jedes Schiff achtern und vorn eine Tiefgangsskala, die sog. »Ahminge« haben mußte. Abhilfe kam mit einem britischen Gesetz aus dem Jahr 1870, dem »Merchant Shipping Code Bill«, das für jedes Schiff vorn und achtern Tiefgangsmarken verlangte und den »Board of Trade« mit der Überwachung beauftragte. Seit 1870/71 forderte auch Lloyd's Register die Kennzeichnung einer vom Hauptdeck zu messenden Tiefladelinie für die Klassifizierung der sog. »Spardeck-« bzw. »Glattdeckschiffe«.
Besondere Verdienste zur Verbesserung der Schiffssicherheit erwarb sich der britische Politiker und Sozialreformer Manuel Plimsoll (1824 bis 1898), der von 1868 bis 1880 Mitglied des britischen Parlaments war. Der Verlust von Schiffen, die u. a. wegen Überladung, zu schwerer Decksladung oder schlechter Stauung sanken, stieg in dieser Zeit gewaltig an. So gingen von 1873 bis 1880 allein 1965 britische Schiffe verloren, darunter 1171 Segelschiffe. Insgesamt verloren 10827 Seeleute dabei ihr Leben. Durch die Bemühungen Plimsolls kam 1875 ein Gesetz zustande, nach dem jedes britische Schiff die Lage seiner Decks außenbords markieren mußte. Eine weitere Marke, die bald »Plimsoll-Marke« genannt wurde und aus einem Kreis bestand, der durch einen waagerechten Strich geteilt wurde, sollte den zulässigen Tiefgang anzeigen. Da jedoch der Mindestfreibord, d. h. der geringste erlaubte Abstand zwischen der Tieflade-Wasserlinie und dem Schottendeck noch nicht für die jeweiligen Schiffstypen detailliert festgelegt war, wurde diese Marke noch recht willkürlich und häufig zu hoch angebracht.
Zur Berechnung der Tiefladelinie entstanden ab 1875 daher verschiedene Tabellen, so von Mr. Benjamin Martell, Sir Digby Murray und Lloyd's Register, bis es 1890 zu einheitlichen Regeln kam. Da diese Regeln jedoch nur für britische Schiffe verbindlich waren, gab es in der folgenden Zeit viele Probleme mit Schiffen unter ausländischer Flagge, die britische Häfen anliefen. So liefen u. a. in England gebaute Schiffe, die ins Ausland verkauft wurden, weil sie den Anforderungen der englischen Gesetze nicht mehr genügten, mit ein Viertel mehr Ladung total überladen britische Häfen an. Deutsche Schiffe waren jedoch nicht darunter, da eine Angliederung an die englischen Vorschriften vorgenommen wurde.
Der tragische Untergang der *»TITANIC«* vom 15. April 1912 war Anlaß zur Einberufung einer ersten internationalen Schiffssicherheitskonferenz im Januar 1914 in London. Durch den ersten Weltkrieg war jedoch die Ratifizierung des Vertrags unmöglich. Erst 1929 konnte die zweite internationale Schiffssicherheitskonferenz in London die Aufgabe neu in Angriff nehmen und 1930 eine weitere Schiffahrtskonferenz die »Freibordkonvention« als Internationales Übereinkommen über den Freibord der Kauffahrteischiffe (Freibordvertrag London 1930) für Schiffe über 150 BRT verabschieden. Diese Konvention hat sich bewährt, so daß auf einer weiteren, 1966 einberufenen Konferenz praktisch kaum Veränderungen für ältere Schiffstypen, die es 1930 schon gab, erforderlich wurden.
Die neue »Internationale Freibord-Konvention 1966« (Ladelinien-Vertrag) und die darauf beruhenden Vorschriften enthalten die notwendigen Berechnungsregeln zur Freibordberechnung für die verschiedenen Schiffstypengruppen und Schiffskonstruktionen zur Bestimmung des Mindestfreibords. Danach benötigen Tankschiffe und ähnliche Spezialschiffe sowie Holzfrachtschiffe einen geringeren Freibord als Schiffe anderer Bauart. Die Festlegungen regeln auch die Verfahrensfragen. Jedes Schiff, das gemäß der Freibord-Konvention von den zugelassenen Behörden beaufsichtigt und mit Freibordmarken versehen ist, erhält seitdem ein »Internationales Freibordzeugnis«. Der Freibord wird an beiden Seiten des Schiffs mittschiffs durch eine markierte und gut sichtbar gemachte Freibord- und Lademarke angezeigt. Sie besteht aus einem Ring mit einem waagerechten Mittelstrich und ist mit der Kurzbezeichnung der erteilenden Klassifikationsgesellschaft versehen, die im Auftrag ihrer Regierung das Zeugnis erteilt. Neben der Freibordmarke befindet sich üblicherweise die Lademarke mit den Mindestfreibordzeichen für die Freibordzonen, die für Fahrtgebiete, Jahreszeiten und Holzfracht verschieden sind. Die Kurzzeichen an den Lademarken bedeuten:

- S – Sommerfreibord für Seewasser mit der Dichte $\rho = 1{,}025\ t/m^3$
- T – Tropenfreibord für Seewasser mit gegenüber dem Sommerfreibord um 1/48 verminderten Tiefgang
- W – Winterfreibord für die Winterzone in Seewasser mit 1/48 gegenüber dem Sommerfreibord vergrößerten Tiefgang
- WNA – Winter-Nordatlantikfreibord, wobei nur Schiffe unter 100 m Länge einen um 50 mm gegenüber dem Winterfreibord vergrößerten Freibord haben müssen
- F – Frischwasserfreibord für die Fahrt in Frischwasser mit der Dichte $\rho = 1{,}000\ t/m^3$
- FT – Frischwasser-Tropenfreibord

Schiffe, die häufig Holzdecksladung fahren, haben links von der Freibordmarke zusätzliche Holzlademarken, die durch einen Vorsatz (H) gekennzeichnet sind und wegen des möglichen Zusatzauftriebs der Ladung etwas höher als die allgemeinen Lademarken liegen.

Die »ELISE«, 1816 erstes Dampfschiff, das den englischen Kanal überquerte

Schaufelraddampfer um 1840

Radaviso »PREUSSISCHER ADLER«, bis 1849 Postdampfer mit 947 t DW

Schraubenaviso »GRILLE«, 1857 erbaut als königliche Yacht

Preußisches Dampfkanonenboot »VON DER TANN«, 1849

Raddampfer »ARTI ET AMICITAE«, um 1850

Schraubendampfer »BORUSSIA«

Die »LE PARIS«, 1855 eines der ersten französischen Schraubendampfschiffe für die Le Havre–Hamburg-Linie

»LE NAPOLEON« III, 1866 kurz vor der Ankunft in New York

Die »GREAT EASTERN«, das 1854/58 erbaute größte Handelsschiff des 19. Jh.

»AARON MANBY« 1821 – erstes voll aus Eisen gebautes Dampfschiff

»ACADIA FOREST«, 1969 erstes Schiff des LASH-Systems (Lighter-Aboard-Ships)

»AARON MANBY«: erstes ausschließlich aus Eisen gebautes Dampfschiff größerer Abmessungen, das den englischen Kanal (Ärmelkanal) überquerte. Die Eisenplatten wurden 1821 in den Horseley-Iron-Works in Tripton bei Birmingham hergestellt und bearbeitet. Danach erfolgte der Transport mit Flußschiffen nach London, wo das Schiff in den Surrey-Docks zusammengebaut und genietet wurde. Nach dem Einsetzen der ebenfalls im Industriebezirk hergestellten, von H. BELL gebauten Kessel und Dampfmaschine von 44 kW (60 PS) trieb die Maschine die aus 4 einfachen Gelenkschaufeln bestehenden Seitenräder an, mit denen eine Geschwindigkeit von 7 kn erreicht wurde. Der 14 m hohe Schornstein konnte bei Bedarf als Segelmast verwendet werden. Die »AARON MANBY« hatte eine Länge von 32,55 m und eine Breite auf Spanten von 5,24 m (anderen Angaben nach 36,6 m Länge und 5,5 m Breite). Die Tiefe im Raum betrug 2,19 m und die Tragfähigkeit 118 t. Die Dicke der Beplattung betrug 6 mm, der Boden war flach und das Heck eckig gestaltet. Das Ruder wurde über eine Pinne bedient.
Nach der Probefahrt am 9. Mai 1822 auf der Themse wurde das Schiff zunächst in der Kanalfahrt und auf der Seine bis nach Paris eingesetzt. Nach einigen Fahrten auf dieser Route fuhr das Schiff in Frankreich für den Vergnügungsverkehr und Postdienst bis 1830 auf der Seine und später bis 1855 auf der Loire.

Abiso: siehe *Aviso*

»ACADIA FOREST«: erstes Leichtertransportschiff, das als *Barge-Carrier* nach dem *LASH*-System (**L**ighter-**A**board-**S**hips) in Dienst gestellt wurde. Das für die norwegische A/S Moslash Shipping Co. in Tokio von der Werft Sumitomo Shipbuilding & Machinery Co., Ltd gebaute Schiff hatte am 3. Dezember 1968 Kiellegung, am 3. April 1969 Stapellauf, war am 27. September 1969 fertiggestellt und wurde von der Reederei Central Gulf Steamship Corp. in Dienst gestellt.
Die »ACADIA FOREST« kann 73 Schwimmcontainer von je 380 t Tragfähigkeit, 18,74 m Länge, 9,50 m Breite und 3,96 m Seitenhöhe, 2,66 m Tiefgang und 563 m^3 Stückgutladerauminhalt mit einem über den ganzen Ladebereich verfahrbaren Portalkran mit 21,34 m Breite und 19,96 m Höhe für 510 t Lasten über Heck an Bord nehmen. Der Ladezyklus für einen Leichter benötigt etwa 15 min. Von den 73 Leichtern können 49 in den Laderäumen unter Deck in Zellen und 24 Leichter an Deck gestaut werden.
Das *Leichterträgerschiff* ist 261,40 m lang über Alles, 234,0 m zwischen den Loten, 32,5 m breit auf Spanten und hat 18,29 m Seitenhöhe und 11,28 m Tiefgang bei 43000 t Tragfähigkeit. Der Laderauminhalt beträgt 50350 m^3 und die Vermessung 20635 NRT bzw. 36862 BRT. Die Vorräte sind für eine Seestrecke von etwa 19500 sm bemessen. Durch einen langsamlaufenden Zweitakt-Dieselmotor mit 16265 kW (22100 PS) bei 116 U/min und einen 5flügeligen Propeller von 6,32 m Durchmesser hat das Schiff eine Dienstgeschwindigkeit von 19,1 kn bei 8,53 m Tiefgang.

»ADMIRAL GRAF SPEE«: deutsches Panzerschiff (Projektbezeichnung »C«). Die Bezeichnung Panzerschiff geht auf die im Text des Versailler Vertrags enthaltene französische Typbezeichnung »Cuirasse« für das Panzerschiff zurück. In Deutschland durften dem Vertragstext entsprechend keine Großkampfschiffe, sondern nur Panzerschiffe mit einer Deplacementbegrenzung von 10000 ts gebaut werden. So entstanden die »Pocket-Battleships« (Westentaschen-Schlachtschiffe) der Reichsmarine und späteren Kriegsmarine. Bei dieser Bezeichnung ist es bis zur Umklassifizierung 1940 geblieben. Die Bezeichnung »Panzerkreuzer« entstand in den Reichstagsdebatten zur Bewilligung der Gelder für das Projekt »A«; siehe *»DEUTSCHLAND«*.
Im Zeitraum 1928 bis 1936 wurden 3 Panzerschiffe gebaut. Typschiff war die »LÜTZOW« ex »DEUTSCHLAND« (Projekt »A«), gefolgt von der »ADMIRAL SCHEER (Projekt »B«) und »ADMIRAL GRAF SPEE« (Projekt »C«). Die beiden erstgenannten Schiffe wurden ab Februar 1940 als Schwere Kreuzer bezeichnet.
Die »ADMIRAL GRAF SPEE« lief am 30. Juni 1934 auf der Kriegsmarine-Werft in Wilhelmshaven von Stapel und wurde am 6. Januar 1936 in Dienst gestellt. Die Baukosten beliefen sich auf 82 Mill. Mark. Bei einem Deplacement von 16200 ts war das Schiff über Alles 186,0 m und zwischen den Loten 181,7 m lang, 21,70 m breit und hatte einen Tiefgang von 7,34 m. Die Besatzungsstärke betrug 1150 Mann. Die Bewaffnung bestand aus 6×28-cm-, 8×15-cm- und 3×8,8-cm-Geschützen sowie 8×3,7-cm-Schnellfeuerkanonen und 10 bis 28 Flakgeschützen des Kalibers 2 cm. 1935 und 1938 wurde die Mittelartillerie mehrfach in der Anzahl verändert. Ferner waren an Deck 8 Torpedorohre (53,3 cm) sowie ein Katapult und 2 Bordflugzeuge vorhanden.
Als Antriebsanlage dienten 4 Satz von je 2 MAN-Neunzylinder-Dieselmotoren mit einer Gesamtleistung von 41800 kW (56800 PS), mit denen das Schiff eine Geschwindigkeit von maximal 28,5 kn erreichte. Diese Panzerschiffe waren trotz ihrer begrenzten Größe seinerzeit dennoch die größten motorgetriebenen Kampfschiffe der Welt. Die beiden anderen Schiffe besaßen im wesentlichen die gleichen technischen Parameter. Alle 3 wurden im zweiten Weltkrieg vernichtet.

»ADMIRAL GRAF SPEE« – deutsches Panzerschiff, 1936 in Dienst gestellt, 1939 vernichtet

Die »ADMIRAL GRAF SPEE« hatte bereits am 21. August 1939 den Auslaufbefehl zum Kaperkrieg im Atlantik erhalten. Nach einem Gefecht mit britischen und französischen Überwassereinheiten mußte sie beschädigt den Hafen von Montevideo zur Notreparatur anlaufen. In aussichtsloser Lage wurde das Panzerschiff am 17. Dezember 1939 in der La Plata-Mündung von der Besatzung gesprengt. Die Abbrucharbeiten begannen 1942/43, jedoch waren noch 1965 Reste sichtbar.

Die »ADMIRAL SCHEER« beschoß am 31. Mai 1937 die spanische Stadt Almeria als »Vergeltung« für den Bombenangriff vom 29. Mai 1937 auf das Panzerschiff »DEUTSCHLAND«. Mitte 1942 war der Schwere Kreuzer neben anderen Einheiten in Nordnorwegen zur Bekämpfung von Geleitzügen eingesetzt. Später kenterte nach einem schweren Luftangriff auf Kiel in der Nacht vom 9. zum 10. April 1945 der Kreuzer an der Einfahrt zum Dockhafen der Deutsche Werke, Kiel AG.

Die »LÜTZOW« ex »DEUTSCHLAND« wurde am 16. April 1945 südlich Swinemünde bei einem Bombenangriff schwer beschädigt auf Grund gesetzt und am 4. Mai 1945 von der Besatzung gesprengt. 1947 wurde das Schiff gehoben und abgewrackt.

Admiralschiff: historisch übernommener, dem *Flaggschiff* entsprechender, besonders großer, schneller und modern ausgerüsteter Schiffstyp in den Marinen für Flottenleitaufgaben auf See. In der englischen und französischen Marine waren es in der Übergangszeit zum Segel-Dampf-Kriegsschiff und zum Dampfschiff die großen Dreidecker-Linienschiffe, wie die noch nahezu voll getakelte englische »AGAMEMNON« (1852), das als erstes großes englisches Linienschiff (90 Kanonen) mit einem Schraubenantrieb gebaut wurde. Bereits 4 Jahre früher wurde das französische Schrauben-Linienschiff »NAPOLEON« (90 Kanonen) gebaut, welches unter Dampf schon 14 kn lief.

In der preußischen Marine wurde für den Oberbefehlshaber der Marine der Admiralstitel am 30. März 1855 eingeführt. Erster Admiral war Prinz Adalbert. Namhafte Admiralschiffe waren in der österreichisch-italienischen Seeschlacht bei Lissa die Panzerschiffe »ERZHERZOG FERDINAND MAX« (Admiral Tegetthoff) und »RE d'ITALIA« (Admiral Persano). In der japanisch-chinesischen Schlacht an der Yalū-Mündung der Kreuzer »MASUSHIMA« (Admiral Ito) und das Panzerschiff »TING YUEN« (Admiral Ting).

Das größte Kriegsschiff der am 1. Oktober 1867 gebildeten Norddeutschen Bundesmarine war das 1869 in Dienst gestellte, bei den Thames Iron Works bei London erbaute Panzerschiff »KÖNIG WILHELM«. Im Krieg 1870/71 war es Admiralschiff und während einer Übungsfahrt im Mai 1878 das Geschwader-Flaggschiff des Verbandchefs Admiral Batsch. Im ersten Weltkrieg war S.M. Großer Kreuzer »SCHARNHORST« (11600 t Deplacement, Geschwindigkeit 23,8 kn, 8×21-cm-, 6×15-cm-, 18×8,8-cm-Geschütze) das Geschwaderflaggschiff des Kreuzergeschwaders Ostasien. Es ging 1914 unter Graf Spee in der Seeschlacht bei den Falklandinseln verloren.

»ADMIRAL VON TIRPITZ«: umbenannt in »TIRPITZ« im Februar 1914. Erstes Turbinen-Passagierschiff der Welt mit einer Turbinen-Föttinger-getriebeanlage. Das von der A. G. »Vulcan« in Stettin (Szczecin) am 20. Dezember 1913 zu Wasser gelassene Schiff war für die Hamburg-Amerika-Linie bestimmt. Es sollte 1975 Passagiere aufnehmen können bei einer Besatzung von 500 Mann. Die Länge über Alles betrug 187,4 m, die Breite 22,9 m und die Vermessung ergab 21 498 BRT bzw. 11 737 NRT. Das bei Kriegsausbruch 1914 nahezu fertige Schiff kam jedoch nicht mehr für den vorgesehenen Zweck zum Einsatz.

Völlig neu war die Übertragung der Turbinenleistung an die Propeller mit sog. »Föttinger-Transformatoren«. H. FÖTTINGER hatte bereits 1905 ein hydrodynamisches Getriebe zum Patent angemeldet, das als Untersetzungs- und Umsteuereinrichtung die hohen Turbinendrehzahlen für den Propeller herabsetzte und die sonst erforderlichen Rückwärtsturbinen ersetzen sollte. Als erstes Versuchsschiff baute die Stettiner Vulcan-Werft 1909 den kleinen Versuchsdampfer »FÖTTINGER TRANSFORMATOR« von 29,38 m Länge mit 368 kW (500 PS) Antriebsleistung bei 1750 U/min und einer Untersetzung von 5,5 für eine Propellerdrehzahl von 318 U/min. Der Bau des großen Zweischrauben-Passagierschiffs mit 2 Dampfturbinen von je 7350 kW (10 000 PS) für 17 kn Geschwindigkeit stellte damit durch den enormen Leistungssprung ein ingenieur-technisch kühnes Wagnis dar. Die Aufgabe wurde jedoch erfolgreich gelöst, und die Erprobung übertraf mit einem Übertragungswirkungsgrad von 88 % positiv anderweilige Vorhersagen von nur 70 %.

Die Antriebsanlage der »TIRPITZ« und der »KÖNIGIN LUISE« wurden zum Vorbild für mit Föttingergetrieben untersetzte Antriebsanlagen des 1915 von Stapel gelassenen Kreuzers »WIESBADEN« und für Torpedoboote sowie für die späteren ab 1925 als Vulcan-Getriebe weltbekannten Zahnradgetriebe mit hydrodynamischer Kupplung. Das Schiff selbst hatte eine wechselvolle Geschichte. Nach der endgültigen Fertig-

»ADMIRAL VON TIRPITZ«, Turbinen-Passagierschiff mit Föttingergetriebeanlage (1914/20)

stellung im November 1920 wurde es am 1. Dezember 1920 als Reparationsleistung an England abgeliefert. Die englische Regierung verkaufte es am 25. Juli 1921 an die »Canadian Pacific Railway Co«, London, bei der es in »EMPRESS OF CHINA« umbenannt wurde und von August 1921 bis Mai 1922 bei den Werften Vulkan-Hamburg und J. Brown-Clydebank umgebaut und neu mit 21860 BRT vermessen wurde.
Am 2. Juni 1922 war eine erneute Umbenennung in »EMPRESS OF AUSTRALIA«, und anschließend folgte der Einsatz im Pazifik-Dienst von Vancouver nach Yokohama. Beim großen Erdbeben am 1. September 1923 befand sich das Schiff in Tokio. Ein erster Erdstoß zerstörte die Pier von der das Schiff gerade ablegen wollte. Das Schiff wurde förmlich durch das Hafenbekken gewirbelt, kam danach wieder unter Kontrolle und ließ die Rettungsboote zu Wasser. Beim Rückwärtsmanöver gerieten die Schrauben jedoch in die Ankerketten eines Frachters. Das nunmehr manövrierunfähige Schiff kollidierte mit einem japanischen Frachter, trieb dann mit über 2000 Menschen an Bord auf ein brennendes Ölfeld zu, funkte SOS und wurde schließlich von dem holländischen Tanker »IRIS« ins freie Wasser geschleppt.
Von August 1926 bis Juni 1927 wurden neue Parsons-Turbinen bei Fairfield in Glasgow eingebaut. Mit diesen Turbinen von insgesamt max. 20000 PS Wellenleistung erreichte das Schiff 20 kn Geschwindigkeit. Eine erste Reise ging am 25. Juni 1927 von Southampton nach Quebec, danach folgten Kreuzfahrten. 1933 wurde ein nochmaliger Umbau der Kabinen vorgenommen und ab 1939 – auch nach 1945 – fuhr die »EMPRESS OF AUSTRALIA« als Truppentransporter. Am 7. Mai 1952 wurde das Schiff an die British Iron & Steel Corp. verkauft und in Inverkeithing abgewrackt.

»AEGIR«: Küstenpanzerschiff der Kaiserlichen Marine. Wegen der Verwendung als Versuchsschiff für elektrische Anlagen bekam es in der Flotte den Beinamen »Elektrische Anna«.
Nach dem Stapellauf am 3. April 1895 auf der Kaiserlichen Werft in Kiel und der Indienststellung am 15. Oktober 1896 wurden bis 1904 laufende Umbauten und Ausrüstungen mit neuen Elektroanlagen vorgenommen. Das Schiff hatte ein Deplacement von 4150 t. Es war 86,15 m lang, 15,4 m breit und ging 5,60 m tief. Zur Besatzung gehörten 306 Mann. Die Bewaffnung bestand aus 3×24-cm- und 10×8,8-cm-Geschützen, 3 Torpedorohren des Kalibers 45 cm und 4 Maschinengewehren. Die Antriebsanlage von 2 Dreifach-Expansionsmaschinen mit einer Leistung von 4050 kW (5500 PS) gab dem Schiff eine Geschwindigkeit von 15,4 kn.

Geschützaufstellung auf dem Küstenpanzerschiff »AEGIR«

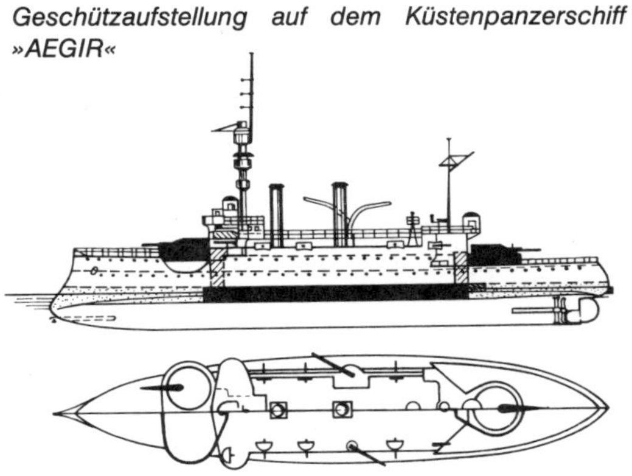

Englisches Aircraft-boat SRN 4

Ende der 90er Jahre wurde die »AEGIR« mit elektrischen Geschützschwenkwerken ausgerüstet. Dazu wurden 3 Turbo-Dynamoaggregate von je 30 kW Leistung eingebaut. Für den Dynamoantrieb lieferte die Maschinenbauanstalt Humboldt in Kalk bei Köln 3 Laval-Turbinen, die ersten Dampfturbinen, die an Bord eines deutschen Schiffes eingebaut wurden.
Der Beiname »Elektrische Anna« nimmt Bezug auf den auf der Internationalen Elektrizitätsausstellung 1881 in Paris von Edison vorgeführten Generator, der wegen seiner respektablen Höhe von 1,9 m den Beinamen »Marianne mit der langen Taille« erhielt.
Von 1914 bis 1915 diente das Schiff im Küstenschutz und war ab 1916 Wohnhulk in Wilhelmshaven. Am 17. Juni 1919 wurde es aus der Flottenliste gestrichen und 1922 zum Motorfrachtschiff für die Fa. A. Bernstein, Hamburg, umgebaut. Bei einer Frachtfahrt ist es am 8. Dezember 1929 vor Gotland in der Nähe des Leuchtturms Karlsö gestrandet und verlorengegangen.

Aircraft-boat, *Aeroglisseurs, Naviplanes, Hovercraft, Ground-effect vessel, surface-effect vessel:* auf einem technisch erzeugten und durch elastische »Schürzen« abgerenzten Luftpolster über Wasserflächen, Sümpfen oder Eisflächen schwebendes Wasser- oder Amphibienfahrzeug; siehe *Luftkissenschiff*. Bekannte Typen sind u. a. der insbesondere für vereiste Flächen konzipierte sowjetische Typ »RADUGA«, das größere sowjetische Passagier-Luftkissenschiff »SORMOWITSCH« sowie die britischen Boote SR.N 4 und SR.N 6 der Firma Saunders-Roe Ltd.

Akkumulatorenboot: Überwasserfahrzeug oder Tauchboot, das mit speziellen Speichern für Elektroenergie (Akkumulatoren) für den Fahrantrieb oder andere Funktionen ausgerüstet ist. Angewendet wird diese Energiespeicherung insbesondere bei Sportbooten, für die zur Gewässerreinhaltung der Antrieb durch Verbrennungsmotoren nicht zulässig ist. Der elektromotorische Antrieb geschieht in elektrolytischen Blei-Schwefelsäure- oder Nickel-Eisen-Kalilauge-Akkumulatoren; siehe auch *Elektroboot*. Andere weniger gebräuchliche Energiespeicher sind hochkomprimierte Luft bzw. kinetische Energie schnell rotierender Massen.

»ALBERT BALLIN«, später *»HANSA«* und *»SOVETSKY SOYUZ«:* Doppelschrauben-Fracht- und Fahrgastschiff der Hamburg-Amerika-Linie. Das zu Ehren des langjährigen verdienstvollen Generaldirektors der HAPAG – »ALBERT BALLIN« – benannte Schiff wurde 1922/23 auf der Werft von Blohm & Voss in Hamburg gebaut und war der erste deutsche Nachkriegsneubau über 20000 BRT, der außerdem erstmals mit einem Kreuzerheck gebaut wurde. Am 17. Juni 1923 wurde das Schiff in Dienst gestellt und machte seine Jungfernfahrt auf der Route Hamburg–New York.
1934 wurde die »ALBERT BALLIN« um 12 m verlängert (»vorgeschuht«) und mit einem Bulbbug (Halbwulststeven) versehen und 1935 in »HANSA« umbenannt.
Am 6. März 1945 sank die »HANSA« nach Minentreffer in der Nähe des Gedser-Feuerschiffs auf 19 m Wassertiefe. Mit Hilfe abgesenkter Schwimmdocksektionen wurde das Schiff aufgerichtet, schwimmfähig gemacht und am 15. Dezember 1949 in den Hafen von Warnemünde eingeschleppt. Vom 11. August 1950 bis zum 8. Juni 1951 kam der Schiffskörper zur Reparatur nach Antwerpen. Vier Jahre beanspruchte die Rekonstruktion der Maschinenanlage sowie der Um- und Ausbau der Einrichtungen zum Fahrgastschiff »SOVETSKY SOYUZ« im VEB Warnowwerft Warnemünde. Im Dezember 1955 wurde das Schiff von der Seeflotte der UdSSR übernommen und nach Odessa überführt. Ab März 1957 wurde es in Wladiwostok stationiert und seit dem 29. Mai 1957 fuhr es als Flaggschiff auf der Route Petropawlowsk–Kamtschatka. Es legte als »SOVETSKY SOYUZ« eine Million Seemeilen zurück, beförderte neben 660000 Fahrgästen 1,5 Mill. t Fracht und war gleichzeitig Ausbildungsstätte für 3000 Seefahrtsschüler in der Kurilen-See. Nach über 25jähriger Dienstzeit wurde die »SOVETSKY SOYUZ« am 5. Dezember 1980 außer Dienst gestellt.
Nach dem Neuausbau war das Schiff über Alles 205,20 m und zwischen den Loten 196,80 m

»ALBERT BALLIN« erstes nach dem ersten Weltkrieg in Deutschland gebautes Schiff über 20000 BRT geht auf die erste Reise. Sie wurde später die »HANSA« und die »SOWJETSKY SOJUS«

Verlängerung durch »Vorschuhen« eines Schiffs vom Typ »ALBERT BALLIN«

lang, auf Spanten 24,04 m breit und hatte eine Seitenhöhe bis zum A-Deck von 19,45 m. Das mit 23009 BRT (11337 NRT) vermessene Schiff besaß ein Deplacement von 31500 t, eine Tragfähigkeit von 11170 t und beladen 9,6 m Tiefgang. Das Laderaumvolumen für Stückgut betrug 5714 m^3. Für den Ladeumschlag waren zwölf 5-t-Ladebäume und ein 30-t-Schwergutbaum vorhanden. Das Schiff fuhr eine Besatzung um 418 Mann und war für die Beförderung von 1669 Passagieren eingerichtet, davon 413 in der I. Klasse, 553 in der II. Klasse und 703 Passagiere der Luxus- und Touristenklasse. Die beiden Getriebe-Dampfturbinen leisteten insgesamt 15666 kW (21300 PS) und gaben dem Zweischraubenschiff eine Geschwindigkeit von 19 kn.

»ALECTO« und **»RATTLER«:** zwei durch den historischen Leistungsvergleich des Schaufelrads und Schraubenpropellers bekannt gewordene Dampffregatten der britischen Admiralität. Unter besonderer Förderung von Prinz Albert, des Gemahls der Königin Victoria, ließ die englische Regierung 1843 zu Versuchen mit dem neuen Schraubenpropellerantrieb von FRANCIS PETTIT SMITH ihr erstes Schraubenkriegsschiff; die »RATTLER«, in etwa gleicher Größe und gleich starker Maschine wie die Raddampffregatte »ALECTO« bauen. Die »RATTLER« hatte 888 t bei 176,5 Fuß Länge und wie die »ALECTO« 800 t Verdrängung; die Dampfmaschinen beider Schiffe leisteten je 147 kW (200 PS). Der 2flüglige Schraubenpropeller der »RATTLER« von 10 Fuß 1 Zoll Durchmesser bei 11 Fuß Steigung war aus Kanonenbronze hergestellt.
An einem windstillen Tag im Frühjahr 1845 wurde zunächst zwischen beiden Schiffen ein »Rennen« über eine Distanz von 100 Seemeilen in der Nordsee ausgetragen, bei dem die Schraubendampffregatte »RATTLER« mit großem Vorsprung siegte. Noch eindrucksvoller zeigte sich der Schraubenpropeller beim zweiten Versuch dem Schaufelradantrieb überlegen. Beide Schiffe wurden Heck gegen Heck durch Schlepptrossen verbunden. Auf Signal brachten sie beide ihre 200-PS-Dampfmaschinen mit Volldampf auf höchste Leistung. Das Ergebnis war überzeugend. Die Schraubendampffregatte »RATTLER« schleppte die Seitenraddampffregatte »ALECTO« rückwärts über Heck mit einer Geschwindigkeit von etwa 2,5 kn. Die erfolgreichen Versuche wurden bereits 1845 beim Bau des Schraubendampfschiffes »DWARF« und 1847/48 bei der »MINX« verwertet.

»ALEXANDRA«, ex *»SUPERB«:* stärkstes Zentralbatterie-Panzerschiff der englischen Kriegsflotte Ende der 1870er Jahre. Das 1877 erbaute barkgetakelte Dampfschiff entsprach mit seiner mächtigen Artillerie, einer damals für große Kriegsschiffe beachtlichen Geschwindigkeit und einem Kohlevorrat von 550 t für eine Aktionsweite von 2000 Seemeilen sowie einem mittleren Panzerschutz dem seinerzeitigen Konzept des Panzerschiffs. Das Deplacement betrug 9492 t und die Geschwindigkeit etwas über 16 kn bei der Maschinenleistung von insgesamt 5888 kW (8000 PS), erreicht wurden 8600 PS bei 67 U/min. Die beiden voneinander unabhängigen Zwillings-

Schaufelradschiff »ALECTO« und Schraubenpropellerschiff »RATTLER« beim Schleppversuch

Compound-Maschinen nach dem Dampfhammerprinzip hatten je einen Hochdruckzylinder von 70″ und zwei Niederdruckzylinder von 90″ Durchmesser bei 4 Fuß Hub. Der Oberflächenkondensator war bereits mit gezogenen Messingrohren von $^{3}/_{8}$″ Durchmesser mit einer Kühlfläche von 16500 Quadratfuß[1)] bestückt. Insgesamt 12 Ovalkessel von 21900 Quadratfuß Heizfläche erzeugten den Dampf von 4,2 kp/cm^2 (60 Pfd/square inch) Überdruck.[2)] Die beiden Kasematten mit den Geschützpforten und abgeschrägten Ecken lagen übereinander etwa auf halber Schiffslänge und hatten eine Panzerdicke von 305 mm. Armiert war die »ALEXANDRA« mit zwei 12zölligen und zehn 10zölligen Kanonen, von denen 6 für Breitseiten, 4 für Bug- und 2 für Heckfeuer einsetzbar waren. Um aus beiden Kasematten sowohl Breitseiten- als auch Bugfeuer geben zu können, war die Breite des davor liegenden Schiffsrumpfs beidseitig in Höhe beider Decks verringert. Aus der oberen, kürzeren Kasematte konnte durch die Breitenänderung auch in Heckrichtung geschossen werden.

Englisches Zentralbatterie-Panzerschiff »ALEXANDRA« um 1870

Aluschiff, *Aluminiumschiff:* Wasserfahrzeug, das unter Verwendung von Aluminium oder Aluminiumlegierungen besonders leicht gebaut ist; siehe auch *Leichtmetallschiff*. Bleche und Profile aus Aluminium können seit Ende des 19. Jh. für technische Zwecke in den entsprechenden Mengen und mit noch vertretbarem Aufwand erzeugt werden. Der Einsatz im Schiffbau setzte jedoch erst um 1922 ein. Da der Vertrag von Washington das zulässige Deplacement von Kriegsschiffen begrenzte, wurde nach Möglichkeiten gesucht, um durch den sog. »Stoffleichtbau« die Masse der Einbauten zu verringern und einen möglichst großen Anteil des Deplacements für den Antrieb, die Bewaffnung und die Panzerung verwenden zu können. Für die Verwendung von Aluminium auf Schiffen lagen jedoch noch keine Konstruktionserfahrungen vor. Der zunächst auf britischen Kriegsschiffen um 1922 begonnene versuchsweise Einbau ergab bereits nach kurzer Zeit bei einem britischen Zerstörer erhebliche Korrosionsschäden, da die Kontaktkorrosion von Aluminium und Stahl bzw. die notwendige Isolierung noch nicht erkannt war. Das Aluminium war auch nicht seewasserbeständig.
Um 1930 entwickelte das britische Unternehmen Birmingham Aluminium Casting Co. patentierte seewasserbeständige Alu-Legierungen und gründete in Southampton die Versuchswerft »Birmal Boats« zur Erprobung dieser Legierung. Bis 1938 wurden auf dieser Bootswerft über 200 Kleinfahrzeuge gebaut, die sich gut bewährten. Mit der Einführung kombinierter Niet- und Schweißkonstruktionen setzte sich die »Leichtmetall-Bauweise« für schnelle Sportfahrzeuge, leichte Fahrgastschiffe und schnelle leichte Kriegsschiffe allgemein durch.
Etwa ab 1950 werden höher gelegene Aufbauten, Deckshäuser und Ausrüstungen (Fenster, Maste, Verkleidungen u. a.) besonders auf Binnenschiffen mit begrenztem Tiefgang aber auch auf großen Schiffen eingesetzt. Der Anteil ist gegenüber dem Schiffbaustahl jedoch relativ gering, so daß der 1959/60 für den Benzintransport auf dem Rhein gebaute Benzin-Binnentanker »ALUMINIA« trotz seiner Vorzüge auch gegen Funkenbildung zu den Ausnahmen als Ganz-Aluminiumschiff gehört. Eine entsprechende Seltenheit war daher auch die Indienststellung eines 1200-tdw-Aluminiumschiffes am 4. Januar 1968 in den USA zum Einsatz zwischen Miami und San Juan. Die zum Teil auch für die Ausrüstung von Großschiffen technisch vorteilhafte Verwendung von Aluminium bzw. Aluminiumlegierungen ist noch wegen der höheren Materialkosten stark begrenzt.

»AMAZONE«: Kleiner deutscher Kreuzer von 2600 t Verdrängung des von 1897 bis 1904 erbauten sog. Typs »Gazelle«, zu der die Kleinen Kreuzer der Kaiserlichen Kriegsmarine »ARIADNE«, »ARCONA«, »AMAZONE«, »FRAUENLOB«, »GAZELLE«, »MEDUSA«, »NIOBE«, »NYMPHE«, »THETIS« und »UNDINE« gehörten.
Mit einer Antriebsleistung von 5888 kW (8000 PS) erreichten die 105 m langen, 12 m breiten und 5,4 m tiefgehenden Kreuzer rund 21,5 kn Geschwindigkeit. Die Bewaffnung bestand aus 10,5-cm-Geschützen sowie 2 Deckstorpedorohren für 50-cm-Torpedos. Der Kreuzer hatte 257 Mann Besatzung. Die »AMAZONE« lief am 6. Oktober 1900 auf der Germania-Werft in Kiel von Stapel und ging am 15. November 1911 in den Flottendienst. Ab 1914 war der Kreuzer im Küstenschutz eingesetzt und diente ab 1916 der U-Bootschule als Zielschiff. Ab 1917 wurde er als Wohnschiff in Kiel verwendet und 1923 in die Reichsmarine übernommen. Am 31. März 1931 wurde die »AMAZONE« aus der Flottenliste ge-

»AMAZONE« Kleiner deutscher Kreuzer der »Gazellen«-Klasse

1) 1 Quadratfuß (engl. square foot) = 0,0929 m^2
2) 1 engl. Pfund/square inch = 0,073876 kp/cm^2

Doppelschraubenpostdampfer »AMERIKA« der Hamburg-Amerika-Linie, Seitenansicht

Die »AMERIKA« der HAPAG vor dem Stapellauf am 20. April 1905, Bugansicht

strichen. Nach 1945 diente das Schiff noch als Wohnhulk für Umsiedler in Bremen und wurde dann 1954 in Hamburg abgebrochen.

Ambulanzschiff: siehe *Lazarettschiff*

»AMERIKA«: Doppelschrauben-Passagierdampfer der Hamburg-Amerika-Linie (HAPAG). Wegen der Größe und der komfortablen Ausstattung ließ die HAPAG dieses Schiff noch auf der um die Jahrhundertwende führenden englischen Werft Harland & Wolff in Belfast bauen. Es war gleichzeitig das erste Passagierschiff der Welt, das mit einem Personenaufzug ausgestattet war. Das 22620 BRT und 13637 NRT große Schiff hatte ein Deplacement von 42420 t. Es war 203,60 m lang, 22,60 m breit und hatte eine Raumtiefe von 15,9 m. Der Stapellauf fand am 20. April 1905 statt. Das Schiff hatte 577 Mann Besatzung und war für die Beförderung von 3085 Passagieren eingerichtet, davon 386 in der I. Kajütklasse, 150 in der II. Kajütklasse, 222 in der III. Klasse und 1750 in der IV. Klasse.
Die Antriebsanlage bestand aus 2 Vierfach-Expansionsmaschinen mit einer Gesamtleistung von 11400 kW (15500 PS), die auf die beiden 4flügligen Schrauben von 6,55 m Durchmesser arbeiteten und dem Schiff eine Geschwindigkeit von 18 kn gaben. 8 Kessel mit je 6 Feuern erzeugten den Dampf.
Im Oktober 1905 ging das Schiff auf seine Jungfernreise. 1917 wurde es in den USA beschlagnahmt, in »AMERICA« umbenannt und fuhr unter US-Flagge. 1939 folgte von der Newport News Shipbuilding and Dry Dock Company für die United States Lines eine weitere »AMERICA«. Dieses 35440 ts große und 220 m lange Schiff erreichte eine Geschwindigkeit von 22 kn. Es war in seiner Linienführung einschließlich der markanten Aufbauten und Schornsteine Vorbild für die am 23. Juni 1952 von Stapel gelaufene 53000 BRT große »UNITED STATES«, der letzten Trägerin des »Blauen Bandes«.

Ammoniak-Tanker: spezieller Flüssiggastanker für den Ammoniaktransport; siehe auch *Tanker*. Die Vorteile des Flüssiggastankers beruhen auf einer Verflüssigung der Gase bei tiefen Temperaturen, wodurch eine Volumenminderung auf 1/300 bis 1/600 des Gasvolumens erreicht wird. Die Verflüssigung der verschiedenen Gase erfordert unterschiedlich niedere Temperaturen. Für Ammoniak genügt eine Abkühlung auf −33 °C, während für Methan −162 °C, Äthylen −104 °C oder Butan −43 °C erforderlich sind. Die Tanks von Ammoniak-Tankern werden somit für −33 °C ausgelegt und isoliert; in Spezialtankern können sie auch für Normaltemperaturen als Drucktanks ausgebildet sein.
Das derzeit vorwiegend bei der Verarbeitung von Erdgas gewonnene Ammoniak ist ein wichtiger Rohstoff der chemischen Industrie und wird in größeren Mengen besonders zur Herstellung von Düngemitteln verwendet.
Ein modernerer Gastanker für Ammoniak, Butan, Butadien, Propan und Propylen, der Gastanker »BUSSEWITZ« der DDR-Deutfracht/Seereederei (Bauwerft Howaldtwerke – Deutsche Werft AG. Kiel) hat eine Tragfähigkeit von 12550 t DW und 4840 kW Antriebsleistung. Die 4 Tanks fassen 17000 m^3. Für die Be- und Entladung sind spezielle Pumpen und Schutzmaßnahmen entsprechend der IMCO-Resolution A 328 (IX) vorhanden. U. a. kann auf dem Schiff ein Teil des hinteren Aufbaus zum Schutz der Besatzung im Gefahrenfall als Überlebensbereich hermetisch abgeschlossen werden.

Amphibienfahrzeug: spezielles kombiniertes Schwimm-, Schwebe- oder Bodeneffektfahrzeug für besondere Einsatzzwecke. Die aus der griechischen Wortkombination abgeleitete Bezeichnung Amphibion (amphi für Zweifach bzw. bios für Leben) wurde somit von Lebewesen, die im Wasser und auf dem Lande leben können, auf Fahrzeuge übertragen, die für beide Medien geeignet sind. Die vielfältigen Lösungen erfordern jedoch gegenüber den Einzweckfahrzeugen höhere technische Aufwendungen und sind somit nur für Verwendungen vorteilhaft, bei denen übliche Schwimmfahrzeuge nicht einsetzbar sind.
Die Mehrzahl aller Amphibienfahrzeuge ist daher für militärische Aufgaben ausgelegt, um mit Schwimmwagen, Schwimmpanzern oder amphibischen Transportfähren Wasser-, Sumpf- und Eishindernisse sowie besonders steile, sandige, steinige oder anderweitig unbefahrbare Uferböschungen oder Strände zu überwinden. Die Schwimmfahrzeuge haben für diese Zwecke spezielle Raupen- oder Radsätze oder sind Luftkissenfahrzeuge *(Luftkissenschiffe)*.
Neuerdings entsteht im Zusammenhang mit der Meerestechnik ein weiteres Einsatzgebiet durch Unterwasserfahrzeuge, die für Unterwasserbauten, zur Bodenerkundung oder für Kontroll- und Hilfsaufgaben bei der Verlegung von Unterwasserpipelines, -kabeln bzw. bei Bohr- oder Abbauarbeiten von Bodenschätzen auf dem Meeresgrund verwendet werden können. Für größere Wassertiefen sind solche Amphibienfahrzeuge unbemannt, fern- oder durch eigene Informationsverarbeitungen mit Hilfe von Sensoren gesteuert. Beim Einsatz vom Trägerschiff werden die Tauch- und Fahrprogramme sowie die Arbeitsprogramme am Boden durch Ferneseheinrichtungen überwacht und gesteuert.

Von wirtschaftlicher Bedeutung sind insbesondere die Typen von Amphibienfahrzeugen, die Transportaufgaben in sonst nicht zugängigen Gebieten ermöglichen. Dazu gehören die für arktische Gebiete entwickelten Amphibienfahrzeuge für Schiffsbeladungen und Schiffsentladungen mit Hilfe von Schwimmleichtern, die im eisfreien Wasser ausgesetzt oder an Bord der Trägerschiffe (siehe *LASH-Schiff* bzw. *Leichterträgerschiff*) genommen werden, dünnere Eisdecken vor der Küste selbst brechen, auf tragfähige Eisdecken auffahren und auch über sumpfiges Gelände fahren können. Zu dieser Gruppe von Amphibienfahrzeugen gehören auch spezielle Amphibien-Holztransporter mit leistungsfähigen Winden und Hebeanlagen, um Stammholz zu den Flüssen zu befördern, zu Flößen zusammenzustellen und Flöße an Land zu bringen.

Amphibions dock ship: siehe *Barge-Carrier-Schiff*

Angled-Deck-Schiff: *Flugzeugträger* mit spezieller Winkel-Start- und Landedeckform. Im Jahr 1917 wurde der britische Flugzeugträger »ARGUS« erstmals mit einem durchgehenden Flugdeck versehen. Diese Bauform wurde allgemein bis kurz nach dem zweiten Weltkrieg beibehalten. Die Schornsteine waren, wie auf den späteren japanischen Trägern seitlich oder die Abgase wurden seitlich ausgeblasen, um thermische Strömungen auf dem Flugdeck durch Luftwirbel und das Deck überragende Aufbauten zu vermeiden.
Später zeigte sich, daß die Start- und Landeoperationen schneller Flugzeuge auf Flugzeugträgern schneller und mit größerer Sicherheit möglich sind, wenn das Flugdeck nicht parallel zur Längsachse des Trägers, sondern in einem bestimmten Winkel dazu verläuft. Aus verschiedenen Gründen, u. a. wegen der Lage der Schiffsführungszentrale und hafentechnischer Belange, erwies sich eine nach Backbord um etwa 8° gegenüber der Schiffsachse schräg verlaufende Richtung als günstig. 1952 wurde der US-Flugzeugträger »ANTITAM« als erster mit einem solchen Winkeldeck gebaut. Auf den Decks älterer Träger markierte man nachträglich die schräge Startbahn.

Angled Deck (Winkeldeck) eines Flugzeugträgers

Ankerboot: Spezialfahrzeug, um Anker auszubringen bzw. auszusetzen. Kleine Ankerboote, sog. »Ankerversetzboote« übernehmen beispielsweise die Halteanker eines Eimerkettenbaggers (siehe *Bagger*) und setzen diese aus. An diesen Ankern zieht sich der Bagger dann mittels Winden in die jeweilige Position, die genau dem zu baggernden Profil entspricht. Die Ankerboote können auch einen Wasserstrahlantrieb haben, damit sie seichte Gewässer in Landnähe befahren können, ohne Schaden an der Schraube zu nehmen. Auf Eisbrechern wird ein sog. »Ankerkutter« zum Ausbringen der Eisanker mitgeführt.

Ankerziehschlepper: Spezialfahrzeug für den Offshore-Bereich zum Setzen der schweren Anker von Bohrinseln, mit denen sich diese auf Position halten. Ein Vertreiben der Bohrinsel würde zum Bruch des Bohrgestänges führen und Schaden in Millionenhöhe zur Folge haben. Wenn erforderlich, werden die Anker vom Schlepper auch wieder »gezogen« und versetzt, wenn es der Einsatz der Bohrinseln erfordert. In jüngerer Zeit werden *Bohrinselversorger* für diese Aufgaben zusätzlich ausgerüstet. Andere Bohrinseln sind nicht mehr fest verankert, sondern halten sich auf ihrer Position mit computergesteuerten Ruderpropellersystemen.

Antimagnetisches Schiff: ein Schiff, dessen Eigenmagnetfeld durch die weitgehende Verwendung nichtmagnetischer Baustoffe klein gehalten ist oder dessen Magnetfeld durch andere Maßnahmen kompensiert wird. Genaue Messungen des erdmagnetischen Feldes bezüglich Intensität, Richtung und geographischer Ortsbestimmung werden schon seit Jahrhunderten auf den Weltmeeren vorgenommen. Die praktischen Ergebnisse sind für die Meeresforschung, die Erkundung von Erzlagerstätten und für die Navigation von Bedeutung. Mit derartigen Messungen begann EDMUND HALLEY 1700 auf dem Atlantischen Ozean. GEORG ADOLF ERMAN hat bei seiner Erdumseglung von 1828 bis 1830 ebenfalls die dabei vorgenommenen magnetischen Messungen aufgezeichnet. Eine systematische magnetische Vermessung der Ozeane konnte erst in diesem Jahrhundert erfolgen, seitdem das »Departement of Terrestrial Magnetism« der Carnegie-Institution in den Jahren 1905 bis 1908 mit dem Schiff »GALILEE« und seit 1909 mit einem eigens für diesen Zweck erbauten eisenfreien Segler mit Hilfsmotor »CARNEGIE« umfassendes erdmagnetisches Beobachtungsmaterial gesammelt hat. Da die Magnetnadel in der Nähe von ferromagnetischen Massen gestört bzw. abgelenkt wird, mußte beim Bau des Schiffes auf Eisen und Stahl vollkommen verzichtet und das Schiff aus Holz gebaut werden. Die Anker bestehen bei derartigen Schiffen aus Bronze, die Motoren aus Buntmetallen wie Messing und Kupfer, ebenso alle Bolzen, Nägel und Metallteile der Takelung.
Die »CARNEGIE« hat in jahrelangen Reisen nahezu eine halbe Million Kilometer zurückgelegt und dabei viele Fehler in den Angaben der Seekarten über Mißweisungen der Magnet-Kompaßnadel festgestellt. Im Jahre 1923 ließ Estland in Kiel eine ehemalige hölzerne Barkasse der Kriegsmarine, die »CECILIE«, von 14 m Länge und 3,8 m Breite umbauen. Auch hier wurde der Antriebsmotor durch einen anderen aus Messing und Bronze ersetzt.
Die UdSSR verfügt mit dem Dreimastgaffelschoner »SARJA« über ein antimagnetisches Schiff und setzt es erfolgreich als *Forschungsschiff* zur Messung der Schwankungen des Erdmagnetfelds ein. Bei der »SARJA« sind ebenfalls alle Metallteile einschließlich der Sportgeräte aus nichtmagnetischen Metallen hergestellt. Auf der »SARJA« wurden verschiedene Meßgeräte des »Internationalen Verbandes für geometrische Forschungen« installiert. Die Angaben dieser Geräte werden mit denen der Apparaturen verglichen, die sich im wissenschaftlichen Zentrum des Verbands in Dänemark befinden. Die Forschungsergebnisse dienen der Schiffahrt, dem Flugwesen, der Topographie und allen, die Kompaß und Karte benötigen. Die »SARJA« hat seit ihrer Indienststellung in zwei Jahrzehnten eine Seestrecke befahren, die einer mehr als zehnmaligen Erdumrundung entspricht.
Künftige größere antimagnetische Schiffe werden kaum noch aus Holz gebaut werden können. Sie werden Kompositbauten aus nicht ferromagnetischem Chrom-Nickelstahl, Leichtmetallen, Buntmetallen, Plastwerkstoffen und Holz sein.
Bis in die heutige Zeit wurden Schiffe im Brückenfrontschott vor dem Magnetkompaß mit einer Platte aus Messing, später aus Leichtmetall oder nichtmagnetischem Stahl gebaut, um die Ablenkung der Kompaßnadel durch eiserne Verbände des Schiffs so klein wie möglich zu machen.
Während des zweiten Weltkriegs wurden zum Schutz gegen Magnetminen, die auf das Magnetfeld des Schiffs ansprachen, Entmagnetisierungsmöglichkeiten für Stahlschiffe entwickelt. Dabei wurde durch Stromkreise im Schiffskörper das Magnetfeld des Schiffs zum Mineneigenschutz kompensiert.

Aquaglider: siehe *Gleitboot*

Aquamobile: Naß-Unterwassertauchboot für Sport und Forschungszwecke. Als *Akkumulatorenboot* erfolgt die Speicherung der Antriebsenergie für den Elektro-Propellermotor sowie für Scheinwerfer und Hilfszwecke mit entsprechend ausgelegten Trockenbatterien für eine Einsatzdauer von maximal einer Stunde bei mäßiger Geschwindigkeit von etwa 5 km/h. Die Fluttanks werden entsprechend der gewünschten Tiefe automatisch geflutet oder entleert. Die Größe solcher Aquamobile ist i. allg. für 2 vollausgerüstete Taucher ausreichend, die nur durch geeignet geformte Klarsicht-Plastscheiben oder Klarsichtkuppeln geschützt sind: siehe auch *Tauchboot*.

»ÄQUATOR«: Mehrzweck-Containerschiff, Gemeinschaftsentwicklung 1985 des VEB Warnowwerft Warnemünde und des VEB Schiffswerft Neptun in Rostock. Der Schiffstyp ist für den Transport von Containern sowie Stück- und Schüttgut, Schwergut und Industrieausrüstungen universell einsetzbar und in 4 Varianten modifizierbar. Die Länge über Alles der Grundvariante beträgt 158,05 m und zwischen den Loten 146,00 m, die Breite auf Spant 23,05 m, die Seitenhöhe bis Hauptdeck 13,40 m und der Konstruktionstiefgang 10,12 m. Bei einer Vermessung von 12000 GT besitzt das Schiff eine Tragfähigkeit von 17370 t und einen Aktionsradius von 17000 Seemeilen. Die 4 Laderäume mit einem Inhalt von 25320/23671 m^3 sind durch eine Normalluke und 3 Doppelluken zu bedienen. Die Umschlagsausrüstung besteht wahlweise aus 4×40-t-Schwingbäumen, 4×10-t-Bäumen, 1×125-t-Schwergutbaum bzw. 3 × je 2×12,5-t-Bordkranen oder 3 × je 2×25-t-Bordkranen oder 3×35-t-Einzelkranen oder 1×40-t-Einzelkran und 2×25-t-Einzelkranen oder 2×40-t-Einzelkranen oder 3×40-t-Einzelkranen. Containerstellplätze sind für 696 TEU (bzw. 812 TEU bei Variante Äquator-NW) vorhanden, davon 348 TEU unter Deck. Der Antrieb des Schiffs erfolgt durch einen Dieselmotor vom Typ K 5 SZ 70/125 BL (MAN-Lizenz) mit einer Leistung von 7600 kW, mit dem das Schiff ohne Wellengenerator 16,6 kn und bei Leistungsabnahme durch den Wellengenerator von 1250 kVA 16,1 kn erreicht. Ein 800 kW Bugstrahlruder gewährleistet gute Manövriereigenschaften auch bei Langsamfahrt. An Bord bestehen Unterbringungsmöglichkeiten für 36 Personen.

»AQUITANIA«: britischer Turbinenschnelldampfer der Cunard-Line. Das 45647 BRT (44786 ts) große Schiff wurde im Dezember 1910 bei John Brown & Co.; Clydebank bestellt und lief 1913 vom Stapel. Es wurde das Flaggschiff der Cunard-Line und war für die Beförderung von 3258 Passagieren eingerichtet. Am 10. Mai 1914 begann das Schiff seine erste Reise, bis zum Ausbruch des ersten Weltkrieges konnten nur 3 Reisen durchgeführt werden.
Die Parsons-Dampfturbinen leisteten 41216 kW (56000 PS) und gaben dem Vierschraubenschiff eine Geschwindigkeit von maximal 23,5 kn. 1914 war das Schiff zur Umrüstung als Hilfskreuzer vorgesehen, wurde jedoch überwiegend als Truppentransporter und Lazarettschiff im östlichen Mittelmeer eingesetzt. 1921 wurde es modernisiert und mit ölbeheizten Kesseln ausgerüstet. Danach war das Schiff im Schnelldampferdienst Southampton–New York eingesetzt.
Im zweiten Weltkrieg wurde es erneut als Truppentransporter verwendet. Die »AQUITANIA« hat während des Kriegs insgesamt 300000 Soldaten befördert. Nach Rekonstruktion 1947/48 machte das Schiff noch 25 Rundreisen nach Halifax bzw. New York und wurde dann 1950 abgewrackt.

Flächengleiche Vertikal- und Arcformspante

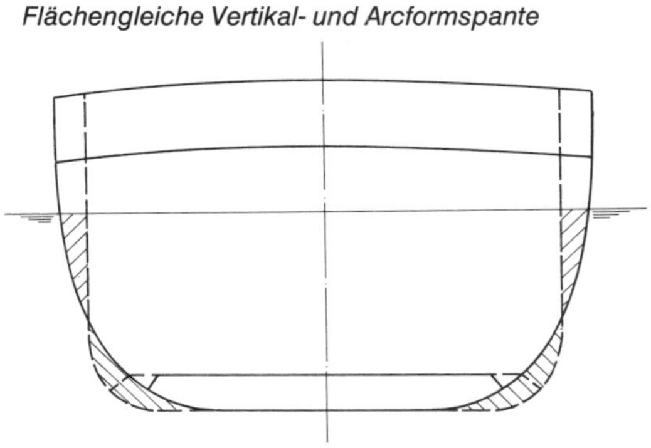

Die »AQUITANIA«, MAJESTIC«, »HOMERIC«, »BERENGIA« und »MAURETANIA« (von links nach rechts)

Arcformschiff: Schiff mit ausgeprägt bogenförmig abgerundeten Spanten (Arcform) im Mittelschiffsbereich. Diese spezielle Schiffskörperform wurde Anfang der 1930er Jahre von J. ISHERWOOD besonders für Stückgutfrachtschiffe entwickelt (siehe auch *Isherwood-Längsspantenschiff*). Im Unterschied zu den allgemein gebräuchlichen Mittelschiffs-Spantformen mit ebenen vertikalen Seitenwänden, einer relativ kleinen Kimmrundung und ebenem Schiffsboden ging bei der Arcform der Kimmradius in bogenförmig gekrümmte Schiffsseiten über. Bei gleichem Schiffsquerschnitt vergrößerten sich dadurch die Schiffsbreite in der Konstruktionswasserlinie und die Stabilität. Wenn das Schiff nicht voll abgeladen ist und geringere Stabilitätswerte ausreichen, vermindert sich die entsprechende Breite in der Schwimmwasserlinie und ruft einen geringeren Fahrwiderstand hervor. Der Fortfall der kleinen Kimmrundung senkt ebenfalls den Widerstand, jedoch dämpft der bogenförmige Spant die Rollschwingungen des Schiffs bedeutend schlechter. Neben dem höheren Bauaufwand und der ungünstigen Raumnutzung war das ein Hauptgrund, weshalb sich die Arcform nicht allgemein durchsetzen konnte.

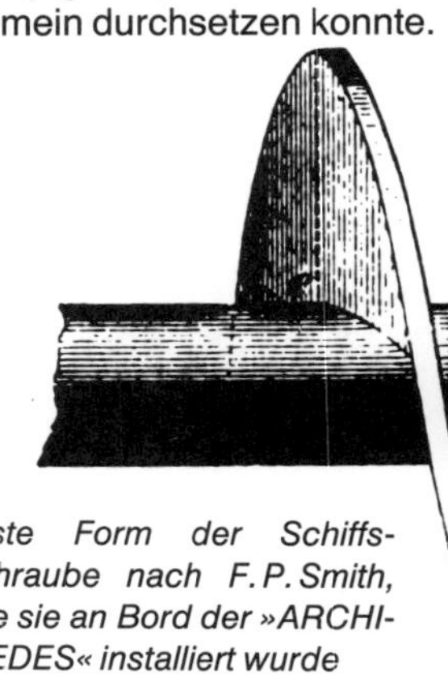

Erste Form der Schiffsschraube nach F. P. Smith, wie sie an Bord der »ARCHIMEDES« installiert wurde

»ARCHIMEDES« – 1839 erstes größeres Dampfschiff mit einem Schraubenpropeller von F. P. Smith

»ARCHIMEDES«: eines der ersten, 1838/39 mit Unterstützung der englischen Admiralität mit einer Heckschraube nach dem Patent von F. P. SMITH durch I. BRUNEL ausgerüsteten Schrauben-Dampfschiffe. Die Erfolge bewogen I. BRUNEL noch im Mai 1839 das nachfolgende Schiff, die »MAMMOTH«, wie die »GREAT BRITAIN« vor diesem Zeitpunkt heißen sollte, anstelle der ursprünglich vorgesehenen Seitenräder ebenfalls mit einem Smith-Heckpropeller auszurüsten. SMITH hatte 1836 zunächst ein kleines 10-t-Fahrzeug für den Propellerantrieb gebaut, das mit Erfolg Reisen an der Küste Kents ausführte. Erst als die Forderungen der Admiralität nach Anwendung des Propellers auf einem größeren Schiff vorgetragen wurden, konnte eine Gesellschaft für den Bau der etwa 237 t großen, 125 Fuß langen »ARCHIMEDES« gegründet werden. Das Schiff fuhr die Strecke von Gravesend nach Portsmouth am 14. Mai 1839 in 21 Std. bei »steifer Brise aus West«, also gegenan. Die »ARCHIMEDES« hatte 2 stehende Dampfmaschinen mit insgesamt 59 kW (80 PS) mit obenliegender Kurbelwelle und 2 Stirnradvorgelegen von G. & J. Rennie in London, die eine Vorausgeschwindigkeit von etwa 8 kn ermöglichten. Die Maschinendrehzahl von 25 U/min wurde durch das Vorgelege auf die Propellerdrehzahl von $133^1/_3$ U/min gebracht. Die größte Geschwindigkeit soll 9,75 kn betragen haben. Ursprünglich hatte die Admiralität die Mindestforderung von 4···5 kn gestellt, um den Schraubenpropeller bei Schiffen der Marine einzuführen. Die Steigung des 2gängigen Schraubenpropellers von 5 Fuß 9 Zoll Durchmesser war 8 Fuß. In der Rückwärtsfahrt wurden 4···5 kn erreicht.

»ARCONA«: vollgetakelte Schraubenfregatte der preußischen Flotte. Das Schiff lief am 19. Mai 1858 auf der Königlichen Werft in Danzig von Stapel und wurde am 15. April 1859 In Dienst gestellt. Der Querspant-Eichenholzkraweelbau von 1928 t (max. 2391 t) erhielt einen Kupferbeschlag. Das Schiff war über Alles 71,95 m und zwischen den Loten 63,55 m lang und 13,0 m breit. Der Tiefgang lag zwischen 5,55 und 6,35 m. Die Baukosten wurden mit 588900 Talern angegeben. Die Besatzungsstärke belief sich auf 380 Mann. Bis 1870 bestand die Bewaffnung aus 6×68-Pfündern sowie 20×36-Pfündern, danach aus 17 und zuletzt aus 8 Kanonen des Kalibers 15 cm.
Die liegende Zweizylinder-Einfach-Expansionsmaschine war von J. Cockerill in Seraing/Lüttich (Belgien) gebaut und leistete 1004 kW (1365 PSi). Sie gab dem Schiff eine Geschwindigkeit von 12,4 kn. 4 Kofferkessel mit insgesamt 16 Feuern erzeugten den erforderlichen Dampf bei 1,33 atü (0,23 MPa) Dampfdruck. Außerdem besaß das Schiff eine Segelfläche von 2200 m^2 und eine hievbare Schraube.
Die »ARCONA« war von 1859 bis 1862 im Auslandsdienst. Hier war sie u. a. das Flaggschiff eines Geschwaders, das mit dem preußischen Gesandten und späteren Innenminister Graf zu Eulenburg nach Ostasien kommandiert wurde, um mit Japan, China und Siam Schiffahrts- und Handelsverträge abzuschließen. Das aus 4 Schiffen bestehende Geschwader, die Schraubenfregatte »ARCONA«, die Segelfregatte »THETIS«, der Schoner »FRAUENLOB« und das Transportschiff »ELBE«, hatten bereits in der Nordsee (»ARCONA«) und am Kap der Guten Hoffnung (»ELBE«) in Orkanen größere Seeschäden und gerieten unweit der japanischen Küste in einen Taifun, in dem der Schoner »FRAUENLOB« unterging, so daß von der 800 Mann starken Expedition fast 100 Menschen umkamen.
Am 17. März 1864 nahm die »ARCONA« als Flaggschiff, begleitet von der Glattdeckkorvette »NYMPHE« (1202 t) und dem kleineren Radaviso »LORELEI« (470 t), am ersten Seegefecht der preußischen Flotte bei Jasmund (Rügen) gegen 6 dänische Kriegsschiffe teil. Von 1869 bis 1871 war die »ARCONA« erneut im Ausland als Kadettenschulschiff eingesetzt. Ab 1876 wurde es Wachtschiff in Kiel, am 18. März 1884 aus der Flottenliste gestrichen und schließlich als Zielschiff verwendet. Wenig später wurde das Schiff verkauft und in Kiel abgebrochen.

Die »ARCONA« am 17. März 1864 im Gefecht bei Jasmund, von links: »LORELEY«, »NYMPHE«, »SKIOLD«, »ARCONA«, »SJALLAND«

Flugzeugträger »ARC ROYAL« auf Reede

»ARC ROYAL«: britischer Flugzeugträger vor dem zweiten Weltkrieg. Zum Bau des Trägers wurden die Mittel 1934 bewilligt, so daß der Bau 1935 begonnen und am 12. April 1937 der Träger auf der Werft Cammel Laird von Stapel laufen konnte. Die Indienststellung geschah 1938.
Der 22600 t große Flugzeugträger war 220 m lang (über Flugdeck 240 m), 28,7 m breit und besaß einen Tiefgang von 7,0 m. Die Besatzungsstärke lag bei 1600 Mann. Die Bewaffnung des Trägers bestand aus 16×11,4-cm-Geschützen, 32×4-cm-Kanonen sowie 32 Maschinengewehren. Panzerung: Gürtel 114 mm, Oberdeck 64 mm, Unterdeck 89 mm. Für den Flugbetrieb standen 2 Dampfkatapulte zur Startunterstützung der 60 Radflugzeuge zur Verfügung. Die Antriebsanlage bestand aus 3 Satz Parsons-Turbinen mit einer max. Leistung von 75072 kW (102000 PS). Mit 3 Schrauben erreichte der Flugzeugträger eine Geschwindigkeit von 30,7 kn. Die »ARC ROYAL« wurde im April 1940 von dem deutschen U-Boot »U 39« angegriffen. Der Torpedo war jedoch ein »Frühdetonierer« und vernichtete dabei das deutsche U-Boot selbst. Am 13. November 1941 wurde die »ARC ROYAL« östlich von Gibraltar von »U 81« versenkt.

»ARKONA« ex *»ASTOR«:* Kreuzfahrtenschiff, seit 1985 als Urlauberschiff »ARKONA« unter DDR-Flagge.

Für die Baufinanzierung des Schiffs wurde die »Kymo Verwaltungsgesellschaft für Schiffsbeteiligungen mbH. & Co. KG.« gegründet, die über ein Kapital von 34 Mill. Mark verfügte. Ferner beteiligten sich die Hamburger Landesbank sowie ein Bananenhändler und ein Kaffeehaus. Für den Bau konnten dadurch 100 Mill. Mark beschafft werden. Mit der neu gegründeten »HADAG Cruise Line GmbH & Co. KG.« kamen weitere Finanzierungsquellen hinzu. Am 15. August 1979 wurde mit der Hamburg-Kieler-HDW-Werft der Bauvertrag abgeschlossen. Mit dem Schiffsnamen »ASTOR« sollte gleichzeitig Werbung für eine gleichnamige Zigarettenmarke betrieben werden. Nach Indienststellung wurde das Schiff von der »Kymo« für einen Tagessatz von 150 000 Mark an die HADAG verchartert, doch das Unternehmen ging in Konkurs und das Schiff wurde zwischenzeitlich an die Reederei »Safmarine« in Kapstadt verkauft. 1985 erwarb die DDR das Schiff von der »Deutsche Afrika-Linien Kiel« und stellte es am 29. August 1985 für den FDGB-Feriendienst unter dem Namen »ARKONA« in Dienst.
Das 1981 bei den Howaldtwerken-Deutsche Werft AG. in Hamburg fertiggestellte Schiff ist mit 18591 BRT (6719 NRT) vermessen. Es ist 164,35 m lang, 22,60 m breit und hat bei einer Seitenhöhe von 8,10 m einen Tiefgang von 6,11 m. Die Tragfähigkeit beträgt 3245 t. Das Schiff ist mit 10 Decks gebaut. Bei einer Besatzungsstärke von 240 Mann ist es für die Beförderung von 654 (580) Passagieren eingerichtet. Zur Schlingerdämpfung sind AEG-Denny Brown Flossenstabilisatoren eingebaut.
Die Antriebsanlage besteht aus 4 einfach wirkenden Viertakt-MAN-Dieselmotoren des Typs 6 GL 40/45 mit einer Gesamtleistung von 13 200 kW (18 000 PS). Mit zwei 5flügligen Verstellpropellern erreicht das Schiff eine Geschwindigkeit von 20,5 kn. Das mit Bugwulst gebaute Schiff hat ein 880-kW-(1200-PS)-Bugstrahlruder sowie 2 Heckruder, die zu einer besonders guten Manövrierfähigkeit beitragen. Um die freien Decks von den Dieselabgasen und Maschinengeräuschen frei zu halten, wurde eine strömungsgünstige Schornsteinkonstruktion entwickelt. Das Schiff besitzt Einrichtungen zur Satelliten-Navigation und fährt unter der Klasse DSRK KM/2/Eis 3 aut 24 Fahrgastschiff.

Das Kreuzfahrtenschiff »ASTOR« – seit 1985 Urlauberschiff »ARKONA«

»ARKTIKA« bzw. **»LEONID BRESHNEW«:** sowjetischer nuklear angetriebener Polar-Eisbrecher. Als Nachfolgetyp des ersten Eisbrechers »LENIN« mit Kernantrieb (32 400 kW, 28 000 t Deplacement) lief der Polareisbrecher »ARKTIKA« am 26. Dezember 1972 in Leningrad von Stapel. Nach der Fertigstellung und Erprobung wurde er am 25. April 1975 von der Reederei »Murmanskoje parochodstwo« in Murmansk als neues Flaggschiff der sowjetischen Eisbrecherflotte In Dienst gestellt. Es blieb über mehr als ein Jahrzehnt das leistungsstärkste kernenergiegetriebene nichtmilitärische Schiff der Welt und wurde zu Ehren der berühmten Nordpolfahrt 1977 und des Staatsoberhaupts der UdSSR LEONID BRESHNEW nach dessen Ableben in »LEONID BRESHNEW« umbenannt.
Das auf der Leningrader Baltischen Werft gebaute Schiff wurde speziell entwickelt, um auf dem nördlichen Seeweg die Schiffahrtsperiode zu verlängern und eine schnellere Passage zu ermöglichen. Der Polareisbrecher hat, bezogen auf den Konstruktionstiefgang von 11,0 m, eine Länge in der Konstruktionswasserlinie von 136,0 m (über Alles 148,0 m) und eine Breite auf Spanten von 28,0 m sowie 17,20 m Seitenhöhe. Das Deplacement beträgt leer 19 300 t und bei voller Zuladung 23 460 t.
Die durch Atomenergie im Kernreaktor erzeugte Wärme leistet in 2 Turbinensätzen insgesamt 55 200 kW (75 000 PS). Das Dreischraubenschiff wird turboelektrisch angetrieben, d. h. über Turbogeneratorsätze und Elektro-Propellermotoren. Bei voller Leistung wird eine Freifahrtgeschwindigkeit von 21 kn erreicht. Das Schiff ist weitgehend automatisiert, mit modernsten Navigations- und Funkausrüstungen ausgestattet, und die Besatzungseinrichtungen sind für längere Einsätze zweckmäßig und komfortabel.
Die »ARKTIKA« hat als erstes Überwasserschiff den geografischen Nordpol erreicht. Sie lief für diese weltbekannte Fahrt am 9. August 1977 von Murmansk aus und erreichte am 17. August 1977 um 4.00 Uhr Moskauer Zeit den geografisch nördlichsten Punkt der Erde. Nach Hissung der Flagge der UdSSR an einem 10 m hohen Stahlmast ging die »ARKTIKA« um 19.05 Uhr auf Heimatkurs. Als der Polareisbrecher am 23. August 1977 wieder in Murmansk eintraf, hatte er in 13 Tagen 3852 Seemeilen zurückgelegt, davon 1609 Seemeilen durch stärkste Eisfelder.

»ARKTIKA» bzw. »LEONID BRESHNEW«, Kernenergie-Polareisbrecher der UdSSR

Die Turmschiffe »ARMINIUS« und »PRINZ ADALBERT« der Norddeutschen Flotte

Arktis-Frachtschiff: siehe *Polar-Frachtschiff*

»ARMINIUS«: gepanzertes zweimastiges Turmschiff mit Dampfmaschinenantrieb der am 1. Oktober 1867 gebildeten Norddeutschen Bundesmarine.
Das in den Jahren 1863 bis 1865 in der für den Eisenschiffbau renommierten englischen Werft der Gebrüder SAMUDA in Poplar bei London gebaute Schiff wurde mit einem Ergebnis von 700 000 Talern aus der sogenannten Flottensammlung finanziert. Das aus Eisen und mit einfachem Boden aus $^{3}/_{4}$zölligen Platten mit 5 wasserdichten Querschotten gebaute Schiff hatte eine Panzerung um das gesamte Schiff von 3 Fuß unter der Wasserlinie bis zu dem nur 4 Fuß über der Wasserlinie liegenden Deck von 4 $^{1}/_{2}$ Zoll auf einer Teakholzfütterung von 9 Zoll. Ein abgerundeter Sporn von 6 Fuß Länge lag 3 Fuß unter der Wasserlinie. Die Länge war 70 m (200 Fuß), die Breite 11 m (36 Fuß) und der Tiefgang 4,27 m (14 Fuß). Mit der Dampfmaschine von 220 kW (300 PS) wurde in ruhiger See eine Geschwindigkeit von 10,5 kn erreicht. Der Dampf von 1,33 kp/cm^2 wurde in 4 querschiffs stehenden Kofferkesseln erzeugt. Für schwere See war die »ARMINIUS« wegen des geringen Freibords und der schnellen Rollbewegungen infolge der tiefen Lage des Massemittelpunkts nicht gut geeignet, so daß ihr Vorteil hauptsächlich auf der Küsten- und Häfenverteidigung beruhte.
In zwei jeweils $^{1}/_{3}$ von den Schiffsenden entfernt aufgestellten drehbaren Geschütztürmen von 16 Fuß Innendurchmesser und 7 Fuß Höhe (davon 3 Fuß über und 4 Fuß unter Deck) standen jeweils 2 gezogene 72-Pfünder. Die Drehtürme ermöglichten das Schießen sowohl von Breitseiten als auch unter spitzen Winkeln. Die mit dem Turm drehbaren Geschütze waren auf den Lafetten so angeordnet, daß der Rohrabstand nur 2 $^{1}/_{2}$ Fuß betrug und die Höhenrichtung, das Laden, Feuern und Verholen in jedem Turm durch 9 Mann erfolgte, während bei Batteriestellung noch allgemein 32 Mann erforderlich waren.
Das Drehen der jeweils 30 t schweren Türme geschah durch 4 Mann unter Deck mit Kurbeln, Zahnritzel und Zahnkranz innerhalb von 2 $^{1}/_{2}$ Min. für eine volle Umdrehung. Die Türme hatten über Deck auf einem 9zölligen Teakholzfutter ebenfalls eine 4 $^{1}/_{2}$zöllige Panzerung mit Verstärkungen in der Nähe der Geschützpforten bis auf 7 $^{1}/_{2}$ Zoll.
Erwähnenswert ist noch eine Eigentümlichkeit des Schiffs. Infolge schiffbaulicher Bauabweichungen lief das Schiff nur auf geradem Kurs, wenn das Ruder auf dem ungewöhnlich großen Stützwinkel von 15° nach Backbord lag. Dennoch erreichte die »ARMINIUS« eine lange Dienstzeit, so wurde sie noch 1892 im Kieler Hafen als Eisbrecher eingesetzt.

Artillerieschiff: Überwasserkriegsschiff mit der Hauptbewaffnung durch Schiffsartillerie. Bis zur Mitte des 20. Jh. waren die großen Überwasserkriegsschiffe wie *Linienschiffe*, *Schlachtschiffe* und *Kreuzer* (Große Kreuzer, Panzerkreuzer, Schlachtkreuzer, Schwere Kreuzer, Leichte Kreuzer u. a.) typische Artillerieschiffe. Weiter gab es Fluß- und Küstenmonitore (siehe *Monitor*) mit zum Teil sehr schweren Geschützen und auch spezielle Artilleriefähren.
Das Artillerieschulschiff dient auch in modernen Flotten der praktischen artilleristischen Bordausbildung und ist i. allg. mit verschiedenen Zielsuchsystemen und Geschützen für See- und Luftziele mit unterschiedlichen Feuergeschwindigkeiten, Reichweiten und Kalibern bewaffnet. Zum Seezielschießen schleppten ältere *Aviso*, *Kanonenboote* o. a. schnellere Hilfsschiffe als sog. Artillerietender die Zielscheiben oder Zielobjekte. Zur Erprobung neuer Schiffsgeschütze mit größeren Kalibern, Rohrlängen, Reichweiten und Schußgeschwindigkeiten wurden als Artillerie-Versuchsschiffe meistens große *Kreuzer* eingesetzt.
Modernere Artillerieschiffe sind i. allg. von Zerstörergröße mit 1600 t Verdrängung, haben 130 Mann Besatzung und laufen etwa 30 kn. Neben der Hauptbewaffnung sind sie mit ergänzenden Waffensystemen wie Werfern, Torpedos, Flugkörpern, Raketen u. a. ausgerüstet. Vorgesehene Einsatzoperationen sind der Geleitschutz, der Küstenschutz und die Unterstützung von Kriegshandlungen in Küstengebieten sowie bei Seelandungen. Zu solchen noch in den 80er Jahren des 20. Jh. existierenden Artillerieschiffen gehören Schlachtschiffe, Artillerie-Kreuzer *(Kreuzer)*, Artilleriezerstörer *(Zerstörer, Fregatten)* und Artillerie-Küstenschutzschiffe. Weiter gibt es Artillerie-Schnellboote *(Schnellboote)*.

»ASBOHTKAHN«: siehe *Rotorkahn*

Asphalt-Tankschiff: Spezialtankschiff für den Transport von Teer und Asphalt. Im Unterschied zu Tankern für Flüssigkeiten ist Teer und Asphalt bei Normaltemperaturen nicht flüssig und pumpfähig sondern fest. Asphalt-Tankschiffe sind deshalb mit isolierten und gut beheizbaren Tanks ausgerüstet, um die Temperatur des Ladegutes für kurze Strecken über der Schmelztemperatur von 120 ··· 150 °C zu erhalten oder für Langstrecken die erstarrten Teerprodukte erneut bis zur Pumpfähigkeit zu erwärmen.
In größerem Umfang begann die Hamburger Atlantic-Tank-Reederei GmbH (ART) 1925 den Teertransport von England nach Frankreich. Zu den moderneren Asphalt-Tankschiffen gehört die in Schweden gebaute »VIBIT« mit 19 200 t Tragfähigkeit für den Asphalttransport von Westindien nach Europa. Die 10 Asphalttanks haben zusammen ein Fassungsvermögen von 20 000 m^3. Für die Beheizung sind 2 Sattdampfkessel mit einer Dampfleistung von 18 t/h bei 12,5 kp/cm^2 Kesseldruck erforderlich. Die Beheizung der Tanks erfolgt über großflächige in den Tanks ver-

Die »ATHENIA« nach der Torpedierung

tikal angeordnete Rohrheizschlangen entsprechend der Schmelztemperatur auf 120···150 °C.

»ATHENIA«: britisches 13581 BRT großes Passagierschiff, das als letztes Schiff vor Ausbruch des zweiten Weltkriegs aus einem britischen Hafen auslief und das als erstes Schiff im zweiten Weltkrieg versenkt wurde. Das Schiff gehörte der britischen Reederei »Donaldson Atlantic Line« und fuhr unter Kapitän J. Cook. Es verließ am 2. September 1939 um 4.30 Uhr den Hafen von Liverpool mit Kurs auf Montreal. An Bord befanden sich insgesamt 1102 Passagiere, so daß 200 Passagiere zusätzlich zur vollen Belegung unterzubringen waren, in der Mehrzahl waren die Passagiere Bürger der USA und Kanadas sowie 150 Emigranten, darunter 34 Deutsche. Acht Stunden nach der Kriegserklärung befand sich die »ATHENIA« etwa 200 Seemeilen westlich Belfast (Position 56,42 Nord und 14,05 West), als das Schiff am 3. September 1939 um 19.32 Uhr völkerrechtswidrig von einem Torpedo des deutschen U-Boots »U 30« (Kommandant Oberleutnant Lemp) im Achterschiff getroffen wurde. »U 30« war bereits am 22. August 1939 zur sogenannten »Alarmübung Nordsee« ausgelaufen und operierte in diesem Seegebiet. Der Untergang forderte 128 Menschenleben. Weit nach Mitternacht rettete der herbeigerufene norwegische Tanker »KNUT NELSON« die ersten Überlebenden.
In England und in den USA wurde die Versenkung der »ATHENIA« als eine Parallele zum Untergang der »LUSITANIA« am 7. Mai 1915 gebrandmarkt. Die deutsche Kriegsführung hingegen versuchte die Schuld zu verschleiern und behauptete, daß englische Agenten in die »ATHENIA« eine »Höllenmaschine« eingebaut hätten und damit die Passagiere opferten.
Den später zum Kapitänleutnant beförderten ehemaligen Kommandanten von »U 30« ereilte mit einem anderen Boot ebenfalls das Schicksal. Das von ihm befehligte Boot »U 110« mußte nach Wasserbombentreffern am 1. April 1941 östlich Cap Farewell auftauchen, wurde von britischen Einheiten aufgebracht und sank im Schlepp eines britischen Zerstörers.

Äthylen-Tankschiff: spezielles Flüssiggas-Tankschiff (siehe auch *Tanker*) für verflüssigtes Äthylengas. Die Einzeltanks oder Tankbatterien sind aus tieftemperaturbeständigen Werkstoffen gebaut und isoliert aufgestellt, da die Flüssiggastemperatur von Äthylen bei −104 °C liegt. Im allg. ist außer Äthylen auch der Transport von Äthan, Propylen, Propan, Butan und Ammoniak möglich. Bei kleineren Äthylen-Tankschiffen kann der Flüssiggastank isoliert zum Schiffskörper in einem entsprechend gestalteten Laderaum eingebaut sein. Bei größeren Schiffen wird demgegenüber der Schiffsraum weitergehend an die Tanks angepaßt.

»ATLANTIC«: ab 1849 einer der ersten amerikanischen Transatlantik-Raddampfer der Collins-Linie. Obwohl Mister EDWARD KNIGHT COLLINS eine Paketseglerlinie leitete, erkannte er schon um 1840, daß die Zukunft dem Dampfschiff gehörte. Nachdem er 1847 über die erforderlichen Mittel verfügen konnte, gründete er die

Die »ATLANTIC« und ihre 3 Schwesterschiffe »ARCTIC«, »BALTIC« und »PACIFIC« waren mit ihrem hohen Freibord und guter Seetüchtigkeit richtungsweisend für den Schiffbau ihrer Zeit um 1850

»New York and Liverpool United States Mail Steamship Company«, die dann als Collins-Linie in die Schiffsgeschichte einging. COLLINS ließ in den Jahren 1848/49 4 größere Raddampfer aus Holz bauen, die »ARCTIC«, »ATLANTIC«, »BALTIC« und »PAZIFIC«. Sie galten als die schönsten und komfortabelsten Schiffe jener Zeit, doch waren die 1272-kW (2000-PS)-Dampfmaschinen für die Holzrümpfe der Raddampfer zu stark, so daß an den Schiffsrümpfen häufige Schäden auftraten und die Schiffe bei den Werften zur Reperatur lagen. Mit der vollen Leistung brachen die 4 Collins Raddampfer, unter ihnen die »ATLANTIC«, jedoch seinerzeit mit 13,25 kn alle auf dem Atlantik vorher bestehenden Geschwindigkeitsrekorde. Das Schwesterschiff »BALTIC« errang 1851 mit 13,17 kn das »Blaue Band« des Nordatlantik.

ATLANTIK-Fabriktrawler: Großtrawler aus der Volkswerft Stralsund. Der Prototyp einer Serie von 30 Fabriktrawlern kam unter dem Namen »MOONSUND« für die UdSSR in Fahrt. Der Schiffstyp verkörpert die siebente Generation von Fang- und Verarbeitungsschiffen dieser Spezialwerft. Der ATLANTIK-Fabriktrawler ist der bisher größte Schiffstyp der Werft. Er kann sowohl für die Grundschleppnetz- als auch für die pelagische Schleppnetzfischerei in Wassertiefen bis zu 2000 m eingesetzt werden. Die Kurrleinen haben bei 36 mm Durchmesser 4000 m Länge.
Der Fabriktrawler ist für den autonomen Einsatz von etwa 100 Tagen oder für den Flottilleneinsatz mit Übergabe der Ladung und Übernahme von Vorräten und Ausrüstungen auf See und unbegrenzte Fahrt ausgelegt. Das Typschiff »MOONSUND« lief am 30. April 1985 von Stapel, wurde am 30. Juni 1986 in Dienst gestellt und am 2. Juli 1986 dem Estrybprom-Kombinat in Tallinn übergeben. Das Schiff ist über Alles 120,70 m und zwischen den Loten 107,00 m lang, auf Spanten 19 m breit und besitzt eine Seitenhöhe bis zum ersten Deck von 12,22 m. Bei einem Konstruktionstiefgang von 6,40 m ist es mit 7656 GT und 2297 NT vermessen. Die Tragfähigkeit beträgt 3312 t. Die beiden Kühlräume (−28 °C) haben ein Fassungsvermögen von ca. 2670 m³. Der Laderaum und die Fischölbunker besitzen einen Inhalt

Der Prototyp »ATLANTIK«-Fabriktrawler geht auf Probefahrt

von etwa 3900 m^3. Die Kapazität der beiden Gefrierapparate beträgt 60 t/24 h, die der Leberölanlage 200 kg/h und die Fischkonservenproduktionslinie hat eine Kapazität von 26000 Dosen pro Tag.
Die Hauptantriebsanlage besteht aus 2 Dieselmotoren vom Typ 6 VDS 48/42 AL-2 SKL, die über Untersetzungsgetriebe und Schaltkupplungen einen Verstellpropeller antreiben, mit dem das Schiff eine Dienstgeschwindigkeit von 15 kn erreicht. Bei einer Geschwindigkeit von 5,5 kn beträgt der Trossenzug 294 kN. An Bord sind Unterbringungsmöglichkeiten für 115 Personen vorhanden.

»ATLANTIK«-Fang- und Gefriertrawler: Großserien-Fischerei-, Fang- und Gefriertrawler für die pelagische und Grundschleppnetzfischerei mit Be- und Verarbeitungseinrichtungen. Das Typschiff der Serie »ATLANTIK«-Fang- und Gefriertrawler wurde am 7. Juni 1966 durch den VEB Volkswerft Stralsund für die Hochseefischerei der UdSSR fertiggestellt. Bis zum 31. Dezember 1973 wurden 160 Schiffe, darunter 7 Schiffe mit Forschungseinrichtungen und 7 Schiffe für die Praktikantenausbildung in Serie gebaut. Ab 1974 wurde die Serie durch den VEB Mathias-Thesen-Werft für die UdSSR, SR Rumänien und in die Republik Kuba fortgeführt. Die Ausrüstung des Schiffstyps berücksichtigt besonders die Bedingungen in tropischen Gewässern, in denen der Schiffstyp vorwiegend im Flottenverband in Verbindung mit Mutterschiffen operiert.
Das Schiff ist über Alles 82,20 m und zwischen den Loten 73,00 m lang, auf Spanten 13,60 m breit und hat bei einer Seitenhöhe von 9,55 m einen Tiefgang von 5,00 m. Es ist mit 2657 BRT vermessen und besitzt ein Fangdeck von 36 m Länge, einen Kühlladeraum von 1040 m^3 für -25 °C und einen für Fischmehl von 165 m^3. Die Besatzung besteht aus 80 Mann, die übliche Einsatzzeit beträgt 60 Tage. Die Antriebsanlage besteht aus 2 Dieselmotoren vom Typ 8 NVD 48.2 Au des VEB Schwermaschinenbau Karl Liebknecht, Magdeburg, von je 854 kW (1160 PS), die über ein Getriebe auf einen Verstellpropeller arbeiten. Die Dienstgeschwindigkeit beträgt 13,6 kn, und bei der Schleppgeschwindigkeit von 6 kn wird ein Trossenzug von 167 kN (16,7 Mp) erreicht. Weitere Besonderheiten des Schiffs sind: Fernsteuerung aller Fischereiwinden von der Brücke aus, Wechselnetzfangtechnik für das wechselweise Fischen mit 2 Netzen, mechanisierter Scherbrettwechsel, 4 Auffangbunker mit Vorkühleinrichtung, 2 Bandgefrierapparate mit einer Leistung von 45 t/Tag, Fischmehlanlage mit einer Verarbeitungskapazität von 35 t/Tag, kombinierter Fischortungsstand für die Fischsuche.

»ATLANTIK«-Supertrawler: bekannter Großserien-Großtrawler der weltgrößten Spezialwerft für Fischereischiffe, des VEB Volkswerft Stralsund, für die Flottillenfischerei im Verband mit *Fischerei-*, *Kühltransport-* und *Versorgungsschiffen* der UdSSR, Rumäniens und der DDR. Der um 1970 entwickelte Schiffstyp wurde über ein Jahrzehnt in einer Großserie von mehr als 200 Schiffen mit etwa 2jährlichen Weiterentwicklungsstufen gebaut. Durch das Zusammenwirken mit Kühltransport- und Versorgungsschiffen

Das erste Schiff der Großserie »ATLANTIK«-Fang- und Gefriertrawler, 2657 BRT, L_{OA} 82,20 m, in Fahrt

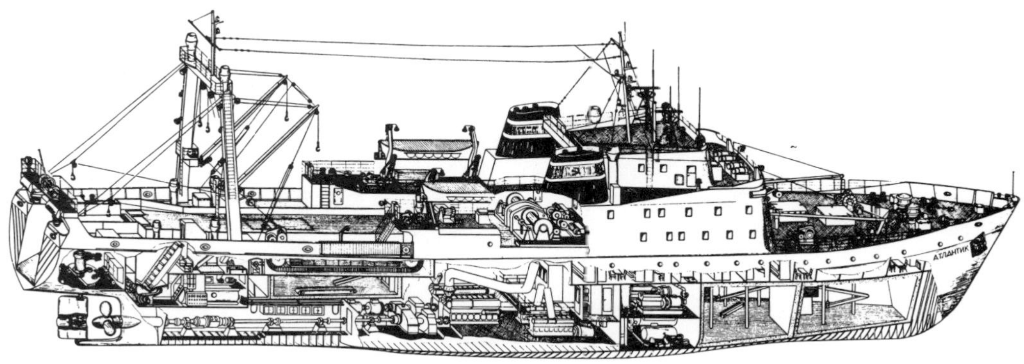
Räume und Ausrüstungen des Großserien-Fang- und Gefriertrawlers Typ »ATLANTIK«

Der erste »ATLANTIK«-Supertrawler geht auf Probefahrt

kann der Großtrawler während der gesamten Fangperiode oder auch ganzjährig auf den entfernten Fangplätzen der Weltmeere verbleiben, so daß nur die etwa 90 Mann starke Besatzung abgelöst und ausgetauscht wird. Hinsichtlich der Arbeits- und Lebensbedingungen sowie der Langzeitzuverlässigkeit und Funktionssicherheit der Versorgungseinrichtungen, der Antriebs-, Ruder-, Fang-, Decks-, Kälte-, Ortungs- und Navigations- sowie der Be- und Verarbeitungsanlagen müssen daher solche Schiffe die höchsten Anforderungen erfüllen.
Die Fischereiausrüstung ist für eine Tagesfangmenge von 50···80 t und eine potentielle Jahresfangmenge um 10 000 t Fisch ausgelegt. Täglich können bis 65 t Fisch zu Fischfilet, Ganzfisch, Fischöl und Fischmehl verarbeitet, bei Tieftemperaturen schockgefrostet und in den 1680 m^3 fassenden Laderäumen bei −28 °C gelagert werden. Der Übergabe der Frostware an Transportschiffe dienen spezielle Ausrüstungen.
Die Länge über Alles ist 102,0 m und die Länge zwischen den Loten 91,8 m. Bei einer Breite von 15,2 m, dem Konstruktionstiefgang von 5,2 m und 9,7 m Seitenhöhe bis Hauptdeck hat der Schiffstyp um 2100 t Tragfähigkeit und ist mit 3930 BRT vermessen. Das Einschraubenschiff hat einen direktwirkenden Zweitakt-Dieselmotor aus dem Dieselmotorenwerk Rostock von 2855 kW bei 214 U/min, der auf einen Verstellpropeller mit Ruderdüse wirkt und dem Schiff eine Fahrtgeschwindigkeit von 15 kn gibt. Bei der Schleppfahrt mit 6 kn wird ein Schub von 280 kN (28 Mp) erreicht. Die Bordstromversorgung wird durch 3 Dieselgeneratoren mit je 530 kW sowie einen direkt in der Wellenleitung angeordneten Wellengenerator gewährleistet.

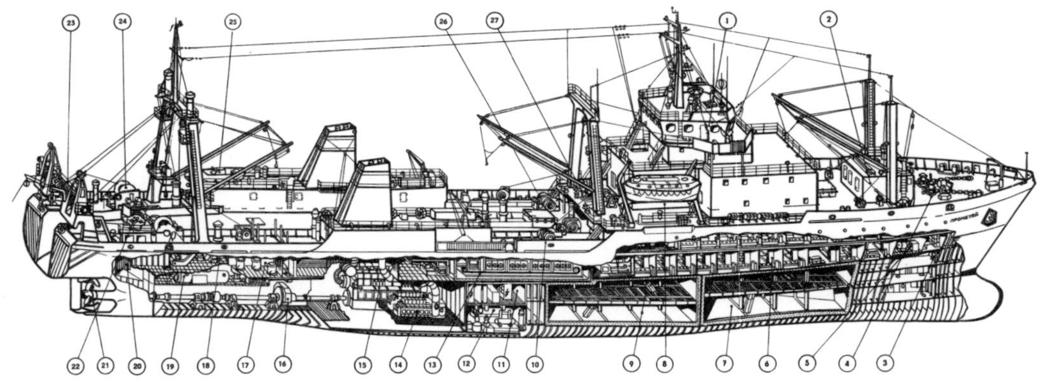

Räume und Ausrüstungen des Großserien-Großtrawlers Typ »ATLANTIK«-Supertrawler

Die Dampf-Glattdeckkorvetten »AUGUSTA« und »NYMPHE« der Norddeutschen Flotte um 1865

Atomschiff, *Atomeisbrecher, Atom-U-Boot:* siehe *Kernenergieschiff* bzw. *Nuklearschiff*

Aufklärungsschiff: Kriegsschiff zur Beobachtung gegnerischer Flottenbewegungen und Operationen. Bevor die Aufklärung durch Ballons, Flugzeuge und Hubschrauber, Satelliten sowie optische, funktechnische und elektronische Ortungssysteme möglich war, wurden in den Kriegsflotten spezielle, besonders schnelle Aufklärungsschiffe eingesetzt, um die Standorte, Bewegungen und eventuelle Absichten des Gegners oder vermeintlichen Gegners aufzuklären; siehe auch *Aviso*.
Der Einsatz erfolgte auch, um gegnerische Aufklärungsschiffe zu bekämpfen, kleinere feindliche Einheiten wie Schnell- und Torpedoboote abzuwehren, Minensperren zu erkunden, die beabsichtigten Operationen der eigenen Hauptkräfte zu verschleiern und den Gegner zu täuschen. Wegen der vielfältigen Aufgaben waren Aufklärungsschiffe jeweils mit den modernsten Ortungs- und Navigationsanlagen ausgerüstet und besonders schnell. Im Grundtyp entsprachen sie besonders ausgerüsteten Leichten *Kreuzern*, *Korvetten* und größeren *Zerstörern*.
In den modernen Kriegsflotten gibt es in abgewandelter Form »Aufklärungsschiffe«zur Beobachtung von Manövern anderer Streitkräfte, zur Überwachung und Begleitung fremder Kriegsschiffe in der Nähe der Hoheitsgewässer und zur Erkundung ihrer Beobachtungsanlagen, Bewaffnung, Ausrüstung, Schnelligkeit und Reaktionsfähigkeit.

Aufliegerschiff, *Aufliegerflotte:* Schiff bzw. Schiffsgruppe oder Teilflotte, die wegen Veränderungen im Weltseeverkehr oder Binnenwassertransport (zeitweilig) wegen Unterbeschäftigung nicht in Fahrt gehalten werden kann. Aufliegerschiffe werden hauptsächlich bei vermindertem Transportbedarf und Überangebot an Schiffsraum von den Reedereien aus dem Transportprozessen herausgezogen (aufgelegt), um sie bei steigenden Transportangeboten oder Frachtraten wieder einzusetzen. Zu den typischen Aufliegerschiffen zählen die US-amerikanische Reserveflotte mit den Schiffstypen »LIBERTY« und »VICTORY« von 1945 bis etwa 1960 und die Tankerauflieger von 1975 bis 1985.

Augmentationsschiff: Handelsschiff, das in Spannungssituationen und zu Kriegszwecken auf der Grundlage gesetzlicher Bestimmungen von den Reedereien der Regierung zur Verfügung zu stellen und für besondere Transport-, Versorgungs- und Kampfhandlungen umzurüsten und einzusetzen ist. Für kleinere Schiffe wie Fischereifahrzeuge und Küstenmotorschiffe geschieht der Einsatz als Wach- und Küstenschutzschiffe, Wohnschiffe und Versorger sowie als Troß- und Begleitschiffe. Passagierschiffe, schnelle Frachtschiffe und moderne *Ro/Ro-*, *Lo/Ro-* und *Bargecarrier* dienen hauptsächlich als Truppentransporter und zur Verschiffung von Kriegsmaterial.

»AUGUSTA«: Glattdeckkorvette der preußischen Marine. Die »AUGUSTA« und das Schwesterschiff »VICTORIA« waren als Spekulationsbauten der französischen Werft L'Arman Freres in Bordeaux für die Konförderierten Staaten für den Sezessionskrieg begonnen und zwischenzeitlich von Japan aufgekauft worden. Wegen nicht erfüllter Abnahmebedingungen wurde der Kauf jedoch rückgängig gemacht. Ein erneutes Anbieten führte zum Verkauf an Preußen.
Das Schiff lief am 13. Mai 1864 von Stapel, wurde am 31. Mai 1864 in »AUGUSTA« umgetauft und am 3. Juli in Dienst gestellt. Der Querspant-Holzkraweelbau war mit Kupfer beschlagen, und der Kaufpreis betrug 1,7 Mill. Mark. Die Besatzungsstärke war 230 Mann. Zum vorgesehenen Einsatz im preußisch-dänischen Krieg von 1864 kam es jedoch nicht mehr.
Bei einem Maximaldeplacement von 2272 t war das Schiff 81,50 m lang; 11,1 m breit und hatte 5,03 m Tiefgang. Ebenso wie die früheren Segel-Glattdeckkorvetten führte die »AUGUSTA« nur auf dem Oberdeck Geschütze, zu denen 8 gezo-

»AUGUST CORDS«, deutscher Frachtdampfer mit hinten liegender Maschine um 1910

gene 24-Pfünder von 3,5 t Rohrgewicht für 3 kg Pulverladung und 6 lange 12-Pfünder mit 1,4 t Rohrgewicht für 1,25 kg Pulverladung gehörten. Ab 1872 führte das Schiff 4×15-cm-, 6×12-cm- und 1×8-cm-Geschütze.
Die liegende Zweizylinder-Einfach-Expansionsmaschine der Firma Mazeline, Le Havre, leistete 957 kW (1300 PSi) und gab dem Schiff eine Geschwindigkeit von 13,5 kn. Für den erforderlichen Dampf sorgten 4 querstehende Kofferkessel mit insgesamt 8 Feuern und 1,75 atü (0,275 MPa) Dampfdruck. Mit einem Kohlevorrat von 340 t und einer Geschwindigkeit von 12 kn konnten 2500 Seemeilen gefahren werden. Als Vollschiff getakelt besaß die Korvette eine Segelfläche von 1600 m^2.
Die »AUGUSTA« war überwiegend im Ausland eingesetzt. Am 2. Juni 1885 geriet das Schiff auf der Heimreise im Golf von Aden in einen Orkan und ging verloren. Es waren 223 Tote zu beklagen. Zur späteren Norddeutschen Flotte, die 1867 aus der preußischen Flotte hervorging, gehörten noch die beiden kleineren, vollschiffsgetakelten Glattdeckkorvetten »NYMPHE« und »MEDUSA«, die 1862 bis 1865 auf der Königlichen Werft in Danzig gebaut wurden.

»AUGUST CORDS«: Rostocker Frachtdampfer aus dem Jahr 1910. Der seinerzeit in Stettin ansässige Kaufmann H. Köster ließ unter seinem Namen eine Firma in das Handelsregister eintragen und erteilte der A. G. »Neptun« in Rostock einen Bauauftrag über 4 Dampfer gleichen Typs, die für den Transport von Zellulose aus Finnland zur Feldmühle A. G. in Stettin bestimmt waren. Kurz vor der Fertigstellung der Schiffe kam die Firma in Zahlungsschwierigkeiten, und die 4 Schiffe wurden 1910 nacheinander von der Reederei August Cords übernommen, der bekanntesten und größten Rostocker Reederei in den ersten Jahrzehnten des 20. Jh. Cords hatte bereits in der Zeit von 1903 bis 1910 auf der Rostocker A. G. »Neptun« eine Reihe von Schiffen bauen lassen.
Für die »AUGUST CORDS« war unter der Baunummer 301 und dem ursprünglich vorgesehenen Namen »RHEINGOLD« 1909 auf der A. G. »Neptun« der Bau begonnen worden; am 5. August 1910 wurde das Schiff dann mit dem Namen »AUGUST CORDS« von der gleichnamigen Reederei übernommen. Das 902 BRT große Schiff war 70,50 m lang; 10,30 m breit und besaß einen Tiefgang von 3,67 m. Die Tragfähigkeit betrug 1450 t. Um einen recht großen Laderaum zu erhalten, war die Maschine im Achterschiff angeordnet, zu dieser Zeit nicht nur ein fortschrittlicher Gedanke, sondern auch noch ein technisches Wagnis. Die Dreifach-Expansionsmaschine leistete 405 kW (550 PS) und gab dem Schiff eine Geschwindigkeit von 11 kn.
Im Jahr 1945 lag das Schiff im Rostocker Hafen und wurde von der UdSSR übernommen. Als »MECHANIK GERASIMOW« wurde der Dampfer 1946 auf der heutigen Mathias-Thesen-Werft Wismar überholt. Die anfängliche Werftanlage war seinerzeit eine »Schiffsreperaturbasis des Ministeriums der Handelsmarine der UdSSR«. Am 22. Mai 1947 war die Übernahme des Schiffes in die sowjetische Handelsflotte. Das Schiff stand noch bis 1961 im Dienst und wurde dann aus Lloyd's Register gestrichen.

»AUGUSTE VICTORIA«: erster deutscher Doppelschrauben-Schnelldampfer der Reederei HAPAG, erbaut auf der Vulcan-Werft Stettin. Mit der »CITY OF PARIS« und »CITY OF NEW YORK« von der Inman & International Steam Navigation Company gehörte er zu den drei ersten Doppelschraubendampfern der Welt.
Das in den Jahren 1888/89 erbaute 110 m lange und 17 m breite Schiff hatte 1889 Stapellauf und lief am 10. Mai 1889 zur Jungfernreise aus. Es

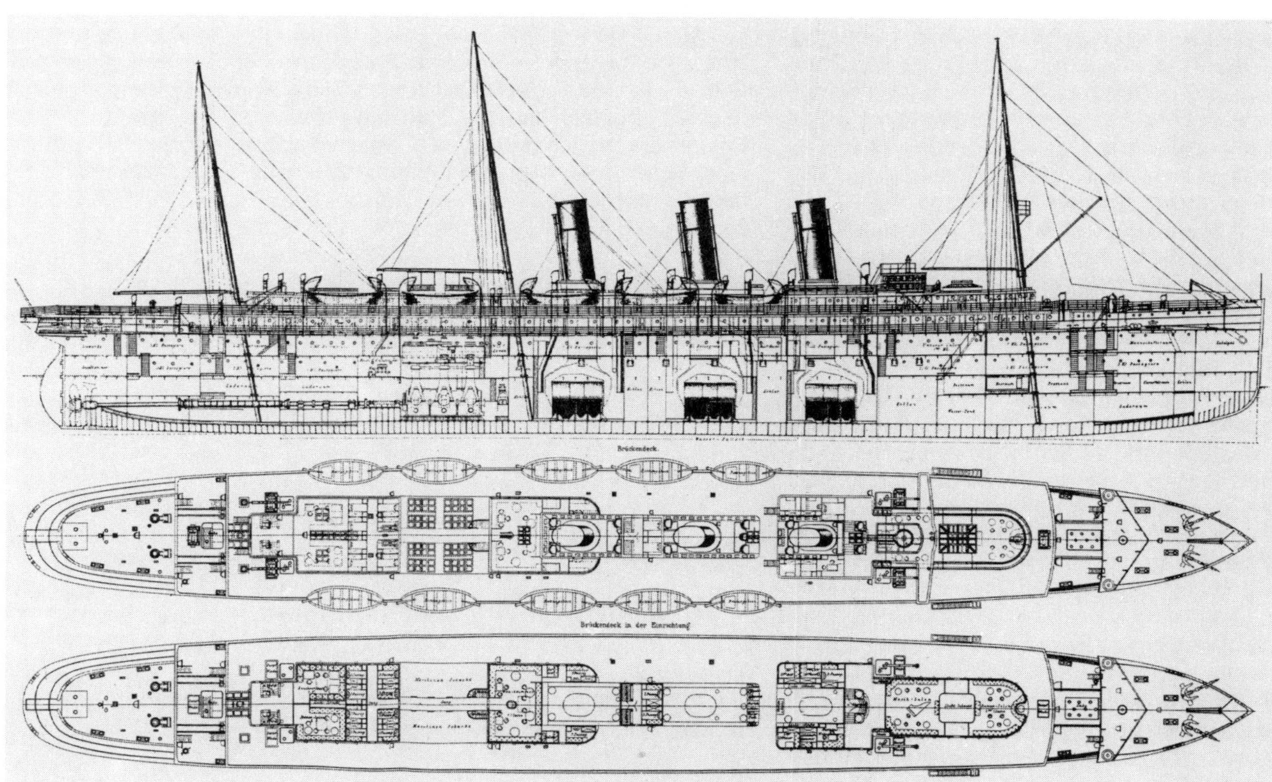

»AUGUSTE VICTORIA«, 1889 erster deutscher Doppelschraubendampfer und erstes Schiff mit Dreifach-Expansionsdampfmaschinen

war mit 7250 BRT bzw. 7661 BRT nach anderen Angaben vermessen, für 1000 Passagiere und 250 Mann Besatzung sowie einer Maschinenanlage mit 2 direkt auf die Propeller wirkenden Dreifach-Expansionsmaschinen mit insgesamt 9568 kW (13000 PS) ausgerüstet.
Die »AUGUSTE VIKTORIA« hatte als Hilfsbesegelung dreieckige Schratsegel, bereits mechanisch verschließbare Schottentüren und elektrische Beleuchtung. Die Strecke Southampton–New York wurde in 16 Tagen und 21 Std. befahren. 1891 machte die »AUGUSTE VIKTORIA« die erste reine Vergnügungsreise in der Geschichte der Weltschiffahrt, ein damals vielbeachtetes Ereignis. Später verkaufte die HAPAG das Schiff an die russische Flotte, in der es als armierter Hilfskreuzer »KUBAN« fuhr.

»AURIS«: eines der ersten Gasturbinen-Frachtschiffe der Welt. Der 1948 mit dieselelektrischem Antrieb durch 4 Diesel-Generatoraggregate von je 810 kW (1100 PS) und einem gemeinsamen E-Propellermotor von 2760 kW (3750 PS) für 12 kn Geschwindigkeit gebaute britische 12290-t DW-Tanker erhielt 1951 anstelle eines Diesel-Generatoraggregats ein 920-kW (1250-PS)-Gasturbinen-Generatoraggregat. Im Jahre 1952 wurde die gesamte Maschinenanlage vollständig auf Gasturbinenantrieb umgestellt und eine 4270-kW (5800-PS)-Gasturbine eingebaut, mit der das Schiff bei 4120 kW (5600 PS) eine Geschwindigkeit von 13,2 kn erreichte. Nach Abschluß der Erprobungen wurde das Schiff 1960 wegen des für die modifizierten Gasturbinen notwendigen Brennstoffverbrauchs an hochwertigen und teueren Brennstoffen außer Dienst gestellt.

»AURORA«: ein durch seinen Einsatz bei der Einleitung der Großen Sozialistischen Oktoberrevolution weltberühmt gewordener russischer Geschützter Kreuzer. Seine Besatzung gab am 25. Oktober 1917 durch einen Schuß des Buggeschützes das Signal zum Sturm auf das Winterpalais im damaligen Petrograd (1914 wurde St. Petersburg umbenannt in Petrograd). Von Bord des Kreuzers wurden in den Tagen der Oktoberrevolution die Befehle und die Anordnungen Lenins sowie der historische Funkaufruf »An Alle« der Welt gesendet. Heute liegt das 1984/87 überholte Schiff als Gedenk- und Schulstätte ständig in Leningrad am Newa-Ufer vertäut.
Das Schiff wurde 1900 bis 1902 auf der Galernij-Werft in Petersburg erbaut (Stapellauf 27. Mai 1900, Fertigstellung 1902) und hat bei einer Wasserverdrängung von 6731 t folgende Hauptabmessungen: Länge 126,8 m; Breite 16,8 m; Tiefgang 6,4 m. Mit der Maschinenleistung von 8540 kW (11610 PS) wurde über 3 Propeller eine Geschwindigkeit von 19 kn erreicht. Den Dampf erzeugten 24 Kessel, deren Abgase durch 3 Schornsteine abgeführt wurden. Mit dem maximalen Kohlevorrat von 1400 t konnte bei langsamer Fahrt von etwa 10···12 kn eine Gesamt-Dampfstrecke von 3700 Seemeilen ohne Nachbunkerung gefahren werden, für den Naheinsatz wurden etwa 600 t Kohle gebunkert. Die Bewaffnung bestand ursprünglich aus 14 Stück, später aus 12 Stück 15-cm- sowie 20 Stück 7,5-cm- und 4 Stück 3,7-cm-Geschützen sowie 3 Torpedo-

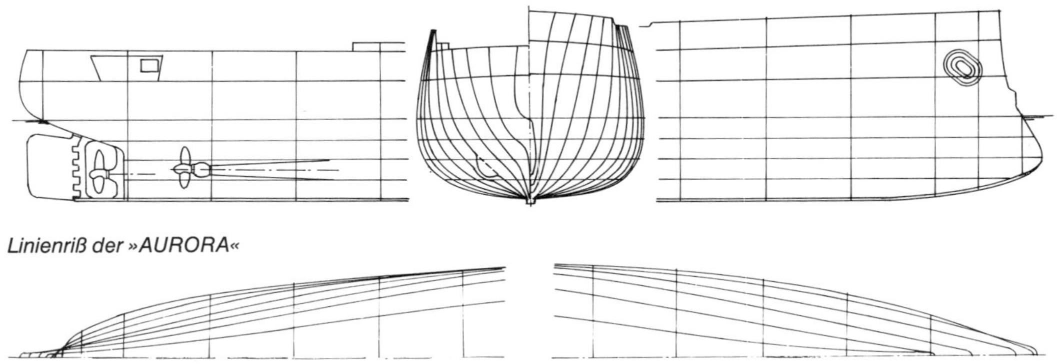

Linienriß der »AURORA«

rohren. Die Besatzungsstärke der »AURORA« betrug 420 Mann, zeitweilig bis zu 500 Mann.
Da es sich um einen Geschützten Kreuzer handelte, war das Deck im Mittelschiff mit 76 mm, an den Enden mit 50 mm gepanzert. Das Schiff entging als eines der wenigen russischen Fahrzeuge der Vernichtung durch die Japaner in der Seeschlacht bei Tsushima am 27. Mai 1905. Das zum Ostseegeschwader gehörende Schiff fuhr mit der Flotte des Admirals ROJESTWENSKI nach Fernost, entkam in das neutrale Manila und kehrte 1906 in den Heimathafen zurück. Entsprechend der Konstruktionstendenz zu Ende des 19./Anfang des 20. Jh. bei Kreuzern und auch bei Linienschiffen war das Schiff noch mit einem Rammbug nach den Erfahrungen der Seeschlacht von Lissa 1866 gebaut. Noch bis zum ersten Weltkrieg war der Rammbug in fast allen Marinen üblich, er wurde jedoch nach Lissa in keiner Seeschlacht mehr kampfentscheidend eingesetzt.

Ausbildungsschiff: für die Ausbildung des seemännischen Nachwuchses in Handels- und Fischereiflotten speziell ausgerüstete und eingesetzte Schiffe. In der Mehrzahl handelt es sich um kombinierte aktiv in Fahrt befindliche Schiffe der jeweiligen Flotte mit zusätzlichen Unterkünften und Lehrräumen sowie Ausrüstungen für eine relativ begrenzte Anzahl von Ausbildern und Auszubildenden. Die Aus- und Weiterbildung des nautischen und technischen Personals bzw. der Komplexbesatzung erfolgt auf diesen Ausbildungsschiffen während des praktischen Schiffsbetriebs für neuentwickelte Transport-, Umschlag- und Lagerungstechnologien sowie an neu in der Flotte einzuführenden Geräten und Systemen, wie Bordrechner, Beladungsrechner, Automatisierungssysteme, Anlagenüberwachungssysteme oder Schiffsführungszentralen. Größere Reedereien unterhalten außerdem nur für die Ausbildung eingesetzte Ausbildungsschiffe. Diese Ausbildungsschiffe können mit doppelten Besatzungen besetzt sein, so daß wie in der großen Hochseefischerei die Zweitbesatzung auf speziellen *Schulschiffen* auf dem Fangplatz unter realen Bedingungen ausgebildet wird. Als Ausbildungsschiffe der Transportflotte werden i. allg. bewährte Typschiffe verwendet, die an einem festen Liegeplatz verbleiben und mit zusätzlichen Simulationseinrichtungen, Lehrbrükken, EDV- und Automatisierungsanlagen ausgerüstet werden; siehe auch *»J. G. FICHTE«*.

Ausfallkorvette: flachgehende Dampf-Panzerkorvette für den Ausfall aus blockierten Kriegshäfen und Operationen in Küstennähe. In den Jahren 1875 bis 1882 liefen in Deutschland 4 Ausfall-Panzerkorvetten des sog. Sachsentyps: »SACHSEN«, »BAYERN«, »WÜRTTEMBERG« und »BADEN« von Stapel. Entsprechend der seinerzeitigen deutschen Marinepolitik sollten sie hauptsächlich zur Unterstützung der Küstenverteidigung, in erster Linie zu offensiven Operationen vor den eigenen Kriegshäfen gegen eine eventuelle Blockadeflotte und außerdem zur Unterstützung der Küstenbatterien bei einer Beschießung von See, dienen. Nach diesen Gesichtspunkten waren die Schiffe mit einem geringen Tiefgang von 6,4 m entworfen, der ihnen das Navigieren in Küstenbatterienähe ermöglichen sollte. Der geringe Tiefgang wurde durch völligere Schiffsformen und durch Beschränkung der Kohlevorräte erreicht. Die Ausfallkorvetten hatten einen Gürtelpanzer von 40,6 cm, während zu dieser Zeit vergleichbare Schiffe eine Panzerung von etwa 21 cm hatten.
Die Bestückung bestand aus sechs 26-cm-Ge-

Ausbildungsschiff »J. G. FICHTE«, Modell

schützen, von denen 2 in einem vorderen und 4 im hinteren festen, oben offenen Turm aufgestellt waren, um mit zwei auch nach vorn feuern zu können. Die Sachsenklasse hatte die Hauptabmessungen: Länge zwischen den Loten 93 m; Breite 18,4 m sowie eine Seitenhöhe vom Oberdeck bis zum Kiel von 8,3 m und zwischen 7400 und 7900 t Deplacement. Der Antrieb erfolgte durch 2 Dampfmaschinen von zusammen 4120 kW (5600 PS) über 2 Schrauben; die Schiffe erreichten damit eine Geschwindigkeit von 12 kn. Die Ausfallkorvetten waren noch mit einem Rammsporn gebaut, der am Bugsteven 3,5 m unter Wasser lag, um den Gegner unterhalb seiner Schwimmwasserlinie zu rammen. Der Sporn war kurz und keilförmig konstruiert, daß beim Rammstoß das eigene Schiff nicht leck werden sollte. Gegen aus Holz gebaute Schiffe war seinerzeit der Rammsporn noch ein einsetzbares Mittel. Ein auffälliges äußeres Merkmal der ersten 4 Korvetten waren die 4 paarweise an den Schiffsseiten angeordneten Schornsteine, aus denen bei Fahrt mächtige Rauchwolken quollen. Im Volksmund wurden daher diese Ausfallkorvetten wegen der seinerzeit ebenso stark qualmenden neuerrichteten Fabrikschlote als »Zementfabrik« betitelt. Um 1900 wurden die Schiffe modernisiert und erhielten nur noch einen Schornstein.

Ausfallkorvette »WÜRTTEMBERG«, Länge über Alles 98 m, Indienststellung am 9. Nov. 1878

Auslands-Kriegsschiff: für den langzeitigen Einsatz im Auslandsdienst speziell ausgerüstetes und eingesetztes Kriegsschiff. Zur Kolonialzeit waren es besonders *Kanonenboote*, *Avisos*, *Korvetten* und Kleine *Kreuzer*; siehe u. a. *»EMDEN«*.
In der zweiten Hälfte des 20. Jh. unterhalten noch die USA, Großbritannien und Frankreich Auslands-Kriegsschiffe in ständigen Auslandsflotten im Mittelmeer sowie in den Stützpunkten im Nahen Osten und Fernen Osten. Hauptsächlich werden von den USA *Flugzeugträger*, große raketenbestückte Überwasserschiffe und die entsprechenden Begleitkriegsschiffe verwendet.

Aussichtsboot: modernes Kurzstrecken-Passagierfahrzeug. Für Hafenrundfahrten, Küstenfahrten, Flußfahrten oder andere Kurzstrecken bis zu Tagesfahrten ist das Aussichtsboot zu einer Alternative zur konventionellen Motorbarkasse (siehe *Barkasse*) geworden. Dem Fahrgast wird ein bedeutend höherer Komfort hinsichtlich der Raumgestaltung, der Sicht und der Sitzanordnung dadurch geboten, daß der gesamte Aufbau ausschließlich für Fahrgastzwecke genutzt wird. Der Maschinenraum und andere Anlagen sind unter dem Fahrgastdeck angeordnet. Moderne leichte Vollsichtüberdachungen mit großen Öffnungsmöglichkeiten begrenzen die Aussicht des Fahrgastes so wenig wie möglich.

Ausstellungsschiff: für schwimmende ortsveränderliche Industrie- und Handelsausstellungen besonders ausgerüstetes Schiff. Zur Werbung und Ausweitung seiner Handelsbeziehungen mit Europa und Nordamerika griff insbesondere Japan alte Traditionen der Flußschiffahrt mit schwimmenden Schiffsläden auf und entwickelte sie weiter. Unter anderem wurde ein 13900 t großes kombiniertes Fracht- und Passagierschiff »SAKURA MARU« als Ausstellungsschiff für die zehnte Japan Industry Floating Fair ausgerüstet. Andere Länder rüsten zu besonderen Anlässen geeignete kleinere Schiffe zu Ausstellungsschiffen um. Im allg. beschränken sich jedoch die Ausstellungsobjekte auf Schiffsausrüstungen und den maritimen Bereich.
Weitere Ausstellungsschiffe waren die »INDUSTRIA I« (Deutschland 1924), die »PETER WESEL« (Norwegen 1951), die »THALATTA« (Norwegen 1952) und die »LEVANTE« (BRD 1953).

Auswandererschiff: ein vorzugsweise zur Beförderung von Auswanderern nach Nordamerika und andere überseeische Länder bestimmtes und demgemäß eingerichtetes und ausgerüstetes Schiff. Nachdem 1819 der als Vollschiff getakelte Seitenraddampfer *»SAVANNAH«* als erstes teilweise unter Dampf fahrendes Schiff in 26 Tagen den Atlantik ostwärts von Savannah nach Liverpool überquerte, folgten 1833 das kanadische Dampfschiff »ROYAL WILHELM« und danach vereinzelt weitere kombinierte Segel-Dampfschiffe für die Beförderung von Auswanderern vorwiegend nach Amerika. Als erstes ausschließlich für Auswanderer eingesetztes Auswanderer-Dampfschiff wird der englische Dampfer »INDIANA« angesehen, der ab 1854 unter englischer Flagge fuhr und auf dem die Zustände noch schlechter als auf den Segel-Auswandererschiffen waren.
Mitte des 19. Jh. war noch der französische Hafen Le Havre der Hauptauswandererhafen, der wegen der Verschlechterung der Verhältnisse in Deutschland nach 1850 in der Auswandererzahl von den Häfen Bremen und Hamburg übertroffen wurde. Etwa Mitte der 80er Jahre war ein Gleichstand zwischen Segel- und Dampf-Auswandererschiffen erreicht, und um die Jahrhundertwende befuhr bis auf Ausnahmen nur noch das Dampfschiff die Auswandererlinien nach Nord- und Südamerika und nach Ostindien. In den Jahren von 1901 bis 1910 wanderten jährlich durchschnittlich 280000 Personen aus Deutschland aus. In den Anfängen der kombinierten Segel-Dampf-Auswandererschiffe verbesserten sich die Zustände auf den Schiffen nur wenig. Der Platzbedarf für Kessel, Maschine und Kohlevorräte ging teilweise zu Lasten der Auswandererunterkünfte. Erst in den 60er und 70er Jahren des 19. Jh. setzten sich allgemeine Verbesserungen durch. So wurden für den Bau und die Einrichtung der Schiffe Verordnungen und Gesetze erlassen, die den Raumbedarf je Passagier, die Schlafplätze, Ventilatoren, Beleuchtung, sanitäre Einrichtungen, Verpflegung, medizinische Betreuung, Rettungsausrüstungen und die wasserdichte Unterteilung der Schiffe vorschrieben.

Autoboot: siehe *Motorboot*

Auto-Containerschiff: siehe *Containerschiff*

Autofähre: siehe *Fährschiff*

Automatisiertes Schiff: Schiff mit teil- oder vollautomatisiertem 16- oder 24stündigen wachfreien Schiffsmaschinenbetrieb. Die Automatisierung der Schiffsanlagen begann Mitte der 20er Jahre. Zunächst wurden Kesselanlagen mit automatischen Regelungen ausgerüstet, um den Manövrieranforderungen besser als bei Handregelung zu genügen und wirtschaftlicher und sicherer zu betreiben.
Zielschiffe, die mit scharfen Granaten beschossen wurden, erforderten ebenfalls einen teilweisen automatischen Betrieb. Anfang der 60er Jahre setzte eine Welle technischer Neuerungen zur Automatisierung ein, um die Rentabilität in der Schiffahrt durch einschneidende Reduzierungen der Besatzungsstärken zu verbessern. Innerhalb eines Jahrzehnts konnten bei der

Mehrzahl der Frachtschiffstypen die Besatzungen etwa auf halbe Stärke reduziert werden. Das bedeutete von vorher etwa 45···50 Personen auf 22···25 Mann Besatzung. So erhielt der bei Mitsui Shipbuilding & Engineering Co. Ltd. gebaute japanische 9800-tDW-Motorfrachter »KINKASAU MARU« einen schalldichten Kontrollraum, von dem aus die Maschinen überwacht und ferngesteuert wurden. Bald danach gab es auf verschiedenen Schiffen die Maschinenfernsteuerung von der Brücke, eine revolutionierende Veränderung in der Hochseeschiffahrt.
Eine erste komplex computergesteuerte Schiffsüberwachungsanlage wurde 1970 versuchweise auf dem norwegischen MS »TAIMYR« eingeführt. Ein anderer Computer an Bord der »QUEEN ELISABETH II« verarbeitete – neben den aus der Automation resultierenden Überwachungsfunktionen – zahlreiche Aufgaben des Bordbetriebs von der Navigation bis zu den Abrechnungen der Verwaltung und der Vorräte. Heute ist es möglich, vollautomatische Schiffe für den Betrieb mit einer Mindestbesatzungszahl von etwa 12 Mann zu bauen und zu betreiben.

Ein Autotransportschiff mit den typischen hohen Aufbauten

Die Fünfmastbark »R. C. RICKMERS«, 1906 mit Auxiliar-Hilfsdampfantrieb gebaut

Dampf-Brassenwinden auf dem Fünfmast-Vollschiff »PREUSSEN«

Autonomes Fischereischiff: siehe *Fischereischiff*

Autotransportschiff, *Autotransporter, Car carrier:* Spezialfrachtschiff für den Transport von Kraftfahrzeugen, insbesondere PKW nach dem Ro/Ro-Prinzip; siehe *Ro/Ro-Schiff*. Die Entwicklung dieses Schiffstyps begann erst zu Beginn der zweiten Hälfte dieses Jahrhunderts, als sich der Handel in Nordeuropa (Skandinavien – England) sowie auf den Mittelmeer- und Schwarzmeerrouten und auf den Überseestrecken zwischen Europa, Nord- und Südamerika und Japan mit Kraftfahrzeugen, insbesondere PKW, bedeutend erweiterte. Die traditionelle Be- und Entladung mit Kranen und die Stauung in Laderäumen und an Deck wurde durch das Prinzip der rollenden Be- und Entladung abgelöst, die Anzahl der Decks vergrößert und die Aufbauten verlängert.
Die ersten Autotransporter mit rollender Be- und Entladung durch Bug-, Heck- und/oder Seitenpforten, Lade- und Zwischenrampen zwischen den Decks entstanden ab 1963. Sie konnten auf 3 oder 6 Decks insgesamt bis zu 500 PKW befördern. Die Schiffslänge lag unter 100 m, und der Einsatz geschah vorwiegend zwischen Schweden und Großbritannien.
Anfang der 70er Jahre hatte sich der internationale Automarkt bereits derartig entwickelt, daß Autotransporter in den Abmessungen der größeren Stückgutfrachtschiffe entstanden, wie der 1971 bei Blohm & Voss für eine norwegische Reederei gebaute Autotransporter »LAURITA« mit 158,9 m Länge über Alles; 24,5 m Breite; 22,4 m Seitenhöhe und 6,8 m Tiefgang. Mit der Tragfähigkeit von 5740 t befördert dieses Schiff auf 10 Ladedecks von nur 1,65 m Raumhöhe auf 21 510 m^2 3100 PKW.
Anfang der 80er Jahre entstanden die derzeit größten Autotransporter für den weltweiten Einsatz mit Ladefähigkeiten über 6000 PKW oder den kombinierten PKW-Nutzfahrzeugtransport. Ein Prototyp ist der 1981 bei der Kokumswerft für die schwedische Wallenius Lines gebaute Autotransporter »MADAME BUTTERFLY«. Bei einer Länge über Alles von 198,0 m; 32,3 m Breite (Panamakanalbreite); 31,2 m Seitenhöhe und 9,5 m Tiefgang hat das Schiff eine Tragfähigkeit von 17 560 t, ist mit 18 730 BRZ vermessen, läuft 20,3 kn und kann 6120 PKW oder 2600 PKW und 520 Nutzfahrzeuge auf 13 Ladedecks mit insgesamt 52 030 m^2 befördern. Bei Bedarf kann durch Hängedecks die Deckshöhe von 1,65 m auf 3,3 m bis 6,2 m verändert werden. Die vollständige Be-

und Entladung über die Rampensysteme des Schiffs ist innerhalb von 15 Std. möglich. Von den im Jahrzehnt 1980 bis 1990 jährlich durchschnittlich weltweit produzierten 40 Mill. Autos werden etwa 1/4 mit Schiffen transportiert.

Auxiliarschiff: Segelschiff mit Hilfsmaschinen und frühere Segelschiffe mit Propeller und Dampfmaschinen-Hilfsantrieb kleiner Leistung. Im weitesten Sinne gehört die Mehrzahl aller kombinierten Segel-/Dampfschiffe, die in der Übergangszeit zum Dampfschiff noch das Segel als Hauptantrieb fuhren, zu dieser Gruppe mit maschinellem Hilfsantrieb.
In der letzten Blütezeit des Segelschiffs um die Jahrhundertwende wurde insbesondere die Segelhandhabung bei den Großseglern, wie bei dem 1902 gebauten Fünfmast-Vollschiff »PREUSSEN«, durch Dampfwinden rationalisiert und die Besatzungsstärke durch den Einsatz von dampfbetriebenen Brassenwinden bedeutend vemindert.
Bei den letzten Großseglern, wie bei der 1906 gebauten Fünfmastbark »R. C. RICKMERS«, wurde neben den Dampfwinden i. allg. der Einbau einer Hilfsdampfmaschine und eines Propellers für den Schiffsantrieb vorgenommen. Die »R. C. RICKMERS« war mit einem Deplacement von 11 350 t und 8000 t Tragfähigkeit das größte Segelschiff seiner Zeit. Die Dampfhilfsmaschine hatte eine Leistung von 736 kW (1000 PS) und gab dem vollbeladenen Schiff eine Geschwindigkeit von 6 ··· 7 kn. Unter Segel lief das Schiff bei günstigem Wind mehr als die doppelte Geschwindigkeit.
Auxiliarschiffe mit Hilfsantrieb zeigten sich wegen der günstigen Manövriereigenschaften und zur Überwindung von Flauten dem reinen Segelschiff auch ökonomisch wegen des relativ geringen Kohle- und Raumbedarfs überlegen. Die Hilfsantriebe hatten aber für schweres Wetter eine zu geringe Leistung.
Die heute noch fahrenden Segelschiffe haben überwiegend einen Dieselmotoren-Hilfsantrieb und elektrohydraulische Winden.

Aviso: von schnellen kleineren Segel-Kriegsschiffen übernommene, jedoch nicht mehr allgemein gebräuchliche Bezeichnung von Kriegsschiffen für Aufklärungs- und Sonderaufgaben, wie Kleine *Kreuzer*, die der Flottenleitung und dem Stab zur Verfügung stehen.
Ursprünglich dienten Avisos als schnellfahrende Depeschenschiffe, um Weisungen von der Flottenführung an die Einheiten zu übermitteln. Im Seegefecht hatten sie die Aufgabe, eine solche Position einzunehmen und die Signale des Flaggschiffs so oft zu wiederholen, bis sie von allen Kampfschiffen gesehen wurden.
Während der Übergangszeit vom Segel- zum Dampfschiff gab es Radavisos (siehe Raddampfer), die auch noch mit voller Takelage fuhren. Die preußische Marine kaufte 1851 ihre beiden Radavisos »NIX« und »SALAMANDER« in England. Durch die Seitenräder konnten die Schiffe besonders schnell stoppen und erreichten bei Rückwärtsfahrt fast die Vorwärtsgeschwindigkeit. Wegen dieses Vorzugs hat die englische Admiralität wenige Jahre später für den Krimkrieg die beiden Avisos zurückerworben und dafür die Segelfregatte »THETIS« an Preußen gegeben.
Im zweiten deutsch-dänischen Krieg 1864 wurde der 1858 gebaute preußische Aviso »GRILLE« besonders bekannt; er griff bei Jasmund mit Erfolg 2 dänische Schiffe an. Weitere bekannte deutsche Avisos waren die »LORELEY« (1859), »FALKE« (1866), »BLITZ« (1883), »PFEIL« (1884) und »GREIF« (1886).
Nach der allgemeinen Einführung der Schiffsschraube verschmolz der Schiffstyp Aviso mit dem Typ *Kleiner Kreuzer* zu einem leicht bewaffneten schnellen Kriegsschiff für Sonderaufgaben insbesondere im Auslandsdienst.

Leichterträgerschiff »BACAT 1«

B

BACAT: Abkürzung für ein **Ba**rge-**Ca**tamaran-**T**ransportschiff, dessen Schiffskörper über der ganzen Länge oder am Hinterschiff so als Doppelrumpf gestaltet ist, daß Bargen (Schwimmleichter) zwischen die Rümpfe eingeschwommen und über Hebebühnen auf Stellplätze in die Laderäume oder an Deck gebracht werden können. Der Schiffstyp wurde erstmals im Zusammenhang mit der Entstehung von *Bargecarriern* bzw. *Leichterträgerschiffen* nach dem LASH-Prinzip (**L**ighter **A**board **Sh**ip) 1967 konzipiert und 1973 von der Frederikshavn Vaerft unter der Bezeichnung »BACAT« als Zubringerschiff für Kurz- und Mittelstrecken gebaut. »BACAT 1« wurde so ausgelegt, daß bei 103,5 m Länge über Alles mit 4,47 m breiten Katamaran-Schwimmkörpern, 20,70 m Decksbreite und 10,50 m Seitenhöhe bis zum ersten Deck 10 BACAT-Bargen von je 120 t Tragfähigkeit auf dem ersten Deck und 3 LASH Bargen von je 376 t Tragfähigkeit zwischen den Doppelrümpfen aufgenommen werden. Innerhalb von 6 Stunden. kann die gesamte Ladung von etwa 2600 t umgeschlagen werden.

Deutsches Linienschiff »BADEN«, eines der letzten großen Linienschiffe der »Bayern«-Klasse

Backdeckkreuzer: allgemein gebräuchliches kleines oder mittelgroßes Kajüt-Motorboot mit langer und im Verhältnis zur Decks-Seitenhöhe verhältnismäßig hoher Back, unter der die Kajüte oder andere Räumlichkeiten liegen. Im hinteren Bereich des Kajütboots befinden sich i. allg. keine höheren Aufbauten. Die Bezeichnung ist auch für ähnlich gebaute Sportsegel-Kajütboote gebräuchlich.

»BADEN«: eines der letzten großen Linienschiffe der sogenannten »Bayern«-Klasse (»BAYERN«, »BADEN«), deren Bau für die deutsche Marine 1913 bzw. 1914 begonnen wurde. Das auf der Schichau-Werft gebaute Schiff hatte am 30. Oktober 1915 Stapellauf und wurde am 19. Oktober 1916 zu Probefahrten und am 14. März 1917 als Flottenflaggschiff in Dienst gestellt. Das Konstruktionsdeplacement betrug 28600 t bei einer Länge zwischen den Loten von 179,4 m, einer Breite von 30 m und einem Tiefgang von 9,31 m. Mit der Antriebsleistung von 41418 kW (56275 WPS) wurden 22 kn erreicht. Für eine Aktionsweite von 4000 Seemeilen bei 18 kn Marschfahrt war ein Normalvorrat von 900 t Kohle und 200 t Heizöl erforderlich. Der spezifische Kohleverbrauch der 11 Marinekessel von 16 atü betrug durchschnittlich 0,531 kg je PS·h bei 3 Satz Turbinen. Außerdem waren 3 Ölkessel vorhanden. Innerhalb des Typs kamen auch Antriebsanlagen mit 2 Satz Turbinen und einem MAN-6-Zylinder-Zweitaktdieselmotor sowie 8 Dieselgeneratoren 220 V mit insgesamt 2400 kW zum Einsatz.
Die Bewaffnung bestand aus 8 Schnellfeuergeschützen von 38 cm in Doppeldrehtürmen, die damit erstmals in der deutschen Flotte eingeführt wurden, 16 Schnellfeuergeschützen von 15 cm und 5 Torpedorohren für 60-cm-Torpedos. Die größte Dicke der Seitenpanzerung und Türme ging bis 35 cm. Zur Besatzung als Flaggschiff gehörten 1271 Mann, sonst 1171 Mann. Der Baupreis wurde mit 49 bis 50 Mill. Reichsmark angegeben. Ab 14. Dezember 1918 in Scapa Flow interniert, unternahm die Besatzung am 21. Juni 1919 einen Selbstversenkungsversuch, bei dem das Schiff teilweise kenterte. Das völlige Sinken konnte durch englische Einheiten jedoch verhindert werden. Nach der Verwendung als englisches Zielschiff ist die »BADEN« am 16. August 1921 gesunken.

Bäderdampfer, *Bäderraddampfer, Seebäderschiff:* Vorgängerschiffstyp des modernen *Kurzfahrten-Küstenfahrgastschiffs*. Das Schiff kann für Kurzfahrten von wenigen Stunden vom Seebad in See auslaufen und wieder an seinem Liegeplatz anlegen, Halbtags- oder Tagesfahrten ausführen oder bestimmte Routen zwischen den Seebädern befahren. Bei relativ kleiner Schiffsgröße werden große freie Decksflächen vorgesehen, um bei günstigen Witterungsbedingungen möglichst vielen Fahrgästen Sitzplätze auf dem freien Deck zu bieten. Ein Bäderdampfer muß außerdem verschiedene Sicherheitsvorschriften erfüllen und insbesondere eine ausreichende Stabilität haben, damit bei interessanten Begegnungen durch das plötzliche Zusammendrängen der Fahrgäste an einer Bordseite kein zu großer Krängungswinkel eintritt. In den Aufenthaltsräumen bzw. Restaurants unter Deck müssen die an Bord befindlichen Fahrgäste bei schlechtem Wetter ausreichend Sitzplätze vorfinden.

Großer Dieselmotor-Eimerkettenbagger um 1960

See-Eimerkettenbagger 750 m^3/h; 18···24 m Baggertiefe mit Eigenantrieb, Typ »Neptun«

Bagger, *Schwimmbagger; Naßbagger:* schwimmendes Wasserfahrzeug mit eigenem Antrieb oder Fremdantrieb, das mit speziellen Ausrüstungen und Anlagen zur Reinhaltung von Fahrwasserstraßen von Schlick und Schwemmsand sowie zur Vertiefung von Einfahrten, Wendebecken, Häfen, Schiffsliegeplätzen und anderen Wasserstraßen sowie zum Abbau von Bau-, Heiz- und Rohstoffen aus Binnen- und Küstengewässern ausgerüstet ist. Während in Europa hauptsächlich Torf und Kies mit Naßbaggern gewonnen werden, schürfen in tropischen Gewässern Naßbagger mit Baggerleistungen bis zu 800 t stündlich auch auf Korallenbänken. Die Korallen werden zermahlen zu Zement verarbeitet.
Die Bezeichnung ist von dem niederländischen »baggeren« übernommen, was etwa »aufholen vom Boden, vom Grund« bedeutet.
Die Entwicklung des maschinenangetriebenen Schwimmbaggers oder »Naßbaggers« begann unmittelbar mit der Verwendung von Dampfmaschinen im Schiffbau. Die erste Dampfbaggermaschine wurde 1786 bei der englischen Firma Boulton & Watt von Ingenieur GRIMSHAW konstruiert und gebaut. Zu den ersten Baggern gehörten sog. Stiel- oder Löffelbagger, deren handbaggerähnliche Kratzer, Rechen, Schaufeln oder Löffel mechanisch bewegt wurden. Moderne schwimmende Löffelbagger werden i. allg. nur für Sonderzwecke gebaut. In den USA werden große Löffelbagger auch als Dipperdredger bezeichnet, und es wurden einige Großgeräte mit Löffelinhalten von etwa 30 m^3 gebaut. Die Schürfkante des Baggerlöffels wird mit Hartstahl bewehrt, so daß der Einsatz sogar bei bröckligem Fels möglich ist.
Eine weitere Gruppe der diskontinuierlich arbeitenden Bagger, die bis heute in modernen Varianten besonders für große Wassertiefen Bedeutung hat, ist der Greif- oder Kranbagger. Bei diesem Baggertyp ist der Baggerponton oder ein geeignetes Wasserfahrzeug mit Schwenk- oder Drehauslegern, Winden oder Kranen sowie leichten oder schweren Seilgreifern entsprechend der jeweiligen Beschaffenheit des Baggergrunds ausgerüstet. Die beiden Haupttypen des modernen Schwimmbaggers (Eimerkettenbagger und Saugbagger) sind i. allg. zusätzlich mit Greiferkranen ausgerüstet, um bei steinigem oder felsigem Untergrund größere Felsbrocken zu zertrümmern oder zu heben.
Die kontinuierlich fördernden Schwimmbagger haben das Wasserschöpfrad bzw. den Radbagger als Ausgang, bei denen am teilgetauchten Rad an der Peripherie Schöpfeimer, Schöpfkörbe oder Schöpfkästen befestigt sind. Schaufelradbagger größerer Leistung gibt es etwa seit 1918, bei denen an einem Ausleger ein senkrecht rotierendes angetriebenes Schaufelrad angeordnet ist. Er wird vorwiegend als Trockenbagger im Braunkohle-Tagebau und seltener als Naßbagger wegen der begrenzten Baggertiefe eingesetzt. Die Baggerschaufeln an der Radperipherie sind mit verschleißgeminderten Schürfzähnen bewehrt. Das Baggergut wird durch die Radrotation zur Achsmitte geschoben und über Fördereinrichtungen (Bänder, Förderrohre) weitertransportiert.

Für Wassertiefen bis 30 m und schweren Baggergrund entwickelte sich aus dem Radbagger der Eimerkettenbagger, bei dem eine »Eimerkette« mit Schürfeimern, die bis zu 1 m^3 und mehr Baggermasse fassen können, über eine absenkbare »Eimerleiter«, Obertrommel (Oberturas) und untere Umlenktrommel (Unterturas) angetrieben wird.
In Deutschland wurde der erste nach diesem Prinzip arbeitende Dampfbagger im Jahre 1842 bei Schichau für den Elbinger Hafen gebaut. 1907 baute Schichau bereits einen Großbagger für Wilhelmshaven mit einer Baggerleistung von 24000 m^3 Boden pro Tag. Der Großbagger war 80 m lang und 14,5 m breit. Mit Eigenantrieb fuhr der Bagger 10 kn. Der Antrieb von der Dampfmaschine an den Oberturas erfolgte vor dem heutigen elektrohydraulischen Antrieb über Seile, Ketten, Gestänge und Zahnräder bzw. Flach- oder Keilriemen. Wegen der stoßweisen Belastung bei der Bodenaufnahme durch die Eimer und des Aufschlagens der Leiterglieder auf die Mitnahmeflächen (i. allg. Sechskant) des Oberturas wurden bis zur Mitte dieses Jahrhunderts der Dampfmaschinenantrieb und die Flachriemenübertragung bevorzugt. Danach setzte sich allgemein der dieselelektrische und dieselelektrohydraulische Antrieb mit Eimergrößen von 0,1 ··· 1,5 m^3, Baggerleistungen bis zu 1500 m^3/h und Baggertiefen zwischen 15 und 30 m durch.
Zur Klasse mittelgroßer Schwimmbagger gehört der in Großserie von der Elbewerft Roßlau gebaute Eimerkettenbagger mit 400 m^3/h Baggerleistung bei 12 ··· 15 m Wassertiefen.
Ein großer Eimerketten-Schwimmbagger ist der von der Schiffswerft Neptun in Rostock ebenfalls in Großserie gebaute Eimerketten-Schwimmbagger mit 750 m^3/h Baggerleistung für Wassertiefen bis 24 m.
Bei modernen Eimerkettenbaggern bestehen die Eimer aus verschleißgemindertem Stahlguß oder verformtem Stahlblech mit durch Auftragsschweißung besonders bewehrten Schneidkanten bzw. Schneidzähnen. Die endlose Eimerkette befindet sich in einem Schlitz des in diesem Bereich katamaranähnlichen Schiffskörpers. Die Eimerkette ist für die jeweilige Baggertiefe einstellbar. Die in Baggerrichtung laufende Eimerkette wird so geführt, daß die in der unteren Lage befindlichen Eimer etwas durchhängen und eine Strecke auf dem Boden entlang schürfen bevor sie am Unterturas voll greifen. Während des Baggerns ist der Bagger an mehreren schweren Seitenankern, Ankerketten und Seilen so verankert, daß durch Winden die Bewegungen des Baggers so gesteuert werden, daß der Bagger ohne Unterbrechungen Rinne neben Rinne auf der gesamten Bodenfläche kontinuierlich baggern kann.
Die Mehrzahl der Bagger schütten über sog. »Schüttrinnen« das Baggergut in *Baggerprahme*, *Baggerschuten*, *Klappschuten* oder *Spüler*. Außerdem gibt es auch sog. Hopperbagger (engl. hopper: Bunker, Laderaum) mit eigenem Schüttraum und/oder bordeigenem Spüler.
Ein weiterer Haupttyp des modernen Schwimmbaggers ist der Saugbagger, Schneidkopfbagger bzw. Cutterdredger (engl. to cut schneiden). Am vorderen Teil des tiefenabsenkbaren Saugrohres mit Förderschnecke befindet sich der angetriebene Schneidkopf mit den Reißzähnen. Zur Nutzung der erforderlichen starken Förderpumpen gibt es auch Kombinationen als kombinierte Saugbagger/Schutenentleerer, Saugbagger/Spüler und bei eigenem Baggergutraum als Hopperdredger, d. h. als Bagger/Baggerguttransporter.

Baggerschuten im Rostocker Stadthafen

Baggerboot: zumeist kleines hölzernes Beiboot eines kleineren Baggers für küstennahe Baggerungen, das als Verkehrsboot für den Besatzungsverkehr, die Kontrolle der zu baggernden Fahrrinne und deren spätere Kennzeichnung mit Pricken (Bäume) und Stangen (Mummen, Bloßen) für die Binnen-, Bodden-, Haff- oder Wattschiffahrt. Die Boote werden auf Pallungen an Deck mitgeführt und mit einem Ladebaum, Schwenkdavit o. ä. ausgesetzt.

Baggergut-Transportschiff: siehe *Bagger, Hopperbagger, Baggerprahm*

Baggerschute, *Baggerprahm:* für die Aufnahme und den Transport von Baggergut (siehe *Bagger*) geeignetes prahmartiges Wasserfahrzeug. Über die Schüttrinnen von Eimerkettenbaggern oder die Spülrohre von Saugbaggern werden die Schuten gefüllt und, da sie i. allg. ohne Eigenantrieb gebaut werden, durch Schlepper zu den *Spülern* bei Landaufspülungen oder zu Baggerschüttstellen im tieferen Wasser gebracht. Für das Entleeren an Schüttstellen sind sogenannte »Klappschuten« besonders geeignet, bei denen der Laderaumboden durch Bodenklappen geöffnet wird. Eine andere Möglichkeit ist das Aufklappen des ganzen Laderaumbereiches. Hauptsächlich sind Baggerschuten aus Stahl gebaut, es hat jedoch auch immer wieder Versuchsbauten aus Stahlbeton gegeben. Moderne Klappschuten haben i. allg. Motor-Eigenantrieb.

»BAHIA«: Fracht- und Passagierdampfer der

Klappschute mit zweiteiligem aufklappbarem Schüttraum

HAPAG-Dampfer »BAHIA«, einer der ersten Dampfer mit einer Dreizylinder-Dampfmaschine

Hamburg-Südamerikanischen Dampfschifffahrts-Gesellschaft, 1886 bei Armstrong, Mitchell & Co. in Newcastle gebaut. Das Schiff war 93,7 m lang, 11,0 m breit und mit 2172 BRT vermessen. Es war für die Beförderung von 320 Passagieren eingerichtet, davon 40 Passagiere I. Klasse sowie 280 Zwischendeckpassagiere. Die Besatzung zählte 47 Mann. Eine Dreifach-Expansionsmaschine leistete 1030 kW (1400 PSi) und gab dem Schiff eine Geschwindigkeit von 11,5 kn. 1897 wurde das Schiff als »LAUENBURG« nach Kiel verkauft, fuhr 1903 unter dem Namen »MOBILE« und 1918 als »SIDI MABROUCK«, bevor es 1930 abgewrackt wurde.

Bahn-Ortungsschiff: siehe *Satelliten-Ortungsschiff*

BAKER-Unterseeboot: vom Nordamerikaner BAKER 1892 entwickeltes Unterseeboot mit Dampf- und Elektroantrieb über Akkumulatoren, die bei der Überwasserfahrt aufgeladen wurden. Eine Besonderheit stellte die bewegliche Anordnung der Antriebsschrauben dar, die außer dem Vortrieb auch als Tiefen- und Seitensteuer wirken sollten. Die Schrauben waren dazu in einem Kreisausschnitt beweglich, so daß ihr Schub in entsprechenden Winkeln zur Horizontal- und Vertikalebene des Boots wirken konnte. Im April/Mai absolvierte es erste Versuchsfahrten, denen sich nach Verbesserungen 1893 weitere Versuche anschlossen.

Balancedock: ältere Bezeichnung für *Schwimmdock*

Baleiner: französischer *Walfänger*, siehe auch *Walfangboot*.

Bananentransportschiff, *Bananendampfer:* Spezial-Kühlfruchtschiff für den Bananentransport. In der ersten Hälfte des 19. Jh. wurden Südfrüchte i. allg. wegen der notwendigen Belüftung als Decksladung gefahren. Zu günstigen Jahreszeiten nutzte man den schnellen Klipper über kürzere Entfernungen für den Transport von Citrusfrüchten (Zitronen, Orangen) und auch vereinzelt für Bananenverschiffungen. Die günstigste Temperatur für den Bananentransport beträgt etwa +12 °C. Die Verluste durch Decksladung und den Reifeprozeß waren jedoch wegen See- und Temperaturschäden sehr groß.
Nachdem die ersten Frachtschiffe mit wärmeisolierten und durch Kältemaschinen gekühlten Laderäumen, die Vorläufer der heutigen *Kühlschiffe*, entwickelt waren, wurde auch der Bananentransport in größerem Maße möglich. Im Jahr 1882 konnten dann erste planmäßige Bananentransporte in gekühlten Laderäumen von den Kanarischen Inseln nach Großbritannien beginnen. Um die Jahrhundertwende mußten jedoch noch bis auf Ausnahmen Citrusfrüchte und Bananen zur Verminderung der Ladungsschäden auf sog. *Fruchtschiffen* in ungekühlten, nur durch Windhuzen belüfteten Laderäumen gefahren werden. Die United Fruit Company setzte um die Jahrhundertwende bereits 75 Schiffe für den Bananentransport von Jamaika nach Boston ein. Ab 1901 begann der regelmäßige Bananentransport durch Schiffe mit gekühlten Laderäumen zwischen Mittelamerika und den Häfen Großbritanniens.
Zu den ersten, speziell für den Bananentransport gebauten Schiffen gehört die 1904 in Belfast gebaute »SAN JOSE«. Der Bananendampfer war 100,6 m lang; 13,6 m breit und hatte eine Seitenhöhe von 9,6 m. Der Dampfer hatte 3 durchgehende Decks und eine Tragfähigkeit von 3296 t. Die durch eine Linde-Kältemaschinenanlage gekühlten isolierten Laderäume wurden durch Seitenpforten be- und entladen.
Bis etwa zur Mitte des 20. Jh. vollzog sich eine Parallelentwicklung von Fruchtschiffen für Plusladungen (0···15 °C) und Gefrierschiffen für Minusladungen (−6···−32 °C). Dann entstanden Mehrzweck-Kühlschiffe mit 10000···20000 m^3 Laderaumvolumen, deren Kühlräume i. allg. für Temperaturen zwischen +12 und −25 °C ausgelegt sind. Die empfindlichen Bananen werden meistens verpackt. Über Elevatoren und Pforten werden die Laderäume be- und entladen. In jüngerer Zeit erfolgt der Bananentransport auch verstärkt mit Paletten und Kühlcontainern.

Baleiner – ein französisches Walfangschiff

Die »BARBARA« 1925 mit einem Motorschiff im Dock der Stülken-Werft

»BARBARA«: zweites *Rotorschiff* nach dem Prinzip von A. FLETTNER, Nachfolger der *»BUCKAU«*, 1926 mit 3 Rotoren im Auftrag der deutschen Reichsmarine bei der Werft AG Weser erbaut. Das Schiff war mit 90 m Länge und 13 m Breite bedeutend größer als die »BUCKAU« und hatte eine Tragfähigkeit von 3000 t DW. Ursprünglich war nur ein Rotor von 7 m Durchmesser und 27 m Höhe vorgesehen. In Auswertung der Versuchsergebnisse mit der »BUCKAU« wurde die Antriebsleistung der Rotoren vergrößert, um auch bei höheren Windgeschwindigkeiten die entsprechend höhere Umfangsgeschwindigkeit an den Rotorzylindern zu ermöglichen. Des weiteren wurden die Lagerreibungsverluste der Rotoren durch Rollenlager anstelle der Gleitlager und die Luftreibungsverluste innerhalb der Rotoren durch günstigere Versteifungsanordnungen und die Rotormasse durch den Einsatz von Aluminiumblechen anstelle des Stahlblechs für den Rotormantel vermindert.
Da es zu dieser Zeit noch keine großen Rollenlager oder Kugeldrehverbindungen für einen Rotor mit 7 m Durchmesser gab, kamen 3 Rotoren mit Aluminiummänteln, 4 m Durchmesser und 17,1 m Höhe zum Einbau. Jeder Rotor wurde durch einen Motor von 25,8 kW (35 PS) angetrieben. Die 3 Rotoren hatten zusammen eine Masse von 40 t; für gleiche Leistungen benötigte ein Segelschiff etwa die viereinhalbfache Takelagemasse. Bei günstigem Wind von etwa 10 m/s fuhr das Schiff mit seinen Rotoren 10,5 kn. Erfolgte der Antrieb bei stillstehenden Rotoren durch die beiden Dieselmotoren von insgesamt 780 kW (1060 PS) über ein hydraulisches Getriebe an den Propeller, dann erreichte das Schiff eine Geschwindigkeit von 10 kn. Die Kombination von Rotor- und Propellerantrieb war somit insbesondere für die Dienstgeschwindigkeit von etwa 10 kn günstig, weil entsprechend den jeweiligen Windverhältnissen nur ein Teil der Propellerleistung in Anspruch genommen werden mußte.
Die »BARBARA« fuhr in Charter der Reederei Slomann jr. als Südfrucht-Transportschiff auf der Route Deutschland – Italien.
Trotz der Vorteile gegenüber kombinierten Segel-Motorschiffen konnten sich Rotorschiffe gegenüber Schiffen mit ausschließlichem Propellerantrieb nicht durchsetzen.
1933 wurde das Schiff wieder zum Schraubenmotorschiff umgebaut und fuhr als MS »BIRKENAU« für die »Bugsier-Reederei- und Bergungs-AG«; Hamburg. 1946 wurde es bei den Kieler Howaldtwerken als »ELSE SKOU« für den dänischen Reeder Ove Skou, Kopenhagen, hergerichtet. Unter diesem Namen ging es am 2. September 1946 auf die erste Reise. 1963 wurde das Schiff an die Greek Lybian Lines (Griechenland) weiterverkauft und fuhr hier unter dem Namen »FOTIS P.« bis 1967. Dann wurde die »FOTIS P.« nach Saudi-Arabien verkauft. Hier fuhr sie nun unter dem Namen »STAR OF RIYADTH«, der weitere Verbleib ist unbekannt.

»BARBAROSSA«: Typschiff der »Barbarossa«-Klasse von kombinierten Passagier- und Frachtschiffen des Norddeutschen Lloyd.
Parallel zu den Schnelldampfertypen für die kombinierte Passagier- und Postfahrt begann Ende der 1890er Jahre die Entwicklung größerer ökonomischer Schiffstypen um 10 000 BRT mit mäßigen Geschwindigkeiten zwischen 13 und 15 kn, die außer einer großen Passagierzahl in 3 Klassen mehr gewinnbringende Frachtgüter befördern konnten. Durch die kombinierte Fahrgast-/Frachtbeförderung bei ökonomischen Geschwindigkeiten konnten die Überfahrtspreise vermindert und die Wirtschaftlichkeit gegenüber schnellen Passagierschiffen verbessert werden. Der Typ des kombinierten Fahrgast-/Frachtschiffs nutzte hauptsächlich den unteren Schiffsraum der vorderen und hinteren Schiffsbereiche für Laderäume, die durch Luken und Ladegeschirre be- und entladen wurden. Im Bereich des Mittelschiffs befanden sich die Kessel- und Maschinenräume und darüber die langgestreckten Decksaufbauten mit 3 übereinanderliegenden Passagierdecks (Bootsdeck, Promenadendeck, A-Deck). Ebenso wurden die 4 durchlaufenden Decks (B-Deck, C-Deck, D-Deck, E-Deck) für Passagierkabinen und Mannschaftsunterkünfte eingerichtet.

Die 1896 bei Blohm & Voss für den Nordd. Lloyd gebaute »BARBAROSSA« (10984 BRT, 7000 PS)

Geschützaufstellungen vom Batterieschiff über das Barbette-Drehturmschiff zu den Türmen des Schlachtschiffs

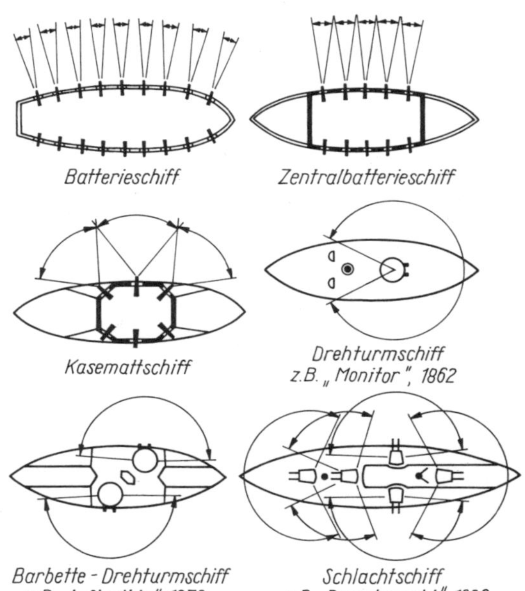

Zu dieser sowohl für die New Yorker Route als auch für die Australienfahrt verwendbaren Schiffsklasse gehörten die Norddeutschen Lloyddampfer »BARBAROSSA«, »FRIEDRICH DER GROSSE«, »KÖNIGIN LUISE« und »BREMEN« sowie die nachfolgenden Reichspostdampfer »KÖNIG ALBERT«, »PRINZESS IRENE« und »PRINZESS ALICE«.
Das Typschiff war der 1896 bei Blohm & Voss gebaute Reichspostdampfer »BARBAROSSA« mit 10 984 BRT.

Barbarossatyp: siehe *»BARBAROSSA«*

Barbetteschiff: Panzerschiff, bei dem die Geschütze in besonderen Drehtürmen, den »Barbettetürmen« aufgestellt waren.
Ursprünglich wurde mit »Barbette« eine Erhöhung in einer Bastion bezeichnet, auf der die Kanonen erhöht standen, damit die Rohre über die Brustwehr ragten. In Verbindung mit den Übergängen vom Segel- zum Maschinenantrieb sowie vom ungepanzerten Holzschiff zum gepanzerten Eisen- bzw. Stahlschiff und der Geschützentwicklung wurde auch die Aufstellungsart der Geschütze verändert.
Die ursprüngliche Aufstellung der Geschütze an beiden Schiffsseiten über die volle Schiffslänge beim *Batterieschiff* wurde zunächst durch das Zentralbatterieschiff, dann durch das *Kasemattschiff* und schließlich durch das gepanzerte Drehturmschiff abgelöst, siehe auch *Turm-Panzerschiff.* Eines der ersten gepanzerten Drehturmschiffe war die »MONITOR« 1862. Die Konstruktion des Drehturms, in dem zwei 28-cm-Kanonen standen, die in jeweils 7 Min. eine Salve feuern konnten, entwickelte J. ERICSSON. Das Konzept des gepanzerten Drehturms wurde danach in England und Frankreich weiterentwickelt. So erhielt das englische Panzerschiff »INFLEXIBLE«, das von 1874 bis 1876 in Portsmouth gebaut wurde, an jeder Schiffsseite je einen versetzt angeordneten Barbette-Drehturm mit je 2 Kanonen, von denen jede 81 t Masse hatte. Auf die anfänglich oben offenen Barbette-Türme folgten um 1890 geschlossene Barbette-Geschütztürme und schließlich ab 1906 die Panzerkuppeln der »Dreadnoughts«.

Barge, *Leichter:* aus der Binnen-, Häfen- und Reedereischiffahrt übernommene Bezeichnung für flachbodige, nicht selbstfahrende und unbemannte schwimmende Leichter unterschiedlicher Größe und Ladefähigkeit.
Ursprünglich wurden Leichter hauptsächlich zum »Leichtern«, d.h. zur Ladungsübernahme von seegehenden Schiffen verwendet, um den Tiefgang zu vermindern und das Einlaufen in Flußmündungen und Häfen mit begrenzter Wassertiefe zu ermöglichen. Unter Schwimmbargen verstand man besonders für Schüttgüter (Kohle u.a.) im Einzelschlepp geeignete prahmartige Schleppfahrzeuge. Mit der Erweiterung der Schlepp- und Schubschiffahrt in »Schlepp- bzw. Schubverbänden« wurden insbesondere die Schiffsenden für eine sichere Koppelung verändert.
Mit dem Entstehen von *Barge-Carriern* vollzog sich in der zweiten Hälfte des 20. Jh. eine weitere Verflechtung des Binnen- und Seetransportes mit Bargen. Bei den verschiedenen Typen der Barge-Carrier werden Bargen zu großen Schwimmcontainern, mit denen umschlagsfrei Güter von Binnenhäfen über Binnenwasserstraßen zum Seehafen und von dort über See in oder auf Barge-Carriern zum Empfangs-Seehafen und von dort zum Empfangs-Binnenhafen transportiert werden.
Die verschiedenen Bargetypen werden zunehmend an das Containerraster durch ein Mehrfaches der 8 Fußbreite und 40 Fußlänge als auch an die schleusenbedingten Einheitsabmessungen der Binnenschiffahrt angepaßt.
So sind die 26 Bargen des sowjetischen Barge-Carriers *»JULIUS FUČIK«* mit einer Länge von 38,25 m; Breite 11,4 m; Seitenhöhe 3,9 m; Laderaumvolumen 1263 m^3 und Tragfähigkeit 1070 t besonders an die Schiffahrtsbedingungen der Donau angepaßt.
Auf der *»ACADIA FOREST«* haben die 73 Leichter ein Laderaumvolumen von 565 m^3 und eine Tragfähigkeit von 375 t bei 2,7 m Tiefgang. Länge, Breite und Seitenhöhe betragen 18,75 m; 9,5 m und 3,96 m.
Der Barge-Carrier Typ Seabee »DOCTOR LYKES« kann 38 Bargen mit je 1135 m^3 Laderaum und 850 t Tragfähigkeit bei 3,25 m Tiefgang mit einer Länge von 29,75 m, Breite von 10,67 m und 3,8 m Seitenhöhe laden.

Moderne Schubleichter und Barge-Carrier

Barge-Carrier mit Heck- und Hubplattform vom Seabee-Typ

Barge-Carrier, *Lighters Aboard Ship (LASH), Barges on Board (BOB), Leichterträgerschiff, Schwimmcontainer-Trägerschiff:* neuzeitliches Transportsystem der Hochseeschiffahrt zum Transport von »Schiffen im Großschiff«, bei dem Schwimmbehälter bzw. Schwimmcontainer, sog. Bargen oder Leichter unterschiedlicher Tragfähigkeit und Ladung, im Versandhafen oder auf Reede schwimmend über Heck-, Bug- oder Seitenpforten des Trägerschiffes aufgenommen, auf Stapelplätze in der Schiffslänge eingeschwommen oder verfahren, quer- oder längsschiffs gestaut und über See transportiert werden. Im Bestimmungshafen werden die Leichter wieder ins Wasser entladen und einzeln oder in Schubverbänden zu den Hafen- oder Verbraucherplätzen bzw. auf Binnenwasserstraßen weitertransportiert. Nach der Beladungsart der Barge-Carrier werden als Haupttypen unterschieden: Lighter Aboard Ship *(LASH)*; Barge-Carrier mit Hebebühne *(SEABEE)*; Barge-Catamaran mit Katamaranheck und Hebebühne *(BACAT)*; Barge-Dockschiff mit Heck- und/oder Bugpforten *(Float-on/Float-off)*; Barge-Dockschiff mit Seitenpforten (Float on Side).
Bei einer Masse der beladenen Leichter bis zu etwa 500 t werden die Leichter mit Hilfe von bordeigenen Schwergutladeausrüstungen an Bord genommen und auf die Stauplätze transportiert. Die Krängung und der Trimm des Schiffs werden zum Aufrechterhalten des Kranbetriebs mittels einer Krängungs- und Trimmstabilisierungsanlage begrenzt.
Bei noch größeren Massen der beladenen Leichter bis 1000 t und darüber erfolgt die Beladung i. allg. horizontal oder vertikal über das Heck. Die Aufbauten solcher Schiffe und der Maschinenraum sind deshalb im Vorschiff und der Maschinenraum halbhinten angeordnet. Bei vertikaler Beladung werden die Leichter mit Hilfe eines über Heck hinausragenden Kranes gehoben, längsverfahren und in Querschiffsrichtung gestaut. Die Laderaumabmessungen sind i. allg. für den Transport sowohl von Leichtern als auch von Containern ausgelegt. Bei horizontaler Beladung kann statt des Portalkrans auch eine Heckhubplattform verwendet werden, die unter den Tiefgang der zu ladenden Bargen abgesenkt wird. Solche Hubanlagen können gleichzeitig 2 Bargen bis zum Beladungsdeck heben und durch Trossenzug längsschiffs verschieben. Eine horizontale Beladung ist auch möglich, wenn das Trägerschiff wie ein Schwimmdock absenkbar ist, so daß die Leichter vom Heck her in den Schiffskörper eingeschwommen werden können. Das erste Barge-Carrier *»ACADIA FOREST«* wurde 1969 gebaut. Es erhielt eine Tragfähigkeit von 43 000 t und konnte 73 Schwimmcontainer von je 380 t mit einem Portalkran für 510 t Lasten an Bord nehmen. Weiter wurden Trägerschiffe – ähnlich dem LASH-System – pro-

jektiert, bei denen die Beladung durch eine im Mittelschiffsbereich angeordnete Docksektion erfolgt. Diese Mittelschiffssektion wird durch 2 wasserdichte Querschotten begrenzt und mit Seitenpforten versehen, durch die die Leichter eingeschwommen und danach zu den Stellplätzen gefahren werden. Solche Varianten der Leichterträgerschiffe werden als Barges on Board (BOB) bezeichnet. Vorteile des BOB-Systems sind kürzere Wege bei der Be- und Entladung und bessere Bedingungen für das Löschen und Beladen in bewegter See, da die Mittelschiffs-Docksektion gegenüber den Schiffsenden nur geringe Stampfbewegungen aufweist. Hauptvorteile des Barge-Carriers sind der Schwerlasttransport mit Großschiffen, Umschlagsmöglichkeiten außerhalb der Häfen sowie sehr kurze Umschlagszeiten. Das Umschlagen eines Leichters dauert etwa 15 Min., so daß bei einer Tragfähigkeit der Einzelleichter von 250···1000 t Umschlagleistungen von 1000···4000 t/h erreicht werden. Mit dem weiteren Ausbau der Binnenwasserstraßen, der Erschließung weiterer Seewege und des künftigen Kernenergieantriebs für kommerzielle Großschiffe gehören Barge-Carrier zu den zukunftsträchtigen Seetransportsystemen; siehe auch »JULIUS FUČIK«.

Barkasse, *Hafenbarkasse:* für den Hafen- und Reedebetrieb robust gebautes, gut manövrierfähiges größeres halbgedecktes Verkehrsboot zum Personen-, Güter- und Arbeitsmitteltransport sowie für leichte Verholaufgaben.
Die Bezeichnung der Dampf- oder Motorbarkasse knüpft an das auf Segelschiffen gefahrene schwere Beiboot an. Aus dem an den Hafenbereich gebundenen Einsatz ergab sich eine besonders gute Wartung und Überholung auch älterer Dampfbarkassen durch erfahrene Maschinisten, so daß einige Dampfbarkassen bis zu 50 und mehr Jahren zuverlässig ihren Dienst versahen. Die heutigen Barkassen haben Motorenantrieb.

»BASILISK«: Dampfkanonenboot I. Klasse der Königlich-Preußischen Marine. Die »BASILISK« wurde 1861/62 auf der Werft von Lübke in Wolgast aus Eichenholz in Kraweelbauweise gebaut und war mit Kupferbeschlag versehen. Das 353 t große Boot war 41,02 m lang, 6,96 m breit und hatte 2,67 m Tiefgang. Die Boote fuhren mit 71 Mann Besatzung. Die Bewaffnung bestand aus

Kesselraum des Dampfkanonenboots »BASILISK« (1862)

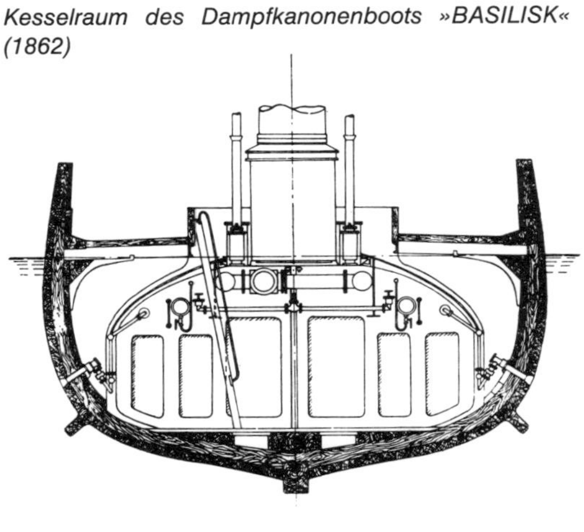

Dampfbarkasse der Jahrhundertwende

einem gezogenen 24-Pfünder (15 cm) und einem Deckstorpedorohr 38,1 cm. Neben der Takelung als Dreimastschoner mit etwa 350 m² Segelfläche war das Boot durch ein paar liegende Einzylinder-Einfachexpansionsmaschinen von J. Penn & Son aus Greenwich mit einer Leistung von 235,5 kW (320 PSi) angetrieben, die auf einer Schraube von 1,9 m Durchmesser arbeiteten. Es wurden etwa 9 kn Geschwindigkeit erreicht. Den erforderlichen Dampf von 0,27 MPa (1,66 atü) erzeugten 2 Kofferkessel mit 4 Feuern.
Von 1862 bis 1864 war die »BASILISK« im Auslandsdienst im Mittelmeer eingesetzt. Im preußisch-dänischen Krieg von 1864 nahm sie am 9. Mai 1864 zusammen mit dem Kanonenboot »BLITZ« und dem Aviso »ADLER« am Gefecht bei Helgoland teil, das zwischen den österreichischen Fregatten »SCHWARZENBERG« und »RADETZKY« gegen die dänischen Fregatten »NIELS JUEL«, »JILLAND« und der Korvette »HEIMDAL« geführt wurde. Gegen Ende des Kriegs trugen »BASILISK« und »BLITZ« wesentlich zur Gefangennahme des in den westlichen Gewässern Schleswigs operierenden dänischen Kapitäns Hammer bei. Ab 1873 diente die »BASILISK« als Torpedokanonenboot und wurde am 28. Dezember 1876 aus der Flottenliste gestrichen. Als »MINENPRAHM Nr. 1« wurde sie nach einigen Jahren abgebrochen.

Basisschiff: siehe *Mutterschiff* und *Versorgungsschiff*

Bathyplane, *Bathyscaph, Bathysphere, Mesoscaph:* Spezialtauchschiff oder -gerät (griech. bathýs – tief, sphere – Kugel, mesos – mittel, skáphos – Schiff) für Tiefseeaufgaben der Fischereiforschung, Meeresforschung und Meerestechnik.
Mit der modernen Hochseefischerei wurden vielfältige Tauchfahrzeuge zur direkten Beobachtung des Schwarmverhaltens von Fischen bis etwa 200 m Wassertiefe entwickelt. Bis zu dieser Tiefe können entsprechend dem tiefenabhängigen Wasserdruck noch übliche Werkstoffe und Antriebe verwendet werden, oder die bemannten oder unbemannten Tauchboote können mit Seilen und Kabeln von Überwasserfahrzeugen geführt werden. Zu den bekanntesten ersten Typen dieser Gruppe gehört ein vorwiegend in der sowjetischen Hochseefischerei entwickelter und eingesetzter »Bathyplan«, ein durch verstellbare Höhen- und Seitentragflächen steuerbares bemanntes Beobachtungsfahrzeug, das geschleppt oder eigenangetrieben sein kann und in Tiefen bis zu 200 m eingesetzt wird.
Durch die Höhen- und Seitenruder in Verbindung mit einem Propellerantrieb sind flugzeugähnliche Unterwasserbewegungen möglich. Für größere Wassertiefen ist ein Bathyscaph, d. h. ein Tauchfahrzeug erforderlich, das aus hochfesten Druckkörpern für Geräte und Personen und gesonderten Auftriebskörpern besteht. Für die Konstruktion war der vom Schweizer Prof. A. PICCARD (1884–1962) entwickelte Bathyscaph »TRIESTE I« richtungweisend. Prof. A. PICCARD erreichte mit der »TRIESTE I« 1953 bei der Insel Ponza im Tyrrhenischen Meer erstmals eine Tiefe von 3150 m. Etwa 10 Jahre danach (1960) tauchte die von der USA-Marine angekaufte und modifizierte »TRIESTE II« im tiefsten Graben des Stillen Ozeans, im Marianengraben, auf die bisher größte Tauchtiefe von 10916 m.
Der Bathyscaph »TRIESTE I« hatte eine druckfe-

Tauchkugel »NEMO« (1970) aus gepreßten Acryl-Elementen

ste Kugel von etwa 2 m Durchmesser aus Nickel-Chrom-Molybdän-Stahl bei einer Wanddicke von etwa 90 mm, derartige Tauchkugeln können aus 2 Hälften bestehen, die durch Schweißen, Kleben oder Schrauben verbunden werden. Der Druckkörper »TRIESTE I« hatte eine Masse von etwa 10 t, so daß zur Massenverminderung auch nach Möglichkeiten zur Verwendung von Titan oder Verbundwerkstoffen gesucht wird. Die Druckkugel ist durch eine Einstiegluke besteigbar und bietet 2 Personen Arbeitsmöglichkeiten. Mit Hilfe starker Scheinwerfer, die durch außen angehängte Batterien gespeichert werden und die im äußersten Notfall abwerfbar sind, und ein 150 mm dickes, gewölbtes Acrylglasfenster von 200 mm Durchmesser werden die Unterwasserbeobachtungen durchgeführt.
In der Druckkugel befinden sich Entfeuchtungsanlagen, Barometer, Hygrometer, Tiefen- und Dichtemesser, Sauerstoff- und Luftgeneratoren, ein Echolot sowie die Steuereinrichtungen zur Regulierung der Sinkgeschwindigkeit und der verschiedenen Propeller für horizontale Eigenbewegungen. Die Verständigung mit dem Mutterschiff geschieht über ein Ultraschall-Unterwassertelefon.
Der erforderliche Auftrieb kann bei einem Bathyscaph nicht durch die relativ kleine aber schwere Druckkugel erzeugt werden. Dazu ist ein gesonderter Schwimmkörper erforderlich, der aus relativ dünnem Material (z.B. 5 mm Stahlblech) gebaut sein kann und der in Kammern unterteilt ist, die mit Leichtbenzin (z.B. Heptan mit ($\approx$ 0,7 g/cm^3) gefüllt sind und so untereinander und in Verbindung mit dem Außendruck stehen, daß sich jeweils ein gleich großer Innendruck einstellt.
Die Sinkgeschwindigkeit des Bathyscaph von etwa 1 m/s kann geregelt werden, indem die Besatzung die Abgabe von Metallschrott aus Außenbehältern steuert. Zusätzlich zur hydroakustischen Ortung soll eine längere vom Tauchboot herabhängende Kette oder Trosse ein elektrisches Signal bei Bodenberührung geben, damit das Einsinken in Bodenschlamm oder im Grund verhindert wird. Das Tauchboot würde dann auch bei Abgabe allen Ballastes nicht wieder auftauchen. Prof. PICCARD und sein Sohn haben diese Erfahrung persönlich beinahe mit dem Leben bezahlt, als sie bei einem Tauchversuch in 3000 m Tiefe 2 Stunden auf Grund festlagen.
Unter den Tiefseeforschern gebührt Prof. PICCARD die höchste Anerkennung. Die Anregung für sein Lebenswerk führt er selbst auf die von CHUNS 1899 in dem Buch »Leben der Tiefsee« veröffentlichten Ergebnisse der Forschungsreise des Forschungsschiffes »VALDIVIA« zurück. In der Weltöffentlichkeit wurde AUGUSTE PICCARD zunächst durch seinen Ballonaufstieg 1931 in die Stratosphäre bekannt. Erst 1948 gelang es ihm, durch Spenden und Institutionen die nötigen Mittel zum Bau seines ersten Bathyscaph zu beschaffen. Das 20 m lange und 30 t schwere Forschungstauchboot »FRNS II« (mit »FRNS I« hatte PICCARD seinen Stratosphärenballon bezeichnet) wurde in Triest (Italien) gebaut.
Unter den vielen Tauchversuchen mit »FRNS II« verdienen die unbemannten Tauchversuche 1948 mit einem automatischen Piloten bis 1380 m Tiefe und 1951 bis 1500 m besonders hervorgehoben zu werden. Die »FRNS« wurde 1952 an Frankreich verkauft und tauchte mit einigen Verbesserungen u. a. am 15. Februar 1954 im Atlantischen Ozean bei Dakar mit dem Franzosen HOUOT und WILLM auf 4050 m.
1953 baute Prof. PICCARD mit Unterstützung der italienischen Marine den Bathyscaph »TRIESTE I«. Am 30. September des gleichen Jahres tauchten er und sein Sohn JACQUES PICCARD im Tyrrhenischen Meer bis zum Grund auf 3150 m und kamen am Boden fest, von dem sie sich erst nach 2 Stunden lösen konnten. Nach weiteren mehr als 60 Abstiegen in 3000···4000 m Tiefe erwarb die US-Marine für 200 000 Dollar die »TRIESTE I«.
Das Tiefsee-Tauchboot wurde in San Diego (Kalifornien) für größte Tiefen umgebaut und erhielt die Bezeichnnung »TRIESTE II«. Unter anderem wurde die Tauchkugel durch eine dreiteilige Kugel von 2 m Durchmesser und 120 mm Wanddicke von Krupp (BRD) ersetzt. Die 3 Kugelsegmente wurden nicht miteinander verschweißt, sondern mit einem Spezialkleber verklebt. Die 12 t schwere Kugel erhielt 2 kegelige Fenster mit 400 mm Innen- und 60 mm Außendurchmesser. Die Leichtbenzinfüllung des Auftriebskörpers wurde auf 100 m^3 erhöht.
Am 16. November 1959 tauchten J. PICCARD und der amerikanische Projektleiter im Mariannengraben mit »TRIESTE II« auf 5580 m. Es folgten am 8. Januar 1960 das Abtauchen von J. PICCARD und dem amerikanischen Marineoffizier DONALD WALSH auf 7200 m und am 23. Januar 1960 an der selben Stelle auf 10916 m. 1963 wurde die »TRIESTE II« erfolgreich zur Suche nach dem gesunkenen U-Boot »THRESKERE« eingesetzt.
Um 1960 baute Frankreich ein größeres Tiefsee-Tauchboot vom vergrößerten Typ FRNS III, die »ARCHIMEDES«, für 3 Mann Besatzung, einem Kugeldurchmesser von 2,1 m und 162 t Leichtbenzinfüllung. Nach ersten Tauchungen 1961 im Mittelmeer auf 2500 m wurden 1962 im Kurilen-Graben die Tiefe von 9525 m, 1964 im Puerto-Rico-Graben 8000 m und 1967 im Japan-Graben 9300 m erreicht.

UdSSR Fischereiforschungs-Tauchboot »ATLANT-1«

Piloten-Cockpit des Tauchboots »DSRV-1«

Als Bathysphere werden seilgebundene kugelförmige Tauchkörper bezeichnet, die von einem Trägerschiff mit Spezial-Tiefseeseilwinden bewegt werden. Der Amerikaner Dr. WILLIAM BEEBE begann 1926 Versuche mit einer an einem Stahlseil abgesenkten Druckkugel und erreichte 1934 die Tiefe von 923 m. Der amerikanische Ingenieur OTIS BARTON konnte 1948 mit einer Bathysphere 1370 m Tiefe erreichen.
Im Zusammenhang mit der Reinhaltung der Meere, der Verlegung von Tiefseekabeln und Pipelines auf dem Meeresgrund, der Suche nach Schiffswracks (siehe »*TITANIC*«), der Offshoretechnik und des Meeresbergbaus wurden verschiedene Typen von bemannten und automatischen Tauchfahrzeugen für mittlere Tauchtiefen entwickelt, die als »Mesoscaph« bezeichnet werden. U. a. gehört zu dieser Gruppe der von J. PICCARD und JACQUES YVES COSTEAU konstruierte Mesoscaph für 800···4000 m Wassertiefe.

»BATILLUS«: einer der größten Tanker der Welt. Der im August 1975 auf Kiel gelegte und am 26. Juni 1976 bei der Werft Chantiers l'Atlantique St. Nazaire für die Societé Maritime Shell, Paris, fertiggestellte *ULCC* (Ultra Large Crude Carrier) wurde in Größe und Abmessungen für die maximalen Möglichkeiten der französischen Ölhäfen Fos bei Marseille und Antifer bei Le Havre ausgelegt. Das Schiff war dementsprechend für die Versorgung dieser beiden Ölhäfen auf der Route um Afrika zum Arabischen Golf eingesetzt. Die BATILLUS fuhr mit 44 Mann Besatzung.
Die Länge über Alles war 414,22 m und die zwischen den Loten 401,08 m. Es war auf Spanten 63,00 m breit, hatte eine Seitenhöhe bis Oberdeck von 35,90 m und beladen einen Tiefgang von 28,60 m. Die Tragfähigkeit betrug dabei 553662 t, das Ladetankvolumen 667300 m^3 und die Bruttovermessung 273550 RT. Die Ladetanks waren in 9 Mittel- und 14 Seitentanks unterteilt. Der größte Mitteltank hatte 34941 m^3 Tankvolumen. Das Zweischraubenschiff wurde durch 2 Dampfturbinensätze von je 23800 kW über Untersetzungsgetriebe durch die mit 86 Umdrehungen/Min. arbeitenden 5flügligen Propeller von 8,5 m Durchmesser angetrieben.

Supertanker bzw. Ultra Large Crude Carrier »BATILLUS« (1976)

Batterieschiff: Kriegsschiff mit sog. »voller Batterie« bei der möglichst viele Geschütze an den Bordseiten fast über der ganzen Deckslänge zum Abfeuern von Breitseiten aufgestellt waren. Die bei den Segelschiffen durch die Takelage bedingte Geschützaufstellung wurde zunächst auch noch beim maschinengetriebenen Schiff beibehalten, solange eine Schiffsbesegelung benötigt wurde. Mit der Weiterentwicklung der Geschütze wurde das Batterieschiff zunächst durch das *Zentralbatterieschiff* ersetzt, auf das dann das *Kasemattschiff* und später das *Turm-Panzerschiff* folgten; siehe auch *Barbetteschiff*.

Bauxit-Transportschiff: siehe *Massengut-Frachtschiff*

Bedeckungsschiff: bewaffnetes Kriegsschiff zum Schutz (Bedeckung) von Handelsschiffen; siehe *Geleitschutzschiff.*

»B 111«: deutscher Torpedobootzerstörertyp

Deutscher Torpedobootzerstörer im ersten Weltkrieg »B 111«

der Werft Blohm & Voss; Typschiff war »B 97«. Torpedoboote und Torpedobootzerstörer wurden auf verschiedenen Werften in Serie gebaut. Die Buchstaben vor den Ziffern kennzeichnen die Bauwerft. So bedeutet A: von verschiedenen Werften, B: von Blohm & Voss, G: von Germaniawerft Kiel, H: von Howaldt-Werft Kiel, S: von Schichau-Werft Elbing, V: von Vulkan-Werft Stettin, T: ältere Torpedoboote von verschiedenen Werften.
Die aus Stahl nach dem Quer- und Längsspantensystem gebauten B-Boote von Blohm & Voss waren über Alles 98 m und zwischen den Loten 96 m lang, 9,35 m breit und hatten bei einem Tiefgang von 3,39/3,83 m ein Deplacement von 1374/1843 t. Die Besatzung bestand aus 4 Offizieren und 110 Mann.
Der Torpedobootzerstörer »B 111« hatte am 8. Juni 1915 Stapellauf und wurde am 10. August 1915 in Dienst gestellt. Zwei Satz Marine-Turbinen, deren Bau schon 1914 begonnen wurde, waren direkt mit der Schraubenwelle gekuppelt und leisteten zusammen 29 955 kW (40700 PS). Mit 2 Schrauben von 2,9 m Durchmesser erreichte das Boot eine Höchstgeschwindigkeit von 37,4 kn. Der Dampf wurde in 4 ölgefeuerten Marine-Doppelkesseln mit einem Druck von 18,5 atü (1,95 MPa) erzeugt, wofür in den Bunkern 527 m^3 Heizöl gefahren wurde. Bei einer Geschwindigkeit von 20 kn konnten mit dem Heizölvorrat 2620 Seemeilen gefahren werden. Alle Boote des Typs B von Blohm & Voss waren mit Frahmschen Schlingerdämpfungstanks ausgerüstet.
Die Bewaffnung bestand bei der Indienststellung aus 4 × 8,8-cm- und ab Sommer 1916 aus 4 × 10,5-cm-Torpedobootskanonen sowie 6 Torpedorohren des Kalibers 50 cm mit 8 Torpedos. Außerdem konnten 24 Minen an Bord genommen werden. Zur Stabilisierung des Kurses bei Torpedoangriffen besaßen die Boote ein Bugruder, daß für die normale Fahrt einziehbar war. Nach dem Flottendienst wurde »B 111« am 22. November 1918 ausgeliefert, in Scapa Flow interniert und am 21. Juni 1919 hier von der Besatzung versenkt. Am 8. März 1926 wurde das Boot gehoben und anschließend in Granton abgewrackt.

Begleitschiff: einer Marineeinheit zugeordnetes, i. allg. nur leicht bewaffnetes Hilfs-, Versorgungs- oder Werkstattschiff. Bekannte Begleitschiffstypen gibt es für Schnellboote, Minensuchboote, Torpedoboote, Zerstörer und kleine U-Boote. Sie können Unterkünfte für die Besatzungen kleiner Kampfschiffe haben, Nachschub an Treibstoffen, Munition, Torpedos und Raketen im

Einsatzgebiet bereithalten und mit ihren Instandsetzungseinrichtungen (Werkstätten, Bergungseinrichtungen, Taucherausrüstungen) beschädigten Schiffen Hilfe leisten.

Begleitzerstörer: siehe *Escorter* und *Geleit-Zerstörer*

Behälterschiff: Sammelbegriff für Schiffstypen, die in ihren Laderäumen und an Deck die Ladungsgüter in Großbehältern (Container, Bargen, mobile Tanks) fahren; siehe auch *Containerschiff*, *Barge Carrier*. Eine spezielle Form des Behälterschiffs stellt das kombinierte Massengut-Behälterschiff dar; siehe auch *Massengut-Frachtschiff*. Dieser Schiffstyp entstand mit den weltweiten Containerdiensten zur zumindest teilweisen nutzbringenden Auslastung während der Ballastfahrt. Im Unterschied zu den üblicherweise kleineren Luken des *Schüttgutschiffs* ermöglichen beim Behälterschiff große Luken wie beim Containerschiff die Containerstauung in den Laderäumen und an Deck. Wegen der großen Lukenöffnungen sind die oberen Seitenverbände besonders verstärkt. Die Einsatzflexibilität dieses Schiffstyps ist außerdem durch bordeigene Containerkrane gegeben.

Beischiff: Hilfs-, Versorgungs-, Basis- oder Nachschubschiff. Im ersten Weltkrieg wurden die auf See befindlichen deutschen Handelsdampfer angewiesen, den Auslandskreuzern zu folgen, um sie mit Kohlen aus den jeweiligen Kohlestationen zu versorgen sowie Proviant und wehrpflichtige Besatzungsmitglieder zu übergeben. Zusammen mit aufgebrachten Prisen fuhren diese Schiffe zu den mit den Kriegsschiffen vereinbarten Treffpunkten. Nach Verlust der Kohlestationen der ehemaligen Schutzgebiete und dem Untergang der Kreuzer *»EMDEN«*, »KÖNIGSBERG«, »KARLSRUHE« und *»DRESDEN«* sowie weiterer Schiffe des Auslandsgeschwaders des Grafen Spee wurden auch die Beischiffe versenkt.
Schon vor Beginn des zweiten Weltkriegs wurden Tanker in verschiedene Seegebiete beordert, um die bei Kriegsbeginn im Atlantik vorgesehenen Operationen deutscher Kriegsschiffe (siehe auch *»ADMIRAL GRAF SPEE«*) mit Brennstoff zu versorgen. Einigen dieser Versorgungsschiffe gelang danach die Rückkehr in die Heimat, andere wurden aufgebracht und versenkt. Im weiteren Kriegsverlauf war der Einsatz solcher Beischiffe nicht mehr möglich.
Moderne Beischiffe sind spezielle Nachschub-Versorgungsschiffe (siehe *Begleitschiff*) für Großkampfschiffe oder Kampfverbände, die Verbrauchs- und Brennstoffe, Proviant, Raketen, Torpedos, Artillerie und Munition übergeben.

Bemannter Torpedo: in den verschiedenen Flotten als Vorläufer des Klein-U-Boots entwikkeltes Waffensystem, bei dem ein Torpedo durch Taucher an das Ziel herangeführt wird. Bei der zuerst von der italienischen Marine entwickelten Variante handelte es sich um ein sog. »Naßfahrzeug«, bei dem die Torpedoreiter im Tauchanzug mit dem Luftvorrat rittlings auf dem Fahrtorpedo saßen. Die Kampftaucher konnten so den Fahrtorpedo unter das Ziel steuern und den Gefechtskopf mit Zeitzünder anbringen, um sich mit dem Fahrtorpedo zurückzuziehen und danach zum Ausgangsort oder zum Träger-U-Boot zurückzukehren.
Für den Einsatz über vergrößerte Distanzen wurden später Torpedos mit leichten Unterwasser-Trägerfahrzeugen kombiniert. Diese als »Trägertorpedos« bezeichneten Schwimmkörper hatten einen kanzelähnlichen, mit Acrylglasfenster versehenen wasserdichten Raum. Die japanische Marine entwickelte auch den sog. »Kaiten-Torpedo«, bei dem der Kampfschwimmer den Torpedo nicht verließ, sondern sich selbst mit der Sprengladung ins Ziel steuerte.

Bereisungsboot: für Kontrollfahrten ausgerüstetes und eingesetztes kleineres Wasserfahrzeug, wie das *Stromaufsichtsboot* der Binnenwasserstraßenämter bzw. der Wasserschutzaufsicht zur Kontrolle der Binnenwasserstraßen, Uferanlagen, Gewässerreinhaltung und der Einhaltung der Binnenwasserstraßenordnungen. Das *Seezeichenkontrollboot* der seehydrografischen Dienste ist entsprechend zum Kontrollieren, Warten, Instandhalten und Auswechseln schwimmender Seezeichen eingesetzt.

Bereitschaftsboot: Rettungsboot auf Schiffen, besonders auf Fahrgastschiffen, das besonders schnell bei notwendigen »Mann-über-Bord-Manövern« zu Wasser gebracht werden kann.

Bergungsdock: vom nordamerikanischen Kapitän SIMON KRONHAUS aus Los Angeles um 1960 konstruiertes dockähnliches Schiff zur Bergung kleinerer, in Flachwasser liegender Wracks. Der extrem breite oder katamaranähnliche zweiteilige Schiffsrumpf mit Endsektionen bildet einen stählernen Caisson. Das Bergungsdock wird über das zu hebende Objekt gebracht und so abgesenkt, daß die Unterkanten des Caissons sich in den Untergrund eindrücken. Der so gebildete Raum mit dem Wrack kann dann leergepumpt werden und das Objekt gehoben oder wieder schwimmfähig gemacht werden. Das Bergungsdock ist wegen seiner Mobilität auch für Unterwasserbauten und Unterwasseruntersuchungen in begrenzten Wassertiefen einsetzbar.

Bergungsschiff: speziell ausgerüstetes Schiff einer Bergungsflotte, zu der außerdem *Hebeschiffe*, *Hebepontons*, *Taucherprahme*, *Taucherschächte*, *Taucherschlitten*, *Werkstattschiffe* und Bergungsschlepper (siehe *Schlepper*) gehören können. Moderne Bergungsschiffe sind i. allg. zusätzlich mit verschiedenen Bergungsausrüstungen versehene seetüchtige und leistungsstarke Bergungsschlepper oder Hebeschiffe.
Sie versehen ihren Dienst in besonders schwierigen Seegebieten, um jederzeit bereit zu sein, mit ihren erweiterten Funkausrüstungen Hilferufe zu empfangen und mit modernen Navigationsanlagen und starken Maschinen den Standort des Hilfesuchenden auch bei ungünstigen Seebedingungen zu erreichen.
Bei havarierten, aber noch schwimmfähigen Schiffen ist wie beim Bergungsschlepper die Schleppverbindung herzustellen und das Objekt abzuschleppen. Handelt es sich um einen Wassereinbruch oder Ladungsverlagerung, so leistet das Bergungsschiff mit seinen starken Lenzpumpen Hilfe, bringt Lecksegel an und setzt andere Mittel zur ersten Abdichtung des Lecks ein, erzeugt mit seinen Luftkompressoren Zusatzauftrieb in geschlossenen Tanks oder bringt andere Auftriebskörper wie aufblasbare Behälter bzw. aufgeschäumte leichte Stoffe wie Polystyrol in das gefährdete Schiff ein.
Für die Bergung gestrandeter oder gesunkener Schiffe wird mit automatischen oder von Tauchern geführten Strahlrohren das Schiffswrack freigespült. Bei Wassertiefen bis etwa 50 m können Lecks am Schiffskörper durch Unterwasserschweißung abgedichtet werden. Bei Wassertiefen, in denen kein Tauchereinsatz mehr möglich ist, können mit Hilfe von Tiefseetauchbooten (siehe *Bathyscaph*) Hebetrossen unter dem Schiff angebracht werden, um das Wrack mit Hilfe von Hebepontons, aus denen das Wasser herausgedrückt wird, stufenweise zu heben und in flacheres Wasser zu bringen. Eine erst in neuerer Zeit entwickelte Methode ermöglicht das Einbringen von druckfesten Hohlkörpern aus hochfestem Stahl oder faserverstärkter Plaste zur Auftriebserzeugung auch bei größeren Wassertiefen.
Für die U-Bootsbergung gab es in einigen Flotten spezielle U-Boot-Hebeschiffe. Es waren i. allg. Doppelrumpf- oder Dockschiffe mit starker Hebeausrüstung, wie das im ersten Weltkrieg eingesetzte deutsche U-Boot-Hebeschiff »VULKAN«.

Hochsee-Bergungsschlepper um 1960

Bergungsschlepper: siehe *Schlepper*

»BERLIN«: kombiniertes Doppelschrauben-Passagier- und Frachtschiff der verbesserten BARBAROSSA-Klasse des Norddeutschen Lloyd, der »RHEIN« und »MAIN« ähnlich, jedoch bedeutend größer. Das auf der A. G. Weser gebaute Schiff hatte am 7. November 1908 Stapellauf. Es war für die Beförderung von 3230 Passagieren in drei Klassen und für 400 Mann Besatzung eingerichtet. Zu den Verbesserungen gehörte die zentrale Lage aller Gesellschaftsräume im mittleren Deckshaus, dessen lichte Höhe auf 3 m vergrößert wurde.
Bei einer Länge von 179,8 m (590,2 Fuß), Breite 21,2 m (69,7 Fuß), Seitenhöhe bis Hauptdeck 11,7 m (38,5 Fuß) hatte das Schiff eine Verdrängung von 28700 t und war mit 9834 NRT bzw. 17324 BRT vermessen. Mit der Maschinenleistung von 8832 kW (12000 PS) fuhr das Schiff 18 kn.
Im ersten Weltkrieg wurde die »BERLIN« als Hilfskreuzer eingesetzt. Durch die von der »BERLIN« gelegten Minen sank am 27. Oktober 1914 das britische Linienschiff »AUDACIOUS«.

»BERLIN«: deutsches Fahrgastschiff, 1925 auf der Bremer Vulkan-Werft für den Norddeutschen Lloyd gebaut. Es war über Alles 174,30 m und zwischen den Loten 167,00 m lang; 20,98 m breit; hatte eine Seitenhöhe von 14,22 m und einen Tiefgang von 9,04 m. Das Schiff war mit 15286 BRT (8988 NRT) vermessen. Die Tragfähigkeit betrug 9050 tDW und das Deplacement 23480 t. Mit 326 Mann Besatzung war es für die Beförderung von 879 Passagieren eingerichtet.
Die Antriebsanlage bestand aus 2 Dreifach-Expansionsmaschinen von je 4416 kW (6000 PSi) Leistung, die auf 2 Wellen mit 84 U/min arbeiteten. Vier Doppelender-und 2 Einender-Zylinderkessel mit einem Dampfdruck von 14,25 atü (1,52 MPa) und 2820 m^2 Heizfläche versorgten die Maschinen mit Dampf.
Am 1. Februar 1945 wurde das Schiff im Hafen von Swinemünde durch Bombentreffer versenkt, 1946/47 gehoben und am 3. September 1951 zwecks Generalreparatur zur Warnow-Werft; Warnemünde überführt. Am 2. Mai 1957 wurde die »BERLIN« als »ADMIRAL NACHIMOV« von der Sowjetunion neu in Dienst gestellt.
Nach vielen erfolgreichen Fahrten als Fahrgastschiff traf die »ADMIRAL NACHIMOV« das schwerste Unglück der sowjetischen Seefahrtsgeschichte. Nach einem Zusammenstoß mit dem sowjetischen Getreidefrachter »PJOTR WASSEW« etwa 8 Seemeilen vor dem Schwarzmeerhafen Noworossisk in der Nacht vom 31. August zum 1. September 1986 sank die »ADMIRAL NACHIMOW« innerhalb von 15 Min. auf die dortige Wassertiefe von 43 m. Es gab 336 Tote und weitere 62 Vermißte, 836 Menschen konnten gerettet werden.

»BESSEMER«: Kanal-Raddampfer mit einem rollgedämpften Passagiersalon nach einem Patent des englischen Ingenieurs und berühmten Erfinders der Stahlerzeugung aus Roheisenschmelzen in Konvertern mittels Preßlufteinblasung zur Verbrennung des überschüssigen Kohlenstoffs, Siliziums und Mangans, H. BESSEMER. Er selbst war ungewöhnlich anfällig gegen Seekrankheit, so daß er beispielsweise bei einer Kanalüberfahrt 1868 von Calais nach Dover ärztlicher Hilfe bedurfte und erst 24 Std. nach der Landung die Seekrankheit überwunden hatte. Bessemer entwickelte daraufhin die Idee eines Schiffs mit einem beweglich in das Schiff eingebauten Hauptsalon. Dieser sogenannte »Schwingende Salon« sollte nach der ersten Idee in seinem Mittelpunkt aufgehängt oder gelagert und so beweglich sein, daß er sowohl Roll- als auch Stampfbewegungen des Schiffs ausgleichen konnte. Nach verschiedenen Versuchen an kleineren Modellen ließ Bessemer bei

Die »BERLIN« im Bau auf der AG Weser Werft

Die »ADMIRAL NACHIMOV« ex »BERLIN« nach dem Umbau

Prinzip des rollgedämpften Passagiersalons der »BESSEMER« (1875)

den Schiffbauern MAUDSLAY, SONS & FIELD einen kleinen Versuchsdampfer mit seinem patentierten »seekrankheitssicheren Salon« ausrüsten. Das Fahrzeug war jedoch für diesen Zweck zu klein und Bessemer verkaufte es noch unfertig für 1000 Pfund, einem Drittel der aufgewendeten Kosten. Die weiteren Vorversuche führte er 1869 mit einem originalgroßen Schlingersalon auf einem speziell erbauten Prüfstand 6×6 m in seinem Wohnsitz in Denmark Hill bei London durch. Der Salon von 4,2 m Länge und 3,6 m Breite wurde so durch eine Dampfmaschine zum Schlingern gebracht, daß er bis zu 15° Schräglagen in Längs- und Querrichtung erfuhr.
Das hohe Ansehen des genialen Erfinders genügte, um trotz der technisch noch unausgereiften Lösung eine »Bessemersalonschiffahrtsgesellschaft« mit einem Aktienkapital von 250000 Pfund zu bilden, die Dampfer zwischen England und Frankreich mit »schlingersicheren Salons« verkehren lassen wollte.
Als erstes Schiff, dem jedoch keine weiteren folgen konnten, erteilte die Gesellschaft der Earles Shipbuilding and Engineering Company in Hull 1875 den Auftrag zum Bau der »BESSEMER«. Das Schiff von 113,5 m Länge, 13,0 m Breite und 6,2 m Seitenhöhe hatte ein Deplacement von 1868 t und sollte 18 kn erreichen. Die Stampfbewegungen sollten durch die besonders groß gewählte Schiffslänge, niedrigen Bug- und Heckfreibord und hohe Geschwindigkeit durch den leistungsstarken Antrieb mit 2 oszillierenden Dampfmaschinen von 2944 kW (4000 PS) vermindert werden, die auf 4 paarweise an den Schiffsseiten angeordnete Schaufelräder von 9,75 m Durchmesser wirkten.
Man verzichtete deshalb auf eine zweiachsige Beweglichkeit und lagerte den Salon von 22,75 m Länge und 11,3 m Breite einachsig gegen Rollbewegungen drehbar zwischen den Schaufelradpaaren. Durch einen Kreisel, der durch eine schnellaufende Dampfmaschine angetrieben wurde, erfolgte die Steuerung der Ventile der hydraulischen Ausgleichsvorrichtung so, daß der Salon seine vertikale Lage in Schiffsquerrichtung bei Rollbewegungen des Schiffes beibehielt.
Bereits bei der ersten Fahrt am 8. Mai 1875 zeigten sich trotz ruhiger See bedeutende schiffbauliche Mängel besonders im Antrieb und im Steuerverhalten. Das Schiff erreichte statt der vorgesehenen 18 kn nur 11 kn bei glatter See, weil bei den vorderen und hinteren Schaufelrädern die verschiedenen Anströmungsgeschwindigkeiten nicht berücksichtigt wurden. Außerdem steuerte das Schiff wegen seiner großen Länge schlecht, und es waren in Calais nach der ersten Fahrt 3 Anlegemanöver erforderlich. Dabei rammte das Schiff die Kai, so daß die französischen Behörden 2800 Pfund Schadenersatz forderten. Bei den folgenden Fahrten kam es in Dover wegen der schlechten Steuereigenschaften zweimal zu Beschädigungen der Radgehäuse und des Bollwerks.
Spätere Fahrten bei Seegang zeigten, daß die gewählten Hauptabmessungen und die Schiffsform die Stampfschwingungen nicht genügend dämpften und daß durch die einachsige Rolldämpfung des Salons kein wesentlicher Fortschritt gegenüber anderen Schiffen erreichbar war.

Betonschiff: ein Schiff mit einem Schiffskörper aus armiertem Beton. Die ersten Schiffskörper aus Beton mit Eisendrahtarmierung wurden schon um 1850 gebaut. Graf LAMBOT (Frankreich) ließ nach seinen Plänen 1854 ein Betonboot bauen, das noch nach 60 Jahren in Betrieb gewesen sein soll. Um 1850 stellte der Pariser Gärtner JOSEPH MONIER (1823 bis 1906) größere Blumenschalen aus mit Eisendraht verstärktem Beton her. Er soll auch kleinere Boote nach diesem Prinzip hergestellt haben. Monier erhielt 1867 das Patent für den mit Eisendraht verstärkten Beton, und noch heute ist die Bezeichnung »Moniereisen« gebräuchlich.
1887 wurden in Holland die Schaluppe »SEEMÖWE« und 1892 in den USA ein 20 m langer Küstenschoner als Betonschiffe gebaut. In der Zeit von 1896 bis 1910 baute der Italiener CARLO GABELLINI Fahrzeuge bis zu 150 t Tragfähigkeit aus Beton. Um 1908 begann Deutschland mit Betonlastschiffen, -schuten und -pontons.
Während des ersten Weltkriegs übernahmen England und Frankreich die Führung im Betonschiffbau und bauten Betonschiffe bis zu 1000 t Tragfähigkeit.
Das bis dahin weltgrößte Betonschiff wurde dann 1917/18 für 900000 Dollar in den USA gebaut. Das Betonschiff »FAITH« war 102 m lang; 13,7 m breit und hatte bei einer Verdrängung von 7900 t eine Tragfähigkeit von 4500 t. Mit der installierten Maschinenleistung von 1290 kW (1750 PS) lief das Schiff 10 kn. Nach dem ersten Weltkrieg gab es auch in Europa einige größere Betonschiffe. 1920 baute man in Kopenhagen das Betonschiff »BARTELS« mit einer Länge von 70,4 m, Breite 11,7 m und einer Tragfähigkeit von 1800 t. Die Außenhaut bestand aus 9 cm dickem Stahlbeton. Mit einer Maschinenleistung von 440 kW (600 PS) wurden 7,5 kn erreicht.
Das ebenfalls 1920 gebaute größte deutsche Betonschiff war das Frachtmotorschiff »GÖTAÄLV«. Der Bau erfolgte auf der Werft Sternemann & Co. in Wewelsfleth von der Zementbaugesellschaft Johannes Müller, Marx & Co., Berlin. Das im Oktober 1920 zu Wasser gelassene Schiff war 56 m lang und 8,64 m breit. Es hatte eine Verdrängung von 1500 t und 433 t Tragfähigkeit. Der Antrieb erfolgte durch 2 Dieselmotoren mit je 368 kW (500 PS). Die geforderte Tragfähigkeit konnte wegen minderer Betonqualität und zu schweren Aufbauten nicht voll erreicht werden. Bis auf die Probefahrt kam das Schiff praktisch nicht zum Einsatz und lag im Hamburger Hafen.
Im zweiten Weltkrieg gab es erneute Bestrebungen im Betonschiffbau. Der italienische Schiffbauer NERVI verwendete mehrlagige Maschendrahtnetzarmierungen und den besseren, damals neuen Ferrozement. In Großbritannien, den USA und Deutschland wurden von 1939 bis 1945 in größeren Stückzahlen Schuten, Leichter, Schlepper und Küstenmotorschiffe aus Beton gebaut.
Wegen der Mindestdicken der Betonhüllen ist erst bei Booten von mindestens 12···15 m Länge der Betonbau sinnvoll. Mit der Entwicklung der Bootsgrößen in der Küsten- und kleinen Hochseefischerei wurden 1965 besonders in Italien und Kuba einige hundert Fischerboote dieser Größe nach dem Ferro-Zement-Verfahren mit mehreren Lagen verschweißter Stahlnetze in Gußformen gebaut. Die Schiffskörper solcher Betonboote sind i. allg. spantenlos, und ihre Wanddicke konnte auf etwa 40 mm vermindert werden. An den für den Beton verwendeten Kies werden besondere Anforderungen gestellt. Er muß gewaschen und von gleicher feiner Körnung sein. Zur Unterbindung von Poren wird der Betonmischung »Zuzzolon« aus fein gemahlenem Bimsstein zugesetzt. Nach dem Guß härtet der Beton in 3 Wochen aus, während der er feucht gehalten wird, damit keine Risse auftreten. Um die Haltbarkeit von Betonschiffen noch zu erhöhen, kann in einer Kompositbauweise auf die trockene Hülle noch Glasfasergewebe mit Epoxidharz aufgebracht werden.
Derzeitig werden Betonschiffe besonders in tropischen Gewässern als kostengünstige Alternative zu Holzfahrzeugen verwendet, da sie auch ohne Konservierung von tierischen Schädlingen nicht zerstört werden.
Ein weiterer Einsatz sind ortsfeste Pontons, bei denen die größere Masse zuweilen sogar einen Vorteil bringt. So liegt das gehobene schwedische Flaggschiff »WASA« auf einem eigens dafür hergestellten Betonponton.
Die italienische Werft Cantieri Navali Riuniti besitzt das größte Beton-Schwimmdock der Welt mit 350000 t Tragfähigkeit.
Beton hat sich auch bei schwimmenden Speichern für Tieftemperaturladungen bewährt. In den USA wurde 1977 das derzeit größte Betonschiff von 65000 t Tragfähigkeit, 140 m Länge, 41,4 m Breite und 17,2 m Seitenhöhe mit einer Wanddicke von 230 bis 350 mm gebaut, in das 12

Baggerprahm aus Eisenbeton

metallische Flüssiggastanks von je 51,2 m Länge und 11,6 m Durchmesser eingesetzt sind.
Mit der Offshore- und Meerestechnik entstanden verschiedene neue Möglichkeiten des Betonschiffbaues, deren bedeutendste derzeitig Stützen und Schwimmkörper von *Bohrinseln* und anderen Plattformen sind.

»BILLWÄRDER«: typischer deutscher Fischdampfer aus der Zeit um 1900, ein Dampf-Seitentrawler mit Stützsegel-Hilfsbesegelung.
Auf der Backbord-Seite befanden sich vorn und hinten die beiden Fischgalgen, die der Umlenkung der Kurrleine zur Netzwinde dienten. Am Genickstag zwischen beiden Masten waren 2 Blöcke angeordnet, mit deren Hilfe die vollen Fischkörbe von Deck in den Fischraum gefiert wurden. Auf dem Vorschiff standen die zu dieser Zeit noch üblichen »Leuchttürme« mit den 3 Fenstern, die von der Segelschiffahrt übernommen wurden. Der Fischdampfer führte zu dieser Zeit noch nicht die später üblichen Laternenkästen. Der Anstrich war zur besseren Erkennbarkeit auf See stets schwarz. Diese Vorschrift entsprach einer internationalen Regelung aus dem Jahr 1882, um bei Zwischenfällen auf dem Fangplatz (Netzhavarie) den Verursacher in Sicht zu behalten. Des weiteren wurden Kennungen eingeführt, wodurch z. B. die »BILLWÄRDER« als Cuxhavener Fischdampfer zu identifizieren war. Bekannte deutsche Kennungen waren: A. E. Emden, A. L. Leer (Ostfriesland), B. B. Bremen, B. V. Vegesack, B. X. Bremerhaven, H. C. Cuxhaven, H. H. Hamburg, O. E. Elsfleth, S. C. Büsum, S. D. Altona.
Da die Elbinsel Finkenwärder durch eine Grenze in hamburgisches und preußisches Gebiet geteilt war, ergaben sich hier zwei verschiedene Kennungen, nämlich H. F. für Hamburg Finkenwärder und P. F. für Preußen Finkenwärder, des weiteren noch P. G. für Preußen Geestemünde. Die »BILLWÄRDER« wurde von der Werft »Deutsche Werke« in Spandau gebaut, wahrscheinlich nach den Vorschriften des Englischen Lloyd, worauf die Tiefgangsmarke an der Bordwand hinweist. Diese Tiefgangsmarke bestand aus einem auf die Spitze gestellten Vierkant mit Querbalken sowie den Buchstaben LR.

»BILLWÄRDER«, deutscher Fischdampfer um 1900 aus Cuxhaven

Binneneisbrecher: spezieller Eisbrecher für den Eisaufbruch auf Binnengewässern und Aufrechterhaltung der Schiffbarkeit und der Verminderung von Eisstau und Hochwasser. Tiefgang, Größe und Durchfahrthöhe von Binneneisbrechern sind stärker beschränkt als bei anderen Eisbrechertypen. Die Spantformen sind gerundet, die Außenhaut besonders verstärkt und die Propeller eisgeschützt. Durch Aufschlinger- und Stampfanlagen sowie spezielle Vorschiffsformen kann die Brechwirkung verstärkt werden.

Binnen-Fahrgastschiff: siehe *Binnenschiff* und *Fahrgastschiff*

Binnen-Güterschiff: siehe *Binnenschiff*

Binnenkreuzer: Motor- oder Segelyacht mit Kajüte für Fahrten auf Binnengewässern.

Binnenschiff: Sammelbezeichnung aller Schiffstypen der Binnenschiffahrt zum Befahren der Innen- bzw. Binnengewässer und Binnenwasserstraßen, wie Flüsse, Kanäle, Binnenseen, Haffs, Buchten, Flußmündungen, Seehäfen und geschützte Reeden.
Binnenschiffe sind historisch die ältesten Boots- und Schiffstypen (Euphrat, Tigris, Nil), die mit Muskel- und Strömungskräften des Wassers und des Windes bewegt wurden. Sie stehen auch am Anfang des maschinengetriebenen Schiffes, wie die *»PYROSCAPHE«* (1781) von CLOUDE de JOUFFROY de ABBANS, die *»EXPERIMENT«* (1790) von JOHN FITCH, die *»CHARLOTTE DUNDAS«* (1802) oder die *»CLERMONT«* (1807) zeigen. Der Transport von Gütern (Holz, Kohle, Erze, Getreide, Salz, Düngemittel, Baustoffe, Tiere, Obst u. a.) sowie von Personen war von den Anfängen der Schiffahrt auf den unregulierten Flüssen noch günstiger als auf Lasttieren und den damaligen Landwegen.
Da seit dem 17. Jh. verstärkte Anstrengungen zur Flußregulierung und zum Kanalbau in nahezu allen europäischen Ländern einsetzten, behielt das Flußschiff auch seine Konkurrenzfähigkeit für spezielle Aufgaben gegenüber dem Schienen- und Straßentransport bis in unsere Zeit. Seit den Anfängen des Schiffsmaschinenantriebs hat das Binnenschiff bedeutende Entwicklungsstufen und Erweiterungen der Typenvielfalt erfahren. Im Unterschied zum Seeschiff behielt die Schleppschiffahrt weiter ihre Bedeutung, bei der ein Binnenschlepper (siehe *Schlepper*) andere antriebslose Schleppkähne (siehe auch *Leichter*) als Anhang zieht. Auch das Schaufelrad (siehe *Radschiff*) war bis in die zweite Hälfte des 20. Jh. besonders für Binnenschiffe mit geringem Tiefgang der gebräuchlichste Antrieb, da die Belastungen durch Wellen wesentlich geringer sind, und Gefährdungen durch Treibholz kaum noch vorkommen. Neben den Schleppschiffen entstanden selbstfahrende Dampf-Binnengüterschiffe und danach die heutigen Motor-Binnengüterschiffe. Als Alternative zu den Schleppschiffen wurde die heute bedeutungsvolle Schubschiffahrt mit antriebslosen Schubprahmen (siehe *Barge* und *Barge-Carrier*) und Schubeinheiten entwickelt.
Infolge der unterschiedlichen Schiffbarkeit und anderer Personen- und Güterströme entstanden für die großen europäischen und nordamerikanischen Flüsse charakteristische Binnenschiffsgruppen, wie die *Elbdampfer, Rheindampfer,*

Kleines sowjetisches Binnenfahrgastschiff um 1960

Donauschiffe, Wolgaschiffe und *Mississippidampfer*. Die Passagier-Flußschiffahrt erfuhr besonders auf den großen Flüssen, Stauseen und Binnenmeeren der UdSSR mit Großbauten zur Bewässerung und Wasserkraftnutzung sowie zur Erschließung von Rohstoffvorkommen einen neuen Aufschwung.
Die Entwicklung des Binnenschiffs wird derzeit maßgeblich durch Schiffstypen bestimmt, die als Schub- und Schleppzüge, selbstfahrend oder als Bargen auf Barge-Carriern den ununterbrochenen Ladungstransport vom Versand- zum Empfangsort auf Binnenwasserstraßen und über See im kombinierten Binnen-/See-Transport ermöglichen. Einen Einblick in die Anpassung der Schleppkahntypen an die jeweiligen Flußbedingungen und zur Größenentwicklung vermittelt die Übersicht »Deutsche Schleppkahntypen und -abmessungen von 1845 bis 1900« (Finow-Maßkahn, ursprünglich 225 t, um 1890 Berliner Maßkahn 350 t, Saale Maßkahn 380 t, Plauer Maßkahn 650 t).
1934 beförderte die deutsche Binnenschiffahrt mit 78 Mill. t etwa $\frac{1}{4}$ des Eisenbahn-Gütertransports. Zur deutschen Binnenflotte gehörten zu dieser Zeit 17833 Schiffe mit 6442000 t Tragfähigkeit. Die Länge der schiffbaren Wasserstraßen betrug um 11000 km einschließlich der insgesamt 2300 km der großen und kleinen Kanäle. Um 1941 wurden für die deutschen Wasserstraßen neue Abmessungen für die wichtigsten Binnenschiffstypen entsprechend der Übersicht »Abmessungen genormter deutscher Binnenschiffstypen für Neubauten nach 1941« festgelegt. In anderen Ländern, wie z. B. in den Niederlanden, hat die Binnenschiffahrt traditionell eine noch größere Bedeutung.
Zur Flotte der modernen Binnenschiffe gehören die verschiedenen antriebslosen Schlepp- und Schubeinheiten, die Binnenschlepper und *Schubschiffe*, die Binnen-Motorgüterschiffe wie »CBK 1700«, *Binnenfahrgastschiffe* wie Typ *»TSCHAKALOW«* und Typ *»WLADIMIR ILJITSCH«, Wohn-, Versorgungs-* und *Tankschiffe, Bagger, Kranschiffe, Werkstattschiffe* und *Binneneisbrecher;* siehe *Eisbrecher*. Um bei begrenztem Tiefgang eine möglichst große Tragfähigkeit zu erhalten, stellen moderne Binnenschiffe i. allg. hochentwickelte Stahlleichtbaukonstruktionen mit ebenfalls masseverminderten Antriebsanlagen dar. Die Hauptbelastung resultiert wie beim Seeschiff i. allg. nicht aus der schlanken Schiffsform bzw. der differenzierenden Auftriebs- und Ladungsverteilung oder aus dem Seegang sondern aus der noch strenger begrenzten Seitenhöhe und dem ausgeprägteren Leichtbau. Verschiedene Typen, wie Binnenfahrgastschiffe, erfordern für die Flußschiffahrt Hochleistungsruder und andere Einrichtungen zur zuverlässigen Steuerfähigkeit.

Binnenschlepper: siehe *Schlepper*

»BISMARCK«: Turbinen-Schnelldampfer der Hamburg-Amerika-Linie. Die HAPAG-Schnelldampfer *»IMPERATOR«* (52117 BRT), *»VATERLAND«* (54282 BRT) und »BISMARCK« (56551 BRT, 26370 NRT) waren seinerzeit die größten Schiffe der Welt. Den Entwurf und die Konstruktion der bei Blohm & Voss in Hamburg gebauten

1750-kW-Zweischrauben-Binnenschlepper um 1960

Schiffe »BISMARCK« und »VATERLAND« leitete der erfolgreiche Konstrukteur Fritz Nordhausen, eine Persönlichkeit, dem die Werft viel zu verdanken hatte.
Die »BISMARCK« wurde im April 1913 auf Kiel gelegt und beim Stapellauf am 20. Juni 1914 von der Enkelin des Fürsten Bismarck getauft. Während die »VATERLAND« im Mai 1914 noch der HAPAG übergeben werden konnte, wurden die Arbeiten an der »BISMARCK« während des Kriegs eingestellt. 1918 erhielt Britannien das Schiff als Reparation zugesprochen und der Weiterbau kam unter britische Aufsicht. Im Oktober 1920 verzögerte ein Großbrand die endgültige Fertigstellung bei Blohm & Voss in Hamburg. Die britische Regierung verkaufte deshalb im Februar 1921 das immer noch nicht fertige Schiff an die White-Star-Line; London, die es im März 1922 nach Southampton überführen ließ. Am 1. April 1922 war nach der endgültigen Fertigstellung eine 10tägige Probefahrt und die Umbenennung in »MAJESTIC«.
Endlich konnte das Schiff am 10. Mai 1922 seine Jungfernreise auf der Route Southampton–New York antreten. Im Februar 1936 wurde die »MAJESTIC« aufgelegt und am 15. Mai 1936 an die Abbruchfirma T. W. Ward verkauft. Von dort wurde sie jedoch an die Marine weiterverkauft,

HAPAG-Turbinen-Schnelldampfer »BISMARCK« nach dem Stapellauf

Die »BISMARCK« unter Dampf

Die »EUGENE KROHN«, ein kleiner deutscher Frachtdampfer, Baujahr 1883

Die 1903 erbaute »GRETE CORDS«, 1950 als »VORWÄRTS« erstes DDR-Handelsschiff

Aufmarsch der britischen Marine um 1900

Aufmarsch der kaiserlichen deutschen Marine um 1900

Frachtdampfer »LUISE HORN«

Tanker »WASHINGTON«

Kombinierter Fracht- und Passagierdampfer »YORK«, Baujahr 1906

Dampfer »OSIRIS«

Die Fracht- und Fahrgastschiffe »UBENA« und »WATUSSI« der Deutsch-Ostafrika-Linie und der Woermann-Linie um 1935

die sie auf der Thornycroft-Werft in Southampton zum Schulschiff für 2000 Kadetten umbauen ließ und am 23. April 1937 in Rosyth als »CALEDONIA« in Dienst stellte. Am 29. September 1939 sank das Schiff nach einem Großbrand auf ebenem Kiel und wurde danach abgewrackt. Erst im Juli 1943 wurde der Rest des Rumpfes gehoben und in Inverkeithing verschrottet.
Die Hauptdaten des Schiffs waren: Länge über Alles 291,40 m, Länge zwischen den Loten 278,00 m, Breite 30,48 m und Seitenhöhe 19,20 m. Die Tragfähigkeit betrug 14467 t und die Besatzungsstärke lag bei 1000 Mann. Die Passagierkapazität betrug 2550 Personen, davon I. Klasse 900 (750), II. Klasse 500 (545), III. Klasse 570 (850) und in der Touristenklasse 580 (0). Die Klammernwerte gelten nach dem Umbau und der Verringerung der Plätze auf 2145. Der Frachtraum hatte 1080 m^3 Rauminhalt. Die Antriebsanlage bestand aus 4 Parsons-Getriebeturbinen mit einer Leistung von insgesamt 47840 kW (65000 PSe), die dem Vierschraubenschiff eine Höchstgeschwindigkeit von 24,75 kn verliehen. Erst 1935 wurde die Größe dieses Schiffs wieder übertroffen.

Doppelschrauben-Passagier- und Frachtdampfer »BLÜCHER« (1901)

Blockadebrecher: Frachtschiffe, aber auch U-Boote, die feindliche Blockaden umfahren oder notfalls durchbrechen sollen, um kriegswichtige Güter, wie Rohstoffe und Metalle, zu beschaffen. Als Blockadebrecher wurden im ersten und zweiten Weltkrieg überwiegend Neubauten verwendet, da ein guter Zustand von Schiff und Maschine Voraussetzungen für eine oft über viele tausend Meilen gehende Reise ohne Havarie war. Als Kapitän fuhr meistens ein Reserveoffizier, der mit seiner Besatzung militärischen Dienststellen unterstellt wurde. Die Schiffe versuchten, mit ihrer Fracht weitab von den sonst üblichen Schiffahrtsrouten auf wenig befahrenen Schiffahrtswegen den Zielhafen zu erreichen.

»BLÜCHER«: Doppelschrauben-Passagier- und Frachtdampfer der Hamburg-Amerika-Linie (HAL), 1901 erbaut bei Blohm & Voss in Hamburg. Die Hamburg-Amerika-Linie stellte 1901 die 12335 BRT (7629 NRT) großen Schnelldampfer »BLÜCHER« und »MOLTKE« für die kombinierte Passagier- und Frachtfahrt auf dem Nordatlantik in Dienst. Die »BLÜCHER« war 160,2 m lang, 19,0 m breit und hatte bei 10,84 m Tiefgang ein Deplacement von 21800 t. Die 2 Vierzylinderdampfmaschinen mit insgesamt 6625 kW (9000 PSi) gaben dem Schiff eine Höchstgeschindigkeit von 16 kn. Zur Besatzung gehörten 268 Personen. 1914 wurde die »BLÜCHER« in Pernambuco interniert, 1917 beschlagnahmt und unter dem neuen Namen »LEOPOLDINA« unter brasilianischer Flagge in Fahrt gebracht.

BOB: Abkürzung für **B**arge **o**n **B**oard, siehe *Barge-Carrier.*

Bohrinsel, *Bohrplattform, Bohrhubplattform:* mit der Offshore- bzw. Meerestechnik entstanden Anlagen zur Erkundung und Erschließung der unter dem Meeresboden lagernden Erdöl- und Erdgasvorkommen. Die meisten der Bohrinseln werden als schwimmfähige Einheiten gebaut, um sie mit Schlepperhilfe zu den vorgesehenen Bohrfeldern zu bringen. Das Hauptgebiet der Bohrinseln sind die Kontinentalschelfe bis zu einer Tiefe von 200 m. Ortsfeste Plattformen eignen sich vorwiegend für Binnengewässer und flache Randmeere. Bohrinseln werden entweder ohne oder mit hochgehievten Standsäulen an den Einsatzort gebracht. Bei absenkbaren Bohrinseln sind die Standsäulen von veränderlicher Länge am Schwimmkörper befestigt; nach dem Fluten stehen die Schwimmkörper auf dem Meeresgrund.
Bei der Bohrhubplattform sind Standsäulenlängen von 50 m und darüber aus Stahl bzw. Stahlbeton möglich. Für größere Tiefen werden Halbtaucher eingesetzt. Solche Halbtaucher haben Schwimmkörper, auf denen die Plattform an den Einsatzort geschleppt wird. Am Bohrplatz werden die Schwimmkörper geflutet, etwa 20 ··· 25 m tief abgesenkt und nach allen Richtungen gegen Abtreiben durch Ankertaue und -winden verankert. Infolge der hohen Masse und den tiefgetauchten Schwimmern sind bei Halbtauchern die Eigenbewegungen bei Seegang vermindert. Bei der Mehrzahl der Plattformen sind die Schwimmer und die Plattform durch 3 oder mehr ausfahrbare Hohlsäulen verbunden, eine Ausnahme macht nur das »Monoped« mit nur einer turmförmigen Säule, die alle Ausrüstungen aufnimmt.

Bei Bohrinseln besteht die eigentliche Plattform i. allg. aus einem pontonförmigen Schwimmkörper mit mehreren Decks zur Aufnahme der Maschinenanlage, der Mannschaftsräume, der Schlammpumpen und der sonstigen Anlagen und Betriebsräume. Auf der Plattform befinden sich die Arbeitsfläche mit Bohrturm, die Aufbauten sowie der Hubschrauber-Landeplatz. Außer-

Abschleppen der Bohrinsel »STATFJORD A«

Bohrinseln im Bau auf einer norwegischen Werft

Bohrinselversorger im Einsatz

dem gibt es Versuchs-Bohrinseln als Unterwasserstationen. Dazu werden versenkbare Bohreinheiten als Produktionsplattformen mit Bohrrobotern ausgerüstet und durch spezielle UW-Fahrzeuge versorgt und gesteuert. Solche Anlagen sind für Wassertiefen bis zu 600 m einsetzbar in Kombination mit entsprechenden *Bohrschiffen bzw. Bohrinsel-Versorgern* für den Transport der Rohre, Bohr- und Zementierungsmittel.

Bohrinselversorger: für die Materialversorgung von Bohrinseln konzipierte Transport- und Schleppfahrzeuge. Bohrinselversorger entstanden vor dem zweiten Weltkrieg, als amerikanische Ölgesellschaften im Golf von Mexiko und in den seichten Gewässern vor Venezuela begannen, von festen Plattformen aus nach Ölvorkommen unter dem Meeresboden zu bohren.
Nach dem zweiten Weltkrieg verlagerten sich diese Offshore-Bohrungen in Seegebiete weiter vor der Küste. Die Arbeitsplattformen konnten jedoch nur begrenzte Mengen des zum Bohren benötigten Materials wie Bohrgestänge, Schwerspat, Zement, Frischwasser und Treibstoff aufnehmen, so daß ein laufender Nachschub von der Landbasis nötig wurde. Eine Versorgung mit Materiallagern und Versorgungsschiffen wurde erforderlich, um das für einzelne Bohrungen bis zu 1000 t benötigte Material jeweils rechtzeitig bereitzustellen. Diese Transporte übernahmen zunächst relativ kleine, technisch einfache Versorgungsschiffe, die bei Bedarf abgerufen wurden.
Als man 1964 im britischen Teilgebiet der Nordsee mit den Explorationsbohrungen begann, wurden zunächst die erforderlichen Bohrinselversorger der »Gulf of Mexico« in die Nordsee verlegt. Da die Schiffe nicht für die Wetterbedingungen in der Nordsee gebaut waren, ergaben sich bei dem rauhen Wetter, starken Stürmen und entsprechend hoher See größere Schwierigkeiten, so daß geeignetere Schiffe entworfen und gebaut wurden. Dabei traten amerikanische und europäische Versorgungsschiffsreedereien miteinander in Konkurrenz.
Moderne Bohrinselversorger müssen monatlich 3000···4000 t Ladung auf eine Bohrinsel bringen. Dazu gehören Treibstoff, Zement in Drucktanks für die pneumatische Übergabe, Proviant in Deckscontainern, Wasser, Schwerspat, Bohrgestänge und Rohre. Außerdem kommen mehr spezielle Rohrtransporter zum Einsatz. Das Ablösepersonal für die Bohrinsel wird i. allg. mit Hubschraubern übergesetzt. Daneben erfüllt der Versorger noch Schlepp- und Bugsieraufgaben, Hilfeleistungen bei schwerem Wetter sowie beim Ankerverlegen als Ankerziehschlepper. Moderne Bohrinseln haben häufiger Einrichtungen zum dynamischen Positionieren, so daß sie meist nicht durch Anker in Position gehalten werden.
Bohrinselversorger werden wegen der Einsatzbedingungen besonders robust und als Zweischrauber von etwa 800 t DW Tragfähigkeit mit einer hohen Trossenzugkraft und guter Manövrierfähigkeit gebaut, um auch unter extremen Wetterbedingungen die Versorgung der Bohrinsel sicherzustellen. Sie erhalten auch häufig Bugstrahlruder, Verstellpropeller, Schwenkantriebe und Rundsichtbrücken. Ein großes freies Achterdeck dient der Aufnahme der Ladung an Deck, wobei meist auf ein Ladegeschirr verzichtet wird. Im allgemeinen wird mit landseitigen Einrichtungen geladen und mit dem Kran der Bohrplattform gelöscht. Bohrinselversorger werden der jeweils neuesten Offshore-Technologie angepaßt.

Bohrschiff: Schiffstyp zur Erkundung und Er-

Bohrschiff mit Bohrturm und Hubschrauberplattform

schließung von Rohstoffvorkommen aus dem Meeresuntergrund sowie zur Erforschung des Erdmantels. Für Bohrungen bei größeren Wassertiefen über 200 m bis 1000 m ist der Einsatz von verankerten schwimmenden Bohrinseln nur bei besonders günstigen Bedingungen und in der Tiefsee nicht mehr möglich. Für Versuchsbohrungen zur Erschließung eines größeren Ölvorkommens vor der Kalifornischen Küste in 1600 m Wassertiefe wurde 1958 erstmalig ein 85 m langes Frachtschiff umgebaut und ein 30 m hoher Bohrturm über eine Art offener Taucherglocke errichtet. Es folgten dann weitere erste Bohrschiffe durch den Umbau einiger Tanker.
Ein Bohrschiff wird über dem Bohrgrund an mehreren fest verankerten Bojen vertäut oder durch Propeller- und Querschubanlagen sowie durch spezielle Schwenkantriebe wie »Schottel-Ruderpropeller« mit einem computergesteuerten System exakt auf seiner Position gehalten. Das Führungsrohr für das Gestänge wird fast bis zum Meeresboden niedergebracht. Um das Bohrgestänge wird ein schwerer Rahmenkasten abgesenkt, der auf dem Meeresboden verbleibt und an dem die Führungsstrossen befestigt sind, die zum Herabsenken der Gestänge-Kupplung dienen. Danach wird der Bohrkopf zurückgezogen und die Rohrleitung nachgesenkt. Die Rohrleitung hat den üblichen Bohrlochaufsatz mit Armaturen und Geräten, die zur Bohrung benötigt werden. Das Bohrgestänge ist so gebaut, daß die Bewegungen und Positionsveränderungen des Schiffes das Bohren nicht beeinflussen. Der Bohrvorgang wird mit UW-Fernsehkameras beobachtet. Während des Bohrvorgangs werden wie bei Oberflächenbohrungen Bohrproben nach oben befördert. Das über der Bohrung schwimmende Bohrschiff ist mit den erforderlichen Hebezeugen, Schlammpumpen, Tanks, den für die Bohrtiefe erforderlichen Gestängelängen u.a. ausgerüstet.
Ein weiteres Versuchsschiff (1958) erhielt den Namen »CUS I« (Continental-Union-Superior I), es hatte 4 zusätzliche Außenbord-Steuerpropeller, um das Schiff über dem Bohrloch zu positionieren. 10 Jahre später entstand das Bohrschiff »GLOMAR CHALLANGER« mit einem 45 m hohen Bohrturm und einem 7000 m ausfahrbaren Bohrgestänge. Das Bohrschiff »SEDKO 445« erreichte vor Westafrika 1973 die Bohrtiefe von 639 m und 1975 von 697 m.
Die »DISCOVERER 534« bohrte 1976 vor Thailand 1055 m tief und erreichte später eine maximale Bohrtiefe von 4000 m. Das Niederbringen der Bohrung dauerte fast 3 Monate, die Tageskosten betrugen etwa 100000 Dollar. Der Preis eines solchen Bohrschiffs lag zu dieser Zeit bei 20 Mill. Dollar.
Um das Schiff an der Bohrstelle zu positionieren, werden mehrere Unterwassersender auf den Meeresboden gebracht, nach deren Lage das Schiff mit Hilfe eines Bordrechners ständig seine Lage kontrolliert und korrigiert. Außer der Suche nach Erdöl unter dem Meeresgrund dienen Bohrschiffe der Erforschung der tieferen unteren Schichten der Erde und ihres Aufbaus. Da die Erdkruste unter dem Meer weniger dick ist als auf dem Festland, gelangt man auf dem Meeresgrund schneller zum Erdkernmantel. Durch Bohrschiffe werden daher nach einem weltweiten Plan am Meeresboden in verschiedenen Gebieten Unterwasserbohrungen vorgenommen. Die »WESTERN OFFSHORE NR. 1« (USA) gehört u.a. zu den größten Bohrschiffen der Welt. Das Schiff hat eine Länge von 115,25 m, ist 22,86 m breit, hat 6395 t Tragfähigkeit, 60 Mann Besatzung und einen Hubschrauber-Landeplatz. Der Bohrturm ist 50 m hoch und das Bohrgestänge führt im Schiff durch einen Schacht von 4,8× 7,3 m. Neueste Bohrschiffe mit automatisierten Bohranlagen können den Bohrbetrieb bis zu Wellenhöhen von 6 m, Windstärken bis 60 km/h und bei Wasserströmungen bis zu 3 km/h aufrechterhalten.

»BORUSSIA« (2) und »HAMMONIA«, 1856 die ersten Dampfer der Hamburg-Amerika-Linie

Bojenbereisungsboot: siehe *Bereisungsboot* und *Seezeichenkontrollboot*

Bojenboot: siehe *Walfangboot*

Bojenleger, *Bojenleg-* und *Versetzschiff, Tonnenleger:* Fahrzeug der Technischen Flotte zum Legen von Bojen (Tonnen) zur Fahrwasserbegrenzung bzw. -kennzeichnung, zur Wartung der in der Tonne befindlichen elektrischen Anlagen und zum Einholen zur Überprüfung oder Reparatur. Sie haben die exakte Lage der Tonnen insbesondere bei starker Eisdrift zu kontrollieren.
Um die Tonnen auf See zu bergen, verfügen die Fahrzeuge über ein starkes Hebegeschirr oder einen Bordkran, damit sie die Tonnen auf dem freien Achterdeck ablegen können. Die eigentliche Überholung der Seezeichen wird i. allg. auf dem sog. »Tonnenhof« vorgenommen. Außerhalb der eigentlichen Einsatzzeit können Tonnenleger auch für kleinere Schleppaufgaben eingesetzt werden.

Boot: ursprünglich ein kleineres Wasserfahrzeug ohne Verdeck. Im Laufe der Entwicklung wurde die Bezeichnung zunächst auch für kleinere maschinengetriebene Schiffe wie *Dampfboot*, *Motorboot*, *Bojenbereisungsboot*, *Fangboot*, *Fischerboot*, Hafenboot, *Zollkreuzer* u.a. übernommen. Mit der Erweiterung der Schiffstypen bezeichnete schließlich die Marine mit Boot nicht nur kleinere Schiffe wie das *Schnellboot*, sondern übertrug die Bezeichnung auch auf größere Kampfschiffe wie *Torpedoboot*, *U-Boot* u.a., die dem ursprünglichen Sinne nach, als Schiffe zu bezeichnen wären.

»BORUSSIA« (1): erstes in Preußen auf der Werft von F. Schichau in Elbing 1854 erbautes eisernes Seedampfschiff mit Schraubenpropellerantrieb. Die »BORUSSIA« (1) war etwa 40 m lang und fuhr als Toppsegelschoner getakelt; sie hatte 86 Lasten Tragfähigkeit. Am 13. November 1874 ist sie nach Kollision vor Stolpmünde gesunken.

»BORUSSIA« (2): erstes kombiniertes Dampf-Segel-Schiff der Hamburg-Amerika-Linie HAPAG für die Transatlantikfahrt. Mit dem 1855 in England auf der Werft Caird & Co. in Greenwich gemeinsam mit dem Schwesterschiff »HAMMONIA« gebauten Schiff nahm die HAPAG 1856 den transatlantischen Dienst mit Dampfschiffen auf. Vorher war die erste Reise der »BORUSSIA« als gecharteter Truppentransporter für den

»BRAZILIAN«, »SANTOS« und »RIO«, 1871 die ersten Schiffe der Hamburg-Südamerika-Dampfschiffahrtsgesellschaft

Krimkrieg , die der Reederei einen Reingewinn von 236000 Mark einbrachte.
Zur ersten Fahrt auf der Linie Hamburg–New York lief das Schiff daher erst am 1. Juni 1856 aus. Gegenüber den Segelschiffen konnte die Durchschnittsgeschwindigkeit nahezu verdoppelt werden, so daß sich die Überfahrt auf etwa 15 Tage verkürzte. Die kombinierte Dampf-Dreimastbark mit Mittschiffsmaschinenanlage und -aufbauten war 85 m lang; 11,7 m breit und mit 1867 BRT (bzw. 2026 BRT) vermessen. In der I. Klasse waren Plätze für 57 Passagiere, in der II. Klasse für 136 und in der III. Klasse 310 Schlafplätze für Zwischendeckspassagiere, so daß insgesamt etwa 500 Passagiere befördert werden konnten.
Am 1. Dezember 1879 sank das Schiff in einem Sturm auf dem Atlantik; von 184 Menschen an Bord konnten nur 15 gerettet werden.

Erster transatlantischer Lloyddampfer »BREMEN«, erbaut bei Caird & Co. in Greenock 1857/58

Bourgeois-Brun-Unterseeboot: französisches erstes Versuchs-Unterseeboot. Der französische Seeoffizier BOURGEOIS und der französische Marineingenieur BRUN bauten 1863 als eines der ersten französischen Unterseeboote die »PLONGEUR«. Der zigarrenförmige Bootskörper war ohne Spierentorpedo 42,6 m lang und 6 m breit. Er hatte eine Verdrängung von 450 m^3, eine 12 Mann starke Besatzung und sollte für etwa 12 m Tauchtiefe eingesetzt werden. Das Tauchen erfolgte durch Aufnahme von Wasserballast und der Antrieb durch eine 59 kW (80 PS) starke Druckluftmaschine. Die Rettung der Mannschaft sollte im Notfalle mit einem an Deck befindlichen druckfesten Rettungsboot erfolgen. Bei den Versuchen konnten jedoch die Tauchtiefe sowie insbesondere die Längsstabilität nicht zuverlässig eingehalten werden, so daß das fahrende Boot entweder mit dem Bug auftauchte oder zu tief ging.

»Brandenburg«-Klasse: Klasse erster deutscher Linienschiffe. Zu diesem ersten, 1895 in Dienst gestellten Linienschiffsgeschwader gehörten die Linienschiffe »BRANDENBURG«, »WEISSENBURG«, »WÖRTH« und »KURFÜRST FRIEDRICH WILHELM«. Die Schiffe hatten je etwa 10040 t Verdrängung und erreichten eine Durchschnittsgeschwindigkeit von 16 bis 17 kn. Jedes Linienschiff hatte als Hauptbewaffnung 6 Stück 28-cm-Geschütze in je 3 Türmen. Der Schiffskörper war erstmals aus S-M-Stahl hergestellt; Dicke des Panzergürtels 400 mm.

»BRAZILIAN«: mit der »SANTOS« und »RIO« eines der ersten Schiffe der Hamburg-Südamerikanischen Dampfschiffahrtsgesellschaft. Am 4. November 1871 gründeten 11 Hamburger Handelshäuser die »Hamburg-Südamerikanische Dampfschiffahrtgesellschaft Eggert & Amsink«, in der Folgezeit kurz HDSG oder auch Hamburg-Süd genannt, die 25 Tage später in das Handelsregister der Hansestadt eingetragen wurde. Das Anfangskapital betrug 1 ¼ Mill. Taler, der Taler zu 3 Mark. Die neue Reederei kaufte von der Hamburg-Brasilianischen Dampfschiffahrtsgesellschaft die Schiffe »BRAZILIAN« (1315 BRT), »SANTOS« (961 BRT) und »RIO« (1688 BRT) und begann mit monatlichen Abfahrten von Hamburg nach Rio, Bahia und Santos. Die »BRAZILIAN« fuhr mit 471 kW (640 PS) Durchschnittsgeschwindigkeiten von 10 ··· 11 kn. Ab 1872 erweiterte die Reederei ihre Linie nach Argentinien und bediente Rio Grando do Sul und den La Plata. Bald danach ließ die Hamburg-Süd in England 3 neue Dampfer bauen, die »ARGENTINIA«, »BUENOS AIRES« und »MONTEVIDEO«, jedes Schiff über 2000 BRT groß, mit mehr als 736 kW (1000 PS) Maschinenleistung. Im Mai 1873 lief auf der Reiherstieg-Werft in Hamburg die »VALPARAISO« für die Hamburg-Süd als das erste in Deutschland gebaute größere Dampfschiff von Stapel. Mit 2247 BRT und 1160 PS war sie zu ihrer Zeit das stärkste Schiff der Hamburg-Süd. Auch in der Folgezeit förderte die Hamburg-Süd im besonderen Maße den schiffstechnischen Fortschritt. So ließ sie 1886 den Dampfer »BAHIA« als eines der ersten Dampfschiffe mit einer Dreizylinder-Dampfmaschine bauen. Diese Reederei setzte ihre progressive Konzeption auch später fort und nahm u. a. schließlich 1927 die *»CAP ARCONA«* als eines der schönsten Schiffe seiner Zeit in Dienst.

Breitseitenschiff: bis in das 19. Jh. vom Segel-Linienschiff übernommene Bezeichnung für ein Kriegsschiff, bei dem die Kanonen oder Geschütze auf fast der ganzen Länge des Batteriedecks (siehe *Batterieschiff*) verteilt aufgestellt waren, um »Breitseiten« abfeuern zu können. Im letzten Viertel des 19. Jh. war das Breitseitenschiff mit dem Dampf-Kriegsschiff ohne zusätzliche Besegelung und weitreichende, schneller feuernde Geschütze technisch veraltet. Es folgte das *Kasemattschiff*, bei dem die in der Anzahl verminderten schweren Geschütze mittschiffs in gepanzerten Kasematten standen.

»BREMEN« (1): erster transatlantischer barkgetakelter Schraubendampfer und das Flaggschiff des Norddeutschen Lloyd, Bremen. Die am 20. Februar 1857 in Bremen durch Fusion von 3 Flußschiffahrtgesellschaften und einer »Asse-

Kombinierter Passagier- und Fracht-Doppelschraubendampfer »BREMEN« (10881 BRT) des Nordd. Lloyd 1922

Stapellauf des Norddeutschen Lloyd-Vierschrauben-Turbinenschnelldampfers »BREMEN« am 16. April 1928

kuranzanstalt für Oberweserschiffahrt« gegründete Transatlantikreederei »Norddeutscher Lloyd« erteilte der englischen Werft Caird & Co. in Greenock die Bauaufträge für den Bau der Schiffe »BREMEN« und »NEW YORK« und ließ außerdem bei Palmer-Brothers & Co. die »HUDSON« und »WESER« bauen. Die »BREMEN« und die anderen 3 Schiffe waren mit 97,5 m Länge und 11,8 m Breite sowie einer Verdrängung von 1378 Roggenlasten (etwa 2500 t Deplacement und 1710 BRT) relativ große Schiffe. Nach dem Vorbild der seinerzeitigen HAPAG-Dampfer wurden sie als Dreimastbarken getakelt. Die »BREMEN« konnte etwa 1000 t Ladung und die für die Kessel erforderlichen 850 t Kohle aufnehmen.

Für die insgesamt 643 Passagiere gab es 60 Kajütenplätze I. Klasse und 110 II. Klasse, der Rest waren Zwischendeckspassagiere. Die »BREMEN« eröffnete die Transatlantikfahrten des Norddeutschen Lloyd von Bremerhaven nach New York mit ihrer ersten Ausreise am Nachmittag des 19. Juni 1858 unter Kapitän H. Wessels mit 22 Kajüts- und 93 Zwischendeckspassagieren sowie 150 t Fracht und Briefpost. Die Hinfahrt dauerte 14 Tage und 13 Std. und die Rückreise 12 Tage und 5 Std.

In den USA fand die »BREMEN« mit ihrer großzügigen Decks-, Salons- und Kabinengestaltung allgemeine Anerkennung als eines der schönsten Dampfschiffe seiner Zeit. Im Januar 1859 hatte die »BREMEN« einen Kurbelwellenschaden, durch den das Schiff mehrere Monate die Fahrten unterbrechen mußte, danach fuhr sie weiter beim Norddeutschen Lloyd bis zum Verkauf 1874 an England.

»BREMEN« (3): Doppelschraubendampfer des Norddeutschen Lloyd für den kombinierten Passagier- und Frachttransport bis zur Indienststellung des Vierschrauben-Turbinenschnelldampfers *»BREMEN«* (4). Der beim Norddeutschen Lloyd vor dem ersten Weltkrieg als »PRINZESS IRENE« fahrende Dampfer mußte 1919 abgeliefert werden und führte unter amerikanischer Flagge den Namen »POCAHONTAS«. 1922 kam das Schiff wieder in Besitz des Norddeutschen Lloyd, wurde in »BREMEN« umbenannt und befuhr die Linie Bremen–New York, bis 1928 die neue *»BREMEN«* (4) in Dienst gestellt werden konnte. Sie erhielt danach den Namen »KARLSRUHE«.

Das Schiff hatte eine Länge über Alles von 166,0 m und war zwischen den Loten 160,0 m lang. Die Breite betrug 18,30 m und die Seitenhöhe 11,58 m. Bei einer Vermessung von 10881 BRT erfolgte nach dem Rückkauf ein Umbau der ehemaligen Kabinen I. und II. Klasse zu einer neuen Mittelklasse für 355 Passagiere und eine verbesserte Ausstattung der 520 Schlafplätze der III. Klasse. Die beiden Vierfach-Expansionsdampfmaschinen mit Massenausgleich (Patent Schlick) und Oberflächenkondensator hatten

Vierschrauben-Turbinenschnelldampfer »BREMEN« des Norddeutschen Lloyd 1930

eine Leistung von 6625 kW (9000 PSi) und gaben dem Schiff die 15 kn Geschwindigkeit.

»BREMEN« (4): Vierschrauben-Turbinenschnelldampfer des Norddeutschen Lloyd, Bremen, Schwesterschiff der *»EUROPA«*. Für das im Dezember 1926 der Deutschen Schiff- und Maschinenbau AG Weser in Bremen in Auftrag gegebene Schiff wurde am 15. Juni 1927 der Kiel gelegt. Der Stapellauf fand mit einer Taufrede des damaligen Reichspräsidenten Hindenburg am 16. April 1928 und die Probefahrt und Übernahme durch den Norddeutschen Lloyd am 5. Juli 1929 statt. Zur ersten Reise lief die vollbesetzte »BREMEN« am 16. Juli 1929 aus und überquerte mit einer Durchschnittsgeschwindigkeit von 27,83 kn den Nordatlantik in 4 Tagen, 17 Std. und 42 Min. Sie war damit 1,8 kn schneller als die britische »MAURETANIA« und hatte somit bereits auf der Jungfernfahrt das »Blaue Band« des Nordatlantiks westwärts errungen.
In den USA und in Deutschland fanden der mit der »BREMEN« errungene technische Fortschritt große Beachtung und Anerkennung. Die Rückreise dauerte 4 Tage, 14 Std. und 30 Min., so daß für die Atlantikfahrt ostwärts der neue Durchschnittsrekord von 27,91 kn erreicht war, als der Schnelldampfer am 2. August 1929 wieder am Columbuskai in Bremerhaven anlegte. Bis zum 16. November 1934 fuhr die »BREMEN« 100 Rundreisen Bremen–New York–Bremen und damit eine Seestrecke von 735 000 Seemeilen, also das 34fache einer Erdumrundung, beförderte 232 195 Fahrgäste und hatte insgesamt über 1 Mill. t Brennstoff (1 019 088 t) verbraucht. Nach der Fertigstellung übernahm die »EUROPA« 1930 das »Blaue Band«. 1933 machte die »BREMEN« noch eine Rekordfahrt von 28,51 kn, danach übernahm die italienische »REX« das »Blaue Band«.
Vom Ende der 1920er bis zur Mitte der 30er Jahre verkörperte die »BREMEN« den seinerzeit fortgeschrittensten Stand des großen Passagier-Turbinenschnelldampfers. Bei einer Länge über Alles von 286,10 m, der Länge zwischen den Loten 273,90 m, einer Breite von 31,10 m, Seitenhöhe bis Hauptdeck 16,40 m und 10,33 m Tiefgang war das Schiff mit 51 656 BRT (später 51 731 BRT) und 55 600 t Wasserverdrängung vermessen. Für die Dienstgeschwindigkeit von 26,3 kn bis 27,8 kn bzw. einer Höchstgeschwindigkeit von 28,5 kn leisteten die aus 4 Turbinensätzen und 4 Propellern (jeder hatte eine Masse von 17 t) bestehende Antriebsanlage bei Dienstgeschwindigkeit 61 820···71 250 kW (84 000···96 800 WPS) und bei Höchstgeschwindigkeit 77 280 kW (105 000 WPS). 11 ölgefeuerte Doppelwasserrohrkessel und 9 Einfachwasserrohrkessel mit einer Heizfläche von insgesamt 17 050 m^2 erzeugten die stündlich benötigte Dampfmenge von 500 t bei 23 atü (2,4 MPa) und 375 °C. Die 4 Kondensatoren wurden mit 320 t/h Kühlwasser gekühlt.
Die ursprünglich relativ niedrigen Schornsteine wurden 1933 auf die doppelte Höhe verlängert, um die Rußbelästigung auf dem Achterdeck zu vermindern. Die Bordstromversorgung wurde durch 3 Dieselgeneratoren mit einer Gesamtleistung von 450 kW vorgenommen, einer Leistung, die seinerzeit dem Energiebedarf einer europäischen Stadt von etwa 60 000 Einwohnern entsprach. Zur Elektroausrüstung gehörten 420 Elektromotoren, 30 000 Beleuchtungsquellen und 1 000 000 m Elektrokabel.

Schnelldampfer »BREMEN«, Speisesaal der Kajütenklasse

Das Schiff war für 2147 (später 2236) Passagiere und 990 (später 1013) Mann Besatzung ausgerüstet. In den ersten Jahren hatte die »BREMEN« noch ein Postflugzeug und eine Katapulteinrichtung an Bord, das etwa 1000 km vor der Ankunft gestartet werden konnte. In 4 bis 5 Std. legte das Flugzeug die Strecke zurück, so daß sich die Postbeförderung bis zu 2 Tagen verkürzte. Nachdem 1936 der transatlantische Flugverkehr aufgenommen wurde, konnte auf das Bordflugzeug und die Katapulteinrichtung verzichtet werden. Bis 1939 fuhr die »BREMEN« weiter im Liniendienst zwischen Bremerhaven und New York. Bei Ausbruch des zweiten Weltkriegs konnte das Schiff den sowjetischen Hafen Murmansk erreichen, in dem es bis Anfang Dezember 1939 blieb. Unter dem Schutz der Polarnacht kehrte es in den Heimathafen zurück und diente in Bremerhaven als Wohnschiff. Am 18. Februar 1941 brannte die »BREMEN« vollständig aus und wurde abgewrackt.

»BRENNUS«: französisches Linienschiff zum Ausgang des 19. Jh. Das 1891 von Stapel gelaufene Schiff hatte eine Länge zwischen den Loten von 114,2 m, eine größte Breite von 20,4 m und bei 8,0 m Konstruktionstiefgang eine Verdrängung von 11 370 t. Die Besatzung war 660 Mann stark. Mit einer Maschinenleistung von 10300 kW (14 000 PSi) erreichte das Schiff eine Geschwindigkeit von 17 kn. Der Kohlevorrat von 600 t (max. 800 t) reichte für eine Fahrt mit 10 kn für eine Strecke von 4000 Seemeilen. Die Bewaffnung bestand aus 3 Stück 34-cm-Geschützen sowie 10×16,4-cm-, 4×6,5-cm- und 14×4,7-cm-Schnellfeuer-Kanonen. Außerdem waren noch 17 »Maschinenkanonen« (kleineren Kalibers) sowie 4 Torpedorohre an Bord. Bei diesem Schiff wurde erstmalig im französischen Kriegsschiffbau für die Hauptartillerie ein Doppelturm verwendet. Der Gürtelpanzer war 45 cm dick, und das Deck war mit einer Panzerung zwischen 5 cm und 12 cm versehen.
Das Linienschiff »BRENNUS« war das letzte französische Schiff, das mit einer Galionsfigur, dem Kopf eines Gallierfürsten, versehen war.

»BRITANNIA«: erster hölzerner transatlantischer Seitenraddampfer, der für einen regelmäßigen monatlichen Postdienst zwischen Liverpool nach Halifax und Boston für die British and North American Royal Mail Steam Packet Co. – spätere Cunard-Linie – gebaut wurde. Es war das erste Schiff, welches direkt für den Posttransport zwischen Großbritannien und den Vereinigten Staaten von Amerika vorgesehen war.
Das Schiff hatte eine wechselvolle Geschichte. Zunächst fuhr es als Post- und Fahrgastbeförde-

Französisches Linienschiff »BRENNUS« 1891

rungsschiff bis zum Jahre 1848. Während dieser Zeit überquerte es den Atlantik 40mal in Überfahrten von 10 bis 15 Tagen. Mit der Bestleistung von 280 Seemeilen pro Tag wurde das Schiff zu dieser Zeit zum Träger des »Blauen Bandes«. Dann wurde die »BRITANNIA« am 19. März 1849 nach entsprechenden Umbauten und Verstärkungen für den Einbau von Geschützen vom Frankfurter Parlament für die deutsche Bundesflotte angekauft und unter dem Namen »BARBAROSSA« als Dampffregatte in Dienst gestellt. Als Flaggschiff dieser Bundesflotte nahm sie am 4. Juni 1849 an dem Gefecht vor Helgoland gegen die dänische Korvette »VALKYRIEN« teil, dem einzigen Gefechtseinsatz der Frankfurter Bundesflotte. Nach Auflösung der Bundesflotte wurde die »BARBAROSSA« am 5. April 1852 von der preußischen Marine übernommen. Das Schiff kam jedoch nach Ausbau der Maschine und Veränderung der Takelage nur noch als »nicht seegehendes Wachtschiff« zur Ausbildung und zur Winterunterbringung von Matrosen als Kasernenschiff zum Einsatz.

Die letzte Verwendung nach der 1880 erfolgten Streichung aus der Liste der Kriegsschiffe fand der Schiffskörper als Zielobjekt für scharfes Torpedoschießen. Der Hulk wurde dabei im Juli 1880 aus 4 km Entfernung durch Torpedotreffer versenkt.

Die Hauptdaten der »BRITANNIA« waren: L_{OA} 69,5 m; L_{pp} 63,0 m; Breite 10,8 m; Breite über Radkästen 17,05 m; Tiefe im Raum 6,87 m; Tiefgang 5,12 m. Die Vermessung betrug 1156 BRT und 619 NRT bei einer Verdrängung von 2080 t. Das Schiff hatte eine Besatzung von 89 Offizieren und Mannschaften und konnte 115 Fahrgäste befördern. Angetrieben wurde es durch eine Napier'sche Seitenbalanciermaschine von 297 kW (403 PS) mit 2 Zylindern von 1,83 m Durchmesser und 2,08 m Hub. 4 Kessel von insgesamt 250 m^2 Heizfläche mit einem Kohleverbrauch von etwa 37 t pro Tag lieferten den Dampf. Die Seitenräder hatten einen Durchmesser von 8,53 m und waren mit 21 feststehenden Blättern von 2,66 m Länge versehen. Bei 16 Umdrehungen pro Minute betrug die Geschwindigkeit etwa 8,5 kn. Die ursprüngliche Barktakelung wurde später auf Briggtakelung reduziert.

Brunnendeckschiff: siehe *Welldecker*

Brustwehr-Monitor: Vorläufer des *Panzerschiffes*. Der britische Chefkonstrukteur der Marine REED entwarf um 1870 Kriegsschiffe mit einer stark gepanzerten Brüstung und starker Gürtelpanzerung zum Schutz der Basis der Geschütztürme, der Niedergangsluken und der unteren Schornsteinbereiche, um die vor ihm von COLES und ERICSSON gebauten *Turmschiffe* weiter zu vervollkommnen. Der erste Brustwehr-Monitor »CERBERUS« leitete einen neuen Entwicklungsabschnitt des Panzerschiffes ein. Als nächstes wurden die großen *Schlachtschiffe »DEVASTATION«* und »THUNDERER« nach dem gleichen System gebaut.

Ein 1871 von der britischen Admiralität eingesetztes Komitee begutachtete das Konstruktionsprinzip und befürwortete es als richtungsweisend für die Schlachtschiffe der Folgezeit. Die neuen Schlachtschiffe waren gleichzeitig die ersten ohne Takelung, mit einem großen Kohlevorrat für längere Fahrten und einer für die damalige Zeit bei Kriegsschiffen hohen Geschwindigkeit von 14 kn.

Raddampfer »BRITANNIA« eröffnete 1840 den ersten regelmäßigen Nordatlantikdienst mit Dampfschiffen

»BUCKAU«: erstes *Rotorschiff* (Zweirotoren-Motorschiff) nach dem am 29. August 1923 von A. FLETTNER angemeldeten und am 4. November 1925 erteilten Patent: »Verfahren zur Erzeugung des Quertriebs an Quertriebskörpern, zum Beispiel an Segeln von Schiffen«. Die »BUKKAU« war wie die Schwesterschiffe »GAARDEN«, »DATTELN«, »HAMM« und »ANNEN« ursprünglich als Dreimast-Toppsegelschoner mit Diesel-Hilfsmotor von 118 kW (160 PS, anderen Angaben zufolge 220 PS) und Wendeschraube gebaut. Der Stapellauf erfolgte am 4. September 1920 und die Indienststellung bei der »Hanseatische Motorschiffahrts AG« Dönitz, Witt & Co. Hamburg, noch im Jahre 1920.

Das Schiff von 51 m Länge über Alles, 45 m zwischen den Loten, 8,99 m Breite und 3,84 m Tiefgang hatte eine Tragfähigkeit von 625 t DW und war mit 455 BRT vermessen. Es war für Fahrten in der Ost- und Nordsee sowie auf dem Rhein bis Duisburg vorgesehen, die 28 m hohen Maste waren deshalb umlegbar. Die Gesamtsegelfläche betrug 880 m^2 und die Masse der Takelage 35 t. Bei entsprechenden Windverhältnissen wurde eine Höchstgeschwindigkeit von etwa 7,5 kn erreicht.

Der Dreimast-Toppsegelschoner ging 1922 für den beabsichtigten Umbau zu einem Flettner-Starrsegelschoner an die Germania-Werft in Kiel. Das Vorhaben wurde dann jedoch zugunsten des Rotorantriebs verändert, und der Umbau wurde von August bis Oktober 1924 vorgenommen. Die 28 m hohen Klappmaste und die gesamte Takelage mußten entfernt und anstelle des Fock- und Besanmastes 13 m hohe verspannungslose Pivots für die Rotoren montiert werden. Die Rotoren hatten einen Durchmesser von

Das Flettner-Rotorschiff »BUCKAU« bei langsamer Fahrt in ruhiger See

2,80 m, eine Höhe von 15,6 m, eine Manteldicke von 1 mm Stahlblech, und beide Rotoren ergaben eine Gesamtprojektionsfläche von 87,4 m^2, das war etwa 1/10 der ursprünglichen Segelfläche, bei einer Masse von 7 t. Als Antrieb für die Rotoren bzw. den Propeller diente ein Dieselmotor mit Generator von 33 kW (45 PS). Die Rotoren wurden jeweils durch einen über Deck im Innern der Pivots angeordneten drehrichtungsumkehrbaren 220 V Gleichstrommotor von 11 kW bei 750 U/min angetrieben, die von der Kommandobrücke ein- und ausschaltbar, drehzahl- und drehrichtungsänderbar waren. Die Fernsteuerung des gesamten Antriebs von der Brücke ermöglichte, die Besatzungsstärke auf 10 Personen zu reduzieren. Die Versuchsfahrten auf der Kieler Fjörde im Winter 1924/25 zeigten die Vorzüge des Rotorschiffs; mit den Rotoren fuhr die »BUCKAU« 7,8 kn und mit Rotoren und Propeller 9,6 kn. Das Schiff zeigte außerdem bedeutend verbesserte Manövriereigenschaften, konnte unter kleinerem Winkel, d. h. höher am Wind fahren, die Geschwindigkeit durch veränderte Rotordrehzahlen fernbedient regeln und durch Drehrichtungsänderung auch »Rückwärtssegeln«. Auch die Seefähigkeit bei schlechtem Wetter war infolge der verminderten Takelage, der geringeren Masse und des niedrigen Kraftangriffs besser.
Im Februar 1925 ging die »BUCKAU« mit einer Holzladung von Danzig nach Grangemouth in Schottland und kam in schweres Wetter. Sie bewährte sich auch auf dieser leider einzigen europäischen Frachtfahrt und erreichte nach 4 Tagen ihr Ziel. Danach charterte der Stralsunder Reeder K. Frenck aus Altefähr im Sommer 1925 das Schiff für eine Ostsee-Werberundfahrt, zu der der Laderaum zu einer Gaststätte mit Tanzbar umgerüstet wurde. Auf der Ostseefahrt wurden Stralsund, Greifswald-Wieck, Warnemünde, Rostock, Travemünde, Saßnitz, Stettin und Stockholm angelaufen.
Am 31. März 1926 kam die »BUCKAU« in den Besitz der neugegründeten »Flettnergesellschaft«. Sie wurde in »BADEN-BADEN« umbenannt und ging am gleichen Tag nach New York in See. Nach einem Zwischenaufenthalt zur Maschinenreparatur in Las Palmas war am 9. Mai 1926 die Ankunft in New York. Während einer Besichtigungszeit von 2 Wochen erregte der neuartige Schiffsantrieb Aufmerksamkeit.
Ende Mai 1926 ging das Schiff zur Weltausstellung nach Philadelphia. Im September 1928 erwarb die Reederei »CAPE-Navigation-Corporation« das Schiff. Während einer Reise in südamerikanischen Gewässern wurde einer der Rotoren durch Blitzeinschlag beschädigt. Danach ging es in Besitz zweier Deutsch-Amerikaner über, die die Rotoren entfernten und es wieder als Segler mit Hilfsmotor in Betrieb setzten.
Ab Oktober 1929 wurde die zuletzt in Panama beheimatete »BADEN-BADEN«, ex »BUKKAU«, nach Costarica verkauft. Das Schiff soll 1934 in einem Sturm vor dem berüchtigten Cap Hatteras verloren gegangen sein.

Bugsier- und Hafenschlepper: Schlepper mit begrenztem Fahrtbereich und starker Antriebsanlage (bis etwa 2200 kW) zum Schleppen von Wasserfahrzeugen. Der Einsatz dient zum Einschleppen großer Seeschiffe in enge Fahrwasser

Bugsierschlepper im Wendebecken

wie Flußmündungen und Hafenbecken, zum Verholen (Bugsieren) innerhalb der Häfen, zum Verholen von Schiffen nach dem Stapellauf oder zum Ein-und Ausdocken bzw. Verholen an Ausrüstungskais.
Die meisten Schlepper haben einen Schraubenantrieb mit Verstellpropeller und Ruderdüse bzw. Schottel-Schwenkantriebe. Schlepper mit Voith-Schneider-Propeller sind als *»Wassertrekker«* bekannt. Vereinzelt sind sie auch mit Wasser- oder Schaumwerfern zur Bekämpfung von Schiffs- und Hafenbränden ausgerüstet. Hafenschlepper und Bugsierer, bei deren Arbeit häufig ein Schrägzug oder Querzug auftritt, der die

Keilförmiger Bugwulst an einem Mehrzweckfrachtschiff des VEB Schiffswerft »Neptun«, Rostock

Zylindrischer Bugwulst am Schnellfrachter »KARL MARX« des VEB Warnowwerft, Warnemünde

Steuerfähigkeit beeinträchtigt und die Gefahr des Kenterns hervorruft, werden meistens mit einem Radial-Schleppgeschirr ausgerüstet. Dabei ist der Schlepphaken an einem langen Schwenkarm befestigt, der auf halbkreisförmigen Schienen gleitet, so daß der Kraftangriffspunkt bei allen Hakenstellungen gleich ist. Die Schlepptrosse liegt achtern auf einem die ganze Schiffsbreite überspannenden sog. »Schlierbügel«, dessen Seitenteile losnehmbar sind, um bei der Fahrt ohne Anhang die Decksarbeiten nicht zu behindern.

Bugsier- und Schubschiff: siehe *Schubschiff*

Bugwulstschiff: Schiff mit einem wulstartig verdickten Vorsteven (engl. bulb). Die ersten Bugwulstschiffe wurden durch R. E. FROUDE Ende des 19. Jh. und D. W. TAYLOR Anfang des 20. Jh. entwickelt, getestet und gebaut. Als antikes Vorbild kann der Rammsporn gelten, der über die Mitte des 19. Jh. bei Kriegsschiffen beibehalten wurde. Zu Froude's und Taylor's Zeiten war jedoch die Theorie und Meßtechnik zur Schiffsumströmung noch nicht so weit entwickelt, um für die verschiedenen Schiffstypen, Völligkeiten, Schiffsformen und Geschwindigkeiten sowie Tiefgänge die günstigsten Wulstgrößen, Wulstquerschnitte und Anordnungen am Vorschiff vorausbestimmen zu können. Bis etwa 1960 wurden daher Bugwulstschiffe nicht allgemein sondern hauptsächlich bei schnellen Kriegsschiffen und einigen schnellen Frachtschiffen verwendet, um den Wellenwiderstand dieser Schiffe zu vermindern.

Unter anderem wurden die großen Schnelldampfer des Norddeutschen Lloyd wie die 1928 erbaute *»BREMEN«* mit einem noch nicht vor dem Vorsteven hervorragenden sog. Y-Wulst gebaut. Kleinere Bugwulstschiffe blieben eine Ausnahme, wie die ebenfalls mit einem Y-Wulst 1935 erbaute *»IRIS«*.

Mit dem Bau von völligen Großschiffen, wie *Tanker* und *Bulker*, wurden die Vorzüge des Bugwulstes allgemein erkannt. Bei einem ausreichenden Querschnitt am vorderen Lot bis zu 10% der Hauptspantquerschnittsfläche, der günstigsten Tieflage und Form sowie einem etwa 2 ··· 4% der Schiffslänge vorragenden Wulst erzeugt der Bugwulst ein vorgelagertes Druckfeld und leitet die Vorschiffsumströmung derart ein, daß die Bugwellenhöhe vermindert und das Vorschiff günstiger umströmt wird. Bei gut gestalteten Bugwulstschiffen kann gegenüber guten wulstlosen Schiffen der Widerstand um 10% und mehr vermindert werden.

Bulker, *Bulkcarrier, Schüttgutschiff, Massenschüttgutschiff:* Trockenfrachtschiff für den Transport unverpackter schüttfähiger Massengüter, wie Erze, Kohlen, Getreide, Industriesalze, Düngemittel, Baustoffe, Chemikalien u. a. Rohstoffe (engl. bulk, lose Ladung; carrier, Beförderer; im nd. bulke, Schütte). Wegen der möglichst geringen Frachtkosten solcher Massengüter dürfen Bulker nur niedrige Bau- und Betriebskosten haben. Die Anpassung der Schiffsgrößen und der Umschlagleistungen an die jeweiligen Transportrelationen ist deshalb besonders wichtig.

Die anfangs für die »Großen Seen« Nordamerikas entwickelten Spezial-Erzbulker erreichten mit Hilfe von Erzschüttanlagen bereits Beladungsrekorde. So übernahm der Bulkdampfer »D. G. KERR« 12508 t Erz in 16 1/2 Min. Bei der Kohlverschiffung entlud einer der ersten Kohle-Bulker, die »LEONHARD C. HANNA« innerhalb von 8 Std. seine Ladung von 10073 t.

In den jüngsten Jahrzehnten wurden moderne Bulker von etwa 20000 bis über 200000 t Tragfähigkeit zu den größten Frachtschiffstypen neben den Tankern entwickelt. Die Dienstgeschwindigkeit dieser Bulker entspricht etwa der von Tankern und liegt im Bereich von 12 ··· 16 kn um mehrere Knoten unter der Dienstgeschwindigkeit des *Stückgutfrachtschiffes*. Durch die geringere Geschwindigkeit und die für den Einsatzzweck maximale Schiffsgröße können die Schiffe im Vergleich zu den Hauptabmessungen schnellerer Schiffstypen für eine höhere Tragfähigkeit völliger gebaut werden. Da die Mehrzahl aller schüttfähigen Massengüter im Vergleich zu Stückgütern ein geringeres Staumaß (m^3/t) und keine besonderen Begrenzungen in der Stauhöhe aufweisen, ist bei Bulkern mit voller Beladung insbesondere die Tragfähigkeit voll ausgenutzt, während bei Stückgütern die Raum- bzw. Stellflächenausnutzung entscheidend ist. Übliche Staumaße häufiger Massengüter sind: Chromerze 0,28 ··· 0,34 m^3/t; Eisenerze 0,34 bis 0,51 m^3/t; Manganerze 0,51 ··· 0,70 m^3/t; Bauxit 0,90 ··· 1,27 m^3/t; Getreide 1,20 ··· 1,35 m^3/t; Kohle 1,27 ··· 1,40 m^3/t.

Für die Hauptarten von Schüttgütern sind deshalb die Laderäume in der Höhe nicht durch Zwischendecks unterteilt, so daß Bulker Eindeckschiffe sind, die die gesamte Ladung auf dem Doppelboden fahren. Durch eine größere Anzahl von Querschotten sowie Seiten- und Hochtanks für Ballastwasser neben und zwischen den Laderäumen ist das Seegangsverhalten des vollbeladenen bzw. des in Ballast fahrenden Schiffes beeinflußbar. Aus Festigkeitsgründen, zur Aufnahme von Ballastwasser bei Leerfahrten und zur »selbsttrimmenden« Restentladung sind größere Doppelbodenhöhen erforderlich. Der Doppelboden wird außerdem für den Krangreiferbe-

Ore Carrier SS »VENORE« mit Mittschiffsbrücke, Baujahr 1945, Länge 170 m; Breite 23,8 m; Tiefgang 13,3 m

72030-t DW-Bulker »HAESS PARKGATE«, Baujahr 1967

trieb besonders ausgesteift und hat schräg zu den Bordwänden und zu den Querschotten ansteigende Bodentanks zum selbsttätigen Nachrutschen der Ladung aus dem Unterstaubereich in den Arbeitsbereich des Greifers. In Längsrichtung des Schiffes ist der Ladungsbereich der einzelnen Bulkertypen durch wasserdichte Querschotte derart in Laderäume unterschiedlicher Länge unterteilt, daß durch eine »alternierende« Beladung, d. h. abwechselnd volle und leere Laderäume, die Ladungsmassen so verteilbar sind, daß keine zu großen Längsbiegemomente aus einer örtlichen Massenkonzentration auftreten. Eine Verteilung der Ladung auf alle Laderäume würde bei Schüttgütern mit freier Oberfläche das Übergehen durch Ladungsverschiebung und eine geringere Höhe des Ladungs-Massenmittelpunkts zur Folge haben.
Um bei den voll beladenen Laderäumen das Übergehen von Ladung zu begrenzen, wird die freie Oberfläche durch schräge Hochtanks, sog. »Toppseitentanks«, verringert. Bulker benötigen in der Regel keine bordeigenen Umschlagausrüstungen, da sie bei ausreichend großen Luken durch leistungsfähige hafengebundene Schütt- und Entladeanlagen zur Vermeidung längerer Hafenliegezeiten ähnlich wie Tanker in wenigen Stunden be- und entladen werden. Dabei werden i. allg. bei Beladungen Größen bis zu 15000 t/h und bei Entladungen bis zu 7000 t/h erreicht. Bordeigene Umschlagausrüstungen mit längsverfahrbaren Portal-Greifkranen, Förderbrücken oder Bord-Wippdrehkranen zwischen den Luken bzw. Förderbändern in den Laderäumen werden nur für einige Umschlagplätze benötigt.
Hinsichtlich der Größe und Ladungsmenge werden Bulker unterschieden in Klein-Bulker bis etwa 25000 t Tragfähigkeit für begrenzte Wassertiefen; Mittel-Bulker bis etwa 80000 t Tragfähigkeit für die weltweite Fahrt durch den Suez- und Panama-Kanal und Groß-Bulker bis zu 350000 t Tragfähigkeit für unbegrenzte Fahrt und Hafenverhältnisse ohne Breiten-Tiefgangs-Begrenzungen. Nach der Ladungsuniversalität gibt es Universal-Bulker für die wahlweise Ladung der unterschiedlichsten Schüttgüter (Erz, Getreide, Rohzucker), Mehrladungs-Bulker für die wahlweise Ladung mehrerer ausgewählter ähnlicher Schüttgüter (Erz, Zement, . . .) und Einladungs-Bulker mit spezieller Auslegung für eine Gutart (Erz, Zement, schüttbare Holzrohstoffe für die Papier- und Zelluloseindustrie, . . .).
Die Ökonomie der verschiedenen Bulkertypen für den aussschließlichen Transport von schüttfähigen Ladungen wird in den meisten Fahrtrelationen dadurch beeinträchtigt, daß Schüttgüter i. allg. nur in einer Fahrtrichtung zu befördern sind, und somit in der anderen Fahrtrichtung eine Leerfahrt nötig ist. Es entstand deshalb eine Vielzahl von kombinierten Massengutschiffen, die auch Stückgüter und Flüssigladungen befördern können. Zu solchen Kombinierten Bulkern gehören Ore/Oil-Carrier für Erz und Öl; MBO-Carrier (Multibulk-Ore) für Multischüttgut-Erz; OBC-Carrier (Ore-Bulk-Container) für Erz-Schüttgut-Container. Zur Ausnutzung des Schiffraums in beide Fahrtrichtungen werden bei vorhandenem Ladungsangebot auch Bulker mit sog. »Hängedecks« in den Laderäumen für den Transport von Kraftfahrzeugen ausgerüstet. Bei der Schüttgutfahrt befinden sich die Hängedecks in hochgezogener Lage unter dem Hauptdeck.

282450-t DW-Erz-Öl-Bulker/Tanker »SVEALLAND« (1973), L_{OA} 338,2 m; B 54,6 m; T 21,7 m; 30170 kW, 16 kn

Als ersten Bulkertyp gab es den Erzfrachter, dessen Prototyp um 1882 für die Fahrt auf den Großen Seen in Nordamerika und für das aus skandinavischen Häfen in Europa zu verschiffende Erz entstand. Der Anteil der Bulker an der Weltflotte blieb aber bis zur Mitte dieses Jahrhunderts relativ klein und erreichte z. B. 1955 erst etwa 1,8 Mill. t Tragfähigkeit. Mit der Steigerung der Schüttguttransporte über See, dem Ausbau der Binnenwasserstraßen, dem Anstieg der Energiekosten und der Ausnutzung der Vorzüge dieser Schiffsgruppe gab es 1972 bereits eine Welt-Bulkerflotte von 2596 Schiffen mit insgesamt 90,1 Mill. t Tragfähigkeit. Der Anteil an der Tragfähigkeit der gesamten Welthandelsflotte betrug damit 22%. Von den Bulkern waren 1253 Klein-Bulker von 10000···25000 t DW, 1182 Mittel-Bulker von 25000···80000 t DW, 159 Groß-Bulker von 80000···200000 t DW und 2 Super-Bulker mit je über 200000 tDW Tragfähigkeit.
Bis 1985 vergrößerte sich die Welt-Bulkerflotte auf 4856 Schiffe mit insgesamt 187,8 Mill. t Tragfähigkeit. Die Entwicklung der Bulker und Kombinationstypen verläuft weiter progressiv mit einem steigenden Anteil an der Weltflotte.

Bunkerboot: kleineres Hafen- und Reedefahrzeug zur Schiffsversorgung mit pumpfähigen Vorräten. Die auf Reede oder an Hafenumschlagplätzen liegenden Schiffe brauchen nicht zur Wasser-, Treib- und Schmierölübernahme an gesonderte Liegeplätze verholt werden. Das Bunkerboot pumpt die benötigten Flüssigkeiten über flexible Verbindungen durch die schiffseigenen Übernahmestationen in die Schiffsbunker.

Butan-Tanker: Spezial-*Flüssiggastanker* zur Beförderung von verflüssigtem Butangas. Hauptkennzeichen sind die in größerer Zahl teilweise über Deck sichtbaren wärmeisolierten kugelförmigen Druckbehälter. Im Unterschied zu einigen anderen Flüssiggasen wird Butan nicht bei atmosphärischem Druck, sondern bei einem Überdruck um 1,8 MPa (18 kp/cm^2) und einer Temperatur von − 45 °C transportiert. In einem der ersten Butan-Tanker, dem französischen Schiff »GALILEO«, konnten in 14 kugelförmigen Drucktanks insgesamt 1000 t Flüssigbutan und in weiteren Tanks 440 t Flugbenzin geladen werden.

C

Cable Layer: siehe *Kabelleger*

Cadet Trainingship: siehe *Schulschiff*

Caisson, *Schwimmcaisson:* schwimmfähiger, flut- und lenzbarer Ponton aus Stahl oder Ponton mit oder ohne Eigenantrieb durch Unterwasser-Elektromotoren, ähnlich dem ursprünglichen unten oder seitlich offenen Caisson (frz. für Senkkasten) für Unterwasserarbeiten, der nach dem wasserdichten Absetzen auf dem Untergrund oder an beschädigten Seitenwänden gelenzt wurde.
Der Schwimmcaisson als allseitig geschlossener Ponton wird im Schlepp oder mit Eigenantrieb i. allg. leer an den Einsatzort gebracht und entsprechend Verwendungszweck und Ausrüstung voll oder teilweise, ständig oder zeitweilig abgesenkt. Er dient als Unterkonstruktion für Wasserbauten, Bohrinseln, Landungsbrücken (z. B. bei

der Landung der Alliierten Verbände 1944 in der Normandie) oder schwimmende Kais bzw. abgesenkte Schleusen oder auch als Hebeponton bei Schiffsbergungen oder als Unterwassertank für Erdöl oder Treibstoffe.

»CALEDONIA«: Dampf-Versuchsschiff von J. WATT. Die »CALEDONIA« hatte eine Dampfmaschine von 36,8 kW (50 PS) und Schaufelräder. J. WATT fuhr 1817 mit dem Schiff über den Ärmelkanal in die Schelde und Maas und auf dem Rhein bis nach Koblenz bzw. Ruhrort. Die Fahrt verlief nicht befriedigend, so daß er sein Vorhaben vorerst noch nicht verwirklichen konnte, die Dampfschiffahrt auf dem Rhein einzuführen. Auf der Fahrt mußte ein beschädigtes Balancier seiner Dampfmaschine repariert werden. Die Reparatur führte die Gutehoffnungshütte in Sterkrade aus, ein Zweigbetrieb der »Hüttengewerkschaft und Handlung Jacobi, Haniel & Huyssen«, wie sich das Unternehmen seit 1808 nannte.

Die »CALEDONIA«, Dampf-Versuchsschiff von JAMES WATT 1817

CAM-Ship (**C**atapult **A**ircraft **M**erchantman): mit Katapult und Flugzeug während des zweiten Weltkriegs ausgerüstetes Handelsschiff der Alliierten zur U-Boot- und Flugzeugabwehr. Als erstes von mehr als 50 Schiffen lief am 31. Mai 1941 die »EMPIRE RAINBOW« (6942 BRT) von Stapel. Ausgerüstet mit einem Bordflugzeug kam sie ab 1. November 1941 zum Einsatz. Die mit Hilfe des Katapults abgeschossenen Flugzeuge konnten nicht auf dem Trägerschiff landen. Nach dem Einsatz mußten sie einen Flugplatz erreichen, oder der Pilot versuchte sich durch Absprung zu retten.

Canal Ship, Channel Ferry, *Kanalschiff:* Kurzstreckenschiff für Personen, Straßen- und Schienenfahrzeuge und allgemeine Ladungen über den englischen Kanal zwischen Dover und Calais. Als erstes maschinenangetriebenes Kanalschiff gilt das Dampfschiff *»ELISE«*, das 1816 die erste Kanalüberfahrt unter Dampf machte. Dem ständig steigenden Verkehr zwischen dem Inselreich Großbritannien und dem Festland entsprechend, entstanden im 19. und 20. Jh. eine Vielzahl von Kanal-Schiffstypen.
Ein ungewöhnliches Schiff, die »CALAIS-DOUVRES« wurde u. a. als Katamaranschiff von 1924 t Deplacement 1877 auf der Werft Hawthorn Leslie & Co. in Newcastle für die English Channel S. S. Co. gebaut. Das Schiff hatte in den Rümpfen die Kessel und die Compoundmaschinen von je 250 PS (180 kW) und 4 Schornsteine. Es war um 87 m lang, 18 m breit und ging etwa 4,3 m tief.
Seit längerer Zeit gibt es Projekte für Kanalbrükken und Kanaltunnels. Erst 1987 konnte jedoch gemeinsam durch Großbritannien und Frankreich der Bau eines Eisenbahntunnels in Angriff genommen werden.

Schleusencaissons werden an den Einsatzort geschleppt

»CAP ARCONA«: zweites Fahrgast- und Frachtschiff der »Cap«-Klasse. Der Doppelschrauben-Schnelldampfer »CAP ARCONA« wurde 1926 von der »Hamburg-Südamerikanischen Dampfschiffahrtsgesellschaft« bei Blohm & Voss in Auftrag gegeben. Am 14. Mai 1927 war Stapellauf des neuen Reedereiflaggschiffes und im November 1927 die Indienststellung. Das Schiff war für 15tägige Überfahrten von max. 1434 Fahrgästen projektiert. Kennzeichen des Schiffes waren die für tropisches Gebiet vorteilhafte Anordnung hoher und luftiger Speiseräume nicht unter Deck, sondern auf dem Bootsdeck und der entsprechend den geringen Fahrwassertiefen des La-Plata-Flusses relativ geringe Tiefgang. Im In- und Ausland wurde die »CAP ARCONA« als das schönste Schiff seiner Zeit gefeiert. Infolge der Tiefgangsbeschränkung wurden folgende Hauptparameter gewählt: Länge über Alles 205,90 m, Länge zwischen den Loten 195,00 m, Breite 25,70 m, maximaler Tiefgang 8,67 m, Seitenhöhe 16,90 m. Das Verhältnis Breite zu Tiefgang hatte somit den bei anderen Schiffen nicht üblichen Wert von 3,0. Zwei 4stufige Turbinenanlagen leisteten 17650 kW (24000 PS), mit denen das Schiff eine Geschwindigkeit von 20 kn erreichte. Das Schiff hatte bei 27561 BRT eine Tragfähigkeit von 11500 t.
In den ersten Betriebsjahren 1928/1929 war die »CAP ARCONA« maßgeblich an den von der Reederei nach Südamerika verschifften 60000 Auswanderern beteiligt. Danach während der Weltwirtschaftskrise und der faschistischen Aufrüstung Deutschlands wurde es schwieriger, das Schiff rentabel einzusetzen. Schließlich gab es 1939 vor dem Beginn des zweiten Weltkriegs

Doppelschrauben-Schnelldampfer »CAP ARCONA«, Baujahr 1927, Vermessung 27561 BRT

noch eine Sonderfahrt. Nach nahezu 100 glücklichen Reisen auf der Südamerikaroute wurde die »CAP ARCONA« nach Gdingen (Gotenhafen) verlegt, um es den Luftangriffen zu entziehen und als Wohnschiff der Kriegsmarine zu verwenden.
In den letzten Wochen des zweiten Weltkriegs wurde die »CAP ARCONA« sowie der Schnelldampfer »DEUTSCHLAND« und die beiden Frachtdampfer »ATHEN« und »THIELBECK« in die Lübecker Bucht beordert, in der Hitlernachfolger Dönitz die Reste der Kriegsmarine zusammengezogen hatte. In den letzten Kriegstagen ereignete sich hier eine ungeheure Tragödie. Um die Beweise ihrer schweren Verbrechen in den Konzentrationslagern in letzter Minute zu beseitigen, hatten die Faschisten die noch in ihrem Machtbereich befindlichen KZ-Insassen, insbesondere aus dem KZ Neuengamme bei Hamburg, nach Schleswig Holstein getrieben. Die Transportschiffe sollten dann mit ihrer lebenden Fracht in der Ostsee versenkt werden. Am Abend des 28. April 1945 waren etwa 4600 Häftlinge an Bord gebracht, unter Deck eingeschlossen und durch etwa 500 Mann bewacht. Für die Häftlinge gab es weder Trinkwasser noch Verpflegung. Täglich starben 15 bis 30 Menschen, die an Deck gestapelt werden mußten. Nach der Einnahme Lübecks verließ der Rest der Kriegsflotte bis auf einige Wachfahrzeuge die Lübecker Bucht. Am 3. Mai 1945 gegen 14.30 Uhr erfolgte ein Angriff britischer Jagdbomber. Die »CAP ARCONA« wurde von mehreren Bomben getroffen und geriet in Brand. Erstickender Rauch und Hitze breiteten sich aus. Lebenden Fackeln gleich irrten die Häftlinge auf der Suche nach Ausgängen durch das brennende Schiff. Im Haupttreppenhaus stürzte die brennende Decke herab.
Die wenigen endlich nach außen gelangten Gefangenen kamen an Deck in direkten Beschuß der Jagdbomber. Gegen 15.30 Uhr kenterte das Schiff in der relativ flachen Neustädter Bucht. Das unvorstellbare Ende überlebten weniger als 350 Menschen.

Die »CAP POLONIO« der Hamburg-Süd im Hamburger Hafen

Luxusappartement auf der »CAP POLONIO«

»CAP POLONIO«: ein erster Dreischraubendampfer der Bauwerft Blohm & Voss, ein Fahrgast- und Frachtdampfer der Hamburg-Südamerikanischen Dampfschiffahrts-Gesellschaft. Das Schiff erhielt einen seinerzeit ungewöhnlichen Antrieb. Die beiden Außenpropeller wurden von Kolbendampfmaschinen und der Mittelpropeller von einer Abdampfturbine angetrieben. Der Stapellauf erfolgte am 25. März 1914 und die Fertigstellung 1916. Nach Kriegsschluß wurde die »CAP POLONIO« auf die Reparationsliste gesetzt und fuhr unter britischer Flagge als Truppentransportschiff, später für Ferienreisen auf der Indienroute via Kapstadt. Das Schiff lief trotz verschiedener Versuche während dieser Zeit nur etwa 12 kn, obgleich vorher 16 kn erreicht worden waren. Die Antriebs- und Propulsionsprobleme mögen ein Grund dafür gewesen sein, daß das Schiff bereits 1921 zurückgekauft werden konnte. Nach einigen Monaten Werftliegezeit wurde die »CAP POLONIO« ihrer ursprünglichen Bestimmung entsprechend auf der Südamerika-Route nach dem La Plata eingesetzt. Nach der Überholung leistete die Maschinenanlage 13 138 kW (17 850 PS), mit dem das Dreischraubenschiff 18 kn Geschwindigkeit erreichte.

Die *Hauptdaten* waren: 20 572 BRT, 1565 Fahrgäste, Lpp 193,77 m, B 21,95 m, B_{max} 24,35 m, D 13,34 m. Von den Passagieren konnten 220 in der I. Klasse und 250 in der II. Klasse reisen. Für die Frachtbeförderung hatte das Schiff 1943 m^3 Frachtraum bei einer Tragfähigkeit von 8250 t DW. Das architektonisch schöne, seinerzeit luxuriöseste und zeitweilig größte deutsche Schiff erlebte auf dieser späten Jungfernfahrt begeisterte Ovationen. Nach vielen erfolgreichen Südamerikafahrten wurde das Schiff 1935 abgewrackt.

»CAPTAIN«: erste Panzerfregatte mit gepanzerten drehbaren Geschütztürmen. Als sechstes Schiff dieses Namens in der englischen Marine war die »CAPTAIN« das erste Kriegsschiff, das im Unterschied zur vorhergehenden Bestückung mit einer großen Zahl von Geschützen in Geschützbatterien, mit wenigen schweren Geschützen – nur vier 30,5-cm-Kanonen in 2 drehbaren gepanzerten Türmen – gebaut wurde. Die beiden 23-cm-Kanonen im Bug und die 18-cm-Kanone im Heck waren dagegen nicht drehbar. Die grundlegende Idee der Geschützaufstellung in drehbaren gepanzerten Türmen hat sich in der Folgezeit bei den Kriegsschiffen aller Nationen durchgesetzt. Captain C. P. COLES hatte den Entwurf des Schiffs für einen Dampfantrieb und volle Besegelung mit 2416 m^2 Segelfläche an 3 Masten wegen der seinerzeit noch nicht ständig gewährleisteten Zuverlässigkeit der Antriebsmaschinen der Admiralität 1866 eingereicht. Ein weiterer Grund für die volle Besegelung war die vorgesehene Verwendung auch als Hochseemonitor, da sonst diese Schiffe nur als ausgesprochene Küstenverteidiger dienten. Durch die Dreibein-Untermaste konnte der Feuerwinkel der Geschütze vergrößert werden. Dreibeinmaste wurden für die späteren Großkampfschiffe richtungsweisend.
Trotz mancher Einwände, insbesondere zur Stabilität und zum Seeverhalten infolge des vorge-

sehenen Freibords von nur 2,44 m, wurde das Schiff gebaut. Nach Fertigstellung ergab sich gegenüber den ursprünglichen Berechnungen außerdem noch eine Mehrmasse von 800 t und ein Deplacement von 7769 t. Dieser zu geringe Freibord wurde dem Schiff zum Verhängnis. Eine einfallende Bö brachte das unter vollen Segeln fahrende Schiff in der Nacht des 7. September 1870 zum Kentern. Die »CAPTAIN« sank mit nahezu der gesamten Besatzung und dem an Bord befindlichen Konstrukteur, es gab 473 Tote.

»CAP TRAFALGAR«: einer der im ersten Weltkrieg 1914 als Hilfskreuzer eingesetzten Doppelschrauben-Schnelldampfer. Das 1913 als Fahrgast- und Frachtschiff der Hamburg-Südamerikanischen Dampfschiffahrts-Gesellschaft erbaute Schiff befand sich Mitte August 1914 in Buenos Aires. Zur Ergänzung der Vorräte lief das Schiff nach Montevideo. Die Ausrüstung und Indienststellung als Hilfskreuzer mit einer Bewaffnung von zwei 10,5-cm- und sechs 3,7-cm-Geschützen erfolgte Ende August durch das Kanonenboot »EBER« bei der Insel Trinidad. Bei einer ergänzenden Kohlenübernahme wurde das Schiff durch den englischen Hilfskreuzer »CARMANIA« versenkt, der mit acht 12-cm-Geschützen bestückt war.
Die »CAP TRAFALGAR« war 179,8 m lang, 21,9 m breit, hatte eine Verdrängung von 23640 t und war mit 18710 BRT bzw. 9854 NRT vermessen. Der Dreischrauben-Schnelldampfer lief bei voller Fahrt 18 kn.

Car Ferry: ursprünglich einfache pontonähnliche Flöße, Boote und Schiffe zum Übersetzen von Landfahrzeugen über Flußläufe oder Meeresengen. Mit der Zunahme des rollenden Verkehrs auf Straße und Schiene entstanden zunächst in Britannien erste spezielle Autofährschiffe (siehe *Fährschiff* und *Autotransportschiff*) sowie *Eisenbahnfährschiffe*.

»CAPTAIN«, 1869 die erste Panzerfregatte mit gepanzerten drehbaren Geschütztürmen von Captain C. P. COLES

Cargo Ship, *Cargo Vessel:* Sammelbezeichnung für alle Typen von Handelsfrachtschiffen für die verschiedenen festen, schüttfähigen und pumpfähigen Seetransportgüter; siehe *Frachtschiff*.

»CARL«: kleiner deutscher Frachtdampfer, 1883 in Kiel für die Kieler Reederei Sartori & Berger gebaut. Der 270,35 BRT (166,24 NRT) große Frachtdampfer war 38,46 m lang, 6,44 m breit und hatte 3,73 m Tiefgang. Die Besatzung bestand aus 10 Mann. Die Zweifach-Expansionsmaschine (Compoundmaschine) leistete 73,6 kW (100 PSi) und gab dem Dampfer eine Geschwindigkeit von 8 kn. Zur Unterstützung der Maschine hatte die »CARL« noch eine Segelausrüstung.

»CARL ALBERT«: deutscher Frachtdampfer, 1891 von einer englischen Werft in South Shields für den Eigner William Sprenger in Stettin (Szczecin) erbaut. Das Zeichen »S« am Schornstein bezieht sich auf den Eigner Sprenger. Das mit 1704,46 BRT (1060,67 NRT) vermessene Schiff war 78,63 m lang, 11,16 m breit und fuhr

Doppelschrauben-Schnelldampfer »CAP TRAFALGAR« der Hamburg-Süd 1913

mit 5,11 m Tiefgang. Die Besatzung bestand aus 18 Mann. Eine Dreifach-Expansionsmaschine mit einer Leistung von 662 kW (900 PSi) gab dem Schiff eine Geschwindigkeit von 9 kn.

Kleiner deutscher Frachtdampfer »CARL« (1883)

»CARNOT«: französisches Panzerschiff Ende des 19. Jh. Das mit einer Länge zwischen den Loten von 116,5 m, 21,5 m Breite, 8,3 m Konstruktionstiefgang und 12146 t Verdrängung gebaute Schiff lief 1894 von Stapel. Die Höchstgeschwindigkeit betrug 17,9 kn bei einer Maschinenleistung von 12020 kW (16340 PSi). Bei 10 kn Fahrt konnte mit einem Normal-Kohlevorrat von 700 bis max. 900 t eine Dampfstrecke von 4000 Seemeilen gefahren werden. Zur Bewaffnung gehörten 2 Stück 30,5-cm- und 2 Stück 27,4-cm-Geschütze sowie 8 Stück 13,8-cm-, 4 Stück 6,5-cm-, 18 Stück 4,7-cm- und 6 Stück 3,7-cm-Schnellfeuerkanonen, des weiteren 4 Torpedorohre. Der Gürtelpanzer hatte eine Dicke von 25···45 cm und der Deckpanzer von 7 cm.

Kleiner deutscher Frachtdampfer »CARL ALBERT« (1891)

»CARPATHIA«: britischer Passagierdampfer. Das 13603 BRT (8660 NRT) große Schiff der Cunard-Line wurde 1903 gebaut. Es war 540 Fuß (164,6 m) lang, 64,5 Fuß (19,66 m) breit und hatte bei einer Raumtiefe von 37,4 Fuß (11,4 m) eine Verdrängung von 23243 t. Das Zweischraubenschiff fuhr mit 15 kn.
Die »CARPATHIA« rettete beim Untergang der »TITANIC« am 15. April 1912 um 2.20 Uhr 675 Überlebende des Unglücksschiffs. Mit dem Abstand von etwa 58 Seemeilen stand die »CARPATHIA« der »TITANIC« – außer dem 6000-t-Postdampfer »CALIFORNIA«, der die Notsignale für ein Feuerwerk hielt – am nächsten. Sie war mit 725 Passagieren an Bord auf dem Weg ins Mittelmeer. Kapitän Rostron nahm sofort Kurs auf die sinkende »TITANIC«, konnte aber trotz höchster Fahrt erst nach knapp 4 Stunden den Unglücksort erreichen. Die »CARPATHIA« konnte am Vormittag des 18. April 1912 in New York am Pier 34 die Geretteten an Land bringen.

»CASTOR«: erstes französisches Dampf-Kriegsschiff. Die »CASTOR« war einer der ersten Schaufelrad-Kriegsdampfer der französischen Marine. Er wurde um 1830 aus Holz gebaut. Der Aufbau zwischen den Radkästen weist auf den Antrieb durch eine Balancier-Dampfmaschine mit ihrer großen Bauhöhe hin. Wie es seinerzeit allgemein üblich war, wurden die Boote noch außenbords hängend gefahren.
Ab 1860 wurde das Schiff nur noch als Rad-Avisodampfer II. Klasse in den französischen Kriegsschiffslisten geführt. Zu den Abmessungen, der Maschinenleistung und zur Bewaffnung gibt es keine verläßlichen Angaben mehr.

Französisches Panzerschiff »CARNOT« (1894)

Catamaran: siehe *Katamaran*

Cattle Carrier: siehe *Viehtransporter*

»CBK 1700«: **C**ontainerschiff für **B**innen- und **K**üstenschiffahrt mit 1700 t Tragfähigkeit. Eine vom VEB Elbewerften Boizenburg/Roßlau seit 1977 entwickelte Typenreihe von Fracht- und Kühlschiffen für die sowjetische Binnen- und Küstenschiffahrt. Der ab 1983 in Serie gebaute Typ

Britischer Passagierdampfer »CARPATHIA« (1903)

CBK 1700 ist neben der üblichen Flußschiffahrt für den Einsatz in Flachwassergebieten und bei Fahrten in gebrochenem Eis hinter Eisbrechern sowie auf See bis zu einer Entfernung von 50 Seemeilen vom nächsten Hafen und bis Windstärke 5 geeignet. Das in Zweihüllen-Bauweise gebaute 1408 BRT große Schiff hat eine Länge über Alles von 82,00 m, die Länge zwischen den Loten ist 78,10 m. Die Breite auf Spanten beträgt 11,60 m, die Seitenhöhe bis Hauptdeck 4,00 m und der Konstruktionstiefgang 3,44 m bzw. 2,50 m mit der entsprechenden Tragfähigkeit von 1700 t bzw. 952 t. Das Schiff besitzt 2 Laderäume mit 9140 m^3 Rauminhalt. Die Ladeluken (Öffnung 20 × 9,4 m) werden mit Faltlukenabdeckungen verschlossen. Es können 76 Container (TEU Twenty feet units) geladen werden.
Zwei Dieselmotoren des Typs 8 VDS 36/24 A-1 SKL mit einer Leistung von 2×441 kW (2×600 PS) und 2 Propeller geben dem Schiff eine Dienstgeschwindigkeit von 20,75 km/h. Eine Vierflächenruderanlage System »Jenckel« bewirkt eine besonders gute Manövrierfähigkeit. Bei einer Besatzung von 11 Personen (2 Reserveplätze) hat das Schiff eine Ausrüstungsdauer von 15 Tagen. Alle funktionswichtigen Bauteile und Anlagen ermöglichen ein Überwintern des Schiffes bei Temperaturen bis − 50 °C.

»CERBERE«: französischer Küstenverteidiger, später auch als Küstenpanzerschiff bezeichnet. Das 1868 gebaute 3590 t große Schiff war noch aus Holz. In der Wasserlinie hatte es einen 22 cm dicken Panzergürtel, der bis 0,6 m über die Wasserlinie reichte.
Das Schiff war 66 m lang, 16,19 m breit und hatte einen Tiefgang von maximal 5,80 m. Die Aufbauten waren vorn und achtern stark gerundet und zu den Schiffenden hin geneigt. Der vordere Aufbau ging am Vorsteven in einen vorragenden Rammsporn über. Die Bewaffnung bestand aus 2×24-cm-Geschützen französischen Fabrikats, die in einem 18 cm dick gepanzerten Drehturm zusammengefaßt waren, der im ersten Drittel der Schiffslänge angeordnet war. Die Dampfmaschi-

Die »CASTOR«, 1830 ein erster Raddampfer der französischen Marine

Binnencontainerschiff »CBK 1700« in Fahrt

nen leisteten 1251 kW (1700 PSe). Mit seinen Zwillingsschrauben erreichte das Schiff eine Geschwindigkeit von 12,3 kn. Zur »CERBERE« gab es die Schwesterschiffe »BELIER«, »BOULE DOGNE« und »TIGER«.

Die französischen Küstenwachtschiffe »CERBERE« und »BELIER« (1869)

»CHALLANGER« LNG-Flüssiggastanker 1976 von 76496 BRT

Chaland: französische Bezeichnung für *Schute*, siehe auch *Baggerschute*.

»CHALLENGER«: erstes für ozeanographische Forschungsaufgaben speziell ausgerüstetes und eingesetztes *Forschungsschiff*. Die »CHALLENGER« wurde als Glattdeck-Schrauben-Dampfkorvette (1500 t Deplacement) von der britischen Marine 1858 in Wollwich gebaut. Im Auftrage der Royal Society wurde sie für ihren wissenschaftlichen Auftrag mit zusätzlichen Unterkünften, Ausrüstungen und Arbeitsmöglichkeiten für Wissenschaftler versehen. Unter wissenschaftlicher Leitung von Sir Charles Wyville Thomson und Kapitän George Nares durchkreuzte das Schiff von 1872 bis 1876 in 727 Seetagen alle Weltozeane auf einer Strecke von 68890 Seemeilen. Die Ergebnisse dieser bedeutendsten ozeanographischen Forschungsexpedition des 19. Jh. wurden in einem 50teiligen Bericht »Report of the scientific results of the voyage of HMS »CHALLENGER« der Weltöffentlichkeit zugängig gemacht. Die gewonnenen Erkenntnisse zur Dichte-, Temperaturverteilung, zu Salzgehalt, Schichtungen, Strömungen und den biologischen Verhältnissen in der Tiefsee waren von grundlegender Bedeutung für die weitere ozeanographische Forschung.
Ein zweites ozeanographisches Schiff »CHALLENGER« wurde 1931 in Dienst gestellt. Es versah den Dienst auch während des zweiten Weltkriegs und danach bis 1949 unter wissenschaftlicher Leitung von T. Gaskell und unter Kapitän Ritchie.

»CHALLENGER« (LNG): Flüssiggastanker von 76496 BRT für verflüssigtes Erdgas (engl. liquified natural gas, Abk. LNG) sowie verflüssigtes Erdölgas (engl. liquified petroleum gas, Abk. LPG). Da Erdgas vorwiegend Methan enthält, ist für LNG-Tanker auch die Bezeichnung Methantanker zutreffend.
Der LNG/LPG-Tanker »CHALLENGER« wurde 1976 auf der norwegischen Werft Moss Rosenberg in Stavanger gebaut. Die 5 Kugeltanks sind als separate Tanks in den Schiffskörper eingesetzt und nur am Oberdeck isoliert mit dem Schiffskörper verbunden. Der volle Tankinhalt von 87600 m^3 wird bei −163 °C von an Land befindlichen Verflüssigungsanlagen innerhalb von 12 Std. übernommen und kann auch in derselben Zeit entladen werden.
Das Schiff ist 261,55 m über Alles und 237 m zwischen den Loten lang und 40 m breit. Die Seitenhöhe beträgt 23 m. Bei vollem Tiefgang von 10,64 m ist die Tragfähigkeit 50746 t DW. Die 22000-kW-Turbine gibt dem Schiff 19 kn Geschwindigkeit.

»CHARLOTTE DUNDAS«: im Jahr 1801 aus Holz gebautes Heckraddampferschleppschiff, das als erstes kommerziell nutzbares Wasserfahrzeug mit Dampfantrieb gilt. WILLIAM SYMINGTON, Maschinenbaumeister einer Kohlengrube, erhielt den Auftrag vom Gouverneur des Forth- und Clyde-Kanals, dem Grundbesitzer und Großaktionär Lord DUNDAS, anstelle des Treidelpferdbetriebs der Kähne auf dem Kanal ein Dampf-Schleppfahrzeug zu bauen. Das Schleppfahrzeug hatte eine Länge von 17 m bei 5,5 m Breite. Der Antrieb des Heckrads erfolgte durch eine 7,36-kW-(10-PS-) Dampfmaschine mit einem liegenden doppeltwirkenden Zylinder von 55 cm Durchmesser. Vom Kolben und der Kolbenstange führte die Pleuelstange direkt zur Kurbelwelle des Heckschaufelrads. Der Zylinder war an Backbord, der Kessel an Steuerbord eingebaut, und das Schleppschiff war mit 2 Steuerrudern versehen. Im März 1802 wurde die Probefahrt mit 2 Kähnen von 70 t Tragfähigkeit im Schlepp durchgeführt. Es gelang bei starkem Gegenwind die Kähne in 6 Std über eine Strecke von 31,4 km zu schleppen.
Trotz dieses Erfolgs forderten die Eigner und Anlieger des Kanals, die Fahrten mit dem Dampfschiff zu unterlassen, da sie befürchteten, daß die entstehenden Wellen die Ufer des Kanals unterspülen und beschädigen würden. Nach dem Tode Lord DUNDAS wurde das Projekt eingestellt. Die »CHARLOTTE DUNDAS« wurde infolge dieser Umstände nicht mehr eingesetzt, in einem Seitenarm des Kanals stillgelegt und später abgewrackt. Erst ab etwa 1812 setzte sich auf dem Clyde-Kanal die Dampfschiffahrt endgültig durch.

Charterschiff: für eine Reise (Tripcharter) oder einen Zielort (Spotcharter) oder mehrere Reisen bzw. eine bestimmte Zeitdauer (Timecharter) voll oder teilweise vom Eignerreeder an andere gegen Entgelt zur Nutzung überlassenes (gemietetes) betriebsfähiges Schiff. Für Teil- und Vollcharterschiffe stellt der Eignerreeder i. allg. das Schiff mit der Besatzung zur Verfügung und trägt auch die Versicherungs- und Reparaturkosten.
Ein Bareboatcharterschiff (bare – nackt, unbe-

Modell der »CHARLOTTE DUNDAS«

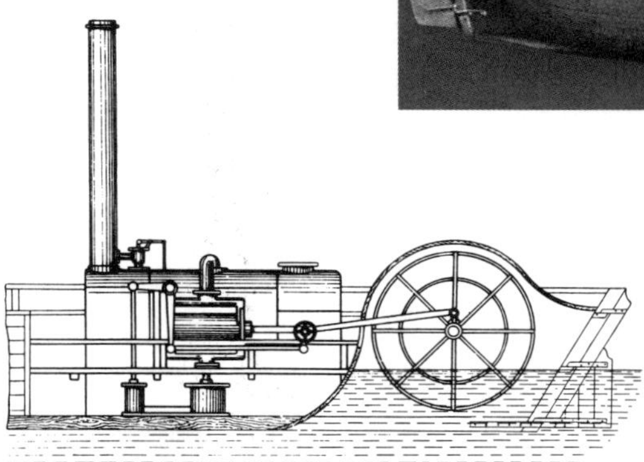

Schema des Schaufelradantriebs der »CHARLOTTE DUNDAS«

mannt) wird dagegen ohne Mannschaft und ohne Übernahme der Versicherungs- und Reparaturkosten vom Eignerreeder gegen Nutzungsentgelt überlassen.

Chatulier: französische Bezeichnung für *Fischereischiff*

Chemikalientanker: Spezialtankschiff (siehe *Tanker*) zum Transport flüssiger bzw. pumpfähiger Chemikalien. Ähnlich wie andere Tanker (Erdöltanker, Erdölproduktentanker, Flüssiggastanker u. a.) wird der Chemiekalientanker i. allg. als Eindeckschiff mit einem durch Zellen unterteilten Schiffskörper mit losen oder festen Tanks aus nichtrostendem Stahl oder Leichtmetall gebaut oder mit Werkstoffen ausgekleidet, die durch Chemikalien nicht zerstört werden. Wichtigste Chemikaliengruppen sind Bitumen, Asphalte, Leime, Latex, Säuren, Laugen, Flüssigdünger, Flüssigschwefel und verflüssigte Gase wie Ammoniak. Um Ladungen, wie Bitumen, pumpfähig zu machen, sind Beheizungen der Tanks erforderlich. Andere Chemikalien, wie Ammoniak, werden verflüssigt in isolierte Tanks übernommen. Andere explosionsgefährdete Ladungen müssen besonders belüftet, schutzgasgefüllt oder gekühlt werden. Kombinationen von Chemikalien-Gastankern können je nach Ladungsaufkommen auch Flüssiggas transportieren.

Chemikalien-Verbrennungsschiff: Spezialschiff zur Verbrennung umweltschädlicher Chemikalienrückstände, die neben Härtesalzen, Quecksilber- und Zyankaliverbindungen u. a. als flüssige oder feste chlorierte Kohlenwasserstoffe insbesondere in der Petrolchemie bei der vollsynthetischen Herstellung von Polyvinylchlorid (PVC) in größeren Mengen entstehen. Obwohl die Regeneration (Rückgewinnung von Chlor) in Rückgewinnungsanlagen umweltschonender ist, verbleiben verschiedene chemische Abfälle. Die nahezu rückstandslose Verbrennung auf See kann bei entsprechender Ausrüstung des Verbrennungsschiffs nur bei geringstmöglicher Belastung der Atmosphäre und des Meeres erfolgen. Hauptsächlich entsteht aus der Verbrennung Salzsäure, die in entsprechend geringer Konzentration die Meeresfauna und -flora nicht negativ beeinflussen darf.

»CHINA«: deutscher Frachtdampfer von 1741 BRT, 1885 von der Flensburger Schiffbau-Gesellschaft gebaut. Das Schiff wurde am 29. Juni 1891 von einem Flensburger Kapitän erworben, der es am 30. August 1895 an die Dampfschiffs-Gesellschaft Swatow in Hamburg (später Chinesische Küstenfahrt-Gesellschaft, Hamburg) weiter verkaufte. Am 24. September 1901 ging das Schiff an die Reederei Menzell in Hamburg.
Die »CHINA« war 77,74 m lang, 10,11 m breit und hatte 7,07 m Tiefgang. Die Zweifach-Expansionsmaschine leistete als Verbund- bzw. Compoundmaschine 530 kW (720 PS) und gab dem Schiff eine Geschwindigkeit von etwa 10 kn. Wie bei Dampfern dieser Zeit üblich, war außerdem eine Hilfsbesegelung vorhanden. Am 16. Juli 1904 ging das Schiff verloren.

»CINCINNATI«: Post- und Passagierdampfer der HAPAG. Der Doppelschrauben-Post- und Passagierdampfer wurde 1908 von der Fa. Schichau in Danzig für die Hamburg-Amerika-Linie gebaut. Das 16 339 BRT (9733 NRT) große Schiff war 183,9 m lang, 19,9 m breit und hatte eine Verdrängung von 25300 t bzw. 27500 t. Die Geschwindigkeit betrug 16 kn. Es war für insgesamt 4000 Passagiere eingerichtet. 1917 wurde das Schiff in den USA beschlagnahmt und fuhr dann als »COVINGTON« unter amerikanischer Flagge.

Cisternenschiff: Bezeichnung für erste Tankschiffe mit größeren abgeteilten Wasser- oder Ölbehältern (Cisternen, Zisternen). Auf den anfänglichen Überseetransport von Petroleum in Fässern (barrels) im Jahr 1861 folgten verschiedene Cisternenschiffe mit besonders eingebauten großräumigen, durch Rohrleitungen füll- und leerbaren Behältern. Nachdem die Schiffskörper allgemein aus Stahl gebaut wurden, konnte der Schiffskörper direkt durch Zellen unterteilt und als Tanks genutzt werden. Als erstes Tankschiff dieser Art gilt das Tankschiff »GLÜCKAUF« (1886, 3000 t DW).

Citadellschiff: Kriegsschiff aus den Anfängen des Panzerschiffs, dessen Seitenwände nur im mittleren Schiffsbereich etwa über ein Drittel der Schiffslänge bis zum Oberdeck zusätzlich in einer sog. Mittelcitadelle gepanzert waren, während die vorderen und hinteren Schiffsbereiche einen Panzergürtel hatten. Der Panzer der Mittelschiffscitadelle schloß an beiden Schiffsseiten unmittelbar an die Seitenpanzer an. Zu den Citadellschiffen gehörten insbesondere die Kasematt- und Turmschiffe.

»CITY OF NEW YORK«: britischer Doppelschrauben-Schnelldampfer. Die 10499 BRT große »CITY OF NEW YORK« wurde auf der Werft von J. & G. Thomson in Clydebank (England) gebaut und lief am 15. März 1888 von Stapel. Das Schiff war über Alles 170,6 m und zwischen den Loten 160,8 m lang, 19,3 m breit und in 15 wasserdichte Abteilungen unterteilt. Es hatte 3 Schornsteine und 3 Masten sowie bereits Einrichtungen zur Schlingerdämpfung. Für die 1740 Passagiere (540 I. Klasse, 200 II. Klasse und 1000 Zwischendeckpassagiere) standen eine Bibliothek und ein Raum für Gottesdienste zu Verfügung.
Die beiden Dreifach-Expansionsmaschinen leisteten 13616 kW (18500 PSi) und gaben dem Schiff eine Geschwindigkeit von 20 kn. Das Schiff galt ». . . als das Beste, was bis dahin schwamm.« Am 1. August 1888 schickte die In-

Der Post- und Passagierdampfer »CINCINNATI«, Baujahr 1908

Britischer Doppelschrauben-Schnelldampfer »CITY OF NEW YORK« (1888)

man-Line (ab 1889 Inman and International Steam Navigation Company) das Schiff auf seine Jungfernreise von Liverpool nach New York. Die Fahrtdauer über den Atlantik wurde mit der »CITY OF NEW YORK« ab 1889 auf weniger als 6 Tage reduziert. Zusammen mit dem Schwesterschiff »CITY OF PARIS« war es der erste Nordatlantik-Schnelldampfer mit 2 Schrauben.

Entsprechend einem Abkommen vom 10. Mai 1892 wurde das Schiff dann auf der Linie Southampton–New York eingesetzt und lief ab 23. Februar 1893 als »NEW YORK« unter USA-Flagge. Während des spanisch-amerikanischen Kriegs wurde das Schiff 1898 von der US-Regierung als Truppentransporter requiriert und in »HARVARD« umgetauft. Danach kehrte es als »NEW YORK« wieder in den Atlantikdienst zurück. Von 1917 bis 1919 fuhr das Schiff als US-Truppentransporter unter dem Namen »PLATTSBURG«. 1922 wurde es an die »Polish Navigation Co.« verkauft und 1923 abgewrackt.

Mit dem Übergang zum Zweischrauber waren die Einschrauben-Schnelldampfer der Cunard-Line, des Norddeutschen Lloyd und der Compagnie-Generale Transatlantique sowie anderer Linien technisch überholt. Der Zweischrauber ermöglichte eine größere Sicherheit des Schiffsantriebs, zumal die noch gefahrenen Hilfssegel bei den immer größeren und schnelleren Schiffen kaum noch Nutzen brachten. Die auch in Rückstand geratene HAPAG bestellte unverzüglich einen Doppelschrauben-Schnelldampfer, die »COLUMBIA« bei Laird Brothers in Birkenhead und einen zweiten bei der »Vulcan«-Werft in Stettin (Szczecin). Die diesem Auftrag entsprechende *»AUGUSTE VICTORIA«* trat am 10. Mai 1889 ihre erste Reise über den Atlantik an.

»CIVETTA«: Versuchsschiff von JOSEPH RESSEL, einem der ersten Erfinder der Schiffsschraube. Eine erste Zeichnung der Schiffsschraube hat RESSEL wahrscheinlich bereits im Jahre 1812 ausgeführt. Nach mehreren Versuchen mit handgetriebenen Propellerbooten beantragte er und erhielt am 11. Februar 1827 das Patent für eine »Schraube ohne Ende zur Fortbewegung der Schiffe«.

Schließlich gelang es ihm, den italienischen Kaufmann OTTAVIO FONTANA zur Mitfinanzierung eines Segel-Schraubendampfschiffs für den Personenverkehr zwischen Triest und Venedig zu gewinnen. Im Jahre 1829 wurde der 17,5 m (60 Fuß) lange, 4 m (11 Fuß) breite Zweimast-Gaffelschoner »CIVETTA« mit 48 t Verdrängung bzw. 33 t Tragfähigkeit auf der Triester Werft Panfili fertiggestellt und konnten die Probefahrten beginnen. Die für eine Leistung von 6 PS (4,4 kW) und 6 kn ausgelegte Dampfmaschine österreichischer Herkunft bedurfte jedoch zur Ingangsetzung jedesmal Muskelkraft und erreichte nicht die erforderliche Betriebszuverlässigkeit. Außerdem gab es beim Probelauf mehrere, mit dem eigentlichen Propellerversuch nicht zusammenhängende Havarien. Unter anderem platzte eine weichgelötete Verbindung der Dampfleitung. Trotz der Schwierigkeiten mit der Maschine stimmte der Partner RESSELS dem Ankauf einer besseren englischen Maschine nicht zu. Schließlich erfolgte im Herbst 1829 die amtli-

Nachbau des Modells der »CIVETTA«, 1829 Versuchsschiff von JOSEPH RESSEL, Schiffahrtsmuseum Rostock

Schnittplan der »CIVETTA« (nach Ch. Geyer)

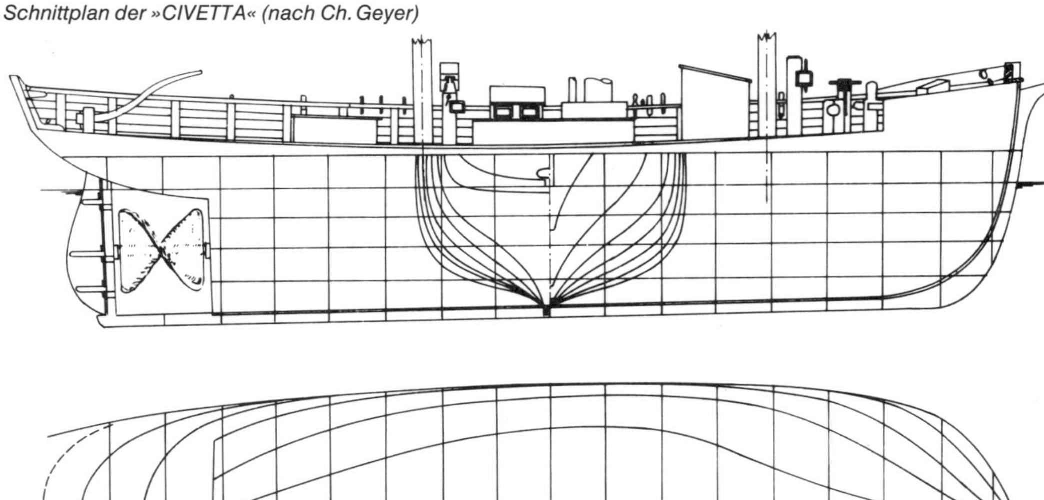

che Probefahrt bei Triest. Wegen der technisch unsicheren Kessel- und Maschinenanlage und der bereits vergebenen Konzession für den Personenverkehr mit Raddampfschiffen konnte RESSEL in Triest für die »CIVETTA« nicht die Fahrtgenehmigung erwirken und mußte das Schiff noch im gleichen Jahr nach Sibenik überführen.
Obwohl die eingängige Heckschraube mit 1,5 Kreisumgang und 5 Fuß Steigung einen beachtlichen technischen Fortschritt darstellte, konnte sich der erfinderische Gedanke unter den unzureichenden technisch-ökonomischen Bedingungen noch nicht durchsetzen und das Schaufelrad ablösen. Wie die Entwicklungsgeschichte in der Chronologie zeigt, brachte erst die schöpferische Arbeit einer ganzen Erfindergeneration schließlich den Erfolg.

»CLERMONT«: das erste kommerziell erfolgreiche, von R. FULTON, 1765 bis 1815, geb. in Little Britain (später in Fulton umbenannt), Pennsylvanien, entwickelte Seitenraddampfschiff der Welt – zunächst ohne Schiffsnamen als »THE STEAM BOAT« – dann als »NORTH RIVER CLERMONT« und schließlich allgemein als »CLERMONT« bezeichnet. R. FULTON benutzte auf seinen Originalaufzeichnungen die Schreibweise »Claremont«, da er das Schiff ursprünglich nach dem Landsitz seines Förderers Livingstone benannte. ROBERT FULTON, gelernter Goldschmied und Uhrmacher, ließ nach seinen Ideen während seines Aufenthalts in Frankreich 1800 das Unterseeboot »NAUTILUS« bauen. Er hat den Versuchen SYMINGTONS mit der *»CHARLOTTE DUNDAS«* (1802) mit großem Interesse als Augenzeuge beigewohnt und sich über Konstruktionsdetails informiert. Diesem Mann war es beschieden, die vielen Vorbehalte zu überwinden und zum Bahnbrecher des Dampfschiffs zu werden. Sein 1804 mit finanzieller Unterstützung des amerikanischen Gesandten in Frankreich geschaffenes Dampfboot war jedoch noch nicht funktionstüchtig.
Nach dem unzureichenden Erfolg seines ersten Dampfboots auf der Seine und dem erfolgreicher verlaufenden Test des zweiten Fahrzeugs in Paris hat FULTON die »CLERMONT« in Nordamerika entworfen und auf der Werft Ch. Brown in New York bauen lassen. Die Dampfmaschine war britischer Herkunft von Boulton & Watt in Soho bei Birmingham. Der hölzerne Rumpf wurde 1807 von Ch. Browne am East River mit der ursprünglichen Länge von 43,28 m und der Breite auf Spanten von 4,27 m erbaut. Noch im Winter des gleichen Jahres wurde das Fahrzeug um 3 m auf 46 m verlängert und auf 6,90 m verbreitert, so daß sich das Deplacement von 160 t auf 180 t erhöhte. Der Dampf-Kofferkessel war 6,1 m (20 Fuß) lang, 2,4 m breit (8 Fuß) und 2,1 m (7 Fuß) hoch und wie ein Landkessel von Mauerwerk umgeben. Der Schornstein hatte 9,14 m (30 Fuß) Höhe. Mit dem auf einem gemauerten Fundament stehenden Kupferkessel wurde Dampf von 0,35 atü erzeugt. Der Antrieb geschah durch eine Einzylinder-Dampfmaschine von 14,7 kW (20 PS) bei 20 Umdrehungen pro Min. mit einem vertikalen Zylinder von 61 cm (24 Zoll) Durchmesser bei 122 cm (48 Zoll) Hub. Die Seiten-Schaufelräder hatten jeweils 8 starre Schaufelblätter von je 1,2 m Breite und 0,6 m Länge bei einem Außendurchmesser von 4,57 m (bzw. 5 m). Die »CLERMONT« führte 2 Maste. In der Höhe der Seitenräder stand ein Mast für ein großes Rahsegel und vor der Achterkajüte ein kleinerer Mast für ein Gaffelsegel. Der Bau des Schiffs hat 20000 Dollar gekostet.

Seitenansicht der »CLERMONT«

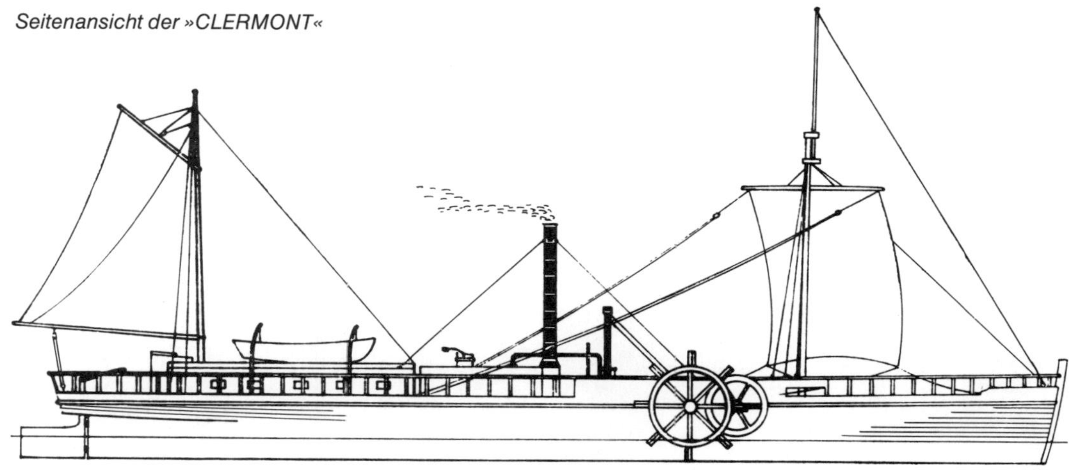

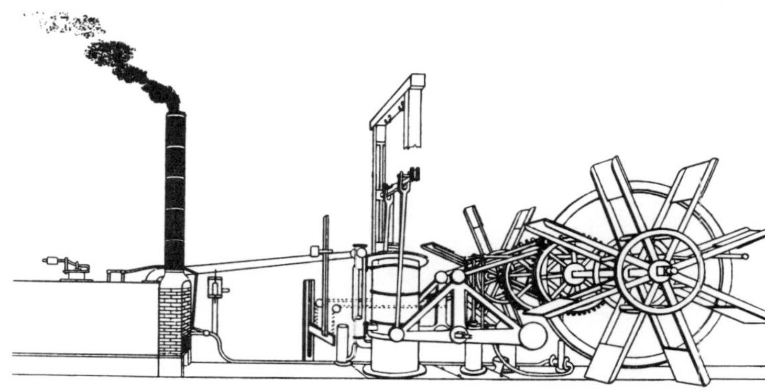

Die Schiffsmaschine der »CLERMONT«

Nur 10 Tage nach den ersten Erprobungen machte die »CLERMONT« am 17. August 1807 mit etwa 30 Fahrgästen an Bord die erste Reise über 150 Seemeilen von New York nach Albany. Die Reise begann mittags um 13.00 Uhr, bei Gegenwind wurde die rund 200 km lange Reise auf dem Hudson mit $7\frac{1}{2}$ km/h begonnen und in 32 Std. bewältigt und für die Rückfahrt – ebenfalls mit Gegenwind, so daß keine Segelunterstützung möglich war – benötigte FULTON sogar 2 Std. weniger. Im September 1807 wurde der regelmäßige Fahrgast- und Frachtdienst zwischen den beiden Orten aufgenommen, eine Hin- und Rückreise kostete 7 Dollar.
Bei dem im Winter 1807/08 durchgeführten Umbau und Einbau eines Verdecks für mehr Fahrgäste wurden u. a. auch Radkästen für die bislang freiumlaufenden Schaufelräder eingebaut. Neben der offiziellen Version des Schutzes der auf 100 Personen erweiterten Fahrgastkapazität gegen Spritzwasser war ein weit gewichtigerer Grund die Sicherung der empfindlichen Antriebsorgane gegen mehr oder minder gewollte »Unfälle« durch konkurrierende Segelpostschiffe. Allen Widerständen zum Trotz erhielt FULTON eine langjährige Monopolkonzession für die Flußschiffahrt mit Dampfschiffen in den USA. Die »CLERMONT« versah bis 1814 ihren Dienst.

»CLEVELAND«: Doppelschrauben-Postdampfer der Hamburg-Amerika-Linie. 1909 stellte die Hamburg-Amerika-Linie den 16960 BRT (10267 NRT) großen Schnelldampfer in Dienst. Das Schiff war 185,0 m lang, 19,9 m breit und hatte eine Verdrängung von 26780 t. Das Doppelschraubenschiff erreichte eine Geschwindigkeit von 16 kn. Die Fahrgastkapazität betrug 2934 Personen. 1919 wurde das Schiff ausgeliefert und fuhr dann als »KING ALEXANDER« für eine Londoner Reederei.

Coal Carrier, *Coaling Ship, Coal Steamer:* siehe *Bulker* und *Massen-Schüttgutschiff*

Coaster, *Küstenfrachtschiff:* für die kleine oder große Küstenfahrt zugelassenes, i. allg. kleines Frachtschiff, dessen Bauweise, Ausrüstung, Vorräte und Bemannung nur den für die Küstenfahrt vorkommenden Seebedingungen und Jahreszeiten entsprechen muß.

»COBRA«: britischer Torpedobootzerstörer und Versuchsschiff zur Einführung der PARSONS-Dampfturbine. Nach den erfolgreichen Fahrten der *»TURBINIA«* erteilte 1897 die britische Admiralität zunächst den Auftrag zum Bau des Torpedobootzerstörers *»VIPER«*, der die gleichen Abmessungen wie die bereits im Bau befindlichen 30-Knoten-Zerstörer erhalten (Länge 64,0 m, Breite 6,4 m, Deplacement 376 ts, 4 Wellen mit je 2 Schrauben), jedoch anstelle der Dampfmaschinen durch Dampfturbinen angetrieben werden sollte.
Kurz danach übernahm ARMSTRONG 1898 für die Haxthorn Leslie & Co Maschinenfabrik im Auftrag der durch PARSONS gegründeten Marine Steam Turbine Company den Bau der »COBRA«. Im Unterschied zur »VIPER«, wurden auf der »COBRA« 4 Wellen mit je 3 Propellern vorge-

Der Doppelschrauben-Postdampfer »CLEVELAND« (1908) der Hamburg-Amerika-Linie

sehen. Auf jeder Schiffsseite kam ein Turbinensatz derart zur Aufstellung, daß die inneren Wellen von den Niederdruckturbinen angetrieben wurden und außerdem je eine Rückwärtsturbine erhielten und die Hochdruckturbinen auf die äußeren Wellen wirkten. Die Gesamtleistung aller 4 Turbinen sollte 7360 kW (10000 PS) betragen. Als Höchstgeschwindigkeit sollten 37 kn erreicht werden. Endgültige Leistungen und Geschwindigkeiten konnten jedoch nicht ermittelt werden, da auf einer der Vorerprobungen an der Tyne-Mündung wenige Monate nach der Indienststellung der Schiffsrumpf infolge zu leichter Bauweise durchbrach. Die »COBRA« ging mit der gesamten Besatzung unter.

»CÖLN« (I): Kleiner Kreuzer der »Kolberg-Klasse«, als sog. ungeschützter Kreuzer für die Kaiserliche Marine in den Jahren 1908 bis 1911 mit den Schwesterschiffen »KOLBERG«, »MAINZ« und »AUGSBURG« erbaut. Die »CÖLN« lief am 5. Juni 1909 auf der Germaniawerft in Kiel von Stapel und wurde am 16. Juni 1911 in den Flottendienst übernommen. Die Baukosten betrugen 8,356 Mill. Reichsmark. Bei 130 m Länge, 14 m Breite und 5,38 m Konstruktionstiefgang betrug das Deplacement 4362 t. Das Deck hatte eine maximale Panzerung von 4 cm, die Schilde der Geschütze waren 5 cm dick und die Bordseiten blieben ungepanzert.
Die ursprünglich eingebauten Zoelly-Turbinen wurden noch vor der Probefahrt gegen 2 Satz Germania-Turbinen ausgewechselt, die zusammen 21370 kW (29036 PSw) leisteten und eine Geschwindigkeit von max. 26,8 kn mit 4 Schrauben erreichten. Zur Bewaffnung gehörten 12×10,5-cm- und 4×5,2-cm-Geschütze sowie 2 Torpedorohre des Kalibers 45 cm, die seitlich unter Wasser lagen.
Der Kleine Kreuzer hatte 349 Mann Besatzung und war als Flaggschiff des Führers der Torpedoboote eingesetzt. Am 28. August 1914 erging der Befehl, zur Unterstützung der vor Helgoland kämpfenden Torpedoboote zur Vorpostensicherung auszulaufen. Im Gefecht mit schweren britischen Seestreitkräften brach um 13.30 Uhr zunächst die Funkverbindung ab und um 14.35 Uhr ging die »CÖLN« mit der gesamten Besatzung unter, nur ein Mann überlebte. Gleichzeitig sanken bei diesem Einsatz das Schwesterschiff »MAINZ«, bei dem es 89 Tote gab und der ältere Kleine Kreuzer »ARIADNE«, auf dem 64 Mann umkamen, so daß mit diesen 3 Schiffen 502 Mann ihr Leben verloren. Admiral v. Tirpitz legte seine Auffassung am gleichen Tage in einem überlieferten Brief wie folgt nieder: »Ich bin in großer Sorge wegen der Affäre bei Helgoland. Mir scheint, man hat sich überraschen lassen. Unsere leichten Streitkräfte sind nicht ausreichend für solche Scharmützel. Wenn das so fortgeht, werden sie bald zerrieben sein.«

»CÖLN«: Fracht- und Passagierdampfer des Norddeutschen Lloyd; Bremen. Das 7409 BRT und 4666 NRT große Schiff wurde 1899 in Geestemünde aus Eisen gebaut. Es war 130,74 m lang, 16,56 m breit, besaß eine Raumtiefe von 12,00 m und fuhr mit 105 Mann Besatzung. Die Bauart dieses Schiffes ist für den Übergang vom reinen Frachtdampfer über den Fracht- und Passagierdampfer zum Passagier-Schnelldampfer kennzeichnend. Derartige Schiffe wurden daher auch oft als Postdampfer eingesetzt. Die Antriebsanlage bestand aus 2 Dreifach-Expansionsmaschinen mit einer Leistung von 2429 kW (3300 PSi).

»COLUMBUS«: deutscher Schnelldampfer. Kurz vor dem ersten Weltkrieg bestellte der Norddeutsche Lloyd bei der Schichau-Werft in Danzig (Gdansk) einen großen Schnelldampfer für die Route Bremen–New York. Der noch vor 1914 begonnene Bau ruhte jedoch während des Kriegs. Da es 1918 noch unvollendet und in Danzig in Bau war, fiel das Schiff nicht unter die Reparationsleistungen. Die »COLUMBUS« lief erst am 17. Juni 1922 von Stapel und wurde Anfang Dezember zur völligen Fertigstellung und Ausrüstung nach Bremerhaven geschleppt. Sie wurde nach der Fertigstellung das seinerzeit größte Handelsschiff Deutschlands. Das Schwesterschiff war an England abgeliefert worden und fuhr als »HOMERIC« bei der White Star Line.
Die Jungfernfahrt begann am 21. April 1924 und führte von Bremerhaven nach New York. Als am 28. August 1928 in Bremerhaven der große »Seebahnhof« eingeweiht wurde, machte die »COLUMBUS« als erstes Schiff an der neuen »Columbuskaje« fest.
Das 32565 BRT große Schiff verdrängte 40000 t und war durch 14 Querschotte unterteilt. Die 18 Laderäume hatten ein Fassungsvermögen von 5558 m^3 Schüttgut bzw. 4805 m^3 Stückgüter. Es war 236,20 m lang, 25,30 m breit und hatte bei einer Seitenhöhe von 16,50 m einen Tiefgang von 10,00 m. Das Schiff fuhr mit einer Besatzung von 667 Mann und konnte 1800 Passagiere befördern, davon 707 I. Klasse, 436 II. Klasse, 199

Deutscher Kleiner Kreuzer »CÖLN« (I) 1909

Touristenklasse und 490 III. Klasse. Die Maschinenanlage bestand ursprünglich aus 2 Dreifach-Expansions-Kolbendampfmaschinen mit einer Gesamtleistung von 22080 kW (30000 PS). Über 2 Wellenleitungen von 65 cm Durchmesser wurden 2 dreiflüglige Propeller angetrieben, von denen jeder eine Masse von 39 t hatte. Den Dampf lieferten 12 Doppelkessel mit einem Druck von 14,5 atü (1,55 MPa). In der Zeit von Juli bis Dezember 1929 wurde das Schiff bei Blohm & Voss in Hamburg umgebaut, wobei die beiden Kolbendampfmaschinen gegen 2 Turbinensätze von etwa gleicher Leistung ausgetauscht wurden. Am 19. Dezember 1939 wurde das Schiff während der Heimreise auf dem Atlantik von dem britischen Zerstörer »HYPERION« gestellt, nachdem dieser ständig durch den amerikanischen Kreuzer »TUSCALOOSA« über den Standort der »COLUMBUS« informiert worden war. Die Besatzung setzte das Schiff in Brand und am Morgen des 20. Dezember 1939 sank die »COLUMBUS«.

Die »COLUMBUS« als vielfältiges Demonstrationsobjekt

Combined Ship: siehe *Mehrzweck-Frachtschiff*

»COMET«: das erste europäische Seitenrad-Dampfboot, das im regelmäßigen Fahrgastdienst eingesetzt wurde. Der Name erinnert an den 1811 in Erdnähe gesichteten Kometen. Der Schotte H. BELL, Schiffbaumeister und Hotelbesitzer nebst Badeanstalt, ließ 1812 auf der Werft J. Ward & Sohn im Hafen von Glasgow ein Dampfboot von 12,2 m (40 ft) Länge und 3,4 m (11,25 ft) Breite sowie 1,7 m (5,6 ft) Tiefgang mit einer Einzylinder-Dampfmaschine von Watt mit 3 kW (4 PS) bauen, das zuerst mit einem Paddelkreuz, später jedoch mit Seitenschaufelrädern eine Geschwindigkeit von 9,2 km/h erreichte. Am Schornstein konnte noch ein Hilfssegel gesetzt werden. Am 16. Januar 1812 eröffnete das Dampfboot den Linienverkehr zwischen Bell's Hotel und der Stadt Glasgow. Am 5. August 1812 erfolgte mit der »COMET« die Aufnahme eines regelmäßigen Fahrgast- und Frachtdienstes auf dem Clyde zwischen Glasgow, Greenock und

Backbord-Mehrscheiben-Drucklager und Laufwelle des Schnelldampfers »COLUMBUS«

Die »COMET« (1812) von HENRY BELL, das erste europäische Dampfboot im regelmäßigen Fahrgastverkehr

Originalmaschine der »COMET« von HENRY BELL

Helensburgh, wodurch der Personenverkehr erheblichen Auftrieb erhielt und außerdem 30 t Lasten befördert werden konnten. Ab 1816 fuhr die »COMET« auch auf der offenen See und als erstes Dampfboot in der Firth-of-Fourth-Bucht. Ab 1819 wurde der Fahrdienst in den Bereich der West-Highlands bis nach Tarbert und Olban ausgedehnt. Bei einer Rückfahrt von Fort William geriet die »COMET« im Dezember 1820 in einen Sturm und wurde auf die Küste getrieben. Aus dem wrackgewordenen Schiff konnte nur die Maschine gerettet werden. In Europa war die »COMET« das erste kommerzielle Passagier-Dampfschiff und Vorbild für weitere bedeutende Fortschritte des englischen Dampfschiffbaues.

Compositschiff: aus mehreren Hauptbaustoffen, insbesondere aus Holz und Stahl bzw. anfänglich aus Holz und Eisen gebautes Schiff. Compositschiffe wurden ab Mitte 19. Jh. häufig auf englischen Werften gebaut, als sich der Holzmangel in England verstärkte und das Eisen schon verfügbar war. Nach und nach wurden zur Verstärkung hölzerner Schiffe mehr eiserne Verbände wie Kniebleche, Winkelbeschläge, Bodenwrangen, Spanten und Decksbalken eingebaut, jedoch blieben der Kiel, die Vor- und Achtersteven sowie die Beplankung und das Deck noch weiterhin aus Holz.
Der Großsegler »GREAT REPUBLIC« (1853) ist eines der ersten großen Compositschiffe der Welt. Mit fast 100 m Länge war die Grenze des reinen Holzschiffbaus erreicht, und es wurden Verstärkungen des Rumpfes durch eiserne Verbände erforderlich. Weiter gab es Compositschiffe mit hölzernen Spanten und einer Außenhaut aus Eisenplatten, um eine wasserdichte Außenhülle zu schaffen, die bei Holzbeplankung nur durch häufiges kalfatern zu erreichen war. Der weltbekannte Schiffsversicherer Lloyd übernahm für Compositschiffe eine Versicherung nur dann, wenn die Masse aller zum Bau verwendeten Metallteile nicht mehr als 10···12% der hölzernen Eigenmasse des betreffenden Schiffes ausmachte.
In der Binnenschiffahrt wurden Compositschiffe bis in unsere Tage als Schleppkähne mit Holzböden gebaut, da bei Grundberührungen der Holzboden nachgibt und Beschädigungen einfacher auszubessern waren. Mit den Fortschritten im Stahlbau verlor die Compositbauweise an Bedeutung.

CONDOCK: universelles Zubringer-Frachtschiff für Container, Ro/Ro-, Leicht- und Schwergut sowie Schwimmleichter (Bargen) mit einem dockähnlichen Be- und Entladesystem.
Ein erstes Schiff dieses Typs wurde 1979 von der Schiffswerft Nobiskrug (BRD) gebaut und von einer Hamburger Küstenschiffahrtsreederei in Betrieb genommen. Das 93,1 m lange und 19,6 m breite Schiff kann entweder 383 20′-Container oder 3 Lash- oder 2 Seabee-Leichter oder 25 Trailer mit 40′-Containern laden bei 3400 t Tragfähigkeit. Die für den universellen Einsatz erforderliche vielseitige Ausrüstung erhöhte jedoch bei der begrenzten Schiffsgröße den Schiffspreis und die Schiffsbetriebskosten bedeutend.

CONFLOW-Selbstentlader: ein selbstentladbarer *Bulker* mit spezieller bordeigener Entladeausrüstung mit continuierlichem Ladefluß (**Conti**nuous **Flow**). Die CONFLOW-Anlage mit Schaufelrädern, Förderbändern und Becherwerk wurde 1966/67 von der Fa. Orenstein & Koppel und der Lübecker Maschinenbau A. G. entwickelt und erstmalig auf MS »RUGIA« für den Hamburger Reeder P. Döhle eingesetzt. Die Anlage wird auf die Lukensülle aufgesetzt, ist verfahrbar und auf die Luken umsetzbar und wird jeweils an die verschiedenen Fördergüter angepaßt. Zum Entladen wird das Verladeband quer über die Bordseite ausgeschwenkt und in Ruhestellung wird die Anlage auf den Lukenabdeckungen gefahren. Bei einer Antriebsleistung von etwa 200 kW hat die Conflow-Anlage eine Eigenmasse von etwa 100 t.

CONHOP-Schiff (Container-Cargo-Helicopter Operation): Spezial-Containerschiff insbesondere für militärische Nachschuboperationen, bei denen Hubschrauber an Bord mitgeführt werden, die zur Entladung außerhalb von Häfen eingesetzt werden. Die Projekte derartiger Schiffe sind zur schnellen Entladung durch einen besonders hohen Anteil von Deckscontainern gekennzeichnet bzw. fahren sogar alle Container auf Deckscontainerplätzen.

CONRO-Schiff: kombinierter Schiffstyp für den Transport von Containern und Rollender Ladung, ein Container-Ro/Ro-Schiff, siehe auch *Lo/Ro-Schiff*. Das Vollcontainerschiff, siehe *Containerschiff*, ist infolge fest eingebauter Staugerüste in den Laderäumen und teilweise auch an Deck fast ausschließlich auf die Containerfahrt spezialisiert. Für verschiedene Linien- und Zubringerdienste sind dadurch die Transportmöglichkeiten für nichtcontainerisierte Ladungen und insbesondere rollende Ladungen eng begrenzt. Durch die Kombination zweier Ladungsprinzipe, des Vertikalumschlags von Containern (Lift on, Lift off: siehe *Lo/Ro-Schiff*) und des rollenden Horizontalumschlags (Roll on, Roll off: siehe *Ro/Ro-Schiff*) erhöht sich die Ladungsflexibilität. Der Anteil von Containerstellplätzen und der von Stellplätzen für rollende Ladungen resultiert aus dem Ladungsaufkommen. Die Decksfläche wird i. allg. wegen der üblichen mehrlagigen Containerstauung mit Containern belegt, und der Unterdecksraum ist ganz oder teilweise durch Zwischendecks für rollende Ladung unterteilt.

Containerzurrungen für Deckscontainerstapel

Die rollende Be- und Entladung wird wie bei Ro/Ro-Schiffen meistens über Heckrampen vorgenommen, so daß insbesondere die hinteren Laderäume für Trailer (siehe *Trailerschiff*) oder andere Ro/Ro-Ladungen vorgesehen werden.

Container-Katamaranschiff: *Containerschiff* in Doppelrumpfbauweise. Für das schnelle Be- und Entladen von Containerschiffen ist ein möglichst großer Anteil von Deckscontaineren in Staugerüsten günstig. Durch die Katamaran-Bauweise können mehr Decksstellplätze und eine größere Querstabilität erreicht werden. Infolge der Doppelrümpfe oder des katamaranähnlichen Hecks vergrößert sich jedoch der Widerstand und erhöht sich die erforderliche Antriebsleistung, so daß die Vorteile hauptsächlich bei geringer Dienstgeschwindigkeit nutzbar sind. Eine andere Kombination für den Container- und Bargentransport vergrößert die Einsatzflexibilität, wie beispielsweise beim Barge-Catamaran, siehe *BACAT*.

Container-Palettenschiff: Containerschiff, bei dem ein oder mehrere Laderäume durch Zwischendecks unterteilt und durch Seitenpforten mit Standard- oder Spezialpaletten be- und entladbar sind. Durch solche Kombinationen können auf bestimmten Routen mit stabilen Güterströmen zusätzliche Rationalisierungseffekte, z. B. beim Transport von Papier- oder Kabelrollen, Stammholz oder Blechrollen u. a. ohne Verpackung oder Containerbenutzung auf Paletten, erreicht werden. Die Paletten werden durch Hubwagen oder Gabelstapler auf die Kai gebracht und durch Pforten der jeweiligen Decks an Bord gegeben. Andere Fördermittel transportieren innerhalb des Schiffes die Paletten auf die Stellplätze. Spezialpaletten können auch selbstrollend auf den Decks verfahren werden.

Containerschiff: modernes Eindeck-Frachtschiff für den See- und Binnenwasserstraßentransport von wiederverwendbaren unifizierten und in den Abmessungen und Beschlägen international standardisierten Lade- und Transportbehältern, den sog. »Containern«, i. allg. im Vertikalumschlag (Lift on/Lift off). Das Containerschiff entwickelte sich seit den ersten kommerziellen Fahrten weltweit zum Hauptnachfolgetyp des konventionellen Mehrzweck-Stückgutfrachtschiffs für unifizierte Stückguteinheiten.
Nach dem zweiten Weltkrieg versuchte man zunächst in den USA, die bei der Truppenversorgung mit Großbehältern entwickelten Technologien für zivile Transporte im inneramerikanischen Seeverkehr zu nutzen. Neben anderen begann die Pan Atlantic Steamship Corporation 1955 mit 2 umgebauten Tankern den Behälterverkehr. Das erste Zellencontainerschiff »GATEWAY CITY« entstand 1957 im Auftrag der Sea – Land Service Inc. (USA) durch Umbau eines 1943 gebauten Stückgutfrachtschiffs. Das 143,0 m über Alles lange Schiff hatte nach dem Umbau 5945 t DW und konnte in den Laderäumen ohne Unterstau 170 Stück und an Deck 60 Stück 35 Fuß lange Container stapeln.
1966 eröffnete das erste Vollcontainerschiff »FAIRLAND« mit 300 Containern die Nordamerika-Nordeuropafahrt, und bereits ein Jahr danach überraschten die USA-Reedereien ihre europäischen Konkurrenten durch den schlagartigen Containereinsatz auf den Nordatlantiklinien. Das Containerschiff erhöht die Transportkapazität bzw. Transportleistung gegenüber dem heterogenen Stückguttransport auf mehr als das doppelte und vermindert Transportkosten, Güterverluste, Lade- und Löschzeiten.
Zwischenzeitlich gab es verschiedene Versuche, um den Rücktransport leerer Container durch zusammenlegbare, sog. »Collapsible Container« oder »Coltainer« zu rationalisieren. Obwohl diese Containertypen nur etwa 20 % des sonst für Leercontainer notwendigen Raums einnahmen, war der Aufwand der Montage und Demontage zu groß, und die Steifigkeit war nicht gleichermaßen gewährleistet.
Nach dem Containerladungsteil werden Semicontainerschiffe, Vollcontainerschiffe und kombinierte Containerschiffe unterschieden. Entsprechend den Fahrtgebieten gibt es Binnen-, Küsten-, Zubringer- und Hochsee-Containerschiffe. Bezüglich der Anzahl der Containerstellplätze von Hochsee-Containerschiffen werden Schiffe mit weniger als 1000 TEU (**T**wenty **E**quivalent **U**nits; 20-Fuß-Container) als kleine bzw. mittelgroße Containerschiffe, bis zu 3000 TEU als Großcontainerschiffe und noch größere als Supercontainerschiffe bezeichnet. Des weiteren unterscheiden sich Containerschiffe im Umfang und in der Art der bordeigenen Umschlagmittel für unterschiedliche Fahrtlinien. Die Vorzüge der Unifizierung vorher heterogener Transportgüter zu Ladungseinheiten von Waggon- und Schwerlastzuggröße sowie der witterungsgeschützte Transport in stabilen Behältern mit einheitlichen Beschlägen zum Verladen und Festsetzen sind bei den großen Ladungsmengen im Schiffstransport besonders wirksam. Vorwiegend werden Standardcontainer von 20 Fuß Länge (6,055 m) und 40 Fuß Länge (12,190 m) mit der einheitlichen Breite 8 Fuß (2,435 m) mit der gleichen Höhe oder 8 ½ Fuß Höhe gefahren. Je nach Belastbarkeit der Container und der Schiffsgröße können in den Laderäumen 6···9 Containerlagen übereinander direkt ohne seitliches Versetzen durch große Luken in Containerstaugerüsten auf festen Stellplätzen abgesetzt und entladen werden; siehe auch *Offenes Schiff*.
Dadurch entfallen insbesondere beim Vollcontainerschiff zusätzliche Zwischendecks zur Ladungsseparierung und -zurrung. Der bei konventionellen Stückgutschiffen nur begrenzt nutzbare freie Decksraum wird weitgehend für Containerladungen nutzbar. Moderne Containerschiffe fahren unter Ausnutzung nahezu der vollen Schiffslänge auf entsprechenden breiten Decks 3 oder 4 Lagen Deckscontainer, so daß etwa die Hälfte der Container an Deck meistens auf Pontonlukendeckeln gestapelt wird. Von den verschiedenen kombinierten Containerschiffen haben besonders Kombinationen mit dem *Ro/Ro-Schiff* zum sog. *Lo/Ro-Schiff* Bedeutung, bei denen der Decksraum für Container in festen Staugerüsten und ein Teil oder der gesamte Unterdecksraum für rollende Ladung genutzt werden. Siehe auch *CBK 1700*, *»MERCUR«* und *»SATURN«*.
Zu den weltgrößten Containerschiffen mit einer Stellplatzkapazität über 4000 TEU für den »Rund um die Welt Dienst« gehören die Containerschiffe der United States Lines mit einer Länge über Alles um 290,0 m und etwa 280,0 m zwischen den Loten, 32,2 m Breite (Panama-Kanal-Maximalbreite), 21,5 m Seitenhöhe, 11,5 m Tiefgang. Bei einer Tragfähigkeit um 58 000 t können diese Schiffe mit 3 Parallelluken unter Deck 2464 und an Deck 1794 TEU, d. h. insgesamt 4258 TEU in und auf 19 Laderäumen von 12,7 m (2×20′ bzw. 1×40′) fahren. Diese modernen Einschraubenschiffe werden durch einen Langhub-Dieselmotor von 20 600 kW angetrieben, ihre Dienstgeschwindigkeit liegt bei 18 kn.

Convoischiff: siehe *Konvoischiff* und *Geleitschiff*

»CORCOVADO«: Doppelschrauben Passagier- und Frachtdampfer. Das Schiff wurde 1907 für die Hamburg-Amerika-Linie (HAL) auf der Kieler Werft gebaut und war mit 8099 BRT (4898 NRT) vermessen. Die später auch als »Großer Postdampfer« bezeichnete »CORCOVADO« war 136,34 m lang, 16,84 m breit und hatte einen Tiefgang von 8,54 m; die Besatzung bestand aus 136 Mann.
Die Vierfach-Expansionsmaschinen des Doppelschraubendampfers leisteten je 3312 kW (4500 PS). Auf der »CORCOVADO« sowie auf dem Schwesterschiff »YPIRANGA« ließ die HAL erst-

Post- und Passagierdampfer »CORCOVADO« (1907)

mals Frahmsche Schlingerdämpfungstanks einbauen, die im Frühjahr 1910 ihre »vorzügliche Wirksamkeit« bewiesen. Es waren die ersten Passagierschiffe mit den von H. FRAHM entwikkelten Schlingerdämpfungseinrichtungen.
Im ersten Weltkrieg diente die »CORCOVADO« in einem türkischen Hafen der sog. »Mittelmeerdivision« (»GOEBEN«, »BRESLAU« sowie einer U-Boot-Halbflottille) als Wohnschiff. 1917 wurde das Schiff an die Türkei verkauft, erhielt den Namen »SUEH« und wurde noch 4 mal weiterverkauft.

Corvette: siehe *Korvette*

Cruising Liner: siehe *Kreuzfahrtenschiff*

Die »CURACAO« ex »CALPE«, erstes holländisches Raddampfschiff, das 1827 den Atlantik überquerte

»CURACAO« ex »CALPE«: erstes Dampfschiff der niederländischen Marine. Der hölzerne Seitenradampfer wurde 1825 ursprünglich unter den Namen »CALPE« für den Frachtdienst zwischen Großbritannien, Amerika und Westindien gebaut. Im Oktober 1826 wurde das Schiff dann jedoch unter dem neuen Namen »CURACAO« als erstes Dampfschiff in die niederländische Marine übernommen. Die Bewaffnung bestand zunächst aus 2 eisernen 12-Pfünder-Karronaden, die jedoch später auf fünf 36-Pfünder und zwei 6-Pfünder erhöht wurde.
Die Hauptdaten des Schiffs waren: Länge über Deck 39,80 m; Länge zwischen den Loten 38,82 m; Breite 8,20 m; Breite über Seitenräder 13,69 m; Tiefgang etwa 4,10 m; Tiefe im Raum 5,02 m; vermessen mit 438 BRT und 239 NRT. Die »CURACAO« fuhr mit 3 schonergetakelten Masten und einer 2-Zylinder-Dampfmaschine von etwa 150 PSi (etwa 100 kW). Die Bunkerkohle befand sich in eisernen Bunkern beidseitig des Maschinenraums und einem weiteren hinteren Bunker. Der Gesamtkohlevorrat wurde später durch 2 weitere oberhalb des Kessels eingebaute hölzerne Bunker auf etwa 95 t erhöht. Die Seiten-Schaufelräder hatten je 14 radial angeordnete feststehende Schaufelblätter von etwa 2,15 m Länge und 0,60 m Breite.
Bei 22 Umdrehungen pro Minute gaben sie dem Schiff eine Geschwindigkeit von etwa 8 kn. Wenn nur unter Segel gefahren werden sollte oder Reparaturen an der Maschine oder an den Kesseln erforderlich wurden, konnten die Schaufelräder frei auf der Radwelle drehen. Die Zweckmäßigkeit erwies sich bereits 1827 auf der ersten Überfahrt von Rotterdam nach Guyana. An den Schaufelrädern mußten verlorene Schaufelblätter ersetzt und die Feuer unter den Kesseln gelöscht werden, um die mit Salz verkrusteten Kessel zu reinigen und Leckagen zu beseitigen. Trotz dieser Schwierigkeiten wurde die Überfahrt von 4000 Seemeilen in 28 Tagen mit zeitweilliger Maschinenunterstützung bei einer durchschnittlichen Geschwindigkeit von 6 kn bewältigt. Bei der zweiten Überfahrt, die nur 25 Tage dauerte, konnte bereits die ersten 13 Tage kontinuierlich unter Dampf gefahren werden. Nach der dritten Fahrt auf dieser Route wurde die »CURACAO« in heimischen Gewässern unter anderem für Fahrten nach London eingesetzt. 1840 erfolgten noch weitere Fahrten im westindischen Gebiet, bevor das Schiff 1846 außer Dienst gestellt und 1850 abgewrackt wurde.

»CUSTOZZA« (1872) österreichisch-ungarisches Panzerschiff

»CUSTOZZA«: österreich-ungarisches Panzer-Kasematt-Schiff. Zusammen mit der »ERZHERZOG ALBRECHT« gehörte die »CUSTOZZA« zu den ersten eisernen Kriegsschiffen der österreich-ungarischen Flotte, die ab 1872 gebaut wurden. Das mit Rammsporn und ausfallendem Heck bei der AG. »Stabilimento tecnico Triestino« von S. ROCCO gebaute und am 20. August 1872 von Stapel gelassene Schiff hatte ein Deplacement von 7060 t. Die Doppelkasematten und der Gürtel waren gepanzert. Die Panzerstärke betrug 17,8 cm. Das Schiff hatte eine Länge über Alles von 95 m, zwischen den Loten von 92 m, war 17 m breit und hatte einen achteren Tiefgang von 8 m. Die Dampfmaschine mit einer Leistung von 4640 PSe (3415 kW) aus der Maschinenbauwerkstatt von S. ANDREA bei Triest verlieh dem Schraubenschiff eine Geschwindigkeit von 14 kn. Die Bewaffnung bestand aus 8×26-cm-Krupp-Geschützen, die in 2 Kasematten übereinander als sogenannte doppelte Centralbatterie angeordnet waren. Die Bordwand vor den Kasematten war stark eingezogen, so daß Bugfeuer in Kielrichtung aus Geschützen möglich war. Außerdem waren noch 6×9-cm- und 2×7-cm-Geschütze der leichten Artillerie an Bord.

D

Dampfbagger: siehe *Bagger*

Dampfbarkasse: durch eine Dampfmaschine angetriebene *Barkasse* oder kleineres Verkehrsboot, wie es besonders bei der Marine in der Dampfschiffszeit üblich war. Mit der Funktionsreife des Dieselmotors wurde die Dampfbarkasse unwirtschaftlich und durch die Motorbarkasse ersetzt.

Dampfbeiboot: durch Dampfmaschine und Propeller angetriebenes Beiboot der Kriegsschiffe in der Dampfschiffszeit, wie die *Dampfbarkasse* als

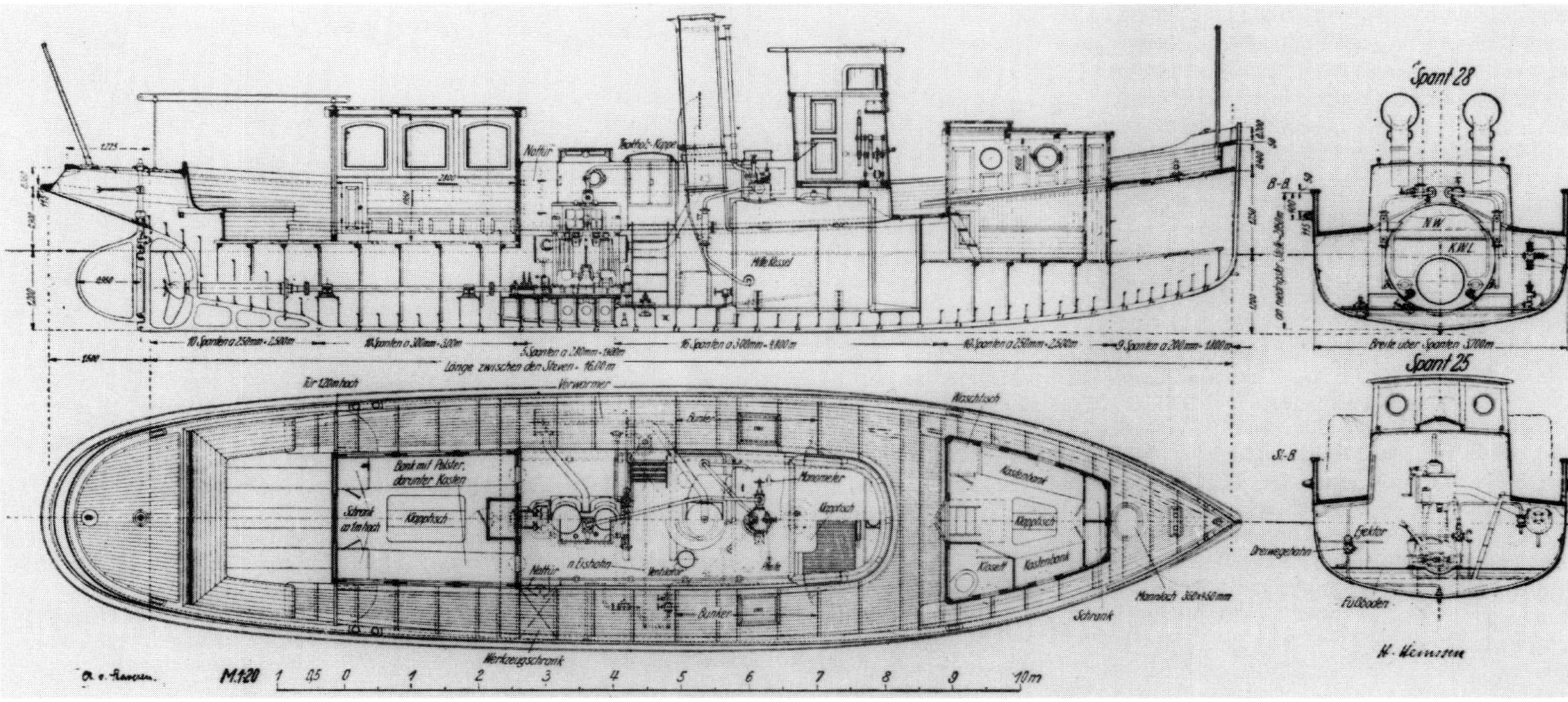

Generalplan der Dampfbarkasse »OBERELBE«

das größte Beiboot und die *Dampfpinasse* sowie der *Dampfkutter* als kleinere Beiboote. Für Dampfbeiboote mußten die Kessel und Dampfmaschinen besonders klein und leicht gebaut sein. Äußeres Kennzeichen waren der meist blank polierte unverkleidet im Boot stehende Kupferkessel, der die Seitenhöhe des Bootes überragte und der kurze Schornstein. Mit der Entwicklung des Motorantriebs waren Dampfbeiboote technisch überholt.

Dampfboot: kleines Boot mit Dampfantrieb. Schon bald nach ihrem Erscheinen erfreuten sich die »Dampfböte« wie sie damals genannt wurden, größter Beliebtheit, auch wenn man sie hier und dort noch mit Argwohn beobachtete. Dampfboote gab es bald allerorts als sog. »Lustfahrzeuge« mit Sonnensegel, Kajüte und auserwähltem Mobilar.
Für Expeditionen, Forschungsreisende, Gouverneure und Missionare war es ein Fortbewegungsmittel für einen oft mehr oder weniger guten Zweck. Mit ihnen konnte man mit geringer Mühe mit allem Gepäck auf den großen Strömen bis weit in das Landesinnere vordringen, zumal die ersten Dampfkessel noch mit Holz gefeuert werden konnten. Verschiedene Firmen bauten auch leicht zerlegbare Boote, die längere Strekken über Land transportiert und wieder zusammengebaut werden konnten. Solche Dampfboote spielten besonders bei der Kolonialisierung Afrikas eine Rolle.
Dampfboote mit den inzwischen zum schnellaufenden »Dampfmotor« weiterentwickelten Dampfmaschine standen in den ersten Jahrzehnten nach der Jahrhundertwende in harter Konkurrenz mit den neu auf den Markt gekommenen Bootsmotoren.

Dampfer: siehe *Dampfschiff*

Dampffähre: siehe *Fährschiff*

Die »CYCLOPS«, 1839 erste britische Rad-Dampfkorvette

Dampffregatte: im Unterschied zur ausschließlich durch Segel angetriebenen Segelfregatte eine *Fregatte* während der Übergangszeit von der Segel- zur Dampfschiffahrt, die ausschließlich durch Dampfmaschinen angetrieben wurde oder unter vollständiger oder teilweiser Beibehaltung der Fregattentakelung unter Dampf und Segel fuhr. Wie bei der ursprünglichen Segelfregatte bestand die Bestückung aus einer gedeckten Batterie und einer Oberdecksbatterie.

Dampfkanonenboot: *Kanonenboot* während der Übergangszeit vom Segel- zum Dampfschiff, das durch Dampfmaschinen über Schaufelräder und nach der allgemeinen Einführung des Propellers durch Schraubenpropeller angetrieben wurde.

Dampfkorvette: *Korvette* während der Übergangszeit vom Segel- zum Dampfschiff. Die durch eine Dampfmaschine angetriebene Dampfkorvette wurde anfänglich durch seitliche Schaufelräder bewegt und als »Radkorvette« bezeichnet. Nach der allgemeinen Einführung des

Schraubenpropellers geschah der Antrieb durch eine Schraube, und diese Korvette wurde »Schraubenkorvette« genannt. Beide Dampfkorvettentypen fuhren noch mehrere Jahrzehnte nach der Einführung des Dampfantriebs außerdem noch unter voller oder teilweiser Besegelung.
Die Dampfkorvette war entweder eine Gedeckte Korvette mit einer gedeckten Batterie und einer Oberdecksbatterie oder eine Glattdeck-Korvette, die nur auf dem Oberdeck Geschütze führte. Von der *Dampffregatte* unterscheidet sich die Dampfkorvette hauptsächlich durch ihre geringere Größe.

Dampfkutter: kleineres Gebrauchsboot und *Dampfbeiboot* auf Kriegsschiffen während der Übergangszeit vom Segel- zum Dampfantrieb, wie die *Dampfpinasse* oder die größere *Dampfbarkasse*. Der Segelkutter hatte sich mit seiner Schnelligkeit, Wendigkeit und einfachen Besegelung gut bewährt, so daß für den Dampfantrieb für die damalige Zeit hohe Anforderungen hinsichtlich einer geringen Masse und einer ausreichenden Leistung gestellt werden mußten. Außerdem behielt man noch über längere Zeit die Besegelung zusätzlich bei. Nach der Entwicklung geeigneter Motoren wurde der Dampfkutter durch den Motorkutter abgelöst.

Dampflogger: ein *Logger* für den Triebnetzfang, der durch eine Dampfmaschine angetrieben wurde. Wie bei anderen maschinenangetriebenen *Fischereischiffen* leitete der Dampflogger die Entwicklung zum modernen motorgetriebenen *Fangschiff* ein.

Dampfmaschinen-Hilfsschiff: *Hilfsschiff, Ponton* oder *Schute* während der Dampfschiffszeit, ausgerüstet mit einer oder mehreren Dampfmaschinen nicht für den eigenen Schiffsantrieb, sondern für Hilfeleistungen in Häfen oder auf Reede. Eingesetzt wurde dieses Hilfsschiff beispielsweise zur Dampfübergabe an Dampfschiffe während der Säuberung oder Instandsetzung der Kessel, zum Pumpen flüssiger Ladung oder zum Lenzen von Tanks bzw. Heben oder Aufrichten gesunkener oder gekenterter Schiffe als »Pumpenschiff« oder *Bergungsschiff*.

Dampfpinasse: kleines Verkehrs- und Beiboot aus der Übergangszeit vom Segel- zum Dampfantrieb bis in die ersten Jahrzehnte des 20. Jh., ähnlich dem *Dampfkutter*; siehe auch *Dampfbeiboot*.

Dampfprahm: dem Prahm oder der Schute ähnliches Fahrzeug mit großen offenen Laderäumen für Schüttgüter, jedoch mit eigenem Dampfmaschinenantrieb. Dampfprahme einfacher Bauart bewährten sich besonders für den Transport von Baggerschüttgut (siehe *Bagger*), Bau- und Heizstoffen auf Binnenwasserstraßen und in Küstennähe. Der Dampfprahm steht am Entwicklungsbeginn des Binnengüterschiffs mit Eigenantrieb durch Dampfmaschinen bis zum heutigen Binnen-Motorgüterschiff.

Dampfschiff: durch Dampfkraft angetriebenes Schiff. Zur Entwicklung des Dampfschiffs gab es bereits in den früheren Jahrhunderten verschiedene Ansätze, die vorangestellte Chronologie enthält dazu die bekanntesten Beiträge.
Die ersten funktionsfähigen Dampfschiffe entstanden um die Wende vom 18. zum 19. Jh., wie die *»CHARLOTTE DUNDAS«*, *»CLERMONT«*, *»COMET«*, *»ELISA«*, *»DEFIANCE«*, *»SAVANNAH«* und andere. Während des gesamten 19. Jh. gab es außer dem Segelschiff nur das *Dampf-Segelschiff* und das durch Kolbendampfmaschinen angetriebene Dampfschiff. Das *Dampfturbinenschiff* (TS) und das *Motorschiff* (MS) gibt es erst seit dem Ausgang des 19./Anfang des 20. Jh.
Die Bezeichnung Dampfer (D); Dampfschiff(DS) bzw. Steamship (SS) wurden mit der zunehmenden Zahl von Dampfschiffen in den 40er Jahren des 19. Jh. allgemein gebräuchlich und bezogen sich seinerzeit ausschließlich auf Schiffe mit Kolbendampfmaschinen.
Nach den Patenten von JAMES WATT war die britische Fabrik »Boulton & Watt« in den Anfangsjahrzehnten des Dampfschiffs führend im Bau der ersten Raddampfermaschinen. Diese Räderschiffsmaschinen wurden mit Schwinghebeln (Balancier), Schwingzylindern, stehenden, liegenden bzw. schräggestellten Zylindern und später für den Propellerantrieb nur noch in stehender Bauweise mit Gleitbahnführung und unten liegender Kurbelwelle gebaut.
In vielen Entwicklungsschritten konnte der Dampfdruck vom anfangs atmosphärischen Druck bis zum Hochdruck gesteigert und die Kohlefeuerung durch Ölfeuerung abgelöst wer-

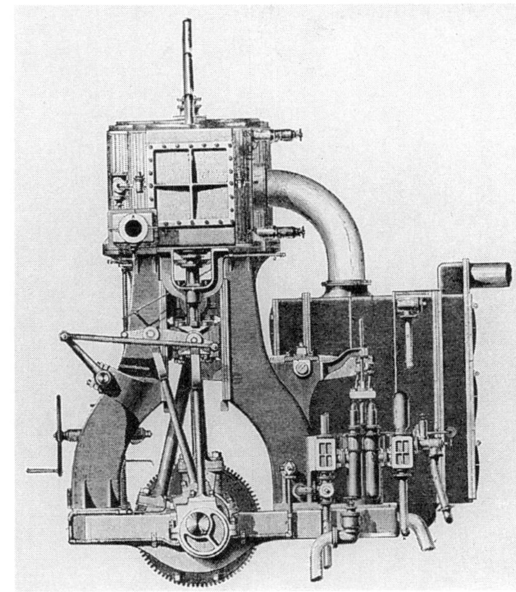

Compoundmaschine des Schraubendampfers »LY-EE-MOON« (1874) mit Hilfseinrichtungen und Kondensator

Die erste, 1881 außerhalb Englands konstruierte und gebaute Dreifach-Expansionsmaschine von Carl H. ZIESE, Schichau

Dampf-Schraubenschlepper »ALBATROS« auf der Elbe

den. Die Entwicklung der Dampferzeuger vom kupfernen Kofferkessel (siehe u. a. *»GREAT EASTERN«*) über den Zylinder-Flammrohr-/Rauchrohrkessel zum Wasserrohrkessel mit Zwangsumlauf verminderte den Brennstoffverbrauch entscheidend.
Mit den Fortschritten des Maschinenbaus vollzog sich auch der Übergang von der Einfachexpansion (bei der der Dampf vom Anfangs- bis zum Enddruck nur in einem Zylinder entspannt wird) zur Verbund- oder Compoundmaschine mit zweifacher Expansion.
Um 1870 entwickelte A. C. KIRK die später am meisten gebaute Dreifach-Expansionsmaschine mit Hoch-, Mittel- und Niederdruckzylinder. Die größten Dampfmaschinen mit Vierfachexpansion gab es für die Schnelldampfer der Jahrhundertwende. Neben der Steigerung des Dampfdrucks, der Mehrfachexpansion und der Dampfsteuerung konnte die Wirtschaftlichkeit der Kolbendampfmaschine schließlich noch durch eine bessere Ausnutzung des Vakuums mit Hilfe verbesserter Kondensatoren und Luftabsaugung erhöht werden.
Nachdem es die Dampfturbine gab, wurden für die letzte Dampfstufe nach dem Prinzip von BAUER/WACH Abdampfturbinen mit Getrieben den Dampfmaschinen nachgeschaltet.
Die Kolbendampfmaschine war für ein Jahrhundert die ausschließliche Alternative für den Antrieb von Dampfschiffen. Für ein weiteres halbes Jahrhundert bis etwa Mitte 1950 wurden trotz der Konkurrenz durch Dampfturbine und Motor noch die Mehrzahl aller Schiffe von Kolbendampfmaschinen angetrieben. In der zweiten Hälfte des 20. Jh. verdrängte der Dieselmotor mit seiner höheren Wirtschaftlichkeit bei kommerziellen Schiffen auch die Dampfturbine.

Dampfschlepper: aus der Dampfschiffszeit, vereinzelt bis über die Mitte des 20. Jh. hinaus bewährter *Schlepper* mit Dampfmaschinenantrieb. Er wurde zum Schleppen auf Flüssen und Seen sowie zum Bugsieren und Verholen in Häfen, auf dem Revier und auch auf offener See eingesetzt. Bei Radschleppern mit liegender Maschine oder Diagonal-Maschine mit schrägliegendem Zylinder erreichte man eine geringe Bauhöhe und vor allem eine günstige Lage zur Schaufelradwelle. Die Schornsteine waren wegen der Brückendurchfahrten mit Seilzug und Kontergewichten zum schnellen Niederlegen eingerichtet. Besonders in der Flußschiffahrt hat sich der Dampf-Radschlepper wegen der oft niedrigen Pegelstände gut bewährt.
In tieferem Wasser hatte der Schrauben-Dampfschlepper seine Vorteile, hier verdrängte er den Radschlepper. Die Dampfmaschine wurde der optimalen Drehzahl des Propellers angepaßt, man benötigte kein Getriebe und die Maschine war zudem noch überlastbar. Die Nachteile des Dampfschleppers waren aber seine geringere Wirtschaftlichkeit gegenüber dem Motorschlepper, er belastete die Umwelt mit Rauch und Ruß und er war wegen des langen »Dampfaufmachens« nicht schnell genug betriebsbereit.

Dampf-Segelschiff: Dampfschiff, bei dem im Unterschied zum *Auxiliarschiff* der Dampfantrieb bereits der Hauptantrieb war, jedoch wegen der

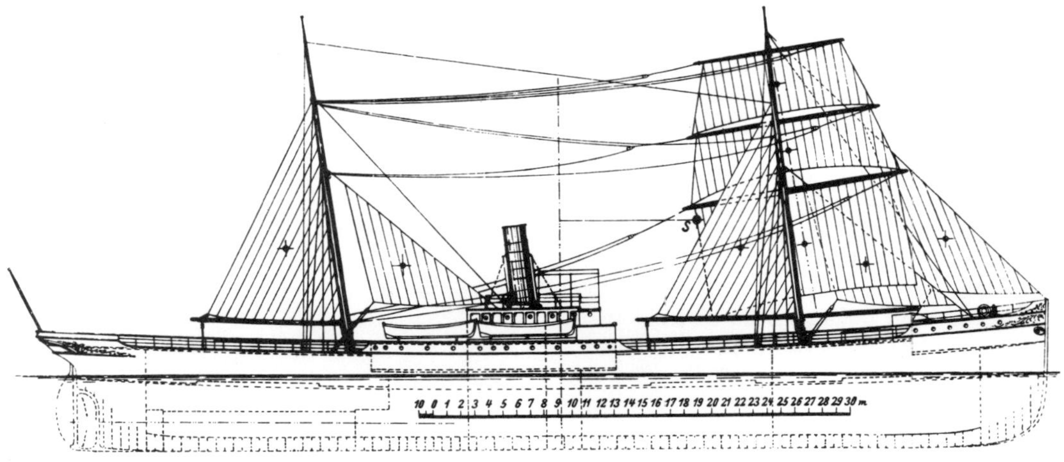

Dampf-Segelschiff, Zweimaster um 1900 von 70 m Länge; 10 m Breite und 5,5 m Tiefgang

noch nicht jederzeit gewährleisteten Zuverlässigkeit des Dampfantriebs die Segelausrüstung vollständig oder in vereinfachter Form beibehalten wurde. Die Mehrzahl aller maschinengetriebenen Schiffe waren Dampf-Segelschiffe bis in die 80er Jahre des 19. Jh. Parallel zum Segelschiff und Dampfschiff behauptete sich das Dampf-Segelschiff aus wirtschaftlichen Gründen auch noch über die Jahrhundertwende mit unterschiedlichen Bemastungen und Takelungen bei verschiedenen kommerziellen Transport- und Fischereischiffen. In jüngerer Zeit kommt die Nutzung der Windkraft auch für moderne Schiffstypen wieder als zusätzlicher Antrieb in Betracht, siehe dazu *Windkraftunterstütztes Schiff*.

Aufsetzen des Leitschaufel-Oberteils

Dampfturbinenschiff: *Dampfschiff* mit Antrieb durch Rotations-Dampfturbinen im Unterschied zu Kolbendampfmaschinen. Die erste Dampfturbinenanlage von CHARLES ALGERNON PARSONS wurde 1894 auf dem Versuchsschiff *»TURBINIA«* eingebaut, das anfänglich 44,5 t Deplacement hatte und nach Umbauten 1897 bei einem Deplacement von etwa 54 t mit etwa 1472 kW (2000 PS) die Geschwindigkeit von 34,5 kn erreichte. Kurz danach (1898 bis 1901) wurden die beiden Torpedobootzerstörer *»VIPER«* und *COBRA«* mit Turbinenantrieb gebaut, und 1901 gab es bereits das erste Turbinen-Passagierschiff *»KING EDWARD«*. Im gleichen Jahr ging die »VICTORIAN« der kanadischen Allan-Linie als erstes Turbinenschiff über den Atlantik.
1905 wurde der deutsche Bäderdampfer *»KAISER«* (1916 BRT) als Versuchsschiff für die späteren Schnelldampfer *»IMPERATOR«* und *»VATERLAND«* mit Turbinen ausgerüstet und erreichte mit 4416 kW (6000 PS) um 20 kn. Wenig später waren die wichtigsten Neubauten der britischen Marine Turbinenschiffe, und die berühmte *»MAURETANIA«* setzte Maßstäbe für die weitere Entwicklung des Dampfturbinenschiffs. Die Dampfturbine wurde mit ihren Vorzügen zum Inbegriff hoher Leistung und Geschwindigkeit. Fracht- und Passagierschiffe sowie Kriegsschiffe wurden zunehmend mit Turbinen des Systems Parsons und später auch mit dem Prinzip von DE LAVAL ausgerüstet.
Die direkte Kupplung der Turbine mit der Propellerwelle war jedoch noch nachteilig, da die Dampfturbine im Bereich hoher Drehzahlen und der Propeller bei niedrigen Drehzahlen ihre höchsten Wirkungsgrade haben. Erst das Untersetzungsgetriebe zwischen der Turbine und der Propellerwelle brachte hier Abhilfe.
Eine andere Variante stellt der turbo-elektrische Antrieb dar. Von den beiden größten deutschen Reedereien Norddeutscher Lloyd und HAPAG

Sir CHARLES ALGERNON PARSONS

wurden 1934/35 fast gleichzeitig 3 Schiffe für den Liniendienst zu Versuchs- und Vergleichszwekken in Dienst gestellt, um die seinerzeit günstigste Antriebsanlage für Schnelldampfer zu ermitteln.
Als Vergleichsschiffe für Großschiffe in der Handelsschiffahrt dienten die *»SCHARNHORST«*, Baujahr 1934 mit 18184 BRT und turbo-elektrischen Antrieb sowie die »GNEISENAU«, Baujahr 1935 mit 18160 BRT und Getriebe-Turbinenanlage. Das dritte Schiff war die »POTSDAM«. Die Maschinenanlagen der Schiffe leisteten jeweils 95680 kW (130000 WPS). Aus dem Vergleich entstand ein Schnelldampferprojekt von 50000 BRT mit turbo-elektrischem Antrieb mit 5×44160 kW (5×60000 WPS), das jedoch aus technisch-ökonomischen Gründen und wegen des Kriegsausbruchs nur ein Projekt blieb. Die größte, bis zu diesem Zeitpunkt ausgeführte turbo-elektrische Antriebsanlage, hatte das französische Fahrgastschiff *»NORMANDIE«* mit 4×29440 kW (4×40000 WPS).
Einen neuen Höhepunkt hatte das Dampfturbinenschiff während des Ausklangs großer Transatlantik-Passagierschiffe wie der *»UNITED STATES«*, beim Bau großer Flugzeugträger und auch bei den Supertankern und großen Containerschiffen. Durch höhere Leistungen und bessere Wirtschaftlichkeit wurde die Schiffsdampfturbine etwa ab 1970 auch bei großen Frachtschiffen vom Dieselmotor abgelöst.

Dampfyacht: Repräsentationsschiff mit Dampfantrieb. Mit der Entwicklung des Dampfantriebs hielten zunächst die Kolbendampfmaschine und später die Dampfturbine neben dem Petroleummotor und dem Dieselmotor Einzug auch auf Schiffen, die vornehmlich Repräsentationszwecken dienten, wie Staatsyachten, oder die von vermögenden Herrscherhäusern und Unternehmern zu Reisen und zu Vergnügungszwecken genutzt wurden. Ob als Rad- oder Schraubenschiff, stets war die Dampfyacht ein Schiff von besonderer Eleganz, Formschönheit und Schnelligkeit. Mit Luxus und verschiedenen technischen Neuerungen ausgestattet, sollte die Yacht den Reichtum oder die Macht des Besitzers repräsentieren. Staatsyachten waren zudem oft bewaffnet, so daß ihr Einsatz als *Aviso* im Flottendienst möglich war. Einige bekannte Dampfyachten waren die *»GRILLE«* als Königliche und Kaiserliche Yacht, Baujahr 1857, 738 PSi, 13,2 kn, 491 t Deplacement; die »LENSAHN«, Dampfyacht seiner Königlichen Hoheit Grossherzog von Oldenburg, 1000 PSi, 14,5 kn, 420 BRT; die »QUEEN ALEXANDRA«, britische Königsyacht, Baujahr 1902, 4400 HP, 21,5 kn, 750 t Deplacement oder die *»HOHENZOLLERN«*, Dampfyacht des Kaisers Wilhelm II., Baujahr 1892, 9000 PSi, 21,5 kn, 4280 t Deplacement.
Um die Jahrhundertwende folgte man in Deutschland einer Konzeption des Generaldirektors der HAPAG, Albert Ballin, der zahlungskräftigen Erholungssuchenden ein Höchstmaß an Komfort auf einem Schiff mäßiger Größe bieten wollte. Die beiden gebauten Yachten der HAPAG »PRINZESSIN VICTORIA LUISE«, Baujahr 1900, 3600 PSi, 15 kn, 4409 BRT und »METEOR«, Baujahr 1904, leiteten eine Ära ein, die sich bis in die heutige Zeit bis zum Kreuzfahrtschiff entwickelt hat.
Dampfantriebsanlagen waren für Yachten sehr günstig, da sie einen besonders ruhigen Lauf hatten. Aus diesem Grunde ließ sich u.a. in den Nachkriegsjahren auch der griechische »Tankerkönig« Onassis einen ausgedienten amerikanischen Zerstörer zur Privatyacht umbauen.
Während die »PRINZESSIN VICTORIA LUISE« schon 1906 vor Jamaica strandete, fuhr die bei Blohm & Voss gebaute »METEOR« (Länge 100,2 m, Breite 13,5 m, 1550 PSi-Dreifach-Expansionsmaschine, 2 Schrauben, 15 kn) 4 Jahrzehnte, bis sie am 9. März 1945 im seinerzeitigen Pillau als Lazarettschiff von Bomben getroffen wurde und sank.

Eine Dampfyacht im Hafen von Bergen

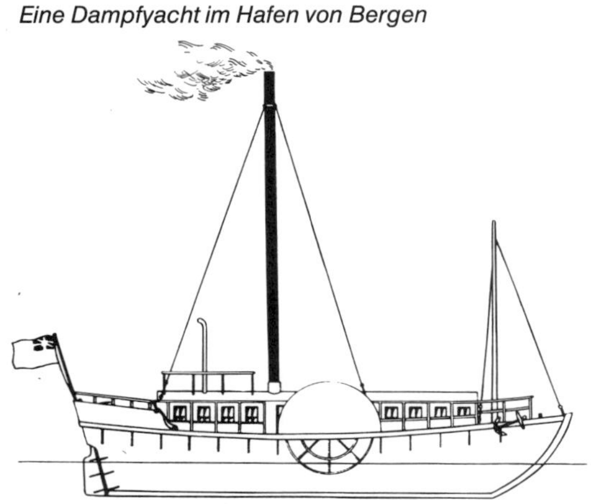

Die »DEFIANCE« fuhr 1816 auf dem Rhein bis Köln

»DEFIANCE«: erstes englisches Dampfboot, das 1816 von Margate kommend nach Rotterdam und von dort den Rhein aufwärts fuhr. Das Eintreffen des ersten Dampfboots am 12. Juni 1816 in Köln stellte ein großes Ereignis dar. Fünf Tage danach konnte bereits die »LADY OF THE LAKE«, ebenfalls in England gebaut, den Dampfschiffsverkehr zwischen Hamburg und Cuxhaven aufnehmen. Die Fahrt auf dieser Bäderlinie mußte jedoch wegen mangelnder Rentabilität nach einem Jahr wieder eingestellt werden.

»DEMOLOGOS«: 1814 erstes Kriegsschiff der Welt mit Dampfantrieb. Die Pläne zu diesem Schiff entwickelte ROBERT FULTON, obwohl seitens der Marine der Vereinigten Staaten eine große Skepsis vorherrschte. Das Schiff sollte zur Verteidigung von New York von See aus eingesetzt werden. Den Bauauftrag erhielt die Werft Charles Brown am East River in New York, die 1814 das Schiff auf Kiel legte. Durch den Krieg zwischen England und den USA und der Blokkade verteuerten sich die Baustoffe und verzögerte sich der Bau. Nach 4 Monaten auf der Helling lief das Schiff als »DEMOLOGOS« am 29. Oktober 1814 von Stapel, zu Ehren von FULTON wurde es jedoch auf Vorschlag der Regierung »FULTON« genannt. Die Weltöffentlichkeit nannte das Schiff »Die gewaltigste Kriegsmaschine, die der menschliche Geist erdacht hat«.
Zwischen 2 Holzrümpfen lief ein Schaufelrad von 4,9 m Durchmesser, das von einer 88-kW-(120 PS-)Dampfmaschine angetrieben wurde. Die Maschinenanlage war in dem einen Rumpf und der kupferne Koffer-Dampfkessel im anderen eingebaut. Bei Friedensschluß am 24. Dezember 1814 war das Schiff jedoch noch nicht fertiggestellt. Die erste erfolgreiche Probefahrt war am 1. Juni 1815, die FULTON selbst nicht mehr erleben konnte. Im Juli 1815 erreichte das Schiff auf weiteren Fahrten 6 kn. In die Flotte wurde die »FULTON« erst im Juni 1816 übernommen. Die »DEMOLOGOS« bzw. »FULTON« sollte den Küstenschutz übernehmen bzw. die englische Blockade durchbrechen, doch sie brauchte nicht mehr eingesetzt werden. Das Schiff war somit nie im Gefecht. Am 4. Juni 1829 wurde es jedoch durch eine Pulverexplosion zerstört, bei der 25 Mann ihr Leben verloren. Erst Jahre danach ließ 1834 die US-Marine ihren zweiten Kriegsdampfer »FULTON THE SECOND« bauen.

Übergabe von Depeschen während der Fahrt durch ein kleines Torpedoboot

Depeschenboot: kleiner *Aviso* oder kleines Torpedoboot, daß vor der Funktelegrafie oder anderen modernen Nachrichtenübermittlungen in den Geschwadern der Kriegsmarine oder anderen Verbänden zur Überbringung von Depeschen oder anderen Nachrichten eingesetzt wurde.

»DERFFLINGER«: deutscher Zweischrauben-Reichspostdampfer (Fracht- und Passagierdampfer) von 12000 t Deplacement, 9144 BRT und 5148 NRT. Das Schiff wurde 1907 von der Werft F. Schichau in Danzig für den Norddeutschen Lloyd Bremen gebaut. Als Zweischrauber erreichte es die Geschwindigkeit von 14,5 kn. Bei Ausbruch des Kriegs befand sich die »DERFFLINGER« in Port Said, durfte jedoch nicht in der neutralen Zone des Suezkanals bleiben. Es mußte die seinerzeit neutrale Dreimeilenzone verlassen und wurde außerhalb dieser Zone, ebenso wie zwei weitere Schiffe des Norddeutschen Lloyd, von einem bereitliegenden Kriegsschiff beschlagnahmt. Nach Kriegsende konnte die Reederei das Schiff zurückkaufen.

Destroyer: siehe *Zerstörer*

»DEUTSCHLAND« (1): Die deutsche Panzerfregatte wurde unter Leitung des ersten Konstrukteurs der englischen Admiralität, SIR REED, konstruiert und bei Samuda Brothers in Poplar bei London am 12. September 1874 von Stapel gelassen. Der Chef der Kaiserlichen Admiralität, General der Infanterie von STOSCH förderte zu dieser Zeit bereits den deutschen Schiffbau, so daß die beiden Panzerfregatten »DEUTSCHLAND« und »KAISER« die letzten in England gekauften großen Kriegsschiffe wurden.
Die 89,34 m lange und 19,1 m breite »DEUTSCHLAND« war als Vollschiff getakelt und besaß bei einem Tiefgang von 7,65 m eine Verdrängung von 7319 t. Das Schiff hatte eine Besatzung von 600 Mann und war schon mit pneumatischen Alarmglocken und einem Forcester Steuerapparat ausgerüstet. Eine liegende 2-Zylinder-Einfach-Expansionsmaschine der Firma J. Penn & Sons in Greenwich mit einer Leistung von 4150 kW (5637 PSi) gab dem Schiff eine Geschwindigkeit von 14,5 kn. Acht Kessel mit 40 Feuern erzeugten den nötigen Dampf. Die Schornsteine waren in der Höhe veränderlich. Die Bewaffnung bestand aus 8 Stück 26-cm-Krupp-Kanonen mit einer Masse von je 22 t und einer 21-cm-Krupp-Kanone als Heckgeschütz von 18 t Masse. Der Gürtel hatte 25,4 cm Dicke, und die Kasematte sowie das Heck waren ebenfalls gepanzert.
1895–1897 wurde das Schiff auf der Kaiserlichen Werft in Wilhelmshaven modernisiert und ging als Großer Kreuzer in den Auslandsdienst. Es wurde zum Flaggschiff des Prinzen HEINRICH VON PREUSSEN in Ostasien. Am 3. Mai 1904 wurde es als Hafenschiff eingesetzt und in »JUPITER« umbenannt. Am 21. Mai 1906 aus der Flottenliste gestrichen, wurde es als Zielschiff genutzt. 1908 erfolgte für 120000 Mark der Verkauf zum Abbruch in Hamburg.

»DEUTSCHLAND« (2): Doppelschrauben-Schnelldampfer. Das 1900 von der Stettiner Werft »Vulcan« für die Reederei HAPAG gebaute Schiff wurde zu Ende des 19. Jh. direkt mit der Zielstellung in Auftrag gegeben, das »Blaue Band« des Nordatlantik für Deutschland zu gewinnen. Es erhielt die beiden größten überhaupt jemals gebauten Vierfach-Expansions-Dampfmaschinen. Diese Maschinen und die später noch entwickelten Fünffach-Expansionsmaschinen brachten aber keine grundlegenden Fortschritte mehr gegenüber der Dreifach- und Vierfach-Expansion, so daß ihre Anwendung beschränkt blieb. Die Maschinen hatten je 6 Zylinder und 12495 kW (17000 PS) Leistung. Das Deplacement betrug 23200 t. Die Probefahrt war am 27. Juni 1900, und die Jungfernreise begann am 5. Juli 1900. Das 202,36 m lange, 20,42 m breite und mit 16502 BRT vermessene Schiff lief damit bei 8 m Tiefgang im Juli 1900 zunächst 22,4 kn und erreichte 1901 die Höchstgeschwindigkeit von 23,36 kn. Damit konnte die Reederei 1901 das »Blaue Band des Atlantik« ostwärts mit einer Fahrzeit von 5 Tagen, 7 Stunden und 38 Minuten erringen.
Aber bereits 1902 führten starke Vibrationen im Hinterschiff zu Überbeanspruchungen der Schiffsverbände bei hoher Fahrt, und es kam im Atlantik am 22. April 1902 zum Bruch des Hinterstevens und Verlust des Ruders. Das Schiff konnte mit eigener Kraft seinen Heimathafen erreichen, mußte jedoch die gesamte Sommersaison bei Blohm & Voss in Hamburg zur Reparatur liegen, wo eine neue Achtersteven-Stahlgußsektion eingebaut wurde. Dieser und andere Schäden waren Anlaß, Fragen der Schiffsschwingungen und des Masseausgleichs bei Kolbenmaschinen intensiv zu untersuchen, bis sie schließlich durch OTTO SCHLICK (1906) zumindest teilweise gelöst werden konnten.

Die deutsche Panzerfregatte »DEUTSCHLAND« um 1878 (vorn) und die »KÖNIG WILHELM« schießen Salut

Die »DEUTSCHLAND« wurde dann aus dem Atlantik-Liniendienst herausgenommen und nach einem Umbau auf der Stettiner Werft »Vulcan« als Luxusdampfer für 500 Passagiere der I. Klasse für Kreuzfahrten eingesetzt. Gleichzeitig wurde die Maschinenleistung auf 11040 kW (15000 PSi) reduziert. Damit wurde die HAPAG zur ersten Reederei, die Kreuzfahrtdienste im Winter anbot, wenn für die eigentlichen Liniendienste eine verminderte Auslastung eintrat.

Am 5. August 1911 ging die »DEUTSCHLAND« unter ihrem neuen Namen »VICTORIA LUISE« wieder in Dienst und machte Kreuzfahrten bis zum Ausbruch des ersten Weltkriegs. Ein erneuter Namenswechsel in »HANSA« war am 25. November 1920. Zum Abwracken wurde das Schiff dann 1925 verkauft, als der Bau einer neuen *»HANSA«*, der späteren »SOWJETSKI SOJUS« erfolgt war.

»DEUTSCHLAND«, Handelsunterseeboot: siehe *»U-DEUTSCHLAND«*

»DEVASTATION«: erstes englisches Dampfpanzerschiff mit Geschütztürmen, bei dem vollständig auf die Besegelung verzichtet wurde. Die britische Admiralität löste sich damit nach dem Beispiel der Monitore als erste europäische Macht vom Segelpanzerschiff, um bei jedem Wetter im Kanal, Atlantik oder Mittelmeer ihre Großkampfschiffe einsetzen zu können.

Die 1871 von Stapel gelassene »DEVASTATION« erhielt eine 7 Fuß hohe gepanzerte Brüstung von 10 bis 12 Zoll Panzerdicke zum Schutz der Maschinenschächte und unteren Schornsteinbereiche. Den Abschluß der Brüstung bildete vorn und hinten je ein schwer gepanzerter Geschützturm, jeder mit zwei 12zölligen, 35 t schweren Geschützen bestückt, die Granaten von 272 kg feuerten. Die besonders sorgfältig ausgeführte Turmpanzerung bestand aus 9″ dikken äußeren Panzerplatten, darunter 9″ Eichenbohlen zwischen eisernen Spanten. Es folgten darunter 6″ dicke Panzerplatten auf 6″ Eichenbohlen zwischen eisernen Spanten, dann eine innere Hülle von 2 übereinandergenieteten Blechen von je $^{3}/_{4}$″ Dicke auf 10″ hohen eisernen Spanten und einer Innenverkleidung mit Taumatten zum Schutz gegen abplatzende Nieten oder andere Teile bei Treffern. Beim Schiffskörper

Heckansicht der »DEUTSCHLAND« auf Kielpallung mit Steuerbordpropeller, Wellenhose, Heckwulst und Plattenruder

Die um die Jahrhundertwende gebaute größte Kolbendampfmaschine mit 12510 kW (17000 PS), Länge 23 m; Höhe 12 m; Eigenmasse 250 t

Die »DEUTSCHLAND« auf Reede

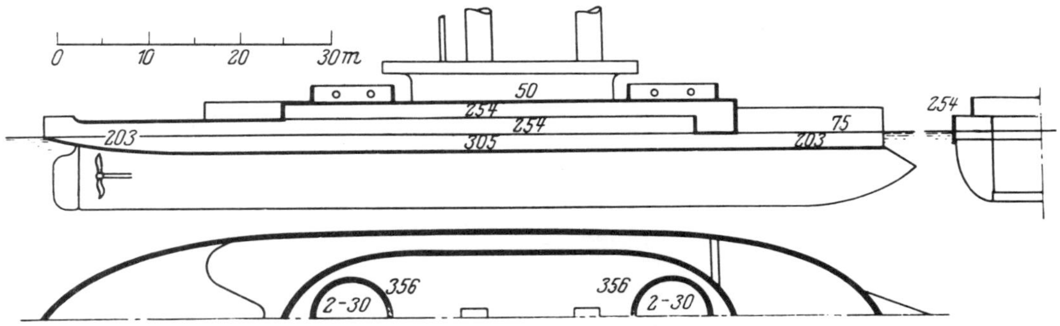

Geschütztürme und Panzerung der britischen »DEVASTATION«

Das französische Segel-Dampf-Großkampfschiff »DÉVASTATION« beim Trocknen der Segel vor Anker liegend

verfolgte man das Konzept eines möglichst kurzen Schiffs mit möglichst niedrigem Überwasserteil. Die lange Bauzeit – das Schiff wurde bereits 1869 auf Kiel gelegt – deutet auf die beim Bau dieses neuartigen Schiffstyps aufgetretenen vielfältigen Schwierigkeiten hin. Das 86,87 m lange und 18,97 m breite Schiff hatte bei 8,14 m Tiefgang immerhin schon ein Deplacement von 9480 t und eine Maschinenleistung von 4785 kW (6650 PS).
Es wurde 1873 fertiggestellt. Die entfernte Takelage verbesserte vor allem die Stabilität des Schiffs und erhöhte wegen der fehlenden Masten, Wanten und Stagen wesentlich den Schwenkbereich und den Bestreichungswinkel der Geschütze. Das Schwesterschiff der »DEVASTATION« war die »THUNDERER«.

»DÉVASTATION«: französisches dreimastgetakeltes Zentralbatterie-Panzerschiff; stärkstes Segel-Dampf-Großkampfschiff um 1880. Zu dieser Zeit waren große Zentralbatterie-Panzerschiffe mit möglichst großem Kaliber, für damalige Möglichkeiten hohen Geschwindigkeiten und auf die Zentralbatterie konzentriertem Panzerschutz die entscheidenden Kriegsschiffstypen der Hauptmächte. Frankreich ließ die »DÉVASTATION«, »REDOUTABLE« und »FOUDROYANT«, England die *»ALEXANDRA«* und ebenfalls eine *»DEVASTATION«* sowie die »THUNDERER« u.a. bauen, Deutschland bestellte die *»KAISER«* und die *»DEUTSCHLAND«* und Österreich die *»TEGETTHOFF«*.
Die französische »DÉVASTATION« hatte 9650 t Deplacement. Die Gesamtleistung der von J. Penn & Sons aus Greenwich gelieferten Dampfmaschinen war 4420 kW···4900 kW (6000···6660 PS), der Kohlevorrat wurde für 2800 Seemeilen bei 10 kn Marschfahrt bemessen. Das Schiff soll 14 kn Fahrt gemacht haben. In der mit 38 cm dicken Panzerplatten geschützten Zentralbatterie befanden sich 4×32-cm-Geschütze. 2×27-cm-Geschütze standen oberhalb der Zentralbatterie in Halbtürmen. Durch die stark eingezogenen Schiffsseiten konnten 4 Geschütze nach vorn und 2 nach hinten feuern, Breitseitenfeuer konnten 3 Geschütze abgeben.

Diesel-Elektroschiff: Schiff, bei dem Dieselmotoren den Propeller nicht direkt über Kupplungen und Wellenleitungen sondern über Generatoren und Propellermotoren antreiben. Trotz verschiedener Vorzüge in der möglichen Leistungsaufteilung auf mehrere Dieselmotoren, des geringeren Raumbedarfs sowie durch die Kombination der Haupt- und Hilfsenergieerzeugung oder durch die günstige Leistungsregelung und Umsteuerung ist der Aufwand größer und der Wirkungsgrad kleiner als beim Dieselmotorschiff. Diesel-Elektroschiffe sind daher hauptsächlich Spezialschiffe für Einsatzzwecke, bei denen besondere Anforderungen hinsichtlich der Fahreigenschaft bei kleinen Geschwindigkeiten bzw. Überlastungen in der Eisfahrt oder besondere Navigationsaufgaben zu erfüllen sind. Neben dem dieselelektrischen Antrieb gibt es den Elektro-Akkumulatorenantrieb wie beim *U-Boot* sowie den turboelektrischen Antrieb mit Dampf- oder Gasturbinen.
1903 wurden in St. Petersburg die Naphtha-Tankschiffe »VANDAL« und »SARMAT« der »Soc. Nobel freres Gesellschaft« als erste Schiffe mit einem dieselelektrischen Antrieb gebaut. 1904 schlug der russische Ingenieur-Leutnant Philippow vor, große Linienschiffe mit 30 Dieselmotoren nebst Dynamo anzutreiben, welche die Energie für 4 Elektromotoren von je 4000 PS Leistung liefern sollten, die paarweise auf je eine Schraubenwelle arbeiten sollten. Solche großen Fahrmotoren ließen sich jedoch damals noch nicht bauen. Erst 1922 wurde das Prinzip beim holländischen U-Boot-Mutterschiff »PELIKAN« wieder verwendet.
Schweden baute als erstes Land einen dieselelektrischen *Eisbrecher*, der 1932 als »YMER« von Stapel lief. Das erste Kriegsschiff mit dieselelektrischen Antrieb war das finnische Panzerschiff »WAINÄNMÖINEN«, das ebenfalls 1932 in Dienst gestellt wurde und dem 1939 der dieselelektrische Eisbrecher »SISU« folgte.
In Deutschland war man dieser Antriebsvariante gegenüber noch zurückhaltend. Die erste dieselelektrische Anlage kam erst 1936 auf dem Australien-Frachter »WUPPERTAL« (6000 t) der HAPAG zum Einbau. 1938 folgte dann das erste dieselelektrische Fahrgastschiff *»PATRIA«* der HAPAG, seinerzeit das größte Elektroschiff.
Es vergingen weitere 17 Jahre, bis neue Diesel-Elektroschiffe in Fahrt kamen. 1955 waren es 2 Hafenschlepper der Reederei Petersen & Alpers in Hamburg, gefolgt vom sowjetischen Eisbrecher *»ERMAK«* (20100 t, 36000 PS) sowie weltweit einige Kabelleger, Fährschiffe und Fischereischiffe (siehe *»JUNGE WELT«*), neuerdings einige weitere sowjetische Eisbrecher und Spezialfrachter. Das zur Zeit größte Schiff, das nach Umbau einen dieselelektrischen Antrieb erhielt, ist die britische *»QUEEN ELIZABETH II«* mit 130000 PS Antriebsleistung. Der Antrieb erfolgt über Dieselmotor, Generator und E-Fahrmotor. Der Vorteil besteht darin, daß die Antriebsmaschine weit achtern im Schiff angeordnet werden konnte. Betreffs der Geschwindigkeit ist sie gut regelbar, der Nachteil besteht in der doppelten Energieumwandlung.

Dieselmotorschiff: See- oder *Binnenschiff* mit Dieselmotorantrieb, der Hauptantriebsvariante von Schiffen seit der Mitte des 20. Jh. und des derzeit bis auf Ausnahmen allgemein verwendeten Schiffsantriebs. Der deutsche Ingenieur RUDOLF DIESEL (1858 bis 1913) entwickelte das Arbeitsprinzip der Kolbenmaschine mit der Brennstoffeinbringung und der Selbstzündung

von den Anfängen bis zur Funktionsreife und zur allgemeinen Anwendung.
Seit dem Probelauf des ersten Dieselmotors auf dem Prüfstand der MAN in Augsburg 1895 und der Fahrt eines ersten französischen Kanalboots mit einem Dieselmotor vergingen noch 8 Jahre. 1903 wurden auch in St. Petersburg die »*VANDAL*« und »SARMAT« mit Dieselmotoren gebaut. Bald gab es eine ganze Anzahl von Transportschiffen, Güter- und Dienstbooten, und 1910 war das italienische Post- und Fahrgastschiff »ROMAGNA« 589 kW (800 PS) das erste größere seegehende Dieselmotorenschiff. Mit der Indienststellung der dänischen »*SELANDIA*« im Jahr 1912 zeichnete sich bereits ab, daß das Motorschiff dem Dampfschiff mit seinen Dampfmaschinen oder Dampfturbinen in den folgenden Jahrzehnten überlegen sein würde. In einer Veröffentlichung von 1913 hieß es: »Mit der Indienststellung der ersten Motorseeschiffe ist die Seeschiffahrt in eine neue Phase der Entwicklung eingetreten, und man wird gespannt darauf sein dürfen, welche Umwälzungen in der Seeschiffahrt dieses neue Antriebsmittel hervorzurufen imstande sein wird«.
Nach dem ersten Weltkrieg waren die Vorzüge des Dieselmotors offensichtlich. Der bessere Wirkungsgrad, der Raumgewinn durch Fortfall der Dampfkessel und Kohlebunker, die Einsparung des Heizerpersonals und die saubere Brennstoffübernahme, die Belästigungsminderung durch Rauch und Asche und die jederzeitige Betriebsbereitschaft überzeugten.
Zunächst wurden übriggebliebene U-Boot-Motoren in der Nachkriegszeit auf Handelsschiffen eingebaut. Der Dieselmotor wurde zur rationellsten Wärmekraftmaschine und bei kommerziellen Schiffen zur dominierenden Schiffsantriebsmaschine. 1923/24 wurde das erste große Vierschrauben-Passagier-Motorschiff »AORANGI« mit 20000 t Deplacement und einer großen Maschinenleistung von 9570 kW (13000 PSe) gebaut. Es war seinerzeit das größte, schnellste und stärkste Dieselschiff der Welt.
Anfang 1960 konnten bereits Einzelmotoren bis 20000 PS und 1965/66 bis 30000 PS und um 1970 bis 40000 PS gebaut werden. Der Dieselmotor ist heute für alle erforderlichen Leistungen als Ein- oder Mehrmotorenanlage verwendbar und erreicht bei Großmotoren mit über 50%iger Ausnutzung der Primärenergie den besten Wirkungsgrad aller derzeitigen Wärmekraftmaschinen. Schnellaufende Dieselmotoren mit 750 bis 1500 U/min werden hauptsächlich für den Antrieb von Generatoren eingesetzt und als Viertakter gebaut. Auch bei den mittelschnellaufenden Motoren von 400···600 U/min wird das Viertaktverfahren bevorzugt, die Untersetzung auf die Propellerdrehzahl geschieht durch Getriebe.
Moderne mittelgroße und große Schiffe werden etwa ab 1980 nahezu ausschließlich durch langsamlaufende Zweitakt-Kreuzkopfmotoren von 70···140 U/min angetrieben, die direkt auf die Schiffswelle wirken, hochviskose Schweröle verbrennen und mit einem spezifischen Brennstoffverbrauch um 175 g/kWh auskommen.

Dieselmotorschlepper: siehe *Schlepper*

Dipper-Dredger: englisch-amerikanische Bezeichnung für einen Schwimmbagger, der nach dem Prinzip des »Löffelbaggers« arbeitet; siehe *Bagger*.

Rudolf Diesel (1858 bis 1913) und sein zweiter Versuchsmotor, der ab Oktober 1896 eine Leistung von 14,7 kW bei 175 U/min abgab

Dieselschiffsmotor von 220 kW (300 PS) aus den Jahren 1905/08 für die französische Marine

Divisionsboot: in der deutschen Marine ein großes Torpedoboot, von dem aus eine Torpedobootsdivision kleinerer Torpedoboote geführt wurde.

Dock: siehe *Schwimmdock*

»DOCKEXPRESS 11«: Dockschiff für schwimmfähige Schwergüter. Das Schwergutdockschiff wurde 1979 bei der Verolme Heusden Werft für »Dockexpress Shipping B. V.« in Rotterdam gebaut, weiter gibt es dazu die Schwergutschiffe »10« und »12«.
Das Schiff ist über Alles 153,8 m und zwischen den Loten 116,0 m lang, 25,0 m breit und hat bei einer Seitenhöhe von 15,0 m einen Tiefgang von 8,9 m. Die Tragfähigkeit beträgt dann 13000 t DW. Bei geöffnetem Hecktor betragen der Tiefgang 6,5 m und die Tragfähigkeit 4000 t DW. Der 8 m hohe Dockraum bietet bei 116 m Länge und 20,2 m Breite eine Ladefläche von 2130 m^2. Zum Eindocken schwimmender Ladung bis 2000 t Einzelmasse kann das Schiff soweit abgesenkt werden, daß die Wassertiefe im Dockraum 5 m beträgt. Die den Dockraum nach hinten abschließende Heckklappe von 20,9 m Breite und 9,5 m Höhe kann bei Bedarf auch als Rampe für den Ro/Ro-Umschlag mit bis zu 600 t schweren Einzelkollis benutzt werden. Für den Lo/Lo-Umschlag hat das Schiff 2 fahrbare Portalkrane von je 500 t Tragfähigkeit, die gekoppelt bis zu 1000 t heben. Der Dockraum kann durch 14 Ponton-Lukendeckel abgeschlossen werden, auf denen ebenfalls Schwergutladung gefahren werden kann. Schiffe dieses Typs werden auch zum Transport von Bohrplattformen und anderen sperrigen Gütern auf dem Oberdeck eingesetzt.
Die Antriebsanlage besteht aus 2 Stork Werkspoor Dieselmotoren mit einer Leistung von 6250 kW, die über ein Untersetzungsgetriebe auf 2 Verstellpropeller arbeiten, mit denen das Schiff eine Geschwindigkeit von 16 kn erreicht.

Werbung der Hamburg-Amerika-Linie um 1900

Werbung für den Schnelldampfer »CAP ARCONA« zur ersten Ausreise 1927

»GEORGE WASHINGTON«, Fracht- und Passagierdampfer des Norddeutschen Lloyd, Baujahr 1908/09

Der französische Vierschrauben-Schnelldampfer »PARIS«, Bauzeit 1913–21 wegen des ersten Weltkriegs

»TITANIC«, 1912 mit 46329 BRT das größte Schiff

Schnelldampfer »NORMANDIE«, 1931 bis 35 erbaut

Docklandungsschiff: im zweiten Weltkrieg erstmals entwickeltes Spezialschiff für den Transport und die Anlandung kleiner Landungsboote oder amphibischer Kampftechnik, wie Schwimmpanzer, Schwimmschützenpanzer oder anderer Schwimmwagen. Das Docklandungsschiff kann zum Ein- und Ausschwimmen der Schwimmeinheiten seinen Tiefgang ähnlich wie ein *Schwimmdock* so weit vergrößern, daß ein fast über die ganze Oberdeckslänge reichendes Transportdock durch ein Schleusentor geflutet wird. Für den Transport werden die Fluttanks des Docklandungsschiffes und das Transportdock entleert, so daß das Schiff mit seinem Normaltiefgang fährt. Der U-förmige Schiffsquerschnitt stellt eine Vorentwicklung für die späteren Leichtertransportschiffstypen, wie *LASH*, *BACAT* oder *SEABEE* dar. Zu Beginn des zweiten Weltkriegs besaßen die meisten Flotten, mit Ausnahme von Japan, nur wenige spezielle Landungsschiffe. Docklandungsschiffe kamen in größerer Anzahl 1944 bei den Landungen der Alliierten im Stillen Ozean bei Guam, Saipan und Tinian zum Einsatz. Sie transportierten in einem Dockraum kleinere Landungsmittel mit eingeschränktem Aktionsradius und geringer Seefähigkeit in das Landungsgebiet.

Dockschiff: *Schwimmdock* mit Eigenantrieb, das ortsveränderlich z. B. zum Heben gesunkener Schiffe einsetzbar ist. Dockschiffe wurden besonders in den Anfangsjahren der Unterseebootsentwicklung zur schnellen Hilfe für gesunkene Boote in den Kriegsmarinen gebraucht, wie in der Kaiserlichen Marine das Dockschiff »VULCAN«. Dockschiffe können einen katamaranähnlichen Doppelrumpf haben und das gesunkene Fahrzeug in den Raum zwischen den beiden Schwimmkörpern heben, oder sie können wie ein Schwimmdock an den Enden mit öffnungsbaren wasserdichten Docktoren versehen sein. Dockschiffe haben außerdem Ausrüstungen, Werkstätten und Personal zur Ausführung erster Instandsetzungen.

Donau-Dampfschiff: den besonderen Fahrtbedingungen auf der Donau angepaßtes Dampfschiff. Am 18. März 1829 wurde in Wien die »K. K. privilegierte I. Donau-Dampfschiffahrtsgesellschaft« (DDGS) gegründet. Die österreichische Regierung und der ungarische Graf Istvan Széchenyi waren die Pioniere der Donau-Schiffahrt. Der Kaiser erteilte an die englischen Schiffbauer John Andrews und Joseph Prichard entsprechende Schiffahrtspatente.
Das erste Donau-Dampfschiff war der 318 t große Schaufelraddampfer »FRANZ I«, der am 19. April 1831 auf seine Jungfernfahrt ging. Er war über Alles 48,0 m und zwischen den Loten 43,6 m lang, 6,20 m breit im Rumpf und über beide Radkästen 12,32 m breit und hatte bei einer Seitenhöhe von 2,89 m einen Tiefgang von 1,1 m. Die Dampfmaschine war von der Firma Boulton & Watt aus Soho bei Birmingham und wurde in den späteren Jahren mehrfach durch neuere Maschinen ersetzt. Die »FRANZ I« verkehrte zwischen Raab und Pest.
Auf der kleineren der beiden Obudaer Inseln wurde die Obudaer-Schiffswerft errichtet, deren erster Neubau 1836 der hölzerne Dampfer »ARPARD« war. Die Kessel und Schaufelräder wurden nicht selbst gebaut, sondern aus England bezogen. 1838 war die »GALATHEA« das letzte Holzschiff der Werft, 1844 folgte als erstes eisernes Schiff die »SOPHIA«. Beim Stapellauf der »SZECHENYI« (1844) erklang zum ersten Mal öffentlich die ungarische Nationalhymne. Im Jahr 1848 wurde »FRANZ I« von der DDSG verkauft und zum Kriegsschiff »MESZAROS« umgebaut. 1849 kam das Schiff aber wieder an die DDSG zurück und wurde zum Schleppdampfer »SCHLICK« umgebaut. 1895 besaß die Werft bereits ein Schwimmdock für Schiffe bis 600 t, das erste Schwimmdock, das es an der Donau gab. 1912 entstanden auf der Obudaer-Werft auch die ersten Donau-Gesellschaftsdampfer »WIEN«, »BUDAPEST« und »SCHÖNBRUNN«!
Die während des ersten Weltkriegs gebauten 736-kW-(1000-PS-)Schlepper »CYKLOP«, »CENTAUR«, »GOLIATH« und »VULKAN« waren die derzeit leistungsstärksten Schlepper auf der Donau. Gegen Kriegsende begann der Bau der großen Donau-Passagierschiffe »JUPITER« und »URANUS«. Die 1922 gebauten Schiffe »SATURNUS« und »HELIOS« waren mit 78 m Länge die größten auf der Donau.
Der 1927 gebaute Schlepper »ÖSTERREICH« war das letzte Dampfschiff der Werft für die DDSG. Mit seiner Maschinenleistung von 1840 kW (2500 PS) war er der stärkste Schlepper, der jemals im Donaubereich eingesetzt war. Alle Schiffe – besonders aber die Dampfschlepper – waren wegen der besonderen Fahrtverhältnisse, Stromschnellen und engen Durchfahrten der Donau mit besonders starken Maschinen ausgerüstet. Für die Donauschiffe war die Durchfahrt am »Eisernen Tor«, wo sich die Donau auf 100 km Länge einen Weg durch die Ausläufer der Südkarpaten gebahnt hat, sehr schwierig. Bereits 1898 konnte ein 1,7 km langer und 60 m breiter Kanal in die Felsenbarriere gesprengt werden. Strömungsgeschwindigkeiten bis zu 5,5 m/s erforderten aber auch danach starke Schleppdampfer, wenn Kähne bis zu 1000 t Tragfähigkeit durch den Kanal gezogen werden sollten. Schleppdampfer benötigten etwa 40 Min., um mit einem Kahn und äußerster Kraft durch den Kanal zu fahren. Um auch schwachen »Remokören« (Zugdampfer/Schleppdampfer) die Möglichkeit einer Kanalpassage zu geben, errichtete Rumänien Ende 1899 eine Kabelschiff-Schleppanlage mit dem Drahtseilschiff »VASKAPU«. Nach einer Idee des französischen Ingenieurs Lombard Gevin aus Lyon wurde eine Seiltrommel von 2,5 m Durchmesser von einer 221-kW-(300-PS-) Dampfmaschine angetrieben. Die Seillänge betrug 6 km, der Seildurchmesser 31,5 mm und die Zugkraft 150 kN (15 Mp.) Neben modernen Treidellokomotiven versah die »VASKAPU« noch bis etwa 1938 mit einigen Unterbrechungen den Dienst.
Heute befinden sich entlang der Donau, einer der bedeutendsten Wasserstraßen Europas, in allen

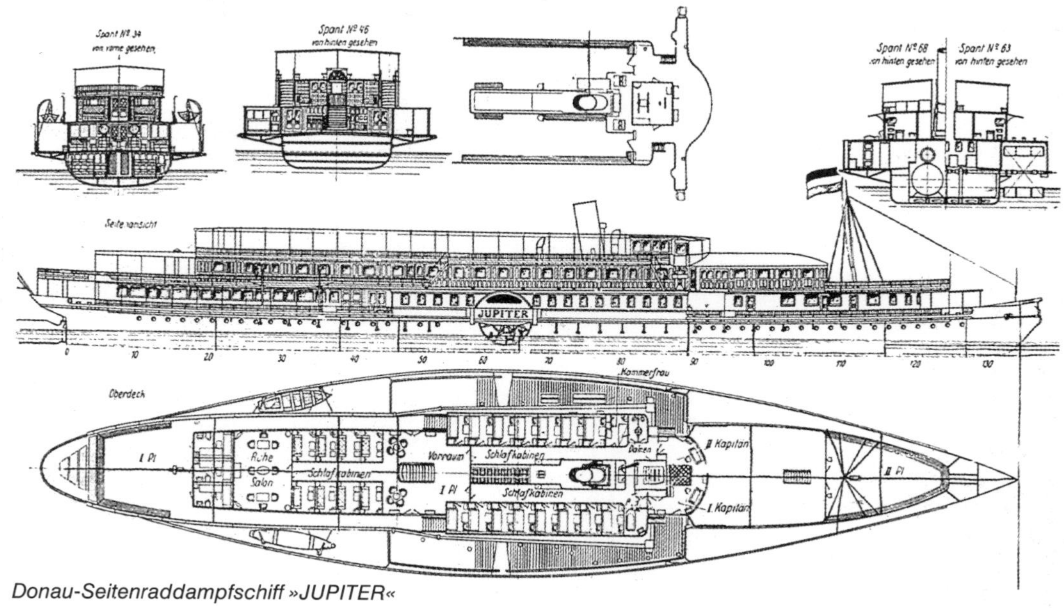

Donau-Seitenraddampfschiff »JUPITER«

Seitliche Doppelhülle eines Frachtschiffs (VEB Schiffswerft »Neptun«)

Anliegerstaaten Werften, die verschiedene Binnenschiffstypen, kombinierte Binnen- und Seeschiffe, Schubschiffe, Schwimmkrane und technische Fahrzeuge bauen. Auch für die Bargen der Schiffahrtsorganisation »Interlighter« ist die Donau ein wichtiger Wasserweg.

Doppel-Centralbatterie-Kasemattschiff: siehe *Kasemattschiff*

Doppelhüllenboot: siehe *Zweihüllenboot* und *Unterseeboot*

Doppelhüllenschiff: mit doppelter Außenhülle gebautes Schiff. Parallel zu den Seitenbordwänden werden hauptsächlich im mittleren Schiffsbereich Längsschotte angeordnet, die durch ihre Versteifungen mit der Außenhülle Raumzellen bilden, die als Seitentanks oder für Betriebsgänge genutzt werden. Moderne *»Offene Schiffe«* wie *Containerschiffe*, bei denen ebenflächig begrenzte Laderäume vorteilhaft sind und bei denen die erforderliche Biege- und Torsionsfestigkeit wegen der großen Decksöffnung zusätzliche Verbände erfordert, werden i. allg. als Doppelhüllenschiffe gebaut. Bei Tankern vermindert die Doppelhülle die Umweltgefährdung durch Ölausfluß bei Kollisionen. Für andere Ladungen kann eine wirksame Tankisolierung erreicht und die Ladung pumpfähig gehalten werden. Bei Massengutschiffen (siehe *Bulker*) erstreckt sich die Doppelhülle i. allg. nicht über die gesamte Seitenhöhe, sondern wird durch schräge Längsschotte am Boden und Decksbereich gebildet, um entsprechend dem Schüttwinkel der Ladung am Boden ein selbsttätiges Nachrutschen bei der Entladung und durch eine verminderte obere Ladungsbreite das Übergehen, d. h. seitliche Verschieben von Ladung bei Schiffsbewegungen, zu verhindern.
Bei anderen Schiffen, wie Kernreaktorschiffen, erhöht die Doppelhülle die Schiffssicherheit bei Kollisionen besonders im Bereich des Kernreaktors, oder bei Eisbrechern wird eine höhere Sicherheit bei Außenhautschäden erreicht.

Doppelrumpfschiff: siehe *Katamaran*

Doppelschraubenschiff: siehe *Zweischraubenschiff*

Doriboot, *Dory:* vom ursprünglichen Ruderboot mit Hilfssegel für den Kabeljaufang auf den Neufundlandbänken übernommene Bezeichnung für ein motorgetriebenes Boot, das auf einem Fischereischiff für die Ringwadenfischerei (siehe auch *Seiner*) mitgeführt wird. Ein solches Doriboot ist etwa bis 10 m lang. In der Bootsmitte befindet sich der Netzraum und an den Bordseiten, am Heck oder Bug sind Netzrollen, Netzwinden und Netzrutschen.
Auf dem Fangschiff wird das Doriboot i. allg. in der Nähe oder auf der Heckaufschleppe gefahren, um es zum Aussetzen der Ringwade einfach zu Wasser bringen zu können.

Dreadnought (engl. Fürchtenichts): gepanzerter Großkampfschiffstyp der letzten Jahrzehnte des 19. Jh. und der ersten Jahrzehnte des 20. Jh. Die Entwicklung der Panzerdicken und

Britisches Zweischrauben-Turmpanzerschiff »DREADNOUGHT« (I) 1877

der Durchschlagskraft der Geschütze hatte einen solchen Stand erreicht, daß die Geschützkaliber und Panzerdicken möglichst groß sein sollten. Beides war aber nicht gleichzeitig bei den üblichen Kampfschiffen erreichbar, ohne dabei eine beträchtliche Massenzunahme hinzunehmen. Damit ergab sich ein neues Hauptziel der Projektanten, möglichst viele großkalibrige Rohre jeweils auf einer Bordseite zum Einsatz zu bringen. Dazu wurde entweder, wie in Deutschland, die gesamte Mittelartillerie oder, wie in England bei der Klasse »KING EDWARD«, nur ein Teil der Geschütze auf schwere Kaliber umgerüstet. In der »LORD NELSON«-Klasse brachte man schließlich die gesamte Mittelartillerie auf ein Kaliber von 23 cm und kam damit der schweren Artillerie mit 28 ··· 30-cm-Kaliber sehr nahe. Die Entwicklung führte dann dazu, daß die britische Admiralität 1905 mit der »DREADNOUGHT« (II) ein Schiff auf Stapel legen ließ, das keine Mittelartillerie mehr hatte. Die Verdrängung mußte auf fast 18000 t erhöht werden. Die gleichzeitige Steigerung der Geschwindigkeit um weitere 3 kn machte die »DREADNOUGHT« (II) so überlegen, daß alle Seemächte sich veranlaßt sahen, Schiffe von möglichst gleicher Kampfkraft zu bauen. Ständig versuchte man, Geschwindigkeit und Armierung weiter zu erhöhen, wobei jedoch der daraus resultierende Verdrängungs- und Kostenanstieg Grenzen setzte.
Mit der weiteren Entwicklung der Torpedoboote, die auch auf hoher See operieren konnten, mußte später zu deren Abwehr die Mittelartillerie wieder eingeführt werden. Unterliefen Torpedoboote den toten Winkel im Schußbereich der schweren Artillerie, so hätten sie ungehindert auf günstige Positionen an das Großkampfschiff heranfahren können. Deutschland brachte daher auf seinem ersten Schiff des Dreadnought-Typs, der »NASSAU«, neben 12×28-cm-Geschützen wieder 12×15-cm-Schnellfeuerkanonen und 16× 8,8-cm-Torpedoboots-Abwehrgeschütze zur Aufstellung.

»DREADNOUGHT« (I): seegehendes englisches Zweischrauben-Turmpanzerschiff. Nach dem Untergang der »CAPTAIN« infolge unzureichendem Freibord wurden von der englischen Admiralität neue Richtlinien und Vorschriften herausgegeben, wodurch sich der Bau der »DREADNOUGHT« verzögerte. So fand der Stapellauf erst 1875 statt. Am 9. Oktober 1876 traf dann das Schiff von der Marinewerft Pembroke kommend in Portsmouth ein, um hier fertiggestellt und ausgerüstet zu werden.
Das aus Eisen gebaute 97,5 m lange, 19,5 m

Panzerschutz und Geschützanordnung von »DREADNOUGHT« (II)

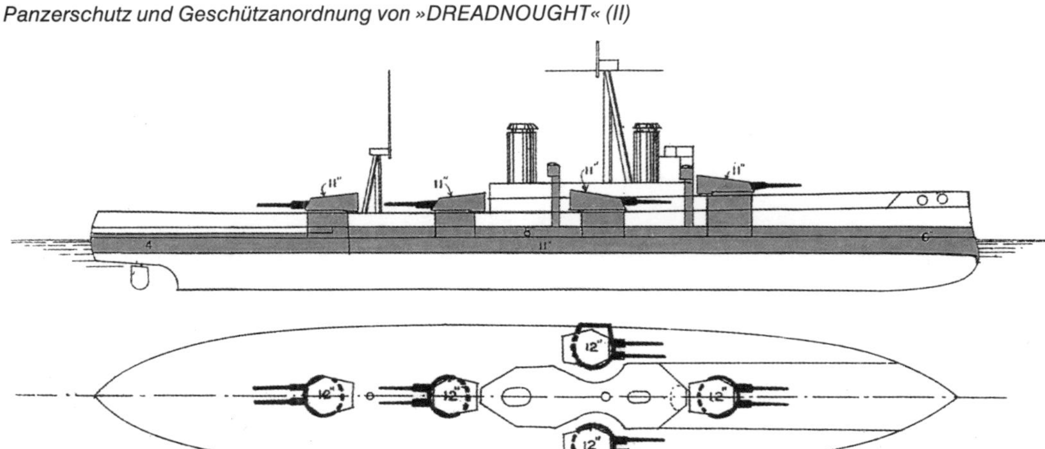

breite und 8,8 m tief gehende Schiff hatte ein Deplacement von 10950 t. Die Maschinenanlage, hergestellt von »Humphrey & Tennant«, leistete 5888 kW (8000 PSe). Auf der Probefahrt am 16. Januar 1877 erreichte das Schiff damit eine mittlere Geschwindigkeit von 15 kn.
Die Kosten für den Schiffskörper dieses Zweischraubers beliefen sich auf 401395 Pfund, während die Maschinenanlage nochmals 107000 Pfund erforderte.
Der Gürtel hatte eine Panzerung von 35,5 cm Dicke, die Türme, Turmdecken und die Brustwehr waren ebenfalls gepanzert. Die Hauptbewaffnung bestand aus 4×12″-Geschützen in 2 Türmen.

»DREADNOUGHT« (II): britisches Schlachtschiff zu Anfang des 20. Jh. Dieses erste turbinengetriebene Schlachtschiff der Welt und gleichzeitig stärkstbewaffnete Schiff aller seinerzeitigen Kriegsflotten entstand unter der Initiative des Admirals Lord Fisher und des Chefkonstrukteurs W. H. GARD. Dieses Schiff wurde für etwa 35 Jahre zum Vorbild für die Entwicklung von Großkampfschiffen aller Länder. Das Schlachtschiff wurde in einer Rekordzeit von 14 Monaten gebaut und kostete 1,784 Millionen Pfund. Am 2. Oktober 1905 war die Kiellegung auf der Bauwerft Naval Dockyard in Portsmouth und bereits am 10. Februar 1906 lief das Schiff von Stapel. Die Indienststellung war schon am 3. Dezember 1906.
Bei einem Deplacement von 17850 ts war das Schiff 149,4 m lang, 25,3 m breit und hatte 8,2 m Tiefgang. Die größten Panzerdicken waren an den Seiten bis 279 mm, im Panzerdeck bis 102 mm und an den Barbetten und Türmen bis 279 mm. Die Bewaffnung bestand aus 10× 30,5-cm-Geschützen in 5 Türmen, 22×7,6-cm-Geschützen und 4×7,6-cm-Schnellfeuergeschützen sowie aus 5 Unterwasser-Torpedorohren, davon 4 seitlich und 1 Rohr am Heck. Die Geschoßmasse einer Breitseite erreichte 3085 kg.
4 Parsons-Turbinen mit einer Leistung von 16900 kW (23000 WPS) trieben 4 Schrauben, mit denen das Schiff eine Geschwindigkeit von 21 kn erreichte. Auf der Probefahrt wurden 24,4 kn mit 18180 kW (24700 WPS) erreicht. Den erforderlichen Dampf erzeugten 18 Babcock-Kessel. Außer der Hauptturbinenanlage waren noch 2 Turbinen für die Marschfahrt und für jede der 4 Wellen eine gesonderte Rückwärtsturbine vorhanden. Trotz dieser Zusatzanlagen konnten gegenüber einer vergleichbaren Anlage mit Kolbendampfmaschinen noch etwa 1000 t an Masse eingespart werden. Die im Oktober 1906 begonnenen Versuchsfahrten stellten für den Turbinenantrieb auf Schiffen einen bahnbrechenden Fortschritt dar.
Von Januar bis März 1907 führte eine Erprobungsreise in das Mittelmeer, bevor das Schiff von der Flotte übernommen wurde. Während des ersten Weltkriegs rammte und versenkte die »DREADNOUGHT« bei der Abwehr eines deutschen U-Bootangriffs auf die englische Schlachtflotte in der Nähe von Scapa Flow am 18. März 1915 »U 29«, das unter dem Kommando von Kapitänleutnant Otto Weddigen fuhr. Weddigen hatte zu Kriegsbeginn am 22. September 1914 mit »U 9« innerhalb kurzer Zeit die 3 englischen Panzerkreuzer »ABOUKIR«, »HOGUE« und »CRESSY« versenkt. Mitte 1916 wurde das Schlachtschiff wegen zu geringer Geschwindigkeit aus der Grand Fleet herausgezogen und war einige Zeit Flaggschiff des III. Linienschiffsgeschwaders in Sherness. Am 31. März 1920 wurde das Schiff aus der Flottenliste gestrichen und im Mai 1921 für nur 44000 Pfund an eine Abwrackwerft verkauft, die am 2. Januar 1923 mit dem Abwracken begann.

Dredger: siehe *Bagger*

Drehturmschiff: siehe *Turmschiff*

Dreiabteilungsschiff: nach den früher üblichen »Abteilungsfaktoren« ein Schiff, das durch wasserdichte Unterteilung durch Schotte im Falle eines Lecks noch schwimmfähig bleibt, wenn 3 Abteilungen (Abteilungsfaktor 0,33) vollaufen. Der Abteilungsfaktor war hauptsächlich von der Schiffslänge, der Länge der Abteilungen und dem Verwendungszweck abhängig. In den neueren Sicherheitsvorschriften ist der Abteilungsfaktor durch die »Wahrscheinlichkeit des Überstehens von Verletzungen« ersetzt. Dabei wird ein vom Schiffstyp und seiner Länge abhängiger Unterteilungskennwert R zu einem aus der Wahrscheinlichkeit des Leckwerdens bestimmter Abteilungen unter Berücksichtigung des Ladezustands und anderer Daten ermittelten Vergleichswert ins Verhältnis gesetzt.

Dreiinselschiff: *Volldecker* mit 3 charakteristischen Aufbauten; der vorderen erhöhten Back, der mittschiffs liegenden Brücke und der hinten gelegenen Poop. Alle 3 Aufbauten reichen von Bord zu Bord, insbesondere die erhöhte Poop und Back verbessern die Seefähigkeit beim Stampfen des Schiffes.
Die Bezeichnung nimmt auf die Silhouette des Schiffes in langer Dünung bezug, bei der von einem Schiff mit 3 Aufbauten diese wie 3 Inseln sichtbar werden. Das Dreiinselschiff kennzeichnete über Jahrzehnte die typische Aufbauanordnung der meisten maschinengetriebenen Schiffe. Der mittlere Aufbau lag über den etwa auf Mitte Schiff aufgestellten Maschinen und Kesseln, schützte die entsprechenden Räume vor Wassereinbrüchen von Deck und wurde für die Brücke, Wohn- und Wirtschaftsräume genutzt. Ab 1880 wurde es dann üblich, die Mannschaftsräume in der Back unterzubringen.

Dreipunktboot: siehe *Gleitboot*

Dreirumpfboot, *Dreirumpfschiff:* siehe *Trimaran*

Dreischraubenschiff: Schiff mit 3 Antriebsmaschinen, von denen jede über eine eigene Propellerwelle auf je einem Schraubenpropeller wirkt. Die in den letzten Jahrzehnten des 19. Jh. bei den großen Schnelldampfern und bei Kriegsschiffen erforderlichen hohen Antriebsleistungen konnten nicht mehr durch einen einzigen Propeller in Schub umgewandelt werden, so daß *Zweischrauber*, Dreischraubenschiffe und auch Vierschraubenschiffe gebaut wurden.
Eine noch größere Anzahl von Schrauben hatten nur die »Popowkas«, die Rundschiffe des russischen Vizeadmiral POPOW, von denen z. B. die »NOWGOROD« mit 6 Dampfmaschinen und 6 Schrauben fuhr. Nachdem seit 1861 mehrere Zweischrauber gebaut waren, entstanden um 1882 die ersten Dreischraubenschiffe. Als erstes Dreischraubenschiff der deutschen Marine wurde 1892 der Kreuzer »KAISERIN AUGUSTA« gebaut. Danach waren die meisten neugebauten Großschiffe Dreischraubenschiffe, bei langsamer Marschfahrt fuhren sie mit der mittleren Maschine. Britannien, die USA, Japan und Italien bauten ihre *Schlachtschiffe* und *Kreuzer* überwiegend als Zweischrauber. Das erste Vierschraubenschiff war die *»IMPERATOR«*.

»DR. FRIEDRICH WITTE«: Rostocker Frachtdampfer 1887 bis 1903. Die Rostocker A. G. für Schiff- und Maschinenbau baute 1887 für den Eigner Friedrich Petersen unter der Baunummer 92 das Frachtschiff aus Eisen und Schiffbaustahl mit der Klasse des Germanischen Lloyd. Rostock blieb der Heimathafen dieses typischen kleinen Glattdeckfrachters mit mittschiffs liegender Maschine und Mittschiffsdeckshaus.
Das Schiff war mit 237 BRT und 167 NRT vermessen bei 37,5 m Länge, 6,7 m Breite und 2,8 m Tiefgang. Mit der Dampfmaschine von 118 kW (160 PS) fuhr es 8 kn. 1903 verkaufte Petersen das Schiff an den Rostocker Reeder Otto Zelk, der es jedoch bald an einen Lübecker Reeder weiterverkaufte.

Dry cargo vessel: siehe *Trockenfrachtschiff*

Rostocker kleiner Frachtdampfer »DR. FRIEDRICH WITTE«, Baujahr 1887

»DUGUAY TROUIN«, französischer Geschützter Kreuzer 1926

»DUGUAY TROUIN«: erster französischer Kreuzerneubau nach dem ersten Weltkrieg. Der Bau des Kreuzers wurde mit dem französischen Haushaltsetat von 1922 bewilligt. Der Stapellauf fand am 15. August 1923 auf der Staatswerft in Brest statt. Die Indienststellung folgte 1926.
Der 7249 t große Kreuzer war über Alles 181 m und zwischen den Loten 175,3 m lang, 17,5 m breit und hatte einen Tiefgang von nur 4,4/5,3 m. Die Besatzungsstärke belief sich auf 600 Mann. Die Bewaffnung bestand aus 8×15,5-cm-sowie 4×7,5-cm-Geschützen, 2×4,7-cm-Schnellfeuerkanonen sowie 12 Stück 55-cm-Torpedorohren in Dreiersätzen. Außerdem waren 2 Wasserflugzeuge an Bord. Über die Panzerung des Kreuzers wurden keine Angaben veröffentlicht. Die Antriebsanlage bestand aus 4 Satz Parsonsturbinen mit einer Gesamtleistung von max. 79488 kW (108000 PSi), die aus 8 Kesseln mit Dampf versorgt wurden. Mit 4 Schrauben erreichte der Kreuzer eine Geschwindigkeit von 34 kn. Mit 15 kn Geschwindigkeit betrug die Dampfstrecke 4000 Seemeilen.

Dummy-Ship: Schiffsattrappen im ersten und zweiten Weltkrieg, besonders von der britischen Marine in größerer Zahl eingesetzt. Britannien ließ während des ersten Weltkriegs 16 Handelsschiffe zu Schlachtschiff-Attrappen umbauen. Ihre Tarnung mit Geschützen, Masten, Schornsteinen, Aufbauten, Bug und Heck wurde sehr gründlich durchgeführt. Es sollte mit den Attrappen eine Streitmacht vorgetäuscht werden, die in Wirklichkeit an ganz anderer Stelle operierte.
Das größte umgebaute Schiff war der erbeutete deutsche Schnelldampfer »KRONPRINZESSIN CECILIE«, der zum Double des Schlachtschiffs »AJAX« und zum Verbands-Flaggschiff bestimmt wurde. Elf andere Dampfer von 4000 bis 8000 BRT wurden ebenfalls zu Schlachtschiffs-Attrappen hergerichtet. Chef dieser Special Service Squadron wurde Captain Haddock. Aus einiger Entfernung konnte nur ein Fachspezialist diese Attrappen von echten Schiffen unterscheiden. Die Flotte erlangte jedoch niemals größere Bedeutung, da durch die amerikanische Presse die deutsche Marine frühzeitig von ihrer Existenz erfuhr. Man war nur unsicher über den Hauptzweck dieser Schiffe. Während des zweiten Weltkriegs sollte das damalige Zielschiff »CENTURION« als Attrappe den Schlachtkreuzer »ANSON« vortäuschen. Weiter wurden aus Holz, Segeltuch und Leichtmetall 2 Kühlschiffe als Attrappen der Schlachtschiffe »REVENGE« und »RESOLUTION« und ein drittes als Attrappe des Flugzeugträgers »HERMES« hergerichtet. Wegen der ab 1941 immer bedrohlicher werdenden Handelsschiff-Verluste wurden aber die Schiffe wieder für andere Aufgaben umgerüstet.

Deck der »VESUVIUS« mit den Rohrmündungen

Dynamitkreuzer: ein mit sog. »Dynamitkanonen« bewaffneter Kreuzer. In den USA wurde 1888 der Dynamitkreuzer »VESUVIUS« von 76,8 m Länge, 8,7 m Breite und 2,9 m Tiefgang gebaut. Mit seinen Zwillings-Dampfmaschinen von 3000 kW (3800 PSi) Leistung soll das Schiff eine Geschwindigkeit von 20 kn erreicht haben.
Die Bewaffnung bestand aus 3 vom Konstrukteur Salinski entwickelten pneumatischen 38-cm-Dynamitkanonen, die starr im Vorschiff eingebaut waren und deren Dynamitgeschosse mit Preßluft abgeschossen wurden. Das Geschoß selbst war 6 m lang, davon waren 2,81 m mit 227 kg Pyroxilien gefüllt. Die Reichweite betrug 1850···3700 m. Mit den pneumatischen Kanonen wollte man verhindern, daß die Dynamitfüllungen der Granaten bereits beim Abschuß explodierten. Die Schießversuche mit diesen Geschützen fielen aber nicht besonders aus, da die Treffsicherheit beim bewegten Schiff mit den starren Geschützrohren und den erforderlichen hohen Flugbahnen der Geschosse gering war. So hat sich der Dynamitkreuzer im spanisch-amerikanischen Krieg auch nicht bewährt. Er wurde danach umgebaut und mit anderen Geschützen ausgerüstet.

Dyna-Schiff, Starrsegelschiff: siehe *Windkraftunterstütztes Schiff*

E

Easytrimmer (engl. easy, leicht): *Trockenfrachtschiff* mit großen Luken und geringem Unterstau, so daß die Be- und Entladung erleichtert ist und Massenschüttgüter durch Seitenschrägen »selbsttrimmend« in den Arbeitsbereich der Krangreifer nachrutschen. Außerdem können bordeigene Fördereinrichtungen vorhanden sein, um besonders kurze Entladezeiten zu erreichen.

Der dänische Postdampfer »EDDA«, 1894

»EDDA«: dänischer Postdampfer der Linie Warnemünde–Dänemark. Die Zustimmung zur Errichtung einer täglichen Dampferverbindung zwischen Warnemünde und Nyköbing (Dänemark) gab der Großherzog FRIEDRICH FRANZ von Mecklenburg am 28. Juli 1871. Knapp 2 Jahre später, am 19. Mai 1873, nahm zunächst der Dampfer »Rostock« der »Rostock-Nyköbing-Dampfschiffahrts AG« den Betrieb auf dieser Linie auf. Nach größeren Aus- und Umbauten der Hafenanlagen in Gedser und Warnemünde übernahm der »Deutsch-Nordische Lloyd« 1886 von der »Rostock-Nyköbing-Dampfschiffahrts AG« die Betriebsführung. Der Dampfer »ROSTOCK« wurde aufgelegt und später nach Neapel verkauft.
Unter der Flagge des »Deutsch-Nordischen Lloyd« kamen am 26. Juni 1896 die Raddampfer »KAISER WILHELM«, »KÖNIG CHRISTIAN« und »GROSSHERZOG FRIEDRICH FRANZ« in Fahrt. Von dänischer Seite war die »Förende Damskibsselskab Kopenhagen« mit den beiden fast gleich großen Raddampfern »FREYA« und »EDDA« der Partner auf dieser Linie.
Die 1894 gebaute »EDDA« war 58 m lang, 7 m breit und besaß einen Tiefgang von 2,10 m. Es konnten 500 Fahrgäste befördert werden. Eine Dampfmaschine mit einer Leistung von 612 kW (850 PS) verlieh dem Raddampfer eine Geschwindigkeit von 9···12 kn.

»EDGAR QUINET«: französischer Panzerkreuzer des ersten Weltkriegs. Der Bau dieses Panzerkreuzers wurde mit dem französischen Rüstungsetat 1904/05 als letzter Typ einer Serie von Panzerkreuzern bewilligt. Die Kiellegung war im November 1905 und der Stapellauf am 21. September 1907 in Brest. Im Herbst 1910 konnte der 14100 t große Panzerkreuzer in Dienst gestellt werden.
Das Schiff war 157 m lang, 21,5 m breit und hatte 8,2 m Tiefgang. Die Besatzungsstärke betrug 859 Mann. Die Bewaffnung bestand aus 14 × 19,4-cm- und 20 × 6,5-cm-Geschützen sowie 2 Unterwasser-Torpedorohren. In Bug- oder Heckrichtung konnten jeweils 6 der 19,4-cm-Geschütze schießen. Bei einer Breitseite konnten 9 der 19,4-cm-Geschütze feuern und ein Torpedorohr eingesetzt werden. Die gesamte Geschoßmasse einer solchen Breitseite betrug 1035 kg. Die Panzerung war im Deck 5 cm, in der Wasserlinie 13 bis 17 cm, am Kommandostand 20 cm und an den Geschütztürmen 12 bis 15 cm dick. Die Kolbendampfmaschinenanlage leistete 29440 kW (40000 PSi) und wurde aus 40 Kesseln mit Dampf versorgt. Mit seinen 3 Schrauben erreichte das Schiff eine Geschwindigkeit von max. 23,9 kn. Bei einem maximalen Kohlevorrat von 2300 t konnte der Panzerkreuzer 1820 Seemeilen mit 23 kn oder 11000 Seemeilen mit 10 kn Geschwindigkeit fahren.

»EDGAR QUINET«, französischer Panzerkreuzer, Indienststellung 1910

Eimerbagger, *Eimerkettenbagger:* Schwimmbagger (siehe *Bagger*) mit eimerähnlichen Baggereimern von 0,5···1,5 m^3 Inhalt, die an einer endlosen Eimerkette über einen Unter- und Oberturas auf einer Eimerleiter geführt werden, das Baggergut vom Boden losbrechen und am oberen Umkehrpunkt der endlosen Eimerkette in eine Schüttrinne entleeren.

Einabteilungsschiff: Schiff mit keiner oder einer solchen Raumunterteilung durch wasserdichte Schotten, daß bei Flutung einer Abteilung im Leckfalle die Leckstabilität und die Schwimmfähigkeit noch gewährleistet sind; siehe auch *Zweiabteilungsschiff* und *Dreiabteilungsschiff*.

Eindeckschiff: Schiff mit nur einem oberen von vorn bis achtern durchlaufenden Deck (engl. Single-Decker). Dazu gehören im Unterschied zu den *Mehrdeckschiffen* mit Zwischendecks, wie *Passagierschiff*, *Autotransporter*, *Kühlschiff*, Schiffe für homogene oder Einheitsladungen, wie *Schüttgutschiff*, *Tanker* oder *Containerschiff*, bei denen die Ladungsseparierung auf mehreren Decks nicht erforderlich ist oder die stapelfähige Ladung auf dem Innenboden oder auf Deck und Luken fahren.

Britisches Kleinst-U-Boot der Typ-X-Reihe, von dem 1943 die »TIRPITZ« schwer beschädigt wurde

Einhüllenboot, *Einhüllentauchboot: Tauchboot* oder *Unterseeboot* mit nur einer Außenhülle. Das 1902 gebaute deutsche Versuchs-U-Boot »FORELLE« war ein solches Einhüllenboot. Noch im ersten Weltkrieg wurden von beiden Seiten Einhüllenboote eingesetzt, bis sich das *Zweihüllenboot* durchsetzte.

Einmann-U-Boot: Untersee-Kleinkampfmittel für den Naheinsatz. Wegen der begrenzten Aktionsweite operieren Einmann-U-Boote in Küstennähe oder werden von Trägerschiffen zum Einsatzgebiet gebracht. Die Entwicklung von Einmann-U-Booten begann schon vor dem ersten Weltkrieg und wurde im zweiten Weltkrieg von den meisten seekriegführenden Staaten fortgeführt. Als Kleinst-U-Boote haben alle Typen von Einmann-U-Booten einen geschlossenen Tauchkörper, wie z. B. der deutsche Typ BIBER. Im Unterschied dazu handelt es sich bei den *Bemannten Torpedos* (z. B. Typ NEGER und als Weiterentwicklung Typ MARDER) um zwei Torpedos. Bei dem Doppeltyp dient der obere als Transportmittel, um nach dem Einsatz dem Bedienungsmann die Rückkehr zu ermöglichen. Der untere Torpedo ist dann der eigentliche Gefechtstorpedo. Von ähnlicher Art waren die Torpedoreiter der italienischen Marine, mit 2 Mann in Taucherausrüstung auf einem sog. »Lenktorpedo« vom Typ SCL »MAIALE« (SCL, Siloro a lenta Corsa, langsam laufender Torpedo). Ein solcher Lenktorpedo war 6,7 m lang, hatte einen Durchmesser von 0,55 m, erreichte eine Höchstgeschwindigkeit von 2,5 kn und hatte eine Reichweite von 10 Seemeilen. Die maximale Tauchtiefe betrug 30 m. Unter Wasser lösten die Torpedoreiter den 1,8 m langen Torpedokopf mit Zeitzünder, der mit 300 kg Sprengstoff gefüllt war, und befestigten ihn an einem nicht fahrenden gegnerischen Schiff. Die Torpedoreiter konnten i. allg. nicht mit dem SCL zur Ausgangsbasis zurückkehren. Sie mußten ihn versenken und als Kampfschwimmer an Land gehen.

Einschraubenschiff, *Einschrauber:* Schiff mit nur einem Heckschraubenpropeller. Bis auf sehr schnelle, sehr große und besonders manövrierfähige Schiffe sind zahlenmäßig die meisten modernen Schiffe Einschrauber. Der Vorteil liegt in der Einfachheit des Schiffsantriebs bei gleichzeitig günstigstem Energierückgewinn aus der Schiffsumströmung im Propellerzustrom.
Durch die Weiterentwicklung des Schraubenpropellers für höhere Leistungsaufnahmen und Wirkungsgrade bei größeren Durchmessern und geringeren Drehzahlen und die verminderte Kavitationsbelastungen sowie der erhöhten Zuverlässigkeit der Antriebsmaschinen vergrößert sich der Anteil der Einschraubenschiffe auch weiterhin zu Lasten der Mehrschraubenschiffe. Seit 1977 war der 508731 t DW-Tanker »ESSO ATLANTIK« von der japanischen Werft Hitachi Zosen das größte Einschraubenschiff der Welt.

Einstufen-Gleitboot: siehe *Gleitboot*

Eisbrechender Tanker: siehe *Tanker*, *Eisbrecher* und *»MANHATTAN«*

Eisbrecher: Spezialschiff mit besonders geformtem und verstärktem Schiffskörper sowie leistungsstarkem Schiffsantrieb und besonderen Ausrüstungen zum Eisaufbruch von Fahrrinnen und für Versorgungs- und Hilfsfahrten. Mit der Dampfkraft wurde es möglich, auch Schiffe für den Eisaufbruch zu schaffen. So wurden in den USA bereits 1802 erste Versuche mit dem Dampfschiff von W. SYMINGTON durch den Anbau eines Eisbrechbugs unternommen. Es gab auch sog. »Eisbrechmaschinen«, bei denen z. B. auf einem breiten prahmförmigen Fahrzeug am Bug an mehreren Kranbalken schwere Klötze hochgezogen und auf das Eis fallen gelassen wurden, um eine Fahrrinne aufzubrechen. Die Eisplatten zog man auf eine offene Bugslip, zerkleinerte sie und warf sie seitwärts auf das Eis. In Deutschland baute 1854 der Schiffbaumeister Elbertzhagen in Bredow den ersten brauchbaren Eisbrecher für die Elbe. In Kronstadt ließ Britnew 1864 das kleine Dampfschiff »PILOT«, das eine Dampfmaschine von 63 kW (85 PS) hatte, zu einem Eisbrecher umbauen, der sich auf das Eis schieben konnte, um es zu brechen. 1871 entstand im Ergebnis einer öffentlichen Ausschreibung, zu der 24 Entwürfe eingingen, nach dem Projekt des Hamburger Schiffbauingenieurs Carl Ferdinand Steinhaus der »EISBRECHER I« für den Hamburger Unterelbebereich. Das Schiff wurde für 259650 Mark auf der Reiherstieg-Werft in Hamburg mit einer Antriebsleistung von 436 kW (592 PS) gebaut und hatte am 8. Dezember 1871 Probefahrt. 1876 folgte von der gleichen Werft der »EISBRECHER II«.
Finnland brachte Mitte 1878 seinen ersten Eisbrecher, den 298 BRT großen eisverstärkten Dampfer »EXPRESS« mit 295 kW (400 PS) Antriebsleistung in Fahrt, mit dem Kapitän Carl Korsmann über 15 Jahre das Eis zwischen Hanko, Finnland, und Stockholm aufbrach.

Der sowjetische Eisbrecher »ARKTIKA«

Die von der Stockholmer »Bergesunds Mekaniska Verkstad« als Eisbrecher gebaute und am 1. April 1890 in finnischen Dienst gestellte »MURTAJA« wurde mit 47,5 m Länge, 10,98 m Breite, 4,75 m Tiefgang und 1318 kW (1790 PS) der seinerzeit stärkste und mit 12,5 kn auch schnellste Eisbrecher Europas. Er wurde erst nach 68 Dienstjahren, nach Abschluß der Eiskampagne 1957/58, zum Abbruch verkauft.
Rußland ließ auf Vorschlag des Admirals und Arktisforschers Stepan Ossipowitsch Makarow (1848 bis 1904) zu Ende des 19. Jh. einen ersten großen Arktiseisbrecher bauen, die *»ERMAK«* (1). 1898 ließ Finnland erstmals in Europa seinen Eisbrecher »SAMPO« mit einem Bugpropeller ausrüsten, der Wasser und Eis vor dem Bug des Eisbrechers absaugt und so den Eisaufbruch beim Aufschieben des Bugs unterstützt.
Die Arktisschiffahrt der jüngeren Jahrzehnte unter ihren besonderen klimatischen und hydrologischen Bedingungen wurde erst durch Arktiseisbrecher möglich. Derzeit leben nördlich des Polarkreises bereits ständig 20 Mill. Menschen, die vorwiegend auf dem Luft- oder Seeweg versorgt werden. Rund um das Nordpolarmeer befinden sich Kohlenwasserstofflagerstätten, Erdöl-, Erdgas- und Kohlevorräte von vielen Milliarden Tonnen sowie beträchtliche Nichteisen- und Eisenerzvorkommen. Ihre Erkundung, Erschließung und Nutzung ist nahezu ausschließlich auf dem Seewege möglich. Polareisbrecher müssen unter extrem niedrigen Temperaturen von $-40°$ bis $-50°C$ und schlechten Sichtverhältnissen in Polareisgebieten Eisdicken bis zu 6 m brechen und entsprechend ihrer Fahrtroute für ausreichende Einsatzzeiten von 100 und mehr Tagen bevorratet sein. Zur Erkundung des günstigsten Seewegs sind Eisbrecher mit den modernsten Navigations- und Nachrichtensystemen, mit Hubschraubern zur Erkundung günstiger Eisverhältnisse und eventueller Eisrinnen sowie starken Scheinwerferanlagen ausgerüstet. Nach der Einsatzart lassen sich Linien- und Hilfseisbrecher unterscheiden. Der meist größere Linieneisbrecher öffnet mit einer sich aus der Eisdicke ergebenden möglichst ununterbrochenen Fahrt eine ausreichend freie Fahrrinne für den ihm nachfolgenden Schiffskonvoi, so daß die Breite des Eisbrechers und die Fahrrinnenbreite ausschlaggebend für die Breite der nachfolgenden Transportschiffe sind. Beim Hilfseisbrecher wird demgegenüber größerer Wert auf eine höhere Fahrgeschwindigkeit bei dünneren Eisdicken und höhere Manövriereigenschaften gelegt, um schneller Hilfe für eisgefährdete Schiffe bringen zu können und durch Eisrammungen mit wiederholtem Auflaufen Eisbarrieren zu überwinden.
Hilfseisbrecher begleiten daher vorwiegend Konvois von *Polartransportschiffen* auf besonders schwierigen Routenabschnitten und übernehmen Alleinfahrten für Versorgungs- und Hilfeleistungen. Zum Abschleppen havarierter Schiffe und um den Fahrwiderstand des geschleppten Schiffes zu vermindern, hat das Heck des Hilfseisbrechers häufiger eine elastisch ausgekeidete Bugsierbucht, in die der Vorsteven des geschleppten Schiffes hineingezogen und beide Schiffe gekoppelt vertäut werden.
Für die unterschiedlichen Eis- und Einsatzbedingungen wurden Eisbrecher mit speziellen Abmessungen, Schiffskörper-, Bug- und Heckformen entwickelt. Das Verhältnis von Schiffslänge

zur Schiffsbreite liegt i. allg. bei den kleineren Eisbrechern bei 3,5 bis 4 und bei den größeren Eisbrechern bei 4 bis 5. Eisbrecher sind damit wesentlich kompakter und manövrierfähiger gebaut als Transportschiffe. Sie haben meist nur relativ kleine Laderäume für Eigenvorräte, so daß der Schiffskörper vorwiegend zur Aufnahme der Maschinenanlagen und der für die Eisfahrt erforderlichen speziellen Ausrüstungen sowie der i. allg. für die Schiffsführung und Besatzung räumlich großzügig ausgelegten und wegen der Sichtverhältnisse hohen Aufbauten dient.
Der Schiffskörper des Eisbrechers hat trapezförmige oder gerundete Spantformen mit großen Kimmrundungen ohne Schlingerkiele zur Dämpfung von Rollbewegungen und nur ein kurzes paralleles Mittelschiff, so daß sich trotz der relativ großen Schiffsbreite eine kleine Querstabilität im Bereich anfänglicher Querneigungen ergibt. Um die Eisreibung am Schiffskörper zu vermindern, die Fahrrinne zu verbreitern und das gebrochene Eis unter die seitlichen Eisdecken zu verdrängen sowie bei Eisbarrieren die Gefahr des Festlaufens zu mindern, sind Eisbrecher i. allg. zusätzlich mit Schlingeranlagen ausgerüstet, die in der Rollperiode des Eisbrechers dynamische wechselseitige Querneigungen um etwa 10 bis 15° erzeugen. Das »Aufschlingern« wird durch leistungsstarke Luftdruckanlagen bewirkt, die periodisch innerhalb weniger Sekunden große Wassermassen zwischen den seitlichen Schlingertanks hin- und herpressen. Die Wirkung ist somit umgekehrt zur Schlingerdämpfungsanlage.
Der gesamte Schiffskörper ist in seiner Stahlkonstruktion und Aussteifung stärker dimensioniert. Wegen der großen Temperaturunterschiede zwischen der Wasser- und Lufttemperatur und der hohen Eisbelastungen werden das Überwasserschiff und ein besonderer Gürtel der Eisdruckzone aus hochfestem speziellen Schiffbaustahl gebaut, der auch bei niedrigen Temperaturen und den Temperaturdifferenzen eine ausreichende Zähigkeit und Festigkeit behält. Außer stärkeren Außenhautbeplattungen sind sehr kleine Abstände der Querverbände (Querspanten), Schotte und der aussteifenden Längsverbände (Längsträger, Stringer, Längsschotte) sowie Doppelhüllen notwendig. Als Beispiel hat der mit Kernenergie angetriebene Eisbrecher *»LENIN«* bei einer Länge von 134 m, einer Breite von 27,5 m und 16000 t Deplacement im Eisgürtel 30 mm und im Bugbereich 50 mm dicke Stahlbeplattungen.
Die Eisbrechereigenschaften werden sehr wesentlich von der günstigsten Trimmlage (Längsneigung gegenüber der Wasserlinie) sowie der Vorsteven- und Vorschiffsform mitbestimmt. Damit sich der Eisbrecher mit seinem Vorschiff entweder auf das Eis aufschieben oder das Eis von unten brechen kann, sind im Vor- und Hinterschiff große umpumpbare Trimmtanks notwendig. Mit dem typischen, stark nach vorn geneigten »Eisbrechersteven«, der in ein löffelförmiges Vorschiff übergeht, kann sich der Eisbrecher auf das Eis aufschieben und es so von oben durch die Wirkung der Schiffsmasse brechen. Dieser »Löffelbug« ist heute nicht mehr gebräuchlich. Bei einem anderen Prinzip erfolgt der Eisaufbruch von unten durch einen sog. »Eiswulst«, der bei noch ausreichend schneller Fahrt Eisdecken bis zu 2 m durch einen starken Druckberg unter dem Eis bricht. Eine der neuesten Varianten ist ein spezielles sehr breites Vorschiff, das das Eis bricht und es durch seine Umströmung unter die seitlichen Eisdecken bringt.
Weitere Besonderheiten bestehen beim Schiffsvortrieb, der Ruderausrüstung und dem Hinterschiff, um die Propelleranströmung eisfrei zu halten, den vollen Vorausschub auch bei ganz langsamer Fahrt an Eisbarrieren und einen großen Rückwärtsschub zum Freikommen von Eispressungen bei sicherer Ruderwirkung zu erzeugen. Besonders große Anforderungen ergeben sich hinsichtlich der Zuverlässigkeit und Leistungen der Schiffsantriebsanlagen. Im Vergleich mit anderen Schiffstypen ist eine spezifische Maschinenleistung in Kilowatt je Kubikmeter Verdrängung oder je Tonne Deplacement von 2 bis 4 kW/t und somit eine 4 bis 6fach größere Leistung als bei normalen Frachtschiffen erforderlich. Moderne Eisbrecher erhalten deshalb vorwiegend leistungsstarke Schiffsdieselmotorenanlagen oder Kernenergieantriebe, Propeller mit veränderlicher Steigung, besonders geschützte Heckruder und Querschubanlagen im Vorschiff. Zu den speziellen Hilfseinrichtungen gehören u. a. Hochdruckwasserstrahlwerfer, mit denen bei Drücken um 10 MPa Eis geschnitten werden kann sowie Möglichkeiten zur Ausblasung von Luft am Unterwasserschiff zur eisfreien Schiffsumströmung. Dazu gehören u. a. das von der finnischen Werft Wärtsilä entwickelte »Airbubbling-System« oder das »Jastram-System« (BRD). Die modernen und größten Eisbrecher der Welt sind derzeitig die sowjetischen *»ERMAK II«* mit 26500 kW und die »L. BRESHNEW« (*»ARKTIKA«*) mit 55000 kW-Kernenergieantrieb sowie der »POLAR STAR« (USA) mit einer 57330 kW kombinierten Dieselmotoren-Gasturbinenanlage. 1984 gehörten zur sowjetischen Eisbrecherflotte 37 Eisbrecher mit insgesamt 235988 BRT.

Eisenbahnfährschiff: für den kombinierten Personen- und Waggontransport oder ausschließlich für den Transport von Eisenbahngüterwagen spezialisiertes *Fährschiff*. Die schnelle Entwicklung der Technik in Britannien brachte im 19. Jh. auch einen rasanten Aufschwung im Verkehrswesen. So wurde das Eisenbahnnetz in schneller Folge erweitert und bis nach Schottland ausgedehnt. Die tief in das Land einschneidenden Buchten waren jedoch für eine ökonomische Streckenführung sehr hinderlich und mußten mit Personen- oder Wagenfähren überquert werden. Das Umsteigen und Umladen der Güter vom Schienen- auf den Wasserweg war recht umständlich. Der geplante Bau von Eisenbahnbrükken stieß aber auf den Widerstand der Admiralität, weil sie die Einschnitte und Buchten als Schutzhäfen für die Flotte beanspruchte. Das traf auch auf den Firth of Forth nahe Edinburgh und für den Einschnitt des Tay River bei Dundee zu. Trotz allem war die »Edinburgh, Perth and Dundee Railway« gezwungen, den Fährdienst und besonders den Güterverkehr auf diesen Strekken zu verbessern. 1849 stellte die Bahngesellschaft den Ingenieur Thomas Bouch ein, der sofort die bestehenden Verbindungsprobleme erkannte und Möglichkeiten zur Verbesserung mit einem Fährschiff für den umladungsfreien Waggontransport entwickelte.
1849 wurde das erste Eisenbahn-Fährschiff der Welt, der 389 BRT große, aus Eisen gebaute Schaufelraddampfer »LEVIATHAN« für den Verkehr über den Firth of Forth fertiggestellt. Das Doppelendschiff mit je einem Ruder vorn und achtern war 52,4 m lang, über die Radkästen 16,5 m breit und hatte einen Tiefgang von 2 m. Das erste Fährschiff hatte noch viel Ähnlichkeit mit einem Übersetzponton: glattes Deck, auf dem 3 Parallelgleise bündig mit dem Deck verlegt waren, so daß auch Fuhrwerke übergesetzt werden konnten.
Zwei Dampfmaschinen mit einer Leistung von je 77 kW (105 PS) trieben die Schaufelräder mit einem Durchmesser von 6,7 m an und gaben dem Schiff eine Geschwindigkeit von 5 kn. Zwei Kessel mit 0,56 atü Dampfdruck versorgten die Maschinen mit Dampf. Auf 3 Gleisen konnten 30···34 Zweiachswagen des damaligen Waggontyps befördert werden. Die Brücke bestand lediglich aus einem Laufgang von Radkasten zu Radkasten, auf dem ein Steuerstand montiert war. Auch das Problem des um etwa 4,9 m unterschiedlichen Wasserstandes durch Ebbe und

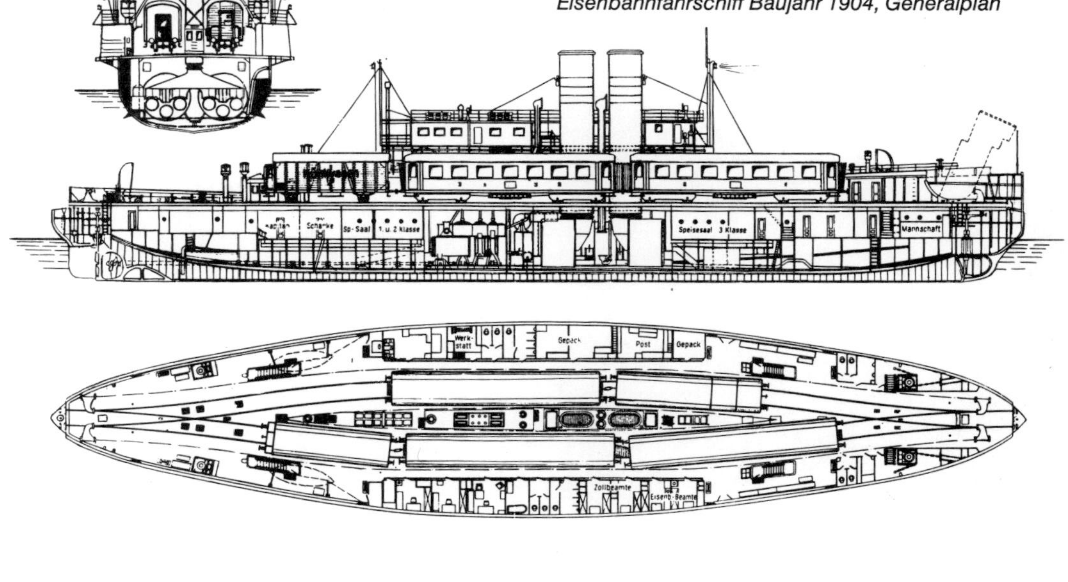

Eisenbahnfährschiff Baujahr 1904, Generalplan

Flut im Firth of Forth löste Thomas Bouch genial durch eine schiefe Ebene, auf der sich eine Art bewegliche Gleisplattform befand.
Am 3. Februar 1850 nahm die »LEVIATHAN«, beladen mit einem Personenwagen und 12 Güterwagen, den Betrieb auf und bewältigte die etwa 4,5 Seemeilen lange Strecke von Granton nach Burntisland über den Firth of Forth in 56 Min. Fahrtzeit. Bei einer Beladezeit von 15 ··· 18 Min. wurden jährlich etwa 75000 Wagen übergesetzt. Die Fähre war bis 1890 in Betrieb, bis die Firth-of-Forth-Brücke fertig wurde.
Am 28. Februar 1851 wurde mit der zweiten Eisenbahnfähre der Betrieb über die Tay-Mündung (Firth of Tay) aufgenommen. Für diese Linie hatte die Firma »Robert Napier and Sons« das 216 BRT große Fährschiff »ROBERT NAPIER« gebaut. Der Raddampfer war 42,7 m lang, über die Radkästen 12,4 m breit und hatte einen Tiefgang von 1,67 m. Zwei oszyllierende Dampfmaschinen mit einer Leistung von je 82 kW (112 PS) gaben der Fähre eine Geschwindigkeit von 8 kn. Zwei Kessel mit 0,7 atü Dampfdruck versorgten die Maschinen mit Dampf. Auf 2 Gleisen konnten ebenfalls 15 ··· 18 Güterwagen befördert werden, wobei die Be- und Entladung jedoch nur über das Heck möglich war. Jährlich wurden mit dieser Fähre etwa 56340 Wagen transportiert. Nach der Fertigstellung der Tay-Brücke im Mai 1878 wurde der Fährdienst zunächst eingestellt. Im Dezember 1878 kam es zu dem weltbekannten Einsturz der Brücke, als ein Zug darüberfuhr. Erst nachdem die neue Brücke am 20. Juni 1887 fertig war, konnte der Fährverkehr endgültig eingestellt und ein Jahr später die »ROBERT NAPIER« abgewrackt werden.

Die »SCHWERIN« während des Ablegens

Das Eisenbahnfährschiff »SCHWERIN«, ab 1926 Ersatzfähre für »FRIEDRICH FRANZ IV«; L_{OA} 106,8 m; Deplacement 4400 t; Geschw. 15,5 kn

Waggondeck des Eisenbahnfährschiffs »SCHWERIN«

Das Beispiel der britischen Eisenbahnfährschiffe machte im Ausland bald Schule, und es entstanden neue Fährschiffslinien, wie die Dampf-Eisenbahnfähre über den Rhein (1865), der erste dänische Fährdienst über den Großen Belt nach Schweden (1872), die Fährlinie Warnemünde–Gedser (1903), die Eisenbahnfährlinie zur Insel Fehmarn (1904) sowie die Eröffnung der Fährlinie Saßnitz–Trelleborg (1909). Der letztgenannte 107,4 km lange Seeweg Saßnitz–Trelleborg wurde später auch als »Königslinie« bekannt, weil die von schwedischer Seite eingesetzten Fährschiffe Namen des schwedischen Königshauses erhielten.
Bei den seinerzeitigen Fährschiffen erwies es sich noch als nachteilig, daß sie nur über Heck be- und entladen werden konnten. Das 1926 in Dienst gestellte Fährschiff »SCHWERIN« erhielt daher bereits eine Bug- und Heckauffahrt mit den entsprechenden Bug- und Heckklappen, es stellte damit einen Prototyp zur modernen Doppelendfähre dar.
Moderne Eisenbahnfährschiffe gibt es als Ein- und Zweideckfähren mit jeweils bis zu 5 Gleisen nebeneinander. Es sind meistens Zweischraubenschiffe mit zusätzlichen Bug- und Heckquerschubanlagen sowie Krängungsausgleich- oder Schlingerdämpfungsanlagen, siehe auch *»MUKRAN«*.

Eisenfreies Schiff: Spezialschiff für Forschungsaufgaben, bei denen kein schiffseigenes Ferromagnetfeld vorhanden sein darf. Derartige *Forschungsschiffe* werden aus Holz, Plaste oder Nichteisenlegierungen (Leichtmetalle oder antimagnetische Legierungen) gebaut und ausgerüstet; s. a. *Alu-Schiff* und *Antimagnetisches Schiff*. Zu den bekannten eisenfreien Schiffen gehört u. a. auch das antimagnetische sowjetische Forschungsschiff »SARJA«.

Eisenschiff: vom ersten Schiff aus Eisen, der 1821 gebauten »AARON MANBY«, bis in die ersten Jahrzehnte des 20. Jh. aus Eisen und noch nicht aus Schiffbaustahl (Eisen-Kohlenstoffverbindung) gebautes Schiff. Nachdem um 1860 in Britannien der Bessemerstahl verfügbar war und 1873 der erste Siemens-Martin-Stahl hergestellt werden konnte, wurde 1877 erstmals im Handelsschiffbau Kohlenstoffstahl anstelle von Eisen verwendet. Ab 1880 durften Schiffe aus Stahl mit 20 % Minderung der Materialdicken im Vergleich zu Eisenschiffen gebaut werden. 1890 betrug jedoch der Anteil der Eisenschiffe über 100 ts Tragfähigkeit anzahlmäßig noch 79 %, sank aber bis 1900 auf 45 %, bis 1910 auf 24 % und bis 1930 auf 6 %.

Eispatrouille-Schiff: Hilfsschiff zur Beobachtung treibender Eisberge und zur Eiswarnung. Eisberge lösen sich von den Eisschichten der nördlichen Gebiete durch das Nachdrängen von wandernden Gletschern und treiben mit den Meeresströmungen, dem Ost-Grönlandstrom und der Labradordrift an Grönland vorbei in den Atlantik. Vor Grönland werden jährlich rund 16000 Eisberge gezählt. Nach einer Drift von etwa 3000 km nähern sie sich auf der Höhe von Neufundland den Hauptschiffsrouten des Nordatlantik, an der jährlich noch bis zu 400···1000 Eisberge gezählt werden, die eine große Gefahr für die Schiffahrt darstellen. 1926 driftete ein Eisberg sogar bis 250 km südlich der Bermuda-Inseln.
Um die Gefahr des Zusammenstoßens von Schiffen mit Eisbergen zu mindern, unterhalten die seefahrenden Nationen für die Nordatlantikroute eine »Internationale Eispatrouille«. Die Kosten werden entsprechend einer Vereinbarung aus dem Jahr 1956 von den Ländern getragen, deren Schiffe auf der gefährdeten Route verkehren. Die Überwachung des Seegebiets geschieht durch Eispatrouille-Schiffe gemeinsam mit Flugzeug- und Hubschrauberpatrouillen, die im Packeis festsitzenden Eisberge vor Beginn der Drift orten und der Küstenwache melden.
Eispatrouille-Schiffe sind relativ schnelle Fahrzeuge der »US Coast Guard« (Küstenwacht) von mittlerer Größe, deren eisverstärkte Schiffskörper mit Eisbrecherbug ein Operieren im Packeis erlauben. Sie besitzen neben Einrichtungen zur Warnung der Schiffahrt auch Technik zum Anbohren und Sprengen von Eisbergen. In Sonderfällen werden die driftenden Eisberge von den Eispatrouille-Schiffen abgeschleppt, um so die Schiffahrtsrouten freizuhalten.

Elbdampfer: erste Dampfschiffe auf der Elbe. Im nördlichen mitteleuropäischen Raum sind Elbe, Havel, Oder und Weichsel (Wisla) seit altersher wichtige Wasserstraßen der Binnenschiffahrt. Die Elbe, die bei einer Länge von mehr als 1600 km heute auf über 1300 km schiffbar ist, hat auch derzeitig für alle Anliegerstaaten große Bedeutung als Verkehrsträger.
Als erstes Dampfschiff fuhr 1816 die 1814 von John Gray in Kincardine (Schottland) erbaute »THE LADY OF THE LAKE« auf der Elbe zwischen Hamburg und Cuxhaven. Es erhielt das erste, nach vielen Prüfungen durch den Hamburger Senat gegebene Privileg für ein Dampfschiff. Die erwarteten Gewinne blieben jedoch aus, so daß das Schiff am 24. Juni 1817 wieder nach Yarmouth zurückfuhr. Am 14. September 1816 lief in Pichelsdorf bei Spandau die von John Barnett Humphreys erbaute *»PRINZESSIN CHARLOTTE VON PREUSSEN«* von Stapel, und sie machte am 27. Oktober 1816 mit 160 Passagieren ihre Fahrt auf der Havel von Spandau nach der Pfaueninsel.
Am 15. März 1817 lief der Seitenraddampfer »KURIER« von Stapel und machte in der Zeit vom 5. bis 8. April seine erste erfolgreiche Fahrt

Elbdampfschiff »KÖNIGIN MARIA« der Sächsischen Dampfschiffahrtsgesellschaft, erbaut 1836

von Pichelsdorf nach Hamburg. Es folgte der Fracht-Schleppdampfer »MAGDEBURG«, der am 22. November 1817 seine Probefahrt absolvierte. Ein weiteres Dampfboot war die »FRIEDRICH WILHELM III«, die am 3. August 1818 auf der Baustelle in Potsdam von Stapel lief. Das größte Dampfschiff war dann die »FÜRST BLÜCHER«, die am 16. Oktober 1819 von Stapel lief und mit 2 Stück 14,7-kW-(20 PS-)Maschinen ausgerüstet war.
Alle 5 Schiffe waren überwiegend in der Relation Berlin–Hamburg oder Magdeburg–Hamburg in der Fracht-Schleppschiffahrt eingesezt, nahmen aber auch Passagiere mit. Die weitere Entwicklung der Dampfschiffahrt auf der Elbe stagnierte jedoch, bis im Jahr 1836 der vielseitige und erfolgreiche Ingenieur Johann Andreas Schubert (1808 bis 1870) seine Schrift »Andeutung über Dampfschiffahrt auf der Oberelbe« veröffentlichte, in der er die Möglichkeit eines billigen Dampfschiffsverkehrs auch auf der Oberelbe entwickelte. Daraufhin gründeten 14 unternehmungsmutige Dresdener Kaufleute die Elbdampfschiffahrts-Gesellschaft, für die die Regierung am 8. Juli 1836 das Privilegium erteilte. Im März 1836 reiste J. A. Schubert nach Frankreich, um die dort auf der Seine verkehrenden Dampfschiffe zu studieren, und im September 1836 begann er in den Werkstätten des kurz zuvor gegründeten »Übigauer Aktien-Maschinenbau-Vereins« den Bau der beiden ersten Elb-Personendampfschiffe, der eisernen Raddampfer »KÖNIGIN MARIA« und »PRINZ ALBERT«. Die Schiffskörper der beiden Schiffe wurden noch auf der »Alten Vogelwiese« in Dresden zusammengebaut, während der Innenausbau sowie die Montage von Kessel und Maschine in Übigau erfolgte. Die 36,1 m lange und 3,92 breite »KÖNIGIN MARIA« bekam eine Niederdruck-Seitenbalanciermaschine der Firma Egells; Berlin, die aber später durch eine solche von John Penn ersetzt wurde.
Am 23. September begann der regelmäßige Personenverkehr von Dresden aus in beide Fahrtrichtungen. Auch das zweite Personen-Dampfschiff »PRINZ ALBERT« erhielt eine Egells'sche Seitenbalancier-Maschine und einen in Übigau erbauten kombinierten Wasserrohrkessel. Diese Schiffe hatten jedoch für die damaligen Wasserverhältnisse der Elbe noch einen zu großen Tiefgang. Zahlreiche Untiefen, Stromschnellen, Sandbänke, Schlammbänke und Klippen machten besonders nach Hochwasser ein Befahren der Elbe gefährlich. Bei der Thürmsdorfer Stromschnelle in der Nähe von Königstein mußten die Personen-Dampfschiffe lange Zeit durch vorgespannte Pferde vorübergezogen werden.
Von 1840 bis 1842 wurden die beiden Dampf-

Das neue Feuerschiff »ELBE 1« 1980

schiffe in Hamburg umgebaut und konnten dann in einem Tag von Dresden nach Tetschen und zurück fahren. Sie bildeten den Beginn der Elb-Dampfschiffahrt, die sich bis heute zu einer der größten Flußschiffahrts-Unternehmungen mit einem erheblichen Güter- und Personenverkehr entwickeln konnte. Eine besondere Rolle spielte auch das *Kettenschleppschiff* auf der Elbe.

»ELBE« (1): Raddampfer, 1879 erster Neubau für fremde Rechnung der Werft Blohm&Voss (vorher Kuhwerder Schiffswerft), den die Stade-Altländer-Dampfschiffahrts-Gesellschaft 1879 bestellt hatte. Das 138 BRT große Schiff war zwischen den Loten 43,28 m lang, 5,79 m breit und hatte eine Seitenhöhe von 2,44 m, ausgerüstet mit einer 202 kW (275 PS) Dampfmaschine. Überliefert ist, daß bei der Probefahrt im September 1879 der Reeder persönlich den Kohleverbrauch an den vorher abgewogenen Kohlesäkken kontrollierte, um sich zu überzeugen, daß der vertraglich festgelegte Kohleverbrauch nicht überschritten wurde.

»ELBE 1«: Feuerschiff. Oftmals war man gezwungen, weit vor der Hafeneinfahrt Feuerschiffe als Ansteuerungspunkte zu positionieren, damit den ankommenden Schiffen der Weg gewiesen wurde. Zu den bekanntesten Feuerschiffen gehörte um 1823 das vor der amerikanischen Ostküste stationierte Feuerschiff »SANDY HOOK«. Etwa 56 Seemeilen vor der Küste, auf der Einfahrt nach New York, lag seit 1854 das »NANTUCKET«-Feuerschiff. Oft entschieden sich hier die Rennen der Atlantikliner im Kampf um das »Blaue Band«. An einer bis zu 250 m langen Ankerkette verankert, an deren Ende sich ein großer Pilzanker befand, blieben diese Schiffe bei jedem Wetter auf Position. Bei Orkan oder Steiler Grundsee rollten sie tagelang bis zu 30 Grad nach jeder Seite. Nicht selten wurden sie von anderen Schiffen im Nebel überlaufen, gerammt oder strandeten durch den Bruch der Ankerkette, da sie im allgemeinen über keinen eigenen Antrieb verfügten. Viele Seeunfälle und Totalverluste künden vom selbstlosen Einsatz der Besatzungen dieser Schiffe, für die es nur eine Möglichkeit gab: Aushalten auf der Position.
Feuerschiffe gaben jedoch vielen anderen Schiffen Hilfe in der Not. Bereits 1899 wurde von einem Schiff der erste Notruf gesendet, der vom »EAST-GODWIN«-Feuerschiff nach South Foreland weitergeleitet wurde. Dieser Dienst erwies sich als Rettung aus höchster Not. So wurde noch im Mai 1934 das »NANTUCKET«-Feuerschiff auf seiner Position vom britischen Passagierschiff »OLYMPIC« im Nebel überlaufen und in 2 Teile zerschnitten, 7 Besatzungsmitglieder fanden den Tod. Ein schweres Schicksal traf auch die *»ELBE 1«*. Bereits 24 Jahre war das Feuerschiff »ELBE 1« in Dienst, als es am 27. Oktober 1936 bei einem schweren Nordweststurm quer zur See gedrückt wurde und kenterte. 16 Mann der Besatzung fanden dabei den Tod. Da Bergungsversuche keinen Erfolg hatten und das Wrack nun selbst zum Schiffshindernis geworden war, mußte das Wrack im April 1937 gesprengt werden.
In unserer Zeit hat die Verkehrsdichte auf den Schiffahrtswegen derart zugenommen, daß man aus Sicherheits- und Kostengründen bestrebt ist, so viele Feuerschiffe wie möglich durch unbemannte schwimmende Seezeichen mit automatisch ausgestrahlter Kennung oder Leuchttürme zu ersetzen. So blieben Feuerschiffe nur noch vereinzelt typische Zeugen einer frühen Seefahrtsgeschichte, auf wenigen Positionen, wie »BORKUM RIFF« vor der Emsmündung.

Die »ELBE«, Prototyp des deutschen Schnelldampfers 1881

»ELBE«: Prototyp des Schnelldampfers (1881). Der Norddeutsche Lloyd leitete mit diesem ersten als »Schnelldampfer« angekündigten Schiffstyp den Übergang zum spezialisierten Fahrgastschiff ein. Die »ELBE« gilt so als der erste Schnelldampfer der Welt. Weil die deutschen Werften einen solchen Auftrag noch nicht realisieren konnten, ging der Auftrag zum Bau des Schiffes nach England. Im Jahre 1881 wurde auf der Werft von John Edler & Co. in Glasgow die 4510 BRT große »ELBE« auf Kiel gelegt. Das Schiff war 128 m lang, 13,7 m breit und bot 1117 Passagieren Platz. Wie alle Schiffe aus dieser Zeit trug die »ELBE« ebenfalls noch Beseglung an ihren 4 Masten. Mit der Maschinenleistung von 4121 kW (5600 PS) erreichte das Schiff die Geschwindigkeit von 15 kn. Sie machte bereits 1882 die schnellste Reise von Southampton nach New York in 8 Tagen und einer Stunde.
Dieser erste deutsche Schnelldampfer fand jedoch ein tragisches Ende. Mit dem Schiff verbindet sich eine der großen Schiffskatastrophen der internationalen Fahrgastschiffahrt. Unter Führung von Kapitän GOESSEL war das Schiff am 29. Januar 1895 mit 181 Mann Besatzung und glücklicherweise nur 195 Passagieren an Bord auf seiner 168. Ausreise. Um 5.17 Uhr wurde die »ELBE« im Englischen Kanal von dem englischen Frachtdampfer »CRATHIE«, der sich auf der Reise von Rotterdam nach Aberdeen befand, querschiffs gerammt. Es entstand an der Backbordseite unmittelbar hinter dem Maschinenraum ein sehr großes Leck, durch das der Maschinenraum und eine weitere Abteilung voll geflutet wurden. Nach 25 Minuten war die »ELBE« gesunken, wobei 332 Menschen den Tod fanden. Nur ein Rettungsboot mit 20 Insassen konnte nach 6 Stunden von einem englischen Fischkutter gesichtet und die Insassen in Lowestoft an Land gebracht werden.
Während der Seeamtverhandlung in Bremerhaven wurden dem Schiff keine Mängel in der Bauart nachgewiesen. Von 7 wasserdichten, bis zum Oberdeck reichenden Schotten, war ein Schott so stark beschädigt worden, daß 2 benachbarte Abteilungen gleichzeitig voll Wasser liefen, wodurch das Schiff in kurzer Zeit eine starke Schlagseite erhielt und sank.
Die hohe Zahl der Opfer hatte im Reichstag erregte Erörterungen über die Sicherheitsverhältnisse auf anderen deutschen Passagierdampfern zu Folge. In Deutschland gab es zu dieser Zeit so gut wie keine Fürsorge des Staates für die Sicherheit der Seeschiffe, insbesondere der Passagierdampfer hinsichtlich der Schottenanordnung und anderer Vorschriften. Staatliche Vorschriften wurden meistens nur »aus gegebenem Anlaß« erarbeitet und herausgegeben. Schließlich wurde der Germanische Lloyd von der Seeberufsgenossenschaft aufgefordert, ein Gutachten über nötige Veränderungen, zum Beispiel der Schottenabstände einzureichen. Vom Germanischen Lloyd wurden dementsprechend bereits 1896 erste Unterteilungsvorschriften ausgearbeitet und von der Seeberufsgenossenschaft erlassen. In der Folgezeit entstand daraus das »Zweiabteilungsschiff«, d. h. die Gewährleistung der Schwimmfähigkeit des Schiffes auch noch bei 2 vollgelaufenen benachbarten Abteilungen. Der »ELBE«-Katastrophe sollten leider noch viele folgen, von denen die *»TITANIC«*-Katastrophe wohl die weitreichendste Bedeutung hatte.

Elektroboot: durch Akkumulatoren oder durch Einspeisung über Oberleitungen bei der Kanal- oder Flußschiffahrt von Elektromotoren und Schrauben angetriebenes Schiff. Ein erstes Elektroboot, erbaut von M. H. von Jacobi (1801 bis 1874), fuhr im September 1838 im damaligen St. Petersburg mit 14 Personen besetzt auf der Newa mit etwa 1,4 kn gegen den Strom.

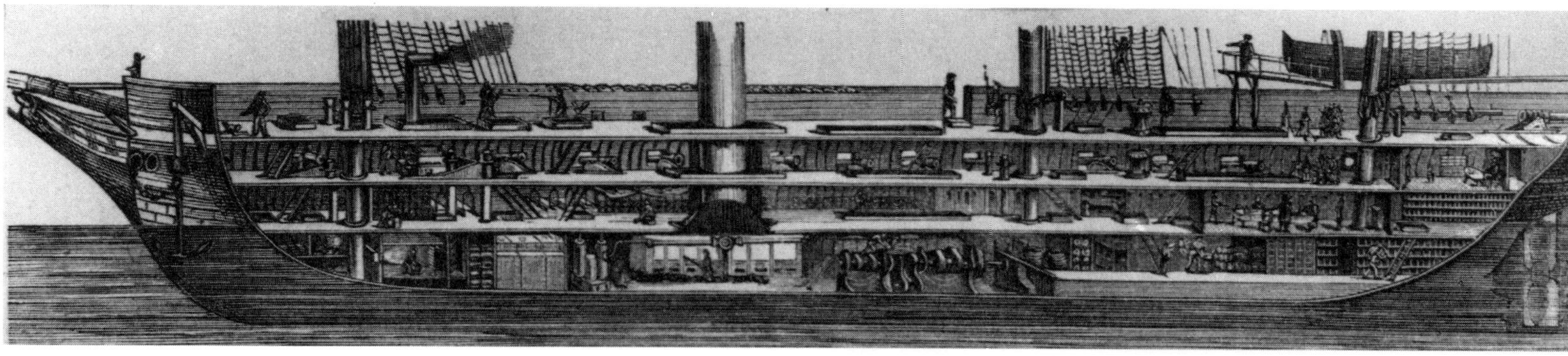

Längsschnitt der »ELISABETH«

In Deutschland widmete sich WERNER VON SIEMENS dem Bau von Elektrobooten, von denen das 1881 gebaute Elektroboot »ELEKTRA« und das 1897 gebaute Elektro-Luxusboot »GERMANIA« besonders bekannt wurden.
Die Akkumulatorenboote konnten durchschnittlich etwa 6 Std. mit 6,5 kn oder 20 Std. mit 4,8 kn fahren. Um 1906 gab es zwischen Zehdenik und Berlin verschiedene elektrisch betriebene Ziegeltransportkähne, die mit ihren Akkumulatoren bei 5 km/h eine Strecke von etwa 100 km fahren konnten. Um größere Zugkräfte zu erreichen, wurden Elektro-Kanalschleppschiffe entwickelt, die mit Motor und Generator ausgerüstet, über Kabel die Elektroenergie den E-Motoren weiterer Kähne des Schleppzugs zuführten. So wurden mit dem Schlepper »TELTOW« 1907 Versuche auf dem Teltow-Kanal unternommen, um über Stromabnehmer Energie aus Oberleitungen zu entnehmen. Besondere Bedeutung erlangte der Elektroantrieb für U-Boote während der Unterwasserfahrt. So konnten die im zweiten Weltkrieg gebauten deutschen U-Boote vom Typ XXI mit ihrer vergrößerten Batteriekapazität von 3×124 Zellen mit insgesamt 33900 Amperestunden getaucht etwa 2 Std. lang mit 17 kn fahren.

Elevatorschiff, *Elevatorponton:* Schüttgutschiff mit bordeigenem Elevator zum Selbstentladen von körnigen Gütern, wie Getreide oder anderen Schüttgütern, oder als schwimmender Elvatorponton. Für Getreide werden hauptsächlich Saugförderanlagen und für schwere Güter Becher- oder Bandförderer eingesetzt.

»ELISABETH»: fünfte, gedeckte Schraubenfregatte der Königlich-Preußischen Marine (1867 bis 1871). Beim Bau dieser Fregatte verwendete die Königliche Werft in Danzig die mit den vorangegangenen Bauten »ARCONA«, »GAZELLE«, »VINETA« und »HERTHA« von 1855 bis 1865 gewonnenen Erkenntnisse. Die »ELISABETH« wurde am 1. Mai 1866 auf Kiel gelegt und lief am 18. Oktober 1868 von Stapel. Am 29. September 1869 wurde der 2,066 Mill. Taler kostende Neubau in Dienst gestellt.
Der mit Kupfer beschlagene Eichenholzkraweelbau besaß eine Verdrängung von 2454 t, war 71,5 m lang, 13,2 m breit und hatte einen Tiefgang von 6,4 m. Die Besatzung bestand aus 380 Mann. Bis 1869 waren als Bewaffnung 28-bis 68-Pfünder an Bord, danach bis zu 17×15-cm- und später 8×15-cm-Kanonen. Die liegende Zweizylinder-Einfach-Expansionsmaschine der Firma Maudslay Son & Field, London, leistete 1795,8 kW (2440 PS) und arbeitete auf eine hievbare Schraube von 4,8 m ∅, mit der die Schraubenfregatte eine Geschwindigkeit von 9···12,1 kn erreichte. Vier Kofferkessel mit insgesamt 16 Feuern erzeugten den erforderlichen Dampf. Mit einem Bunkerinhalt von 240 t Kohle konnten bei 10 kn Geschwindigkeit 1900 Seemeilen gedampft werden. Die Segelfläche der als Vollschiff getakelten »ELISABETH« betrug ungefähr 2200 m^2.
Anläßlich der Eröffnung des Suez-Kanals am 17. November 1869 führte die »ELISABETH« als Flaggschiff die preußischen Schiffe an. Die Einweihung des Kanals stand ganz im Zeichen monarchistischen Gepräges und wurde vom prunkliebenden Chediven ISMAIL PASCHA von Ägypten zu einer großen internationalen Veranstaltung gemacht. Preußen war mit 3 Kriegsschiffen und der Königlichen Yacht *»GRILLE«* vertreten, die mit dem Kronprinzen FRIEDRICH WILHELM den Kanal passieren sollte. Die »ELISABETH« mußte jedoch erst Munition, Ballasteisen, schwere Rundhölzer sowie einige Geschütze von Bord geben, um den seinerzeit nur 6 m tiefen Kanal passieren zu können. So war das Flaggschiff erst nach 11 Tagen in Suez.
Am 20. September 1887 wurde das Schiff aus der Flottenliste gestrichen und in Kiel als Maschinenhulk für die Heizer- und Maschinistenausbildung verwendet. 1904 wurde es für 83000 Mark verkauft und in Stettin abgebrochen.

»ELISE« ex »MARGERY«: das erste Seitenrad-Dampfschiff, das am 17. März 1816 den Kanal von Newhaven, Großbritannien, nach Le Havre überquerte und damit den Nachweis der Seefähigkeit des Dampfantriebs erbrachte. Das 19,2 m lange und 3,7 m breite Fahrzeug von etwa 38 t Deplacement lief 1814 in Dumbarton unter dem Namen »MARGERY« von Stapel und fuhr unter Segel an dem hohen Schornstein von Dumbarton nach London. Der Einsatz als Fährschiff zwischen Gravesend und London scheiterte infolge des Widerstandes der dortigen Fährschiffer, die das Anlegen des Dampfschiffes durch Anordnung verbieten ließen. Durch Verkauf nach Frankreich für den Fährdienst auf der Seine kam unter dem neuen Namen »ELISE« die erste Kanalüberquerung zustande. Die Fahrt über dem Kanal dauerte bei stürmischen Wetter 17 Stunden, obgleich mit der 7,36 kW (10 PS) Dampfmaschine von W. DENNY bei ruhiger See etwa 6 kn erreichbar waren.
Der Kapitän konnte seine Besatzung nur durch Drohungen dazu bewegen, die begonnene Fahrt bei diesem Wetter fortzusetzen. Die Seitenräder hatten 6 Radialschaufeln bei einem Durchmesser von 2,70 m. Der mit Salutschüssen angekündigten Ankunft folgte kein kommerzieller Erfolg, so daß das Fährunternehmen aufgelöst wurde. Die Spanten des Schiffs sollen noch nach 70 Jahren am Ufer der Seine gelegen haben.

»EMDEN« (I): Kleiner Kreuzer der Kaiserlichen Marine. Dieser Kleine Kreuzer wurde von 1906 bis 1909 auf der Kaiserlichen Werft in Danzig gebaut und lief am 26. Mai 1908 von Stapel. Die Baukosten beliefen sich auf 5,96 Mill. Mark. Die Hauptdaten waren: L_{OA} 118,3 m; L_{PP} 117,9 m;

Deutscher Kleiner Kreuzer »EMDEN« (I), Baujahr 1906/09

Die »ENTERPRISE« fuhr 1824 als eines der ersten Segel-Dampfschiffe nach Indien

Die »ENTERPRISE«, erster USA-Flugzeugträger mit Kernenergieantrieb

B 13,5 m; T 4,80 m; Deplacement 3664 t; Besatzung 361 Mann. Die Bewaffnung bestand aus 10×10,5-cm- und 8×5,2-cm-Geschützen sowie 2 Torpedorohren des Kalibers 45 cm.
Während das Typschiff dieser Klasse, der Kleine Kreuzer »DRESDEN«, schon mit Dampfturbinenantrieb fuhr, erfolgte der Antrieb der »EMDEN« durch 2 Dreifach-Expansionsmaschinen. Die volle Maschinenleistung betrug 12063 kW (16390 PSi), die Höchstgeschwindigkeit 24,1 kn. Das Schiff machte im Sommer 1910 eine schon bei der Indienststellung am 10. Juli 1909 vorgesehene Langstreckenfahrt, um die unter Einsatzbedingungen möglichen Daten für den Auslandsdienst zu ermitteln. Im Kriegsfalle war die »EMDEN« als Auslandskreuzer zur Störung der gegnerischen Schiffahrt vorgesehen. Mit 1100 t Kohle wurden in 20 Tagen 4200 Seemeilen bei einer Durchschnittsgeschwindigkeit von 11,5 kn durchlaufen.
Bei Kriegsbeginn 1914 gehörte die »EMDEN« unter dem Kommando von Fregattenkapitän Karl von Müller zum ostasiatischen Kreuzergeschwader des Vizeadmirals Graf von Spee, das seine Basis im damaligen Tsingtau hatte. Der Kreuzer versenkte im Indischen Ozean und im Golf von Bengalen in 2 Monaten 16 britische Handelsschiffe mit über 70000 BRT und brachte 7 weitere Dampfer auf, mit deren Fracht und Vorräte er die eigenen Vorräte ergänzte, zerstörte das Öllager in Madras, versenkte den russischen Kreuzer »SCHEMTSCHUG« und am 28. Oktober 1914 das französische Torpedoboot »MOUSQUET«. Die »EMDEN« wurde damit zum erfolgreichsten Überwasserkriegsschiff der Kaiserlichen Marine im ersten Weltkrieg, bevor sie selbst am 9. November 1914 durch den australischen Kreuzer »SIDNEY« kampfunfähig geschossen und von der Besatzung bei den Cocos-Inseln auf Strand gesetzt wurde. Das Gefecht forderte 133 Tote auf der »EMDEN«, 202 Überlebende nahm die »SIDNEY« an Bord. Das als Trophäe demontierte Namensschild der »EMDEN« wurde 19 Jahre später von der australischen Regierung an Deutschland zurückgegeben. 1950 begann eine japanische Firma mit dem Abbruch des Wracks, wobei Reste noch 1963 sichtbar waren. Im Victoria-Park von Sidney steht noch heute zur Erinnerung an dieses Gefecht ein Bugstück der »EMDEN« als Denkmal.

»ENTERPRISE«: USA Flugzeugträger mit Kernenergieantrieb. Der Flugzeugträger wurde 1958 auf der Newport News Shipbuilding Werft auf Kiel gelegt, lief am 24. September 1960 von Stapel und kam 1961 zur Flotte. Es war der erste Flugzeugträger mit Kernenergieantrieb und seinerzeit das größte Kriegsschiff der Welt. Der Bau dieses Schiffes kostete die enorme Summe von etwa 475 Mill. Dollar. Das Schiff hat eine Verdrängung von 85350 t bei 11,3 m Tiefgang, ist 336 m und über Flugdeck 374 m lang und 40,5 m bzw. über Flugdeck 76,8 m breit. Zur Besatzung gehören 4600 seemännisches und flugtechnisches Personal. Für den Flugbetrieb der insgesamt 100 an Bord befindlichen Flugzeuge gehören Aufzüge von 26,9×15,8 m sowie 4 Katapulte, so daß in Abständen von 15 Sekunden eine Maschine starten kann.
Die Antriebsanlage mit Westinghouse Turbinensätzen leistet über 147200 kW (200000 PS) und gibt dem Träger eine Geschwindigkeit von 36 kn. Bei einer Dienstgeschwindigkeit von 33 kn können 300000 Seemeilen zurückgelegt werden. Für die Dampferzeugung sorgen 8 Reaktoren und 32 Dampfkessel.
Die erste »ENTERPRISE« war ein Dampf-Segelschiff. Diese »ENTERPRISE« (1) fuhr im Jahr 1824 als eines der ersten Schiffe teilweise unter Dampf von London nach Kalkutta. Sie legte die 11450 Seemeilen lange Strecke in 103 Tagen zurück und fuhr davon 69 Tage mit Dampf.

Entfernungs-Meßschiff: siehe *Schulschiff*

»ERBGROSSHERZOG FRIEDRICH FRANZ«: erster in Deutschland gebauter seegehender eiserner Schraubendampfer. Eine Rostocker Reederei-Gesellschaft, die den regelmäßigen Dampfschiffsverkehr zwischen Rostock und St. Petersburg aufnehmen wollte, die Rostock-St. Petersburg-Dampfschiffahrtsgesellschaft, gab dem Schiffszimmermeister WILHELM ZELTZ in Rostock den Auftrag zum Bau von 2 Schraubendampfern. Mit Hilfe des Maschinenbau-Ingenieurs ALFRED TISCHBEIN ließ ZELTZ zusätzlich zu seiner am Strande gelegenen Holzschiffswerft einen Betriebsteil zum Bau von eisernen Schiffen errichten, aus dem später die heutige VEB Schiffswerft »Neptun« hervorging. In diesem Betriebsteil wurden die ersten deutschen seetüchtigen eisernen Schraubendampfschiffe gebaut.
Im November 1851 konnte der Auftraggeber den ersten Dampfer unter dem Namen »ERBGROSSHERZOG FRIEDRICH FRANZ« und im Mai 1852 den zweiten Dampfer mit dem Namen »GROSSFÜRST CONSTANTIN« in Dienst stellen. Beide Schiffe waren als kombinierte Dampf-Segelschiffe mit Bugspriet und Klüverbaum zweimastige Schonerbriggs. Den Hauptantrieb besorgte eine Dampfmaschine von 44 kW (60 PS)

»ERBGROSSHERZOG FRIEDRICH FRANZ« (1), 1853 erster in Deutschland (Rostock) gebauter seegehender eiserner Schraubendampfer

Die Nachfolge-Schraubendampfschiffe gleichen Namens 1857, »ERBGROSSHERZOG FRIEDRICH FRANZ« (2) und »GROSSFÜRST CONSTANTIN« (2)

Leistung. Auf ihren Fahrten mit Passagieren und Ladung nach London und St. Petersburg erwiesen sich beide Schiffe als hervorragend seetüchtig. Ihre Geschwindigkeit von 9,5 kn war für damalige Verhältnisse überdurchschnittlich schnell. Sie konnten 70 Lasten (1 Last hatte 4000 mecklenburgische Pfund, das sind heute etwa 2 t) tragen und waren mit 140 RT vermessen. Die Schiffe fuhren bis 1855 für Rostock und wurden dann nach Antwerpen verkauft. Zwei Jahre danach wurden 1857 erneut 2 Dampfer unter dem gleichen Namen von der neu gegründeten Rostocker See-Dampfschiffs-Gesellschaft in Dienst gestellt. Sie waren bereits bedeutend größer, hatten 242 RT und waren als Dreimast-Schonerbarken getakelt.

Erdgastanker: siehe *Flüssiggas-Tanker* und *LNG-Tanker*

Erdöl-Bohrinsel: siehe *Bohrinsel*

»ERMAK« (1): erster Polareisbrecher der Welt zum Ende des 19. Jh. und Prototyp des Polareisbrechers als Vorgänger zum Großeisbrecher. Nach Ideen und Projekten des russischen Admirals und Forschers S. O. MAKAROW erteilte im Jahr 1897 die Petersburger Geographische Gesellschaft der englischen Werft W. G. Armstrong, Withworth & Co. Ltd., in Newcastle den Auftrag zum Bau eines großen Eisbrechers von 8500 t Deplacement.
Das Schiff wurde 1899 fertiggestellt und auf den Namen »ERMAK« getauft. Im Februar 1899 verließ es Newcastle in Richtung Kronstadt. Bereits bei den ersten Einsätzen 1899 in der Ostsee bewährte sich der neue Eisbrecher. Im Herbst des Jahres wurde eine große Zahl von Fischereifahrzeugen im finnischen Meerbusen von der Eisbildung überrascht und eingeschlossen. Die »ERMAK« öffnete in dieser Zeit für einen Schiffskonvoi eine Fahrrinne zur Fahrt in die freie Ostsee. Der bereits mit einer Funkausrüstung versehene Eisbrecher konnte über Funk informiert und zur Hilfe entsandt werden. Unter Kapitän WASSILJEW befreite die »ERMAK« die Fischerboote, alle Fischer konnten gerettet werden. Anfang 1918 war die »ERMAK« mit 2 anderen Eisbrechern an der Überführung eines Großteils der Baltischen Flotte, dem sog. »Eismarsch der Baltischen Flotte«, von Reval nach Helsingfors sowie an Fahrten von Linienschiffen und Kreuzern beteiligt. Im zweiten Weltkrieg nahm die »ERMAK« (I) an der Verteidigung Leningrads teil.
Die »ERMAK« hatte 3 Dampfmaschinen von je 1840 kW (2500 PSi) Leistung, die auf je eine Heckschraube arbeiteten, sowie eine Bugschraube mit ebenfalls 1840 kW (2500 PSi) Antriebsleistung. Bei einer Eisfahrt in der Polarregion wurde die vordere Schraubenwelle nach innen geschoben, riß die Dampfmaschine aus ihrem Fundament und beschädigte sie schwer. Dabei wurde auch der Bug beschädigt. Die »ERMAK« erhielt daher in der Bauwerft einen neuen verstärkten Bug. Die Bugschraube wurde wegen der Beschädigungsgefahr später entfernt.

»ERMAK« (2): moderner Dreischrauben-Polareisbrecher der UdSSR. Die »ERMAK« wurde als erstes Schiff einer Serie von 3 Polareisbrechern mit 26500 kW (36000 PS) starken dieselelektrischen Antriebsanlagen 1973/74 von der »Wärtsilä Werft« in Helsinki im Auftrag der UdSSR gebaut. Die »ERMAK« und ihre Schwesterschiffe wurden speziell für den Einsatz auf dem nördlichen Seeweg entwickelt. Bei einer Länge über Alles von 135 m und 130 m zwischen

Der Eisbrecher »ERMAK« (1) 1898, Prototyp des Polareisbrechers

Polareisbrecher »ERMAK« (2), Bezwinger des Nordpolareises

den Loten beträgt die maximale Breite 26 m und die Breite in der Konstruktonswasserlinie 25,6 m. Der Polareisbrecher hat 11 m Tiefgang und 16,7 m Seitenhöhe. Das Deplacement beträgt 20241 t.
Der dieselelektrische Antrieb besteht aus 9 Dieselgeneratoren von je 3385 kW (4600 PS) Leistung und die Hilfsenergieanlage aus 6 Dieselgeneratoren von je 883 kW (1200 PS) sowie 2 weiteren 883-kW-Dieselgeneratoren für das Luftausblasesystem. Mit der Leistung der Propeller-Elektromotoren von 3×12000 PS erreicht der Polareisbrecher als sogenannten Pfahlzug einen Schub von 3100 kN (310 Mp) an Eisbarrieren bzw. eine Freifahrtsgeschwindigkeit von 19,5 kn. Zum Schleppen anderer Schiffe dient eine Schleppwinde von 900 kN (90 Mp) und für Hilfeleistungen sind ein Hubschrauber sowie die erforderliche Landeplattform und ein Hangar vorhanden.
Der mit modernen Automatisierungsanlagen, Datenüberwachungen, Navigations- und Kontrollsystemen ausgerüstete Polareisbrecher hat eine Besatzungsstärke von 118 Personen. Wegen der besonders harten klimatischen und betrieblichen Bedingungen und der langen Einsatzdauer während der Navigationsperiode oder bei Hilfeleistungen sind die Besatzungsunterkünfte und Freizeiträume zweckmäßig und besonders komfortabel eingerichtet.

Erzfrachter: für den Erztransport spezialisiertes Schüttgutschiff, siehe auch *Bulker*, *Bulkcarrier*. Der Erzfrachter gehört zu den ersten auf nur eine Schüttgutart spezialisierten Schiffstypen. Erste Prototypen gab es bereits in der zweiten Hälfte des 19. Jh. auf den Großen Seen Nordamerikas (siehe dazu *Great-Lakes-Ship*) und für den europäischen Erztransport von Schweden und Norwegen. Wegen der hohen Dichte der Erze können die Laderäume relativ klein sein. Um eine günstige Lage des Massenmittelpunkts der Ladung zu erreichen, wird der Doppelboden erhöht ausgeführt und die Laderäume werden seitlich durch Tanks begrenzt, in denen bei der Leerfahrt Ballastwasser gefahren wird.
Nach dem zweiten Weltkrieg wurden zunächst Erzfrachter von mittlerer Größe und ab 1960 zunehmend große Erzfrachter gebaut. Um 1960 hatte der größte Erzfrachter noch eine Tragfähigkeit unter 50000 t und 1970 gab es bereits einige Schiffe von 120000 t DW. Seit den 80er Jahren ist die 200000-t-DW-Grenze, wie beim japanischen Erzfrachter »SHINHO MARU« mit 209000 t DW überschritten.
Alle modernen Erzfrachter sind Eindeckschiffe mit hinten angeordneten Maschinenanlagen und Aufbauten. Der Laderaumbereich ist durch Querschotte unterteilt und durch zwei seitliche Längsschotte eingegrenzt. Die Schiffskörperkonstruktion ist entsprechend der Belastungskonzentration und für den Greiferbetrieb verstärkt und für den schnellen Umschlag mit großen Luken versehen. Wegen der beim ausschließlichen Erztransport unvermeidlichen Leerfahrten gibt es verschiedene kombinierte Erzfrachter wie Erz-Bulk-Container-Frachtschiffe (siehe *OBC*), Erz-Bulk-Öl-Frachtschiffe (siehe *OBO*).

Erz-Öl-Massengutschiff: siehe *OBO* (Oil-Bulk-Ore-Carrier)

Erzfrachter mit 72500 t Tragfähigkeit

Escort Destroyer: siehe *Geleitzerstörer* und *Zerstörer*

»EUGENE KROHN«: kleiner Frachtdampfer für die Nord- und Ostseefahrt der Rostocker Handelsflotte in den letzten Jahrzehnten des 19. Jh. Die 475 RT große »EUGENE KROHN« wurde 1883 von der Werft Henry Koch in Lübeck für den Rostocker Reeder W. Fischer noch aus Eisen gebaut, fuhr bis 1905 unter Rostocker Flagge und wurde danach nach Newcastle verkauft.
Ein weiteres Rostocker Schiff aus dieser Zeit war die 1882 ebenfalls noch aus Eisen von der Werft Stettiner »Vulkan« für den Reeder Martin Petersen gebaute 935 RT große »HANS KROHN«. Dieses Schiff wurde 1903 nach Alborg verkauft.

»EUROPA«: Vierschrauben-Turbinenschnelldampfer mit einer Leistung von 77280 kW (105000 PS), 49746 Bruttoregistertonnen, einer Länge von 270,70 m, einer Breite von 31,00 m und einer Seitenhöhe von 16,40 m. Die Abmessungen ermöglichten die Unterbringung von 2300 Fahrgästen.
Am 14. Dezember 1926 wurden 2 Transatlantik-Schnelldampfer vom Norddeutschen Lloyd für die gestiegenen Komfort- und Geschwindigkeitsanforderungen des Personenverkehrs in Auftrag gegeben.
Der Kiel wurde im Juli 1927 gelegt, der Stapellauf erfolgte am 15. August 1928. Nach einer Fertigstellung von etwa 75 % brach im März 1929 ein Brand aus, dessen Ausdehnung vom vorderen Mast bis ins hintere Schiffsdrittel reichte und großen Schaden verursachte. Das Schadensausmaß – die Versicherungssumme betrug 18,2 Mill. Mark – ist u. a. daraus zu erkennen, daß nahezu 7000 t Stahl gewechselt werden mußten. Im März 1930 fand die Jungfernfahrt nach New York statt. Mit einer durchschnittlichen Geschwindigkeit von 27,9 kn wurde das »Blaue Band« gewonnen. Trotz der Wirtschaftskrise der dreißiger Jahre erzielte die »EUROPA« eine relativ gute Auslastung. Ab September 1939 lag das Schiff als Wohnschiff in Wesermünde. Die deutsche Kriegsführung hatte es zum Einsatz für ihre geplante Operation »Seelöwe« zur Invasion auf England vorgesehen. 1942 wurden noch Umbaupläne zum Flugzeugträger mit 42 Flugzeugen und 2 Katapulten ausgearbeitet. Nach Kriegsende 1945 wurde die »EUROPA« zunächst von der US-Navy als Truppentransporter »AP 177« für den Rücktransport von Truppen aus Europa nach Nordamerika eingesetzt, bevor das Schiff im Mai 1946 als Kriegsbeute von Frankreich übernommen und in »LIBERTE« umbenannt wurde. Während des Umbaues riß das Schiff von der Vertäuung und trieb auf das Wrack der »PARIS«. Die Außenhaut wurde beschädigt, so daß infolge Wassereinbruchs Kentergefahr bestand und das Schiff auf Grund gesetzt werden mußte. Es wurde am 15. April 1947 gehoben und danach bei Penhoet in St. Nazaire repariert. Die neue Vermessung war 51839 BRT und 21001 NRT. Die erste Reise im Liniendienst Le Havre–New York begann für das Schiff danach am 17. August

Stapellauf des Vierschrauben-Schnelldampfers »EUROPA« am 15. Aug. 1928 in Hamburg auf der Werft Blohm & Voss

Die »EUROPA« geht auf Fahrt

1950 unter dem Namen »LIBERTE« bei der »Compagnie Générale Transatlantique. Von 1950 bis 1961 tat das Schiff als Flaggschiff der französischen Gesellschaft Dienst und wurde 1962 in La Spezia abgewrackt.

»EUROPA«: Kreuzfahrtenschiff der 80er Jahre.

Die »EUROPA« (1981) ist als Kreuzfahrtenschiff bereits das fünfte Schiff mit dem selben Namen. Am 23. November 1978 wurde zwischen der Kommanditgesellschaft MS »EUROPA« und dem Bremer Vulkan A. G. Schiffbau und Maschinenfabrik in Bremen-Vegesack der Bauvertrag über den Neubau abgeschlossen.

Die neue »EUROPA«, das Kreuzfahrtenschiff der 80er Jahre

Bootsdavit

Der Stapellauf fand am 22. Dezember 1980 statt, und bereits am 8. Januar 1982 konnte das Schiff unter der Flagge der HAPAG-Lloyd A. G. Hamburg/Bremen seine Jungfernreise antreten, die von Genua aus rund um Afrika und zurück nach Genua führte.

Das Schiff ist über Alles 199,92 m und zwischen den Loten 170,50 m lang, die Breite auf Spanten beträgt 28,50 m, die Breite über die Brückennokken 30,00 m. Die größte Seitenhöhe bis zum Sonnendeck ist 25,97 m. Das etwa 34500 BRT große Schiff besitzt bei einem Tiefgang von 7,85 m eine Tragfähigkeit von 4500 t, die sich bei dem Konstruktionstiefgang von 8,35 m auf 6500 t erhöht. Zur Besatzung gehören 295 Mann. Das Schiff bietet Platz für max. 758 Fahrgäste, auf Kreuzfahrten werden die 316 Kabinen höchstens mit 600 Fahrgästen belegt.

2 MAN-Dieselmoteren vom Typ K 7 SZ 70/125 B mit einer max. Dauerleistung von 2×10640 kW (2×14460 PS) verleihen dem Schiff bei 7,85 m Tiefgang eine Geschwindigkeit von 22 kn. Der gesamte Maschinenbetrieb ist wachfrei. Ein Querstrahlruder erzeugt einen Schub von 170 kN zur erforderlichen guten Manövrierfähigkeit in engen Hafenrevieren. Der Aktionsradius richtet sich nach der Einsatzvariante des Schiffes. Er beträgt im allgemeinen 14 Tage, davon 7 Tage mit 21 kn bei Tiefgang von 8,35 m und 7 Tage mit der Kreuzfahrtgeschwindigkeit von 17,5 kn.

Europakahn: siehe *Binnenschiff*

Expeditionsschiff: seit Mitte des 19. Jh. Bezeichnung für ein Schiff, das autonom oder in einem Expeditionsgeschwader längere Auslandsreisen mit politischen oder kommerziellen Zielen und leider auch zu Annexionen und Strafexpeditionen unternahm. Es waren seinerzeit hauptsächlich bewaffnete Segel- oder *Dampffregatten*. Für deutsche Unternehmungen fand u. a. eine Expedition von 4 Schiffen *»ARCONA«* (Dampffregatte, 27 Geschütze, 319 Mann Besatzung), »THETIS« (Segelfregatte, 38 Geschütze, 333 Mann), »FRAUENLOB« (Schoner, 1 Geschütz,

41 Mann) und ein Transportschiff »ELBE« (6 kleine Geschütze, 47 Mann Besatzung) statt. Die Expedition sollte Afrika umschiffen und in Japan, China und Siam den Abschluß von Handelsverträgen sichern helfen.
Vom Oktober 1859 bis März 1860 wurde das Expeditionsgeschwader zunächst in einem englischen Kriegshafen für eine Tropenfahrt ausgerüstet, da England für eine derartige Fahrt bereits Erfahrungen hatte. Die Expedition hatte jedoch keinen glücklichen Verlauf, siehe *»ARCONA«*.
Zu den erfolgreichsten wissenschaftlichen Forschungsexpeditionen mit Dampfkraft gehört u. a. die Südatlantik-Expedition mit der »METEOR« von 1925 bis 1927; siehe auch *Forschungsschiff*, »FRAM«, *»CHALLANGER«*.
Heutige Expeditionsschiffe sind spezielle Forschungsschiffe insbesondere für Langzeiteinsatz in der Arktis und Antarktis. Sie sind für besondere Bedingungen mit Eisverstärkung, ausreichendem Transport-, Aufenthalts- und Arbeitsraum zur Beförderung und Unterbringung des Personals und der Ausrüstungen oder zeitweiligen bzw. ständigen Beobachtungsstationen, Hubschraubern und anderen Hilfsanlagen gebaut.

Erstes Versuchsboot (1786/87) von JOHN FITCH mit Seiten-Ruderriemen-Dampfantrieb

»EXPERIMENT«: Versuchs-Dampfboot mit Heckruderriemen von JOHN FITCH 1792. Am 27. September 1785 legte FITCH der Amerikanischen Philosophischen Gesellschaft in Philadelphia ein Modell und eine Beschreibung eines kleinen Dampfboots vor. Es sollte einen hochliegenden Gestängerahmen erhalten, in dem auf jeder Bordseite 6 lange Ruderriemen beweglich angeordnet werden sollten. Eine Dampfmaschine sollte eine Welle in Bewegung setzen, um die Ruderriemen in der Art von Kanupaddeln abwechselnd wirken zu lassen. Es handelte sich damit um einen Entwurf für ein Dampf-Ruderboot. Das Boot von 15 m Länge und 4 m Breite sollte die Geschwindigkeit von 3 kn erreichen. Nach dem Bau und einigen Versuchen mit diesem Boot auf dem Delaware erkannte J. FITCH um 1787, daß der Bewegungsmechanismus zu anfällig war und begann mit Experimenten, die dem Schaufelradantrieb schon näher kamen.
Im Jahr 1792 entstand das zweite Boot, die »EXPERIMENT«, das eine Geschwindigkeit von 8 kn erreicht haben soll. Anstelle der seitlichen Ruderriemen waren bei diesem Boot am Heck 3 vertikale Ruderriemen angeordnet, die maschinell abwechselnd nach hinten gezogen, herausgehoben und über Wasser wieder nach vorn gezogen wurden. Das Boot hatte die Abmessungen von 18,3 m Länge und 3,65 m Breite. Mit diesem ersten, als »Commerzielles Service Dampfboot« bezeichneten Fahrzeug begann J. FITCH ab Sommer 1792 regelmäßige Fahrten zwischen Philadelphia und Trenton. Das Unternehmen war jedoch noch unrentabel und die Dampfschifffahrtsgesellschaft ging in Konkurs.
1796 entstand noch ein drittes Boot von FITCH, das 6 m lang war und mit einer Art Schraubenpropeller angetrieben wurde. Es fehlte ihm jedoch an der finanziellen Unterstützung, um seine Entwicklungsarbeiten zum Erfolg zu führen. Verbittert durch das allgemeine Unverständnis gab er schließlich auf und schied 1798 durch Selbsttötung aus dem Leben.

Experimentschiff: Versuchsschiff, das unter zeitweiliger Zulassung experimentelle Erprobungen von Neuentwicklungen durchführt. Solche Schiffe werden von großen Schiffbauvereinigungen, Reedereien und Forschungsinstitutionenbetrieben, um Schiffsanlagen zu erproben, für die noch keine generelle Zulassung erteilt wurde. Dazu gehören insbesondere Kernreaktoranlagen, spezielle Schiffbauwerkstoffe und Konstruktionen sowie neuartige Schiffsformen, Propeller, Ruder, Rettungsausrüstungen, Umschlagsysteme oder Fischereiausrüstungen.

Express-Schiff: kommerzielles schnelles Schiff in der Linienfahrt. Bereits zur Zeit der Dampfschiffahrt gab es auf den größeren Flüssen und Strömen Express-Schaufelraddampfer, die im Unterschied zur Schleppschiffahrt im direkten schnellen Verkehr zwischen 2 Häfen Personen und Eilfracht beförderten. Sie fuhren fahrplanmäßig im Linienverkehr und beförderten auch die innerstaatliche Post. Aus den Anfängen der Paketfahrt über den Atlantik entwickelten sich die heutigen Express-Liniendienste, die bei der Container-Schiffahrt einen hohen Stand erreicht haben, wie beispielsweise mit den Containerschiffen der dritten Generation, wie *»FRANKFURT EXPRESS«*. Verschiedene Großreedereien unterhalten weltweite Express-Dienste »Round the world« (rund um die Welt) mit wöchentlichen Abfahrten in beiden Richtungen.

F

Fabrikmutterschiff: Basisschiff einer Flottille zur Fangübernahme und fabrikmäßigen Verarbeitung. Die Typenbezeichnung wurde vom früheren *Walfangmutterschiff* für große Fischereimutterschiffe mit Verarbeitungseinrichtungen übernommen. Das weltgrößte Fabrikmutterschiff ist die für die sowjetische Hochsee-Expeditions-Fernfischerei gebaute *»WOSTOK«*. Weitere Fabrikmutterschiffe sind u. a. die *»JUNGE WELT«* und *»JUNGE GARDE«* (DDR) und die in der Volksrepublik Polen für die UdSSR gebauten Schiffe von 11 500 t DW mit 8 Fabriklinien für die Verarbeitung von 380 t Fisch pro Tag zu Frostfisch, Salzware, Konserven, Leberöl, Fischöl und Fischmehl.

Fabrikschiff: ein Schiff oder schwimmendes Fahrzeug mit fabrikmäßigen Produktionseinrichtungen. Im weitesten Sinne sind Fabrikschiffe schwimmende Meerwasserentsalzungsanlagen, Kraftwerkschiffe, Meereswärmekraftwerke oder schwimmende Chemie- oder Rohstoffaufbereitungsanlagen. Im engeren Sinne ist die Bezeichnung für Fischereischiffe mit größeren Fabrikeinrichtungen zur Fischbe- und Verarbeitung gebräuchlich, wie z. B. *Fabrikmutterschiff*, Verarbeitungsschiff, Konservenfabrikschiff u. a. Das Fischereifabrikschiff ist wegen seiner Größe und umfangreichen Fabrikanlagen i. allg. nicht mehr mit eigenen Fangausrüstungen versehen, sondern übernimmt die Fänge von Fangschiffen oder von Land zur Be- und Verarbeitung. Zur Fabrikausrüstung gehören Wasch-, Sortier-, Köpf-, Entweidungs-, Filetier- und Konservierungsanlagen sowie Gefrier-, Verpackungs- und Transporteinrichtungen. Die Innereien, Abfall und Beifang werden zu Leberkonserven, Leberöl, Fischöl und Fischmehl verarbeitet.

Fabriktrawler: größeres Fischerei-Fang- und Verarbeitungsschiff, das jedoch noch mit eigenen Fangausrüstungen für die Schleppnetzfischerei (Trawl) ausgerüstet ist und außerdem Fabrikanlagen für die Fischbe- und Verarbeitung hat. Der Einsatz kann in der Fernfischerei autonom oder in der Flottillenfischerei erfolgen. Bei der Flottillenfischerei übernimmt der Fabriktrawler außerdem zusätzlichen Fang von begleitenden Fangeinheiten. Ein moderner, in Großserie gebauter Fabriktrawler ist der Typ *»ATLANTIK«-Fabriktrawler* der Volkswerft Stralsund.

Fahrgastschiff, *Passagierschiff:* Wasserfahrzeug spezieller Konstruktion, Ausrüstung und Einrichtung zur Beförderung und Versorgung von Personen (Fahrgäste, Passagiere, Kabinen- und Luxuskabinenpassagiere, Deckspassagiere, Ausflügler, Tagespassagiere, Pilger, Touristen) auf Binnenwasserstraßen (Binnen-Fahrgastschiff), Küstengewässern (Küsten- bzw. Bäder-Fahrgastschiff) oder über See (See- bzw. Hochsee- oder Übersee-Fahrgastschiff). Nach der Einsatzart werden Linien-Fahrgastschiffe mit fahrplanmäßigen Abfahrten und Ankünften auf Kurz- und Weitstrecken, Urlauber-Fahrgastschiffe und Kreuzfahrten-Fahrgastschiffe für Erholungs- und Vergnügungsreisen unterschieden.
Die ersten Dampfschiffe, die über den Atlantik fuhren, beförderten hauptsächlich Passagiere mit ihrem Begleitgepäck. Über etwa 100 Jahre von Beginn der Fahrgastschiffahrt um die Mitte des 19. Jh. bis zur Mitte des 20. Jh. war das Fahrgastschiff das hochausgerüstetste, schnellste und größte kommerzielle Seeschiff (1838 Raddampfer *»SIRIUS«*, 9 kn; Raddampfer *»GREAT WESTERN«*, Bristol–New York 12 Tage 10,3 Std.; 1857 *»GREAT EASTERN«*, 4000 Fahrgäste; 1889 *»CITY OF PARIS«* 10500 BRT, 13500 kW; 1891 *»FÜRST BISMARCK«* 8430 BRT, 12000 kW, 19 kn).
Die mit Segelschiffen begonnenen Auswandererfahrten erreichten im 19. Jh. ihren Höhepunkt. Der Güteraustausch über See war zu dieser Zeit noch relativ gering. So lange der Auswandererstrom anhielt, war nur die Passagierschiffahrt gewinnbringend. Um die Jahrhundertwende nahm das Frachtaufkommen zu, und es entstand das kombinierte Fracht- und Passagierschiff. Diese kombinierten Schiffe waren jedoch wie die meisten Postdampfer i. allg. nicht auf der Hauptroute des Passagierverkehrs Europa–Amerika, sondern auf anderen Routen eingesetzt.

Amerikanischer Flußdampfer um 1910

In den letzten Jahrzehnten des 19. Jh. verschärfte sich der Konkurrenzkampf in der Atlantik-Passagierschiffahrt in einer bis dahin nicht gekannten Härte zwischen den führenden britischen, französischen und deutschen Reedereien. Die Schiffsgrößen, Geschwindigkeiten und der Komfort wurden schnell gesteigert. Rekordfahrten, verbunden mit dem Kampf ums »Blaue Band des Nordatlantiks« für die schnellste Überfahrt sollten zahlungskräftige Passagiere für die jeweilige Reederei gewinnen.
Mit den immer aufwendigeren Schiffen stiegen auch die Kosten enorm an. Die 1907 in Fahrt gesetzte *»MAURETANIA«* mit 32000 BRT, 50000 kW Antriebsleistung und 25 kn Geschwindigkeit erreichte in dieser Entwicklungsphase des Fahrgastschiffs ein seinerzeit kaum noch überbietbares Niveau und zeigte damit auch die seinerzeitigen ökonomischen Grenzen hinsichtlich Größe und Geschwindigkeit.
Kurz vor dem ersten Weltkrieg sollte mit der Indienststellung der *»TITANIC«* der Bau von Passagier-Schnelldampfern durch noch mehr Komfort und erlesenen Luxus eine neue Richtung erhalten; der tragische Untergang dieses Schiffs und der erste Weltkrieg unterbrachen jedoch die weitere Entwicklung solch komfortabler Schnelldampfer. Erst die 30er Jahre brachten eine Wiederbelebung des großen Schnell-Passagierdampfers, die mit der Indienststellung der beiden deutschen Schnelldampfer *»BREMEN«* (1929, 51825 BRT; 66250 kW; 26,5 kn) und *»EUROPA«* begann und mit der britischen *»QUEEN MARY«* (1939; 80773 BRT; 117760 kW: 28,5 kn) bei Ausbruch des zweiten Weltkriegs endete.
Nach dem zweiten Weltkrieg schien es zunächst, als würde auf dem Nordatlantik die Passagierschiffahrt ihre frühere Bedeutung wiedererlangen. So wurden 1954 mehr Passagiere von Europa nach New York befördert als im seinerzeitigen Rekordjahr 1931 und die Reeder stellten

Seefahrgastschiff für 750 Kabinenfahrgäste »SHOTA RUSTAVELI« vom Typ »IVAN FRANKO«, VEB Mathias-Thesen-Werft, Wismar

attraktive neue Passagierschiffe in Dienst. Den Beginn machte das britische Spitzenschiff *»QUEEN ELIZABETH«*, das während des Kriegs als Truppentransporter gedient hatte und nun erstmals der eigentlichen Verwendung zugeführt wurde. Mit 83673 BRT war es damals das größte Schiff der Welt.

1961 setzte Frankreich die *»FRANCE«* ein. Dieses Schiff war mit 66348 BRT und einer Länge von 315 m das längste Passagierschiff der Welt. Bereits 1952 hatte die Reederei United States Lines Co. (USA) die *»UNITED STATES«* (53229 BRT; 198720 kW; 35,5 kn) in Dienst gestellt. Sie gewann sofort das »Blaue Band« mit einer Geschwindigkeit von durchschnittlich 34,51 kn und brauchte für die Strecke von Ambrose-Feuerschiff bei New York bis Bishops Rock an der britischen Küste nur 3 Tage, 12 Std. und 12 Min. Vier Jahre später wurde bekannt, daß die Maschinenanlage dabei noch nicht mit Vollast gefahren wurde. Bei voller Leistung hätte sie 42 kn laufen und als Truppentransporter 14000 Mann mit Ausrüstung in 3 Tagen über den Atlantik bringen können. Jedoch Mitte der 50er Jahre wurde das Langstrecken-Flugzeug ein Konkurrent der Passagierschiffahrt insbesondere über den Nordatlantik, und bereits 1957 überquerten 594000 Passagiere mit dem Flugzeug den Atlantik, und nur noch 453000 fuhren auf einem Fahrgastschiff. Die führenden Reedereien versuchten durch einen noch größeren Komfort und mit Hilfe staatlicher Subventionen durch weitere Passagierschiffsbauten sich zu behaupten.

So stellte 1969 die »Italia Lines«, Genua die beiden 45000-t-Schiffe »MICHELANGELO« und »RAFFAELO« für die Linie Genua–New York mit dem letzten Stand der Innenarchitektur in Dienst. Im Jahr 1968 kam die neue *»QUEEN ELIZABETH II«* der Cunard-Line in die Nordatlantikfahrt, doch bei ihrer ersten Ankunft in New York machte sie kaum noch Schlagzeilen.

Viele der großen Ozeanliner gibt es heute nicht mehr. Sie sind aufgelegt, abgewrackt oder für Kreuzfahrten umgebaut. Nur die UdSSR und die Volksrepublik Polen haben ihren Passagierschiffsliniendienst auf dem Nordatlantik vornehmlich in die USA und nach Kanada aufrechterhalten. Sowjetische Passagierschiffe haben von 1972 bis 1977 insgesamt 240 Mill. Fahrgäste befördert, damit nimmt die UdSSR den dritten Platz in der Welt ein. Die »Far Eastern Shipping Company« ist Reeder der sowjetischen Passagierschiffe im Fernen Osten. Ihre Schiffe verkehren u.a. zwischen Nachotka, Yokohama und Hongkong und machen Kreuzfahrten auf dem Pazifik. Weitere Schiffe sind im Ostseeraum und im Schwarzen Meer eingesetzt.

Durch Langstrecken-Großflugzeuge verliert das große Weitstrecken-Linienfahrgastschiff zunehmend an Bedeutung, aber das Kreuzfahrtenschiff entwickelt sich progressiv. Bereits 1900 erbaute die HAPAG mit der »PRINZESSIN VICTORIA LOUISE« ihr erstes reines Kreuzfahrtenschiff. Diese Gruppe der Fahrgastschiffe für Urlaubs-, Kur-, Erholungs-, Konferenz-, Exkursions- und Weltreisen ist mit 20000···30000 BRT für heutige Schiffsgrößen ein mittelgroßes Schiff mit einem dem jeweiligen Einsatzzweck angepaßtem Komfort für etwa 750 bis 1000 Passagiere.

Die Entwicklung des Fahrgastschiffs wurde über fast ein Jahrhundert maßgeblich durch die großen Transatlantik-Liner und ihren Kampf um das »Blaue Band« für die schnellste Atlantiküberquerung beeinflußt. Offiziell wurden von 1838/40 bis 1952 insgesamt 121 jeweils schnellste Fahrten westwärts registriert. Im 19.Jh. gab es jedoch noch unterschiedliche Start- und Zielpunkte. Bis etwa 1884 galt die Zeit vom Ausgangshafen in Nordamerika bis zum Bestimmungshafen in Europa.

Da in den letzten Jahrzehnten der Schiffsverkehr beträchtlich zunahm, vereinbarten die führenden Reedereien für die vielbefahrene Route New York–Englischer Kanal bestimmte Kurse, deren Seestrecken zwischen 2750 und 2900 Seemeilen lagen. Als Meßstrecke für englische Dampfer galt zu dieser Zeit: »Wenn Fastnet Rock am Horizont verschwindet bis zu dem Moment, wenn Sandy Hook-Feuerschiff sichtbar wird«. Die ausschließlich seemännisch-optische Einschätzung mit den durch Witterungsbedingungen und subjektive Auslegungen behafteten Fehlern war für exakte Messungen unzureichend. Die für die Irland-Route ebenfalls seit 1884 gültige Festlegung vom Ambrose-Feuerschiff bis nach Queenstown (Cork) in Irland oder in umgekehrter Richtung war demgegenüber objektiver meßbar.

Sie eroberten das Blaue Band

Jahr	Schiff	Land	von	nach	Zeit	Knoten
1838	»SIRIUS«	Brit.	Cork	New York	18d, 10h, 00min	6,7
1838	»GREAT WESTERN«	Brit.	Avonmouth	New York	15d, 10h, 30min	8,7
1839	»GREAT WESTERN«	Brit.	Avonmouth	New York	13d, 6h, 00min	9,6
1841	»COLUMBIA«	Brit.	Liverpool	Halifax	10d, 19h, 00min	9,7
1848	»EUROPA«	Brit.	Liverpool	New York	11d, 3h, 00min	11,52
1850	»ASIA«	Brit.	Liverpool	Halifax	10d, 17h, 00min	12,12
1850	»PACIFIC«	USA	Liverpool	New York	10d, 4h, 00min	12,5
1851	»BALTIC«	USA	Liverpool	New York	9d, 18h, 00min	13,05
1861	»ADRIATIC«	Brit.	Galway	St. Johns (Neufundland)	5d, 2h, 00min	13,75
1866	»SCOTIA«	Brit.	Queenstown	New York	8d, 4h, 35min	14,51
1872	»ADRIATIC«	Brit.	Queenstown	New York	7d, 23h, 17min	14,52
1875	»CITY OF BERLIN«	Brit.	Queenstown	New York	7d, 18h, 2min	15,21
1876	»BRITANNIC«	Brit.	Queenstown	New York	7d, 13h, 11min	15,43
1877	»GERMANIC«	Brit.	Queenstown	New York	7d, 11h, 37min	15,76
1882	»ALASKA«	Brit.	Queenstown	New York	7d, 6h, 43min	16,04
1883	»ALASKA«	Brit.	Queenstown	New York	6d, 23h, 48min	16,54
1884	»AMERICA«	Brit.	Queenstown	New York	6d, 15h, 22min	17,6
1884	»OREGON«	Brit.	Queenstown	Sandy Hook	6d, 9h, 42min	18,16
1885	»ETRURIA«	Brit.	Queenstown	Sandy Hook	6d, 5h, 31min	18,87
1887	»UMBRIA«	Brit.	Queenstown	Sandy Hook	6d, 4h, 42min	18,90
1888	»ETRURIA«	Brit.	Queenstown	Sandy Hook	6d, 1h, 55min	19,57
1889	»CITY OF PARIS«	Brit.	Queenstown	Sandy Hook	5d, 23h, 7min	19,95
1889	»CITY OF PARIS«	Brit.	Queenstown	Sandy Hook	5d, 19h, 18min	20,01
1891	»TEUTONIC«	Brit.	Queenstown	Sandy Hook	5d, 16h, 31min	20,35
1892	»CITY OF PARIS«	Brit.	Queenstown	Sandy Hook	5d, 14h, 24min	20,70
1893	»LUCANIA«	Brit.	Queenstown	Sandy Hook	5d, 13h, 45min	20,75
1894	»CAMPANIA«	Brit.	Queenstown	Sandy Hook	5d, 9h, 29min	21,49
1894	»LUCANIA«	Brit.	Queenstown	Sandy Hook	5d, 8h, 38min	21,66
1894	»LUCANIA«	Brit.	Queenstown	Sandy Hook	5d, 7h, 48min	21,75
1894	»LUCANIA«	Brit.	Queenstown	Sandy Hook	5d, 7h, 23min	21,81
1898	»KAISER WILHELM«[1)]	Dtsch.	Needles	Sandy Hook	5d, 20h, 00min	22,29
1900	»DEUTSCHLAND«	Dtsch.	Eddystone	Sandy Hook	5d, 15h, 46min	22,42
1900	»DEUTSCHLAND«	Dtsch.	Cherbourg	Sandy Hook	5d, 12h, 29min	23,02
1901	»DEUTSCHLAND«	Dtsch.	Cherbourg	Sandy Hook	5d, 16h, 12min	23,06
1902	»KRONPRINZ WILHELM«	Dtsch.	Cherbourg	Sandy Hook	5d, 11h, 57min	23,09
1904	»KAISER WILHELM II«	Dtsch.	Cherbourg	Sandy Hook	5d, 12h, 44min	23,12
1907	»LUSITANIA«	Brit.	Queenstown	Ambrose-F.	4d, 19h, 52min	23,99
1908	»MAURETANIA«	Brit.	Queenstown	Ambrose-F.	4d, 20h, 15min	24,86
1908	»LUSITANIA«	Brit.	Queenstown	Ambrose-F.	4d, 15h, 00min	25,01
1909	»LUSITANIA«	Brit.	Daunts Rock	Sandy Hook	4d, 10h, 51min	26,06
1929	»BREMEN«	Dtsch.	Cherbourg	Ambrose-F.	4d, 17h, 42min	27,83
1930	»EUROPA«	Dtsch.	Cherbourg	Ambrose-F.	4d, 17h, 06min	27,91
1933	»BREMEN«	Dtsch.	Cherbourg	Ambrose-F.	4d, 16h, 15min	28,51
1933	»REX«	Ital.	Gibraltar	Ambrose-F.	4d, 13h, 58min	28,92
1935	»NORMANDIE«	Frz.	Bishops Rock	Ambrose-F.	4d, 3h, 2min	29,98
1936	»QUEEN MARY«	Brit.	Bishops Rock	Ambrose-F.	4d, 0h, 27min	30,14
1937	»NORMANDIE«	Frz.	Bishops Rock	Ambrose-F.	3d, 23h, 2min	30,58
1938	»QUEEN MARY«	Brit.	Bishops Rock	Ambrose-F.	3d, 21h, 48min	30,99
1952	»UNITED STATES«	USA	Bishops Rock	Ambrose-F.	3d, 12h, 12min	34,51

1) vollst. Name: »KAISER WILHELM DER GROSSE«

Ein erst 1934 gegründetes Internationales Komitee »Blaues Band des Atlantiks« legte als einheitliche Regel für die Ost-West-Richtung fest: »Sieger nach dem neuen Reglement ist das Passagierschiff, welches die 2971 Seemeilen lange Distanz zwischen Bishops Rock auf den Scilly-Inseln am Westausgang des Ärmelkanals und dem Ambrose-Feuerschiff bzw. Leuchtfeuer vor der Einfahrt New York in der kürzesten Zeit zurücklegt und diesen Rekord für mindestens 3 Monate hält.« Von 1838 bis 1894 errangen ausschließlich britische Schiffe das »Blaue Band« mit Ausnahme der Jahre 1850 und 1851, in denen die »PACIFIC« und die »BALTIC« der US-Collins-Line die schnellsten Schiffe waren.
Deutschland übertraf von 1898 bis 1907 mit den Schiffen *»KAISER WILHELM DER GROSSE«*, *»DEUTSCHLAND«*, *»KRONPRINZ WILHELM«* und *»KAISER WILHELM II«* nur kurzzeitig die schnellsten britischen Schiffe, bis Britannien mit der *»LUSITANIA«* und der *»MAURETANIA«* die Führung bis 1929 wieder übernahm.
Inzwischen waren die Turbinenleistungen und die Schiffsgeschwindigkeiten derart gesteigert worden, daß eine 4-Tage-Reise über den Atlantik realisierbar erschien. Zunächst wurden die deutschen Schiffe *»BREMEN«* und *»EUROPA«* von 1929 bis 1933 Inhaber des Blauen Bandes, 1933 folgte die italienische *»REX«* und 1935 die französische *»NORMANDIE«*. Bereits auf ihrer Jungfernfahrt kam die »NORMANDIE« der 4-Tage-Grenze mit 4 Tagen, 3 Std. und 2 Min. mit 29,98 kn Durchschnittsgeschwindigkeit schon sehr nahe. 1936 war die britische *»QUEEN MARY«* noch schneller, aber 1937 unterschritt die *»NORMANDIE«* mit 3 Tagen, 23 Std. und 2 Min. erstmals die 4-Tage-Grenze.
Als letztes Schiff vor dem zweiten Weltkrieg fuhr wieder die *»QUEEN MARY«* mit 31,6 kn im Wechsel mit der »NORMANDIE« neuen Rekord. Nach dem zweiten Weltkrieg ließ die USA für 79,2 Mill. Dollar, von denen ⅔ durch das Pentagon getragen wurden, die *»UNITED STATES«* als weltgrößtes und schnellstes Passagierschiff bauen. Am 3. Juli 1952 passierte die »UNITED STATES« das Ambrose-Feuerschiff bei New York und erreichte nach 2949 Seemeilen, die es mit der Durchschnittsgeschwindigkeit von 35,39 kn fuhr, nach 3 Tagen, 10 Std. und 40 Min. Bishops Rock. Dabei war die Maschinenleistung der »UNITED STATES« noch nicht voll ausgefahren. Der Prestigekampf um das schnellste Passagierschiff auf dem Atlantik hatte damit wegen der hohen Kosten und der dennoch schnelleren Flugverbindung seinen Abschluß gefunden.

Fährschiff: Spezial-Transportschiff, um die durch Flüsse, Seen oder Randmeere unterbrochenen Landverbindungen als Passagierfähre für den Personenverkehr oder als Passagier- und Autofähre, sowie als Trailer-Fähre für Personen und schwere Straßenfahrzeuge und als Eisenbahnfähre für Schienenfahrzeuge zu ermöglichen. Die Fährschiffe unterscheiden sich weiter für die Fahrt auf Binnengewässern als Fluß- oder Binnenseefähre, für Meeresengen als Kanal- und Küstenfähre und für die Randmeere, wie Ostsee, Nordsee, Mittelmeer und Schwarzes Meer, als See-Fähre.
Abfahrtsintervalle, Größe, Antriebsanlage, Geschwindigkeit und Ausrüstung sind den jeweiligen Fahrgast-, Fahrzeug- und Güterströmen der Fährlinien und Fährhäfen angepaßt, so daß es Fährschiffe in allen Größenklassen bis zu 20000 BRT und 25 kn Dienstgeschwindigkeit gibt. Mit der Freizügigkeit des Reiseverkehrs, der Zunahme der Straßenfahrzeuge und günstiger Eisenbahn-Schnellverbindungen erneuert sich das Typenprofil der Fährschiffe ständig. Für den Gütertransport auf der Schiene und auf Eisenbahnfährschiffen sind die kurzen Hafenliegezeiten vorteilhaft, da moderne Eisenbahn-Güterfähren mit etwa 100 Waggons innerhalb weniger Stunden ent- und wieder beladen werden können, wie die Großraum-Eisenbahnfähre *»MUKRAN«* bzw. die *»RÜGEN«*. Für den Kurzstreckenverkehr von einigen Stunden bis zu Tagesreisen verdrängte die kostengünstigere, kombinierte Passagier- und Autofähre allmählich das traditionelle Kurzstrecken-Fahrgastschiff.

Rad-Dampffährschiff »KAISER WILHELM«

Moderne Fährschiffe haben für die schnelle Be- und Entladung Bug- und Heckpforten, meistens mehrere Wagendecks, Aufenthaltsräume für Tagespassagiere und eine begrenzte Anzahl von Fahrgastkabinen sowie verschiedene Räume für die gastronomische Betreuung.
Neben der hauptsächlichsten Antriebsanlage mit mittelschnellaufenden Dieselmotoren und Untersetzungsgetrieben gibt es auch erste Fährschiffe mit wirtschaftlichen langsamlaufenden Kreuzkopfmotoren. Wegen der häufigen Anlegemanöver in den Fährbecken, die auch bei ungünstigeren See- und Witterungsverhältnissen schnell und risikolos ausgeführt werden müssen, werden Fährschiffe i. allg. als Zweischrauber und mit Verstellpropelleranlagen gebaut. Schlingerdämpfungseinrichtungen, Trimm- und Krängungsausgleichsanlagen sowie Querschubanlagen verbessern außerdem die See-, Manövrier-, Anlege- und Beladungseigenschaften; siehe auch *Eisenbahn-Fährschiff*.
Das Fährschiff hat mit der weiteren Zunahme des Tourismus mit eigenem Kraftfahrzeug (siehe *»FINNJET«*) und der Modernisierung und Elektrifizierung der Eisenbahnverbindungen (siehe *»MUKRAN«*) in den jüngsten Jahrzehnten eine progressive Entwicklung erfahren und offensichtlich auch eine Perspektive.

Fangboot: in den früheren Walfangflotten bzw. in den Kriegsmarinen verwendete kleinere Dampf- oder Motorschiffe zur Waljagd (Walfangboot) bzw. zum Auffangen abgelaufener Übungstorpedos (Torpedofangboot). Abgelaufene Übungstorpedos können durch das Torpedofangboot aufgenommen werden, weil ihre Steuerung so eingestellt ist, daß sie nach einer gewissen Laufstrecke an die Wasseroberfläche kommen.

Fangschiff: Sammelbezeichnung für verschiedene Typen und Größen von Fischereischiffen, die hauptsächlich für den Fischfang ausgerüstet sind und ihre Fänge i. allg. nicht selbst an Bord verarbeiten, sondern Frisch- oder Kühlfisch anlanden oder an Fabrikschiffe übergeben.

Fang- und Gefrierschiffe: *Fischereischiff* für den Eigenfang oder mit zusätzlicher Fangübernahme von Fangschiffen, auf dem der Fang i. allg. nur sortiert und gewaschen sowie in Blöcken um −28 °C tiefgefroren wird. Die Rohware wird in Tiefkühlräumen gelagert und später an Land weiter verarbeitet. Teilweise sind Fang- und Gefrierschiffe auch bereits mit einigen Be- und Verarbeitungsanlagen ausgerüstet, siehe *»ATLANTIK«-Fang- und Gefriertrawler.*

Fang- und Verarbeitungsschiff: siehe *Fabriktrawler*

Federgelenkschiff: aus mehreren schwimmfähigen Sektionen bestehendes Schiff, dessen Sektionen in vertikaler Richtung gelenkartig und federnd miteinander verbunden sind. Die Idee des *»Gelenkschiffs«* wurde wiederholt aufgegriffen, und es wurden einige Versuchsschiffe gebaut. Um die Beanspruchungen des Schiffskörpers klein zu halten und entsprechend leichter

Zwei- und dreiteiliges Federgelenkschiff

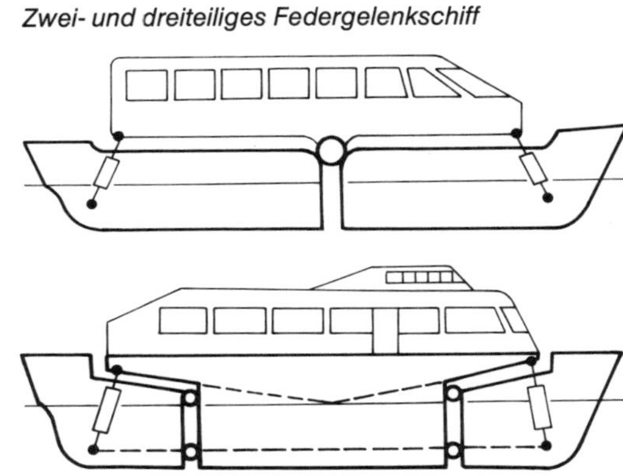

Älteres Feuerlöschboot

bauen zu können, soll örtlich die Ladungs- und Eigenmasse entsprechend dem jeweiligen Auftrieb sein.
Ein solches Federgelenkschiff, die »TELEFUNKEN«, bei dem ähnlich wie bei einzelnen Leichtern oder Bargen nicht der gesamte Schiffskörper sondern nur die einzelnen Sektionen durch die Längsbiegung und Stampfbewegung beansprucht werden, wurde u. a. 1949 in Mannheim gebaut. Es machte in den folgenden Jahren mehr als 1000 Fahrten auf dem Rhein und fuhr als Passagierschiff hauptsächlich zwischen Heidelberg und Köln. Der Schiffskörper der »TELEFUNKEN« wurde in zwei Teillängen zweiteilig gebaut. In der hinteren Sektion befand sich der Dieselmotorantrieb von 258 kW (350 PS) und die vordere Gelenksektion war von der hinteren völlig getrennt. Verbunden waren beide Gelenksektionen nur durch die ähnlich einem »Sattelträger« über den beiden Schiffskörpersektionen mit einer Gelenkverbindung in der Mitte aufgesetzte Passagierkabine. Die beiden Schiffskörpersektionen und die Kabine blieben so vertikal frei beweglich. An den Längsenden war die Kabine federnd auf Dämpfungsaggregate auf den Schiffskörperhälften gelagert, so daß die Schiffsbewegungen nur gedämpft auf die Kabine übertragen wurden.

Feederschiff (to feed engl., füllen, füttern): Bezeichnung für ein Zubringerschiff, insbesondere für kleine und mittelgroße Containerschiffe, die von großen Containerhäfen und -diensten Ladungen abfahren und zubringen.

»FERNCARRIER«: um 1983 größtes Schwergutschiff der Welt. Im Herbst 1982 entstand bei den Götawerken Cityvavret für die Fearnley & Eger Gesellschaft dieses Spezialschiff »FERNCARRIER« durch Umbauten des 1975 bei Eriksberg fertiggestellten 135000 t DW Tankers »KOLIBRIS«. Das Schwerlastschiff eignet sich für übergroße Lasten wie Bohrinseln u. a. Es hat eine Hebekapazität von 45000 t und eine Decksfläche von 4900 m^2. Die Ladung wird nach Abtauchen des Schiffs bis max. 7 m zwischen Deck und Wasseroberfläche über das Schiff eingeschwommen und durch Lenzen des Balastwassers auf das Deck des aufschwimmenden Schiffs abgesetzt. Die »FERNCARRIER« kann z. B. Halbtaucher-Plattformen des Typs Aker H-3 übernehmen und transportieren.
Bei den Umbauarbeiten wurde eine Mittschiffssektion von 55 m Länge entfernt, das Hauptdeck um 0,10 m abgesenkt und 2 m über dem Hauptdeck ein neues Ladedeck eingebaut. Außerdem wurden noch große Trimmtanks sowie je ein Querstrahlruder im Vor- und Achterschiff eingebaut.

Feuerlöschboot: Hilfsschiff zur Brandbekämpfung auf Schiffen, Bohrinseln, Hafen- und Flußanlagen sowie wassernahen Bauten. Moderne Feuerlöschboote haben leistungsstarke Dieselmotoren-Antriebsanlagen sowie Verstellpropeller oder schwenkbare Z-Antriebe wegen der notwendigen Manövriereigenschaften. Mit mehreren starken Feuerlöschpumpen und schwenkbaren Wasserwerfern, die auch auf ausfahrbaren Löschtürmen angeordnet sein können, werden mit hohem Druck Reichweiten bis etwa 100 m erreicht. Zur Bekämpfung von Ölbränden oder Bränden anderer brennbarer Flüssigkeiten haben Feuerlöschboote Schaumfeuerlöscheinrichtungen und/oder CO_2-Anlagen. Zum Eigenschutz gegen Wärmestrahlungen von den Brandherden erzeugen Sprühdüsen um das Löschfahrzeug einen Wasserschleier. Um während der Brandbekämpfung die Schwimmfähigkeit bzw. Stabilität schwimmender Löschobjekte nicht zu gefährden, kann das eingedrungene Löschwasser durch Bergungspumpen wieder abgesaugt werden.

Feuerlöschinseln: schwimmende Feuerlöscheinrichtungen zur Brandbekämpfung im Hafen. Im Unterschied zum Feuerlöschboot wird bei der Feuerlöschinsel i. allg. auf eine besonders hohe Fahrgeschwindigkeit und Wendigkeit verzichtet und dafür eine größere Höhe, Löschmenge und Reichweite des Löschstrahls angestrebt. Feuerlöschinseln haben deshalb i. allg. einen turmartigen hohen Aufbau mit mehreren Plattformdecks und einer größeren Anzahl von Strahlrohren auf Ponton- oder Katamaranschwimmkörpern. An Deck des Schwimmkörpers sind jeweils mehrere leistungsstarke Feuerlöschpumpen mit Eigenantrieb und Zusatzeinrichtungen aufgestellt.

Feuerschiff: Feuerschiffe wurden an verkehrsreichen Ansteuerungspunkten und anderen wichtigen Stellen stationiert, so z. B. die Schiffe »BORKUMRIFF«, »NORDERNEY«, »WESER« und »ELBE I« vor den Mündungen von Elbe und Weser, »AMRUMBANK« und »AUSSENEIDER« zwischen Helgoland und Amrum und die Schiffe »FLENSBURG«, »KIEL«, »FEHMARNBELT« und »ADLERGRUND« in der Ostsee.
Feuerschiffe waren bei sehr ähnlicher Konstruktion durchschnittlich 46 m lang, 8 m breit und hatten bei einer Seitenhöhe von 5,5 m einen mittleren Tiefgang von 4,3 m, Besan- und Fockmast waren besegelt. Die Besatzung bestand aus einem Schiffsführer, einem Maschinenmeister, einem Funker und 10 Mann für den Maschinen- und Schiffsdienst.
Der Antrieb durch einen Dieselmotor von 200 bis 300 kW diente nur als Hilfsmotor und zur Entlastung der Ankerkette durch den Propellerschub bei schwerer See. Die Ankerkette für den Halteanker war mindestens 10mal so lang wie die entsprechende Stationswasserstiefe, so daß sie durchschnittlich 200 ··· 300 m lang sein mußte. Durch ihre Länge vergrößerte sie die Haltekraft und dämpfte etwas das Stampfen des Schiffs. Weithin erkennbar zeigte der rotgestrichene Schiffskörper die Stationskennung in weißer Schrift.
Der von innen besteigbare Laternenmast trug die

Längsschnitt eines Feuerschiffs

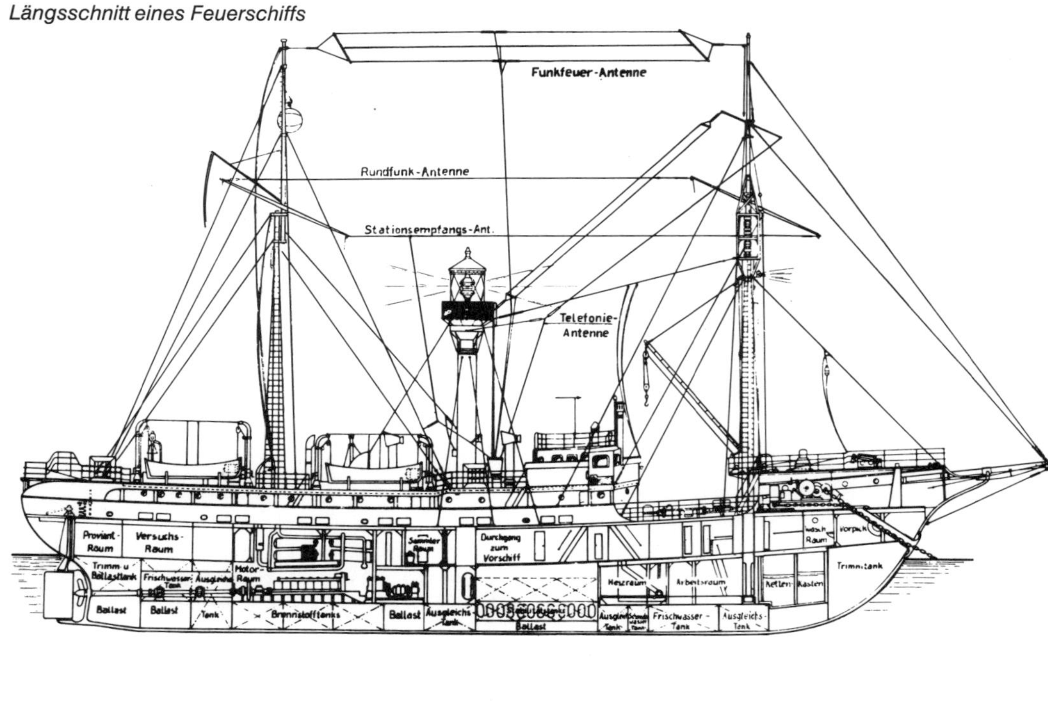

Leuchtfeuerlaterne von 2 m Durchmesser. Die Laternen, aus Batterien oder auch mit Gas gespeist, waren kardanisch aufgehängt, damit sie bei jedem Seegang ihre Lage beibehielten. Sie befanden sich etwa 16 m über Wasser und waren etwa 28 Seemeilen weit zu sehen. Bei Tage waren die Feuerschiffe durch aufgezogene Bälle oder Kegel zu unterscheiden, bei Nacht oder Nebel durch die verschiedenen Kennungen ihrer Licht- und Nebelsignale. An Signalarten gab es das Leuchtfeuer als elektrisches Blitzfeuer mit Gruppen von 2 Blitzen; weiter Nebelsignale als Luftnebelsignale mit elektrischen Membransendern alle 30 s sowie Warnnebelsignale alle 60 s mit den Morsebuchstaben der jeweiligen Station. Des weiteren das Funkfeuer zur Abgabe von Funkpeilsignalen in Verbindung mit Warnnebelsignalen für Richtungs- und Abstandsbestimmungen.
Die Bordfunkanlage diente i. allg. nur dem beschränkten öffentlichen Verkehr. Feuerschiffe wie die »ELBE II« und »ELBE IV« waren gleichzeitig Signal- und Rettungsstation; »ELBE III« gleichzeitig auch noch Lotsenstation. Demgegenüber gehörte die »AMRUMBANK« noch zu den älteren Feuerschiffen aus der Dampferzeit.

Feuer-Unterstützungsschiff: Kriegsschiff, das bei Landeunternehmen durch sein Geschützfeuer die Landeeinheiten unterstützen und das gegnerische Feuer niederhalten soll. Um in Küstennähe operieren zu können, sind die Schiffe meistens von begrenzter Größe (um 1000 t Deplacement) und flachgehend. Durch ein relativ kurzes hinten liegendes Deckshaus wird möglichst viel Decksfläche zur Aufstellung der Decksgeschütze, Flak, Werferbatterien und Raketen angestrebt. Für eine längere Feuerunterstützung bzw. für den Nachschub der Landeeinheiten wird der Schiffsraum weitgehend für Munitionsbunker genutzt. Im ersten Weltkrieg wurden vorwiegend Fluß- und Küstenmonitore zur Feuerunterstützung küsten- und flußnaher Landstreitkräfte eingesetzt.

»FINNJET«: finnische Ostsee-Großfähre für Personen und PKW, erbaut von der Wärtsilä-Werft in Turku und 1977 bei der Reederei Finnlines, Helsinki, in Dienst gestellt. Zum Zeitpunkt der Indienststellung war die »FINNJET« die schnellste und größte Fähre der Welt bei einer Länge über Alles von 212,80 m, 200,00 m Lpp, 24,40 m Breite, 6,50 m Tiefgang, 23000 BRT bzw. 11500 NRT und 30,5 kn Höchstgeschwindigkeit. Ende der 70er Jahre reichte die Fährschiffskapazität auf der seit 1962 von Finnlines unterhaltenen Fährverbindung zwischen Travemünde und Helsinki nicht mehr aus, so daß der Übergang auf eine neue Fährschiffsgeneration mit 25000 t Tragfähigkeit für 1500 ··· 1800 Passagiere bei 150 Mann Besatzung vollzogen wurde. Mit voller Dienstgeschwindigkeit beträgt die Rundreisedauer der »FINNJET« 2 Tage im Sommer und 3 Tage im Winter. Für die Winterfahrt wurde eine spezielle Schiffsform durch Modellversuche im Eistank entwickelt. Der Antrieb erfolgte bei Indienststellung durch 2 Gasturbinen Typ FT 4C – 1 DLF Pratt & Whitney mit einer Leistung von je 27570 kW (37500 PS) bei 8300 U/min.

Personen- und PKW-Fährschiff »FINNJET«

Das Schiff ist mit einer Fahrautomatik und einer rechnergesteuerten Datenverarbeitungsanlage zur Überwachung des Maschinenbetriebs sowie 2 Bugstrahlrudern von je 736 kW (1000 PS) ausgerüstet. Zu den Einrichtungen für die Passagiere gehören Restaurants, Grillbar, Tanzsalon, Nachtklub, Bierbar, Mehrzwecksalon, Skybar, Diskothek, Kinderspielzimmer, Sauna und Schwimmbad.
Für schnelle Hilfeleistungen ist eine Hubschrauberplattform auf dem Achterdeck eingerichtet. Die Brandgefahr wurde durch den Einbau schwer entflammbarer Materialien stark reduziert. Die ursprünglich nur von Gasturbinen angetriebene »FINNJET« wurde nach dem überproportionalen Anstieg der Treibstoffkosten für leichte Kraftstoffe teilweise auf Schwerölbetrieb und für verminderte Geschwindigkeiten im Herbst 1981 in Amsterdam mit 2 Dieselmotoren von je 5700 kW Leistung umgebaut. Mit diesen Dieseln fährt sie in verkehrsarmen Zeiten mit etwa 18,5 kn. Für die Fahrt von Travemünde nach Helsinki werden dann 36 Stunden benötigt. Die Aufstellung der Motoren in 2 separaten Räumen auf dem hinteren Autodeck erforderte eine Einschränkung der PKW-Stellflächen.

Finowmaß-Kahn, *Groß-Finowmaß-Kahn:* Binnenlastkahn für die Fahrt auf dem Finowkanal mit festgelegten einheitlichen Hauptabmessungen. Um Schäden an den Schleusen zu vermeiden, legte bereits 1845 eine königliche Verordnung in Preußen die Abmessungen des Finowmaß-Kahns auf 40,2 m Länge und 4,60 m Breite; 1,60 m Tiefgang und 225 t Tragfähigkeit fest. Es folgten in den 80er Jahren des vorigen Jahrhunderts das Berliner Maß mit 350 t, das Saalemaß mit 400 t und das Plauermaß mit 650 t Tragfähigkeit. Die später zugelassenen Abmessungen des Groß-Finowmaß-Kahns waren 41,5 m Länge; 5,1 m Breite; 1,60 m Tiefgang und 250 t Tragfähigkeit.

Fischdampfer: *Fischereischiff* mit Dampfantrieb. Mit der allgemeinen Einführung der Dampfkraft setzte sich auch in der Hochseefischerei allmählich der Fischdampfer durch. Damit konnten weiter entfernte Fischgründe aufgesucht und die Abhängigkeit vom Wind vermindert werden. Die steigende Bevölkerungszahl erforderte eine entsprechend intensivere Nutzung der Fischvorkommen. Um 1870 gab es in den USA, Britannien und Frankreich die ersten Fischdampfer. Ihr Einsatz brachte anfänglich jedoch nur geringe Ergebnisse. Es mußten neue Fanggründe erschlossen, alte Fanggewohnheiten überwunden und neue Fangmethoden entwickelt werden.
1884 baute die Werft von Friedrich W. Wenke in Bremerhaven den ersten deutschen Fischdampfer. Am 7. Februar 1885 ging die 151 BRT große *»SAGITTA«* auf ihre erste Fangreise. Der rau-

Hochsee-Fischdampfer »NEPTUN«, (Stahl, Lpp 34,65 m; B 6,55 m; D 3,60 m) 1904 von der Stülkenwerft erbaut

chende Fischdampfer hatte im Volksmund schnell den Spottnamen »Smeukewer«, d.h. rauchender Ewer.
Am 22./23. Dezember 1894 erlitt die noch junge deutsche Hochseefischerei einen schweren Schicksalsschlag, als während eines Orkans in der Nordsee bei Horns-Rev 7 deutsche Fischdampfer mit 73 Mann Besatzung verloren gingen. Zu dieser Zeit waren die Fischdampfer noch ganz auf sich gestellt. Erst 1899 konnte das ehemalige Torpedoversuchsboot »ZIETEN« als Fischereischutzboot für die Nordsee Rettungsdienste leisten, dennoch waren die Verluste groß. Im Zeitraum von 1899 bis 1913 verlor die deutsche Hochseefischerei 65 Fischdampfer.
Als erstes deutsches Fischereiforschungsschiff lief die »POSEIDON« 1902 auf der Bremer Vulkanwerft von Stapel. Die Hochseefischerei änderte im Verlaufe der Zeit ihre Fangmethoden über Angelleinen, Stellnetze und Baum-Schleppnetze zur Scherbrett-Schleppnetzfischerei und zur Ringwade. Die »PRÄSIDENT HERWIG« versuchte schon 1892 die Fangmenge durch Unterwasserleuchten zu vergrößern, das war ein Anfang für die spätere Lichtfischerei. 1895 führte die »Cranzer Fischdampfer AG«; Hamburg, Scherbretter zum Öffnen und Spreizen ihrer Netze ein. Diese aus England kommende Neuerung verdrängte die Baumkurre, bei der durch ein herausgeschwenkten, bis zu 20 m langen seitlichen Auslegerbaum das seitlich ausgebrachte Netz offengehalten wurde. Die Scherbrettnetze erforderten den sog. »Fischgalgen«, seit dieser Zeit ein typisches Merkmal aller Seitentrawler. Mit der Entwicklung der ersten Grundschleppnetze mit Höhenscherbrettern begann ab 1921 die Herings-Trawlfischerei.
Weitere Meilensteine in der Hochseefischerei waren die Einführung der drahtlosen Telegrafie und des Echolots 1925, erster Fischortungsgeräte 1936, die Verwendung synthetischer Fasern für die Fangnetze ab 1937/38, das vollständig aus synthetischen Fasern bestehende Netz 1951, die Entwicklung von Schwimmschleppnetzen für die Gespannfischerei mit 2 Schiffen seit 1948 und für die Einzelfischerei mit Großfahrzeugen 1949 bis 1959. Anfang der 50er Jahre gab es in Großbritannien erste Versuche mit sog. »Heckfängern«, und um 1957 gab es dann in der BRD den ersten Hecktrawler. Danach folgte als neue Fangmethode die Anwendung der in Norwegen entwickelten Ringwadenfischerei.
Nach dem ersten Weltkrieg gab es von den etwa 263 deutschen Fischdampfern nur noch 80. Im zweiten Weltkrieg gingen sogar 244 von den etwa 400 Fischdampfern vorwiegend als Vorpostenschiffe der Kriegsmarine verloren.
Die letzten Fischdampfer wurden noch vereinzelt bis etwa 1960 gebaut. Fast 90 Jahre nach der ersten Fangreise der *»SAGITTA«* wurde in der BRD der letzte deutsche Fischdampfer außer Dienst gestellt, der überlegene Motorenantrieb hatte sich allgemein durchgesetzt.
Ältere Standort-Identitätszeichen deutscher Nordsee-Fischereischiffe sind A.E. Emden, A.L. Leer, B.B. Bremen, B.V. Bremen-Vegesack, B.X. Bremerhaven, H.C. Cuxhaven, H.F. Hamburg-Finkenwärder, H.H. Hamburg, O.E. Elsfleth, P.F. Preußisch-Finkenwärder, P.G. Preußisch-Geestemünde, S.C. Busum, S.D. Altona.

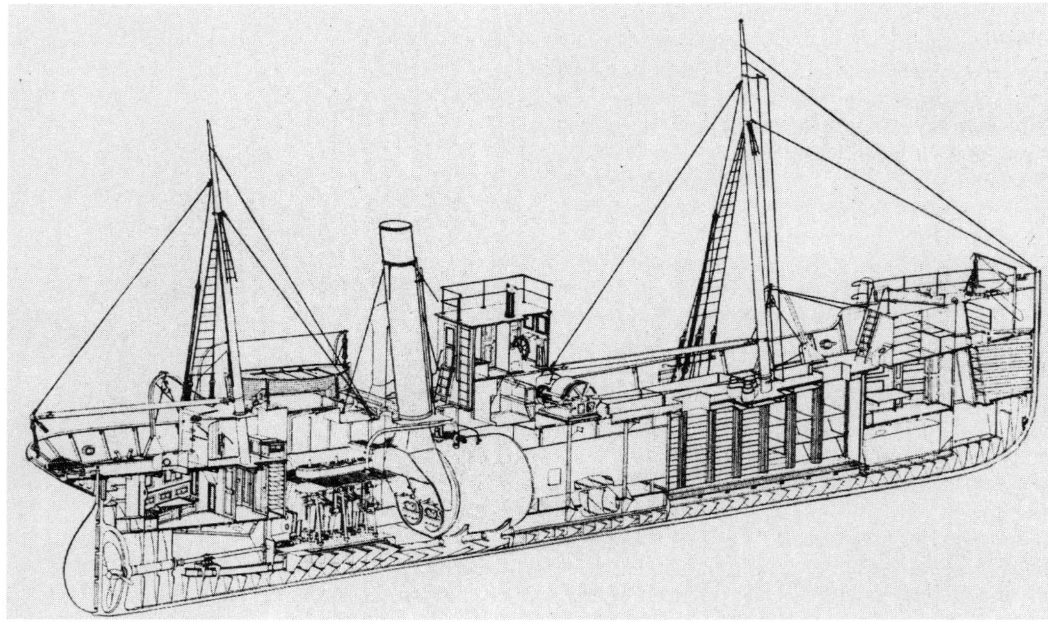

Perspektivischer Längsschnitt eines Fischdampfers um 1920 von der Werft Tecklenborg

Fischerboot: für die Fischerei ausgerüstetes motorangetriebenes Fangboot aus Holz, Stahl oder glasfaserverstärkter Plaste.

Fischereifabrikschiff, *Fischfabrikschiff:* siehe *Fabrikschiff*

Fischereifahrzeug: siehe *Fischereischiff*

Fischereiforschungsschiff: siehe *Forschungsschiff*

Fischerei-Hilfsschiff: für die medizinische Hilfeleistung und/oder für die Versorgung der Fangeinheiten einer Fischereiflottille ausgerüstetes und eingesetztes Schiff. Außer den zahnärztlichen Behandlungsmöglchkeiten hat ein Hilfsschiff Röntgen- und Operationsräume und Einrichtungen zur ersten Hilfeleistung und zur Aufnahme von Schiffbrüchigen oder für Quarantänefälle. Es begleitet die Fischereiflottillen und verfügt über zusätzliche Ausrüstungen und Werkstätten zur technischen Hilfeleistung bei Havarien, Eisgefährdungen u.a.
Häufiger werden auch Teilaufgaben der Fischereiforschung wahrgenommen, wie zur Erkundung der Fangbedingungen, Nachrichtenübermittlung oder zur Erprobung neuartiger Fanggeräte und Fischereiausrüstungen unter realen Seebedingungen.

Der 500ste der insgesamt von 1949 bis 1958 in der Volkswerft gebauten 594 Fischereilogger

Fischereilogger: *Fischereischiff,* ursprünglich für den Fang mit dem Treibnetz, heute auch für andere Fangmethoden mit Ringwaden und Schleppnetzen. Der ursprüngliche Logger für den Treibnetzfang war ein Saisonschiff, dessen Einsatz auf die Zeit beschränkt war, in der der Hering sich zu Schwärmen anhäufte. Der Fischereilogger war zu dieser Zeit ein anderthalbmastiger Segellogger, auch »Heringslogger« genannt. Während des Übergangs vom Segelschiff zum Dampfschiff vergrößerte sich dieser Schiffstyp von etwa 22···24 m Länge auf etwa 40 m Länge. Die ersten *Fischdampfer* waren dem Typ nach Logger und hauptsächlich für den Treibnetzfang ausgerüstet. Es konnten jedoch wesentlich größere Netze bis zu 5000 m Gesamtlänge verwendet und entferntere Fangplätze befischt werden. Nach dem zweiten Weltkrieg wurde weltweit eine große Anzahl von Motorloggern mit Fangausrüstungen für Treibnetze, Ringwaden und Schleppnetze gebaut.
Zu den größten Serien gehörte die in der Volkswerft Stralsund gebaute Großserie von insgesamt 594 vollgeschweißten Loggern.
Die seinerzeitigen Motorlogger waren bei etwa 40 m Länge mit 250 BRT vermessen. Die Antriebsleistung lag bei 295 kW (400 PS). Sie hatten etwa 18 Mann Besatzung. Für den Treibnetzfang war zum Halten des Treibnetzes auf dem Vorschiff ein Gangspill und für den Schleppnetzfang vor dem Deckshaus eine Netzwinde mit einer Zugkraft um 40 kN (4 Mp). Der Fahrtbereich der um 10 kn laufenden Logger konnte mehrere tausend Seemeilen betragen und die Ausrüstung war i. allg. für etwa 20 Tage ausreichend.
Bei der Nahfischerei wurde der Fisch in Horden im mitgeführtem Eis gelagert. Die Laderäume hatten anfangs nur eine Deckenkühlung, um eine zu schnelle Schmelze des Eises zu verhindern. Der Kühllogger mit einer bordeigenen Kühlanlage und voll gekühlten Laderäumen stellte bereits den Übergang zum *Fang- und Gefrierschiff* dar, und es erübrigte sich die Mitnahme von Stückeis oder Schuppeneis.

Fischerei-Mehrzweckschiff: für den Einsatz auf verschiedenen Fangplätzen und für verschiedene Fangarten gleichzeitig mit mehreren bzw. austauschbaren Fangsystemen ausgerüstetes Fischereischiff. Neben der Hauptausrüstung für die Schleppnetzfischerei einzeln oder im Gespann von 2 Schiffen kann Langleinenfischerei, Ringwadenfischerei oder Stellnetzfischerei betrieben werden.

Fischereimutterschiff: siehe *Fabrikmutterschiff*

Fischereischiff, *Fischereifahrzeug:* Spezialschiff für Aufgaben und Einsatzgebiete des Küsten- und Hochseefischfangs, der Fangbe- und verarbeitung, des Transports, der Versorgung, Hilfe der Flottensteuerung und Aufsicht. Dementsprechend gliedern sich die wichtigsten Fischereischiffstypen nach ihren Hauptfunktionen und ihrer Ausrüstung in Fangschiffe, Fang- und Gefrierschiffe, Fang- und Verarbeitungsschiffe, Fang- und Fabrikschiffe, Fabrikmutterschiffe, Verarbeitungs-Versorgungs- und Transportschiffe, Kühltransportschiffe sowie verschiedene Typen von Fischereiforschungs-, Fischereihilfs-, Fischereischutz- und Aufsichtsschiffe.
Die reinen *Fangschiffe* unterscheiden sich durch ihre Größe und Fangeinrichtung in kleine Fangschiffe wie *Fischkutter*, *Thunfischfänger* u. a. und mittlere Fangschiffe wie *Logger*, *Seiner*, Mitteltrawler u. a. und große Fangschiffe für die Schleppnetz- bzw. Ringwadenfischerei wie *Trawler*, Großtrawler (»*ATLANTIK*«), Großseiner, *Seiner/Trawler* u. a.
Fang- und Gefrierschiffe fangen noch selbst und übernehmen dazu in der Flottillenfischerei die Fänge von Fangschiffen, gefrieren den Fang und landen ihn an oder übergeben ihn an Kühltransportschiffe, siehe *»ATLANTK«-Fang- und Gefriertrawler*.
Fang- und Verarbeitungsschiffe sind ebenfalls noch für den Eigenfang ausgerüstet, haben aber außer den Gefriereinrichtungen Anlagen zur Fischbe- und verarbeitung (waschen, köpfen, ausweiden, enthäuten, filetieren, konservieren, frosten, verpacken sowie zur Fischöl- und Fischmehlherstellung), siehe *»ATLANIK«*-Supertrawler.
Fang- und Fabrikschiffe haben zusätzlich zu den Anlagen der Fang- und Verarbeitungsschiffe eine noch höhere Ausstattung mit Be- und Verarbeitungslinien zur Konservenherstellung, Trokkenfrostung u. a.
Fabrikmutterschiffe sind Basisschiffe einer Flottille und fangen nicht mehr selbst. Sie übernehmen die Fänge von den begleitenden Fangschiffen und verarbeiten ihn fabrikmäßig an Bord zu Fertigwaren und Konserven, siehe *»JUNGE WELT«*.
Verarbeitungs-Versorgungs- und Transportschiffe sind Kombinationen des Fabrikmutterschiffs und des Kühltransportschiffs. Sie übernehmen sowohl Frischfischfänge wie auch bereits gefrosteten Fisch von Fang-, Fang- und Gefrierschiffen sowie Fang- und Verarbeitungsschiffen. Außerdem versorgen sie die Flottille mit Kraft- und Verbrauchsstoffen, lagern die verarbeitete Ware in Tiefkühlräumen und transportieren sie ab.
Kühltransportschiffe übernehmen i. allg. bereits gefrostete Ladungen. Sie versorgen die Flottille und transportieren die Ladung. Zu den Aufgaben der breit gefächerten Gruppe von Fischereiforschungsschiffen, Fischereihilfsschiffen, Fischereischutzschiffen und Aufsichtsschiffen gehören die Fangplatzerkundungen, der Schutz der Fischbestände und der Umwelt, Hilfs- und Versorgungsleistungen sowie Kontrollfunktionen.
Entwicklungsstufen des Fischereischiffs in Nordeuropa:

4000 v. u. Z. bis 800 u. Z.	Küstenfischerei an der Nord- und Ostsee. Nachweise durch Reste von Hochseefischen in den »Kjökkenmöddinger« (Siedlungsabfällen) auf Schonen (Schweden) und in Dänemark.
seit 900 u. Z.	erste schriftliche Nachweise über Fangmengen der einzelnen Jahre in schwedischen Reichsarchiven
um 1030	in der französischen Hafenstadt Dieppe gibt es nachweislich eine größere Fischfangflotte
seit 1050	erste Bemühungen der Hanse in der Heringsfischerei
um 1150	die holländische Heringsfangflotte entwickelt sich besonders schnell, so daß um die Mitte des 12. Jh. bereits von der »berühmten holländischen Fischerei« gesprochen wurde
1553	Gründung der ersten deutschen Heringskompanie in Emden, Heringsfang mit Büsen (Buisen)
1730	Entwicklung der deutschen Fischerei an der Unterelbe
1750	An der Unterelbe im seinerzeit dänischen Blankenese gibt es bereits eine Fischereiflotte von etwa 70 seegehenden Ewern (1806 waren es bereits 172)
1769	Neugründung der »Heringsfischereigesellschaft« in Emden, die auch das Fangprivileg Preußens erhält. Die Flotte vergrößert sich nach und nach bis auf 41 Büsen
1800 bis 1820	Entwicklung der hamburgischen Hochseefischerei. Um 1820 hat die Finkenwärder Fischereiflottille die Führung in der Seefischerei an der deutschen Nordseeküste. Die Finkenwärder Fischer mit ihren Fangbooten mit den braunen Segeln, die das H.F. und die Schiffsnummer tragen, sind zu allen Fischmärkten der Nordsee von Hamburg, Dänemark, Holland bis England und Schottland zu finden
um 1850 bis Ende 19. Jh.	Entwicklung des Grundnetzes und der Trawlfischerei in England. Büse, Ewer, Kutter, Smaks, Logger und Kutterewer bleiben bis zur Entwicklung des »Fischdampfers« die Haupttypen des Segel-Fischereischiffs
um 1870	in den USA, in Britannien und Frankreich werden erste Fischdampfer gebaut, in Deutschland wird die Haltbarkeit des Fangs durch mitgeführtes Eis verlängert
1870	der »Deutsche Fischerei Verein« wird gegründet
1875	Bildung der »Sektion für Küsten- und Hochseefischerei«, die 1894 zum selbständigen »Deutscher Seefischerei Verein« unter Leitung ihres ersten Präsidenten, Geheimrat Herwig, wird.
1885	am 7. Februar 1885 geht der erste deutsche Fischdampfer, die 148 BRT große *»SAGITTA«*, auf die erste Fangreise
1886	erste deutsche Fischauktion am 20. November in der Hamburger St.-Pauli-Markthalle
1892	erste Versuche der Lichtfischerei mit »PRESIDENT HERWIG«
1894	7 deutsche Fischdampfer mit 73 Mann Besatzung gehen in einem Orkan in der Nordsee verloren
1895	die »Cranzer Fischdampfer AG«

Hamburg übernimmt aus England die Fangmethode mit Scherbrettern. Damit wird die Baumkurren-Fischerei abgelöst, es entsteht der erste Dampftrawler mit den typischen seitlichen »Fischgalgen« und Rollen

1898 erste Fischereischutzschiffe zur technischen Hilfe für die steigende Zahl der Fischdampfer und zur Aufsicht auf den Fangplätzen

1899 bis 1913 in dieser Zeit gingen 65 deutsche Fischdampfer auf See verloren

1899 erstes deutsches Fischereischutzboot, das ehemalige Torpedoversuchsboot »ZIETHEN« in Dienst gestellt

1900 der Jahresfang der Weltfischerei an Seefisch erreicht 4 Mill. t

1902 das erste deutsche Fischereiforschungsschiff, die »POSEIDON«, läuft auf der Bremer Vulkanwerft von Stapel

1908 Eröffnung des Fischereihafens Cuxhaven und eines großen Fischmarkts (23. Februar 1908)
Einsatz erster Gas-, Petroleum- und Glühkopfmotoren in Fischereibooten und -kuttern
erste Kutter und Logger mit Diesel- und Petroleummotorantrieb

1913 zum Altonaer Fischmarkt erscheint der seinerzeit größte Fischdampfer der Welt, die in Grimsby beheimatete »PASSING« der englischen Reederei A. L. Black

1914 erster Fischdampferverlust im ersten Weltkrieg: der Emdener Dampflogger »ROMULUS«

1921 Einführung der Höhenscherbretter an Grundschleppnetzen für die Herings-Trawlfischerei

1925 der erste deutsche Motorlogger für die große Heringsfischerei, die 305 BRT große »GROHM«, macht im Mai 1925 die erste Fangreise; sie und weitere Fischdampfer erreichten die doppelte BRT-Zahl der »SAGITTA« (148 BRT) von 1885.
Einführung der drahtlosen Telegrafie und des Echolots

1929 erste Versuche auf dem Fischdampfer »VOLKSWOHL« mit Solekühlung

1930 weitere Größenzunahme der Fischereischiffstypen, Jahresfang der Weltfischerei 10 Mill. t

1936 erste hydroakustische Fischortungsgeräte

1937/38 Beginn des Einsatzes von synthetischem Netzmaterial

1939 erster Fischdampferverlust im zweiten Weltkrieg: der als Vorpostenboot eingesetzte Fischdampfer »ETA«

1941 erste Frosttrawler mit Kühlanlagen

1948 Gespannfischerei mit pelagischen Netzen (Schwimmschleppnetze)

1951 erste vollsynthetische Netze

1949 bis 1959 allgemeine Einführung der pelagischen Einschiff-Schleppnetze

1950 erste Versuche mit Hecktrawlern in Großbritannien

1957 erster Hecktrawler in Dienst gestellt

um 1960 die letzten »Fischdampfer« werden gebaut, der Motorantrieb hat sich als der bessere Antrieb allgemein durchgesetzt

1960 die ersten Fang- und Verarbeitungsschiffe und Fangflottillen mit Zubringertrawlern kommen zur höheren Verarbeitung auf See zum Einsatz
Die Jahresfangmenge der Weltfischerei erreicht 29,3 Mill. t

1970 spezielle Kühl- und Transportschiffe ermöglichen den längeren Verbleib der Fang- und Verarbeitungseinheiten am Fangplatz

1971 die Weltfischereiflotte umfaßte bereits 13881 Schiffe (über 100 BRT) mit insgesamt 6,1 Mill. BRT
der Weltjahresfang ist auf 70,2 Mill. t angestiegen

1979 Weltfischereiflotte mit 19609 Schiffen (über 100 BRT) und 8,9 Mill. BRT
Der Weltjahresfang stagniert um 70 Mill. t (69,8 Mill. t 1979)

1980 große Fabriktrawler für den autonomen Einsatz werden als autonome Einheiten auf neuen Fangplätzen eingesetzt.
Weltjahresfang kann trotz Überfischung traditioneller Fangplätze und Einführung der 300-Seemeilen-Wirtschaftszone bei rd. 70 Mill. t (71,3 Mill. t 1980) gehalten werden

Fischerei-Schutz- und Aufsichtsschiff: Hilfsschiff zum Schutz und zur Beaufsichtigung der Fischereischiffe in den eigenen Wirtschaftszonen und in anderen Fanggebieten. Die Nordsee-Anliegerstaaten haben bereits am 6. Mai 1882 beschlossen, das Fischereiwesen in der Nordsee zu beaufsichtigen. Seinerzeit ging es hauptsächlich um einen bewaffneten Schutz gegen Übergriffe fremder Staaten im eigenen Hoheitsgebiet. Dazu wurden hauptsächlich Schutzboote durch Marinestreitkräfte eingesetzt, die auch als »Fischereikreuzer« bezeichnet wurden. Vor dem ersten Weltkrieg entfiel die Bestückung mit Kanonen, und neben der Fischereiaufsicht wurden weitere Funktionen des *Fischerei-Hilfsschiffs* übernommen. Das hauptsächliche Einsatzgebiet des Fischerei-Schutzschiffs war die Hochsee- und die des Aufsichtsschiffs die Küstenfischerei.

Fischgefrierschiff: ein Fischereischiff, das als kleines *Fischereimutterschiff* eine Fangflottille aus Fangschiffen ohne bordeigene Gefriereinrichtungen auf den Fangplatz begleitet. Das Fischgefrierschiff übernimmt die Frischfischfänge und gefriert sie mit leistungsfähigen Kälteanlagen, Plattenfrostern, Band- oder Rotorgefrieranlagen und lagert sie in den Kühlladeräumen. Zur Ostseefischereiflotte der DDR gehören u.a. die auf der Grundlage des Schiffstyps »TROPIK« der Volkswerft Stralsund zu Fischgefrierschiffen umkonstruierten Schiffe »STUBNITZ« und »GRANITZ«. Bevor es Kühl- und Gefrieranlagen auf Fischereischiffen gab, konnte der Fisch an Bord nur für einige Tage durch mitgeführtes Eis frisch gehalten oder durch Salz konserviert werden. An Land (wie Island) gab es noch die Möglichkeit, den Fisch auf Horden zu trocknen.

Fischkonservenschiff: für die sofortige Be- und Verarbeitung von Frischfisch zu Konserven ausgerüstetes *Fischereischiff*. Die Konservenherstellung an Bord ist für solche Fischarten besonders vorteilhaft, bei denen durch Tiefgefrieren, Lagerungen in Kühlräumen und Umschlag Quali-

12-m-Kutter um 1950

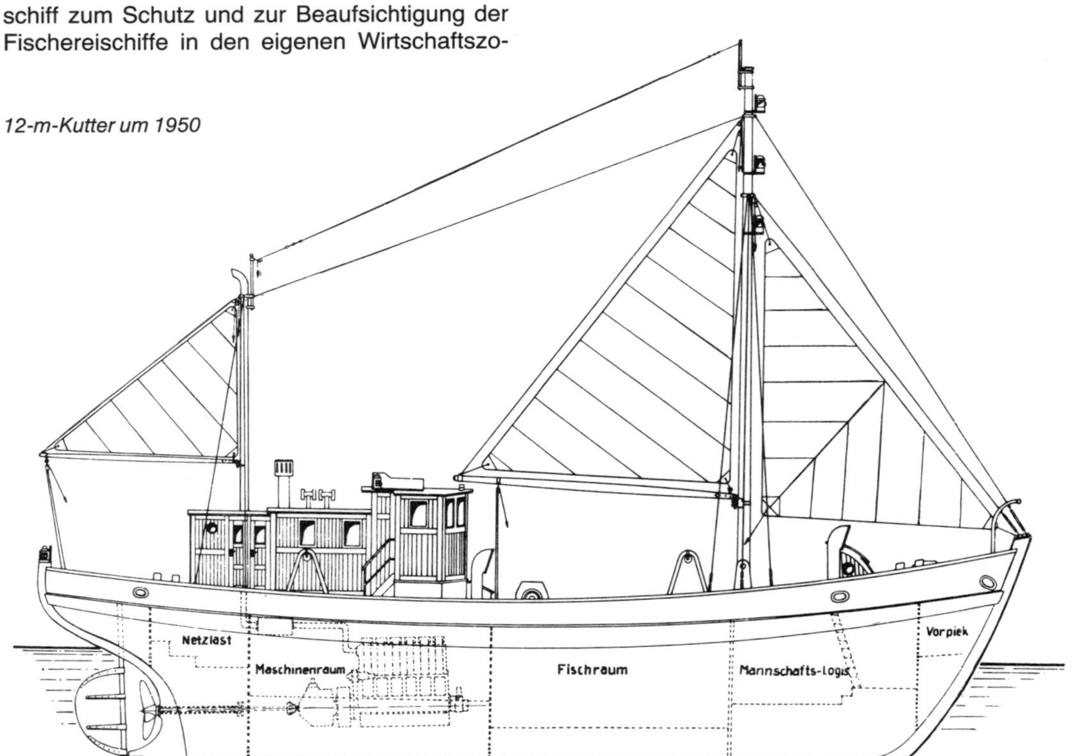

tätsverluste auftreten und die Konserven nur einfache Zutaten wie Kochsalz, Wasser, Gewürzsoßen, Öl u. a. erfordern. Nachteilig ist der noch relativ große Raumbedarf für die Konservenproduktionslinien und der ebenfalls noch große Arbeitskräftebedarf. Mit der Weiterentwicklung und Automatisierung der Fischbearbeitungs- und Konservenmaschinen werden jedoch größere *Fischerei-Fang- und Verarbeitungsschiffe* und sog. »Fabriktrawler« (siehe *ATLANTIK-Fabriktrawler*), die in der Fernfischerei autonom eingesetzt werden, mit Konservenproduktionslinien ausgerüstet.

Fischkühl- und Transportschiff: siehe *»KRISTALL«*- Kühl- und Transportschiff

Fischkutter: ursprünglich etwa ab Mitte des 18. Jh. einmastiges seetüchtiges Segel-Fischereischiff. Mit der Einführung des Schleppnetzes in der norddeutschen Fischerei verdrängte der Kutter wegen seiner widerstandsgünstigen Schiffsform den vorher dominierenden völligeren Ewer. Auch nach Einführung des Dampf- und Motorkutters konnte die traditionelle Holzbauweise insbesondere für die kleineren Kutter beibehalten werden. In Britannien, Dänemark und Deutschland gibt es den aus Holz oder in Kompositbauweise gebauten Motorkutter seit dem letzten Jahrzehnt des 19. Jh. Der Größenbereich des Fischkutters reicht von den kleinsten, um 10 m langen Typen bis zu Schiffen über 40 m Länge.
Fischkutter sind die kleinsten hochseefähigen *Fischereischiffe*. Es ist gebräuchlich, die Schiffslänge als Unterscheidungsmerkmal zu nennen. So gibt es z. B. 17-m-, 21-m-, 26,5-m- oder 35-m-Kutter u. a. bis zu 200 m^3 Rauminhalt; z. B. reicht die Tragfähigkeit eines 26,5-m-Kutters für 84 t Fisch, 21 t Eis und Salz, und 23 t Dieselöl, Wasser und Proviant. Ausgerüstet werden solche Kutter i. allg. für eine Fahrdauer von 18 Tagen, sie können aber auch für einen Fahrbereich von 3500 Seemeilen eingesetzt werden. Moderne größere Kutter sind aus Stahl gebaut und werden auch als »Stahlkutter« bezeichnet. Es gibt auch Versuchsbauten aus glasfaserverstärktem Polyesterharz, dessen Vorzüge aber bisher nicht für eine allgemeinere Einführung ausreichte.
Die Antriebsleistung liegt bei den unterschiedlichen Kuttergrößen zwischen 100 und 400 kW; die höchste Geschwindigkeit zwischen 8 und 12 kn. Die hauptsächlichste Fangmethode ist die Trawlfischerei als Seiten- oder Heckfänger mit dem Grundschleppnetz oder in Gespannfischerei (Tuckfischerei), bei der 2 Kutter ein Grundnetz schleppen. Das Netz wird seitlich oder über Heck an Bord genommen. Als *Heckfänger* gebaute Kutter haben i. allg. keine Heckslip sondern Heckrollen und Hievvorrichtungen.

Flachboden-Rennboot: siehe *Gleitboot*

Flaggschiff: Leit- oder Repräsentationsschiff einer Flotte. Es ist fast immer das größte, neueste und ggf. kampfstärkste Schiff. Die Bezeichnung wird i. allg. für das Führungsschiff einer Flotte, auf dem sich der Kommandierende Admiral eingeschifft hat (Flottenflaggschiff), eines Geschwaders (Geschwaderflaggschiff), einer Division (Divisionsflaggschiff im ersten Weltkrieg), einer Kampfgruppe von Kriegsschiffen oder in kleinen Flotten für das des Marinebefehlshaber gebraucht. Der Ausdruck »Flaggschiff« rührt daher, daß jedes Schiff, auf dem ein Admiral (Vize- oder Konteradmiral) eingeschifft ist, nicht wie die anderen Kriegsschiffe einen Wimpel führt, sondern als Kommandozeichen eine Flagge, die Admiralsflagge. In einigen Flotten werden auch Flagge, Stander oder Wimpel des Admirals oder Befehlshabers geführt.
Auch die Expeditions- und Entdeckerflotten der Seefahrtsgeschichte wurden durch Admiralsschiffe oder Flaggschiffe geleitet. Deshalb gibt es die Bezeichnung Flaggschiff auch noch heute in der zivilen Schiffahrt. Bekannte neuere Flaggschiffe der sowjetischen Flotte sind u. a. »AKADEMIEMITGLIED SCHIRSCHOW« als Flaggschiff der Verwaltung des Premorje Wetter- und Wasserstandsdienstes, »KOSMONAUT JURI GAGARIN« als Flaggschiff der Expeditionsflotte zur Beobachtung der oberen Atmosphäre, »AKADEMIK KOROLJEW« als Flaggschiff bei Expeditionen für meterologische Beobachtungen, »LEONID BRESHNEW« als Flaggschiff der Polar-Eisbrecherflotte oder »MICHAIL SOMOV« als Flaggschiff der Antarktis-Flotte.

Flak-Fregatte: im Unterschied zur Fregatte mit unterschiedlicher Bewaffnung sollte die Flak-Fregatte ein Spezial-Kriegsschiff für die Luftabwehr werden. Die Bewaffnung bestand deshalb überwiegend aus Flakgeschützen verschiedenen Kalibers, und die andere Bewaffnung mit Werfern und Torpedos war nur zur Selbstverteidigung vorgesehen. Eine derartige Spezialisierung der Fregatte, wie sie nach dem zweiten Weltkrieg hauptsächlich in Großbritannien begonnen wurde, hat sich aber nicht allgemein durchsetzen können.

Flak-Kreuzer: spezieller Kreuzertyp, der hauptsächlich mit Flugabwehrwaffen bestückt und vorwiegend als Begleitschiff für Flugzeugträger und zur Sicherung des Luftraums bei Landungsunternehmen eingesetzt war. Der Entwicklungsbeginn dieses Kriegsschiffstyps geht auf den ersten Weltkrieg zurück, als man Kriegsschiffe mit Ballon- und Flugzeugabwehrkanonen ausrüstete, die steiler als die Schiffsgeschütze nach oben feuern konnten. Mit der Entwicklung der Kampfflugzeuge vollzog sich auch die Weiterentwicklung der Bordflak. Bis zum Beginn des zweiten Weltkriegs war es jedoch nicht üblich, auf Kriegsschiffen Flugzeugabwehrwaffen konzentriert anzuordnen.
Großbritannien baute während des Kriegs 1940 die ersten Flak-Kreuzer mit 8×13,2-cm-Flakkanonen in Doppeltürmen, und in den USA wurden ab 1942 alle Leichten Kreuzer als Flak-Kreuzer gebaut. Gegen Ende des zweiten Weltkriegs besaßen auch Schlachtschiffe bis zu 120 Flakkanonen, um sich der gegnerischen Luftangriffe zu erwehren.
Die faschistische Marine besaß in der »NIOBE« ein zum Flak-Kreuzer umgebautes Schiff, welches hauptsächlich in der Ostsee zur Geleitsicherung und zum Kriegsende zum Schutz der Küstenstädte vor Luftangriffen vorgesehen war. Durch die weiterreichenden Raketen hat der Flak-Kreuzer an Bedeutung verloren.

Flettner-Rotorschiff: siehe *Rotorschiff* sowie *»BARBARA«* und *»BUCKAU«*

Float on/float off-Schiff: siehe *Bargecarrier* und *Dockschiff*

»FLORIDE«: französisches Schrauben-Paketboot. Die aus Eisen gebaute »FLORIDE« versah 1862 den Liniendienst zwischen Frankreich und Mexiko. Sie war 85,44 m lang, 11,90 m breit und mit 1900 BRT vermessen. Die stehende Zweizylinder-Verbundmaschine leistete 331 kW (450 PSi) und gab dem Schiff eine Geschwindigkeit von 11 kn. Entsprechend der damaligen Zeit besaß das Schiff noch eine Hilfsbesegelung und war barkähnlich getakelt. Im Jahre 1874 wurde die »FLORIDE« in »COLOMBIE« umbenannt und 1897 abgewrackt.

Flottillen-Fischereischiff: siehe *Fischereimutterschiff*, *Fischereischiff* und *Zubringertrawler*

Flugbootmutterschiff, *Flugbootstützpunkt:* schwimmendes Flugstützpunktschiff ohne Fluglandedeck in den 30er Jahren des 20. Jh. Für die Flugboote der »Deutsche Lufthansa AG« gab es bis 1939 auf dem Atlantik die schwimmenden Flugstützpunkte »OSTMARK«, »SCHWABENLAND«, »WESTFALEN« und »FRIESENLAND«. Seinerzeit hatte ein Flugboot des Typs »Dornier Wal« erst eine Reichweite von 2000 km. Da es diesen Flugbooten damit noch nicht möglich war, den Atlantik im Nonstopflug zu überqueren, wurden Hilfsschiffe oder Katapultschiffe ab 1933 für die Luftpostverbindung nach Südamerika zum Einsatz gebracht und etwa auf der halben Flugstrecke zwischen Europa und Amerika stationiert. Sie wurden zum Nachtanken benötigt und sollten bei Havarien Hilfe leisten.
Das Flugbootmutterschiff »SCHWABENLAND« machte außerdem eine besondere Reise im September 1938, als sie mit 2 Dornier-Wal-Flugbooten (D-ALEX-»Passa« und D-AGAT-»Boreas«) an Bord zu kartographischen Aufnahmen in die Antarktis auslief. Aus 3000···4000 m Flughöhe wurde ein Gebiet von 350 000 km^2 vermessen.
Mit den Fortschritten des Radflugzeugs verlor

Flugzeugbergungsschiff, 2×1620-kW-Voith-Schneider- Propeller

Flugzeugmutterschiff »SANTA ELENA« der kaiserlichen Marine 1915

Landung eines Doppeldekkers auf einem nachgeschleppten Kiwull-Landesegel

das Flugboot seine Bedeutung, und im militärischen Bereich löste der *Flugzeugträger* das Flugbootmutterschiff ab. Von den 4 deutschen schwimmenden Flugbootstützpunkten gingen die »OSTMARK«, »SCHWABENLAND« und »WESTFALEN« gleich 1939 bei Kriegsbeginn verloren.

Flugzeugbergungsschiff; *Flugsicherungsschiff:* Hilfsschiff während der Anfangszeit der Seefliegerei. Solche Schiffe waren bis in die 30er Jahre bei fast allen Flotten im Einsatz. Die deutsche Kriegsmariene setzte u.a. das Flugzeugversuchs- und Bergungsschiff »GREIF« ein. Sie hatten Wasserflugzeuge der Marinefliegereinheiten und auch landgestützte Flugzeuge, die bei Flügen über der offenen See in Not geraten waren, zu bergen und die Flugbesatzung zu retten. Dazu waren sie entsprechend schnell und mit einem Bordkran zur Aufnahme der Flugzeuge ausgerüstet, die auf dem freien Achterdeck abgesetzt wurden. Mit zunehmender Flugfähigkeit der Flugzeugtypen und der Erhöhung ihrer Kampfkraft und Reichweite konnten die Bergungsschiffe mit anderen Hilfsaufgaben innerhalb der Flotte betraut werden.

Flugzeugmutterschiff: für den anfänglichen Einsatz von Schwimmerflugzeugen auf See zum Hilfskriegsschiff umgebautes Handelsschiff. Am 10. November 1910 startete der Amerikaner Eugen Ely erstmals mit einem Flugzeug von Bord des Kreuzers »BIRMINGHAM«, und am 18. Januar 1911 glückte ihm in der Bucht von San Francisco die erste Landung auf dem Kreuzer »PENNSYLVANIA«. Damit begann die Ära der trägergestützten Flugzeuge. Durch die Erfolge des Amerikaners ermutigt, begannen britische Versuche am 10. Januar 1912, um mit Flugzeugen auf Schiffen zu landen und auch wieder zu starten. Im ersten Weltkrieg wurden die Versuche fortgesetzt, wobei es vorrangig um den Einsatz von Radflugzeugen ging, während andere Länder zunächst das Wasserflugzeug bevorzugten. Zu Beginn des ersten Weltkriegs wurden in der Kaiserlichen Marine erste Flugzeugmutterschiffe verwendet. Dazu baute man die Handelsschiffe »SANTA ELENA« (7415 BRT) der Hamburg-Süd und »ANSWALD« (5401 BRT) der Hamburg-Afrika-Linie um. Sie erhielten auf dem Vor- und Achterdeck je ein großes Schutzhaus von 17 m Länge und 12 m Breite, in denen je ein großes Schwimmerflugzeug untergebracht wurde. Beide Schiffe waren dem Kommando der Hochseeflotte unterstellt und an der Nordseeküste so lange stationiert, bis die Landflugstationen auf den Friesischen Inseln fertiggestellt waren. Die »ANSWALD« wurde danach von Ende 1914 bis August 1918 dem Oberbefehlshaber der Ostsee unterstellt. Ab August 1915 folgte die »SANTA ELENA« in die Ostsee und wurde hier als schwimmende Flugstation zur Sundüberwachung und Meldung von feindlichen U-Booten eingesetzt. Im Sommer 1915 bekamen die Schiffe größere Flugzeughallen, so daß die »ANSWALD« 3 und die »SANTA ELENA« 4 Wasserflugzeuge aufnehmen konnten. Gleichzeitig erhielten die Schiffe eine militärische Besatzung, je zwei 8,8-cm-Geschütze, einen Tonnenschutz zur Verbesserung der Schwimmfähigkeit bei Unterwasserschäden durch Minen oder Torpedos; sie wurden von »Hilfsbeischiffen« in »Hilfskriegsschiffe« umbenannt. Durch die Flugzeughallen hatten die Schiffe jedoch eine große Windangriffsfläche, und sie manövrierten daher schlecht, so daß sie bei starkem Wind nur mit Hilfe von Vorsegeln gedreht werden konnten. Der Typ dieser Flugzeugmutterschiffe bewährte sich nicht und die Zukunft gehörte dem trägergestützten Radflugzeug. Erste Versuche mit »Halbflugzeugträgern« liefen ab 1917 in der britischen Flotte. Der Bau der eigentlichen Flugzeugträger setzte erst nach dem Washington-Abkommen vom 6. Februar 1922 ein, als durch die Flottenbegrenzung einige im Bau befindlichen Schlachtschiffe der USA und Großbritanniens zu Flugzeugträgern umgebaut wurden.
Als Bordflugzeug auf Kriegsschiffen fand das Wasserflugzeug zu Aufklärungszwecken jedoch weite Verbreitung. Im ersten Weltkrieg besaßen der Hilfskreuzer »WOLF« und der Schlachtkreuzer »GOEBEN« je ein Flugzeug, das jeweils mit einem Ladebaum oder durch Hochschwenken eines Geschützrohrs wieder an Bord genommen oder ausgesetzt werden konnte. Später wurde es dann üblich, an Deck oder auf den drehbaren Geschütztürmen Katapulte zu montieren. In der Folgezeit fand das Wasserflugzeug vereinzelt auch auf U-Booten Verwendung, wo es in einer druckfesten Kammer untergebracht war. Das Wiederaufnehmen der Bordflugzeuge war besonders bei Seegang sehr schwierig. Eine Verbesserung brachte ein nachgeschlepptes oder seitlich an Spieren mitgeschlepptes Landesegel (Patent Kiwull) und ein Bordkran mit ausreichender Ausladung am Heck bzw. am Mittschiff. Das querversteifte, schwimmfähige Landesegel wurde bei schneller Fahrt des Schiffs mitgeschleppt und dadurch tragfähig gemacht. Das Flugzeug glitt durch seinen Propellerschub auf das Landesegel bis in die Reichweite des Krans hinauf und konnte so an Bord genommen werden. Bei ruhiger See und gestopptem Schiff konnte das Flugzeug direkt aus dem Wasser gehoben werden. Landesegel waren auch noch auf den Kampfschiffen des zweiten Weltkriegs vorhanden.

Flugzeugträger: Kriegsschiff mit Start- und Landedeck für Radflugzeuge. Die ersten Versuche, von einem Schiff Radflugzeuge starten und landen zu lassen, begannen während des ersten Weltkriegs in Großbritannien. Dazu wurden 1916 einige größere Handelsschiffe umgebaut und mit einem Plattformdeck ausgerüstet. Diese Schiffe konnten je etwa 20 Radflugzeuge aufnehmen.
Eine weitere Zwischenstufe zum heutigen Flugzeugträger entstand Mitte der 20er Jahre durch umgebaute Kreuzer, die eine Start- und Landebahn erhielten und als »Flugdeckkreuzer« oder »Flugzeugkreuzer« bezeichnet wurden. Die heutigen Flugzeugträger sind Spezialschiffe und die größten Kriegsschiffe der Welt. Ihr Deplacement geht bis zu 75000 t, und das Flugdeck ist ca. 350 m lang. Das Flugdeck ist ein sog. *»Angled-Deck«*, d.h. ein im Winkel zur Schiffslängsachse liegendes Deck, weil wegen der Bewegungen des Schiffs dadurch günstigere Start- und Landeverhältnisse erreicht werden. Gestartet wird i.allg. über den Bug des Trägers, wobei nur noch eine relativ kurze Startbahn nötig ist. Die Triebwerke erzeugen einen so starken Schub, daß nach dem Freilassen die vorher abgebremsten Maschinen in etwa 2 s auf etwa 300 km/h beschleunigt werden. Die Landebahn ist demgegenüber bedeutend länger, da die Landegeschwindigkeit ebenfalls bei etwa 300 km/h liegt.
Je nach dem Einsatzzweck ergibt sich der Anteil an Jagdflugzeugen, Jagdbombern, Raketen- und Torpedoflugzeugen, schweren Kampfflugzeugen und Spezialflugzeugen zur U-Bootbe-

kämpfung. Die Flugzeuge werden durch Aufzüge unter oder an Deck befördert.
Um ein von Abgasen und Aufbauten möglichst unbehindertes Flugdeck zu schaffen, sind relativ kleine und nicht sehr hohe Aufbauten grundsätzlich an einer Schiffsseite angeordnet, meistens der Steuerbordseite. Der Schutz derartig großer Flugzeugträger ist äußerst schwierig, und die Bau- und Betriebskosten sind enorm hoch. In jüngerer Zeit gibt es deshalb vielfältige Projekte und Prototypen, um kleinere Flugzeugträger mit etwa 20000 t Deplacement und mit weniger kurzstartenden und -landenden Flugzeugen zu schaffen. Eine andere Variante ist der *Hubschrauberträger*, der mit seinen Hubschraubern insbesondere Geleitzüge vor U-Booten schützen soll, oder zusätzlich ausgerüstet mit Landungsbooten für Landungsoperationen gedacht ist.
Im Auftrag der US-Navy gibt es auch Projekte der Fa. Bell und der Fa. Lockheed, Aircraftboote, d. h. schnelle Luftkissenschiffe von etwa 2000 t Tragfähigkeit, mit einem Flugdeck für Senkrechtstarter oder Hubschrauber auszurüsten.

Flußbagger: siehe *Bagger*

Flußeisbrecher: siehe *Eisbrecher*

Flußfähre: siehe *Fährschiff*

Flüssigasphaltschiff: siehe *Asphalt-Tankschiff*

Flüssiggastanker: siehe *Tanker*

Füssigschwefel-Transportschiff, *Schwefeltanker:* Spezialtanker für verflüssigte Schwefelladung. Neben der Verschiffung als Trockengut für kleinere Mengen, wird für den Massentransport Schwefel durch Erwärmen auf etwa 130°C verflüssigt und durch dampfbeheizte Rohrleitungen in beheizte und wärmeisolierte Kugel- oder Zylindertanks (siehe auch *Gastanker*) aus korrosionsbeständigen Werkstoffen gepumpt. Die durch die Tankerwärmung bedingte Ausdehnung darf dabei nicht auf den Schiffskörper übertragen werden. Größere Schwefelvorkommen gibt es hauptsächlich in Italien (Sizilien) sowie in den USA, der UdSSR und Japan.

Flußschiff: siehe *Binnenschiff*

Fluß-See-Schiff: siehe *seegehendes Binnenschiff*

Förderinsel, Förderplattform: siehe *Bohrinsel*

Forschungsboje: verankert oder treibend schwimmendes teilgetauchtes Hochsee-Laboratorium. Der Schwimmkörper, der bis zu 100 m langen röhrenförmigen Forschungsboje hat eine solche Tankunterteilung, daß er wie ein geschlepptes Schiff durch Schlepper zu seinem Standort gebracht wird und dort durch Fluten von einseitigen Endtanks eine vertikale Lage einnimmt. Das obere, etwa 20 m aus dem Wasser ragende Bojenteil wird für die Unterkunfts- Aufenthalts- und Forschungsräume sowie für die Funk- und Nachrichtenstation genutzt. Das Deck kann zu einer Hubschrauberlandeplattform erweitert sein. Die Maschinenräume, Verbrauchsstoffe und Unterwasserbeobachtungsräume befinden sich im getauchten Teil der Forschungsboje.

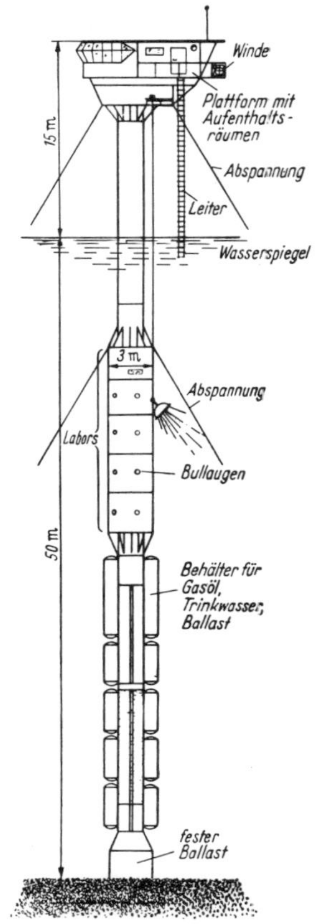

Bemannte Forschungsboje für 50 m Wassertiefe

Eine vom bekannten Unterwasserforscher Costeau entwickelte Forschungsboje von 65 m Länge und 250 t Masse wurde bei Monaco an einem 4500 m langen Halteseil verankert und erprobt. Durch die Verankerung und die Anordnung von Ballast sowie der Wasser- (7,5 t) und Kraftstoffvorräte (12 t) hatte die im getauchten Teil 3 m Durchmesser betragende Boje auch bei schwerer See eine derart stabile Schwimmlage, daß sich nur Neigungen von 1° einstellten. In den verschiedenen Tiefen waren Beobachtungsfenster und Probenentnahmemöglichkeiten. Die Boje wurde durch zwei 25-kW-Dieselgeneratoren mit Engerie versorgt und war bis 1965 in Betrieb.

Forschungsplattform: einer *Bohrinsel* ähnlich teilgetaucht schwimmend oder mit Stützen auf dem Meeresboden stehende Forschungsstation. Durch sie können unterschiedliche Aufgaben erfüllt werden, wie die Vermessung von Strömungen, Wind und Seegang. So wurden z. B. nach der verheerenden Sturmflut von 1962 in Hamburg 1975 durch die »Ingenieurgemeinschaft Meerestechnik und Seebau GmbH« 75 km nördlich von Helgoland eine Forschungsplattform und weitere Meßbojen zur Überwachung des Seezu-

Antennen von Satellitleitschiffen

Antennen von Satellitleitschiffen

stands und zur Warnung vor Sturmfluten stationiert. Andere Forschungsplattformen werden für Versuchsbohrungen, seismographische Messungen oder zur Kontrolle der Meeresverschmutzung eingesetzt.

Forschungsschiff, *Erkundungsschiff, Expeditionsschiff:* Für Erkundigungsaufgaben oder wissenschaftliche Forschungen eingesetztes und ausgestattetes Spezialschiff zur Erforschung von Seewegen, der Meeresbeschaffenheit einschließlich des Meeresbodens und -untergrunds sowie der Wechselwirkungen des Meeres mit der erdnahen Atmosphäre und zur Beobachtung von Schichten und Objekten. Vorläufer des Forschungsschiffs für Entdeckungsfahrten gab es schon im frühen Mittelalter und verstärkt im 14. und 15. Jh. Dazu zählen insbesondere die durch Prinz HENDRIK von Portugal im 15. Jh. veranlaßten Entdeckungsfahrten zu afrikanischen Küsten, die Entdeckungsreisen des BARTOLOMEO DIAZ (1488), des CHRISTOPH COLUMBUS (1492), VASCO DA GAMAS (1498) und andere.
Die Fahrten von JAMES COOK (1768) auf der »ENDEAVOUR« hoben die ozeanischen Forschungen bereits auf ein bedeutend höheres Niveau. Mit dem maschinenangetriebenen Schiff entstanden weitere Möglichkeiten einer systematischen weltweiten Erforschung der Meere, an der sich verschiedene Staaten mit unterschiedlicher Intensität beteiligten.
Am Anfang der systematischen wissenschaftlichen Meeresforschung steht die am 21. Dezember 1872 begonnene Forschungsreise durch die drei Ozeane der britischen Forschungskorvette *»CHALLENGER«*. Die nachfolgende Zusammenstellung enthält eine Auswahl der bekanntesten Forschungsschiffe aus der Zeit von 1872 bis 1938 und zeigt die seinerzeit führende Rolle Großbritanniens und der europäischen Staaten. Nach dem zweiten Weltkrieg nahm die Meeresforschung neue Dimensionen an; das Forschungsschiff wurde zu einem hochausgerüsteten Spezialschiff für das jeweilige Forschungsgebiet mit veränderter Beteiligung der verschiedenen Staaten.
Die derzeit in der Welt fahrenden, etwa 1000 modernen Forschungsschiffe unterscheiden sich hinsichtlich des Einsatzzwecks und der Ausstattung in ozeanografische und hydrologische Forschungsschiffe zur Erforschung und Messung von Meeresströmungen, Wasserschichtungen, -zirkulationen, Austauschverhältnissen, Drücke, Temperaturen, Salzgehalte und Konzentrationen sowie Seegangsprofile, Profil des Meeresbodens und Meeresuntergrunds sowie von Bodenablagerungen. Es gibt weiterhin geophysikalische Forschungsschiffe zur Vermessung des Erdmagnetfelds und zur Erforschung von Anomalien mit unmagnetischen Schiffen. Die meeresbiologischen Forschungsschiffe dienen zur Erforschung der speziellen Entwicklungsbedingungen und der Bestände des Planktons, der Meeresalgen sowie der Pflanzen- und Tierwelt des Meeres.
Ichthyologische Forschungsschiffe bzw. Fischereiforschungsschiffe werden zur Erforschung von Fangplätzen, Fangtechnologien und Fanggeräten sowie der Ressourcen und Reproduktionsbedingungen eingesetzt. Meteorologische Forschungsschiffe erforschen die Einflüsse des Meeres auf das Klima und die Wetterentwicklung, unterschieden in fest stationierte »Wetterschiffe« und Wetterstationen.

Zeiten der Forschungsreisen	Forschungsschiff	Heimatland	Fahrtgebiete
1860	»BULLDOG«	Großbritannien (GB)	Atlantik
1872–1876	»CHALLANGER«	GB	alle drei Ozeane
1874–1876	»GAZELLE«	Deutschland (D)	alle drei Ozeane
1873–1876	»TUSCARORA«	USA	nördl. Stiller Ozean
1885–1914	versch. Yachten	Monaco	Mittelmeer und Nordatlantik
1886	»BUCANEER«	GB	Mittelatlantik
1886–1889	»WITJAS«	Rußland	Atlantik und Pazifik
1889–1904	»ALBATROSS«	USA	nördl. Stiller Ozean und Atlantik
1889	»NATIONAL«	D	Nordatlantik
1890–1900	»INVESTIGATOR«	GB	nördl. Indischer Ozean
1891–1903	»PENGUIN«	GB	Pazifik
1893–1896	»FRAM«	Norwegen	Nordpolarmeer
1898–1899	»VALDIVIA«	D	Atlant. und Indischer Ozean
1898	»BELGICA«	Belgien	Bransfield Meer
1901–1903	»GAUSS«	D	Antarktis
1902–1903	»ANTARCTIC«	Schweden	Antarktis
1903–1904	»SCOTIA«	GB	Antarktis
1903–1905	»THOR«	Dänemark	Nordatlantik
1906	»PLANET«	D	Atlant. und Indischer Ozean
1909–1910	»POURQUOI PAS«	Frankreich	Antarktis
1910	»MICHAEL SARS«	Norwegen (NOR)	europäisches Nordmeer
1912	»ARMAUER HANSEN«	NOR	europ. Nordmeer
1918–1925	»MAUD«	NOR	Nordpolarmeer
1924–1933	»SHINTOKU MARU«	Japan	Pazifik
1925–1935	»METEOR«	D	Atlantik
1925	»MANSYN«	Japan	westl. Pazifik
1925	»DISCOVERY« II	GB	Antarktis
1925	»WILLIAM SCORESBY«	GB	Antarktis
1928–1930	»DANA«	Dänemark	alle drei Ozeane
1928–1931	»NORVEGIA«	NOR	Antarktis
1928	»MARION«	USA	Baffin Meer
1928–1929	»CARNEGIE«	USA	Pazifik
1932	»CHALLANGER« II	GB	Atlantik und Pazifik
1933–1938	»ATLANTIS«	USA	Nordatlantik und Golf von Mexiko
1938	»ALTAIR«	D	Nordatlantik

Vermessungs-Forschungsschiffe, insbesondere Satellitenortungsschiffe, vermessen die Satellitenbahnen, übermitteln Nachrichten und dienen der Beobachtung von erdfernen Objekten. Allgemeine Vermessungs-Forschungsschiffe werden für kartographische Aufgaben in bestimmten Seegebieten mit bemannten und unbemannten Vermessungs-Forschungsbojen zur Informationsgewinnung und -übertragung eingesetzt. Tiefsee-Forschungsschiffe werden für die Erforschung großer Wasertiefen durch speziell ausgerüstete Überwasser- und tieftauchende Unterwasserfahrzeuge verwendet.
Ein modernes Forschungsschiff verfügt entsprechend dem vorgesehenen Einsatz über spezielle Schiffsanlagen, Schiffsführungs-, Navigations- und Ortungseinrichtungen, Bordrechenstationen, Laboratorien und Geräte zur Wasseruntersuchung, Temperatur-, Salzgehalt- und Strömungsbestimmung u. a. Für die Meeresforschung werden unterstützende *Forschungsbojen* und Meßstationen benutzt.
Zur Tiefseeforschung haben Forschungsschiffe spezielle Tiefseewinden und Kabelwinden mit Trossen und Kabeln bis zu 12 km Länge, um auch in Tiefseegräben Geräte bis zum Meeresboden absenken zu können. Für die Erforschung des Meeresbodens gibt es Probenentnahmegeräte und Bohreinrichtungen. Zur Erforschung der Atmosphäre und der Ionosphäre dienen Radiosonden, Ballons, Raketen u. a. Ausrüstungen.
Bei Einsatz in Eisgebieten haben Forschungsschiffe spezielle Eisverstärkungen und besondere Schiffsformen, Trimm- und Schlingertanks sowie erweiterte Transportmöglichkeiten zur Versorgung von Polarstationen und ein Hubschrauberdeck.
Die letzten Jahrzehnte des 20. Jh. sind neben besonderen Fortschritten in der Eisforschung und der Entwicklung von Forschungsschiffen für die Eisfahrt und Antarktisforschung durch die Aufgaben der Weltraumforschung geprägt. Am 12. April 1961 um 7.07 Uhr MEZ startete Juri Gagarin an Bord des Raumschiffs »Wostok 1« in Baikonur. Auf einer parabolischen Bahn zwischen 181 km und 327 km Erdentfernung umrundete er einmal die Erde und landete nach 108 Min. wohlbehalten in der Nähe von Saratow. Noch im gleichen Jahr startete German Titow mit der »Wostok 2« zu 17 Erdumrundungen. Mit der Weltraumfahrt entstand das Satellitenortungsschiff, um von allen Punkten der Erde die Funkverbindung zu Weltraumkörpern aufrecht zu erhalten. Da die Ozeane und Randmeere etwa 70 % der Erdoberfläche bedecken, kann eine

ständige Funkverbindung zwischen einem Raumflugkörper und der Leitzentrale nur über landfeste und schwimmende Relaisstationen verwirklicht werden.
Die ersten dafür eingesetzten Schiffe, wie die »BOROWITSCHI«, »MORSHOWEZ« und »NEWEL« (Deplacement zwischen 6000 t und 9000 t) wurden auch als »Satellitenbeobachtungsschiffe« bezeichnet und nur zeitlich für diese Aufgaben eingesetzt. Diese Typenbezeichnung erfaßte aber nur einen Teil ihrer Aufgaben, deshalb spricht man heute bereits von »Weltraum-Relaisstationschiffen«, sie stehen über Nachrichtensatelliten ständig mit der Leitzentrale in Kontakt und halten die Funkverbindung auch dann aufrecht, wenn sich Raumkörper zur Leitzentrale im Funkschatten der Erde befinden. Die sowjetische Akademie der Wissenschaften verfügt heute über eine stattliche Flotte von Weltraum-Relaisstationschiffen unterschiedlicher Größe. Flaggschiff der Weltraum-Relaistationschiffe und zugleich größtes Forschungsschiff der Welt ist die 45000 t DW große »KOSMONAUT JURI GAGARIN«, gefolgt von »AKADEMIK SERGEJ KOROLJOW« (21250 t DW) und »KOSMONAUT WLADIMIR KOMAROW« (17850 t DW).
Das Flaggschiff »KOSMONAUT JURI GAGARIN« entstand auf der Baltischen Werft in Leningrad und wurde 1971 in Dienst gestellt. Die technischen Daten des Schiffskörpers entsprechen denen der Tankerserie vom Typ »SOFIA«, die dort seit 1963 gebaut wurden. Die Back wurde verlängert sowie das Brücken- und Maschinenhaus durch 2 Aufbaudecks miteinander verbunden. Auffälligstes Merkmal sind die 4 Parabolreflektoren von 12 m bzw. 25 m Durchmesser und einer Gesamtmasse von etwa 1000 t. Den 212 Wissenschaftlern stehen 86 Laboratorien für die unterschiedlichsten Aufgaben zur Verfügung. Bei einem Einsatzzeitraum von 5···6 Mon. und einer Aktionsweite von 20000 Seemeilen kann das Schiff auf allen Weltmeeren eingesetzt werden. Das Schiff ist über Alles 231,0 m lang und 31,0 m breit. Es hat einen turboelektrischen Antrieb mit einer Leistung von 13975 kW (19000 PS) und fährt damit 18 kn. Auf 11 Decks sind 1250 Arbeits- und Wohnräume, davon 86 Laboratorien untergebracht. Die Besatzungsstärke beträgt 136 Mann Schiffspersonal und 212 Wissenschaftler.

Modell des Frachtdampfers »ROSTOCK«, L_{OA} 102,40 m; Tragf. 2264 t DW; 1260 kW

Blick in den Laderaum eines Stückgutfrachtschiffs

Forschungstauchboot: siehe *Tauchboot*

Frachtdampfer: Frachtschiff mit Dampfmaschinen- oder Dampfturbinenantrieb, siehe *Dampfschiff* und *Frachtschiff*

Frachter, *Frachtschiff:* Sammelbezeichnung für alle Schiffstypen der Binnen- und Seeschiffahrt zur Beförderung von allgemeinen und unifizierten Stückgutfrachten, Schüttgütern und Flüssiggütern bei begrenzter Beförderung von Fahrgästen (12 oder weniger Personen). *Stückgut-Frachtschiffe* und *Schüttgutschiffe* sind die Haupttypen der *Trockenfrachtschiffe*. Universelle Stückgut-Frachtschiffe haben i. allg. wegen der für Ballen-, Kisten-, Rollen-, Fässer-, Sack- und Schwerladungen erforderlichen Stellflächen und der Separierbarkeit der Ladung vertikalen Ladungsumschlag. Semicontainer-Frachtschiffe

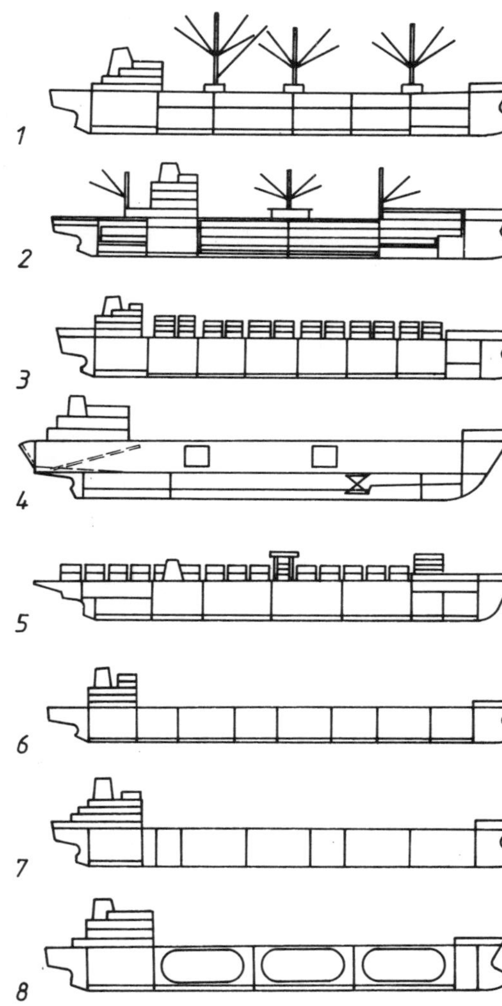

Charakteristische Raumunterteilungen 1 Universal-Stückgutfrachter, 2 Kühlschiff, 3 Containerschiff, 4 Ro/Ro-Schiff, 5 Bargecarrier, 6 Bulker, 7 Flüssiggut-Tanker, 8 Gastanker

Moderner Semicontainerfrachter von 7500 t DW für die Mittelmeerfahrt vom VEB Schiffswerft Neptun, Rostock

sind Stückgut-Frachtschiffe, die zumindest teilweise für den Containertransport geeignet sind. *Mehrzweck-Frachtschiffe* gibt es in verschiedenen Kombinationen, wobei kombinierte Stückgut- bzw. Container-/Schüttgut-Frachtschiffe überwiegen.
Ro/Ro-Schiffe sind Ein- oder Mehrdeck-Stückgut-Frachtschiffe für die horizontale rollende Be- und Entladung. Bei *Lo/Ro-Frachtschiffen* geschieht die Be- und Entladung teilweise im vertikalen bzw. rollenden Umschlag. Weiter gehören zu den Stückgut-Frachtschiffen die *Containerschiffe*, *Schwergutschiffe*, *Bargecarrier*, *Polarfrachtschiffe*, *Kühlschiffe* und weitere Spezial-Frachtschiffe. Andere Haupttypen des Frachtschiffs sind *Bulker* und *Tanker*.

Die »FRANCE« (1) bei der ersten Ausfahrt nach New York am 20. April 1912

Bugansicht der »FRANCE« (2) vor dem Stapellauf am 11. Mai 1960

Das französische Vierschrauben-Passagierschiff »FRANCE« (2), mit 66000 BRT; 117760 kW und über 30 kn eines der größten und schnellsten Passagierschiffe der Welt

Fracht-Fahrgastschiff: kombiniertes Schiff für den Fracht- und Fahrgasttransport. Seit ihren Anfängen beförderten Hochseeschiffe sowohl Personen als auch Handelswaren. Mit der Ausweitung der Güterströme betrachteten die Reedereien die Mitnahme von Fahrgästen zunächst als eine Quelle für Nebeneinnahmen. In den 30er Jahren des 20. Jh. wandelte sich die Situation. So beförderten die großen Passagier-Schnelldampfer auch beträchtliche Ladungsmengen zur Rentabilitätsverbesserung. Hatte ein Schiff Unterbringungsmöglichkeiten für mehr als 12 Passagiere, so galt es als ein Fracht-Fahrgastschiff und unterlag entsprechend höheren Sicherheitsforderungen. Zwölf zusätzliche Fahrgastplätze zu den Besatzungsunterkünften galten daher über einen langen Zeitraum als Standard für den Entwurf von Frachtschiffen.
Bei einer größeren Zahl von Passagieren sprach man von kombinierten Fracht-Fahrgastschiffen. Sie waren vor allem an den längeren und höheren Mittschiffsaufbauten oder Mittschiffsdeckshäusern zu erkennen, die der Unterbringung der Fahrgäste dienten. In ihrer Laderaumkonzeption unterschieden sie sich nicht grundsätzlich von den Stückgutfrachtern.
Auch die ersten, von der kanadischen Allan-Line auf dem Atlantik eingesetzten Turbinenschiffe »*VICTORIAN*« und »VIRGINIAN« waren Fracht-Fahrgastschiffe für 800 t Fracht und 1650 Passagiere. Obwohl der Passagierdampfer zwischen Europa und Amerika dominierte, fand das Fracht-Fahrgastschiff auf Linien mit gemischtem Güter- und Personenverkehr stärkere Verbreitung, wobei die Passagierkapazität von etwa 350 Plätzen um 1908 auf etwa 700 Plätze und mehr um 1925 anstieg. Diese Schiffe bis zu einer Größenordnung von etwa 10000 t DW wurden als Kombi-Schiffe bezeichnet und waren vor dem zweiten Weltkrieg in größerer Zahl in Fahrt. Sie besaßen neben der Passagierkapazität Laderäume mit dem erforderlichen Ladegeschirr und Schwergutbäumen. Wegen ihrer universellen Einsatzmöglichkeit wurden sie im zweiten Weltkrieg von beiden kriegführenden Seiten als Truppentransporter eingesetzt.
Nach 1945 wurden nur noch wenige Kombi-Schiffe gebaut. Sie konnten mit den schnellen und komfortablen Passagierschiffen nicht mehr konkurrieren. Außerdem verminderte der ständig zunehmende Luftverkehr die Anzahl der an Langsamreisen interessierten Fahrgäste. Kombinierte Schiffe waren im Bau erheblich teurer und erreichten im Gütertransport nicht die Effektivität eines reinen Frachtschiffs. Heute gibt es solche Kombi-Schiffe nur noch als Lehr- und Ausbildungsschiffe.

Frachtmotorschiff: Frachtschiff mit Dieselmotorenantrieb, siehe *Dieselmotorschiff* und *Frachtschiff*

»FRANCE«: französisches Vierschrauben-Passagierschiff. Das Schiff wurde 1960 auf der Werft Chantiers de l'Atlantique (Penhoet-Loire); St. Nazaire für die Reederei Compagnie Gěněrale Transatlantique auf Kiel gelegt, lief am 11. Mai 1960 von Stapel und erreichte auf seiner ersten Fahrt am 8. Februar 1962 New York. Mit mehr als 66000 BRT (verschiedene Vermessungen 66348, 66378, 66800 BRT) und einer Länge von 315, 47 m gehört die »FRANCE« zur Gruppe der größten Passagierschiffe der Welt. Es wurde für die Beförderung von 2000 Passagieren eingerichtet, 500 in der I. und alle anderen in der Touristenklasse.
Die Antriebsanlage mit 4 Getriebeturbinen von insgesamt 117760 kW (160000 PS), 8 Wasserrohrkessel mit 65 atü bei 480 °C, Masse der gesamten Maschinenanlage 8000 t, Tagesverbrauch an Heizöl etwa 650 t, gab dem Schiff 31 kn Dienstgeschwindigkeit bzw. 34 kn Höchstgeschwindigkeit.
Im Juni 1979 wurde die »FRANCE« nach Norwegen an die Kloster's Rederi, Oslo für 18 Mill. Dollar verkauft. Der Verkäufer war zu diesem Zeitpunkt die französische Gesellschaft Technique d'Avant Gard (TAG), eine Schweizer Gesellschaft und ein arabischer Teilhaber. Von Juli 1979 bis Ende April 1980 wurde ein Umbau zum Kreuzfahrtenschiff »NORWAY« auf der Hapag-

Lloyd-Werft GmbH in Bremerhaven durchgeführt. Zwei der 4 Turbinensätze und zwei der 4 Schrauben wurden stillgelegt, so daß sich Antriebsleistung, Geschwindigkeit und Brennstoffverbrauch stark reduzierten. Zusätzlich wurden 3 Bug- und 2 Heckstrahlruder mit insgesamt 7800 kW Leistung eingebaut; Flossenstabilisatoren waren bereits vorhanden. Die Besatzungsstärke von 1160 Personen wurde auf 550 Personen reduziert, die Zahl der Passagierplätze erhöht und Raum für 15 Bars geschaffen. Die Umbaukosten sollen etwa 55 Mill. Mark betragen haben.
Bei der Reederei Compagnie Generale Transatlantique hatte es bereits einen Vierschrauben-Turbinenschnelldampfer »FRANCE« (1) gegeben. Dieses Vorgängerschiff war 1910 für die Route Le Havre – New York in Bau gegeben worden und hatte seine erste Abfahrt nach New York am 20. April 1912.
Mit 23666 BRT, 240 m Länge über Alles bzw. 218 m Lpp, 23,08 m Breite, 4 Dampfturbinen mit insgesamt 34600 kW (47000 PS) und 24,5 kn Probefahrtsgeschwindigkeit gehörte schon die »FRANCE« (1) zu den größten und schnellsten Passagierschiffen der Welt.

Freedom-Typ: vom japanischen Schiffbau in den 1960er Jahren entwickelter und in Großserie von etwa 200 Schiffen gebauter Universal-Frachtschiffstyp als Ersatz für den *Liberty-Typ*.
Das Universal-Motorfrachtschiff hat bei einer Länge über Alles von 141,7 m und 134,1 m zwischen den Loten 19,8 m Breite und 12,3 m Seitenhöhe. Vermessen ist der Schiffstyp mit etwa 10000 BRT. Bei voll ausgenutzter Tragfähigkeit von 14093 t DW beträgt der Tiefgang 8,6 m. Die 4 Laderäume sind je durch ein Zwischendeck unterteilt und haben 18849 m^3 Gesamtvolumen. Zwei Laderäume sind mit einer Länge von mehr als 30 m besonders für lange und sperrige Güter geeignet. Durch schräge Toppseitentanks und Trimmluken im Zwischendeck ist das Schiff auch für den Transport von Schüttgütern geeignet. In der Getreidefahrt werden keine zusätzlichen Kornschotte benötigt. Die Stahl-Lukenabdeckungen auf dem Wetterdeck werden mechanisch geöffnet und geschlossen, und die Zwischendecks haben Glattdeckluken.
Das Einschraubenschiff hat als Antriebsanlage einen mittelschnellaufenden Viertakt-Dieselmotor Fabrikat »Pielstick« von 3330 kW mit Untersetzungsgetriebe und fährt damit 14 kn.

Fregatte: modernes schnelles Kriegsschiff. Für die verschiedenen Konzeptionen existieren spezielle Typvarianten. So sind Raketenfregatten in erster Linie für die U-Bootbekämpfung und Luftabwehr im Geleit vorgesehen. Sie können aber auch als Mehrzweckfregatten der Kampfverbände ausgerüstet sein.
Moderne Fregatten sind zwischen 130 m und 145 m lang, 15···16 m breit und haben ein Deplacement zwischen 3500 bis 4600 t. Sie sind leicht gebaut, jedoch unter Verzicht auf Aluminiumlegierungen. U. a. hat sich im Falkland/Malwinen-Konflikt 1982 erwiesen, daß solche Leichtbaustoffe bei den hohen Temperaturen infolge Treffer und Brände versagen. Als Antriebsanlage dienen Gasturbinen bis zu 21000 kW oder schnellaufende Dieselmotoren für etwa 30 kn Fahrt sowie 2 weitere Antriebe je 3000 kW für die Marschfahrt von 18 kn, mit der etwa 4500 Seemeilen zurückgelegt werden können. Auf Geräuscharmut und Schwingungsdämpfung wird wegen der U-Boot-Suche besonderer Wert gelegt.
In einem Hangar befinden sich 1 oder 2 Hubschrauber für die U-Boot-Abwehr und für die Zielerkennung »hinter dem Horizont«. Die weitere Bewaffnung besteht aus Drillings-Torpedorohrsätzen für Torpedos mit hydroakustischem Zielsuchkopf, Container-Startanlagen für Luftabwehrraketen, Container-Startanlagen für Schiff-Schiff-Raketen mit einem kombinierten Lenksystem für Flugweiten bis 40 km und einer Marschgeschwindigkeit von 1130 km/h sowie aus Geschützen kleineren Kalibers mit Feuergeschwindigkeiten von 120 Schuß je Minute. Die Besatzung besteht aus 150 bis 280 Mann.

Deutscher Schaufelrad-Salonschnelldampfer »FREIA«, Baujahr 1885

Fracht- und Passagierdampfer »FREIBURG«, Baujahr 1923

»FREIA«: deutscher Salon-Schnelldampfer. Der Schaufelrad-Salon-Schnelldampfer wurde 1885 auf der Werft von Blohm & Voss für eigene Rechnung gebaut und befuhr für die Hamburger Reederei Morris & Co. die Bäderlinie Hamburg–Helgoland–Wyk/Föhr.
Der aus Eisen gebaute Schaufelraddampfer war 71,54 m lang, 8,21 m breit und besaß eine Tiefe von 4,04 m. Er war mit 858,46 BRT bzw. 337,40 NRT vermessen und hatte schon eine elektrische Beleuchtungsanlage. Die Besatzung bestand aus 41 Mann.
Die Compound-Dampfmaschine mit einer Leistung von 1178 kW (1600 PS) verlieh dem Schiff eine Geschwindigkeit von 15 kn. 1891 wird die Stettiner Dampfschiff-Gesellschaft I. F. Braeunlich GmbH. als neuer Eigner genannt, die den Dampfer auf der Linie Stettin (Szczecin), Swinemünde, Zinnowitz–Insel Rügen–Insel Bornholm einsetzte. Nach 47jähriger Dienstzeit wurde das Schiff als letzter hochseefähiger deutscher Schaufelraddampfer verschrottet.

»FREIBURG«: Fracht- und Passagierdampfer. Die Werft Blohm & Voss in Hamburg baute 1923 für die Deutsche Australien-Linie, die 5165 BRT große »FREIBURG« für die Fahrt nach Niederländisch-Indien. Die Tragfähigkeit betrug 8120 t DW und das Schiff war für die Beförderung von 24 Passagieren eingerichtet. Die Maschine mit einer Leistung von 2061 kW (2800 PS) verlieh dem Schiff eine Geschwindigkeit von 12 kn.

Freidecker: siehe *Schutzdeckschiff*

Freikolben-Gasturbinen-Motorschiff: siehe *»FRITZ HECKERT«*

»FREYA«: vollgetakelte deutsche Glattdeck-Dampfkorvette. Die Korvette wurde im Zeitraum 1872/76 auf der Kaiserlichen Werft in Danzig fertiggestellt, lief am 29. Dezember 1874 von Stapel und kam am 21. August 1876 in den Flottendienst. Die Baukosten beliefen sich auf 2,137 Mill. Mark.

Das 2406/1997 t große Schiff war im Querspant-Holzkraweelbauweise mit Kupferbeschlag und eisernen Decksbalken gebaut. Es war 85,35/83,60 m lang, 10,80 m breit und besaß einen Tiefgang von 4,60/5,60 m. Die Besatzung betrug 233 Mann. Die Bewaffnung bestand aus 8×15-cm-Geschützen (zeitweise 4×17-cm-Geschütze) an Deck, wozu ab 1882 noch 6 Revolverkanonen hinzukamen.
Angetrieben wurde die »FREYA« durch eine liegende Dreizylinder-Zweifachexpansionsmaschine der Firma Egells, Berlin, mit einer Leistung von maximal 2060 kW (2800 PS). Sie trieb eine Schraube von 5,34 m Durchmesser an, womit die Korvette eine Geschwindigkeit von 15,2 kn erreichte. Das als Vollschiff getakelte Schiff besaß zudem eine Segelfläche von 1582 m^2, der Schornstein war absenkbar. Vier Kofferkessel mit insgesamt 8 Feuern sorgten für den erforderlichen Dampf von 3 atü. Der Kohlevorrat von 264 t ermöglichte eine Fahrtstrecke von 2500 Seemeilen bei 10 kn und 1060 Seemeilen bei 15 kn Geschwindigkeit.
Die Korvette war bis 1884 im Auslandsdienst eingesetzt. Sie wurde am 14. Dezember 1896 aus der Flottenliste gestrichen und für 65160 Mark zum Abbruch nach Kiel verkauft.

Die vollgetakelte Glattdeck-Dampfkorvette »FREYA« (1874)

Frachtschiff Typ »FRIEDEN«

»FRIEDEN«: Typschiff der ersten größeren Motorfrachtschiffsserie des DDR-Schiffbaus. Die »FRIEDEN« wurde als erstes Schiff einer Serie von 15 Einheiten eines neuentwickelten Typenprogramms vom VEB Warnow-Werft in Warnemünde unter der Typbezeichnung »TYP IV« gebaut. Die Serie eröffnete den in der Folgezeit systematisch fortgführten Bau von Trockenfrachtschiffen in der DDR. Zwölf Schiffe dieses Typs wurden im Auftrag der damaligen VEB Deutsche Seereederei Rostock gebaut und vorwiegend im Ostasiendienst eingesetzt.
MS »FRIEDEN« wurde am 13. Oktober 1954 auf Kiel gelegt, lief am 14. Januar 1956 von Stapel und wurde am 23. Juni 1957 in Dienst gestellt. Der Einsatz konnte wahlweise als Volldecker oder als Schutzdecker erfolgen. Die technischen Daten des Volldeckers waren: 9645,89 BRT, Länge über Alles 157,6 m und zwischen den Loten 142,0 m; Breite 20,0 m. Das Schiff hatte eine Seitenhöhe bis zum Oberdeck von 12,8 m und beladen einen Tiefgang von 9,67m. Äußeres Kennzeichen dieses Typs waren seine relativ hohen paarweisen Lademaste, der hinten liegende Maschinenraum mit darüber liegendem hinteren Aufbau und der gesonderte, vorn hinter Laderaum 1 liegende Brückenaufbau. Bei einem Laderaumvolumen von 16327 m^3 in 5 Räumen betrug die Tragfähigkeit 13000 t. Der Schiffskörper war geschweißt mit genietetem Kimm- und Schergang, besaß 2 Zwischendecks, 7 Querschotte und 5 Luken. Die ersten 6 Schiffe dieses Typs waren zusätzlich mit Getreideschotten ausgerüstet. Außerdem waren eine Kühllast (408 m^3) und Süßöltanks (926 m^3) vorhanden. Die Lukenabdeckung auf dem Wetterdeck entsprach dem damaligen Standard-System »Single-Pull«, während die Zwischendeckluken und die Hauptdeckluke 5 noch manuell abzudecken waren.
Das umfangreiche Ladegeschirr bestand aus 10×3,5-t- und 4×5,8-t-Ladebäumen, einen 50-t-Schwergutbaum und 2 Stück 3-t-Krane für die Luken 1 und 5. Die Besatzung bestand aus 57 Mann. Außerdem konnten noch 12 Passagiere befördert werden.
Als Antriebsanlage waren 4 einfachwirkende Viertakt-Dieselmotoren des Typs 8 SV 66 Au mit einer Gesamtleistung von 5296 kW (7165 PS) vom VEB Maschinenbau Halberstadt eingebaut, die jeweils über Induktionskupplungen und Sammel-Untersetzungsgetriebe dem Doppelschraubenschiff eine Geschwindigkeit von maximal 15 kn gaben. Nachdem das Schiff über ein Jahrzehnt sich gut bewährte, wurde es im Zuge einer Flottenmodernisierung am 9. August 1978 verkauft. Das fünfte Schiff der Typ IV-Serie, die MS *»DRESDEN«*, wurde nach seiner Außerdienststellung zum Traditionsschiff und Schiffbaumuseum mit ständigem Liegeplatz in Rostock-Schmarl.

»FRISIA«: deutscher Passagierdampfer, der 1872 bei Caird & Co. in Greenock für die HAPAG gebaut wurde und bei seiner Indienststellung das größte deutsche Dampfschiff war. Das 3256 BRT große Schiff besaß ein Deplacement von 3500 t und war über Alles 110 m und zwischen den Loten 106,5 m lang sowie 12,2 m breit. Es konnte 100 Passagiere der I. Klasse, 140 der II. Klasse sowie 580 Zwischendeckpassagiere befördern. Die Besatzung bestand aus 115 Mann. Das Schiff fuhr noch mit offener Brücke, und das kleine Steuerhaus war ganz achtern direkt über dem Ruderschaft. Die Zweifach-Expansionsmaschine leistete 2700···3200 PS und gab dem Schiff eine Geschwindigkeit von 13 kn. Fünf querschiffs stehende Oval-Kessel mit insgesamt 10 Feuern versorgten die Maschine mit Dampf. Außerdem war noch eine Hilfsbesegelung mit Groß- und Fockmast vorhanden. 1888 wurde das Schiff nach England und ein Jahr später weiter nach Italien verkauft, wo es als »TEMERARIO« fuhr. 1890 wurde es in »ARNO« umbenannt und 1902 in Italien abgewrackt.

»FRITZ HECKERT«: kombiniertes Gasturbinen-Motorfahrgastschiff. Das auf Initiative des Freien Deutschen Gewerkschaftsbundes (FDGB) von der Mathias-Thesen-Werft in Wismar 1960/61 gebaute und nach den revolutionären deutschen Arbeiterführer Fritz Heckert (1884 bis 1936) benannte Urlauberschiff des FDGB wurde am 15. April 1961 in Dienst gestellt. Bei einer Länge über Alles von 141,47 m und zwischen den Loten von 125,00 m; 17,60 m Breite auf Spanten; 5,57 m Tiefgang; 8,30 m Seitenhöhe bis Hauptdeck und 10,70 m bis Oberdeck beträgt die Vermessung 8115 BRT bzw. 3646 NRT.
Eingerichtet wurde das Schiff für 379 Urlauber und 190 Mann Besatzung. Die Antriebsanlage

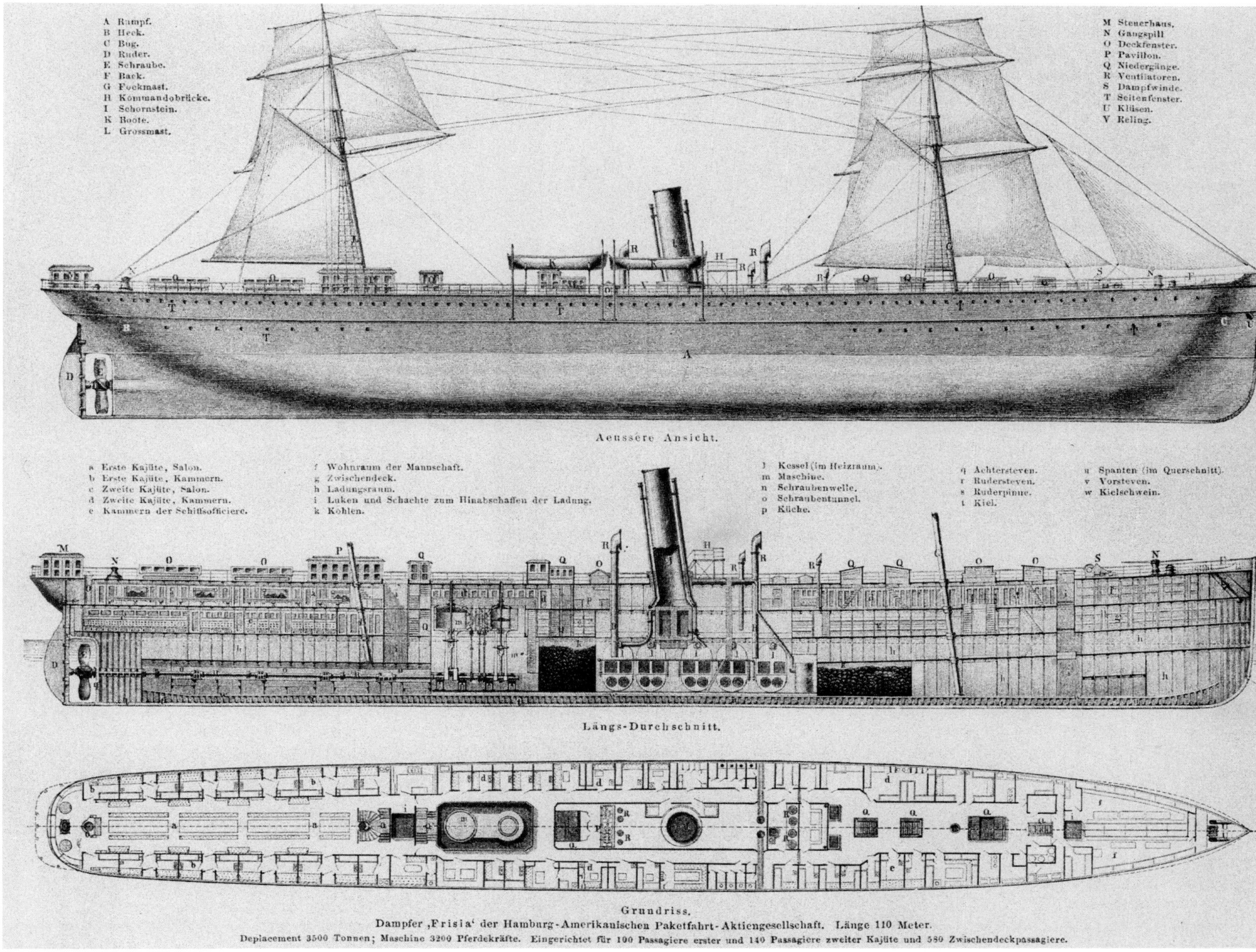

Passagierdampfer »FRISA«, Baujahr 1872; 3256 BRT

dieses Fahrgastschiffs stellte zum Zeitpunkt der Indienststellung eine Besonderheit dar. Um 1960 befanden sich der mittelschnellaufende Tauchkolbenmotor und die Gasturbine in ihrer entscheidenden Entwicklungsphase. Wegen der verminderten Eigenmasse und Schwingungserregung bei solchen Motoren und Turbinen sollte ihre Eignung für Fahrgastschiffe und andere Schiffstypen erprobt werden, für die leichte Antriebe vorteilhaft sind. Das Zweischraubenschiff erhielt deshalb für die Normalfahrtgeschwindigkeit von 14 kn 2 jeweils direkt über eine Elektromagnetkupplung auf die Propeller wirkende Zweitakt-Tauchkolbenmotoren des seinerzeit neuentwickelten Typs 8 NZD 72 mit je 1693 kW (2300 PS) bei 221 U/min. Für eine erhöhte Fahrtgeschwindigkeit bis zu 19 kn konnte über ein Getriebe und eine Strömungskupplung an jeder Bordseite eine Gasturbine von 2083 kW (2830 PS) zugeschaltet werden. Das erforderliche Antriebsgas wurde jedoch nicht, wie sonst bei Gasturbinen üblich, in Brennkammern erzeugt. Zur Erreichung eines besseren Turbinenwirkungsgrads bei Temperaturen unter 500 °C erzeugten insgesamt 6 Freikolbengaserzeuger das Treibgas für die fünfstufigen, mit 3500 U/min laufenden Überdruckturbinen.

Gasturbinen-Motorfahrgastschiff »FRITZ HECKERT«

Mit dieser Kombination der Gasturbine mit Freikolbengaserzeuger konnte der Wirkungsgrad auf etwa 33 % erhöht werden. In den Folgejahren erreichte der schnellaufende und mittelschnellaufende Dieselmotor in der Wirtschaftlichkeit bedeutende höhere Fortschritte als die Gasturbine und stieg im Wirkungsgrad bis zu 50 %, so daß die Gasturbine nur noch für den Antrieb sehr leichter und schneller Schiffe Bedeutung hat. Die »FRITZ HECKERT« wird seitdem noch als Wohnschiff genutzt.

Frosttrawler: *Fischereischiff* für Fang und

Fischfrostung an Bord. Mit dem *Fischdampfer* konnte die Hochseefischerei ausgeweitet werden, aber besondere Probleme bereitete noch die Frischhaltung des Fangs während der längeren Reisen, um den Fisch in guter Qualität anlanden zu können. Die Fangreisedauer und die befischbaren Fanggründe wurden dadurch begrenzt. Anfangs gab es nur die Möglichkeit, den Fisch als Ganzfisch oder geköpft und ausgeweidet durch mitgeführtes Brucheis für kurze Zeit frisch zu halten. Man suchte deshalb schon früh nach Verfahren, um den Fisch länger kühl zu halten oder ihn einzeln bzw. in Blöcken einzufrosten. In Deutschland lief dann 1929 der erste Gefriertrawler »VOLKSWOHL« von Stapel, ausgerüstet mit Anlagen zur Kältekonservierung. Der bei »Deutsche Werke« in Kiel gebaute 493 BRT große Trawler war 48,9 m lang, 8,8 m breit und erreichte mit einem 442-kW-(600 PS)-Dieselmotor eine Geschwindigkeit von 10 kn. Schwierigkeiten mit dem Kühlverfahren führten jedoch zur Einstellung des mit staatlichen Mitteln geförderten Experiments. Die »VOLKSWOHL« wurde deshalb im Mai 1938 zum ersten deutschen Fischmehlschiff umgebaut und unter dem neuen Namen »KEHDINGEN« auf Fang geschickt. Es verarbeitete allen Beifang zu Fischmehl und am Ende der Fangreise wurden die letzten Fänge als Frischfisch geladen. Die »KEHDINGEN« ging im zweiten Weltkrieg im Oktober 1944 als Wetterschiff der Kriegsmarine im hohen Norden verloren. Die Verarbeitung des Fangs zu Frostware verlagerte sich in der Folgezeit auf größere Schiffe der Fernfischerei. Eine der ersten größeren Gefrierschiffe war der 1941 umgebaute Frachtdampfer »HAMBURG« (5532 BRT, 8810 t DW), der auf See die Fänge von Trawlern übernahm und zu Tiefkühlfilet verarbeitete. Das Schiff ging jedoch schon im März 1941 durch Kriegseinwirkungen bei den Lofoten verloren.
Die Typen des mittelgroßen und kleinen Frosttrawlers entstanden erst nach 1950. Die als Seiten- oder Heckfänger gebauten Schiffe wurden sowohl für nahe gelegene Fangplätze wie auch für mehrwöchige Fangreisen zu entfernten Saisonfanggründen projektiert. Leistungsstarke Kälte- und Frosteranlagen ermöglichten die Frostung des gesamten Eigenfangs und i. allg. auch noch zusätzliche Frischfischübernahme von anderen Fangschiffen.
Eine neue Generation des Frosttrawlers stellte der vom VEB Elbewerft Boizenburg entwickelte Typ »NORDSEE« dar, von dem 15 Schiffe von 1966 bis 1968 für das Fischkombinat Saßnitz gebaut wurden. Dieser Frosttrawler wurde als Heckfänger speziell für den ganzjährigen Eigenfang von Hering und heringsartigen Fischen auf mittelweit entfernten Fangplätzen sowie mit Zusatzeinrichtungen für die Ringwadenfischerei von Schwarmfischen entworfen. Der 48,96 m über Alles und 44,30 m zwischen den Loten lange Frosttrawler erhielt eine Breite von 10,0 m bei 5,50 m Seitenhöhe und 3,90 m Tiefgang. Das Deplacement beträgt 1150 t, die Vermessung 644 BRT bzw. 260 NRT und der Kühlladeraum hat eine Größe von 540 m³. Das Schiff ist für 35 Tage Einsatzdauer ausgerüstet. Der Hauptmotor Typ SKL 8NVD48 Au mit 736 kW Leistung bei 375 U/min ist im Hinterschiff angeordnet und gibt dem Schiff über einen Verstellpropeller bei Freifahrt 12 kn und bei Schleppfahrt 4,5 kn Geschwindigkeit. Durch ein 23 m langes Fangdeck und eine fernbediente 4-Trommel-Netzwinde von 80 kN (8 Mp) Trossenzug bei 100 U/min Trossengeschwindigkeit ist die Netzarbeit rationalisiert und wird das Schleppnetz in nur 2 Hieven an Deck gebracht. Auch die weiteren Prozesse wurden bereits teilautomatisiert, so daß nur insgesamt 23 Mann Besatzung erforderlich sind.
Der Fisch gelangt in zwei je 15 m³ Auffangbunker, wird dort vorgekühlt und mit Airliftpumpen über Sortierbänder werden 3 Vertikalplattenfroster zu je 7 t/d automatisch beschickt.
Nach dem Frosten durchlaufen die auf −22 °C Kerntemperatur gefrosteten 400×800×80-mm-Pakete einen Glasierautomaten und eine Verpackungsmaschine und werden über Förderbänder in den Laderaum von −28 °C transportiert und dort durch Stauwagen gestapelt.

Frosttrawler »SKAGERRAK« vom Typ »NORDSEE« geht auf Fangfahrt

Fruchtsafttankschiff: Spezialtankschiff. Die 1985 in Norwegen gebaute »ORANGE BLOSSOM« ist das erste Tankschiff der Welthandelsflotte, das ausschließlich für den Transport von Fruchtsaft gebaut wurde. Das 145 m lange und 21,5 m breite Schiff transportiert in 6 Spezialtanks 12000 t Fruchtsaftkonzentrat. Eine derartige Ladung hatte zum Zeitpunkt der Indienststellung des Schiffs einen Wert um 25 Mill. US-Dollar. Um die Qualität der wertvollen Ladung zu erhalten, wird der Fruchtsaft ständig auf −12 °C gekühlt und mit Stickstoff begast. Das Laden und Löschen erfordert jeweils nur 22 Std.

Fruchtschiff: siehe *Kühlschiff*

»FRUNDSBERG«: österreich-ungarische Korvette. Die ungedeckte Korvette lief 1872 als Kompositbau mit einem Deplacement von 1340 t von Stapel. Nach dem Typschiff »ZRINYI« war es ein verhältnismäßig kleines Schiff von 59 m Länge bei einem Tiefgang von 5 m. Die Maschine leistete 230 nominelle PS (170 kW) und gab dem

Österreichisch-ungarische Korvette »FRUNDSBERG«, Baujahr 1872

Schiff eine Geschwindigkeit von 11 kn. Die Bewaffnung bestand aus 4 gußeisernen 24-Pfündern.

»FULLAGAR«: erstes geschweißtes seegehendes britisches Versuchs-Frachtschiff ohne Nietverbindungen am Schiffskörper. Die bereits 1917 im Bau begonnene 420 BRT große »FULLAGAR« lief erst 1920 auf der Werft Cammellaird & Co. in Birkenhead (England) von Stapel. Die »FULLAGAR« war über Alles 50,00 m und in der Konstruktionswasserlinie 45,70 m lang, 7,22 m breit und besaß eine Seitenhöhe von 3,88 m. Sie gilt als das erste vollständig geschweißte seegehende Schiff und verkehrte zwischen Liverpool und Belfast. Zum Bau wurden die Außenhautplatten jedoch noch in der bislang üblichen Form gejoggelt und anstelle der Nietung elektrisch verschweißt. Diese Neuerung war der allgemeinen Entwicklung im kommerziellen Schiffbau weit voraus. Erst mehrere Jahrzehnte später wurden Fracht- und Fischereischiffe vollständig geschweißt. Bei Eisbrechern konnte erst 38 Jahre später die elektrische Schweißung voll angewendet werden. Auf der AG »Weser« entstand zu dieser Zeit mit dem Eisbrecher »GENERAL SAN MARTIN« (5900 kW) der erste vollgeschweißte Eisbrecher der Welt für antarktische Gewässer.

FVS: Abkürzung für *Fang- und Verarbeitungsschiff.*

G

Gasgenerator-Schlepper: durch Gasmotor angetriebener *Schlepper*, auf dem das Gas in Gasgeneratoren selbst erzeugt wird. Zum Ende des 19. Jh. suchte man mit Gasmotoren nach einer Möglichkeit der direkten Verbrennung von brennbaren Gasen im Motorbrennraum. Der Franzose Emil Capitaine und der Deutsche Nikolaus August OTTO, der Schöpfer des Verbrennungsmotors, gehören zu den ersten, die sich um den Einsatz von Gasmaschinen auf Binnenschiffen bemühten. In der französischen Flußschiffahrt begann man zunächst Gasmotoren zu betreiben, die aus mitgeführten Preßgasflaschen gespeist wurden. Wegen des häufigen Nachfüllens an stationären Füllstationen gewannen sie aber keine größere Bedeutung.
Es folgten weitere Versuche, bei denen Gasmotoren und Gasgeneratoren zur Gaserzeugung in Frachtkähne eingesetzt wurden. Die Schraube konnte über Riemenscheiben oder Kegelräder angetrieben werden. Im Sommer 1902 baute die Gasmotorenfabrik »Deutz« ihre erste 11,8 kW-(16-PS-)Generator-Gasmaschine in den Frachtkahn »HALDY I« der Firma Gebrüder Haldy; Saarbrücken ein. Dieser Antrieb bewährte sich bereits sehr gut. 1908 verkehrte ein anderes mit einem Gasmotor angetriebenes 500-t-Lastschiff »HOFFNUNG LENGFURT« bereits regelmäßig zwischen Karlstadt a. M. und Rotterdam. Es folgte der 368 kW-(500 PS-)Sauggas-Schlepper »JOH. KNIPSCHEER« NO.2«, der 1909 vom Dampfschlepper zum Gas-Schlepper umgebaut wurde.
Während der Probefahrt zog der Gasgenerator-Schlepper 2 Kähne mit 1600 t Last gegen den

Die »FULLAGAR«, das erste vollgeschweißte seegehende Schiff im Bau

Vierzylinder-Schiffsgasmaschine mit Gasgenerator um 1910

Strom mit 5 km/h Geschwindigkeit. In der Zeit nach dem ersten Weltkrieg war es aus wirtschaftlichen Gründen in Deutschland notwendig, heimische Brennstoffe wie Kohle und Koks mit hohem Wirkungsgrad in der Binnenschiffahrt zu verwenden. So wurde 1924 auf der Meidericher Schiffswerft in Duisburg eine neue Serie Gasgenerator-Schlepper entwickelt, von denen der erste, die »HARPEN I«, 1925 den Dienst aufnahm. Im Jahr 1938 gab es auf dem Rhein noch 12 Gasgenerator-Schlepper mit insgesamt 3532,8 kW (4800 PSe) Maschinenleistung.
Die Gasmaschine war nicht nur leichter als eine Dampfmaschine gleicher Leistung, sondern sie benötigte auch nur noch die Hälfte der Brennstoffmenge. Als Motor mit innerer Verbrennung benötigte sie keine hohen Schornsteine sondern nur ein Auspuffrohr, und es gab kaum noch Belästigung durch Qualm und Rauch. Auch der erforderliche Raum für den Gasgenerator war kleiner als der Raum für eine Kesselanlage gleicher Leistung, das bedeutete noch einen Gewinn an Laderaumvolumen.
Im Gasgenerator wurde ein Gemisch aus Luft und Wasserdampf durch eine glühende Schicht aus Koks, Kohle oder Braunkohle geleitet. Die durch die Verbrennung des Sauerstoffs der Luft erzeugte Kohlensäure wurde zu Kohlenoxyd reduziert und aus einem Teil des Wasserdampfs entstand Wasserstoff. So konnte ein fast teerfreies Gas erzeugt, in einem Zentrifugalwäscher gereinigt und über einen Wasserabscheider in einem Gaskessel gespeichert werden, aus dem es dann vom Gasmotor abgesaugt wurde.
Die Leistungsgrenze der Gasmaschinen lag bei etwa 736 kW (1000 PS) und reichte nur für den Antrieb von kleineren Schiffen. Man versuchte daher, Anthrazitkohle zu verwenden und die

Methan-Tanker »JULES VERNE«, Längsschnitt

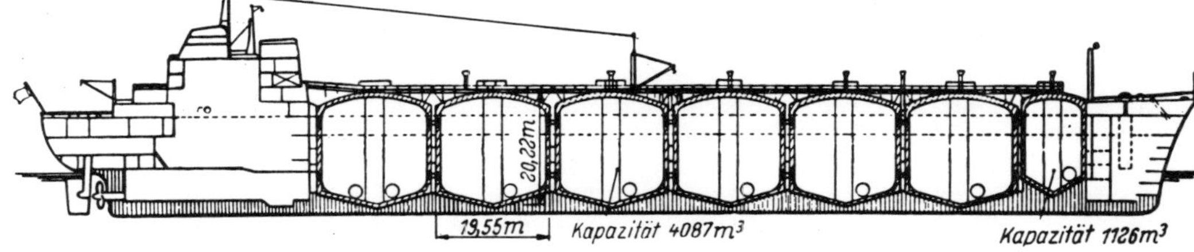

Dicke der Kohlenschicht zu erhöhen. Dennoch mußte der Gasgenerator auf 3 m Durchmesser und 4,5 m Höhe vergrößert werden, und die Masse der Anlage stieg auf 40 t an. Der Gasgenerator mußte häufig von Rückständen gereinigt werden. Wurde gestoppt, so sank die Temperatur im Generator ab, und der Motor konnte nicht sofort die volle Leistung bringen. Schließlich zeigten sich der Dampfschlepper und der Motor-Schlepper doch dem Gasgenerator-Schlepper überlegen.

Gastanker: *Tanker* für den Transport verflüssigter Gase. Als erstem gelang es 1877 dem Franzosen Cailletet, Methan durch Verdichtung, Kühlung und Entspannung zu verflüssigen. 1917 wurde erstmals Erdgas, dessen Hauptanteil aus Methan besteht, in ökonomisch verwertbaren Mengen verflüssigt und kurz darauf im US-Staat West Virginia die erste kommerzielle Erdgas-Verflüssigungsanlage der »Liquid Fuel Company« in Betrieb genommen. Ab 1940 wurde verflüssigtes Erdgas in verschiedenen Industriebereichen der USA in größeren Umfang genutzt.
Der Wassertransport von verflüssigtem Erdgas, als »Liquefied Natural Gas« (LNG) bezeichnet, begann um 1952; als die »Constock Methan Corporation« (USA) mit einem Leichter LNG von der Golfküste nach Chikago beförderte. Aus wirtschaftlichen Gründen mußte jedoch dieser Transport bald wieder eingestellt werden. 1957 wurde der LNG-Transport erneut in Angriff genommen und bei der »Alabama Dry Dock & Shipbuilding Co.« in Mobile ein Frachtschiff zum ersten LNG-Tanker umgebaut. Die 5180 t große »METHANE PIONIER« erhielt 5 Tanks für insgesamt 5123 m^3 Flüssiggas. Von 1959 bis 1960 transportierte das Schiff auf 7 Reisen zwischen Lake Charles (Lousiana) und Canvey Island (Themsemündung) insgesamt 14299 t LNG. Danach wurde der erste LNG-Tanker nach Panama verkauft und dort eingesetzt.
Als man 1956 in der Sahara große Erdgasvorkommen fand und zu erschließen begann, bekam der Gastanker auch für Europa Bedeutung. Zunächst baute die Werft »Chantiers de l'Atlantique« das regierungseigene *Liberty-Schiff* »BEAUVAIS« für den LNG-Transport um. 1964 folgte der Auftrag einer französischen Reederei an eine Werft in Le Havre zum Neubau eines ersten speziellen LNG-Tankers der Welt, der nur 630 m^3 fassenden »PYTHAGORE«.
Danach nahm der Gastanker eine schnelle Entwicklung. Im Jahr 1965 lief der französische Gastanker »JULES VERNE« zur ersten Fahrt zum algerischen Hafen Arzew aus. Das 200 m lange Schiff konnte 15000 m^3 Flüssiggas in seinen Tanks laden und in einem Jahr mit 53 Fahrten 450000 m^3 Sahara-Erdgas von Arzew nach Le Havre befördern. Am seinerzeit erschlossenen Erdgasvorkommen von Hassi R'Mel wurde das Erdgas durch Verflüssigung (um −170 °C) auf etwa $^1/_{600}$ seines Gasvolumens vermindert und durch isolierte Rohrleitungen zur Tankstation nach Arbas geleitet.
Um die Ausdampfverluste während des Schiffstransports klein zu halten und den Schiffskörper vor den tiefen Temperaturen zu schützen, wird Flüssiggas ohne Überdruck in besonders isolierten Tanks aus tieftemperaturbeständigen Werkstoffen befördert. Große Gastanker für 125000 bis 175000 m^3 Ladefähigkeit haben i. allg. eine entsprechende Anzahl Kugel- oder Zylindertanks von bis zu 40 m Durchmesser bei etwa 700 t Eigenmasse; sie gehören zu den teuersten kommerziellen Schiffstypen. Die auch bei bester Isolierung unvermeidliche Verdampfungsmenge von etwa 0,25 % je Tag wird i. allg. abgefangen und in Kesseln oder Motoren genutzt.
Neben dem LNG-Tanker haben besonders Tanker für Liquefied Petrol Gas (LPG) größere Bedeutung für den Transport der bei der Erdölverarbeitung anfallenden Petroleumgase, siehe *Petrol-Tanker*, weiter *Propan-Tanker* und auch *Ammoniak-Tanker* für die Düngemittelproduktion.

Gasturbinenschiff: verschiedene Versuchs- und Spezialschiffe sowie leichte, schnelle Kriegsschiffe, die durch Gasturbinen angetrieben werden. Ab 1943 begannen in Britannien Versuche, um die ersten Flugzeug-Düsentriebwerke mit Axial-Kompressor als Gaserzeuger für Schiffsgasturbinen zu nutzen. Die Gasenergie wurde mit einer Nutzleistungsturbine in mechanische Arbeit für den Propellerantrieb umgewandelt. Neben anderen technischen Veränderungen mußte für den Schiffsbetrieb Gasöl oder Dieselöl anstelle des teuren Kerosins verwendbar werden. Die Gasaustrittsgeschwindigkeit betrug dabei etwa 100 m/s und die Abgastemperatur aus der Turbine stieg auf 500 °C an. Als erste wurde eine von der Firma Rover Motor Comp. gebaute 147 kW (200 PS) Gasturbine als Antriebsmaschine in ein Hafenboot eingebaut, doch sie erreichte nur 90 Betriebsstunden.
Danach baute die Metropolitan-Vickers die »Gatrix«-Gasturbine, die mit Axial-Kompressor 1840 kW (2500 PS) leistete. Fünfzig Jahre nach der Premiere der Dampfturbine in Parsons *»TURBINIA«* wurde im Jahr 1947 die Gatrix-Gasturbine in das Schnellboot »MGB 2009« der britischen Marine als Antriebsmaschine für die mittlere Schraubenwelle eingebaut und auf See erprobt. Sie erreichte schon 600 Betriebsstunden, und man entschloß sich, eine weitere Gasturbine zu bauen, wobei von einem Beryl-Flugzeugtriebwerk ausgegangen wurde. Die von der gleichen Firma gebaute »Gatrix-G2« erhielt ein Untersetzungsgetriebe und leistete 3312 kW (4500 PS). Es gab eine Reihe von Rückschlägen durch Lagerschäden und Ermüdungserscheinungen an den Turbinenschaufeln. Auch die ebenfalls neuentwickelte Gasturbine RM60« als Leichtbaueinheit der Firma Rolls Royce mit einer Leistung von 3974 kW (5400 PS) und einer Lebensdauer von 1000 Betriebsstunden, zeigte noch die gleichen Mängel. Die Marine wünschte weiterhin leichte und hochleistungsfähige Antriebe für kleine und mittlere Schiffseinheiten, um wegen der weiter erhöhten Ausrüstungsmassen der Schiffe die Antriebsleistung zu steigern. Auch die schnelle Startbereitschaft und das Hochfahren auf volle Leistung machte die Gasturbine für Kriegsschiffe geeignet.
Die weitere Entwicklung verlief in 2 Richtungen. Für Kriegsschiffe wurde die »Leichte Gasturbine« bevorzugt, deren Ursprung in Flugtriebwerken lag und die für Schiffsbedingungen »navalisiert« wurde. Die sog. »Schwere Gasturbine« stellte demgegenüber eine Modifikation der Industrieturbine für kommerzielle Schiffstypen dar.
Für die Belange der Marine gibt es außerdem noch eine spezielle Antriebskombination zur Erreichung von Höchstgeschwindigkeiten sowie für die Marschfahrt im Verband, wofür jeweils Dampfturbinen und/oder Gasturbinen und Dieselmotoren eingesetzt werden. Man unterscheidet: combined steam and gas (COSAG); combined diesel and gas (CODAG) und combined diesel or gas (CODOG).
In der Handelsschiffahrt verlief der Schritt zum Gasturbinenschiff wesentlich zögernder als in der Kriegsmarine, da ökonomische Vor- und Nachteile sorgfältiger abzuwägen sind. Die Nachteile waren vor allem der hohe spezifische Brennstoffverbrauch im Vergleich zum Dieselmotor, die höhere Brennstoffqualität und die erforderliche Rückwärtsstufe wegen der nicht möglichen Umsteuerbarkeit. Da sich der Verstellpropeller noch nicht allgemein durchgesetzt hatte, waren Umkehrgetriebe, Rückwärtsbeschaufelung oder die Drehrichtungsänderung durch Elektro-Fahrmotore erforderlich.
1951 wurde auf dem 1948 gebauten britischen dieselelektrischen 12290-t DW-Shell-Tanker »AURIS« für einen der 4 Dieselmotoren eine 920-kW-(1250-PS-)Gasturbine eingebaut und 1956 die gesamte Maschinenanlage der »AURIS« als 4269-kW-(5800-PS-)Gasturbine ausgeführt. Aus Sicherheitsgründen war noch eine 331-kW-(450-PS-)Dampfturbine vorhanden, die über ein Getriebe auf die Welle geschaltet werden konnte.
Im Oktober 1956 ging das bereits 1942 gebaute »Liberty«-Schiff »JOHN SERGANT« nach einem Umbau als Gasturbinenschiff mit 4637 kW (6300 PS) Turbinenleistung auf die erste Reise.
1964 erhielt das sowjetische Frachtschiff »PARISCHKAJA KOMMUNA« 2 Gasturbinen mit je 3901 kW (5300 PS) Leistung, die über ein Getriebe auf einen Verstellpropeller arbeiteten. Ende 1967 war die »ADMIRAL WILLIAM M. CALLAGHAN« mit 20 Mill. Dollar Baukosten »The World's largest Jet«. Die beiden Turbinen entstammten einer eigens für den Bordbetrieb abgewandelten Type JT4, wie sie in der »Boeing 707« verwendet wurden, ihre Normalleistung lag bei etwa 15460 kW (21000 PS). Das Schiff erreichte damit die beachtliche Geschwindigkeit von 25 kn, die bis dahin höchste Durchschnittsgeschwindigkeit eines transatlantischen Frachtschiffs.
Bei der 1976 für Neu-Seeland gebauten »SEAWAY PRINCE« handelte es sich um das erste Gasturbinen-Elektroschiff.
Die sowjetische Werft in Nikolajew baute 1979 noch ein Gasturbinen-Lo/Ro-Containerschiff für 1200 TEU, die »KAPITÄN SMIRNOV« für die Baltische Reederei in Leningrad. Bei einer Länge über Alles von 227,3 m und 204,0 m zwischen den Loten, 30 m Breite; 21,0 m Seitenhöhe bis Oberdeck; 9,87 m Tiefgang; 35500 t Deplacement; 20270 t DW; 14345 BRT bzw. 7475 NRT fährt das Schiff 25 kn. Der Antrieb besteht aus 2 Gasturbinen mit Rückwärtsteil vom Typ M25 mit je 18388 kW, Getriebe und Festpropeller.
Zu den größten Schiffen mit Gasturbinen zählt u. a. auch das Fährschiff *»FINNJET«*. Um den Wirkungsgradunterschied zwischen der Gasturbine und dem Dieselmotor zu vermindern, sind möglichst hohe Eintrittstemperaturen und mög-

lichst niedrige Austrittstemperaturen aus den Turbinen nötig. Das führt aber einerseits zu sehr hohen Temperatur- und Korrosionsbelastungen der Turbinenteile.
Es entstand daher noch eine andere Variante des Gasturbinenschiffs, bei der das Treibgas nicht in Brennkammern, sondern in einem motorischen Verbrennungsprozeß in Freikolbengaserzeugern als Verbrennungsgas-Luftgemisch gebildet wird. Der Freikolbengaserzeuger ähnelt im Arbeitsprinzip dem schon 1911 von Junkers vorgeschlagenen und erstmals 1936 auf der Leipziger Messe gezeigten Freikolben-Druckluft-erzeuger. Der Grundaufbau entspricht einem triebwerklosen Zweitakt-Gegenkolbenmotor, dessen beide Arbeitszylinder mit gleichachsigen Kompressorkolben verbunden sind. Es wird ein Verbrennungsgas-Luftgemisch als Treibgas von 450···550 °C und 3···4 atü erzeugt und den Gasturbinen zugeleitet.
In der Welthandelsflotte gab es um 1960 schon 26 bekannte Gasturbinenschiffe mit Freikolbengaserzeugern und einer Gesamtleistung um 44000 kW. Dazu gehörten die 1954 gebauten französischen Frachter »CANTANAC« und »MERIGNAC« mit je 850 t DW und 1325 kW Turbinenleistung.
Der US-Frachter »WILLIAM PATTERSON« (1957; 8970 t DW; 6 Freikolbengaserzeuger zu je 905 kW und 2 Gasturbinen von je 2208 kW); der BRD-Frachter »SAGITTA« mit einer Turbine von 1472 kW und Verstellpropeller; der UdSSR-Frachter »PAWLIN WINOGRADOW« (4 Gaserzeuger und eine Gasturbine mit 2944 kW) sowie das DDR-Fahrgastschiff *»FRITZ HECKERT«* mit 6 Gaserzeugern und 2 Zuschalt-Gasturbinen, siehe dort auch »Freikolben-Gaserzeuger«.
Mit dem überproportionalen Anstieg der Brennstoffkosten und der höheren Wirtschaftlichkeit des Dieselmotors ist das Gasturbinenschiff derzeit nur für ganz spezielle Einsatzfälle geeignet.

»GAUSS«: deutsches Expeditionsschiff mit Dampf-Hilfsantrieb. Auf den internationalen Geographenkongressen 1895 in London und 1899 in Berlin entstanden Pläne zur gleichzeitigen Erkundung der Antarktis durch mehrere Expeditionen. Die wissenschaftlich erfolgreichste von den 5 zwischen 1901 und 1905 durchgeführten Expeditionen war die unter Leitung von E. v. Drygalski stehende erste Deutsche Südpolar Expedition von 1901 bis 1905 mit dem hierzu gebauten Expeditionsschiff »GAUSS«.
Die »GAUSS« wurde 1900/01 als Schonerbark (Marssegelschoner) von der Howaldt Werft in Kiel aus Holz gebaut. Die Länge über Bugspriet betrug 64,80 m, die Länge des Rumpfes 51,15 m und die Länge zwischen den Loten 46,00 m. Die Breite auf Spant war 10,70 m und die Breite auf Außenhaut 11,27 m, so daß die Bordwandstärke 28 cm betrug. Bei einem Konstruktionstiefgang von 4,80 m war das Deplacement 1442 t. Eine Dampfmaschine mit einer Leistung von 238 kW (324 PS), die von 2 Flammrohrkesseln mit Dampf versorgt wurde, sowie ein zweiflügeliger Propeller sorgten bei Flauten für den Vortrieb.
Auf die Konstruktion des Schiffes hatten die von NANSEN mit der *»FRAM«* gemachten Erfahrungen maßgeblichen Einfluß. Auch der weiße Anstrich wurde für die Südpolarexpedition durch

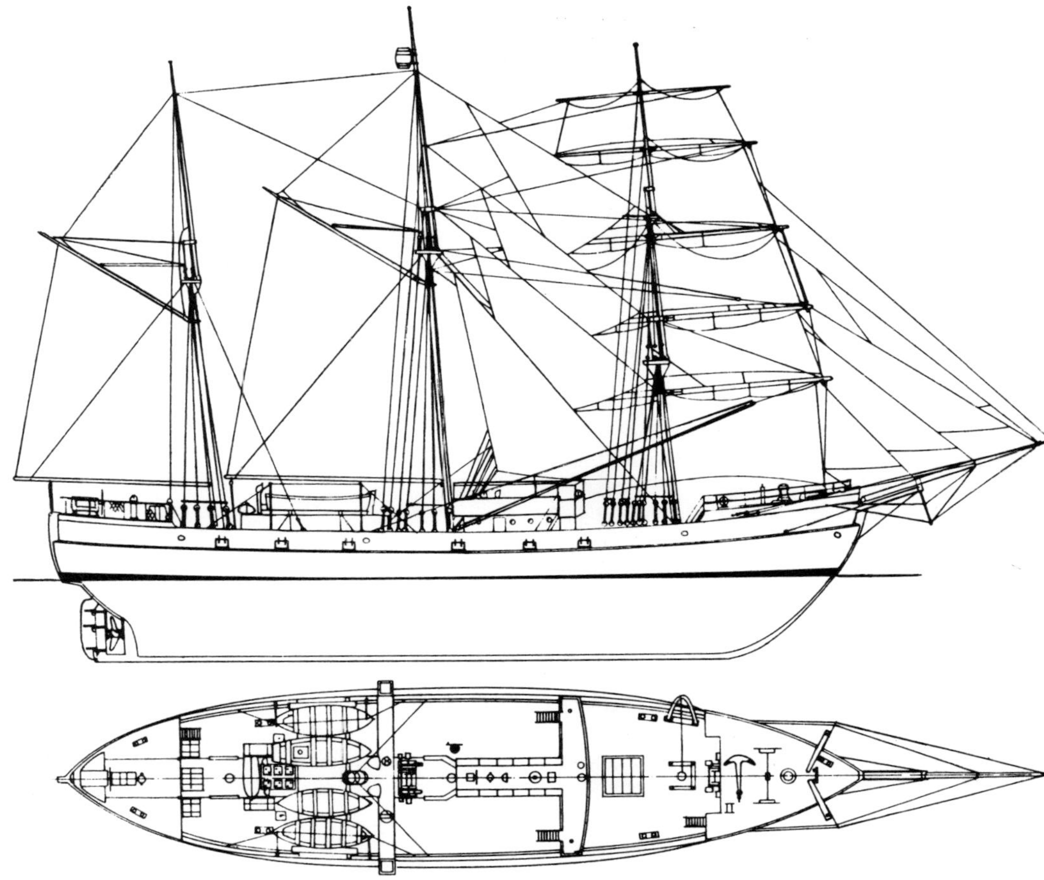

Deutsches Expeditionsschiff »GAUSS«, Baujahr 1901

einen schwarzen, weniger reflektierenden Anstrich ersetzt. Die Schonerbark widerstand ohne größere Beanstandungen allen Beanspruchungen durch Eis und Kälte. Die Expedition begann am 11. August 1901 in Kiel und führte über Kapstadt zu den Kerguelen. Hier wurde zwischen dem 2. und 31. Januar 1902 eine Station für magnetische und meteorologische Messungen errichtet und danach die Fahrt nach Südosten in Richtung auf das vermutete Terminationsland fortgesetzt. Vom 22. Februar 1902 bis zum 29. Februar 1903 war das Schiff vom Eis eingeschlossen. Diese Zeit wurde für ein breit angelegtes Forschungsprogramm genutzt. Bei Fahrten mit dem Hundeschlitten wurde u. a. der Gaussberg entdeckt und erkundet. Nachdem das Schiff nicht weiter nach Süden vordringen konnte, kehrte v. Drygalski am 1. Juni 1903 nach Südafrika zurück, um für eine erneute Expedition zu rüsten. In Deutschland war inzwischen schon ein Schiff für eine Suchexpedition beschafft worden. Die »GAUSS« wurde nach Kiel zurückbeordert, wo sie im November 1903 eintraf. Die Expedition hatte die bis dahin umfangreichsten wissenschaftlichen Ergebnisse einer Polarexpedition erzielt, die nach mehrjähriger Auswertung in 20 Großbänden und 2 Atlanten auswertbar waren.
Das Ausbleiben spektakulärer geographischer Entdeckungen hatte in dem damaligen, um seine Weltgeltung bemühten kaiserlichen Deutschland das Interesse und die Begeisterung für die Expedition schnell versiegen lassen. Die wissenschaftlichen Ergebnisse waren dabei von zweitrangiger Bedeutung, die »GAUSS« wurde Anfang 1904 nach Kanada verkauft, wo sie den Namen »ARCTIS« erhielt.

»GAZELLE«: Schraubenfregatte mit Holzrumpf. Die Schraubenfregatten »GAZELLE« und »ARCONA« wurden im Zeitraum 1855 bis 1861 auf der Königlichen Werft in Danzig in Querspant-Eichenholz-Kraweelbauweise mit Kupferbeschlag gebaut und kosteten je 588900 Taler. Sie waren als Vollschiff mit 2200 m^2 Segelfläche getakelt, über Alles 71,95 m und zwischen den Loten 63,55 m lang, 13 m breit und hatten einen Tiefgang von 5,55 m bis 6,35 m bei 7,48 m Seitenhöhe. Die Besatzung war 380 Mann stark.
Die Bewaffnung bestand bis 1870 aus 6×68-Pfünder und 20×36-Pfünder, danach 17 und zuletzt 8×15-cm-Revolverkanonen. Eine liegende Zweizylinder-Einfachexpansionsmaschine von 972 kW (1320 PSi) und eine heißbare Schraube von 4,8 m Durchmesser trieben das Schiff an. Den Dampf lieferten 4 Kofferkessel mit 16 Feuer bei einem Dampfdruck von 1,33 atü. Der Kohlevorrat betrug 176···220 t. Bei einer Geschwindigkeit von 11 kn konnten 1150 Seemeilen gefahren werden. Die »GAZELLE« kam am 22. April 1861 in den Flottendienst und wurde meistens im Auslandsdienst eingesetzt. Nach der Streichung aus der Flottenliste 1884 diente sie als Wohnschiff in Wilhelmshaven und wurde erst 1906 für 36000 Mark verkauft und abgebrochen.

Gedeckte Schraubenkorvette: kleines bis mittelgroßes Kriegsschiff bis zu 80 m Länge mit Besegelung und Schraubenantrieb um 1870/80, dessen Kanonen (etwa 16) auf einem Kanonendeck unterhalb des Oberdecks, also »gedeckt« aufgestellt wurden.
Eine typische Schraubenkorvette war zu dieser Zeit i. allg. noch aus Holz gebaut, war im Kiel etwa

66 m und über Alles 77 m lang, 12,8 m breit und hatte etwa 12,8 m Seitenhöhe. Der Tiefgang lag zwischen 5,5 und 5,8 m. Die auf dem Kanonendeck unter dem Oberdeck stehenden 16 Kanonen feuerten durch verschließbare Geschützpforten. Zwei querstehende Kessel mit 8 Feuern und einem darüberstehenden gemeinsamen hohen Schornstein erzeugten den Dampf für die liegende Dreizylinder-Dampfmaschine. Wegen der mittschiffs liegenden Wellenleitung, die einen zweiflügligen Propeller antrieb, wurden Groß- und Kreuzmast mit ihren Mastspuren auf dem zweiten Zwischendeck abgestützt, der Fockmast stand weiterhin auf dem Kielschwein.

»G 137«: großes deutsches Serien-Hochseetorpedoboot, dessen Prototyp auf der Germaniawerft in Kiel unter dem Typzeichen G (für Germaniawerft) 1906/07 gebaut wurde. Der Stapellauf des ersten Typs war am 24. Januar 1907 und die Indienststellung am 24. Juli des gleichen Jahres. Die Baukosten betrugen 1,760 Mill. Mark.
Das Schiff wurde durch Parsons-Turbinen mit insgesamt 7950 kW (10800 WPS) über 3 Propeller mit 1,6 m Durchmesser angetrieben und erreichte eine Geschwindigkeit von maximal 33,9 kn. Den Dampf erzeugten 4 Marinekessel (17 atü, 1735 m^2Heizfläche). Der Schiffskörper war in Querspantbauweise aus Stahl ausgeführt, die Außenhautplatten waren unterhalb der Konstruktionswasserlinie verzinkt. Bemerkenswert ist ferner, daß das Torpedoboot außer dem Heckruder mit einem allerdings flächenmäßig kleinerem Bugruder versehen war. Die Bewaffnung bestand aus 3 Deckstorpedorohren, 1 Stück 8,8-cm- und 3 Stück 5,2-cm-Schnellfeuerkanonen. Zur Besatzung gehörten 3 Offiziere sowie 78 Unteroffiziere und Mannschaften. Die Hauptparameter der »G 137« waren: L_{OA} 71,5 m; L_{pp} 68,5 m; B 7,65 m; T_{max} 3,22m. 1914 erfolgte der Einsatz als Schulboot, und danach, am 27. September 1916, wurde es im Zusammenhang mit dem Flotteneinsatz in »T 137« umbenannt.

Großes deutsches Torpedoboot »G 137« um 1907

S. M. Kreuzerkorvette »GEFION«, Baujahr 1893/94

»GEFION«: Kleiner Kreuzer der Kaiserlichen Marine, Amtsentwurf noch als Kreuzerkorvette bzw. Kreuzer III. Klasse. Die 1893 auf der Schichau-Werft in Danzig gebaute »GEFION« lief am 31. Mai 1893 von Stapel und wurde am 27. Juni 1894 in Dienst gestellt. Die Baukosten beliefen sich auf 5,171 Mill. Reichsmark. Der 3746 t große Kreuzer war ein Stahlbau mit Stevenunterteilen aus Bronze. Der Rumpf war bis 1 m über der Konstruktionswasserlinie mit zusätzlichen Holzplanken geschützt, die einen Muntzmetallbeschlag trugen. Der Deckspanzer war 3 cm stark. Der Kreuzer war 109,2 m lang, 13,20 m breit und hatte 6,27 m Tiefgang. Zur Besatzung zählten 302 Mann.
Ebenso wie bei den folgenden Baureihen Kleiner Kreuzer bestand die Bewaffnung hauptsächlich aus 10,5-cm-Schnellfeuergeschützen in seitlicher Aufstellung, eine Ausnahme machte nur die 1895 gebaute »HELA« als Prototyp einer veränderten Geschützaufstellung. Die »GEFION« besaß 10×10,5-cm- und 6×5,0-cm-Schnellfeuerkanonen sowie 2 Deckstorpedorohre Kaliber 45 cm.
Zwei stehende Dreizylinder-Dreifach-Expansionsmaschinen mit einer Leistung von 6624 kW (9000 PSi) arbeiteten auf 2 Schrauben von 4,2 m Durchmesser und verliehen dem Kreuzer eine Geschwindigkeit von max. 19,3 kn. Sechs Doppelkessel mit 32 Feuern erzeugten den erforderlichen Dampf. Der Kohlevorrat von 860 t erlaubte bei 10 kn Geschwindigkeit eine Dampfstrecke von 6500 Seemeilen.
Von 1897 bis 1901 war der Kreuzer im Auslandsdienst eingesetzt, ab 1916 diente er als Wohnschiff in Danzig und wurde am 5. November 1919 wegen Verkaufs an die Norddeutsche Tiefbau Gesellschaft Berlin aus der Flottenliste gestrichen. Diese ließ den Kreuzer 1920 in Danzig zu einem Motorschiff umbauen. Dabei wurden 2 seinerzeit für »U 116« bestimmte MAN-Dieselmotoren, die noch nach Kriegsende auf der Schichau-Werft lagerten, von je 1200 Pse verwendet. Als MS »ADOLF SOMMERFELD« kam das Schiff in Fahrt, wurde jedoch bereits 1923 in Danzig abgebrochen.

Gefrierschiff: *Fischereischiff* zur Übernahme von Frischfisch zum Gefrieren und zum Abtransport von den Fangplätzen, siehe auch *Kühlschiff*. Das eine Flotte kleinerer Fangfahrzeuge ohne eigene Gefrieranlagen auf nahegelegenen oder mittelweit entfernten Fangplätzen begleitende Gefrierschiff übernimmt die Fänge, um sie nach dem Sortieren und Waschen als Ganzfisch einzufrieren. Kleinere Gefrierschiffe können 100 t Fisch gefrieren und die größten haben Kühlräume, die bis zu 600 t Gefrierfisch aufnehmen können. I. allg. werden jedoch für weiter entfernte Fangplätze größere Transport- und Verarbeitungsschiffe eingesezt, die durch eine Teilverarbeitung des Beifangs und der Innereien eine günstigere Ausnutzung der Gefrieranlagen und der Ladefähigkeit erreichen, siehe auch *»JUNGE WELT«*.

Gefriertrawler: siehe *Fischereischiff* und *Frosttrawler*

Geleit-Flugzeugträger: kleiner *Flugzeugträger,* der im zweiten Weltkrieg in den USA für die britische und amerikanische Marine in größerer Stückzahl zum Schutz von Geleitzügen im Atlantik und Pazifik gebaut wurden. Ihr Einsatz ab April 1943 im Nordatlantik hat entscheidenden Anteil an der Vernichtung der deutschen U-Boot-Flottillen.

Geleit-Schutzschiff: schnellfahrende Kriegsschiffe und kleinere Flugzeugträger zum Schutz von Geleitzügen gegen feindliche U-Boote, Überwasserkriegsschiffe und Flugzeuge. Die Geleitzüge wurden daher hauptsächlich durch *Geleit-Zerstörer* (Escort Destroyer), Geleit-Fregatten, Hochsee-Torpedoboote und *Geleit-Flugzeugträger* gesichert.
In den verschiedenen Marinen ist die Bezeichnung der Geleit-Fregatte nicht einheitlich. In den USA und Britannien wird sie »Fregatte«, in Frankreich »Geleiter«, in der BRD »Geleitboot«, in der UdSSR »Wachtschiff« und in Dänemark »Patrouillen-Zerstörer« genannt.
Die Geleitzüge des zweiten Weltkriegs wurden von den USA und Kanada in verschiedenen Häfen der Ostküste zur Fahrt über den Nordatlantik nach Großbritannien, Island und Murmansk zusammengestellt. In mehreren Kiellinien nebeneinander fuhren dann etwa 15 bis über 50 Schiffe im Geleitzug, dem meistens ein *Kreuzer*, Flakkreuzer oder *Hilfskreuzer* voranfuhr, auf dem die

Kleiner Geleit-Flugzeugträger im zweiten Weltkrieg

Flagge des Geleitzugskommodore wehte. Hinter diesem Kreuzer fuhren als nächstes die wichtigsten und wertvollsten Schiffe, wie große Truppentransporter, Munitionstransporter und Tanker. Britische und US-Schiffe fuhren in der Mitte des Geleitzugs, neutrale Schiffe und solche mit weniger wertvoller Ladung bekamen die gefährlicheren Außenpositionen des im Geleitzug fahrenden Konvois zugewiesen.
In Gefahrengebieten wurden zum Schutz gegen U-Bootangriffe nach Weisung des Geleitzugkommodore Zickzackkurse ebenso von den Transportschiffen und den außen fahrenden Geleit-Schutzschiffen gefahren. Schnelle Schutzschiffe hatten neben den Zerstörern den Schutz des Geleits mit Wasserbomben gegen U-Boote und durch Flakfeuer gegen Kampfflugzeuge zu übernehmen. Vom Schiffstyp waren u. a. *Korvetten* durch ihre Seetüchtigkeit und Schnelligkeit vor allem zur U-Bootjagd geeignet und konnten auch mitten im Geleitzug verteilt fahren. Unterstützt wurden sie noch durch mitfahrende Fischdampfer, die ebenfalls mit Wasserbomben ausgerüstet waren. Am Schluß des Geleits fuhr der sog. »Feger«, ein Zerstörer, der säumige Dampfer anzutreiben und für Ordnung innerhalb des Konvois zu sorgen hatte. Schwere Überwassereinheiten wie Schlachtschiffe und Flugzeugträger, die häufiger im Murmanskgebiet eingesetzt waren, bildeten meistens eine außerhalb des Geleits laufende Kampfgruppe für sich, die jederzeit eingreifen konnte, wenn das Geleit gefährdet war.
Zusätzlich geleiteten auch große »Sunderland«-Flugboote, die mit Spezialwaffen zur U-Bootbekämpfung ausgerüstet waren, den abgehenden Geleitzug bis weit in den Atlantik hinein. Fesselballons und »Rigids«, kleinere lenkbare Luftschiffe, von den im Geleit fahrenden Transportschiffen aufgelassen, standen zuweilen ebenfalls über den Geleitzügen und sollten den Anflug feindlicher Kampfflugzeuge erschweren. Ab Mitte 1941 wurden auch erste *CAM-Ships* (Catapult Aircraft Merchantman), ein mit Katapult und Bordflugzeug ausgerüstetes Handelsschiff, zur U-Boot- und Flugzeugabwehr eingesetzt. Ab 1942 und in großer Zahl ab 1943 kamen dann spezielle *Geleit-Flugzeugträger* zum Einsatz. Näher zur Küste klärten Aufklärer über und um den Geleitzug auf, Jäger und Kampfflugzeuge aller Typen sicherten den einkommenden Konvoi.

Geleit-Zerstörer: für den Geleitschutz von Transportschiffen im zweiten Weltkrieg speziell entwickelter *Zerstörer*, siehe auch *Geleitschutzschiff*. Hinsichtlich der Fahrtgeschwindigkeit ist ein Geleit-Zerstörer der gemäßigten Geleitzuggeschwindigkeit angepaßt, muß aber zur U-Bootsabwehr kurzzeitig bedeutend höhere Geschwindigkeiten entwickeln können. Mit hoher Fahrtgeschwindigkeit mußte er das Seegebiet um den Geleitzug nach sich annähernden oder auf Lauer liegenden feindlichen U-Booten absuchen und so das Gebiet für U-Boote gefährlich machen. In der Ausrüstung hat er gegenüber dem allgemeinen *Zerstörer* meistens eine reduzierte Artilleriebewaffnung, aber erweiterte Horch- und hydroakustische Ortungsanlagen sowie Salvenwerfer für Wasserbomben. Im zweiten Weltkrieg wurden in den USA Geleit-Zerstörer in großer Stückzahl gebaut und als Escorter oder »Escort Destroyer« bezeichnet.

Gelenkschiff: *Gliederschiff:* in einzelne schwimmfähige Sektionen unterteiltes Schiff, die gelenkartig miteinander verbunden sind. Die Idee, ein Schiff so zu bauen, daß es sich dem Seegang anpassen kann, damit die Belastungen kleiner werden, stammt schon aus der Mitte des 19. Jh. Wenn außerdem die schwimmfähigen Sektionen so miteinander gekoppelt würden, daß sie leicht getrennt und wieder verbunden werden könnten, versprach man sich auch Vorteile hinsichtlich einer zügigen Be- und Entladung wie bei *Leichtern*. 1863 wurde in Blackwell als erstes Gelenkschiff die »CONNECTOR« als Küstendampfer für den Kohletransport von Newcastle an der Tyne nach London an der Themse gebaut und erprobt. Das Gelenkschiff war so in 3 selbständig schwimmfähige Längssektionen geteilt, daß die Hecks der beiden vorderen Teilstücke in Ausnehmungen des folgenden Teilstücks paßten. Miteinander gelenkartig beweglich gekoppelt wurden die 3 Teilstücke durch schwere Eisenfingerlinge, die auf schmiedeeisernen, ins Spantenwerk eingebauten Plattformen ruhten.
Das Abkoppeln der Teilstücke geschah durch Umlegen eines Hebels. Jede der Sektionen erhielt einen Pfahlmast und Segel, damit sich nach der Entkopplung jedes der 3 Fahrzeuge auch selbständig bewegen konnte. Die hintere Sektion nahm den Kessel, die Dampfmaschine und den Propeller für den Antrieb des gesamten Gelenkverbands auf.
Obwohl es seinerzeit wegen der noch unzureichenden Gelenkkonstruktion nur bei diesem einen Versuchsbau blieb, stellt das Gelenkschiff doch in gewisser Weise einen Vorläufer der heutigen Schubverbände aus mehreren miteinander gekoppelten *Schubprahmen* und *Schubschiffen* dar.

»GELLERT«: deutscher Passagierdampfer, Baujahr 1875. Die Werft Stephen & Sons in Glasgow baute das Schiff für die Adler-Linie, Hamburg, bei der es aber nicht mehr in Fahrt kam, weil diese Linie inzwischen von der HAPAG übernommen wurde. Das 3533 BRT vermessene, 113,7 m lange und 12,2 m breite Schiff machte im Mai seine erste Reise Hamburg – New York unter der Flagge der HAPAG. Angetrieben durch eine Zweifach-Expansionsdampfmaschine von 2200 kW, (3000 PSi) lief das Schiff 13 kn. Es beförderte 90 Passagiere in der I. und 100 in der II. Klasse und 800 im Zwischendeck. Die Besatzung zählte 110 Mann. 1881 wurde das Schiff umgebaut und erhielt zusätzliche Deckshäuser und einen zweiten Schornstein. 1895 wurde die »GELLERT« verkauft und 1897 in Hamburg abgewrackt.

»GENERAL-ADMIRAL«: russische Panzerfregatte mit Strahlkanalantrieb, Baujahr 1873. Das

Der deutsche Passagierdampfer »GELLERT« der Hamburg-Amerika-Linie 1875 unter Dampf und Segel

am 8. Oktober 1873 in St. Petersburg von Stapel gelassene Schiff war das erste Schiff der Welt, das eine Seitenpanzerung erhielt. Es wurde später als Kreuzer eingestuft. Auf Vorschlag des Admirals Popow bekam es einen ungewöhnlichen Antrieb durch 2 innenbords auf halber Schiffslänge angeordnete archimedische Schrauben, die das Wasser durch 2 vom Bug bis zum Heck führende quadratische Kanäle drückten. Das Schiff erreichte bei einem Deplacement von 4650 t die Geschwindigkeit von 13 kn. Die Bewaffnung bestand aus 4 Stück 20,3-cm-Geschützen in einer Kasematte und je einem 15-cm-Geschütz am Bug und am Heck. Entsprechend dem einerzeitigen Stand führte das Schiff außerdem noch 3 vollgetakelte Maste.

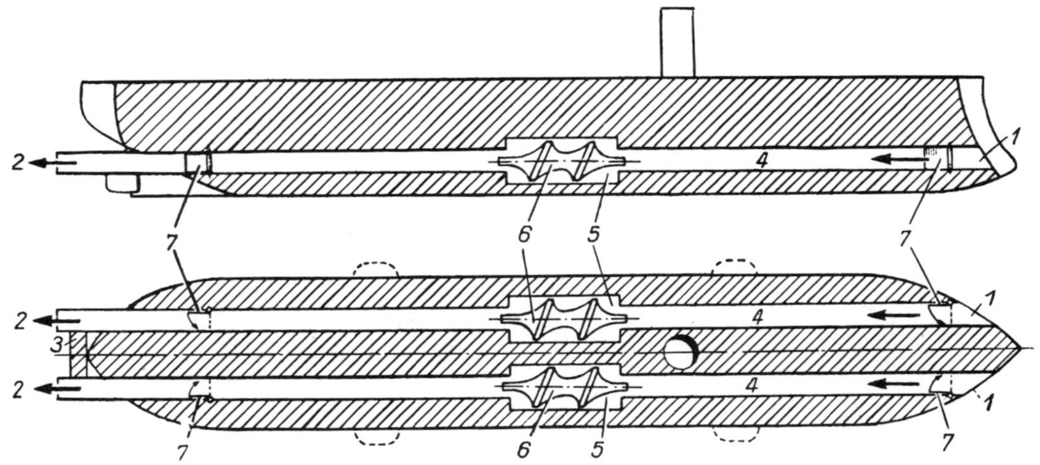

Der Antrieb der »GENERAL-ADMIRAL« mit 2 in Tunneln angeordneten archimedischen Schrauben

»GEORGE WASHINGTON«: Norddeutscher Lloyd-Doppelschrauben Fracht- und Passagierdampfer. Die »GEORGE WASHINGTON« war vor 1913 der größte Dampfer der Lloydflotte und verkörperte einen neuen kombinierten Schiffstyp. Ein noch größeres und weiter verbessertes Schwesterschiff sollte die »COLUMBUS« werden, die im August 1914 in Dienst gestellt werden sollte und dann jedoch als »HOMERIC« unter englischer Flagge fuhr.

Unter der Baunummer 286 lief das Schiff am 10. November 1908 auf der AG »VULCAN«-Werft in Stettin von Stapel und wurde am 2. Juni 1909 in Dienst gestellt. Das mit 25570 BRT/15379 NRT vermessene Schiff besaß eine Tragfähigkeit von 23000 t, war 220,2 m lang und 23,8 m breit. Die Besatzungsstärke betrug 585 Mann. An Passagierkapazität waren in der I. Klasse 568, in der II. Klasse 435, in der III. Klasse 455 und im Zwischendeck 1230 Plätze. Die Antriebsanlage bestand aus 2 Vierfach-Expansionsmaschinen mit einer Leistung von 14720 kW (20000 PS), mit der das Schiff 18,5 kn fuhr. Am 12. Juni 1909 war die Jungfernreise von Bremerhaven nach New York. 1914 wurde es in New York aufgelegt und im April 1917 von den USA beschlagnahmt, um bis Ende des Krieges als Truppentransporter eingesetzt zu werden. Nach dem Rücktransport der Truppen aus Europa wurde das Schiff 1920 in Boston erneut aufgelegt, danach überholt und umgebaut. Verchartert an die »US Mail Lines«; New York fuhr es ab August 1921 auf der Route New York–Bremerhaven. Von 1931 bis 1940 war das Schiff wiederholt aus dem Dienst genommen und fuhr nur kurze Zeit als »CALTIN« für die US-Navy. 1941 als »GEORGE WASHINGTON« an Großbritannien übergeben, kam es schon 1942 wieder an die US Maritime Commission zurück und wurde zum US-Truppentransporter umgebaut, u. a. wurde ein Schornstein entfernt. 1947 lag das durch einen Brand stark beschädigte Schiff in Baltimore fest, bis es schließlich nach einem weiteren Brand im Januar 1951 endgültig verschrottet wurde.

Passagier- und Frachtdampfer »GEORGE WASHINGTON«, Baujahr 1910

Dampfladewinden und Ladebäume der »GEORGE WASHINGTON«

»GEORG MAHN«: typischer Rostocker Frachtdampfer, Baujahr 1893. Die Werft Neptun A. G., Schiffswerft und Maschinenfabrik in Rostock erbaute unter der Baunummer 140 das 1081 BRT und 674 NRT große, 71 m zwischen den Loten lange und 10,4 m breite Schiff aus Stahl für den Eigner H. Podeüs. Die Maschine leistete 295 kW (400 PS) und gab dem Schiff die Geschwindigkeit von 8,7 kn. 1911 hat der Rostocker Reeder F. W. Fischer das Schiff angekauft.

Gepanzertes Schiff: siehe *Panzerschiff*

»GERMANIA«: erster Transatlantikdampfer der HAPAG mit dem später typischen steilen Dampfersteven anstelle des bei Segelschiffen vorragenden Vorstevens. Das noch mit 3 Dampfermasten ausgerüstete Schiff wurde 1863 von der britischen Werft Caird & Co. in Greenock gebaut und erhielt eine Zweizylinder-Expansionsdampfmaschine von 957 kW (1300 PSi) mit der es 11 kn

Fischkutter in einem isländischen Fischereihafen

Ein »ATLANTIK«-Supertrawler auf rollendem Stapelwagen, Volkswerft Stralsund

»ATLANTIK«-Supertrawler in langsamer Fahrt

Ein »ATLANTIK«-Supertrawler läuft zur ersten Reise aus

Fangdeck eines Trawlers

Die »MOONSUND«, eines der weltgrößten Fischerei-Fang- und Verarbeitungsschiffe aus der Serie ATLANTIK 488 der Volkswerft Stralsund

Kapitänsbild des Frachtdampfers »GEORG MAHN«, Baujahr 1893

fuhr. Es war 97,8 m über Alles lang, 12,0 m breit und konnte 80 Passagiere in der I. Klasse, 136 in der II. Klasse und 310 Zwischendeckspassagiere befördern.
Am 16. April 1868 hatte die »GERMANIA« eine Kollision mit der holländischen Bark »PAULINE CONSTANCE ELEONORE«, die danach sank. Die »GERMANIA« ging schon im folgenden Jahr verloren, als sie im Nebel vor Cape Race strandete. Glücklicherweise konnten die Passagiere und die 70 Mann Besatzung gerettet werden.
Die gleiche Werft baute 1870 ein Nachfolgeschiff gleichen Namens von 2876 BRT, 100,6 m Länge und 11,9 m Breite mit gleicher Leistung und Geschwindigkeit für 150 Passagiere in der I., 70 in der II. und 150 in der Zwischendeckklasse. Diese »GERMANIA« erhielt als erstes deutsches Handelsschiff die seinerzeit neue zweizylindrige Verbunddampfmaschine von 1100 kW (1500 PSi).
Das Schicksal dieser zweiten »GERMANIA« ist dem der ersten ähnlich. Nach 2 Jahren in der HAPAG-Nordatlantikfahrt wurde sie in der Hamburg-Westindienroute eingesetzt. In Charter der Reederei Hamburg-Süd lief das Schiff während einer Reise nach Brasilien am 10. August 1876 nahe Bahia auf eine Untiefe und sank.

Geschlossener Schutzdecker: siehe *Schutzdeckschiff*

Geschützter Kreuzer: siehe *Kreuzer*

Geschwader-Flaggschiff: siehe *Flaggschiff*

Getreidetransporter: universeller, Mehrzweck- oder Spezial-Bulkcarrier für die Verschiffung von Getreide als Schüttgut. Da Getreide feinkörnig ist und die verschiedenen Getreidesorten unterschiedliche Stauräume von 1,3 ··· 1,6 m^3/t benötigen, haben spezielle Getreidetransporter häufiger zur Verhinderung des Übergehens der Ladung in den Laderäumen Längsschotte als sog. »Getreideschotte«. Außerdem können die Ladeluken wegen der Beladung durch Schüttrohre und der Entladung durch Saugbagger relativ klein sein. Infolge des saisonbedingten Getreidetransports sind ausschließlich auf den Getreidetransport spezialisierte Schiffe jedoch selten, und die Verschiffung erfolgt i. allg. mit kombinierten Kohle-, Erz- und Getreide-Bulkcarriern; siehe *Bulkcarrier*. Dabei werden in der Getreidefahrt die Topptanks häufig zusätzlich für den Getreidetransport genutzt.

»GIRGENTI«: typischer Frachtdampfer um 1900. Die Werft in Stockton on Trent in Britannien baute 1889 für die Reederei Robert M. Sloman jun., Hamburg, den Frachtdampfer »GIRGENTI«. Das mit 2184,06 BRT und 1366,51 NRT vermessene Schiff war 82,65 m lang, 11,86 m breit und fuhr mit 5,80 m Tiefgang. Die Besatzung bestand aus 23 Mann. Der Antrieb erfolgte durch eine Dreifach-Expansionsdampfmaschine mit 589 kW (800 PSi), die dem Schiff eine Geschwindigkeit von 10 kn gab. Für die »GIRGENTI« wurde 1923 ein Nachfolgeschiff gleichen Namens für die selbe Reederei gebaut.

»GJÖA«: Forschungsschiff von ROALD AMUNDSEN. Im August 1903 verließ ROALD AMUNDSEN (1872 bis 1928) Grönland mit der »GJÖA«, einem als Motorsegler hergerichteten 47 t großen Heringslogger mit Vorräten für 4 Jahre an Bord. Nach einer Kollision mit einem unmarkierten Riff mußte AMUNDSEN auf fast 5 Tonnen Proviant verzichten, dennoch wurde die Fahrt fortgesetzt. Im Winter 1903/04 führte die Mannschaft wissenschaftliche Forschungen rund um den magnetischen Nordpol durch, am 17. August 1904 ging die »GJÖA« vor dem Kap von Colborne vor Anker. Die Nordwest-Passage war von Osten nach Westen gelungen. Noch trennten AMUNDSEN tausend abenteuerliche Meilen von seinem eigentlichen Ziel, das er erst ein Jahr später erreichte. Am 30. August 1906 passierte die »GJÖA« die nördliche Einfahrt der Beringstraße und beendete damit eine Forschungsreise, die in die Geschichte eingehen sollte.

Glattdeckkorvette: siehe *Kreuzerkorvette*

Glattdeckschiff: Schiff ohne das Oberdeck überragende Aufbauten und Deckshäuser. Die aus der Segelschiffszeit für die Segelhandha-

»GIRGENTI« – typischer Frachtdampfer der Jahrhundertwende

bung günstige Bauweise ohne erhöhte Back, Poop und Hütte wurde zunächst in der Übergangszeit für kombinierte Segel-/Dampfschiffe übernommen, später jedoch zugunsten der besseren Seefähigkeit und zum Schutz der Kessel- und Maschinenschächte nicht mehr beibehalten. Im übertragenen Sinne werden moderne Schiffe, deren Decks ohne Sprung und Bucht, d.h. ohne Anstieg oder Wölbung in Längs- und Querrichtung, als »Glattdecker« bezeichnet.

Gleitboot: durch hydrodynamische Effekte teilweise oder vollständig ab einer bestimmten Fahrtgeschwindigkeit auf der Wasseroberfläche gleitendes Boot, im Unterschied zum »Verdrängungsboot« mit hydrostatischem Auftrieb. Zum Gleiten ist ein ziemlich flacher Bootsboden erforderlich, der abschnittsweise durch eine oder 2 Stufen unterteilt sein kann. Man nennt das Gleitboot deshalb auch »Flachbodenboot«. Je leichter und kürzer das Boot ist, desto eher geht es bei Geschwindigkeitsanstieg vom Verdrängungszustand in den widerstandsverminderten Gleitzustand über. Näherungsweise tritt der Gleitzustand ein, wenn das Verhältnis von der Geschwindigkeit V in m/s zum Wert der Wurzel aus dem Produkt der Erdbeschleunigung g in m/s^2 und der Länge der Schwimmwasserlinie L in m größer als 0,9 wird. Das entspricht der sog. Froude-Number $Fn = V/\sqrt{g \cdot L}$ mit $Fn > 0,9$.
Gleitboote werden hauptsächlich als Sportboote und Rennboote aus leichten Baustoffen wie Holz, faserverstärkter Plaste und Leichtmetallen gebaut. Ein 1949 gebautes Flachbodenboot erreichte bereits eine Geschwindigkeit auf gerader Strecke von mehr als 162 kn, also über 300 km/h bei 1250 kW Antriebsleistung. Bei hohen Geschwindigkeiten berührt nur noch etwa 1/3 der Bodenfläche das Wasser. Zur Gewährleistung einer stabilen Schwimmlage muß das Heck über Wasser entsprechend große Leitflossen ähnlich dem Flugzeug-Seitenleitwerk haben, um ein Drehen des Bootes um die Längsachse zu verhindern.
Außer dem Einstufen- und Zweistufengleitboot hat noch der »Dreipunktgleiter« Bedeutung. Die sonst über die gesamte Breite des vorderen Schiffsbodens verlaufende Stufe ist beim Dreipunktgleiter nur noch als kufenähnliche Stufe an den beiden Bodenseiten vorhanden. Den dritten Auftriebspunkt bildet das Heck mit Propeller.

Gliederschiff: siehe *Gelenkschiff*

»GLOIRE«: 1859 erstes französisches Panzerschiff mit voller Batterie. Im Dezember 1856 gab der »Conseil des travaux« der französischen Marine ein Programm für Panzerungsprojekte heraus, in dem gefordert wurde, daß die Flotte eine gründliche Umgestaltung durch Einführung neuer gepanzerter Kriegsschiffstypen erfahren müsse. Im Juli 1857 lagen bereits 18 Entwürfe vor. Es entstand das erste seegehende eisengepanzerte Kriegsschiff der Welt, das aufgrund der Erkenntnisse des Krimkriegs durch den französischen Konstrukteur Stanislas Dûpuy de Lôme als Batterieschiff entwickelt und 1860 in Dienst gestellt wurde.
Das noch aus Holz gebaute 5618 t große, 76,8 m lange; 17,0 m breite und 8,49 m tiefgehende

Das erste französische Panzerschiff »GLOIRE« 1859

Schiff lief 1859 von Stapel. Äußerliche Merkmale waren der steile senkrechte Bug, der unter Wasser »beilartig« hervortrat, eine erhöhte Back und das damals neue Dampferheck«. Im Vorsteven befand sich eine sog. »Jagdpforte«. Die Schiffsseiten einschließlich Ruderstamm (Ruderschaft) waren durch eine auf dem Holzrumpf mit dicker Holzbeplankung aufgesetzte 12 cm starke Eisenpanzerung geschützt. Eine Dampfmaschine von 1870 kW (2537 PS) trieb die Schraube und gab dem Schiff eine Geschwindigkeit von 12,8 kn. Die Bewaffnung bestand aus 36 Stück 16-cm-Kanonen französischen Fabrikats, aufgestellt in einer gedeckten Batterie auf dem Hauptdeck (Main Deck) und dem Oberdeck (Upper Deck). Später bekam das Schiff 6 × 24-cm-Kanonen.
Die britische Admiralität antwortete ihrem französischen Rivalen darauf mit dem Bau der *»WARRIOR«*, um mit der »GLOIRE« zu konkurrieren. Im Unterschied wurde bei dem britischen Schiff jedoch alles der Geschwindigkeit untergeordnet und nur die Schiffsmitte gepanzert, während Bug, Heck und das Ruder ungeschützt blieben. Die »GLOIRE« blieb so der »WARRIOR« in den entscheidenden Belangen überlegen.

»GLORIA VIRENTIUM«: Lo/Ro-Schwergutschiff, 1977 bei der Schiffswerft C. Lühring in Brake (BRD) für den Holscher Scheepvärtbedrijf; Rotterdam gebaut. Bei der Indienststellung war es das Schiff mit der größten Schwergut-Hebekapazität.
Das Schiff ist über Alles 80,3 m und zwischen den Loten 74,2 m lang, 20,0 m breit und besitzt bei einer Seitenhöhe von 7,6 m einen Tiefgang von 4,2 m. Es ist mit 1599 BRT vermessen, wobei die Tragfähigkeit 2500 t beträgt. Sowohl Brückenhaus als auch Ladegeschirr sind einseitig auf der Steuerbordseite angeordnet, wodurch eine nutzbare ununterbrochene Decksfläche von 75×15 m möglich wird. Sie kann über eine 8,8 m breite Heckrampe mit rollenden Schwergütern bis zu 1000 t befahren werden. Die beiden Ladebäume haben eine Tragfähigkeit von je 400 t, so daß nach dem Lo/Lo-Prinzip gekoppelte Lasten bis zu 800 t an Bord genommen werden. Deck, Luken und Rampe erlauben eine Flächenbelastung von 6 t/m^2. Am vorderen Lademast befindet sich ein zusätzliches Steuerhaus für die Revierfahrt. Zur Bewegung der schweren Heckrampe dient ein kleineres Ladegeschirr hinter dem Deckshaus. Zum Ausgleich der beim Lo/Lo-Umschlag auftretenden krängenden Momente sind Ballasttanks und eine Krängungsausgleichanlage mit leistungsstarken Pumpen vorhanden.
Die Antriebsanlage besteht aus 2 SKL-Dieselmotoren mit einer Leistung von 1940 kW, womit das Einschraubenschiff eine Geschwindigkeit von 11,5 kn erreicht.

»GLÜCKAUF«: erster deutscher Tankdampfer. In der atlantischen Petroleumschiffahrt war im Jahre 1886 eine entscheidende Veränderung. Schweden und England hatten in diesem Jahr fast gleichzeitig die seegehenden Tankdampfer »PETROLEA« und »GLÜCKAUF« fertiggestellt. Während die »PETROLEA« am 25. August 1886 ihre erste Reise nach Rußland antrat, lief die »GLÜCKAUF« zunächst nach Geestemünde und ging nach Komplettierung der Besatzung im November im Auftrag Wilhelm Anton Riedemann's auf ihre erste Fahrt nach New York. Dem Riedemann'schen Projekt waren bereits erfolgreiche Versuche mit dem Großsegler »ANDROMEDA« vorausgegangen: der Segler transportierte die erste Ladung Petroleum in Tanks, die der Schiffsform angepaßt waren. Dennoch mußte Riedemann zunächst die Ablehnung seines Bauauftrags durch die deutsche Werftindustrie hinnehmen, bevor am 25. November 1885 bei Armstrong, Mitchel & Co. in Newcastle mit dem Bau der »GLÜCKAUF« begonnen wurde. Diese Werft mit ihrem technisch weitschauenden Konstrukteur Henry T. Svan hatte bereits Erfahrungen beim Bau von Binnentankern für die Gesellschaft der Gebrüder Nobel gesammelt und kannte auch das schwedische »PETROLEA«-Projekt.
Die 2145 BRT große »GLÜCKAUF« war 97 m

Der erste deutsche Tankdampfer »GLÜCKAUF«, Baujahr 1885/86

Deutscher Schlachtkreuzer »GOEBEN«, Baujahr 1909/12

lang, 11,4 m breit und hatte einen Tiefgang von 5,8 m bei der Tragfähigkeit von 3000 t. Eine Dampfmaschine gab dem Schiff 9···11 kn Geschwindigkeit, und es war bereits eine elektrische Beleuchtungsanlage an Bord.
Der Eisen-Stahl-Kompositbau hatte 2 Decks, 9 Tanks für 21000 Barrel Petroleum (1 Barrel sind 35 Gallonen oder 159 Liter), 11 Querschotte und 1 Längsschott. Die Maschine und die Kessel waren aus Sicherheitsgründen achtern hinter den Ladetanks angeordnet und durch ein feuerfestes Querschott von diesen getrennt. Außerdem wurde eine horizontale Rahmenversteifung im Inneren der Tanks erstmalig eingeführt. Das Schiff wurde von der französischen Klassifikationsgesellschaft Bureau Veritas in Paris klassifiziert. Der 1867 gegründete Germanische Lloyd besaß seinerzeit noch wenig Erfahrungen in der Bauaufsicht und in der Klassifizierung von eisernen Schiffen, während das Bureau Vertias seit 1858 und Lloyd's Register seit 1854 eiserne Schiffe klassifizierten. Wegen der Gefährlichkeit des Petroleumtransports in Tankschiffen wurde das Schiff in Schiffahrtskreisen in den Anfangsjahren statt »GLÜCKAUF« auch des öfteren mit dem Spottnamen »FLIEG AUF« bedacht. Das Schiff fuhr jedoch glücklich für Riedemann bis 1890 und danach für die Deutsch-Amerikanische Petroleumgesellschaft. Am 24. März 1893 ist die »GLÜCKAUF« im Nebel nach einem Navigationsfehler an der Küste von Fire-Island gestrandet und auseinandergebrochen.
Innerhalb von knapp 3 Jahren hatte sich der Übergang vom Faß- zum Tanktransport vollzogen. In Amerika mußten als Folge dieses Fortschritts Faßfabriken stillgelegt werden, so daß tausende Küfer und Verlader ihren Arbeitsplatz verloren.

»GOEBEN«: deutscher Schlachtkreuzer des ersten Weltkriegs. Der Schlachtkreuzer bzw. Große Kreuzer war das dritte Schiff eines neuen Typs, als Gegner der britischen Schiffe der »Invincible«-Klasse gedacht. Die Werft Blohm & Voss begann 1909 mit dem Bau und ließ das Schiff am 28. März 1911 von Stapel. Es hatte eine Länge von 186,00 m; war 29,4 m breit und verdrängte 22979 t bei 9,19 m Tiefgang. Es hatte 4 Schrauben von 3,74 m Durchmesser, die durch 2 Satz Parsons-Dampfturbinen von 38270 kW (52000 PS) bei 25,5 kn Fahrt bzw. 62560 kW (85000 PSw) bei der Maximalgeschwindigkeit von 28,0 kn angetrieben wurden. Den Dampf für die Turbinen lieferten 24 Kessel. Das mit einer Gürtelpanzerung von 25···30 cm Dicke geschützte Schiff war mit 10×28-cm-Geschützen, 12×15-cm- und 12×8,8-cm-Schnellfeuerkanonen und 4 Topedorohren bewaffnet. Die Baukosten betrugen 41,564 Mill. Reichsmark. Am 18. August 1914 wurde die »GOEBEN« zusammen mit dem Kreuzer »BRESLAU« von der türkischen Regierung angekauft. Der Verkauf dieser beiden Schiffe begünstigte so den Kriegseintritt der Türkei auf deutscher Seite. Als »JAWUS SULTAN SELIM« (GOEBEN) und »MIDILLI« (BRESLAU) wurden die Kreuzer bei der Verteidigung der Dardanellen und für Kampfaufgaben im Schwarzen Meer eingesetzt, wobei die »MIDILLI« verlorenging.
1918 ging die ehemalige »GOEBEN« im Golf von Izmir nahe Konstantinopel vor Anker und sollte ausgeliefert werden. Durch den Vertrag von Lausanne vom 2. November 1918 durfte die Türkei jedoch das Schiff behalten. Von 1919 bis 1926 war es nicht verwendungsfähig, so daß von 1926 bis 1930 eine Grundüberholung in Izmir durch die französische Werft Penhoet St. Nazaire in einem von den Flenderwerken in Lübeck für Izmir gebauten Dock erforderlich wurde. Ab 28. März 1930 ging die »JAWUS SELIM« wieder in den aktiven Dienst der türkischen Marine. 1936 wurde erneut der Name geändert in »YAVUZ«, und ab 1948 folgte die Verwendung als stationäres Ausbildungsschiff und später als Museumsschiff im Golf von Izmir. Ein 1963 beabsichtigter Rückerwerb durch die BRD als Museumsschiff kam nicht zustande, so daß die »YAVUZ« ex »GOEBEN« 1973 abgewrackt wurde.

»GOMER«: große französische Raddampffregatte aus dem Jahre 1844. Das Schiff war 70,95 m lang, auf Spanten 12,50 m und über beide Radkästen 19,83 m breit. Bei einem Tiefgang von 5,54 m betrug die Verdrängung 1474 t. Das war bereits eine Schiffsgröße, die für Raddampfschiffe nicht wieder überschritten wurde.
Die Dampfmaschine mit einer Leistung von 331 kW (450 PS) trieb 2 Schaufelräder von 9,13 m Durchmesser an, mit denen die Fregatte eine Geschwindigkeit von 10 kn erreichte. Wie bei anderen ersten Dampfschiffen verzichtete man noch nicht auf volle Besegelung.

»GRAF WALDERSEE«: Doppelschrauben-Fracht- und Passagierdampfer der HAPAG. Unter der Baunummer 131 lief das Schiff am 10. Dezember 1898 auf der Werft von Blohm & Voss in Hamburg von Stapel und wurde am 18. März 1899 in Dienst gestellt. Das mit 12830 BRT und 8157 NRT vermessene Schiff besaß eine Tragfähigkeit von 14500 t, es war 178,6 m lang und 18,9 m breit. Die Besatzungsstärke betrug 250 Mann. Für die Passagiere gab es in der I. Klasse 162, in der II. Klasse 184 und im Zwischendeck 2200 Plätze.
Die Antriebsanlage bestand aus 2 Vierfach-Expansionsmaschinen mit einer Leistung von 3975 kW (5400 PS), mit der das Schiff eine Geschwindigkeit von 13 kn erreichte.
Am 2. April 1899 trat das Schiff seine Jungfernreise nach New York an. Von 1914 bis März 1919 war es in Hamburg aufgelegt und wurde dann an die USA abgeliefert, um als Truppentransporter eingesetzt zu werden. 1920 wurde das Schiff an Großbritannien übergeben und bereits 1922 in der Köhlbrand-Werft in Hamburg verschrottet.

»GREAT BRITAIN«: erster eiserner Transatlantik-Schraubendampfer, der nach 127 Jahren als Museumsdampfer von den Falkland-Inseln nach Bristol zurückgeholt wurde. Als zweiter erfolgreicher Entwurf des berühmten Konstrukteurs ISAMBARD KINGDOM BRUNEL entstand das erste eiserne und gleichzeitig das erste durch Schraubenpropeller angetriebene größere Schiff für den Transatlantikverkehr. Stapellauf war am 18. Juli 1843 in Bristol. Mit diesem Schiff wurde ein grundlegend neues Niveau im Weltschiffbau erreicht und ein bedeutsamer Schritt auf dem Wege Großbritanniens zur bedeutendsten Schiff-

»GRAF WALDERSEE«, Doppelschrauben-Fracht- und Passagierdampfer, Baujahr 1898/99

baunation vollzogen. In diesem Schiff hat BRUNEL erstmalig verschiedene Neuheiten verwirklicht, die seinem Lande einen weiteren technischen Vorsprung und dem Schiffbau seiner Zeit die Orientierung gaben.
Er konstruierte das Schiff aus Eisen und errichtete eine Werft, die in der Lage war, eiserne Schiffe zu bauen, gab ihm einen Doppelboden und wasserdichte Schotten und machte die Maste absenkbar zur Verminderung des Windwiderstands bei Andampfen gegen den Wind. Mit 3270 t Deplacement (nach anderen Angaben 2936 t bzw. 2984 t) und 98,5 m Länge war die »GREAT BRITAIN« etwa dreimal so groß, wie die seinerzeit üblichen Handelsschiffe. Der ursprüngliche Entwurf sah zusätzlich zum Propellerantrieb 6 Masten vor; später wurde das Schiff dann jedoch zum Fünf-, danach zum Vier- und schließlich zum Dreimaster umgetakelt. Im ersten Entwurf BRUNELS waren zum Antrieb noch Seitenräder vorgesehen. BRUNEL erkannte die Bedeutung der ersten Versuche mit Schraubenpropellern und befaßte sich mit den Ergebnissen am kleinen Schraubendampfer *»ARCHIMEDES«*. Er erwarb die »ARCHIMEDES« und führte eigene Versuche durch. Die Erfolge bewogen ihn, den schon gebauten Schiffskörper noch teilweise zu verändern, so daß anstelle der Seitenräder ein Schraubenpropeller eingebaut werden konnte. Durch seinen kombinierten Segel-Propellerantrieb konnte es mit den schnellen Klippern konkurrieren. Eine weitere Neuerung zur höheren Sicherheit des Schiffes war die Unterteilung des Schiffskörpers in 6, durch wasserdichte Schotte abgeteilte Abteilungen.
Die Dampfmaschine von 1500 PSi bzw. 1014 PS Nennleistung hatte 4 paarweise um 33° zur Senkrechten geneigten Zylinder. Bei Einfachexpansion wurde die Kraft auf seitliche Kurbelzapfen eines rotierenden Rundkörpers, einer Trommel von 5,5 m Durchmesser, übertragen. Die Verbindungen zur zweiten auf der Propellerwelle angeordneten Trommel erfolgte durch 4 Sätze flacher Zahnketten bei einer Übersetzung von 18 Umdrehungen pro Minute der Kurbelwelle auf 53 Umdrehungen der Propellerwelle. Der Dampfantrieb reichte aus, um bei normalen Witterungs- und Seebedingungen nur unter Dampf ohne Segelunterstützung eine Geschwindigkeit von 9,25 kn zu erzielen.
Die Hauptdaten der »GREAT BRITAIN« waren: Länge über Alles 98,5 m; Länge zwischen den Loten 88,08 m; Breite 15,39 m; Tiefgang 4,85 m; Seitenhöhe 9,90 m; der Propellerdurchmesser betrug 4,65 m. Das Schiff war für 260 Passagiere eingerichtet. Auf der ersten Reise nach New York

Zeichnung der »GREAT BRITAIN«

Die geborgene »GREAT BRITAIN«

fuhr es mit 60 Fahrgästen 1. Klasse in Luxuskabinen sowie einer vollen Belegung mit den sog. »Steerage«, den Zwischendeck-Fahrgästen, die nicht in Einzelkabinen sondern im Unterdeckraum in Gemeinschaftsunterkünften untergebracht waren. Weiter wurden auf dieser Fahrt 600 t Fracht befördert. Ein unfreiwilliger Beweis besonderer Art für die ausgezeichnete Festigkeit der Schiffskonstruktion wurde schon nach der ersten Überfahrt erbracht, als die »GREAT BRITAIN« auf die Felsen der Dundrum Bay auflief und erst nach 11 Monaten abgeborgen werden konnte, ohne ernstlichere Beschädigungen aufzuweisen.
Das Schiff machte viele Atlantiküberquerungen, wurde später im Fracht- und Passagierverkehr und für Auswanderer nach Australien eingesetzt und mit Truppen zur Krim und nach Indien geschickt.
Das Ende des fast 4 Jahrzehnte fahrenden Schiffes schien gekommen, als es 1882 zum reinen Segelschiff umgebaut und 1886 nach einem schweren Sturm vor Kap Hoorn teilweise entmastet und durch Feuer beschädigt Port Stanley auf den Falkland-Inseln als Nothafen anlaufen mußte. Die Reederei verkaufte die »GREAT BRITAIN« an die Falkland Islands Company, die es bis 1937 als Lagerschiff für Wolle benutzte. Danach setzte man das Schiff unweit von Port Stanley in einer einsamen Bucht auf Grund.
Aber 1970 gelang es einem Londoner Komitee, Spenden aufzubringen und den Millionär Jack Hayward als Geldgeber für die Bergung und die Überführung nach Bristol zu gewinnen. Die Hamburger Bergungsfirma Ulrich Harms führte die erfolgreiche Bergung aus und brachte das traditionsreiche Schiff in 2 Monaten auf einem Schwimmponton über den Atlantik an seinen Entstehungsort zurück. Die »GREAT BRITAIN« legte das letzte Ende der Fahrt auf eigenem Kiel schwimmend zurück, als sie am 23. Juni 1971 in Bristol eintraf.

»GREAT EASTERN« im Bau

Die »GREAT EASTERN« bei der Überholung 1867

»GREAT EASTERN«: größtes Handelsschiff und in vieler Beziehung ein einmaliges Schiff des 19. Jh. Die Entwürfe und Baupläne wurden bereits 1851/52 durch die berühmten englischen Schiffbauingenieure I. K. BRUNEL und I. S. RUSSEL erarbeitet. Das Riesenschiff entstand in den Jahren 1854 bis 1858 auf der Werft Scott, Russel & Co. in Milwall bei London. Das Großschiff – ein »Leviathan« – wie auch der ursprünglich vorgesehene Name lautete, war hinsichtlich der Größe und Konstruktion der Zeit weit voraus.
»GREAT EASTERN« nahm mit einer Länge über Oberdeck von 211 m die Entwicklung des Schiffbaus und der Schiffahrt sogar um ein halbes Jahrhundert vorweg. Die Abmessungen betrugen: Länge zwischen den Loten 207,25 m; Länge des Kiels 192,00 m; Breite auf Spanten 25,10 m; Breite über Seitenradkästen 36,00 m; Tiefe im Raum 14,80 m; Tiefgang 9,15 m; Verdrängung 32000 t; Vermessung 18915 BRT bzw. 13344 NRT. Die Form des Schiffskörpers war nach dem von RUSSEL entwickelten »waveline«-System mit einem parallelen Mittelschiff von etwa 37 m Länge entwickelt.
Erstmalig wurde ein seitlich bis zum untersten Deck hochgezogener Doppelboden gebaut und eine Längsträgerbauweise eingeführt. 35 Längsspanten bis zum unteren Deck verliefen vom Achter- bis zum Vorsteven. Die Längsträger reichten in ihrer Höhe von der Außenhaut bis zum Innenboden, dem sog. Doppelboden. Um die Längsfestigkeit und die wasserdichte Unterteilung zu gewährleisten, waren 2 Längsschotte von 104 m Länge und 10 wasserdichte Abteilungen mit Querschotten im Abstand von etwa 18,5 m angeordnet. Die Längsschotte reichten bis zum Oberdeck, dem vierten der vorhandenen Decks. Auch das Oberdeck war als »Doppeldeck« analog dem Boden ausgebildet. Zwischen den beiden Decksplatten waren an jeder Seite 3 Längsträger eingebaut.
Die Kiellegung erfolgte am 1. Mai 1854, der Querstapellauf fand nach mancherlei Schwierigkeiten am 31. Januar 1858 statt. Das Schiff hatte zum Stapellauf eine Eigenmasse von 12000 t und sollte quer von Stapel laufen. Da jedoch keinerlei Erfahrungen für den Stapellauf derartiger Schiffe vorlagen, lief es nicht selbst ab sondern mußte in fast dreimonatiger Arbeit mit Hilfe von Pressen zu Wasser gebracht werden. Aufgerieben durch übermäßige Arbeit erlitt der geniale Erbauer ISAMBARD KINGDOM BRUNEL einen Nervenzusammenbruch, die Gesellschaft ging in Konkurs und eine neue mußte gegründet werden.
Die Probefahrt war im September des Folgejahres. Dabei explodierte ein Kessel und 10 Menschen wurden dabei getötet. Wenige Tage danach verstarb BRUNEL an den Folgen eines Schlaganfalls. Auf der Reede von Holyhead zerschlug noch während der Reparatur eine Sturmflut die Fenster des Salons und verdarb die teure Inneneinrichtung. Zum Unglück ertranken auf einer Bootsfahrt zum Hafen der Kapitän und 2 Passagiere, so daß bei dem Aberglauben dieser Zeit es schon ein Unglücksschiff war, bevor es die erste Reise machte.
Das Schiff wurde durch Segel, Schaufelräder und Propeller angetrieben. Ein vierflügeliger Propeller von 7,20 m Durchmesser wurde durch eine liegende Dampfmaschine mit 3600 kW (4890 PSi) Leistung angetrieben. Auf das Seitenradpaar von 17,10 m Durchmesser mit jeweils 30 feststehenden Schaufeln von 3,95 m Breite und

0,92 m Tiefe wirkten 2 oszillierende Dampfmaschinen mit insgesamt 2510 kW (3410 PS). Bei Antrieb nur durch die Schaufelräder konnte bei 10,7 Umdrehungen pro Minute eine Geschwindigkeit von 7,25 kn erreicht werden. Mit Propeller fuhr das Schiff etwa 9 kn und bei gleichzeitiger voller Leistung von Propeller und Schaufelrädern etwa 14 kn. Der normale Kohleverbrauch pro Tag betrug 330 t, die Kohlebunker konnten 12000 t fassen. Der Dampf wurde in 10 Kesseln mit insgesamt 100 Feuerlöchern erzeugt, davon gaben 4 den Dampf für die Schaufelradmaschinen und 6 für die Propellermaschinen. Die »GREAT EASTERN« hatte außer 5 Schornsteinen von 1,84 m Durchmesser noch 5 eiserne und einen hölzernen Mast. 2 dieser Maste waren vollgetakelt und 4 mit Schonertakelung versehen. Die Gesamtsegelfläche betrug 5300 m^2.

Das Schiff war als Auswandererschiff für 4000 Fahrgäste – davon 800 in der I. Klasse, 2000 in der II. Klasse und 1200 in der III. Klasse – oder als Truppentransporter für 10000 Soldaten oder für den Transport von 6000 t Fracht nach Indien oder Australien projektiert.

Die erste Ausfahrt von Southampton nach New York fand am 17. Juni 1860 nach achtjähriger Bau- und Erprobungszeit statt, und die von vielen Zuschauern erwartete Ankunft in den USA war am 28. Juni 1860. Insgesamt machte die »GREAT EASTERN« bis zum August 1862 11 Hin- und Rückfahrten über den Atlantik. Wirtschaftliche Erfolge konnten mit dem Schiff jedoch nicht erreicht werden. Für die volle Auslastung durch Passagiere und Ladung waren die Voraussetzungen noch nicht vorhanden, und für Schiffe derartiger Größe fehlte es an Liegemöglichkeiten und Reparatureinrichtungen. Überdies verstärkte eine ganze Reihe von Unglücksfällen auf den durchgeführten Fahrten den Widerstand gegen das Riesenschiff. Obwohl auf der zweiten Überfahrt das Schiff im Sturm vor New York auf einen Felsen auflief, der eine bis zu 25 m lange Beschädigung des Bodens verursachte, war es dank der Anordnung des Doppelbodens aber nicht gefährdet. Auf der dritten Reise zerschlugen Brecher die Schaufelräder und das Ruder, so daß das Schiff mehrere Tage steuerlos war. Die Kosten überschritten schließlich die Einnahmen derart, daß die Great Eastern Steam Ship Company in Konkurs ging.

Erst in den Jahren 1865 bis 1873 konnte die »GREAT EASTERN« nach Umbauten bei der Verlegung von Seekabeln wieder verwendet werden. Drei riesige Kabelbehälter von 6,25 m Tiefe wurden eingebaut, von denen der vordere bei 15,7 m Durchmesser für 693 Seemeilen, der mittlere bei 17,8 m Durchmesser für 899 Seemeilen und der hintere bei 17,7 m Durchmesser für 898 Seemeilen Kabel aufnehmen konnte. 4 Seekabel wurden im Atlantik und eines von Aden nach Bombay mit der »GREAT EASTERN« verlegt.

Nach einem wechselvollen Vierteljahrhundert wurde das Schiff bei New Ferry, Cheshire, 1888 aufgelegt und bis 1891 abgewrackt. Auch wenn dieser Meisterleistung BRUNELs und RUSSELs kein kommerzieller Erfolg beschieden war, ist der Fortschritt nicht hoch genug zu werten. Mit diesem Schiff haben bleibende Fortschritte in den Schiffbau Eingang gefunden.

Die »GREAT WESTERN«, erster transatlantischer Passagierdampfer mit regelmäßigen Abfahrten

Great-Lakes-Ship: *Laker, Große Seenfahrt-Schiff: Bulkcarrier* mit Breitenbegrenzung und Selbstentladeeinrichtung für die Fahrt auf den nordamerikanischen »Großen Seen«: Oberer See (83300 km^2), Huron See (59500 km^2), Michigansee (58100 km^2), Eriesee (25426 km^2) und Ontariosee (18760 km^2) und dem St. Lorenz-Strom (1240 km Länge). Die durch Kanäle verbundenen Großen Seen stellen insgesamt das größte zusammenhängende Süßwasserreservoir der Erde dar. Nach dem Ausbau der 293 km langen Strecke zwischen Montreal und dem Ontariosee von 1954 bis 1959 können Seeschiffe mit einem Tiefgang bis zu 9,4 m diese Wasserstraße befahren. Die Großschiffahrts-Wasserstraße vom Oberen See bis zum Atlantik hat eine Gesamtlänge von 3500 km.

Die Transportkapazität der USA und Kanadas für die Große Seenfahrt hat bereits eine Gesamttragfähigkeit von 0,5 Mill t. Durch sie wird ein bedeutender Teil der an den Großen Seen gelegenen Industriezentren mit Rohstoffen wie Baustoffe, Phosphate, Kohle, Getreide u. a. versorgt und werden Fertigerzeugnisse abtransportiert.

Die Navigationsperiode auf dem St. Lorenzstrom und den Großen Seen beträgt nur 8 Monate im Jahr, so daß diese Zeit möglichst effektiv für den Transport und Umschlag genutzt werden muß.

So wurde schon 1902 in einem hölzernen Schüttgutfrachter von 65 m Länge eine erste Selbstentladeanlage nachträglich eingebaut und für Kiestransporte eingesetzt. Ein größerer um 100 m langer Neubau mit ca. 5000 t Tragfähigkeit und Entladeeinrichtung für Kies und Kohle mit einer Löschleistung von etwa 1200 t/h entstand bereits 1908. Von 1920 bis 1960 erhöhte sich der Anteil der Schüttgutfrachter mit Selbstentladeeinrichtung auf den Großen Seen allmählich. Ab 1965 werden die Schüttgutfrachter der Großen Seen, auch als »Laker« bezeichnet, fast ausschließlich mit Selbstentladeeinrichtungen gebaut.

Unter den Laderäumen sind in Längsschiffsrichtung laufende Förderbänder installiert, auf die das Fördergut durch trichterförmige Öffnungen oder Fallklappen fällt. Im Vor- und Hinterschiff schaffen Becherwerke oder Steigförderbänder das Fördergut an Oberdeck und auf querschiffs stehende, bis zu 100 m lange schwenkbare Auslegerförderbänder. Damit kann das Fördergut unabhängig von hafenseitigen Förderanlagen an den Verbrauchsorten zu hohen Halden aufgeschüttet werden.

»GREAT WESTERN«: erstes reguläres Transatlantik Seitenrad-/Segel-Passagierschiff. Nach den Plänen von ISAMBARD KINGDOM BRUNEL wurde es 1837 als hölzerner Seitenraddampfer gebaut. Das Schiff war außerdem noch mit 4 schonergetakelten Masten und zusätzlichen Rahsegeln am vorderen Mast ausgerüstet. Das Schiff war für die schweren See- und Wetterverhältnisse des Atlantik mit besonders verstärkten Festigkeitsverbänden versehen. Die Abmessungen der einzelnen Spanten entsprachen denen der zeitgenössischen Linienschiffe, und es wurden außerdem eiserne und hölzerne Diagonalbänder als zusätzliche Längsverbände eingebaut.

Die »GREAT WESTERN« war für die Unterbringung von 120 Passagieren in der I. Klasse sowie 20 Passagieren in der II. Klasse eingerichtet. Sofern erforderlich, konnten noch Unterbringungen für weitere 100 Personen geschaffen werden. Zusammen mit der Besatzung von 60 Offizieren und Mannschaften waren dann bis zu 300 Personen an Bord. Der »große Salon« mit einer Länge von 23,0 m war 6,4 m breit und 2,75 m hoch. Er wurde seinerzeit als der größte und luxuriöseste an Bord eines Passagierschiffs bezeichnet.

Der Antrieb der Seitenräder mit 15 Umdrehungen pro Minute bei einem Durchmesser von 8,8 m und feststehenden Schaufeln von 3 m Breite erfolgte durch eine »side-lever« Maschine von 450 PS (etwa 330 kW). Die Dampfmaschine hatte 2 Zylinder von 1,87 m Durchmesser und 2,15 m Kolbenhub. Bedeutenden Schiffsraum nahmen die 4 Kessel von je 3,5 m Länge, 2,9 m Breite und 5,1 m Höhe ein. Hervorzuheben ist die Vorsorge hinsichtlich der Vorräte. Obwohl für eine Überfahrt etwa 600 t Kohle notwendig waren, reichten die Bunker für die Unterbringung von 800 t, damit waren Schwierigkeiten der ersten Dampfschiffe, daß die Reserven für einen durch Schlechtwetter bedingten längeren Dauerbetrieb nicht ausreichten, bei diesem Schiff vermieden.

Die »GREAT WESTERN« hatte folgende Hauptparameter: Länge über Alles 72,0 m; Länge zwischen den Loten 64,9 m; Länge des Kiels 62,7 m; Breite auf Mallkante Spant 10,4 m; größte Breite des Schiffskörpers 10,8 m; Breite über Schaufel-

radkästen 17,8 m; mittlerer Tiefgang 5,1 m; Tiefe im Raum 7,1 m; Vermessung 1321 BRT und 680 NRT.
Die Jungfernfahrt von Bristol nach New York fand vom 8. bis 23. April 1838 statt. Die Atlantiküberquerung von 3223 Seemeilen geschah mit einer durchschnittlichen Geschwindigkeit von 8,8 kn. Die Nordatlantikroute wurde von der »GREAT WESTERN« bis 1846 regelmäßig mit insgesamt 64 Atlantiküberquerungen befahren. Im Jahre 1847 wurde das Schiff an die »Royal Mail Steam Packet Co.« die (Königliche Paket-Dampfschiff-Companie) verkauft und von dieser bis zur Abwrackung im Jahre 1857 auf der Linie Southampton–Westindien eingesetzt.

»GREIFSWALD«: ex *»ARKONA«* ex *»WOLLINER GREIF«*: Ostsee-Bäderraddampfer. Der 94 t große Eindeck-Raddampfer wurde 1865 auf der Werft von Möller & Hollberg (Stettin/Szczecin) für die Aktien-Gesellschaft des Schiffers Ehmke aus Wollin gebaut und auf den Namen »WOLLINER GREIF« getauft. Das Schiff war aus Eisen gebaut und mit Zement belegt. Es war 39,6 m lang und 4,9 m breit. Es hatte eine Raumtiefe von 2,35 m und beladen 1,83 m Tiefgang.
Die Dampfmaschine zum Antrieb der Schaufelräder leistete 46,5 kW (63 PSi) und gab dem Schiff eine Geschwindigkeit von 7 kn. In der Folgezeit wurde das Schiff in »ARKONA« umbenannt, und danach fuhr es als »GREIFSWALD« bei der Saßnitzer Dampfschiffahrtsgesellschaft. In schwedischem Besitz fahrend ist das Schiff Ende 1922 als Spritschmuggler gestrandet und gesunken.

»GRETE«: Hamburger Frachtdampfer, Baujahr 1923. Die A. G. Neptun, Rostock erbaute den Frachtdampfer für die Carl Wohlenberg Reederei GmbH. in Hamburg. Das Schiff war 134,10 m lang, 17,39 m breit und hatte einen Tiefgang von 9,09 m. Der Stapellauf des mit 6570 BRT und 4005 NRT vermessenen Schiffes fand im April 1923 statt. Die Dreifach-Expansionsmaschine mit Abdampfturbine wurde ebenfalls von der Bauwerft hergestellt und leistete 2355 kW (3200 PS), womit das Schiff eine Geschwindigkeit von 12 kn erreichte. Die 3 Kessel mit einem Druck vom 15 atü (1,6 MPa) lieferten den erforderlichen Dampf.

»GRETE CORDS«: Rostocker Frachtdampfer für die Nord- und Ostsee der Rostocker Reederei Cords & Schmidt, später Reederei August Cords, siehe »VORWÄRTS«.

»GRILLE«: deutscher Aviso. Das Schiff wurde 1856 auf der Werft von Normand in Le Havre (Frankreich) auf Kiel gelegt, lief am 9. September 1857 von Stapel und wurde am 3. Juni 1858 in Dienst gestellt. Der Querspant-Mahagoni-Diagonal-Kraweelbau war mit Kupfer beschlagen und als Dreimastschoner mit 436 m² Segelfläche getakelt. Das 491 t große Schiff war 56,68 m lang; 7,38 m breit und besaß bei einer Seitenhöhe von 4,12 m einen Tiefgang von 2,84 m. Der Neubau kostete 648 000 Taler. Die Besatzungsstärke lag zwischen 70 und 78 Mann.
Die Bewaffnung bestand ursprünglich aus 2 langen 12-Pfündern. 1898 waren 6 Revolverkanonen an Bord, in den letzten Jahren jedoch nur noch 2 mit etwa 1280 Schuß. Die Antriebsanlage bestand aus einer liegenden Zweizylinder-Einfachexpansionsmaschine der Firma John Penn & Sons; Greenwich mit einer Leistung von 543 kW (738 PSi). Mit der Schraube von 2,74 m Durchmesser erreichte das Schiff 13,2 kn. Zwei Zylinderkessel mit 4 Feuern erzeugten den Dampf mit einem Druck von 1 atü. Mit einem Kohlevorrat von 65 t und einer Geschwindigkeit von 7 kn konnte 3230 Seemeilen gefahren werden.
Das Schiff wurde 1885 bis 1889 auf der Kaiserlichen Werft in Danzig und noch einmal 1897/98 auf der Kaiserlichen Werft in Kiel modernisiert, erhielt neue Kessel und neue Maschinen sowie eine veränderte Bewaffnung, wodurch sich die technisch-taktischen Daten wiederum änderten. Es diente zunächst als Königliche und Kaiserliche Yacht, war dann Flaggschiff der Kanonen- und Panzerkanonenboote sowie Fischereischutzschiff. Ab 1892 diente es als Schulschiff für Admiralstabsreisen. 1914 war es Schulschiff für Seekadetten. Am 7. Januar 1920 wurde es aus der Flottenliste gestrichen, verkauft und in Hamburg-Moorburg abgebrochen. Mit 62 Dienstjahren war es das langlebigste Schiff der Kaiserlichen Marine, und bei der Freigabe zum Verkauf und Abbruch war es noch funktionstüchtig.

»GRILLE«: deutscher Flottentender, Aviso und deutsche Staatsyacht. Das Schiff wurde 1934 unter der Baunummer 500 bei Blohm & Voss in Hamburg gebaut, lief am 15. Dezember 1934 von Stapel und wurde am 19. Mai 1935 in Dienst gestellt.
Der 3430/2560 t große Neubau war insgesamt zu 95 % (Doppelboden zu 76 %) geschweißt. Das Schiff war über Alles ohne Bugspriet 135 m und zwischen den Loten 115 m lang. Die Seitenhöhe betrug 8,15 m; die Breite 13,5 m und der Tiefgang lag zwischen 3,40 m und 4,20 m. Die Besatzung

Schiffe der Reederei August Cords 1929 im Rostocker Hafen

S. M. Aviso »GRILLE« vor der letzten Modernisierung 1897/98

Staatsyacht und Erprobungsträger für Hochdruck-Turbinenanlagen »GRILLE«

bestand aus 8 Offizieren und 240 Mann. Im Kriegseinsatz bestand die Bewaffnung aus 3×12,7-cm-, 4×3,9-cm- und 4×2,0-cm-Geschützen. Die Antriebsanlage aus 2 Satz B & V-Turbinen hatte eine Leistung von maximal 19430 kW (26400 PSw). Mit den beiden Schrauben von je 2,32 m Durchmesser fuhr die Yacht 26 kn. Bei 19 kn Fahrt konnte eine Strecke von 9500 Seemeilen durchlaufen werden. Vier Kessel mit einem Kesseldruck von 55···80 atü mit Überhitzer und vollautomatischer Askania-Kesselregelung erzeugten den Dampf.
Mit der Maschinenanlage diente das Schiff nur formell als Staatsyacht und überwiegend der Erprobung neuer Hochdruck-Turbinenanlagen für die im Aufbau befindliche Kriegsmarine.
Im zweiten Weltkrieg diente es als Minenschiff und Stabsschiff und wurde 1945 von der britischen Marine übernommen. 1946 wurde die »GRILLE« nach Libanon verkauft, machte einige Kreuzfahrten im östlichen Mittelmeer und wurde nach einer Kollision 1947 in Beirut aufgelegt. Danach wurde das Schiff für 100000 Dollar an die USA verkauft, aber schon 1951 in Bordenstown im Bundesstaat New Jersey abgewrackt.

Großer Kreuzer: siehe *Kreuzer* und *Panzerkreuzer*

Groß-Finowmaß-Kahn: siehe *Finowmaß-Kahn* und *Motorgüterschiff*

H

»Habsburg-Klasse«: Linienschifftyp der österreich-ungarischen Marine mit den 3 Schiffen »HABSBURG«, »ARPAD« und »BABENBERG«, die in den Jahren 1900, 1901 und 1902 von Stapel liefen. Bei einem Deplacement von je 8340 t waren die Linienschiffe 108 m lang, 20 m breit hatten 7,1 m Tiefgang. Der Wasserliniengürtel hatte 20···22 cm, die Kasematte 13,5 cm und das Panzerdeck eine bis zu 6 cm dicke Panzerung. Die Schiffe erreichten 19 kn Geschwindigkeit.

Hafenarztboot: dem Hafenarzt und der ihm unterstellten Hafenhygieneinspektion zur Verfügung stehendes und dementsprechend gekennzeichnetes Boot zur Wahrnehmung der Hygiene-, Seuchen- und Infektionskrankheitskontrollen. Bei Ankunft seuchenverdächtiger oder verseuchter Schiffe müssen die Schiffe auf Reede bleiben, der Hafenarzt hat dann die Einklarierung und Schutzmaßnahmen schon auf der Reede vorzunehmen und für die Isolierung und Pflege infizierter Personen zu sorgen. Das Hafenarztboot wird auch auf Anforderung für gelegentliche ärztliche Hilfeleistung für die Besatzungsmitglieder der auf Reede liegenden Schiffe benötigt.

Hafenbarkasse: siehe *Barkasse*

Hafenbugsierer: siehe *Schlepper* und *Hafenschlepper*

Hafeneisbrecher: kleiner, besonders manövrierfähiger *Eisbrecher* zum Eisaufbruch im Hafengebiet, um die Kailiegeplätze, die im Hafen befindlichen Schiffe und die Wendebecken bei Eisgefahr offen zu halten. Da im ruhigen Wasser der geschützten Häfen auch zwischen den Schiffen starke Eisbildung auftreten kann, werden dazu auch gut manövrierfähige *Hafenschlepper* als Hilfseisbrecher eingesetzt. Sie werden dazu für den Einsatz in eisgefährdeten Häfen mit entsprechenden Verstärkungen im Vorschiff gebaut. Den Aufbruch der Fahrrinnen bei dickerem Eis übernehmen größere *Eisbrecher.*

Hafenfähre: spezielles *Fährschiff*, das als Verkehrsmittel bei Fahrten in größeren Häfen dient. Teilweise verkehren Hafenfähren zu festgelegten Abfahrtzeiten zwischen verschiedenen Hafenbereichen, Kais und Landanlagen, um Hafen- und Werftarbeiter, Schiffsversorger, Makler, Schiffsbesatzungen und Versorgungsgüter zwischen festen Hafenanlegeplätzen zu befördern. Hafenfähren sind von unterschiedlicher Größe und Tragfähigkeit, so daß sie auch für die gleichzeitige Beförderung mehrerer hundert Personen ausgelegt sein können.

Hafenleichter: siehe *Leichter*

Hafenschlepper, *Hafenbugsierer:* kleinerer *Schlepper* zum Schleppen, Bugsieren und Verholen von Seeschiffen in Häfen und Hafenzufahrten. Um bei begrenzter Schiffsgröße und Antriebsleistung (200···1100 kW) den erforderlichen Propellerschub bzw. Trossenzug zu erreichen, werden Hafenschlepper i. allg. mit Verstellpropeller und Ruderdüsen, schwenkbaren Propellerantrieben oder Drehflügel-Propellern, wie dem Voith-Schneider-Propeller, gebaut.

Hafenschute: siehe *Schute*

Hafenverkehrsboot: der *Barkasse* ähnliches offenes oder teilgedecktes Motorboot für den Personentransport in Hafengewässern.

Hafenwachtschiff: Kriegsschiff zur Beobachtung und Überwachung aller Schiffsbewegungen im Hafen. Es untersteht i. allg. dem Hafenkapitän, dem Hafenkommandanten oder dem Hafenad-

Dieselelektrische Hafenfähre auf der Warnow, Baujahr 1955

miral und hat fremden Kriegsschiffen gegenüber entsprechend den Vorschriften das Grußzeremoniell zu erwidern. Durch Kontrollfahrten hat es die Einhaltung der Hafenordnung und -sicherheit zu gewährleisten.

Hafen-Wasseromnibus: spezielles schnelles und i. allg. kleineres Fährschiff für den Personenverkehr im Hafen.

Haff-Eisbrecher: kleinerer flachgehender *Eisbrecher* für den Eisaufbruch in Haffs und anderen flachen Binnengewässern.

Japanischer Schwerer Kreuzer »HAGURO«

»HAGURO«: japanischer Schwerer Kreuzer, Typschiff von 4 Einheiten. Dieser 10000 t große Kreuzer wurde als erster Schwerer Kreuzer Japans nach dem Washington-Abkommen von 1922 unter Ausnutzung der Obergrenze des Kalibers der Schweren Artillerie von 203 mm projektiert. Mit dem japanischen Staatshaushalt von 1923 wurde der Bau bewilligt und das erste Schiff 1924 auf der Mitsubishi-Werft in Nagasaki auf Kiel gelegt. Der durch Streiks verzögerte Bau lief erst am 24. März 1928 von Stapel und wurde 1929 fertiggestellt.
Der Kreuzer war über Alles 192 m und zwischen den Loten 184 m lang; 19,0 m breit und hatte einen Tiefgang von 5,0 m. Die Besatzungsstärke betrug 773 Mann. Die Bewaffnung bestand aus 10×20,3-cm- und 8×12-cm-Geschützen sowie aus diversen Flakgeschützen und Maschinengewehren. Zur Torpedobewaffnung gehörten 8 Rohre des Kalibers 53,3 cm in 2 Vierer-Sätzen. Außerdem befanden sich noch 2 Katapulte und 4 Wasserflugzeuge an Bord. Die Panzerdicken waren an Deck 51···76 mm und in der Wasserlinie mit Torpedowülsten sowie an den Geschütztürmen der schweren Artillerie 76 mm.
Die beiden Dampfturbinensätze hatten eine Maximalleistung von je 9568 kW (13000 PS) und gaben dem Kreuzer mit 2 Schrauben eine Geschwindigkeit von 33 kn. Für die 12 Kessel standen 2000 t Heizöl zur Verfügung, die bei einer Geschwindigkeit von 14 kn eine Fahrtstrecke von 14000 Seemeilen ermöglichten.
In den Folgejahren wurde der Kreuzer mehrfach und 1936 grundlegend moderniesiert. Noch 1944 erhielten die Kreuzer dieses Typs Radargeräte. Am 14./15. Mai 1945 wurde die »HAGURO« im Pazifik von dem der »British Eastern Fleet« angehörigenden ehemaligen französischen Schlachtschiff »RICHELIEU« verfolgt und in der Malakka-Straße durch alliierte Seestreitkräfte versenkt.

Halbgleiter: schnelles Sport-, Verkehrs- und Marineboot, das ab einer bestimmten Geschwindigkeit nicht mehr vollständig als *Verdrängungsboot* sondern infolge einer speziellen Gestaltung des Bootsbodens teilweise in den Gleitzustand übergeht, siehe auch *Gleitboot*. Der Übergang zum Gleiten kann auch durch verstellbare Tragflossen unterstützt werden. Im zweiten Weltkrieg wurden mit Maschinengewehren bewaffnete Halbgleiter der sowjetischen Dnepr-Flottille, als »Poluglisser« bezeichnet, von den Sturmtruppen u. a. beim Vormarsch über Oder, Oder-Spree-Kanal und Hohenzollern-Kanal eingesetzt.

Halbponton: Spezialponton, insbesondere für Behelfsbrückenbauten und Behelfsfähren. Zur Erleichterung des Landtransports und wegen begrenzter Transportlängen werden die jeweils auch einzeln schwimmfähigen Halbpontons auf den Transportfahrzeugen i. allg. übereinander gestapelt transportiert und nach dem Zuwasserbringen mit ihren einseitig ebenen End-Querschotten zusammengekoppelt.

Halbtaucher, *Halbgetauchte Plattform:* siehe *Bohrinsel*

Handelsschiff: Sammelbegriff für unterschiedliche, oft spezialisierte kommerzielle Transport- und Versorgungsschiffe für Handelsgüter und Fahrgäste im Unterschied zu Kriegsschiffen, Fischereischiffen, Forschungsschiffen, Hilfsschiffen und den Schiffen der sog »Technischen Flotte«. Die anzahlmäßig größten Handelsschiffsgruppen sind Frachtschiffe und Fahrgastschiffe. Alle Handelsschiffe zusammen ergeben die Welthandelsflotte, zu der 1985 weltweit 34037 (Stichtag 1. April 1985, Schiffe über 100 BRT) mit 376 Mill. BRT bzw. 630 Mill. t Tragfähigkeit gehörten.

Handelsstörer: siehe *Hilfskreuzer* und *Kaperkreuzer*

Handels-U-Boot: unbewaffnetes Unterseeboot, das für den Unterwassertransport strategisch wichtiger Handelsgüter bzw. Rohstoffe gedacht war, um die Versorgung der Rüstungsindustrie auch bei Blockaden der Seewege zu sichern. Zu den bekanntesten zählt das im ersten Weltkrieg in Deutschland entwickelte Handels-U-Boot »U-DEUTSCHLAND«.
Bei einer Länge von 65 m und 8,9 m Breite betrug die Tragfähigkeit 750 t. Bei Überwasserfahrt war der Tiefgang 4,5 m. Der Druckkörper war durch wasserdichte Querschotte unterteilt in den Heckraum, Maschinenraum, hinterer Laderaum, Zentrale, hinterer und vorderer Akkumulatorenraum, vorderer Laderaum und Bugraum. Durch die Laderäume führte ein Tunnel zur Zentrale, in der sich alle für die Unterwasserfahrt erforderlichen Einrichtungen befanden. Oberhalb der Akkumulatorenräume sowie im Heck- und Bugraum waren die Wohnräume für die 27 Mann starke Besatzung. Derartige Handels-U-Boote haben sich wegen der geringen Größe und der nur möglichen Fahrt zu neutralen Häfen nicht bewährt.
In neuerer Zeit entstanden jedoch verschiedene Ideen und Konzepte, große Unterwasser-Tanker zu entwickeln, um durch Tauchfahrten unter der Eisdecke des Nordpolarmeers große Mengen von Flüssiggas oder Erdöl von Alaska nach Europa zu verschiffen.

Hebedock: siehe *Bergungsdock*, *Schwimmdock* und *»VULKAN«*

Hebeleichter: siehe *Hebeschiff*

Hebeponton, *Hebezylinder:* durch Fluten absenkbare und durch Lenzen auftriebserzeugende ponton-, tonnen- oder/und zylinderförmige schwimmfähige druckfeste Hohlkörper. Nach dem Absenken und Befestigen der gefluteten Hebepontons an dem zu hebenden Objekt wird das Wasser durch Druckluft herausgepreßt und entsprechend der gelenzten Wassermasse Auftrieb erzeugt.

Hebeschiff: zur Bergungsflotte (siehe auch *Bergungsschiff*) gehörendes Spezialschiff für Schiffsbergungen, Wasserbauten und zur Rohstoffgewinnung vom Meeresboden. Ältere Hebeschiffe waren relativ kleine, völlig bis prahmartig und breit gebaute Schiffstypen mit flachem Schiffsboden und schweren, über die Bordseiten, Bug- oder Heck hinausragende, geneigt stehende Auslegermasten (Derricks) zum Bergen schwerer Ladungen aus havarierten Schiffen oder zum Heben von Schiffsteilen. Eine spezielle Variante mit tragfähigen Heckauslegern und Heckrollen, über die Ketten oder Seile durch starke Winden gezogen und das zu bergende Fahrzeug auch teilweise aufslipbar war, bezeichnete man als »Hebeleichter«.
Vorgänger schwimmender Hebeleichter oder absenkbarer Hebepontons gab es bereits im Mittelalter. Auch bei modernen Hebeleichtern werden parallel neben dem zu hebenden Objekt die Leichter plaziert, auf den größten Tiefgang gebracht bzw. abgesenkt und verbunden. Nach Leerpumpen oder Leerpressen der Leichter bewirkt der Auftrieb das Anheben des Objekts um die Tiefgangsänderung, so daß es in flaches Wasser gebracht und dort der Hebevorgang wiederholt werden kann. In den Anfängen der U-Bootsentwicklung entstanden auch spezielle Hebeschiffe zur U-Bootsbergung wie das katamaranähnliche Hebeschiff *»VULKAN«*.
Moderne Hebeschiffe sind mit verschiedenen Ausrüstungen zum Ausgleich von Krängung und Trimm und Kranen bzw. Winden wie ein *Schwergutschiff* ausgerüstet. Der VEB Schiffswerft »Neptun«, Rostock gehört zu den langjährigen Entwicklern und Produzenten von Hebeschiffen.

Heckfänger: Sammelbegriff für verschiedene

Fischereischiffstypen wie *Hecktrawler*, *Kutter* oder *Trawler-Seiner*, die ausschließlich oder kombiniert für eine »Heckfangtechnologie« mit Heckslip, Heckrollen o.ä. sowie der entsprechenden Leinenführung und Windenanordnung versehen sind, im Unterschied zum »Seitenfänger«, bei dem die Netze über die Bordseite ausgesetzt und eingeholt werden, siehe auch *Fischereischiff*.

Heckradschiff: siehe *Raddampfer* und *Heckradschlepper*

Heckradschlepper: *Schlepper,* der durch ein Schaufelrad am Heck des Fahrzeugs angetrieben wird. Erste Ideen für Heckradschlepper mit Dampfantrieb entwickelte Jonathan Hull (Britannien) bereits 1729. Er erhielt am 21. Dezember 1736 das Patent Nr. 556 zur Anwendung der Newcomen'schen atmosphärischen Dampfmaschine zum Antrieb von Schleppdampfern mit Heckschaufelrädern.
Der 1802 gebaute Dampfschlepper *»CHARLOTTE DUNDAS«* gilt als der erste funktionsfähige Heckradschlepper.
Bei der weiteren Entwicklung zum *Schaufelradschiff* bzw. zum *Raddampfer* setzte sich wegen der einfachen Leistungsübertragung von der Kurbelwelle der Kolbendampfmaschine hauptsächlich das Seitenradschiff durch, bei dem 2 Schaufelräder an den Schiffsseiten angeordnet sind, obwohl verschiedene Gründe, wie die am Heck günstigere Nutzung des Nachstroms, die Gefährdung der Seitenräder bei Seegang und beim Anlegen u.a., für das Heckrad sprachen. Bei Schleppern und insbesondere bei Flußschleppern und bei begrenztem Tiefgang wurde jedoch das Heckrad dann bevorzugt, wenn Seitenradschlepper wegen ihrer größeren Breite über die Seitenräder infolge Breitenbegrenzungen der Fahrwasser nicht einsetzbar waren. Die weitere Entwicklung des Heckrads trat schließlich durch die Fortschritte des Schraubenpropellers in den Hintergrund.

Hecktrawler: *Fischereischiff,* das als Trawler für die Schleppnetzfischerei die Netze über das Heck aussetzt und einholt.
Im. allg. haben Hecktrawler oberhalb der Schwimmwasserlinie einen nach hinten überragenden Überhang des Schiffskörpers mit einer schrägen Rutsche, die als Heckslip oder Heckaufschleppe bezeichnet wird, oder es sind Rollen oder Hebeeinrichtungen am Heck vorhanden.
1954 wurden erstmals die britischen Trawler »FAIRFREE« und »FAIRTRY« mit einer vorher nur bei Walfangmutterschiffen üblichen Heckaufschleppe gebaut und die neue Heckfangtechnologie praktisch erprobt, die dann in den 60er Jahren dieses Jh. allgemein gebräuchlich wurde. Über die Heckslip oder Heckrollen wird ein Netz zum Aussetzen so weit vorgezogen, bis es im Wasser genügend Widerstand findet, um bei der Fahrt des Hecktrawlers selbst von Deck gezogen zu werden.
Das Netz mit seinen Scherbrettern und Kurrleinen wird, während es in Fangstellung ist, von den Kurrleinenwinden gehalten und durch hieven oder fieren dieser Winden bzw. durch eine veränderte Schiffsgeschwindigkeit in die erwünschte

2366-BRT-Hebeschiff Typ »KIL«, VEB Schiffswerft »Neptun«, Rostock

Fangstellung gebracht. Das volle Netz wird mit weiteren Winden an Bord gezogen und über Fischluken entleert, wodurch die beim Seitenfänger noch erforderliche schwere körperliche Arbeit zum Teil entfällt. Zur effektiven Ausnutzung der Fangzeit wurde die »Wechselnetzmethode« entwickelt. Dabei liegt jeweils das zweite Netz, das »Wechselnetz«, klar zum Aussetzen an Deck, so daß es unmittelbar nach Einholen des Netzteerts des aktiven Netzes ausgebracht werden kann. Hecktrawler, die mit dieser »Wechselnetzmethode« arbeiten, benötigen dazu ein entsprechend breites und langes Fangdeck und haben dementsprechend auf diesem Deck keine oder nur schmale bzw. einseitige Deckshäuser.

Für den wahlweisen Einsatz in der Schleppnetz- und Ringwadenfischerei gibt es auch Hecktrawler mit zusätzlichen Ausrüstungen für die seitliche Netzhandhabung.
Im Unterschied zum Hecktrawler gibt es noch den älteren *Seitentrawler* aber auch einige modernere kleinere Trawler und Kutter, bei denen das Netz über sog. »Fischgalgen« ausgesetzt und eingeholt wird, die über die Bordseite hinausragen.

Hecktrawler-Seiner, Trawler-Seiner: Fischereischiff mit kombinierter Fischereiausrüstung für Schleppnetz- und Ringwadenfischerei über Heck bzw. über Heck und Seiten. Im. allg. wird das pela-

Heckansicht eines Hecktrawlers

gische (in einer bestimmten Wassertiefe geschleppte) Netz bzw. Grundschleppnetz (das durch Grundrollen dicht über Grund bewegt wird) über die schräge Heckaufschleppe ausgesetzt und eingeholt. Die Handhabung der Ringwaden kann in unterschiedlicher Weise erfolgen. Entweder wird die Ringwade über einen seitlich oder achtern über Bord reichenden Ausleger, an dem sich eine angetriebene große Rolle befindet, die Kraftblock (Powerblock) genannt wird, ausgebracht und zusammengezogen, oder es wird die breite Heckaufschleppe benutzt.

Heckwulstschiff: Schiff mit einer wulstähnlichen Verdickung des Schiffskörpers im Zuströmbereich des Propellers zur Lenkung der außenhautnahen Grenzschichtströmung und zur Vergleichmäßigung des Nachstroms. Ebenso wie beim Bugwulst waren erst ausreichende Kenntnisse erforderlich, um für die verschiedenen Schiffstypen und Schiffsformen die für den Schiffswiderstand und die Propulsion jeweils günstige Wulstform und Lage zu entwerfen. Erste Versuche machten Fresenius (1920), Kempf (»Kielwulst« 1930), Hogner (1932) und andere. Die Einführung in die Projektierungspraxis vollzog sich jedoch erst ab dem Ende der 50er Jahre zunächst bei völligen Schiffen, wie der von Nitzki für den Turbinentanker »HADRIAN« entwickelte Heckwulst Typ AG Weser, dann bei schnellen Schiffstypen und allmählich bei anderen Typen.

»HEDWIG WOERMANN«: kleiner deutscher Fracht- und Passagierdampfer um die Jahrhundertwende. Die »HEDWIG WOERMANN« wurde 1890 auf der Werft Low Walker/Tyne (England) für die Woermann-Linie AGmbH in Hamburg gebaut und am 30. Oktober 1890 in Dienst gestellt. Das 1289 BRT (801 NRT) große Schiff war 69,90 m lang; 9,79 m breit und hatte 6,43 m Tiefgang. Die Dreifach-Expansionsmaschine leistete 368 kW (500 PS) und gab dem Schiff eine Geschwindigkeit von 9,5 kn. Am 21. April 1907 ist die »HEDWIG WOERMANN« gestrandet und verlorengegangen.

Helicopterboot: siehe *Hubschrauberboot*

»HENRY FÜRST«: typischer Frachtdampfer der kleinen Rostocker Reedereien zu Anfang des 20. Jh. für den Nord- und Ostseeverkehr. 1905 baute die Osborne Graham & Co. in Sunderland (England) für den Reeder Otto Zelk in Rostock den 948-NRT-Frachter aus Stahl. Das Schiff wurde bei Kriegsausbruch 1914 in Großbritannien (in Dunston an der Tyne) beschlagnahmt. Weitere Schiffe des Reeders Otto Zelk waren »CLARA ZELK« (Baujahr 1904, 1326 NRT), »JOACHIM ZELK«, »JULIUS ZELK« und IDA ZELK«.

Heringsfabrikschiff: *Fischereifabrikschiff* mit speziellen Ausrüstungen für die Übernahme der Heringsfänge von Fangbooten und Fangschiffen und die sofortige Bearbeitung des Frischfisches. Die übernommenen Heringsfänge werden gewaschen und sortiert. Ein Teil kommt in die Gefrieranlagen zur Tiefrostung und danach in Tiefkühlladeräume. Besonders während der Heringsfangsaison werden größere Mengen zur sog.

Modell des kleinen deutschen Fracht- und Passagierdampfers »HEDWIG WOERMANN«, Baujahr 1890

Kapitänsbild des kleinen Frachtdampfers »HENRY FÜRST«, Baujahr 1905

»Faßware« als Salz- oder Gewürzhering verarbeitet. Das Heringsfabrikschiff hat dafür in großer Zahl leere Fässer sowie Pack- und Rüttelmaschinen, Salzungs- und Gewürzdosiereinrichtungen und Elevatoren für den Faßtransport in speziellen Laderäumen an Bord.

Heringslogger: siehe *Fischereischiff* und *Logger*

Herings-Ringwadenboot: siehe *Ringwadenboot*

»HERMES«: einer der ersten deutschen Motor-Bergungsschlepper. In den ersten Jahren nach dem ersten Weltkrieg war der Dieselantrieb für Hochseeschlepper noch völlig neu, obwohl wegen der geringen Brennstoffvorräte damit ein bedeutend größerer Fahrbereich als mit Dampfschleppern möglich wurde. Außerdem gab es den Beschluß der Kontrollratsbehörde; die ursprünglich für U-Boote gebauten Dieselmotoren ausschließlich für zivile Objekte zu verwenden.
Der Doppelschrauben-Bergungsschlepper »HERMES« wurde auf der Norderwerft AG in Hamburg für die Bugsier-Reederei- und Bergungs AG in Hamburg gebaut, lief im Dezember 1922 von Stapel und wurde im April 1923 in Dienst gestellt. Der Schlepper war mit 275 BRT (89 NRT) vermessen; 40,60 m lang; 6,92 m breit und besaß einen Tiefgang von 3,71 m und eine Seitenhöhe von 4,08 m. Die beiden einfachwirkenden Viertakt-Dieselmotoren der AEG. Berlin leisteten zusammen 1295 kW (1760 PSe). Der Schlepper ist am 19. Juli 1944 im Hafen von Saint Malo durch Bombentreffer gesunken, wurde nach der Befreiung Frankreichs geborgen, repariert und in der französischen Marine unter dem Namen »TENACE« in Dienst gestellt.

Hilfsflugzeugträger: siehe *Flugzeugträger*

Hilfskreuzer: schnelles, bewaffnetes Handelsschiff, das im Seekrieg die in Übersee befindlichen Auslandskreuzer (siehe *Kreuzer*) unterstützen sollte. Besonders vor dem ersten Weltkrieg wurde von führenden Seemächten der Bau neuer *Schnelldampfer* staatlich subventioniert, um sie bei Kriegsausbruch für militärische Aufgaben einsetzen zu können. Die Hilfskreuzer sollten die gegenerische Versorgung aus Übersee im sog. »Handelskrieg« stören. Die Bewaffnung der Hilfskreuzer war sehr unterschiedlich. Wurde im ersten Weltkrieg ein Schnelldampfer auf See zum Hilfskreuzer umgerüstet, so konnten von den Auslandskreuzern wegen der eigenen relativ schwachen Bewaffnung i. allg. nur wenige Geschütze übernommen werden. So hatte beispielsweise der in Eile umgerüstete Hilfskreuzer *»KAISER WILHELM DER GROSSE«* nur 4× 10,5-cm-Geschütze. Einige Auslandskreuzer hatten aber auch schon vor dem Krieg zusätzliche Geschütze, den sog. »Hilfskreuzerzuschlag«, zur späteren Bestückung von Hilfskreuzern in ihrer Last an Bord.
Die Silhouetten der zu Hilfskreuzern umgerüste-

ten Schnelldampfer waren jedoch unverkennbar und der Kohleverbrauch sehr groß, so daß keiner dieser Schnelldampfer/Hilfskreuzer länger als 2 Monate operieren konnte. Demgegenüber waren unauffällige, zu Hilfskreuzern umgerüstete Trampdampfer besser geeignet und in ihren Laderäumen konnten sie zusätzliche Kohlevorräte unterbringen und so eine verlängerte Einsatzdauer erreichen.
Die aus der Heimat auslaufenden Hilfskreuzer waren dagegen stärker bewaffnet, besser ausgerüstet und auf ihre Aufgaben besser vorbereitet. Die Sinksicherheit wurde u. a. durch eine Ladung leerer Fässer erhöht, die Geschütze mit Tarnklappen versehen und das Aussehen des Schiffs dem eines gegnerischen Frachters angeglichen. Im zweiten Weltkrieg wurde beispielsweise die 1936 von AG »Weser« für die DDG »Hansa« gebaute 7766 BRT große »KANDELFELS« (Deplacement 16000 t, Geschwindigkeit 16 kn) zum Hilfskreuzer »PINGUIN« mit der Tarnbezeichnung »Schiff 33« umgerüstet. Die Bewaffnung bestand aus 6×15-cm-, 1×7,5-cm-, 2×3,7-cm- und 2×2,0-cm-Geschützen, 4 Torpedorohren mit insgesamt 25 Torpedos, 420 Minen und 1, zeitweise 2 Bordflugzeugen. In anderen Fällen waren auch kleine Motor-Schnellboote an Bord.
Am 8. Mai 1941 wurde der Hilfskreuzer »PINGUIN« im Indischen Ozean vom britischen Kreuzer »CORNWALL« gestellt und in ein Gefecht verwickelt. An Bord befanden sich zu dieser Zeit noch 130 Minen, die nach einem Treffer explodierten und das Schiff zerrissen. Unter den 554 Toten waren 231 gefangene Seeleute von vorher gekaperten Schiffen.

Hilfsschiff: Sammelbezeichnung für verschiedene Schiffstypen, die Hilfsdienste verschiedener Art für die Schiffahrt und für den Hafenbetrieb sowohl im zivilen als auch im militärischen Bereich leisten. Die Unterscheidung zur sog. »Technischen Flotte« ist dabei nicht immer eindeutig. Zu den Hilfsschiffen des zivilen Sektors gehören insbesondere solche Schiffstypen, deren Einsatz unmittelbar an Aufgaben der Navigationshilfe, der Manövrierhilfe, der Ver- und Entsorgung und der Gefahrenbekämpfung gekoppelt sind. Des weiteren gehören Fischereiaufsichts- und Schutzboote, Bergungsschiffe und Bohrinselversorger, Restölübernahmeprahme, Tankreinigungsschiffe und Taucherboote zu den Hilfsschiffen. Im weiteren Sinne sind auch Typen der Technischen Flotte wie *Eisbrecher*, *Feuerschiffe*, Feuerlöschschiffe, *Leichter*, *Tonnenleger* usw. Hilfsschiffe für andere Objekte. Sie führen die Handels- oder Dienstflagge.
Im militärischen Bereich dienen Hilfsschiffe zur Unterstützung der Kampfschiffe als Begleitschiffe (Troßschiff) mit Nachschub- und Versorgungsfunktionen und zur Ausbildung. Sie können selbständig operieren oder als Troßschiff einem Verband zugeordnet sein. Sie haben i. allg. nur eine leichte Bewaffnung und führen die Dienstflagge oder im Krieg die Kriegsflagge. Im zweiten Weltkrieg wurden sie auch als Handelsschiffe getarnt eingesetzt. Zur Gruppe der *Begleitschiffe* gehörten früher die *Aviso* (veraltet) sowie die U-Boot- und Schnellboot-Begleitschiffe. Ferner können noch schwimmende Minen-, Torpedo-, Artillerie- und Raketentransporter in Dienst sein.

Doppelschrauben-Motorbergungsschlepper »HERMES«

Für Ausbildungszwecke sind noch Segelschulschiffe, Artillerieschulschiffe, Zielschiffe und Torpedofangboote in Dienst.

»HOCHE«: französisches Panzerschiff. Das um 10900 t große Panzerschiff lief 1886 in Lorient von Stapel. Das Schiff war 102,4 m lang; 20,0 m breit und hatte 8,3 m Tiefgang. Die Besatzung bestand aus 610 Mann.
Die Maschinenanlage mit einer Leistung von 8540 kW (11300 PSi) verlieh dem Schiff eine Geschwindigkeit von 16 kn. Mit dem maximalen Kohlevorrat von 800 t konnten bei 10 kn 3000 Seemeilen gefahren werden. Die Bewaffnung bestand aus zwei 34-cm- und zwei 27-cm-Geschützen. Die »HOCHE« stellt entwicklungsgeschichtlich einen Übergang vom Barbette-Panzerschiff zum Turm-Panzerschiff dar. Im Unterschied zu ihren 3 Schwesterschiffen erhielt sie für das vordere und achtere Geschütz versuchsweise je einen Panzerdrehturm und war damit kein »echtes« Barbette-Schiff, aber auch noch kein »volles« Turmschiff. Weiter waren noch acht 14-cm-Geschütze an Bord. Der Gürtelpanzer war bis zu 45 cm dick, und das Deck hatte eine 8 cm dicke Panzerung.
Im Jahr 1900 wurde das Schiff umgebaut und danach als Linienschiff geführt. Neben den beiden Turmgeschützen bestand die neue Bewaffnung aus 12×14-cm-, 4×6,5-cm- und 4×3,7-cm-Schnellfeuerkanonen, außerdem waren noch 3 Torpedorohre vorhanden.

Hochsee-Bergungsschlepper: hochseetüchtiger *Schlepper* mit leistungsstarker Maschinenanlage zur Bergung havarierter oder fahruntüchtiger Schiffe. Der Hochsee-Bergungsschlepper muß auch bei schwerem Seegang und über größere Entfernungen einsetzbar sein. Er besitzt im Vergleich zu anderen Schleppertypen i. allg. einen höheren Freibord und ein relativ weit vorn angeordnetes höheres Deckshaus bzw. entsprechende Aufbauten. Bergungsschlepper haben i. allg. ein langes und seitlich freies Schleppdeck sowie eine dazu günstige Aufstellung der Schleppwinde mit Seegangsfolgeeinrichtungen nahe dem Verdrängungsmittelpunkt, um bei schwerem Seegang die stoßartigen Belastungen auf die Schlepptrosse klein zu halten und bei seitlichen Bewegungen wie Gieren oder Ausscheren des geschleppten Anhangs auch ein seitliches Ausweichen der Schlepptrosse zu ermöglichen.
Die Ausrüstungen zur Navigation und Nachrichtenübermittlung sowie zur Leck- und Brandbe-

»HOCHE« französisches Turmpanzerschiff

kämpfung bzw. für Arbeiten an Wracks, Bohrinseln oder Seezeichen unterscheiden sich hauptsächlich nur hinsichtlich der Leistungsparameter von denen des *Bergungsschleppers*.

Hochsee-Feuerlöschkreuzer: hochseefähiges *Feuerlöschboot*. Mit der Offshore- und Onshoretechnik in Küstennähe und in küstenferneren Gebieten zur Erdöl-, Erdgas- und Rohstoffgewinnung entstanden vorher nicht aktuelle Brandgefahren in Schelfzonen und auf hoher See. Das Feuerlöschboot muß für diese Einsatzfälle dafür von entsprechender Größe und Schnelligkeit sein und über leistungsstarke Navigations-, Funk- und Ortungseinrichtungen verfügen. Es muß Ölbrände aus größerer Entfernung auf den hohen Bohrinseln und ausgebreitete Brände auf dem Wasser durch leistungsstarke Löschwasser/Schaumwerfer (Monitore) löschen und Ölsperren errichten, Rettungsinseln übernehmen und erste Hilfe leisten können.

Hochseeschiff: im Unterschied zum *Binnenschiff*, *Küstenmotorschiff* oder anderen Schiffen mit begrenztem Fahrtbereich hochseefähiges Schiff ohne Fahrbeschränkungen.

Hochsee-Torpedoboot: *Torpedoboot* für den Hochsee-Einsatz. Die Entwicklung der Torpedoboote begann mit kleinen Einheiten, die noch mittels Heißaugen an Bord genommen werden konnten. 1877 hatten die Torpedoboote erst ein Deplacement von 28 t und eine Geschwindigkeit von 18,5 kn. Die nächste Generation hatte ab 1886 bereits ein Deplacement von 95 t und fuhr 25 kn. Diese Vorläufer des Hochsee-Torpedoboots waren nur in Küstennähe und nur bei mäßigem Seegang einsetzbar. Die ersten Hochsee-Torpedoboote erhielten ein Deplacement von etwa 200 t, und waren i. allg. mit 3 Torpedorohren und 3 Schnellfeuer-Kanonen bestückt; siehe weiter *Torpedoboot*, *Torpedobootzerstörer*, *»B 111«* und *»G 137«*.

»Holland«-U-Boot: von 1875 bis 1903 von Ingenieur John P. Holland (USA) entwickelte Baufolge von U-Booten. Das erste 1875 von Holland gebaute Boot war noch manuell über Trittpedale angetrieben und entsprach bei 4,88 m Länge und 0,6 m Durchmesser in Form und Länge einem Torpedo. Die Wirkung sollte durch 5 am Boot befestigte Sprengkörper erzielt werden.
1889 bildete Holland die »The John P. Holland Torpedoboat Company« mit der er verschiedene U-Boote, darunter 1895 die »PLUNGER« mit 168 t Deplacement als sein erstes durch eine Dampfmaschine (1100 kW) angetriebenes U-Boot baute. 1898 baute Holland mehrere Boote mit je 74 t Deplacement. Erst 1900 wurde jedoch eines seiner U-Boote, es war bereits das 8. seiner Versuchsboote, von der US-Marine anerkannt und übernommen. Es war das erste als »autonom« bezeichnete Boot und hatte bei 26 m Länge 3 m Durchmesser. 1901 gelang mit dem Versuchsboot »FULTON« eine 15 Std. während Tauchung ohne Frischlufterneuerung, für die damalige Zeit ein bedeutender Fortschritt in der Entwicklung des U-Boots.
Das 10. Holland-U-Boot wurde 1901 von Stapel gelassen und 1902 von der britischen Marine erworben, zur Werft »Vickers, Sons und Maxim« gebracht und dort ausgerüstet.
Auf das von der britischen Marine erworbene und als »HOLLAND 1« bezeichnete Boot folgten 1902 in einer Serie die Boote Nr. 2···5 von je 100 t und bis 1905 weitere 13 größere und verbesserte »Holland«-U-Boote $A_1 \cdots A_{13}$. Das erste Boot ist 1913 bei Tauchversuchen an der Küste von Cornwall gesunken. Das Wrack dieses ersten militärisch einsatzbereiten britischen U-Boots wurde 1982/83 – also 69 Jahre nach seinem Untergang – vor Plymouth geborgen und als technisches Denkmal restauriert.

Holzfrachter, *Holzfrachtschiff:* Spezialfrachtschiff für den Holztransport oder Mehrzweck-Frachtschiff mit Zusatzausrüstungen. Ausschließlich für Rundholz-Transporte vorgesehene Spezial-Holzfrachter können entweder nach dem Dockprinzip be- und entladen werden oder das Rohholz durch bordeigene Krane laden und durch Krängung des Schiffs entladen.
Die Mehrzahl der Holzfrachter sind jedoch sowohl für den Rundholz- als auch für den Schnittholztransport geeignet. Es sind i. allg. Einschrauben-Stückgutfrachtschiffe mittlerer Größe ohne Zwischendeck, mit langen Laderäumen, großen Luken und Zurreinrichtungen für Holz-Deckladungen. Für Holzfrachter ist ein geringerer Freibord zulässig, da zuverlässig gestaute und gezurrte Decksladung bei größeren Krängungswinkeln des Schiffs zusätzlichen Auftrieb und aufrichtende Stabilitätsmomente erzeugen kann. Schiffe, die häufig Holz-Decksladungen fahren,

Hochsee-Bergungsschlepper »OCEANIC« Baujahr 1969; Länge 82,6 m; B 14,34 m; T 6,3 m; Trossenzug 950 kN

Eine Flottille von Hochsee-Torpedobooten von der Werft F. Schichau in voller Fahrt

dürfen daher links von der Mittschiffs-Freibordmarke eine besondere »Holzfreibordmarke« mit dem Vorsatz »H« anbringen, die höher liegt als die Normal-Freibordmarke und damit einen größeren Tiefgang erlaubt.
Zu dieser Gruppe von Holzfrachtern gehört u. a. das vom VEB Schiffswerft »Neptun« 1972 in einer Großserie für den seinerzeitigen VEB Deutsche Seereederei gebaute M. S. »ZEULENRODA«. Neben dem Holztransport eignet sich das mittelgroße mit kurzer Back und langer Poop gebaute Stückgutschiff auch für den Stückgut-, Container-, Getreide- und Halbzeugtransport. Das Schiff ist 104,42 m über Alles und zwischen den Loten 95,74 m lang, 14,64 m breit und hat bis Hauptdeck 7,20 m Seitenhöhe und ist mit 3089 BRT bzw. 1904 NRT vermessen. Der Tiefgang liegt entsprechend den verschiedenen Ladelinien zwischen 5,79 und 6,12 m mit der entsprechenden Tragfähigkeit von 4631 bis 5121 t. Die beiden Laderäume haben 6121 m^3 Stückgut- und 6233 m^3 Schüttgut-Rauminhalte und lichte Lukenabmessungen von je 25,96 m × 10,60 m. In der Holzfahrt können 1477 Standards (1 m^3 Festholz entspricht 0,21 402 Standards) geladen werden. Die Laderaumhöhen des Eindeckschiffs liegen zwischen 4,20 m und 5,60 m. Die Beladung kann durch 4 bordeigene Schwingbäume des Systems »Velle« von 2×10 t, einem Baum von 20 t und einem Schwergutbaum von 50 t Traglast vorgenommen werden. Anstelle der Holzladung sind 122 TEU-Container ladbar, davon 32 an Deck. Das Schiff wurde noch für 27 Mann Besatzung ausgerüstet. Als Antrieb dient ein direktwirkender Zweitakt-Tauchkolbenmotor des Typs 8 NZD 72 A-1 des Dieselmotorenwerks Rostock mit 2355 kW Leistung bei 221 U/min. Das Einschraubenschiff fährt damit 14,6 kn.

»HOOD«: britischer Schlachtkreuzer. Dieser britische Schlachtkreuzer war seinerzeit das größte Kriegsschiff der Welt. Das 45 000 t Schiff wurde 1916 auf Kiel gelegt und war erst 1920 fertig. Es war 261 m lang und 32 m breit. Mit einer Maschinenleistung von 111 136 kW (151 000 PS) erreichte das Schiff eine Geschwindigkeit von 31 kn. Die Bewaffnung bestand aus 8×38,1-cm- und 2×12-cm-Geschützen sowie 4×10,2-cm-Flakkanonen, 6 Torpedorohren sowie diversen Maschinenwaffen.
Der Schlachtkreuzer »HOOD« (Captain R. Kerr) sowie das seinerzeit neueste Großkampfschiff der Royal Navy, »PRINCE OF WALES« (Captain L. C. Leach) und weitere 6 Zerstörer operierten unter dem Kommando von Vizeadmiral L. E. Holland mit weiteren Verbänden unter Admiral Sir John Tovey am 23./24. Mai 1941 in der Dänemarkstraße, um den Durchbruch des Schlachtschiffs *»BISMARCK«* und des Schweren Kreuzers *»PRINZ EUGEN«* in den Atlantik zu verhindern. Am Morgen des 24. Mai 1941 kam es zum Gefecht, in dessen Verlauf der Schlachtkreuzer nach schweren Treffern und weiteren Explosionen gegen 5.53 Uhr sank. Das Feuergefecht hatte nur 5 Min. gedauert.
Bereits am 26. Mai 1941 wurde die »BISMARCK« 400 Seemeilen westlich von Brest durch Lufttorpedotreffer bewegungsunfähig gemacht und sank am 27. Mai 1941 im Feuer von 16 britischen Kriegsschiffen.

Das Schlachtschiff »HOOD«, lange Zeit das größte Kriegsschiff der Welt, am 24. Mai 1941 nach dem Gefecht mit »BISMARCK« und »PRINZ EUGEN« in der Dänemarkstraße durch Explosion gesunken

Die zu schwache Panzerung der »HOOD« war ein bekannter Mangel, den man bei Modernisierungen mit wenig Erfolg zu beseitigen versucht hatte. Die Granaten der wesentlich stärker gepanzerten »BISMARCK« konnten den Panzer der »HOOD« bis in die Munitionsbunker durchschlagen.

Hopperbagger, Schachtbagger: siehe *Schwimmbagger*

»Hotchkiß«-U-Boot: um 1885 vom französischen Ingenieur Hotchkiß entwickeltes U-Boot mit Preßluft-Dampfantrieb. Das Boot sollte nicht völlig, sondern nur soweit tauchen, daß der Turm noch aus dem Wasser ragte. Dazu waren Korkschwimmer beweglich an den Bordseiten angebracht. Wenn die Verbindung zwischen den Korkschwimmern und dem Bootskörpern verlängert wurde, hing das Boot auf der entsprechenden Tiefe zwischen den beiden nicht ganz getauchten Kork-Auftriebskörpern.
Das »Hotchkiß«-Boot stellt damit als sog. »Überflutungsboot« – bei dem möglichst viel vom Bootskörper überflutet sein sollte – eine relativ eigenständige Entwicklungsstufe zum ersten funktionsfähigen Tauchboot dar; siehe auch *»Holland«-U-Boot.*

Hotelschiff (Botel): Hotelschiffe sind Fahrzeuge, die entsprechend ihrer Bestimmung wie Wohnschiffe überwiegend mit Räumlichkeiten für die Nutzer (Touristen) ausgestattet sind. Während Wohnschiffe i. allg. mit einem geringeren Komfort ausgestattet sind und oft keinen eigenen Antrieb besitzen, verfolgt man mit dem Hotelschifff andere Ziele. Derartige Hotelschiffe verkehren z. B. im Auftrag der ägyptischen Hotelgesellschaft Egoth auf dem Nil zwischen Luxor und Assuan. Hier wird eine größere Anzahl von Passagieren (192 Passagiere) zwischen zwei Basishäfen durch eine landschaftlich reizvolle Gegend geführt, ohne auf die Annehmlichkeiten des Hotellebens verzichten zu müssen. Neben allen hierzu erforderlichen Einrichtungen verfügen die Schiffe über relativ große Seitenfenster und einen »Dachgarten« auf dem oberen Deck, der mit einem Sonnenschutz versehen ist.
Infolge der Tiefgangsbegrenzung auf Flüssen ist der Antrieb zumeist in Schraubentunneln angeordnet und zur Erhöhung der Manövrierfähigkeit des Schiffs schwenkbar. Da die Bordseiten dem

Wind große Angriffsflächen bieten, wodurch die Manövrierfähigkeit ebenfalls eingeschränkt wird, ist außerdem noch ein Bugstrahlruder vorhanden. Für eine erforderliche Brückendurchfahrt sind die Masten klappbar. Hauptabmessungen: L = 71,80 m; Seitenhöhe = 3,28 m; Tiefgang = 1,50 m; Antrieb 2×335 kW (2×465 PS), weiter siehe *Fahrgastschiff*, *Binnenschiff*, *Wohnschiff*. Für die Mannschaften von küstenferneren Bohrinseln gibt es auch sog. »Hotelinseln«, die auf Stützen stehen oder halbgetaucht schwimmen und im Komfort einem Hotel entsprechen.
Auch ein *Fahrgastschiff*, das zeitweise oder ständig aus der Passagierfahrt genommen und als Hotel an einem geeigneten Liegeplatz genutzt wird, bezeichnet man als »Hotelschiff«.

Hovercraft:siehe *Luftkissenschiff*

Hubplattform: siehe *Bohrinsel*

Hubschrauberboot: um 1960 erstmalig auf Motorbootsschauen vorgestelltes Sportfahrzeug als kombiniertes Motor-Hubschrauberflugboot. Der einem kleinen Gleitboot ähnliche Bootskörper aus Leichtmetall und glasfaserverstärkter Plaste hat einen Schraubenpropeller und über Wasser am Heck 2 Stabilisierungsflossen. An einer dieser Flossen befindet sich eine Luftschraube ähnlich der Hubschrauber-Heckschraube. Das Boot fliegt mit einem motorgetriebenen Rotor, dessen Rotorblätter etwa 5 m lang sind. Nach dem Flug ist der Rotorantrieb auf die Schiffsschraube umschaltbar.

Hubschrauberträger: modernes Kriegsschiff mit einem Flugdeck für Hubschrauber. Wegen des für diese Maschinen nur erforderlichen kleineren Flugdecks können Trägerschiffe kleiner sein als konventionelle *Flugzeugträger* und zur Unterstützung von Landeoperationen oder in begrenzteren Seeräumen eingesetzt werden, wie der sowjetische Hubschrauberträger »MOSKWA«. Derartige Träger können größere gegnerische Einheiten, See- und Landziele mit raketenbestückten Hubschraubern bekämpfen und Kampfhubschrauber mit Ortungsgeräten und Wasserbomben gegen U-Boote einsetzen.

Huckepack-Schiff: Trägerschiff, das als Mutterschiff kleinere schwimmfähige Fahrzeuge befördert. Die Bezeichnung wird hauptsächlich für Fischereimutterschiffe verwendet, die ihre Fangboote an Deck zu den Fangplätzen und zurück bringen (siehe auch »WOSTOK«) sowie für *Seiner* und *Thunfänger* mit ihren Dorybooten. Im weitesten Sinne gehört auch das *Leichterträgerschiff* zu dieser Schiffsgruppe.

Hurricanedeckschiff: siehe *Sturmdeckschiff*

Hydrographisches Schiff: siehe *Forschungsschiff*

»Hydrostat«: zylindrischer Tieftauchapparat bzw. Tieftauchturm; wobei die Abkürzung von »statarisch« auf den im Wasser aufrecht stehenden Tauchapparat hinweist.
Die ersten zylindrischen Tieftauchapparate dieser Art wurden in der Zeit um 1927/28 vom US-Forscher Dr. William Beebe entwickelt. Die deutsche Fa. Krupp/Essen baute 1931 nach den Plänen des deutsch-amerikanischen Tiefseeforschers Dr. Hans Hartmann einen Tieftauchapparat für 2 Personen. Der Stahlzylinder hatte 3 m Durchmesser und wurde an einem Stahlseil von einem Trägerschiff in die entsprechende Tiefe abgesenkt. Über ein Versorgungskabel konnte Elektroenergie zugeführt und mit dem Schiff telefoniert werden. Im Zylinder befanden sich Sauerstoff- und Luftflaschen, Luftreiniger und die erforderlichen Meßinstrumente. Durch druckfeste Fenster, Scheinwerfer und Kameras wurde beobachtet und dokumentiert. Am unteren Boden des Hydrostat befanden sich 2 kleine Propeller, um das am Seil hängende Gerät selbständig zu drehen.
Im Notfall konnte ein Zusatzgewicht abgeworfen und zusätzlich Auftrieb durch Ausblasen von Druckluft erzeugt werden. Der ursprünglich für den Einsatz bis 3000 m Tiefe vorgesehene zylindrische Tauchapparat wurde jedoch nur in Tiefen bis zu 500 m zur Erkundung antiker Unterwasserfunde im Mittelmeer eingesetzt. Wegen der höheren Druckfestigkeit kugelförmiger Tiefsee-Tauchkörper sind i. allg. auch modernere zylindrische Tauchkörper nur für begrenzte Tauchtiefen geeignet.

I

»ICTINEO«: spanisches Tauchboot um 1860. Der Spanier Narciso Monturiol (1819 bis 1885) baute mit finanzieller Unterstützung seiner Freunde 2 Tauchboote für die Korallenfischerei, die er beide »ICTINEO« (Fisch-Schiffe) nannte.
Mit dem Bau des ersten Boots wurde Anfang 1859 begonnen, der Stapellauf war am 28. Juni 1859. Das aus Olivenholz gebaute Boot hatte einen elliptischen Querschnitt und besaß eine Verdrängung von etwa 8 t. Es war 7,0 m lang; 2,5 m breit und maß von Unterkante Kiel bis Oberkante Kuppel 3,5 m. Es war eine Tauchtiefe von 40 m vorgesehen, erreicht wurden aber nur 20 m. Mit Handantrieb des Propellers durch 4 Mann erreichte das Boot über Wasser eine Geschwindigkeit von 0,9 kn.
Mit den Mitteln einer öffentlichen Sammlung konnte Monturiol mit dem Bau eines zweiten Boots beginnen. Das Boot wurde 1866 fertig, jedoch war die durch Muskelkraft erreichte Geschwindigkeit zu gering, so daß sowohl für Überwasser- als auch für Unterwasserfahrt ein geeigneter Dampfantrieb erforderlich war.
Das zweite Boot »ICTINEO« hatte einen kreisförmigen Querschnitt und besaß eine Verdrängung von etwa 65 t. Es war 17,0 m lang; 3,5 m breit und maß von Unterkante Kiel bis Oberkante Kuppel ebenfalls 3,5 m. Unter Wasser verdrängte das Boot 73 t. Die Spanten waren aus 10 cm dickem Olivenholz, auf denen 6 cm starke Eichenplatten befestigt waren. Die Beplankung war zusätzlich mit 2 mm starkem Kupferblech beschlagen. Am Druckkörper befand sich vorn ein Bronze-Gußstück mit Sichtfenster. Hinten diente ein ähnliches Gußstück zur Aufnahme der Schraubenwelle. Mittschiffs war oben eine Kuppel aus Bronze mit Einstiegluke und Fenster vorhanden, die einen Rundblick ermöglichten. Weitere Sichtkuppeln befanden sich an den Seiten, in denen später Greifarme für die Korallenfischerei montiert wurden. Der äußere Bootskörper bestand ebenfalls aus Holz und war mit dem eigentlichen Druckkörper durch Bodenwrangen aus Bronze verbunden. Dazwischen befanden sich vorn und achtern jeweils 2 Tauchtanks, die aus Kupferblech gefertigt waren. Die »ICTINEO« (2) gilt somit als erstes Zweihüllen-Tauchboot. Es erreichte eine Tauchtiefe von 20 m. Für die Überwasserfahrt wurden 2 oszillierende Maschinen mit obenliegender Kurbelwellen eingebaut, die zusammen 4,5 kW (6 PS) leisteten. Ein Zahnradvorgelege erlaubte das Fahren in 2 Drehzahlbereichen und die Rückwärtsfahrt. Der Abdampf wurde in einen Oberflächenkondensator geleitet, der zwischen Außenhaut und Druckkörper montiert war.
Für die Unterwasserfahrt war eine Einzylinder-Dampfmaschine mit einer Leistung von etwa 1,5 kW (2 PS) vorgesehen, die über einen Kegelradantrieb auf die Schraubenwelle arbeiten sollte. Diese Maschine konnte nur noch in der Werkstatt erprobt werden. Der Kessel mußte zerlegt in Einzelteile durch die Einstiegluke in das Boot transportiert werden. Er war so ausgelegt, daß er bei Tauchfahrt durch Heizpatronen genügend Dampf erzeugen sollte. Bei Überwasserfahrt wurde mit Koks gefeuert. Der Kesseldruck betrug 0,5 MPa (4 atü). Die Geschwindigkeit betrug bei Überwasserfahrt 3,5 kn.

»ILE DE FRANCE«: französischer Schnelldampfer. 1926/27 baute die Chantiers et Ateliers de St. Nazaire, Penhoet für die Compagnie Generale Transatlantique; Paris, als Flaggschiff der Reederei den Schnelldampfer »ILE DE FRANCE«. Das 43153 BRT große Schiff war 241,4 m lang und 28 m breit, hatte eine Tragfähigkeit von 11685 t und war auf der Route Le Havre–New York eingesetzt. Die Dampfturbinen leisteten 38272 kW (52000 PS), womit das Vierschraubenschiff eine Geschwindigkeit von 23···24 kn erreichte. Das Schiff war für 1345 Passagiere eingerichtet und hatte auch die Spitznamen »Kahn der Prominenten« und wegen seines Komforts den der berühmten Pariser Straße »Rue de la Paix des Ozeans«. Im Sommer 1928 erhielt das Schiff nach dem Vorbild des Schnelldampfers *»BREMEN«* zur Beschleunigung des Postverkehrs ein Bordflugzeug, wurde 1932 modernisiert und für die Beförderung von 1500 Passagieren eingerichtet. Im September 1939 wurde die »ILE DE FRANCE« in New York zunächst aufgelegt und dann zum Truppentransporter umgerüstet. Nach dem Krieg ist das Schiff erneut modernisiert worden. Von 1927 bis 1959 befuhr es 620mal die Route Le Havre–New York. Es war Inhaber des »Ritterkreuz für Verdienste zur See« sowie von 85 Diplomen und des »St. Bernhard der Meere«. 1959 wurde das Schiff aus dem Verkehr gezogen und für 1,2 Mill. Dollar an Japan zum Abwracken verkauft. Im Indischen Ozean wurde das leer nach Japan fahrende Schiff von einem amerikanischen Filmproduzenten für 4000 Dollar pro Tag gechartert, um Szenen für den Film »Die letzte Reise« zu drehen.
Während der Überführung trug die »ILE DE FRANCE« den Namen »FURANSU MARU«. Die Nachfolgerin wurde dann die *»FRANCE«*.

Die »ILE DE FRANCE« beim Auslaufen aus New York am 1. Mai 1940 mit einer Ladung von US-Flugzeugen nach Marseille

S. M. Kanonenboot »ILTIS«, erbaut 1898 von F. Schichau, Danzig

»ILTIS«: *Kanonenboot* der Kaiserlichen Marine. Kanonenboote wurden vorwiegend in den Kolonien und sog. »Schutzgebieten« zur Repräsentation der Macht und für Patrouillenfahrten an den Küsten und Flüssen eingesetzt. Das erste Kanonenboot mit dem Namen »ILTIS« lief 1878 in Danzig von Stapel. Es hatte 570 t Deplacement und 2×12,5-cm- sowie 2×8,7-cm-Kanonen. Ab 1880 im Auslandsdienst, strandete diese »ILTIS« am 23. Juli 1896 in einem Taifun vor Shanghai und ging mit dem größten Teil der Besatzung verloren. Für die erste »ILTIS« wurde am 21. November 1898 in Shanghai ein Denkmal errichtet.
Das Nachfolge-Kanonenboot gleichen Namens wurde 1898 ebenfalls in Danzig gebaut. Es war 63,9 m in der KWL lang; 9,1 m breit und ging 3,3 m tief. Das Deplacement betrug 1048 t. Mit den beiden liegenden Dreizylinder-Dreifach-Expansionsmaschinen wurden 957 kW (1300 PSi) und 13,5 kn erreicht. Bei 10 kn Marschgeschwindigkeit betrug die Dampfstrecke ohne Nachbunkern 2000 Seemeilen.
Das mit 126 Mann besetzte Schiff erhielt 4×8,8-cm-Geschütze sowie 6×3,7-cm-Maschinenkanonen und wurde ab 1. Dezember 1898 in Tsingtau stationiert. Die »ILTIS« nahm an der Bekämpfung des sog. »Boxeraufstands« und an der Beschießung der chinesischen Taku Forts am 17. Juni 1900 teil.
Dieses Kanonenboot »ILTIS« (2) war das einzige Schiff der Kaiserlichen Marine, das mit dem Orden »Pour le mérite« ausgezeichnet wurde. Am 28. Sept. 1914 wurde es in Tsingtau gesprengt, weil die Lage nach Abzug des Auslandsgeschwaders unter Graf Spee aussichtslos war.

»IMPERATOR«: Typschiff der 3 großen HAPAG-Schnelldampfer: »IMPERATOR«, »BISMARCK« und »VATERLAND«; erstes Turbinen-Fahrgastschiff Deutschlands mit 4 Propellern für »große Fahrt«.
Im ersten Jahrzehnt des 20. Jh. hatten sich im transatlantischen Passagierverkehr 2 Hauptrichtungen herausgebildet. Die Cunard-Line und der Norddeutsche Lloyd kämpften mit ihren Schnelldampfern um die schnellste Übrfahrt und das »Blaue Band«, während die HAPAG sich auf wirtschaftlichere großräumige Schiffe und nicht auf extrem schnelle Schiffe orientierte. Nachdem die Cunard-Line und White-Star-Line große Turbinenschnelldampfer wie die »MAURETANIA« und »LUSITANIA« bauen ließen, stellte der Bauauftrag der HAPAG eine günstige Kombination des Großraumschiffs und des Schnelldampfers dar.
Der Bau kostete 40 Mill. Reichsmark und wurde von den Vulkan-Werken, Hamburg übernommen. Nach dem Baubeginn 1910 war am 23. Mai 1912 Stapellauf und am 11. Juni 1913 die erste Ausfahrt nach New York. Die »IMPERATOR« war bis April 1914 das größte Schiff der Welt. Es hatte besonders komfortable Unterbringungs-, Gesellschafts- und Aufenthaltsräume für insgesamt 4594 Passagiere und eine Ladefähigkeit von 12000 t. Die Fahrgäste waren in 4 Klassen untergebracht: in der 1. Klasse waren 714 Betten und 194 Sofabetten, in der 2. Klasse 972 Plätze, in der 3. Klasse 942 Plätze und im Zwischendeck 1772 Plätze.
Mit einem Frahm'schen Schlingertank von 500 m^3 Seewasser, einer leistungsstarken Funkausrüstung und besonderen Feuerlöschausrüstungen erreichte das Schiff neben dem Komfort auch ein neues Niveau in der Schiffssicherheit.
Für die Versorgung waren 8 Küchen vorhanden, alle mit Dampfkochtöpfen und doppelseitigen Kochherden ausgerüstet. Neben den Speisesälen für jede Klasse gab es ein Restaurant und einen Wintergarten, einen Fest- und Ballsaal, einen Damensalon mit Bibliothek und ein Schreibzimmer für die 1. Klasse; für die 2. Klasse einen Speisesaal, einen Rauch- und Damensalon und eine Gesellschaftshalle und schließlich für die 3. Klasse einen Speisesaal und je ein Rauch- und Lesezimmer. Für sportliche Betätigung standen eine Schwimmhalle mit einem Schwimmbecken von 11,9×6,6 m sowie für die 1. und 2. Klasse je eine Turnhalle von etwa 70 m^2 zur Verfügung.
Die Fahrgäste wurden durch 118 Köche und Küchenpersonal, etwa 400 Stewards und Stewardessen, Servierer, Aufwäscher und Verwalter versorgt.
Das Schiff stand unter dem Kommando eines Kommodores, dem 4 Kapitäne, 7 nautische Offiziere, 1 Oberingenieur, 3 erste Ingenieure sowie 25 Ingenieure und Elektriker für die Schiffsführung unterstanden. Die Besatzung zählte insgesamt 1180 Personen.
Zur Schiffssicherheit war auf etwa $\frac{1}{3}$ der Schiffslänge von vorn ein 1,5 m breiter Wallgang vom Doppelboden bis über die Schwimmwasserlinie angeordnet. Als zusätzliche Novität für die Sicherheit der Fahrgäste und Besatzung im Seenotfall hatte das Schiff unter den 80 Rettungsbooten mit einer Bootskapazität für insgesamt 5400 Personen 2 Barkassen mit Motorenantrieb. Auf diesem Handelsschiff wurde außerdem erstmalig ein unmagnetischer Kreiselkompaß installiert. Die Hauptparameter dieses Schiffsriesen seiner Epoche vor 1914 waren: 280,18 m Länge über Alles; 268,20 m Länge in der KWL; 29,87 m Breite; 19,20 m Seitenhöhe bis Hauptdeck; 30,60 m Seitenhöhe bis Bootsdeck und 10,80 m

Die »IMPERATOR« im Hamburger Hafen

»IMPERATOR«, oben: Restaurant I. Klasse; unten: Blick vom Wintergarten in das Restaurant

Tiefgang. Die Neubauvermessung betrug 52117 BRT und 29881 NRT bei 57000 t Konstruktionsdeplacement. Es wurden 25000 t Schiffbaustahl, 1500 t Nieten und 5600 m^3 Holz für den Bau gebraucht. Die Stapellaufmasse erreichte 26500 t. Die Geschwindigkeit von 22,5 ··· 24 kn wurde mit 45630/52200 kW (60000/75000 PS) durch Getriebedampfturbinen von AEG/Vulkan und 46 Wasserrohrdampfkesseln mit 1,7 MPa (16 atü) über 4 Wellen mit 4flügligen Propellern von 5 m Durchmesser mit etwa 175 U/min. erreicht. Die mittleren Propeller wurden jeweils durch eine Hochdruck- und Mitteldruckturbine angetrieben. Der Kohleverbrauch betrug etwa 1000 t/Tag,

»IMPERATOR«, Buganansicht

»IMPERATOR«, Seitenansicht

so daß der maximale Kohlevorrat von 8500 t für 8 ½ Tage Höchstverbrauch reichte, für die Betriebsbunkerfüllung genügten 5660 t. Zum Maschinenpersonal gehören 422 Mann, davon 340 Heizer und Kohlentrimmer. Als Steuerorgan diente ein in 5 Fingerlingen aufgehängtes Einplattenruder mit einer Masse von 90 t.

Für die Ausreise nach New York wurden an Bord gegeben: 22,5 t Frischfleisch, 4,25 t Wild und Geflügel, 4 t Frischfisch, Hummer, Krebse, Austern, 7,5 t Brot, 0,5 t Hefe, 48000 Stück Eier, 12,5 t Frischgemüse, 6,0 t Früchte, 150 Kisten Zitronen und Apfelsinen und u.a. 1500 Schachteln Eiskrem. An Dauerproviant für die Aus- und Heimreise 50,0 t Kartoffeln, 0,2 t Zwiebeln, 31,5 t Mehl, 1,5 t Essigsprit, 4,5 t Salz, 250 kg Senf, 75 kg Pfeffer, 1500 Gläser und 150 kg diverse Gewürze, 12,0 t gesalzenes Fleisch und Fleisch in Dosen für Mannschaften und Zwischendeckfahrgäste, 4,15 t Schinken, Wurst, Zungen, Speck, 25 Faß Heringe zu je 650 Stück, 2000 Dosen und 100 Faß Fischkonserven, 375 kg geräucherte Fischkonserven, 2750 kg Käse, 6500 l Milch und Rahm, 2,5 t Butter, 2,75 t Margarine und weitere Gemüsekonserven, getrocknete Früchte, Kompotte sowie 5 t Zucker und vieles andere mehr. An Getränken wurden jeweils übernommen: 10000 Flaschen Wein, 5000 Flaschen Champagner, 2200 Flaschen Liköre und Cognac, 2800 l Bier und 1500 Flaschen Mineralwasser. Für die Unterbringung des Proviants waren 2830 m² Vorrats- und Kühlräume vorhanden.

Letztlich seien noch einige Wäscheausstattungen erwähnt: für die Ausreise bei voller Belegung und einer 50 %igen Belegung während der Rückreise wurden für alle Klassen 2500 Badelaken, 4900 Badetücher, 9700 Bettlaken und Bezüge, 800 Gläsertücher, 30000 Handtücher, 950 Rollhandtücher, 12250 Kissenbezüge, 45300 Servietten, 13800 Serviertücher sowie 6870 Tischtücher aller Größen und 1550 Schürzen an Bord gegeben.

Für die Dauer des ersten Weltkriegs war das Schiff ab 1. August 1914 in Hamburg aufgelegt. Nach Kriegsende kam es an die USA und lief am 27. April 1919 zur Übergabe von Hamburg nach New York aus.

Nachdem es zunächst als US-Truppentransporter eingesetzt war, erwarb 1921 die Cunard-Line das Schiff, benannte es um in »BERENGARIA«, ließ es 1921/22 umbauen und setzte es gemeinsam mit der White-Star-Line auf der Amerika-Route ein. Unter britischer Flagge machte die »BERENGARIA« 1922 die schnellste Überfahrt mit 23,5 kn Durchschnittsgeschwindigkeit.

Das britische Turmpanzerschiff »INFLEXIBLE«, 1876

Am 3. März 1938 wurde das Schiff bei einem Großbrand in New York schwer beschädigt, danach aufgelegt und an die Yarrow Shipbreaking Company verkauft, die im Januar 1939 eine 10tägige Auktion zum Verkauf der Inneneinrichtungen veranstaltete.

Der endgültige Abbruch ging langsam vor sich, erst 1946 wurde der noch schwimmfähige Doppelboden nach Rosyth geschleppt und dort verschrottet. Zur Erinnerung an dieses imposante Schiff steht ein Modell aus Silber im Museum für Deutsche Geschichte in Berlin. Die Cunard-Line übergab 1984 der Stadt Hamburg die Schiffsglocke der ehemaligen »IMPERATOR«.

»INFLEXIBLE«: britisches *Turmpanzerschiff*. Das 11880 ts große Schiff hatte 1876 Stapellauf und wurde 1881 in Dienst gestellt. Die Bewaffnung bestand aus 4×40,6-cm-Geschützen in 2 Türmen. Ab Oktober 1881 gehörte es als größte und kampfstärkste Einheit zu einem Mittelmeergeschwader von 8 britischen Panzerschiffen sowie 6 Kanonenbooten unter dem Kommando von Vice-Admiral Sir Frederick Beauchamp Seymour. Ein erster Einsatz war bei der Beschießung von Alexandria am 11. Juli 1882, es ging um die britische Vorherrschaft über den Suezkanal. Die »INFLEXIBLE« wurde von einer gegnerischen 25,4-cm-Granate getroffen, die vom Panzer nach oben abglitt, das darüberliegende Deck durchlöcherte und einen Offizier und einen Schiffszimmermann tötete.

In den Jahren 1883 bis 1885 berichtete der spätere Chefkonstrukteur der englischen Marine Sir Ph. Watts in Vorträgen über Versuche mit der »INFLEXIBLE«, die vor Alexandria mit sog. »offenen Wasserkammern« zur Dämpfung der Schlingerbewegung durchgeführt wurden. Sie hatten die Wirkung des Systems bewiesen, wurden aber noch nicht für die folgenden Kriegsschiffsneubauten übernommen. Von den Fahrgastschiffen erhielten die beiden Atlantikliner *»CITY OF NEW YORK«* (1888) und »CITY OF PARIS« (1889) jedoch schon ähnliche Schlingerdämpfungstanks, aber erst HERMANN FRAHM (1867 bis 1939) vervollkommnete das Tanksystem zur Schlingerdämpfung.

Inspektionsboot: für die Aufsicht bzw. Inspektion von Wasserstraßen, Fahrwasserbegrenzungen, Seezeichen, Gewässerreinhaltung sowie zur Fischereiaufsicht eingesetztes Kontrollboot.

Instrumententräger: für verschiedene Meß- und Forschungsaufgaben automatisch registrierende schwimmfähige Apparatur. Instrumententräger werden i. allg. am Meßort stationär zur Bestimmung von Strömungen, Temperaturen, Salzgehalten, Niederschlägen, Wellenhöhen und Windstärken sowie Eisbildungen und Eisdrücken verankert oder driften, ausgerüstet mit Funkreflektoren und -sendern mit der Strömung; siehe auch *Forschungsschiff* und *Forschungsboje*.

Schema der Decks- und Geschützanordnung auf der »INVINCIBLE«

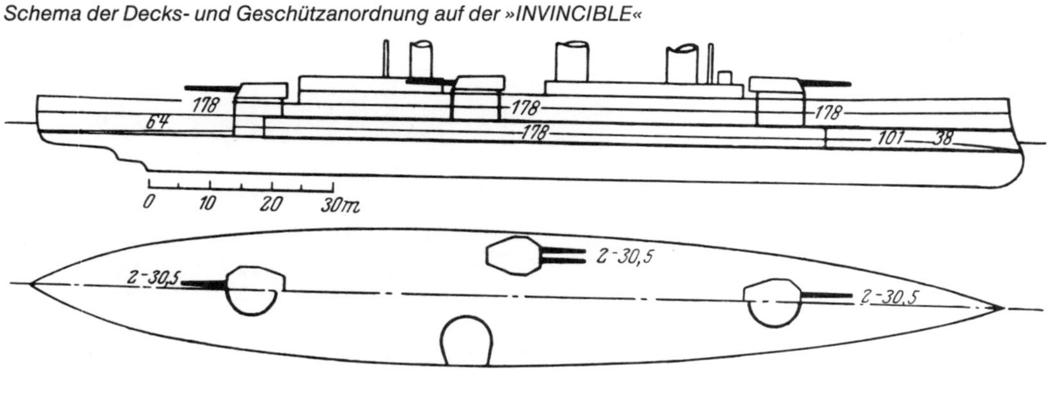

»INVINCIBLE«: britischer Schlachtkreuzer. Das Schiff entstand im Bauetat von 1905 bei Armstrong in Elswick. Die Kiellegung war am 2. April 1906, der Stapellauf am 13. April 1907 und die Indienststellung am 20. März 1908. Die Bauzeit betrug somit 40 Monate, die Baukosten beliefen sich auf 1,635 bis 1,677 Mill. Pfund. Die »INVIN-

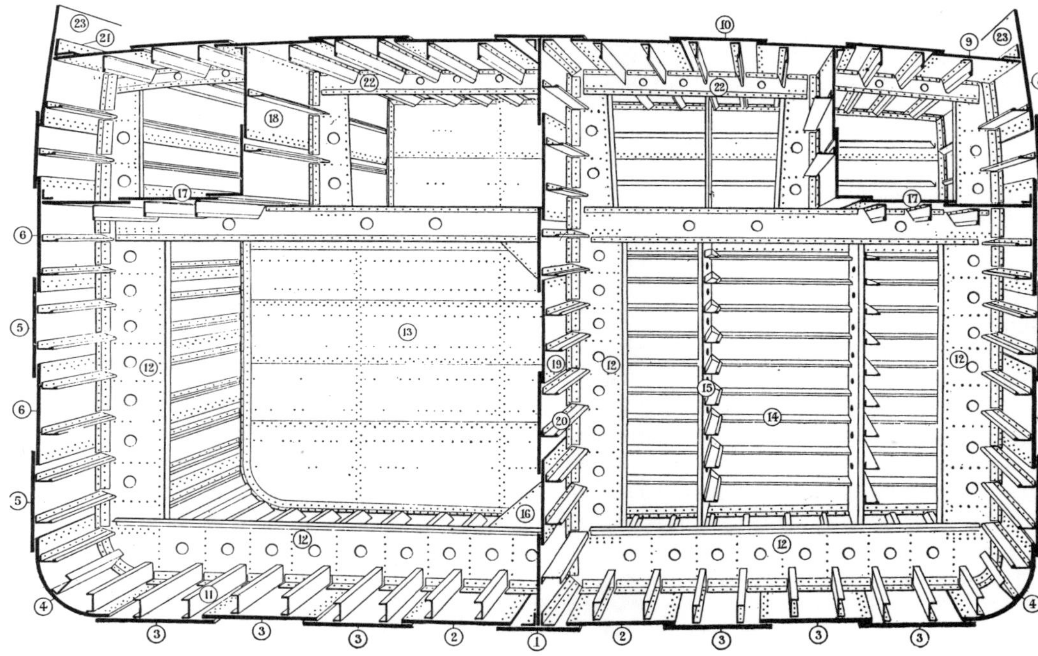

Querschnitt eines ohne Kniebleche genieteten Tankers mit einem Längsspantensystem nach Sir Isherwood:

1 Flachkiel
2 Kielgang
3 Bodengänge
4 Kimm
5 Abliegender Gang
6 Anliegender Gang
7 Unter-Scheergang
8 Scheergang
9 Decksstringer
10 Decksbeplattung
11 Längsspant
12 Rahmenspant
13 Schott
14 Horizontale Schottsteifen
15 Vertikale Schottsteifen
16 Kniebleche
17 Unteres Deck
18 Oberes Seitenlängsschott
19 Mittellängsschott
20 Horizontalsteifen
21 Stringerwinkel des Oberdecks
22 Verstärkter Decksbalken
23 Schanzkleid

CIBLE« wurde zur »Mutter der Schlachtkreuzer«, denn ab diesem Schiff wurden die Panzerkreuzer (engl. armoured Cruiser) Schlachtkreuzer (battle Cruiser) der »Invincible«-Klasse genannt. Der Bau wurde deshalb unter noch größerer Geheimhaltung als beim *»DREADNOUGHT«* durchgeführt.
Das Schiff hatte ein Deplacement von 20300 t. Es war über Alles 170,0 m und zwischen den Loten 161,5 m lang, 23,9 m breit und hatte 8,0 m Tiefgang. Die Besatzung bestand aus 780 Mann in Friedenszeiten. Zur Bewaffnung gehörten 8× 30,5-cm-Geschütze in 4 Türmen, 16×10,2-cm-Geschütze sowie 5 Unterwasser-Torpedorohre des Kalibers 45,7 cm, davon ein Rohr am Heck. Die Geschoßmasse einer Breitseite erreichte 3084 kg.
Die Panzerdicken betrugen im Deck 7,6 cm, am Kommandoturm bis zu 30,5 cm sowie in der Wasserlinie und an den Barbetten und Schilden der schweren Artillerie 17,8 cm.
Die Antriebsanlage bestand aus 4 Parsons-Turbinen mit einer Leistung von insgesamt 33000 (44875 WPS), die auf 4 Schrauben arbeiteten und dem Schlachtkreuzer eine Geschwindigkeit von 26,2 kn verliehen. 31 Yarrow-Kessel erzeugten den Dampf. Bei einem maximalen Kohlevorrat von 2500 t sowie 500 t Öl konnte das Schiff mit 25 kn eine Strecke von 3000 Seemeilen zurücklegen. Bei Kriegsausbruch 1914 gehörte das Schiff zur *Home-Fleet*, wurde aber ab 11. November 1914 zur Jagd auf das deutsche Ostasien-Kreuzergeschwader angesetzt. In der Falklandschlacht am 8. Dezember 1914 vernichtete es den deutschen Panzerkreuzer *»SCHARNHORST«* und erhielt dabei selbst 23 Treffer. In der Skagerrak-Schlacht (engl. Battle of Jutland) am 31. Mai 1916 war die »INVINCIBLE« Flaggschiff des III. britischen Schlachtkreuzergeschwaders unter Admiral Beaty. Nach den Treffern des Schlachtkreuzers »LÜTZOW« kam es zu einer Explosion und das Schiff zerbrach in 2 Teile, es gab auf der »INVINCIBLE« 1026 Tote und nur 5 Überlebende.

»IRON-DUKE«-Klasse: britische Klasse von 4 Dreadnought-Linienschiffen für 21 kn, die als erste Großkampfschiffe 1912 wieder mit Mittelartillerie armiert wurden und erstmalig Fla-Geschütze erhielten. Neben der »IRON-DUKE«- gehörten »EMPEROR OF INDIA«, »MARLBOROUGH« und »BENBOW« zu dieser Klasse, die zehn 34,3-cm- und sechzehn 15,2-cm-Geschütze erhielt.

Isherwood-Längsspantenschiff: um 1907/08 vom Schiffbauingenieur Joseph W. Isherwood – später geadelt Sir Joseph – zunächst speziell für *Tanker* und Erzschiffe entwickelte Schiffskörperbauweise mit Längsspanten am Schiffsboden, an den Schiffsseiten und unter Deck. Im Unterschied zur Querspantenbauweise entfielen die eng gestellten Querspanten und verblieben neben den Querschotten nur in größeren Abständen Rahmen-Querspante. Das Isherwood-System griff dabei das bei der »GREAT EASTERN« ein halbes Jahrhundert vorher angewandte ähnliche Prinzip auf. Das durch Isherwood 1908 öffentlich vorgestellte »New system of ship construction« wurde zur Grundlage für Tanker, Erzschiffe und für alle Schiffstypen mit besonders hohen Längsfestigkeitsbelastungen. Es hatte bereits hochliegende seitliche »Topptanks« zur Ballastaufnahme bei Leerfahrten und zur Beeinflussung der Stabilitätseigenschaften. Ein außerdem vorgesehenes Mittellängsschott entfiel im Laufe der Weiterentwicklung. Neben einer erhöhten Längsfestigkeit konnten die seinerzeit noch genieteten Schiffskörper um 10···12 % leichter gebaut werden bei gleichzeitiger bedeutender Arbeits- und Bauzeiteinsparung.
Das in Britannien erteilte und anerkannte Patent wurde jedoch vom Kaiserlichen Patentamt in Deutschland nicht anerkannt. Auch von seiten der Klassifikation wurde in Deutschland bestenfalls die »Versuchsklasse« erteilt.
Die AG-Weser baute dennoch für die Hamburg-Bremen-Afrika Linie den Dampfer »ARNFRIED« als erstes Schiff dieser Bauart in Deutschland. 1911 entstand auf der gleichen Werft für die DDG »Hansa« in Bremen der Frachter »STEINTURM« als zweites Schiff mit dem Isherwood-Längsspantensytem. Erst 1925 gab Lloyd's erste Bauvorschriften für Längsspantensysteme heraus und erkannte damit das Bauprinzip als allgemein anwendbar an.

»IVAN FRANKO«: sowjetisches Fahrgast- und Kreuzfahrtenschiff. Die »IVAN FRANKO« wurde als Typschiff einer Serie von 5 Schiffen auf der Mathias-Thesen-Werft in Wismar für die UdSSR gebaut. Der Serienbau von 5 größeren Fahrgast-

Die »IVAN FRANKO«, Typschiff einer Serie von 5 Fahrgast- und Kreuzfahrtenschiffen von der Mathias-Thesen-Werft, Wismar

schiffen von 1963 bis 1972 war seinerzeit einmalig im Fahrgastschiffbau. Gleichzeitig waren es die ersten größeren Fahrgastschiffe, die nach 1945 in beiden deutschen Staaten gebaut wurden, und die bis dahin größten Neubauten des DDR-Schiffbaus.
Die »IVAN FRANKO« wurde am 14. November 1964 fertiggestellt und von der sowjetischen Schwarzmeerreederei übernommen. Das 19860 BRT und 10613 NRT große Schiff mit einem Deplacement von 19018 t und einer Tragfähigkeit von 6007 t ist über Alles 176,10 m und zwischen den Loten 155,00 m lang. Die Breite auf Spanten beträgt 23,60 m, die Seitenhöhe bis Oberdeck 13,50 m und der Freibordtiefgang 8,16 m. Es besitzt 3 durchgehende und 2 partielle Decks (Oberdeck, 2. bis 5. Deck). Darüber liegen das Promenadendeck, Salondeck, Bootsdeck, Sonnen- und Brückendeck. Ferner hat das Schiff 3 Laderäume einschließlich einer Garage mit einem Rauminhalt von insgesamt 2600 m^3. Sie werden durch 3,2-t- sowie durch 1,6-t-Krane bedient. Bei 242 Mann Besatzung ist das Schiff für die Beförderung von 750 Kabinenpassagieren und 550 Deckspassagieren eingerichtet. Die Kabinen gliedern sich in 4 Luxuskabinen für 6 Personen, Einbett-Kabinen für 22 Personen, Zweibett-Kabinen mit Einzelkojen für 92 Personen, 302 Pätze in Zweibett-Kabinen mit Doppelkojen, 312 Plätze in Vierbett-Kabinen mit Doppelkojen und 16 Plätze in 4 Kabinen für Mütter mit Kindern. Außerdem sind gut eingerichtete Gesellschaftsräume wie Musiksalon, Tanzcafe, Imbiß- und Eiscafe, Bar, Bibliothek, Leseraum, Kino, Spielzimmer und Restaurants vorhanden. Auf dem Salondeck befindet sich ein Schwimmbad. Für Dienstleistungen und medizinische Einrichtungen stehen weitere Räume zur Verfügung, darunter ein Operations- und ein Röntgenraum.
Die Antriebsanlage besteht aus 2 Dieselmotoren des Typs 7 RD 76 der Ciegielski-Werke; Poznan/Lizenz Sulzer mit einer Leistung von je 7723 kW, die 2 Festpropeller von je 5,19 m Durchmesser antreiben. Das Schiff erreicht bei einer Aktionsweite von 8000 Seemeilen eine Geschwindigkeit von 20 kn.
Die mehrfach modernisierte »IVAN FRANKO« mit Heimathafen Odessa wird heute im weltweiten Kreuzfahrtendienst eingesetzt.

Die 1821 erbaute »JAMES WATT« fuhr 5 Jahre im Linienverkehr zwischen London und Aberdeen

Die zum Walfangmutterschiff »JAN WELLEM« umgebaute ehemalige »WÜRTTEMBERG«

J

Jacht: siehe *Yacht*, *Dampfyacht* und *Motorboot*.

»JAMES WATT«: Dampfschiff. Im Jahr 1821 eröffnete als erste englische Dampfer-Schifffahrtsgesellschaft für den Seeverkehr die »General Navigation Company« ihren Dienst. Die ersten Rad-Dampfschiffe der Gesellschaft für den Fahrgast- und Frachtverkehr fuhren im Linienverkehr zunächst zwischen London und Leith, danach bis Aberdeen und bald bis zu den großen europäischen Häfen. Es waren die »CITY OF EDINBURGH«, »JAMES WATT«, »EARL OF LIVERPOOL« und die »MONARCH«.
Die 1821 gebaute »JAMES WATT« fuhr mit Dampf und voller Takelung 5 Jahre auf der Linie London – Aberdeen. Der alleinige Dampfantrieb war noch zu unsicher, die Dampfmaschine befand sich noch in ihrem ersten Jahrzehnt im Schiffseinsatz und war noch sehr störanfällig. Der Kohleverbrauch war sehr groß und für den natürlichen Zug der Kessel war ein hoher Schornstein nötig. Um bessere Sicht zu haben, gab der Kapitän seine Kommandos oft auf dem Radkasten stehend. Die etwa 50 m lange, 14 m breite (über Radkästen) und 4 m tiefgehende »JAMES WATT« hatte 2 Dampfmaschinen von Boulton & Watt, von der jede 36,8 kW (50 PS) leistete. Das Schiff fuhr damit 8,7 kn. Es wurde 1826 von der »Nederlandsche Stoomboot Maatschappij« angekauft, erhielt neue Dampfmaschinen und wurde unter dem Namen »KEULEN« als Fracht- und Schleppschiff eingesetzt.

»JAN WELLEM«: deutsches Walfangmutterschiff. Von der Firma Henkel & Co., Düsseldorf wurde 1935 die »Erste Deutsche Walfang-Gesellschaft mbH« gebildet. Sie erwarb von der HAPAG den 1921 in Bremen gebauten Dampfer »WÜRTTEMBERG« und ließ ihn bei Blohm & Voss in Hamburg zum Walfangmutterschiff »JAN WELLEM« umbauen. Im September 1936 trat das Schiff mit 6 Fangbooten die erste Fangreise an. Von Norwegen waren noch die Mutterschiffe »SKYTTEREN« und »C. A. LARSEN« gechartert worden.
Zur Fangreise 1937/38 liefen bereits die Mutterschiffe »UNITAS«, »WALTER RAU«, »JAN WELLEM«, »SÜDMEER« sowie die »SKYTTEREN« und die »C. A. LARSEN« aus. 1938 wurde dann noch die »WIKINGEN« angekauft, doch die Saison 1937/38 wurde zur Letzten.
Nach dem Ankauf der »WÜRTTEMBERG« wurde das Schiff auf einer Mittelschiffslänge von 65 m um 4 m verbreitert und eine Heckaufschleppe sowie ein 5 m über dem Hauptdeck lie-

gendes Schlachtdeck eingebaut. Das nach dem Umbau 11766 BRT (6440 NRT) große Schiff hatte ein Deplacement von 23000 t und eine Tragfähigkeit von 15500 t. Es war über Alles 147,0 m lang; 21,7 m breit, die Seitenhöhe bis Hauptdeck betrug 10,8 m und der Tiefgang 9,4 m. Eine 3680 kW (5000 PS) starke Kolbendampfmaschine mit Abdampfturbine verlieh dem Schiff eine Geschwindigkeit von 11···12 kn.
Die Besatzung bestand aus 240 Personen, darunter 16 Offiziere, 77 Seeleute, 82 Mann für den Schlachtbetrieb, 35 Mann für die Kocherei sowie mehrere Chemiker und einem Arzt.
Im zweiten Weltkrieg diente die »JAN WELLEM« der deutschen Kriegsmarine in Norwegen als Stützpunkttanker. Nach 1946 wurden die Anlagen des Schiffs bei der Howaldt Werft in Kiel teilweise demontiert und der Rumpf danach zunächst in der Heikendorfer Bucht zum endgültigen Abbruch 1947 auf Grund gesetzt.

Jolle, *Motorjolle:* breit gebautes und flachgehendes offenes Motorboot als Arbeitsboot in Häfen und auf Flüssen sowie zur Erholung.

»JULIUS FUČIK«: Leichterträgerschiff für die Donau-Indien-Route. Das 35877 BRT große Leichterträgerschiff wurde 1978 im Auftrag der Sowjetunion auf der finnischen Werft Valmet Oy in Helsinki für die Schiffahrtsgesellschaft »Interlighter«, Budapest, – einem Gemeinschaftsunternehmen der Sowjetunion, Ungarns, Bulgariens und der ČSSR – gebaut. Das Schiff entspricht dem System *SEABEE*, jedoch mit Modifikationen, wie sie für das Einsatzgebiet zwischen Donaumündung und Indien erforderlich wurden.
Die »JULIUS FUČIK« ist über Alles 266,5 m und zwischen den Loten 209,6 m lang, 35,0 m breit und hat bei 22,95 m Seitenhöhe einen Tiefgang von 11,0 m. Die Tragfähigkeit beträgt 37850 t, und die Besatzung ist 36 Mann stark. Die Antriebsanlage besteht aus 4 Pielstick-Dieselmotoren des Typs 16 PC 2,5-V 400 mit einer Gesamtleistung von 26500 kW (36 040 PS). Das Zweischraubenschiff erreicht damit eine Geschwindigkeit von 19 kn. Die Aktionsweite beträgt 12000 Seemeilen.
Ein ebenfalls in Dienst befindliches Schwesterschiff der »JULIUS FUČIK« ist die »TIBOR SZAMUELI«.
Das Trägerschiff besitzt Stellplätze für 26 Donau-Leichter oder 52 LASH-Leichter beziehungsweise 1552 Container von 20 Fuß. Von den Donau-Leichtern werden je 8 im Unter- und Hauptdeck und 10 auf dem Oberdeck gefahren. Zur Gewährleistung einer ausreichenden Stabilität kann im Doppelboden ein Wasserballast bis zu 22200 t gefahren werden. Die Hubbühne hat eine Tragfähigkeit von 2700 t. Zwei Schutentransporter unterfahren auf der Hubplattform die Leichter, heben sie hydraulisch an und fahren sie in das jeweilige Ladedeck. Die theoretische Ladezeit beträgt 13 Std. Während der Reise wird das untere Deck durch 2 vertikal verschiebbare Tore verschlossen. Die Leichter sind 38,25 m lang; 11,4 m breit, haben 3,9 m Seitenhöhe und 1070 t Tragfähigkeit. Die Eigenmasse beträgt 230 t.

»JUNGE WELT«: Transport- und Verarbeitungsschiff der DDR-Hochseefischerei für den Flottillenfang im Nordatlantik. Das für die Fernfischerei der DDR 1967 vom VEB Mathias-Thesen-Werft Wismar entwickelte und gebaute Schiff ist ebenso wie das Schwesterschiff »JUNGE GARDE« 141,40 m über Alles und 130,00 m zwischen den Loten lang, geht 7,80 m tief und hat eine Breite von 21,20 m sowie eine Seitenhöhe bis zum Schutzdeck von 14,10 m. Bei 14200 t Deplacement ist es mit 10130 BRT vermessen.
Das als Mutterschiff für je 8 Zubringertrawler ausgelegte Schiff fängt nicht mehr selbst, sondern begleitet die Fangflottille auf dem Fangplatz und übernimmt die von den Fangtrawlern von Bord gegebenen, gefüllten und schwimmfähig gemachten Netzsteerte über eine 4 m breite Heckaufschleppe. Die Fangübernahme ist bis zu Windstärke 8 möglich. Der übernommene Fang gelangt in 4 gekühlte Vorratsbunker für insgesamt 150 t Fisch und von dort zu den verschiedenen Schlacht- und Filetieranlagen sowie in die Gefrieranlagen für 120 t Fisch pro Tag. Die auf −28 °C gekühlten Laderäume fassen mit 6050 m³ insgesamt 3800 t Frostware. Innereien und Beifang werden in einer Fischmehlanlage mit 250 t/Tag Leistung zu Fischmehl verarbeitet und in den Fischmehlbunker von 1820 m³/1079 t befördert. Außerdem werden Fisch- und Leberöl hergestellt und in Tanks von 542 m³/500 t gepumpt.
Das für eine Einsatzdauer von jeweils 80 Tagen ausgerüstete und mit 170 Personen bemannte Schiff versorgt die Flottille gegebenenfalls mit Treibstoff und Trinkwasser und nimmt die medizinische und technische Betreuung auf dem Fangplatz wahr.
Das Schiff besitzt einen dieselelektrischen Antrieb mit 4 Dieselmotoren des Typs 8 NZD 48 A vom VEB Dieselmotorenwerk Rostock mit einer Leistung von je 1288 kW (1750 PS), von denen jeder einen Gleichstromgenerator für den Gleichstrom-Propellermotor von 3800 kW antreibt. Drei von den 4 Dieselmotoren sind außerdem mit je einem Drehstrommotor für die Bordstromversorgung gekoppelt.

Das Transport- und Verarbeitungsschiff »JUNGE GARDE«, Schwesterschiff der »JUNGE WELT«

Der Kohleversorger »JUPITER« vor dem Umbau zum Flugzeugmutterschiff »LANGLEY«

»JUPITER«: Hilfsschiff der US-Marine, ursprünglich zur Kohle-Nachbunkerung. Das 1912 gebaute Turbinenschiff hatte ein Deplacement von 19670 t und erreichte mit seinem turboelektrischen Drehstromantrieb mit einer Leistung von 4048 kW (5500 PSw) die Geschwindigkeit von 14 kn. Es konnte eine Ladung von 10500 t Kohle und 1000 t Heizöl zur Versorgung der Hochseeflotte mit Kesselbrennstoffen an Bord nehmen. Hierzu hatte es mechanische Einrichtungen zum Bekohlen anderer Schiffe während der Fahrt auf hoher See an Bord. Zur Selbstverteidigung dienten 4×7,6-cm-Geschütze. Während man auf den vorherigen Kohle-Nachschubschiffen wie bei der »NEPTUNE« die Drehzahl der Turbinen mit Macalpine'schen Zwischengetrieben untersetzte, benutzte man hier Neptune-Westinghouse Turbinen für einen turboelektrischen Antrieb, statt des seinerzeit noch störanfälligen Getriebes.
Nach einem Umbau 1921 zum Flugzeugmutterschiff »LANGLEY« konnte es 16 Wasserflugzeuge an Bord nehmen und wurde mit 4 × 12,7-cm-Geschützen ausgerüstet. Es folgte 1932/33 ein erneuter Umbau zum ersten US-Flugzeugträger. Das Schiff war danach 165,2 m über Alles und 158,5 m zwischen den Loten lang; 19,8 m breit und ging 8,4 m tief. Das Flugdeck war 165 m lang und 19,8 m breit. Der Flugzeugträger hatte 410 Mann Besatzung und erhielt 34 Radflugzeuge. Gleichzeitig wurde der turboelektrische Antrieb durch Getriebeturbinen ersetzt. 1937 wurde das Schiff ein weiteres Mal umgerüstet, danach war es ein Seeflugzeugtender. Es ist 1942 bei Kampfhandlungen im Pazifik gesunken.

»JURI DOLGORUKI«: ehemaliges Fahrgastschiff »HAMBURG«, das von 1951 bis 1960 zu einem Walfangmutterschiff umgebaut wurde. Das Walfangmutterschiff entstand aus dem ehemaligen Turbinenschiff »HAMBURG« der Hamburg-Amerika-Linie. Nach dem Bau auf der Werft von Blohm & Voss in Hamburg wurde es am 28. März 1926 als drittes Schiff der »Albert-Ballin«-Klasse in Dienst gestellt und verkehrte im Liniendienst zwischen Cuxhaven und New York. Das 22400 BRT große Schiff hatte ein Deplacement von 31500 t und eine Tragfähigkeit von 14750 t. Es war 182,40 m lang; 24,00 m breit; der Tiefgang betrug 9,98 m. Im Jahr 1933 wurde die »HAMBURG« um 12 m durch ein neues Vorschiff verlängert und erreichte danach die Geschwindigkeit von 19,5 kn. Im März 1945 sollte die in Gdynia als Wohnschiff liegende »HAMBURG« mit rund 10000 Menschen an Bord nach Wilhelmshaven fahren. Am 7. März 1945 lief sie 1,5 Seemeilen vor Saßnitz auf eine Mine und kenterte in 18 m Wassertiefe. Nach Kriegsende wurde das der UdSSR als Reparation zuerkannte Wrack aufgerichtet und gehoben. Am 7. November 1950 erreichte das Wrack die Warnowwerft in Warnemünde, um hier für die Überführung zur Docksreparatur in Antwerpen hergerichtet zu werden. Nach der Rückkehr aus Antwerpen am 3. Dezember 1951 begann zunächst der Wiederausbau zum Fahrgastschiff. Im Juli 1955 wurden jedoch die Arbeiten gestoppt, da der Eigner das Schiff als Walfangmutterschiff einsetzen wollte. Das erforderte umfangreiche Veränderungen am Schiffskörper, wie Einbau einer Walslip, Vergrößerung des Deplacement auf rund 40000 t, Einbau eines durchlaufenden Decks und Erneuerung des Brückendecks. Es wurde zum arbeitsintensivsten Objekt des neuentstandenen DDR-Schiffbaus, auf dem zeitweilig 1800 Werktätige arbeiteten.
Am 12. Juli 1960 konnte das auf den Namen des Begründers von Moskau umgetaufte Schiff dem Auftraggeber übergeben werden. Mit Heimathafen Kaliningrad war es Basisschiff für 17 Walfangschiffe mit dem Einsatzgebiet in der Antarktis.
Das Schiff war nach dem Umbau 207,40 m lang; 24,00 m breit und hatte bei einer Seitenhöhe bis zum A-Deck von 19,37 m einen Tiefgang von 12,05 m. Bei der Bruttovermessung von 25377 t ergab sich ein Deplacement von 39980 t und eine Tragfähigkeit von 16960 t. Die Besatzung bestand aus insgesamt 521 Mann. Die Tanks und Laderäume besaßen eine Kapazität für 13500 t Walöl, 3400 t Walmehl, 1500 t Walfleisch und 500 t sonstige Produkte.
Die beiden Dampfturbinen mit Untersetzungsgetriebe ergaben eine Antriebsleistung von je 9164 kW (12460 PS), womit das Doppelschraubenschiff eine Reisegeschwindigkeit von 14 kn erreichte. Die Aktionsdauer lag bei 180 Tagen. Zwei ölgefeuerte Wasserrohrkessel mit einer Dampfleistung von 45 t/h sorgten für den erforderlichen Dampf. Im Einsatzgebiet konnten täglich 60 Wale geschlachtet und verarbeitet werden. Die Fabrikanlagen waren weitgehend mechanisiert und automatisiert. So waren allein für die Versorgung des Bordnetzes vier 1900-KVA-Turbogeneratoren erforderlich. Je Fangsaison von etwa 7,5 Monaten wurden zwischen 1400 und 2200 Wale verarbeitet. 1976 wurde die »JURI DOLGORUKI« außer Dienst gestellt und 1977 verschrottet.

K

Kabelfähre, *Seilfähre:* siehe *Fähre*

Kabelleger: Spezialschiff zum Verlegen, Überprüfen und Instandsetzen oder Auswechseln von Seekabeln. Die ersten Unterwasser-Kabellegversuche wurden 1842 von Prof. Samuel Finley Breese Morse (1791–1872) im New Yorker Hafenbecken unternommen. Weitere Versuche folgten von Wheatstone (GB) und Ezra Cornell (USA). Sie benutzten zum Transport der Kabelrollen noch Hafenpontons, die von Schleppern gezogen wurden. Später wurden zum Legen von Flußkabeln speziell ausgerüstete Kabelpontons entwickelt, die keinen eigenen Antrieb hatten und durch Schleppwinden bewegt wurden. Außer den Winden und Kabelrollen erhielten sie Spüleinrichtungen, mit denen man vor dem Verlegen des Kabels eine Rinne im Untergrund ausspülte die danach wieder eingeebnet wurde.
Das erste Übersee-Tiefseetelegraphenkabel wurde 1857/58 unter Leitung des nordamerikanischen Ingenieurs Cyrus Field zwischen Nordamerika und Europa verlegt. Für die Verlegung dieses ersten Transatlantikkabels gab es noch keine speziellen Kabelleger. Großbritannien stellte dafür das Linienschiff »AGAMEMMNON« und die USA das Kriegsschiff »NIAGARA« für die Umrüstung und das Verlegen zur Verfügung.
1865 wurde das größte Schiff des 19. Jh., die *»GREAT EASTERN«* zum Kabelleger umgebaut. Das über Alles 211 m lange Schiff mit 32000 t Deplacement und über 6000 kW Antriebsleistung kann somit als erster Kabelleger angesehen werden. Um Raum für 3 große Kabelbehälter von 6,25 m Tiefe zu schaffen, wurden 2 Kessel und 1 Schornstein entfernt und die Antriebsleistung entsprechend gemindert. Das erste mit der »GREAT EASTERN« verlegte Kabel hatte einen Durchmesser von 27 mm. Auf der vorderen Kabeltrommel von 15,7 m Durchmesser war eine Kabellänge für 693 Seemeilen, auf der mittleren für 899 Seemeilen bei 17,8 m Durchmesser und auf der hinteren für 898 Seemeilen.
1866 konnte das Transatlantikkabel in Betrieb genommen werden. Die »GREAT EASTERN« war am 13. Juli 1866 in See gegangen und 14 Tage später konnte über das Kabel eine erste Verbindung zwischen Königin Victoria und dem

Das seinerzeit größte Kriegsschiff, die »AGAMEMNON« legte 1857 das erste Überseekabel Irland – Neufundland

Kabellegerdampfer »GROSSHERZOG VON OLDENBURG«, der gemeinsam mit der »STEPHAN« jährlich 10000 km Seekabel verlegte

amerikanischen Präsidenten hergestellt werden. Dieses nun schon zuverlässig funktionierende Kabel war aber noch ein Telegraphenkabel zum Senden und Empfangen von Morsezeichen. Mit der »GREAT EASTERN« wurden im Atlantik insgesamt 4 Seekabel und ein weiteres von Aden nach Bombay verlegt.
Als erster bereits als Kabeldampfer entworfener Neubau gilt die 1872 in Kopenhagen mit 3 Kabeltanks von insgesamt 228 m^3 Fassungsvermögen und 497 BRT vermessene »H. C. OERSTED«.
1874 baute die Werft Mitchel & Co in Newcastle für die Siemens Brothers & Co Ltd., London, den Kabelleger »FARADAY«. Dieser 120 m lange und 16 m breite Zweischrauber erhielt bereits ein zusätzliches Bugruder. Das Schiff war bis 1920 im Dienst und hat insgesamt 60000 km Kabel verlegt.
Um 1900 begann sich auch Deutschland für das Verlegen von Überseekabel zu interessieren. Bis 1904 wurden 2 Kabel von Emden über Vigo (Spanien) und die Azoren nach New York verlegt.
Deutsche und holländische Finanzgruppen gründeten am 19. Juli 1904 die »Deutsch-Niederländische Telegraphengesellschaft«, nachdem beide Regierungen einen Unterstützungsbeitrag von insgesamt 1,8 Mill. Mark bereitgestellt hatten. Der erste deutsche Kabelleger, die »STEPHAN« der Norddeutschen Kabelwerke AG, begann am 23. März 1905 mit der Kabelverlegung, unterstützt durch das Kabelreparaturschiff »VON PODBIELSKI«.
Zu Beginn der 20er Jahre stagnierte zunächst mit dem Aufkommen der Funktelegraphie die weitere Verlegung von Überseekabeln. Mit der Erfindung des Koaxialkabels um 1930 in den USA und der damit möglich gewordenen direkten Telefonverbindung für eine größere Anzahl gleichzeitiger Gespräche, erhielt das Überseekabel erneute Bedeutung.
Nach 1950 wurden in mehreren Ländern Kabelleger gebaut und eingesetzt. Der britische Kabelleger »MONARCH« legte 1956 ein Zwillings-Koaxialkabel von Schottland nach Neufundland in durchschnittlich 5000 m Tiefe, mit dem gleichzeitig 36 Telefongespräche geführt werden können. Das Zwillingskabel war seinerzeit noch wegen der Röhrenverstärker notwendig, die nur jeweils eine Gesprächsrichtung zuließen. Die »MONARCH«, vermessen mit 8184 BRT, kann in den Kabeltanks 2600 km Koaxialkabel aufnehmen.
Frankreich baute etwa gleichzeitig den Kabelleger »AMPERE«, die USA die »LONG LINES«, die BRD den Kabelleger »KABELJAU« und die UdSSR den Kabelleger »DONEZ« u. a. Die auf der Schlieker Werft in Hamburg gebaute und 1963 von der American Telephone & Telegraph Company N.Y. in Dienst gestellte »LONG LINES« ist derzeit der größte Kabelleger der Welt. Das mit 11320 BRT vermessene Schiff hat 3 Kabeltanks für eine Kabellänge von 1880 Seemeilen (3982 km) und arbeitet mit einer Verlegegeschwindigkeit von 7···8 kn. Es hat einen turboelektrischen Antrieb von 6250 kW und 166 Mann Besatzung.
Bei den modernen Kabellegern werden die Kabel nicht mehr aufgetrommelt, sondern liegen ringförmig in dem zylindrischen Kabeltank. Aus dem Tank läuft das Kabel über Rollen an Deck zu Kabellege- und Hievwinden und von dort über große hinausragende Bug- oder Heckrollen von Bord. Während des Auslegens wird ständig die Leitfähigkeit und Isolation des Kabels überprüft. Für die Schadenssuche an früher verlegten Kabeln haben Kabelleger i. allg. Fehlermeßgeräte großer Reichweite oder Tiefsee-Beobachtungsmöglichkeiten. Zum Heraufholen eines auf Grund liegenden Kabels wird ein besonderer Kabelanker – ein Greif- oder Dregganker – benutzt. Aufgenommene schadhafte Kabel müssen an Bord zuverlässig repariert oder durch neue Kabelstücke bei gewährleisteter Leitfähigkeit und Isolation der Verbindungsstellen ersetzt werden.

Kadetten-Schulschiff: siehe *Schulschiff*

Kahn: aus der Segelschiffszeit übernommene Bezeichnung für ein kleineres, einfaches, ohne Deck und mit flachem Boden gebautes Binnenfahrzeug. Zu den Schleppkähnen gehören der *Lastkahn*, *Leichter* und *Prahm*; siehe auch *Maßkahn*, während *Binnenschiffe* mit Eigenantrieb wie das *Motorgüterschiff* heute i. allg. nicht mehr als Kähne bezeichnet werden.

»KAISER«: Panzerfregatte der Kaiserlichen Marine. Die beiden Panzerfregatten »KAISER« und *»DEUTSCHLAND«* waren die letzten in England für die Kaiserliche Marine gekauften großen Schiffe. Durch die Förderung des deutschen Schiffbaus hatte der Chef der Kaiserlichen Admiralität von Stosch maßgeblich zur Entwicklung des deutschen Kriegsschiffbaus beigetragen. Das von dem bekannten englischen Marineingenieur SIR REED entworfene und bei Samuda Brothers in Poplar bei London gebaute Schiff lief am 19. März 1874 von Stapel. Es hatte 7645 t Deplacement, war 89,34 m lang, 19,1 m breit und besaß einen Tiefgang von 7,93 m. Als Vollschiff

Preußische Panzerfregatte »KAISER«, 1875

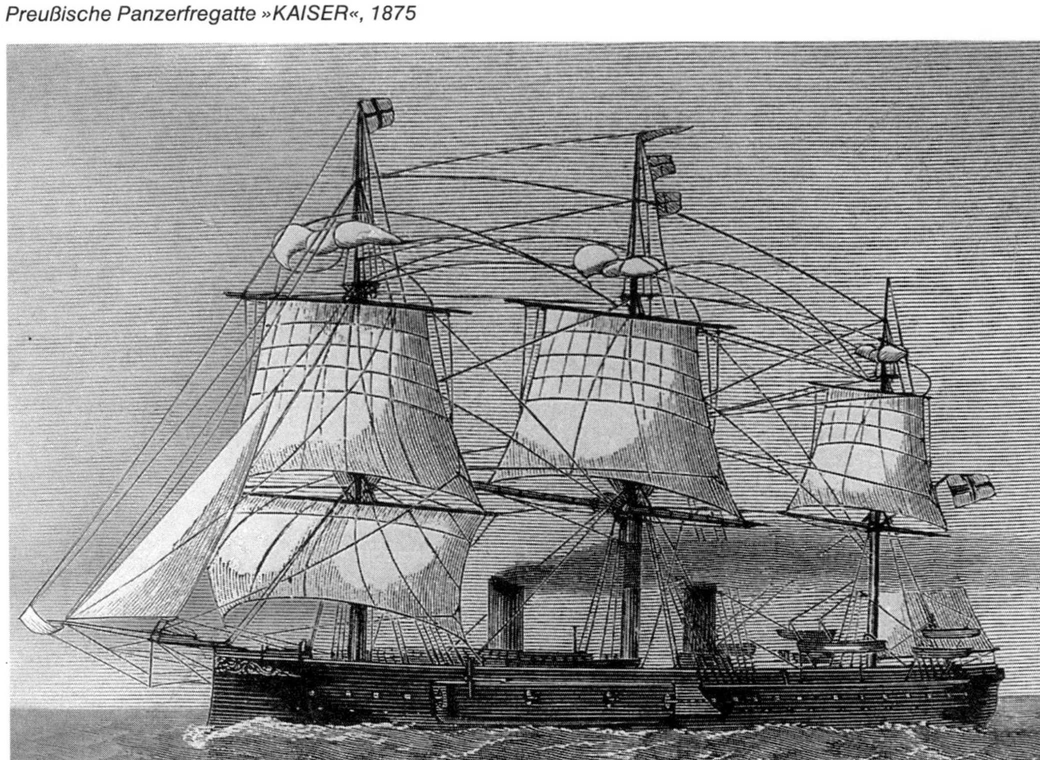

getakelt betrug die Segelfläche 1623 m^2. Besondere Merkmale des Schiffs waren der Rammsporn und die seitlich vorragende Kasematte mit nach vorn eingezogener Bordwand.
Die liegende Zweizylinder-Einfach-Expansionsmaschine von John Penn & Sons in Greenock mit einer Leistung von 4253 kW (5779 PSi) gab dem Einschraubenschiff eine Geschwindigkeit von 14,5 kn. Acht Kofferkessel mit 40 Feuern erzeugten den Dampf. Beide Schornsteine waren absenkbar. Die Bewaffnung bestand aus 8×26-cm- und 1×21-cm-Krupp-Kanonen sowie 5 Torpedorohren. Der Gürtel, die Kasematten und das Heck waren gepanzert. Die stärkste Panzerung aus Schmiedeeisen auf Teakholz betrug 25,4 cm.
Das Schiff kam am 13. Februar 1875 zur Flotte. Es nahm 1877 an der Demonstration vor Soloniki teil, um Genugtuung für den Mord am deutschen Konsul zu fordern, und war an der Besitznahme Helgolands am 9. August 1890 beteiligt.
Nach einer Modernisierung 1891/95 auf der Kaiserlichen Werft in Wilhelmshaven wurde es im November 1897 als Flaggschiff zur Besetzung des Kiautschou-Gebiets eingesetzt. Ab 1904 folgte die Verwendung als Hafenschiff, 1905 eine Umbenennung in »URANUS«, 1906 die Streichung aus der Flottenliste und Verwendung als Wohnschiff und 1920 der Abbruch in Hamburg/Harburg.
Von 1909 bis 1912 baute die Kaiserliche Werft in Kiel für 44,997 Mill. Mark ein großes Linienschiff »KAISER« von 24724 t Deplacement, das mit 40600 kW (55187 WPS) 23,6 kn lief. Diese »KAISER« wurde 1919 in Scapa Flow selbstversenkt, 1929 gehoben und danach abgebrochen.

S. M. Linienschiff »KAISER«, Baujahr 1912

Doppelschrauben-Turbinen-Schnelldampfer »KAISER« (1905)

»KAISER«: Doppelschrauben-Seebäderdampfer der Hamburg-Amerika-Linie für Fahrten nach Helgoland und Sylt. Während in England die Dampfturbine ihren Siegeszug als Schiffsantriebsmaschine bereits angetreten hatte, diskutierte man im wilhelminischen Deutschland noch längere Zeit über die Brauchbarkeit dieser neuen »rotierenden Dampfmaschine« oder den »rotierenden Schiffstreibapparat«, wie man anfänglich auch noch die Turbine nannte. Allzulange wollte man aber nicht gegenüber dem britischen Vorsprung in Rückstand kommen. So bestellte die Hamburg-Amerika-Linie 1904 bei der Stettiner Vulcanwerft einen Doppelschrauben-Seebäderdampfer mit Turbinenantrieb von 96,30 m Länge über Alles und 92,4 m Länge zwischen den Loten, 11,7 m Breite und 2,97 m Leertiefgang und 4,1 m Ladetiefgang für 2000 Deckspassagiere bei 75 Mann Besatzung, um die Brauchbarkeit des Turbinenantriebs für ihre geplanten Schnelldampferneubauten zu testen.
Bei den von der AEG-Berlin nach dem System »Curtis« gebauten beiden Turbinen von je 2208 kW (3000 PSw) handelt es sich um sog. »Einzelwellenturbinen«, die als Erstausführung beide innerhalb von 7 Monaten gebaut wurden. Sie waren 5,6 m lang und hatten einen Durchmesser von 2,7 m. Die Masse betrug insgesamt 114 t, einige Quellen geben auch 157 t an. Es handelte sich noch um sog. »Direktturbinen«, d. h. sie waren direkt ohne Getriebe mit der Propellerwelle gekuppelt, woraus sich auch die großen Abmessungen und Massen ergaben. Sie trieben jeweils einen 3flügligen Bronzepropeller an. Diese Bauweise hatte noch einen schlechten Wirkungsgrad, da Turbinen erst bei hohen Drehzahlen wirtschaftlich arbeiten, was aber durch das Fehlen von Untersetzungsgetrieben vorerst noch nicht möglich war. Immerhin erreichte der Bäderdampfer mit seinen Turbinen eine Geschwindigkeit von 16 kn. Der Turbinen-Seebäderdampfer »KAISER« und der Kleine Kreuzer »LÜBECK« waren die ersten Turbinenschiffe Deutschlands.
1914 wurde die »KAISER« (1912 BRT, 724 NRT) unter dem Kommando von Korvettenkapitän von Bülow als Hilfsminenleger (180 Minen) eingesetzt. Mit dem Minenkreuzer *»ALBATROS«* und *»NAUTILUS«* legte das Schiff am 9. September 1914 eine große Minensperre in der Nordsee. Wegen der als Kriegsschiff zu geringen Geschwindigkeit wurde die »KAISER« danach als Führerschiff der Elbe-Vorpostenflottille unter dem Kommando des Fregattenkapitäns Graf Zeppelin eingesetzt.
Das nach Ende des ersten Weltkriegs als Reparationsleistung an Britannien abgelieferte Schiff wurde von der Nordsee-Linie GmbH zurückgekauft und später wieder von der HAPAG erworben.
Das Schiff existierte auch noch nach dem zweiten Weltkrieg und war 1945 erneut an Britannien abzuliefern. Von Britannien wurde es an die UdSSR übergeben und erhielt dort den Namen »NEKROSOV«. Die UdSSR gab das Schiff an die Volksrepublik Polen weiter, wo es noch einige Zeit als »BENIOWSKI« in Fahrt war.

»KAISERIN AUGUSTE VIKTORIA«: Schnelldampfer der HAPAG. Das Schiff wurde 1905 auf der Werft des Stettiner »Vulcan« gebaut und hatte am 29. August 1905 Stapellauf. Bei 213 m Länge über Alles und 206 zwischen den Loten, 23,5 m Breite und 16,40 m Seitenhöhe war es mit etwa 24600 BRT vermessen. Eingerichtet war es für 3071 Passagiere und Mannschaft, davon 472 I. Kajütklasse, 174 II. Kajütklasse, 212 III. Kajütklasse und 1608 IV. Klasse. Zur Besatzung gehörten 605 Personen.
Das als Zweischrauber gebaute Schiff wurde durch 2 Vierfach-Expansionsmaschinen mit insgesamt 12880 kW (17500 PS) über 2 vierflüglige Propeller von 6,7 m Durchmesser angetrieben. Es erreichte die Geschwindigkeit von 18 kn. Zur Kesselanlage gehörten 9 Kessel mit insgesamt 51 Feuern.
Bei der Schreibweise des Schiffsnamens gab es verschiedene Probleme. So soll schon am Neubau der Name nicht richtig geschrieben worden sein. Später gab es weitere Unklarheiten, ob es »AUGUSTA VICTORIA« oder »AUGUSTE VIKTORIA« hieß. Letzteres ist richtig, da die am 22. Oktober 1858 geborene Namensgeberin Auguste Viktoria Friederike Luise Feodora Jenny hieß.

Das Schiff wurde 1920 an Britannien abgeliefert und fuhr noch einige Zeit als »EMPRESS OF SCOTLAND« mit Heimathafen London.

»Kaiser«-Klasse: von 1897 bis 1907 im Auftrag des Norddeutschen Lloyd gebaute Klasse von Schnelldampfern, die nach den Namen der kaiserlichen Familie benannt wurden. Zu dieser Schnelldampferklasse, die bis 23,5 kn lief, gehörten *»KRONPRINZ WILHELM«*, *»KRONPRINZESSIN CECILIE«*, *»KAISER WILHELM II«* und *»KAISER WILHELM DER GROSSE«*.

»KAISER WILHELM DER GROSSE«: Schnelldampfer des Norddeutschen Lloyd um die Jahrhundertwende und erstes Nordatlantik-Fahrgastschiff mit einer Bord-Funkanlage. Zu dieser Zeit trat Deutschland mit seinem Schiffbau und den führenden Reedern in den Kampf um die Vormachtstellung im Atlantik-Passagierverkehr ein. Noch waren die beiden Cunard-Dampfer »LUCANIA« und »CAMPANIA« die Rekordschiffe in der Atlantikfahrt. Der NDL erteilte dem Stettiner »Vulcan« den Auftrag für ein Superschiff. Getauft auf den Namen »KAISER WILHELM DER GROSSE« lief das Schiff am 4. März 1897 von Stapel. Bereits am 9. September 1897 konnte die Reederei das Schiff übernehmen. Schon auf der Jungfernreise erreichte man mit den beiden Dreizylinder-Expansionsmaschinen mit 20600 kW (28000 PS) eine Geschwindigkeit von 21,39 kn und im November des gleichen Jahres sogar 22,35 kn. Die Kessel brauchten täglich 500 t Kohle, so daß der Bunkervorrat von 4550 t reichlich bemessen war. Damit waren die beiden britischen Rekordschiffe überboten und das begehrte »Blaue Band« erkämpft. Mit 22000 t Deplacement und 14350 BRT war es seinerzeit das größte Schiff der Welt. Im Volksmund wurde das Schiff daher auch »Dicker Wilhelm« oder »Der große Kaiser« genannt. Das Schiff war über Alles 198 m und zwischen den Loten 191 m lang; 20,1 m breit und hatte vom Kiel bis zum Hauptdeck eine Seitenhöhe von 13,2 m. Der Schiffskörper war durch ein Längsschott und 16 Querschotte in 18 wasserdichte Abteilungen unterteilt. Es hatte 480 Mann Besatzung und war für die Beförderung von 1550 Passagieren eingerichtet, davon 400 in der I. Klasse, 350 in der II. Klasse und 800 Passagiere in der III. Klasse. Die Gesellschaftsräume an Bord waren teils im Stil italienischer Frührenaissance, teils im Rokoko-Stil und im Queen Anne Stil eingerichtet.

Bei Ausbruch des ersten Weltkriegs wurde das Schiff zum Hilfskreuzer umgerüstet. Mit der schwachen Bewaffnung von 4×10,5-cm-Kanonen mußte Fregattenkapitän Reimann das Schiff in eine ungewisse Zukunft steuern. Vor Westafrika versenkte er 3 britische Dampfer mit insgesamt 10000 BRT. Während der Kohleübernahme aus 2 deutschen Schiffen (»MAGDEBURG« und »BETHANIA«) nahe der Küste der spanischen Kolonie Rio de Oro wurde das Schiff am 26. August 1914 vom britischen Kreuzer »HIGHFLYER« gestellt. Nach einem halbstündigen Artilleriegefecht ließ Reimann das Schiff sprengen. Es kenterte zur Steuerbordseite und blieb dort aus dem Wasser ragend liegen. Ein Teil der Besatzung gelangte mit Rettungsbooten an Land und begab sich zum 12 km entfernten

Schnelldampfer »KAISERIN AUGUSTE VIKTORIA«

Heckwulst, Propeller und Plattenruder des Schnelldampfers »KAISER WILHELM DER GROSSE«

Schnelldampfer »KAISER WILHELM DER GROSSE« in langsamer Fahrt, 1897 Inhaber des »Blauen Bands«

spanischen Fort, von dem sie später nach Las Palmas gelangten. Erst 1952 verschrottete man die letzten Reste dieses großen Schnelldampfers.

»KAISER WILHELM II«: Schnelldampfer des Norddeutschen Lloyd. Im Jahr 1900 hatte der Schnelldampfer *»DEUTSCHLAND«* der Hamburg-Amerika Linie den Durchschnitts-Geschwindigkeitsrekord gebrochen. Der NDL setzte sich darum das Ziel, das »Blaue Band« wieder zurückzuerobern und gab der Vulcan-Werft in Stettin den Auftrag, einen Luxus-Schnelldampfer zu bauen, der unter dem Namen »KAISER WILHELM II« am 12. August 1902 von Stapel lief. Das 19350 BRT und 6353 NRT große Schiff wurde durch 2 Sechszylinder-Vierfach-Expansionsmaschinen angetrieben, die zusammen 33120 kW (45000 PSi) leisteten und dem Doppelschraubendampfer eine Geschwindigkeit von 23,5 kn gaben. Bei Höchstgeschwindigkeit verbrauchten die 12 Doppel- und 7 Einender-Zylinderkessel mit ihren 124 Feuern um 760 t Kohle pro Tag. An den Kesseln arbeiteten 12 Oberheizer, 99 Heizer und 118 Kohlentrimmer. Für eine Reise Bremerhaven – New York wurden 5600 t Kohle verfeuert.
1906 errang das Schiff mit 23,58 kn Durchschnittsgeschwindigkeit das »Blaue Band«. Im Hafen von New York wurde das Schiff vom Kriegsausbruch überrascht. Nach Kriegseintritt Amerikas am 6. April 1917 wurde es beschlagnahmt und unter dem Namen »AGAMEMNON« als Truppentransporter für Fahrten nach Europa eingesetzt. Danach war es als »MONTICELLO« nur noch selten in Fahrt, wurde später aufgelegt und Ende 1940 in Baltimore abgewrackt.

Schnelldampfer »KAISER WILHELM II« geht auf Fahrt

Schnelldampfer »KAISER WILHELM II«, Speisesaal der I. Klasse

»Kaiten-Torpedo«: bemanntes japanisches maritimes Kleinkampfmittel des zweiten Weltkriegs. Ähnlich den sich selbst aufopfernden »Kamikadse«-Fliegern sollte der Kaiten-Steuermann mit dem Kampfmittel den Gegner und sich selbst vernichten. Die Länge der »Kaiten-Torpedo« betrug 14,75 m bzw. 16,5 m bei einem Durchmesser von etwa 1 m. Der Gefechtskopf trug die 1000-kg-Sprengladung. Größere U-Boote konnten als Trägerschiffe 4···6 solcher Torpedos in das Einsatzgebiet bringen. Der Steuermann lag im Mittelteil des mit 30 kn laufenden Torpedos und konnte durch ein Sehrohr beobachten. Zum Großeinsatz dieser Kampfmittel ist es nicht mehr gekommen.

Kanaldampfer: Sammelbezeichnung für verschiedene Schiffstypen, die fahrplanmäßig den Ärmelkanal zwischen Großbritannien und Frankreich überqueren. Wegen der besonderen Bedeutung dieser Meeresenge für die europäische Schiffahrt bezeichnete man ihn schon frühzeitig als den »Kanal«. 1816 machte der Raddampfer *»ELISE«* ex »MARGERY« die erste Kanalüberfahrt von London nach Le Havre. Bereits 1824 entstand in Britannien die »General Steam Navigation Company«, deren erste Kanaldampfer »CITY OF EDINGURGH« (800 t) und »EARL OF LIVERPOOL« (1200 t) bereits regelmäßig fuhren; siehe auch *Canal Ship*.

Kanalschubschiff: siehe *Schubschiff*

Kanonenboot, *Dampfkanonenboot:* Weiterentwicklung der bis über die Mitte des 19. Jh. gebauten Kanonenjollen und Kanonierschaluppen, die gerudert wurden und eine niederlegbare Segeltakelage besaßen. In Anlehnung an diese Vorgängertypen waren die *Dampfkanonenboote* als die seinerzeit kleinsten Kriegsschiffe zunächst ebenfalls für den Einsatz in Flüßmündungen und flachen Küstengewässern gedacht. In der Übergangszeit vom Segel- zum Dampfkanonenboot wurden in vielen Ländern Entwürfe des britischen Schiffbauers Rendel nachgebaut. Mit dem Bau des Schleswig-Holsteinischen Schrauben-Kanonenboots »VON DER TANN« auf der Conradi'schen Werft in Kiel (Maschine von Schweffel & Howaldt; Kiel) entstand 1848/50 das erste Schrauben-Kanonenboot Europas. Es folgten ab 1860 Dampfkanonenboote I. und II. Klasse, die auf verschiedenen Werften gebaut wurden. Das Deplacement stieg von 283 t (1860) auf 1048 t (1898), die Bewaffnung von 2···3 gezogenen 12···24-Pfündern auf 4 × 8,8-cm-Geschütze und 6 Maschinenkanonen. Die Antriebsleistungen wurden von 162 kW (220 PS) auf 1030 kW (1400 PS) und damit die Geschwindigkeit von 9 kn auf etwa 15 kn erhöht.
Ab 1870 orientierte sich Deutschland kurzzeitig auf ein Flußkanonenboot vom Monitortyp (siehe *Monitor*) für die Rheinverteidigung und auf sog. »Panzerfahrzeuge« für den Küstenschutz. Diese größeren Kanonenboote hatten bei 1100 t Deplacement bereits eine 30,5-cm-Bugkanone. Der Einsatz in den Kolonien und sog. »Schutzgebieten« erforderte auf den versandeten Flüssen besonders flachgehende Fluß-Kanonenboote. Diese und andere Typen dienten zur Repräsentation der Macht und zu Patrouillefahrten an den Küsten, um die Interessen des Mutterlandes notfalls mit Gewalt durchzusetzen. So nahm das Kanonenboot *»ILTIS«* an der Niederschlagung des sog. »Boxeraufstandes« und an der Beschießung der chinesischen Taku-Forts am 17. Juli 1900 teil. Bei dem als »Panthersprung nach Agadir« bezeichneten Einsatz, bei dem das Kanonenboot *»PANTHER«* eine Rolle spielte, kam es am 1. Juli 1911 zur zweiten Marokkokrise. Der Begriff »Kanonenbootpolitik« kennzeichnet eine Periode in der Kolonialgeschichte.
Die deutschen Auslandskanonenboote befanden sich bei Ausbruch des ersten Weltkriegs in einer ausweglosen Lage und wurden i. allg. gesprengt oder versenkt.
Durch seinen Einsatz im zweiten Weltkrieg wurde besonders das als kleiner *Monitor* klassifizierte sowjetische Flußkanonenboot »SHELESNJAKOW« bekannt, das heute als Marine-Denkmal am Dnepr-Ufer liegt.
Die Klasse der Hochsee-Kanonenboote gab es

bis 1945 noch in einigen Marinen. Sofern sie nicht anderweitig Verwendung fanden, wurden sie vielfach zum Geleitfahrzeug umklassifiziert oder abgewrackt; siehe auch *»BASILISK«*, *»ILTIS«*, *»MÖWE«* und *»PANTHER«*.

Kaperkreuzer: Sammelbegriff für verschiedene Schiffstypen, die im Krieg vorwiegend die gegnerische Handels-, Versorgungs- und Nachschubschiffahrt durch Aufbringen von Transportschiffen stören oder lahmlegen sollten.
Das Kaperunwesen als staatlich autorisierte Form des Piratentums hatte seinen Höhepunkt vom 16. bis 18. Jh., als sich die Gütertransporte mit den überseeischen Kolonien schnell entwikkelten und Spanien, die Niederlande, Frankreich und Britannien um die Vormachtstellung auf den Weltmeeren kämpften. Diese Form der Kaperei mit bewaffneten nichtstaatlichen Schiffen, deren Kapitäne für eine bestimmte Zeit durch einen »Kaperbrief« bevollmächtigt wurden, gegnerische Schiffe zu kapern und als Prise aufzubringen, ist seit der in der Pariser Seerechtsdeklaration 1856 verkündeten Abschaffung völkerrechtlich untersagt.
Im Unterschied zum nichtstaatlichen Kaperschiff ist der Kaperkreuzer ein legales Kriegsschiff. Der Einsatz der legalen Kaperkreuzer unterschied sich jedoch in den beiden Weltkriegen nicht grundlegend von den vorherigen Kaperschiffen. Feindliche Handelsschiffe wurden gestoppt, untersucht und, wenn möglich, mit einem Prisenkommando in einen eigenen Hafen oder einen Unterschlupf gebracht oder versorgungs- und kriegswichtige Ladung übernommen und das gekaperte Schiff versenkt. Häufig wurden wegen der eigenen Sicherheit Maßnahmen unterlassen, die für die Gesundheit und das Leben der Besatzung gekaperter Schiffe notwendig gewesen wären.
Als Kaperkreuzer im Kriegsfall wurden insbesondere die Kreuzer der Auslandsgeschwader vorgesehen. Sie wurden bereits für den Ferneinsatz mit Vorräten für eine möglichst lange Selbstständigkeitsdauer, der entsprechenden Reichweite, Geschwindigkeit, Zuverlässigkeit der Maschinenanlagen und sparsamen Kohleverbrauch entworfen und auf der Reise zum Geschwader-Standort gründlich getestet.
Die Admiralität der Kaiserlichen Marine war sich vor dem ersten Weltkrieg bewußt, daß es nicht möglich sein würde, das Fernost-Auslandsgeschwader des Grafen Spee im Kriegsfalle zurückzuführen oder ausreichend mit Munition und Brennstoff zu versorgen. Die einzelnen Kaperkreuzer, wie die *»EMDEN«*, konnten sich somit nur von aufgebrachten Schiffen mit Kohle und Proviant versorgen. Außerdem wurde ein Teil der zu Kriegsausbruch im Ausland befindlichen Schiffe als *Hilfskreuzer* bewaffnet und als Kaperkreuzer eingesetzt.

»KARL MARX«: DDR-Schnellfrachter aus der Übergangszeit vom traditionellen Stückgutfrachtschiff zum Vollcontainerschiff. Der Schnellfrachter wurde 1971 vom VEB Warnowwerft in Rostock/Warnemünde erbaut und im gleichen Jahr vom VEB Deutfracht/Seereederei im Liniendienst für Stückgüter und Container auf der Relation Rostock–Ferner Osten eingesetzt. Das

Schnellfrachter »KARL MARX«

Schiff ist 166,40 m über Alles und 156,67 m zwischen den Loten lang und 23,0 m breit. Das Dreideckschiff hat 12 Luken, eine Seitenhöhe von 13,30 m und 9,55 m Tiefgang. Mit 6453 NRT und 11023 BRT vermessen beträgt die Tragfähigkeit 13100 t DW. Neben einem durchschwenkbaren Schwergutbaum für 120 t gehören 4×8-t-, 1×3,2···8-t- sowie 2×3,2···5-t-Bäume zur bordeigenen Umschlagausrüstung.
Die Typbezeichnung »Schnellfrachter« nimmt bezug auf die für Stückgut- und Semicontainerschiffe überdurchschnittliche Geschwindigkeit von 22 kn. Der Einschrauber wird durch einen langsamlaufenden Zweitakt-Kreuzkopfmotor vom Typ Sulzer 7RND 90 mit einer Leistung von 14941 kW angetrieben.
Der Typ des »Schnellfrachters« schließt in gewisser Weise eine Entwicklungsrichtung des universellen Stückguttransports ab, bei dem durch relativ hohe Schiffsgeschwindigkeiten die Hafenzeiten beim Umschlag nicht unifizierter Ladung ausgeglichen werden sollten.
Gleichzeitig steht er am Anfang der durch Automatisierung des Schiffsmaschinenbetriebs besatzungsreduzierten Frachtschiffe. Durch den 24stündigen wachfreien Maschinenbetrieb, wahlweise Fernbedienung aus einem schallisolierten Maschinenkontrollraum oder von der Brücke und weitere automatisierte Maschinen und Ausrüstungen wurde die Besatzungsstärke auf 28 Mann verringert.

Die »KARL MARX« im Heimathafen

Kasemattschiff: Kriegsschiffstyp ab 1860 bis in das letzte Jahrzehnt des 19. Jh. mit Geschützbatterien in einer gepanzerten Kasematte, franz. auch »Reduite«. Nach dem Zentralbatterieschiff entstand das Kasemattschiff. Für die Entwicklung waren sowohl technische als auch taktische Gründe ausschlaggebend. Die Änderung der Taktik, die im Unterschied zu dem bisherigen Breitseitenfeuer die Axialwirkung der Geschütze hervorhob, um die zahlenmäßig verringerten Geschütze größerer Reichweite durch größere Bestreichungswinkel besser einsetzen zu können, führte in den Jahren 1860 bis 1880 zu einer vollständigen Änderung der Geschützaufstellung und damit auch der Form des Überwasserschiffs. Vorher waren Kampfentscheidungen durch die Schiffsartillerie noch relativ selten herbeizuführen, so daß noch immer der Rammstoß als die erfolgversprechendste Angriffstaktik angesehen wurde. Daher wurde auch teilweise von der Gefechtsformation der Kiellinie abgegangen und zu der den Rammstoß begünstigenden Form der Dwarslinie und Keilform übergegangen. Die Rammtechnik grenzte aber den Einsatz der Breitseit-Bewaffnung erheblich ein, und das sog. »Überendfeuer« bekam eine größere Bedeutung.
Die zunehmende Wirkung der Geschütze erforderte außerdem eine größere Panzerdicke und damit bei den damals als gegeben angesehenen Grenzen der Schiffsgröße eine Einschränkung der gepanzerten Flächen. Zunächst wurde die Geschützaufstellung noch durch die Notwendigkeit beeinflußt, den Segelantrieb beizubehalten. Nach dem vom britischen Marineingenieur REED entwickelten Panzerungs- und Armierungsprinzip stellte die Kasematte einen über dem Gürtelpanzer liegenden stark gepanzerten Abschnitt im mittleren Seitenbereich des Schiffs dar, in dem die Geschütze konzentriert wurden. Außer dem Gürtelpanzer und der Kasematte blieben die anderen Schiffsbereiche ungepanzert.
Ein, wenn auch geringes Bug- und Heckfeuer (Überendfeuer) wurde zunächst durch Aufstellung besonderer Geschütze hinter gepanzerten Schilden ermöglicht, doch wurden die Buggeschütze bei Seegang und Fahrt gegenan stark behindert. Infolgedessen wurden bei den folgenden Konstruktionen durch verschiedene Mittel, wie seitliches Überstehen der Kasematte über die Bordwände, z. B. bei dem deutschen Kasemattenschiff *»KAISER«*, vor und hinter der Kasematte stark eingezogene Bordwände (französische *»DÉVASTATION«*) und schließlich Anordnung der Kasematte in 2 übereinander liegenden

Decks (britische *»ALEXANDRA«*) eine Verstärkung des Überendfeuers angestrebt. Die Bestreichungswinkel für die Bug- und Heckgeschütze wurden so auf einen Winkel von etwa 100 Grad gebracht.
Schiffe mit einer eingebauten Kasematte wurden als »Einfach-Centralbatterie-Kasemattschiff« und solche mit 2 übereinanderliegenden Kasematten als »Doppel-Centralbatterie-Kasemattschiff« bezeichnet. Dazu gab es noch die speziellere Bezeichnung »Kasemattschiff mit eingezogenen Pforten«, wenn die Geschützpforten gegenüber den Schiffsseiten weiter innen lagen. Das Kasemattschiff stellte einen geeigneten Ausgleich der verschiedenen Anforderungen dar. Die Seetüchtigkeit war durch den meistens großen Freibord recht gut, die Bedienung der Geschütze auch bei stärkerem Seegang möglich und die Handhabung der Takelage durch die Geschützaufstellung nicht wesentlich beeinträchtigt. Bezogen auf den Aufwand war die Kampfkraft der Schiffe jedoch relativ begrenzt. Dennoch konnte sich diese Bauweise recht lange behaupten; das letzte Kasemattschiff – die deutsche *»OLDENBURG«* – lief am 20. Dezember 1884 von Stapel. Das Kasemattschiff war eine Entwicklungs-Zwischenstufe des Panzerschiffs vom *Batterieschiff*; siehe auch *Zentral-Batterieschiff*.

»KAT«: Ölabschöpfschiff in Katamaran-Bauweise, ein BRD-Projekt von 1983. Die Reinigung der Wasseroberflächen von ausfließendem Öl bei Tankerunfällen oder sonstigen Havarien erfordert Spezialgeräte und Ölabschöpfschiffe, um größere Umweltschäden zu verhüten. Für die verschiedenen Ölverschmutzungen und Seebedingungen werden universell verwendbare technische Mittel benötigt. So entstand 1982/83 als Gemeinschaftsprojekt des Krupp-Forschungsinstituts und der Krupp-Ruhrorter Schiffswerft GmbH in Duisburg ein Ölabschöpfschiff in Katamaran-Bauweise.
Der Katamaran von etwa 35 m Länge hat zwischen den Rümpfen 10 m und über beide Rümpfe 18 m Breite. Vorn zwischen den Rümpfen befindet sich ein höhenverstellbares Wehr und dahinter ein Ölsammel- und Abscheidebehälter. Leistungsstarke Pumpen erzeugen im Sammelbehälter eine Niveauabsenkung gegenüber dem umgebenden Meeresspiegel, damit verschmutztes Oberflächenwasser zufließen kann.
Das Öl wird abgepumpt und in Tanks geleitet. Ein mechanischer Rechen fördert auf der Oberfläche schwimmende Feststoffe und klumpiges Öl in einen Bunker. Wellenbrecher und seitlich ausfahrbare Leitbleche sollen die Wirksamkeit des Katamaran erhöhen. In jedem Rumpf ist eine Anlage installiert. Die Abschöpfkapazität sollte 600 m^3/h erreichen.

Katamaran, *Doppelrumpfschiff:* modernes Wasserfahrzeug für Spezialzwecke, dessen Auftrieb im Unterschied zu den Schiffen mit einem Rumpf durch 2 parallele und durch eine Plattform verbundene Schiffskörper erzeugt wird.
Bei gleicher Schiffslänge hat das Doppelrumpfschiff eine größere Tragfähigkeit, größere Decksflächen und bei begrenzter Größe eine höhere Querstabilität. Der Schiffswiderstand, der Bau- und Unterhaltungsaufwand sind jedoch ungünstiger als bei Einrumpfschiffen. Nach einigen frühen Versuchsbauten für Fährschiffe u. a. (siehe *Canal Ship*) werden seit etwa 1960 Doppelrumpfschiffe häufiger als Forschungsschiffe, Bohrschiffe, Bergungsschiffe, Bagger, Schwimmkrane, Schubschiffe, Feuerlöschschiffe, Auto- und Fahrgastfähren sowie für die Fischerei gebaut. Eine besondere Bedeutung erhielt das Doppelrumpfschiff durch den Schwimmleichtertransport und die damit verbundene Entwicklung des Schiffstyps *BACAT* (Barge-Catamaran).

Katapultschiff: siehe *Flugzeugmutterschiff*

Kauffahrteischiff: ältere Sammelbezeichnung für alle Handels-Seeschiffe der kommerziellen Personen- und Güterfahrt. Die gesetzliche Definition lautete: »Unter Kauffahrteischiff sind die zum Erwerb durch Seefahrt dienenden Schiffe zu verstehen«. Die Schiffe der sog. »Technischen Flotte«, Fischereischiffe, Kriegsschiffe und Sportfahrzeuge gehörten nicht dazu. Die neuere Bezeichnung *»Handelsschiff«* umfaßt dementsprechend die Vielfalt der kommerziellen Transportschiffe.

Kaufhausschiff: Flußschiff für die mobile Versorgung von Großbaustellen in Erschließungsgebieten insbesondere an den großen sibirischen Flüssen. Die Hauptmenge aller Industriewaren und Versorgungsgüter wird über den nördlichen Seeweg oder die transsibirische Eisenbahn herangeschafft und in den Flußmündungen oder Verkehrsknoten von den Kaufhausschiffen oder Versorgungsschiffen übernommen. Die Schiffe von etwa 70 m Länge, 8 m Breite und 3 m Seitenhöhe haben Eigenantrieb, Kühl- und Lagerräume, Verkaufseinrichtungen und Unterkünfte für die Schiffsbesatzung und das Verkaufspersonal. Auf ihren Fahrten versorgen sie an Flüssen gelegene Industriebaustellen und Siedlungen. U. a. baute die Magdeburger Binnenwerft »Edgar Andre« bis 1970 eine größere Serie von Kaufhausschiffen für die UdSSR.

K-Boot: schnelles, leichtes und wendiges Motorboot in Holz-Knickspantbauweise für die seemännisch-technische Grundausbildung. Der Bootskörper wird durch kombinierte Längs- und Querspanten ausgesteift und hat ein Spiegelheck. Bis 1945 war die Bezeichnung außerdem in der Kaiserlichen Marine auch für *Kanonenboote* gebräuchlich.

Kernenergie-Schiff, *kernkraftgetriebenes Schiff, Atomschiff:* Dampfturbinenschiff mit Kernenergie-Dampferzeugungsanlage für den Einsatz als U-Boot, Überwasserkriegsschiff, Eisbrecher und für Prototypen von Frachtschiffen. Im Vergleich zum Nutzungsstand der Kernenergie in stationären Kernkraftwerken sowie für den Antrieb von großen Kriegsschiffen wie Flugzeugträgern, schnellen großen Überwasserschiffen und U-Booten, befindet sich das Kernenergie-Frachtschiff noch in den Entwicklungsanfängen. Hinsichtlich der Reaktor- und Umweltsicherheit, der flexiblen Dampferzeugung sowie des Raum- und Massebedarfs und hinsichtlich der Anlagekosten entsprechen die bisher entwickelten Kernreaktor-Dampferzeuger noch nicht den Anforderungen eines ökonomischen Schiffseinsatzes. Zu den Haupttypen von Kernenergie-Reaktoren gehören der gasgekühlte graphitmoderierte Reaktor (AGR), der gasgekühlte, mit schwerem Wasser moderierte Reaktor (GCHW), der mit organischer Flüssigkeit gekühlte und moderierte Reaktor (OLMR), der Siedewasser-Reaktor (BWR) und der Druckwasser-Reaktor (PWR).
Die druckfeste Sicherheitsummantelung der Primärsysteme erfordert beim Einbau in Kernenergie-Schiffe wegen der begrenzten Raumverhältnisse einen bedeutenden Mehraufwand. Um den Strahlenschutz zu gewährleisten, sind zusätzliche Verstärkungen der Schiffskörperverbände im Reaktorbereich, größere Doppelbodenhöhen und Doppelhüllenkonstruktionen, Kofferdämme u. a. erforderlich, die mit der größeren Eigenmasse des Reaktors die Vorteile der mitzuführenden geringeren Brennstoffvorräte für Frachtschiffe bedeutend vermindern. Für einen allgemeinen Einsatz kommerzieller besatzungsreduzierter Kernenergie-Schiffe sind auch die aufwendigen Entsorgungen von ausgebrannten Brennstäben und radioaktiven Reaktorbauteilen ebenso noch zu lösen wie verschiedene Automatisierungs- und Sicherheitsfragen, bis eine Schiffsbesatzung üblicher Qualifikation die Anlage zuverlässig betreiben kann.
In den bisherigen Kernenergie-Schiffen kommt hauptsächlich der Druckwasser Reaktor (PWR – press water reactor) zum Einsatz. Durch eine Anordnung von Spaltstoff und Brennmedium kommt eine regelbare Kettenreaktion von Kernspaltprozessen zustande. Als Moderatormedium und zur Wärmeabfuhr dient im Primärkreislauf Druckwasser unter einem Druck von 12···20 MPa (120···200 kp/cm^2), um das Verdampfen zu verhindern. Das Druckwasser gibt über Wärmetau-

Vereinfachtes Gesamtschaltbild der Dampferzeugungs- und Turbinenanlage

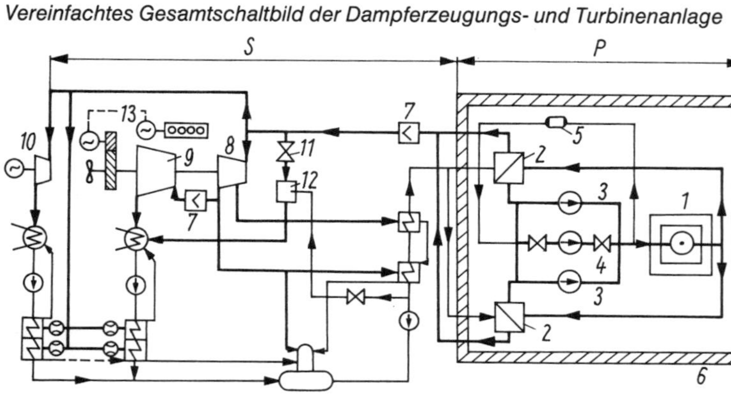

1 Reaktor mit Sicherheitsbehälter
2 Wärmeübertrager
3 Reaktor-Kühlwasserpumpe
4 Reserve-Kühlwasserpumpe
5 Filter
6 Abschirmung
7 Dampftrockner
8 HD-Turbine
9 ND-Turbine
10 Turbogenerator
11 Überschlußventil
12 Einspritzkühler
13 Notantrieb

scher einen Teil der Wärme an den hermetisch dichten Sekundärkreislauf zur Dampferzeugung für den Antrieb der Dampfturbinen und zur anschließenden Kondensation ab. Als erstes kernkraftgetriebenes Schiff der Welt entstand das Kernkraft-U-Boot *»NAUTILUS«* (USA, Indienststellung 22. April 1955), es folgte als erstes ziviles Kernenergie-Schiff der sowjetische Eisbrecher *»LENIN«* (Indienststellung 15. September 1959), die *»SAVANNAH«* als zweites ziviles Kernenergie-Schiff (USA, Indienststellung 1962, Stillegung 1970), die *»OTTO HAHN«* (BRD, Indienststellung 1968, Stillegung 1979), die *»MUTSU«* (Japan, Indienststellung 1970, zeitweise Stillegung bis 1970 und endgültig 1973) sowie die Kernenergie-Eisbrecher »LEONID BRESHNEW« ex *»ARKTIKA«*, »SIBIR« und »ROSSIJA«.
Die beiden bisher in Fahrt gekommenen Versuchsschiffe *»SAVANNAH«* und *»OTTO HAHN«* konnten trotz eines praktisch unbegrenzten Aktionsradius und der sehr geringen Masse mitzuführender Brennstoffvorräte infolge der noch nicht auszuschließenden Gefährdung der Anlaufhäfen sowie der relativ großen Eigenmasse des Reaktors und seines Raumbedarfs und Wartungsaufwands noch nicht rentabel eingesetzt werden. Dennoch konnten hinsichtlich der Betriebsstabilität der Reaktoren bei Schiffsschwingungen, der Anlagensicherheit und der Sicherung des Reaktors sowie der Schiffskörperkonstruktion wertvolle Ergebnisse erzielt werden.
Demgegenüber ist das kernkraftgetriebene Spezialschiff, das seine Funktionen entfernt von direkt besiedelten Hafengebieten wahrnehmen kann, und einen größeren Leistungsbedarf bei hoher Autonomie und Einsatzdauer hat, heute bereits bei großen Spezialschiffen zu den ölgefeuerten Dampfkesseln und Turbinenanlagen und teilweise auch den Schiffen mit Dieselmotorenantrieb ökonomisch gleichwertig geworden. Dazu hat die UdSSR mit dem ersten kernenergiegetriebenen Eisbrecher *»LENIN«* Pionierarbeit geleistet. Der seit 1960 eingesetzte Eisbrecher ist wie die meisten Kernenergie-Schiffe mit Druckwasserreaktoren ausgerüstet.
Der um 1985 in der UdSSR begonne Bau großer Kernenergie-Leichterträgerschiffe (siehe *LASH*) für den nördlichen Seeweg stellt einen weiteren Meilenstein in der Entwicklung des Kernenergie-Schiffs für friedliche Zwecke dar. Im Vergleich dazu ist die Anzahl der Kernenergie-Kriegsschiffe, insbesondere der Kernenergie-Flugzeugträger und der *Kernenergie-U-Boote* noch bedeutend größer.

Kernenergie-U-Boot: *U-Boot* mit Kernenergie-Reaktoren (siehe auch *Kernenergie-Schiff*) zur Dampferzeugung für den Dampfturbinenantrieb. Von allen Schiffstypen, bei denen bisher die Kernenergie für den Schiffsantrieb genutzt wurde, vollzog sich beim U-Boot der größte Entwicklungssprung.
Das konventionelle U-Boot benötigte zum Aufladen seiner Batterien für die Unterwasserfahrt jeweils eine längere Überwasserfahrt mit den Dieselmotoren. Eine andere Möglichkeit war die Fahrt dicht unter der Wasseroberfläche mit einem speziell hierfür entwickelten, ausfahrbaren »Luftschnorchel«, durch den die Verbrennungsluft für die Dieselmotoren angesaugt wurde. Bei der Überwasserfahrt und auch nahe der Wasseroberfläche fahrend war das U-Boot mit modernen Ortungsgeräten aus der Luft leicht zu entdecken.

Schema Kernenergie-U-Boot mit Raketen und Torpedos

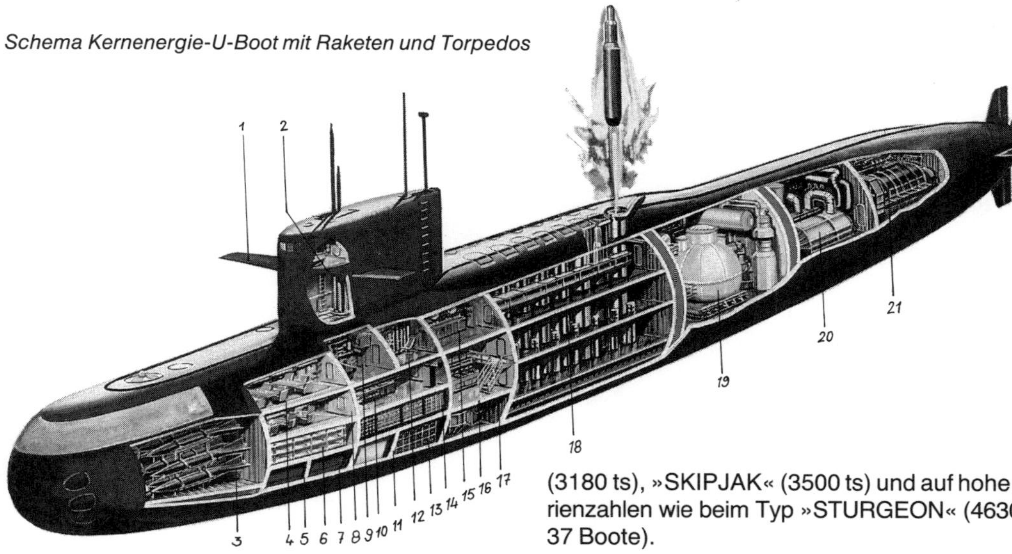

Unter Wasser war es dann, wenn es einmal gesichtet war, wegen seiner relativ geringen Geschwindigkeit leicht zu verfolgen, zu orten und zu vernichten. Gegen Ende des zweiten Weltkriegs sollte das mit der sog. »Sauerstoff«-Turbine ausgerüstete *»Walter«-U-Boot* diese Nachteile der vorhergehenden U-Bootstypen vermindern.
Das erste Kernenergie-U-Boot, die *»NAUTILUS«* der USA, lief am 31. Januar 1954 von Stapel, der Reaktor wurde erstmals am 30. Dezember 1954 in Betrieb genommen, und am 17. Januar lief das Schiff zur ersten Seeerprobung aus. Mit dem Kernenergie-U-Boot waren sehr lange Zeiten für die Unterwasserfahrt, weite Tauchstrecken mit Unterwassergeschwindigkeiten von 30 kn und darüber möglich geworden, die um mehr als den halben Erdball reichten.
Um der Besatzung einen mehrwöchigen Aufenthalt unter Wasser zu ermöglichen, mußten verschiedene Probleme gelöst werden. So fuhr u. a. die 100 Mann starke Mannschaft im Kernenergie-U-Boot »SEAWOLF« ununterbrochen 30 Tage getaucht. Wenn auch der Kernreaktor zur Energieerzeugung keinen Sauerstoff mehr benötigt, so brauchen die Menschen Atemluft. Die Luft an Bord muß ständig gereinigt und durch elektrolytische Verfahren erneuert werden. Nachdem das Problem der Kohlensäure aus der Atemluft gelöst war, zeigten sich verschiedene andere Erscheinungen, die bei kürzeren Unterwasserfahrten nicht beobachtet wurden. So riefen tierische Bratfette und geringe Mengen Kühlmittel Reizungen der Schleimhäute hervor und einige Waschmittel dürfen wegen des Chlorgehalts nicht verwendet werden. Auch der Einsatz der sonst auf U-Booten gebräuchlichen fluoreszierenden Leuchtzifferanzeigen waren wegen der dadurch in geringen Mengen entstehenden radioaktiven Gase, die bei langem Unterwasseraufenthalt nicht entweichen können, nicht mehr möglich.
Neben der Enwicklung sehr großer raketenbestückter Kernenergie-U-Boote, wie z. B. »OHIO« (18 700 ts), zielen die Bestrebungen militärischer Kreise auch auf die Entwicklung von Typen begrenzter Größe wie bei den Typen »NAUTILUS« (3180 ts), »SKIPJAK« (3500 ts) und auf hohe Serienzahlen wie beim Typ »STURGEON« (4630 ts, 37 Boote).

Kettenschleppschiff; *Elbkettenschiff:* an einer im Flußbett liegenden langen eisernen Kette über Winden und Maschinenkraft gegen den Strom fahrendes Schiff.
Kettenschleppversuche mit Muskelkraft machte man schon 1732 bei Straßburg. In den 20er Jahren des 19. Jh. wurden dazu in Frankreich erstmals Dampfwinden mit gutem Erfolg benutzt. In Deutschland verwirklichte 1866 die »Vereinigte Dampfschiffahrtskompanie« die Elbkettenschifffahrt. 1868 wurde in Dresden die Elbschiffahrtsgesellschaft »Kette« gegründet und von hier ab datiert eine durchgreifende Neugestaltung des gesamten Elbstrom-Verkehrs und Pünktlichkeit der Fahrzeiten. Die Kette ermöglichte eine Fahrt stromauf zu jeder Zeit. In der Elbe bei Magdeburg legte man zwischen Buckau und Neustadt eine Kette, an der sich das Kettenschleppschiff mit 2 dampfgetriebenen Kettenwinden flußaufwärts zog. Das war ein bedeutender Fortschritt gegenüber den Treidel- und Segelschiffen, die jährlich nur 2 Fahrten zwischen Hamburg und den Oberelbehäfen schafften. Von 1882 bis 1892 betrieb auch die »Berliner Krangesellschaft« eine Kettenschleppschiffahrt. Eine 22 km lange Kette war an einem Pfeiler der Kronprinzenbrücke befestigt, während das andere Ende im Pichelsdorfer Gemünd lag.
Das Kettenschleppschiff war besonders auf den seinerzeit öfter versandeten, seichten Flüssen und bei treibendem Unrat dem *Radschiff* und dem *Schraubenschiff* überlegen, da sich bei Sandbarrieren die Wassertiefe zuweilen auf weniger als 1 m verminderte und sich bei der Flußfahrt die Schäden an den Schaufelrädern und Schrauben häuften. Fortschreitende Flußregulierungen und Kanalisierungen, das Wandern der im Strombett liegenden Kette, der hohe Kettenverschleiß durch häufiges Reißen der Kette und die Versandung nach jedem Hochwasser waren Ursachen, welche die Kettenschleppschiffahrt schließlich unrentabel machten. Jedoch wurde der Betrieb der Kettenschleppschiffe erst eingestellt, als genügend starke Radschlepper zur Verfügung standen. Nur im Übersetzverkehr von Ufer zu Ufer konnte sich die Kettenfähre noch längere Zeit behaupten. Einer der letzten dieses Schiffstyps versah bis Ende der 50er Jahre den Übersetzverkehr zwischen Rostock-Warnemünde und dem Ortsteil Hohe Düne. Die Behin-

derung der durchgängigen Schiffahrt zum Überseehafen war jedoch zu groß, die Kettenfähre mußte der Motorfähre weichen.
Auf anderen deutschen Flüssen waren statt Ketten auch Seile verlegt, an denen sich nach dem gleichen Prinzip das *Seilschiff* flußaufwärts zog; siehe auch Drahtseilschiff »VASKAPU«

»KIEW«: sowjetischer Flugdeckkreuzer. Das Schiff wurde 1975 in Dienst gestellt. Die »KIEW« ist in erster Linie für die U-Bootbekämpfung mit einem Flugdeck und raketenbestückten Flugzeugen konzipiert.
Bei etwa 42 000 ts Verdrängung hat das Schiff 11 m Tiefgang, etwa 275 m Länge und 48 m Breite an Deck. Die Besatzungsstärke liegt bei 1200 Mann. 4 Dampfturbinensätze mit einer Gesamtleistung von 125 000 kW (170 000 PS) arbeiten auf 4 Schrauben und geben dem Schiff 32 kn Geschwindigkeit.
Das Flugdeck von 189×20 m ist als sog. »angled deck« (Winkeldeck) angelegt. Die Längsachse dieses Decks ist zur Schiffslängsachse um 4,5° schräg nach Backbord. Da weder Katapulte noch Abfangvorrichtungen vorhanden sind, müssen die Flugzeuge Senkrecht- oder zumindestens Kurzstarteigenschaften haben. Im Hallendeck werden die Flugzeuge, Hubschrauber und Flugkörper vorbereitet und mit Aufzügen von unterschiedlicher Größe (max. 20×10,4 m) und Tragfähigkeit zum Flugdeck transportiert. Mitgeführt werden etwa 12 Kampfflugzeuge und 25 Hubschrauber. In den oberen Aufbauten befinden sich das Rundsicht- und Flugleitzentrum.
Die Raketenbewaffnung besteht weiter aus Startbehältern für große Seezielraketen, Doppelstarter für Schiff-Luft-Raketen, sowie Raketenstartvorrichtungen für die Nahziel- und U-Bootbekämpfung. Zur Rohrartillerie gehören automatische Universalgeschütze mittleren und kleinen Kalibers.
Als UAW-Raketen-Kampfschiff ist die »KIEW« mit hydroakustischen Systemen zur U-Bootsuche ausgestattet. Die auffällige Zahl der Antennen deutet auf hochentwickelte Anlagen für die Luftraumüberwachung, für Navigationsfunkmeßgeräte, für Rakentenleitsysteme sowie für Feuerleitgeräte der Rohrartillerie hin.

Sowjetischer Hubschrauberträger »KIEW«

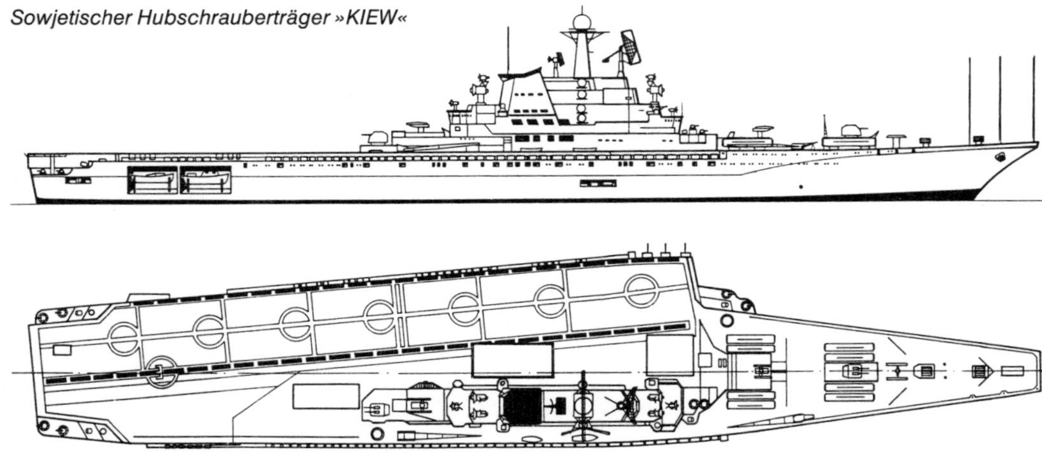

»Killer«-U-Boot: schnelles kleines kernkraftgetriebenes Unterseeboot der US-Marine. Wegen der zunehmenden Kampfkraft und Größe der Unterwasser-Kriegsschiffe wurde mit dem Untersee-Jagdboot eine Gegenwaffe geschaffen.

»KING EDWARD«: erstes Turbinen-Passagierschiff. Nach der aufsehenerregenden Fahrt der »TURBINIA« von Sir CHARLES ALGERNON PARSONS war 1901 die »KING EDWARD« das erst kommerzielle turbinengetriebene Handelsschiff der Welt. Das Schiff war eine Gemeinschaftsentwicklung des Kapitäns John Williamson, der Parson'schen »Marine Steam Turbine Company« in Newcastle und der »W. Denny and Brothers of Dumbarton«. Dieses Konsortium gründete auch das »Turbine Steamers Syndicate«, welche die »KING EDWARD« auch bereederte.
Der 650-Tonner hatte eine Länge von 74,4 m (250,5 ft), eine Breite von 9,17 m (30,1 ft) und einen Tiefgang von 3,05 m (10,0 ft). Eine Hochdruck- und 2 Niederdruckturbinen leisteten insgesamt etwa 2576 kW (3500 WPS). Die Masse der Turbinenanlage betrug 120 t. Das Schiff hatte 3 Schrauben, wobei die mittlere größer war und vom Hochdruck-Turbinenteil angetrieben wurde. Das Schiff erreichte 20,48 kn Höchstgeschwindigkeit.
Nach der Probefahrt im Juni 1901 wurde die »KING EDWARD« im Passagierverkehr zwischen Fairlie und Campbeltown in der Clyde-Mündung eingesetzt. Im ersten Weltkrieg fuhr sie als Truppentransporter über den Ärmelkanal und wurde erst 1951 verschrottet.

»King-Edward«-Klasse: siehe *Dreadnought*

Klappschute: offene *Baggerschute* mit Entladung durch Öffnen der Bodenklappe. Die vom Bagger, Spüler oder von Land übernommene Baggermasse bis zu 1000 m^3 wird durch geschleppte Schuten oder Klappschuten mit Eigenantrieb zum Baggerschüttplatz auf See gebracht und dort durch Boden- oder Seitenklappen bzw. durch ein Aufklappen des gesamten Laderaums »verklappt«. Die Schwimmfähigkeit bleibt während der Laderaumöffnung durch Seiten-, Bug und Hecktanks erhalten.

Kleiner Kreuzer: aus der *Kreuzerkorvette* des 18. und 19. Jh. hervorgegangener *Kreuzer*, wobei die gepanzerte Kreuzerkorvette eine Zwischenstufe darstellte. In Deutschland waren die Aviso »BLITZ« (1881) bis »HELA« (1893) Vorläufertypen, die eine Doppelfunktion erfüllen sollten. Bei Auslandsaufgaben war ein lange Seeausdauer erforderlich und als Begleiter von Torpedobootsverbänden eine hohe Geschwindigkeit und Wendigkeit. Ein erster Kreuzer zur Kombination dieser Eigenschaften war die »GAZELLE« (1897), ein letzter Kleiner Kreuzer die »NÜRNBERG (III)« des Jahres 1929.
Zum Ende des 19. Jh. hatte der Kleine Kreuzer ein Deplacement zwischen 2500 und 3500 t. Deutsche Kleine Kreuzer führten 10,5-cm-Geschütze. Diese Bewaffnung erwies sich schon bei Ausbruch des ersten Weltkriegs als zu schwach, da britische Kreuzer bereits das 15-cm Kaliber führten. Mit der relativ hohen Geschwindigkeit von 21···23 kn übernahm der Kleine Kreuzer Aufklärungs- und Sicherungsaufgaben sowie die Abwehr feindlicher *Torpedoboote* oder diente als Flaggschiff eigener Torpedoflottillen; siehe auch *»GEFION«, »LÜBECK«, »NOWIK«, »STRALSUND« und »UNDINE«.*

Kleinst-U-Boot: *U-Boot* für 1 bis 4 Mann Besat-

Britisches Kleinst-U-Boot der »Midget«-Klasse, Baujahr 1955

zung. Zu Beginn des zweiten Weltkrieges wurde die Entwicklung von Kleinst-U-Booten besonders in Japan und Großbritannien vorangetrieben. So wurden 1943 sechs britische Kleinst-U-Boote der »Midget«-Klasse mit einer Wasserverdrängung von 15 ts und 4 Mann Besatzung von Hochsee-U-Booten bis zur norwegischen Küste geschleppt, wobei die Boote X-6 und X-7 das im Kafjord liegende Schlachtschiff »TIRPITZ« schwer beschädigten.
Ab 1944 wurde auch in Deutschland die Entwicklung von Kleinst-U-Booten der verschiedenen Typen forciert betrieben und noch in größerer Zahl fertiggestellt. Der Typ »Hecht« hatte eine Verdrängung von 11,85/12,25 t, war 10,5 m lang und 1,30 m breit. Die Tauchtiefe lag bei 2,5 m. Angetrieben wurde das Boot durch einen E-Motor mit 8,8 kW Leistung, der von einer Batterie gespeist wurde. Die in einer Kortdüse laufende Schraube von 0,45 m Durchmesser ermöglichte eine Überwassergeschwindigkeit von maximal 6 kn. Die Bewaffnung bestand aus einem am Bootskörper angehängten Torpedo des Kalibers 53,3 cm oder einer Mine. Die Boote hatten 2 Mann Besatzung und konnten nur bis Windstärke 4 mit mäßigem Seegang eingesetzt werden. Die Ausrüstung bestand aus einem Sehrohr, einer Lufterneuerungsanlage und einem Kreiselkompaß.
Nach dem zweiten Weltkrieg wurden Kleinst-U-Boote verschiedentlich auch in der Fischereiforschung eingesetzt, siehe *Tauchboot*. Ein neues Betätigungsfeld brachte die Offshore- und Meerestechnik, wo Kleinst-U-Boote zur Erkundung, Überwachung und Reparatur von Unterwassereinrichtungen und Pipelines sowie für Rettungsaufgaben bei verunglückten Tauchern benötigt werden. Derartige Boote sind bis zu 18 m lang, verdrängen zwischen 60 bis 80 m^3 und können bis 100 m Tiefe tauchen. Ihre Aktionsweite kann bis zu 50 Seemeilen betragen bei einer Tauchdauer bis zu 20 Std.

KMS: in der Bundesrepublik Deutschland gebräuchliche Abkürzung für Küsten-Minensuchboot.

»KNUDSHOVED«: dänisches Eisenbahnfährschiff der Det Danske Statsbaner (DSB). Die unter der Baunummer 352 auf der Helsingör Skibsvarft, AS Helsingör am 7. Oktober 1960 von Stapel gelaufene und am 15. März 1961 abgelieferte Fähre hat eine Länge über Alles von 109,18 m und zwischen den Loten von 108,03 m, ist über die Scheuerleisten 17,23 m breit, und hat eine Seitenhöhe von 7,12 m und 4,59 m Tiefgang.
Der Antrieb erfolgt durch zwei 7-Zylinder-Zweitakt-B & W-Dieselmotoren mit insgesamt 5819 kW Leistung. Bei 3 Parallelgleisen ist die Gesamtgleislänge 245 m. An Decks-Passagieren können maximal 1500 Personen befördert werden. Ursprünglich war die Fähre für den Autotrajektdienst Halskov–Knudshoved vorgesehen, wurde jedoch bereits mit einem Eisenbahndeck gebaut, so daß der Einsatz auch auf der Linie Nyborg/Fynen-Korsör/Sjaelland erfolgen konnte. Heute fährt die »KNUDSHOVED« auf der »Vogelfluglinie« Rödbyhavn–Puttgarden/BRD und als Reserveschiff im Routendienst Gedser–Warnemünde. Das Vorschiff ist ohne die sonst übliche Bugklappe gebaut, die Bugöffnung wird durch Schiebetore verschlossen, die ähnlich den Rollukendeckeln seitwärts einrollen.

Eisenbahnfährschiff »KNUDSHOVED« bei der Einfahrt in Warnemünde

Kofferdeckschiff: *Bulker, Schüttgutschiff* älterer Bauweise im Bereich der Ladeluken. Um die freie Oberfläche und das Übergehen der Ladung im Seegang zu verhindern, wurden die seitlichen Lukensülle erhöht und das Deck im Bereich der Luken höhergelegt, so daß schmalere und höhere Lukenschächte entstanden, siehe auch *Turmdeckschiff.*

Kohle-Erz-Frachter: *Bulker* für den wahlweisen Transport von Kohle oder Erz. Infolge der unterschiedlichen Dichte dieser beiden Massen-Schüttgüter sind solche Unterteilungen des Laderaumbereichs in einzelne Laderäume erforderlich, die bei dem schwereren Erz eine alternierende Beladung ermöglichen, bei der nur jeder zweite Laderaum beladen wird. Außerdem müssen die Verbände des Stahlschiffskörpers verstärkt und Tanks angeordnet sein, um ein annehmbares Stabilitätsverhalten zu erreichen.

Kohlefrachter: *Frachtschiff* für den Kohletransport. Neben Getreide gehört Kohle zu den ältesten Massenschüttgütern der Fluß- und Seeschiffahrt. Die Entwicklung des Kohlefrachters ist besonders durch die Be- und Entladetechnik charakterisiert. Die anfänglich rein manuelle Be- und Entladung konnte nach und nach durch das mit Greifern versehene Ladegeschirr sowie durch Landanlagen übernommen werden, je nach Größe und Hafengegebenheit haben Kohlefrachter auch Selbstentladeeinrichtungen.

Kombischiff: modernes kombiniertes *Fracht- und Fahrgastschiff* für Fahrtrouten, auf denen weder das Ladungsaufkommen noch die Fahrgastanzahl für sich ausreicht, um spezialisierte Fracht- oder Fahrgastschiffe einzusetzen.

Längsschnitt und Decksansicht eines Kohle-Frachtdampfers um 1910

1 Laderäume
2 Wasserdichte Querschotte
3 Holz-Trennschott
4 Kohlebunker
5 Kesselraum
6 Maschinenraum
7 Vorpiek
8 Doppelbodenzellen
9 Speisewassertank
10 Kurze Back
11 Brückendeck
12 Kurze Poop
13 Hellegat
14 Wasserpforten
15 Ladebäume
16 Ladepfosten, Lademaste
17 Lüfter
18 Rettungsbote
19 Schornstein
20 Wellenleitung
21 Lukendeckel
22 Ladeluken
23 Rudermaschine
24 Ankerspill
25 Ankerklüsen
26 Hinterpiek
27 Wellentunnel
28 Tunnelrezess

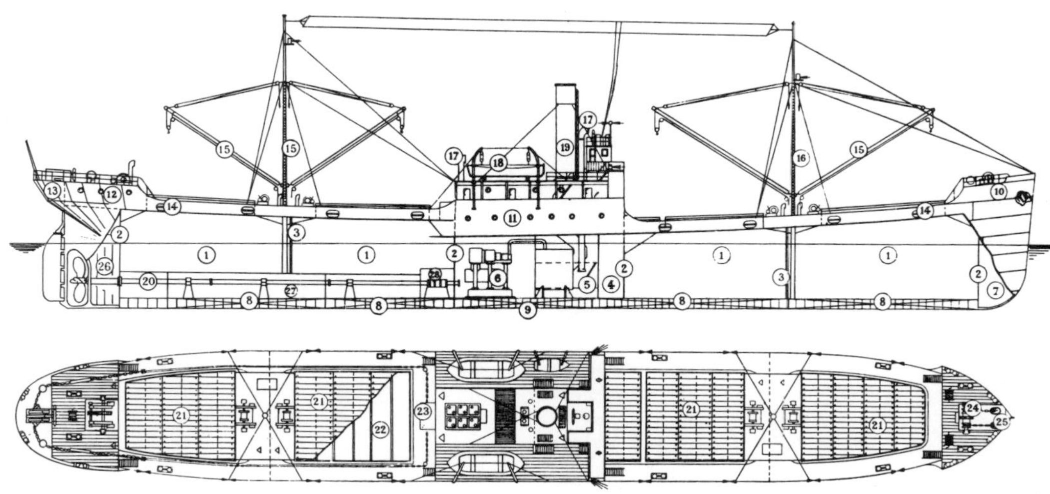

Kompositschiff: während der Übergangszeit vom Holz- zum Eisen- und Stahlschiffbau mit eisernen Spanten, Decksbalken mit Unterzügen und Holzbeplankung gebautes Schiff.

»KONGO«: japanischer Schlachtkreuzer (jap. »Junyo Senkan« für schnelles Schlachtschiff). Der japanische Rüstungsplan von 1911 sah den Bau von 4 Schlachtkreuzern vor. Da Japan zu dieser Zeit noch keine eigenen Erfahrungen im Bau derart großer Kriegsschiffe hatte, mußte man ein »Modellschiff« im Ausland bauen lassen. So wurde die »KONGO« gemäß Bauvertrag vom November 1910 bei Vickers in Barrow am 17. Januar 1911 auf Kiel gelegt, lief am 8. Mai 1912 von Stapel und wurde am 13. August 1913 in Dienst gestellt. Der Schlachtkreuzer wurde damit zeitgleich mit der britischen »Lion«-Klasse gebaut. Den Entwurf erarbeitete Sir George Thurston. Bei der Ablieferung repräsentierte die »KONGO« den kampfstärksten Typ eines Schlachtkreuzers und war das letzte japanische Kriegsschiff, das im Ausland in Bau gegeben wurde.

Bei einem Deplacement von 28000 t war das Schiff 214,6 m lang, 28,0 m breit und hatte 9,0 m Tiefgang. Die Besatzungsstärke betrug 1100 Mann. Die 2 Parsons-Turbinen leisteten 55000 kW (64000 WPS an den Propellerwellen) und gaben dem Vierschraubenschiff eine Geschwindigkeit von 27,8 kn. Der Dampf wurde in 36 Yarrow-Kesseln erzeugt. Die Masse der Antriebsanlage betrug 4750 ts. Neben 1000 t Öl war ein Kohlevorrat von maximal 4000 t für die gemischte Kohle-Ölfeuerung an Bord. Mit diesem Vorrat konnte das Schiff bei 15 kn Geschwindigkeit 10000 Seemeilen dampfen.

Die Panzerstärken betrugen im Deck 5,1 cm, am Kommandoturm 27,9 cm, in der Wasserlinie 10,2···22,9 cm, an den Türmen der schweren Artillerie 25,4 cm und bei der mittleren Artillerie 15,2 cm. Die Bewaffnung bestand aus 8×35,6-cm-Geschützen in je 2 übereinander angeordneten Türmen, 16×15,2-cm- und 16×7,6-cm-Geschützen sowie 5 Maschinengewehren. Hinzu kam die Torpedobewaffnung von 8 Stück 53,3-cm-Rohren, die seitlich unter Wasser in jeweils 2 Vierersätzen angeordnet war. Jeweils in Bug- und Heckrichtung konnten 4×35,6-cm- und 4×15,2-cm-Geschütze feuern. Bei einer Breitseite kamen 8×35,6-cm- und 8×15,2-cm-Geschütze sowie 4 Torpedorohre zum Einsatz. Die Geschoßmasse einer solchen Breitseite betrug 5763 kg.

Vom September 1929 bis März 1931 wurde das Schlachtschiff modernisiert. Damals hatte das Schiff nur noch 16 Kessel, davon 6 mit Kohle- und 10 mit Ölfeuerung, wodurch die Masse der Antriebsanlage auf 3943 ts sank. Die Bewaffnung wurde verändert, 4 Torpedorohre entfernt und Torpedowülste angebaut und die Geschwindigkeit auf 25,9 kn vermindert. Deshalb lautete die Bezeichnung nunmehr »Senkan« (jap. Schlachtschiff). Von Januar 1936 bis Januar 1937 war eine erneute Modernisierung. Das Heck wurde um 8 m verlängert, alle Torpedorohre wurden ausgebaut und ein Katapult mit 3 Wasserflugzeugen kam an Bord. Neue Turbinen mit nur noch 8 Kesseln ergaben eine Masse der Antriebsanlage von nur noch 2929 ts und ermöglichten dem Schiff eine Geschwindigkeit von 30 kn. So lautete die Bezeichnung nunmehr wieder »Schnelles Schlachtschiff«.

Im zweiten Weltkrieg wurde das Schiff im Pazifik eingesetzt, wofür die Bewaffnung mehrmals verändert wurde. So waren 1944 nicht weniger als 118×2-cm-Flakkanonen an Bord. Am 21. November 1944 ist die »KONGO« nordwestlich Formosa durch Torpedotreffer des US-U-Boots »SEALION« gesunken.

Der japanische Super-Dreadnought-Schlachtkreuzer »KONGO«

»KÖNIGIN LUISE«: Seebäderdampfer der Hamburg-Amerika-Linien mit Föttinger-Transformator. Das Schiff wurde nach der Königin Luise von Preußen (1776 bis 1810) benannt. Sie kam aus dem Hause Mecklenburg-Strelitz und war die Gemahlin des preußischen Königs Friedrich Wilhelm III. und Mutter des Kaisers Wilhelm I. Sie wirkte politisch auf ein Bündnis mit Rußland hin und unterstützte die Reformen des Freiherrn von Stein. 1806 flüchtete sie nach Königsberg und traf 1807 auf Anraten der preußischen Regierung in Tilsit mit Napoleon I. zusammen.

Der 2163 BRT große Bäderdampfer wurde 1913 beim Stettiner »Vulcan« gebaut. Die Dampfturbinen leisteten 4489,6 kW (6100 PS) und gaben dem Schiff eine Geschwindigkeit von 18 kn. Einen Fortschritt brachte der eingebaute Föttinger-Transformator, der dem Schiff die Rückwärtsfahrt ohne Rückwärtsturbine ermöglichte.

Am 1. August 1914 wurde das Schiff sogleich als »Hilfs-Streuminendampfer« mit zwei 3,7-cm-Revolverkanonen ausgerüstet und ging am 4. August 1914 um 19.30 Uhr unter dem Kommando von Korv. Kapt. Biermann von Cuxhaven aus in See, um am 5. August in der Themsemündung Minen zu »streuen«. Die »KÖNIGIN LUISE« zeigte damit als erstes deutsches Schiff im ersten Weltkrieg die Kriegsflagge vor der britischen Küste und gab auch den ersten Schuß des Seekriegs ab, als sie beim »Minenstreuen« von 16 englischen Zerstörern und einem Kreuzer angegriffen wurde. Nach 90 Minuten sank das Schiff, wobei es 73 Tote gab. Es war der erste Schiffsuntergang des ersten Weltkriegs. Auf der Minensperre sank am 6. August früh der englische Kreuzer »AMPHION« mit 150 Mann der Besatzung und 18 geretteten der »KÖNIGIN LUISE«.

»KÖNIG WILHELM«: Panzerfregatte der preußischen Marine und der späteren Norddeutschen Bundesflotte. Das vom ersten Konstrukteur der englischen Admiralität SIR REED konstruierte Schiff war ursprünglich für die türkische Marine bestimmt. Zahlungsschwierigkeiten veranlaßten die Türkei jedoch, den mit den Thames Iron-Works bei London bestehenden Bauvertrag zu lösen, und so ging das bereits in den Spanten stehende Schiff 1867 in die Hände der später zur Norddeutschen Bundesflotte[1] gewordenen preußischen Marine über. Man wollte schnell den Vorsprung einholen, den England und Frankreich in der Seerüstung hatten. Der Kauf des Schiffs wurde zum Anfang einer heftigen Polemik der demokratischen Kräfte gegen die Militarisierung Preußens. Immerhin beliefen sich die Kosten »... dieses colossalen Schiffes einschließlich seiner vollständigen Armatur (Geschütze) auf nahe 3,5 Mill. Taler«. Außerdem fehlten vorerst noch »Etablissements«, um es zu docken und zu reparieren. Aber Preußen wollte das seinerzeit größte und zugleich stärkste Panzerschiff der Welt besitzen.

Das am 25. April 1868 von Stapel gelaufene Schiff kam am 20. Februar 1869 zur Flotte. Es war 112,2 m lang; 18,3 m breit und besaß einen Tiefgang von 8,65 m. Das Deplacement betrug 9603 t. Eine liegende Zweizylinder-Einfach-Expansionsmaschine mit einer Leistung von 5888 kW (8000 PSi) verlieh dem Schiff eine Geschwindigkeit von 14,7 kn, die Segelfläche betrug 2600 m². Für die Dampferzeugung sorgten 8 Kofferkessel mit 40 Feuerstellen. Die Bunker faßten 900 t Kohle. Die Schornsteine waren absenkbar.

[1]Bezeichnungen der deutschen Marine von 1848 bis 1945: 1848 bis 1852 »Reichs- und Bundesmarine«; 1853 bis 1866 »Preußische Marine«; 1867 bis 1870 »Marine des Norddeutschen Bundes«; 1871 bis 1918 »Kaiserliche Marine«; 1919 bis 1933 »Reichsmarine«; 1933 bis 1945 »Kriegsmarine«.

Die »BELORUSSIA«, ein modernes sowjetisches Fahrgastschiff

Die »BIRKA PRINCESS«, ein Kreuzfahrtschiff der Birka Lines für 1500 Passagiere

Kombiniertes Fahrgast- und PKW-Fährschiff »FINNJET«

Die »EUROPA«, das Flaggschiff der Hapag-Lloyd im Rostocker Überseehafen

Eisenbahn-Fährschiffe »SASSNITZ« und »TRELLEBORG« im Fährhafen Saßnitz

Die »QUEEN ELISABETH 2« der britischen Cunard-Lines vor dem letzten Umbau im chinesischen Hafen Quingdao

Die 35000 GT große »EUROPA«, Bauwerft Bremer Vulkan

Sowjetisches Seefahrgastschiff für 750 Passagiere Typ »IWAN FRANKO«, Bauwerft Mathias-Thesen-Werft Wismar

MS »SOVEREIGN OF THE SEAS«, Bauwerft Chantiers de l'Atlantique

Sowjetisches Binnenfahrgastschiff »KOSMA MININ«

Bei einem größtmöglichen Kohlevorrat von 1130 t konnte das Schiff bei 10 kn Fahrt 2000 Seemeilen dampfen. Von der 700 Mann starken Besatzung waren 80 Mann Maschinenpersonal.
Die Bewaffnung bestand aus 18×24-cm-Krupp-Geschützen mit je 17 Mann Bedienung sowie 5×21-cm-Krupp-Geschützen. Der Gürtel, die Batterien, 2 Halbreduits und die Traverse für die Jagdgeschütze waren gepanzert. Die Gürtelpanzerung bestand aus 25 cm dicken Panzerplatten, hinter denen sich eine 30 cm dicke Fütterung aus Teakholz, das von Eisenstangen durchzogen war, befand.
Im deutsch-französischen Krieg 1870/71 gehörte das Schiff zu den 3 Panzerschiffen, die zur Sicherung der norddeutschen Küste gegen Angriffe der weit überlegenen französischen Flotte eingesetzt waren.
1878 verursachte die »KÖNIG WILHELM« eine tragische Kollision. Während einer Übungsfahrt nach Gibraltar rammte am 31. Mai 1878 die »KÖNIG WILHELM« im Ärmelkanal bei einem Ausweichmanöver infolge eines falsch verstandenen Ruderkommandos die Panzerfregatte »GROSSER KURFÜRST«. Der Rammstoß der »KÖNIG WILHELM« traf die Seite von »GROSSER KURFÜRST« mit 9 kn Geschwindigkeit. Innerhalb weniger Minuten kenterte »GROSSER KURFÜRST« und riß 269 Mann der Besatzung mit sich in die Tiefe.
1895/96 wurde »KÖNIG WILHELM« nochmals umgebaut und im Zusammenhang mit den Flottengesetzen als *Großer Kreuzer* umklassifiziert. Ab 1904 wurde er als Wohn- und Exerzierschiff für 850 Schiffsjungen in Kiel und Mürwik verwendet. 1921 folgte die Streichung aus der Flottenliste und die Abwrackung.

Konvoischiff: siehe *Geleit-Schutzschiff*

Korvette: von der Segelkorvette übernommene Schiffsbezeichnung für ein schnelles, leicht bewaffnetes, noch relativ kleines und wendiges Überwasser-Kriegsschiff für Aufklärungs- und Geleitschutzaufgaben. In Deutschland unterschied man in der Übergangszeit zur Dampfkorvette die Glattdeckskorvette mit auf dem freien Deck stehender »ungedeckter« Batterie, wie die erste »NYMPHE« (925 t; 17 Geschütze), und die Gedeckte Korvette mit der Hauptbatterie unterhalb des Wetterdecks, wie die erste »ARCONA« (1612 t; 28 Geschütze). Mit der Weiterentwicklung der Dampfkorvette wurden die Bezeichnungen Glattdeckskorvette und Gedeckte Korvette zunächst 1884 in Kreuzerkorvette und Kreuzerfregatte und 1893 in Kreuzer II. Klasse und Kreuzer I. Klasse verändert. Außerdem benutzte man in Deutschland die Bezeichnung »Panzerkorvette« für kleinere gepanzerte Kriegsschiffe, die aber im Unterschied zu anderen Korvettentypen nicht als Kreuzer klassifiziert waren. Die Panzerkorvetten der »Sachsen«-Klasse nannte man auch *»Ausfallkorvette«*.
Im ersten und besonders im zweiten Weltkrieg wurden Korvetten in großer Anzahl gebaut und als Schiffstyp zur Bekämpfung von *U-Booten* und als *Geleit-Schutzschiff* eingesetzt.

»KOSMONAUT JURI GAGARIN«: siehe *Forschungsschiff*

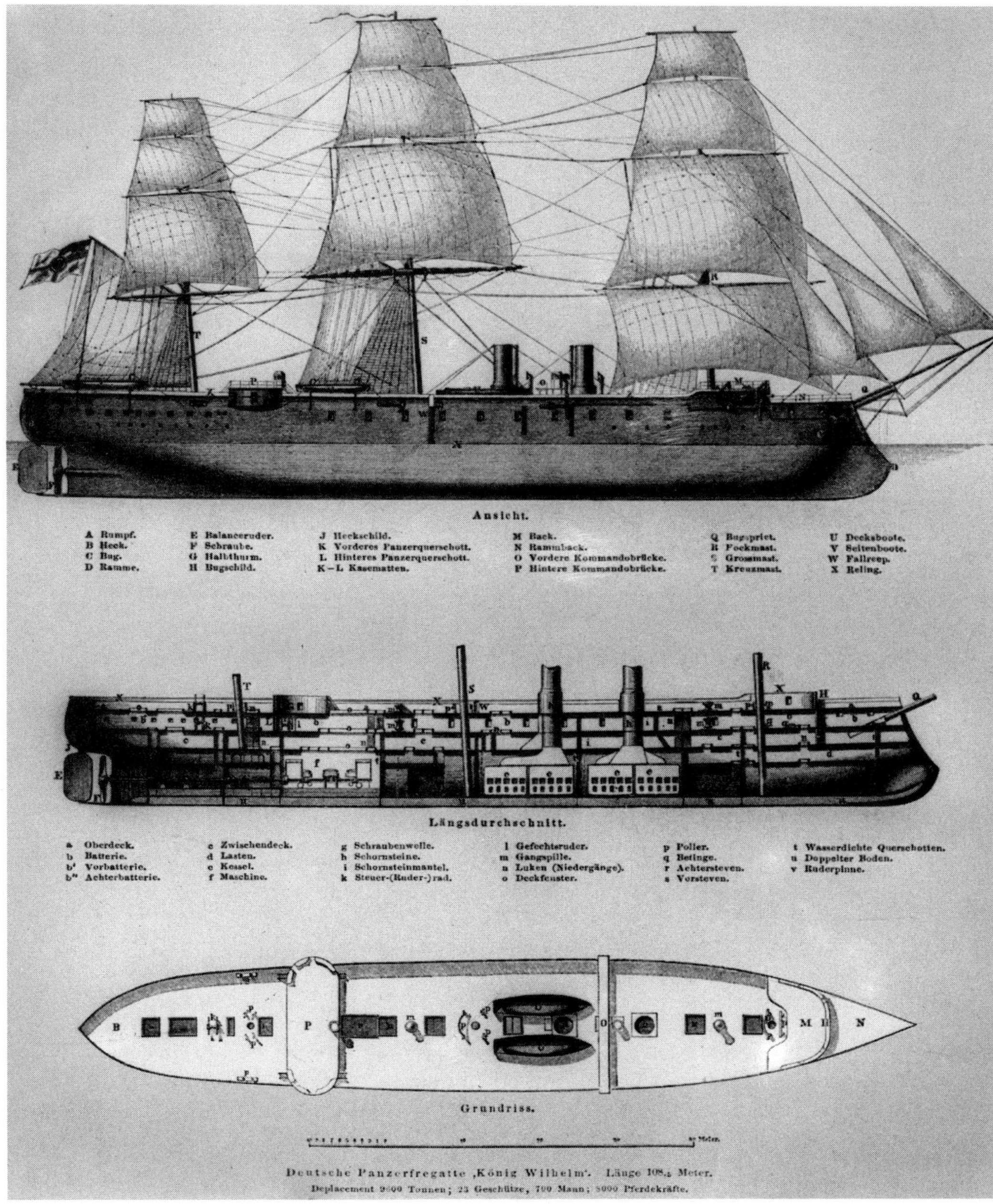

Die »KÖNIG WILHELM«, Seitenansicht, Längsschnitt und Deck

Krabbenkutter: kleines *Fischereischiff* der Küstenfischerei für den Krabben- bzw. Garnelenfang. Die Krabbe (lat. crangon vulgaris fabricia) ist ein kleiner schwarmartig in Rückenlage schwimmender Krebs. Der Krabbenkutter schleppt i. allg. die Netze seitlich an Baumkurren. Die Krabben werden sofort an Deck durch Sortiermaschinen vom Beifang getrennt und häufig auch sogleich gekocht.

Kraftwagen-Fähre: Kurzstreckenfähre, siehe *Fähre*, *Fährschiff*, deren stützenlose Decks sowie deren Außen- und Innenrampen vorwiegend für selbstfahrende Straßenfahrzeuge wie PKW, LKW und Fernlastzüge ausgelegt sind.

Kraftwerkschiff: schwimmendes und damit ortsveränderliches pontonartiges Wasserfahrzeug mit Anlagen zur Energieerzeugung. Zusätzlich zur behelfsmäßig kurzzeitigen Abgabe von Elektroenergie an andere Schiffe, Hafeneinrichtungen oder Baustellen durch Schiffe mit dieselelektrischem Antrieb (siehe *Diesel-Elektro-Schiff*) oder Bordstromaggregate können auf schiffbaren Gewässern spezielle Kraftwerkschiffe, auf denen eine entsprechende Anzahl von Dieselgeneratoren installiert ist, in die Nähe länger dauernder Bauvorhaben geschleppt werden.
Eine andere Gruppe von Kraftwerksschiffen, für die es erst wenige Prototypen gibt, soll alternative Energiequellen, wie die Wind- und Sonnenenergie oder die Wärmeenergie des Meeres, nutzen. So unternahm eine Gruppe französischer Forscher mit einem dazu umgebauten Frachtschiff »TUNISIE« (10000 t DW) den Versuch, das Wärmegefälle zwischen dem kühleren Tiefenwasser tropischer Meere und dem Oberflächenwasser zur Energiegewinnung zu nutzen. Mit 2 Rohren von je 2,5 m Durchmesser wurde aus 650 m Tiefe Seewasser von 4···5 °C angesaugt. Die Temperatur des Oberflächenwassers lag bei 25···26 °C. Die Wärmeenergie aus der Temperaturdifferenz entspricht etwa der Fallenergie der gleichen Wassermasse eines 50 m

Selbstentladendes kanadisches Krängungsschiff für den Holztransport

Start des Luftschiffs »NORGE« 1926 zum Flug über den Nordpol

Die »KRASSIN« nach der Modernisierung in der Mathias-Thesen-Werft, Wismar

hohen Wasserfalls. Mit den bisher verfügbaren Maschinen- und Geräten ist jedoch der technische Aufwand zur Seewasserentsalzung, Kühlung, Dampf- oder Elektroenergieerzeugung noch zu hoch.

Krängungsschiff: Spezialschiff für den Wassertransport von Holzstämmen. Derartige Holztransporter werden i. allg. nur auf Fahrwasserstraßen z. B. in Kanada eingesetzt, auf denen wegen eines regen Schiffsverkehrs, zu großer Fahrstrecken oder zu schmaler Kanäle oder Schleusen das Holz nicht in Flößen selbstschwimmend transportierbar ist. Die in hohen Stapeln querschiffs an Deck liegenden Baumstämme werden durch eine Krängung des Schiffs (seitliche Querneigung), die durch Fluten seitlicher Tanks erzeugt wird, von Bord gekippt. Es handelt sich somit um ein selbstentladendes Schiff wie die *Baggerschute* oder das *Dockschiff*.

Kranschiff: Spezialschiff für die Offshoretechnik oder Hochsee zur Errichtung von *Bohrinseln* bzw. Unterwasser-Förderplattformen, zur Verlegung von Unterwasser-Rohrleitungen oder für den Abbau von Erzvorkommen auf dem Meeresboden und -untergrund bzw. für andere Einsatzgebiete, für die der *Schwimmkran* nicht mehr ausreicht. Die Hebemittel des Kranschiffs können für ungewöhnliche Lasten bis zu 1500 t ausgelegt sein, und die Ausleger erreichen Längen bis zu 100 m; siehe auch *Hebeschiff*.

»KRASSIN« ex *»SWIATOGOR«*: berühmter russischer Eisbrecher. Während des ersten Weltkriegs erteilte im März 1915 die russische Regierung englischen Werften Aufträge zum beschleunigten Bau von 6 Eisbrechern, um damit vor allem den wichtigen Hafen von Archangelsk eisfrei zu halten. Als letzter dieser Eisbrecher kam 1917 die bei Armstrong Whitworth in Newcastle gebaute »SWIATOGOR« nach Rußland. Der Eisbrecher wurde 1917 von den revolutionären Matrosen in Archangelsk besetzt und zur Blockierung der Dwina versenkt, 1919 von den britischen Interventionstruppen wieder gehoben und nach England überführt.
Der Volkskommissar für Handel und Versorgung, L. B. Krassin, führte mit großer Beharrlichkeit Gespräche zur Rückgabe des Eisbrechers mit der britischen Regierung. Das Schiff wurde jedoch erst 1922 zurückgegeben und erhielt 1924 den Namen des Volkskommissars »KRASSIN«. Im Mai 1928 wurde die »KRASSIN« zur Rettung der Nobile-Expedition eingesetzt. Nachdem der schwedische Flieger Lundberg am 23. Juni 1928 Nobile gerettet hatte, wurden die restlichen 8 Überlebenden durch den sowjetischen Flieger Tuchnowsky an Bord der »KRASSIN« gebracht.
Auf der Rückreise von der Suche nach Überlebenden der Nobile-Expedition erhielt die »KRASSIN« im Juli 1928 den Notruf der »MONTE CERVANTES« (Hamburg-Süd), die unter Führung von Kapitän Meyer mit 1517 Passagieren an Bord nahe der Bären-Insel während ihrer Nordlandfahrt auf einem vorher unbekannten Unterwasserriff aufsaß. In der schützenden Recherche-Bay leistete »KRASSIN« Hilfe, und nach 6 Tagen konnte die »MONTE CERVANTES« auf Heimreise gehen.
Im Winter 1928/29 brachte der Eisbrecher auch Hilfe in der Lübecker Bucht und im Nord-Ostsee-Kanal und rettete alle Schiffe, die in den Eisbarrieren vor Warnemünde festlagen. Der damalige Oberbürgermeister von Rostock gab aus diesem Anlaß für eine Abordnung der Besatzung einen Empfang im Rathaus.
Im Winter 1933 brachte die »KRASSIN« erstmalig Versorgungsgüter nach Nowaja Semlya. Während der Kriegsjahre des zweiten Weltkriegs geleitete das Schiff zahlreiche Frachter durch die Arktis und das Weiße Meer.
Nach einem Umbau auf der Mathias-Thesen-Werft in Wismar vom August 1953 bis zum 30. Juli 1960 war die »KRASSIN« bis 1972 wieder im Polarmeer eingesetzt. Seitdem wird das Schiff in Murmansk bzw. Barentsburg als schwimmendes Kraftwerk genutzt. Nach dem Umbau hatte die »KRASSIN« eine Länge über Alles von 99,80 m und zwischen den Loten von 97,54 m. Die Breite auf Spanten betrug 21,59 m, die Seitenhöhe bis Hauptdeck 12,61 m und der Tiefgang 8,70 m. Bei einem Deplacement von 10800 t und einer Tragfähigkeit von 4115 t war der Eisbrecher mit 6048 BRT und 1687 NRT vermessen. Die Besatzung bestand aus 112 Mann. Die neue Antriebsanlage bestand aus 3 Dreifach-Expansionskolbendampfmaschinen mit insgesamt 8385 kW Leistung, die von 4 ölgefeuerten Kesseln (vor dem Umbau 10 kohlegefeuerte schottische Kessel) mit Dampf versorgt wurden. Die Freifahrtsgeschwindigkeit betrug 15,5 kn und die Aktionsweite 6800 Seemeilen.

Kreuzer: Bezeichnung für ein Kriegsschiff, das zur Erkundung und ersten Feindberührung oder zum Aufbringen von Handelsschiffen Seegebiete absuchte und dazu »kreuzte«. Im 19. Jh., seit dem nordamerikanischen Unabhängigkeitskrieg gegen Britannien, wurden für diese Aufgaben spezielle Schiffstypen gebaut. In der Übergangszeit vom Segel- zum Dampfschiff behielt man bei den frühen Kreuzertypen noch die Segeltakelage bei, bis der alleinige Dampfmaschinenantrieb zuverlässig genug war. Aus der seinerzeitigen Glattdeckskorvette ging die *Kreuzerkorvette* hervor, wobei die gepanzerte Kreuzerkorvette eine Zwischenstufe zum *Panzerkreuzer* darstellte. Nach dem Verzicht auf die Besegelung, dem Übergang zum Stahlschiff und der zusätzlichen Panzerung entwickelten sich zu Ende des 19. Jh. die Typen *Kleiner Kreuzer* (ungeschützter Kreuzer) und danach *Großer Kreuzer* als geschützter Kreuzer. In Deutschland waren die Aviso »BLITZ« (1881) bis »HELA« (1893) Vorläufertypen, die eine Doppelfunktion erfüllen sollten. Für Auslandsaufgaben waren die Seeausdauer und als Begleiter von Torpedobootsverbänden hohe Geschwindigkeit und Wendigkeit erforderlich. Ein erster Kreuzer zur Kombination dieser Eigenschaften war die »GAZELLE« (1897). Die Vorderlader-Geschütze der Segel-Kriegsschiffe, die noch unter dem Wetterdeck standen, wurden durch moderne Geschütze abgelöst, die an Deck hinter Schutzschilden standen. Zum Ende des 19. Jh. hatte der deutsche Kleine Kreuzer ein Deplacement von 2500···3500 t und führte 10,5-cm-Geschütze. Schon bei Ausbruch des ersten Weltkriegs erwies sich diese Bewaffnung als zu schwach, da britische Kreuzer bereits 15-cm-Kaliber führten. Mit der relativ hohen Geschwindigkeit von 21···23 kn übernahm der Kleine Kreuzer Aufklärungs- und Sicherungsaufgaben, diente den schweren Einheiten als »Fühlungshalter« zum Feind während der Kampfhandlungen, wehrte feindliche *Torpedoboote* ab und diente selbst als Flaggschiff eigener Torpedobootsflottillen. Die Geschwindigkeit wurde auf 27 kn gesteigert, nachdem der Dampfturbinenantrieb möglich war; siehe auch *Dampfturbinenschiff*. Zu Beginn der 1920er Jahre hatte der Kreuzer ein Deplacement bis zu 6000 t und 8×15-cm-Geschütze in Zwillingstürmen, bis der Drillingsturm üblich wurde. Das Washington-Abkommen von 1922 prägte dann die Begriffe *Leichter Kreuzer* (Geschützkaliber unter 15 cm) und *Schwerer Kreuzer* (Geschützkaliber über 15,5 cm).

Nach dem zweiten Weltkrieg verschwanden auch diese Typenbezeichnungen. Stattdessen wurde die Klassifizierung nach Art der Bewaffnung, wie z. B. Artillerie- oder Raketenkreuzer vorgenommen. In der Vergangenheit auf strategische bzw. taktische Aufgaben orientierte Kreuzertypen, wie Torpedo-, Minen- oder Flak-Kreuzer wurden außer Dienst gestellt oder umgerüstet. Konventionelle Artillerie-Kreuzer mit einem Deplacement von 15000 bis 20000 t und 15···20-cm-Geschützen sind in modernen Flotten die Ausnahme und werden hauptsächlich noch für Schulzwecke und Flottenbesuche verwendet, wie der sowjetische Kreuzer »SWERDLOW«.

Kreuzerfregatte: Kriegsschiff aus der Übergangszeit vom Segel- zum Dampfschiff, bei dem die Geschützbatterie im Unterschied zur *Korvette* nicht ungeschützt auf dem Oberdeck, sondern als »gedeckte Batterie« unter Deck angeordnet wurde. Durch eine Kabinettsorder vom 25. November 1884 wurde in Deutschland statt der bis dahin üblichen Bezeichnung »Gedeckte Korvette« die Bezeichnung »Kreuzerfregatte« angeordnet.

Anfänglich führte die Kreuzerfregatte zusätzlich zur gedeckten Batterie an Oberdeck ein oder 2

Batterie von 14-cm-Geschützen eines französischen Kreuzers aus der Zeit 1875/85

schwere Geschütze auf Rahmenlafetten. Die kleineren Kreuzerfregatten erhielten die Namen bekannter deutscher Generale und Admirale. Nach dem endgültigen Verzicht auf die Besegelung und dem Übergang von der Segel-/Dampffregatte zur Dampffregatte entstanden aus der Kreuzerfregatte die *Gepanzerte Kreuzerfregatte*, der große *Geschützte Kreuzer* und schließlich der *Panzerkreuzer*.

Kreuzerheckschiff: vom Kriegsschiffstyp *Kreuzer* auf Handelsschiffe während der Übergangszeit zum Dampfschiff übernommene gerundete Heckform, die eine günstigere Ruder- und Ruderschaftanordnung sowie eine gute Hinterschiffsumströmung auch bei hecklastig vertrimmten Schiff brachte. Mit den weiteren Fortschritten der Schiffsformgestaltung, Decksnutzung sowie der Festmache- und Verholeinrichtung wird statt des Kreuzerheck- das Spiegelheckschiff bevorzugt.

Kreuzerkorvette: eine *Korvette* aus der zweiten Hälfte des 19. Jh., deren leichte Geschütze ungedeckt in einer Batterie an Oberdeck standen und die zunächst als »Glattdeckkorvette« bezeichnet wurde. Die Bezeichnung dieses Schiffstyps als »Kreuzerkorvette« geht in Deutschland auf eine Kabinettsorder vom 25. November 1884 zurück. Die danach noch gebauten Glattdeckskorvetten, wie die »ALEXANDRINE« (1885), wurden mit einer Anzahl stärkerer Geschütze ausgerüstet, so standen auf der »ALEXANDRINE« 10×15-cm-Geschütze an Deck. Diese Korvetten wurden bereits mit Stahlspanten gebaut und holzbeplankt. Ein Zinkplattenbeschlag schützte die

Tankanordnung auf der »KRIM«

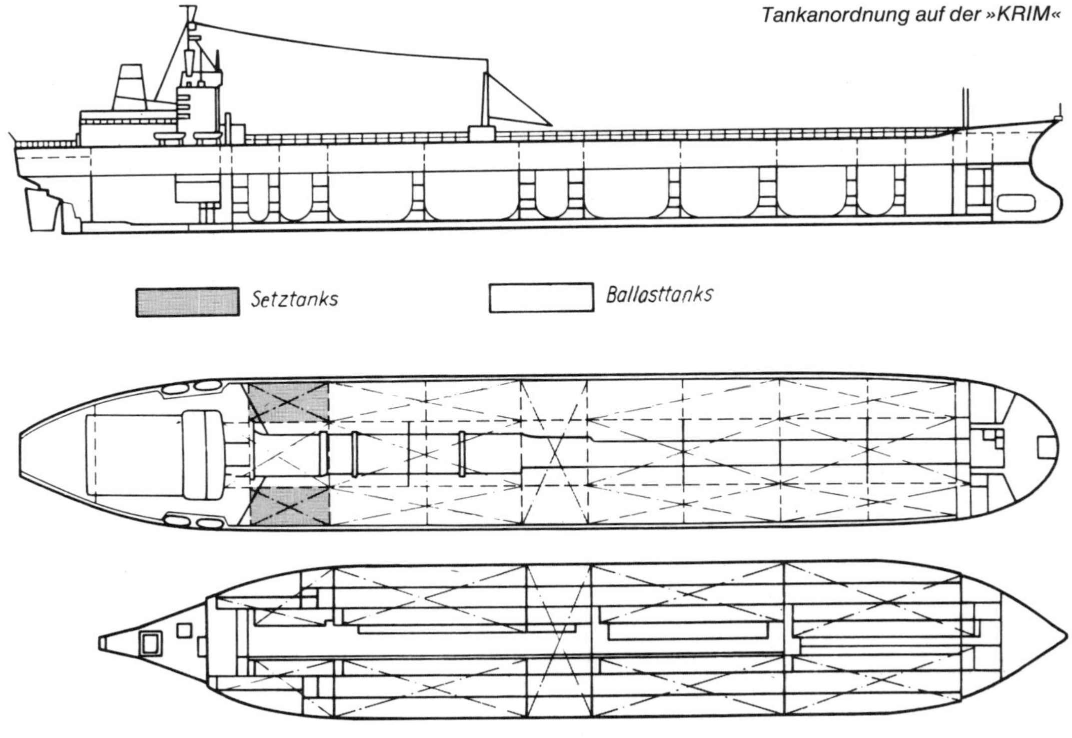

Außenhautplanken gegen Bewuchs. Die Korvetten hatten noch Segel- und Dampfantrieb. Um während des Segelns keinen zusätzlichen bremsenden Widerstand zu haben, konnte die Schraube aus dem Wasser geheißt werden.

Kreuzfahrtschiff: *Fahrgastschiff,* das im Unterschied zum fahrplanmäßigen Linien-Fahrgastschiff Erholungsfahrten in interessante Seegebiete, wie die Karibik, die Südsee, im Nord-, Mittel- oder Schwarzen Meer unternimmt und dort mit mäßiger Geschwindigkeit »kreuzt« bzw. häufig auf geschützten Reeden oder in Häfen verweilt. Neben besonders attraktiven Unterhaltungs-, Wohn- und Versorgungsbereichen unterscheiden sich Kreuzfahrtschiffe von den i. allg. schnelleren Linien-Fahrgastschiffen auch hinsichtlich der Antriebsleistung und Maschinenanlage, da höhere Geschwindigkeiten nur auf der Hin- und Rückreise und wirtschaftliche Langsamfahrten im Kreuzgebiet vorteilhaft sind. Kreuzfahrtschiffe stellen seit etwa 1970 den größten Anteil an der Passagierschiffahrtsstonnage.

»KRIM«: Sowjetischer Großtanker. Einer der ersten 5 Großtanker, die in der UdSSR mit EDVA-Unterstützung projektiert und in einem Trockendock in Kertsch gebaut wurden. Zur Jahreswende 1974/75 kam der Tanker zur Noworossisker Schwarzmeerreederei. Das Glattdeckschiff ist ohne Poop mit kurzer Back, Wulstbug und hinten angeordneter Maschine und Deckshaus gebaut. Es ist über alles 295,2 m und zwischen den Loten 277,1 m lang; 45,0 m breit; hat eine Seitenhöhe von 25,4 m und einen Tiefgang von 17,0 m. Die Tragfähigkeit beträgt 150000 t DW. Mit einer Antriebsleistung von 22000 kW erreicht das Schiff eine Geschwindigkeit von 17 kn. Den erforderlichen Dampf erzeugt ein Kessel mit einer Dampfleistung von 90 t/h bei 8 MPa (etwa 80 kp/cm^2). Der Verstellpropeller arbeitet in einer nicht schwenkbaren Düse von 7,5 m Durchmesser, durch die eine Geschwindigkeitssteigerung um 0,5 kn erreicht wurde. Je eine vorn und achtern angeordnete Querstrahlanlage von 200 kN Gesamtschub erhöhen die Manövrierfähigkeit des Schiffs. Die Ladepumpen dienen gleichzeitig als Tankwaschanlage, und die gekühlten, gereinigten und getrockneten Rauchgase des Hauptkessels werden als sog. »Inertgas« in die jeweils zu waschenden und in die angrenzenden Tanks geleitet. Das Inertgas wirkt als Sicherheitsgas und vermindert die Gefahr von Tankexplosionen, die auf Tankern durch Tankwaschanlagen beim Reinigen der Ladetanks entstehen können.

»KRISTALL«: Großserien-Kühl-und-Transportschiff. Ein systematisch über mehrere Jahrzehnte in Zusammenarbeit mit dem Ministerium für Fischereiwesen der UdSSR weiterentwickelter Schiffstyp des DDR-Schiffbaus für die speziellen Bedingungen der Flotillenfischerei mit den Grundtypen »POLAR« I/II und »KRISTALL« I/II. In der Typenfolge wurden seit 1970 vom VEB Mathias-Thesen-Werft Wismar mehr als 50 Schiffe gebaut. Die derzeit neueste Bauvariante hat die Bezeichnung KRISTALL III.
Das Schiff übernimmt mit bordeigener Umschlagausrüstung auf See bis zu Windstärke 6 Frischfisch, Frostfisch und Fischprodukte sowie Konserven, Faßware und Fischmehlsäcke von den Fangschiffen oder Fang- und Verarbeitungsschiffen und transportiert die Ladung zum Bestimmungshafen. Es übergibt an die Fischereiflotte Betriebsstoffe wie Schweröl, Dieselkraftstoff und Schmieröl sowie Trinkwasser, Proviant, Fischereiausrüstung und Verpackungsmaterial und betreut die Besatzungen der Fangflotte auf den Fangplätzen medizinisch und kulturell.
Das mit 12383 BRT vermessene Kühl- und Transportschiff ist ein vollgeschweißter Freidekker mit kurzer Back und hinterem Deckshaus. Es ist über Alles 152,14 m und zwischen den Loten 142,00 m lang, auf Spanten 22,20 m breit und hat bei einer Seitenhöhe bis Oberdeck von 13,60 m einen Konstruktionstiefgang von 8,02 m. Die Tragfähigkeit beträgt 9350 t. Das Schiff hat 4 Laderäume mit einem Gesamtraum von 470000 cbf (13300 m^3) die jeweils durch ein Zwischen-und ein Grätingdeck unterteilt sind. Die Raumtemperaturen lassen sich für die einzelnen Laderäume unabhängig im Bereich von -8 °C bis -30 °C regulieren. Die Laderäume werden durch isolierte und hydraulisch betätigte Faltdeckel verschlossen. In den Zwischendecks können Gabelstapler für den Horizontaltransport der Ladung eingesetzt werden.
Zur Umschlagsausrüstung gehören 9 Ladebäume, davon 1×5 t/14 m-, 6×5 t/18 m- und 2×10 t/18 m-Ausladung. Die Ladungsübernahme kann je nach Größe der längsseitsliegenden Schiffe in alle 4 Luken erfolgen, so daß je Luke bis zu 250 t in 24 Stunden übernommen werden können. An Kühlladung können 7460 t, an Fischmehl 488 t und an Fischöl 174 t übernommen werden.
An Bord bestehen Unterbringungsmöglichkeiten für 71 Personen. Der Hauptantrieb erfolgt durch einen langsamlaufenden Kreuzkopf-Dieselmotor des Typs K 5 SZ 70/125 BL von DMR Rostock (MAN-Lizenz) mit einer Leistung von 7600 kW. Das Einschraubenschiff hat damit eine Geschwindigkeit 17,4 kn. Der Aktionsradius beträgt 12300 Seemeilen und das Schiff ist für eine selbstständige Einsatzdauer von 120 Tagen ausgerüstet. Entsprechend dem internationalen Übereinkommen über die Verhütung der Meeresverschmutzung hat das Schiff Abfallverbrennungs-, Abwasserbehandlungs- und Bilgenwasserentölungsanlagen.

Ein Schiff aus der Großserie »KRISTALL« für die UdSSR von der Mathias-Thesen-Werft, Wismar

»KRONPRINZ«: Panzerfregatte der Norddeutschen Bundesflotte. Für eine Verstärkung der Norddeutschen Bundesflotte gab es um 1870 in Deutschland noch keinen eigenen leistungsfähigen Schiffbau, so daß die ersten Aufträge für größere Batterieschiffe an das Ausland vergeben wurden. England baute die beiden Panzerfregatten »KRONPRINZ« und *»KÖNIG WILHELM«* nach den Plänen ihres bewährten Konstrukteurs SIR REED. Das am 6. Mai 1867 bei Samuda Brothers in London von Stapel gelaufene eiserne Schiff hatte ein Deplacement von 5480 t. Es war 89,44 m lang, 15,2 m breit und ging 7,85 m tief. Eine liegende Zweizylinder-Einfach-Expansionsmaschine der Firma John Penn & Sons aus Greenock mit einer Leistung von 3584 kW (4870 PSi) wurde von 8 Kesseln mit 32 Feuern mit Dampf versorgt und gab dem Schiff eine Geschwindigkeit von 14,7 kn. Die Schornsteine waren absenkbar.
Die Bewaffnung bestand aus 16 × 21-cm-Krupp-Geschützen. Außer dem Gürtel, der eine 12,7 starke Panzerung erhielt, waren Bug und Heck sowie die Batterie gepanzert.
Erst am 22. August 1901 wurde das Schiff aus der Flottenliste gestrichen und diente danach als Maschinenhulk in Kiel. Am 3. Oktober 1921 wurde es verkauft und in Rendsburg abgebrochen.

»KRONPRINZESSIN CECILIE«: NDL-Schnelldampfer mit Vierfach-Expansionsmaschinen; er

wurde nach der Herzogin Cecilie Auguste Marie von Mecklenburg-Schwerin benannt, die nach ihrer Vermählung mit Kronprinz Wilhelm von Preußen und Kronprinz des Deutschen Reichs Kronprinzessin Cecilie wurde. Am 6. August 1907 schickte der Norddeutsche Lloyd seinen neuesten Schnelldampfer »KRONPRINZESSIN CECILIE« auf die Jungfernreise. Das 19503 BRT (6584 NRT) große Schiff besaß die größte Kolbendampfmaschinenanlage, die je ein Schiff angetrieben hat. Vier gewaltige Vierfach-Expansionsmaschinen mit einer Gesamtleistung von 33856 kW (46000 PS), die jeweils hintereinander auf 2 Schrauben arbeiteten, gaben dem Schiff eine Geschwindigkeit von 23,6 kn. Während die »KRONPRINZESSIN CECILIE« die größte Kolbendampfmaschinenanlage erhielt, hatte der HAPAG-Schnelldampfer *»DEUTSCHLAND«* (Baujahr 1900) die beiden größten jemals in der Welt gebauten Einzel-Dampfmaschinen. Jede dieser Vierfach-Expansionsmaschinen leistete 12495 kW (17000 PS), war 23 m lang und fast 13 m hoch. Das war eine Glanzleistung in der Geschichte der Kolbendampfmaschine und der Schnelldampfer, doch knapp 2 Monate später wurde sie durch die Turbine und die ersten Turbinenschiffe überboten. Im Oktober 1907 ging der neue Cunard-Liner *»LUSITANIA«* auf die Reise. Mit dem neuen Dampfturbinenantrieb brachte schon die erste Reise den Rückgewinn des begehrten »Blauen Bandes« durch eine britische Reederei. Die Kolbendampfmaschine war durch die Turbine überholt worden.
Am 28. Juli 1914 verließ die »KRONPRINZESSIN CECILIE« mit 1100 Passagieren und einer Goldladung im Wert von 2 Mill. Pfund Sterling den Hafen von New York. Wegen der drohenden Kriegsgefahr ließ Kapitän Pollak jedoch mitten auf dem Atlantik kehrtmachen und erreichte am 4. August 1914 den kleinen Hafenort Bar Harbour im Staat Maine. Von hier aus wurden die Passagiere und das Gold per Bahn nach New York bzw. Boston zurückgebracht. Am 6. November verließ das Schiff den Ankerplatz und verholte unter Geleitschutz in den Hafen von Boston. Nach der Kriegserklärung der USA am 6. April 1917 beschlagnahmte die US-Navy das Schiff und setzte es als »MOUNT VERNON« für Truppentransporte nach Nordfrankreich ein.
Noch auf der letzten Reise von Frankreich nach Amerika wurde das Schiff am 5. September 1918 torpediert, doch mit 15° Schlagseite und 6 kn Fahrt rettete sich das Schiff in den Hafen von Brest. Nach dem Krieg scheiterten alle Versuche, das Schiff wieder im Passagierdienst einzusetzen. An ihrem Liegeplatz in der Chesapeake-Bay rostete es dahin, bis es Ende 1940 in Baltimore verschrottet wurde.

»KRONPRINZESSIN VICTORIA«: dänisches Personen/Kraftfahrzeugfährschiff, 1981 von den Arendal Götaverken, Göteborg, für die SESSAN-Tor-Line AB. Göteborg gebaut. Zusammen mit einem Schwesterschiff befährt es die Route Göteborg–Frederikshavn. Das Schiff ist über Alles 150,0 m, zwischen den Loten 131,0 m lang, 26,0 m breit und hat eine Seitenhöhe bis zum Hauptdeck von 7,8 m, bis zum Oberdeck von 29,0 m und einen Tiefgang von 6,0 m. Bei einer Vermessung von 15 000 BRT beträgt die Tragfähigkeit 3100 t. Es können 70 Trailer von je 18 m Länge oder 700 Kraftfahrzeuge an Bord genommen werden; 2100 Passagierplätze sind vorhanden.
Für den Fahrzeugtransport erhielt das Schiff ein oberes und ein unteres Trailerdeck sowie bewegliche PKW-Decks. Geladen wird über 3 Rampen und Pforten im Hinterschiff. Die Backbord- und Steuerbordrampen sind für die Lastkraftwagen und Trailer, und die mittlere dient den PKW zur Auffahrt in das Schiff. Das Entladen kann auch über eine Bugrampe erfolgen. Für Kabinenpassagiere werden 616 Plätze in 2- und 4-Bettkabinen angeboten. Außerdem stehen allen Passagieren Bars, Restaurants, Cafeterias usw. zur Verfügung.
Die Antriebsanlage besteht aus 4 Nohab-Wärtsilä Dieselmotoren des Typs VASA 12 V 32 A mit einer Leistung von jeweils 3840 kW, die paarweise über Getriebe auf einen Verstellpropeller arbeiten. Das Schiff erreicht mit dieser Anlage 20,4 kn.

»KRONPRINZ WILHELM«: deutscher Schnelldampfer. Der Doppelschrauben-Schnelldampfer »KRONPRINZ WILHELM« des Norddeutschen Lloyd wurde 1901 auf der AG »Vulcan« in Stettin gebaut. Das 14908 BRT und 5162 NRT große Schiff hatte eine Tragfähigkeit von 11300 t DW und war für die Beförderung von 1750 Passagieren eingerichtet. Es war 194 m lang; 20,2 m breit und besaß einen Tiefgang von 8,3 m. Die beiden Vierfach-Expansionsmaschinen leisteten zusammen 22080 kW (30000 PSi), mit denen das Schiff eine Durchschnittsgeschwindigkeit von 23,4 kn erreichte. »KRONPRINZ WILHELM« verließ am 3. August 1914 seinen Liegeplatz Hoboken im New Yorker Hafen und traf sich am 6. August bei den Bahamas mit dem Kreuzer »KARLSRUHE«, wo er in 2 Tagen zum Hilfskreuzer umgerüstet wurde. Kommandant wurde der Navigationsoffizier der »KARLSRUHE« , Kapitänleutnant Thierfelder. Innerhalb von 8 Monaten versenkte der Hilfskreuzer »KRONPRINZ WILHELM« 14 Schiffe mit 55944 BRT.
Anfang April 1915 erkrankte ein Teil der Besatzung an Beri Beri, Proviant- und Kohlemangel kamen hinzu. Unter Wasser war das Schiff stark bewachsen, so daß die Geschwindigkeit stark herabgesetzt war. Die Maschinen und Kessel hatten dringend eine Überholung nötig, und so entschloß sich der Kommandant, den neutralen Hafen Newport News anzulaufen. Newport News wurde am 10. April erreicht und neben dem Hilfskreuzer »PRINZ EITEL FRIEDRICH« festgemacht. Da die Schäden innerhalb der vorgeschriebenen 24 Std. nicht behoben werden konnten, wurde das Schiff interniert. 1917 wurde »KRONPRINZ WILHELM« beschlagnahmt, fuhr noch bis 1919 in der US-Flotte als »VON STEUBEN« und wurde 1923 zum Abwracken verkauft.

KSS: Abkürzung für *Küstenschutzschiff.*

KTS: Abkürzung für Kühl- und Transportschiff, siehe *»KRISTALL«.*

KTS-Boot: Kurzbezeichnung für Kleines Torpedo-Schnellboot.

Kühlschiff, *Fruchtkühlschiff, Gefrierschiff, Kühl-* und *Transportschiff, Reefer, Refrigerated Ship:* Spezialfrachtschiff mit wärmedämmend isolierten Kühlladeräumen und Kühlanlagen für den Transport von leicht verderblichen Früchten, wie Bananen *(Bananentransportschiff)*, Zitrusfrüchten und Gemüse, bei konstanter Temperatur um +12°C und/oder Gefriergütern, wie Fleisch oder Fisch, bei Temperaturen zwischen −22°C und −40°C.
Einige Vorläufer des heutigen Kühlschiffs gab es bereits in der ersten Hälfte des 19. Jh. Bei günstigen Routen und Lufttemperaturen fuhren schnelle Segelschiffe wegen der notwendigen Belüftung Orangen und Bananen als Decksladung und später bei verstärkter Belüftung durch Windhuzen auch in den Laderäumen, die Ladungsschäden waren jedoch noch erheblich.
Neben der natürlichen Belüftung gab es anfänglich nur die Möglichkeit der Kühlung mit Natureis. 1805 begann Frederic Tudor aus Boston Lebensmittel auf Schiffen mit Hilfe von Eis länger haltbar zu machen. Bald darauf wurden vor allem Passagierschiffe mit isolierten Kammern und Eiskisten ausgerüstet, um den Passagieren länger frische

Deutscher Doppelschrauben-Schnelldampfer »KRONPRINZ WILHELM« (1901)

Verpflegung anbieten zu können. Frischfleisch von Schlachtvieh konnte auf Schiffen nicht lange genug haltbar gemacht werden, so daß es nur gesalzen, geräuchert oder getrocknet transportierbar war. Die Verschiffung von lebendem Schlachtvieh war aufwendig und verlustreich, da viele Tiere durch Seegangseinflüsse, Hitze und Strapazen während der Reise verendeten und auf See über Bord geworfen werden mußten.
1876 entwickelte Karl von Linde (1842 bis 1934) die erste Ammoniak-Kältemaschine und schuf damit Möglichkeiten für die maschinelle Kühltechnik. Die in den letzten Jahrzehnten des 19. Jh. schnell wachsende Bevölkerung Europas erforderte den Import von Nahrungsmitteln, insbesondere von Fleisch. In den damaligen Kolonien waren viele Faktoreien entstanden, die ihre Erzeugnisse nach Europa schaffen wollten. Argentinien, Brasilien, Nordamerika und Australien hatten sich zu großen Fleischproduzenten entwickelt.
1874 erhielt ein Frachtschiff erstmalig eine Linde-Kältemaschine, und 1876 brachte eines der ersten Maschinen-Kühlschiffe, die französische »LA FRIGORIFIQUE« (Länge 63 m, Breite 8,40 m, Geschwindigkeit 6 kn) erstmals eine Fleisch-Kühlladung von Argentinien nach Frankreich. Zu den ersten Fleisch-Kühlschiffen zählt weiter der Dampfer »PARAQUAY«, der 1877 mit 3 NH_3-Kältemaschinen bereits auf −30 °C kühlen konnte.
Von der Jahrhundertwende bis zur Mitte dieses Jahrhunderts gab es die beiden Kühlschiffsgruppen, das Kühl-Fruchtschiff für Ladungen oberhalb des Gefrierpunkts für sog. »Plusladungen« und das Gefrierschiff für Ladungen mit bedeutend niederen Temperaturen für sog. »Minusladungen«. Heute sind die Mehrzahl der Kühlschiffe für beide Ladungen ausgerüstet.
Als Kühlmittel folgten auf Ammoniak (NH_3) das Kohlendioxyd (CO_2) und schließlich die Freone (fluorierte Chlorwasserstoffe) und bei den Verdichtern auf dem Kolbenkompressor der heute bevorzugte Schraubenverdichter.
Bei den Kühlanlagen gab es bald weltweite Konkurrenz. Die 1897 gegründete dänische Firma A/S Thomas Ths. Sabroe & Co. aus Aarhus (heute »Sabroe«) baute ihre erste CO_2-Schiffskühlanlage für das 1902 speziell zum Transport von Butter eingerichtete Schiff »FREJR«. 1904 entwickelte Sabroe den ersten eigenen Ammoniakkompressor, 1937 die erste Frigenmaschine und 1955 den ersten schnelllaufenden Kältekompressor mit V-Zylindern.
In Deutschland begann um 1910 die Brown, Boverie & Cie. AG in Mannheim (BBC) Kältemaschinen zu entwickeln und ab 1914 Maschinen zu bauen, aus denen später der automatisch betriebene Kältesatz »Frigometic« entstand, der 1937 erstmals auf der Leipziger Messe ausgestellt wurde.
1939 stellte die BBC als erstes deutsches Unternehmen ebenfalls auf das Kältemittel »Frigen« um. Freone haben für den Schiffseinsatz Vorteile, insbesondere weil sie ungiftig, unbrennbar und nicht explosiv sind. Der schädliche Einfluß entweichender Gase auf die Ozonschicht wurde erst neuerdings erkannt.
1914/15 stellte die Hamburger Reederei F. Laeisz die beiden ersten Kühlschiffe Deutschlands in Dienst. Die »PUNGO« (Baujahr 1914, 3602 BRT) und die »PIONIER« (Baujahr 1915, 3601 BRT wurden auf der Werft von Tecklenborg in Geestemünde gebaut und waren zugleich die ersten Dampfschiffe dieser renommierten Segler-Reederei. Als Kühlschiffe kamen sie jedoch wegen des Krieges nicht in Fahrt. Auf Veranlassung der Kaiserlichen Marine wurde »PUNGO« 1915 zum Hilfskreuzer »MÖWE« umgebaut. Beide Schiffe wurden 1919 englische Kriegsbeute, jedoch später wieder zurückgekauft. Als »OLDENBURG« und »NORDENHAM« waren sie noch bis zu ihrem Untergang 1945 in Fahrt.
Brauchbare Kühlschiffe hatte Deutschland erst ab 1926. Wegen der Leichtverderblichkeit der Güter fahren Kühlschiffe mit relativ hohen Geschwindigkeiten von 18⋯22 kn, um schnelle Reisen zu ermöglichen. Zur Vermeidung von stärkeren Wärmeeinstrahlungen haben sie i. allg. einen gut reflektierenden weißen Anstrich. Um die Umschlagzeiten niedrig zu halten, sind bei modernen Schiffen relativ viele Luken und zusätzliche Seitenpforten für den Einsatz von Gabelstaplern vorhanden.
Der Transport von tiefgekühlten fabrikmäßig verarbeiteten Rind- und Hammelfleisch mit Kühlschiffen beseitigte die Transportverluste und verbesserte entscheidend die Nutzung des Transportraums im Vergleich zum *Viehtransporter*. Um die anfänglich noch in Europa vorhandenen Vorbehalte hinsichtlich der Qualitätsminderung durch die Kühlung zu überwinden, wurden in den großen amerikanischen Schlachthöfen die Rinder erst wenige Tage vor der Verladung geschlachtet, um die Kühldauer so gering wie möglich zu halten. Bei modernen Fleisch-Kühlschif-

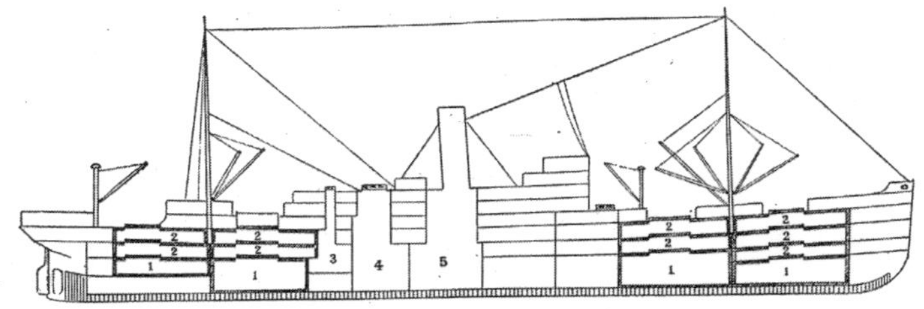

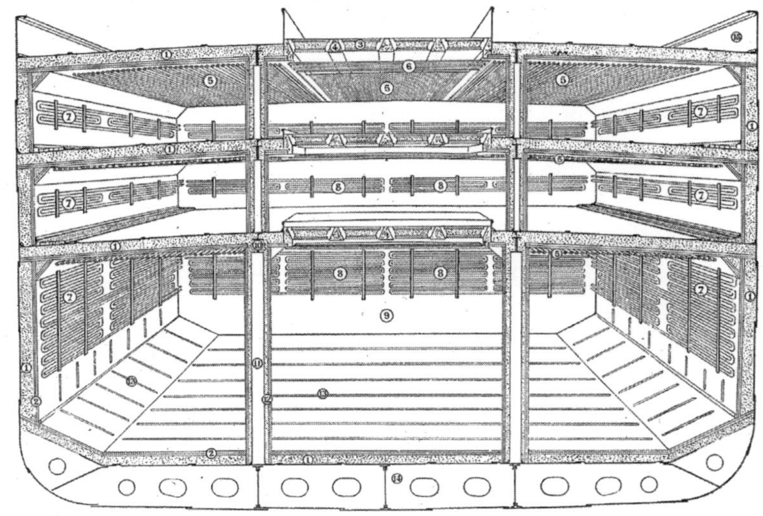

Isolierte Laderäume eines Frachtschiffs für Kühlladungen um 1920

Längsschnitt:
1 Untere Ladekühlräume
2 Ladekühlräume im Zwischendeck
3 Kühlmaschinenraum
4 Maschinenraum
5 Kesselraum:
Querschnitt:
1 Korkisolierung
2 Holzbelag bzw. -verschalung
3 Isolierte Einlege-Lukendeckel
4 Einlege-Lukenlängsbalken
5 Deckenkühlschlangen
6 Lukenkühlschlangen
7 Seitenkühlschlangen
8 Kühlschlangen am Schott
9 Querschott
10 Unterzug
11 Raumstütze
12 Isolierung und Verschalung der Raumstütze
13 Abdeckleisten
14 Bodenwrange
15 Schanzkleid

Kühlcontainerschiff »NEW ZEALAND-CARIBBEAN«

fen wird schockgefrostetes Tiefkühlfleisch übernommen und in den Laderäumen bei konstanten Tieftemperaturen gefahren.
Auf modernen Kühlschiffen, die vorwiegend für den Obst- und Gemüsetransport eingesetzt sind, werden die Laderäume durch leistungsstarke automatische Lüfterventilatoren, Luftkühler und Klimaanlagen auf die jeweils günstigste Temperatur und Feuchte eingeregelt.
Die zunehmende Containerisierung und der Einsatz von Kühlcontainern führte zur Anpassung des Kühlschiffs an das Containertransportsystem. Moderne Kühlschiffe fahren die Ladung zunehmend in Kühlcontainern auf Containerstellplätzen unter und an Deck. Sie erreichen damit kurze Be- und Entladezeiten, eine ununterbrochene Kühlkette vom Verlader zum Empfänger und sind auch für Mehrzweckladungen bei verschiedenen Kühltemperaturen geeignet. Die Wirtschaftlichkeit kann außerdem durch die Mitnahme von Leercontainern oder Normalcontainern bei der Leerfahrt verbessert werden. Traditionell ist bei Kühlschiffen die Angabe des Kühlladeraumvomens in Kubikfuß (100 cbf = 2,83 m^3) üblich. Heutige Kühlschiffe haben einen Kühlrauminhalt von 200000···600000 cbf.

Kümo: siehe *Küstenmotorschiff*

Kunststoffboot: siehe *Plasteboot*

Küstenmotorschiff: kleineres Frachtschiff mit Dieselmotorenantrieb für begrenzte Fahrbereiche. Das Küstenmotorschiff, abgekürzt Kümo, ist ein im Küstenbereich und auf Randmeeren, wie Ost- und Nordsee, Mittel- und Schwarzmeer u. a. Gewässern eingesetztes Frachtmotorschiff bis zu etwa 1000 BRT. Kümos sind Ein- oder Zweilukenschiffe ohne oder mit einem Zwischendeck in den Laderäumen. Die Maschinenanlage sowie die Aufbauten befinden sich stets im Hinterschiff. Sie werden heute auch als Feeder-Schiffe (siehe *Zubringerschiff*) eingesetzt. Als reine Container-Kümo haben die Schiffe häufiger kein Ladegeschirr. Die als Mehrzweckkümo gebauten Schiffe sind dagegen meistens mit Bordkranen für 20′- und 40′-Container ausgerüstet.

Küstenpanzerschiff: von 1888 bis 1904 in Deutschland in Nachfolge der *Ausfallkorvette* gebauter Kriegsschiffstyp. Im Unterschied zum unmittelbaren Ausfall aus blockierten Häfen sollte die Verteidigung bereits weit vor die Küste vorverlegt werden. Die strategische Flottenplanung der kaiserlichen deutschen Marine sah dazu 8 Küstenpanzerschiffe der sog. »Siegfried«-Klasse vor, und das erste 1888 gebaute Schiff erhielt den Namen »SIEGFRIED«. Die 3500-t- bzw. 4110-t-Panzerschiffe wurden auf den Werften in Wilhelmshaven, Kiel und Danzig gebaut, die Baukosten betrugen 4,77 Mill. bzw. 6,65 Mill. Goldmark. Das Typschiff war 79,0 m lang, 14,9 m breit, hatte 5,74 m Tiefgang, 5150 PSi (3790 kW) und lief 14,9 kn. Die stark gewölbten Schiffsseiten hatten in der Gürtellinie eine bis zu 24 cm dicke gehärtete Nickelstahlpanzerung. Küstenpanzerschiffe gab es auch in dänischen, norwegischen, russischen und schwedischen Marinen. Nach 1945 existierte nur noch ein finnisches Küstenpanzerschiff.

Küstenschutzschiff, *Küstenwachschiff, Küstenwachkreuzer, Küstenwachboot:* leichtes Mehrzweck-Kampfschiff von der Größe eines Wachboots (70···120 t Deplacement) bis zu einem Deplacement von etwa 2000 t, das hauptsächlich zur Überwachung der eigenen Territorialgewässer bzw. der Fischereizonen eingesetzt wird. Schiffstyp, Geschwindigkeit und Bewaffnung sind daher sehr variabel und entsprechen den Erfordernissen ihrer jeweiligen Einsatzgebiete. Bei der Bewaffnung überwiegt das kleine bis mittlere vollautomatische Universalgeschütz.
In jüngerer Zeit gehört die Überwachung der sog. »Wirtschaftszone« mit zu den Hauptaufgaben, wie es z. B. die isländische Küstenwacht bei Auseinandersetzungen mit ausländischen Fischereischiffen 1982 praktiziert hatte, weil diese Fanggebiete und Fangquoten nicht eingehalten hatten.
In den USA gehören die größeren Fahrzeuge der »Coast Guard« dazu. Sie versehen neben dem Wach- und Aufsichtsdienst auch den Eispatrouillendienst (Ice Patrol Service). Sie sind in der Regel stärker bewaffnet und verfügen über Einrichtungen zur Luft- und Seeraumüberwachung sowie zur Nachrichtenübermittlung. Die modernen Einheiten der Küstenwacht sind universell einsetzbar und können mit zusätzlicher Ausrüstung für Aufgaben in der Flotte verwendet werden.
In der DDR ist der Begriff Küstenschutzschiff (KSS) ein spezifischer Typ der Volksmarine, der in der Sowjetunion als »Wachschiff« und in den Nato-Marinen als »Fregatte« bezeichnet wird.

Kutter, *Fischkutter:* kleiner Fischereischiffstyp. Die mit der Dampfmaschine begonnene Entwicklung des maschinenangetriebenen Kutters bekam mit dem Verbrennungsmotor neuen Auftrieb. Für kleinere Fischereifahrzeuge gut geeignet, schuf der Motor die Möglichkeit, diese vom Wind unabhängiger zu machen und sie wie die Fischdampfer wirtschaftlicher einsetzen zu können.

Einen ersten Versuch gab es 1891, als der Bremer 21-m-Fischkutter »MATADOR« einen 8,8-kW-(12-PS-)Petroleummotor der Firma R. Langensiepen aus Magdeburg-Buckau erhielt. Obwohl der liegende Einzylinder-Motor dem Kutter eine Geschwindigkeit von 4,5 kn gab, war dem Eigner diese Leistung wohl nicht ausreichend, und er ließ 1893 einen 44-kW-(60-PS-)Petroleummotor der Leipziger Dampfmaschinenfabrik, vormals Ph. Swiderski in Leipzig-Plagwitz, einbauen. Auf der Probefahrt am 2. September 1894 wurde damit die Geschwindigkeit von 8 kn erreicht. Der Sprung in diese Leistungsklasse war jedoch zu groß und der Motor hatte dementsprechend noch verschiedene Mängel. Er mußte bereits im Dezember wieder ausgebaut werden und kam nicht mehr zum Wiedereinbau. 1895 unternahm man in Großbritannien ebenfalls einen Versuch, indem man in die Fischersmak »LESLIE« aus Grimsby einen Zweizylinder-66-kW-(90-PS-) Priestmann-Petroleummotor installierte, mit dem das Fahrzeug 8,5 kn erreichte. Die Verwendung von Petroleum ergab jedoch zu hohe Betriebskosten bei diesem relativ großen Motor.
Führend im Bau erster Motorkutter war zu dieser Zeit Dänemark. In den Jahren 1896 bis 1898 wurden dort etwa 50 Glühkopfmotoren, sog. »Akroyd-Motoren«, gebaut. Dieser Motortyp hatte sich aus Großbritannien kommend schnell den dänischen Markt erobert. 1906 wurden in Dänemark bereits 1200 solcher Motoren gebaut und 1909 gab es bereits 6000 dänische Motor-Fischkutter.
Vielfach versuchte man den Motor nachträglich einzubauen. So benutzte man den Motor der Netzwinde, legte eine Welle über Deck und trieb diese mit einem Flachriemen an. Am Heck wurde dann seitlich ein Rahmen mit einer Schraube eingehängt, die durch eine endlose Kette angetrieben wurde. Dieser nicht sehr zuverlässige Antrieb wurde als »übergehängte Schraube« bezeichnet.
Die deutschen Motorenfirmen beschäftigten sich

S. M. Küstenpanzerschiffe in Kiellinie dampfend

zu dieser Zeit kaum mit Entwicklungen für kleine Fischereischiffe sondern hauptsächlich mit dem Bau von Automobilmotoren. Erst ab etwa 1906/07 bekam die deutsche Küstenfischerei Motoren von Swiderski, Leipzig; Deutz, Köln und von der Ottenser Maschinenfabrik GmbH.
Bis in unsere Zeit hat der Kutter, insbesondere der Fischereikutter, ständige Weiterentwicklungen erfahren und bildet anzahlmäßig die größte Gruppe der Fischereischiffe; siehe auch *Fischereischiff* und *Marinekutter.*

L

»LABRADOR«: französisches Paketboot. Das 4517 BRT große Schiff wurde um 1865 als »NOUVEAU MONDE« aus Eisen gebaut. Es war noch ein Seitenradschiff von 120 m Länge und 13,40 m Breite ohne Radkästen. Später wurde das Schiff auf einen Schraubenantrieb umgebaut und erhielt auch eine neue Maschinenanlage. Die Compoundmaschine (Verbundmaschine) leistete 625 kW (850 PS) und gab dem Schiff eine Geschwindigkeit von 13 kn. Die »LABRADOR« war noch bis 1904 in Dienst und wurde dann abgewrackt.

Laderaum-Hopperbagger: siehe *Bagger*

»LAFAYETTE«: französisches Seitenrad-Paketboot. Das um 1864 erbaute eiserne Seitenrad-Paketboot »LAFAYETTE« versah den regulären Postdienst zwischen Le Havre und New York. Es hatte 3200 BRT und war 105,62 m lang, im Deck 13,36 m breit und hatte eine Tragfähigkeit von 2069 t DW.
Eine 700-kW-(950-PS)-Balancier-Dampfmaschine verlieh dem Schiff eine Geschwindigkeit von 11,5 kn. Zusätzlich wurde die Hilfsbesegelung zur Fahrtunterstützung oder für den Notfall, wie damals üblich, beibehalten. Ein brückenähnlicher offener Verbindungsgang zwischen den Radkästen – ein Vorläufer unserer heutigen »Brücke« – diente der Schiffsführung, von hier aus oder auf dem Radkasten stehend gab der Kapitän seine Kommandos. Schon 1868 wurde das Schiff umgebaut. Es wurden die Schaufelräder entfernt, ein Doppelschraubenantrieb eingebaut und die Maschinenanlage modernisiert. Das Schiff war nach seinem Umbau noch bis 1906 in Betrieb und wurde dann zum Abwracken verkauft.

»LAHN«: deutscher Schnelldampfer. Die »LAHN« war der letzte deutsche Schnelldampfer, den der Nordeutsche Lloyd noch im Ausland bauen ließ. Das 1888 (Stapellauf 7. September 1887) bei Fairfield in Glasgow gebaute 5099 BRT große Schiff war über Alles 141 m lang und 14,9 m breit. Bei 190 Mann Besatzung war es für die Beförderung von 224 Passagieren I. Klasse, 104 Passagieren II. Klasse und 600 Zwischendeckspassagieren eingerichtet. Die Dreifach-Expansionsmaschine leistete 6477 kW (8800 PSi) und gab dem Schiff eine Geschwindigkeit von 18 kn. Die »LAHN« wurde damit seinerzeit der drittschnellste Passagierdampfer. Die schnellste Reise machte das Schiff 1891 von Needles nach Sandy Hook in 7 Tagen und 2 Std. mit 18,11 kn

Heckfangkutter »HT 560« aus Roßlau

Die »LABRADOR« um 1890 bei der Ankunft im Hafen von New York

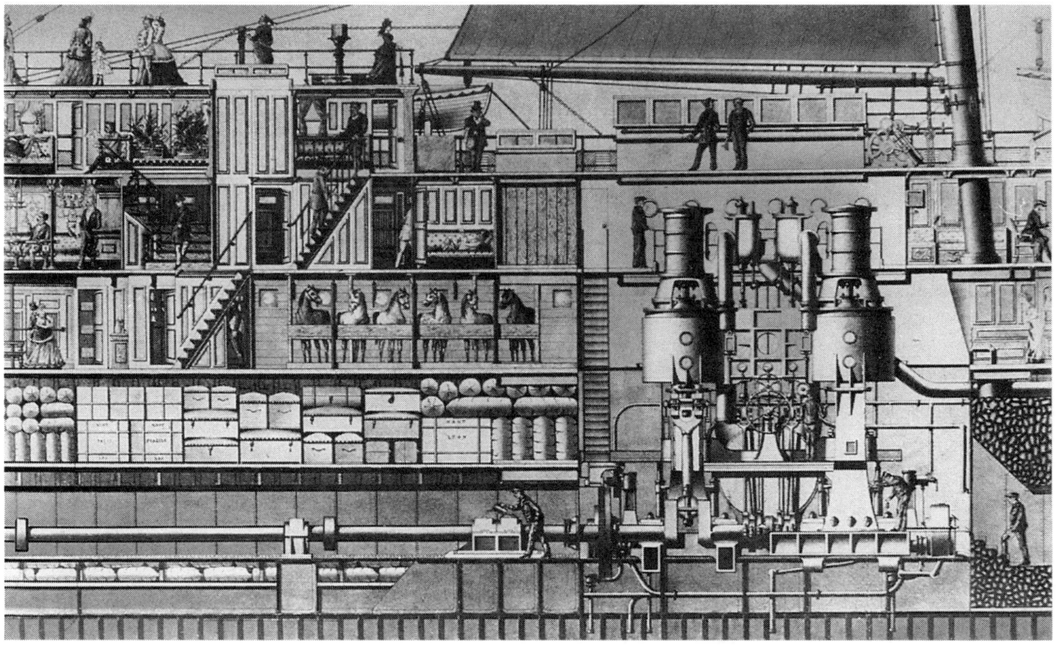

Längsschnitt durch die »LABRADOR« mit der Vierzylinder-Compound-Dampfmaschine

Die »LAFAYETTE« – ein französisches Seitenrad-Paketboot um 1864

Schnelldampfer »LAHN« um 1890, im Nordatlantik Eisberge passierend

Durchschnittsgeschwindigkeit. Der Schnelldampfer war bis 1904 beim NdL in Dienst, wurde dann an die russische Marine verkauft, in Bremen und Libau umgebaut und als Hilfskreuzer »RUSS« in Fahrt genommen.
Die »RUSS« wurde dem II. Fernost-Geschwader zugeteilt. Sie erhielt als erstes Kriegsschiff der Welt 4 Freiballons zur Fernaufklärung sowie 4 Fesselballons und einen Drachen zur Nahaufklärung und zur Artillerieleitung. Die Überführung zum Fernost-Geschwader kam jedoch nicht zustande. Bereits kurz nach dem Auslaufen des aus 45 Schiffen bestehenden Verbands hatte die »RUSS« Kesselschaden und mußte noch in der Ostsee umkehren. Das Schiff wurde 1927 abgewrackt.

Landeplattform: siehe *Flugzeugträger*

Landungsboot, *Landungsschiff:* Spezialschiff für Landungsoperationen. Bereits 1915 ließ die russische Marine Landungsfahrzeuge mit Bugrampen in größerer Zahl bauen. Großbritannien schuf sich speziell für das Gallipoli-Unternehmen im ersten Weltkrieg Landungsleichter verschiedener Typen, um damit Truppen und vor allem bespannte Artillerie anlanden zu können. Diese Entwicklung wurde von Großbritannien 1926 mit dem Typ MLC 1 (16 ts) und 1929 mit dem Typ MLC 10 (20 ts) fortgeführt.
Moderne Landungsfahrzeuge entstanden um 1936 in den USA. Etwa ab 1940/41 zählten die vorhandenen Fahrzeuge und Kampfgruppen zu den amphibischen Streitkräften.
Schlauchboote mit Außenbordmotor, wie sie für Kommandounternehmen und das Übersetzen von Truppen über Flüsse verwendet werden, unterstehen zumeist nicht der Marine und werden nicht als Landungsboote bezeichnet. Größere Landungsboote für 30···50 Mann einschließlich Kampftechnik sind i. allg. aus Stahl, Leichtmetall oder Plaste gebaut und zusätzlich mit ausgeschäumten Auftriebstanks versehen. Sie besitzen eine Tragfähigkeit von 10···15 t und erreichen Geschwindigkeiten bis zu 20 kn. Landungsfahrzeuge bis zu einem Deplacement von etwa 300 t werden auch als Landungsboote bezeichnet. Die Landungsboote können mit Dock-Landungsschiffen bzw. Landungs-Transportschiffen in die Nähe des Operationsgebiets gebracht und dort durch Fluten des Trägerschiffs oder über eine Heckslip zu Wasser gelassen werden. Außerdem gibt es auch Landungsboote für den autonomen Einsatz.
Als Landungsschiff werden i. allg. Fahrzeuge über 300 t Deplacement bezeichnet, die bereits über 100 Mann einschließlich ihrer Kampftechnik oder mehrere Panzer, Panzerfahrzeuge bzw. Geschütze anlanden können. Diese Schiffe besitzen eine verstärkte Bugrampe, die während der Fahrt das Deck nach vorn abschließt und nach dem Auflaufen auf den Strand als Abfahrrampe herabgelassen wird. Größere Landungsschiffe bis etwa 13000 t Deplacement können wegen ihres größeren Tiefgangs nicht mehr anlanden und setzen daher amphibische Fahrzeuge ab oder lassen Bargen ausschwimmen.
In den modernen Flotten gibt es verschiedene Landungsschiffstypen, wobei kleinere und mittlere Schiffe auch mit Minenlege- und Räumein-

richtungen ausgerüstet sind. Die Bewaffnung besteht überwiegend aus Universalgeschützen für See- und Luftziele, Raketen und Bord-Kampfhubschraubern. Eines der größten Landungsschiffe ist die 13100 ts große »IVAN ROGOV« der UdSSR.

Landungsboot-Dock: im zweiten Weltkrieg von der US-Marine entwickeltes Begleitschiff für Landungsflotten. Das Schiff hatte eine Heckaufschleppe, auf der beschädigte Landungsboote zur schnellen Ausbesserung noch im Operationsgebiet an Deck gezogen und danach wieder zu Wasser gelassen wurden.

Längsspantenschiff: siehe *Isherwood-Längsspantenschiff*

»LA PROVENCE«: französischer Doppelschrauben-Schnelldampfer. Im Jahr 1903 gab die Reederei »Compagnie Generale Transatlantique« bei der Werft Chantiers et Ateliers de St. Nazaire für die Route Le Havre–New York den Schnelldampfer »LA PROVENCE« in Auftrag. Mit einem Deplacement von 19160 t war es seinerzeit das größte in Frankreich gebaute Handelsschiff.
Die Kiellegung erfolgte am 1. Dezember 1903, und am 21. März 1905 lief das Schiff von Stapel. Nach der Probefahrt am 13. März 1906 wurde die »LA PROVENCE« im April 1906 in Dienst gestellt. Das Schiff war 191 m lang, 19,8 m breit und hatte bei einer Seitenhöhe von 12,7 m einen Tiefgang von 8,15 m. Die Besatzungsstärke betrug 435 Mann. An Bord befanden sich Einrichtungen für 1547 Passagiere, davon 379 der I. Klasse, 250 der II. Klasse und 900 Passagiere der III. Klasse.
Die Antriebsanlage bestand aus 2 Dreifach-Expansionsmaschinen mit einer Leistung von insgesamt 22080 kW (30000 PS), mit denen der Doppelschrauben-Schnelldampfer eine Geschwindigkeit von 21,6 kn erreichte. Damit blieb das Schiff jedoch unterhalb der Geschwindigkeit, die für durch den französischen Staat subventionierte Schiffe mit mindestens 25 kn gefordert wurde. Im ersten Weltkrieg kam das Schiff als Hilfskreuzer »LA PROVENCE II« zum Einsatz. Das deutsche U-Boot »U 35« torpedierte es am 26. Februar 1916.

Querschnitt durch die »LA PROVENCE«

LASH-Schiff: Abkürzung für Lighter Aboard Ship, ein Leichter-Trägerschiff, daß Schwimmleichter, Schwimmcontainer, Bargen oder Prahme als Ladungseinheiten befördert, siehe *Barge-Carrier*.
Unter anderem befaßte sich Jerome L. Goldmann (USA) intensiv mit der Idee, die im zweiten Weltkrieg für Landungsoperationen entstandene LSD-Landing Ship Docks für die kommerzielle Schiffahrt weiter zu entwickeln. Die Entwicklungsarbeiten dazu begannen um 1952. Der erste, nach den Konstruktionsplänen von J. L. Goldmann gebaute Prototyp, die »DEL RIO« der Delta-Line, New Orleans, wurde 1960 in Dienst gestellt. Erst ein Jahrzehnt danach wurde die Idee in größerem Maßstab realisiert. Im September 1969 ging die beim japanischen Werftkonzern »Sumitomo Shipbuilding & Machinery Co. Ltd. gebaute *»ACADIA FOREST«* auf Probefahrt und wurde im Oktober des gleichen Jahrs von der Central Gulf Line übernommen. Kurz danach folgte das Schwesterschiff »ATLANTIC FOREST«. Beide Schiffe fuhren zunächst für die norwegische Reederei Torry Mosvold unter der Reedereiflagge von A/S Moslash Shipping Co, bis am 1. September 1970 die Central Golf Contramar Line den LASH-Dienst nach Bremerhaven aufnahm.
Der Pionier dieses Systems, J. L. Goldmann, war inzwischen Präsident der Frede & Goldmann Inc., New Orleans und des Tochterunternehmens »Lash-Systems Inc.« geworden. Zu den Pionieren dieses Transportsystems gehört seit 1965 insbesondere auch die US-Reederei »Lykes Brothers Steamship Co« in New Orleans. Das erste LASH-Schiff dieser Reederei war der 1970 gebaute »LYKES SEABARGE CLIPPER« für 24 Schwimmleichter mit je 940 m^3 Laderauminhalt. Nach dem Prinzip des Barge-Dockschiffs wird das Schiff teilgeflutet. Die durch Schubschiffe herangebrachten Leichter werden dann auf den beiden Ladedecks gestaut, wobei das oberste Deck zuerst beladen und danach der Tiefgang durch Tankentleerung soweit vermindert wird, daß die Leichter auf das untere Deck eingeschwommen werden. Wegen des schwimmenden Umschlags ist das Prinzip auch unter der Bezeichnung »Float on/Float off« bzw. »CLASS – Containerised Lighter Aboard Ship System« bekannt.
Im europäischen Schiffbau begann die Cockerill-Werft in Hoboken bei Antwerpen 1971 mit dem Bau der »BILDERDYK« für die Holland-Amerika Linie und 1972 mit der *»MÜNCHEN«* für die Hapag-Lloyd AG. den Bau von LASH-Schif-

fen. 1982 gab es weltweit 26 LASH-Schiffe und 8 weitere waren im Bau.

Lastkahn: siehe *Schleppkahn*

Lastrohrfloß, *Lastrohr-Transporter:* koppelbare offene *Prahme* mit kreisförmigem Querschnitt. Das sog. »Lastrohrfloß« wurde erstmals von Dr.-Ing. Eberhard Westphal von der »Deutsche Bergwerks- und Hüttenbau GmbH«, Berlin, entwikkelt. Das erste Floß kam im Februar 1944 als Schlepp- und Schubverband in Dienst. Jedes einzelne Lastrohr war 24 m lang, der Querschnitt war ein Dreiviertelkreis mit 3 m Durchmesser. Es war durch 5 Schotte unterteilt und hatte an beiden Seiten Versteifungen der Luken, die zusätzlichen Auftrieb erzeugten und als Gangbord dienten. Die Tragfähigkeit des einzelnen Lastrohrs betrug 130 t. Das Lastrohrfloß wurde aus 24 Lastrohren zusammengekoppelt, je 3 Lastrohre nebeneinander, so daß eine Gesamttragfähigkeit von 3120 t entstand. Das Lastrohrfloß wurde durch ein zweimotoriges Schleppschiff mit 2×150 PS (2×110 kW) gezogen und am Verbandsende durch ein Fahrzeug mit gleichen Abmessungen, jedoch nur 2×100 PS (2×73,6 kW) geschoben.
Um 1960 griff Dr. Ganzmüller für das Ruhrgebiet die Idee eines Schwimmcontainers für die Flußschiffahrt als offener Prahm mit rundem Boden, vertikalen Seitenwänden und seitlichen Stabilitätswülsten für Kohle und Erze erneut auf, die durch Schüttanlagen beladen und am Empfangsort in geeigneten Entladebecken durch Querneigung oder Kippanlagen wie Waggons entleert werden. Wird die Entleerung in das Hafenbecken vorgenommen, so fördern Spezialaufbänder das Schüttgut vom Hafengrund auf die Halden. Bei voller Abladung war Freibord hauptsächlich nur durch die seitlichen Stabilitätsröhren vorhanden. Für den Wassertransport wurden ebenfalls mehrere Lastrohre zu Schlepp- oder Schubverbänden mit zusätzlichen strömungsverbessernden Bug- und Hecksektionen gekoppelt. Beim Schienentransport wurde das Lastrohr ähnlich den Tankwagen auf Fahrgestellen befördert und durch Drehen um die Längsachse entleert.

Latex-Tanker: *Tanker* für den Transport von flüssigen Emulsionen des aus tropischen Bäumen und Pflanzen gewonnenen Naturlatex- bzw. Naturkautschuk-Säften.

Laubeuf-U-Boot: nach dem Entwurf des französischen Ingenieurs Maxime Laubeuf 1900 in Frankreich gebautes U-Boot, das zum maßgebenden Vorbild für die folgenden französischen U-Boote wurde, so daß nach den Plänen von Laubeuf 20 weitere U-Boote entstanden. Das U-Boot erhielt den Namen »NARVAL«. Es hatte ein Deplacement von 106 t, für die Überwasserfahrt eine Dreifach-Expansionsdampfmaschine und einen mit Petroleum gefeuerten Kessel und für die Unterwasserfahrt einen Elektromotor. Die »NARVAL« hatte 4 Torpedo-Ausstoßrohre.

Laurenti-U-Boot: ein 1903 gebautes italienisches U-Boot zur Küstenverteidigung, daß schon wesentliche Prinzipe der späteren U-Boote erhielt. Von diesem Typ gab es Nachbauten in Schweden. Auch in Großbritannien wurden versuchsweise neben dem *Laubeuf-U-Boot* Typ 1910 größere Laurenti-U-Boote unter der Klassenbezeichnung F und E gebaut. Bei der Überwasserfahrt hatten sie 900 t bzw. 700 t Deplacement.

Lazarettschiff: Hilfsschiff der Kriegsflotten für die Bergung, den Transport und erste medizinische Versorgung von Verwundeten, Kranken und Schiffbrüchigen auf See. Die weitere Betreuung übernahmen danach stationäre Lazarettschiffe und Landeinrichtungen. Die 3. Konvention der Haager Konferenz vom 29. Juli 1899 legte Grundsätze für den Einsatz von Lazarettschiffen fest. Darin heißt es u. a.: »Lazarettschiffe, die den Verwundeten, Kranken und Schiffbrüchigen Hilfe bringen, sind zu achten und von der Wegnahme ausgeschlossen.« Das Völkerrecht nennt 3 verschiedene Arten solcher Schiffe, die am 18. Oktober 1907 den Status – Lazarettschiff – erhielten. – Lazarettschiff einer der Kriegsparteien selbst mit einem weißen Anstrich über Alles und einem waagerechten 1,5 m breiten grünen Streifen um den Rumpf. – Die von Angehörigen einer Kriegspartei (Privatpersonen oder staatlichen anerkannte Hilfsgesellschaften) ausgerüsteten Schiffe. Sie besitzen ebenfalls einen weißen Anstrich und einen waagerechten roten Streifen um den Rumpf. – Schiffe, die von Angehörigen eines neutralen Staates ausgerüstet und in den Dienst der Fürsorge für die Verwundeten und Schiffbrüchigen gestellt werden. (Weißer Anstrich mit waagerechten roten Streifen.)
Neben der Nationalflagge war die Flagge der Genfer-Konvention (IRK-Flagge) zu setzen. Hierbei führte die Türkei in der Flagge den roten Halbmond, Persien die Sonne und Siam die Flamme. In der Folgezeit erwies sich die IRK-Flagge allerdings als zu klein, um sie auf See auf größere Entfernung ausmachen zu können. So wurde das Rote Kreuz zusätzlich auf beiden Bordseiten aufgemalt und nachts von Scheinwerfern angestrahlt. Im zweiten Weltkrieg kam wegen der zunehmenden Fliegerangriffe das Rote Kreuz auf dem Deck bzw. Peildeck der Schiffe hinzu.
Für den Dienst als Lazarettschiff kamen vorwiegend umgerüstete Bäderschiffe, Fähren, kleine Fahrgastschiffe sowie Fracht- und Passagierschiffe zum Einsatz. So war im ersten Weltkrieg das 8262 BRT große Fahrgastschiff »SIERRA VENTANA« des Norddeutschen Lloyd bis 1918 als Lazarettschiff in Dienst. Im Verlaufe des Kriegs hatte das Schiff 2971 Verwundete an Bord, insgesamt gab es 79722 Behandlungen. Am 4. November 1914, nach dem Untergang des Großen Kreuzers »YORK« infolge eines Minentreffers auf der Jade, wurden 266 und nach der Skagerrakschlacht 271 Verwundete zur Behandlung an Bord gebracht. Derartig große Schiffe erwiesen sich jedoch für diese Aufgaben nicht gut geeignet. Die Übernahme der Verwundeten auf See war schwierig und die stationären Einrichtungen waren für die Übernahme einer großen Anzahl Verwundeter ungenügend. Deshalb konzentrierte man sich in der Folgezeit auf kleine und mittlere Lazarettschiffe. Während des zweiten Weltkriegs gab es auf allen Seekriegsschauplätzen eine ganze Anzahl von Lazarettschiffen bzw. *Verwundetentransportschiffe*, wobei sich in den größeren Flotten entsprechend den Einsatzbedingungen die Schiffe in Marine- und Heereslazarettschiffe (USA und Großbritannien) untergliederten. Trotz der Kennzeichnung wurden Lazarettschiffe häufig durch Luftangriffe beschädigt.

L-Dock: siehe *Dock*

Lehrschiff: siehe *Schulschiff*

Leichter: siehe *Barge*, *Barge-Carrier-*, *LASH-Schiff*, *Prahm*

Leichter Kreuzer: siehe *Kreuzer* und *Kleiner Kreuzer*

Leichterträgerschiff: siehe *LASH-Schiff*

Leichtmetallschiff: aus korrosionsbeständigen Leichtmetall-Legierungen gebautes Schiff. Wegen der höheren Materialkosten handelt es sich i. allg. um Sonderfahrzeuge der Marine, Luftkissen- oder Tragflügelschiffe, Sportfahrzeuge, Fluß- oder Forschungsschiffe, bei denen es auf besonderen Leichtbau oder einen unmagnetischen Schiffskörper ankommt; siehe auch *Aluschiff*.

»LEIPZIG« ex *»THUSNELDA«:* deutsche Gedeckte Korvette. Das als »Kreuzer erster Klasse« bezeichnete Schiff lief am 13. September 1875 auf der Maschinenbau-Aktiengesellschaft AG »Vulcan«-Stettin in Bredow bei Stettin von Stapel. Der mit Quer- und Längsspanten versehene eiserne Schiffskörper erhielt unter Wasser eine doppelte Lage Holz und darauf erst einen Kupferbeschlag, um den Bewuchs und die galvanische Zerstörung der eisernen Beplattung zu verhindern. Das 3980/4626 t große Schiff war 87,5 m lang, 14 m breit, der größte Tiefgang betrug 6,90 m. Die Besatzung bestand aus 39 Offizieren und 386 Mann. An Bord der »LEIPZIG« befand sich bereits ein Destillierapparat zur Trinkwassererzeugung.
Die Bewaffnung bestand aus 12×17-cm-Kanonen, von denen 10 in der Batterie und 2 auf dem Oberdeck vorn und achtern montiert waren. Mit den beiden vorderen und hinteren Kanonen im Batteriedeck konnte das direkte Bug- und Heckfeuer – das sog. »Überendfeuer« – verstärkt werden, wozu die Kanonen von ihren Breitseitenpforten zum Bug oder Heck transportiert wurden.
Für längere Reisen unter Segel hatte das Schiff eine etwa 2600 m^2 Vollschiff-Takelung, wobei die Untermasten aus Eisen waren. Das Bugspriet konnte eingeholt werden. Um die vorhandene Segelfläche gut nutzen zu können, war der Schornstein absenkbar und die Schraube konnte aufgeheißt werden. Die Takelung, Armierung, Ausrüstung und die Kupferung des Unterwasserschiffs wurden auf der Kaiserlichen Werft in Kiel vorgenommen.
Ab 1. Juni 1877 war die »LEIPZIG« überwiegend im Ausland eingesetzt, wo sie 1884 an der Besitzergreifung von Lüderitzland (Südwest-Afrika) teilnahm. Von 1885 bis 1888 wurde das Schiff auf der Kaiserlichen Werft in Wilhelmshaven moder-

nisiert. Es bekam einen festen Schornstein sowie eine feste Schraube. Mit 10 neuen Kesseln leistete die Maschine nach der Modernisierung 4453 kW (6050 PS). An Deck wurden 4 Torpedorohre des Kalibers 35 cm mit 10 Torpedos angeordnet, wobei 2 Rohre am Bug und 2 Rohre seitlich montiert wurden.

Von 1888 bis 1890 nahm die »LEIPZIG« an der Blockade von Ostafrika teil. Weitere Reisen führten nach Sansibar und Ostasien. Am 27. August 1894 wurde das Schiff aus der Flottenliste gestrichen und diente danach als Maschinenhulk in Wilhelmshaven. Hier sank es im Januar 1920, wurde 1921 gehoben und nach Hattingen zum Abbruch verkauft.

Deutsche Gedeckte Korvette »LEIPZIG« um 1877 beim Backbordhalsen scharf am Wind

»LE MOYNE D'IBERVILLE«: französisches Frachtschiff; hinsichtlich Größe und Typ charakteristischer Stückgutfrachter um 1950 mit mittschiffs liegenden Maschinenraum und Deckshaus. Das Schiff wurde 1949 auf der Forges et Chantier de la Gironde-Werft in Bordeaux gebaut und im Dezember des gleichen Jahres in Dienst gestellt. Mit seinem Schwesterschiff »CAVALIER DE LASALLE« befuhr es die Route zum Golf von Mexiko. Als typisches Frachtschiff dieser Zeit mit begrenzter Passagierzahl war es für die Beförderung von 12 Fahrgästen eingerichtet. Das 6933 BRT große Schiff war 142,23 m lang, 18,80 m breit und hatte 5,8 m Tiefgang. Als Hauptantrieb diente ein Zehnzylinder-Dieselmotor mit einer Leistung von 5152 kW (7000 PS), mit dem das Einschraubenschiff eine Geschwindigkeit von 16 kn erreichte.

»LE MOYNE D'IBERVILLE«, typischer Stückgutfrachter um 1950

»LENIN«: sowjetischer kernkraftgetriebener Eisbrecher. Der Eisbrecher wurde am 25. August 1956 auf der Admiralitätswerft in Leningrad auf Kiel gelegt, lief am 5. Dezember 1957 von Stapel und wurde am 3. Dezember 1959 in Dienst gestellt. Es war das erste kernenergiegetriebene Überwasserschiff der Welt und somit eine Pionierleistung des Schiffbaus der UdSSR. Die »LENIN« zählt heute zu den bekanntesten Schiffen des 20. Jh. und wurde weltweit zu einem Symbol für die friedliche Anwendung der Kernenergie.

Das 16000 t große Schiff ist über Alles 134,11 m lang, 27,6 m breit und hat einen Tiefgang von 9,22 m. Die Seitenhöhe bis Hauptdeck beträgt 16,0 m. Die Plattenstärke der Außenhaut erreicht bis zu 52 mm. Der Eisbrecher fährt mit 210 Mann Besatzung. Die »LENIN« besitzt einen Kernenergie-Turboelektro-Antrieb. Mit der in den Reaktoren freigesetzten Wärme wird Dampf für die 4 Turbo-Generatoren erzeugt, die Elektroenergie für die 3 Gleichstrom-Fahrmotoren liefern. Die Antriebsleistung beträgt insgesamt 32385 kW, das Dreischraubenschiff erreicht damit im freien Wasser eine Geschwindigkeit von 18 kn. Bei einem Einsatz in 2,4 m dickem Eis wird noch eine Geschwindigkeit von 2 kn erreicht.

Für die Dampferzeugung waren ursprünglich 3 gekoppelte Druckwasser-Kernreaktoren eingesetzt. 1972/73 erhielt das Schiff nach einer Modernisierung 2 voneinander unabhängig arbeitende Kernreaktoren, deren Leistung dem Energiebedarf einer mittleren Stadt entspricht. Die Masse der Maschinenanlage wird mit 5767 t angegeben.

Sowjetischer Kernenergie-Eisbrecher »LENIN«, 1959 erstes kernenergiegetriebenes Überwasserschiff der Welt

Mit einem täglichen Brennstoffverbrauch von 200 g »Uran-235« kann das Schiff über 40000 Seemeilen zurücklegen, d.h. mehr als einmal die Erde umfahren. Besonders auf dem nördlichen Seeweg, der die Routen Murmansk–Wladiwostok um 6100 Seemeilen bzw. London–Yokohama um 4300 Seemeilen gegenüber der Route durch den Suezkanal verkürzt, bewirkt der Einsatz des Kernenergie-Eisbrechers »LENIN«, daß die Navigationsperiode von jährlich 70···90 Tage auf 160···200 Tage verlängert werden konnte. Während jeder arktischen Saison bahnte die »LENIN« hunderten von Schiffen den Weg durch polare Eisfelder, die teilweise Eisstärken bis zu 3,5 m haben.
Es gibt bereits 3 Folgeschiffe. 1975 entstand die »*ARKTIKA*« 1979 die »SIBIR« und 1985 die »ROSSIJA«, die ihre Vorgängerin in Größe und Antriebsleistung sogar noch übertreffen.

Leuchtturm-Tender: *Hilfsschiff* zur seeseitigen Versorgung von Leuchttürmen, i. allg. ein zusätzlich ausgerüstetes kleineres Fischereischiff, ein *Lotsenboot* oder ein *Tonnenleger*. In Kanada und den USA gab es auch ausschließlich für die Leuchtturmwartung entwickelte Fahrzeuge.

Liberty-Schiffstyp: Großserien-Transportschiff *(Standardschiff)* der USA, Kanadas und Großbritanniens im zweiten Weltkrieg. Nach dem ersten Weltkrieg gewann die Serienfertigung im Handelsschiffbau, die ab 1917 bereits erprobt worden war, an Bedeutung. Die Ursprungsländer solcher Serienfertigungen waren die USA, Großbritannien und Japan, wobei in der Zeit vor dem zweiten Weltkrieg die Schiffbauindustrie der USA eine besondere Stellung einnahm. 1936 wurde durch den US-Kongreß ein »Merchant Marine Act« beschlossen, der eine langfristige, durch staatliche Behörden zu fördernde Entwicklung von Standardschiffen vorsah. Im Hintergrund dieses Beschlusses standen wirtschaftliche und militärisch-strategische Interessen der USA.
Im Kriegsjahr 1940 ersuchte die britische Regierung die USA und Kanada um den Bau von Transportschiffen, da der deutsche U-Boot-Krieg mehr Schiffsraum vernichtete als ersetzt werden konnte. Die USA übernahm die Baupläne der im britischen »Kriegs-Notprogramm« nach dem Projekt von Henry Kaiser erbauten »EMPIRE LIBERTY«. In den Werften der USA wurden auf der Grundlage der drei Schiffbauprogramme »Peace Programm«, »War Emergency Programm« und »Victory Programm« insgesamt etwa 5700 Schiffe in Serie gebaut. Den größten Anteil hatte der Liberty-Schiffstyp in einer Stückzahl von 2710 und der Victory-Schiffstyp VC-2-S-AP mit 531 Schiffen. Die Bauprogramme waren nur durch eine radikale Standardisierung realisierbar. Auf mehr als 200, zum Teil neu errichteten Hellingen und Werften wurden in den USA die aus 32 Bundesstaaten angelieferten 30000 Teile je Schiff montiert. Am 27. September 1941 lief auf der Werft »Bethlehem Steel Corporation« nach einer Bauzeit von 245 Tagen mit der Baunummer 1 das erste Liberty-Schiff von Stapel. Die 7176 BRT große »PATRICK HENRY« war über Alles 134,5 m lang und hatte eine Tragfähigkeit von 10865 t. Eine Dreifach-Expansionsdampfmaschine mit einer Leistung von 1840 kW (2500 PS)

Ein 1943 gebautes Liberty-Schiff »KOLCHOSNIK« ex »CHARLES WILKES«

gab dem Schiff 11 kn Geschwindigkeit. Am 26. Dezember 1941 ging das Schiff auf Probefahrt.
Zu Beginn der Großserie beherrschte man die Schweißtechnologie an den Schiffskörpern noch nicht völlig, so daß im rauhen Nordatlantik einige Schiffe durch Risse verloren gingen. In der Serienproduktion wurden die Bauzeiten ständig verkürzt. Brauchte man für das erste Schiff noch 245 Tage, so wurden für die Baunummer 20 nur noch 120 Tage und für Baunummer 50 nur noch 58 Tage benötigt. Im November 1942 stellten die Werftarbeiter der Werft »Richmond Nr. 2« einen Rekord auf, der bis heute ungebrochen ist. Von der Kiellegung bis zum Stapellauf wurden nur 4 Tage, 15 Std. und 30 Min. benötigt. Allein 1943 wurden von 14 amerikanischen Werften 1238 Liberty-Schiffe ausgeliefert, wobei eine Werft in Kalifornien die Baukosten von 1178000 Dollar beim ersten Schiff auf 692000 Dollar beim 124. Schiff senken konnte.
Im deutschen Frachtschiffs-Ersatzprogramm 1940/44 dem »Hansa-Programm« lassen sich nur etwa 130 Seeschiffe der 3 Typen: HANSA A (3000 t), HANSA B (5000 t) und HANSA C (9000 t) nachweisen, die auf deutschen, dänischen, belgischen, holländischen und schwedischen Werften in Bau waren. Ein Teil der Schiffe sank infolge Kriegseinwirkung nach kurzer Fahrtzeit, der Rest wurde entweder nicht mehr fertiggestellt oder nach 1945 vollendet und als Reparation abgeliefert.
Bald stellte sich die Frage, ob der Liberty-Schiffstyp nach dem Krieg wirtschaftlich sein würde. Die hauptsächlichsten Nachteile für den Einsatz als Handelsschiff waren die geringe Geschwindigkeit und die Ladeausrüstung. Für die Fahrt im Geleitzug war die Geschwindigkeit mit Rücksicht auf ältere Schiffe ausreichend und das Laden und Löschen geschah überwiegend mit der Umschlagtechnik in den britischen und nordamerikanischen Häfen. Um 1955/56 wurden zunächst 4 Liberty-Schiffe umgebaut, um der Marine Administration einen Überblick über die Möglichkeiten einer Modernisierung der großen Zahl dieser Schiffe der Reserveflotte zu geben. Gleichzeitig sollten auch im Interesse der Handelsmarine verschiedene Antriebsvarianten erprobt werden. Die 1840-kW-(2500-PS-)Dreifach-Expansionsmaschine wurde ausgebaut und durch eine 4416-kW-(6000-PS-)Antriebseinheit ersetzt. Die »BENJAMIN CHEW« erhielt eine Getriebe-Turbinenanlage wie der Victory-Schiffstyp und 10-t-Ladebäume; die »THOMAS NELSON« bekam Dieselmotoren mit Untersetzungsgetriebe und 5-t-Bordkrane und wurde um 7,6 m verlängert; in die ebenfalls um 7,6 m verlängerte »JOHN SERGEANT« wurde eine Gasturbine mit Verstellpropeller eingebaut, und die »WILLIAM PATTERSON« wurde mit einer Freikolben-Gasturbinenanlage ausgerüstet. Die meisten an die Handelsschiffahrt abgegebenen Schiffe fuhren jedoch weiterhin mit ihren Dampfmaschinen als Massengutfrachter oder Stückgutschiffe. 1966 waren noch 682 Liberty-Schiffe in Fahrt. Verschiedene Schiffe (etwa 49) wurden auch an ausländische Reeder verkauft.
Unter anderem stellte am 31. Januar 1960 die DDR-Handelsflotte mit der »ERNST MORITZ ARNDT« ex »ARCHON GABRIEL« (Voreigner Griechenland) ein solches, nach einer Havarie abgeborgenes Liberty-Schiff für einige Jahre in Dienst.
Heute gibt es nur noch 2 Schiffe des Liberty-Schiffstyps, die seit 1977 im griechischen Eleisis aufgelegte »ALEXANDER KORYZIS« aus dem Baujahr 1944 und die 1943 in Fahrt gekommene »JEREMIAH O'BRIAN«, die am 6. Oktober 1979 außer Dienst gestellt, auf der Werft von »Bethlehem« in San Franzisko generalüberholt und in der Bucht von San Franzisko als Museumsschiff vor Anker gelegt wurde.
Nach dem zweiten Weltkrieg hat sich die Serienfertigung im internationalen Frachtschiffbau unterschiedlich entwickelt. In der Zeit des starken Anstiegs des Seehandels und der zunehmenden Verschrottung alter Liberty-Schiffe wurden sog. »Liberty«-Ersatzschiffe in mehr als 30 Entwürfen vorgestellt, wobei sich die Typen SD-14 und Freedom besonders durchgesetzt haben. Als *Standardschiffe* wurden seit Ende der 60er Jahre größere Serien in Großbritannien, Japan und in der BRD gebaut. Die Frachtschiffstypen »SD-14«, »Freedom« und »GERMAN LIBERTY« (50 Schiffe) stellten den Hauptanteil des sog. »Liberty«-Replacement dar.

Lighter Aboard Ship: siehe *LASH-Schiff*

Linienfahrt-Schiff: Schiff im regelmäßigen bzw. fahrplanmäßigen Dienst auf einer »Linie«, d.h. Schiffahrtslinie bzw. Route zwischen 2 oder meh-

Italienisches Linienschiff »REGINA MARGHARITA« 1905

reren Häfen, im Unterschied zum *Tramp-Schiff* und zur Spezialschiffahrt. Im Passagier-Seetransport dominiert die Linienfahrt schon seit der Segelschiffszeit. Bei Frachtschiffen sind heute die Mehrzahl aller Stückgutfrachtschiffe und nahezu alle Container- und LASH-Schiffe in »Liniendiensten« eingesetzt.

Linienschiff: bis zur Entstehung des *Schlachtkreuzers* bzw. *Schlachtschiffs* und *Flugzeugträgers* größtes und am stärksten bewaffnetes Kriegsschiff. Nach der Erfindung der Sprenggeschosse begann man in der zweiten Hälfte des 19. Jh. bei großen Kriegsschiffen die Schiffsaußenhaut mit Stahlplatten von ungefähr 2 Zoll Dicke zu panzern, es verschwanden die unteren Geschützdecks, und schwere Geschütze wurden in einer »Batterie« zusammengefaßt; siehe auch *Batterieschiff*. Eines der ersten Batterie-Panzerschiffe dieser Art war die 1858 erbaute französische Panzerfregatte »GLOIRE«.
Die traditionelle Linientaktik im Seegefecht gewann erneute Bedeutung, nachdem die Japaner im chinesisch-japanischen Krieg im Seegefecht vor dem Yalu am 14. September 1894 diese Taktik erfolgreich anwenden konnten und innerhalb von 2 Stunden 5 chinesische Schiffe versenkten. Das Gefecht bewies u.a. vor allem den Wert stark gepanzerter Kriegsschiffe mit schwerer Artillerie bei gleichzeitiger Vergrößerung der gepanzerten Flächen und Verminderung hölzerner Beplankungen, Ausrüstungen und Einrichtungen an Bord. Das Breitseitenfeuer der schweren Artillerie bekam eine noch größere Bedeutung. Das erforderte als neuen Schiffstyp das Linienschiff. Bald stand auch Panzermaterial höherer Festigkeit zur Verfügung, so daß die Panzerung dünner und die gepanzerten Flächen des Schiffs noch größer werden konnten, ohne daß dabei wesentlich höhere Gewichtzunahmen eintraten. Nachdem der neue Schiffstyp in seiner Größe bei den einzelnen Marinen variierte, begann sich ein in Größe, Seetüchtigkeit und Aktionsradius relativ einheitlicher Schiffstyp herauszubilden. Der Bau von Schiffs-Serien, in Großbritannien bis zu 9 Schiffen, verminderte etwas die hohen Baukosten.
In allen Marinen vollzog sich eine ständige Weiterentwicklung der Linienschiffe. Schiffsgröße, Geschwindigkeit und Feuerkraft nahmen weiter zu. Schwerste Geschützkaliber bis 30,5 cm, eine starke Mittelartillerie und ein ausgewogener Panzerschutz aus 24···28 cm dickem hochfesten Stahl wurden vorherrschend.
Der russisch-japanische Krieg 1904/05 zeigte die ausschlaggebende Wirkung der schweren Artillerie, und Japan baute danach noch größere und kampfstärkere Linienschiffe. Großbritannien zog als führende Seemacht aus diesem Krieg ebenfalls Schlußfolgerungen für einen neuen Schiffstyp mit größten Abmessungen, hoher Geschwindigkeit und stärkstem Panzerschutz bei ausschließlicher Konzentration auf die schwere Artillerie. 1906 war der britische *»DREADNOUGHT«* mit seiner schweren Artillerie aus 10×30,5-cm-Geschützen allen anderen Kriegsschiffen überlegen. Auf die Mittelartillerie hatte man völlig verzichtet. Auch das Deplacement der deutschen Linienschiffe war von 10000 t (um 1900) auf über 28000 t bei den großen Linienschiffen von 1917 gestiegen. Das Geschützkaliber hatte man von 28 cm auf 38,1 cm erhöht und die Geschwindigkeit von 16 auf 22 kn gesteigert. Größten Wert legte man auf einen sorgfältig ausgebildeten Unterwasserschutz.
Im ersten Weltkrieg war das Torpedoboot zu einer gefährlichen Waffe geworden. Zu Abwehr wurde nun wieder eine starke Mittelartillerie benötigt, die nur zu Lasten der schweren Artillerie möglich war. Ab 1912/13 war bei den Linienschiffen keine unmittelbare Weiterentwicklung mehr erkennbar und auch die Linientaktik dominierte nicht mehr. Der schnellere und gleichstark bewaffnete *Schlachtkreuzer* vereinigte die Feuerkraft des Linienschiffs mit der Schnelligkeit des *Kreuzers*. Nach 1918 verwendete man allgemein die Bezeichnung *Schlachtschiff*, wobei für leichter gepanzerte Schiffe, wie z.B. die französische *»DUNKERQUE«*, der Begriff Schlachtkreuzer beibehalten wurde. Siehe auch *»BADEN«*, *»BRAUNSCHWEIG«*, *»BRENNUS«*, *»ELSASS«*, *»KAISER BARBAROSSA«*, *»NAPOLEON«* und *»OCEAN«*.

»LIVADIJA«: Dampfyacht des Zaren Alexander II. von Rußland und zweiter Typ der russischen *Rundschiffe*, der *»Popowka«* von A. A. POPOW. Der Vizeadmiral erhielt 1879 vom Zaren den Auftrag für den Entwurf einer Yacht, die auch in ihrem Aussehen sich deutlich von den Kriegsschiffen unterscheiden sollte. Diese Yacht sollte neben dem bei derartigen Schiffen üblichen Komfort möglichst wenig schlingern und stampfen. Diese erwünschte Eigenschaft war bei den beiden »Popowka«, der *»NOWGOROD«* und der »KIEW« bereits nachgewiesen, auch wenn sie im russisch-türkischen Krieg nicht zum Erfolg kamen. Popow ging somit bei seinem Entwurf von der Rundform aus und berücksichtigte die Geschwindigkeit und gestalterischen Aspekte durch eine interessante Lösung. Das Unterwasserschiff erhielt eine weitgehend der elliptischen Form entsprechende Gestaltung mit einem Längen/Breiten-Verhältnis von 1,55. Auf der gewölbten Oberseite des Unterwasserschiffs wurde dann das Überwasserschiff aufgesetzt.
Die Hauptabmessungen der »LIVADIJA« waren: Länge über Alles 83,0 m; Länge zwischen den Loten 71,60 m und in der Wasserlinie 70,10 m; Breite in der Wasserlinie 46,60 m; Tiefgang 2,14···2,50 m; tiefster Punkt des Propellers unter Kiel 2,74 m; Seitenhöhe bis Einlaufpunkt Rundteil in den Schiffskörper 5,50 m; Seitenhöhe Hauptdeck 6,22 m; Seitenhöhe oberes Deck 9,34 m; Seitenhöhe Promenadendeck 11,67 m. Das Deplacement des Schiffs betrug 3900 bis 4060 t. Die Konstruktion wurde in Stahl ausgeführt. Im Unterwasserkörper war ein äußerer doppelter Ring von wasserdichten Zellen vorhanden, so daß der Schiffskörper in 80 wasserdichte Abteilungen unterteilt war. Die Silhouette des Überwasserschiffs zeigte 3 Schornsteine und 4 Masten. Die Räume im Aufbaudeck standen ausschließlich dem Hofstaat zur Verfügung, das Personal und die Besatzung waren in dem darunter liegenden Deck untergebracht.
Die Maschinenanlage bestand aus 3 Dreifach-Expansionsdampfmaschinen mit insgesamt 7730 kW (10500 PS), deren Leistung jeweils auf eine der 3 vierflügligen Popeller von 4,88 m Durchmesser übertragen wurden. 8 stählerne Kessel versorgten die Anlage mit Dampf. Die Maschinen und Kessel befanden sich im unteren flachen Teil des Schiffsrumpfs. Mit dieser Leistung sollte das Schiff eine Geschwindigkeit von mindestens 14 kn erreichen, die jedoch bei den offi-

Schnittdarstellung der »LIVADIJA«

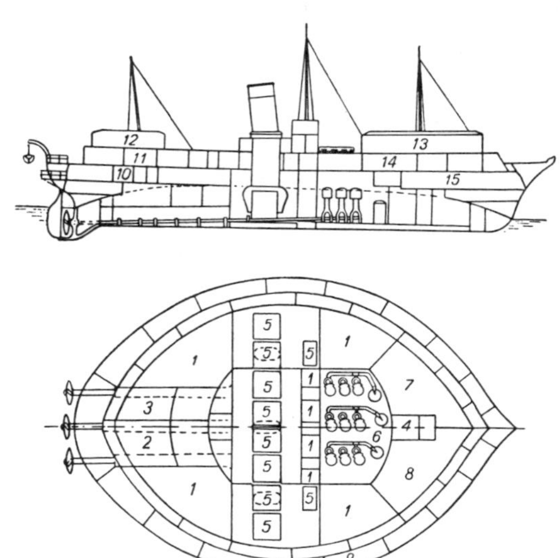

ziellen Probefahrten überboten wurde. Die erste Fahrt fand 1880 von der Clyde nach Brest bei ruhigem Wetter statt. Am 1. Tag der offiziellen Probefahrten wurden bei einer indizierten Leistung von 7500 kW (10200 PSi) während einer Fahrtdauer von 6 Std. 14,8 kn, am zweiten Tag bei 9090 kW (12354 PSi) sogar 15,7 kn erreicht.
Sämtliche Konstruktionen, Berechnungen und Zeichnungen wurden in Rußland unter der Leitung Popows angefertigt, der Bau dieses Schiffs erfolgte jedoch entsprechend den Konstruktionsvorlagen bei der englischen Werft John Elder & Co. in Glasgow unter der Aufsicht des russischen Ingenieurs Guljajew. Die mit großer Spannung erwartete Erprobung bei stürmischer See erfolgte auf der Überführungsfahrt in das Schwarze Meer. Die Biskaya zeigte sich von ihrer härtesten Seite. Trotz größerer Wellen sollen nur relativ kleine Schlingerwinkel von etwa 4° gemessen worden sein. Die mitfahrenden Experten sollen ausdrücklich das bisher noch auf keinem Schiff gleichermaßen günstige Seeverhalten unter derartigen Bedingungen hervorgehoben haben. Allerdings war das Seeschlag-Verhalten (slamming) der »LIVADIJA« in derartiger See sehr ungünstig. Der flache Boden erhielt im vorderen Bereich ständig explosionsartige Schläge, die auch zu entsprechenden Riß- und Beulschäden führten und die Besatzung sehr beanspruchten. Im daraufhin angelaufenen Zwischenhafen Ferrol (Spanien) wurde eine Besichtigung vorgenommen. Danach konnte von den anwesenden Experten bestätigt werden, daß die Schäden die Sicherheit des Schiffs nicht gefährdeten. Die »LIVADIJA« konnte ihre Reise fortsetzen und wurde im Schwarzen Meer als Zarenyacht eingesetzt. Bereits 1883 wurde sie in »OPYT« umbenannt und als Transporter in der Schwarzmeerflotte verwendet, bis sie 1913 als Hulk aufgelegt wurde. Nach der Oktoberrevolution gehörte die »LIVADIJA« zum Schiffsbestand der Schwarzmeerflotte und diente als Werkstattschiff.
Nach 46 Dienstjahren wurde das Schiff erst 1926 abgewrackt. Dieses einmalige Fahrzeug hatte den am Modell erprobten Eigenschaften und der Idee seines Konstrukteurs entsprochen.
Die »LIVADIJA« wurde durch einen tragischen Unfall weltweit bekannt. Ein Matrose berührte beim »Reinschiff« machen eine Lampenfassung und verunglückte dabei tödlich. Es war der erste tödliche Unfall an Bord eines Schiffs durch elektrischen Strom.

Lloydschlepper, *Lloyd-Radschlepper:* Flußschlepper aus der Zeit des Schaufelradantriebs, der zum Erreichen einer möglichst großen Schubkraft sowohl Seitenschaufelräder als auch ein Heckschaufelrad hatte. Derartige Schlepper erzielten mit ihren großen wirksamen Schaufelflächen günstige Wirkungsgrade und waren auch auf Flüssen mit sehr geringem Tiefgang einsetzbar.

LNG-Tanker: Abkürzung für Liquefied Natural Gas; *Tanker* für den Transport verflüssigter Gase bei Kühltemperaturen bis zu −163 °C

Löffelbagger: siehe *Bagger*

Löffelbugschiff: Schiff, insbesondere Yacht, mit ausladendem löffelartig konkav gerundetem Vorsteven im Unterschied zum vertikalen, gerade oder konkav ausfallenden Vorsteven. Durch die löffelähnlich gerundete Form soll das Vorschiff oberhalb der Wasserlinie bei Seegang schon zusätzlichen Auftrieb bei anlaufenden Wellen erzeugen und so das Schiff »auf die Welle schieben« bzw. die Stampfbewegungen dämpfen.

Logger »STEINBUTT«, erbaut 1911 auf der Schiffswerft AG »Neptun«, Rostock

Der 1930 gebaute britische Logger »LYDIA EVA« nach gründlicher Überholung

Logger: aus dem Segellogger zunächst zum Dampflogger und später zum Motorlogger entwickelter Schiffstyp von 30···40 m Länge für verschiedene Verwendungen, hauptsächlich jedoch in der Fischerei siehe auch *Fischereilogger.* Die ersten *Fischdampfer* waren Logger für den Treibnetzfang. Sie stellten neben dem kleineren *Kutter* über ein halbes Jahrhundert einen vielgebauten Schiffstyp und den Kern der Fischereiflotten dar und wurden u. a. in den beiden Weltkriegen in großer Zahl als Marine-Hilfsschiffe im Vorpostendienst und als Minensucher eingesetzt.
Als Traditionsschiff blieb der 1930 in King's Lynn (Brit.) gebaute 143 BRT große Logger »LYDIA EVA« von 31,7 m Länge und 8,07 m Breite erhalten. Einschließlich des kohlegefeuerten Kessels und der Dreifach-Expansionsdampfmaschine wurde das im zweiten Weltkrieg als Minensucher eingesetzte Schiff wieder völlig instand gesetzt und fuhr nach einer Rundfahrt 1978 nach Skandinavien und zum Treffen historischer Schiffe bei den Londoner St. Katharine Docks. In Kooperation mit dem Norfolk Museum kam der Logger als technisches Museum wieder in seinen ehemaligen Heimathafen Great Yarmouth.

Lo/Lo-Schiff: *Frachtschiff* mit vertikalem Ladungsumschlag mit Ladebäumen oder Kranen nach dem Lift on- bzw. Lift in-Beladungsprinzip (engl. herauf- bzw. hereinheben) und der Lift off- bzw. Lift out-Entladung (engl. aus- bzw. herausheben). Die Mehrzahl aller Frachtschiffe entsprechen dem Lo/Lo-Typ im Unterschied zum rollenden (horizontalen) Umschlag des *Ro/Ro-Schiffs* und zur schwimmenden Be- und Entladung des *Float on/Float off-Schiffs.*

»Lord-Nelson«-Klasse: britische Schlachtschiffsklasse des Dreadnought-Typs; siehe *Dreadnought.*

Lo/Ro-Schiff: modernes Mehrzweck-Trockenfrachtschiff, das zu Ende der 70er Jahre entstand und sowohl Ausrüstungen für die vertikale Be- und Entladung nach dem Lift on/Lift off-Prinzip (siehe *Lo/Lo-Schiff*) als auch für den horizontalen rollenden Ladungsumschlag nach dem Roll on/ Roll off-Prinzip (siehe *Ro/Ro-Schiff*) hat.
Das kombinierte Lift on/Lift off-Roll on/Roll off-Schiff sucht die Vorzüge des Containertransportsystems, des Ro/Ro-Systems sowie des

Schwer- und Langguttransports miteinander zu verbinden. Beim Lo/Ro-Schiff sind i. allg. alle Laderäume sowohl über Luken als auch über Rampen, Pforten oder Lifte zugängig. Auf dem partiellen Lo/Ro-Schiff, auch als Con-Ro-Schiff bezeichnet, können demgegenüber nur das obere Deck für Container und die unteren Decks für rollende Ladung genutzt werden, oder es werden die vorderen Laderäume und Decksbereiche für den Containertransport und der hintere Schiffsbereich für rollene Ladung ausgerüstet. Trotz des höheren Ausrüstungsaufwands gegenüber den auf eine Ladungsart spezialisierten Schiffstypen bewähren sich Lo/Ro-Schiffe besonders in Fahrtrelationen mit gemischtem Ladungsaufkommen, für die der parallele Einsatz größerer Container- und Ro/Ro-Schiffe nicht lohnend ist. Ein Typenvertreter ist der in einer größeren Serie im VEB Warnowwerft Warnemünde seit 1982 gebaute Schiffstyp Lo/Ro 18 mit 18020 t DW und 15893 BRT. Das über Alles 172,23 m und zwischen den Loten 161,00 m lange Schiff ist 23,1 m breit und hat 10 m Tiefgang und 13 m Seitenhöhe. Es ist für den Transport von Stück- und Schüttgut, Container, Langgut und sperrige Güter sowie leichte und schwere rollende Fahrzeuge und Trailer geeignet.

Auf dem Zweideckschiff kann über eine dreiteilige Winkel-Heckrampe von 25 m Länge, 5,8 m Fahrbreite und 45 t Tragfähigkeit das zweite Deck mit 2370 m^2 bis zum hinteren Schott des Laderaums 1 als Ro/Ro-Stellfläche für 232 PKW oder 81 LKW oder Trailer mit 89 TEU genutzt werden.

Für den Lo/Lo-Umschlag hat das Schiff 2 Doppelwippdrehkrane mit je 2×12,5 t Tragfähigkeit, 2 Schwingladebäume mit je 25 t und einen Schwergutbaum bis 125 t Tragfähigkeit. Im Lo/Lo-Verfahren können 529 TEU, davon auf Containerstellflächen in den Laderäumen 287 und zusätzlich 42 auf Trailern, geladen werden. Schüttgut wie Kohle und Getreide kann in der Stauung sowie im Zwischendeck und in den Laderäumen 2 bis 4 gefahren werden, wobei im Zwischendeck die geklappten Lukendeckel und die hohen Schächte die Laderäume seitlich begrenzen.

Die Hauptantriebsanlage mit dem Kreuzkopf-Dieselmotor Typ K 5 SZ 70/125B aus dem Dieselmotorenwerk Rostock (MAN-Lizenz) mit 7600 kW gibt dem Schiff 16 kn Dienstgeschwindigkeit.

Lo/Ro 18 der Warnowwerft Warnemünde (Modell)

»LOTHRINGEN«: deutsches Linienschiff. Das Linienschiff wurde in der Zeit von 1902 bis 1906 auf der Schichau-Werft in Danzig gebaut, lief am 27. Mai 1904 von Stapel und wurde am 18. Mai 1906 in Dienst gestellt. Die Baukosten beliefen sich auf 23,301 Mill. Mark.

Das in Längs- und Querspanten aus Stahl gebaute 14394/13208 t große Schiff war über Alles 127,7 m und zwischen den Loten 126,0 m lang, war 22 m an Deck und 25,6 m über die Kasematten breit und hatte einen Tiefgang von 8,10···8,16 m. Die Besatzung bestand aus 35 Offizieren und 708 Mann. Drei Dreizylinder-Dreifachexpansionsmaschinen leisteten zusammen bei Vollast 13332 kW (18114 PSi), mit denen das Schiff über 3 Schrauben angetrieben eine Höchstgeschwindigkeit von 18,7 kn erreichte. 8 Marinekessel und 6 Zylinderkessel mit einem Kesseldruck von 1,45 MPa (13,5 atü) mit insgesamt 38 Feuern versorgten die Maschinen mit Dampf. Der maximale Kohlevorrat belief sich auf 1665 t, wobei mit 10 kn 6500 Seemeilen zurückgelegt werden konnten. Ab Winter 1915 kam eine Ölzusatzfeuerung und eine gemischte Kohle-Öl-feuerung zum Einsatz. Die Bewaffnung bestand aus 4×28-cm-Schnellfeuerkanonen in 2 Türmen, 14×17-cm- und 18×8,8-cm-Schnellfeuerkanonen sowie 4 Maschinenkanonen; die Geschoßmasse einer Breitseite betrug 1690 kg. Die Torpedobewaffnung bestand aus 6 Unterwasserrohren des Kalibers 45 cm mit 16 Torpedos, davon jeweils ein Rohr in Bug und Heck sowie je Bordseite 2 Rohre. Sowohl in Bug- als auch in Heckrichtung konnten 2×28-cm-, 4×17-cm-Geschütze und ein Torpedorohr feuern.

Ab 1917 waren nur noch 10×17-cm-Schnellfeuerkanonen an Bord, und 1918 wurde das Schiff vollständig desarmiert. Die Panzerung bestand aus Krupp-Stahl und hatte die Dicken: an Deck 4 cm, am Kommandoturm 5···30 cm, in der Wasserlinie 22,5 cm auf Teakholz, an den Kasematten 15 cm, an der Zitadelle 14 cm, an den Türmen der schweren Artillerie 5···25 cm, den Türmen der mittleren Artillerie 15 cm und an den Schilden 7 cm. Zum Schutz gegen Torpedo- und Artillerietreffer war das Schiff mit Korkdämmen ausgerüstet.

Nach dem aktiven Dienst wurde die »LOTHRINGEN« 1916 als Sund-Wachtschiff eingesetzt und diente ab 1917 bis Kriegsende als Exerzier- und Maschinen-Schulschiff in Wilhelmshaven. Nach der Übernahme in die Reichsmarine wurde das Schiff 1919 zum Mutterschiff für F-Boote (flachgehende Minenräumboote) umgebaut, kam aber von 1922 bis 1926 nochmals zur Flotte. Am

S. M. Linienschiff »LOTHRINGEN« um 1906

31. März 1931 wurde es aus der Flottenliste gestrichen und in Wilhelmshaven abgebrochen. Der Schiffskörper wurde ohne Panzer für 269 650 Mark verkauft.

Lotsenboot, *Lotsenversetzboot:* kleineres navigatorisches Hilfsfahrzeug, um Lotsen für das Befahren beengter Fahrwasserstraßen, wie Hafeneinfahrten oder Kanäle, zur Unterstützung der Schiffsführung über kurze Fahrstrecken an und von Bord zu bringen, d. h. zu »versetzen«. Das Lotsenboot ist entweder an landfesten oder schwimmenden Lotsenstationen stationiert und muß entsprechend den örtlichen Gegebenheiten jederzeit fahrtüchtig sein. Es wird i. allg. durch einen besonderen Anstrich und eine Bezeichnung, wie »Lotse« oder »Pilot«, gut kenntlich gemacht und führt nachts ein rundum scheinendes Topplicht; siehe auch *Lotsenversetzschiff.*

Lotsenversetzschiff, *Lotsenversetzdampfer, Lotsendampfer:* seetüchtige schwimmende Lotsenstation. Als Vorgängertyp kann der Lotsenschoner angesehen werden, der bereits mehrere Lotsen an Bord hatte und den einlaufenden Schiffen entgegenfuhr, um mit kleineren *Lotsenbooten* die Lotsen überzusetzen. Entsprechend dem Schiffsverkehr und den Fahrverhältnissen kann ein modernes Lotsenversetzschiff bis zu 40 Lotsen an Bord haben. Es ist mit zuverlässigen Funk- und Radaranlagen sowie den erforderlichen Lotsenbooten ausgerüstet und liegt auf einer günstigen Position, so daß die Lotsen schnell mit den Lotsenbooten an Bord und von Bord gehen können. Bei schlechtem Wetter und Seegang ist die Übernahme des Lotsen immer noch nicht ungefährlich und auch zeitaufwendig, so daß nach anderen navigatorischen Hilfsmitteln (Magnet-Leitkabel, Laser, Peilstrecken u. a.) gesucht wird, um die Schiffsführung in schwierigen Revieren sicherer zu machen.
Eine neuzeitliche Versetzmöglichkeit von Lotsen wurde durch Hubschrauber möglich. Seit 1968 wurden im Zufahrtsbereich der großen Nordseehäfen Versuche unternommen, um Lotsen mit Hubschraubern auf großen einlaufenden Schiffen abzusetzen und von auslaufenden Großschiffen abzuholen. Die ersten Versetzungen von Elblotsen aus der Luft waren am 7. April 1976 für die Tanker »ESSO MILANO« und »UNION« beim Weser-Feuerschiff.

LPG-Tanker: Abkürzung für Liquefied Petroleum Gas, *Tanker* für bei etwa −50 °C verflüssigte Petroleumgase.

LS-Boot: leichtes Schnellboot, siehe *Schnellboot.*

LTS-Boot: leichtes Torpedo-Schnellboot, siehe *Schnellboot.*

»LÜBECK«: Kleiner Kreuzer, erster deutscher Turbinenkreuzer. Der Kleine Kreuzer wurde am 12. Mai 1903 auf der AG »Vulcan« in Stettin auf Kiel gelegt, lief am 26. März 1904 von Stapel und wurde als erster Turbinenkreuzer der Kaiserlichen Marine am 26. April 1905 in Dienst gestellt. Die Baukosten betrugen 5,436 Mill. Reichsmark.

Kleiner Kreuzer »LÜBECK«, 1905 erster deutscher Turbinenkreuzer

Die Backbordpropellerwellen mit je 2 Tandempropellern und das Ruder des Turbinenkreuzers »LÜBECK«

Der 3278/3816 t große Kreuzer war mit Quer- und Längsspanten aus Stahl gebaut, über Alles 111,1 m und zwischen den Loten 110,6 m lang, 13,3 m breit und hatte 5,61 m Tiefgang. Die Besatzungsstärke lag bei 303 Mann. Die Antriebsanlage bestand aus 2 Parsons-Turbinensätzen, hergestellt bei der Firma Brown, Boverie & Cie. Die Maximalleistung lag bei 10 600 kW (14 403 PSw). Der Kleine Kreuzer erreichte damit die Höchstgeschwindigkeit von 23,1 kn. Während der Erprobungen wurden zeitweilig auf 4 Wellen 8 vierflüglige Schrauben von 1,1 m Durchmesser gefahren. Den Dampf von 1,6 MPa (15 atü) erzeugten 10 Marinekessel mit insgesamt 20 Feuern. Mit einem maximalen Vorrat an Kohle von 860 t konnte bei 12 kn eine Strecke von 3800 Seemeilen gefahren werden.
Die Bewaffnung bestand aus 10×10,5-cm-Schnellfeuerkanonen, wobei zeitweise auch 2×15-cm-Geschütze zum Einsatz kamen. Die Torpedoausrüstung bestand aus 2 Decksrohren des Kalibers 50 cm mit 4 Torpedos. Außerdem konnten noch 50 Minen an Bord genommen werden. Die Panzerung war aus 2 Lagen Stahlplatten und einer Lage Krupp-Panzerplatten an Deck 2···8 cm, an den Süllen 10 cm, am Kommandoturm 2···10 cm und an den Schutzschilden der Geschütze 5 cm. Zum Schutz gegen Torpedos und tiefliegende Artillerietreffer hatte der Kreuzer Korkdämme.
Nach dem Flottendienst wurde die »LÜBECK« 1914 im Küstenschutz eingesetzt und diente ab 1917 einer U-Bootschule als Zielschiff. Am 5. November 1919 wurde sie aus der Flottenliste gestrichen und am 3. September 1920 als Kriegsbeute Großbritannien zugesprochen, jedoch 1922/23 in Deutschland abgewrackt.

Luftabwehr-Kreuzer, *Flak-Kreuzer:* spezielle *Kreuzer* zur Luftabwehr gab es als schwimmende Flak-Batterien im zweiten Weltkrieg in der deutschen Kriegsmarine. So wurden 1942 die *Kleinen Kreuzer* »MEDUSA« und »ARCONA« (Baujahr 1900 bis 1903) zu schwimmenden Flak-Batterien umgebaut und erhielten 5×10,5-cm-, 2×3,7-cm- und 4×2-cm-Flakgeschütze. Sie sollten den Kriegshafen Wilhelmshaven vor Luftangriffen sichern. Einige Beuteschiffe wurden ebenfalls mit einer starken Flakbewaffnung versehen und zur Sicherung von Geleitzügen in der Nord- und Ostsee eingesetzt. Der erbeutete niederländische Kreuzer »GELDERLAND« (Baujahr 1898) operierte u. a. 1944 als Flakschiff »NIOBE« in den finnischen Gewässern, er sank am 16. Juli 1944.

Luftkissenschiff: auf einem Druckluftpolster bzw. »Luftkissen« gleitendes Wasserfahrzeug, siehe auch *Aircraft-boat.* Die Idee der Verwendung eines Luftpolsters oder Luftkissens wurde bereits 1716 von dem schwedischen Wissenschaftler EMANUEL SWEDENBORG erörtert. Auf das Jahr 1853 wird ein Modell eines »Dreikiel-Luftschwimmers« des russischen Kollegiumsassessors IWANOW datiert. In einem Brief vom 23. November 1875 wies WILLIAM FROUDE, der berühmte Pionier des Schiffsmodell-Versuchswesens, bereits auf die Möglichkeit hin, das Luftkissenprinzip speziell für die russischen »*Popowka*« anzuwenden. 1883 erhielt der bekannte schwedische Erfinder CARL GUSTAF de LAVAL ein Patent auf eine Vorrichtung, mit der Preßluft unter den Schiffsboden geleitet werden sollte.

Es bedurfte jedoch erst leistungsstarker und leichter Aggregate zur Luftverdichtung, um praktische Resultate zu erreichen. So versuchte der Engländer R. PORTER von 1906 bis 1915 Luftkissenfahrzeuge zu entwickeln und zu erproben, und 1916 experimentierte der österreichische Ingenieur und Linienschiffsleutnant Dagobert Müller von Thomamühl mit einem Torpedoboot als »Hydrokielboot« mit starren getauchten Seitenflächen, zwischen denen sich ein Luftpolster bildete. Um 1927 formulierte K. E. ZIOLKOWSKI das Bewegungsprinzip auf einem Lufkissen und der Aerodynamiker W. I. LEWKOW entwickelte von 1927 bis 1935 das Prinzip und ein Versuchsboot.

Zu dieser Zeit, etwa 1935, erprobte der finnische Ingenieur KAARIO ein spezielles Luftkissenfahrzeug nach dem Stauflügelprinzip, bei dem das Luftpolster durch den aerodynamischen Staudruck erzeugt wurde.

Von verschiedenen Erfindern, u. a. vom englischen Elektro-Ingenieur CHRISTOPHER S. COCKERELL, wurden zwischen 1950 und 1953 Randstrahldüsen und zusätzliche »Schürzen« zur Abströmbegrenzung vorgeschlagen. Darauf aufbauend entstand u. a. das britische Aircraftboat SRN 1, das als erstes Fahrzeug dieser Art den Kanal am 26. Juni 1959 überquerte.

Die Bestrebungen nach größeren Luftkissenschiffen führten mit der »MOUNTBATTAN« vom Typ SRN 6 zum seinerzeit größten Luftkissenschiff der Welt. Das 40 m lange Luftkissenschiff begann am 4. Februar 1968 seine Probefahrten und erreichte noch bei 2 m hohen Wellen 70 kn Geschwindigkeit. Es konnte 254 Passagiere und 30 PKW zwischen Dover und Boulogne befördern. Der um 1977 in Betrieb genommene französische Typ »NAVIPLANE N 500« war 50 m lang, 23 m breit und 17 m hoch. Bei einer Gesamtmasse von 250 t betrug die Nutzladung 85 t, ausreichend für 400 Passagiere mit Gepäck und 45 PKW. Die Randdüsen, das Luftpolster und der Antrieb erforderten 5 Gasturbinen von je 2350 kW (3200 PS) für eine maximale Glattwassergeschwindigkeit von 70 kn, und bei 2,5 m hohen Wellen wurden 53 kn erreicht. Zwei Turbinen erzeugten über die Auftriebsdüsen das Luftpolster und 3 Turbinen dienten über verstellbare Luftschrauben von je 6,4 m Durchmesser dem Vortrieb.

Zu dieser Zeit waren in der Kanalfahrt zwischen Frankreich und Britannien 5 große Luftkissenschiffe und 15 Fahrgast/Fährschiffe beschäftigt. Die Luftkissenschiffe übernahmen bereits pro Jahr um 30 % des dortigen Fahrgastverkehrs.

Die bei der British Hovercraft Corporation Ltd. in Cowes/Insel Wight gebauten Fahrzeuge sind derzeit die größten Luftkissenschiffe der Welt. Die 54,4 m langen Schiffe befördern 416 Passagiere sowie 55 PKW und erreichen eine Geschwindigkeit von 150 km/h. Luftkissenschiffe gibt es derzeit in 100 unterschiedlichen Versionen in über 20 Ländern im Passagierverkehr, in der Marine, als Feuerlösch- und Arbeitsboote, Polizeiboote sowie im Postverkehr und im Krankentransport in unwegsamen Gebieten.

Landungs-Luftkissenschiff der UdSSR

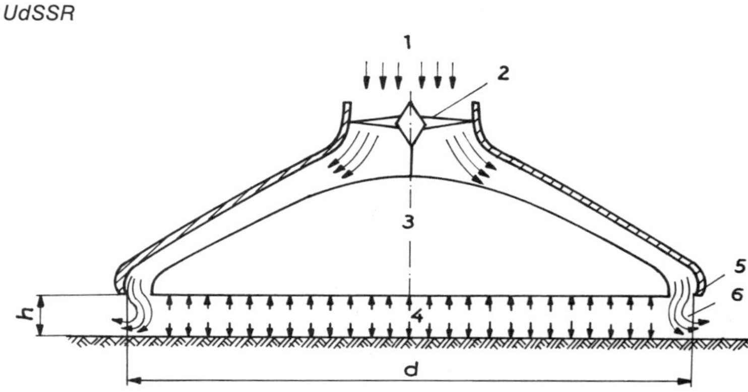

Prinzip des Bodeneffekts beim Luftkissenschiff
1 Lufteintritt
2 Gebläse
3 Schwimmtank
4 Luftkissen
5 Luftaustritt
6 Luftvorhang

Luftschraubenboot: Wasserfahrzeug, dessen Schraubenpropeller den für die Fortbewegung benötigten Schub nicht durch Strahlimpuls im Wasser, sondern in der Luft erzeugt. Wegen des schlechten Wirkungsgrads kommt der Luftschraubenantrieb nur bei Fahrzeugen zur Anwendung, bei denen die Anordnung des Propellers unterhalb der Wasserlinie nicht möglich ist, wie bei eisgehenden Booten, zur Überquerung von Sümpfen oder stark bewachsenen Gewässern sowie bei Gleitbooten oder Aircraft- bzw. Luftkissenfahrzeugen.

»LUISE HORN«: deutscher Tramp-Frachtdampfer um die Jahrhundertwende. Die 1326 BRT und 828 NRT große »LUISE HORN« war ein Frachtschiff der Reederei H. C. Horn aus Schleswig/Lübeck (Schornsteinmarke »H«). Diese um die Jahrhundertwende gebauten Schiffe vom »Dreiinseltyp« (Back-Aufbauten-Poop), waren typische Tramp-Frachtdampfer für den Nord-Ostseeverkehr. Sie hatten 3 Laderäume mit 3 Luken und ein Ladegeschirr mit einer Tragfähigkeit bis maximal 3 t. Die Schiffe waren ohne Steuerhaus, sie fuhren noch mit »offener« Brücke. Diese Bauweise war bei den sog. »Ostseefahrern« noch bis in die 30er Jahre anzutreffen und sollte die Schiffsführung zu hoher Achtsamkeit veranlassen. Die Dampfmaschine leistete um 660 kW (900 PS), womit das Einschraubenschiff 8,5 kn fuhr. Vorn am Mast wurde noch ein Stützsegel gefahren.

»LUSITANIA«: Vierschrauben-Schnelldampfer der britischen Cunard-Line, der 1907 das »Blaue Band« vom vorherigen Inhaber, dem deutschen Schnelldampfer *»KAISER WILHELM II«*, durch die Atlantiküberfahrt von Queenstown nach New York mit 23,99 kn übernahm. Das mit 31 550 BRT vermessene Schiff war 240,0 m lang, 26,8 m breit und hatte eine Seitenhöhe von 18,3 m. Die Besatzung bestand aus 702 Mann. Die Dreifach-Expansionsmaschinen leisteten zusammen 50000 kW (68000 PS). Auch nach dem Kriegsausbruch wurden 1914 die monatlichen Überfahrten mit dem Schiff auf dieser Route nach Fahrplan trotz wachsender U-Boot-Gefahr nicht unterbrochen. Das Schiff brachte Passagiere und Kriegsmaterial nach Britannien.

Während einer Überfahrt von New York nach Liverpool mit annähernd 2000 Menschen an Bord, darunter 1257 Passagiere, wurde die »LUSITANIA« am 7. Mai 1915 um 15.10 Uhr vor der irischen Südküste von einem Torpedo des deutschen U-Boots »U 20« unter Führung von Kapitänleutnant Schwieger auf der Steuerbordseite schwer getroffen und sank in 20 Minuten. 1198 Personen, darunter 270 Frauen und 94 Kinder, verloren dabei ihr Leben. Unter den Opfern befanden sich auch 128 US-Bürger. Die LUSITANIA-Tragödie wurde zu einem Vorfall von höchster politischer Brisanz. Die öffentliche Meinung in den neutralen Staaten und vornehmlich in den USA nahm durch die Versenkung der »LUSITANIA« schlagartig eine anti-deutsche Haltung an. Es kam jedoch nicht zur sofortigen Kriegserklärung, sondern Präsident Wilson griff vorerst nur diplomatisch in den Seekrieg ein. Deutschland, das einen Konflikt mit den USA zu vermeiden hoffte, erfüllte vorerst die amerikanischen Forderungen und gab den seit dem 18. Februar 1915 in dieser Form geführten U-Boot-Krieg vorerst wieder auf. Erst nach dem Kriegseintritt der USA am 6. April 1917 befahl die Seekriegsleitung erneut den uneingeschränkten und somit rücksichtslosen U-Boot-Krieg.

Die von dem Eigner des LUSITANIA-Wracks, John Light, und der britischen Fernsehgesellschaft BBC im Sommer 1982 unternommenen Taucheinsätze dienten einer genauen Inspektion des Wracks. Die britischen Konstrukteure Barousom und Humphry hatten hierzu aus einer Aluminium-Magnesium Legierung Tiefseetauchanzüge entwickelt und diese in 700 m Tiefe getestet. Es sollen drei der vier bronzenen Schiffsschrauben, zwei über 20 t schwere Anker, ein Maschinentelegraph, Schiffsuhren und andere Ausrüstungen geborgen worden sein.

Luxusschiff, *Luxusyacht:* übermäßig ausgestattetes, meistens privates Fahrzeug für Luxusreisen und zur Repräsentation.

M

Magazinschiff: siehe *Kaufhausschiff*

Maierform-Schiff: von 1930 bis 1950 häufig gebautes Seeschiff mit einer vom Wiener Schiffbauingenieur Fritz Franz Maier schon 1902/05 in Modellversuchen getesteten Schiffskörperform, bei der durch über die Wasserlinie ausladene scharfe Vor- und Hinterschiffe mit V-förmigen Spantquerschnitten und kürzeren unteren Wasserlinien die wasserbenetzte Oberfläche vermindert, die Schiffsumströmung verbessert und der Widerstandszuwachs bei Seegang vermindert wurde.

Als erste Maierformschiffe wurden jedoch erst

Die »LUSITANIA«, Schwesterschiff der »MAURITANIA«, läuft aus

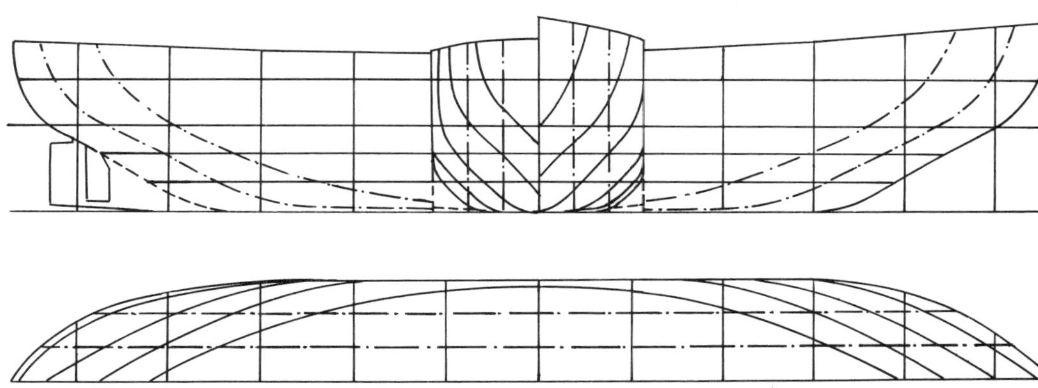

Die ursprüngliche Maierform mit V-förmigen Vor- und Hinterschiffsspanten, schrägem Vorsteven und großer Kimmschräge

Frachtdampfer »MALMÖ«, Baujahr 1919

1928 drei Fischdampfer gebaut, nachdem durch den Schiffbauingenieur Hans Karl Kloß von 1924 bis 1927 weitere Versuche zur praktischen Einführung durchgeführt und F. F. Maiers Sohn, Erich Maier, 1927 das Schiffsentwurfsbüro »Maierform GmbH« gegründet hatte. Nach den Entwürfen dieses in Bremen, Genf und Triest tätigen Büros wurden mehr als 6000 Schiffe gebaut, wobei die neueren Formen gegenüber dem ursprünglichen Patent von F. F. Maier hinsichtlich der Stevenkonturen und der Spantflächenverteilung systematisch weiter verbessert wurden. Mit der allgemeinen Einführung der Bug- und Heckwulste zu Beginn der zweiten Hälfte des 20. Jh. verlor die ursprüngliche Maierform an Bedeutung.

»MALMÖ«: kleiner deutscher Frachtdampfer mit Mittschiffs-Maschinenraum sowie Deckshaus und offener Brücke. Der Frachtdampfer wurde unter der Baunummer 500 auf der Werft H. C. Stülcken Sohn für die Bismarck-Linie GmbH in Hamburg gebaut und lief im April 1918 von Stapel. Als Dampfer »MALMÖ« der Oldenburg-Portugiesischen Dampfschiffsreederei konnte er im November 1919 mit 981 BRT und 468 NRT, 66,19 m Länge, 9,89 m Breite und 3,88 m Tiefgang in Dienst gestellt werden. Die ebenfalls von der Werft gebaute Dreifach-Expansionsmaschine leistete 589 kW (800 PSi) und gab dem Schiff eine Geschwindigkeit von 10 kn. Zwei Kessel mit einem Dampfdruck von 1,4 MPa (13 atü) erzeugten den Dampf.

Der Turbinentanker »MANHATTAN« 1962 in Fahrt

Frachter »MARIE GARTZ« für die Nord- und Ostseefahrt, Baujahr 1901

Mammuttanker: siehe *Supertanker, Tanker, ULCC, VLCC*

»MANHATTAN«: Doppelschrauben-Turbinentanker der USA, der zum ersten eisbrechenden Tanker für die Nord-West-Passage nach Alaska umgebaut wurde. Der am 5. Oktober 1959 im Trockendock der Bethlehem Steel Co. in Quincy (Massachusetts) auf Kiel gelegte Tanker war das größte in den USA je gebaute Handelsschiff. Vom 2. bis 5. Januar 1962 machte er seine Probefahrt. Die Baukosten des durch 45 Ladetanks unterteilten Tankers von 106568 t DW erreichten über 28 Mill. Dollar. Bei einer Länge über Alles von 286,64 m und zwischen den Loten 271,88 m betrugen die Breite 40,23 m, die Seitenhöhe 20,57 m und der Tiefgang 15,05 m. Das Schiff fuhr mit 2 Satz zweistufigen Getriebeturbinen mit insgesamt 31650 kW (43000 PS Wellenleistung) bei 115 U/min der beiden fünfflügligen Propeller von 6,71 m Durchmesser etwa 18 kn.
Der Umbau zum eisbrechenden Tanker wurde 1969 vorgenommen. Den Anlaß zu diesem Unternehmen gaben die fündig gewordenen Ölbohrungen in der Prudhoe-Bucht und am Sag-River, von denen seit März 1968 eine Bohrung pro Tag 365 t Öl lieferte, das 164fache einer Durchschnittsbohrung im Golf von Mexico. Geologen schätzten die entdeckten Ölvorkommen im Norden Alaskas um das Gebiet des North Slope auf etwa 4 bis 5 Mrd. Tonnen. Die Möglichkeit des Abtransports mit Tankschiffen durch die Nordwest-Passage sollte untersucht werden. Auftraggeber für dieses Projekt war die Humble Oil and Refining Company, eine Schwestergesellschaft der Esso AG. Als ein für den Umbau zur Eisfahrt geeignetes Schiff entschied man sich für den seinerzeit größten Tanker der USA, die »MANHATTAN«. Das Schiff erhielt einen Eisbrecherbug, Verstärkungen der Außenhaut, Eisschutzschilde für Ruder und Schrauben für die Eisfahrt. Es wurde um 20 m auf 306,5 m verlängert und um 4 m auf 44,40 m verbreitert. Bei den Umbauten kamen 9000 t Stahl zusätzlich in das Schiff. Zur Besatzung gehörten ein Projektleiter, 3 Kapitäne sowie 55 Offiziere, Unteroffiziere und Mannschaften. Mit 72 Wissenschaftlern, Technikern, Hubschrauberpiloten, Beobachtern, Journalisten und Fernsehleuten an Bord trat die »MANHATTAN« am 24. August 1969 ihre Reise von Philadelphia aus an und fuhr nordwärts. Im Eis wurde es von 2 Eisbrechern begleitet. Am 11. September traf die »MANHATTAN« im schwierigsten Teil der Nordwest-Passage ein, der Mac-Clure Straße. Die Durchfahrt sollte erzwungen werden, doch der Tanker mußte nach Süden ausweichen und wie die »LABRADOR« 1954 durch die Prince of Wales-Straße fahren. Am 20. September wurde das Reiseziel vor Point Barrow erreicht. Auf der Rückfahrt lief das Schiff mehrmals in starkem Packeis fest und konnte sich nur mit Hilfe der begleitenden Eisbrecher »JOHN MAC DONALD« und »LOUIS ST. LAURENT« befreien. Am 13. November 1969 machte die »MANHATTAN« wieder in New York fest.

»MARIE GARTZ«: kleiner Frachtdampfer für die Nord- und Ostseefahrt um die Jahrhundertwende. Das 1901 auf der Werft »Schömer und Jensen« in Tönning (Schleswig) aus Stahl gebaute Schiff zeigt das für diese Zeit bei kleinen Frachtern typische niedrige Mittschiffs über der Maschine liegende Deckshaus mit der darauf befindlichen offenen Brücke. Es war mit 565 NRT vermessen und fuhr ab 1911 für den Rostocker Reeder F. W. Fischer.

Marinefährprahm, *MFP:* flachbodiger, pontonartiger Transportprahm der Kriegsmarine im zweiten Weltkrieg. Er wurde für Transport-, Geleit- und Sicherungsaufgaben auf allen europäischen Seekriegsschauplätzen eingesetzt und diente in einigen Variationen auch als Tanker, Verwundetentransporter, Sperrbrecher und Minenleger. Der Marinefährprahm war ursprünglich nur als Landungsfahrzeug konzipiert und gebaut worden. Als größere Landungsunternehmen nicht stattfanden, wurden sie auch für die weiter genannten Aufgaben eingesetzt. Eine Bugklapprampe gestattete das Be- und Entladen an flachen Stränden. Das Deplacement lag bei 200 ··· 240 t, die Zuladung bei 140 t und die Geschwindigkeit bei 10,5 kn. Zur Standardbewaffnung gehörten ein 7,5-cm-Geschütz und eine 2-cm-Flak.
Eine spezielle Variante war der Artillerieprahm (AFP) für den Einsatz als Geleit- und Sicherungsfahrzeug. Das Deplacement lag zwischen 300 und 380 t. Die Bewaffnung bestand aus 2×8,8-cm-Geschützen, einer 3,7-cm-Kanone,

2×2-cm-Vierlingsflak und einem 15-mm-Flak-MG. Der Steuerstand sowie einige Geschützstände hatten einen 100 mm starken Splitterschutz aus Beton, während die Wasserlinie durch 20 mm starke Stahlplatten geschützt war. Zur Besatzung gehörten etwa 65 Mann. Mit einer Antriebsleistung von 287 kW und 3 Schrauben fuhren Artilleriefährprahme 8···10 kn. Der überwiegende Teil aller Fahrzeuge wurde bei Kampfhandlungen versenkt, andere wurden nach 1945 als Arbeitspontons genutzt oder verschrottet.

Marinekutter, *Marine-Fischkutter, Kriegsfischkutter:* ein für den küstennahen Einsatz besonders in der deutschen Kriegsmarine modifizierter *Kutter* bzw. *Fischkutter*. Um im Krieg den Bedarf an Frischfisch für die Bevölkerung zumindest teilweise zu sichern, drängte die deutsche Marineführung vor dem zweiten Weltkrieg auf den Bau von Holzkuttern, die einerseits zum Fischfang geeignet waren, aber auch innerhalb kürzester Frist für den Marinedienst umgerüstet und als Wachfahrzeug (Hafenwachboote, Sicherungsboote) eingesetzt werden sollten.
Schon 1936/37 wurden deshalb im Auftrag der »Reichsanstalt für Fischerei« bei der »Maierform AG« in Bremen unter der Leitung von Dr. Walter Brühl Projekte für 7 Kuttertypen (Typ A-G) ausgearbeitet, von denen sich der Kuttertyp »G« mit einer Länge von 22···24 m besonders eignete. Er wurde danach in größeren Stückzahlen gebaut und bei Kriegsausbruch sofort von der Kriegsmarine übernommen. Zwischen 1940 und 1945 wurden auf verschiedenen deutschen Werften, in den okkupierten Gebieten und im Ausland etwa 600 solcher Kutter fertiggestellt, die als Kriegsfischkutter (KFK) bekannt wurden. Sie waren über Alles 24 m und zwischen den Loten 20,57 m lang, 6,25 m breit und hatten bei einer Seitenhöhe von 3,00 m einen mittleren Tiefgang von 2,11 m. Das Deplacement betrug 119 t. Als Antrieb diente ein Dieselmotor mit einer Leistung von 127,7 kW. Die Standardbewaffnung bestand aus einem 3,7-cm-Geschütz und bis zu vier 2-cm-Flakgeschützen. Ein Teil dieser Kutter waren noch bis weit nach 1945 in modernisierter Form in der Ost- und Nordsee beim Fischfang anzutreffen.

Mariner-Schiffstyp: schneller *Standard-Schiffstyp* der USA, der in größerer Anzahl für die selbständige Fahrt außerhalb von Konvois als Nachfolgetyp der C_3-Klasse im zweiten Weltkrieg gebaut wurde, siehe auch *Liberty-Schiffstyp*. Das als Shelterdecker ausgelegte Einschraubenschiff hatte 13400 t Tragfähigkeit, eine Hochdruck- und Niederdruckturbine mit insgesamt 12880 kW (17500 PS) Leistung und fuhr 18 kn. Der Tageskohleverbrauch lag bei durchschnittlich 65 t.

Deutsches Artillerie-Schulschiff »MARS« (1879 bis 1921)

»MARSCHALL BUDJONNY«, kombinierter 105000-t-DW-Öl/Schüttgut/Erzfrachter

»MARS«: deutsches Artillerieschulschiff. Das um 3350 t große Schiff lief am 15. November 1879 auf der Kaiserlichen Werft in Wilhelmshaven von Stapel. Es war über Alles 81 m und zwischen den Loten 80 m lang, 15 m breit und hatte einen Leichttiefgang von 5,30 m und ging voll gebunkert maximal 5,92 m tief. Die Besatzung bzw. Belegungszahl belief sich auf 350···463 Mann. Zwei Maschinen mit einer Gesamtleistung von 1472 kW (2000 PSi) gaben dem Schiff eine Geschwindigkeit von 11 kn. Mit einem maximalen Kohlevorrat von 300 t konnten bei 10 kn 1100 Seemeilen und bei 7 kn 1780 Seemeilen gefahren werden. Als Artillerieschulschiff besaß das Schiff eine ständig wechselnde Bewaffnung, so u. a. 26 Geschütze bzw. 24 Geschütze verschiedenen Kalibers und 12 leichte Geschütze. Als eine Standardbewaffnung waren 2×10,5-cm-, 10×8,8-cm- und 12×5,2-cm-Geschütze an Bord. Das Schiff diente bis 1914 als Schulschiff, war dann Wohnhulk und wurde 1921 abgewrackt.

»MARSCHALL BUDJONNY«: kombinierter Großfrachter der UdSSR für Öl, Schüttgüter und Erze. Die »MARSCHALL BUDJONNY« wurde 1975 als Typschiff einer Serie von 4 gleichgroßen OBO-Transportern (Oil-Bulk-Ore) in Dienst gestellt, die auf der Werft »Pariser Kommune« in Gdynia von 1974 bis 1977 für die Sowjetunion gebaut wurden. Der den Namen des »roten Reitergenerals« tragende 105000-t DW-Frachter war sowohl für Polens Schiffbau als auch für die sowjetische Handelsflotte das erste Schiff mit einer Tragfähigkeit von über 100000 t. Das Schiff ist über Alles 245,0 m lang, 38,7 m breit, geht bei 105000 t DW 16,0 m tief und hat eine Höhe bis Oberdeck von 22,0 m. Die Besatzung besteht aus 50 Mann.
Als Hauptantrieb dient ein Dieselmotor mit einer Leistung von 17075 kW (23200 PS), mit dem das Schiff eine Dienstgeschwindigkeit von 16 kn

Die »MAURETANIA« im Dock, Heckansicht

Die »TURBINIA« neben der »MAURETANIA«, beide machten Geschichte in der Entwicklung des Turbinenschiffs

erreicht. Der Aktionsradius wird mit 20000 bis 25000 Seemeilen angegeben. Die 9 Laderäume haben ein Frachtraumvolumen von 107600 m^3. Die Ballast-Tanks können 39000 m^3 Wasser aufnehmen. Beim Einsatz als Tanker gewährleistet das Pumpensystem eine stündliche Lade- und Löschleistung von 4000 m^3. In Häfen, die dem Frachter nicht den vollen Tiefgang ermöglichen, kann das Schiff bei 14,5 m Tiefgang noch 92000 t laden.

Massengut-Frachtschiff: siehe *Bulker*

Maßkahn: siehe *Motorgüterschiff*

»MAURETANIA«: berühmtes britisches Turbinen-Passagierschiff. Auf dem Nordatlantik hatte der Kampf um das »Blaue Band« einen neuen Höhepunkt zwischen den führenden Reedereien erreicht, als die Cunard Steam Ship Company 1906 auf der Werft von Swan, Hunter and Wigham Richardson Ltd. in Wallsend upon Tyne die 31550 BRT große »MAURETANIA« auf Kiel legen ließ. Die »MAURIE«, wie sie von den Briten liebevoll genannt wurde, sorgte dann auch bald für Schlagzeilen. Das Schiff war 232,00 m lang, 26,80 m breit und hatte bei einer Seitenhöhe von 18,40 m einen Tiefgang von 10,20 m. Mit einer Besatzung von 812 Mann bot es 2165 Passagieren und später sogar 2335 Passagieren Platz. 4 Turbinensätze mit einer Leistung von insgesamt 50048 kW bis max. 52200 kW (68000 PS bis 70925 PS) trieben die 4 Schrauben an. Die Jungfernfahrt war am 16. November 1907.
Als das Schiff am 22. November 1907 erstmals in New York festmachte, hatte es mit einer Geschwindigkeit von 23,61 kn bereits auf der ersten Fahrt das »Blaue Band« errungen, das es 22 Jahre lang behalten sollte. 1909 erreichte es nach Erhöhung des Kesseldrucks sogar die Geschwindigkeit von 25,88 kn.
Die »MAURETANIA« besaß noch einen direkten Turbinen-Propellerantrieb mit gleicher Drehzahl, da Untersetzungsgetriebe dieser Größe seinerzeit noch nicht gefertigt werden konnten. Die maximale Turbinenleistung konnte mit den ersten Propellern noch nicht voll genutzt werden. Man rüstete daher das Schiff mit veränderten Propellern aus und stellte außerdem die Kesselfeuerung auf Ölfeuerung um. Nach diesen Veränderungen erreichte die »MAURETANIA« dann 1929 ihre Höchstgeschwindigkeit von 27,22 kn. Außer Dienst gestellt wurde dieses bewährte und fast legendäre große Schiff erst im Oktober 1931.

»MECKLENBURG«: deutsches Eisenbahnfährschiff. Als im Jahr 1886 die durchgehende Bahnverbindung zwischen Berlin und Warnemünde hergestellt war, bestand auch in Dänemark eine Bahnverbindung zwischen Kopenhagen und Gedser. Für den Transport von Eisenbahnwagen auf dem Wasserwege fehlten aber noch wesentliche Voraussetzungen. Zunächst begann ab 26. Juni 1886 ein herkömmlicher Postdampferverkehr. Schließlich kam am 9. Dezember 1900 eine Vereinbarung zustande, eine Trajektroute einzurichten und die Fährschiffe und die Fähranlagen zu bauen. Am 30. September 1903 fanden dann die Eröffnungsfeierlichkeiten statt. Die Reisezeit zwischen Berlin und Kopenhagen ver-

Die »MECKLENBURG« im Originalzustand 1903 in Fahrt

Die »MECKLENBURG« nach dem Umbau 1930

kürzte sich gegenüber der Postraddampferlinie von 12 auf 10 Stunden.
Als oberstes Organ der »Mecklenburgischen Friedrich-Franz-Eisenbahn« hatte die »Großherzoglich Mecklenburgische General-Eisenbahndirektion« in Schwerin zu diesem Zweck bei der Werft von F. Schichau in Elbing die Eisenbahnfähren »FRIEDRICH FRANZ IV« und »MECKLENBURG« in Auftrag gegeben.
Die »MECKLENBURG« lief am 4. April 1903 von Stapel und wurde zu den Eröffnungsfeierlichkeiten in Dienst gestellt. Die Baukosten beliefen sich auf 0,9 Mill. Mark. Das Fährschiff war 86 m lang, 14 m breit und über Scheuerleisten war es 17,70 m breit, besaß eine Seitenhöhe von 7,00 m und einen Tiefgang von 4,12 m. Bei einem Deplacement von 2100 t war es mit 1210 BRT und 532 NRT vermessen. An Deck befanden sich 2 Gleise von insgesamt 125 m Länge für den Transport von 15 Güterwagen, wogegen die »FRIEDRICH FRANZ IV« mehr für die Beförderung von Passagieren eingerichtet war.
Mit der Dampfmaschinenleistung von 1840 kW (2500 PSi) fuhr die Fähre 13,4 kn. Im Jahr 1924 wurde die Fähre umgebaut, wobei sie einen zweiten Schornstein erhielt, um auf dem Gleisdeck mehr Platz zu schaffen. Etwa 1935/36 war nochmals eine Modernisierung. Die »MECKLENBURG« fuhr bis 1945 und wurde 1946 noch als Reparationsleistung abgeliefert und erst 1958 in Gdansk abgewrackt.

Meeresboden-Fahrzeug: schwimmfähiges und fahrbares Gerät zur Erforschung des Meeresbodens oder für die Ausführung von Arbeiten auf dem Meeresgrund. Zu den ersten gebauten Unterwasserfahrzeugen, die auf dem Meeresgrund fahren sollten, gehört u. a. das 1910 in den USA mit 4 ausschwenkbaren Rädern gebaute »Lake«-U-Boot. Seit der Mitte des 20. Jh. wurden verschiedene Typen von Meeresbodenfahrzeugen gebaut, die auch als »Sea Bed Vehicles«, Meeresboden-Trecker oder Bodengerät bezeichnet werden. Die Mehrzahl dieser Fahrzeuge wird von Basisschiffen über Kabel ferngelenkt und in mäßigen Wassertiefen zur Wrackbergung, Schürfen von Mineralien und Erzen, wie Manganknollen, Verlegen von Rohrleitungen oder für Unterwasserarbeiten eingesetzt.
Andere Fahrzeuge können durch Taucher gesteuert werden und wieder andere haben einen druckfesten Aufenthaltsraum zur Bedienung, wie ein von der britischen Fa. Cammellaird & Co. für maximal 180 m Tiefe gebauter Unterwasser-Traktor. Das Fahrzeug hat eine Masse von 40 t, ist 15 m lang und fährt auf dem Grund 2,5 km/Std. Die Mannschaft gelangt über Schleusen in das durch Kabel mit dem Mutterschiff verbundene Gerät.

Mehrdeckschiff: Im Unterschied zu Schiffstypen mit einem Deck wie *Bulker* oder *Containerschiff* haben Mehrdeckschiffstypen mehrere Ladungsdecks. So haben das *Stückgutfrachtschiff* oder das *Ro/Ro-Schiff* i. allg. ein oder mehrere Zwischendecks wegen der erforderlichen Separierbarkeit der Stückgüter bzw. der erforderlichen Stellflächen. *Kühlschiffe* brauchen mehrere Decks, da Kühlgüter nur begrenzt stapelbar sind. *Fahrgastschiffe* und *Autotransporter* benötigen

Mehrzweckschiff für Stückgüter, Container und rollende Ladung

besonders viele Decks für die Fahrgast- und Aufenthaltsräume bzw. Autostellflächen.

Mehrrumpfschiff: siehe *Katamaran* und *Trimaran*

Mehrschraubenschiff: Schiff mit mehr als einer Schraube. Wegen des günstigen Propulsionsgütegrads wird bei modernen Schiffstypen der Einschrauber bevorzugt. Das *Fährschiff* und das *Binnenschiff* für die Flußschiffahrt werden jedoch häufig ebenso wie verschiedene Kriegsschifftypen wegen der besseren Manövrierfähigkeit als Zweischrauber gebaut. Die früheren großen und schnellen Fahrgastschiffe waren vorwiegend Drei- und Vierschrauber. Die größte Schraubenanzahl mit einzeln angetriebenen Propellerwellen hatten die *»Popowka«* mit 6 Schrauben, siehe *»NOWGOROD«*.

Mehrzweck-Frachtschiff, *Multicarrier, Multipurpose vessel:* Frachtschiff für verschiedene Arten von Stückgut- und Schüttgutladungen, seltener kombiniert für Trocken- und Flüssigladung, siehe auch *Oil-ore-carrier.* Zu den häufigsten Mehrzweck-Frachtschiffen gehören Semicontainerschiffe für universelles Stückgut und Container, Massengutschiffe *(Bulker)* für den Containertransport ohne Laderaumstaugerüste sowie neuerdings *Lo/Ro-Schiffe* für den vertikalen und rollenden Umschlag. Siehe auch *OBC*-Mehrzweckschiff für Erz, Schüttgut und Container sowie *»MONSUN«* und *»OZEAN«*.

Melassetanker: ein spezieller *Tanker* zum Transport der dicken und zähflüssigen Rückstände aus der Zuckerindustrie.

»MERKUR II«: Containerschiffsserie des VEB Warnowwerft, Rostock. Als Weiterentwicklung der Schiffsserie »MERKUR I« wurde 1982 vom VEB Warnowwerft für die Seeflotte der UdSSR das erste Schiff der Serie Vollcontainerschiff Typ Mercur II »KAPITÄN GAVRILOW« gebaut. Es ist

Containerschiff 1000 TEU aus der Schiffsserie »MERCUR II« des VEB Warnowwerft Warnemünde

ausschließlich für den Transport von 20- und 40-Fuß-ISO-Containern und für den unbegrenzten Einsatz mit einem extrem hohen Aktionsradius ausgelegt. Die in der Relation Europa–Fernost eingesetzten Schiffe haben eine auf die Hauptabmessungen bezogene hohe Stellkapazität. Im praktischen Einsatz können bis zu 1084 Container gestaut werden.
Das Schiff ist über Alles 173,90 m und zwischen den Loten 163,57 m lang, 24,40 m auf den Spanten breit; es hat bei einer Seitenhöhe von 15,90 m einen Tiefgang von 9,82 m und ist mit 17845 BRT vermessen. Die Tragfähigkeit beträgt 16030 t. In den überwiegend mit Ponton-Doppelluken (12,96 m×10,73 m) abgeschlossenen 5 Laderäumen können 536 TEU in 6 Lagen und 8 Reihen gestaut werden. Die Flexibilität hinsichtlich Containerabmessungen im Bereich der Luken 1 bis 3 ermöglicht, sowohl 20 ft- als auch 40 ft-Container in allen Höhen zwischen 8 ft und $9\frac{1}{2}$ ft zu stauen. An Deck werden die Container in 3 Lagen und eine vierte Lage Leercontainer gefahren. 100 Containerstellplätze haben einen Kühlanschluß. An Deck befinden sich über Leitern erreichbare Podeste, die einen sicheren Zugang zu den gestauten Containern gestatten. Hinter dem Brückenaufbau wurde eine Zellkonstruktion für die Deckscontainer installiert.
Besatzungsunterkünfte sind für 35 Mann sowie zusätzliche 12 Unterbringungsmöglichkeiten vorhanden. Der Hauptantrieb besteht aus einem Dieselmotor des Dieselmotorenwerks Brjansk (UdSSR), einer Lizenz von Burmeister & Wain vom Typ 9 DKRN 80/160-4, mit einer Leistung von 15882 kW (21600 PS), mit dem das Einschraubenschiff eine Geschwindigkeit von 21 kn erreicht. Der Aktionsradius ist außergewöhnlich hoch und beträgt 21000 Seemeilen.

»MERRIMAC«: gepanzerte schwimmende Batterie der Konföderation der USA-Südstaaten, mit der *»MONITOR«* das erste Panzerschiff. Die »MERRIMAC« wurde im nordamerikanischen Sezessionskrieg als schwimmende Panzerbatterie eingesetzt. Als sich die Unionstruppen im April 1861 aus Norfolk zurückziehen mußten, verbrannten und versenkten sie die im Hafen von Gosport liegenden Schiffe einschließlich der »MERRIMAC«.
Die Konföderierten bargen das 1855 als Dampffregatte gebaute Schiff, schnitten alle angebrannten Decksteile und Aufbauten herunter und errichteten eine geschlossene Kasematte aus Eichenbohlen, die mit Eisenplatten und Eisenbahnschienen geschützt wurde. Die 7 engl. Fuß über Deck ragende, gepanzerte Kasematte war 170 Fuß lang, und die Panzerung reichte 2 Fuß unter die Wasserlinie. Die um 45° geneigten Seiten der Kasematte waren durch 20zölliges Fichtenholz, darüber 4zölliges Eichenholz und darauf kreuzweise befestigten Eisenbahnschienen geschützt. Das Schiff hatte keine Masten, sondern nur einen Flaggenstock und den Schornstein, der aus dem Deck herausragte. Auch der Bug wurde verstärkt und bekam nahe der Wasserlinie eine gußeiserne Ramme. Die Bewaffnung bestand aus sechs 23-cm-Vorderladern, zwei gezogenen 16,3-cm- und zwei glatten 17,8-cm-Vorderladern. Es wäre dieser Panzerbatterie sogar möglich gewesen, Washington anzugreifen.

Das Panzerschiff »MERRIMAC« unter Dampf

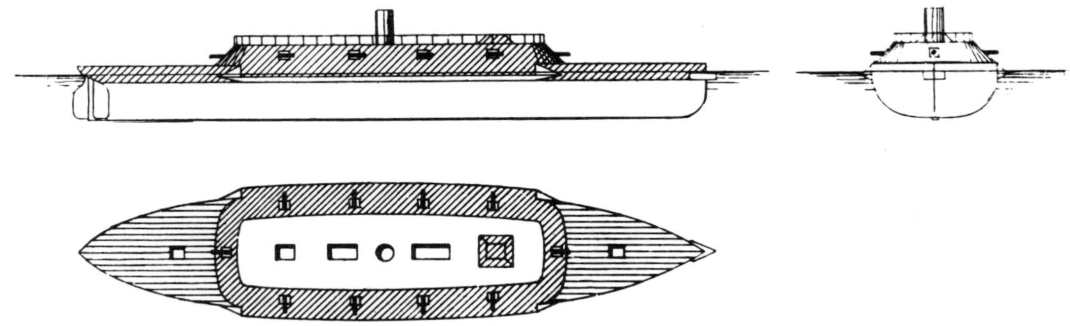

Panzerung und Geschütze der »MERRIMAC«

Am 9. März 1862 kam es zum ersten Panzerschiffs-Gefecht der Geschichte zwischen dem *»MONITOR«* und der *»MERRIMAC«*. Nach stundenlangem Geschützfeuer mußte die »MERRIMAC« schließlich beschädigt das Gefecht beenden. Die »MERRIMAC« hatte noch entscheidende Mängel. Sie hatte als Antrieb die alte störanfällige Dampfmaschine, sie benötigte wegen ihres großen Tiefgangs von 7 m tiefes Fahrwasser und sie war schwerfällig, so daß sie für einen vollen Drehkreis etwa 30 Min. brauchte.
Am 7. Mai 1862 standen sich beide Schiffe erneut gegenüber, doch keines der beiden Schiffe gab einen Schuß ab. Nach der erneuten Einnahme von Norfolk durch die Unionstruppen wurde das Schiff von der Besatzung in Brand gesteckt und versenkt.

Mesoskaph: Tauchboot für mittlere Tauchtiefen (meso, mittel und scapa, Boot), siehe *Bathyplane*, *Bathyscaph*.

Midget-U-Boot: siehe *Kleinst-U-Boot*

Minendampfer: nach der Erfindung der eigentlichen Seemine, anfangs noch »Torpedo« genannt, benötigte man Fahrzeuge, um sie an den Einsatzort zu bringen. Die noch von Land aus zu zündenden Minen, die untereinander durch Kabel verbunden waren, wurden mit kleinen seegehenden Fahrzeugen transportiert und am Einsatzort über Bord geworfen. Die später verwendeten Ankertau-Minen verlangten wegen ihrer größeren Masse schon entsprechende Decks mit sog. »Minenschienen« und ein freies Heck für den Minenabwurf.
Die Minen wurden im feindlichen Gewässer verstreut, für Minendampfer gab es daher auch die Bezeichnung »Streu-Minenleger«. Für diese Aufgaben setzte man zu Beginn des ersten Weltkriegs auch Bäderdampfer, Minenprahme und sogar Eisenbahnfähren ein. Auch Torpedoboote und Zerstörer besaßen Einrichtungen zur Mitnahme von Minen. Anstelle der wahllos gelegten Minen erwiesen sich die nach System gelegten Minensperren wirkungsvoller. Diese Aufgabe übernahmen besonders konstruierte Minenleger mit Unterstützung der Minendampfer, Hilfsminenleger, Minentransporter und anderer ähnlicher Typen, siehe auch *MLR-Schiff*.

Minen-Dampfkutter: ein Vortyp des späteren *Torpedoboots*. Er wurde erstmals im russisch-türkischen Krieg (1877/78) von russischer Seite in größerer Zahl eingesetzt. Die Minen wurden an Stangen (Spieren) vor dem Dampfkutter gefahren und am Ziel durch Berührung mit dem feindlichen Schiff gezündet. Anfänglich bezeichnete man auch See-Sprengkörper als Minen und unterschied noch nicht zum Torpedo, und so waren später auch die Begriffe »Torpedo-Kutter« oder »Spierentorpedoboot« in Gebrauch. Mit der Entwicklung und Einführung des selbstangetriebenen Torpedos durch Robert Whitehead entfiel die Spiere und die Gefechtsentfernung wurde größer, es entstand als neuer Träger das *Torpedoboot*.

Mississippi-Dampfer: großer Seitenrad- oder Heckraddampfer. Bereits 1811 war die »NEW ORLEANS« der erste Schaufelrad-Dampfer auf dem Mississippi und 1816 folgte die »GEORGE WASHINGTON«. Sie hatte schon 2 Decks mit einer verzierten Reling und reichverzierte Balustraden und wurde zum Vorbild für die vielen späteren amerikanischen Flußdampfer, die durch ihre charakteristische Konstruktion bekannt wurden und auf fast allen größeren amerikanischen Flüssen fuhren.
Einer der größten und elegantesten Seitenraddampfer war die »NATCHEZ«. Der flachgehende Schiffskörper mit ebenem Boden war 93,6 m lang und 13,1 m breit. Der Dampfer fuhr für die »Vicksburg Natchez and New Orleans Mail Line« und nahm den Titel »Schnellstes Schiff auf dem Strom« für sich in Anspruch. In einem großen Rennen ging dieser Titel jedoch 1870 an die »ROBERT E. LEE«, die für die Reise flußauf-

wärts von New Orleans bis St. Louis nur 3 Tage, 18 Std. und 30 Min. benötigte. Bei solchem Rennen ging es nicht immer fair zu. Um bei Flußkrümmungen in eine günstige Position zu kommen, wurde der Konkurrent nicht selten in der Dunkelheit am Radkasten gerammt, um ihn auszuschalten. Dabei gab es manchmal Tote und Verletzte. Aus der Maschine wurde das letzte herausgeholt, und das an Deck gestapelte Holz wurde in Mengen verfeuert. Kesselexplosionen waren in der Anfangszeit häufig. So ereigneten sich auf dem Mississippi in einem Monat 9 schwere Kesselexplosionen, bei denen 99 Menschen getötet und 6 verletzt wurden. Allein auf dem Mississippi-Dampfer »H. R. ARTHUR« gab es bei einer Kesselexplosion 87 Tote. Der Dampfer wurde auseinandergerissen, der Rest brannte aus.
Mit der Einführung des Eisenbahnverkehrs verlor der Raddampfer im Passagierverkehr an Bedeutung, im Frachtverkehr war er jedoch noch lange dominierend. Begegnungen im engen Fahrwasser und vor allem die im Fluß treibenden Baumstämme und sonstige Hindernisse führten häufig zu Beschädigungen an den Schaufelrädern. Um die Schäden zu vermeiden, ging man zum Heckrad über, das durch seine Breite und Anordnung hinter dem Schiff auch noch einen etwas besseren Wirkungsgrad brachte. Das Heckschaufelrad fand danach auch in Europa u. a. auf der oberen Elbe und der Oder begrenzte Verbreitung. Vereinzelt sind heute wieder einige Mississippi-Dampfer mit Heckrad zur Traditionspflege in Fahrt oder werden als Museumsschiffe erhalten.

MLR-Schiff: Abkürzung für Minenleg- und Räumschiff der DDR-Volksmarine. Die Räumung von Minensperren, die während der beiden Weltkriege in großer Zahl vor den eigenen und den feindlichen Küsten gelegt wurden, erforderte einen speziellen Schiffstyp zur Minensuche für den Hochsee-Einsatz und zum Minenräumen in Küstennähe. Ein Vorläufer des MLR, das flachgehende, leicht bewaffnete Minensuchboot des zweiten Weltkriegs besaß Einrichtungen zur Minensuche, wie eine Bugspiere mit Ottern für den Eigenschutz und eine Räumwinde auf dem Achterdeck mit Ottern zum Durchschneiden der Ankertaue der Minen. Die Minen wurden nach dem Aufschwimmen abgeschossen. Außerdem gab es kleinere, aus Holz gebaute Räumboote für den küstennahen Einsatz.
Die akustischen und magnetischen Minen des zweiten Weltkriegs erforderten zusätzliche Mineneigenschutz-Anlagen oder antimagnetische Baustoffe für das MLR-Schiff. In größeren Flotten unterscheidet man die Typen Minenleger und Minensucher. Die Volksmarine der DDR fährt die kombinierten Schiffstypen MLR (Minenleg- und Räumschiff) und MSR (Minensuch- und Räumschiff), die entsprechend den geografischen Gegebenheiten und Aufgaben ausgerüstet sind.

Mitteltrawler: Bezeichnung für *Trawler* der Hochseefischerei, die noch vor der Entwicklung der Heckfangtechnik etwa ab 1952 bis 1962 in großer Stückzahl als Seitenfänger mit Dieselmotorenantrieb für die Schleppnetz-Fischerei gebaut wurden.
So baute die Spezialwerft für Fischereifahrzeuge der DDR, die Volkswerft Stralsund, von 1957 bis

Ein typischer flachgehender Mississippi-Dampfer mit Schaufelrädern, hohen Schornsteinen und zwei Aufbaudecks

Deutsche Minensuchboote des zweiten Weltkriegs

Mitteltrawler Typ »OCEAN« aus den 50er Jahren aus der Volkswerft Stralsund

Auxiliaryacht »MODWENA« mit 147 kW (200 PS) Gardner-Petroleummotor

Gardner-Schiffsmotor Typ 4 TP

1962 insgesamt 171 Mitteltrawler vom Typ »OCEAN« mit einer Länge über Alles von 50,80 m und zwischen den Loten 44,35 m, Deplacement 750 t, Laderauminhalt 182 m^3 für 125 t Ladung, Antriebsleistung 588 kW (800 PS) und 11 kn Freifahrtgeschwindigkeit. Der Mitteltrawler fuhr mit 26 Mann Besatzung. Der Fang wurde an Bord sortiert und in Fässern im gekühlten Laderaum gestaut.

»MODWENA«: eine als Dreimastbark getakelte Segelyacht mit Petroleum-Hilfsmotor aus der Zeit kurz nach der Jahrhundertwende. Die aus dem englischen stammende Bezeichnung »AUXILIAR« nimmt bezug auf die Maschine als Hilfsantrieb, um sich mit einem Hilfsmotor vom Wind unabhängiger zu machen. Als Auxiliar-Schiffe bezeichnete man dementsprechend auch große Tiefwassersegler, die Dampfmaschinen, Petroleummotoren bzw. Glühkopfmotoren oder erste Dieselmotoren als Hilfsantriebsmaschinen hatten.

»MONITOR«: Kriegsschiff der Nordstaaten der USA im nordamerikanischen Bürgerkrieg (1861/65) und erstes Panzerschiff der Welt mit einem gepanzerten drehbaren Geschützturm. Im Unterschied zur *»MERRIMAC«* der Südstaaten entstand die »MONITOR« nicht durch Umbau einer Dampffregatte sondern wurde in der Greenpoint-Werft der Continental Iron Works in Brooklyn/New York nach Plänen des schwedischen Ingenieurs JOHN ERICSSON in 100 Tagen neu gebaut.
Das am 30. Januar 1862 von Stapel gelaufene Schiff konnte am 6. März 1862 ins Schlepptau genommen und nach Hampton Roads an der Mündung der Chesapeake Bay geschleppt werden, wo es am 8. März in den Abendstunden eintraf. Am 9. März kam es dann zum ersten Panzerschiffs-Gefecht in der Geschichte, bei dem die »MERRIMAC« schließlich aufgab.
Die Verbindung von Dampfantrieb, Panzerschutz und drehbaren Panzertürmen bestimmte die künftige Entwicklung im Kriegsschiffbau. Die »MONITOR« hatte ein Deplacement von 987 ts, war 52,4 m lang, 12,0 m breit und hatte nur 0,60 m Freibord, so daß sie dem Gegner mit einem niedrigen Überwasserschiff eine kleine Trefferfläche bot. Der Tiefgang betrug nur 3,30 m. Die Schiffseiten waren am Deck beginnend mit einem Gürtelpanzer aus 1,52 m breiten und 25 mm starken Eisenplatten in 5 übereinanderliegenden Lagen und das Deck durch 2 Lagen 25 mm Platten geschützt. Im drehbaren Geschützturm von 6 m Durchmesser standen nebeneinander zwei 28-cm-Dahlgreen-Kanonen. Der Geschützturm hatte 8 Lagen der 25 mm starken Platten. Während die »MERRIMAC« 15 Min. brauchte, konnte die »MONITOR« alle 7 Min. feuern.

Am 29. Dezember 1862 wurde die »MONITOR« vom Nordstaaten-Schleppdampfer »RHODE ISLAND« in Schlepp genommen, um nach Beaufort, North Carolina, gebracht zu werden. Der Schleppzug wurde am 31. Dezember 1862 bei Kap Hatteras von einem Sturm überrascht. Es brach eine Schleppleine, Wasser drang in den Maschinenraum und die Pumpen fielen aus. Die »MONITOR« sank am 31. Dezember 1862 gegen 13.00 Uhr 25 Seemeilen südlich des Kaps in 64 m Tiefe. Von den 53 Mann Besatzung fanden 16 Mann beim Untergang den Tod.

Monitor: schwimmende Batterie bzw. Träger schwerer Artillerie für den Einsatz auf Flüssen und im Küstenvorfeld. Der erste Monitor war das Werk des nach Amerika ausgewanderten Schweden JOHN ERICSSON; siehe auch *Schraubenschiff*. Er wollte ein »unbezwingbares« Kriegsschiff mit Dampfantrieb und drehbaren Geschützen schweren Kalibers schaffen. Sein *»MONITOR«* leitete 1862 die Entwicklung des *Panzerschiffs* und die Suche nach dem besten Kompromiß zwischen dem Panzerschutz und der Schlagkraft von Panzerschiffen ein. ERICSSON hatte frühzeitig die Vorzüge des drehbaren Geschützturms gegenüber der klassischen Breitseitaufstellung der Schiffsartillerie erkannt. Bis zum Ende des amerikanischen Bürgerkriegs wurden von der Nordstaaten-Union noch weitere 50 Monitor-Panzerschiffe mit einem

Die 1862 in Brooklyn/New York gebaute gepanzerte »MONITOR« hatte statt der seinerzeit üblichen Kasematte als erstes Kriegsschiff einen drehbaren Geschützturm

bzw. 2 Türmen in Bau gegeben, die jedoch nicht mehr alle fertig wurden. Ein großer seegehender Einturm-Monitor dampfte sogar von New York nach Britannien und von dort nach Rußland. In St. Petersburg hatte der Bau von Monitoren bereits begonnen und auch Schweden und Norwegen legten in der Folgezeit je 3 eintürmige Monitore auf Stapel.
Wegen der mangelnden Hochsee-Eigenschaften waren diese Monitore aber nur bei Marinen mit Defensivaufgaben in flachen Küstengewässern von Interesse. Britannien und Frankreich bauten für Kolonien und Drittländer verschiedene Typen und Österreich/Ungarn und Rußland schufen sich Monitore zum Einsatz auf Flüssen.
Aus dem Brustwehr-Monitor für die Hochseeverwendung gingen in der Folgezeit dann die Linienschiffe fast aller Nationen hervor. Erst 1914 entstanden in England verschiedene Serien seegängiger Monitore für den Küstenkrieg an der flandrischen und palästinensischen Küste, für den Adria-Raum und für die Dardanellen-Unternehmungen, wo große Schiffe nicht eingesetzt werden konnten oder ihr Einsatz mit einem zu hohen Risiko verbunden war. Die größten dieser Monitore waren »EREBUS« und »TERROR«, die 1916 in Dienst gestellt wurden. Mit 123,44 m Länge über Alles und 115,82 m zwischen den Loten; 26,82 m Breite und 3,35 m Tiefgang, 8000 t Verdrängung und 2 × 3000 PSi (2 × 2208 kW) für 12 kn Geschwindigkeit entsprachen sie schon eher *Küstenpanzerschiffen*. Die Bewaffnung bestand aus einem 38,1-cm-Zwillingsturm, 8 × 10,2-cm-Geschützen sowie 2 × 7,6-cm- und 2 × 3,7-cm-Flak sowie Torpedorohren. Die Panzerdicke betrug 33 cm. Beide Schiffe gehörten zur berühmten »Dover Patrol«. Während der westalliierten Invasion im Juni 1944 beschoß der Monitor »EREBUS« die deutschen Befestigungen an der Küste der Normandie und der Bretagne.
Nach dem zweiten Weltkrieg führte die weitere Vervollkommnung der Fliegerkräfte und der Raketenwaffe sowie die Einführung moderner elektronischer Waffen- und Waffenleitsysteme dazu, daß die artillerietragenden großen Kampfschiffe an Bedeutung verloren und allmählich aus den Flotten verschwanden. So gehören auch die Monitore heute einer vergangenen Epoche an.

»MONSUN«: Stückgut-Semicontainerschiffstyp des VEB Warnowwerft, Warnemünde, das durch mehrere Typmodifikationen systematisch an unterschiedliche Einsatzbedingungen angepaßt wurde. Das moderne Mehrzweckschiff wurde für den Transport von Containern, Stückgut, Schwergut und Langgut sowie für Getreide in gemäßigten und tropischen Fahrtgebieten für den kombinierten Einsatz mit spezialisierten Containerschiffen entwickelt.
Es ist über Alles 158,05 m und zwischen den Loten 146,00 m lang und auf Spanten 23,05 m breit. Bei einem Freibordtiefgang von 10,18 m besitzt das Schiff eine Tragfähigkeit von 17300 t bei einer Vermessung von 11730 BRT/7140 NRT. Die 4 vor dem Maschinenraum bzw. Deckshaus liegenden Laderäume fassen 25450 m^3 Schüttgut und 23400 m^3 Stückgut und sind durch je ein Zwischendeck unterteilt. Die Containerkapazität beträgt 642 TEU, davon 342 unter Deck und 300 auf Deckscontainerstellplätzen. Die Umschlagausrüstung besteht aus vier 5/10 t-Ladebäumen, vier 35 t-Schwingbäumen sowie aus einem durchschwenkbaren 125 t-Schwergutbaum. Mit der Antriebsleistung von 6690 kW erreicht das Schiff eine Dienstgeschwindigkeit von maximal 15,9 kn. Die Aktionsweite beträgt 12000 Seemeilen.

Das selbstfahrende Modell des Stückgut-Semicontainerschiffstyps »MONSUN«

Motorbarge: für Kurzstrecken mit einem Motorantrieb ausgerüstete *Barge* bzw. *Leichter*, wie z. B. zum selbständigen Zusammenstellen zu Schubverbänden oder für den Transport zum und vom *Barge-Carrier*. Der Antrieb kann in Bargen eingebaut oder als sog. »Z-Antrieb« (siehe Z-Antriebsschiff) ausgeführt sein.

Motorbarkasse: *Barkasse* mit Dieselmotorantrieb. Die Bezeichnung betont den modernen Antrieb, da wegen der langen Nutzungsdauer ältere Hafen- und Werftbarkassen mit Dampfmaschinenantrieb noch bis in die zweite Hälfte des 20. Jh. in Fahrt waren.

Motorboot, *Motoryacht:* Wasserfahrzeug mit Vergaser- oder Dieselmotorantrieb für Aufsichts- oder Arbeitsaufgaben bzw. für Sport-, Erholungs- oder Repräsentationszwecke.

Motorfrachtschiff, *Motorschiff: Frachtschiff* bzw. Schiff mit Dieselmotorenantrieb im Unterschied zum *Dampfschiff*, das durch Kolbendampfmaschinen oder Dampfturbinen (siehe *Dampfturbinenschiff*) angetrieben wird. Das Motorschiff (siehe *Dieselmotorschiff*) löste in der ersten Hälfte des 20. Jh. die Dampfschiffe mit Kolbendampfmaschinen vollständig und von 1950 bis 1980 das Dampfturbinen-Handelsschiff wegen seiner höheren Wirtschaftlichkeit weitgehend ab.

Motorgüterschiff: Sammelbegriff für alle mit Dieselmotor-Eigenantrieb selbstfahrenden Binnenfrachtschiffstypen. Vorläufer für das Motorgüterschiff gab es insbesondere auf den großen europäischen Flüssen seit der zweiten Hälfte des 19. Jh. mit den Eildampfern mit Dampfantrieb, die aber im schnellen Gütertransport nicht mit der Eisenbahn konkurrieren konnten. Die Tragfähigkeit solcher Eildampfer für die Fahrt auf der Elbe lag zwischen 250 und 450 t.
Größere Bedeutung gegenüber dem Eildampfer und der Schleppschiffahrt gewann das selbstangetriebene Binnenfrachtschiff jedoch erst mit dem dieselmotorischen Antrieb in den 30er Jahren des 20. Jh. Nach dem ersten Weltkrieg und der Weltwirtschaftskriese stimulierte der zunehmende Güterstrom in dieser Zeit auch die Vervollkommnung der Schiffstypen der Binnenschiffahrt. Die Schiffsgröße mußte dabei weitgehend ebenso wie die der antriebslosen Lastschiffe den Breitenbegrenzungen der mitteleuropäischen Kanäle und Schleusen angepaßt bleiben. Der kleinste Typ entsprach damit dem Groß-Finow-Maß und das größte Motorgüterschiff dem Rhein-Herne-Kanalmaß.
Durch den Verzicht auf universellen Einsatz entstanden in jüngerer Zeit die Großraum-Motorgüter-Schiffe mit Tragfähigkeiten bis zu 4000 bzw. sogar 5500 t für Fahrten auf dem Rhein bzw. der Wolga. Besondere konstruktive Merkmale des Motorgüterschiffs sind der im Verhältnis zur Länge und Breite geringe Tiefgang und auch ein geringer Freibord und eine kleine Seiten- und Deckshöhe wegen des teilweisen niedrigen Wasserstands, der auf Binnengewässern geringeren Wellenhöhe und der durch Brücken gegebenen Höhenbegrenzungen. Wegen der Tiefgangsbegrenzungen wird der Propeller i. allg. in einem Tunnel angeordnet. Durch ein großflächiges Profilruder oder Mehrflächenruder muß eine gute Steuerbarkeit gewährleistet sein. Mit der allgemeinen Einführung der Schubschiffahrt auf den Binnenwasserstraßen, siehe *Schubschiff*, ist der Anteil der selbstangetriebenen Motorgüterschiffe rückläufig, siehe auch *Binnenschiff*.

Motorschiff: siehe *Dieselmotorschiff*

Motorschlepper: Schlepper mit Dieselmotorantrieb. Im Jahr 1922 fuhr der erste durch einen Dieselmotor angetriebene Schlepper auf dem Rhein. Seine schnelle Betriebsbereitschaft verdrängte nach und nach den traditionellen, durch Kolbendampfmaschinen angetriebenen *Dampfschlepper*.

Motorsegler: Kombination von Motorboot und Segelyacht. Zur Erhöhung der Sicherheit und Verminderung der Abhängigkeit von den Windverhältnissen erlangte der moderne, mit einer geräumigen Kajüte versehene Motorsegler als »Familienboot« unter den Freizeitbooten größere Beliebtheit für Binnen- und Küstengewässer. Ursprünglich wurden auch die *Auxiliarschiffe* und die seit 1900 mit Petroleummotoren, Glühkopfmotoren und später mit Dieselmotoren ausgerüsteten kleineren Fracht- oder Fischereisegler als Motorsegler bezeichnet.

»MÖWE«: deutsches Vermessungsschiff. Das um 800 t große Vermessungsschiff lief am 2. Juli 1906 auf der Kaiserlichen Werft in Wilhelmshaven von Stapel und war im Winter 1906 dienstbereit. Die »MÖWE« war zwischen den Loten 49,00 m lang; 9,8 m breit und hatte einen Tiefgang von 3,26 m. Zwei Dampfmaschinen mit einer Leistung von insgesamt 258 kW (350 PSi) gaben dem Schiff eine Geschwindigkeit von 9,5 kn. Die Besatzung bestand aus 102 Mann. Zur Bewaffnung gehörten 3×3,7-cm-Maschinenkanonen. Die »MÖWE« war vorwiegend in den Kolonien und ausländischen Gewässern im Vermessungsdienst eingesetzt. Am 20. September 1914 wurde das Schiff in Daressalam von der Besatzung gesprengt. Die Besatzung wurde in der sog. »Schutztruppe« Ostafrikas unter General Lettow-Vorbeck übernommen.

»MÖWE«: deutsches Kanonenboot I. Klasse. Das 1005 t große Kanonenboot wurde bei F. Schichau in Elbing gebaut und lief dort 1879 von Stapel. Das auch als Aviso ausgewiesene Schiff war mit einem 15-cm-Geschütz und 4×12-cm-Geschützen bewaffnet.

Die »MÖWE« war überwiegend im Auslandsdienst und bei Kolonialerwerbungen in Afrika eingesetzt. Die erste Kolonie wurde im Golf von Guinea, in der Nähe der Goldküste unweit von den Trümmern des früheren Kurbrandenburgischen Forts Groß-Friedrichsburg, erworben. In Bagaida in Togo hatte Korvettenkapitän Hoffmann am 4. Juli 1884 mit der »MÖWE« geankert und setzte den Reichskommissar Dr. Nachtigal an Land, der hier ». . . nach kurzem Palaver mit den Häuptlingen unter Salutschüssen und Hurrarufen die deutsche Flagge hißte«. Anschließend reiste Dr. Nachtigal mit dem Schiff weiter nach Kamerun und Südwestafrika. 1905 lag die »MÖWE« als Hulk in Tsingtau und wurde 1910 verkauft.

Das Kanonenboot war 59,2 m lang; 8,90 m breit und hatte 3,52 m Tiefgang. Die Besatzungsstärke lag bei 127 Mann. Es war ein Kompositbau mit eisernen Querspanten, die Holzplanken hatten außerdem eine Zinkbeplattung. Eine liegende Dreizylinder-Zweifach-Expansionsmaschine mit einer Leistung von 652 kW (886 PSi) und die heißbare Schraube von 3,23 m Durchmesser erlaubten eine Geschwindigkeit von 11,7 kn. Zwei Zylinderkessel sorgten für den erforderlichen Dampf. Bei einem Kohlevorrat von 100 t und einer Marschgeschwindigkeit von 11 kn konnten 1230 Seemeilen gefahren werden. Die »MÖWE« hatte noch keine elektrische Anlage an Bord, sie war zuletzt als Rahschoner mit 361 m^2 getakelt.

Deutsches Kanonenboot »MÖWE«, Baujahr 1879

Vermessungsschiff »MÖWE«, (1906)

»MUKRAN«: DDR-Eisenbahnfährschiff für die Fährlinie Mukran (DDR)–Klaipeda (UdSSR). Das Fährschiff wurde 1986 auf der VEB Mathias-Thesen-Werft in Wismar für den VEB Deutfracht/Seereederei Rostock gebaut. Bei der Indienststellung war es die größte Zweideck-Eisenbahnfähre der Welt. die Route Mukran–Klaipeda wird in 20 Stunden durchfahren. Auf dieser Fährlinie sind 6 gleiche Fähren (3 DDR- und 3 UdSSR-Schiffe von der Bauwerft MTW, Wismar) dieses Typs vorgesehen, die jährlich insgesamt mehr als 5,5 Mill. t Güter transportieren.

Das Fährschiff ist über Alles 190,5 m und zwischen den Loten 173,0 m lang und 28,0 m breit. Die Seitenhöhe beträgt 15,2 m und der Tiefgang 6,8 m. Bei einer Vermessung von 22400 BRT hat es 11700 t Tragfähigkeit.

Fährschiff »KLAIPEDA«, Schwesterschiff der »MUKRAN«, im Hafen Mukran

Das Leichter-Trägerschiff »MÜNCHEN« voll beladen

Das japanische Schlachtschiff »MUSASHI« (1942 bis 1944)

Auf den beiden Waggondecks sind je 5 Gleise mit einer nutzbaren Gleislänge von insgesamt 1500 m für 103 Güterwagen der Standardlänge 14,73 m und einer Masse von 84 t. Die Gleise haben sowjetische Breitspur, ein Umladen bzw. Umachsen geschieht in Mukran. Beide Decks werden durch eine landseitige Doppelstockbrücke direkt über Heck anstelle der sonst üblichen Bord-Hebebühne be- und entladen. Die Abfertigung im Fährhafen erfordert daher nur 4 Std.
Die Antriebsanlage besteht aus 4 SKL-Dieselmotoren des Typs 6 VDS 48/42 A mit einer Leistung von 10600 kW, die über Getriebe auf 2 Verstellpropeller arbeiten, mit denen die Eisenbahngüterfähre eine Geschwindigkeit von 17 kn erreicht.

Multicarrier: siehe *Frachtschiff* und *Mehrzweckschiff*

»MÜNCHEN«: Leichter-Trägerschiff der BRD, besonders bekannt durch den tragischen Totalverlust. Um 1972 folgte auch die europäische Schiffbauindustrie den amerikanischen Werften mit dem Bau von Leichterträgerschiffen, sog. LASH (*Lighter Aboard Ship*) oder *Barge-Carrier.* Die Cockerrill-Werft in Hoboken bei Antwerpen (Belgien) baute als erstes Schiff MS »BILDERDYK« für die Holland-Amerika-Linie. Als zweites Schiff der gleichen Werft folgte die MS »MÜNCHEN« für die HAPAG-Lloyd AG der BRD. Es entstand die deutsch-holländische COMBI-Linie mit 14tägigem Liniendienst zwischen dem europäischen Kontinent und den amerikanischen Golf- und Südatlantikhäfen. Die »BILDERDYK« lief im März 1972 zur Jungfernreise aus und die »MÜNCHEN« folgte nach dem Stapellauf am 12. Mai 1972 im Oktober 1972. Sie war seinerzeit das einzige LASH-Schiff der BRD. Am 18. Oktober 1972 wurde das Schiff in Dienst gestellt. Die Baukosten beliefen sich auf etwa 80 Mill. Mark ohne dazugehörige Leichter.
Das Schiff war über Alles 261,40 m lang, 32,20 m breit, und die Seitenhöhe betrug 18,29 m. Im beladenen Zustand war der Tiefgang 11,20 m. Die Tragfähigkeit betrug 45300 t DW. Die Besatzung bestand aus maximal 27 Mann.
Es konnten 83 Leichter an Bord genommen werden, davon 4 Lagen unter Deck und 2 Lagen mit insgesamt 34 Leichtern an Deck. Die Masse der Krananlage mit Seegangsfolgeeinrichtung betrug 500 t. Sie hatte eine Höhe von 16,75 m, eine Fahrgeschwindigkeit 60,8 m/min und eine Hievgeschwindigkeit von 4,85 m/min bei einer Beladung von 3 bis 4 Leichtern in der Stunde. Die Leichter bzw. Bargen hatten eine Leermasse von 87···93 t, eine Tragfähigkeit von 370···376 t DW, waren 18,75 m lang, 9,50 m breit und 3,96 m hoch. Da ein Teil der Leichter im Umlauf war, gehörten zum Schiff 205 Leichter. Zur Dämpfung der Rollbewegungen besaß das Schiff eine Sperry-Gyrofin Schlingerdämpfungsanlage mit Flossenstabilisatoren. Das Schiff wurde durch Dieselmotoren mit einer Gesamtleistung von 19210 kW (26100 PS) angetrieben und erreichte 18 kn Geschwindigkeit.
Am 12. Dezember 1978 geriet die »MÜNCHEN« etwa 420 Seemeilen nördlich der Azoren in einen Orkan und gilt seitdem als verschollen. Das Schiff befand sich auf der 62. Reise von Bremen nach Savannah. Am 12. Dezember 1978 um 03.25 Uhr wurde eine erste Seenotmeldung der »MÜNCHEN« aufgefangen. An der internationalen Suchaktion beteiligten sich 127 Schiffe aus 12 Staaten. Über 30 Flugzeuge aus 4 Staaten suchten in einem 107000 km^2 großen Seegebiet. 30 Schiffe und 13 Flugzeuge waren bis zum Sonnenuntergang des 22. Dezembers auf der Suche nach dem Schiff im Einsatz. Die gesamte Besatzung von 25 Seeleuten und 3 mitreisenden Ehefrauen fand den Tod. Am 23. Dezember 1978 läutete bei Lloyd's die Totenglocke, und das Schiff wurde aus dem Register als verschollen gestrichen.
Der Versicherungsschaden belief sich auf 80 Mill. DM für das Schiff, 18 Mill. DM für die Leichter und 25 Mill. DM für die Ladung in den Leichtern.

»MUSASHI«: 1942 eines der japanischen »Super-Schlachtschiffe«, siehe auch *»YAMATO«*. Das Schiff wurde unter besonderen Geheimhaltungsmaßnahmen am 1. November 1940 von Stapel gelassen und am 5. August 1942 in Dienst gestellt. Hinsichtlich der Größe mit einem Deplacement von 72809 t, der Länge über Alles von 263,0 m und zwischen den Loten von 244,0 m, einer Breite von 36,9 m und der Bewaffnung mit 9×46,0-cm-Geschützen sowie zunächst 12×15,5-cm- und dann 6×15,5-cm-Geschützen sowie bis zu 130×2,5-cm-Flakgeschützen. In der schiffbaulichen Konzeption wurden die neuesten Erkenntnisse berücksichtigt. Der Schiffskörper hatte seine größte Breite erst hinter der Schiffsmitte und der Deckssprung hatte einen wellenför-

Japanisches Kernenergie-Versuchsschiff »MUTSU«

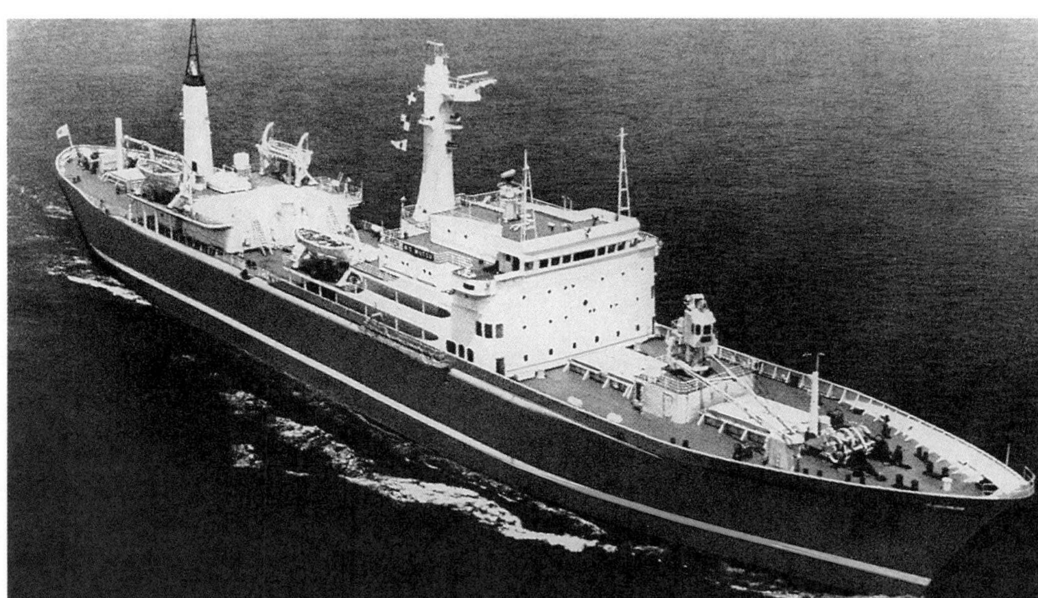

migen Verlauf. Die besondere Schiffsform und Decksgestaltung sollte hohe Geschwindigkeiten und hohe Beanspruchungen ermöglichen. Vier Turbinen arbeiteten mit insgesamt 110400 kW auf 4 Schrauben; die Geschwindigkeit lag über 27 kn. Für eine gute Manövrierbarkeit waren 2 Ruder hintereinander angebracht. Die »MUSASHI« wurde am 24. Oktober 1944 südlich von Luzon von 19 US-Lufttorpedos und 17 Bomben getroffen und sank.

Museumsschiff: Schiff von besonderer Bauweise oder Bedeutung, das als technisches Denkmal der Nachwelt erhalten wird. Solche Schiffsdenkmale sind auch frühe Expeditionsschiffe, wie die *»DISCOVERY«*, oder erste aus Eisen gebaute Schiffe, wie die *»GREAT BRITAIN«*, erste Schiffe mit Dampfturbinenantrieb, wie die *»TURBINIA«*, oder auch Traditionsschiffe zur Dokumentation der Schiffbaugeschichte, wie das Traditionsschiff Typ *»FRIEDEN«* in Rostock.

»MUTSU«: japanisches Kernenergie-Versuchsschiff. Die japanische »MUTSU« war das vierte zivile kernkraftgetriebene Schiff der Welt. Am 13. Juli 1970 wurde in Tokio durch die Ishikawajima-Harima Heavy Industries Co. Ltd. (IHI) das Schiff an die Japan Nuclear Ship Development Agency zur Erprobung übergeben. Am 15. Juli 1970 lief es mit eigenem Antrieb, wobei der Dampf noch durch einen Reservekessel erzeugt wurde, zum vorgesehenen Heimathafen Mutsu aus. Dort wurde dann der Leichtwasserreaktor eingebaut. Das für die Erprobung von Kernenergieantrieben für die Handelsschiffahrt konstruierte Schiff sollte dann im Januar 1972 in Dienst gestellt werden.
Die 8400 BRT große »MUTSU« war über Alles 130,00 m und zwischen den Loten 116,00 m lang; 19,00 m breit und hatte eine Seitenhöhe von 13,2 m und 6,9 m Tiefgang. Die Tragfähigkeit betrug 3003 t DW. Der Reaktor war von der Mitsubishi Atomic Power Industries hergestellt. Die Dampfturbine hatte 7360 kW bzw. 10000 PS Wellenleistung. Mit 16,5 kn Geschwindigkeit und 2,8 t niedrig angereichertem Uranbrennstoff sollte das Schiff eine Strecke von 145000 Seemeilen zurücklegen können. Die Baukosten beliefen sich auf insgesamt 21 Mill. Dollar.
Beim Anfahren des Reaktors zeigte sich jedoch, daß die Abschirmung der oberen Teile des Reaktorbehälters nicht ausreichte, so daß eine zu große Strahlengefährdung auftrat. Als Fehler wurde angegeben, daß ein Ring der Primärabschirmung im oberen Teil des Reaktors aus Stahl statt aus Beton gefertigt worden sei. Zur Abhilfe mußte ein 40 cm dicker Polyäthylen-Ring zusätzlich auf dem Stahlring angebracht werden. Nach einer kurzen Fahrtzeit traten dann aber wiederholt verschiedene Mängel auf. Nicht zuletzt wegen der vielen Proteste japanischer Fischer mußte die »MUTSU« ohne Erprobung in der Frachtschiffahrt wieder außer Dienst gestellt werden.

Mutterschiff: größeres Schiff, das Betreuungs- und Versorgungsfunktionen für kleinere Wasserfahrzeuge auf See wahrnimmt. Nachdem die Bedeutung von Mutterschiffen in den Kriegsflotten für Torpedoboote, U-Boote u. a. Flottillen zurückgegangen ist und die Walfangflotten abgeschafft wurden, hat das Mutterschiff noch eine besondere Bedeutung als Fischerei-Mutterschiff bzw. als *Fabrikmutterschiff* oder *Fischkühl- und Transportschiff.*

Dampfyacht »NAHMA«

Das französische Schrauben-Linienschiff »NAPOLEON« (1848) unter Dampf und Segel

N

»NAHMA«: nordamerikanische Dampfyacht. Die »NAHMA« ist eine typische Luxusyacht der frühen 30er Jahre, wie sie in anderer Form in den Marinen als Führungsschiff, Admiralsyacht sowie als *Aviso* zur schnellen Überbringung von Nachrichten und Depeschen in Dienst waren. Die schnellen und eleganten Schiffe waren auch als Staatsyachten eingesetzt und daher repräsentativ eingerichtet. Als Verbindungsboot hatte sie auch zwischen den Flotteneinheiten und den Kommandostellen an Land zu fungieren.

Naphthaboot: ältere Bezeichnung für die frühen Boote mit Petroleummotor; Naphtha ist die russische Bezeichnung für ungereinigtes Erdöl.

»NAPOLEON«: erstes französisches Schrau-

ben-Linienschiff 1848. Bis in das 19. Jh. bestand der Kern der Seestreitkräfte aus einer Anzahl von hölzernen Segel-Linienschiffen mit bis zu 130 Kanonen auf 3 Decks und bis zu 900 Mann Besatzung. Größe, Geschwindigkeit und Manövrierfähigkeit dieser Linienschiffe waren schließlich nicht mehr steigerungsfähig. Als die Dampfmaschinen in Kriegsschiffen eingesetzt wurden, brauchte man in den Batteriedecks für die Maschinen, Kessel und die Kohlebunker Raum. Außerdem beeinflußten die großen seitlichen Schaufelräder an den Bordseiten die Aufstellung der Artillerie. Mit dem Schraubenpropeller entfiel diese Behinderung.
Als erstes Land baute Frankreich 1848 ein großes Schrauben-Linienschiff, die »NAPOLEON«. Durch den Fortfall der Schaufelräder wurde es möglich, beide Bordseiten voll zur Unterbringung einer großen Anzahl von Kanonen zu nutzen. Die von Dupuy de Lome als Zweidecker konstruierte »NAPOLEON« hatte 90 Kanonen, war 71,7 m lang, 13,04 m breit und lief mit voller Maschinenkraft 13,5 kn. Der noch geringe Wirkungsgrad der Maschinen und der entsprechend große Kohleverbrauch bei begrenzter Bunkermöglichkeit erforderte jedoch, die Maschinenkraft nur sehr sparsam einzusetzen und das Schrauben-Linienschiff für längere Strecken unter Segel zu nehmen. Die Maschinenkraft sollte hauptsächlich im Gefecht eingesetzt werden, um vom Wind unabhängiger manövrieren zu können.
Frankreich konnte zu jener Zeit bereits auf ingenieurtechnische Traditionen im Schiffbau zurückblicken. Französische Wissenschaftler hatten rechnerische Methoden für die Schiffsprojektierung entwickelt und auch auf den Bau von Segel-Kriegsschiffen wie der Fregatte angewandt, mit der Frankreich bei Vollschiffen eine führende Position eingenommen hatte. Für die Entwicklung schlanker und schneller Schiffstypen und für bahnbrechende Untersuchungen im theoretischen Schiffbau gab es von der »Academie des Sciences« in Paris seit Mitte des 18. Jh. Preisausschreiben, an dem sich unter anderen auch der schwedische Admiral F. H. Chapman beteiligte.
Vor 1870 erhielt jedoch die französische Flotte im Vergleich zu Großbritannien nur relativ geringe Mittel, da dem Ausbau der Landstreitkräfte der Vorrang gegeben wurde.

Minenkreuzer »NAUTILUS« der Kaiserlichen Marine

Kombinierter Kabelleger und Tanker »NEPTUN« (1926)

Die »MERKUR BAY«, ein Stückgut/Containerschiff aus der Schiffsserie »NEPTUN« in Fahrt

»NAUTILUS«: Minenkreuzer der kaiserlichen Marine. Der Minenkreuzer wurde von 1905 bis 1907 auf der AG Weser-Werft in Bremen gebaut. Der Stapellauf war am 28. April 1906 und die Indienststellung am 19. März 1907. Die Baukosten beliefen sich auf 2,879 Mill. Mark. In den Jahren 1909/10 wurde das Schiff umgebaut und erhielt u. a. einen 2,7 m langen Hecküberhang. Nach diesem Umbau war das Schiff über Alles 100,90 m und zwischen den Loten 90,20 m lang, 11,2 m breit und hatte einen Tiefgang von 4,42/4,54 m und ein Deplacement von 1975/2345 t. Die Besatzung bestand aus 10 Offizieren und 191 Mann.
Die 2 Dreifach-Expansionsmaschinen wurden von 4 Marinekesseln mit insgesamt 8 Feuern und 15 atü (1,6 MPa) Dampfdruck mit Dampf versorgt und leisteten zusammen 4416 kW (6000 PSi), bei Vollast 4886 kW (6638 PSi). Mit den 2 Schrauben von je 3,2 m Durchmesser erreichte das Schiff 20,7 kn. Bei einem Kohlevorrat von maximal 490 t konnten mit 9 kn Fahrt 3530 Seemeilen zurückgelegt werden.
Die Bewaffnung bestand aus acht 8,8-cm-Schnellfeuerkanonen und 200 Minen. Nach Indienststellung fungierte das Schiff als Minenschule und im ersten Weltkrieg als Minenkreuzer und Küstenschutzschiff. Am 21. März 1919 wurde es aus der Liste der aktiven Schiffe gestrichen, diente ab 1921 noch als Lagerschiff und Hulk und wurde am 18. August 1928 für 180 000 Mark nach Kopenhagen zum Abbruch verkauft.

»NEPTUN«: deutscher kombinierter Kabelleger und Tanker. 1926 baute die Werft Blohm & Voss in Hamburg für die »Norddeutsche Seekabelwerke AG« in Nordenham den kombinierten Dampfer »NEPTUN«. Er war zwischen den Loten 132,4 m lang, 17,5 m breit und war bei einem Tiefgang von 9,9 m mit 7250 BRT (3640 NRT) vermessen. Die Besatzung bestand aus 56 Mann ohne Spezialpersonal. Besonderes äußeres Merkmal dieses Schiffs waren die großen Kabelrollen am Bug und Heck. Waren keine Kabelverlegungsarbeiten vorgesehen, so konnte das Schiff auch als Öltankdampfer eingesetzt werden.
Die Dampfmaschinenanlage mit einer Leistung von 1987 kW (2700 PS) verlieh dem Kabeldampfer eine Geschwindigkeit von 12 kn. Die deutsche Kriegsmarine verwendete die »NEP-

TUN« u. a. als Versorger für den Spanieneinsatz der Legion »Condor«. Das Schiff wurde nach 1945 als Reparationsleistung an Großbritannien abgeliefert und lief dort unter dem Namen »THULE«.

»NEPTUN«: Zweideck-Stückgut/Containerschiffsserie des VEB Schiffswerft »Neptun«. Von diesem Schiffstyp baute der VEB Schiffswerft »Neptun« in Rostock von 1977 bis 1980 zunächst eine Serie von 15 Schiffen, davon 5 für den VEB Deutfracht/Seereederei Rostock. Sie dienen dem Transport von Stückgut, Schüttgut, Holz und Containern und wurden wahlweise als Volldecker oder als Freidecker gebaut. Die Schiffe haben zwei durchlaufende Decks, eine lange Back, achtern liegenden Maschinenraum mit darüber befindlichen Aufbauten, Spiegelheck und Wulstbug.
Mehrfach modifiziert war der Typ »Neptun« bis 1984 mit 52 Einheiten einer der erfolgreichsten Frachtschiffstypen der Werft für Reedereien in 10 Ländern. Die Schiffe sind über Alles 150,20 m und zwischen den Loten 140,70 m lang und auf Spanten 21,00 m breit. Die Seitenhöhe bis Oberdeck beträgt 11,30 m. Bei einer Vermessung von ca. 9230 GT und einem Konstruktionstiefgang von 9,05 m beträgt die Tragfähigkeit 12665 t. Das Schiff hat 3 Laderäume mit einem Gesamtraum von 18277 m^3 für Schüttgut und 16950 m^3 für Stückgut. Es fährt mit 34 Mann Besatzung.
Containerstellplätze sind für 445 TEU vorhanden, davon 232 unter Deck. Die 25,92 m langen und je 7,6 m breiten Doppelluken der Laderäume 2 und 3 ermöglichen das Stauen von zwei 40 ft-Containern hintereinander und entsprechen dem Containerraster. Die Luken werden mit hydraulisch betätigten Faltdeckeln verschlossen, die im Zwischendeck für den Gabelstaplerbetrieb in Glattdeck-Bauweise ausgeführt sind. Die Umschlagausrüstung besteht je nach Wahl aus 5×40 t Zweihangerschwingbäumen bzw. 4×40 t und 1×20 t. Ein Dieselmotor des Typs K9Z 60/105 E des SKL-Magdeburg (MAN-Lizenz) mit einer Leistung von 6620 kW (9000 PS) gibt dem Einschraubenschiff eine Geschwindigkeit von 16,6 kn. Der Aktionsradius beträgt 12500 Seemeilen.

Netzleger: Kriegs-Hilfsschiff zum Auslegen von Stahlnetzen zum Schutz der Liegeplätze größerer Kriegsschiffe, Hafeneinfahrten, Buchten und Flußmündungen. Durch Signaleinrichtungen und Kopplung mit Seeminen sollen die Netzsperren das Eindringen feindlicher U-Boote behindern.

Neutrales-Schiff: in Kriegen besonders gekennzeichnetes Handelsschiff eines neutralen Staates. Im Kriegsfall haben nach dem Völkerrecht die gegnerischen Parteien der neutralen Schiffahrt Gelegenheit zu geben, die für die Versorgung des jeweiligen neutralen Landes notwendige Handelsschiffahrt bei Einhaltung bestimmter Vorschriften aufrecht zu erhalten. Es sind bestimmte Zwangswege einzuhalten, Sperrgebiete zu meiden, und die Schiffe haben sich von jeder kriegerischen Handlung fernzuhalten und dürfen keine Nachrichten oder Signale an die feindlichen Gruppierungen übermitteln. Transportiert ein neutrales Schiff Konterbande in ein feindliches Land, so kann es aufgebracht und zur Prise erklärt werden, siehe *Prisendampfer.*
Die neutralen Schiffe sind sowohl an den Schiffsseiten und an Deck deutlich zu kennzeichnen. So hatten sie im ersten Weltkrieg vorn und achtern an beiden Bordwänden eine große gemalte Nationalflagge und dazu den Namen des Landes und meistens auch den Schiffsnamen in großen, sich vom Anstrich gut abhebenden Buchstaben zu führen und beides nachts hell anzustrahlen. Auf den Lukendeckeln waren, für Flieger gut erkennbar, ebenfalls die Landesfarben aufzumalen und auf dem Peildeck oder auf dem Achterschiff war eine große Tafel oder ein entsprechendes Transparent mit dem Namen des Schiffs oder der Landesbezeichnung anzubringen.

»NEW MEXICO«: Schlachtschiff der USA zu Ende des ersten Weltkriegs. Der Bau des Schiffs wurde mit dem »Congress Act« vom 30. Juni 1914 bewilligt und der Bauauftrag am 30. Oktober 1914 erteilt. Die »NEW MEXICO« war zusammen mit der »MISSISSIPPI« und der »IDAHO« ein verbesserter Nachfolgetyp der »NEVADA«- und »PENNSYLVANIA«-Klasse. U. a. war die Vorschiffsform neu, die bis zum Anfang der 30er Jahre das äußere Kennzeichen für alle US-Schlachtschiffe, Flugzeugträger und Schweren Kreuzer werden sollte. Ursprünglich noch für einen direkten Turbinenantrieb vorgesehen, wurde die »NEW MEXICO« der Prototyp für den turboelektrischen Antrieb mit einem Melville-Macalpine-Übersetzungsgetriebe, nachdem man mit dem Versuchsobjekt »LANGLEY« gute Ergebnisse erreicht hatte.
Das 33400 t große Schlachtschiff wurde am 14. Oktober 1915 bei der Navy Yard in New York auf Kiel gelegt, lief am 23. April 1917 von Stapel und wurde am 20. Mai 1918 in Dienst gestellt. Das Schiff war 183 m lang, 29,7 m breit und hatte einen Tiefgang von 9,0 m. Die Besatzungsstärke betrug 1565 Mann.
Die Panzerstärken lagen im Deck bei 76 mm, im Seitenpanzer bis 356 mm, an den Barbetten 343 mm, Kommandoturm 406 mm und an den Geschütztürmen bis zu 457 mm. Die Bewaffnung bestand aus 12×35,6-cm- und 12×12,7-cm-Geschützen, 8×12,7-cm- und 4×5,7-cm-Flakgeschützen sowie 2 Katapulten und 3 Wasserflugzeugen. Beim turboelektrischen Antrieb waren die 2 Turbinen direkt gekuppelt mit 2 Generatoren zu je 12500 KVA bei 4242 Volt, die 4 Propellermotoren zu je 5200 kW speisten. Den Dampf lieferten 9 ölgefeuerte Kessel. Das Schiff erreichte mit dieser Anlage eine Geschwindigkeit von 21 kn. Nachteile dieser Antriebsvariante waren die größere Masse von 55 kg/WPs gegenüber 30···40 kg/WPs bei direktem Turbinenantrieb und der zusätzliche Raumbedarf.
Anfang der 30er Jahre erhielten alle Schiffe dieser Klasse bei einem Umbau 4 Westinghouse-Getriebe-Turbinen mit insgesamt 29440 kW und 4 neue White-Forster-Kessel als Ersatz für den turboelektrischen Antrieb.
Bei verschiedenen Einsätzen im zweiten Weltkrieg erhielt das Schlachtschiff im Pazifik u. a. 2 Kamikaze-Treffer. Am 19. Juli 1946 wurde die »NEW MEXICO« außer Dienst gestellt und 1947/48 in Newarck abgewrackt.

»Nordenfelt«-U-Boot: *U-Boot* mit Dampfmaschinenantrieb und Dampfspeicher für die Unterwasserfahrt nach Konstruktionsplänen des schwedischen Ingenieurs Thorsten Nordenfelt aus den Jahren 1884 bis 1888. Das erste 60-t-Boot hatte eine Spindelform von 2,74 m Durchmesser und einer Länge von 19,5 m. Das Boot lag bei Überwasserfahrt tief im Wasser, so daß es bei unruhiger See teilweise überspült wurde. Der Kessel für die Dampfmaschine von 73,6 kW (100 PS) speicherte ähnlich dem »Garrett«-U-Boot während der Überwasserfahrt überschüssigen Dampf in 2 Dampfbehältern, um ohne Feuer unter Wasser 5 Std. mit rund 3 kn fahren zu können.

Die »NORMANDIE« im Bau 1932

Über Wasser lief das Boot mit der 4flügligen Schraube 6 bis 7 kn. Zwei seitlich angeordnete vertikale Schrauben regulierten mit einem Horizontalruder die Tiefenlage. Das Boot war mit 3 Mann besetzt und hatte außenbords 2 Torpedorohre, die mit selbstangetriebenen Whitehead-Torpedos bestückt waren. Vor dem Schornstein stand ein kleines Geschütz. Das Boot wurde 1886 an Griechenland verkauft.
Nordenfelt und Garrett entwickelten 1887 gemeinsam zwei weitere 160-t-Boote für die Türkei. Sie liefen mit einer 184-kW(250 PS)-Dampfmaschine 11 kn bzw. getaucht 4,5 kn. Ein drittes, 245-t-Boot erhielt 37,5 m Länge, hatte 2 Kommandostände und war mit einzölligem Blech gepanzert. Ein anderes für Rußland gebautes Boot verunglückte auf der Überführungsfahrt im September 1888. Die weltweit in den Dampfspeicherantrieb bei Unterwasserfahrt gesetzten Hoffnungen bestätigten sich nicht. Eine befriedigende Lösung brachten erst die Energiespeicherung in Akkumulatoren und der Elektroantrieb.

Die »NORMANDIE« in Fahrt 1935

»NORMANDIE«: französisches Passagierschiff der Werft Chantiers et Ateliers de Saint Nazaire-Penhoet. Im Jahr 1935 griff die französische Reederei Compagnie General Transatlantique, auch als CGT oder TRANSAT bekannt, großzügig in den Passagierverkehr auf dem Atlantik ein, als sie die 82799 BRT große »NORMANDIE« in Dienst stellte. Die Kiellegung dieses großen Passagierschiffs war bereits im Januar 1931 und der Stapellauf am 29. Oktober 1932. Die Weltwirtschaftskrise und mehrere Streiks verzögerten jedoch die Fertigstellung des Schiffs. Die »NORMANDIE« war 313,75 m lang, 36,00 m breit und hatte einen Tiefgang von 11,60 m. Sie konnte 1975 Passagiere oder 2175 Soldaten befördern.
Der turbo-elektrische Antrieb, der in einem Maschinenraum von 170 m Länge untergebracht war, leistete 121 440 kW (165000 PS), mit denen das Schiff 31,2 kn fuhr. Die Dienstgeschwindigkeit von 28,5 kn wurde mit einer Turbinenleistung von 95680 kW (130000 PS) gefahren. Die Hilfsmaschinen erzeugten für den Schiffs- und Hotelbetrieb 3700 kW.
Gleich nach der Indienststellung im Jahr 1935 errang das Schiff das »Blaue Band« mit 29,98 kn westwärts und 30,35 kn ostwärts. Nach einer Umrüstung 1937 auf 4flüglige Schrauben gab es neue Rekorde. Die »NORMANDIE« war das erste Schiff, das die 4-Tage-Traumgrenze für die Überfahrt unterbot.
Beim Einmarsch der faschistischen Truppen in Frankreich rettete sich das Schiff nach den USA und wurde ab 1941 unter dem Namen »LAFAYETTE« als Truppentransporter vorgesehen. Am 9./10. Februar 1942 brannte das Schiff im Hafen von New York durch ein Großfeuer völlig aus und kenterte danach. Vermutliche Ursachen sind Fahrlässigkeit beim Schweißen oder absichtliche Brandstiftung. 1946 wurde das Wrack für 162000 Dollar an einen Abwracker verkauft, der 1947 die Arbeiten beendete. Von dem einst so berühmten Schiff sind nur wenige Kleinmöbel, eine Feuertür und die Dampfsirenen erhalten geblieben, die mehrere Jahre in einem Stahlwerk im US-Bundesstaat Pennsylvania das Signal zum Schichtwechsel gaben, bis sie von einem Marinehistoriker 1984 auf einem Schrottplatz entdeckt und einem Museum übergeben wurden.

Popowka »NOWGOROD« nach einer Illustration von 1876

»NOWGOROD«: erstes Rundschiff nach den Plänen des zaristischen Vizeadmirals A. A. POPOW. Nach den Verträgen von Paris wurde der Krimkrieg am 30. März 1856 beendet und das Schwarze Meer zum neutralen Seegebiet erklärt. Das zaristische Rußland hatte sich zum Schutz seiner Küste auf eine Flotte von 6 kleinen Schiffen zu beschränken. Durch die Neubauten Britanniens und Frankreichs von mehr als 10 Panzerfregatten nach 1864, der Stationierung von 2 Kampfschiffen und von Monitoren auf der Donau durch die Türkei und Österreich fühlte sich Rußland erneut an seiner Südflanke bedroht. Das russische Marineministerium beschloß daher den Bau von Panzerschiffen zur weiteren Verteidigung der Südküste. Um die Verträge einzuhalten, sollten die Neubauten ausschließlich dem Schutz des Asowschen Meers dienen, ihr Tiefgang sollte daher nicht größer als 4,3 m sein. Die Panzerung jedoch sollte die der seinerzeitigen Panzerschiffe übertreffen. Vizeadmiral A. A. Popow entwickelte dafür das Projekt eines Rundschiffs, um die gestellten Forderungen zu erfüllen. Er ging dabei von der 1868 von Elder projektierten Kreisform aus, die bei gegebenen Volumen die geringste zu panzernde Oberfläche erfordert. Die auf der Newa durchgeführten Modellversuche brachten gute Ergebnisse. Unter den Auswirkungen des preußisch-französischen Kriegs 1870/71 sah sich das zaristische Rußland nicht mehr an die Pariser Verträge gebunden und gab am 12. Oktober 1870 die Genehmigung zum Bau des ersten Popow'schen Rundschiffs. Da auf der Werft in Nikolajew zu dieser Zeit noch Voraussetzungen für den Bau des Schiffs fehlten, so beschloß das Marineministerium, den Bau vorerst in St. Petersburg zu beginnen. Die 2630 t Deplacement große »NOWGOROD« wurde als erstes *Rundschiff* am 17. Dezember 1871 in St. Petersburg auf Kiel gelegt. Das aus Eisen gebaute Rundschiff hatte einen größten Schiffsrumpfdurchmesser um 30,80 m und im ausgerüsteten Zustand einen mittleren Tiefgang von 4,02 m. Das eiserne Unterwasserschiff erhielt 12 Kiele von je 204 mm Höhe und war zur Verhinderung des Algenbewuchses mit Holz und einer Kupferbeplattung überzogen. Die Panzerstärke betrug 22,8 ··· 27,9 cm auf 7zölligem Teakholz. Die Gesamtmasse der Panzerung lag bei 760 t. Die von der Firma Baird in St. Petersburg hergestellte Maschinenanlage bestand aus 6 liegenden Zweifach-Expansionsmaschinen mit einer Leistung von insgesamt 1670 kW (2270 PS). Die Maschinen wurden von 8 Kesseln mit Dampf versorgt, der maximale Kohlevorrat betrug 203 t.

Geschützter Kreuzer »NOWIK«, 1899/1900 für die russische Marine bei Schichau erbaut

Nach der Fertigstellung des Schiffskörpers wurde er zerlegt und mit der Bahn nach Nikolajew transportiert. In Nikolajew begann am 29. März 1873 die Endmontage, die schon am 21. Mai 1873 beendet war. Die Maschinenanlage wurde auf dem Wasserwege durch den Dampfer »ZÄSAREWITSCH« nach Nikolajew gebracht. Mit seinen 6 Schrauben erreichte das Schiff auf der Probefahrt maximal 7,5 kn.
Am 2. September 1873 wurde die »NOWGOROD« zum Aufbau der beiden 28-cm-Hinterladerkanonen in einem oben offenen Barbetteturm nach Sewastopol überführt. Die Besatzung bestand aus 150 Mann. Die Gesamtbaukosten des Schiffs sollen 3 Mill. Rubel erfordert haben; siehe auch *»Popowka«*, *»VIZEADMIRAL POPOW«* und *»LIVADIJA«*.

»NOWIK«: russischer Kleiner Kreuzer. Der Kleine Kreuzer von 3000 t Deplacement wurde 1899/1900 bei Schichau gebaut. Er war über Alles 109,8 m und zwischen den Loten 106,0 m lang; 19,2 m breit und hatte einen Konstruktionstiefgang von 5,0 m. Mit einer Maschinenleistung von 13248 kW (18000 PSi) erreichte er 25,4 kn. Der Kohlevorrat war normal 300 t und maximal 600 t. Der Maximalvorrat reichte bei 10 kn Fahrt für 5000 Seemeilen.
Die Bewaffnung bestand aus 6×12-cm- und 6×4,7-cm-Schnellfeuerkanonen sowie aus 2×3,7-cm-Maschinenkanonen, 3 Maschinengewehren und 6 Torpedorohren. Das Deck hatte einen Deckspanzer von 3···5 cm Dicke. Der Kreuzer ist bei den ersten Gefechten am 28. Juli 1904 noch vor der Schlacht bei Tschuschima am 27./28. Mai 1905 gesunken. Er wurde im Juli 1906 gehoben und als japanischer Kreuzer »SUZUYA« wieder in Dienst gestellt.

Nuklearschiff: siehe *Kernenergie-Schiff*

O

OBC-Frachter: Abkürzung für Ore-Bulk-Container-Frachter, demzufolge ein modernes Universal-Doppelhüllen-Frachtschiff für Erze (Ore), Allgemeine Schüttgüter (Bulk), Container und Stückgüter. Der Schiffstyp stellt eine Weiterentwicklung des traditionellen Mehrzweck-Trockenfrachtschiffs mit einem für den Erztransport verstärkten Schiffskörper sowie für den Containertransport geeigneten Laderäumen und großen

Modell des OBC-Universalfrachtschiffs; 24000 t DW, der Mathias-Thesen-Werft, Wismar, für Erz, Allgemeines Schüttgut/Stückgut und Container

Luken dar, auf denen ebenfalls Container gefahren werden. Bevorzugte Schiffsgrößen liegen bei 20000···25000 t DW sowie zwischen 30000 und 40000 t DW. Die größten OBC-Typen haben Tragfähigkeiten um 60000 t DW, ihre Breite ist wegen der Panamakanaldurchfahrt mit 32,2 m begrenzt. Zur ersten Gruppe gehört der in der Mathias-Thesen-Werft in Wismar von 1972 bis 1985 in einer Serie von mehr als 30 Schiffen gebaute OBC-Frachter von 24000 t DW.
Das Schiff ist über Alles 178,00 m und zwischen den Loten 167,40 m lang; 22,86 m breit und geht bis zum Freibordtiefgang 10,09 m tief. Die Seitenhöhe bis Hauptdeck beträgt 14,00 m und die Vermessung 14400 BRT bzw. 9700 NRT. Für den Erztransport in allen 5 Laderäumen ist der Schiffskörper besonders verstärkt. Bei schwerer Erzladung werden die Laderäume 1, 3 und 5 beladen, und die volle Tragfähigkeit bis zum Freibordtiefgang wird bei leeren Laderäumen 1 und 4 erreicht. Bei gemischter Ladung aus schweren und leichten Erzen oder Getreide können alle 5 Laderäume mit ihrem Gesamtvolumen für 24000 m^3 genutzt werden. In der Containerfahrt sind Stellplätze für 863 TEU vorhanden, davon 400 unter Deck und 463 an Deck. Außer Allgemeinem Stückgut kann entsprechend der Laderaumlänge Langgut und Stammholz in den Räumen und an Deck gefahren werden.
Mit einem langsamlaufenden Zweitakt-Kreuzkopfmotor von 8240 kW beträgt die Dienstgeschwindigkeit 15,5 kn.

OBO-Frachter: kombinierter Schiffstyp für schüttfähiges Trockenfrachtgut wie Erz (Ore) und Allgemeines Schüttgut (Bulk) sowie Flüssigfracht von Erdöl (Oil). Im Unterschied zum *Ore-Oil-Carrier* sind größere Laderäume für leichtere Schüttgüter wie Kohle, Getreide, Düngemittel u. a. vorhanden. In der Erzfahrt werden die Trokkenguträume alternierend beladen, so daß ein Teil der Laderäume leer bleibt.

»OCEAN«: französisches Linienschiff um 1870, Panzerschiff mit Zentralbatterie. Das Panzerschiff war eine Konstruktion von DUPUY DE LÔME; es wurde 1876 in Brest auf Kiel gelegt. Der Stapellauf des 7480 t großen, aus Holz ge-

Das französische Linienschiff »OCEAN« um 1880

bauten Schiffs fand 1868 statt. Die Bewaffnung bestand aus 4×27-cm- und 6×24-cm-Geschützen (nach anderen Quellen 4×27-cm- und 4×19-cm-Geschütze) französischen Fabrikats, die zum Teil auf Drehscheiben in über der Bordwand vorspringenden Türmen standen. Auffällig waren auch die mit Brustwehr versehenen Gefechtsstationen in den Masten, die durch einen Panzerdeckel geschützten Ankerklüsen und die am Vorschiff angebrachten Spieren zum Aufspannen des Torpedofangnetzes. Durch die Einführung von Geschützen stärkeren Kalibers in den Kriegsflotten der verschiedenen Staaten wurde bei diesem Schiff die Panzerdicke bis auf 20 cm verstärkt. Vor allem der Gürtelpanzer, die Kasematten und die Barbettetürme wurden stärker geschützt. Die Dampfmaschinenanlage leistete 2870 kW (3900 PSe) und verlieh dem Schiff eine Geschwindigkeit von 14 kn. Für längere Reisen unter Segel war das Schiff als Dreimaster getakelt.

»OCEANIC«: britischer Passagierdampfer um die Jahrhundertwende. Der Doppelschrauben-Passagierdampfer »OCEANIC« wurde 1899 für die White Star Line gebaut und noch im gleichen Jahr in Dienst gestellt. Der Bau gehörte zu den staatlich subventionierten Schiffen, die dafür im Kriegsfall als Hilfskreuzer beschlagnahmt und eingesetzt werden konnten.
Das 17272 BRT (6917 NRT) große Schiff mit einem Deplacement von 28500 t war über Alles 215 m und zwischen den Loten 208,73 m lang, 20,82 m breit und besaß einen Tiefgang von 13,6 m. Erst mit diesem Schiff wurde Brunels *»GREAT EASTERN«* um 4 m in der Länge übertroffen. Die beiden Dampfmaschinen leisteten insgesamt 19872 kW (27000 PS) und arbeiteten mit einem Dampfdruck von 15 atü (1,6 MPa). Das

Mit der »OCEANIC« wurde erst 1899 Brunels »GREAT EASTERN« in der Schiffslänge übertroffen

Doppelschraubenschiff erreichte damit eine Dienstgeschwindigkeit von 19 kn und bei Überlast max. 20,7 kn.

»Offenes« Schiff; *All-Luken-Schiff, all-hatch ship:* modernes Trockenfrachtschiff, bei dem die Lukenbreite bis 80 % und mehr der Schiffsbreite beträgt. Die Luken reichen dann bis dicht an die Bordwand (1,0 bis 1,5 m) und auch an die Querschotte (1,0 bis 1,5 m) heran. Das Deck ist damit weitgehend »geöffnet« und die Laderäume haben nur geringen Unterstau. Das Schiff hat somit günstige Umschlageigenschaften für spotloading, d. h. zum Absetzen der Ladung am endgültigen Platz ohne Quertransport und ohne zusätzliche Stauarbeit. Bevorzugt werden »Offene« Schiffe mit Zentralluken bis zu Lukenbreiten von 16 · · · 20 m. Bei parallelen Doppelluken oder bei 3 Luken nebeneinander wird häufiger zwischen den Luken ein schmaler Längsträger, Längsherft genannt, als kastenförmig gestalteter Decksverband angeordnet.
Außer der Form und den Abmessungen der Luken weisen »Offene« Schiffe verschiedene Besonderheiten auf. Dazu zählt die Doppelhülle, siehe *Doppelhüllenschiff*, in der Seitentanks und Betriebsgänge untergebracht sind. Nachteile der »Offenen« Schiffe sind die größere Schiffseigenmasse, die Notwendigkeit der Beheizung von Seitenhochtanks bei tiefen Außentemperaturen, eine geringe Seitentankbreite und die notwendige Verbindung zwischen den bordseitigen Tanks, um eine nichtsymmetrische Flutung bei Havarien zu vermeiden. Ein weiteres Merkmal sind die Haupt- und Formparameter sowie die Vorschiffs- und Hinterschiffsformen. Trotz der höheren Baukosten werden transport- und energieoptimale »offene« Schiffe bevorzugt.

Offshore-Fahrzeug; *Offshore-Technik, Meerestechnik:* Sammelbezeichnung für in Küstennähe oder im Schelfgebiet eingesetzte Schiffstypen, Geräte und Anlagen zur Erkundung und Nutzung von Öl-, Gas-, Kohle- und Erzvorkommen aus dem Meeresuntergrund, wie *Bohrinseln, Bohrinselversorger* u. a.

Öl-Abschöpfschiff: Hilfsschiff zum Absaugen des auf der Wasseroberfläche schwimmenden Öls aus Leckagen oder Havarien in Ölhäfen, auf Flüssen oder vor den Küsten und auf hoher See. Die verschiedenen Konstruktionen in Katamaran-Bauweise oder durch ausschwenkbare Leitflächen bewirken eine über die übliche Schiffsbreite hinausgehende Verbreiterung der Absaugfläche, so daß bei langsamer Fahrt eine möglichst breite Fläche abgesaugt wird. Das durch Förderpumpen in das Schiff gebrachte Öl-Wassergemisch wird durch leistungsstarke Separatoren (Zentrifugen) separiert und das Öl in spezielle Ölbunker befördert. Wegen der aufwendigen ständigen Unterhaltung solcher ausschließlich für die Beseitigung von Ölverschmutzungen einsetzbaren Schiffe und der durch die Ölaufnahmetanks bedingten Größe gibt es verschiedene Konstruktionen, bei denen die Ölaufnahme und Separierung mit einem einfachen Ölprahm erfolgt, der durch ein Schubschiff oder einen Schlepper manövriert wird.

Ölschlengel, *Pontonschlengel:* aus Pontons oder Schläuchen gebildete schwimmende Absperrung gegen Ölausbreitungen auf Gewässern. Aus festen Pontons bestehende Öl- oder Pontonschlengel werden aus einzeln schwimmfähigen und begehbaren Pontons an den Stirnseiten dicht zusammengekoppelt und können auch zur Eingrenzung von Ölbränden auf dem Wasser eingesetzt werden. Flexible Ölschlengel bestehen aus schlauchartig beschichteten Synthesefasergeweben. Sie können bei Bedarf schnell ausgebracht und mit Luft aufgeblasen werden. Ölschlengel werden i. allg. als Sicherungsgürtel bei Ölumschlag-Anlagen verwendet.

Öltanker: siehe *Tanker*

Olympia-Tankerklasse: Bezeichnung für eine Serie von 16 Tankern von 21850 t Tragfähigkeit, die noch vor dem Bau von Großtankern (siehe *Tanker*) für den seinerzeit weltbekannten griechischen Tankerreeder Aristotle Socrates Onassis gebaut wurden.

OMGUS-Schiff: Abkürzung für »Office of the Military Government United States« als Bezeichnung für Schiffe, die nach den Reparationsabkommen 1952 den USA zugesprochen wurden, aber in Deutschland belassen oder an die BRD verchartert wurden.

Ore-Bulk-Containerschiff: siehe *OBC-Frachter*

Ore-Coal-Carrier: kombinierter *Bulker* für den Erz- (Ore) und Kohle-(coal)transport, siehe *Kohle-Erzfrachter*. Die unterschiedliche Dichte von Erz und Kohle bedingt spezielle Gestaltungen der Laderäume. Während die früheren Erz-Kohlefrachter für die Erzfahrt mit Einbauten versehen wurden, ist bei modernen Schiffen aus Stabilitäts- und Festigkeitsgründen die alternierende Beladung üblich, bei der zur Nutzung der vollen Tragfähigkeit abwechselnd ein Laderaum beladen und der angrenzende Raum nicht beladen wird.

Ore-Oil-Carrier: kombinierter *Bulker* für den Erz- und Öltransport, siehe *Erzfrachter* und *Tanker*. Diese kombinierten Schiffstypen sollen entweder die bei der reinen Erz- oder Ölfahrt in einer Fahrtrichtung unvermeidlichen Leerfahrten vermeiden oder flexibler entweder in der Erz- oder Ölfahrt einsetzbar sein. Da für die Erzfahrt wegen der Ladungsdichte nur relativ kleine Laderäume in günstiger Höhenlage erforderlich sind, werden die Öltanks unterhalb und seitlich von den Erzladeräumen angeordnet, Bei einigen Typen kann in der Ölfahrt auch der Erzraum als zusätzlicher Tankraum genutzt werden.

Ortungsschiff, *Satelliten-Ortungsschiff:* siehe *Forschungsschiff*

Ortungs-Schulschiff: *Ausbildungsschiff* bzw. Schulschiff zum Training an Meßgeräten und elektronischen Ortungsgeräten von Kriegsschiffen.

»OSIRIS«: Fracht- und Passagierdampfer. 1889 baute Blohm & Voss den ersten Dampfer »OSIRIS« von 97,85 m Länge, 11,58 m Breite und 2638 BRT. Das durch eine Dreifach-Expansionsmaschine von 957 kW (1300 PS) angetriebene Schiff fuhr ab 1901 als »SOMALI« bei der Deutsch-Ostafrika-Linie zwischen Ostafrika und Bombay. Es wurde am 30. November 1914 im Rufidji-Delta in Brand geschossen.
1902 baute Blohm & Voss in Hamburg für die »Deutsche Dampfschiffahrts-Gesellschaft-Kosmos«, Hamburg unter Baunummer 162 einen größeren Fracht- und Passagierdampfer »OSIRIS« von 5952 BRT (3814 NRT). Das Schiff war 125,20 m lang und 15,51 m breit. Ausgerüstet mit einer Dreifach-Expansionsmaschine mit einer Leistung von 2061 kW (2800 PSi) erreichte das Schiff eine Geschwindigkeit von 10 kn. 1914 auf der Reede von Daressalam liegend, wurde das Schiff mit 1200 t Kohle beladen, erhielt die Funkstation des gesprengten Vermessungsschiffs *»MÖWE«* und diente danach dem Kreuzer »KÖNIGSBERG« als Begleit- und Kohleschiff. Die letzte Kohleabgabe an die »KÖNIGSBERG« war bei der Insel Aldabra nordwestlich von Madagaskar kurz vor der Vernichtung des Kreuzers. Das Schiff wurde 1920 nach Antwerpen ausgeliefert und erhielt den Namen »PAYS DE LIEGE«.

»OTTO HAHN«: Kernenergie-Versuchsschiff der BRD. Ende 1962 wurde von der staatlich geförderten BRD-Gesellschaft für Kernenergie bei den Kieler Howaldtswerken-Deutsche Werft AG das Kernenergie-Frachtschiff »OTTO HAHN« in Auftrag gegeben. Kiellegung war am 17. September 1963 und Stapellauf am 13. Juni 1964. Die Baukosten beliefen sich auf 55 Mill. Mark, davon entfiel etwa die Hälfte auf die Reaktoranlage. Am 11. Oktober 1968 wurde das Schiff von der »Gesellschaft für Kernenergieverwertung in Schiffbau und Schiffahrt mbH« in Hamburg/Geesthacht in Dienst gestellt.
Das 16870 BRT und 7258 NRT große, als Erz-

Deutsches Kernenergie-Versuchsschiff »OTTO HAHN«

frachter konzipierte Schiff hat eine Länge über Alles von 172,02 m und zwischen den Loten von 157,00 m, eine Breite von 23,40 m und eine Seitenhöhe bis zum Hauptdeck von 14,50 m. Der Tiefgang beträgt 9,20 m, das Deplacement 25812 t und die Tragfähigkeit 15000 t DW. Die 6 Laderäume haben ein Volumen von 13328 m^3. Die Besatzung bestand seinerzeit aus 73 Mann sowie 36 Mann Forschungspersonal.
Das Schiff erhielt einen, als »Fortschrittlichen Druckwasserreaktor« bezeichneten Dampferzeuger der Deutschen Babcock & Wilcox Dampfkesselwerke AG; Oberhausen/ Internationale Atomreaktorenbau GmbH; Bensberg. Die Reaktoranlage hatte eine thermische Leistung von 38000 kW. Zur Kernladung gehörten 16 Brennelemente aus Urandioxyd mit einer Kernhöhe von 1,12 m und einer Gesamtmasse von 2,95···2,98 t. Der Sicherheitsbehälter war 13,10 m hoch und hatte einen Durchmesser von 9,50 m. Die Masse der Gesamtreaktoranlage mit 50···60 cm starker Betonabschirmung lag bei 2185 t. Mit einer Kernbrennstoffbestückung konnte das Schiff bis zu 500 Tagen fahren. Innerhalb von 25000 Betriebsstunden wurden 24 kg Uran verbraucht. Die äquivalente Heizölmenge hätte etwa 40000 t betragen. Mit einer Turbinenleistung von 8096 kW bzw. 11000 PS Wellenleistung erreichte das Schiff 15,75 kn. Auf 126 Reisen legte die »OTTO HAHN« insgesamt 642000 Seemeilen zurück, beförderte 776000 t Ladung und verbrauchte dabei 80 kg spaltbares Uran. Nach Sammlung aller Betriebserfahrungen wurde am 12. Dezember 1978 die Stillegung der »OTTO HAHN« beschlossen und das Schiff im Januar 1979 außer Dienst gestellt. Die Stillegungs- und nuklearen Entsorgungskosten waren sehr hoch, sie betrugen für die 3 Liegejahre 22 Mill. Mark. 1982 wurde das Schiff daher nach Ausbau der Reaktoranlage für 2 Mill. Mark an die Rickmers-Reederei GmbH in Bremerhaven verkauft und nach Umbauten zu einem Containerschiff mit konventionellem Dieselmotorenantrieb Ende 1983 wieder in Fahrt gesetzt.

»OZEAN«: Serien-Frachtschiffstyp des VEB Warnowwerft Warnemünde. Von diesem Schiffstyp, der für den Transport von allgemeinem und schwerem Stückgut in gemäßigten und tropischen Zonen geeignet ist, baute die Werft von 1970 bis 1980 insgesamt 35 Schiffe für verschiedene Reeder in Frankreich, VR China, SR Rumänien, SFR Jugoslawien und für die ČSSR. Zum Basistyp »OZEAN« gab es weitere Mehrzweckfrachter-Varianten, die sich in den Hauptabmessungen unterscheiden. Die mit 9160 BRT und 5063 NRT vermessenen Schiffe besitzen eine Tragfähigkeit von 13620 t. Sie sind über Alles 152,75 m lang, auf Spanten 20,30 m breit und haben bei 11,90 m Seitenhöhe bis zum Hauptdeck einen Tiefgang vollbeladen von 9,32 m. Die Schiffe haben 2 durchlaufende Decks und 5 Laderäume für Schüttgut 16610 m^3, Stückgut 15464 m^3, Kühlladung 784 m^3 und Verschlußladung 585 m^3. 600 t Ladung können an Deck gefahren werden. Die Umschlagausrüstung besteht aus acht 5/10-t-Ladebäumen, drei 20-t-Ladebäumen System Velle, einem durchschwenkbaren 80-t-Schwergutbaum sowie einem 5/3,2-t-Bordwippkran. Die Luken sind mit hydraulisch betätigten Falt- und Klappdeckeln verschlossen. Zum Umschlag palettierter Ladung erhielt die Bb-Seite 3 Seitenpforten mit Laufkatzen.
Als Hauptantriebsanlage dient ein 8240-kW-Zweitakt-Dieselmotor vom Dieselmotorenwerk Rostock, Typ K 8Z 70/120 E (Lizenz MAN), der auch von der Brücke aus gefahren werden kann. Das Einschraubenschiff fährt 18,3 kn. Die Aktionsweite beträgt 11500 Seemeilen.

P

»PACIFIC«: Rad-Postdampfer der nordamerikanischen Collins Line. Der Segelschiffsreeder Edward Knight Collins aus New York ließ 1850 seine ersten Dampfer bauen, um durch Konkurrenz zur britischen Cunard-Line die »Cunard-Schiffe aus dem Atlantik herauszudampfen«. Die Schiffe sollten die Passage von New York nach Europa in weniger als 10 Tagen bewältigen. Gefördert durch einen amerikanischen Postvertrag, gründete er mit Geschäftsfreunden die »United States Mail Steam Ship Company«, die danach als Collins-Line bekannt wurde. Laut Vertrag sollte Collins mit 5 Schiffen einen wöchentlichen Dienst zwischen New York und Liverpool aufbauen. Für die Postbeförderung sollte er pro Reise bis zu 33000 Dollar erhalten. Zum Einsatz kamen die Schiffe »ATLANTIC«, »PACIFIC«, »ARCTIC« und »BALTIC«.
Die »PACIFIC« wurde 1850 bei Brown & Bell in New York gebaut. Das mit 2860 BRT und 1559 NRT vermessene Schiff war über Alles 91,4 m und zwischen den Loten 86,0 m lang, im Schiffskörper 13,7 m und über beide Radkästen 22,3 m

breit. In seinen 3 Decks gab es bereits einen Rauchsalon, einen Frisiersalon, Badekabinen, Dampfheizung und eine elektrische Klingel, um den Steward zu rufen. Um den schwarzen Rumpf ging ein rotes Band, ebenso war der schwarze Schornstein ein beabsichtigter Gegensatz zu den Schornsteinfarben der Cunard-Line. Die Zweizylinder-Seitenhebelmaschine mit einer Leistung von 1472 kW (2000 PSi) stammte aus den Allaire Works in New York. Der tägliche Kohleverbrauch betrug 87 t. Die Kohle wurde bereits durch mechanisch betriebene Eimer von den Bunkern vor die Kessel gefahren.
Die Jungfernfahrt von New York nach Liverpool begann am 15. Mai 1850. Im Mai 1851 fuhr die »PACIFIC« von New York nach Liverpool in 9 Tagen, 20 Std. und 10 Min. mit einer Durchschnittsgeschwindigkeit von 13 kn und errang damit das »Blaue Band«. Im Krimkrieg 1854 wurden alle Cunard-Schiffe für Truppentransporte beschlagnahmt und die Collins-Schiffe übernahmen den Postverkehr. Am 23. Januar 1856 ging die »PACIFIC« mit 240 Passagieren von Liverpool aus auf eine weitere Reise nach New York und ist seitdem verschollen.

Die »PACIFIC« der Collins-Line fuhr 1851 in 9 Tagen, 20 Std. und 10 Min. über den Atlantik, Linie New York – Liverpool. Anfang 1856 verließ das Schiff den Hafen von Liverpool und ist verschollen

Paketboot: erste Postschiffe für die regelmäßige Transatlantik-Postbeförderung. Das erste Paketboot mit regelmäßigen Abfahrten speziell für den Posttransport ging im Februar 1836 auf Initiative des Reeders Robert Miles Sloman von Hamburg nach New York, ab 1837 fuhr alle 14 Tage je ein Schiff ab. Die zu befördernden Briefe und Postsendungen wurden seinerzeit nicht wie heute in Postsäcken, sondern zu Paketen gebündelt verschifft, so daß die Bezeichnung Paketboot durchaus die Art der Ladung ausdrückte. Die ursprünglich nur auf die Sloman-Segler bezogene Bezeichnung wurde auch auf die ersten *Postdampfer* übertragen.

Palettenschiff: *Stückgutfrachtschiff* für spezielle Güter wie Papierrollen, Fässer u. a., die zur Rationalisierung des Umschlags vorwiegend auf Palettenuntersätzen verschifft werden. Die Stauung, Be- und Entladung der Laderäume geschieht durch Vertikalumschlag, unterstützt durch Gabelstapler. Mit der allgemeinen Einführung des Containers (siehe *Containerschiff*) hat das Palettenschiff an Bedeutung verloren.

Panmax-Schiff: ein Schiff mit den Maximalabmessungen, die noch die Fahrt durch den Panamakanal gestatten. Der 1914 eröffnete Panamakanal verbindet mit seiner Länge von 44 Seemeilen den Atlantischen Ozean mit dem Pazifischen Ozean, wobei die höchste der insgesamt 6 Schleusen 26 m über dem Meeresspiegel liegt. Die schiffbare Wassertiefe beträgt 12,80 m, und die Breitenbegrenzung der Schiffe liegt wegen der Schleusenbreiten bei 32,2 m.

»PANTHER«: durch seinen Einsatz 1911 berüchtigtes Dampfkanonenboot der Kaiserlichen Marine vom Typ ILTIS. Das *Kanonenboot* wurde von 1900 bis 1902 auf der Kaiserlichen Werft in Danzig als Querspant-Kompositbau mit Münzmetallbeschlag gebaut. Die Baukosten beliefen sich auf 1,675 Mill. Mark. Stapellauf war am 1. April 1901 und die Indienststellung

S. M. S. »PANTHER«, Kanonenboot der kaiserlichen Marine

am 15. März 1902. Das mit 1193/977 t vermessene Boot war über Alles 66,9 m und zwischen den Loten 64,1 m lang; 9,70 m breit und hatte 3,54/3,62 m Tiefgang. Die Besatzungsstärke betrug 130 Mann, und die Bewaffnung bestand aus 2 × 10,5-cm-Schnellfeuerkanonen und 6 Maschinenkanonen. Angetrieben wurde das Kanonenboot durch 2 Dreizylinder-Dreifach Expansionsmaschinen mit einer Gesamtleistung von 1017 kW (1382 PSi), mit der es 13,7 kn fuhr. Den Dampf erzeugten 4 Marine-Kessel mit je 4 Feuern bei 0,14 MPa (13 atü). Bei einem Kohlevorrat von 283 t konnten mit 9 kn 3080 Seemeilen gedampft werden. Nach seiner Indienststellung war das Kanonenboot bis 1914 im Ausland eingesetzt. 1911 kam es mit der provokatorischen Entsendung des Kanonenboots »PANTHER« und des Kleinen Kreuzers »BERLIN« am 1. Juli in den marokkanischen Hafen Agadir zur sog. »zweiten Marokkokrise«. Diese als »Panthersprung« in die Geschichte des deutschen Imperialismus eingegangene Aktion sollte die Interessen deutscher Monopole an Rohstoff- und Profitquellen in Marokko gegenüber Frankreich unterstreichen. Schon während der ersten Marokkokrise 1905/06 hatten sich die Spannungen zwischen den Großmächten verstärkt, nun verschärften sie sich außerordentlich. Die Marokkokrisen waren somit Schritte zur Vorbereitung auf den ersten Weltkrieg. Während des Kriegs diente der »PANTHER« dem Küstenschutz und von 1921 bis 1926 der Reichsmarine für Vermessungsarbeiten. Am 31. März 1931 wurde das Schiff aus der Flottenliste gestrichen, für 37000 Mark auf Abbruch verkauft und in Wilhelmshaven abgebrochen.

Panzerbatterie: siehe *Panzerschiff*

Panzerdeck-Schiff: um die Jahrhundertwende Bezeichnung für ein *Panzerschiff*, das außer dem seinerzeit allgemein üblichen Wasserliniengürtel- und Turmpanzer ein oberhalb der Wasserlinie liegendes, aber nicht so dick gepanzertes Deck hatte. Das Panzerdeck war ein über das ganze Schiff durchlaufendes Deck. Es sollte die Munitionskammern sowie die Maschinen- und Kesselanlagen gegen Einschläge von oben schützen und war nur durch Niedergänge, Munitions- und Kesselschächte durchbrochen.

Panzerdrehturmschiff: siehe *Turmschiff*

Panzerfregatte: siehe *Panzerschiff* und *»GLOIRE«*

Panzerkanonenboot: siehe *Kanonenboot*

Panzerkorvette: siehe *Korvette* und *Panzerschiff*

Panzerkreuzer: um die Jahrhundertwende für Aufklärungs- und Handelskrieg konzipierter schneller, gepanzerter Kreuzer. Die Vorgängertypen des Panzerkreuzers waren die *Panzerkorvette* und *Panzerfregatte*. Der Panzerkreuzer entstand in Vorbereitung von Kampfhandlungen auf größeren Gefechtsdistanzen und im Auslandseinsatz in Kolonien. Besonders wichtig war die Schnelligkeit, mit der man in kurzer Zeit auf den Weltmeeren alle Schiffahrtswege abzuschneiden gedachte. Zunächst baute Rußland die schnelle Panzerfregatte *»GENERAL-ADMIRAL«*, die 1873 von Stapel lief und allgemein als der erste Panzerkreuzer der Welt gilt. Dieses Schiff besaß bei leichter Panzerung und Bewaffnung eine ausreichende hohe Geschwindigkeit und eine größere Seeausdauer. Mit ihm war ein Grundstein zur modernen Kreuzerentwicklung gelegt. Dieser Typ fand schnell in der britischen und französischen Marine Nachfolger, ohne jedoch vorerst die größere Kampfkraft des »GENERAL-ADMIRAL« zu erreichen. Von nun an waren jedoch die hohe Geschwindigkeit, dazu ein leichter Gürtelpanzer, gepanzerte Munitionskammern und leichte Schutzschilde für die Geschütze oder Kasematten bzw. Türme, die unter Panzerschutz standen, allgemein üblich. Vor allem Frankreich förderte den Bau schneller Kreuzer mit großem Fahrbereich, die im Kriegsfall gegen die britischen, aus Übersee kommenden Konvois operieren und so stark gemacht werden sollten, daß sie der Konvoi-Sicherung überlegen waren. So entstand als erster der Panzerkreuzer »DUPUY DE LOME«, der jahrzehntelang als das ideale Vorbild für diese Schiffstypen galt. Obwohl dieses Schiff in seiner Bauform ein Einzelgänger blieb, so folgten doch andere Nationen dieser Entwicklung oder ließen sich den Bau von Panzerkreuzern mehr oder weniger aufzwingen. Nur die Engländer gingen eigene Wege und entwikkelten in der Zwischenzeit den Großen Geschützten Kreuzer, und erst 1899 lief in Großbritannien ein erster Panzerkreuzer von Stapel.
Bald stellte der Panzerkreuzer eine kleinere Variante des schwerbestückten Linienschiffs dar, dem aber noch für die ihm zugedachten Aufgaben die nötige Geschwindigkeit fehlte, die erst ab etwa 1890 schrittweise gesteigert werden konnte. Damit erlangte der Panzerkreuzer einen größeren Wert für die operative Verwendung innerhalb der Flotte. Man verwendete ihn zunehmend für die Belange des Aufklärungsdienstes. Frankreich betrachtete demgegenüber den Panzerkreuzer weiterhin als das Hauptmittel im Handelskrieg und forderte einen möglichst großen Fahrtbereich und eine Geschwindigkeit von mindestens 24 kn. Ähnliche Ansichten wie Frankreich vertrat auch die US-Marine.
Die deutsche Marine war dem französischen Vorbild zunächst gefolgt, dann aber zum Aufklärungs-Panzerkreuzer übergegangen. Hier hießen sie jedoch *Großer Kreuzer* und diese Bezeichnung wurde auch noch beibehalten, als die Entwicklung bereits zum Schlachtkreuzer fortgeführt war. Die Großen Kreuzer *»SCHARNHORST«* und *»GNEISENAU«* waren vor dem ersten Weltkrieg typische Vertreter dieser Klasse.
In drei Kriegen, dem japanisch-chinesischen Krieg 1894/95, dem spanisch-amerikanischen Krieg 1898 und dem russisch-japanischen Krieg 1904/1905, waren bereits mit dem Panzerkreuzer Erfahrungen gesammelt worden. Jedoch in keinem dieser Kriege wurde der Panzerkreuzer als Aufklärer vor dem Gros der Flotte oder im Handelskrieg eingesetzt. Er trat in allen Seeschlachten gewissermaßen als ein »Schlachtschiff zweiten Ranges« auf. Die Japaner zogen als erste daraus die Lehren, armierten die auf Kiel liegenden Schiffe stärker und entwickelten so eine weitere Vorstufe zum Schlachtkreuzer. Der Panzerkreuzer verschwand allmählich aus den Kriegsflotten, siehe auch *Panzerschiff*.
Um 1906 erfuhr der Panzerkreuzer durch den noch größeren britischen »Dreadnought« Linienschiffstyp erneute Veränderungen und wurde ebenfalls als »Großer Kreuzer« und danach als »Schlachtkreuzer« bezeichnet. Der Dreadnought beeinflußte somit auch die Entwicklung zum Schlachtkreuzer. Nach dem ersten Weltkrieg wurde die Bezeichnung Panzerkreuzer nicht mehr verwendet.
Die im deutschen Sprachgebrauch verwurzelte Bezeichnung »Panzerkreuzer« wurde auch publizistisch zur Bewilligung der Mittel für das Panzerschiff »LÜTZOW« ex *»DEUTSCHLAND«* im Reichstag benutzt; siehe auch *»ADMIRAL GRAF SPEE«*.

Panzerschiff: Kriegsschiff, das durch einen Panzer gegen Artillerie, Torpedo- und Minentreffer besonders geschützt ist. In den USA begann man bereits 1842 und in Britannien 1849 vereinzelt, Kriegsdampfer mit Eisenplatten zu panzern. Für den Krimkrieg (1853 bis 1856) ließ die französische Marine zur Beschießung der russischen Befestigungen am Asowschen Meer gepanzerte schwimmende Batterien mit Dampfantrieb und Schaufelrädern bauen. Sie erhielten einen Eisenpanzer von etwa 10 cm Dicke, der von den kugelförmigen Eisengeschossen der russischen Geschütze nicht mehr durchschlagen wurde. Nach dem erfolgreichen Einsatz dieser »Panzerbatterien« wurde die Panzerung auch für größere Kriegsschiffe eingeführt.
In Auswertung des Krimkriegs baute Frankreich als erstes Land 1859 mit der *»GLOIRE«* die erste Panzerfregatte, die mit einem 10 ··· 12 cm dicken Gürtel-Plattenpanzer aus Eisen versehen war. Trotz des Dampfantriebs wurde die Besegelung vorerst noch beibehalten, bis etwa um 1885 eine allgemeine Takelungsreduzierung einsetzte. Die Panzerung hatte eine Masse von 810 t und wurde auf die verstärkte Holzbeplankung aufgeschraubt. Britannien folgte unverzüglich mit dem eisernen »WARRIOR«, dessen Panzerung sich aus Gewichtsgründen nur über die Schiffsmitte erstreckte.
Häufig bestand der Panzerschutz der frühen Panzerschiffe aus einer dicken Lage Teakholz und aufgeschraubten Eisenplatten. Man wählte zwischen einem Gürtelpanzer, der den Schiffsrumpf im Bereich der Schwimmlinie umgab und der alleinigen Panzerung der in einer Zentralbatterie zusammengefaßten schweren Geschütze. Durch zusätzliche Abschirmung nach vorn und achtern entstand daraus der Kasemattpanzer. Ein Horizontalpanzer in Höhe der Wasserlinie schützte das Unterwasserschiff gegen schräg einfallende Geschosse, und der Zitadellpanzer bezog funktionswichtige Anlagen wie Maschinen, Kessel und Munitionsräume mit ein.
Im amerikanischen Bürgerkrieg 1861 bis 1865 besaßen beide Parteien erste gepanzerte Kriegsschiffe, von dem der *»MONITOR«* mit seinen gepanzerten und drehbaren Geschütztürmen zum Typschiff einer ganzen Klasse von Nachfolgern in fast allen Marinen wurde.
Die ersten Panzerfahrzeuge der Preußischen Marine waren die nicht sehr seetüchtigen Panzerschiffe *»PRINZ ADALBERT«* und die 1864 aus Britannien angekaufte *»ARMINIUS«*. Es war eine Art Monitor mit einer Panzerstärke von

Panzerschiff »LE HOCHE«

12,5 cm und einem Rammsporn. Es folgten die Panzerfregatten »PRINZ FRIEDRICH KARL«, »*KRONPRINZ*« und schließlich »KÖNIG WILHELM«, das mit einem 30,5-cm-Gürtelpanzer seinerzeit das größte und stärkste Panzerschiff der Welt war. Entsprechend den damaligen Ansichten über die strategischen Aufgaben von Heer und Marine entstanden *Panzerfregatten*, *Panzerkorvetten* sowie *Panzerkanonenboote*.
Die wechselseitige Entwicklung von Artillerie und Panzerung führte zum Übergang vom *Breitseitenschiff* und *Kasemattschiff* zum *Turmschiff*. Da die Geschütztürme auf Deck angeordnet wurden, konnten die tiefer gelegenen Geschützpforten entfallen, und die Schiffe wurden seetüchtiger. Zu den ersten deutschen Turmschiffen gehörten die *»PREUSSEN«*, »FRIEDRICH DER GROSSE« und »GROSSER KURFÜRST« mit einer 23,5 cm starken Gürtelpanzerung.
Seit der Erfindung der Sprenggranate durch den französischen General Paixhans und der Verwendung von gezogenen Geschützrohren erhöhten sich die Geschoßmassen, Geschoßgeschwindigkeiten und die Durchschlagskraft. Eine Granate von 1050 kg Masse, die mit einer Pulverladung von 325 kg abgefeuert wurde, erforderte schließlich eine Nickelstahl-Panzerplatte von ca. 80 cm Dicke.
Der Panzerschiffbau kam zum Abschluß, als Torpedos und Minen den Kampfwert großer Schiffe in Frage stellten. Besonders Frankreich orientierte mehr auf den Kreuzer- und Torpedobootsbau. Es entstand ein Kreuzertyp, der als »Geschützter Kreuzer« bezeichnet wurde. Während er nur eine Deckspanzerung erhielt, waren beim *Panzerkreuzer* Gürtel, Kasematten, Drehtürme und Kommandostände gepanzert.
Nunmehr wurden die Schiffe zur Erhöhung der Sinksicherheit mit einem Doppelboden gebaut und der Schiffsraum wurde durch weitere Quer- und Längsschotte in eine größere Zahl wasserdichter Abteilungen unterteilt. Für derartige »Panzerschiffe« wurde in Deutschland der Begriff *Linienschiff* eingeführt; siehe auch *»ADMIRAL GRAF SPEE«*.

»Paragraphen«-Schiff: ein Schiff, dessen Größe, Aus- und Einrichtungen unter Beachtung bestimmter Vorschriften, Verordnungen bzw. »Paragraphen« solcher Bestimmungen konstruiert ist. Der Sinn solcher speziellen Konstruktionsaspekte liegt in der Verminderung der Abgaben oder auch der Baukosten. Das Grundprinzip reicht bis in das Mittelalter zurück. So waren z. B. zu Zeiten der Königin Elisabeth I (1558 bis 1603) höhere Abgaben zu entrichten, wenn das Schiff mehr als 300 t Ladung nehmen konnte. Außerdem mußte auf größeren Schiffen ein Geistlicher mitfahren, dessen Kosten der Eigner oder Reeder zu tragen hatte.
Bei modernen Schiffen ist entweder die Länge wegen der sonst erforderlichen höheren Anzahl von Querschotten oder der stärkeren Anker- und Ruderausrüstung bzw. die Tragfähigkeit oder der Raumgehalt wegen der Kanal- und Hafengebührengruppen begrenzt. Siehe auch »Zur Schiffsvermessung« im vorangestellten Abschnitt »Grundbegriffe«.

»PARIS«: französischer Schnelldampfer. Im Jahr 1913 bestellte die Compagnie Generale Transatlantique in Paris bei der Werft Societe des Chantier et Ateliers de St. Nazaire (Penhoet) für die Route Le Havre–New York ihren Vierschrauben-Schnelldampfer »PARIS«. Während die Kiellegung noch im gleichen Jahr erfolgte, ermöglichten die Kriegsereignisse den Stapellauf erst 1916 und die Indienststellung erst 1921.
Das 234 m lange Schiff war mit 34569 BRT vermessen und besaß eine Tragfähigkeit von 10800 t DW. Es war für die Beförderung von 3239 Passagieren eingerichtet, davon 2210 in der III. Klasse. Mit der Maschinenleistung von 23552 kW (32000 PS) erreichte das Schiff eine Geschwindigkeit von 22 kn.

Der französische Schnelldampfer »PARIS« 1921 vor Manhattan

Die »PATRIA« 1938, seinerzeit größtes Diesel-Elektro-Fahrgastschiff

Passagier-Fährschiff: siehe *Fährschiff*

Passagierschiff: siehe *Fahrgastschiff*

Paternoster-Bagger: Eimerkettenbagger, siehe *Bagger*

»PATRIA«: deutsches dieselelektrisches Fracht- und Fahrgastschiff. Als die Hamburg-Amerika-Linie (HAL) Anfang 1937 die Deutsche Werft AG in Hamburg mit dem Bau dieses Diesel-Elektroschiffs beauftragte, beschritt man technisch-ökonomisches Neuland und erwartete bahnbrechende Fortschritte im Schiffsantrieb. Die »PATRIA« wurde ein Spitzenschiff der HAL und das größte bis dahin mit einem dieselelektrischen Antrieb ausgerüstete Fahrgastschiff der Welt. Nach einer Bauzeit von nur 14 Monaten ging das Schiff im Juli 1938 auf Probefahrt, der sich eine vierwöchige Nordlandreise bis zum Nordkap anschloß. Schon am 27. August 1938 ging das Schiff auf seine Jungfernreise, um den Schnelldienst zur Westküste Südamerikas aufzunehmen. Die erste Rückkehr nach Hamburg war am 31. Oktober 1938.
Das 16595 BRT und 9292 NRT große Schiff hatte bei einem Deplacement von 20076 t eine Tragfähigkeit von 8500 t. Das Schiff war über Alles 182,15 m und in der KWL 169,0 m lang, die Breite auf Spanten betrug 22,50 m und die Seitenhöhe bis Bootsdeck 20,81 m. Das Schiff besaß 4 Decks, 11 Querschotte und 5 Laderäume, die von 14 Ladebäumen 5/10 t und 4 elektrischen Kränen mit 3 t Traglast bedient wurden. Die Passagierkapazität belief sich auf 185 Passagiere der I. Klasse und 164 Passagiere der II. Klasse und der Touristenklasse. Die Besatzung war 241 Mann stark. Der Passagierbereich wurde durch 5 Klimaanlagen klimatisiert. Aus Gründen des Feuerschutzes wurde als Isoliermaterial erstmals Aluminiumfolie eingesetzt.
Das Besondere an diesem Schiff war jedoch seine Maschinenanlage. 5 Achtzylinder-Einfachwirkende MAN-Dieselmotoren vom Typ GZ 52/70 mit einer Leistung von je 2208 kW (3000 PSe) sowie 1 MAN-Sechszylinder-Dieselmotor vom Typ 52/70 mit einer Leistung von 1398 kW (1900 PSe) ergaben die maximale Dauerleistung von 10040 kW (15000 PS), mit welcher 6 Drehstrom-Synchron-Generatoren von je 2140 KVA ange-

trieben wurden. Die Generatoren speisten zwei 5500-KVA-Propellermotoren, mit denen das Schiff eine Dienstgeschwindigkeit von 17 kn erreichte.

Am 1. Juli 1945 wurde die »PATRIA« als Reparationsleistung an Großbritannien übergeben und in Belfast zum Truppentransporter umgebaut. Als »EMPIRE WELLAND« machte es jedoch nur 2 Fahrten. Im Frühjahr 1946 wurde es an die Sowjetunion übergeben, wo das Schiff unter dem Namen »ROSSIYA« im Schwarzen Meer in Dienst ist.

Patrouillenschiff: siehe *Küstenwachschiff*

Französisches Minenlege-U-Boot »PIERRE CHALLEY«

Peilboot: Hilfsboot bei einem größeren *Vermessungsschiff.* Zum Vermessen und Kartografieren der Gewässer, Küsten- und Schelfgebiete wird das mit Funkpeil-, Ortungs- und Lotungsanlagen sowie photooptischen Geräten ausgerüstete Peilboot vom Vermessungsschiff besonders im flachen Wasser eingesetzt und auf die jeweiligen Positionen dirigiert.

Eine Dampfpinasse wird zu Wasser gelassen

Pendelfähre: siehe *Fähre*

Personenfähre: siehe *Fähre*

»PHOENIX«: erstes Dampfschiff für die Fahrt an der nordamerikanischen Küste bzw. auf offener See. Colonel JOHN STEVENS ließ 1807/1808 ein Dampfschiff bauen und rüstete es mit einer Zweizylinder-Dampfmaschine von 914 mm Hub und 406 mm Zylinderdurchmesser aus. Wegen Fultons und Livingstones Lizenzen für die Dampfschiffahrt auf dem Hudson und nordamerikanischen Flüssen konnte er es jedoch nicht in der Flußschiffahrt einsetzen. Die »PHOENIX« machte daher vom 10. bis 23. Juni 1808 ihre erste Seereise von New York entlang der Küste New Jerseys bis zum Delaware nach Philadelphia. Danach verkehrte sie in regelmäßigen Abständen zwischen Philadelphia und Trenton bis zum Schiffbruch 1814. Zwischenzeitlich war die erste Dampfmaschine verändert worden, hatte 2 Zylinder von je 610 mm Bohrung und ein Schwungrad zum Drehmomentenausgleich erhalten.

Deutsches Vermessungsschiff »PLANET« (1906)

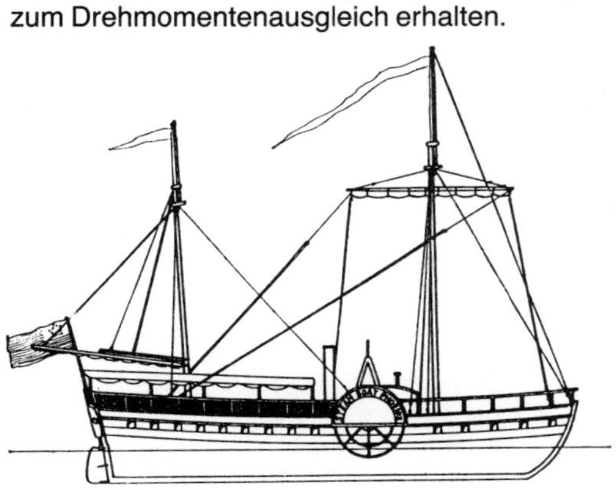

Das nordamerikanische Dampfboot »PHOENIX« von 1808

»PIERRE CHALLEY«: französisches U-Boot. Das U-Boot wurde 1923/24 auf der Normand-Werft in Le Havre gebaut. Es war 70 m lang, 8,0 m breit und hatte bei Überwasserfahrt einen Tiefgang von 4,0 m. Es verdrängte über Wasser 900 t und unter Wasser 1 200 t. Die Besatzung bestand aus 44 Mann. Bewaffnet war es mit einem 10-cm-Geschütz sowie 6 Torpedorohren des Kalibers 53,3 cm. Außerdem war das Boot speziell zum Minenlegen ausgerüstet und konnte etwa 53 Minen an Bord nehmen. 2 Dieselmotoren des französischen Fabrikats Schneider leisteten 1325 kW (1800 PSi) und gaben dem Boot über 2 Schrauben eine Überwassergeschwindigkeit von 16 kn bei einer maximalen Fahrtstrecke von 2800 Seemeilen. Bei Unterwasserfahrt mit Batteriebetrieb wurden 9 kn erreicht.

Pinasse: in Anlehnung an das zweitgrößte, ursprünglich geruderte Marine-Beiboot übernommene Bezeichnung für entsprechende Dampf- und Motorboote.

PKW-Transporter: zu Beginn der PKW-Verschiffung für Kurzstrecken umgerüstete kleinere und mittlere Frachtschiffe, bei denen i. allg. die PKW noch auf dem freien Oberdeck und auf zusätzlichen offenen Aufbaudecks gefahren wurden. Die weitere Entwicklung führte zum größeren *Autotransportschiff* mit einer großen Anzahl fester geschützter Autodecks, Rampen und Lifte.

»PLANET«: deutsches Vermessungsschiff. Das 800 t große Vermessungsschiff lief am 2. August 1905 auf der AG Weser-Werft in Bremen als Schwesterschiff der »MÖWE« von Stapel. Das Schiff war zwischen den Loten 49,00 m lang, 9,8 m breit und besaß einen Tiefgang von 2,8 m. Die Besatzung bestand aus 102 Mann. 2 Dampf-

Das sowjetische Polar-Frachtschiff »PAWEL WAWILOW« vom Typ UL ESC II der Warnowwerft, Rostock

Die »KOMPOSITOR KARA KARAEW« ein sowjetisches Ro/Ro-Trailerschiff mit 4850 t DW von der Schiffswerft »Neptun«

Kleiner kombinierter Produktentanker in Fahrt

Mehrzweckfrachtschiff von 24000 t DW Typ OBC (Ore-Bulk-Container) von der Mathias-Thesen-Werft Wismar auf Reede

Ein Binnencontainerschiff aus der Elbewerft Roßlau im Hafen Wismar

Containerschiff Typ SATURN von der Warnowwerft in Fahrt

maschinen mit einer Leistung von insgesamt 258 kW (350 PSi) gaben dem Schiff eine Geschwindigkeit von 9,5 kn. Zur Bewaffnung gehörten 3×3,7-cm-Maschinenkanonen.
Die »PLANET« war wie die »MÖWE« vorwiegend in den Kolonien und in ausländische Gewässer für Vermessungsaufgaben eingesetzt. Am 7. Oktober 1914 ist das Schiff bei der Insel Jap gesunken.

Plastboot: Wasserfahrzeug mit einem Rumpf aus faserverstärkter Plaste. Als hauptsächliche Plastwerkstoffe werden synthetisch hergestellte Epoxid- und ungesättigte Polyesterharze verwendet. Bei den Epoxid- und Polyesterharzen gibt es Kleb-, Gieß- und Laminierharze sowie kombinierte Harze.
Die Gießharzverarbeitung ähnelt dem Metallgießverfahren, wobei eine vorbereitete Form mit Gießharz, das mit Faserstoffen vermischt ist, ausgefüllt wird. Bei der Laminiertechnik werden schichtweise Fasergewebe, vorzugsweise Glasseidengewebe bzw. -matten übereinander geklebt, in dem das Harz eingetupft oder eingepreßt wird.
Im Plastbootbau wird neben der Laminiertechnik die Verbundbauweise bevorzugt. Ähnlich einer »Sandwich-Konstruktion« werden auf einem leichten Waben- oder Schaumstoffkern eine Außen- und Innenhaut aus glasfaserverstärkten Polyester aufgebracht, wobei gleichzeitig Luftkästen, Versteifungen und andere Einbauten entstehen. Der Plastbootskörper ist witterungsbeständig, leicht und korrosionsunempfindlich. Für verschiedene Zwecke werden auch größere Boote und kleinere Schiffe aus glasfaserverstärkter Plaste gebaut, wie die Fangboote des *Fischereimutterschiffs* »WOSTOK«, ein *Fischkutter* von 100 t Deplacement in der BRD (1972) oder ein britisches *Minensuchboot (MLR-Schiff)* von 46,6 m Länge und 450 t Deplacement. Hauptsächlich werden jedoch Sportboote, Motorboote, Rettungsboote sowie kleinere Fischerei- und Nutzfahrzeuge bis zu 20 m Länge aus Plaste gebaut.

Plattgatt-Schiff: Schiff mit plattem Heck, bei dem der Überwasser-Hinterschiffskörper durch eine ebene Fläche abgeschlossen wird. Die moderne Bauweise ist das Spiegelheck-Schiff.

Polar-Eisbrecher: siehe *Eisbrecher*

Polar-Frachtschiff: Spezialtransportschiff zur Versorgung der Bevölkerung in den Polargebieten sowie zum Hintransport der Hilfsmittel zur Erschließung und zum Abtransport der Rohstoffe. Die Suche nach nördlichen Seewegen hat eine jahrhundertalte Geschichte, die von solchen berühmten Forschern wie Hudson (1610), Baffin (1616), Bering (1728) u. a. eröffnet und von John Ross (1818) sowie John Franklin (1818) in der Segelschiffszeit fortgesetzt wurde. Zu Beginn der Dampfschiffahrt begann die britische Admiralität 1843 erneut die Erforschung der Nordwestpassage mit dem damals neuen Propellerantrieb auf den Schiffen »EREBUS« und »TERROR«. Denen folgte bis zur Entwicklung leistungsstarker Hochseeeisbrecher eine Vielzahl mehr oder weniger erfolgreicher Einzel- und Konvoiflotten. Große ökonomische Bedeutung erlangten die Polar-Frachtschiffe mit der Erschließung Sibiriens auf dem nördlichen Seeweg sowie die Entdeckung bedeutender Gas-, Öl-, Erz- und Kohlevorkommen in Alaska und im Norden Kanadas. Sog. »Frachteisbrecher« wie die berühmten Schiffe »SEDOW«, »SIBIRJAKOW«, »TSCHELJUSCHKIN« wurden zu Vorläufern des Polar-Frachtschiffs. Die von Polartransportschiffen befahrenen wichtigsten Seerouten sind: der nördliche Seeweg entlang der sibirischen Nordküste, der Seeweg von der Nordküste Alaskas durch die Beringstraße in den Pazifik sowie der Seeweg zwischen den vor Nordkanada vorgelagerten Inselgruppen in den Atlantik.
Während diese Seewege mit Unterstützung von *Eisbrechern* i. allg. bereits während einer Navigationsperiode von teilweise mehr als 6 Monaten befahren werden, konnte bisher die Nordwestpassage trotz einiger Durchfahrten vom Atlantik zum Pazifik (Marineschiff »LABRADOR« 1954, Kutter »SPAR« 1957, Turbinen-Polartanker *»MANHATTAN«* 1969/70 mit 108588 t Tragfähigkeit und einer Antriebsleistung von 31650 kW) noch nicht als befahrbarer Seetransportweg erschlossen werden.
Die neuentwickelten Polarschiffe bilden hinsichtlich der Einsatzart 2 Gruppen, je nachdem, ob sie vorwiegend hinter Polareisbrechern in schon gebrochenem Eis fahren oder selbständig als eisbrechendes Polartransportschiff operieren. Aus dieser Unterscheidung resultiert ebenfalls eine Größengruppierung. Infolge der durch Polareisbrecher geschaffenen Fahrrinnenbreite ist die Breite der ersten Gruppe begrenzt, so daß die Tragfähigkeit dieser Polar-Frachtschiffe i. allg. zwischen 15000 t und 30000 t liegt und noch Polarhäfen mit begrenzten Wassertiefen bedient werden können. Diese Schiffsgruppe wird i. allg. in den höchsten Frachtschiffseisklassen der internationalen Klassifikationsgesellschaften mit Eisbrechersteven, verstärkter Außenhaut, Zwischenspanten und Zwischenstringern sowie Doppelhüllen aus Stahl mit gewährleisteten Eigenschaften bei Temperaturen von −40 °C bis −50 °C als Mehrzwecktransportschiff gebaut. Auf der Hinfahrt werden Stückgüter, Versorgungsgüter, Container sowie Industrieausrüstungen und auf der Rückfahrt Erze, Kohle, Holz und auch Erdöl transportiert. Zu dieser Gruppe zählt u. a. der Schiffstyp UL-ESC aus einer Großserie des VEB Warnowwerft für den nördlichen Seeweg der UdSSR mit 19885 t Tragfähigkeit bei einer Länge über Alles von 162,10 m; 22,86 m Breite; 9,88 m Freibordtiefgang; 8238 kW Antriebsleistung und einer Dicke der Außenhautbeplattung am Vorsteven von 27 mm. Außerhalb der Navigationsperiode werden diese Polar-Frachtschiffe auf anderen Routen eingesetzt.
Die zweite Gruppe der autonomen eisbrechenden Polar-Großtransportschiffe steht noch am Anfang der Entwicklung. Bei einer bevorzugten Tragfähigkeit um 60000 t sollen sie vorwiegend für den ökonomischen Abtransport größerer Mengen Massengüter insbesondere für Erz, Erdöl, Kohle und Flüssiggas eingesetzt werden. Diese großen autonomen Polar-Frachtschiffe können in kontinuierlicher Fahrt dickeres Eis bis zu 2 m und unter Umständen auch Packeis überwinden. Da die Masse des Schiffs und die Antriebsleistung dafür maßgebend sind, ergeben sich bei den größeren Schiffen und ausreichenden Wassertiefen günstige Eisbrechereigenschaften bei einem spezifischen Leistungsbedarf, der mit etwa 0,5 kW/t Tragfähigkeit dem kleinerer Normalfrachtschiffe entspricht. Besonders günstige Eigenschaften werden von den in der Entwicklung befindlichen Leichterträgerschiffen aus dem kombinierten Einsatz von Leichtern und Ferntransportschiffen erwartet; siehe auch *Barge-Carrier*.

»POLARSTERN«: eisbrechendes Polarforschungs- und Versorgungsschiff. Das vom Ministerium für Forschung und Technologie der BRD in Auftrag gegebene Schiff entstand in 16 Monaten und kostete 190 Mill. Mark. Das Schiff ging zum Jahresbeginn 1983 auf seine Jungfernreise zur Georg-von-Neumayer-Station in die Antarktis. Als moderner Eisbrecher von der Hamburgischen Versuchsanstalt entworfen, soll es als Versorgungsschiff die BRD-Polarforschungsstation in der Antarktis mit Kraftstoff, Verpflegung und Geräten versorgen. Mit seinen Forschungsausrüstungen und seinen Labors bietet das moderne Schiff außerdem den verschiedenen Wissenschaftlergruppen vorzügliche Arbeitsmöglichkeiten. Die Bauausführung übernahm die Arbeitsgemeinschaft Werft Nobiskrug in Rendsburg mit der Howaldtswerke-Deutsche-Werft-AG in Kiel (HDW), die den Schiffskörper baute. Das Schiff ist über Alles 118,0 m und zwischen den Loten 102,20 m lang, 25,00 m breit und besitzt eine Seitenhöhe bis zum Hauptdeck von 13,60 m. Der

»POLARSTERN« im Eis

Tiefgang beträgt 10,50 m. Das mit 10970 BRT vermessene Schiff hat eine Zuladefähigkeit von 3900 t. Der Schiffskörper entspricht mit Außenhautstärken bis zu 43,5 mm der höchsten kanadischen Eisklasse Arc 7. Ein Jastram-Düsensystem an mehreren Stellen des Vorschiffs, das ein Wasser-Luft-Gemisch ausbläst, verringert den Fahrwiderstand im Eis.
Das Schiff besitzt Unterbringungsmöglichkeiten für 106 Personen, davon 36 Plätze für die Besatzung, 40 Plätze für das wissenschaftliche Personal und 30 Plätze für die zu betreuende Polarstation.
Die Umschlagseinrichtung besteht u.a. aus einem 10-t-Spezialkran auf der Back zum Absetzen der Versorgungsgüter. Er reicht 6,5 m über das Vorschiff hinaus, um das mit dem Vorsteven gegen das Eis drückende Schiff entladen zu können. Ein 25-t-Spezialkran dient dem Umschlag schwerer Schneekettenfahrzeuge und Tankcontainer. Bei einer Reichweite von 22 m können noch 5 t Last gehoben werden. Ein weiterer 15-t-Forschungskran erreicht das Schornsteindeck und den Hubschrauberlandeplatz. Der Kran kann vom Kranführerhaus aus oder mit einem tragbaren Bedienpult gefahren werden. Zum Überbrükken von Eisspalten beim Entladen auf das Eis wurden die Zwischendeck-Lukendeckel schwimmfähig ausgeführt. Auf den Decksplätzen können bis zu 12 Labor- und Gerätecontainer in 20-Fuß-Größen aufgestellt werden.
Als Hauptantrieb dienen 4 Deutz-Dieselmotoren von je 3529 kW (4800 PS) Leistung, die über 2 Doppel-Untersetzungsgetriebe auf 2 vierflüglige Verstellpropeller mit einem Durchmesser von 4,2 m einwirken, die in Kortdüsen laufen. Damit erreicht das Schiff eine Freifahrgeschwindigkeit von 16 kn.
Der Einsatz der »POLARSTERN« ist jährlich für 80 Tage in der Arktis und etwa 180 Tage in der Antarktis vorgesehen. Bei voller Maschinenleistung kann das Schiff 1 m dickes Eis mit 5,5 kn und beim Rammen Eisdicken bis zu 2 m durchfahren. Die Manövrierfähigkeit wird durch je ein vorn und achtern eingebautes Querstrahlruder erhöht. Um auf dem Schiff als schwimmende Forschungsstation gute Arbeitsbedingungen zu schaffen, sind zur Schlingerdämpfung Flossenstabilisatoren sowie eine Rolldämpfungs- und Krängungsausgleichanlage installiert.

Polizeiboot: Aufsichts- und Streifenboot der Wasserschutzpolizei. Das entsprechend den Einsatzbedingungen als Verdrängungs-, Gleit- oder Tragflächenboot gebaute Fahrzeug muß schnell und wendig sein. Es ist mit Sprechfunk, Lautsprechern, Scheinwerfern und Radargeräten und teilweise auch mit Rettungsmitteln ausgerüstet.

Ponton: allseitig geschlossener, quaderförmiger und prahmähnlicher Schwimmkörper, siehe auch *Prahm*. Pontons werden i. allg. nicht für den Gütertransport, sondern als ortsfeste oder nur begrenzt ortsveränderliche schwimmende Plattformen benötigt. Gebräuchlich sind Anlegepontons in der Schiffahrt, als schwimmende Kais an Flüssen und in Tidengewässern mit stark schwankendem Wasserstand sowie als Hafenpontons, um den zuweilen erforderlichen Abstand zwischen den Schiffen und den Kais oder zwischen mehreren Schiffen herzustellen. Kleinere Pontons werden für Anstreicharbeiten benutzt. Zur Schiffsbergung gibt es Hebepontons, die geflutet und zur Auftriebserzeugung leergepumpt oder durch Druckluft entleert werden. Für militärische Zwecke werden mit Pontons Behelfsbrücken über Wasserläufe zusammengestellt.

Pontondock: siehe *Dock*

Pontonschlengel: siehe *Ölschlengel*

»Popowka«: siehe *Rundschiff*, *»LIVADIJA«*, *»NOWGOROD«* und *»VIZEADMIRAL POPOW«*

Postdampfer: speziell für den Post- und Pakettransport ausgerüstetes und durch Vertrag mit den Postverwaltungen eingesetztes Schiff. Vorbild des Postdampfers war das schnelle *Paketboot* bzw. der Paketsegler. Dann begann das Dampfschiff den Schnelldienst auf dem Atlantik zu erobern. Die britische Admiralität erkannte frühzeitig diesen Wandel, als sie im November 1838 Angebote für eine Postbeförderung mit Dampfschiffen einholte. Die Verkehrsbedürfnisse von Handel und Industrie, des Nachrichten- und des Bankwesens in den führenden kapitalistischen Staaten drängten die Postverwaltungen zur Beschleunigung und Erhöhung der Zuverlässigkeit ihrer Beförderungsleistungen. Den Zuschlag der Admiralität erhielt jedoch nicht die bewährte »Great Western Steam Ship Company« sondern Samuel Cunard, ein damals in England noch unbekannter kanadischer Reeder, der am 4. Mai 1839 mit der Admiralität einen entsprechenden Vertrag abschloß. Am 4. Juli 1840 trat dann der neue, bei Robert Napier erbaute 1154 BRT große erste Cunard-Line Raddampfer *»BRITANNIA«* seine Jungfernreise von Liverpool nach Halifax und Boston an, um die Bedingungen des Vertrags zu erfüllen, Post zwischen Großbritannien, Kanada und den Vereinigten Staaten per Dampfschiff zu befördern. Hierfür erhielt Cunard jährlich eine Summe von 55000 englischen Pfund. Das Schiff besaß einen eigenen Postraum, für den ein von der Admiralität eigens kommandierter Marineoffizier die alleinige Verantwortung trug, was sich besonders auf die königliche Post bezog. Im Rechnungsjahr 1851 transportierten Cunard-Schiffe 2613000 Briefe über den Atlantik, während sein schärfster Konkurrent, die amerikanische Collins-Line, es mit ihren Schiffen in der West-Ost Richtung auf 843000 Briefe brachte.
Die erste Postdampfschiffsverbindung zwischen Amerika und Deutschland richtete 1847 die New Yorker Gesellschaft »Ocean Steam Navigation Company« ein, nachdem der USA-Kongreß den amerikanischen Generalpostmeister zuvor ermächtigt hatte, Verträge über Seepostbeförderung abzuschließen. So wurde die Postdampferlinie New York–Bremen ab 1. Juni 1847 mit dem Dampfer *»WASHINGTON«* monatlich befahren. Von der USA-Regierung erhielt die Schiffahrtslinie eine jährliche Beihilfe, zuletzt in Höhe von 858000 Dollar. Als die USA-Regierung keinen Zuschuß mehr zahlte, mußte sich die Gesellschaft nach zehnjähriger Tätigkeit auflösen.
Preußen und Schweden schlossen 1864 einen Postvertrag ab und setzten zwischen Stralsund und Malmö Postschiffe wie die »KÖNIGIN ELISABETH« ein.
Die wichtigsten Postlinien waren aber die Routen über den Atlantik, nach Ostasien und Australien. Um Großbritannien seine Vorherrschaft in Schiffbau und Schiffahrt streitig zu machen, hatte der deutsche Reichstag auf Drängen des »Vereins Norddeutscher Schiffbaumeister« 1885 in seiner Postdampfersubventionsvorlage die Bestimmung aufgenommen: »In dieser Linie einzustellende Dampfer müssen auf deutschen Werften gebaut sein.« Am 30. Juni 1886 eröffnete der nach Ostasien fahrende Frachtdampfer »ODER« die erste der »Reichspostdampferlinien«. Jedoch erst die ab 1886 vom Stettiner »Vulcan« selbstgebauten regulären Postdampfer entsprachen dem Postdampfergesetz für den Dienst nach Australien und Ostasien. Als erstes Schiff kam Ende 1886 der 4579 BRT große NdL-Dampfer *»PREUSSEN«* in Fahrt, gefolgt von der »SACHSEN« und »BAYERN«. Ab 1890 begann dann der Serienbau von Reichspostdampfern zu jeweils 10 Schiffen, die mindestens 16 kn Geschwindigkeit erreichen mußten. Die von der Regierung gewährten hohen Subventionen waren an Bedingungen geknüpft, wie die Verwendbarkeit des Dampfers als Hilfskreuzer im Kriegsfall, die dafür benötigte Geschwindigkeit und die Staatsbürgerschaft der Besatzung, um eine sofortige Rekrutierung vornehmen zu können. Eine weitere Entscheidung kam den Aufrüstungsstrategen entgegen. Als der belgische staatseigene Postdampfer »PARLAMENT BELGE« wegen eines Zusammenstoßes zur Sicherung der Schadensersatzforderung mit Arrest belegt werden sollte, erging durch den britischen Berufungshof der Beschluß, daß solche Schiffe als Kategorie der Staatsschiffe Immunität genießen. Schiffe, die Post beförderten, setzten eine Postflagge, die neben der Nationalflagge im Großtopp oder als Gösch gesetzt wurde. Die deutsche Postflagge enthielt in der Mitte des zweiten Streifens der damaligen Nationalfarben das gelbe Posthorn mit der Krone darüber. Befand sich das Posthorn in der Nationalflagge, so handelte es sich um ein eigenes Hoheitszeichen der Postverwaltungen, was in vielen Häfen zur bevorzugten Abfertigung berechtigte.
Im Atlantikdienst waren die großen Schnelldampfer als »Postschiffe« nicht zu überbieten, denn hier war der Kampf um Minuten ohnehin voll entbrannt. Das Aufteilen der Sendungen auf die einzelnen Züge am Zielort war aber so zeitraubend und umständlich geworden, daß die durch den Schnelldampfer gewonnene Zeit wieder verloренging. Nach einem Abkommen mit der nordamerikanischen Postverwaltung vom Dezember 1890 verkehrten ab April 1891 zwischen Bremen bzw. Hamburg und New York »Seeposten« als gemeinsame Einrichtung an Bord der Schiffe. Diese schwimmenden Postbüros, die schon in den ersten Monaten ihres Bestehens 250···300 große Postsäcke zu bewältigen hatten, bewährten sich und entsprachen den damaligen Anforderungen an einen neuzeitlichen Postverkehr. Die aufkommende Funktelegraphie brachte weitere Fortschritte. So errichtete die österreichische Staatstelegraphenverwaltung auf dem

Schnelldampfer *»KAISER FRANZ JOSEF«* der Austro-Amerikana ein K.u.K. Bordtelegraphenamt, das auf der Jungfernreise am 8. Mai 1912 in Betrieb genommen wurde. Zwar eilten nun die Depeschen dem Schiff voraus, doch der Brief blieb weiter an Bord. Der deutsche Schnelldampfer *»KRONPRINZ WILHELM«* überbrachte die Post von New York nach London über Plymouth in knapp 146 Std.
Einen erneuten Durchbruch gab es erst in den 30er Jahren, als der Schnelldampfer »BREMEN« des Norddeutschen Llyod mit einem Bordflugzeug ausgerüstet wurde, das lange vor Ankunft des Schiffs im Zielhafen mit Postsäcken von Bord katapultiert wurde. Das war das Mindestmaß an Zeit, das seinerzeit im transatlantischen Postverkehr zwischen Europa und Amerika möglich war. Dann übernahmen erste Postflieger diese Aufgabe. Am Lufttransport konnte auch die Rekordfahrt der amerikanischen »UNITED STATES« mit knapp 85 Std. nichts mehr ändern. Siehe auch *»PERSIA«*, *»PRINZ ADALBERT«* u.a..

Panzerkreuzer »POTEMKIN« bei der Ausschiffung des erschossenen Matrosen vor Odessa

»POTEMKIN«: durch den Aufstand von 1905 berühmtes russisches *Linienschiff*. Das 12784 t große *Panzerschiff* I. Klasse wurde auf der Staatswerft in Nikolajew gebaut und lief am 25. September 1898 unter dem Namen »KNJAS POTEMKIN TAWRISCHESKIJ« von Stapel. Nach der Fertigstellung wurde es in die Schwarzmeerflotte übernommen.
Das Schiff war über Alles 115,30 m und zwischen den Loten 114,90 m lang, 22,3 m breit und besaß einen Tiefgang von 8,2 m. Die Besatzung bestand aus 741 Mann. Zwei Dampfmaschinen mit einer Gesamtleistung von 7802 kW (10600 PSi) und 22 Kessel gaben dem Zweischraubenschiff eine Geschwindigkeit von 16 kn. Der Kohlevorrat wird mit 870 t bzw. 1400 t angegeben, mit der eine Dampfstrecke von etwa 5000 Seemeilen erreichbar war. Die Bewaffnung bestand aus 4×30,5-cm-, 16×15-cm-, 14×7,5-cm-Geschützen sowie 6×4,7-cm- und 2×3,7-cm-Maschinenkanonen und 4 Maschinengewehren. Weiter waren 5 Unterwassertorpedorohre vorhanden, je Bordseite 2 und im Heck 1 Rohr. Die Panzerung aus Kruppstrahl hatte die Dicken: an Deck 3,8···7,5 cm, am Kommandoturm 23 cm, in der Wasserlinie 18···23 cm, an der schweren Artillerie 25,5 cm und an der mittleren Artillerie 13 cm.
Am 14. Juni 1905 bzw. am 27. Juni nach dem neuen Kalender kam es auf dem Schiff auf See zum legendären Aufstand und die Matrosen hißten zum ersten Mal in der Geschichte der Seefahrt auf einem Schiff die rote Fahne der Revolution. Bei den Auseinandersetzungen wurde der Matrose G. Wakulintschuk vom Offizier Giljarowski getötet, worauf die aufständischen Matrosen 7 Offiziere erschossen und das Kommando übernahmen. Dem nach Odessa zurückkehrenden Schiff schloß sich zunächst das ältere Linienschiff »GEORGI POBJEDONOSSEZ« an, das jedoch auf eine Sandbank lief. Ohne Unterstützung, ohne Vorräte an Kohle, Trinkwasser und Proviant versuchte die »POTEMKIN« Rumänien anzulaufen. Die dortigen Behörden verweigerten jedoch die Unterstützung. Nach ergebnislosen Kreuzfahrten in Richtung Batumi und Fedossija entschied der als Kommandant eingesetzte Maschinist Aleksejew am 24. Juni das Anlaufen von Constanza und die Übergabe des Schiffs an die rumänische Regierung. Eine größere Gruppe von Matrosen ging von dort nach Amerika, Kanada und Brasilien, um der Auslieferung an die Zarenherrschaft zu entgehen. Andere siedelten sich in Rumänien an. 54 Matrosen wurden zurückgeführt und zu Zwangsarbeit verurteilt bzw. in Strafbataillone versetzt.
Der Aufstand hat weltweit die unhaltbaren Zustände im zaristischen Rußland sichtbar gemacht. Am 12. Oktober 1905 wurde das Schiff von der russischen Admiralität in »PANTELEJMON« umbenannt, die Erinnerung an Potemkin sollte gelöscht werden. Im Laufe des Jahres 1915 operierten deutsche U-Boote in türkischen Gewässern. In Konstantinopel war eine Unterseeboothalbflottille stationiert, die hauptsächlich im Schwarzen Meer operierte. Von einem dieser Boote wurde die »PANTELEJMON« am 22. Mai 1915 am Eingang des Bosporus bei Mydia torpediert. Das Schiff muß wieder gehoben worden sein, denn als die deutsche »GOEBEN« am 3. Mai 1918 in Sewastopol war, lag die »PANTELEJMON« ex »POTEMKIN« dort, sie wurde 1922 abgebrochen.

»Potsdam-Frachter«: Bezeichnung für abmessungsbegrenzte deutsche Schiffsneubauten nach dem zweiten Weltkrieg. Die Direktive Nr. 37 vom 26. September 1946 der Alliierten Kontrollbehörde in Potsdam verfügte für die damaligen Besatzungszonen für den Schiffsneubau folgende Einschränkungen: Schiffsgröße maximal 1500 BRT, Geschwindigkeit maximal 12 kn, Ladegeschirr-Traglast maximal 3 t, Aktionsradius 2000 Seemeilen. Vorgeschriebene Antriebsart: Kolbendampfmaschine mit Kohlefeuerung. Anzahl der Passagiere: maximal 24 Personen. Die 1950 in der BRD gebauten Schiffe »JUPITER« und »PALLAS« der Flensburger Schiffsparten-vereinigung AG. waren entsprechend diesen Begrenzungen »Potsdam-Frachter«. Weiter sind auch »Potsdam-Fischdampfer« in der BRD gebaut worden.

Prahm: ein bereits seit dem Mittelalter in Nordeuropa allgemein bekanntes, völlig gebautes, flachgehendes und flachbordiges Fahrzeug für den Lastentransport auf flachen Gewässern, in Häfen und an geschützten Küsten.
Der heutige Prahm ist vorwiegend ein Arbeitsmittel in der sog. »Technischen Flotte«. Das breit und niedrig aus Stahl und in Ausnahme aus Stahlbeton gebaute Fahrzeug hat keinen Eigenantrieb. Als Glattdeckprahm ist der Schiffskörper durch ein Arbeitsdeck wasserdicht abgeschlossen. Wie bei einem *Ponton* bleibt i. allg. der

Die »PREUSSEN« in voller Fahrt

umbaute Schiffsraum zur Auftriebserzeugung leer. Auf dem Arbeitsdeck können verschiedene Geräte, wie Rammen (Rammprahm), Bagger (Baggerprahm), Taucherausrüstungen (Taucherprahm), Krane (Kranprahm), montiert sein oder schwere Lasten und schwere Fahrzeuge gefahren (Schwerlastprahm) oder Container zwischengelagert werden (Containerprahm). Für den Personentransport gibt es den Fährprahm als Flußfähre seit Jahrhunderten. Für Lastentransporte gleicht der Lastprahm dem antriebslosen *Leichter* und wird zu Schlepp- und Schubverbänden zusammengestellt.

»PREUSSEN«: deutsches Eisenbahnfährschiff. Am 15. November 1907 schlossen Deutschland und Schweden einen Vertrag, der die Eröffnung einer Eisenbahnfährverbindung zwischen beiden Staaten vorsah. Auf der Grundlage des Vertrags beteiligte sich jedes Land zunächst mit 2 Fährschiffen. Deutschland setzte die beiden 1909 auf der Werft von F. Schichau in Danzig neuerbauten Dampffährschiffe »PREUSSEN« und »DEUTSCHLAND« ein, wobei die Erfahrungen mit der Linie Warnemünde – Gedser genutzt wurden. Schweden baute für diesen Zweck das Fährschiff »DROTTNING VICTORIA« und ein Jahr später (1910) die »KONONG GUSTAV V«.
Die »PREUSSEN« und »DEUTSCHLAND« besaßen ein Deplacement von je 4200 t, eine Breite über Alles von 16,26 m, Länge von 113,80 m und einen Tiefgang von 5,20 m. Die Antriebsleistung betrug 3675 kW (5000 PS), mit der die Fähren die Geschwindigkeit von 15,5 kn erreichten. Jede Fähre hatte 2 Gleise mit einer nutzbaren Gleislänge von 172 m für 8 D-Zug-Wagen oder 16 ··· 18 Güterwagen.
Am 16. Juli 1908 kam der schwedische König mit seinen Ministern an Bord des Küstenpanzerschiffs »OSCAR II« nach Saßnitz, wo er von Kaiser Wilhelm II. an Bord seiner Yacht *»HOHENZOLLERN«*, die vom Kreuzer »HAMBURG« begleitet wurde, empfangen wurde. Um 14.00 Uhr setzte sich der Konvoi nach Trelleborg in Marsch, wo Graf Hamilton nach einem Festessen den Fährdienst eröffnete.
Im ersten Weltkrieg konnte der Fährverkehr ungehindert aufrechterhalten werden. Am 15. Oktober 1915 kollidierte das Torpedoboot »T 100« jedoch mit dem Fährschiff »PREUSSEN«, wobei 39 Tote zu beklagen waren.
Das Jahr 1936/37 brachte einen sehr harten Winter. Im dichten Schneesturm strandete die »PREUSSEN« in der Nacht zum 10. Dezember 1937 an der »Teufelsschlucht« vor Stubbenkammer, und konnte erst nach 20 Tagen abgeborgen werden. Fast an der gleichen Stelle war im Jahr 1900 der schwedische Postdampfer »REX« aufgelaufen und von der tobenden See zerschlagen worden.
Im zweiten Weltkrieg mußte im Juni 1943 der Personenverkehr eingestellt werden, und am 26. September 1944 liefen die Fährschiffe zu ihrer letzten Überfahrt aus. Nach 35jährigem Bestehen war die »Königslinie« Saßnitz – Trelleborg unterbrochen. Bis Kriegsende machte die »PREUSSEN« dann noch einige Fahrten als Truppen- und Verwundetentransporter und wurde dann der Sowjetunion als Reparationslieferung übergeben. 1977 lag sie noch als »KRILJON« im Hafen von Wostotschnyi am Golf von Nachodka und diente den Arbeitern des Hafenneubaus als Baustellenunterkunft.

Deutscher Bäderdampfer »PRINCESS ROYAL VICTORIA« (1857)

»PRINCESS ROYAL VICTORIA«: deutscher Raddampfer. Der Küsten-Bäderraddampfer »PRINCESS ROYAL VICTORIA« entstand 1857 für die Reederei I. F. Bräunlich in Stettin. Der aus Holz gebaute Dampfer stellt als Glattdecker eine typische Übergangsform vom Segelschiff zum Dampfer dar, er war mit 99,85 NRT vermessen. Zur Sicherheit hatte der Raddampfer noch eine Segeltakelage für beide Masten. Er besaß eine Zweifach-Expansionsmaschine mit einer Leistung von 48 kW (65 PS) und einen Schaufelradantrieb. Die Maschine erforderte noch einen mittschiffs liegenden Decksaufbau als Vorläufer der heutigen Brücke. Darüber befand sich von Radkasten zu Radkasten der Laufgang, von dem aus der Kapitän, oftmals auch auf dem Radkasten stehend, seine Befehle gab. Da das Schiff noch am ebenfalls offen stehenden Steuerrad gelenkt wurde, gab man Kommandos durch Zuruf, die bei Sturm oft von Mann zu Mann weitergegeben werden mußten.

»PRINZ CARL«: erstes in Deutschland aus Eisen gebautes Dampfschiff. Bis 1834 hatten die ersten in Deutschland gebauten Dampfschiffe, siehe *»PRINZESSIN CHARLOTTE VON PREUSSEN«* u. a., einen hölzernen Schiffskörper. Die Maschinenbauanstalt und Eisengießerei in der Kirchstraße Berlin/Moabit der Preußischen Seehandlung – auf Veranlassung Friedrich II. am 14. Oktober 1772 für den Überseehandel gegründet – baute nach Plänen des Mechanicus Gilbert aus Derbyshire 1834/35 in Deutschland den ersten eisernen Dampfer. Die Eisenbleche stellte das königliche Hüttenwerk Neustadt-Eberswalde her und die beiden Dampfkessel und die Dampfmaschinen kamen aus Berliner Werkstätten.
Die »PRINZ CARL« war über Deck 33,36 m lang und ohne Radkästen von Bord zu Bord 5,63 m und über Radkästen 6,2 m breit. Die schmalen Seitenräder wurden zur Vermeidung von Beschädigungen teilweise durch den Schiffskörper geschützt. Ein besonderer Vorteil war der gegenüber holzgebauten Schiffen geringere Tiefgang von nur 0,5 m, so daß auch bei geringeren Wassertiefen gefahren werden konnte. Mit dem Schaufelradantrieb fuhr es 18,7 km/h. Die Moabiter Werft baute in den Folgejahren weitere ähnliche Schiffe, darunter »ALEXANDRIA« (1844), *»MERCUR«* (1845) und für die Spreefahrt die kleinere *»IRIS«* (1847).
Der Linienverkehr nach Hamburg wurde in diesen Jahren auf 3 Abfahrten wöchentlich verstärkt. Die Dampfer fuhren nach Eintreffen des Morgenzugs aus Potsdam ab und brauchten 2 Tage bis Hamburg, während die Rückfahrt stromauf 3 Tage dauerte. Der Fahrpreis betrug 8 Taler in der Kajüte I. Klasse und 6 Taler in der II. Klasse.

»PRINZESSIN CHARLOTTE VON PREUSSEN«: erstes der 5 Raddampfschiffe der späteren preußischen Patent-Dampfschiffahrtsgesellschaft, die am 1. 1. 1817 gegründet wurde, und erstes der in Deutschland überhaupt gebauten Dampfschiffe. Prinzessin Charlotte (1798 bis 1860) war die älteste Tochter von Friedrich Wilhelm III. und von Luise, geb. Prinzessin von Mecklenburg-Strelitz. Sie wurde 1817 die Gemahlin des Nikolaus I. und ab 1825 russische Zarin. Sie starb am 1. November 1860 als Zarin Charlotte Alexandra Feodorowa. Am 21. Juni 1816 war die Kiellegung dieses ersten auf preußischem Boden von J. HUMPHREYS in Pichelsdorf bei Spandau am 14. September 1816 von Stapel gelassenen Raddampfers mit einem Schaufelrad in der Mitte des Schiffskörpers. Der Bau stand unter Leitung von John Rubie. Da die Maschinenanlage vollständig in Großbritannien bei der Firma Boulton, Watt & Co. in Soho bei Birmingham bestellt und von dort ausgeliefert wurde, konnte das Schiff schnell ausgerüstet werden, und bereits am 27. Oktober 1816 war die erste Fahrt von Spandau zur Pfaueninsel mit 160 Fahrgästen. Das 41,5 m lange und 5,90 m breite und 0,6 m tief gehende Holzschiff hatte eine 22 kW (30 PS) doppelarmige Seitenbalanciermaschine, die das in einem mittschiffs angeordneten Radkasten zwischen den Schiffshälften laufende Schaufelrad antrieb. Die abschließende Erprobung wurde am 1. November mit einer eindrucksvollen Demonstration des Schleppvermögens abgeschlossen. Es konnten 2 Holzschuten, 3 kleine Boote, 1 Oderkahn und 2 unbeladene kleine Fahrzeuge gegen den Strom ohne Zwischenfall von Pichelsdorf nach Spandau geschleppt werden. Danach gab es im Auftrag der »Königlichen Post« 3 regelmäßige Liniendienste zwischen Tiergarten und Charlottenburg, Spandau und Potsdam, deren Hin- und Rückfahrt je 15

Erstes in Deutschland gebautes Dampfschiff »PRINZESSIN CHARLOTTE VON PREUSSEN« (1816)

bzw. 26 und 34 km betrugen. Auf den nachweislich gefahrenen Fahrten bis zur Auflegung des Schiffs im Jahr 1821 wurden etwa 5500 km zurückgelegt.

»PRINZ EUGEN«: deutscher Schwerer Kreuzer, einziges Schiff der Kriegsmarine, dessen Name auf die Tradition der österreichisch-ungarischen Marine Bezug nahm. Der Kreuzer erhielt den Namen des legendären Reichsfeldherrn Prinz Eugen von Savoyen, geb. am 18. März 1663 in Paris, gestorben am 21. April 1736. Bei König Ludwig XIV. in Ungnade gefallen, verließ er in jungen Jahren Paris. Als österreichischer Offizier in der gegen die Türken geschlagenen Schlacht bei Ofen verwundet, erlebte er die Siege bei Zenta (1697) und Belgrad (1717), in denen die Türken endgültig geschlagen wurden. Wie der Sieg bei Höchstädt 1704 Frankreichs Vormachtstellung zerschlug, bedeutete der Sieg bei Turin die Befreiung Oberitaliens, die Siege bei Oudenarde und Malplaquet die Befreiung der Niederlande.
Der Schwere Kreuzer »PRINZ EUGEN« wurde 1936 auf der Germaniawerft in Kiel auf Kiel gelegt, lief am 22. August 1938 von Stapel und wurde am 1. August 1940 in Dienst gestellt. Die Baukosten beliefen sich auf 104,490 Mill. Mark. Das Schiff war über Alles 212,5 m und zwischen den Loten 207,7 m lang, 21,9 m breit und besaß bei einem Deplacement von maximal 19800 t einen Tiefgang von 7,94 m. Die Besatzung bestand aus ca. 1600 Mann. Die Panzerdicke betrug in der Wasserlinie 8 cm, in den Decks 3 cm, am Kommandoturm 16 cm und für die Türme der schweren Artillerie bis zu 14 cm. Zur Bewaffnung gehörten 8×20,3-cm-Geschütze in Doppeltürmen, 12×10,5-cm-Flak in Doppellafetten (ab November 1944 18×4-cm-Bofors-Flak), 8 (bis zeitweise 52) 2-cm-Flak in Einzel- und Mehrfachlafetten und 12 Torpedorohre 53,3 cm in Drillingssätzen. Ferner befanden sich an Bord 3 Flugzeuge, 1 Schleuder, 1 Flugzeughalle.
Die Hauptantriebsanlage mit 3 Satz BBC-Getriebeturbinen hatte eine Gesamtleistung von 97152 kW (132000 PSw), die auf 3 Schrauben von je 3,15 m Durchmesser wirkten. Die Höchstgeschwindigkeit betrug 32 kn.
Den benötigten Dampf lieferten 12 Wagner-La Mont-Kessel mit einem Kesseldruck von 80 atü (8,1 MPa). Bei einem Brennstoffvorrat von 5600 t konnten bei Marschfahrt mit 19 kn etwa 6000 Seemeilen zurückgelegt werden.
Nach verschiedenen Kriegseinsätzen wurde der Schwere Kreuzer 1945 an die USA übergeben und am 14. Dezember 1945 als Kriegsbeute in die USA überführt. Am 17. Juni 1946 diente er beim Bikini-Atombombenversuch als Versuchsobjekt. Infolge Zerstörungen und Leckagen ist er dann am 15. November 1947 bei der zu den Marshalinseln gehörenden Kwajalein-Lagune gekentert und am 16. Dezember 1946 untergegangen. Die Reste des Kreuzers wurden 1962/65 abgebrochen. U. a. wurde ein Propeller geborgen, der heute noch in Laboe steht.

Prisendampfer, *Prise:* im Seekrieg aufgebrachtes feindliches oder Konterbande fahrendes *Neutrales Schiff*. Die Seekriegsführung gegen unbewaffnete Handelsschiffe hielt sich im ersten Weltkrieg anfangs noch teilweise an völkerrechtliche Regelungen. Hatte ein Kriegsschiff, Hilfskreuzer oder U-Boot ein neutrales oder feindliches Handelsschiff aufgebracht, so war es eine »Prise«. Das Wort entstammt dem französischen »pendre« = nehmen, in diesem Falle wegnehmen. Vom Kriegsschiff wurde ein Prisenkommando an Bord des angehaltenen Schiffs geschickt, um festzustellen, ob das Schiff Konterbande an Bord führte und demgemäß aufgebracht oder versenkt werden durfte. Führer des Prisenkommandos war meistens ein mit der Handelsschiffahrt vertrauter Reserveoffizier. Zuweilen gelang es dem Prisenkommando, das aufgebrachte Schiff in einen Hafen des eigenen Macht-

Deutscher Schwerer Kreuzer »PRINZ EUGEN«

Die beiden hinteren 20,3-cm-Geschütztürme

bereichs zu bringen. Bei neutralen Schiffen entschied ein Schiedsgericht (Prisengericht oder Prisenhof) über das eingebrachte Schiff, wenn der Fall der Aufbringung nicht klar gerechtfertigt erschien. Erklärte das Schiedsgericht, daß das Schiff zu Recht genommen wurde, so war es eine »gute Prise«. Andernfalls war das Schiff dem betreffenden neutralen Staat zurückzugeben.

PROBO: Abkürzung für product oil/bulk/ore-carrier, ein i. allg. großer Schiffstyp um 120000 t DW, der so gebaut und ausgerüstet ist, daß er wahlweise als Produktentanker für Erdölverarbeitungsprodukte bzw. als Massenschüttgutschiff oder als Erzfrachter eingesetzt werden kann.

Produktions-Plattform: siehe *Bohrplattform*

Propan-Tanker: *Tanker* für den Transport von Flüssigpropan, der wahlweise auch Butan oder Ammoniak fahren kann. Das Propan wird i. allg. in verflüssigter Form bei Normaltemperatur und einem Druck von etwa 1,9 MPa (18 atü) in kugelförmigen Druckbehältern oder in Stahlflaschen befördert.

Pulptanker: *Tanker* für den Transport von durch Wasser pumpfähig gemachtem Holzbrei. Das klein zerspante Holz wird durch Rohrleitungen in das Schiff gepumpt. Wasser, das sich über der Ladung absetzt, wird abgepumpt und bei der Entladung den Rührwerken wieder zugeführt. Da diese Art der Ladungsbehandlung eine Produktions-Vorstufe für die Zellstoff- und Papierfabrikation darstellt, ist der Pulptanker in gewisser Weise nicht nur ein Transport- sondern auch ein Fabrikschiff.

»PYROSCAPHE«: frühes französisches Dampfboot 1781 bis 1784. Der französische Marquis Claude Francois Dorothee de Jouffroy d'Abbans begann seine ersten Versuche mit Dampfbooten eigener Konstruktion schon um 1776 auf dem Fluß Doubs. Er gilt daher zu Recht als einer der ersten Pioniere des Dampfboots. Nach einigen Vorversuchen fuhr er am 15. Juli 1781 mit einem durch eine Kolbendampfmaschine angetriebenen Schaufelradboot in der Nähe von Lyon die Saone aufwärts. Obwohl der Antrieb nicht funktionssicher und wirtschaftlich genug war, suchte er seine Konstruktionen zu verbessern und setzte seine Versuche auf der Seine und Saone fort.
Am 3. Juli 1783 führte er sein um 46 m langes und 4,5 m breites Dampfboot »PYROSCAPHE« auf der Saone vor. Die Maschine war jedoch noch nicht leistungsstark genug, um dem Boot gegen die Strömung eine ausreichende Geschwindigkeit zu geben.

Modell eines Dampfboots von Jouffroy d'Abbans von 1784 mit Kessel, Dampfmaschine und Schaufelrädern

Die »QUEEN ELIZABETH« (1) in Fahrt

Q

Quarantäneschiff: Schiff für die zeitweise Isolation (Quarantäne) von Seeleuten und Passagieren. Hat ein ankommendes Schiff eine der quarantänepflichtigen Krankheiten, wie Cholera, Gelbfieber, Pest oder Pocken, an Bord, so ist zur Verhinderung der Ausbreitung dieser Erkrankungen eine besonders strenge Isolierung erforderlich. Das Schiff bleibt dann auf Reede liegen und setzt die Signalflaggen RS für »Keiner darf an Bord kommen«.
Besteht dagegen nur der Verdacht auf die Möglichkeit der Übertragung einer quarantänepflichtigen Krankheit, so wird das Flaggensignal ZU und die Ziffer des zutreffenden Schiffsgesundheitscodes gezeigt. So bedeutet das Signal QQ »Benötige Gesundheitsabfertigung«; es wird nachts als rotes Licht 2 m über einem weißen Licht gesetzt. Bis zur Entscheidung des Hafenarztes darf in beiden Fällen das Schiff nicht betreten werden. Die Flagge Q oder ZS des Internationalen Signalbuches dagegen zeigt an: »An Bord ist alles Wohl, bitte um freie Verkehrserlaubnis«.

Quarterdeckschiff: Schiff mit erhöhtem Achterdeck. Das Quarterdeck (engl. raised quarterdeck vessel) kam etwa um 1845 auf, als bei den Dampfschiffen ein Ausgleich für den Raumverlust im Hinterschiff durch den Wellentunnel benötigt wurde. Dazu wurde das Deck in diesem hinteren Schiffsbereich um eine halbe Deckshöhe angehoben. Ein Mangel dieser Bauweise besteht in der festigkeitsseitigen Unterbrechung des durchlaufenden Decksverbands, wie er beim *Glattdeckschiff* ausgeführt ist. Wegen des Raumgewinns wurde das Quarterdeck bis in die jüngere Zeit jedoch bei kleineren Frachtschiffen und bei Fischereischiffen beibehalten. Verschiedene Varianten hatten auch ein verlängertes Quarterdeck, das später mit den Maschinenschächten und der Brücke kombiniert wurde.

»QUEEN ELIZABETH« (1): britisches Passagierschiff. Die traditionsreiche »Cunard Steam Ship Company« in Southampton machte mit ihrem Gespür für den technischen Fortschritt 1938 erneut auf sich aufmerksam. Bei der Werft von John Brown & Co. in Clydebank bestellte sie für den Nordatlantikdienst Route Southampton–New York mit dem Passagierschiff »QUEEN ELIZABETH« das seinerzeit größte Schiff der Welt. Der Stapellauf der QUEEN war am 27. September 1938.
Das 83673 BRT große, noch voll genietete Schiff war über Alles 314,24 m lang, 36,00 m breit und hatte fast 12 m Tiefgang. Die Höhe von der Unterkante Kiel bis zur Mastspitze betrug 71 m. Der Schiffsriese hatte 14 Decks mit 24 Aufzügen und konnte 2300 Fahrgäste befördern. Zur Besatzung gehörten 1200 Mann. 4 Dampfturbinensätze, die Dampf von 12 Kesseln erhielten, erzeugten eine Leistung von 147200 kW (200000 PS). Das war die größte Maschinenleistung, die bis zu dieser Zeit auf einem Handelsschiff installiert wurde. Mit seinen 4 Schrauben erreichte das Schiff eine Geschwindigkeit von 28,5 kn.
Da die Indienststellung erst nach Kriegsausbruch erfolgte, wurde die »QUEEN ELIZABETH« sofort als Truppentransporter eingesetzt. Sie beförderte seit ihrem ersten Auslaufen aus dem Clyde am 2. März 1940 während des zweiten Weltkriegs 811000 Soldaten über 493000 Seemeilen. Erst nach Kriegsende wurde das Schiff seiner vorgesehenen Verwendung, dem Passagierdienst, zugeführt. Durch die schnelle Entwicklung des Flugverkehrs ging der Passagierverkehr auf See erheblich zurück, so daß die Rentabilität nicht mehr gewährleistet war. Die »QUEEN ELIZA-

BETH« wurde 1969 außer Dienst gestellt. Über verschiedene Zwischenkäufer kam das Schiff nach Hongkong, wo der dortige chinesische Großreeder C. Y. Tung das Passagierschiff umrüsten lassen wollte. Ein Großfeuer vernichtete jedoch das Schiff. Als Ursache wurde Brandstiftung angenommen.

QUEEN ELIZABETH« (2): britisches Transatlantik-Passagier- und Kreuzfahrtenschiff. Das mit 67139 BRT vermessene Schiff der Cunard Steam Ship Company für 2025 Passagiere lief am 2. Mai 1967 auf der Bauwerft Upper Clyde Shipbuilders von Stapel und wurde im Februar 1969 in Dienst gestellt. Es ist 293,53 m lang und 32,09 m breit. Die Antriebsleistung bestand aus 2 Turbinensätzen mit einer Leistung von insgesamt 80960 kW. Die Dienstgeschwindigkeit von 28,5 kn erreichte das Zweischraubenschiff mit einer Turbinenleistung zwischen 62560···68920 kW. Das war die größte Maschinenleistung, die in ein modernes Handelsschiff zu Ende der 60er Jahre eingebaut wurde. Für die Dampfversorgung waren 3 Kessel von je 105 t/h Dampferzeugung bei 60 atü und 510 °C installiert, die pro Tag 520 t Brennstoff verbrauchten. Erstmals war auch ein Computer an Bord, mit dem, neben den aus der Automation resultierenden Überwachungsfunktionen, zahlreiche Aufgaben des Bordbetriebs von der Satellitennavigation bis zur Verwaltung und Abrechnung der Vorräte u. a. rationalisiert wurden.
Als das Schiff auf seiner Jungfernfahrt am 8. Mai 1969 nach einer Fahrtzeit von 4 Tagen, 16 Std. und 39 Min. erstmals in New York eintraf, nahm die Weltöffentlichkeit kaum noch Notiz. Das Flugzeug hatte sich im Atlantikverkehr allgemein durchgesetzt. In der Folgezeit wurde das Schiff als Transatlantik-Passagier- und Kreuzfahrtenschiff eingesetzt.
Während des Falklandkriegs wurde das Schiff in Southampton mit 3 Hubschrauberplattformen ausgerüstet und nahm am 12. Mai 1982 mit mehr als 3000 Soldaten und einer großen Menge Waffen an Bord Kurs auf den Südatlantik. Dafür zahlte die Regierung an die Reederei 7 Mill. Pfund Sterling. Die Abrüstung und Wiederherstellung des Schiffs kostete nochmals 7 Mill. Pfund. Großbritanniens Gesamtkosten dieses Kriegs wurden mit 1 Mrd. Pfund angegeben, davon allein 40 Mill. Pfund an Pacht für die Schiffseigner aller beteiligten Schiffe.
Vom Oktober 1986 bis April 1987 wurde das Schiff auf der Lloyd-Werft Bremerhaven GmbH modernisiert und mit mehr Komfort versehen. Es handelte sich um den weltweit größten Umbau-Auftrag für ein Passagierschiff in der Größenordnung um 300 Mill. DM. Die Dampfturbinenanlage wurde ausgebaut und durch eine dieselelektrische Maschinenanlage ersetzt. Die 9 Dieselgeneratorensätze mit je einem Viertaktmotor MAN – B & W L 58/64 von 6810 kW bei 400 U/min und insgesamt 95680 kW Leistung brachten bei einer Dienstgeschwindigkeit von 28,5 kn eine Kraftstoffeinsparung von 250 t/Tag. Hinter den beiden Schrauben wurde zur Propulsionsverbesserung je ein Grim'sches Leitrad angebracht. Die »QUEEN ELIZABETH« hat mit diesem Antrieb wiederum die leistungsstärkste Antriebsanlage eines Handelsschiffs.

»QUEEN ELIZABETH 2« im Hamburger Hafen

Die »QUEEN MARY«

Genietete Laderaumsektion mit Querspantensystem eines Frachtschiffs mit 3 Decks um1900:

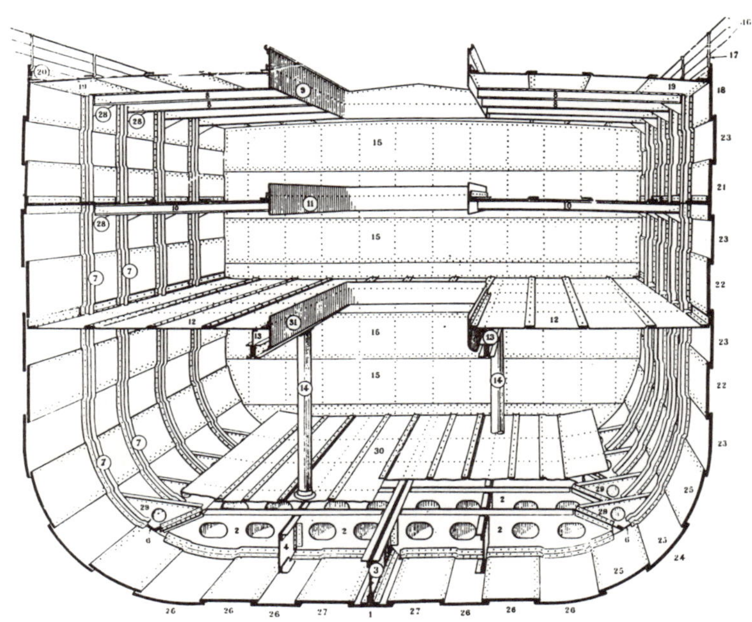

1 *Flachkiel*
2 *Bodenwrangen*
3 *Mittellängsträger*
4 *Seitenlängsträger*
5 *Tankrandplatte*
6 *Tankrandwinkel*
7 *Querspanten*
8 *Oberdecksbalken*
9 *Oberdecks-Lukensüll*
10 *Decksbalken 2. Deck*
11 *Hauptdecks-Lukensüll*
12 *Beplattung 3. Deck*
13 *Unterzüge*
14 *Raumstützen*
15 *Querschott*
16 *Reeling-Durchzüge*
17 *Reelingstützen*
18 *Oberdeck-Scheergang*
19 *Oberdeckstringer*
20 *Stringerwinkel Oberdeck*
21 *Hauptdeck-Scheergang*
22 *Seitenbeplattung*
23 *Außenbeplattung*
24 *Kimm*
25 *Kimmgänge*
26 *Bodengänge*
27 *Kielgänge*
28 *Decksbalkenknie*
29 *Kimmstützplatte*

»QUEEN MARY«: großer britischer Passagierdampfer der Cunard-Line. Das 81237 BRT große Schiff wurde im August 1931 bei John Brown & Company in Clydebank bei Glasgow auf Kiel gelegt. Durch die Weltwirtschaftskrise und erhöhte Baukosten wurde der Bauablauf wiederholt unterbrochen. So mußte die Regierung der Cunard-Line einen Kredit bewilligen. Am 26. September 1934 lief das Schiff in Gegenwart des Königspaars von Stapel. Es war über Alles 310,30 m und zwischen den Loten 306,00 m lang, 36,00 m breit und besaß einen Tiefgang von 12,00 m. Der Schiffskörper hatte 15 Querschotte und 12 Decks. Zur Besatzung gehörten 1050 Personen. Für Schiffe dieser Größe mußten in den Anlaufhäfen neue Piers und in Southampton ein spezielles Trockendock von 365 m Länge und 41 m Breite gebaut werden.

Die »QUEEN MARY« war für die Beförderung von 2139 Passagieren eingerichtet, davon 776 I. Klasse, 784 Touristenklasse und 579 III. Klasse. Die Antriebsanlage bestand aus Getriebe-Turbinen mit einer Gesamtleistung von 132480 kW. Mit 4 Schrauben erreichte das Schiff eine Geschwindigkeit von 28,5 kn. Für den erforderlichen Dampf sorgten 27 Kessel. Am 27. Mai 1936 trat das Schiff seine Jungfernreise an und im August 1936 errang es das »Blaue Band« in West-Ost-Richtung mit einer Überfahrt in 3 Tagen, 23 Std. und 57 Min. bei 30,1 kn Durchschnittsgeschwindigkeit. Danach mußte sie es an die französische *»NORMANDIE«* abtreten, um es dann 1938 erneut zu erobern und bis 1952 zu behalten.

Im zweiten Weltkrieg war das Schiff als Truppentransporter eingesetzt und beförderte australische Truppen noch Nordafrika. In einem Fall waren bei einem solchen Transport 16683 Soldaten an Bord. Im Juli 1947 wurde das Schiff wieder umgerüstet und auf der Route Southampton–New York eingesetzt. Die letzte Reise, es war die 1001 Atlantiküberquerung, führte Ende 1967 nach Long Beach in Kalifornien.

Hier wurde das Schiff umgebaut und dient heute mit einem Hotel, Bars, Restaurants, Vortragssälen sowie einem Museum und einem großen Aquarium als Unterhaltungs- und Kongreßzentrum.

Querspantenschiff: Holz-, Eisen- oder Stahlschiff, bei dem die äußere Hülle vorwiegend durch Querspanten ausgesteift ist. Die Querspantenbauweise ist bis heute die gebräuchlichste Bauart im Unterschied zur Längsspanten-Bauweise (siehe *Isherwood*-Längsspantenschiff) und zur Längsträgerbauart.

R

Radaviso: *Aviso* für Depeschen- und Aufklärungsaufgaben mit Dampfmaschinen- und Schaufelradantrieb. Am Ende des ersten Viertels des 19. Jh. begannen die Kriegsmarinen den neuen Schiffsantrieb versuchsweise zunächst bei kleineren Kriegsschiffen, wie Aviso und Korvetten, einzuführen. Da es zu dieser Zeit noch keine funktionsfähigen Schraubenpropeller gab, wurden traditionelle Segelaviso unter vollständiger oder teilweiser Beibehaltung der Takelage mit Damfmaschinen und Schaufelrädern ausgerüstet. Der erste Radaviso, die »SPHINX«, wurde 1829 in Frankreich mit 777 t Deplacement gebaut und erreichte 7 kn Geschwindigkeit.

Radbagger, *Schaufelbagger, Schwimmbagger:* siehe *Bagger*

Raddampfer, *Schaufelraddampfer:* Dampfschiff mit Mittschiffs-, Heck- oder Seiten-Schaufelrädern. Das Schaufelrad war bis fast zur Mitte des 19. Jh. das erste funktionsfähige Vortriebsorgan des Dampfschiffs, bevor es den Schraubenpropeller gab. Das Prinzip des Wasserrads ist mindestens seit Beginn der Zeitrechnung und wahrscheinlich noch früher als eine der ältesten Maschinen zur Nutzung der Kraft strömenden Wassers für den Mühlenantrieb und bei der sog. »Schiffsmühle« sowie für Bewässerungsanlagen bekannt. Die erste praktische Umkehrung dieses Prinzips, bei der nicht das strömende Wasser, sondern die Muskel- oder Windkraft antreibende Kraft ist, wird auf das Jahr 527 u. Z. zurückgeführt und wurde 1587 von Anonymus de rebus bellicis abgebildet und beschrieben. In dieser Darstellung wird eine römische Liburne durch 3 Schaufelradpaare angetrieben, die jeweils von zwei Ochsen über Göpel gedreht werden. Noch bis zu Ende des 19. Jh. gab es vereinzelt Heck- oder Seitenradfähren, deren Räder durch Pferdetretmühlen angetrieben wurden.

Mit der Einführung des Dampfantriebs konnte auf solchen Vorbildern aufgebaut werden. Ein erstes Patent zum dampfangetriebenen Schaufelradschlepper erhielt JONATHAN HULL 1736 in Britannien. Bis der britische Mechaniker BUCHANAN 1813 ein Schaufelrad mit beweglichen Schaufeln für den stoßfreien Schaufeleintritt vorschlug, waren die einzelnen Schaufeln der Schaufelräder ähnlich einteilig starr wie Blätter an Ruderriemen. Bei den ersten noch unter Segel und Dampf fahrenden Schiffen konnten die durch Seile gehaltenen einzelnen Schaufeln noch eingeholt werden, damit sie die Fahrt des Schiffs beim Segeln nicht hemmten. Die seinerzeit noch kleinen Drehzahlen der ersten Schiffsdampfmaschinen waren für den direkten Antrieb der Schaufelräder mit 20 ··· 40 U/min recht günstig, so daß das Schaufelrad schnell zum universellen Vortriebsmittel in der Binnen- und Seeschiffahrt wurde. Das Mittelschiffs-Schaufelrad, das ähnlich wie bei *»CHARLOTTE DUNDAS«* mittschiffs zwischen den beiden Rümpfen eines Doppelrumpf-Dampfboots arbeitete, wandelte sich zum Heck-Schaufelrad, weil es die Schiffsbreite nicht vergrößert und auf Flüssen gegen Treibholz gut geschützt war. Die Mehrzahl aller Schiffe erhielten jedoch Seiten-Schaufelräder.

1829 verbesserten die Briten GALLOWAY und MORGAN das Schaufelrad weiter zum »neunschaufligen Polygonrad«, das sich weiterentwickelt über mehr als ein Jahrhundert noch in der Flußschiffahrt neben dem Schiffspropeller behaupten konnte. Bei diesem Prinzip tauchen die Schaufeln sowohl stoßfrei ein und behalten die annähernd vertikale Stellung bis zum Austritt bei.

In Deutschland gab es noch das sog. »Nörnberg«-Schaufelrad, das von Ernst Dietze, einem Mitarbeiter der Gebr. Sachsenberg-Werft in Roßlau an der Elbe, weiter verbessert wurde. In der Elbeschiffahrt wurde dieses Rad später als Sachsenbergrad bekannt.

Um 1936 gelang es, den Wirkungsgrad der Schaufelräder durch den Einbau der Süberkrübschen Leitschaufeln, die die Schubkomponente der vom Rad aufgeworfenen Wellen nutzbar machen, um etwa 10 % zu steigern. Diese Konstruktion kam an Schiffen des »Bayrischen Lloyd« zum Einsatz.

In den Kriegsflotten wurde das Schaufelrad zunächst nur zögernd eingeführt, da es nach Meinung der Admirale leicht beschädigt und im Seegang unbrauchbar werden konnte. Im Krim-Krieg hatten die russischen Kanonen die englischen Schiffe zum Teil dadurch kampfunfähig geschossen, daß sie die freiliegenden Schaufelräder unter Feuer nahmen. Gegenüber dem Segel-Kriegsschiff siegte der Schaufelrad-Kriegsdampfer dann schließlich doch mit Ausnahme der Linienschiffe. Der berühmt gewordene Schleppversuch zwischen den beiden englischen Kriegsschiffen »RATTLER« und *»ALECTO«* erwies 1845 die Überlegenheit des Schraubenpropellers.

Im Jahr 1916 gab es in der britischen Marine erneut Schaufelradschiffe. Ihres geringen Tiefgangs wegen wurden Raddampfer für Minenräumaufgaben gebaut. Noch Ende 1956 gab die britische Marine 7 Radschlepper in Auftrag. Die Erfahrungen hatten gezeigt, daß Radschlepper besonders geeignet sind, große und schwere Schiffe durch enge Dockeinfahrten oder in räumlich beengte Hafenbecken zu bugsieren. Die 13-kn-Schlepper erhielten ein Deplacement von 710 t und einen dieselelektrischen Antrieb.

1932 wurde nach 47 Dienstjahren der letzte hochseefähige deutsche Schaufelrad-Salon-Schnelldampfer *»FREIA«* verschrottet. Im Mai 1982 hatte das Seitenradschiff »STADT WEHLEN« des VEB »Weiße Flotte«, Dresden, sein 100. Dienstjahr. Es ist damit eines der ältesten

Die österreichisch-ungarische Fregatte »RADETZKY«, Baujahr 1872

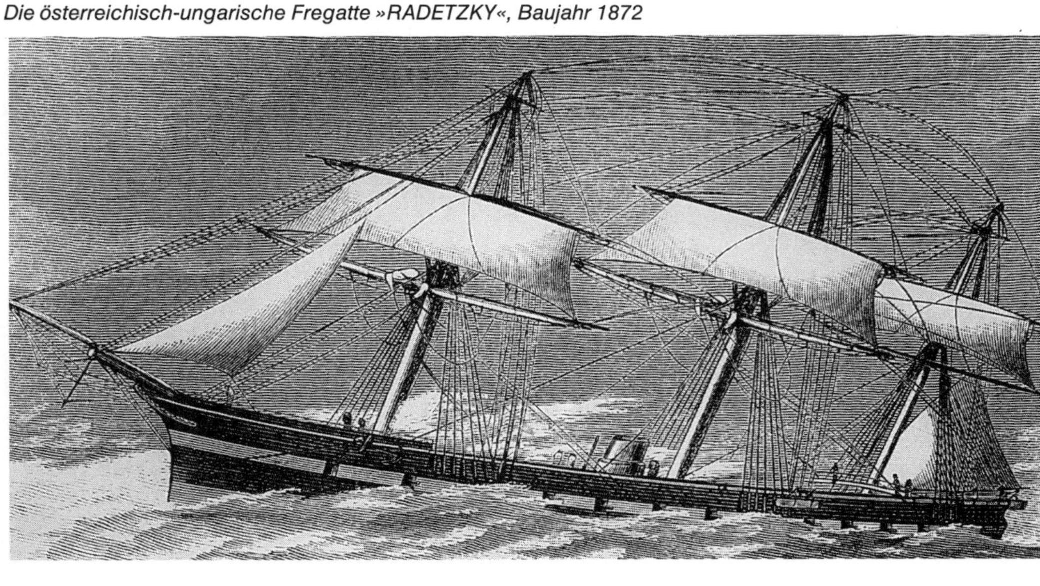

noch funktionsfähigen Dampfschiffe mit Seiten-Schaufelrädern in Europa.
Zu den aus der Entwicklungsgeschichte bekanntesten Raddampfern zählen die *»PYROSCAPHE«* (1783), die *»CHARLOTTE DUNDAS«* (1802), die *»CLERMONT«* (1807), die *»COMET«* und die *»DEMOLOGOS«* (1812), die *»DEFIANCE«* und die *»PRINZESSIN CHARLOTTE VON PREUSSEN«* (1816), die *»SAVANNAH«* (1818), die *»SIRIUS«* (1837), die *»GREAT WESTERN«* (1837) und die *»GREAT EASTERN«* (1858), die neben den Schaufelrädern auch schon einen Schraubenpropeller erhielt.

»RADETZKY« (II): österreichisch-ungarische Schraubenfregatte. Der 3430 t bzw. 3394 ts Einsatz-Verdrängung große Kompositbau der Österreichisch-Ungarischen K.u.K. Marine lief 1872 von Stapel, war über Alles 79,1 m und zwischen den Loten 77 m lang; 14,33 m breit und hatte einen Tiefgang von 7 m. Die Bewaffnung bestand aus 15×15-cm-Krupp-Geschützen. Eine Dampfmaschine mit einer Leistung von 2490 kW (3385 PSi) gab der Fregatte eine Geschwindigkeit von 14,2···15 kn. Zur Durchführung längerer Reisen war das Schiff als Dreimast-Vollschiff getakelt. Die Schraubenfregatte wurde 1897 zum Artillerieschulschiff umgerüstet, 1908 in »ADRIA« umbenannt und diente 1915 als Wohnschiff in Pola.

Radkorvette: kleines Kriegsschiff aus der Anfangszeit des Dampfantriebs mit seitlichen Schaufelrädern, siehe auch *Dampfkorvette* und *Korvette*. Das erste auf einer preußischen Werft mit Dampfantrieb gebaute Kriegsschiff war die Radkorvette »DANZIG«, die im November 1851 in Danzig von Stapel lief.

Radschlepper: siehe *Dampfschlepper* und *Schlepper*

Raketenfregatte: *Fregatte* im Größenbereich von 900···3000 t Deplacement sowie 80···120 m Länge mit der Hauptbewaffnung Schiff-Schiff- und Schiff-Luft-Raketen.

Raketenkreuzer: moderner raketentragender *Kreuzer* von 6000···20000 t Deplacement, der neben einigen universellen Geschützen als Hauptwaffe Abschußeinrichtungen für Schiff-Schiff-Raketen und Schiff-Luft-Raketen hat. Der anfänglich völlige Verzicht auf Artillerie ist bei der Folgegeneration nicht mehr beibehalten worden. Heute haben alle raketentragenden Schiffe zusätzliche Rohrwaffen, wie z.B. der US-Raketenkreuzer »LONG BEACH«, der zwei 12,7-cm-Geschütze hat. Neben Dieselmotoren und Gasturbinen werden moderne Raketenkreuzer zunehmend durch Kernkraft angetrieben.

Rammsporn-Kriegsschiff: Kriegsschiff mit einem beilartig unterhalb der Wasserlinie hervorragenden Rammsporn. Der schon aus der Antike und dem Mittelalter bekannte Rammsporn erhielt mit der Entwicklung der *Panzerschiffe* um die Mitte des 19. Jh. in den Kriegsflotten erneute Bedeutung. So brachte der Rammstoß des Flaggschiffs »FERDINAND MAX« unter der Führung von TEGETTHOFF 1866 im Mittelmeer bei Lissa den Verlust des italienischen Flaggschiffs »RE d'ITALIA« und die Überlegenheit Österreichs. Auch die Kollision der deutschen Panzerfregatte *»KÖNIG WILHELM«*, bei der am 31. Mai 1878 durch einen unbeabsichtigten Rammstoß die deutsche Panzerfregatte »GROSSER KURFÜRST« mit 269 Mann Besatzung verloren ging, zeigte die Wirkung. Schlußfolgernd wurden bis zur Jahrhundertwende noch die großen Kriegsschiffe in allen Ländern mit einem Rammsporn oder Rammsteven gebaut.
Der 2···3 m unterhalb der Wasserlinie liegende Rammsporn sollte gegnerische Panzerschiffe unterhalb des Gürtelpanzers treffen. Als Schutzmaßnahme gegen das Rammen wurden seitdem Kriegsschiffe tiefer gepanzert und stärker durch Längs- und Querschotte unterteilt. In dieser Zeit gab es in Frankreich zur Verteidigung der Küsten und Häfen stark gebaute und schwer gepanzerte flachgehende Kriegsschiffe, sog. »Widderschiffe«, die nur 1 oder 2 Geschütze an Deck hatten und hauptsächlich für den Rammstoß gedacht waren. Mit der Entwicklung weiterreichender Geschütze mit größerer Durchschlagskraft und Wirkung der Sprenggranaten verlor das Rammsporn-Kriegsschiff seine Bedeutung.

Die »REDOUTABLE«, Deplacement 8800 t, 1876 das erste Panzerschiff der Welt in Voll-Stahlkonstruktion

Räumboot, Abkürzung R-Boot: in der deutschen Kriegsmarine gebrauchte Bezeichnung für ein kleines Fahrzeug zum Räumen von Minen; siehe weiter *MLR* (Minenleg- und Räumschiff).

Reaktionsantrieb-Schiff: siehe *Wasserstrahlantrieb-Schiff*

»REDOUTABLE«: französisches Zentralbatterieschiff, erstes 1876 von Stapel gelassenes Panzerschiff in Voll-Stahlkonstruktion. Bis 1872 waren die Schiffskörper der Panzerschiffe aus Holz oder in Kompositbauweise Holz-Eisen-Stahl gebaut. Stahlerzeugung- und -verarbeitung ermöglichten nunmehr den weitergehenden Einsatz von Eisen und Stahl zum Bau wesentlich festerer Schiffskörper. Der Vorschlag des französischen Marineingenieurs De BUSSY wurde angenommen und die »REDOUTABLE« aus Stahl konstruiert, die Panzerung bestand aus geschmiedeten Eisenplatten. Die damit möglichen Massenverminderungen gegenüber den bisherigen Hauptverbänden kamen wesentlichen Neuerungen zugute. Das Schiff wurde durch Querschotte in wasserdichte Abteilungen und durch einen Doppelboden unterteilt. In Höhe der Schwimmwasserlinie kam ein Panzerdeck von 60 mm Dicke zum Einbau.
Die »REDOUTABLE« hatte ein Deplacement von 9224 ts, war in der KWL 97,13 m lang; 19,66 m breit und ging 7,8 m tief. Mit der Maschinenleistung von 4560 kW (6200 PS) wurden 14,7 kn erreicht. Die ursprünglich vorhandene Vollschiffstakelung mit 2220 m² Segelfläche wurde später auf eine Barktakelung reduziert und schließlich ganz entfernt. Die Bewaffnung bestand ursprünglich aus 8×27,4-cm-, 6×14-cm-Geschützen sowie weiteren leichten Waffen und 2×356-mm-Torpedorohren. Das Schiff wurde mehrfach umgerüstet und modernisiert und erst 1910 aus der Flottenliste gestrichen.

Reinigungsschiff: siehe *Wasserreinigungsschiff*

Renn-Motorboot: siehe *Gleitboot*

Restaurant-Schiff: speziell als schwimmendes

Restaurant für Großstädte oder Erholungsgebiete für feste oder veränderliche Liegeplätze mit pontonförmigen Schiffskörper gebautes Schiff oder ein umgebautes, nicht mehr in Fahrt befindliches *Fahrgastschiff*. Eines der größten Restaurant-Schiffe ist derzeit die 1967 aus der Linienschiffahrt herausgenommene, 82000 BRT große »*QUEEN MARY*« im Hafen Long Beach, Kalifornien.

Rettungsboot: ein zum Schiff gehörendes Boot für Passagiere und Mannschaften im Seenotfall. Das Rettungsboot im heutigen Sinne gibt es auf allen Schiffen erst seit der Mitte des 19. Jh. Die auf Kauffahrteischiffen oder Segelkriegsschiffen mitgeführten Boote dienten in erster Linie dazu, seichte Gewässer auszuloten, Inspektionsfahrten an Land zu unternehmen, Truppen anzulanden oder Arbeiten am eigenen Schiff ausführen zu können. Für den Notfall hätten die an Bord befindlichen Boote nicht alle Leute aufnehmen können, so daß sie nicht vorrangig als Rettungsmittel angesehen wurden. Nachdem Rettungsboote allgemein üblich wurden, unterlag ihre Bauausführung und Ausrüstung bald besonderen Vorschriften, z.B. denen der 1887 gegründeten »Deutschen Seeberufsgenossenschaft«. Mit der Durchsetzung fester Regeln zur Beschaffenheit und zur Anzahl von Rettungsmitteln an Bord von Seeschiffen wurde ein Fortschritt in der Schiffssicherheit erzielt. Mit der fortschreitenden Entwicklung des Schiffbaus bildeten sich dann einige auf den Bau von Rettungsbooten spezialisierte Werften heraus, die typisierte Boote serienmäßig herzustellen begannen.

Motor-Rettungsboot auf einem Segelschiff

Die anfänglich aus Holz gebauten Boote erhielten Luftkästen, um sie sinksicherer zu machen. Am Dollbord wurde ein in festes Segeltuch eingenähter Korkfender angebracht, der als Spritzwasserschutz und als zusätzlicher Auftrieb diente und mit Greifleinen versehen war. Die in Pallungen an Bord gelagerten Boote wurden mit einer geteerten Persenning abgedeckt, um im Notfall auch Regenwasser aufzufangen. Die hellgrau oder weiß gestrichenen Boote hatten ein signalrotes Dollbord, um sie in der See besser ausmachen zu können. Zur Fortbewegung waren Riemen und meistens auch ein aufrichtbarer Mast mit Segel vorhanden. Inventar und Seenotproviant hatten den jeweiligen Vorschriften zu entsprechen.

Schiffssicherheitsverträge und internationale Konferenzen regelten nach und nach den vorgeschriebenen Bootsraum für Passagier- und Handelsschiffe. Für Außenbordarbeiten war ein gesondertes sog. »Arbeitsboot« zusätzlich an Bord zu nehmen.

Die Holz- und Stahlblechboote wurden in den 1940er Jahren fast völlig durch Leichtmetallboote abgelöst. Seit 1960 werden Rettungsboote nahezu ausschließlich als *Plastboote* gebaut. Alle Boote waren anfänglich offen. Da Seeschlag und Unterkühlung die Hauptgefahren für Schiffbrüchige sind, haben sich schließlich geschlossene Boote allgemein durchgesetzt.

Ein erstes geschlossenes Rettungsboot entwikkelte 1958 der Konstrukteur Gustav Kuhr aus Bremerhaven, dem bald das nach dem Konstrukteur Nicole benannte Boot folgte. Beide Bootstypen blieben zunächst Versuchsboote, da nach dem Schiffssicherheitsvertrag von 1948 nur offene Boote zugelassen waren, um ein schnelles und sicheres Einbooten zu ermöglichen. Später waren behelfsmäßige Persenningbezüge erlaubt, die über einsteckbare Bügel gezogen wurden. Erst Anfang der 70er Jahre kam es zur allgemeinen Einführung geschlossener Rettungsboote, die auch selbstaufrichtend sind. Ein gekentertes Rettungsboot nimmt automatisch Wasserballast auf und richtet sich dadurch selbst auf.

Das Rettungsboot bildet auch unter heutigen Bedingungen einen wesentlichen Bestandteil der Seenot-Rettungssysteme. Es wird auch für den Krankentransport u. ä. Aufgaben eingesetzt. Für einen Seenotfall sind schnelles Aussetzen und schnelles Verlassen der unmittelbaren Gefahrenzone, ungefährdetes Aufnehmen von im Wasser treibenden Schiffbrüchigen sowie Sammeln und Abschleppen von Rettungsflößen und Rettungsgeräten wichtig. Die Manövrierfähigkeit und Sicherheit muß auch bei schlechtem Wetter gewährleistet sein.

Auf das Riemen- und Segelboot folgte der Hand-Propeller-Antrieb, und in den Anfängen der Motorisierung von Rettungsbooten kamen verschiedenartige Motorentypen als Einbau- oder Außenbordmotoren zum Einsatz. Aus Sicherheitsgründen ist heute nur der eingebaute Dieselmotor zugelassen, der auch nach Kentern und Wiederaufrichten betriebsklar sein muß. Rettungsboote für Öl- und Chemikalientanker sind völlig geschlossen und haben eine Berieselungsanlage, um brennende Ölteppiche mit einer Breite von mehr als einer Seemeile durchqueren zu können. Luftbehälter versorgen während dieser Zeit die Insassen mit Luft und verhindern durch leichten Überdruck im Raum auch das Eindringen giftiger Gase.

Im Jahr 1978 erarbeitete die internationale Weltschiffahrtsorganisation der Vereinten Nationen – seit 1982 IMO/International Maritime Organisation – weitere Vorschriften, die 1982/83 wirksam wurden und geschlossene, sich selbstaufrichtende und selbstlenzende Rettungsboote sowie verbesserte Aussetzmöglichkeiten vorschreiben.

Zu den neuesten Entwicklungen gehören u. a. das »Freifall«-Rettungsboot und sog. »Rettungskapseln«, die im freien Fall oder über Rutschen mit den Insassen zu Wasser gelassen werden und die Rettungsaussichten bedeutend vergrößern. Moderne Rettungsboote sind zur besseren Standorterkennung mit Radarreflektoren, automatischen Seenotsendern und anderen Hilfsmitteln ausgestattet; siehe auch *Rettungsfloß*.

Rettungsfloß, *Rettungsinsel:* kollektives Rettungsmittel, das auf kleineren Schiffen und Binnenschiffen anstelle der *Rettungsboote* und auf größeren Schiffen als alleiniges oder zusätzliches Rettungsgerät gefahren wird. Die aus elastischen, mit Gummi beschichteten Gewebe bestehenden und durch mehrere Luftkammern unterteilten Flöße bzw. Inseln blasen sich automatisch auf, sobald sie mit ihren Behältern abgeworfen werden oder bei einer Havarie des Schiffs selbst aufschwimmen. Unter dem Floß befinden sich Wassertaschen, die wie Treibanker wirken und somit ein zu schnelles Abtreiben vom havarierten Schiff in schwerer See verhindern. Die Ausrüstung entspricht der von Rettungsbooten und unterliegt internationalen Vorschriften.

Rettungskapsel: modernes kollektives Rettungsmittel auf Schiffen mit gefährlicher Ladung wie Benzin- oder Chemikalientanker (siehe *Tanker*) mit relativ kleiner Besatzung, die bei Explosionen oder Bränden so schnell wie möglich die Rettungskapsel erreichen muß und mit ihr abgeworfen wird.

Rettungskreuzer: siehe *Seenot-Rettungskreuzer*

Rettungsschiff, *Offshore-Rettungsschiff:* Spezialfahrzeug zur Rettung von Schiffsbesatzungen aus Seenot bzw. von Bohrinselbesatzungen und zur Brandbekämpfung an Offshore-Fahrzeugen bzw. Mitteln. Während des zweiten Weltkriegs begleiteten Rettungsschiffe die Geleitzüge, um Besatzungen torpedierter Schiffe aufzunehmen, da die anderen Schiffe im Geleitzug zur Weiterfahrt verpflichtet waren und nicht stoppen oder Hilfe leisten konnten. Diese Rettungsschiffe waren bewaffnet und keine *Lazarettschiffe*. Sie waren u.a. insbesondere zur Behandlung von Unterkühlungen und Verbrennungen eingerichtet. Ein erstes Offshore-Rettungsschiff von 80 m Länge für eine Rettungsmannschaft von 40 Mann Stärke wurde 1975 in der BRD in Leer gebaut. Es hat Taucherausrüstungen, Tauchgeräte für Taucheinsätze bis zu 300 m Tiefe, Löscheinrichtungen zur Bekämpfung von Ölbränden u.a. Anlagen.

Rettungs-U-Boot: siehe *Tiefsee-Rettungsgeräte*

Rhein-Schiff: typisches Flußschiff für den Personen- und Gütertransport auf dem Rhein. Der Rhein, die alte westeuropäische Nord-Südachse des Verkehrs, steht heute noch als Binnenschifffahrtsstraße an der Spitze der großen Ströme Westeuropas. Nach dem Verfall der Römerstraßen kam dem Rhein als Transportweg eine erhöhte Bedeutung zu. Die Dampfkraft im Schiffsantrieb hat das Bild auf dem Rhein dann vielfältig gewandelt.
1816 erschien als erstes Dampfschiff die britische »ORWELL« vor Köln. Im November 1817 erreichte dann James Watts *»CALEDONIA«* Koblenz. Bevor der Rhein stromauf jedoch bis Straßburg von einem Dampfschiff bezwungen werden konnte, vergingen noch weitere sieben Jahre. Zu einem Pionier der Rhein-Schiffahrt wurde die »Nederlandsche Stromboot Maatschappij«, Rotterdam unter der technischen Leitung von Gerhard Roentgen. Roentgen befuhr mit dem 50-PS-Dampfboot »DE ZEUV« (»DER SEELÄNDER«) den Mittelrhein im November 1824 bis unterhalb Bacharach. 1825 fuhr er mit dem Dampfer »DE RIJN« (»DER RHEIN«) bis nach Kehl. Für die Strecke Köln–Kehl benötigte er 74 Std., 28 Min.
Im Oktober 1825 gründete Heinrich Merkens in Köln die »Preußisch-Rheinische-Dampfschifffahrtsgesellschaft«, der 1836 die »Köln-Düsseldorfer-Gesellschaft« folgte. In Mainz bildete sich um die gleiche Zeit eine »Dampfschiffahrtsgesellschaft von Rhein und Main«, der in Baden weitere Gesellschaften folgten. Am 1. Mai 1827 eröffnete dann die »CONCORDIA« (Länge um 57 m, Breite ohne Radkästen 6,1 m, Tiefgang 1,25 m, 80 PS) der Kölner Gesellschaft den regelmäßigen Personen- und Eilgüterdienst zwischen Köln und Mainz. Die 191 Stromkilometer wurden in etwa 24 Std. zurückgelegt. Daneben hatte die niederländische Gesellschaft mit zwei Schiffen einen wöchentlichen Dienst zwischen Rotterdam und Köln in Gang gebracht. Am 7. Mai 1830 lief auf der 1828 gegründeten Gutehoffnungshütte (GHH) die »STADT MAINZ« von Stapel. Es war das erste auf einer deutschen Werft gebaute Rhein-Dampfschiff, jedoch noch kein sonderlicher Erfolg. Die 1837 gebaute »GROSSHERZOG LEOPOLD« war der erste Kompositbau der Werft und schon 1838 folgte der erste eiserne Rhein-Dampfer der GHH, die »GRAF VON PARIS«. Neben englischen und deutschen Schiffsmaschinen wurden solche der Firma Escher, Wyss & Co. aus Zürich eingebaut.
Der 1830 in Dienst gestellte Personendampfer »STADT FRANKFURT« sollte durch eine erfolgreiche Versuchsfahrt in die Geschichte der Rhein-Dampfschiffahrt eingehen. 1832 befuhr er als erstes Dampfschiff die wegen ihrer natürlichen Hindernisse und der geringen Wassertiefe gefürchtete Oberrheinstrecke bis Basel, wo das Eintreffen des Dampfers als ein bahnbrechendes Ereignis gefeiert wurde. Der Verkehr auf dem Oberrhein, den die Baseler Gesellschaft »Die Adler vom Oberrhein« ab 1840 durchführte, kam durch den Bau der Eisenbahnen jedoch bald wieder zum Erliegen.
1839 bestellte die Köln-Düsseldorfer Gesellschaft bei Miller, Ravenhill & Co in London ein eisernes Schiff, das als »VICTORIA« 40 Dienstjahre erlebte. 1896 ließ man mit der »DEUTSCHLAND« erstmals einen Rhein-Dampfer an der Elbe bei den Gebrüdern Sachsenberg in Roßlau bauen. Eine besondere Leistung stellten die Rhein-Schnelldampfer »KAISER WILHELM« und »BLÜCHER« dar, die mit 82 m Länge und einer Maschinenleistung von 957···1104 kW (1300···1500 PS) gegen den Strom eine Geschwindigkeit von 17 km/h erreichten. 1926 setzte dann die Köln-Düsseldorfer Gesellschaft die ersten Doppelschrauben-Motorschiffe ein. Besonders bewährte sich hier die »BEETHOVEN« mit 2 × Deutz-Sechszylinder-Motoren zu je 220,8 kW, deren Typ später weiterentwickelt wurde. Bald gab es auch Versuche mit dem Voith-Schneider-Antrieb, da er gegenüber dem Schraubenantrieb mit einem um 15 cm geringeren Tiefgang auskam, was bei den oft niedrigen Wasserständen von großer Bedeutung war. Trotz der Vorzüge des Voith-Schneider-Antriebs konnte er sich wegen der Beschädigungsgefahren nicht durchsetzen. Dem Motorschiff mit Seitenradantrieb gehörte zunächst die Zukunft, vor allem wegen des besseren Wirkungsgrads der Schaufelräder auf flachen Flüssen.
In der Rhein-Schiffahrt dominierte lange Zeit die Personenbeförderung. Bereits in den ersten Jahren der Rhein-Dampfschiffahrt 1827/28 wurden mehr als 20000 Personen jährlich befördert und bis 1839 stieg die Zahl auf jährlich etwa 800000 Personen an. Die Niederländer hatten mit dem Dampfboot »HERCULES« aber schon frühzeitig Schleppversuche für Frachtfahrzeuge unternommen, insbesondere die »Rhein- und Seedampfschiffahrt Niederländische Gesellschaft«. Der erste Rhein-Dampfschlepper war der 1844 von der Gutehoffnungshütte (GHH) gebaute »DIE RUHR«, der 8 Schleppkähne zog. 1880 gab es erste Versuche mit dem Schrauben-Schleppdampfer »H.A. DISCH«, der in Hamburg auf der Werft von Janssen & Schmilinsky für die »Aktien-Gesellschaft für Handel und Schiffahrt« gebaut wurde. 1922 erschien der erste Doppelschrauben-Motorschlepper »FRANZ HANIEL XXIII« auf dem Rhein, er hatte bereits eine Maschinenleistung von 1177,6 kW (1600 PS). Ein Jahr später übernahm die »Rheinschiffahrtsgesellschaft Fendel« von der Schiffs- und Maschinenbau AG., Mannheim den Turbinen-Schlepper »DORDRECHT«, der zum derzeit stärksten Rheinschlepper wurde. 1924 fuhr das erste Motor-Eilgüterschiff und 1925 erschien mit dem Gasgenerator-Schlepper »HARPEN I« ein interessanter Schiffstyp, von dem es 1938 bereits 12 Stück mit einer gesamten Leistung von 3533 kW (4800 PS) gab.
Auf dem Rhein fuhr auch 1957 das erste Schubboot Europas, der »WASSERBÜFFEL« mit den dazugehörigen Leichtern »RHEINSCHUB I–V« mit insgesamt 5200 t Tragfähigkeit. 1958 folgte das erste Streckenschubboot in Katamaranausführung, der Schubverband »HERKULES« mit 10 Spezialleichtern, und ein Jahr später gab es auf dem Rhein und erstmalig in Europa Versuche mit einer schiebenden Selbstfahrer-Schubeinheit.

»RIGAULT DE GENOUILLY«: französische Dampfkorvette bzw. Kreuzer III. Klasse. Nach Beendigung des Kriegs 1870/71 mit Deutschland überprüfte man in Frankreich die Zusammensetzung der Flotte. Die Kreuzer wurden als der wesentliche Bestandteil künftiger Flotten erachtet und die Zahl der Kreuzer I. und II. Klasse auf 16 und die Kreuzer III. Klasse auf 18 neu festgesetzt. Die Bezeichnung lautete nunmehr z.B. Kreuzer III. Klasse; sie entsprach dem vorhergehenden Schrauben-Aviso I. Klasse bzw. der Dampfkorvette. Die 1643 t große »RIGAULT DE GENOUILLY« war 74 m lang und hatte einen Tiefgang von 4,5 m. Das Schiff war mit einem für diese Zeit noch typischen Rammsporn und mit einem einziehbaren Bugspriet ausgerüstet. Für längere Reisen war es als Dreimastbark getakelt. Die Bewaffnung bestand aus 8 × 14-cm-Geschützen. Eine Dampfmaschine mit einer Leistung von 1398 kW (1900 PS) gab der Korvette eine Geschwindigkeit von 15 kn. Mit dem an Bord befindlichen Kohlevorrat konnten bei 10 kn Geschwindigkeit 3000 Seemeilen gedampft werden.

Ringwadenboot: siehe *Seiner*

»ROBERT F. STOCKTON«: erster seegehender Schraubendampfer des schwedischen Ingenieurs J.E. Ericsson. John Ericsson (1803 bis 1889) hat mit seinen Maschinen- und Schraubenkonstruktionen bedeutende Fortschritte in der Schiffsentwicklung vollbracht. Seine vielseitige Beschäftigung mit technischen Problemen veranlaßte ihn, seine Offiziersstellung in der schwedischen Armee, in der er als Ingenieur-Kapitän diente, aufzugeben und 1826 nach England zu gehen. Hier betätigte er sich beim Bau einer Lokomotive sowie einer Heißluftmaschine, die er 1833 mit einer Leistung von 3,68 kW (5 PS) in London erstmals praktisch vorführte. Mit dieser Heißluftmaschine wollte Ericsson eine vollkommenere und rationellere Maschine als die Kolbendampfmaschine entwickeln. In Braithwaite

bei London ließ er 1833 ein Versuchsschiff »NOWELTY« bauen, mit dem die Heißluftmaschine erprobt wurde. Die Wattschen Kolbendampfmaschinen konnten jedoch nicht überboten werden. Danach befaßte sich Ericsson mit der Konstruktion von Dampfspritzen und ab 1836 mit der Schiffsschraube. Die »FRANCIS B. OGDEN« wurde dazu sein erstes Schrauben-Versuchsschiff. Nachdem er mit dem Schiff die mit der Begutachtung beauftragten Lords von Somerset House nach Blackwall und zurück transportiert hatte, ließ er die 23 m lange »ROBERT F. STOCKTON« bauen, die er bereits mit einer verbesserten Schraube versah. Während einer Probefahrt auf der Themse soll er damit eine Geschwindigkeit von 13 kn erreicht haben. Da er in England nicht die nötige Unterstützung fand, ging er im Frühjahr 1839 mit der »ROBERT F. STOCKTON« nach New York, wo er mit großen Ehren empfangen wurde. Die 40tägige Reise wurde zugleich die erste Atlantiküberquerung eines Schraubenschiffs. Hier wurden nach einigen weiteren Testfahrten Verbesserungen angebracht und das Ruder hinter die Schraube verlegt. Als »NEW JERSEY« tat das Schiff dann noch lange Jahre Dienst auf dem Delaware-Raritan-Kanal.
Bekannt wurde auch Ericssons sog. »halbrotierende Dampfmaschine« für den 1843 gebauten Kriegsdampfer »PRINCETON« und sein späterer *»MONITOR«* mit drehbarem Geschützturm. John Ericsson starb am 8. März 1889 in New York und wurde in seine Heimat Schweden überführt.

Die »ROBERT F. STOCKTON«, 1838 erstes seegehendes Schraubenschiff von Ericsson nach »FRANCIS B. OGDEN«.

Rohöltanker: siehe *Tanker*

Rohrlegeschiff: Spezialschiff für *Bohrinseln* und die Offshore-Technik. Mit dem Niederbringen der ersten uferentfernten Erdölbohrung ergab sich die Aufgabe des Öltransports zum Festland. Die nachfolgende Förderung von Erdgas und Erdöl im offenen Meer verlangte neben der speziellen Fördertechnik verschiedene Spezialschiffe, die es bis dahin nicht gab. Das Rohrlegeschiff verlegt Rohrleitungen für Erdöl und Erdgas von den Fundstätten bis zu den Verarbeitungs- und Lagerstätten an der Küste. An Deck des Schiffs werden in überdachten Räumen die von einem Versorger (siehe *Bohrinselversorger*) angelieferten Rohrenden miteinander verschweißt und nach Prüfung der Schweißnähte sowie Konservierung über eine Heckbühne zu Wasser gelassen und auf dem Untergrund verlegt. Für diese Arbeiten werden auch sog. Halbtaucher-Plattformen mit Schwimmern benutzt, auf denen Stützen und die Arbeitsplattform stehen.
Auf modernen Rohrlegeschiffen wie der »VIKING PIPER« werden die Arbeitsvorgänge durch eine Prozeßrechneranlage gesteuert. Um den Verlegungsvorgang zu beschleunigen, werden an Bord auf Vormontageplätzen 12 m lange Rohre zu 24 m Enden automatisch verschweißt.

Ro/Ro-Schiff, *Roll-on/Roll-off-Frachtschiff, Trailerschiff:* seit Anfang der 70er Jahre neu entstandener Mehrdeck-Trockenfrachtschiffstyp für die selbstrollende (engl. heraufrollen, herunterrollen), nicht schienengebundene Be- und Entladung. Nach dem Vorbild der Eisenbahngüterfähren entstand das Ro/Ro-Schiff mit dem zunehmenden Anteil selbstrollender Seetransportgüter wie LKW, PKW, Schwerlaster, Land- und Baumaschinen sowie der Entwicklung verbesserter Flurfördermittel und unbekranter Umschlag- und Hafenplätze in Wechselwirkung mit dem *Containerschiff*.
Ab 1954 fuhr die von Präsident Eric Rath gegründete Transcaribean Motor Transport Gesellschaft (T.M.T) »Trailer Ferry Inc« aus Miami schon mit 12 Schiffen in der Karibik und hatte bereits 600 Trailer (Lastauflieger) in Umlauf. Am 21. Januar 1957 dehnte die Gesellschaft mit einem in St. Nazaire umgebauten 8039 BRT großen Doppelschrauben-Turbinenschiff ihren Trailerdienst nach Europa (Bremerhaven) aus. Die »CARIB QUEEN« konnte 92 Trailer, 97 PKW, 500 t Ladung und 12 Passagiere befördern. Mit einer Maschinenleistung von 8832 kW (12000 PS) erreichte es eine Geschwindigkeit von 16,5 kn. In Bremerhaven war das Schiff über beide Heckrampen sowie über Seitenrampen innerhalb von 4 Std. ohne hafenseitige Umschlageinrichtungen entladen.
1958 ließ die US-Marine die *»COMET«* als Prototyp eines Spezialschiffs für den reinen Fahrzeugtransport bauen. Für Rampen, Klappen, Pforten und Luken installierte die Firma Mac Gregor in diesem Schiff insgesammt 883 t Ausrüstungen.
Im Vergleich mit dem vertikalen Lift on/Lift off-Umschlag mit Kai- oder Bordkranen ist der horizontale rollende Ladungsumschlag weniger von landseitigen Kai- und Krananlagen abhängig und ermöglicht auch bei ungünstigen Witterungsbedingungen kurze Be- und Entladungszeiten. Hinsichtlich der Verwendung und Größe werden Kurzstrecken-Ro/Ro-Schiffe bis etwa 10000 t Tragfähigkeit mit 2 Ladungsdecks unter dem Wetterdeck für den Einsatz in den Randmeeren (short sea ro/ro vessels) und Übersee-Ro/Ro-Schiffe (oversea ro/ro vessels) bis etwa 40000 t Tragfähigkeit mit 3 und mehr Decks unter dem Wetterdeck für weltweite Seestrecken (round the world) unterschieden. Bei den Kurzstrecken-Ro/Ro-Schiffen sind die durch Querträger ausgesteiften ununterbrochenen Ladungsdecks über der ganzen Schiffsbreite freitragend und nur seitlich mit Seitentanks oder dem äußeren Schiffsverband verbunden, um eine günstige Nutzung der Stellflächen und eine zügige Be- und Entladung zu gewährleisten. Bei der größeren Breite der Übersee-Ro/Ro-Schiffe ist die Anordnung von Decksstützen möglich. Die Deckshöhen ermöglichen i. allg. auch die Containerbeladung von 2 Containerlagen auf Trailern. Die Ladungsdecks erstrecken sich ohne Unterbrechung über die gesamte Schiffslänge, so daß die Sinksicherheit vorwiegend durch die Unterteilung des Doppelbodens und der Seitentanks zu gewährleisten ist. Die Aufbauten, Deckshäuser und Maschinenanlagen sind so angeordnet, daß sie die weitgehende Nutzung der Stellflächen und den rollenden Umschlag unter und an Deck möglichst wenig einschränken. Die Be- und Entladung erfolgt über Heck- und/oder Bugrampen oder Seitenpforten und zwischen den Decks durch bewegliche Zwischendeckrampen oder Lifte. Neben dem Universal-Ro/Ro-Schiff und dem ausschließlich für den PKW-Transport mit einer größeren Decksanzahl und geringen Deckshöhen spezialisierten Schiffen bestimmen insbesondere kombinierte Ro/Ro-Containerschiffe und Ro/Ro-Schwergutschiffe die weitere Entwicklung.
Das Prinzip der rollenden Be- und Entladung erforderte eine Weiterentwicklung der Außenrampen. Zunächst entstand die gerade Heckrampe (Axialrampe) als einteilige kurze Klapprampe, die erst später faltbar gebaut wurde, bis zu 20 m Länge, 5 ··· 10 m Breite, ein- und zweispurig mit einer Belastbarkeit bis zu 160 t befahrbar. Sie verschloß das Trailerdeck und wurde im Hafen heruntergeklappt. Das Schiff mußte mit dem Heck an einer Pier festmachen. Außerdem war der in den Atlantikhäfen oft große Tidenhub bei diesem Rampentyp störend.
Als folgende Stufe gab es die Winkelrampe als schräge Heckrampe mit einem Winkel von 30 ··· 40° zur Schiffsachse, die auch als »Quarter

Ramp«, Stering Ramp oder Halb-Seitenrampe bzw. Heck-Seitenrampe bekannt wurde. Die erste Winkelrampe baute 1970 die finnische Firma »Navire Cargo Gear International« in Pargas für das Ro/Ro-Schiff »PARALLA« der Reederei A.B. »Transatlantic«. Die bei Eriksberg in Göteborg hergestellte 40-Grad-Rampe wurde so als Paralla-Rampentyp bis zu 36 m Länge und 7 m Breite bekannt. Die Belastbarkeit reicht bis 160 t. Der Einsatz dieser Rampen erfordert eine Steuerbord-Lage des Schiffs am Kai.
Diese Einschränkung sollte die schwenkbare Heckrampe – Slewing Ramp – beseitigen. 1976 entwickelte die Firma »Mac Gregor« mit der »Machbridge 90« eine erste, um 40 Grad nach beiden Seiten schwenkbare Heckrampe. Im September 1977 entstand durch eine Kombination mit der Paralla-Rampe von Navire eine Konstruktion, die auf dem Ro/Ro-Schiff »RABENFELS« der D.D.G. »HANSA« eingebaut wurde. Die Rampenlänge beträgt 34 m, die Spurbreite 7 m und die Belastbarkeit 160 t. Die Eigenmasse dieser Rampe liegt bei 140 t. Mit ihr kann bei einem Niveauunterschied zwischen +4,40 m und −2,10 m über bzw. unter Kaikante sowie bei einer maximalen Schräglage von ±4 Grad Be- und Entladen werden. Sie kann innerhalb von 3 Min. um 33° nach jeder Bordseite geschwenkt werden. Ro/Ro-Schiffe mit diesem Rampentyp können mit jeder Bordseite und auch mit dem Achterschiff anlegen. Hinzu kam dann noch die spreizbare Rampe, so daß die Auffahrbahn der 2 Fahrbahnen vergrößert ist und der Zwischenraum abgedeckt wird.
Die zur Zeit größte Rampe erhielt die Bezeichnung »Jumbo-Rampe«, sie ist als 38-Grad-Winkelrampe ausgeführt, 50 m lang, 24 m breit und kann bis zu 600 t belastet werden.

»ROSS WYNANS«: Versuchsschiff mit spindelbzw. zigarrenförmigem Schiffskörper. Das bekannteste Schiff mit spindelförmigem Schiffskörper ist die »ROSS WYNANS«, die 1866 auf der Werft von T. & W. L. Wynans in London von Stapel lief. Der bis auf den schmalen Aufbau mit kreisrunden Spanten gebaute Schiffskörper lief vorne und hinten spindelförmig spitz zu, so daß man auch von einem »Zigarrenschiff« sprach.
Es war 78 m (256 Fuß) lang und besaß einen größten Durchmesser von 4,87 m (16 Fuß). Das eigentliche Deck war 39,6 m (130 Fuß) lang und etwa 3 m (10 Fuß) breit. Es befand sich nur 1,52 m (5 Fuß) über der Wasseroberfläche. Der Maschinen- und Kesselraum war 14,6 m (48 Fuß) lang und die Bunker faßten einen Kohlevorrat für 12 Tage. Das Schiff hatte vorne und achtern je eine Schraube und ein Ruder. Um mit den Rettungsbooten zum Rumpf freizukommen, mußten besonders große Davits angeordnet werden. Die Schrauben tauchten jedoch wegen der hochgezogenen Schiffsenden teilweise aus dem Wasser, was sich ungünstig auf die Geschwindigkeit auswirkte.
Obwohl die »ROSS WYNANS« gegenüber den Jahre zuvor in Amerika gebauten ähnlichen Schiffen viele Verbesserungen aufwies, war sie in keiner Weise den traditionellen Schiffsformen überlegen. Es wurde jedoch noch ein Schwesterschiff, die »WALTER SCOTT WYNANS« gebaut. Als der Konstrukteur Ross Wynans starb, endeten die Versuche, und die Schiffe wurden abgewrackt.

Dampfer »ROSTOCK« während der Verschrottung in Griechenland

»ROSTOCK«: Frachtdampfer der ersten Frachtdampferserie des DDR-Schiffbaus. Mit dem Prototyp »KOLOMNA« in einer Serie von 19 Schiffen eröffnete der VEB Schiffswerft »Neptun« in Rostock den Serienbau von Frachtschiffen in der DDR. Der aus dieser Serie stammende Dampfer »ROSTOCK« war das sechste Schiff der Serie. Es lief am 11. Juni 1953 von Stapel und wurde am 11. Oktober 1954 als erstes Neubauschiff dem damaligen VEB Deutsche Seereederei Rostock übergeben.
Das vollständig geschweißte Schiff entstand in Sektionsbauweise und war mit etwa 3310 BRT und 1615 NRT vermessen. Es war 102,40 m lang; 14,40 m breit und besaß bei einer Seitenhöhe bis zum Hauptdeck von 7,90 m einen Tiefgang voll beladen von 6,65 m. Die Tragfähigkeit betrug 4500 t. Die Besatzungsstärke lag bei 43 Mann. Das Schiff war für die Beförderung von Stückgut, Holz und Schüttgut mit Ausnahme von Getreide ausgelegt. Die 4 Laderäume hatten ein Volumen von 5223 m^3 für Schüttgut und 4943 m^3 für Stückgut. Die Luken wurden noch durch Holzdeckel und Persenning verschlossen. Das Ladegeschirr bestand aus 10×5-t- und einem 15-t-Ladebaum sowie einem 35-t-Schwergutbaum.
Als Antriebsmaschine diente eine 1258-kW-(1710-PS-) Doppelverbund-Kolbendampfmaschine des Typs LES 10 (Lenz-Einheits-Schiffsmaschine) vom VEB Schwermaschinenbau »Karl Liebknecht«, Magdeburg, mit einer 544 kW Abdampfturbine. Das Schiff erreichte beladen eine Dienstgeschwindigkeit von 13,3 kn bei einem Aktionsradius von 3500 Seemeilen. Den erforderlichen Dampf erzeugten 2 kohlegefeuerte Wasserrohrkessel mit vollmechanischer, selbstschürender Planrostfeuerung bei automatischer Entschlackung und Beschickung. Die Kohle gelangte vom Bunker über Transportbandanlagen und Kohlebrecher in die Feuerung. Für die Entschlackung waren Schlackenbrecher und Schlackenelevatoren vorhanden, die den Abbrand in einen Schacht bis oberhalb der Wasserlinie beförderten, wo er durch eine Öffnung nach außenbords geschüttet wurde. Auch mit diesen Mechanisierungen war noch ein Maschinenpersonal von 18 Mann erforderlich.
Das Typschiff *»KOLOMNA«* wurde im April 1978 nach 25 Dienstjahren außer Dienst gestellt. Die nach einigen Betriebsjahren von der DSR verkaufte »ROSTOCK« kam 1981 auf einer Werft in Griechenland zur Verschrottung.

»ROSTOCK«: Prototyp einer Frachtmotorschiffsserie des DDR-Schiffbaus. MS »ROSTOCK« wurde 1966/67 unter der Baunummer 201 vom VEB Warnowwerft in Warnemünde für den DEB Deutsche Seereederei; Rostock gebaut. Das Schiff lief am 12. Dezember 1966 von Stapel und wurde am 30. Juni 1967 in Dienst gestellt. Es eröffnete eine Serie von 16 Schiffen vom »Typ XD«, die von 1967 bis 1970 in der DDR-Handelsflotte in Fahrt kamen. MS »ROSTOCK« war zugleich der erste teilautomatisierte Frachter dieses Typs.
Das Schiff hat eine kurze Back und halb achtern angeordnete Aufbauten und ist für den Transport von Stückgut und/oder Getreide sowie kleinere Mengen Kühlladung und Speiseöl in gemäßigten und tropischen Zonen, insbesondere im Liniendienst Europa–Asien–Amerika, wahlweise als Volldecker oder Freidecker projektiert. Es ist über Alles 150,10 m lang; 20,24 m breit und besitzt bei einer Seitenhöhe bis Hauptdeck von 11,70 m einen Volldecker-Tiefgang von 8,22 m. Das als Volldecker mit 8501 BRT vermessene Schiff hat 10130 t Tragfähigkeit. Für die Besatzung waren 32 Plätze und 6 für zusätzliche Passagiere. Die durch Zwischendecks unterteilten 5 Laderäume haben ein Volumen von 14934 m^3 für Stückgut und 16342 m^3 für Schüttgut. Die Laderäume 2 bis 4 konnten mit Getreideschotten versehen werden. Die beiden Kühlräume haben 330 m^3

und die 2 Süßöltanks 511 m^3. Die Lukenbreite beträgt an der vorderen Luke 7 m, im Mittschiffsbereich 11 m und an der hinteren Luke 8 m. Als Decksladung können 400 t gefahren werden. Das Ladegeschirr besteht aus 12 Ladebäumen mit Tragfähigkeiten von 6×3/5 t, 4×5/8 t und 2×8/14 t, einem 3,2/5-t-Bordkran und einem 60-t-Schwergutbaum.
Die Hauptantriebsanlage mit einem Zweitakt-Dieselmotor des Typs K 8 Z 70/120 E vom VEB Dieselmotorenwerk Rostock (MAN-Lizenz) hat eine Leistung von 8237 kW und gibt dem Einschraubenschiff 17,7 kn Geschwindigkeit. Die Aktionsweite beträgt ohne Wechseltanks 10000 Seemeilen.

Rotorschiff: von Prof. FLETTNER mit Unterstützung durch Prof. PRANDTL von der Göttinger Versuchsanstalt erstmalig um 1926 entwickeltes Schiff, bei dem der durch den deutschen Physiker Magnus bereits 1852 entdeckte Effekt genutzt wurde. Danach erfährt ein angeströmter rotierender Zylinder mit senkrecht zur Strömung stehender Drehachse an der Seite, wo die Drehrichtung und Strömungsrichtung übereinstimmen, durch die Strömungsbeschleunigung einen Unterdruck und an der anderen Seite durch den Strömungsstau einen Überdruck. Die resultierende Querkraft steht etwa senkrecht zur Anströmung. Das Rotorschiff blieb trotz verschiedener Vorteile gegenüber dem Segelschiff, wie geringere Masse der Rotoren, einfachere Bedienung, höherer Kurs am Wind und mögliche Rückwärtsfahrt, auf Einzelschiffe begrenzt; siehe *»BARBARA«* und *»BUCKAU«*. In unserer Zeit gibt es wieder erste Versuche zur Verwendung von Rotoren beim *windkraftunterstützten Schiff*.

RS-Boot: Abkürzung für Raketen-Schnellboot. Ähnlich wie seinerzeit beim Torpedo, so begann mit der Rakete eine Umwälzung in der Seekriegstaktik. Anfangs wurde die Rakete auf größeren Schiffen wie Kreuzern und Zerstörern eingeführt. Als schnelle und wendige Abschußmöglichkeit für den variablen Einsatz dieser neuen Waffe bot sich das Schnellboot wie vorher für Torpedos an. Es wandelte sich so vom Torpedo- und Artillerieträger zum Raketenträger, wobei die meisten Eigenschaften der Vortypen in den neuen Bootstyp einflossen. Heute gehören die Raketen-Schnellboote zu den meistgefahrenen Schiffen auch in den kleineren Flotten. Sie sind vorwiegend mit 2···4 Schiff-Schiff-Raketen und den dazugehörigen Feuerleiteinrichtungen ausgerüstet. Zur Selbstverteidigung haben sie 1 oder 2 Universal-Zwillingsgeschütze. Die Bootsgröße entspricht i. allg. einem modernen seegehenden *Schnellboot* mit Torpedobewaffnung.

»RÜGEN«: früher deutscher Bergungsdampfer. Der Bergungsdampfer »RÜGEN« des Eigners Heinrich Spruth aus Greifswald wurde 1885 in Stettin gebaut. Der mit 220,89 BRT (100,55 NRT) vermessene Dampfer war 39,84 m lang, 6,82 m breit und hatte einen Tiefgang von 3,09 m. Die Besatzung bestand aus 12 Mann. Die Zweifach-Expansionsmaschine leistete 191 kW (260 PSi).

»RÜGEN«: traditionsreiches Fährschiff zur Insel Rügen. Eine Fährverbindung über den 1,4 Seemeilen breiten Strelasund zwischen Stralsund und Altefähr auf der Insel Rügen gab es bereits 1883. Der Trajekt-Fährbetrieb begann mit den drei kleinen Einschraubenfähren »PRINZ HEINRICH«, »STRALSUND« und »RÜGEN«, die jede nur ein Gleis hatten und über den Bug befahren wurden. Etwa um 1900 ging die »PRINZ HEINRICH« nach Danzig. Die beiden anderen Fähren gingen in den Fährdienst nach Swinemünde. Die »RÜGEN« erhielt den neuen Namen »SWINEMÜNDE«.
An die Stelle der ersten Dampffähren traten dann auf der Linie Stralsund–Altefähr die drei größeren Doppelend-Fährschiffe »PUTBUS«, »RÜGEN« und »BERGEN«. Sie hatten vorn und hinten Doppelschrauben, angetrieben durch jeweils eine Verbund-Dampfmaschine. Da auch sie nur eingleisig waren, reichte ihre Kapazität nach Inbetriebnahme der Fährlinie Saßnitz–Trelleborg im Jahre 1909 auch nicht mehr aus. So wurden die Zahl der Anlegestellen erhöht und zusätzlich die Fähren »SASSNITZ« und »ALTEFÄHR« in Dienst gestellt. Die Überfahrt zwischen Stralsund und der Insel Rügen dauerte 35 Min. Die internationalen Schnellzüge brauchten somit von Stralsund nach Saßnitz 1 Std. und 40 Min.
Im Jahr 1911 unterzeichneten Stralsunder Bürger und Bewohner der Insel Rügen eine Denkschrift, in der die Notwendigkeit einer Überbrückung des Strelasundes gefordert wurde, doch erst am 5. Oktober 1936 um 13.25 Uhr konnte ein Sonderzug den neuerbauten Rügendamm passieren. Nach 53 Jahren waren die Strelasundfähren nicht mehr erforderlich, bis sie nach der Zerstörung der Rügendammbrücke im Jahr 1945 bis zu deren Wiederherstellung erneut eingesetzt werden mußten.
Die beiden Fähren »RÜGEN« und *»SASSNITZ«* wurden auf der Schichau-Werft in Elbing gebaut und entsprechend der Einsatzkonzeption sehr einfach konstruiert. Sie besaßen keine Aufbauten, da die Fahrgäste während der Überfahrt in den Reisewagen sitzen blieben bzw. an Deck standen. Zur Sicherung der Wagen dienten die beiklappbaren Prellböcke. Für die Schiffsführung war ein hochgelegener Steuerstand mit Scheinwerfer vorhanden. Als Decksbeleuchtung dienten jeweils vorn und achtern zwei Bogenlampen. Um das Deck möglichst freizuhalten, waren zwei Schornsteine angeordnet. Aus den gleichen Gründen wurden die Rettungsboote mit dem Kiel nach außenbords weisend gefahren.

Bergungsdampfer »RÜGEN«, Baujahr 1885

Die 1909 in Dienst gestellte »SASSNITZ«, Bauwerft Schichau, Elbing

»RÜGEN«: DDR-Eisenbahn-Kraftfahrzeug-Fähre für die Linie Saßnitz–Trelleborg. Als dritte Eisenbahn-Kraftfahrzeug-Großfähre aus der Schiffswerft »Neptun« Rostock, die zuvor bereits die Fährschiffe »SASSNITZ« (1959) und »WARNEMÜNDE« (1963) baute, ist die Fähre »RÜGEN« seit dem 15. September 1972 mit täglich bis zu 6 Fahrten auf der sog. »Königslinie«, der Route Saßnitz–Trelleborg im Einsatz. Die seit 1909 bestehende Fährroute gehört zu den leistungsfähigsten Seeverbindungen zwischen Schweden und dem Kontinent.
Das 6495 BRT große Schiff lief im Juni 1971 von Stapel. Es ist über Alles 152,74 m lang, 18,80 m breit und besitzt eine Seitenhöhe bis zum Boots-

Die »RÜGEN« vor Sassnitz

deck von 17,75 m. Bei einer Tragfähigkeit von 2905 t beträgt der maximale Tiefgang 5,80 m. Die Besatzung besteht aus 95 + 19 Mann, die normale Beförderungskapazität liegt bei 322 Fahrgästen, in Spitzenzeiten wurden jedoch schon 1466 Fahrgäste befördert. Auf dem Eisenbahndeck befinden sich 4 Parallelgleise mit einer Gleislänge von insgesamt 480,5 m, auf denen 42 Güterwaggons transportiert werden können. Auf dem Kraftfahrzeugdeck mit einer Stellfläche von 982 m^2 können 12 Trailer oder 74 Kfz abgestellt werden.
Die Antriebsanlage besteht aus 4 Dieselmotoren mit einer Gesamtleistung von 14720 kW (20000 PS), die über 2 Sammelgetriebe 2 Verstellpropeller antreiben, mit denen das Fährschiff eine Dienstgeschwindigkeit von 21 kn erreicht. Das Schiff ist mit einer Flossenstabilisatoren-Schlingerdämpfungsanlage ausgerüstet.

Rundgattschiff: Schiff mit runder Hinterschiffsform im Unterschied zum älteren Spitzgattschiff mit spitz auslaufenden oberen Wasserlinien und zum Plattgatt- bzw. Spiegelheckschiff.

Rundschiff: Schiff mit rundem oder ovalem Schiffskörper. Das Prinzip des »Rundschiffes«, deren Wasserlinie eine kreis- oder annähernd kreisförmige Gestalt hat, ist seit altersher bekannt, wurde jedoch nur für Fahrzeuge wie die mesopotanischen Guffa und Kellek, die indischen Tigari, die irischen Coracle oder die Bullboote der nordamerikanischen Indianer benutzt. Bei diesen Vorformen handelte es sich um kleinere Beförderungsmittel für Menschen, Tiere und Güter, die unter Benutzung handwerklich verarbeiteter Hölzer, Ruten, Häute, Ton oder Asphalt relativ einfach gebaut werden konnten. Die runde Form wirkt sich günstig auf die relativ ruhigen Bewegungen zur Wasseroberfläche und den geringen Tiefgang im Vergleich zu den Längen-Seiten-Verhältnissen üblicher Boots- und Schiffsformen aus.
In der Zeit des Dampfschiffs entstanden die Rundschiffe des zaristischen Vizeadmirals Andrej Alexandrowitsch Popow, zu denen die »Küstenpanzerschiffe« *»NOWGOROD«* und *»VIZEADMIRAL POPOW«* ex »KIEW« sowie die Zarenyacht *»LIVADIJA«* gehörten. Im Volksmund nannte man diese Schiffe »Popowkas«.
A. A. Popow befaßte sich intensiv mit Schiffsprojekten für die Küstenverteidigung im Schwarzen Meer und ließ um 1870 Versuche mit neuartigen Konstruktionen durchführen. Unterstützt durch den Schiffbauingenieur A. W. Mordwinow ging Popow in seinen Entwürfen vom Vorbild des *Monitor* aus. Die Schiffe sollten im flachen Wasser operieren, eine stabile Schwimmlage haben und durch einen geringen Freibord selbst ein kleines Ziel bieten. Er entschied sich für kreisförmige Wasserlinien mit einem tellerförmigen Unterwasserschiff, das durch speichenartig angeordnete Radialspanten ausgesteift und in eine große Zahl wasserdichter Zellen unterteilt war. Die Zarenyacht *»LIVADIJA«* dagegen erhielt ein Unterwasserschiff in elliptischer Form. Die Nachteile des höheren Fahrwiderstandes und der geringen Manövrierfähigkeit nahm man dabei in Kauf; siehe *»LIVADIJA«*, *»NOWGOROD«* und *»VIZEADMIRAL POPOW«*.

S

Saale-Maß-Kahn: siehe *Schleppkahn*

Sachsen-Klasse: siehe *Ausfallkorvette*

»SAGITTA«: erster deutscher Fischdampfer. Nachdem schon 1881 die ersten britischen und französischen Hochseefischdampfer in See gingen, folgte 1885 mit der »SAGITTA« der erste deutsche Fischdampfer, den der Fischhändler und spätere Reeder Friedrich Busse aus Geestemünde auf der Werft von F. Wenke in Bremerhaven nach dem Vorschriften des britischen Lloyd's Register erbauen ließ.
Der 148 BRT große Fischdampfer war 33,10 m lang und 6,40 m breit. Der Kessel und die Dampfmaschine mit einer Leistung von 191 kW (260 PS) wurden auf der Werft der Gebrüder Sachsenberg in Roßlau an der Elbe gefertigt. Der Fischdampfer erreichte eine Geschwindigkeit von etwa 8,5 kn. Am 7. Februar 1885 lief die »SAGITTA« zu ihrer ersten Fangreise in die Nordsee aus. »Smeukewer« (rauchender Ewer) rief die Menge am Ufer, als das Schiff eine lange Rauchfahne hinter sich, der offenen See zustrebte. Die Hochseefischerei mit Fischdampfern entwickelte sich in den folgenden Jahrzehnten zu einem ganzen Industriezweig, und der Flottenbestand vergrößerte sich ständig. Allein für den Reeder Busse fuhren 15 Fischdampfer.
Die nur mit einfachsten Schiffsführungsgeräten ausgerüsteten Fischdampfer waren auf den oft entfernten Fanggründen noch sehr gefährdet. So sanken am 22./23. Dezember 1899 während eines schweren Orkans in der Nordsee bei Horns-Rev 7 deutsche Fischdampfer, wobei 73 Besatzungmitglieder den Tod fanden. Im schweren Winter 1903 gingen abermals 8 Fischdampfer verloren. Ein besonderes Gefahrengebiet war die Küste Islands, an der auch die »SAGITTA« scheiterte und mit der gesamten Besatzung verloren ging. Die deutsche Hochseefischerei hat von 1899 bis zu Kriegsbeginn 1914 durch Naturereignisse insgesamt 65 Fischdampfer verloren. Die Zahl der Verluste im ersten Weltkrieg erreichte etwa das Dreifache und im zweiten Weltkrieg sogar das Vierfache der durch die See verursachten Verluste.

»SARATOGA«: US-Flugzeugträger. Zum Ende des ersten Weltkriegs bildete sich die neue Schiffsklasse *»Flugzeugträger«* heraus. Die britischen »ARGUS« und »EAGLE« werden als die ersten Flugzeugträger angesehen, bei denen Radflugzeuge zum Einsatz kamen, die imstande waren, von dem großen Deck des Trägers zu starten und auch wieder an Deck zu landen. Vorher hat es verschiedene Versuche gegeben. So startete am 10. November 1910 Eugen Ely (USA) erstmals mit einem Flugzeug von Bord des Kreuzers »BIRMINGHAM«. Bei einem Flug am 18. Januar 1911 glückte ihm eine Landung auf dem Kreuzer *»PENNSYLVANIA«* in der Bucht von San Francisco. Im ersten Weltkrieg gab es jedoch erst einige Hilfskriegsschiffe als Flugzeug-Mutterschiffe, die mit einem Katapult auf dem Vorschiff ausgerüstet waren, von dem aus Wasserflugzeuge gestartet werden konnten. An Bord waren die Flugzeuge in Hallen auf dem Oberdeck untergebracht. In Deutschland wurde der große Kreuzer »ROON« als Flugzeug-Mutterschiff mit vier Wasserflugzeugen geplant und der Kleine Kreuzer »STUTTGART« im Mai 1918 als Seeflugzeugträger eingesetzt, er hatte drei Flugzeuge an Bord.

Durch das Abkommen von Washington 1922 und die folgenden Abkommen von London 1930 und 1936 wurden neben anderen Begrenzungen vor allem die Gesamttonnage an Kriegsschiffen und teilweise auch in den einzelnen Kategorien begrenzt. Es ging vor allem um die Flottengleichheit zwischen Großbritannien und den USA. Das Abkommen von Washington bedingte die Verschrottung zahlreicher, teilweise noch auf den Hellingen oder in der Ausrüstung befindlicher Neubauten. So hatte die USA u. a. die im Bau befindlichen 6 Schlachtschiffe der North-Dacota-Klasse und die 6 Schlachtkreuzer der Constitution-Klasse einzustellen bzw. abzuwracken. Lediglich vom letzten Typ durften die »SARATOGA« und »LEXINGTON« zu Flugzeugträgern umgebaut werden. Ursprünglich als Schlachtkreuzer mit einem Deplacement von 44200 t und einer Antriebsanlage von 132480 kW (180000 PSw) für 33,3 kn Geschwindigkeit entworfen, mußte das Deplacement auf 33000 t verringert werden, um den Vertragsbestimmungen zu genügen. Da die Maschinenanlage beibehalten wurde, stieg die Geschwindigkeit für den Flugzeugträger auf 34 kn an. Das war sehr erwünscht, da der Träger schnell verlegt werden konnte, in schnellen Kampfverbänden fahren und mit seiner hohen Geschwindigkeit den seinerzeit noch schwierigen Start unterstützen konnte, so daß Fahrtwind und Gegenwind beim Start wirkten.

Am 1. Juli 1922 wurden die Umbaupläne vom amerikanischen Kongress genehmigt. Die als Schlachtkreuzer 1921 begonnene »SARATOGA« lief am 7. April 1925 auf der Fore River Quincy New York Shipbuilding von Stapel und wurde am 16. November 1927 in Dienst gestellt. Zu dieser Zeit war sie der größte und schnellste Flugzeugträger der Welt. Die Länge in der Konstruktionswasserlinie betrug 270,6 m, die Breite des Schiffskörpers 29,9 m und der Konstruktionstiefgang 9,45 m. In den 10 Decks befanden sich die Flugzeughallen, Werkstätten, Material- und Ersatzteillager sowie die Unterkünfte für die etwa 1900 Mann Besatzung, wovon etwa die Hälfte dem flugtechnischen Personal angehörte. Aus den Hallen führten zwei Aufzüge zum 276 × 32,3 m großen Flugdeck mit einer Fläche von 8915 m^2. Hier konnte ein 21 m langes Katapult selbst Flugboote mit einer Masse bis zu 6 t abschleudern. An Bord befanden sich etwa 90···120 Flugzeuge, davon 40 als Reserve in den Hallen.

Die Bewaffnung bestand aus 8 × 20,3-cm-Geschützen sowie aus 12 × 12,7-cm-Flakgeschützen und 4 Torpedorohren. Die Panzerung war in der Wasserlinie 127···152 mm stark und im Flugdeck 76 mm. Die Türme der Artillerie hatten eine 19-mm-Panzerung. 1939 erhielt das Schiff auf der Bb-Seite einen Torpedowulst als Ausgleich zu den seitlichen Aufbauten. Nach der Modernisierung im Jahr 1942 änderte sich die Bewaffnung zugunsten der Flakgeschütze, der Flugzeugbestand wurde auf 80 reduziert und auch die Steuerbordseite mit einem Torpedowulst versehen. Der Flugzeugträger hatte einen turbo-elektrischen Antrieb von General Electric mit einer Dauerleistung von 132480 kW (180000 PSw) und 154560 kW (210000 PSw) Maximalleistung. Mit seinen vier Schrauben erreichte er 34 kn. Für die Dampferzeugung standen 16 White-Forster-Kessel zur Verfügung. Der Heizölvorrat von etwa 5400 t erlaubte eine Fahrstrecke von 12000 Seemeilen bei 14 kn. Der für die 16 Kessel benötigte Schornstein war 4 m breit, 30 m lang und 19 m hoch.

US-Flugzeugträger »SARATOGA« mit 100 Flugzeugen an Deck

Im zweiten Weltkrieg war die »SARATOGA« im Pazifik eingesetzt. Sie wurde am 11. Januar 1942 nahe Hawaii vom japanischen U-Boot »I 6« torpediert, erreichte aber noch die US-Westküste. Am 31. August 1942 wurde sie östlich der Salomonen von dem japanischen U-Boot »I 26« erneut torpediert, blieb aber auch dann noch schwimmfähig. Die »SARATOGA« wurde schließlich am 21. Februar 1945 durch 3 Bomben- und 3 Kamikaze-Treffer schwer beschädigt und kam danach nicht mehr zum Einsatz. Sie wurde später als Zielobjekt bei den Bikini-Atombombenversuchen benutzt. Beim Test »Able« am 1. Juli 1946 blieb sie noch schwimmfähig, beim Test »Baker« am 24. Juli 1946 ist der Träger gesunken.

»SASSNITZ«: DDR-Eisenbahnfährschiff. Die »SASSNITZ« wurde in den Jahren 1958/59 im VEB Schiffswerft »Neptun« in Rostock gebaut. Es war das letzte Schiff dieser Werft mit einer teilgenieteten Außenhaut. Am 22. Juni 1959 wurde die Eisenbahnfähre der Deutschen Reichsbahn übergeben und anschließend auf der Route Saßnitz–Trelleborg eingesetzt. Bei einer Fahrtzeit von 3 Std. und 40 Min. wurden jährlich 1600 bis 1700 Überfahrten absolviert.

Die 6164 BRT und 2318 NRT große Fähre ist 137,50 m lang; 18,80 m breit und besitzt bis zum Wagendeck eine Seitenhöhe von 7,50 m. Bei einem Deplacement von 6974 t und einer Tragfähigkeit von 1843 t beträgt der Tiefgang beladen 5,30 m. Zur Besatzung gehören 115 Personen.

Ein Wagendeck mit 4 Gleisen und einer nutzbaren Gleislänge von 398 m ermöglicht die Mitnahme von 40 Güterwagen oder 16 D-Zugwagen. Außerdem können noch 40 PKW und 1000 Fahrgäste in Aufenthaltsräumen, Vestibülen, Rauchsalons, Speiseräumen und einer Bibliothek befördert werden.

Die Antriebsanlage besteht aus 4 umsteuerbaren, aufgeladenen Viertakt-Dieselmotoren des Typs 9 SV 66 Au vom VEB Maschinenbau Halberstadt mit einer Leistung von insgesamt 7060 kW, die paarweise auf 2 Schrauben arbeiten und der Fähre eine Geschwindigkeit von 17,8 kn geben. Zur Verbesserung der Manövriereigenschaften bei Langsam- und Rückwärtsfahrt erhielt die Fähre ein Bugruder sowie das seinerzeit neuartige Bugstrahlruder mit Steuerdrehzylinder.

Nach 27jähriger Einsatzzeit wurde das Fährschiff

im Herbst 1986 außer Dienst gestellt. Seine letzte Fahrt unter DDR-Flagge führte nach Rønne auf der dänischen Insel Bornholm und zurück. Auf den Namen »SILVER PALOMA« umgetauft, fährt das Schiff jetzt unter der Flagge Maltas.

Die »SASSNITZ«, Baujahr 1959

Satelliten-Ortungsschiff: *Forschungsschiff* mit speziellen Einrichtungen zur Bahnbeobachtung, zum Informationsaustausch und zur Steuerung von Flugkörpern und Raumstationen, während sie bei ihrem Orbitalflug um die Erde Ozeane überfliegen. Die i.allg. für den Langzeiteinsatz auf See ausgerüsteten Schiffe benötigen Anlagen zur exakten eigenen Standortbestimmung bzw. zur zeitweise unveränderten Positionierung sowie leistungsfähige Antennenanlagen, die auch bei seegangsbedingten Schiffsbewegungen mit Hilfe von Kreiselstabilisatoren ihre Achslage im Raum exakt beibehalten; siehe auch *Forschungsschiff*.

Saugheberschiff: Wasserfahrzeug mit Anlagen zum Löschen von saugfähigen Schüttgutladungen wie Getreide, Zement u.a. mit Saugrohren, Vakuum-Hebeanlagen und Fördereinrichtungen.

Saug- und Spülbagger: siehe *Bagger*

Säuretanker: siehe *Chemikalientanker*

Die »SAVANNAH« in künstlerischer Darstellung

»SAVANNAH«, *»CITY OF SAVANNAH«:* das erste maschinenangetriebene Schiff, das einen Ozean mit Maschinenunterstützung überquerte. Ursprünglich war das hölzerne kraweelgebaute Vollschiff als Segelschiff für den Paket- und Postdienst New York/Le Havre vorgesehen. Es wurde noch vor der Fertigstellung von der neu gegründeten »Savannah Steam Ship Co« gekauft und für zusätzlichen Dampfantrieb mit Seiten-Schaufelrädern versehen. Der Stapellauf war im September 1818 und die Probefahrten waren im März des Jahres 1819. Am 28.März 1819 verholte die »SAVANNAH« unter Führung von Kapitän Moses Rodger von ihrem Bauplatz in New York nach Savannah im US-Bundesstaat Georgia. Dort traf sie nach sechs Tagen ein und wurde vom seinerzeitigen Präsidenten Monroe besichtigt.

Abweichend von der anfänglichen Absicht wurde das Schiff infolge der schlechten Handelslage nicht wie vorgesehen in der Küstenfahrt eingesetzt, sondern nach Europa gesandt, um dort zum Verkauf angeboten zu werden. Am 22.Mai 1819 verließ die »SAVANNAH« den Heimathafen gleichen Namens mit Bestimmungsort Liverpool unter dem Kommando des Kapitäns M. Rodger. Fahrgäste für die 32 an Bord vorhandenen Plätze hatten sich trotz Angebot auch in New York nicht eingefunden. An Bord waren 75 t Kohle und 25 Klafter Holz (etwa 87,5 m^3) als Brennstoffe gestaut. Die Londoner Times berichtete dann am 30.Juni 1819 nach Ankunft der »SAVANNAH« am 20.Juni 1819 in Liverpool: »Die »SAVANNAH«, ein Dampfschiff, lief kürzlich von Amerika kommend Liverpool an. Das erste Fahrzeug dieser Art, das jemals den Atlantik überquerte, wurde den ganzen Tag vor der Küste Irlands von H.M. Zollkreuzer »KITE« der Station Cork verfolgt, der es irrtümlich als brennendes Schiff angesehen hatte.« Das war am 17.Juni geschehen; am 18.Juni lautete die Eintragung im Logbuch: »Keine Kohle um Dampf aufzumachen«. Wegen des hohen Verbrauchs und der begrenzten Lademöglichkeit reichte der an Bord genommene Vorrat nicht für die gesamte Reisedauer. Dennoch hat das Schiff die übliche Reisedauer der Segler um 10···15 Tage unterboten und sicher Europa erreicht. Die Überfahrt dauerte 27 Tage und 11 Std., von denen insgesamt 85 Std. voll Dampf aufgemacht wurde (nach anderen Angaben 18 Tage), wenn die mit Segeln erreichbare Geschwindigkeit unter 4 kn betrug. Von Liverpool fuhr die »SAVANNAH« nach Kopenhagen, dann nach Stockholm und weiter nach St. Petersburg, wo der Zar von Rußland das Schiff besuchte und bewunderte, aber es fand sich kein Käufer, Kohle war seinerzeit in Europa noch sehr teuer. Auf der Rückreise machte das Schiff im schwedischen Arendal einen Zwischenaufenthalt und erreichte von dort Savannah in 25 Tagen.

Nach der aufsehenerregenden Reise hoffte man, die amerikanische Regierung würde den ersten Atlantikdampfer erwerben, doch auch sie lehnte den Ankauf ab. Die »Savannah Steam Ship Co« ging in Konkurs und der Dampfer wurde 1820 öffentlich versteigert, die Maschine ausgebaut und verkauft und die »SAVANNAH« fuhr als Segelpostschiff und als Güterschiff zwischen New York und ihrem Heimathafen. Am 5.November 1821 strandete das Schiff bei einem Sturm an den berüchtigten Sandbänken vor Long Island und ging verloren.

Die Hauptdaten der »SAVANNAH« waren: Länge 30,5 m, Breite auf Spanten 7,9 m, Breite über Seitenräder 11,0 m, Tiefgang 3,9 m, 320 BRT und 170 NRT, Maschinenleistung der Einzylinder-Dampfmaschine 66 kW (90 PS) mit einem Zylinderdurchmesser von 1,0 m (40 Zoll) und 1,5 m Hub (60 Zoll). Die »SAVANNAH« hatte 2 Kessel. Die Schaufelräder hatten 4,65 m Durchmesser (17 Fuß, nach anderen Angaben 4,88 m), waren 4 Fuß 8 Zoll breit und die 10 durch Ketten in ihrer Lage gehaltenen Radialarme konnten fächerähnlich zusammengeklappt und bei Nichtgebrauch während des Segelns an Bord genommen werden. Die direkt von der Kurbelwelle angetriebenen Schaufelräder machten 16 Umdrehungen

pro Min. und gaben dem Schiff eine Geschwindigkeit von 4···5 kn bei ruhiger oder mäßig bewegter See.
Die bildlichen Darstellungen der »SAVANNAH« weichen voneinander ab. Auf einigen Darstellungen sind Radkästen vorhanden, die jedoch bei der Demontage der Schaufeln kaum angebracht waren und statt der 10 Schaufeln sind zuweilen nur 8 gezeichnet. Auch in der Besegelung und in der Form des Schanzkleids gibt es unterschiedliche Darstellungen. Der Schornstein wird sowohl mit als auch ohne drehbare Hutze gezeichnet, er hatte aber wahrscheinlich wegen der Holzfeuerung und der durchschlagenden Flammen bzw. Funkenflug zum Schutz der Segel ein solches drehbares Oberteil. Zwei Jahre nach der Fahrt der »SAVANNAH« überquerte 1821 die »RISING STAR« erstmals den Atlantik in Westrichtung von Europa nach Amerika. Die Fahrten dieser beiden Schiffe sind Marksteine in der Geschichte der Ozeandampfschiffahrt.

Stapellauf des ersten Kernenergie-Frachtschiffs der Welt, »SAVANNAH«, USA 1962

Schlachtschiff »SCHARNHORST« (II) 1939

»SAVANNAH«: erstes Handelsschiff der Welt mit Kernantrieb. Nach Kernenergie-Eisbrecher »LENIN« zweites kernenergiegetriebenes ziviles Schiff der Welt. Die 21840 t große »SAVANNAH« wurde von der amerikanischen Regierung als Versuchs-Fracht-Fahrgastschiff in Auftrag gegeben und lief am 21. Juli 1959 in Camden/New Jersey nach der Taufe durch die Frau des Präsidenten der USA, Mrs. Eisenhower, von Stapel. Die Indienststellung war 1962. Das Schiff hat 166,11 m Länge; 24,77 m Breite; 8,99 m Tiefgang und 9250 t DW. An Bord befanden sich Unterbringungsmöglichkeiten für 60 Fahrgäste.
Die Leistung der Dampfturbinen betrug maximal 16200 kW (22000 PS) mit denen das Schiff die Geschwindigkeit von 21 kn erreichte. Der Druckwasserreaktor der Firma Babcock & Wilcox mit einer Gesamtmasse von 3708 t war für den Betrieb mit Urandioxyd-Stäben gebaut. Der Reaktor erforderte einen Raum von 70000 cub. ft., und die Kosten der Kernreaktoranlage wurden mit 16,5 Mill. Dollar angegeben. Für den Notfall sicherte ein 552-kW(750-PS)-Elektro-Propellermotor, der von 2 Dieselgeneratoren mit Strom versorgt wurde, die Manövrierfähigkeit des Schiffs.
Die »SAVANNAH« war bis 1970 in Fahrt und wurde dann aus wirtschaftlichen Gründen außer Dienst gestellt, da jährlich ein Zuschuß in Höhe von 4 Millionen Dollar erforderlich war. Obwohl das Schiff nur unzureichend für den kommerziellen Frachtbetrieb konzipiert und ausgerüstet war, hat es in den acht Betriebsjahren verschiedene Versuchsergebnisse erbracht; es hat in dieser Zeit 480000 Seemeilen zurückgelegt.

S-Boot: deutsche Kurzbezeichnung für *Schnellboot*.

»SCHARNHORST«: einer der letzten Panzerkreuzer bzw. Großer Kreuzer in der Kaiserlichen Marine. Der Panzerkreuzer lief am 22. März 1906 auf der Werft von Blohm & Voss in Hamburg von Stapel und wurde am 24. Oktober 1907 in Dienst gestellt. Die Baukosten beliefen sich auf 20,319 Millionen Mark. Die Namensgebung ehrte Gerhard Johann David von Scharnhorst (1755 bis 1813), der zunächst als Hannoverscher Artillerieoffizier diente und 1801 in preußische Dienste übertrat. Als General, Chef des Generalstabs und Vorsitzender einer militärischen Reorganisationskommission bewirkte er in Zusammenarbeit mit Gneisenau die preußische Heeresreform. Auf ihn gehen die Einführung der allgemeinen Wehrpflicht, die Landwehr und die Taktik der Schützenlinie zurück. Die Erhebung 1813, das Bündnis mit Rußland und die ersten Feldzugspläne sind im wesentlichen das Werk des Gestalters des »Volksheeres«, das bei Leipzig und Waterloo die preußische Selbständigkeit durchsetzte. Scharnhorst starb an den Folgen einer Verwundung, die er in der Schlacht bei Großgörschen erhalten hatte.
Das Schiff hatte eine Länge über Alles von 144,6 m und zwischen den Loten 143,8 m und war 21,6 m breit. Der Tiefgang betrug 7,96 m und die Seitenhöhe 12,65 m. Die Besatzung bestand im Frieden aus 764 Mann. Im Unterschied zu den früher gebauten Großen Kreuzern, die mit vier 21-cm-Geschützen als schwere Artillerie bewaffnet waren, hatte die »SCHARNHORST« die doppelte Anzahl 21-cm-Geschütze und als Mittelartillerie 6 × 15-cm- und 18 × 8,8-cm-Geschütze sowie zeitweise 4 Maschinenkanonen. Weiterhin waren 4 Unterwasser-Torpedoausstoßrohre des Kalibers 45 cm vorhanden.
Die Panzerdicken waren im Deck 3,5···6 cm, in der Böschung 4···5,5 cm, in der Konstruktionswasserlinie 15 cm auf 5 cm Teakholz, am Komandoturm vorn 20 cm, an den Kasematten und Zitadellen 15 cm, an den 21er Türmen maximal 17 cm und an den Schilden der Mittelartillerie maximal 8 cm. Als weiterer Schutz waren noch Korkdämme eingebaut.
Die Antriebsanlage bestand aus 3 Dreifach-Expansionsmaschinen mit der Gesamtleistung von 21180 kW (28780 PSi). 18 Kessel mit 36 Feuer erzeugten den erforderlichen Dampf von 1,7 MPa (16 atü). Mit den 3 vierflügligen Schrauben von 4,6 bzw. 5,0 m Durchmesser erreichte das Schiff die Maximalgeschwindigkeit von 23,6 kn. Die »SCHARNHORST« war das letzte Großschiff der Kaiserlichen Marine, das durch Dreizylinder-Dampfmaschinen angetrieben wurde, dann setzte sich nach den Vierzylinder-Kolbendampfmaschinen der Dampfturbinenantrieb für große Kriegsschiffe auch in Deutschland durch. Nach dem Flottendienst bis 1909 wurde die »SCHARNHORST« Flaggschiff des Auslandsgeschwaders des Grafen Spee in Ostasien. Sie sank am 8. Dezember 1914 mit 860 Mann während der Schlacht bei den Falkland-Inseln. Gegner waren die britischen Schlachtkreuzer *»INFLEXIBLE«* und *»INVINCIBLE«*.
Ein nachfolgender Namensträger war das am 7. Januar 1939 in Dienst gestellte Schlachtschiff »SCHARNHORST«. Es war 234,9 m lang und hatte ein Deplacement von 38900 t, die 9 schweren Geschütze hatten 28-cm-Kaliber. Mit 3 Satz Getriebeturbinen von 121440 kW (165000 PSw) Gesamtleistung erreichte diese »SCHARNHORST« 32 kn Maximalgeschwindigkeit. Die Baukosten betrugen 143,48 Mill. Mark. Das Schlachtschiff ist am 26. Dezember 1943 im

Nordmeer nordöstlich des Nordkaps auf Position 72°16'N und 28°41'O während eines Gefechts mit britischen Seestreitkräften gesunken. Mit dem Schiff gingen 1803 Mann in den Tod.

Schattendeckschiff, *Schattendecker:* veralteter Frachtschiffstyp mit einer »Dreiinsel«-Bauweise, bei der die 3 Aufbauten Back, Brücke und Poop durch ein durchlaufendes Deck so verbunden waren, daß die Räume zwischen den Aufbauten an den Bordseiten offenblieben; siehe auch *Schutzdeckschiff*.

Schaufelradbagger: siehe *Bagger*

Scheibentender: Hilfsschiff der Marine zum Übungsschießen auf Seeziele. Häufig kleinere oder mittlere *Schlepper*, aber auch umgebaute *Zerstörer* älterer Bauart, wenn höhere Schleppgeschwindigkeiten gefordert sind, um den Beschuß auf schnelle Kriegsschiffe zu simulieren; siehe auch *Zielschiff*.

Schiff mit langer Back: Fracht-, Fischerei- oder kombiniertes Fracht-Fahrgastschiff, bei dem zur Erhöhung der Seetüchtigkeit und zur Vergrößerung des Unterdecksraums die umbaute Back weiter nach hinten über das vordere Querschott (Kollisionsschott) reicht und die zuweilen auch erhöht gebaut ist.

Schiff mit langer Poop: zur Vergrößerung des umbauten Schiffsraums sowie zum Schutz der Maschinenschächte und zur Stabilitätsverbesserung bei größeren Neigungswinkeln mit einem Hinterschiffsaufbau versehenes Schiff, bei dem die Poop i. allg. so verlängert ist, daß sie bis zum Brückenaufbau reicht; siehe auch *Quarterdeckschiff*.

Schilfschneideboot: *Boot* mit Mähvorrichtung für die Gewinnung von Schilf, das bis zu 48 % aus Zellulose besteht, als Rohstoff für die Zellwolle- und Papierherstellung. Besonders große Schilfflächen gibt es im Donaudelta, die eine Jahresmenge von mehreren Millionen Tonnen ermöglichen. Ähnliche Boote werden auch auf anderen Binnengewässern eingesetzt, um das Verschilfen zu begrenzen bzw. in Randmeeren zur Gewinnung von Seetang für die Futtermittel- und Arzneimittelindustrie.

Schlachtkreuzer: aus dem *Panzerkreuzer* hervorgegangener größerer Schiffstyp, der im Unterschied zum späteren *Schlachtschiff* i. allg. weniger schwere Geschütze und einen schwächeren Panzerschutz, dafür aber eine höhere Geschwindigkeit und einen größeren Aktionsradius hatte. Schlachtkreuzer sollten in Aufklärungsgeschwadern operieren, erste Gefechte mit dem Gegner aufnehmen und ihn in den Wirkungsbereich der eigenen Hauptkräfte ziehen. Der Schlachtkreuzer und das *Linienschiff* waren im ersten Weltkrieg die größten und kampfstärksten Kriegsschiffe.
Als Ersttyp der Schlachtkreuzer gilt die britische »*INVINCIBLE*«. Als Flaggschiff des III. Schlachtkreuzergeschwaders unter Admiral Hood nahm sie an der Skagerrakschlacht, engl. Battle of Jutland, teil und explodierte nach der dritten Salve des deutschen Schlachtkreuzers »*LÜTZOW*«. Die gesamte Besatzung fand mit ihrem Admiral den Tod.
Die übliche Größe der Schlachtkreuzer lag im ersten Weltkrieg bei etwa 20000 t Deplacement, später stieg die Größe auf etwa 32000 t an. Ein bekannter deutscher Schlachtkreuzer war die »*GOEBEN*« mit 23100 t und 10×28-cm-Geschützen. Sie gehörte zu den letzten Schiffen dieser Klasse und wurde erst 1976 in der Türkei abgewrackt. Das letzte noch fertiggestellte deutsche Schiff dieses Typs war die »HINDENBURG«, 26947 t und 8×30,5-cm-Geschütze. Das Schiff wurde am 10. Mai 1917 in Dienst gestellt und am 21. Juni 1919 in Scapa Flow versenkt.
Der größte Schlachtkreuzer der Welt war mit 42000 t Deplacement die 1918 gebaute britische »HOOD«. Sie hatte 8×38,1-cm-Geschütze. Die Panzerdicke in der Wasserlinie betrug 305 mm; siehe auch *Panzerkreuzer*, *Kreuzer*, *Leichter Kreuzer*, *Schwerer Kreuzer*.

Schlachtschiff: neben dem *Flugzeugträger* größter und kampfstärkster Schiffstyp des zweiten Weltkriegs. Er ging aus dem *Schlachtkreuzer* und dem großen *Linienschiff* des ersten Weltkriegs hervor, hatte jedoch einen noch stärkeren Panzerschutz und schwerste Artillerie. Mit dem Ende des zweiten Weltkriegs war auch die Ära dieser großen Kriegsschiffe zu Ende, da sich kleine kampfstarke und schnelle Kampfschiffe sowie maritime Kleinkampfmittel als flexibler und ebenso wirkungsvoll erwiesen hatten. Viele Schlachtschiffe wurden abgewrackt, oder zu Museumsschiffen oder Gedenkstätten, wie die »ARIZONA« in Pearl Harbour, oder als taktische Reserve aus dem aktiven Dienst genommen. Die Schiffe galten als technisch überholt und als »wehrlos« gegenüber den modernen Raketenwaffen. Nach der Entwicklung der Raketenabwehrwaffen wurden verschiedene der nach 1945 aufgelegten US-Schlachtschiffe reaktiviert und mit modernsten Feuerleitgeräten und Raketen ausgerüstet, ohne auf die konventionelle schwere Artillerie völlig zu verzichten. Sie sind die letzten Zeugen einer Epoche der großen Kriegsschiffe mit Artilleriebewaffnung.

Schlauchboot: seit nahezu einem Jahrhundert ständig weiterentwickeltes, aus elastischem Gewebe bestehendes und durch Schotte in Luftkammern unterteiltes aufblasbares Boot. Eine spezielle Nutzung als Rettungsmittel ist das *Rettungsfloß* bzw. die *Rettungsinsel*. Als Ersttyp unserer heutigen Rettungsboote gilt das Schlauchboot »NONPAREIL«, mit dem am 4. Juli 1868 Kapitän John Mikes und seine Mitsegler George Miller und Jerry Mallene von New York nach England segelten. Drei an den Enden zugespitzte Gummizylinder von je 7,60 m Länge waren durch Streifen aus starkem Segeltuch miteinander verbunden. Darauf befand sich ein Balkengerüst mit einem Zelt, Trinkwasserbehälter, Proviantkasten, Kompaß, Blasebalg, Flickzeug sowie Öllampe für Kochzwecke und zur Beleuchtung. an den beiden Masten befanden sich 3 Segel. Nach einer Überfahrt von 43 Tagen fiel am 25. August 1868 in Southampton der Anker. Anschließend wurde das Floß öffentlich zur Schau gestellt.
Erst 1928 wurden die von Gustav Winkler entwikkelten sog. »Möwe«-Floßboote (Schlauchboote) erstmals von den Behörden und der Seeberufsgenossenschaft als Hilfsbootsraum zugelassen, da sie vor dem Einsatz noch erst aufgeblasen werden mußten. Sie bestanden aus einem Leinengewebe mit Gummiüberzug auf Kautschukbasis. Ab 1931 kam dann Neopren und ab 1952 Hypalon zum Einsatz. Mit diesen synthetischen Elastomeren waren witterungsbeständige aufblasbare Rettungsmittel möglich geworden. 1959 schienen die ersten aufblasbaren Neopren-Rettungsflöße bzw. Rettungsinseln mit einsteckbaren Bügeln für ein Persenning-

Einer der letzten Rad-Dampfschlepper auf dem Rhein mit besonders breiten Schaufelrädern

Schutzdach als Vorläufer unserer heutigen automatisch aufblasbaren Rettungsflöße.
Moderne Schlauchboote werden überwiegend für Arbeits- und Sportzwecke eingesetzt. Spezielle Konstruktionen sind auch mit einem Außenbordmotor versehen und werden im Küstenvorfeld auch im Seenotrettungsdienst eingesetzt.

Schlengel: aus gekoppelten Schwimmpontons (siehe *Ponton*) gebildete schwimmende Anlegestelle, Brücke oder Absperrung, die am Ufer oder am Gewässerboden so verankert ist, daß der Schlengel entsprechend den unterschiedlichen Wasserständen schwimmt; siehe auch *Ölschlengel.*

Schleppbehälter: flexible zylindrische Transportbehälter aus elastischem Material, ummantelt durch Zugseile, für den Wassertransport von Flüssigkeiten, deren Dichte kleiner als die des Wassers ist, so daß die Behälter mit ihrer Füllung soviel Auftrieb haben, daß sie selbst schwimmen. Zuerst wurden Mitte der 1950er Jahre in Britannien bei Southampton Schleppbehälter erprobt, die aus Nylon-Polyamidgeweben bestanden, das beidseitig mit synthetischem Kautschuk beschichtet war. Der Schleppbehälter war 60 m lang, hatte einen Durchmesser von 3 m und ein Fassungsvermögen von 450 t Rohöl. Schleppbehälter werden einzeln oder gekoppelt durch *Schlepper* gezogen.
Die Idee des flexiblen Schleppbehälters wurde wiederholt aufgegriffen. Trotz gründlicher Erprobungen auf Flüssen und auf offener See und Kollisionsversuchen mit günstigen Ergebnissen ist beim Öltransport nicht die gleiche Sicherheit gegen Gewässerverschmutzung wie mit *Tankern* erreichbar. Günstige Bedingungen bestehen demgegenüber für einen kostengünstigen Frischwassertransport mit großen Schleppbehältern, wobei die geringere Dichte gegenüber dem Seewasser für den Restauftrieb ausreichend ist.

Schlepper: Wasserfahrzeug zum Bugsieren anderer Schiffe *(Bugsierschlepper, Hafenschlepper)* zum Ziehen (Schleppen) auf Binnenwasserstraßen bzw. in der Küsten- oder Hochseeschifffahrt (Hochseeschlepper, Bergungsschlepper). Kurz nachdem es das erste Dampfschiff für die Flußschiffahrt gab, erprobte man auch die Möglichkeit, Kähne und Boote in Schlepp zu nehmen. Das geschah u.a. schon 1817, als die *»PRINZESSIN CHARLOTTE VON PREUSSEN«* ihre ersten Fahrten nach Spandau machte. Dementsprechend entwickelte sich schnell der spezielle Schiffstyp »Zugschlepper« für die Flußschiffahrt auf den Hauptströmen der Welt. Später entstand der Hafenschlepper, der größere Dampfschiffe an ihre Liegeplätze in den Häfen bugsierte, sie verholte und in freies Fahrwasser schleppte. Die 1842 gegründete Hafen- und See-Schleppreederei Petersen & Alpers wurde zum ersten Bugsierbetrieb im Hamburger Hafen. Am 15. Juli 1907 folgte Jean Louis Meyer, der zusammen mit zwei Gesellschaften das Bugsierunternehmen »Kröpke & Co.« gründete. Als erste Schlepper kamen die »FLINK«, »FLOTT«, »SMART« und »EDITH« in Fahrt. Ab dem 25. Mai 1912 führte die Firma den Namen »Neue Schleppdampfschiffsreederei Louis Meyer«; Hamburg.

Kleiner Motorschlepper »ELDE«, Baujahr 1955

Havarien und Unfälle auf offener See führten zur Entwicklung leistungsstärkerer Hochseeschlepper und Bergungsschlepper. Die älteste Bergungsgesellschaft, die auch Bergungsdampfer besaß, war die 1835 gegründete »Em. Z. Svitzers Bjergnings Enterprise« in Kopenhagen. 1856 wurde dann in Stockholm die »Bergnigs-och Dykerie Aktibolaget Neptun« gegründet. Ein Jahr später fand in Britannien durch Parlamentsakte die Gründung eines staatlichen Instituts, »Thames Conservancy« statt. Es war dazu bestimmt, die Themse von Wracks freizuhalten. Erst 1886 wurde in Deutschland der »Nordische Bergungs-Verein« gegründet, der danach u.a. 4 größere Bergungsdampfer im Mittelmeer unterhielt.
Moderne Hochseeschlepper haben heute vorwiegend die Aufgabe, schwimmende Objekte ohne eigenen Antrieb an ihren Standort zu bringen. So wurde im Juni 1984 unter der Leitung der »Mobil Exploration Norway Inc.« eine wohl größte Schleppaufgabe der bisherigen Seegeschichte durchgeführt. Auf einem Schlepperweg über 290 Seemeilen brachten 8 der stärksten Hochseeschlepper mit insgesamt 84640 kW (115000 PS) die *Bohrinsel* »STATFJORD C« auf ihre Förderposition im norwegischen Teil der Nordsee. Die Plattform mit einer Gesamtmasse von 835000 t war seinerzeit mit 271 m Höhe die größte Bohrinsel der Welt. Sie steht in einer Meerestiefe von 145 m und trägt neben der eigentlichen Bohrausrüstung einen hotelähnlichen Aufbau mit 278 Betten.
In neuerer Zeit gibt es Mehrzweckschlepper, die für Hafen- und Terminal-Bugsierdienste, Küsten-Offshore und Hochseeschleppdienste, für den Bergungseinsatz sowie zur Bekämpfung von Öl- und Gasbränden und als Ölabschöpfschiffe zur Verminderung der Gewässerverschmutzung einsetzbar sind.
Der Bau von Schleppern stellt notwendigerweise einen Kompromiß zwischen sehr unterschiedlichen Eigenschaften dar. Einerseits wird eine ausreichende Freifahrtgeschwindigkeit benötigt, für die ein schlanker Schiffskörper und ein entsprechend ausgelegter Propeller günstig wäre. Andererseits ist für die Bremswirkung in Längsrichtung ein größerer Widerstand vorteilhaft. Um die Kentersicherheit bei Querzug zu erhöhen, sind entsprechend breite Wasserlinien und ein tiefgelegener Kraftangriff der Schlepptrosse erwünscht. Die Konstruktion muß wiederum andere Kriterien erfüllen, wenn der Schlepper sowohl für Hochseefahrten als auch im Hafendienst gut geeignet sein soll. Die unterschiedlichen Fahrtzustände der Freifahrt und des Schleppens bedingen für solche Schlepper spezielle Lösungen hinsichtlich des Antriebs durch Festpropeller ohne Düse mit einem Profilruder oder Verstellpropeller mit einem Ruder bzw. Verstellpropeller mit Kort-Drehdüse oder 2 Festpropellern je in drehbaren Düsen bzw. Verstellpropeller in festen Düsen und Mehrflächenrudern, eine spezielle Vortriebsvariante ist der Voith-Schneider-Propeller; siehe *Voith-Schneider-Propellerschiff.*

Schleppkahn: antriebsloser Lastkahn für Flüsse und Binnengewässer, der einzeln oder in Schleppverbänden durch *Schlepper* gezogen wird. Der ursprüngliche durch Muskel- oder Windkraft bewegte Schleppkahn hatte auch in der Übergangszeit zur Dampf- bzw. Motorkraft noch seine Bedeutung. Die bekanntesten Schleppkahngrößen hatten wegen ihrer Fahrbedingungen und Schleusenbreiten festgelegte Tragfähigkeiten, Längen, Breiten und Tiefgänge. Zu den kleinsten gehörte der Finow-Maßkahn mit 200 t Tragfähigkeit, 40 m Länge, 4,6 m Breite und 1,60 m Tiefgang. Andere Kahntypen sind: Groß-finow-Maß-Kahn (250 t; 41,5 × 5,1 × 1,80 m), Berliner-Maß-Kahn (350 t; 46 × 6,6 × 1,75 m), Saale-Maß-Kahn (380 t; 51 × 6,0 × 1,75 m), Oder-Maß-Kahn (55 t; 55 × 8,0 × 1,80 m), Elbe-Maß-Kahn (950 t; 76 × 10,5 × 1,80 m) und Rhein/Herne-Maß-Kahn (1350 t; 80 × 9,5 × 2,5 m); siehe auch *Motorgüterschiff.*

Schleppnetz-Fischereischiff siehe *Fischereischiff* bzw. *Trawler*

Schlingertank-Schiff: Schiff mit einem Tanksy-

stem, dessen Wasserfüllung durch die Rollbewegungen des Schiffs und die dadurch entstehende Eigenbewegung der Flüssigkeit – oder durch Zusatzkräfte aktiviert – schlingerdämpfend wirkt, d.h. die Schaukelbewegungen des Schiffs mindert.
Schon 1882 erprobte der damalige Chefkonstrukteur der englischen Marine Sir Ph. Watt auf dem Turmpanzerschiff *»INFLEXIBLE«* ein System der »offenen Wasserkammer«, doch führte das zunächst noch nicht zu den Schlingertanks sondern zum Schlingerkiel, den William Froude (1810 bis 1879) bereits bei seinen Versuchen als wirksam erkannt hatte.
Auch die beiden Fahrgastschiffe *»CITY OF NEW YORK«* (1888) und »CITY OF PARIS« (1889) sollen bereits »eine Art Einrichtung zur Dämpfung der Schlingerbewegung« an Bord gehabt haben. Am 8. September 1907 wurde an Hermann Frahm (1867 bis 1939), dem Technischen Direktor der Werft Blohm & Voss, ein erstes Patent für sein später als »Frahm'scher Schlingertank« allgemein bekannt gewordenes System erteilt. Das Schlingertanksystem besteht aus je einem Tank auf jeder Bordseite, die durch einen unteren Überströmkanal und einen oberen Luftkanal verbunden sind. Der Luftkanal ist durch ein Ventil so regulierbar bzw. absperrbar, daß durch das überströmende Wasser jeweils eine Gegenkraft gegen die äußeren, das Schiff krängenden Momente erzeugt wird. Die ersten Schlingertanks wurden 1910 auf den HAPAG-Dampfern »YPIRANGA« und *»CORCOVADO«* eingebaut. Als wirksamer erwies sich aber der tiefere Einbau der Tanks auf dem Dampfer »GENERAL« der »Deutschen-Ostafrika-Linie (DOAL), wie er danach dann auf vielen Passagier- und Kriegsschiffen ausgeführt wurde.
Ab etwa 1930 versuchte man statt des Tankwassers feste bewegliche Massen in Form von Stahlblöcken zu verwenden und vom bisherigen »passiven« zum »aktiven« Dämpfungssystem überzugehen, doch dieser »Wagenstabilisator« bewährte sich nicht. In späteren Anlagen wurde das Tankwasser dann durch Druckluft und Drosselklappen gesteuert. So konnte die Wasserschwingung mit der Schiffsschwingung auch ohne Benutzung des Gebläses in Resonanz gebracht werden. Solche aktivierten Anlagen kamen auf dem HAL-Fahrgastschiff »CORDILLERA« sowie auf Schiffen der deutschen Kriegsmarine, z.B. auf dem Eisbrecher »CASTOR« zum Einsatz. Bei Eisbrechern sollte eine Schlingerbewegung erzeugt werden, um durch das »Aufschlingern« die Brechwirkung zu vergrößern.
In den USA wandte man sich nach 1945 erneut dem passiven Tanksystem zu und führte es 1962 zur patentierten Anlage. Das »Flume«-System ist ein Stabilisierungssystem mit Rolldämpfungstanks freier Oberflächen. Im Sinne der Bezeichnung »Flume«, Gerinne – bewegen sich die Wassermassen von etwa 50 ··· 120 t beim Schlingern des Schiffs durch die in den Trennwänden befindlichen Öffnungen (Schleusen) und erleiden hierbei eine Verzögerung. Die Anlage arbeitet auch bei einem nicht fahrenden Schiff. »Flume«-Anlagen werden neben Flossenstabilisatoren auf Fahrgastschiffen, Fähren, Container- und Ro/Ro-Schiffen sowie auf größeren Fischereischiffen eingesetzt.

Schneidkopf-Saugbagger: siehe *Bagger*

Schnellboot: Hochgeschwindigkeits-Kriegsschiff. Mit der Entwicklung der Vergasermotoren und schnellaufender Dieselmotoren gewann das Schnellboot als Kampfschiff an Bedeutung. Die Entwicklung führte vom Torpedo-Schnellboot (siehe *Torpedoboot*) über das Artillerie-Schnellboot zum heutigen Raketen-Schnellboot.
1915 entwickelte Italien als erstes Land kleine schnelle Motorboote, die etwa 26 kn liefen und mit zwei Torpedo-Abwurfeinrichtungen ausgerüstet waren. Es folgten Britannien mit dem Coast Motor Boat (CMB) sowie Deutschland und Österreich-Ungarn. Zu Beginn des zweiten Weltkriegs erreichten TS-Boote bereits Höchstgeschwindigkeiten von 40 ··· 45 kn. Die deutschen Boote hatten ein Deplacement von 30 ··· 100 t und verfügten über zwei Torpedo-Ausstoßrohre bzw. Abwurfgerüste. Der Ausstoß des Torpedos war i. allg. nach vorn gerichtet. Auf kleinen Booten wurden die Torpedos auch nach hinten ausgestoßen oder abgeworfen. In beiden Fällen dreht das TS-Boot nach dem Abschuß mit Höchstfahrt ab.
Aus dem traditionellen TS-Boot entstanden mehrere Modifikationen, zu denen das Artillerie-Schnellboot (engl. Motor Gun Boat, MGB) gehört. Diese Boote wurden während des zweiten Weltkriegs vor allem in Großbritannien und in den USA gebaut. Anstelle der Torpedobewaffnung erhielt es eine stärkere Artillerie und Wasserbomben in Abwurfvorrichtungen zur U-Boot-Bekämpfung. Die Boote wurden zur Bekämpfung von kleineren See- und Küstenzielen sowie in Flußmündungen eingesetzt, dienten aber auch zur U-Bootjagd. Bald war das Schnellboot universell oder wahlweise als Torpedoträger, für Kommandounternehmen, wie zur schnellen Verlegung von Spezialeinheiten, für Sprengkommandos, Kampfschwimmer, spezielle Transportaufgaben oder mit UAW-Mitteln zur Bekämpfung von U-Booten einsetzbar.
Mit der Weiterentwicklung der Waffen entstand ein weiterer Schnellboottyp, das Raketen-Schnellboot. Die Hauptbewaffnung dieser Boote besteht aus 2 ··· 4 ferngelenkten oder zielsuchenden Schiff-Schiff- bzw. Schiff-Luft-Raketen. Seegehende Schnellboote sind größer als die nur bis etwa Seegang 6 einsetzbaren leichten Schnellboote. Hinsichtlich der Schiffskörperform können Schnellboote als Kielboot, *Gleitboot, Tragflächenboot*, oder Luftkissenboot *(Aircraftboat)* gebaut werden.
Das Kielboot ist hochseetüchtiger, während das Gleitboot bei ruhiger See und gleicher Maschinenleistung höhere Geschwindigkeiten erreicht. Moderne Kielboote fahren etwa mit 45 kn und entsprechende Gleitboote und Tragflächenboote mit 55 ··· 60 kn und mehr.

Schnellboot-Begleitschiff: *Hilfsschiff* der Marine zur Versorgung von Torpedo-Schnellbooten; siehe auch *Schnellboot* und *Torpedoboot*. Mit der Bildung der ersten Schnellbootflottillen entstanden auch die ersten Schnellboot-Begleitschiffe. Die Entwicklung verlief ähnlich wie bei den U-Bootflottillen mit ihren *U-Boot-Begleitschiffen*. Die Aufgaben und Einsatzbedingungen entsprachen sich, sie dienten der Stützpunktversorgung mit Torpedos, Munition und Werkstätten und der Betreuung der Bootsbesatzungen ihrer Flottille.

Schnelldampfer: größere *Fahrgastschiffe*, besonders auf der Nordatlantikroute, deren Geschwindigkeit um mehrere Knoten über der jeweiligen Durchschnittsgeschwindigkeit ihrer Zeit lag. Bis zum vorletzten Jahrzehnt des 19. Jh. gab es in der Atlantikfahrt erst vereinzelt Schiffe, die in weniger als 8 ··· 10 Tagen von Europa nach Nordamerika fahren konnten. Eine Übersicht zu den schnellsten »Atlantiklinern« seit 1838 gibt die Übersicht bei *Fahrgastschiff*. Die Schiffsgrößen und Geschwindigkeiten stiegen jedoch sprunghaft an, als in den beiden letzten Jahrzehnten des 19. Jh. die Kessel und Kolbendampfmaschinen höhere Leistungen ermöglichten und so zuverlässig waren, daß auf die bis dahin noch aus Sicherheitsgründen beibehaltene Besegelung völlig verzichtet werden konnte.
Die ersten Atlantik-Passagierdampfer gänzlich ohne Besegelung waren die 1889 für die White-Star-Line von Stapel gelassenen »TEUTONIC« und *»MAJESTIC«*. Beide waren noch wie alle seinerzeitigen Atlantikdampfer als *Glattdeckschiff* gebaut.
Der Norddeutsche Lloyd ließ 1881 mit der *»ELBE«* das erste Schiff eines neuen Schnelldampfertyps bei der britischen Werft John Elder & Co. bauen, der zum Prototyp der deutschen Schnelldampfer wurde. Dem 4509 BRT großen Schiff folgten die »WERRA« (1883), die »FULDA« (1883), die »EIDER« (1884), die »TRAVE« (1886), die »ALLER« (1886), die *»LAHN«* (1887) und weitere, alle noch bei John Elder in Glasgow gebaute Schiffe. Entsprechend dem deutschen Reichspostdampfer-Abkommen und der gewährten staatlichen Förderung wurden ab 1890 alle folgenden Schnelldampfer des Norddeutschen Lloyd in Deutschland gebaut. Den deutschen Schnelldampferbau eröffnete die Vulcan-Werft Stettin 1890/91 mit den Schiffen »SPREE« und »HAVEL«. Für die HAPAG baute die gleiche Werft die »COLUMBIA« (1889), »NORMANNIA« (1890), *»FÜRST BISMARK«* (1890/91), die *»AUGUSTE VICTORIA«* (1889) u.a.
Die Bauweise des Glattdeckers war inzwischen durch »Aufbaudecks« abgelöst worden. Auf dem Hauptdeck war ein Deckshaus hinzugekommen, das Dach dieses Deckshauses war zu einem neuen Deck geworden und seitlich vom Deckshaus waren an den Bordseiten Promenaden entstanden. Im Deckshaus konnte man I. Klasse- und Luxuskabinen, einen Salon und ein Rauchzimmer einrichten.
In Großbritannien verlief die Schnelldampferentwicklung ebenso, wobei die beiden großen rivalisierenden Reedereien, die Cunard-Line und die White-Star-Line sich gegenseitig zu überbieten trachteten. Bis zur *»LUSITANIA«* und *»MAURETANIA«* (1906) mit Dampfturbinen gab es für die Schnelldampfer nur den Antrieb durch Kolbendampfmaschinen, die gewaltige Abmessungen erhalten mußten. So erhielt der Lloyd-Dampfer *»KAISER WILHELM II«* (1897) 4 Kolbendampfmaschinen mit der Gesamtleistung von 33120 kW (45000 PS), mit der das Schiff 24 kn erreichte. Jede der Dampfmaschinen war 28 m lang und über 13 m hoch. Für die Dampferzeu-

1 Quer- und Längsverbände eines genieteten Dreideckschiffs
2 Ladeluke im Decksverband
3, 4 u. 5 Verschiedene Decksstützen
6 Nietung für einfache Stoßüberlappung
7 Senkkopfniet mit angesenktem Schließkopf
8 Flachkopf-Kesselniet
9 Flachkopfniet mit vorgesenktem Schließkopf
10 Walzprofile und gebaute Profile für den Schiffbau
11 Kreuzungsstelle von Rahmenspant und Längsstringer mit »Diamantplatte«; links Innen-, rechts Außenansicht
12 Anschluß der Decksbalken an die Außenhaut mit Wasserbordblech, Winkel und Fächerplatte
13 Kimmstringer aus zwei Winkelprofilen
14 Kimmstringer aus einem Wulstprofil mit zwei Winkeln
15 Balkenkiele mit durchgehender Bodenwrange und Plattenkielschwein mit Obergurtplatte
16 Flachkiel mit durchgehender Bodenwrange
17 Flacher Kiel und flaches Kielschwein
18 Plattenkiel und flaches Kielschwein
19 Mittelplatte über die Tankdecke hinausragend
20 Mittelkielplatte über der Tankdecke

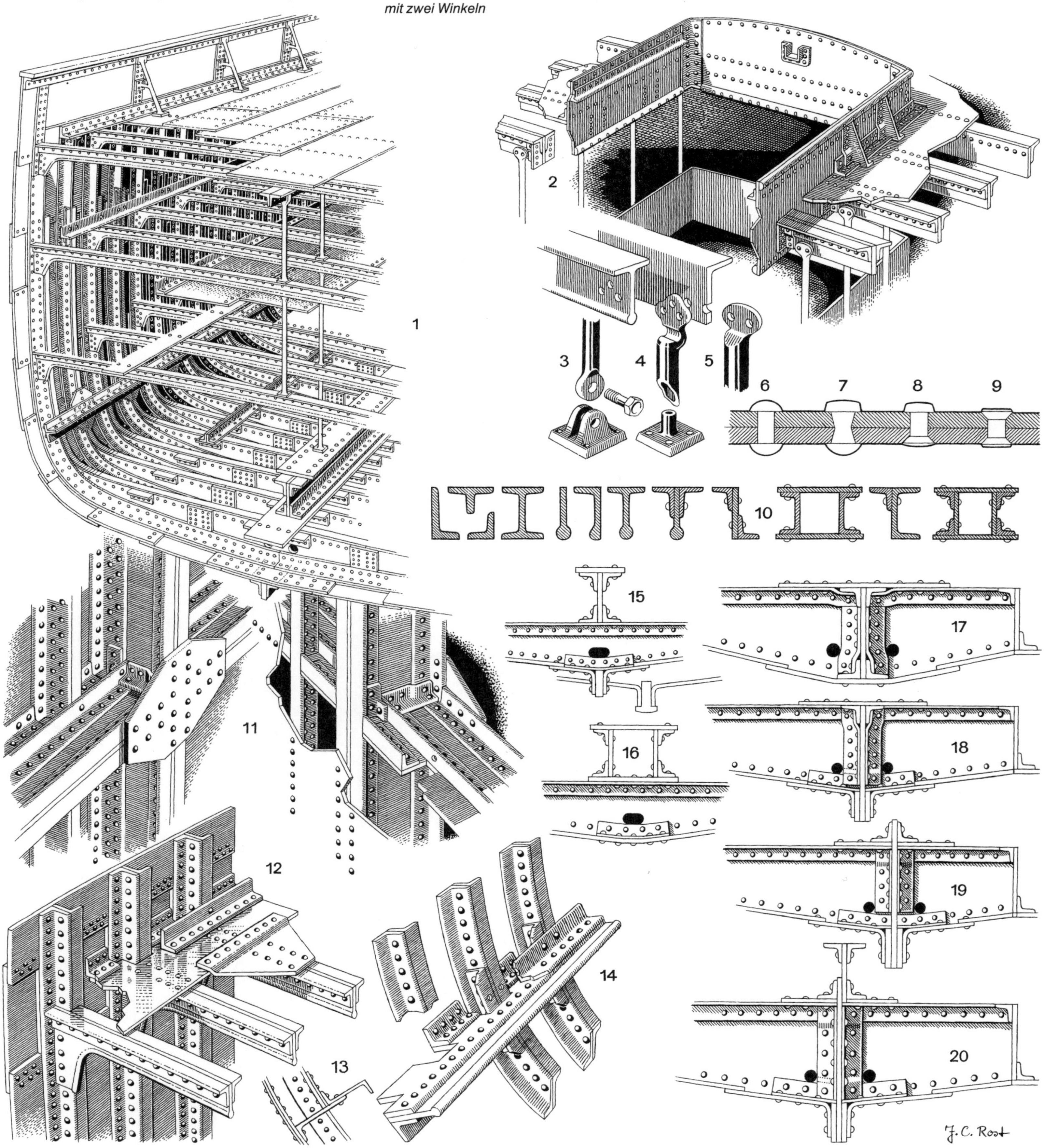

1 Dreideckschiff mit Flachkiel-Hauptspant-Querschnitt bei einem Raumspant
2, 3 u. 4 Varianten der Decksbalken-Kniebleche
5 Kielkonstruktion mit durchlaufender Mittelkielplatte und anstoßenden Bodenwrangen
6 Vorschiffsverbände eines Dreideckers
7 Genieteter Doppelboden mit durchlaufender Mittelkielplatte, interkostalen Seitenträgern und schräger Tankrandplatte
8 Einfachboden eines kleineren Schiffs mit Balkenkiel, durchlaufenden Bodenwrangen und daraufgesetztem Platten-Kielschwein

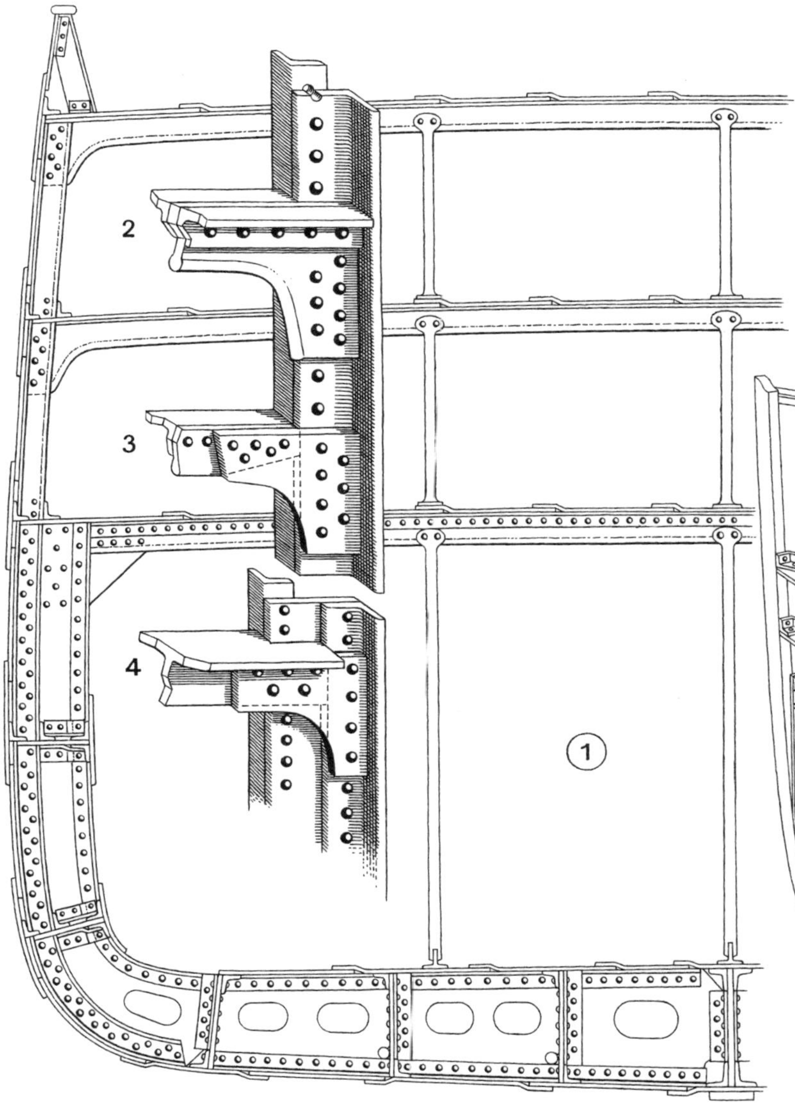

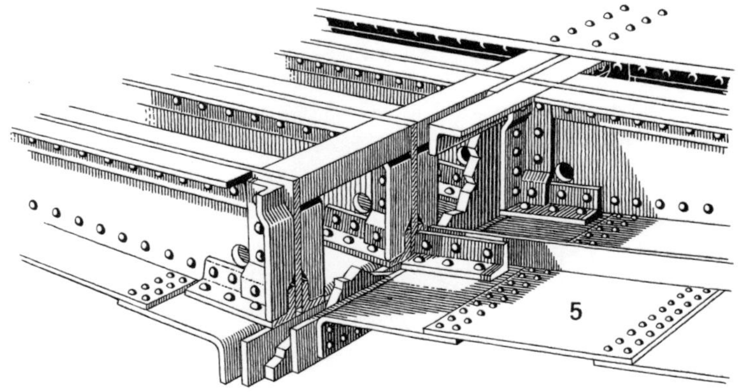

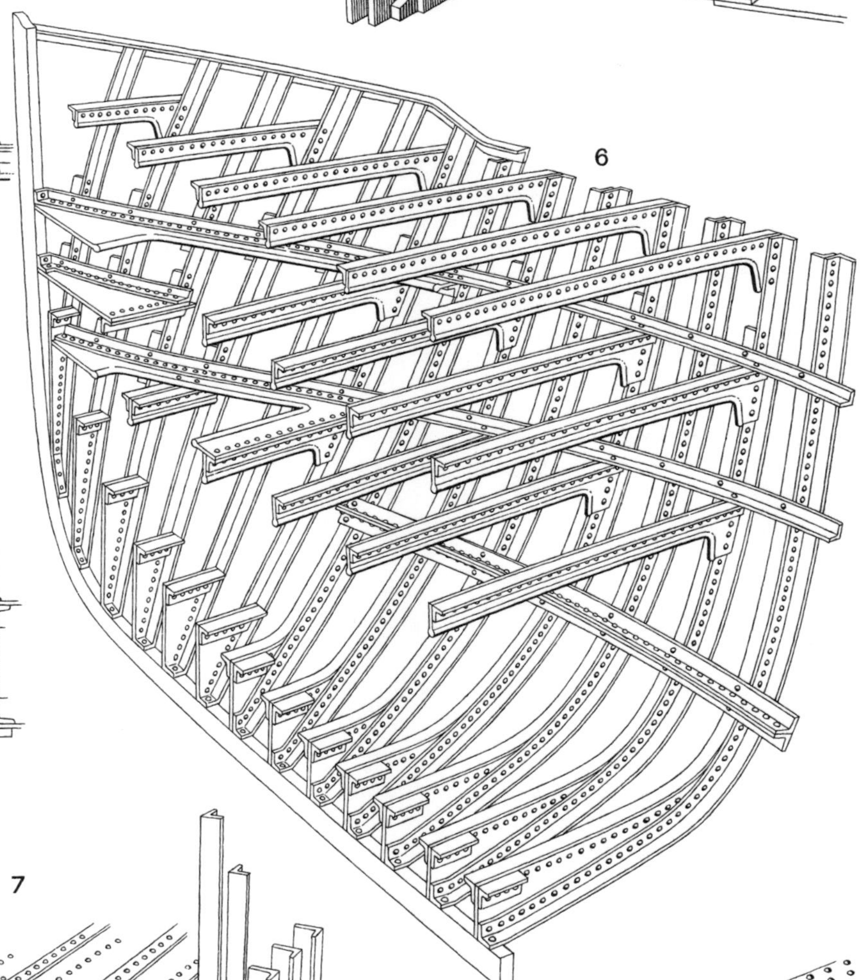

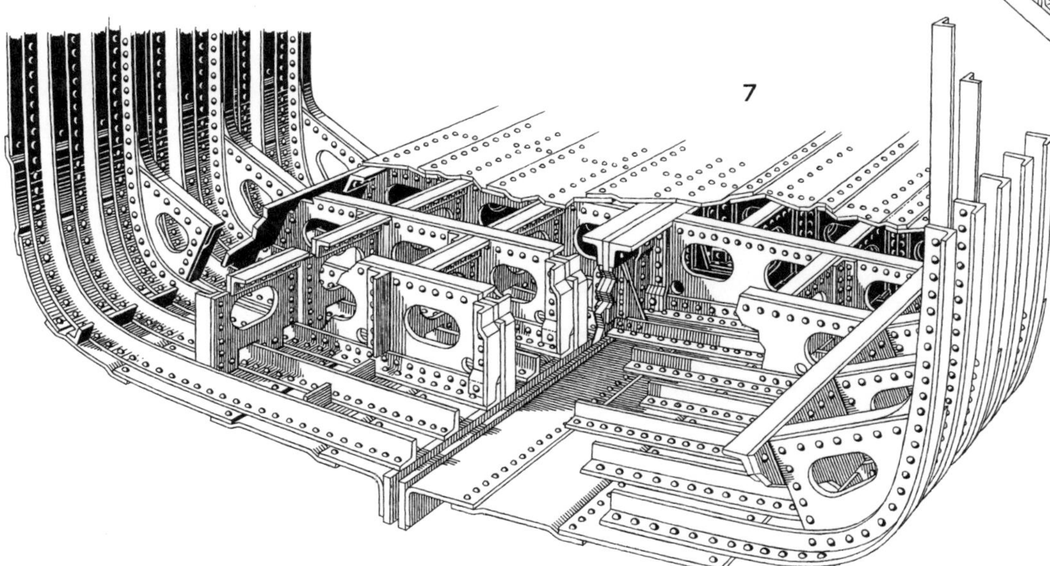

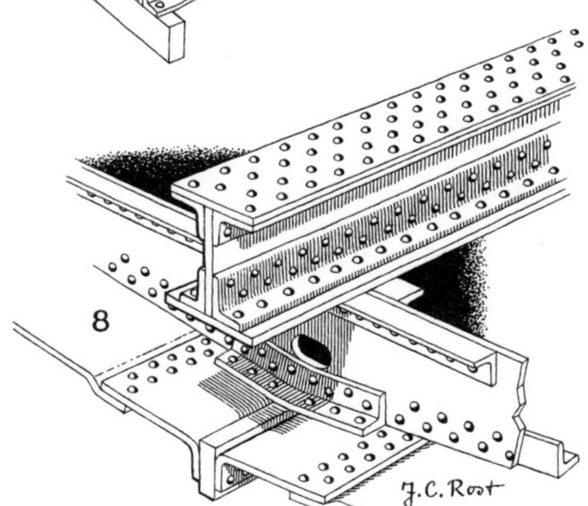

gung waren 19 Thornycroft-Doppelender-Flammrohrkessel erforderlich.
Der große Atlantik-Schnelldampfer war noch in der ganzen ersten Hälfte des 20. Jh. das Symbol für die Leistungsfähigkeit des Schiffbaus und der Schiffahrt der führenden Länder, bis 1952 mit der *»UNITED STATES«* bei einer Überfahrtszeit von 3 Tagen, 12 Std. und 12 Min, Antriebsleistung 198720 kW (270000 PS), und dem inzwischen wesentlich schnelleren Überflug die Entwicklungsgrenzen des großen Schnelldampfers erreicht waren; siehe auch *Fahrgastschiff.*

Schnellfrachter: über dem Geschwindigkeitsdurchschnitt liegendes Stückgut-Frachtschiff in der Übergangszeit vom Stückgutfrachter zum Teilcontainer- und Vollcontainerschiff, siehe auch *Containerschiff*. Die höhere Schiffsgeschwindigkeit bei Stückgutschiffen mit wertintensiver Ladung war insbesondere für lange Seestrecken wie Europa–Ostasien effektiv, konnte jedoch nicht die relativ langen Hafenzeiten beim Umschlag der nicht unifizierten Stückgüter ausgleichen. Nachdem das Containersystem dieses Problem weltweit löste, wurden zwar schnelle Containerschiffe, aber für den Stückguttransport keine Schnellfrachter mehr gebaut, siehe auch Schnellfrachter *»KARL MARX«.*

Schraubenkorvette: Bezeichnung für eine *Korvette* in der Anfangszeit des Schraubenantriebs zur Hervorhebung des seinerzeit neuartigen Antriebs im Unterschied zur älteren Segelkorvette und zur Radkorvette mit Seiten-Schaufelrädern.

Schrauben-Linienschiff: Bezeichnung der ersten durch Dampfmaschinen und Schiffsschrauben angetriebenen *Linienschiffe*. Da die Segeltakelage noch beibehalten wurde, war der äußere Unterschied am Überwasserschiff hauptsächlich durch den Schornstein sichtbar. Linienschiffe mit Schaufelradantrieb wurden wegen der leicht durch Beschuß zu beschädigenden seitlichen Räder und der Verringerung der Geschützanzahl infolge der für den Radantrieb benötigten Deckslänge nicht gebaut.

Schraubenschiff: durch Schraubenpropeller angetriebenes Schiff, siehe auch *Dampfschiff*, *Dampfturbinenschiff*, *Dieselmotorschiff* und Grafik zur Entwicklung des Schiffspropellers. Erste Ideen für schraubenförmige Geräte zum Schiffsantrieb reichen ebenso weit zurück wie für das Schaufelrad. Archimedes beobachtete die Wasserförderung in ägyptischen Bewässerungsanlagen mit Schöpfwerken, bei denen ein in einer schrägen Mulde liegender Holzzylinder gedreht wurde und dabei Wasser hob. Nach diesem Vorbild schuf er die »Archimedische Spirale«, eine Förderschnecke mit einem schraubenförmigen Gang. Die Windmühlen mit ihren Flügeln wurden zum Vorbild für den Schraubenpropeller wie die Wasserräder, die zum Prinzip des Schaufelrads führten. Die praktische Anwendung des Schraubenpropellers (lat. propellere, vorwärts treiben, engl. screw propeller) wurde aber erst durch die Dampfmaschine möglich.
1785 erhielt der Engländer Bramah ein Patent für einen Schiffspropeller »... der nach Art der Windmühlenflügel konstruiert war, und am Hinterteile des Schiffes ruderte.« 1793 beschäftigte sich der französische Mathematiker Paucton mit der »Archimedischen Schraube« als Vortriebsmittel für Schiffe. In Amerika baute John Fitch 1787 die »PERSEVERANCE« mit einer Archimedischen Schraube, die teilweise aus dem Wasser ragte. Bei den Probefahrten auf dem Delaware erreichte er immerhin die beachtliche Geschwindigkeit von 6 kn. 1794 erhielt William Littleton ein Patent für einen Schraubenpropeller mit 3 Blättern. Die Engländer Griffith und Hirsch arbeiteten an dieser Idee und verbesserten sie.
1804 unternahm der nordamerikanische Colonel John Stevens Versuche mit einem angetriebenen Propeller, den er am Heck anbrachte und ihn »Propeller mit windmühlenartigen Flügeln« nannte. Da die Propellerflügel über die Wasserlinie hinausragten, hatte der Propeller einen stark ausmittigen Schub, der das Schiff vom geraden Kurs abdrehte. Stevens veränderte daher den Antrieb so, daß die Dampfmaschine 2 parallele Wellen mit je einem Propeller antrieb. Damit war das erste Zweischraubenschiff »LITTLE JULIANA« entstanden.
Die Möglichkeiten zur Herstellung guter Schiffsschrauben waren aber noch nicht gegeben, so daß die Dampfschiffe der ersten Hälfte des 19. Jh. i. allg. mit Schaufelrädern gebaut wurden. In der Mitte der 1820er Jahre übersiedelte der schwedische Ingenieur John Ericsson von Schweden nach England. Nach seinen ersten erfolgreichen Versuchen mit einer Schiffsschraube an einem kleinen, nur 13,5 m langen Schiff, das damit 4,5 kn fuhr, folgte in den USA das erste Schrauben-Kriegsschiff »PRINCETOWN«, das 2 gegenläufige, hintereinander liegende Propeller erhielt. Im Jahr 1843 gab es auf den nordamerikanischen Flüssen und Seen bereits 41 Binnenschiffe mit Schraubenantrieb.
In den europäischen Ländern bemühten sich verschiedene Erfinder, den Schraubenpropeller weiter zu entwickeln. Zu ihnen gehörte der Österreicher Ressel, der 1829 ein Patent auf die »Anwendung einer Schiffsschraube ohne Ende« erhielt und im gleichen Jahr den Einbau auf dem Dampfschiff *»CIVETTA«* vornahm. Weitere europäische Arbeiten und Studien der ersten 3 Jahrzehnte des 19. Jh. stammen von Millington (1816), Delisle (1823), Perkins (1825), Church (1829) u. a. Schließlich führte Francis Pettit Smith (1808–1874) das Prinzip des Schraubenpropellers zum Erfolg. Sein durch eine Holzschraube und eine 4,4-kW-(6-PS-)Dampfmaschine angetriebenes Schiff fuhr als erstes über den Kanal von Dover nach Frankreich; siehe *»ARCHIMEDES«*.
Einen überzeugenden Beweis der Überlegenheit des Schraubenpopellers über das Schaufelrad brachte der 1845 mit dem Schraubenschiff »RATTLER« (888 t) und dem Seitenradschiff *»ALECTO«* durchgeführte Geschwindigkeits- und Schleppzugvergleich. Beide Schiffe hatten eine gleichstarke 147-kW-(200-PS-) Dampfmaschine. Weitere Schiffe, die u. a. eine besondere Bedeutung durch den neuen Schraubenpropeller erlangten, waren die *»ARCHIMEDES«* (1838), *»GREAT BRITAIN«* (1843), *»ERBGROSSHERZOG FRIEDRICH FRANZ«* (1851), *»BORUSSIA«* und *»HAMMONIA«* (1856).
Nach dem Krimkrieg (1853 bis 1856) hatte sich bei allen Kriegsschiffs-Neubauten der Propellerantrieb durchgesetzt. Es folgte der Handelsschiffbau, so daß seit den 1870er Jahren der Schaufelradantrieb nur noch für besondere Fahrtbedingungen in der Fluß- und Schleppfahrt sowie der Küstenfahrt verwendet wird.
Mit den leistungsstärkeren Dampfmaschinen und der erforderlichen höheren Funktionssicherheit des Schiffsantriebs sowie wegen der besseren Manövrierfähigkeit wurden etwa ab 1860 zunehmend Zweischrauber (twin screw ships) gebaut, bei denen jeder Propeller einzeln über eine Schiffswelle von einer Dampfmaschine angetrieben war. Fast alle großen britischen, amerikanischen, italienischen und japanischen *Panzer-*

Einer der 4 Propeller der »NORMANDIE« 1935, Gesamtleistung 160000 WPS; 4,88 m Durchmesser, Masse 37 t.

Moderner Propeller mit freidrehendem Nachpropeller, dem sog. »Grimschen Leitrad«

schiffe und *Kreuzer* waren Zweischrauber. Deutschland und Frankreich gaben demgegenüber bei ihren *Linienschiffen* und *Panzerschiffen* dem *Dreischraubenschiff* den Vorzug. Die großen *Schnelldampfer »LUSITANIA«, »MAURETANIA«* u.a. waren wegen der großen Antriebsleistungen Vierschrauber.
Seit der Mitte des 19. Jh. ist somit die Schiffsschraube das dominierende Vortriebsmittel für fast alle Schiffstypen. Durch vielfältige Verbesserungen des Grundprinzips konnten über mehr als ein Jahrhundert die Konstruktionen verbessert, höhere Zuverlässigkeiten, Wirkungsgrade und Leistungsaufnahmen erzielt werden. Außer dem sog. »Festpropeller«, bei dem die Propellerflügel mit der Propellernabe starr verbunden sind, gibt es Verstellpropeller, deren Flügelsteigung während des Schiffsbetriebs veränderlich ist. Für besonders hohe Schubbelastungen werden sog. »Düsenpropeller« eingesetzt, bei denen der Propeller durch eine feststehende Düse oder eine drehbare Ruderdüse umgeben ist. Den höchsten Wirkungsgrad erzielen jedoch Propeller mit großem Durchmesser und kleiner Drehzahl in nachstromangepaßter Anordnung und Auslegung bei entsprechend verbesserten Schiffsformen von Einschraubenschiffen. Der größte Schiffspropeller hat einen Durchmesser von 11,0 m und eine Leistungsaufnahme von 35000 kW.

Schubleichter, *Schubprahm:* antriebsloser schwimmender Lastbehälter, der i. allg. nicht geschleppt, sondern einzeln oder mit mehreren Leichtern gekoppelt als Schubverband von einem *Schubschiff* geschoben wird. Der pontonförmige Leichter hat i. allg. senkrechte Seitenwände und ist oben bis auf die Schiffsenden und schmale Decksstreifen an der Außenhaut fast völlig für eine schnelle Be- und Entladung offen. Entsprechend dem Einsatzzweck ist der Laderaum für Kies, Kohle, Erz u.a. Schüttgüter nicht durch Lukendeckel verschlossen wie bei der *Barge* im Küsten- und Seeverkehr; siehe *Barge-Carrier* und *LASH-Schiff*. Zur Verminderung des Fahrwiderstands sind die Stirnseiten der Leichter schräg angestellt. Die Vorzüge des Schubleichters liegen in der einfachen Bauweise und dem flexiblen Einsatz. Da kein Eigenantrieb benötigt wird, sind die Eigenmasse des Leichters geringer und die Nutztragfähigkeit und Raumnutzung höher. Das *Schubschiff* bringt die Schubleichter an die vorgesehenen Umschlagplätze und kann während der Be- und Entladung mit weiteren Leichtern operieren. Je nach der Anzahl der zu einem Schubverband zusammengestellten Leichter werden ein Schubschiff und ein Leichter »Einerverband«, 2 Prahme nebeneinander vor einem Schubschiff »Zwillingsverband«, 2 Paar Prahme hintereinander »Tandem-Verband« und 4 Paar Prahme hintereinander »Doppel-Tandem-Verband« usw. genannt.
Hinsichtlich der Abmessungen gibt es verschiedene Standardleichter für Hauptwasserstraßen, z. B. von 32,5 m Länge; 8,2 m Breite und 2 m Seitenhöhe mit 445 t Ladefähigkeit oder für Nebenwasserstraßen die kleineren Standardtypen mit 30 m Länge; 5 m Breite und 1,8 m Seitenhöhe mit rd. 180 t Ladefähigkeit.

Strom-Schubschiff der Yachtwerft Berlin, 2 × 220 kW; Länge 25,63 m; Breite 8,19 m

Schubschiff: für den Transport von *Bargen*, *Schubleichtern*, *Prahmen* u.a. antriebslosen Lastfahrzeugen ausgelegte selbständige Antriebseinheit, ohne eigene Ladekapazität für Binnen- und Küstengewässer und in Sonderfällen auch in der Seefahrt, die im Unterschied zum *Schlepper* die Lastbehälter nicht zieht, sondern schiebend bugsiert. Vorläufer dieser modernen Transporttechnologie gehen bis auf das Jahr 1863 zurück, als die *»CONNECTOR«* mit einer schwimmfähigen gesonderten Antriebssektion gebaut wurde; siehe *Gelenkschiff*. Aber erst hundert Jahre später, im Jahr 1963 wurden solche Sektionsschiffe in den USA in einem »full integrated tow«-System kommerziell genutzt. Zwischen einer Heck-Antriebssektion und einer strömungsgünstigen Bugsektion wurden pontonförmige Schubleichter als Ladungsträger gefahren. Das Bug- und das Heckteil konnten für die Eigenfahrt direkt zusammengekoppelt werden, so daß dann die Unterwasserform dieser Endsektion einem Schlepper ähnelte. Dieses »Sektions-Schubschiff« hat jedoch keine große Verbreitung gefunden. Zu Anfang des 20. Jh. wurde auf den großen Flüssen Nordamerikas die Schubschiffahrt gebräuchlich, bei der Schubbargen (tug-barges) durch Heckraddampfer geschoben wurden.
Große Bedeutung erlangte demgegenüber der Schubverband ohne gesonderte Bugeinheit. Bereits 1907 hatte das Heckrad-Schubboot »SPRAGUE« in den USA einen Rekord aufgestellt, als es einen Verband von 60 Kohleleichtern mit je 67,3 t Kohle beförderte. Der Verband war 278 m lang und 95 m breit.
Spätere Versuche in den 1930er Jahren in den USA und der UdSSR zeigten die höhere Wirtschaftlichkeit dieses Transportsystems gegenüber dem Schleppverband und dem Binnengüterschiff mit Eigenantrieb. In Europa stellte die Reederei »Bayrischer Lloyd« auf der Donau ihr Schubschiff *»UHU«* 1935 in Dienst. Die Schubleichter waren durch gekreuzte Seile mit dem Schubschiff verbunden und wurden vom Schubschiff gesteuert. Der Vorteil war, daß alle zusätzlichen Schleppwiderstände, die bei angehängten Kähnen durch ungenaues Nachfahren der Kähne sowie durch das Gieren und Ausscheren entstehen, nicht mehr auftraten.
Nach dem zweiten Weltkrieg wurde die Schubschiffahrt auf dem Rhein um 1957 zunächst mit einem umgebauten Schleppschiff und ab Oktober gleichen Jahrs mit dem ersten europäischen Schubschiff »WASSERBÜFFEL« der Raab-Karcher Reederei; Duisburg aufgenommen. Danach wurden verschiedene Schlepper durch den Anbau einer sog. »Schubschulter« zu Schubschiffen umgebaut. Moderne leistungsfähigere Schubschiffseinheiten haben heute den konventionellen Schleppverband weitgehend verdrängt.
Bei der Schubschiffahrt wird weniger Personal benötigt, da die Schubleichter unbesetzt fahren und das Schubschiff nur eine kleine Besatzung braucht. Die Kopplung der einzelnen Schubleichter zu einem Schubverband mit dem Schubschiff benötigt wenig Zeit. Die Manövriereigenschaften sind besser als in längeren Schleppverbänden, vom Schubschiff ist eine bessere Übersicht über den Verband gegeben und der Antriebswirkungsgrad des Schubschiffs ist besser, weil es im Nachstrom der vorangeschobenen Leichter fährt. Die üblichen Fahrtgeschwindigkeiten von Schubverbänden liegen zwischen 6 und 10 kn. Da das Schubschiff selten als Einzelschiff ohne Schubleichter operiert, kann der Schiffskörper kurz und fast pontonförmig gebaut sein. Der Bug des Schubschiffs hat eine Stoßeinrichtung, die sog. »Schubschulter«, damit die geschobenen Fahrzeuge nicht seitlich abgleiten können. Die Schubschulter dient der Besatzung gleichzeitig als Übergang zu den Schubleichtern. Analog zum *Schlepper* muß das Schubschiff einen möglichst effektiven großen Propellerschub erzeugen und besonders manövrierfähig sein. Wegen der Tiefgangsbegrenzung ist aber i. allg. der Propellerdurchmesser und damit die Leistungsaufnahme des Propellers begrenzt. Bei Einschraubern wird deshalb der Propeller in einem Teiltunnel oder in einer Ruderdüse angeordnet. Häufig werden Schubschiffe aber als Zweischrauber und mit schwenkbarem Z-Antrieb (siehe *Z-Antriebsschiff*) gebaut, so daß durch die Schwenkung die nicht ummantelten oder Düsenpropeller auch Querschub erzeugen.
Für den Hauptantrieb kommen leichte schnellaufende Dieselmotoren mit Untersetzungs- und Wendegetriebe zum Einsatz. Obwohl die Maschinenanlage des Schubschiffs den größten Raumanteil einnimmt, sind wegen der geringen Schiffsgröße die verschiedenen Hilfsaggregate, Verdichter, Pumpen, Lenz-, Lösch- und Versorgungseinrichtungen auf engstem Raum unterzubringen. Auch für die kleine Besatzung stehen größenmäßig begrenzte Wohn-, Versorgungs- und Aufenthaltsräume zur Verfügung. Wegen der Brückendurchfahrten ist auch die Bauhöhe des Schubschiffs begrenzt, oder der Steuerstand muß absenkbar sein.

Klappschute »DÄNHOLM«

Entsprechend dem Einsatzzweck und der möglichen Größe werden Strom-, Kanal-, Nebenwasserstraßen- und Hauptwasserstraßen-Schubschiffe unterschieden. Der Anteil der Schubschiffahrt an der Binnenlastschiffahrt ist in den letzten Jahrzehnten ständig gestiegen und liegt derzeit auf den europäischen Binnenwasserstraßen bei über 70 %.

Schubschlepper: Kombination von *Schubschiff* und *Schlepper*. Im Unterschied zum pontonförmigen Schiffkörper des Schubschiffs hat der Schubschlepper eine größere Unterwasser-Lateralfläche und ist auf Kiel gebaut, um auch Querzug aufnehmen zu können. Neben dem hauptsächlichen Einsatz im Schubverband muß er in der Lage sein, bei besonders schwierigen Krümmungen oder Verengungen des Strombetts und starken Strömungen oder bei vereisten Fahrstraßen mit Schleppwinde und Schlepptrossen Schubleichter oder den ganzen Verband bei solchen Hindernissen zu ziehen. Eine andere kombinierte Verwendung findet er in Häfen als Schubbugsierer für *Schubleichter* und als Schleppbugsierer zum Bugsieren von Schiffen, ähnlich wie ein *Bugsier- und Hafenschlepper*.

Schulschiff: *Ausbildungsschiff* mit speziellen Ausrüstungen und Einrichtungen zur Heranbildung des seemännischen bzw. maschinentechnischen Nachwuchses für die Handels- und Fischereiflotte sowie der Marine. Neben einigen Segelschulschiffen und ausschließlich für Ausbildungszwecke fahrende *Dieselmotorschiffe* der Seefahrtsschulen dienen zunehmend Fracht-Lehrschiffe mit zusätzlichen Plätzen für Kursanten und Ausbildungspersonal als Schulschiffe, auf denen alle im praktischen Bord- und Hafenbetrieb vorkommenden Fertigkeiten vermittelt werden.

Schute: flachgehendes prahmartiges, offenes Fahrzeug ohne oder mit Eigenantrieb, vornehmlich für Schüttgüter in Häfen und zur Aufnahme und zum Verkippen oder Verspülen von Baggergut, siehe *Baggerschute*, *Baggerprahm*.

Schutenentleerer, *Schutensauger*, *Spüler:* prahmartiges offenes Fahrzeug zur Entladung von *Baggerschuten*, wenn ein »Verkippen« oder »Verklappen« durch Öffnen von Bodenklappen bzw. Aufklappen des Laderaums nicht möglich ist. Der Schutenentleerer ist mit mechanischen Fördereinrichtungen wie Krangreifer, Eimerketten o. a. ausgerüstet, und der Schutensauger hat leistungsstarke Kreiselpumpen, mit denen er über Saugrohre die Baggermasse und Wasser aus den Schuten saugt und über durch Auftriebskörper schwimmend gemachte Rohrleitungen auf Spülfelder aufspült.

Schüttgutschiff: siehe *Bulker*, *Bulkcarrier*

Schutzdeckschiff, *Schutzdecker*, *Schelterdekker:* aus dem »Sturmdecker« hervorgegangene, heute veraltete Bauweise von *Stückgutschiffen* und *Universalfrachtschiffen* mit einem zusätzlichen Deck über dem Hauptdeck, das nicht wasserdicht verschlossen war, sondern sog. offene »Vermessungsluken« hatte, damit der unter dem Schutzdeck liegende Raum bei den Abgaben und Gebühren für das Schiff nicht berücksichtigt wurde. Der »Offene Schutzdecker« hatte eine nicht verschließbare »Vermessungsluke«, die beim »Geschlossenen Schutzdecker« nicht mehr vorhanden war. Bei beiden Schutzdecker-Typen sind die Querschotte nicht bis zum Schutzdeck, sondern nur bis zum Hauptdeck hochgeführt, das deshalb auch als »Schottendeck« bezeichnet wurde. Eine Ausnahme machte das vorderste Schott, das Kollisionsschott, das bis zum obersten Deck reichen durfte. Der Freibord des Schutzdeckschiffs durfte wegen der nur bis zum Schottendeck reichenden Unterteilung in wasserdichte Abteilungen demgemäß auch nur auf das Schottendeck bezogen werden. Der gebührenfreie Schiffsraum war besonders für nicht feuchtigkeitsempfindliches Frachtgut nutzbar, da die Decksöffnungen auf See nur durch hölzerne Lukenabdeckungen und Persennings (geteertes Segeltuch) abgedeckt werden durften. Da diese Vorschriften die Schiffssicherheit beeinträchtigen, wurde die Bauweise des Schutzdeckers Ende der 1960er Jahre durch den *Freidecker* abgelöst; siehe auch »Schiffsvermessung« im vorangestellten Abschnitt »Grundbegriffe« des Schiffbaus und der Schiffahrt.

Schwebekissen-Fahrzeug: siehe *Aircraft-boat* und *Luftkissenschiff*

Schwefel-Tanker: siehe *Flüssigschwefel-Transportschiff*

Schwerer Kreuzer: mit dem Washington-Abkommen vom April 1922 eingeführte Bezeichnung für *Kreuzer*, deren Geschützkaliber über 15,5 cm betrug. Die Kaliber-Obergrenze war mit 20,3 cm begrenzt. Für diese den Bedingungen des Washingtoner Flottenabkommens entsprechenden Kreuzer wurde auch die Bezeichnung

Über 2 Laderäume zwischen den Ladepfosten durchschwenkbarer Schwergutbaum eines Stückgutschiffs

»Washington-Kreuzer« üblich. Vorher wurden solche *Kreuzer Panzerkreuzer* oder *Großer Kreuzer* genannt. Die vorher als *Kleiner Kreuzer* bezeichneten Einheiten hießen seitdem *Leichter Kreuzer*, wenn ihr Geschützkaliber auf 15,5 cm begrenzt war.

Schwergutschiff, *Schwerlastschiff:* übliche Bezeichnung für Schüttgutschiffe für Schüttgüter hoher Dichte wie Erze u. a. (siehe *Bulker*, *Bulkcarrier* und *Erzfrachter*) als auch für schwere Stückgutlasten. Mit dem Ausbau der industriellen Basis in Entwicklungsländern trat der Transport von Schwergütern, Industrieausrüstungen und anderen kompletten Anlagen mehr in den Vordergrund. Fabrikmäßig vorgefertigte Anlagen und Baugruppen waren zu transportieren, deren Massen und Abmessungen die bis dahin üblichen Grenzen im Seetransport überschritten. Durch die Verschiffung kompletter Anlagen verringerten sich die Kosten für Demontage und anschließende Wiedermontage unter den meistens schwierigen Verhältnissen am Einsatzort.
Schwergut-Transporte entwickelten sich zu einer Sonderform des Stückgut-Transports, für besonders sperrige Ladungen und Kollo-Massen, die mit den üblichen Umschlagmitteln nicht mehr be- und entladbar sind. Zunächst wurden spezielle Schwergutladeeinrichtungen auf konventionellen Schiffen installiert, bis Spezialschiffe für den Transport von Schwergütern und Industrieausrüstungen aller Art entstanden, die den spezifischen Anforderungen besser entsprachen.
Schwergutladebäume größerer Tragkraft, Portalkrane, Bug- und Heckpforten mit Rampen, größere Luken, höher belastbare Lukendeckel und Decks für Schwerlasten, hydraulische Stützbeinsysteme u. a. Veränderungen wurden für die neue Umschlagtechnik entwickelt. Der geringe Tiefgang einzelner Spezialschiffe gestattet auch das Anlaufen kleiner Häfen und anderer Landungsstellen und ermöglicht so den Transport vom Hersteller zum Empfänger ohne Zwischenumladung. Einige Schwergutschiffe wurden auch mit einem verstärkten Boden gebaut, um in kleinen Häfen auf Grund aufzusetzen und so die Löscharbeiten zu erleichtern.
Das vorwiegende Umschlagprinzip ist das Lift on/Lift off-Verfahren *(Lo/Lo-Schiff)* mit Übernahme der Schwerlast von der Kaikante. Bevor das Container-Transportsystem weltweit eingeführt war, bezeichnete man bereits Ladegeschirre mit 16 bzw. 20 t Traglast als Schwergutgeschirr. Laststufen der Leichtgeschirre waren 3 t, 5 t, 8 t und 12 t. Da diese Masse eines beladenen 20-Fuß-Containers um 20 t und die eines 40-Fuß-Containers bei 35 t liegt, und demzufolge die Mehrzahl der Schiffe mit Umschlagmitteln dieser Laststufe ausgerüstet wird, liegt derzeit die untere Laststufe für Schwergutgeschirre über 40 t. Die häufigsten Laststufen liegen bei 60 t, 80 t, 120 t und 160 t. Die stärkeren Ladegeschirre können auch auf einer Bordseite angeordnet sein. Für extreme Schwerlasten besteht auch die Möglichkeit, ausfahrbare Stützen auf der Kai aufzusetzen oder mit schwimmfähigen Lukendeckeln zu verbinden, die geflutet als stabilisierender Ausleger wirken. An einem Schwergutschiff konnten so mit 2 Stülcken-Schwergutbäumen von 350 t Tragfähigkeit Lasten bis zu 700 t gehoben und im Laderaum abgesetzt werden. Schwimmfähige Lukendeckel können auch als Transportfloß benutzt werden, um die Last in flache Gewässer zu bringen, die das Schiff nicht mehr befahren kann.
Moderne Schwergutschiffe mit Ladegeschirren bis 800 t Tragfähigkeit haben große Trimmzellen, um der Quer- und Längsneigung entgegenzuwirken. Durch die Aufnahme großer Ballastwassermassen bis 10000 t und mehr und durch starke Ballastpumpen wird eine große Stabilität und ein schneller Trimm- und Neigungswinkelausgleich möglich.
Eine andere Möglichkeit stellt das Slide on/Slide off-Verfahren dar. Dabei wird die Ladung bei gleicher Niveauhöhe Deck – Kaikante über eine Trägerkonstruktion an Bord gezogen. Das Verfahren ist aufwendig, da die Trägerkonstruktion zum Löschen der Ladung mitgeführt werden muß.
Eine effektivere Variante ist hingegen das Float on/Float off-Verfahren. Die Schiffe haben entweder am Bug oder am Heck Öffnungen und sind wie Docks (siehe *Dockschiff*) absenkbar. Die Ladung wird eingeschwommen und danach werden die Ballasttanks gelenzt und das Schiff hat die Ladung an Bord. Einige Schwergutschiffe können bis zu 7 m tief abgesenkt werden und auch Halbtaucher-Bohrplattformen an Bord nehmen. Das größte bisher gebaute Schiff dieser Art ist die *»FERNCARRIER«* mit einer Hebekapazität von 45000 t bei einer Decksfläche von 4900 m^2.
Neben dem Lo/Lo-Prinzip hat das Roll on/Roll off-Verfahren *(Ro/Ro-Schiff)* die größte Bedeutung. Schwere und große Kollo werden mit Trailern oder Crawlern (Ketten-Schleppfahrzeuge) über Bug- oder Heckrampen an Bord gebracht.

Schwimmbagger: siehe *Bagger*

Schwimmcontainer: siehe *Barge-Carrier* und *LASH-* bzw. *Leichterträgerschiff*

Schwimmdock: absenkbare, schwimmende Werftanlage, in die durch Fluten andere Schwimmfahrzeuge eingeschwommen werden und die durch Lenzen mit dem gedockten Objekt angehoben wird. Schwimmdocks werden vorwiegend zur Instandhaltung und Reparatur von Schiffen benötigt. Die über Dockgruben verankerten Schwimmdocks brauchen keinen tragfähigen Baugrund und im Vergleich zum standortfesten Trockendock relativ geringe Bauanlagen an Land. Das erste Trockendock wurde 1708 in Liverpool in Betrieb genommen und die Urform des ersten Schwimmdocks 1785 von Christopher Watson durch Umbau des englischen Segelschiffs »CAMEL« geschaffen.
Die heutigen aus Stahl gebauten Schwimmdocks haben einen durch Raumzellen unterteilten pontonförmigen Boden und aus Stabilitätsgründen seitliche Aufbauten, in denen sich die Pumpen- und Kontrollräume sowie Aufenthaltsräume befinden. Auf diesen Aufbauten sind auch die meistens verfahrbaren Dockkrane installiert. Wegen seines U-förmigen Querschnitts wird dieser Docktyp auch als U-Dock bezeichnet. Docks mit nur einem seitlichen Aufbau bezeichnet man als L–Dock. Diese, zur Kaiseite offenen Docks waren früher sehr verbreitet, sind aber heute nur noch selten anzutreffen. Nach dem Fluten und Absenken des Docks wird das zu dockende Schiff eingeschwommen, und nach dem Auspumpen (Lenzen) des vorher in die Dockzellen gebrachten Wassers hebt sich das Dock mit dem Objekt. Nach dem »Trockensetzen« eines Schiffs im Schwimmdock können am Unterwasserschiff alle erforderlichen Arbeiten einschließlich Bodenanstrich durchgeführt werden.
Die Masse eines leeren unbeladenen *Stückgutfrachters* von 18000 t DW beträgt etwa 5000 bis 8000 t. Mit der Größenentwicklung der Schiffe mußte auch die Tragfähigkeit der Schwimmdocks gesteigert werden. Für die Mehrzahl der größeren *Fahrgastschiffe* reichen Schwimmdocks bis zu 60000 t Tragfähigkeit aus. Die der-

Kleines Schwimmdock zur Reparatur von Fischereischiffen, Volkswerft Stralsund

zeit größten Schwimmdocks gestatten auch die Aufnahme der größten *Tanker* von 500000 t Tragfähigkeit und darüber. Für diese Superschiffe sind Tragfähigkeiten bis zu 200000 t, Docklängen von über 400 m und Dockbreiten bis zu 80 m erforderlich. Größere Docks werden oft auch aus einzelnen Sektionen mit entsprechenden Abmessungen zusammengestellt und zu Großdocks gekoppelt.
Neuerdings gibt es kombinierte Bau- und Reparaturdocks. Als sog. »Absenkanlagen« ersetzen sie den Stapellauf. Zum Absenken der an Land befindlichen Objekte tauchen sie bis auf das gleiche Höhenniveau aus dem Wasser aus, übernehmen mittels Querbühne den Schiffsneubau und lassen diesen dann zu Wasser.

Schwimmende Batterie: erster Typ eines schwer armierten Kriegsschiffs zum Schutz von Häfen, Flüssen und Küstengebieten. Die wohl erste durch Dampf angetriebene schwimmende Batterie wurde durch ROBERT FULTON (1765 bis 1815) mit der *»DEMOLOGOS«* 1812 zum Schutz des Hafens von New York gebaut. Auf dem Geschützdeck standen zwanzig 32-Pfünder-Vorderlader in einer geschützten Batterie; siehe auch *»DEMOLOGOS«*. Im nordamerikanischen Bürgerkrieg (1861/65) entstand die *»MERRIMAC«* und andere schwimmende Batterien. Die französischen Schiffe vom Typ »Tonnante« und die gleichzeitig gebauten britischen schwimmenden Batterien kamen im Krimkrieg zum Einsatz. Im ersten Weltkrieg waren schwimmende Batterien die häufigsten Flußkriegsschiffe, und sie wurden auch bei den Dardanellen eingesetzt.

Schwimmende Fabrik: siehe *Fabrikschiff*

Schwimmendes Kohlendepot: während der Zeit der kohlegefeuerten Dampfschiffe in den Ausfahrten verschiedener Häfen eingerichtete schwimmende Bunkerstationen mit Fördereinrichtungen. Die an das schwimmende Depot anlegenden Schiffe konnten so schneller bebunkert werden und brauchten nicht am Kai liegen bleiben oder auf Bunkerschuten warten.

Schwimmendes Kraftwerk: siehe *Kraftwerkschiff*

Schwimmende Zellulose-Fabrik: *Fabrikschiff* für die Zellulose- und Papierherstellung. Die erste schwimmende Zellulose-Fabrik wurde vom japanischen Konzern Ishikawajima-Marima-Konzern für die brasilianische Jari Florestal e agropecuaria Ltda gebaut und funktionsfähig als komplette Fabrik einschließlich der Kraftwerksanlage zum Amazonas und 400 km flußauf geschleppt. Die Kosten und die Bauzeit konnten gegenüber der Errichtung einer ortsfesten Anlage im Urwald auf die Hälfte gesenkt werden. Da die schwimmende Fabrik durch Standortwechsel näher an die zu verarbeitenden Holzvorkommen verlegt werden kann, vermindert sich der aufwendige Rohstofftransport. Die Fabrikanlagen und das Kraftwerk wurden auf 2 gekoppelten Pontons von je 230 m Länge, 45 m Breite und 14,5 m Seitenhöhe mit einer Verdrängung von je 150000 t aufgebaut. Die von 150 Arbeitern bedienten Anlagen verarbeiten täglich Rohholz zu 750 t Papiermasse und zu fertigen Papierwaren.

Schwimmgreifbagger: *Bagger* zur Förderung von Baustoffen wie Kies und Sand aus Wassertiefen bis etwa 40 m aus Flüssen, Binnenseen und Kiesgruben mit Baggergreifern, Greiferportal und Winden. Die Schwimmkörper bestehen entweder aus mehreren Pontons, zwischen denen der Greifer abgesenkt und aufgeholt wird oder der Greifer wird seitlich an einem Ausleger geführt. Das Baggergut wird über eine Schütte und Förderbänder weitertransportiert.

Schwimmkran: auf einem ponton- oder katamaranförmigen Schwimmkörper montierter Hebekran in nicht drehbarer Ausleger-Bauweise oder als dreh- und schwenkbarer »Dreh- und Wippkran«. Schwimmkrane werden in Schiffswerften zum Einsetzen schwerer Maschinen und Anlagen und zum Aufsetzen der Aufbauten bei Reparatur- und Neubauschiffen, für den Schwerlastumschlag in Häfen zur Vermeidung von Schiffsverholungen, im Wasserbau und bei der Schiffsbergung benötigt. Neuerdings ist der Einsatz bei der Montage von *Bohrinseln* noch hinzugekommen.
Moderne Schwimmkrane gibt es in den verschiedenen Laststufen oberhalb der für Werft- und Hafenkrane üblichen Laststufe von etwa 40 t. Die Hebekapazität der meisten Schwimmkrane liegt entsprechend der Masse der häufigsten Schwerlasten bei mindestens 100 t. Es gibt auch Schwimmkrane für bedeutend höhere Laststufen bis zu 1000 t und vereinzelt auch bis zu 2000 t. Die meisten Krane haben neben der Hubeinrichtung für die obere Laststufe noch einen Hilfshub für kleinere Lasten mit größerer Hubgeschwindigkeit.
Zur Aufnahme der Kranlasten und der krängenden Momente haben Schwimmkrane einen entsprechend langen und breiten Schwimmkörper. Die Mehrzahl der modernen Schwimmkrane hat Eigenantrieb durch zwei relativ weit auseinander angeordnete Schrauben, schwenkbare Propeller oder Flügelradpropeller (siehe *Voith-Schneider-Propeller-Schiff*) wegen der erforderlichen guten Manövrierfähigkeit. Bei der Übernahme schwerer Lasten kann der Neigung des Krans durch Ballastaufnahme in den entgegenliegenden Bodentanks oder durch Umpumpen von Flüssigkeit entgegengewirkt werden.

Schwimmprahm: pontonförmiger Schwimmkörper, der im Unterschied zum meistens offenen *Leichter* oder zur *Schute* oder *Barge* mit einem tragenden Deck geschlossen gebaut ist. Schwimmprahme dienen vorwiegend als Arbeitsplattformen oder zum Aufbau von Kranen (siehe *Schwimmkran*) und anderen schwimmenden Geräten.

Schwimmramme: zur sog. »Technischen Flotte« gehörendes schwimmendes Baufahrzeug. Auf einem ponton- oder prahmartigen Schwimmkörper befindet sich ein festes oder verfahrbares Gerüst mit einer Ramme zum Einschlagen von Stützpfählen, Festmacherdalben oder Kaibefestigungen.

»SCOTIA«: letzter Neubau als Rad-Postdampfer der Cunard-Line. Um der Konkurrenz der Inman-Line zu begegnen, bestellte die Cunard-Line 1860 bei Robert Napier & Sons in Glasgow den 3871 BRT (1862 NRT) großen Rad-Postdampfer »SCOTIA«. Das Schiff war über Alles 121,9 m und zwischen den Loten 115,5 m lang, 14,5 m im Rumpf und 23,3 m über die Radkästen breit. Es hatte eine Raumtiefe von 9,3 m und konnte 300 Passagiere der Kabinenklasse befördern sowie 1400 t Fracht laden. Die Seitenhebelmaschinen leisteten zusammen 2944 kW (4000 PS) und gaben dem Schiff eine Geschwindigkeit von 14,4 kn. Bei voller Fahrt wurden täglich 164 t Kohle verbraucht. Das 170000 englische Pfund teure Schiff lief am 25. Juni 1861 von Stapel und absolvierte am 5. März 1862 seine Probefahrt, auf der es 16,51 kn erreichte.
Der Ausbruch des amerikanischen Bürgerkriegs hatte inzwischen zu einem Absinken des transatlantischen Fahrgastverkehrs geführt, und so lag die »SCOTIA« fast 2 Monate untätig im Hafen von Liverpool. Erst am 10. Mai 1862 trat sie ihre Jungfernreise an. Im Dezember 1863 gelang es der »SCOTIA« auf einer Reise von New York nach Queenstown (heute Cork) in Irland, in 8 Tagen und 3 Std. mit einer Durchschnittsgeschwindigkeit von 14 kn den Rekord der »PERSIA« zu brechen und das »Blaue Band« zu erobern. Im Juni 1884 sicherte sie sich den Rekord auch in der Westrichtung. Sie lief von Queenstown nach New York in 8 Tagen 4 Std. und 34 Min. mit einer

Die 1861 gebaute »SCOTIA« war der letzte Raddampfer der Cunard-Linie

Durchschnittsgeschwindigkeit von 14,54 kn. Damit war die »SCOTIA« für die nächsten 3 Jahre die unbestrittene »Königin« des Atlantiks. Im November 1867 verlor sie dann das »Blaue Band« an den Cunard-Dampfer »RUSSIA«, der damit als erstes schraubengetriebenes Schiff diese Trophäe errang. 1876 wurde die »SCOTIA« an die »Telegraph Construction Maintenance Co« verkauft und zu einem Doppelschrauben-Kabelschiff umgebaut, wobei ein Schornstein entfernt wurde. 1904 ist das Schiff vor Ladrone Island (Insel Guam) gestrandet und verlorengegangen.

Seabee-Schiff: siehe *Barge-Carrier*, *Dockschiff* und *LASH-Schiff* bzw. *Leichterträgerschiff*

»SECUNDUS«: erster Doppelschrauben-Motorfrachter der HAPAG. Am 12. März 1914 übernahm die HAPAG mit der »SECUNDUS« ihr erstes funktionstüchtiges Motorschiff, obwohl die vorhergehende 1911 in Bauauftrag gegebene »PRIMUS« noch die Schwächen des Motorantriebs gezeigt hatte. Der 4499 BRT große Doppelschrauben-Motorfrachter »SECUNDUS« war unter der Baunummer 210 auf der Werft von Blohm & Voss in Hamburg auf Kiel gelegt worden und lief im Juni 1912 von Stapel. Das Schiff war 121,44 m lang; 16,00 m breit und hatte bei einem Tiefgang von 7,4 m eine Tragfähigkeit von 7900 t. Zwei einfachwirkende Zweitakt-Motoren mit einer Leistung von 2 × 955 kW (2 × 1300 PS) gaben dem Schiff eine Geschwindigkeit von 12,5 kn. Die anfangs eingebauten doppelwirkenden Zweitakt-Motoren arbeiteten noch nicht zuverlässig und wurden während der Bauzeit durch einfachwirkende Zweitakt-Motoren ersetzt.
MS »SECUNDUS« war auch erster Motorschiffsneubau der Werft von Blohm & Voss, da deren zunächst auf eigene Rechnung gebauter Motorfrachter »FRITZ«, Baubeginn 1911, wegen langwieriger Prüfstandsversuche erst 1915 fertig wurde. Im Jahr 1919 wurde die »SECUNDUS« an Frankreich abgeliefert und war hier als »SAGAMI« und »MINDORO«, ab 1933 in Großbritannien als »CONGELLA« der Reederei Andrew Weir & Co. in London weiter in Fahrt. 1941 wurde das Schiff noch in Lloyd's Register geführt.

Die »SECUNDUS«, 1914 erster funktionsfähiger Motorfrachter der HAPAG

Seebäderschiff: kleines bis mittelgroßes *Fahrgastschiff* für den fahrplanmäßigen Personenverkehr zu oder zwischen den Seebädern. Derartige Schiffe haben für die i. allg. kleinen Fahrstrecken bei Eintagefahrten nur wenige Schlafkabinen und vorwiegend Tages- und Salonräume sowie große Promenadendecks. Sowohl im ersten als auch im zweiten Weltkrieg wurden Seebäderschiffe als Minenschiffe, wie der Hilfs-Streuminendampfer *»KÖNIGIN LUISE«*, oder auch als Minenräumschiffe verwendet.

Seebagger: siehe *Bagger*

Seefahrgastschiff: siehe *Fahrgastschiff*

Seefrachtschiff: Sammelbezeichnung für alle *Frachtschiffe* der Hochseefahrt zur Unterscheidung von Küstenschiffen (siehe *Küstenmotorschiff*), Fluß- und *Binnenschiffen*.

Seegehendes Binnenschiff: für Binnenwasserstraßen und Randmeere geeignetes *Binnenschiff*. Mit dem Ausbau der Binnenwasserstraßen und der Erweiterung der rohstoffverarbeitenden Industrie in den Küstenregionen der Randmeere hat dieser kombinierte Schiffstyp für den umladungsfreien Fluß- und Seetransport weitere Bedeutung erlangt. Die Schiffe müssen in ihren Hauptabmessungen und im Tiefgang Binnenwasserstraßen befahren können und hinsichtlich der Seefähigkeit, Stabilität und Festigkeit den Bedingungen der Seegangsbelastung in den befahrenen Randmeeren genügen. Es sind daher flachgehende, breit gebaute Schiffe mit niedrigen Aufbauten und großen Luken, die durch stählerne Roll- oder Schiebeabdeckung wasserdicht verschlossen werden. Sie haben i. allg. keine bordeigene Umschlagausrüstung und fahren in Europa hauptsächlich auf den großen sowjetischen Binnenwasserstraßen, der Ost- und Nordsee sowie im Schwarzen Meer und im Mittelmeer. Auch auf der Donau, dem Rhein und der Seine fahren seegehende Binnenschiffe.
Zu den häufigsten Typen gehört der seit 1961 von der UdSSR gebaute See-Binnen-Frachtschiffstyp »BALTISKIJ« für die Fahrt auf Flüssen und den europäischen Randmeeren bei Wellenhöhen bis zu 5 m. Dieses See-Binnenschiff ist mit Back, Poop, Doppelboden und Doppelseitenhülle gebaut. Es ist über Alles 92 m lang, 13 m breit und hat 5,5 m Seitenhöhe. Bei einer Tragfähigkeit von 2000 t geht es 3,5 m tief. Angetrieben wird der Einschrauber durch einen 970-kW-(1319-PS)Dieselmotor; er fährt 11,5 kn.

Seeleichter: ein *Leichter* bzw. *Prahm*, der im Unterschied zu üblicherweise nur auf Binnengewässern, Reeden oder in Häfen eingesetzten Leichtern seetüchtig ist. Ein Seeleichter hat i. allg. Eigenantrieb, es gibt jedoch auch in der Hochseeschiffahrt Schlepp- und Schubleichter.

Seenot-Rettungskreuzer: seetüchtiges, nahezu unsinkbares schnelles und größeres Rettungsfahrzeug mit verschiedenen Rettungsmitteln. Den Anfang eines gesetzlich geregelten Rettungswesen machte Dänemark am 26. März 1852 mit einem Staatsgesetz. Auf dieser gesetzlichen Grundlage wurde das staatliche »Danske Redningsvaesenet« gebildet und dessen Leitung dem Verteidigungsministerium zugeordnet. Nach dem Studium des dänischen Seenotrettungswesen durch Commodore Klemann begann 1854 auch Schweden einen staatlichen Rettungsdienst aufzubauen, der 1907 durch die Bildung einer privaten Gesellschaft zur Rettung Schiffbrüchiger ergänzt wurde.
Am 29. Mai 1865 wurden unter Leitung von Adolph Bermpohl und Arwed Eminghaus in Kiel die seit längerer Zeit bestehenden privaten Rettungsvereine von Emden, Bremen, Hamburg, Kiel, Lübeck, Rostock, Stralsund und Danzig zu einer einheitlichen »Gesellschaft zur Rettung Schiffbrüchiger« (DGzRS) zusammengeschlossen. In der Zeit von 1884 bis 1888 traten dieser Gesellschaft auch noch die bestehenden staatlichen Rettungsstationen Preußens bei. Die Gesellschaft, heute auf dem Territorium der BRD, rettete nach ihren Angaben bis Ende 1982 40145 Menschen aus Seenot, eine Zahl, die der Bevölkerung einer mittleren Kleinstadt entspricht. 1982 hatte die Gesellschaft 37 Seenotrettungsboote und Seenot-Rettungskreuzer im Dienst.
In der ersten Hälfte der 1950er Jahre entstand das Konzept des modernen Rettungskreuzers mit hoher Geschwindigkeit (20···30 kn), hoher Festigkeit, großer Seetüchtigkeit und zusätzlicher Ausrüstung mit einem sog. »Tochterboot«. 1956 wurde mit dem Seenot-Rettungskreuzer »THEODOR HEUSS«, Länge 23,20 m, das erste Schiff nach dieser Konzeption gebaut. Der größte Seenotkreuzer war die 1975 gebaute »JOHN T. ESSBERGER« mit 44,20 m Länge. Mit einer Maschinenleistung von 5300 kW (7200 PS) fährt er 30 kn. Er hat ein Hubschrauberdeck und ein Tochterboot, welches achtern in einer Heckwanne liegt und für den Einsatz in flachere Gewässer ausgesetzt und wieder eingeholt werden kann.
In der DDR gibt es seit 1950 ein eigenständiges Seenot-Rettungswesen. An der Küste der DDR sind Seenot-Rettungskreuzer in Warnemünde, Timmendorf, Barhöft, Saßnitz und der Insel Ruden stationiert.

Seeschlepper: siehe *Schlepper*

Seezeichen-Kontrollboot, *Seezeichen-Schute:* ein zur Kontrolle und Wartung von Seezeichen

1 Außenhautbeplattung
2 Mastfischung für einen geneigten Stahlmast. Zwischen Mast und konischer Stahlhülse wurden Holzkeile eingeschlagen
3 Oberdeck mit Schanzkleid und Speigatt
4 Verbindung der schweren Raumspanten mit schwächeren Zwischenspanten
5 Doppelboden mit Kesselfundamenten
6 Genieteter offener Boden: Längsträger und Stützplatten
7 Genieteter offener Boden mit Fächerplatten über den Kimmstützplatten
8 Wasserdichtes Querschott

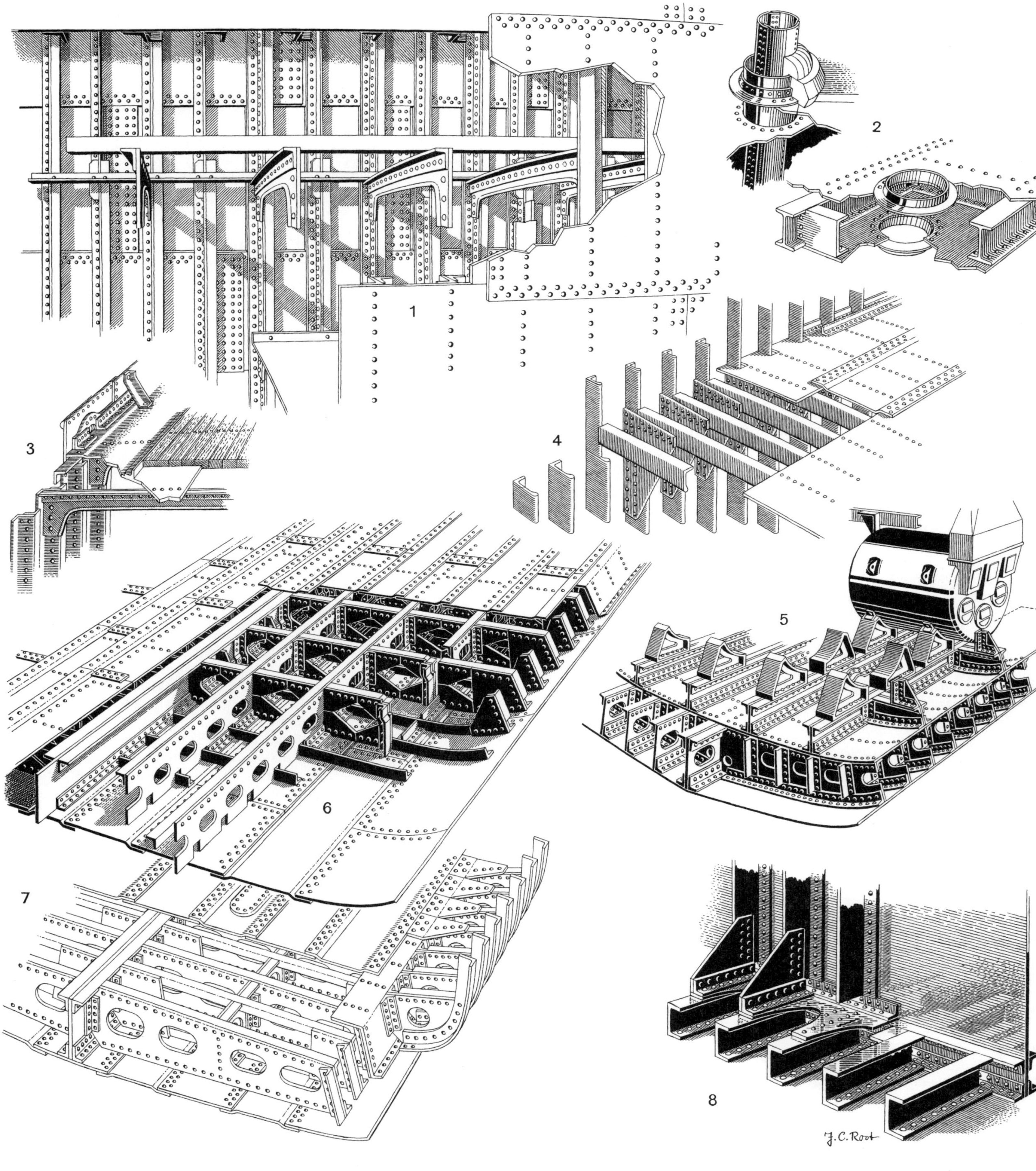

1 Ruder eines Zweischraubenschiffs
2 Achterschiff in Nietbauweise
3 Gegossener Achtersteven aus zwei miteinander vernieteten Teilen, rechts Gestalt der hintersten Spanten
4 Heck eines genieteten Zweischraubenschiffs
5 Ruderrahmen eines Dreischraubenschiffs
6 Hintersteven mit angegossenen Wellenböcken aus 3 miteinander verschraubten Teilen für ein Doppelschraubenschiff
7 Einplattenruder mit Guß-Ruderrahmen
8 Hinterschiff-Längsschnitt eines genieteten Einschraubenschiffs

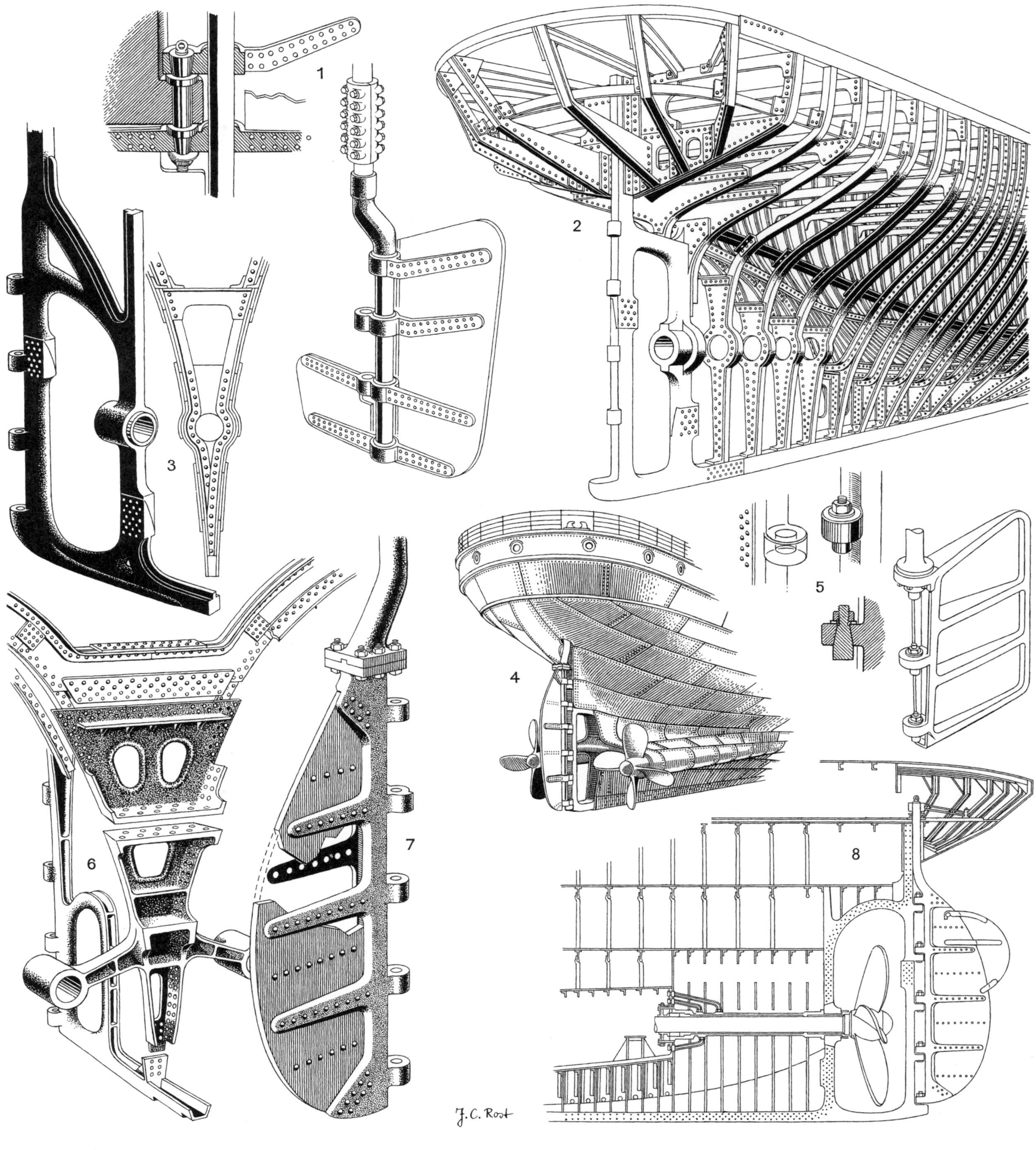

dienendes Motorboot mit Bekranung oder ein größeres Transportfahrzeug für Tonnen und Bojen, auch als Bereisungsboot oder Bojenleger bezeichnet.

Seilschiff, *Seilschleppschiff:* ein ähnlich dem *Kettenschleppschiff* fortbewegtes Flußschiff, das mit Hilfe einer Dampfwinde ein im Flußbett liegendes Drahtseil aufholte und sich daran einschließlich nachgeschleppter Kähne vorwärts zog. In Deutschland wurde 1872 auf dem Finowkanal zwischen Hohensaaten und Liepe zuerst die Seilschiffahrt eingeführt, es folgten weitere Strecken auf der Oder und auf der Havel zwischen Spandau und Deetz. Die bekannteste Seilschiffahrt gab es auf dem Rhein zwischen Bonn und Bingen. Lange vor der Dampfkraft gab es eine andere Art der Seilschiffahrt, die erstmals 1405 von Konrad Kyeser in Eichstädt erwähnt und 1438 von J. Mariano skizziert wurde. Dabei befand sich auf einem Flußschiff eine waagerechte Welle mit 2 Schaufelrädern. Die wie unterschlächtige Wasserräder angetriebenen Schaufelräder brachten durch die Strömung die Welle ins Drehen. Auf der Welle trommelte sich das Seil auf, dessen anderes Ende voraus im Fluß an Pfählen oder Ankern festgemacht war, und das Schiff fuhr langsam durch die Wasserkraft stromauf. Die Art des Seilschiffs kann ein Vorbild für das Radschiff gewesen sein, bei dem die Schaufelräder zunächst durch Muskelkraft und später durch Dampfkraft angetrieben wurden.

Seezeichen werden an Bord genommen

Seiner: *Fischereischiff* für den Fang mit der Ringwade (engl. purse seine, to purse – zuziehen, zusammenziehen). Das Prinzip der Ringwadenfischerei geht bis auf 1828 entsprechend der als »Menhadenfischerei« vor der nordamerikanischen Küste betriebenen Fangtechnik zurück. Im Unterschied zum Schleppnetz ist die Ringwade ein Umschließungsnetz für Fischschwärme. Es ist dem Treib- oder Stellnetz ähnlich, nur bedeutend größer und tiefer reichend und kann ringförmig wie ein Korb zusammengezogen werden. Während mit Treib- oder Stellnetzen »passive« Fischerei betrieben wird, bei der die Fische selbst ins Netz gehen, gehört die Ringwadenfischerei zur sog. »aktiven« Fischerei. Der Seiner umschließt durch eine Kreisfahrt – unterstützt durch Fischereihilfsboote, den Doribooten – den Fischschwarm, zieht mit Hilfe von Winden und angetriebenen Rollen die Schnürleine zusammen und holt die Schleppleine ein.

In Deutschland war die Ringwadenfischerei mit Seinern bis 1945 nicht gebräuchlich. Sie hatte sich aber schon im Mittelmeer beim Sardinen- und Anchovisfang bewährt.

Nach 1947 baute die Werft »Ernst Thälmann« in Brandenburg 3 große Serien von Seinern – Typ Schwarzmeerseiner (65 Schiffe), Typ SO (119 Schiffe) und Typ RS 300 (126 Schiffe) für die UdSSR. Die als Seitenfänger gebauten Seiner waren mit 26···29 m Länge; 6,0···6,20 m Breite; 3,0 m Seitenhöhe; 2,5 m Tiefgang beladen, 30···52 t Tragfähigkeit sowie 102···119 BRT etwa so groß wie *Logger*. Angetrieben durch einen Dieselmotor von 220 kW fuhren sie etwa 10 kn. Sie hatten 9···14 Mann Besatzung. Die Ringwade dieser Seiner hatte etwa 400 m Länge und 20 m Tiefe. Sie bewährten sich besonders gut im Schwarzen Meer beim Fang der Störe, da Störe beim Fang nicht gepreßt werden dürfen, weil sie sonst wertvollen Kaviar ablaichen.

Seit 1965 werden moderne Seiner vorwiegend als Heckfänger mit Heckslip und von Trawlergröße gebaut. In neuerer Zeit hat sich auch die Kombination Trawler-Seiner mit kombinierten Schleppnetz- und Ringwadenausrüstungen verstärkt durchgesetzt.

Die Ringwaden können bis zu 2000 m lang sein und bis zu 200 m Tiefe haben. Unter günstigen Bedingungen kann eine Ringwade Schwärme von mehreren 100 t umschließen. Nachdem das Netz im Durchmesser zusammengezogen und unten korbartig geschlossen ist, wird es mit Hilfe von Mehrtrommelseinerwinden, Powerblocks (angetriebene Kraftblocks großer Durchmesser, die elastisch beschichtet sind) und der Doriboote zur Heckslip bugsiert und durch Portale oder Ladebäume an Deck gehievt. Bei großen Fängen wird die Ringwade unterteilt oder durch Fischpumpen entleert.

Seitenfänger, *Seitentrawler: Fangschiff,* das als *Trawler* für die Schleppnetzfischerei mit seitlichen über die Bordwand reichenden Auslegern, den »Fischgalgen« ausgerüstet ist, über deren Rollen die Leinen des Fanggeschirrs zum Aussetzen und Einholen des Netzes geführt werden. Zum Einholen wird das Netz mit einer Netz- bzw. Kurrleinenwinde bis an die Bordwand gezogen, früher von Hand und heute mit einem Ladebaum an Bord gehievt.

Seitenrad-Schiff: siehe *Raddampfer*

»SELANDIA«: 1912 erstes hochseefähiges Motorschiff der Welt, dänisches Doppelschrauben Fracht- und Passagierschiff. Die dänische »East Asiatic Co Ltd.« in Kopenhagen war schon in den Anfängen von der Überlegenheit des Dieselmotors über die Dampfmaschine überzeugt. 1910 gab sie dann den Bau des ersten Ozean-Dieselmotorschiffs »SELANDIA« bei Burmeisterr & Wain in Kopenhagen in Auftrag. Zu dieser Zeit gab es bereits verschiedene Fluß- und Küstenmotorschiffe, aber noch kein seegehendes Motorschiff. Der Name des Schiffs ist eine abgewandelte Form von Sjaelland, der Hauptinsel Dänemarks mit der Hauptstadt Kopenhagen. Stapellauf war am 4. November 1911 und Indienststellung am 17. Februar 1912. Die Jungfernreise begann am 22. Februar 1912 in Kopenhagen und führte über London und Antwerpen nach Bangkok sowie Japan und zurück über eine Distanz von 22000 Seemeilen. Bis Helsingör fuhr der dänische Kronprinz mit. Kaiser Wilhelm sandte an die dänische Regierung aus Anlaß der Jungfernreise ein Glückwunschtelegramm, zumal der Motor von Burmeister & Wain nach der Lizenz von Rudolf Diesel gebaut war. In London wurde die »SELANDIA« von Marineminister Mr. Winston Churchill, seinerzeit Erster Lord der Admiralität sowie Admiral Prinz Ludwig von Battenberg und weiteren Persönlichkeiten eingehend besichtigt. Auf Churchills Wunsch fuhren einige Mitglieder der Admiralität, darunter der Chef des Schiffbaudepartements Sir Philipp Watt und Admiral Sir Henry Oram bis Antwerpen mit. Hier nahm man u. a. noch 5000 Fässer Zement an Bord und fuhr über Genua via Suezkanal nach Bangkok und

Japan. In Bangkok kam noch die nach Japan reisende Mutter des Königs von Siam an Bord. Die »SELANDIA« traf am 26. Juni 1912 wieder in Kopenhagen ein. Man sprach vom »Dampfschiff mit Großölmotor« und auch vom »Schiff ohne Dampf und Rauch«, denn anstelle eines Schornsteins hatte die »SELANDIA« nur ein Auspuffrohr am Kreuzmast.

Die Bezeichnung »Motorschiff« war seinerzeit noch nicht gebräuchlich, der Begriff »Dampfer« war in der Seefahrt fest verwurzelt. Im ersten Weltkrieg war die »SELANDIA« im Stillen Ozean eingesetzt. Sie befuhr im Dienst der Reederei regelmäßig die Route Kopenhagen–Bangkok, bis sie 1936 an Norwegen verkauft und in »NORSEMAN« umbenannt wurde. Von 1938 bis 1940 lag das Schiff schwerbeschädigt still, wurde dann 1942 an die »Finland-Amerika-Linjen O/Y« in Helsinki verkauft, in den USA registriert und unter dem Namen »TORNATOR« an Japan verchartert. Am 26. Januar 1942, nach fast 30jähriger Nutzung, hatte das Schiff nahe Omaizaka (Omaiski-Bucht) eine Grundberührung. Es sank, nachdem es in zwei Teile zerbrochen war, am 30. Januar 1942.

Die Jahre 1911/12 leiteten einen entscheidenden Wendepunkt im Schiffsantrieb des 20. Jh. ein. Im gleichen Jahr wie die »SELANDIA« fuhr ein erstes Motorschiff, der bei Svan, Hunter und Wigham Richardson Ltd. in Newcastle für die Great Lakes gebaute Getreide-, Kohle- und Erzfrachter »TOILER« von 2600 t DW mit seinen beiden je 133 kW (180 PS)-Polar-Motoren über den Atlantik. Dem Bau der »SELANDIA« folgte vier Monate später von der gleichen Werft ein Schwesterschiff, die »FIONIA«. Ein weiteres Schiff dieser Serie von 7400-t DW-Motorschiffen, die »JÜTLANDIA«, entstand etwa gleichzeitig bei Barclay Curk in Glasgow und wurde im Mai 1912 in Dienst gestellt.

Die »SELANDIA« und die Schwesterschiffe waren Doppelschrauben-Fracht-und-Passagierschiffe von 117,60 m über Alles und 112,60 m zwischen den Loten, 16,22 m Breite und hatten bei 7400 t DW 9,14 m (30′) Tiefgang. Das Deplacement war 9800 t und die Vermessung 4964 BRT und 3172 NRT. Außer der Ladung und dem Brennstoffvorrat von 900 t konnten 26 Passagiere in der I. Klasse befördert werden. Der Schiffskörper war aus Stahl mit Doppelboden, 2 durchlaufenden Decks und 5 Laderäumen gebaut. Auf dem Hauptdeck waren außer der Back und Poop 2 Aufbauten.

Die beiden Einfachwirkenden-Achtzylinder-Viertakt-Dieselmotoren von Burmeister & Wain, Kopenhagen (Lizenznehmer von Rudolf Diesel) hatten bei 140 U/min eine Leistung von je 920 kW (1250 PS). Sie hatten einen Zylinderdurchmesser von 530 mm und einen Kolbenhub von 730 mm. Mit dem Direktantrieb der beiden Propeller (ohne Zwischengetriebe) wurden 11 ··· 12 kn erreicht. Der Hilfsdiesel hatte 184 kW (250 PS). Die »SELANDIA« war außerdem das erste Schiff mit elektrischen Ladewinden von Siemens-Schukkert. Bis 1920 baute Burmeister & Wain insgesamt 16 Ozean-Motorschiffe.

Selbstfahrer: Binnen-Lastschiff mit Eigenantrieb im Unterschied zu geschleppten oder geschobenen *Bargen*, *Leichtern* oder *Prahmen*.

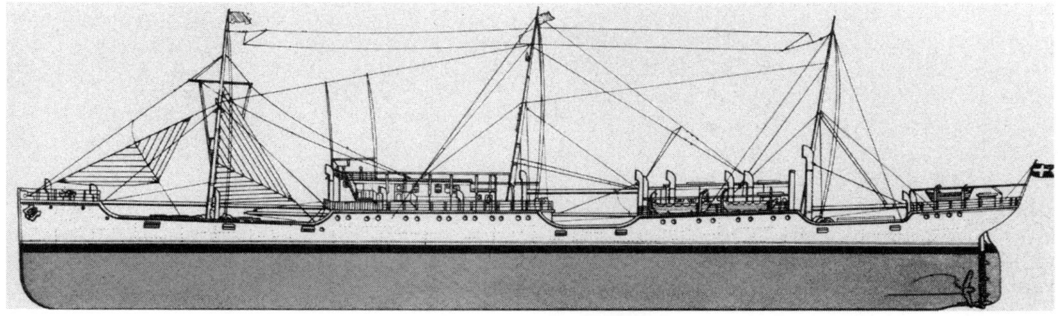

Die dänische »SELANDIA«. Das 1912 erbaute Schiff war das erste Hochsee-Dieselmotor-Frachtschiff der Welt

Der Maschinenraum mit den beiden Hauptdieselmotoren der »SELANDIA«

Selbsttrimmer: Schüttgutschiff *(Bulker)* mit großen Luken, so daß im Laderaum allseitig nur wenig Bodenfläche nicht direkt unter der Luke liegt. In diesem »Unterstau« sind schräge seitliche Boden- und Topptanks. Während die oberen Schrägtanks die freie Oberfläche der Schüttgutladung und damit ein Übergehen der Ladung im Seegang einschränken, rutscht bei der Entladung das Schüttgut auf den schrägen Bodentanks »selbsttrimmend« in den Bereich des Krangreifers.

Semi-Containerschiff, *Teilcontainerschiff:* Ein- oder Mehrzweck-Stückgutfrachter, der in Laderäumen wahlweise universelle oder unifizierte Containerladung fahren kann und auf größeren höher belastbaren Lukendeckeln auch Deckscontainer fährt. Im Unterschied zum Voll-Containerschiff sind jedoch in einigen Laderäumen keine festen Container-Staugerüste eingebaut, die keine anderweitige Ladung zulassen. Die Container werden deshalb im Laderaum ebenso wie an Deck auf Containerfußpunkte gesetzt und die Stapel gesondert verzurrt. Die Breite des Schiffs bzw. seine Stabilität müssen für den höheren Anteil Decksladung ausreichend sein.

»SENTINEL«: zwischen 1904 und 1912 in Bri-

Britischer Scout »SENTINEL«, Baujahr 1905

tannien als Scout (Pfadfinder) gebauter Flottenkreuzer. Seinerzeit unterschied die britische Admiralität Auslands- und Flottenkreuzer. Das 2900 t große Schiff lief 1904 von Stapel. Das Typschiff war die »ADVENTURE« (Stapellauf 1904, 2710 t Deplacement, Lpp 109,7 m, Breite 11,7 m, Tiefgang 3,7 m). Die »SENTINEL« war 109,7 m lang; 12,2 m breit und hatte 4,3 m Tiefgang, ihre Besatzungsstärke betrug 270 Mann. Nach der Indienststellung im Juni 1905 wurde das Schiff mit 10 × 7,6-cm- und 8 × 4,7-cm-Geschützen bewaffnet. Später erhielt es 9 × 10,2-cm-Geschütze und zwei 45-cm-Topedorohre. Die Panzerdicke lag im Deck zwischen 19 und 51 mm, Seitenpanzer waren nicht vorhanden. Die beiden Dampfturbinensätze leisteten zusammen 12144 kW (16500 PSi), mit denen das Zweischraubenschiff eine Geschwindigkeit von 25 kn erreichte. Mit 10 kn konnte eine Dampfstrecke von 3000 Seemeilen gefahren werden.

»SERAPIS«: typischer Frachtdampfer mit mittschiffs liegender Maschine und Mittschiffsaufbau. Die »SERAPIS« wurde 1906 bei Low Walker in Wallsend/Tyne (Britannien) für die Deutsche Dampfschiffahrts Gesellschaft »Kosmos« in Hamburg gebaut. Das 4755 BRT und 3068 NRT große Schiff war 120,42 m lang, 15,06 m breit und hatte einen Tiefgang von 8,37 m. Die Besatzung bestand aus 43 Mann. Die Dreifach-Expansionsmaschine leistete 1472 kW (2000 PSi) und gab dem Schiff eine Geschwindigkeit von 13 kn. Der Dampfer wurde nach dem ersten Weltkrieg an die USA ausgeliefert.

Shelterdecker: siehe *Schutzdeckschiff*

Sicherungs- und Wachschiff: zu den kleinen Kriegsschiffen zählendes Fahrzeug zur Küstensicherung (Küstenwachschiff), Häfen- und Arsenalsicherung (Hafenwachschiff) oder als Wachschiff für Blockaden. Für diese Aufgaben wurden häufig zivile Schiffe ausgerüstet und eingesetzt.

»Siebel«-Fähre: nach dem Konstrukteur Siebel benannte kleine militärische Fährschiffe. Die »Siebel«-Fähre wurde aus dem schweren Brückenbaugerät der Pioniere entwickelt und ließ sich daher in Sektionen für den Bahntransport zerlegen. Es handelte sich um eine Entwicklungsreihe der deutschen Luftwaffe zur Vorbereitung des Unternehmens »Seelöwe« im zweiten Weltkrieg. Danach dienten sie bei den Landungsflottillen der Kriegsmarine und bei der Luftwaffe auf großen Binnenseen der okkupierten Gebiete zum Transport von Gütern aller Art, sie waren aber auch in den Küstenregionen im Mittelmeer, Schwarzen Meer sowie in der Ost- und Nordsee eingesetzt. In einfacher Konstruktion waren 2 flachgehende Pontons, bestehend aus je einem Vorschiffs-, sieben Mittelschiffs- und einem Endschiffsponton zu einer etwa 300 m^2 großen Plattform verbunden. Die Abmessungen der Fähre waren 25 × 13,9 × 1,2 m, sie wurde durch 2 oder 3 BMW-Flugmotoren mit Luftschrauben, später auch durch Motoren mit Schiffsschrauben angetrieben. Von diesem Typ wurden etwa 50 Fähren gebaut, über 100 waren in Auftrag gegeben worden.
Als Transportfähren hatten sie eine hinten liegende Brücke und eine Bug-Klapprampe. Artilleriefähren hatten das Brückenhaus mittschiffs und waren mit 2 × 8,8-cm- sowie mehreren 3,7-cm- und 2-cm-Geschützen bewaffnet. Oft wurden auf den Fähren auch Beutegeschütze eingesetzt.

Frachtdampfer »SERAPIS«, Baujahr 1906

Singledecker: siehe *Eindeckschiff*

»SIRIUS«: das erste Schiff, das den Atlantik nur unter Dampf, ohne Segelunterstützung, überquerte. Die »SIRIUS« war als relativ kleiner, aus Holz gebauter Kanaldampfer mit 2 Masten für den Dienst zwischen London und Cork in Irland und ursprünglich nicht für den Atlantikverkehr vorgesehen. Der vordere Mast führte 3 Rahsegel, der hintere Großmast fuhr Schratsegel. Von der neugegründeten British & American Steam Navigation Co. wurde das Schiff anstelle der nicht rechtzeitig fertiggewordenen »BRITISH QUEEN« für die Atlantikfahrt bestimmt. Die »SIRIUS« wurde von London nach Cork beordert, dort mit Kohle bebunkert und lief am 4. April 1838 mit 40 Fahrgästen an Bord unter dem Kommando von Leutnant R. N. ROBERTS nach New York aus.
Die Seitenräder von 7,32 m Durchmesser wurden durch eine Dampfmaschine von 235 kW (320 PS) angetrieben. Die »SIRIUS« war das erste Schiff auf dem Atlantik, das mit Oberflächenkondensatoren nach dem 1834 durch S. Hall patentierten Verfahren fuhr und damit auf die Einspeisung von Seewasser in die Kessel verzichten konnte. Trotz anfänglicher Erschwernisse durch Stürme wurde der Zielhafen nach einer Überfahrtstrecke von 2961 Seemeilen in 18 Tagen und 10 Stunden am 22. April wohlbehalten erreicht. Zeitungen berichteten: »In New York wird über nichts anderes als die »SIRIUS« gesprochen. Sie ist das erste Dampffahrzeug, das hier von England einlief, und sie ist ein herrliches Schiff. Alle Kaufleute New Yorks gingen gestern an Bord. Leutnant ROBERTS von der Royal

Die »SIRIUS« noch unter Dampf und Segel, Gemälde

Navy ist der erste Mann, der jemals ein Dampfschiff von Europa nach Amerika navigierte,« berichtete der »New York Herald« am 24. April 1838. Die Rückfahrt erfolgte bereits am 1. Mai – ebenfalls in 18 Tagen. Wohl einmalig für ein Handelsschiff war der Salut einer Batterie von 17 Geschützen beim Auslaufen aus dem New Yorker Hafen am 1. Mai 1838. Im Juli machte die »SIRIUS« noch eine Überfahrt nach Amerika, um dann nach der Rückkehr ihrer eigentlichen Bestimmung gemäß in den Küstengewässern Englands eingesetzt zu werden. Auf einer solchen Fahrt lief sie im Januar 1847 auf ein Felsenriff und wurde total wrack.
Die Hauptabmessungen der »SIRIUS« waren: Länge über Alles 63,40 m, Länge zwischen den Loten 54,50 m, Länge des Kiels 51,80 m, Breite über Spanten 7,88 m, Breite über Schaufelradkästen 14,5 m, Tiefe im Raum 5,60 m, Tiefgang 4,58 m, 703 BRT und 412 NRT. Der Dampf mit einem Druck von 0,35 atü wurde in den Kesseln mit einem täglichen Kohleverbrauch von etwa 24 t erzeugt. Da die Vorräte für die erste Überfahrt nicht reichten, wurde alles Brennbare an Bord verheizt, was irgendwie entbehrlich war.

»SOVETSKY SOYUZ«: siehe *»ALBERT BALLIN«*

Spardeck-Schiff: *Stückgutfrachtschiff* veralteter Bauweise, dessen über dem Hauptdeck liegendes Deck besonders leicht gebaut war. Das Spardeck-Schiff stellte einen Vorläufer des *Schutzdeckschiffs* dar und wurde zuerst in der Mitte des 19. Jh. von britischen Werften gebaut. Da die Schotte bis zum Spardeck reichten, ergab diese Bauweise einen erwünschten höheren Freibord. Die Lage und Ausführung des oberen Decks eines Frachtschiffs ist maßgeblich für die Längsfestigkeit des Schiffs. Aus der leichten Bauweise resultierten daher Festigkeitsprobleme, so daß nur kleinere Schiffe in dieser Bauweise zugelassen wurden. Bei Schiffen mit großen Seitenhöhen und mehreren Decks wie bei *Fahrgastschiffen*, die eine hohe Längsfestigkeit haben, ist die Bauweise jedoch allgemein üblich.

Sperrbrecher: ein Handelsschiff, das im Krieg von der Marine übernommen und zum Hilfskriegsschiff, z. B. zu einem Minenabwehrschiff umgebaut wurde, um Minensperren zu durchbrechen und den nachfolgenden Schiffen, wie Handelsschiffskonvois, größeren Kriegsschiffen oder U-Booten eine sichere Fahrt zu ermöglichen. Die Entwicklung des Sperrbrecher wurde notwendig, da nicht alle Minen von speziellen Räumfahrzeugen geräumt werden konnten, weil zu wenig Zeit oder keine Räumfahrzeuge zur Verfügung standen. Dann blieb nur der Einsatz weniger wertvoller Schiffe übrig, die vor dem eigentlichen Geleit das Minenfeld überliefen und entsprechende Lücken in die Sperre »brachen«. Im ersten Weltkrieg wurden die Schiffe durch Kork- oder Holzladungen oder durch leere Fässer sinksicherer gemacht. Im zweiten Weltkrieg hatten die Sperrbrecher schon Minen-Eigenschutz-Anlagen (MES) und durch die Induktionsschleifen einen Vorauseigenschutz (VES). Gegen Luftangriffe erhielten sie eine starke Flakbewaffnung. Häufiger hatten die Sperrbrecher auch zusätzliche Schottensysteme, Verstärkungen der Schiffsverbände und andere Einbauten. In den ersten Nachkriegsjahren setzte man die Sperrbrecher noch zur Vernichtung der während des Kriegs gelegten Minensperren ein.
Die US-Flottenführung ließ um 1960 erneut Sperrbrecher entwickeln. Zu diesem Zweck wurden 5 Liberty-Schiffe (10800 t) umgerüstet und Mittel zum Schutz der Besatzung gegen Minendetonationen, Schwingungsdämpfer für Anlagen und Geräte sowie Fernbedienungen für Maschinen und andere Anlagen getestet. Auf der Grundlage dieser Experimente entstand in der USA-Marine das Projekt eines gegen Minendetonationen gesicherten Schiffs mit der Bezeichnung »MSS-1«. 1971 wurde das *Liberty-Schiff* »HARRY BLECKMANN« zum Sperrbrecher umgerüstet. Nach der Demontage aller Aufbauten, Anlagen und Einrichtungen erhielt das Schiff zusätzlich Längs- und Querschotte, den Raum unter dem zweiten Deck schäumte man vollständig aus. Die Räume unter dem dritten Deck wurden Ballasttanks. Die Antriebsanlage bestand aus fünf über der Wasserlinie installierten Dieselmotoren, von denen jeder einen Propeller antrieb. Zur Verstärkung des Schiffsmagnetfelds dienten starke Kabel auf dem Oberdeck, die als elektromagnetische Spule wirkten. Im unteren Teil des Schiffs befand sich ein akustisches Räumgerät. Derartige Schiffe sind nahezu unsinkbar.

Spezial-Frachtschiff: für spezielle Ladungen ausgelegtes und ausgerüstetes *Frachtschiff* wie *Schwergutschiff* oder *Schwerlastschiff*, *Autotransportschiff*, *Viehtransporter* u. a.

»SPHINX«: erstes Seitenrad-Dampfschiff der französischen Kriegsmarine, das 1829 in Rochefort nach den Plänen des Marineingenieurs HUBER konstruiert und als Dampfkorvette bezeichnet wurde. Das Schiff erhielt eine englische Zweizylinder-Dampfmaschine von 118 kW (160 PS) mit einem Zylinderdurchmesser von 1,22 m und 1,45 m Kolbenhub. Für die erzielten 7 kn Fahrtgeschwindigkeit betrug der Kohleverbrauch 960 kg/h. Als Bewaffnung befanden sich 2 Stück 30pfündige Haubitzen – je eine vorn und eine achtern – und 9 seitlich angeordnete Karronaden an Bord.
Die »SPHINX« hatte eine Länge von 46,2 m, war 8,0 m breit und ging 3,33 m tief. Die Gesamtsegelfläche des Dreimasters betrug 747 m^2. Die mit diesem Schiff gewonnen Erfahrungen im Einsatz gegen Algier veranlaßten die französische Marine bereits 1830, 6 weitere ähnliche Schiffe auf Stapel zu legen.

Seitenrad-Dampfkorvette »SPHINX«, Baujahr 1829

Spierentorpedoboot: s. *Minen-Dampfkutter*

Sprengboot: ein Überwasser-Kleinkampfmittel mit hoher Geschwindigkeit bis 50 kn und darüber mit großer Sprengkraft. Es war für den massenweisen Einsatz gegen bewegliche Schiffsobjekte und zur Zerstörung von Anlegestellen, Schleusen, Brücken u. ä. feste Objekte gedacht. Neuere Sprengboote werden durch leichte Gasturbinen oder Hochleistungsmotoren angetrieben und durch Fernsteuerung oder Zielsucheinrichtungen zum Ziel geführt. Ferngelenkte Sprengboote wurden zuerst 1917 von deutscher Seite an der flandrischen Küste eingesetzt. Im zweiten Weltkrieg gab es auch japanische und deutsche bemannte Sprengboote, die teilweise randvoll mit Sprengstoff gefüllt wurden. Der Sprengbootfahrer sollte sich nach Festsetzen der Steuerung herauskatapultieren. Wenn er überlebte, hatte er nur geringe Chancen, zu seiner Einheit zurückzukehren oder von ihr aufgenommen zu werden, so daß die Gefangenschaft folgte.

Springboot, *Kletterboot:* kleines italienisches Motorboot im ersten Weltkrieg. Die Fahrzeuge wurden auch Barchini-saltatori genannt und sollten vielseitig als Torpedoträger, Minenleger und

1 Trockenfrachter in Längsspanten-Bauweise
2 Tanker nach dem Millar-System
3 Kombinierter Frachter für Erz und Öl
4 Stückgutfrachter in Querspanten-Bauweise
5 Doppelhüllen-Containerschiff
6 Tanker nach dem Isherwood-System

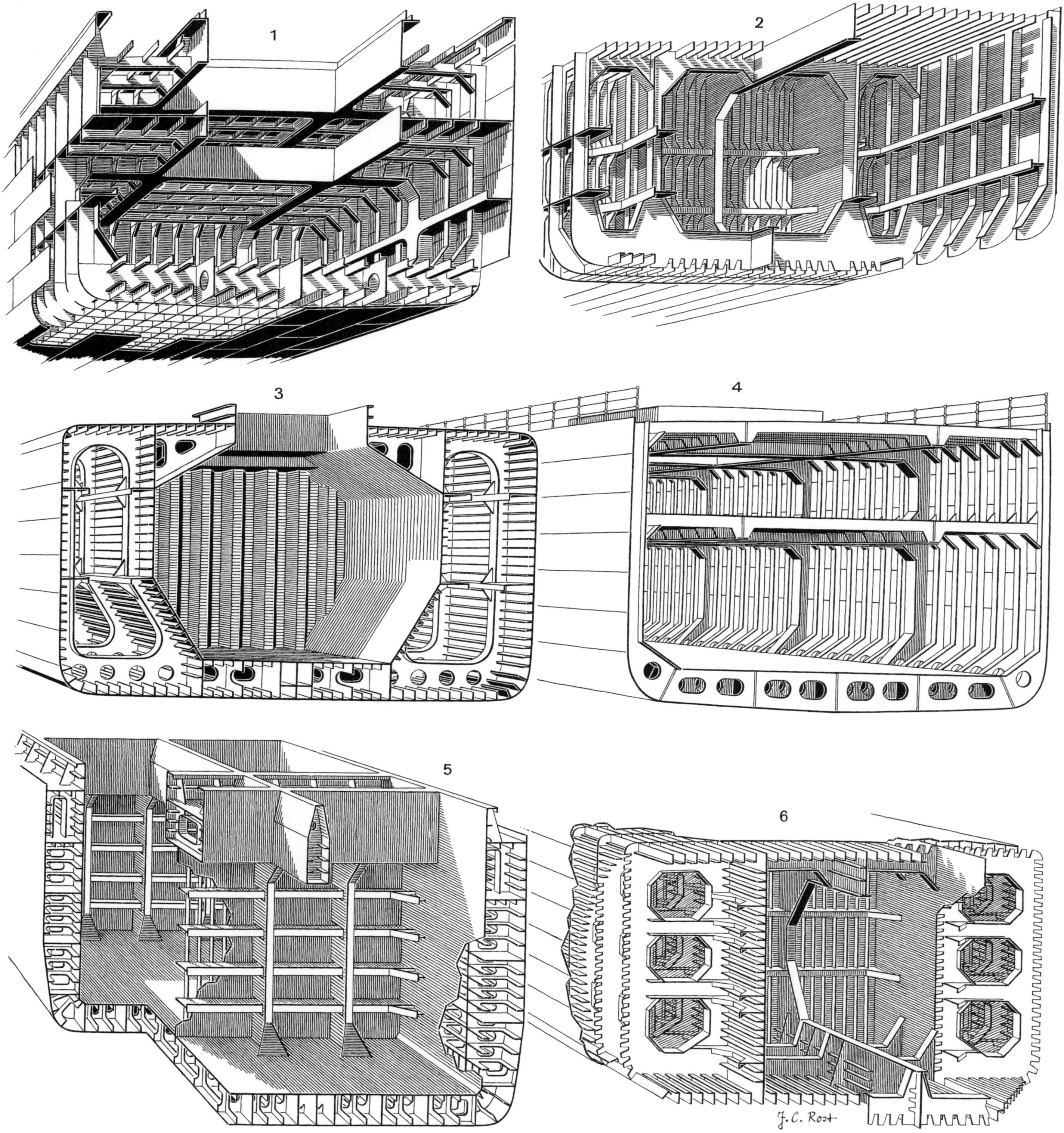

1 *Knickschotte – verschiedene Varianten für die Kreuzung von Quer- und Längsschotten*
2 *Horizontalversteifungen am Knickschott*
3 *Perspektivischer Aufriß der Spantkonturen eines Frachtschiffs mit 3 Decks und Wulstbug*
4 *Frachtschiff mit 3 Decks im Querschnitt mit Längsspanten*
5 *Hauptmaschinenfundament*
6 *Doppelboden in Längsspantenbauweise; Seitenverband mit Wulstprofil-Querspanten und geflanschten Kimmknien*
7 *Durchführung von Profilen*
8 *u. 9 Wasserdichte Durchführungen*
10 *Moderne »Steckbauweise« bei Quer- und Längsverbänden*
11 *Doppelboden in Längsspantenbauweise, bei der die Querspanten des Seitenverbandes durch die Tankdecke geführt sind*
12 *Verschweißen von Durchbrüchen im Doppelboden*
13 *Doppelboden in Längsträgerbauweise*
14 *u. 15 Doppelboden mit vollen und offenen Bodenwrangen und abgeknickter Tankrandplatte*

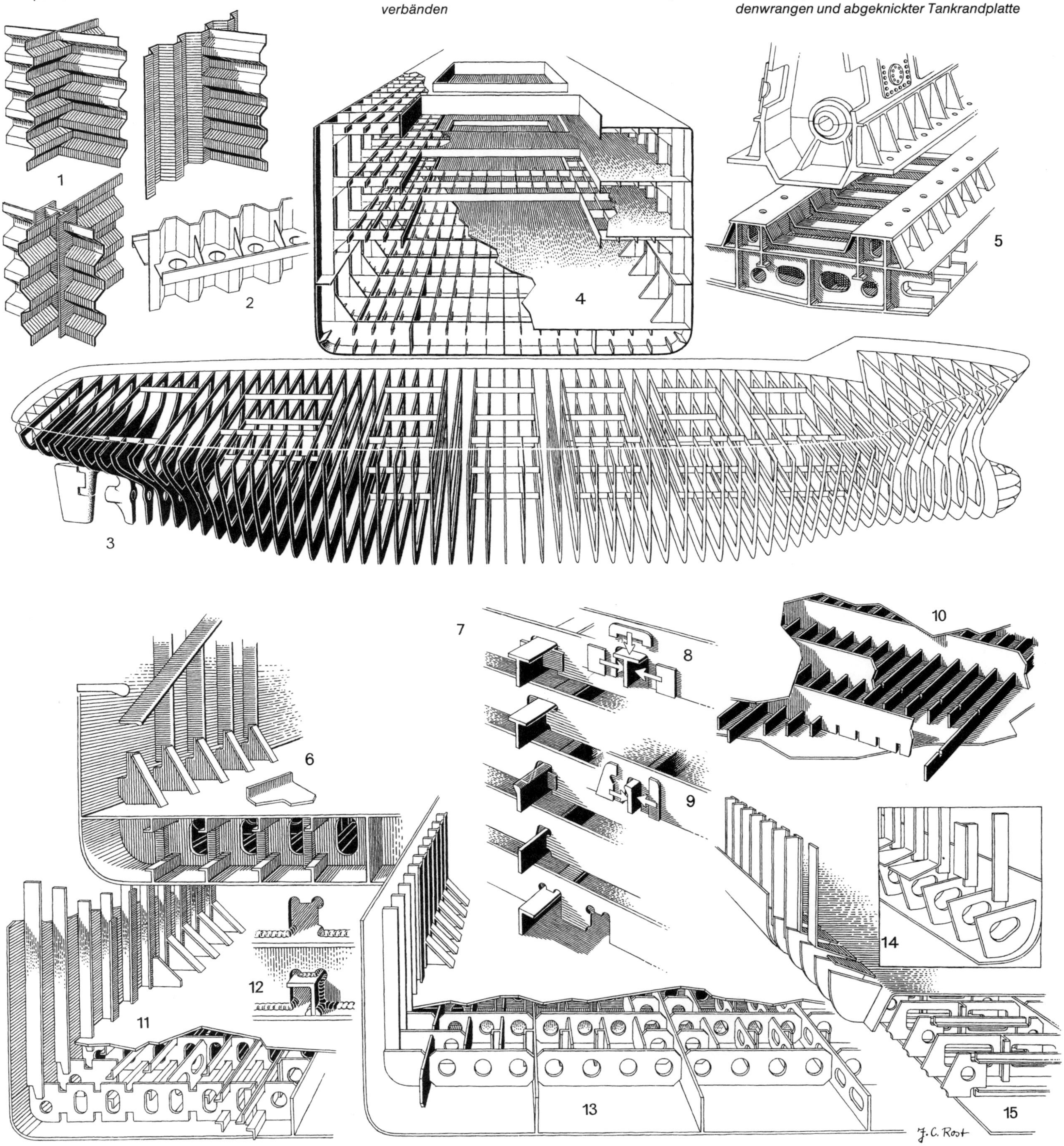

Aufklärer verwendet werden. Sie hatten einen geringen Tiefgang und auf beiden Bordseiten umlaufende Greiferketten, ähnlich einem Panzerfahrwerk, um mit diesem Kletterfahrwerk Balken- und Drahtsperren über Wasser zu überwinden und sodann im Hafen liegende Schiffe mit Torpedos anzugreifen. Das Boot »GRILLO« dieses Typs griff im April und im Mai 1918 gemeinsam mit anderen Motortorpedobooten des öfteren den zentalen Kriegshafen Pola an und zwang so die Österreicher zu umfangreichen Sicherungsmaßnahmen.

Spüler: siehe *Bagger* und *Schutenentleerer*

Spül- und Klappschute: siehe *Baggerschute* und *Bagger*

SS: Abkürzung für Dampfschiff, engl. Steamship.

»STADT ROSTOCK«, erster Rostocker Schaufelraddampfer, Baujahr 1834

»STADT ROSTOCK« ex *»ROSTOCK PACKET«:* erster Rostocker Schaufelraddampfer für die Fahrt auf der Warnow. Im Herbst 1833 zeichneten wohlhabende Rostocker Kaufleute Aktien im Wert von 9000 Taler in Gold, um dafür in England ein Dampfschiff für den Passagier- und Schleppdienst auf der Unterwarnow bauen zu lassen. Gleich nach dem Stapellauf des auf den Namen »ROSTOCK-PACKET« getauften Raddampfers begaben sich der aus Wismar stammende Kapitän P. C. Kehrhahn und seine Mannschaft nach Glasgow, um sich mit der Maschine vertraut zu machen. Anfang Mai 1834 war der Dampfer nach erfolgreicher Probefahrt auf dem Firth of Forth seeklar.
Die Abmessungen des aus Eichenholz gezimmerten, geklinkerten und kupferfest verbolzten Rumpfs betrugen nach Stockholmer Maß, bei dem 1 Fuß 0,297 m entsprach: 22 m (74 Fuß) in der Länge über Deck, 4,75 m (16 Fuß) in der Breite von Bord zu Bord, 2,97 m (10 Fuß) in der Tiefe des Raums vom Kielschwein bis zum Quarterdeck. Das 24 Lasten tragende und später mit 35 RT vermessene Schiff hatte einen Tiefgang von 2,15 m (7$\frac{1}{4}$ Fuß). Die einzylindrige Balanciermaschine und den Kessel beschrieb man als: »solide und gut gearbeitet, als einfach mit einem Kessel und 4 Feuerstätten und sie hatte 40 Pferdekraft« (29,4 kW).
An Bord gab es Kajüten I. und II. Klasse sowie Sitzplätze auf dem mit einem Sonnensegel überdachten Achterdeck. Nach einer beschwerlichen Fahrt über die Nordsee und entlang der norwegischen Küste, wobei man mehrmals Kohle nachbunkern mußte, kam das Schiff erst nach 5wöchiger Reise in Warnemünde an. Hier lieh sich der Kapitän Kehrhahn von der Großherzoglichen Yacht einige Geschütze und am 24. Juni 1834 passierte der Dampfer »unter fortwährendem Kanonieren um 10$\frac{3}{4}$ Uhr den Baum« und machte alsbald von Böllerschüssen empfangen an der Koßfelderbrücke in Rostock fest. Hier hatte sich eine große Menschenmenge versammelt, um das neue »Weltwunder« zu bestaunen, denn ein Dampfschiff hatten die wenigsten von ihnen bisher gesehen. Am 29. Juni 1834 begann das Dampfschiff seine regelmäßigen Fahrten zwischen Rostock und Warnemünde, die etwa 1$\frac{1}{2}$ Std. dauerten. Zusätzliche Fahrten führten nach Heiligendamm, Wismar und Kopenhagen, sowie nach Greifswald und Putbus.
Nach einer Werftreparatur in Lübeck kehrte das Schiff am 5. Oktober 1840 wieder nach Rostock zurück, wo man es auf den Namen »STADT ROSTOCK« umtaufte. Im Juni 1847 wurde der Einsatz als Passagierdampfer beendet, das Schiff blieb aber als Schlepp- und Bergungsschiff in Rostock und wurde erst 1885 nach 51 Dienstjahren abgewrackt.

Stahlkutter: ein *Kutter*, der im Unterschied zu den früheren hölzernen Kuttern aus Stahl gebaut ist, siehe auch *Fischkutter* und *Fischereischiff*.

Standardschiff: in großen Serienzahlen mit gleichen Hauptabmessungen und Ausrüstungen gebauter Einheits-Schiffstyp. Besondere Bedeutung erhielt der Bau von Standardschiffen während der beiden Weltkriege und durch die nachfolgenden Ersatzbauten. Im ersten Weltkrieg baute Britannien die Standard-Trockenfrachter A (8175 t DW), B (8075 t DW), C (5050 t DW), C (5400 t DW), D (2980 t DW), E (7020 t DW), F (10 795 t DW), F_1 (9000 t DW), G (10 800 t DW) H (3860 t DW) und N (10 000 t DW) sowie verschie-

Standard-Stückgutschiff, »Typ SD 14«

dene Tankertypen. Die USA beteiligten sich und bauten besonders auf der schnell errichteten Werft Hog Island u.a. bis 1919/20 insgesamt 2500 Schiffe. Im zweiten Weltkrieg wurden in noch größerer Stückzahl das einfache *Liberty-Schiff* in vollgeschweißter Sektionsbauweise (etwa 7200 BRT, 10800 t DW, Dampfmaschine mit 1850 kW, 11 kn) und der schnellere 15,5 kn Standardtyp »VICTORY« (7600 BRT, 4400 kW Dampfturbine, 15,5 kn) mit insgesamt 3300 Schiffen und 23,5 Mill. BRT gebaut. Unter den Standard-Tankschiffen entstand der Tanker T-2 mit 16400 t DW in großer Stückzahl. Im zweiten Weltkrieg versuchte auch Deutschland mit dem »Hansa-Bauprogramm« seine Frachtschiffskapazität zu vergrößern bzw. Verluste auszugleichen; siehe weiter dazu *»Liberty«-Schiffstyp*. In den ersten drei Nachkriegsjahrzehnten folgten verschiedene Standardschiffstypen als »Liberty-Ersatzschiffe« und »Victory-Ersatzschiffe« wie der japanische Typ »FREEDOM«, der US-Typ »MARINER«, der BRD-Typ »GERMAN LIBERTY« oder die britischen Typen »SD 14«, »SD 18« u.a. Mit der Weiterentwicklung der kommerziellen Schiffstypen führte die effektivere Anpassung an die Fahrtrelationen und Frachtaufkommen zu kleineren Seriengrößen gleicher Schiffe.

Sto/Ro-Schiff: spezielles »stowable« *Ro/Ro-Schiff* mit möglichst großen Stauflächen auf mehreren geschützten Ladungsdecks. Neben der Eignung für andere Arten von rollender Ladung wurde das Sto/Ro-Schiff zu Anfang der 1980er Jahre mit größeren lichten Deckshöhen von jeweils 6,3 m besonders für den Transport von Papierrollen und Holzprodukten oder von zwei Containerlagen direkt auf Trailern ausgelegt. Das geschützte Oberdeck mit etwa 4,5 m Deckshöhe ist vorwiegend für den Transport gefährlicher Güter in Containern vorgesehen.

Stoßboot: kurzes offenes und kompakt gebautes *Schubboot* von etwa 6 m Länge zum Bugsieren und Schieben antriebsloser Kähne, Schuten u.a. Wasserfahrzeuge auf kurzen Strecken. Die Bootslänge war gering, damit das Stoßboot mit einem Groß-Finow-Maß-Kahn ohne abzukoppeln in eine Finowschleuse einfahren konnte. Es hatte einen Dieselmotor-Antrieb von etwa 40 kW, mit dem es einen Groß-Finow-Maß-Kahn mit 250 t Ladung mit einer Geschwindigkeit von etwa 7 km/h schieben konnte.
Der Bug des Stoßboots schob den Kahn am Heck und konnte auch durch eine Vorrichtung oder ölhydraulische Kupplung mit ihm gekoppelt werden. Zur besseren Übersicht war es auch möglich, das Stoßboot vom Heck des Kahns fernzubedienen. In der DDR wurde 1954/55 eine Serie von 40 Stoßbooten von der seinerzeitigen Volkswerft »Ernst Thälmann« in Brandenburg und der Schiffsreparaturwerft Genthin gebaut. Später wurden weitere Boote von der Schiffs- und Reparaturwerft in Laubegast für die DDR-Binnenschiffahrt geliefert. Mit der Modernisierung der Binnenflotten durch Selbstfahrer, *Motorgüterschiffe* und *Schubschiffe* verschwand das Stoßboot mehr und mehr von den Wasserstraßen.

Strahlantrieb-Schiff: siehe *Wasserstrahlantrieb-Schiff*

Kleiner Kreuzer »STRALSUND«, Baujahr 1911

»STRALSUND«: deutscher Kleiner Kreuzer der letzten »Städteklasse«, deren äußeres Kennzeichen die 4 Schornsteine waren. Die »STRALSUND« lief am 4. November 1911 bei der AG Weser von Stapel und wurde am 10. Dezember 1912 in Dienst gestellt. Die Baukosten betrugen 7,741 Mill. Mark. Der Kleine Kreuzer hatte anfänglich eine Antriebsanlage als Dreischrauber mit 3 Satz Bergmann-Turbinen und 3 Propellern von 2,75 m Durchmesser und lief mit den 26140 kW (35515 PS) bei der Meilenfahrt 28,28 kn. 1916 wurden in der Kaiserlichen Werft Kiel wesentliche Umbauten vorgenommen, die mittlere Turbine mit Welle und Propeller ausgebaut und die bisher vorhandenen 12 × 10,5-cm-Geschütze durch 7 × 15-cm-Geschütze ersetzt. Außer den 15-cm-Geschützen waren danach noch 2 × 8,8-cm-Flakgeschütze, 2 Decks-Torpedorohre 50 cm Kaliber sowie 120 Minen an Bord. Der Kleine Kreuzer war 138,7 m über Alles und 136,0 m zwischen den Loten lang und 13,4 m breit. Er ging 5,13 m tief und hatte eine Seitenhöhe von 8,2 m. Zur Besatzung gehörten insgesamt 354 Mann.
Die »STRALSUND« war auch einer der ersten Kleinen Kreuzer, der im September 1916 ein Flugzeug an Bord nahm, das im Oktober östlich der Doggerbank erstmals eingesetzt wurde. Nach Kriegsende war das Schiff bis zum 5. November 1919 bei der Reichsmarine, dann wurde es 1920 in Cherbourg an Frankreich übergeben, unter dem Namen »MULHOUSE« in die französische Marine aufgenommen und 1935 in Brest abgewrackt.

Stromaufsichtsboot: Arbeitsboot des Strommeisters zur Beaufsichtigung der Verkehrs- und Sicherheitseinrichtungen von Binnenwasserstraßen.

Stückgut-Containerschiff: siehe *Semi-Containerschiff*

Stückgutfrachtschiff: *Frachtschiff* für den Transport von Stückgütern in Kisten, Fässern, Säcken, Ballen oder als unverpackte feste (nicht schüttfähige oder flüssige) Trockenladung. Bevor es das *Containerschiff*, das *Ro/Ro-Schiff* und das *Lo/Ro-Schiff* gab, war das Stückgutschiff der bedeutendste Trockenfrachtschiffstyp. Auch heute stellt das Stückgutschiff mit vertikaler Be- und Entladung *(Lo/Lo-Schiff)* anzahlmäßig noch den größten Teil der Welt-Trockenfrachtschiffstonnage, verliert wirtschaftlich jedoch wegen der relativ langen Be- und Entladezeiten immer mehr an Bedeutung. Typische Merkmale der verschiedenen Größengruppen von Stückgutschiffen sind die Bauweise als Mehrdeckschiffe wegen des relativ großen Stellflächenbedarfs und der Separierbarkeit der verschiedenen Stückgutladungen und die bordeigenen Umschlagausrüstungen.

Stufenboot: ein schon seit dem 19. Jh. bekannter Bootstyp, bei dem der Bootsboden stufenförmig gebaut ist, um bei höheren Geschwindigkeiten das Boot teilweise austauchen zu lassen und den Widerstand durch eine Verringerung der benetzten Bodenflächen zu senken; *Gleitboot*.

Sturmdeckschiff: veralteter Typ von Fahrgastschiffen und Frachtschiffen, bei dem oberhalb des Hauptdecks noch ein weiteres leichtes Aufbaudeck (Awningdeck) war, das wegen seiner leichten Bauweise aber nicht in den Festigkeitsverband des Schiffs einbezogen war. Dieses Deck schützte das Frachtgut oder die Fahrgäste vor Sturm, Regen und Sonnenbestrahlung. Etwa ab 1870 wurde diese Bauweise aufgegeben und das ehemalige Sturmdeck so dimensioniert, daß es zum obersten Festigkeitsverband wurde und der Freibord von diesem ab zählte. In der Schiffsvermessung wurde es als durchlaufender Aufbau berücksichtigt. Etwa ab 1910 war auch diese Bauweise veraltet; siehe *Schutzdecker* und *Freidecker*.

Supertanker: Bezeichnung für *Tanker*, die die

Modernes Stückgutfrachtschiff

bis zur Mitte des 20. Jh. übliche Größe von 16000 ··· 20000 t Tragfähigkeit bedeutend überschritten. Gegenüber den früheren Standardtankern konnten die Betriebskosten eines 50000-t-Tankers auf die Hälfte und die eines 100000-t-Tankers bis auf 38 % infolge der Kostendegression bei steigender Tankergröße gesenkt werden. Die rapide Größenentwicklung der Tanker wurde danach noch durch den israelisch-ägyptischen Suezkonflikt und die mehrjährige Schließung des Suez-Kanals beschleunigt, da die Vorteile bei großen Tankern bei den längeren Seestrecken aus dem arabischen Golf nach Nordeuropa um Südafrika besonders zum Tragen kamen. Siehe auch *Tanker* bzw. *VLCC-Very Large Crude Carrier* und *ULCC-Ultra Large Crude Carrier.*

»SURCOUF«: französischer Untersee-Kreuzer. Die Mittel für diesen U-Kreuzer wurden mit dem französischen Haushaltsplan von 1926 bewilligt. Der Bau wurde 1927 auf der Staatswerft in Cherbourg begonnen. Stapellauf war am 16. November 1929, und die Indienststellung war im Mai 1934. Er war nicht nur der einzige U-Kreuzer (Sousmarin de croisiere) der französischen Marine, sondern damals auch das größte U-Boot der Welt und der schwerste Artillerieträger als U-Boot nach dem Washington-Abkommen.
Die »SURCOUF« war 110 m lang, 9 m breit und hatte einen Tiefgang von 7,2 m. Sie war mit einer leichten Panzerung versehen. Das Deplacement über Wasser betrug 2880 t und bei Tauchfahrt 4300 t. Bis zum vollständigen Abtauchen wurden 2 Min. benötigt. Die Besatzungsstärke betrug 8 Offiziere und 110 Mannschaften. Für Aufklärungszwecke konnte ein Wasserflugzeug vom Typ Besson MB 411 im Hangar hinter dem Turm an Bord genommen werden. Zum Antrieb dienten 2 Sulzer-Dieselmotoren mit einer Gesamtleistung von 5594 kW (7600 PS), mit denen das Boot eine Überwassergeschwindigkeit von 18 kn erreichte. Bei 10 kn Geschwindigkeit konnte eine Fahrstrecke von 12000 Seemeilen zurückgelegt werden. Für die Unterwasserfahrt mit Akkumulatoren standen 2502 kW (3400 PS) zur Verfügung, die eine Geschwindigkeit von 10 kn ermöglichten. Die Geschützbewaffnung bestand aus 2×20,3-cm-Geschützen in Zwillingsanordnung vor dem Turm sowie aus 2×3,7-cm-Fliegerabwehrkanonen und 4 Maschinengewehren. Das Schiff hatte 8 Torpedorohre des Kalibers 55 cm und 2 Rohre Kaliber 40 cm, von denen 6 als Unterwasser-Bugrohre (Kaliber 55) und 1 Vierer-Rohrsatz von 2×55 cm und 2×40 cm an Deck waren.
Während der Besetzung Frankreichs konnte das U-Boot im Mai 1940 nach Großbritannien entkommen und im Hafen von Plymouth einlaufen. Die »SURCOUF« ist am 18. Februar 1942 nach einer Kollision mit dem US-Handelsschiff »THOMAS LYKES« im Golf von Mexiko gesunken.

Der französische Untersee-Kreuzer »SURCOUF«, Bau und Erprobung 1927/32

T

Tankdampfer: Bezeichnung für die ersten, durch Dampfmaschinen angetriebenen Schiffe für den Transport von Rohöl, Petroleum oder »Naphtha«, als lose, d. h. unverpackte Ware in Laderäumen oder fest eingebauten Tanks während der letzten drei Jahrzehnte des 19. Jh. und des ersten Jahrzehnts des 20. Jh., im Unterschied zum vorhergehenden Transport in Fässern (Barrels) mit Segeltankern bzw. »Petroleum-Klippern«. An die Oberfläche getretenes Erdöl war schon seit dem Altertum bekannt und wurde seitdem in geringen Mengen u. a. zu kultischen Zwecken, wie zur Erhaltung der »ewigen Feuer« in Amphoren oder Fässern aufbewahrt und transportiert. Erste größere Transporte nicht in Fässern, sondern direkt in Schiffen, sind vom Beginn des 18. Jh. aus China bekannt. Man verwendete eine um 17 m lange hölzerne Dschunke mit doppelter Außenbeplankung und unterteilte den Laderaum durch ein Längsschott und mehrere Querschotte. Ab Mitte des 18. Jh. gab es im Kaspischen Meer und auf der Wolga einige hölzerne Schuten, in denen loses Erdöl gefahren wurde. Bis über die Mitte des 19. Jh. waren jedoch die jährlichen Fördermengen noch gering, und der Transport wurde vorwiegend in Fässern oder losen hölzernen Tanks an Deck und in den Laderäumen von Schiffen vorgenommen. So betrug 1865 die russische Erdölförderung ganze 16500 t pro Jahr. In Amerika wurde als erster Drake 1859 im Tal von Titusville in Pennsylvania in 23 m Tiefe fündig. Seine Bohrung förderte täglich 4 t Erdöl. 1860 strömten aus den Bohrlöchern der USA jährlich 70000 t Erdöl.
Die danach jährlich ansteigenden Fördermengen erforderten effektivere Transportmöglichkeiten, es entstand der Tankdampfer. Zu den Pionieren dieses seinerzeit neuen Schiffstyps gehörten u. a. die Gebrüder Nobel. Für ihre »Naphtha-Gesellschaft«, die Erdöl aus dem holzarmen Bakuer Revier über die Wolga verschiffte, ließen sie als umwälzende Neuerung 1878 in Norrköpping den ersten eisernen Rohöl-Tankdampfer »*ZOROASTER*« bauen; siehe Einzelheiten dort.

Schwergutschiff mit zwei Schleppern von je 85 t und einem 340-t-Landungsboot an Deck

»DOCKEXPRESS 11« auf der Fahrt von Panama nach Australien, beladen mit einem Schwergutschiff, das an Deck Yachten und Ausrüstungen geladen hat

Das sowjetische Schwergut-Spezialschiff »JULIUS FUČIK«

Feuerlöschboot von der Yachtwerft Berlin

Bergungsschiff »GERAKA« in voller Fahrt

Der Eisbrecher »ERMAK« 2 bei langsamer Fahrt durchs Eis

Japanischer Bugsierschlepper mit Schottel-Antrieb

Bugsierschlepper im Einsatz

Schwimmdock mit 4500 t Tragfähigkeit in einer Reparaturwerft

Tankdampfer »MANNHEIM« der Deutsch-Amerikanischen Petroleumgesellschaft, Bremen, um 1900

Japanischer Tanker in Fahrt

In den nächsten 10 Jahren gab es schon 30 Tankdampfer im Kaspischen Meer und auf der Wolga. Darunter befand sich auch der 1882 in Finnland gebaute Tankdampfer »SPASITEL«, der als erster zur Verminderung der Explosionsgefahr und zur Erhöhung der Tragfähigkeit mit einem wasser- und öldichten Kofferdamm zwischen dem Maschinenraum und dem Öl-Laderaum gebaut wurde. Als ersten Tankdampfer für das Schwarze Meer baute 1885 die schwedische Lindholmen-Werft den Tankdampfer »SVJET«, wobei die fest eingebauten Tanks mit der Schiffsaußenhaut eine doppelhüllenähnliche Konstruktion bildeten, in der die Lade- und Löschleitungen verlegt waren. Die Ladung von 1700 t konnte mit den eigenen Ladepumpen in 5$\frac{1}{2}$ Std. gelöscht werden.
Für die Atlantikfahrt hielt man zu dieser Zeit die Tanksegler noch für weniger feuer- und explosionsgefährdet als die kohlebefeuerten Dampfer, unabhängig davon, ob das Öl in Fässern, Kanistern oder Tanks gefahren wurde. Bei Tanks aus Holz gab es Undichtigkeiten, und die genieteten eisernen Tanks waren an den Nieten und Nietnähten nur schwer dicht zu bekommen. Die Tanks brauchten wegen der temperaturabhängigen Ausdehnung des Öls Expansionsräume, durften also nicht randvoll gefüllt sein, so daß freie Oberflächen blieben, die zu Stabilitätseinbußen im Seegang führten und über denen sich explosive Öldämpfe bildeten. Die Zwischenräume zwischen den Tanks und zur Außenhaut mußten zugängig bleiben, weil dort ebenfalls gefährliche Leckagen und Öldämpfe entstehen konnten.
Außerdem war die seinerzeit fast ausschließliche Dampferbauweise mit den mittschiffs zwischen den Laderäumen liegenden Kesseln und Dampfmaschinen und einem Wellentunnel für die Wellenleitung zur Propellerwelle durch die hinteren Laderäume für Tankdampfer denkbar ungünstig.
Den entscheidenden Übergang vom seegehenden Tanksegler zum Tankdampfer für die Atlantikfahrt vollzog der deutsche Ölreeder Wilhelm A. Riedemann. Nachdem er noch 1885 einen Dreimast-Tanksegler »ANDROMEDA« mit 2700 t DW mit eingebauten Tanks in Fahrt genommen hatte, ließ er 1885/86 den ersten transatlantischen Tankdampfer »*GLÜCKAUF*« von 3000 t DW in Newcastle bauen, bei dem der Ladebereich des Schiffskörpers erstmalig direkt mit Zellenunterteilungen als Tank diente und der Maschinen- und Kesselraum hinten und nicht zwischen den Laderäumen angeordnet wurde. Zur gleichen Zeit ließ Ludwig Nobel auf der schwedischen Lindholmen-Werft einen ähnlichen Tankdampfer »PETROLEA« bauen, der nur wenige Tage später von Stapel lief. Beide Schiffe wurden hinsichtlich des Prinzips der Tank- und Maschinenanordnung zu Prototypen der schnell danach gebauten Tankdampfer und auch der späteren Tanker mit Dampfturbinen- und Dieselmotorenantrieb; Einzelheiten siehe bei »*GLÜCKAUF*«.
Mitte des Jahres 1887 verkehrten zwischen den USA und Europa bereits 17 Tankdampfer und 1891 gab es schon 80 Übersee-Tankdampfer. Mit der »BAKU STANDARD« überquerte 1894 ein erster ölgefeuerter Tankdampfer den Atlantik. Um 1900 hatte die Welt-Tankdampferflotte mit etwa 180 Schiffen und 0,4 Mill. BRT einen Anteil an der Welthandelsflotte von 1,5 %. Der größte Tankdampfer verfügte über eine Tragfähigkeit von 6000 t DW. Die Weltförderung an Erdöl war ständig gestiegen und erreichte 1902 in den USA 10 Mill. t und in Baku sogar 11 Mill. t jährlich.
Nachdem 1905 mit der »EMANUEL NOBEL« (4665 BRT) der erste Motortanker auf die Reise ging und es praktisch kaum noch Tanksegler gab, wurde der Begriff »Tankdampfer« ungebräuchlich und die Bezeichnung Tankschiff bzw. *Tanker* allgemein üblich.

Tanker, *Tankschiff:* aus dem *Tankdampfer* hervorgegangene Transportschiffsgruppe von Eindeckschiffen mit Zellen- und Tankunterteilungen und hinten liegenden Aufbauten und Maschinenanlagen für flüssige Massengutarten wie Roherdöl, als sog. »schwarze« Ladung, Erdöl-Raffinerieprodukte als sog. »weiße« Ladung, Chemikalien wie Latex, Leime, Säuren, Laugen, Bitumen und Asphalt u. a., siehe *Chemikalientanker*. »Verflüssigte Gase« siehe *Gastanker* wie LNG-Liquefied Natural Gas oder LPG-Liquefied Petrol Gas, siehe *Gastanker*, *LNG-Tanker* und *LPG-Tanker*, Ammoniak sowie für den kombinierten Transport von Schütt- und Flüssiggütern; siehe *Bulker*, *Erz-Öl-Massengutschiff* und *OBO-Frachter*.
Weiter gibt es Spezialschiffe für Pflanzen- bzw. Speiseöle (Leinöl, Fischöl, Sonnenblumenöl, Tangöl und Rizinusöl), Flüssigrohzucker und Melasse *(Melassetanker)*, für Frischwasser, für den Wein- oder Fruchtsafttransport u. a.
Nach dem Einsatzgebiet gibt es Binnentanker und *Tankleichter* für die Binnen- und Sportschifffahrt, hafengebundene Versorgungstanker zur Bebunkerung von Überseeschiffen, Zubringertanker für Kurzstrecken und Hochseetanker für den weltweiten Einsatz.
Der Hochseetanker für den Transport von Erdöl und Erdölprodukten entwickelte sich im 20. Jh. zum größten Schiffstyp der Welt und zur Schiffsgruppe mit dem höchsten Tragfähigkeitsanteil an der Welttransportflotte.
1914 hatten Tanker mit 1,6 Mill. t DW einen Anteil von etwa 3 % an der Welthandelsflotte. Auf der Kieler Howaldt-Werft wurden mit der »JUPITER« (17280 t DW) und »SAN MELITO« (17840 t DW) die seinerzeit größten Tanker der Welt gebaut. 1928 wurde beim Bremer Vulkan für die International Petroleum Company Ltd. Toronto, der Tanker »C. O. STILLMANN« mit 23078 t DW gebaut, der bis 1940 der größte Tanker der Welt blieb.
1935 baute Swan Hunter in Großbritannien mit der 2240 t DW großen »MOIRA« den ersten vollgeschweißten Tanker der Welt. Die Tankerflotte vergrößerte sich kontinuierlich und erreichte 1939 mit 1700 Einheiten und 17 Mill. t DW einen

vorläufigen Höchststand. Zwischenzeitlich hatten sich 2 Transportarten herausgebildet, die sog. »schwarze« bzw. »weiße« Fracht. Als schwarze Fracht transportierte man Rohöl von den Verladeplätzen am Persischen Golf im Mittelmeer oder im Schwarzen Meer oder aus der Karibik zu den Raffinerien in aller Welt. Als weiße Fracht fuhr man bereits veredelte Produkte wie Dieselöl, Benzin und Kerosin.
Die im zweiten Weltkrieg in den USA gebauten 525 Schiffe der Standardtankerserie T 2-Tanker von etwa 16900 t DW beeinflußten in den ersten Nachkriegsjahren den Tankerbau maßgeblich. Nach 1945 stieg der Rohölbedarf sehr schnell an. Es stieg nicht nur die Zahl der benötigten Tanker, sondern auch ihre Größe nahm enorm zu. 1949 war noch der amerikanische Tanker »TEXAS« mit 28081 t DW der größte Tanker der Welt, doch schon 1953 erhielten die »TINA ONASSIS« mit 45720 t DW und die »AL-MALIK SAUD AL-AWAL« mit 46500 t DW etwa die doppelte Tragfähigkeit.
1965 bestand die Welt-Tankerflotte bereits aus 3000 Schiffen mit insgesamt 83,2 Mill. t DW. Die Welterdölförderung hatte sich von 523,3 Mill. t im Jahr 1950 auf 2,1 Milliarden t im Jahr 1969 mehr als verdreifacht. Etwa die Hälfte dieser riesigen Menge wurde auf dem Seeweg transportiert. Schon 1966 wurden die »Supertanker« der 1950er Jahre in der Übersee-Rohölfahrt vom *VLCC* (Very Large Crude Carrier) mit Tragfähigkeiten bis zu 300000 t abgelöst.
Durch den israelisch-ägyptischen Krieg und die Schließung des Suez-Kanals 1967 mußten die Tanker um die Südspitze Afrikas fahren. Das führte zu noch mehr und noch größeren Tankern. Sie wurden die größten beweglichen technischen Objekte unserer Erde. 1971 transportierte die zu dieser Zeit aus 6300 Tankern mit 96,1 Mill. BRT und 170 Mill. t DW bestehende Welt-Tankerflotte im Jahr etwa 1 Mrd. t Erdöl- und Erdölprodukte.
1972 gab es bereits 8 Tanker von mehr als 300000 t DW, *ULCC* (Ultra Large Crude Carrier) genannt. 1973 wurden die ersten 400000-t-DW-Tanker gebaut, und 1976 wurde schließlich auch die 500000-t-DW-Grenze überschritten; siehe *»BATTILUS«*. Die Größenentwicklung wurde durch den überproportionalen Anstieg der Ölpreise und Umorientierungen in der Energiekonzeption 1973 gestoppt, aber der Schritt zum 1-Mill.-t-DW-Tanker war nicht mehr weit. Die auf den Reißbrettern befindlichen Projekte hätten zu Tankern von 550 m Länge, 100 m Breite und einen Tiefgang von 40 m geführt. Seit 1980 hat die Welt-Tankerflotte etwa 7500 Schiffe mit insgesamt 175 Mill. BRT und 330 Mill. t DW etwa 50 % der Tragfähigkeit der Welthandelsflotte mit einem rückläufigen Anteil der Tanker über 200000 t DW.
Der größte Tanker und zugleich das größte Schiff der Welt, das aber als schwimmendes Tanklager genutzt wird, ist die »SEAWISE GIANT« mit 564736 t DW. Der Tanker ist 458,40 m lang; 68,80 m breit und hat bei einer Seitenhöhe von 29,8 m einen Tiefgang von 24,5 m. Der größte Schiffsverlust in der Geschichte der Seeschifffahrt war ebenfalls ein Tanker. Im November 1973 sank im Atlantik nach einer Tankexplosion die 216000 t DW große »GOLAR PATRICIA«.
Moderne Tanker müssen in ihrer Bauweise, Ausrüstung und Betriebsweise besonderen Anforderungen hinsichtlich Sicherheit von Schiff, Ladung und Umwelt genügen. Sie werden daher mit Doppelböden, Doppelhüllen, einer ausreichenden Zahl von Längs- und Querschotten zur Begrenzung der einzelnen Tankgrößen, Ballasttanks, Schutzgasanlagen für Inertgas zur Verhinderung von Gasexplosionen und Bränden und besonderen explosionsgeschützten Ausrüstungen und Ladepumpen großer Leistung gebaut.
In der Höhe sind die Ladetanks i. allg. nicht unterteilt, so daß die Tanker zu den Eindeckschiffen gehören. Mit Beladungsrechnern wird jeweils die für Festigkeit, Stabilität, Trimm, Seegang, Widerstand und Propulsion günstigste Be- und Entladung errechnet. Erdöl- und Produktentanker besitzen Tankheizungen, um die Pumpfähigkeit des Öls bei niedrigen Temperaturen zu gewährleisten. Bei gleichmäßiger Ladungsverteilung und wegen der relativ kleinen Tankluken haben Tanker im Verhältnis zum Tiefgang nur einen kleinen Freibord. Um im Seegang von den achtern liegenden Aufbauten zum Vorschiff gelangen zu können, sind über dem Deck die für diese Schiffe typischen Laufbrücken. Wegen der pumpfähigen Ladung haben Tanker kein Ladegeschirr.
Bis auf Ausnahmen erfolgt der Antrieb moderner Tanker im Geschwindigkeitsbereich unter 14 kn durch hinten angeordnete Dieselmotorenanlagen, einige größere Tanker fahren noch mit Dampfturbinen, wobei die Ladepumpen und die Tankheizung entweder mit Dampf oder Elektroenergie betrieben werden.

Tanker-Eisbrecher: siehe *»MANHATTAN«*

Tankleichter: *Leichter* mit oder ohne Eigenantrieb zur Übernahme eines Teils der Ladung von größeren *Tankern* zur Verminderung ihres Tiefgangs oder Bebunkerung von Schiffen im Hafen und auf Reede.

Tankreinigungsschiff: Arbeitsschiff, Schute oder Prahm in Häfen und Werften zur Reinigung von Öltanks auf Schiffen vor Ladungswechsel und zur Gasfreimachung der Tanks vor Reparaturarbeiten. Tankreinigungsschiffe sind u. a. auch ausklassifizierte Fahrzeuge ohne eigene Antriebsanlage, die nur für den Werft-, Hafen- und Reviereinsatz zugelassen sind. Sie besitzen Einrichtungen zum Spülen und Auswaschen von Öltanks mit chemisch aufbereitetem, heißem Wasser. Das bei der Tankreinigung anfallende Öl-Wasser-Gemisch wird an Bord entölt (separiert) und an Land gegeben. Reparaturen an Tanks, insbesondere Brenn- und Schweißarbeiten, erfordern vorher ihre Entgasung. Das geschieht mit Dampf, so daß das Tankreinigungsschiff auch eine Kesselanlage benötigt. Die Kessel können mit den bei der Tankreinigung anfallenden Ölrückständen beheizt werden.
Neuere Tankreinigungsschiffe übernehmen in den Häfen auch festen Müll zur Verbrennung. Zusätzlich sind sie auch mit Einrichtungen zum Absaugen von auf der Oberfläche des Wassers schwimmenden Ölresten ausgerüstet. Größere Tanker haben eigene, an Bord installierte Tankwaschmaschinen und sog. »Sloptanks« zur Aufnahme des Waschwassers.

Tauchboot: Bezeichnung für die ersten Entwicklungsstufen des U-Boots und für die neuzeitlichen Unterwasser-Forschungs- und Arbeitsfahrzeuge; siehe dazu auch *Bathyplane*.

Taucherprahm, *Taucherboot:* ein prahmartiges Fahrzeug (siehe *Prahm*) mit flachem Deck oder Boden, das mit Taucherausrüstungen wie Tauchanzügen, Luftpumpen, Schläuchen u. a. sowie für Tieftaucharbeiten mit Dekompressionskammer ausgerüstet ist.

Taucherschacht-Schiff: Arbeitsschiff für zeitaufwendige Arbeiten in begrenzten Wassertiefen auf dem Meeresboden, wobei aus dem Schiff ein Taucherschacht abgesenkt wird oder durch einen schiffsfesten Schacht eine bewegliche Taucherglocke geführt wird. Bis zu Wassertiefen von etwa 30 m werden derart ausgerüstete Schiffe hauptsächlich im Hafenbau und in der Offshore-Technik für Unterwasser-Fundamentierungen eingesetzt.

Tauchgleiter, *Tauchschlitten:* geschlepptes oder mit Eigenantrieb versehenes Taucher-Transportgerät für Bodenuntersuchungen in Wassertiefen, für die noch keine druckfesten Tauchboote erforderlich sind. Der Tauchgleiter ist ein sog. »Naßfahrzeug«, bei dem der Taucher vor einem strömungsumlenkenden Halbrundschild sitzt oder hinter einem Schutzschild auf dem Gerät liegt. Mit einem Höhenruder kann die Tauchtiefe und mit einem Seitenruder teilweise auch die Fahrtrichtung verändert werden. Derartige Naßtauchgleiter wurden erst möglich, nachdem die deutschen Ingenieure Bernhard und H. Dräger 1912 den schlauchlosen Tauchapparat erfunden hatten. Üblicherweise kann der Tauchgleiter etwa mit 4 km/h in 30 m Tiefe fahren oder geschleppt werden. Bei normaler Wassertrübung geben Scheinwerfer dabei eine Sicht von 5···6 m.

»TEGETTHOFF« (I): K. u. K. österreich-ungarische Panzerfregatte. Das 7431 ts große Kasemattschiff wurde am 1. April 1876 auf der Werft »Stabilimento tecnico« in Triest auf Kiel gelegt, lief am 15. Oktober 1878 von Stapel und war im Oktober 1881 fertiggestellt. Es war über Alles 92,42 m und zwischen den Loten 89,39 m lang, 21,78 m breit und hatte 7,5 m Tiefgang. Die Maschinenanlage bestand aus einer liegenden Zweizylinder-Dampfmaschine mit einer Leistung von 4935 kW (6706 PSi), die einen zweiflügligen Griffith-Propeller von 7,16 m Durchmesser antrieb und dem Schiff eine Geschwindigkeit von maximal 14 kn gab. Den Dampf erzeugten 4 Kessel mit 0,34 MPa (2,4 atü) bei einer Heizfläche von 2372 m^2. Die Abgase wurden durch 2 Schornsteine abgeführt. Die unter Panzerschutz aufgestellte Artillerie konnte voll in Vorausrichtung feuern. Die Bestreichungswinkel der Geschütze überdeckten sich, während zu dieser Zeit andere Entwürfe noch große »tote Winkel« aufwiesen. Die Munition war direkt unter den Geschützen gelagert, so daß sich kurze Transportwege ergaben.
1891/92 wurde das Schiff umgebaut. Es wurden die Maste entfernt und durch Gefechtsmaste ersetzt. Bei der alten liegenden Dampfmaschine

1 Achter-Mittelsteven eines Dreischraubers wie »CAP POLONIO«
2 Stahlguß-Achtersteven für Einschrauber mit Halbschweberuder
3 Stahlguß-Achtersteven für Einschrauber mit Balanceruder
4 Leitkopf zum Contra-Ruder eines Einschraubenschiffs
5 Mittschiffs miteinander verschraubte Wellenböcke aus Guß für ein Vierschraubenschiff ähnlich der »MAURETANIA« von 1906
6 Maschinenfundament und Durchführung der Schraubenwellen bei einem Zweischraubenschiff
7 Bugwulst in Plattenbauweise
8 Wellenbock wie bei »CAP POLONIO«
9 Geschweißter Platten-Vorsteven
10 Genietete Vorpiek mit Stevenschuh
11 Stahlguß-Vorstevenschuh für Nietverbindung

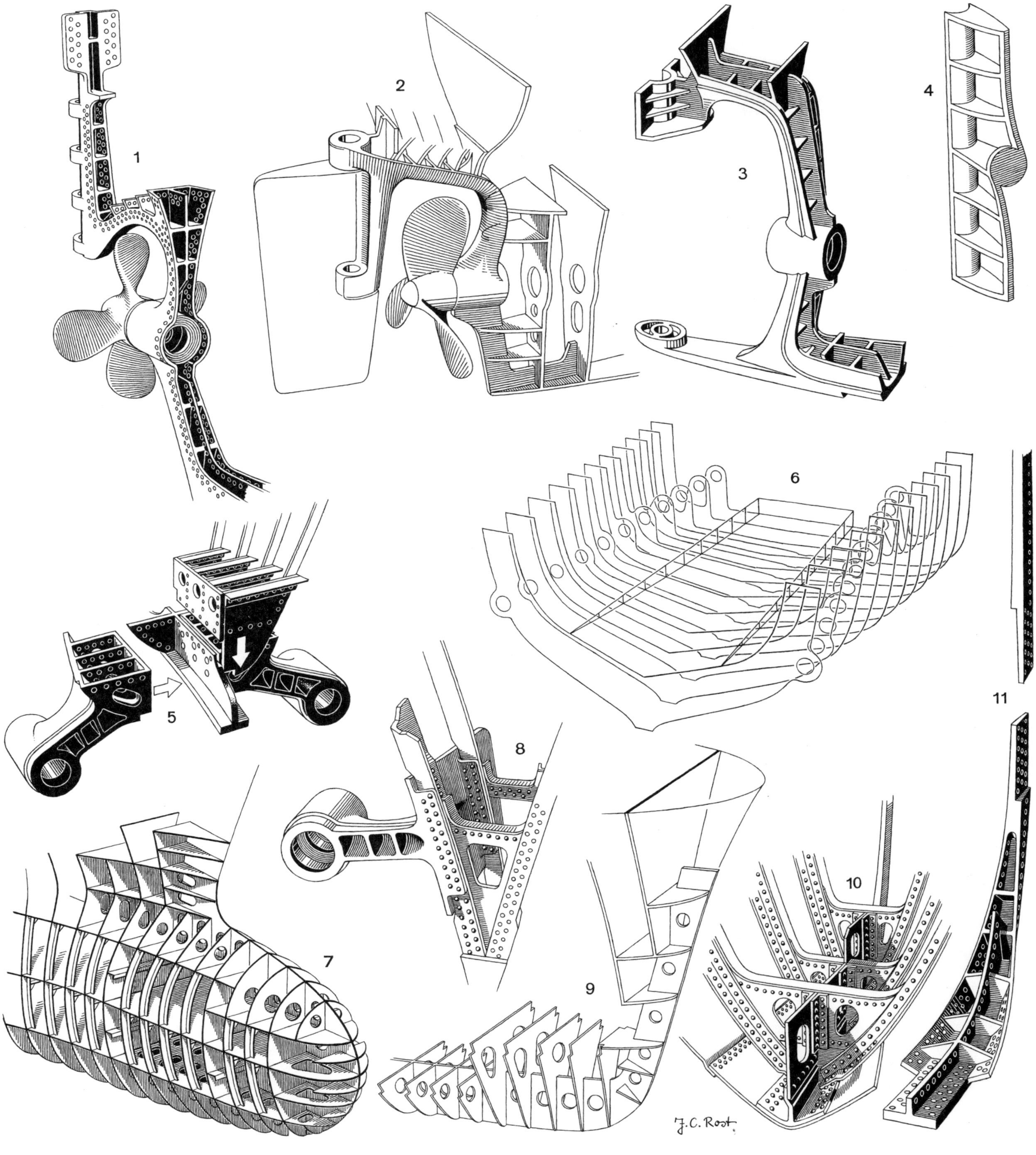

1 Normalruder
2 Balanceruder
3 Balanceruder
4 Halbbalance-Halbschweberuder
5 Balance-Schweberuder
6 Halbbalance-Halbschweberuder
7 Oertz-Ruder
8 Seebeck-Ruder
9 Seebeck-Oertz-Ruder
10 Flettner-Ruder des Einschraubenschiffs »SORRENTO«
11 Becker-Flossenruder
12 Becker-Flossenruder in Backbordstellung
13 Variante für Flossensteuerung
14 Becker-Flossenruder mit ansteuerbarer Flosse
15 Drehbare Kort-Düse mit Becker-Flosse in Backbordlage
16 Aktivruder
17 Jenkel-Dreiflächenruder hinter fester Kort-Düse bei verschiedenen Ruderlagen
18 Ruderdüse
19 Ruderdüse mit fester Flosse
20 Schottel-Ruderpropeller

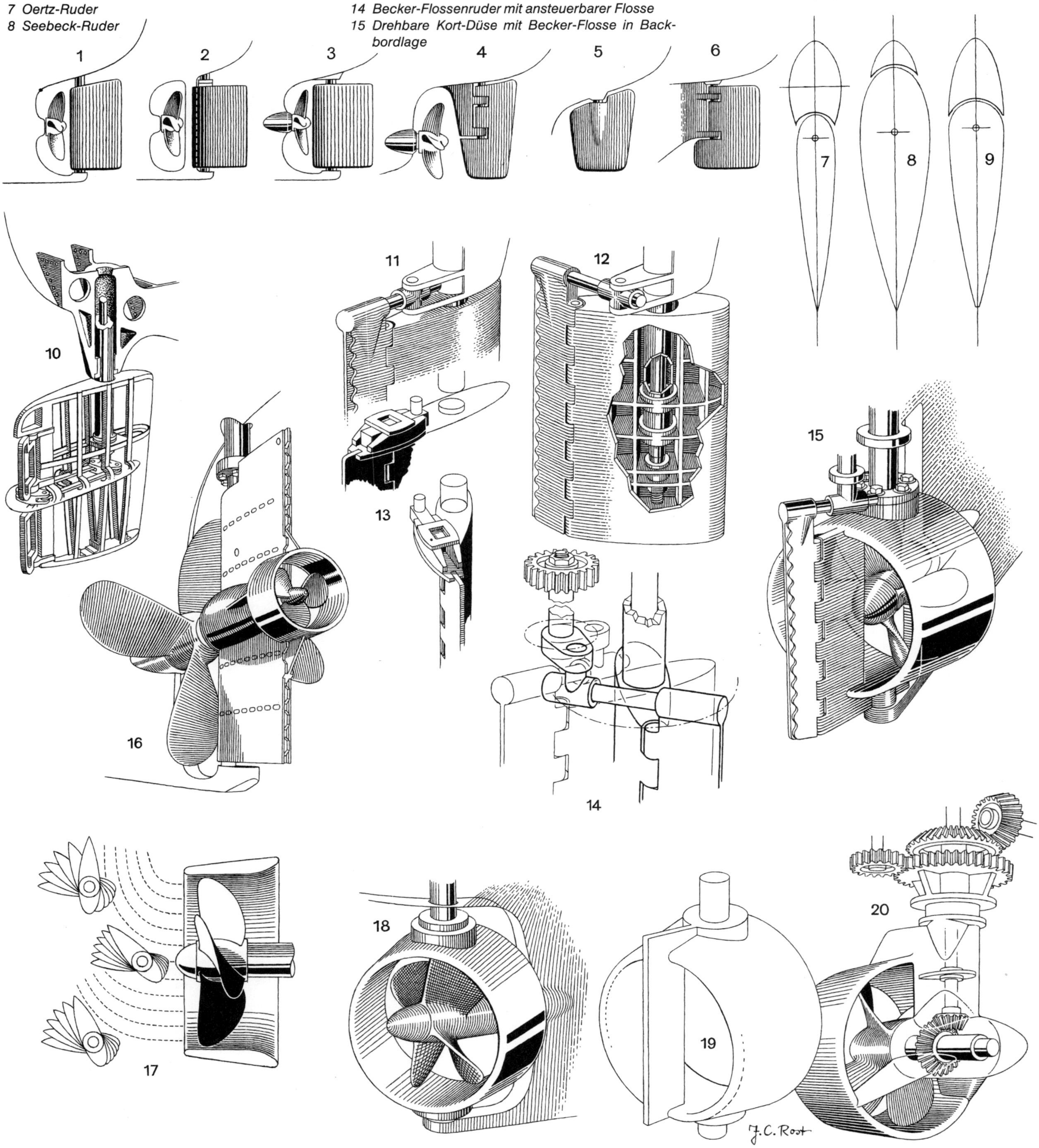

1 *Dampfgetriebene Ruderanlage. Ruderpinne und Ruderquadrant sind durch Federn verbunden, die den Wellenschlag vom Ruderblatt aufnehmen*
2 *Schweberuder (Balance-Ruder)*
3 *Handsteuerung mit Ruderquadranten und Schnecke*
4 *Mechanische Schraubenspindel-Steuervorrichtung Ende 19. Jh.*
5 *Halbbalance-Halbschweberuder. Verbindung der Steuerbordplatten durch Lochschweißung*

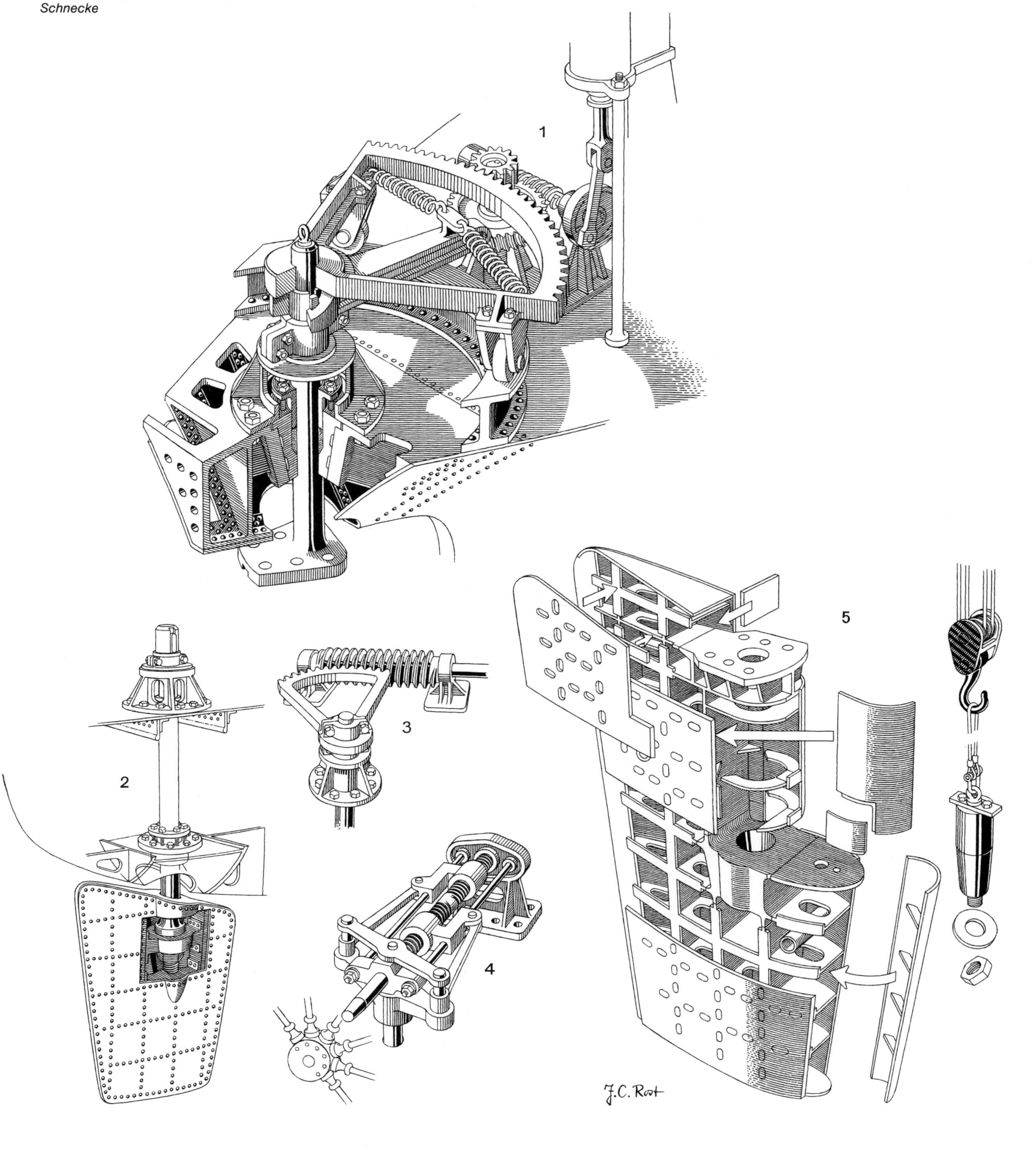

hatte der Niederdruckkolben einen Durchmesser von 3175 mm. Durch die große Masse des Kolbens wurde der liegende Zylinder ständig einseitig abgenutzt und mußte daher mehrmals gewechselt werden. Das Schiff erhielt deshalb von der Firma Schichau in Elbing 2 Doppel-Verbundmaschinen von insgesamt 6624 kW (9000 PS) Leistung, mit denen eine Geschwindigkeit von 15,3 kn erreicht wurde. Durch den Umbau wurde das Schiff gleichzeitig zu einem Zweischrauber. Die Bewaffnung bestand anfangs aus 6 × 28-cm- und 6 × 9,0-cm-Geschützen und ab 1893 aus 6 × 24-cm-, 5 × 15-cm- 2 × 7-cm- und 15 × 4,7-cm-Geschützen sowie 2 Revolverkanonen und 2 Torpedorohren des Kalibers 35 cm in Bug- und Heckaufstellung. Die »TEGETTHOFF« wurde erst 1920 abgewrackt.

»TEGETTHOFF« (II): *Schlachtschiff* der österreich-ungarischen K. u. K. Marine. Die österreich-ungarische Doppelmonarchie sah sich durch die Stärke der italienischen Marine veranlaßt, ebenfalls über Großkampfschiffe zu verfügen. Ein maßgeblicher Verfechter dieser Idee war Admiral Graf Montecuccoli, ab 1904 Chef der österreichischen Marinesektion. Das Schlachtschiff »TEGETTHOFF« wurde am 24. September 1910 auf der Werft »Stabilimento Tecnico Triestino« auf Kiel gelegt und lief am 21. März 1912 von Stapel. Die Indienststellung war am 14. Juli 1913. Die Bauzeit betrug somit fast 34 Monate. Das 21370 t große Schiff war über Alles 160,0 m und zwischen den Loten 151,4 m lang; 27,3 m breit und hatte einen Maximaltiefgang von 8,6 m. Zur Besatzung gehörten 988 bis 1046 Mann. Die Panzerstärken waren im Seitenpanzer bis 28 cm, in der Zitadelle 20 cm, Deckspanzer 4,8 cm, Barbetten 28 cm, Türme bis 30,5 cm, Kasematten Mittelartillerie 15 cm und Kommandoturm 25 ··· 35 cm.
Das Schiff gehörte seinerzeit besonders durch seine Drillingsaufstellung der schweren Artillerie zu den modernsten Schlachtschiffen. Die Bewaffnung bestand aus 12 × 30,5-cm-Geschützen in 4 Türmen mit überhöhter Aufstellung, 12 × 15-cm-Geschützen sowie 18 × 7-cm-TAG/BAG-Geschützen (Torpedoabwehr- und Ballonabwehrgeschütze) auf den Türmen und an Deck. Die Geschützanzahl wurde bis 1918 mehrfach verändert. Später blieben nur noch 2 Geschütze auf den beiden oberen Türmen. Ferner waren 4 unter Wasser angeordnete Torpedo-Ausstoßrohre des Kalibers 53,3 cm vorhanden, davon zwei seitlich und je eins am Bug- bzw. Heck.
Die Antriebsanlage bestand aus 4 Parsons-Turbinen mit einer Leistung von 18400 kW (25000 WPS). Mit 4 Schrauben von je 2,75 m Durchmesser erreichte das Schiff eine Maximalgeschwindigkeit von 20,5 kn. Den Dampf erzeugten 12 kohlegefeuerte Yarrow-Kessel, der maximale Kohlevorrat betrug 1871 t.
Am 24. Mai 1915 beschoß das Schlachtschiff den italienischen Hafen Ancona an der Adriaküste. Danach lag es bis 1918 im Hafen von Pola an der Ankerboje und hat den Hafen nur noch zu Probefahrten und zum Übungsschießen verlassen. Nach Kriegsende wurde das Schiff Italien zugesprochen und am 25. März 1919 übergeben. Bis 1923 lag es ohne Verwendung in Venedig und kam nie unter italienischer Flagge in Fahrt. Das veraltete Schlachtschiff wurde 1924/25 in La Spezia abgewrackt.

Die von F. Schichau für die Panzerfregatte »TEGETTHOFF« 1893 gebauten Doppel-Verbundmaschinen

Österreich-ungarisches Schlachtschiff »TEGETTHOFF« (II), 1913

Teil-Containerschiff: *Mehrzweck-Frachtschiff* für den Stückgut- und Containertransport ohne feste Container-Staugerüste in den Laderäumen; siehe *Semi-Containerschiff*.

Tender: Hilfsfahrzeug der Marine, das keine oder nur leichte Bordwaffen führt und verschiedenartige Aufgaben als Versorgungsfahrzeug wahrnimmt, wie Flottentender, Minentender, Zielscheibentender u. a.

TES: Abkürzung für *Turbo-Elektro-Schiff*.

»THÄLMANN-PIONIER«: Frachtschiff, letzter Neubau mit Kolbendampfmaschinen des DDR-Schiffbaus. Das Schiff wurde als Baunummer 216 vom VEB Schiffswerft »Neptun« in Rostock gebaut und am 15. März 1957 dem seinerzeitigen VEB Deutsche Seereederei übergeben. Es war für den Transport von Stückgut, Holz und Schüttgütern (einschließlich Getreide außer Erz) ausgerüstet.
Zusammen mit einem Schwesterschiff für die VR Bulgarien war es als Weiterentwicklung der »Kolomna«-Serie der letzte dampfmaschinenangetriebene DDR-Schiffsneubau. Anstelle kohlegefeuerter Kessel hatte es 2 ölgefeuerte Wasserrohrkessel.
Das 2620 BRT (1140 NRT) große Schiff war über Alles 105,70 m und zwischen den Loten 95,72 m lang, auf den Spanten 14,40 m breit und besaß eine Seitenhöhe bis zum Hauptdeck von 9,00 m. Bei einer Tragfähigkeit von 3947 t ergab sich ein Tiefgang von 6,33 m. Die Besatzung bestand aus 43 Mann, zusätzlich 2 Fahrgäste und 12 Ausbildungsplätze. Das Schiff hatte 4 Laderäume mit einem Volumen von 5938 m^3 für Schüttgut und 5655 m^3 für Stückgut. Die Umschlagausrüstung bestand aus sechs 5/2-t-und 2/3-t-Ladebäumen. Als Hauptantriebsmaschine diente eine Verbund-Dampfmaschine vom Typ LES 10 (Lenz-Einheits-Schiffsmaschine) mit Abdampfturbine. Die Gesamtleistung betrug 2024 kW. Im belade-

nen Zustand erreichte das Schiff eine Geschwindigkeit von 12 kn. Die Aktionsweite lag bei 5000 Seemeilen.
Im Jahr 1958 wurde die vorwiegend im Mittelmeer eingesetzte »THÄLMANN-PIONIER« umgebaut, und 1970 ging das Schiff in den Besitz der Reederei Symmachia Shipping Cia. Navigation in Piräus über und erhielt den Namen »SYMMACHIA«.

Thunfischfänger: kleines bis mittelgroßes *Fischereischiff* für den Thunfischfang mit Langleinen oder/und Ringwaden.

Tiefsee-Forschungsschiff: siehe *Bathyplane* und *Forschungsschiff*

Tiefsee-Rettungsgerät: druckfestes Tauchfahrzeug für U-Boot-Havarien. Derartige Rettungsgeräte haben i. allg. Eigenantrieb, kugelförmige Druckkörper und können bis zu 1500 m Tiefe tauchen. Das Tiefsee-Rettungsgerät der US-Marine »DSRV-1« hat beispielsweise 3 miteinander verbundene Druckkugeln mit einer zylindrischen Verkleidung. Die mittlere Kugel kann mit einem unteren Anschlußstutzen auf die Ausstiegsluke des gesunkenen U-Boots aufsetzen, wasserdicht verbunden werden und 24 Personen aufnehmen, siehe auch *Bathyplane.*

»TITANIC«: britischer Passagierdampfer, besonders bekannt durch seinen tragischen Untergang. Den Auftrag zum Bau der »TITANIC« erteilte der Präsident der White Star Line Sir Bruce Ismay der Werft von Harland & Wolff in Belfast, deren Direktor Thomas Andrews persönlich die Leitung der Konstruktionsarbeiten übernahm. Das 46329 BRT große Schiff hatte eine Wasserverdrängung von 66000 t. Es war über Alles 267 m und zwischen den Loten 259,50 m lang und 28 m breit. Mit seinen 9 Decks und vor allem mit den 15 wasserdichten Schotten galt das Schiff als »unsinkbar«. Bei einer Besatzung von 891 Mann konnten 2440 Passagiere oder ggf. mindestens 3300 Soldaten befördert werden.
Kolbendampfmaschinen und eine Abdampfturbine leisteten zusammen 37536 kW (51000 PS) und gaben dem Dreischraubenschiff eine Geschwindigkeit von maximal 22,3 kn. Für den Stapellauf, der am 31. Mai 1911 stattfand, waren für die Ablaufbahn 23 t Schmiermittel erforderlich. Knapp ein Jahr später, am 2. April 1912, ging das Schiff auf Probefahrt.
Kapitän Edward Smith, den die Reederei stets bei Jungfernfahrten einsetzte, übernahm das Kommando und ging mit 1316 Passagieren an Bord am 11. April 1912 auf die Jungfernfahrt, die auch gleichzeitig auf tragische Weise die letzte Fahrt werden sollte. Am 14. April 1912 gegen 23.40 Uhr kollidierte das Schiff im Atlantik auf Position 41° 54′ nördlicher Breite und 50° 24′ westlicher Länge mit einem Eisberg und wurde auf der Steuerbord-Seite fast 100 m lang aufgerissen. Am 15. April gegen 02.20 Uhr sank das Schiff. Von den insgesamt 2206 an Bord befindlichen Passagieren und Besatzungsangehörigen fanden 1503 den Tod, darunter 103 Frauen und 52 Kinder. Der Notruf des Schiffs wurde von den am nächsten befindlichen Schiffen nicht gehört, da deren Funkstellen nicht besetzt waren. Andere

Die »TITANIC« in künstlerischer Darstellung

Schiffe waren zu weit entfernt, um sofort helfen zu können. Nur der Cunard-Dampfer »CARPATHIA« übernahm Stunden später 675 Schiffbrüchige aus den Booten und brachte sie nach New York.
Durch diese Katastrophe wurde 1913 die »TITANIC«-Konferenz ausgelöst, die in der Folgezeit zur internationalen Regelung der Schottenunterteilung und anderer Sicherheitsforderungen im ersten »Internationalen Vertrag zum Schutze menschlichen Lebens auf See« führte. Durch den ersten Weltkrieg wurde dieser Vertrag jedoch erst später wirksam.
1981 konnte von Bord des Forschungsschiffs »H. J. W. FAY« ein Wrack im Nordatlantik in 3658 m Tiefe am vermutlichen Unglücksort geortet werden. Länge, Breite und Fundort ließen den Schluß zu, daß es sich um das Wrack der »TITANIC« handelte. 1985 gingen die ersten Unterwasseraufnahmen um die Welt. Bei den Bergungsabsichten ging es vor allem um Schätze, die das Schiff mit in die Tiefe genommen haben soll, so u. a. etwa 200 Wertpakete mit Diamanten einer Amsterdamer Firma mit einem Wert von rund einer Milliarde Mark, um den berühmten »Blauen Diamanten« der Lady Astor, dem Wittental-Kollier sowie 1500 Pfund Goldbarren.
Mit dem Forschungsunterseeboot »ALUMINAUT« sollte der Vorstoß in die Tiefe unternommen werden, doch Vorhaben wie die früheren Projekte, die »TITANIC« mit Hilfe von Pontons oder mit Auftriebskörpern zu heben, waren bisher nicht realisierbar.
Einen Versuch zur detaillierten Erkundung unternahm Mitte 1986 eine USA-Fotoexpedition unter Leitung von Robert Ballard. Mit dem Forschungsschiff »ATLANTIS« und einem mit 2 Mann besetzten Tiefsee-Tauchboot, von dem aus ein mit Video-Kameras ausgerüsteter Roboter »JASON JR.« ferngesteuert wurde, gelangen aussagefähige Aufnahmen über den Zustand des Schiffs. Demnach liegt das Wrack in drei Teile zerbrochen im Schlamm des Meeresboden. Das über 70 m lange Hinterschiff liegt 600 m entfernt und quer zu den anderen Wrackteilen.

Tochterboot: vom modernen *Seenot-Rettungskreuzer* auf einer Heckslip mitgeführtes, besonders seetüchtiges und speziell ausgerüstetes *Rettungsboot.*

Tonnenleger: siehe *Seezeichen-Kontrollboot*

Torpedoboot: schnelles, Torpedos tragendes Kampfschiff. Das Torpedoboot hat eine längere Vorgeschichte. Schon seit dem Mittelalter suchte man nach einer ortsveränderlichen Unterwasserbombe. Um 1285 bildete der Araber Alrammah Nedschm-eddin in seinem Kriegsbuch bereits eine erste Mine ab. Der Italiener Jeanes Fontana berichtete 1420 über Treib- und selbstbewegliche Minen. In Britannien wurden 1628 unter der Leitung von Cornelius van Drebbel vor La Rochelle die ersten Stangen- bzw. Spierentorpedos angewendet. Robert Fulton entwickelte 1797 eine Unterwassermine, die er nach einer Fischart »Torpedo« nannte. In Britannien wurden die bisher als »machines« oder »infernals« bezeichneten schwimmenden Sprengkörper verbessert. Eine vorne und hinten keilförmige, flache Holzki-

ste wurde mit Blei ausgeschlagen und mit Pulver gefüllt. Ein mechanisches Hebelwerk brachte beim Aufschlag das Pulver zur Entzündung. Am 2. Oktober 1804 wurden die als »Katamarans« bezeichneten Sprengkisten, wenn auch mit wenig Erfolg, bei einem Angriff auf etwa 150 französische Schiffe benutzt. Dieser Einsatz ist unter der Bezeichnung »Katamaran-Expedition« in die Geschichte eingegangen. Später wurde in Britannien von Brennau ein Torpedo mit Eigenantrieb entwickelt, der mit Dampf betrieben wurde. Bei den ersten in Sheerness durchgeführten Versuchen stand der Dampferzeuger auf dem Schiff, es konnte jedoch schon eine Schußweite von 3000 m erreicht werden.
In Amerika befaßte sich der bekannte Hydrograph Maury mit der Entwicklung von Seeminen. Um 1864 gab es 3 Arten von Unterwasser-Angriffswaffen: den Stangen- oder Spierentorpedo an schnellaufenden sog. »Minen-Dampfkuttern«. Weiter gab es den Harvey- oder Otter-Torpedo der Erfinder Gebrüder Harvey, die Kapitäne der britischen Marine waren. Dieser Torpedo war 1,5 m lang und hatte die Form eines Bootsrumpfs. Er wurde mit einer besonderen Vorrichtung von einem Boot aus seitwärts geschleppt und möglichst unter dem Boden eines feindlichen Schiffs zur Explosion gebracht. Die dritte Art war der Fisch- oder Whitehead-Torpedo. Robert Whitehead, Werftdirektor in Fiume, erfand zusammen mit dem österreichischen Kapitän Lupis den ersten funktionstüchtigen Torpedo, der sich dann allgemein durchgesetzt hat. Er wurde durch Druckluft oder mit einer Pulverkartusche aus einem Rohr ausgestoßen, dem Lancierrohr bzw. später Torpedoausstoßrohr, und lief dann mit seiner Druckluft-Kolbenmaschine sowie 2 gegenläufigen Schrauben auf sein Ziel zu.
Da die Bezeichnung »Torpedo« vorher generell für alle ähnlichen Waffen gebraucht wurde, legte u. a. die deutsche Heeresleitung in den 70er Jahren des v. Jh. fest, daß ein festliegender unterseeischer Sprengkörper als »Seemine« und der sich mit eigener Kraft fortbewegende Sprengkörper als »Torpedo« zu bezeichnen wäre. 1870 gab es einen Vorläufer eines ersten deutschen Torpedoboots mit einem Harvey-Torpedo, das sich jedoch nicht bewährte. Als Vorläufer des Torpedoboots baute 1871 Thornycroft die »MIRANDA«, ein 15 m langes Schraubenboot, das 16 kn lief, und 1876 folgte seine »GITANA« mit 20 kn. Erst die 1877 gebaute »LIGHTNING«, die ein Deplacement von 28 t hatte und 18,5 kn lief, wurde zum ersten funktionstüchtigen Torpedoboot. Die Berliner Firma Schwartzkopf wurde später führend in der Entwicklung von Torpedos für die deutsche Marine.
Britannien und Rußland bauten 1878 die ersten Torpedoboote, und um 1883 folgten Frankreich und Deutschland. Die Schiffbau-Aktiengesellschaft »Weser« lieferte die ersten 50-t-Boote. Bei einer Länge von 32 m und einer Breite von 4,9 m sowie einer Geschwindigkeit von 15,5 kn erwiesen sie sich jedoch wie die englischen Boote für den Einsatz auf See als zu klein. Die nächsten ebenfalls noch aus Holz gebauten deutschen Boote hatten bei 17 kn Geschwindigkeit eine Verdrängung von 65···80 t. 1886 erreichte das in Britannien für die österreich-ungarische Marine gebaute 95 t große Torpedoboot I. Klasse »FALKE« mit 25,5 kn die höchste Geschwindigkeit, die bis dahin je ein Dampfschiff erreichte.
1892 gab es in den Seestreitkräften der Welt bereits etwa 1260 Torpedoboote mit Größen bis etwa 200 t. Auch sie waren noch hauptsächlich für den Küstenschutz konzipiert. Um die gegenüber der schweren Schiffsartillerie geringe Reichweite bzw. Laufstrecke des damaligen Whitehead-Torpedos besser zu nutzen, mußte ein Schiffstyp entwickelt werden, der äußerst schnell an den Gegner herankam und ebenso schnell wieder ablaufen konnte. Der Bestreichungsbereich der schweren Geschütze mußte schnell unterlaufen werden. Die als gefährliche Waffe erkannten Torpedoboote wurden daher immer schneller, größer und seetüchtiger. Bis 1892 galt eine Geschwindigkeit von 25 kn als maximal, doch dann überraschte der Engländer Yarrow mit seinen neuen 28,3 kn laufenden Booten die Konstrukteure.

Zwillings-Dreifachexpansionsmaschine der russischen Torpedoboote von F. Schichau, Elbing

D-Boot der Jahrhundertwende

Modernes Torpedoboot

In Deutschland entstanden danach die Torpedo-Divisionsboote (D-Boote) und Hochseetorpedoboote (S-Boote). Sie bekamen Kennungen wie G Germaniawerft, V Vulcan-Werft Stettin und Hamburg, S Schichauwerft Elbing usw. Die 1907/08 gebauten 12 Stück V-Boote (680 t) erreichten bereits eine Geschwindigkeit von 30 kn. Die Bewaffnung bestand aus 3 Torpedoausstoßrohren und zwei 8,8-cm-Geschützen. Anfang 1914 besaß Deutschland 152 große Torpedoboote von 300···350 t und 47 zum Teil veraltete kleine Boote mit 150···180 t Verdrängung.
Durch die Kampfkraft und Anzahl der Torpedoboote waren die Flotten gezwungen, auf den Großkampfschiffen wieder die Mittelartillerie einzuführen bzw. zu verstärken und Schnellfeuerkanonen zu entwickeln, um sich dieser gefährlichen Boote erwehren zu können. Torpedoschutznetze aus Stahldraht sollten die auf Reede liegenden Schiffe schützen. Während der Fahrt waren diese Schutznetze hinderlich und mußten an Bord beigeklappt werden.
Gegen Torpedoboote gab es bald eine wirkungsvolle Gegenwaffe, den Torpedoboot-Zerstörer. Die Größe dieser Torpedoboot-Zerstörer war 1915 bereits auf 975 t gestiegen, ohne jedoch ganz auf die eigene Torpedobewaffnung zu verzichten (2 Rohre, 3 × 8,8-cm-Geschütze). Ihre Geschwindigkeit lag bei 36 kn. Die Orientierung verlagerte sich immer mehr zugunsten der größeren Zerstörer. Der Torpedoboot-Zerstörer trat wieder mehr in den Hintergrund, ohne daß man vorerst völlig auf ihn verzichtete. Das eigentliche Torpedoboot aber behielt zunächst seine dominierende Stellung, bis Mitte der 30er Jahre der leichte schnellaufende Dieselmotor ausgereift war. Danach wurde das traditionelle Torpedoboot mehr und mehr vom Torpedo-Schnellboot als eigentlichen Torpedoträger abgelöst. Es war noch schneller und kleiner und bot damit ein geringeres Ziel bei hoher Wendigkeit; siehe *Schnellboot. Zerstörer* und Torpedo-Schnellboote sind heute Kampfschiffe mit verschiedenen Gefechtsaufgaben. Siehe auch Torpedoboot *»G 137«* und Torpedobootzerstörer *»B 111«*

Torpedo-Divisionsboot: um die Jahrhundertwende in der kaiserlichen deutschen Marine ein größeres Torpedoboot von 230···280 t Deplacement. Die mit D1 bis D10 bezeichneten Boote führten jeweils eine Division von 6 kleineren Torpedobooten mit 80···180 t Deplacement an. Nachdem es allgemein größere Torpedoboote von 400 t Deplacement gab, entfiel diese Bezeichnung.

Torpedo-Fangboot: siehe *Fangboot*

Torpedokutter: Weiterentwicklung der früheren *Minen-Dampfkutter* aus der zweiten Hälfte des 19. Jh. und Vorläufer der zu Anfang des 20. Jh. in großen Stückzahlen gebauten *Torpedoboote*. Torpedokutter waren bereits bedeutend schneller als Minen-Dampfkutter und hatten auf dem Vorschiff ein Torpedo-Lancierrohr. Spätere Torpedo-Schnellboote (TS-Boote) besaßen auf dem Vorschiff starr eingebaute Torpedoausstoßrohre. Bei den gesteigerten Geschwindigkeiten war man gezwungen, die Ausstoßrohre mehr nach seitwärts außen und später sogar nach hinten zu verlegen, um das Boot selbst nicht zu gefährden. Ein modernes mit 50 kn anlaufendes Torpedo-Schnellboot zielt und schießt vor dem Abdrehen.

Britische Schrauben-Segelkorvette »TOURMALINE«

»TOURMALINE«: britische Schrauben-Segelkorvette. Typschiff war die Schraubenkorvette »OPAL«. Der 1864 t große Kompositbau hatte eiserne Spanten und eine doppelte Holzbeplankung. Der Tiefgang betrug etwa 5,0 m. Die Bewaffnung bestand aus 14 Geschützen. Die Dampfmaschine leistete 1546 kW (2100 PSe) und gab dem Schiff eine Geschwindigkeit von 13 kn. Das Dreimastschiff hatte außerdem an allen 3 Masten Rahsegel. Die Rettungsboote befanden sich noch an Auslegern weit außenbords, ein besonderes Kennzeichen dieser Zeit, um an Deck Platz und Schußfreiheit zu haben.

Trägerschiff: siehe *LASH-Schiff*, *Barge-Carrier*, *Leichterträgerschiff*

Träger-U-Boot: größeres U-Boot, das *Kleinst-U-Boote*, *Bemannte Torpedos* oder andere Unterwasser-Kleinkampfmittel in der Regel außenbords an Deck zu Operationen in Einsatzgebiete transportiert.

Tragflächenschiff, *Tragflügelschiff, Tragflügelboot:* leichtgebautes Wasserfahrzeug, das in der Ruhelage durch den hydrostatischen Auftrieb und ab einer bestimmten Fahrtgeschwindigkeit infolge des hydrodynamischen Auftriebs an seinen unter dem Schiffskörper angeordneten Tragflügeln ganz oder teilweise austaucht und dadurch eine höhere Geschwindigkeit ermöglicht.

Tragflächenboot »CYRA« in voller Fahrt

An den Tragflächen wirken ähnliche Strömungsgesetze wie an Flugzeugtragflächen. Bedingt durch die Profilform und Profilanstellung wird die Strömung an der gewölbten Profiloberseite beschleunigt, so daß durch den entsprechenden Unterdruck ein nach oben gerichteter hydrodynamischer Auftrieb entsteht. An der Profilunterseite wird die Strömung verzögert, so daß dort ein Überdruck entsteht, der mit dem Unterdruck auf der Oberseite das Fahrzeug anhebt.
Obwohl infolge der etwa 800fach größeren Dichte des Wassers gegenüber der Luft die Tragflächen im Vergleich zu Flugzeugtragflächen einen bedeutend höheren Auftrieb bei kleineren Abmessungen erzeugen, ist der wirtschaftliche Einsatz auf Schiffe mit begrenzten Massen, Abmessungen und Tragfähigkeiten sowie besonders leicht gebauten Schiffskörpern und Antriebsanlagen begrenzt. Der günstigste Einsatz von Tragflächenschiffen erfolgt für den Fahrgastverkehr auf Binnengewässern und Randmeeren bei Schiffsgrößen bis 100 t Wasserverdrängung (in Ruhelage) und Geschwindigkeiten zwischen 50 und 70 km/h. Technisch sind Tragflächenschiffe bis etwa 1000 t und mehr als 120 km/h möglich.
Die Tragflächen der Tragflächenschiffe für Binnengewässer sind so gestaltet und angeordnet, daß sie den Tiefgang nur im erfoderlichen Maße vergrößern und in der Fahrt mit ihren abgewinkelten Seitenflügeln bei Schiffs- oder Wasserbewegungen eigenstabilisierend wirken. Seegehende Tragflächenschiffe haben wegen des höheren Wellengangs tiefergetauchte Tragflügel und höhere Stützen sowie spezielle Stabilisierungseinrichtungen für die Verstellung von Tragflügelflossen.
Erste Ideen und Versuche mit getauchten Tragflächen gibt es seit den Anfängen des Flugwesens. Nach Entwürfen des französischen Comte de Lamberti erreichte bereits 1892 ein Tragflächenboot 30 km/h. Der italienische Ingenieur Enrico Forlanini (1848 bis 1930) erzielte 1905 mit etagenförmig angeordneten Tragflächen und einem 55-kW-Luftschraubenantrieb sogar schon 70 km/h. Der Italiener Crocco fuhr wenig später schon mit 90 km/h. Die Kanadier A. G. Bell und F. W. Baldwin erreichten 1918 mit ihrem Tragflächenboot mit 2 Flugzeugmotoren von je 258 kW 114 km/h. Ihr Boot hatte ein Paar starre vordere Tragflächenstützen mit je 4 V-förmigen Tragflächen und zum Steuern eine hintere drehbare Hecktragflügel-Stütze mit 3 V-förmigen Flächen.
In Deutschland gab es seit den 1930er Jahren intensivere Arbeiten zu Tragflächenbooten und verschiedene Versuchsboote. Als ab etwa 1950 leichte leistungsstarke Triebwerke, Motoren und später Gasturbinen verfügbar wurden, begannen die führenden Industrieländer mit dem Bau von Tragflächenschiffen für zivile und militärische Zwecke mit unterschiedlichen Tragflügelkonstruktionen. Das relativ einfache Prinzip von Schertel-Sachsenberg wurde von der Schweizer Supramar-AG besonders häufig für den Fahrgastverkehr auf großen Binnenmeeren, den Küsten des Mittelmeeres und auch für die skandinavischen Küsten gebaut. Die Boote haben zwei starre, nicht steuerbare und nicht völlig getauchte V-förmige Flügel in Tandemanordnung.
Eine andere Lösung mit vollgetauchten und steuerbaren Tragflächen verwendete der deutsche Ingenieur Wendel erstmals 1956 an seinem 10 m langen Versuchsboot. Die Tragflächen an den beiden vorderen Stelzen hatten Höhenruder und die Tragflächen an der hinteren Stelze Höhen- und Seitenruder. Das 4-t-Versuchsboot wurde durch 2 Motoren von je 44 kW und 2 Zugschrauben in den Vorschiffstragflächen angetrieben. Der wesentliche Vorzug dieses Prinzips besteht in der höhensteuerbaren Austauchung, so daß der Einsatz auch bei größeren Wellenhöhen möglich ist zum Ausgleich von seegangsbedingten Schiffsbewegungen.
Die USA fand 1961 den Anschluß an die Tragflächenbootsentwicklung mit dem Versuchsboot »DENISON«, auch als »Hydrofoil ship« bezeichnet. Das 80-t-Boot wurde für 80 Passagiere eingerichtet und erreichte mit einer Gasturbine von 15000 kW und einem Propeller von 910 mm Durchmesser in der höhenverstellbaren hinteren Tragfläche 180 km/h. Die beiden vorderen Tragflächen waren vertikal verstellbar, so daß der Körper der »DENISON« bei voller Fahrt 1,5 m aus dem Wasser tauchte.
Die UdSSR ist mit ihrer Vielzahl von Typen (»METEOR«, »KOMETA«, »TAIFUN«, »TSCHAIKA«, »WOLGA«, »STRELA«, »RAKETA«, »AQUABUS«, »AQUATAXI« u. a.) führend in der Entwicklung und im Bau von Tragflächenschiffen für die Personenbeförderung. Weit über 1000 Tragfächenboote sowjetischer Bauart fahren im In- und Ausland.

Trailerschiff: für die schnelle Be- und Entladung nach dem Ro/Ro-Prinzip zur rollenden Beladung mit Sattelaufliegern mit Containern (Trailer) speziell ausgerüstetes *Frachtschiff*; siehe auch *Ro/Ro-Schiff* und *»Trailerschiff 4850 t DW«*.

»Trailerschiff 4850 t DW«: spezielle Ro/Ro-Schiffsserie des VEB Schiffswerft Neptun, Rostock. Das »Trailerschiff 4850 t DW« gehört zu einer größeren Serie von Schiffen für die Sowjetunion, deren Bau 1984 mit dem Typschiff »KOMPOSITOR KARA KARAJEW« auf der Neptun-Werft in Rostock begann. Der Schiffstyp kann sowohl auf See als auch auf den großen sowjetischen Binnenwasserstraßen eingesetzt werden. Wegen der Brückendurchfahrten wurde die Fixpunkthöhe des Schiffs, d. h. die größte Höhe der festen Aufbauten über der Basis, auf 18,4 m begrenzt.
Das Schiff hat 3 Ladedecks. Es ist für den Transport von PKW, LKW, ISO-Containern, 40-Fuß-Straßentrailern, Stückgut und Paletten sowie Kühlcontainern ausgelegt. Das Hauptdeck ist über eine Winkelheckrampe von 7,5 m Länge und 5,5 m Breite für Fahrzeuge bis zu 55 t befahrbar. Zum Unterraum und zum Oberdeck führt je eine Hubplattform von 40 bzw. 45 t Tragfähigkeit. Die Decks haben eine Trailer-Fahrspurlänge von insgesamt 713 m für 96 × 20-Fuß-Trailer oder 37 × 40-Fuß-Trailer. Der Laderauminhalt beträgt 8100 m^3 und ist für 136 TEU bemessen. Das mit 7600 BRT vermessene Schiff ist über Alles 125,3 m und zwischen den Loten 117,5 m lang, 16,2 m breit und hat eine Seitenhöhe bis zum Hauptdeck von 7,3 m. Bei einer Tragfähigkeit von 4850 t ist ein Tiefgang von 5,6 m vorhanden. Für die Besatzung sind 30 Plätze vorgesehen. Der Antrieb besteht aus 2 Dieselmotoren des Typs MH 6 VDS 48/42 AL-2 aus dem VEB Maschinenbau Halberstadt mit einer Leistung von je 2650 kW. Mit seinen beiden Verstellpropellern erreicht das Schiff eine Geschwindigkeit von 15 kn. Der Aktionsradius beträgt 3000 Seemeilen. Zur Verbesserung der Manövrierfähigkeit ist ein Querstrahlruder eingebaut.

Trajektschiff: siehe *Eisenbahnfährschiff*

Trampschiff: *Frachtschiff,* das im Unterschied zum *Linienfahrt-Schiff* nicht regelmäßig auf der gleichen Route, sondern entsprechend dem jeweiligen Frachtangebot auf sehr verschiedenen Routen mit unterschiedlichen Ladungen fährt. Mit der Unifizierung der Ladungen und der Ausweitung der Liniendienste ist diese Form des Seetransports wegen des nicht möglichen Einsatzes effektiver Spezialschiffe seit einigen Jahrzehnten rückläufig. Wegen der nötigen Flexibilität und Ladungsseparierung fahren vorwiegend *Universal-Frachtschiffe* und *Mehrzweck-Frachtschiffe* in der Trampschiffahrt.

Transport- und Verarbeitungsschiff: *Fabrikmutterschiff* der Hochseefischerei; siehe auch *»JUNGE WELT«* und *»KRISTALL«*.

Trapezspant-Schiff: Schiff mit trapezförmigem Spantquerschnitt im Mittelschiffsbereich bzw. am Hauptspant. Die Spantform ermöglicht eine stabilitätsgünstige Breite im Bereich der oberen Schwimmwasserlinien und einen schmaleren Schiffsboden, wobei im Unterschied zu einem *U-Spant-Schiff* gleicher Völligkeit der Kimmradius nicht so groß wird und so eine bessere Rolldämpfung erreicht wird. Eine andere Variante ist der sog. »Halbtrapez-Spant«, bei dem der vertikale Spantverlauf noch fast bis zum halben Tiefgang beibehalten wird, so daß die Bodenbreite weniger vermindert wird.

Trawler: *Fischereischiff* für die Schleppnetzfischerei (engl. to trawl – ziehen, schleppen) mit Grund- und Schwebenetzen für Seiten- oder Heckfangausrüstung. Die Voraussetzungen zur Hochseefischerei mit größeren Schleppnetzen waren um 1880 herangereift, als man in den USA, Frankreich und Großbritannien begann, erste *Fischdampfer* in den Dienst der Hochseefischerei zu stellen. Am 7. Februar 1885 ging der erste deutsche Fischdampfer, die 151 BRT große *»SAGITTA«,* auf seine erste Fangreise. Bis zu dieser Zeit wurde die Fischerei noch vorwiegend mit Stellnetzen, Baumkurren-Schleppnetzen und mit Handangeln betrieben. Mit dem neuen Fischdampfer und dem Befischen entfernterer Fangplätze änderten sich die Fangmethoden grundsätzlich.
1895 führte die »Cranzer Fischdampfer AG« in Hamburg zum Öffnen und Spreizen der Netze die Scherbretter ein. Diese aus England übernommene Neuerung verdrängte die Baumkurre, bei der durch einen herausgeschwenkten bis zu 20 m langen Baum das seitlich ausgebrachte Netz offengehalten wurde. Die Neuerung erforderte den sog. »Fischgalgen«, der seitdem zum typischen Merkmal aller *Seitenfänger* wurde. Die

Ein Fang- und Verarbeitungsschiff vom Typ »TROPIK« der Volkswerft Stralsund

Einführung von Höhenscherbrettern führte zum hochstauenden Grundschleppnetz, mit dem um 1921 die »Große Heringsfischerei« begann.
1952 ging man mit dem ersten, aus Kunststoff-Garnen hergestellten Grundschleppnetz auf die Reise. In der Fangmethode hatte sich seitdem nichts umwälzendes vollzogen, in den Fischereiflotten war der Seitentrawler noch führend.
Anfang der 1950er Jahre führten die in Großbritannien vorgenommenen Versuche mit ersten *Hecktrawlern* zu einer neuen Fangtechnik. Hecktrawler setzen das Schleppnetz über eine Heckslip oder Heckrolle aus und holen das Vorgeschirr und das Netz sowie den Netzsteert über entsprechende Winden schneller wieder an Bord. Dadurch wurde auch die rationelle Doppelnetzmethode ermöglicht, wobei ein zweites Netz sofort ausgesetzt wird, wenn der Einholvorgang abgeschlossen ist. Vor allem wurde ein Teil der schweren körperlichen Arbeit der Hochseefischer beseitigt. Der erste Hecktrawler wurde um 1957 in der BRD in Dienst gestellt.
Die Trawl- oder Schleppnetzfischerei ist in der modernen Hochseefischerei die am meisten anzutreffende Fangmethode. Durch den Trawler wird das Schleppnetz, das durch Scherbretter, obere Auftriebskörper und untere Beschwerungen offen gehalten wird, entweder über Grund oder im Pelagial durch das Wasser geschleppt. Bei der Grundnetzfischerei auf unmittelbar über dem Grund lebende Rundfische wie Dorsch, Kabeljau, Schellfisch oder Kattfisch oder auf Grund liegende Plattfische wird das Netz durch seine Grundrollen direkt auf dem Meersboden entlang gezogen. Da sich verschiedene Fischarten in unterschiedlichen Wassertiefen aufhalten, wird bei der pelagischen Fischerei das Schwebe-Schleppnetz auf die jeweiligen Tiefen eingestellt.
Trawler gibt es nahezu in allen Größengruppen, als *Kutter*, Kleintrawler, *Mitteltrawler* bis zum Großtrawler und zum Fang- und Verarbeitungsschiff. Zu den modernen Trawlern gehören u.a. die Großserientypen »ATLANTIK«, *ATLANTIK-»Supertrawler«* und *»ATLANTIK«-Fabriktrawler.*

Trichtertank: zu den Offshore-Geräten gehörender schwimmfähiger trichterförmiger Öltank. Ein derartiger Tank hat einen ebenen Boden und keine zylindrische, sondern eine kegelförmig nach oben im Durchmesser kleiner werdende Außenhülle. Er kann leer oder teilgefüllt an verschiedene Bunkerplätze geschleppt und dort so abgesenkt werden, daß nur die obere Öffnung mit Plattform aus dem Wasser ragt. Bei voller Füllung ruht der Trichtertank mit seiner Bodenfläche auf dem Untergrund und der äußere Wasserdruck wirkt dem inneren Füllungsdruck entgegen, so daß relativ geringe Wandungsdicken ausreichen. Die vorwiegend als Ölbunker im Persischen Golf in Betrieb befindlichen Trichtertanks haben ein Fassungsvermögen von je 80000···100000 t bei etwa 15000 t Eigenmasse.

Trimaran: Boot oder Schiff mit 3 Schwimmkörpern. Im Unterschied zum Einrumpfschiff und dem Zweirumpfschiff (Katamaran) sowie dem *Trisec-Schiff* sind bei der normalen Fahrt alle 3 gleichgroßen oder verschieden große parallele Schwimmkörper ganz oder teilweise getaucht. Die größere Decksfläche bzw. höhere Querstabilität ist jedoch nur zu Lasten eines höheren Fahrtwiderstands erreichbar, so daß es nur wenige Trimarane für spezielle Zwecke gibt.

Trisec-Schiff: ein aus 3 Baukörpern (Sektionen) bestehendes katamaranähnliches Schiff mit 2 vollgetauchten und hydrodynamisch günstig geformten Schwimmkörpern und einem darauf auf Stützen stehenden Überwasserschiff. Diese noch nicht häufig ausgeführte moderne Bauweise ist hauptsächlich für kleinere seegehende *Aussichtboote* bei hinreichenden Wassertiefen und geringen Wellenhöhen interessant.

Trockenfrachtschiff: Sammelbezeichnung für alle Typen von Frachtschiffen für universelle und unifizierte Stückgüter sowie nichtflüssige oder breiige Schüttgüter; siehe *Stückgutschiff*, *Containerschiff*, *Bulker* u.a.

»TROPIK«: Großserien-Fang- und -Gefrierschiff der Volkswerft Stralsund, von dem von 1962 bis 1965 insgesamt 88 Einheiten für tropische Gewässer gebaut wurden. Nachfolger wurde der Typ *»ATLANTIK«*. Der als Hecktrawler gebaute Typ »TROPIK« erhielt eine Länge über Alles von 79,80 m und zwischen den Loten von 71,00 m; 13,20 m Breite auf Spanten; 7,00 m Seitenhöhe und 4,90 m Tiefgang. Die Vermessung betrug 2435 BRT, das Deplacement 3305 t und die Tragfähigkeit 909 t. Das Einschraubenschiff wurde durch 2 Dieselmotoren vom Typ 8 NVD 48 mit einer Gesamtleistung von 1220 kW über Induktionskupplungen und ein gemeinsames Getriebe durch einen Verstellpropeller angetrieben und erreichte bei der Freifahrt 11,7 kn. Durch ein im Ruder angeordnetes sog. »Aktivruder« erhielt das Schiff besonders gute Manövriereigenschaften.
Die vielseitige Ausrüstung machte diesen Schiffstyp sehr effektiv. Für den Fang von Rundfischen, Heringen, heringsähnlichen Fischen und Sardinen dienten die Grund- und Schleppnetzausrüstungen, für Thunfische Langleinen und Ringwade mit 2 Doribooten und einem Arbeitsboot und für den Sardinenfang war außerdem eine Lichtfischereiausrüstung mit Fischpumpe installiert. Das Gefrieren von Ganzfisch und geschlachtetem Großfisch wurde im Kühlluftstrom und die Lagerung in Tiefkühlräumen vorgenommen.

Troßschiff: Marine-Hilfsschiff für den Nachschub und zur Flottenversorgung. Im russisch-japanischen Krieg 1904/05 gehörten zum russischen Geschwader auf seiner Fahrt von der Ostsee nach Fernost eine ganze Anzahl solcher Troßschiffe. Unterwegs dienten sie der Versorgung mit Proviant, Wasser und vor allem zur Kohlenachbunkerung. Die Kohle wurde in geschützten Buchten oder auch auf See in Säcken von Bord zu Bord gebracht, da die Schiffe noch keine technischen Ausrüstungen für die Übergabe hatten. Später erprobte man mit geringem Erfolg Seilwagen, die auf Seilen fuhren, die zwischen den Schiffsmasten befestigt waren. Erst das Heizöl als flüssiger Brennstoff vereinfachte eine Übergabe von Bord zu Bord; siehe auch *Versorgungstanker*.

Trunkdeckschiff: veraltetes Frachtschiff mit einem im Vergleich zur vollen Schiffsbreite schmaleren, zwischen Poop und Back bzw. nur bis zur Brücke durchlaufenden oberen Deck. Die Bezeichnung Trunk, engl. Koffer, Rumpf, deutet auf die Ähnlichkeit mit dem *Kofferschiff* und dem *Turmdeckschiff* hin.

TS-Boot: Kurzbezeichnung für Torpedo-Schnellboot, siehe *Schnell-Boot* und *Torpedoboot*.

Tunnelheckschiff: Bauweise bei Binnenschiffen und neuerdings auch bei Seeschiffen, um bei begrenztem Tiefgang zur Verbesserung der Propulsionsverhältnisse einen möglichst großen und relativ hoch gelegenen Propeller anordnen zu können. Eine tunnelähnliche Ausbuchtung im Schiffsboden führt dem Propeller die Bodenströmung zu und schirmt ihn gleichzeitig gegen das Freischlagen der Propellerflügel in ihrer oberen Stellung bzw. gegen Lufteintritt von oben ab.

Turbinenschiff: siehe *Dampfturbinenschiff* und *Gasturbinenschiff*

»TURBINIA«: Versuchsboot von Sir CHARLES ALGERNON PARSONS, das er 1894 bei Brown & Hood in Wallsend bauen ließ. Das 44,5 t große Boot war aus Stahl gebaut und 30,48 m lang, 2,74 m breit und ging 0,91 m tief. Die Eigenmasse verteilte sich mit 15 t auf den Schiffskörper und 22 t auf die Turbinenanlage. Es konnten 7,5 t Bunkerkohle an Bord genommen werden. Die Turbinen leisteten 705 kW (960 PS) bei 2400 U/min. Der Doppel-Wasserrohrkessel besaß eine Heizfläche von 11 000 Quadratfuß und einen Druck von 210 Pfund/Quadratzoll. Die Probefahrten, die am 14. November 1894 begannen und über 2 Jahre dauerten, befriedigten jedoch zunächst nicht, da die Geschwindigkeit erheblich unter den Erwartungen zurückblieb. Auf mehr als 30 Probefahrten wurden 7 Propellerentwürfe erprobt, doch die Höchstgeschwindigkeit betrug damit nie mehr als 19···20 kn. Die Ursache hatte bereits William Froude (1810 bis 1879) erkannt. Der Propeller drehte sich viel zu schnell, statt Propellerschub erzeugte er Kavitation, d. h. Hohlräume und Wasserdampf. Ein großer Teil der Turbinenleistung ging so durch die Kavitationserscheinungen verloren.
Parsons entwarf danach eine neue Antriebsvariante mit 3 parallel geschaltenen Axialturbinen und 3 Schraubenwellen, auf denen er je 3 Schrauben montieren ließ. Im Februar 1896 stellte sich ein erster Erfolg ein. Mit 10 atü Kesseldruck und 2230 U/min erreichte er eine enorme Geschwindigkeit von 34,5 kn.
Am 26. Juni 1897 fand auf der Reede von Spithead eine Flottenparade zu Ehren des 60. Jahrestags der Thronbesteigung durch Königin Victoria statt, an der nicht weniger als 165 Schiffe teilnahmen. Den Abschuß bildete ein Wettrennen der neuesten englischen Zerstörer. Die kleine Yacht »TURBINIA« beachtete zunächst kaum jemand. Zuschauer und Admiralität waren jedoch gleichermaßen verblüfft, als die »TURBINIA« mit 34,5 kn die neuen Zerstörer, die 27 kn liefen, hinter sich ließ. Die »Times« schrieb darüber: »Das ordnungswidrige Verhalten der Yacht »TURBINIA« kann nur entschuldigt werden durch die immense Bedeutung der Erfindung, die in ihrem Inneren verborgen ist.« Der Beweis der erfolgreichen Anwendung der Dampfturbine als Schiffsantrieb war erbracht. Die Premiere war so glanzvoll und überwältigend, daß sich die Admiralität schon 1898 entschloß, den Auftrag zum Bau von 2 turbinengetriebenen Zerstörern, der *»VIPER«* und der »COBRA«, zu erteilen. Erst mit Hilfe der Dampfturbine konnten die ab 1900 geforderten Maschinenleistungen erreicht werden.
Parsons wurde für seine Pionierleistung danach vielfach geehrt. 1898 war er Mitglied der »Royal Society« geworden und 1911 wurde er zum »Knight commander of Bath«, Großmeister des Bath-Ordens, ernannt. 1927 erhielt er den »Order of Merit«. Er starb am 11. Februar 1931 während der Reise an Bord der »DUCHESS OF RICHMOND« bei Kingstons/Jamaica; beigesetzt wurde er in Kirkwhelpington in Nordhumberland.
Die »TURBINIA« hatte auch im Jahr 1900 anläßlich der Pariser Weltausstellung bei Fahrten auf der Seine auch in Frankreich großen Eindruck gemacht. 1907 machte sie ihre letzte Fahrt und wurde dann als technisches Denkmal auf den Kai der »Parsons Marine Turbine Co. Ltd.« gehoben. Lange fand man keinen geeigneten Raum, um dieses epochemachende Boot auszustellen und so wurde es in 2 Teile geschnitten. Der hintere Teil mit der Turbine und Propellern wurde im »Science Museum of South Kensington« ausgestellt, während das Vorschiff mit Kessel, Steuerhaus und Schornstein 1944 vom »Museum of Science and Engineering« übernommen wurde. Seit 1960 jedoch steht die originalgetreu wiederhergestellte »TURBINIA« in einem speziell dazu errichteten Nebengebäude des »Museums of Science and Engineering« in Newcastle als Erinnerung an einen bedeutenden Fortschritt in der Schiffstechnik und einen berühmten Ingenieur.

Die »TURBINIA« in voller Fahrt

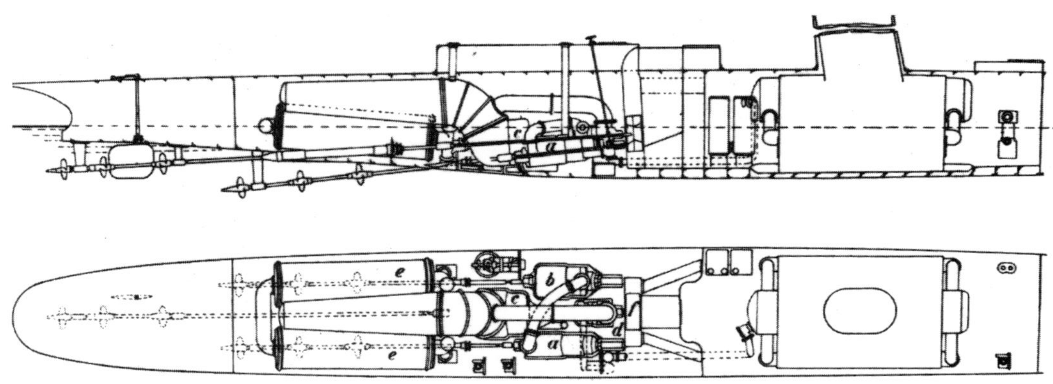
Kessel, Turbinen und Propelleranordnung auf der »TURBINIA«: a) Hochdruckturbine b) Mitteldruckturbine c) Niederdruckturbine d) Rückwärtsturbine e) Kondensatoren f) Kesselgebläse

Turbo-Elektroschiff: *Dampfturbinenschiff* oder *Gasturbinenschiff*, deren Turbinen direkt Elektro-Generatoren zur Stromerzeugung für den Hauptantrieb und die Bordanlagen antreiben. Der Vorteil liegt bei den für Turbinen und Generatoren gleichermaßen günstigen hohen Drehzahlen, dem ruhigen Lauf der getriebelosen Turbinen, der guten Regelbarkeit und dem Entfall von Rückwärtsturbinen. Für den Schiffsantrieb wird der Gleich- oder Drehstrom höherer Spannung den Propeller- bzw. Fahrmotoren zugeführt. Wegen der bisher noch zu großen Wirkungsgradverluste in den Generatoren und Fahrmotoren wurden Turbo-Elektro-Antriebe nur für einige Kriegsschiffe (siehe *»JUPITER«*, *Eisbrecher, Tanker, Fahrgastschiffe* und *Fährschiffe*) gebaut. Für künftige gasgekühlte Reaktoren und supraleitende Generatoren- und Motorenentwicklungen kann jedoch das Gasturbinen-Elektroschiff im nächsten Jahrhundert eine Perspektive haben.

Turmdeckschiff, *Turmdecker:* veralteter Schiffstyp mit einem durchlaufenden, in den Festigkeitsverband des Schiffskörpers einbezogenen Aufbaudeck (engl. turret-deck), das jedoch geringer als die volle Schiffsbreite war. Der Turmdecker wurde Anfang der 1890er Jahre vom britischen Werft- und Maschinenbau Doxford speziell für Schüttgutladungen entwickelt; siehe *Bulker*. Der mittlere Hauptladeraum wurde in Turmdeckbreite durch Längsschotte eingegrenzt. Dieser schmale und durch Querschotte unterteilte Laderaum konnte mit einer Erzladung bis zur Luke voll gefahren werden, so daß sich jeweils eine günstige Höhenlage des Massemittelpunkts ergab. Die seitlichen Räume waren bei der Erzfahrt leer und bei der Leerfahrt mit Wasserballast gefüllt.

Turmschiff: Kriegsschiff mit drehbaren Geschütztürmen. Mit der größeren Reichweite und Explosivkraft der Geschosse sowie der eingeführten Panzerung, siehe *Panzerschiff*, vollzog sich der Übergang vom *Batterieschiff* über das *Kasemattschiff* zum Turmschiff. Als erstes Turmschiff gilt das 1862 gebaute Panzerschiff *»MONITOR«* der US-Nordstaaten. Der drehbare gepanzerte Geschützturm war nach den Plänen von ERICSSON erbaut. Danach begannen alle anderen Seemächte ihre Kriegsschiffe mit Geschütztürmen zu bauen. Erste deutsche Turmschiffe waren die von 1875 bis 1877 gebauten Schiffe »FRIEDRICH DER GROSSE«, »PREUSSEN« und »GROSSER KURFÜRST« mit je 2 durch Dampfkraft angetriebenen Geschütztürmen, in denen 2 Geschütze von 26-cm-Kaliber standen. Die Panzerdicke des Turms betrug 25,4 cm. Wegen der noch beibehaltenen Takelage hatten die Türme noch einen begrenzten Drehbereich.

Oxford Turmdeckschiff »GRANGEBERGE«, ein Ore-Oil-Carrier von 10000 t DW mit Umschlagausrüstung, 1911

TVS: Abkürzung für Transport- und Verarbeitungsschiff; siehe *Fabrikmutterschiff*, *»JUNGE WELT«* sowie *»KRISTALL«*.

T2-Tanker: in Großserie von 525 Schiffen in den USA im zweiten Weltkrieg gebaute Tanker mit 16400···16900 t Tragfähigkeit. Die vollständige Typenbezeichnung lautete »T2-SE-A1«, 481 der insgesamt gebauten 525 Schiffe entsprachen diesem Standardtyp; siehe auch *Standardschiff*. Eine Besonderheit für eine derart große Serie war die turbo-elektrische Antriebsanlage. Bei diesem in den USA entwickelten Tankertyp wurden erstmals Wellschotte im Unterschied zu den bisherigen Schotten eingeführt, bei denen die Schottbeplattung durch aufgesetzte Steifen verstärkt wurde. Die Well- bzw. Knickschotte ermöglichten erhebliche Material- und Arbeitszeitersparnisse.

U

»U1«: erstes deutsches küstenverwendungsfähiges Zweihüllen-U-Boot. Das U-Boot wurde erst verhältnismäßig spät, am 3. Dezember 1904, in Auftrag gegeben, als andere Staaten schon über eine größere Zahl von U-Booten verfügten. Die kaiserliche Marine führte Neuerungen erst dann ein, wenn sie einen ausgereiften Entwicklungsstand erreicht hatten. Noch am 11. Mai 1904 hatte der Abgeordnete von Kardorff auf seine Anfrage im Reichstag an den Staatssekretär des Reichsmarineamtes von Tirpitz, weshalb die Marine noch nicht den Bau von U-Booten veranlaßt habe, die Antwort erhalten, daß man noch nicht viel von den U-Booten halte. Diese Anfrage hat aber wohl dazu beigetragen, den Stein ins Rollen zu bringen, denn schon einen Monat später begannen erste Bauverhandlungen mit der »Germaniawerft« in Kiel.
Nachdem die Firma Fitzner in Laurahütte den feuergeschweißten Druckkörper in Sektionen angeliefert hatte, wurde das Boot bei der »Germaniawerft« auf Kiel gelegt und die einzelnen Sektionen zusammengenietet. Das Boot war über Alles 42,39 m lang, die größte Breite betrug 3,75 m bei einem Druckkörperdurchmesser von 2,30 m und einem Tiefgang von 3,17 m. Das Boot hatte über Wasser ein Deplacement von 238 t und unter Wasser von 283 t. Die Besatzung bestand anfangs aus 12, später aus 22 Mann. Die maximale Tauchtiefe betrug 30 m, die Tauchzeit lag bei 50···100 Sek. Die Baukosten betrugen 1,905 Mill. Mark. »U 1« lief am 4. August 1906 von Stapel.
Als Besonderheit besaß das Boot im Deckel der vorderen Luke ein drittes Sehrohr sowie zwei Luftmaste, die für die Frischluftzufuhr im Boot sorgten und beim Tauchen niedergeklappt werden mußten. Die Bewaffnung bestand ausschließlich aus einem Bug-Torpedorohr des Kalibers 45 cm und einem Vorrat von 3 Torpedos. Für den Überwasserantrieb waren 2 Körting-Sechszylinder-Zweitakt-Petroleummotoren mit einer Leistung von 2 × 147 kW (2 × 200 PSe) und für den Unterwasserantrieb 2 E-Motoren der Deutschen Elektromotorenwerke Aachen mit gleicher Leistung vorhanden. Mit den beiden Schrauben von je 1,3 m Durchmesser erreichte das Boot über Wasser eine Geschwindigkeit von 10,9 kn und unter Wasser von 8,7 kn. Bei einem Petroleumvorrat von 19,8 t und einer Überwassergeschwindigkeit von 10 kn hatte das Boot einen Fahrbereich von etwa 1500 Seemeilen. Der Treibölbehälter war abnehmbar.
Die Forderungen der Marine und verschiedene technische Schwierigkeiten führten zu einer starken Bauverzögerung, so daß »U 1« erst am 16. Dezember 1906 in Dienst gestellt werden konnte. Dieser Tag gilt daher als Beginn des Aufbaus der deutschen U-Boot-Flotte.
»U 1« war ein Versuchs- und Schulboot für neue Besatzungen. Der vordere Luftmast war gleichzeitig Signalmast. Der Ruderstand mußte für die Überwasserfahrt zum Schutz vor überkommenden Wasser mit einer Persenning verkleidet werden. Im September 1907 machte »U 1« bei schwerem Wetter eine Fahrt von Wilhelmshaven um Skagen nach Kiel über 587 Seemeilen und stellte mit dieser Fahrt eine damals viel beachtete Höchstleistung auf. Am 12. Februar 1919 wurde das Boot aus der Flottenliste gestrichen und als Wrack an die »Germaniawerft« in Kiel verkauft. Es ging danach als Stiftung in den Besitz des Deutschen Museums in München über. Dort wurde es nach den Bombenschäden des zweiten Weltkriegs restauriert.

»UB 49«: deutsches U-Boot zu Ende des ersten Weltkriegs. Dieser U-Bootstyp war für den Einsatz im entfernteren Küstenvorfeld vorgesehen. Er wurde auf verschiedenen deutschen Werften gebaut, »UB 49« auf der Werft von Blohm & Voss in Hamburg. Das Boot lief am 6. Januar 1917 von Stapel und wurde am 28. Juni 1917 in Dienst gestellt. Die Baukosten betrugen 3,276 Mill. Reichsmark.
Bei einer Länge von 55,30 m über Alles und 40,10 m zwischen den Loten sowie einer Breite von 3,90 m (über Tauchtanks 5,80 m) hatte das Boot einen Tiefgang von 3,68 m und ein Deplace-

»U 1«, erstes deutsches küstenverwendungsfähiges Zweihüllenboot mit Petroleummotoren (1906)

1 Dreischeibiger Schwergutblock älterer Bauart
2 Moderner einscheibiger Block
3 Genieteter einscheibiger Ladeblock
4 Leichtgut-Ladegeschirr auf einem älteren Frachtdampfer
5 Ladebaumnock und seefeste Verzurrung
6 Hangerbeschlag
7 Lümmellager mit Lümmelbolzen
8 Ladebaumgabel

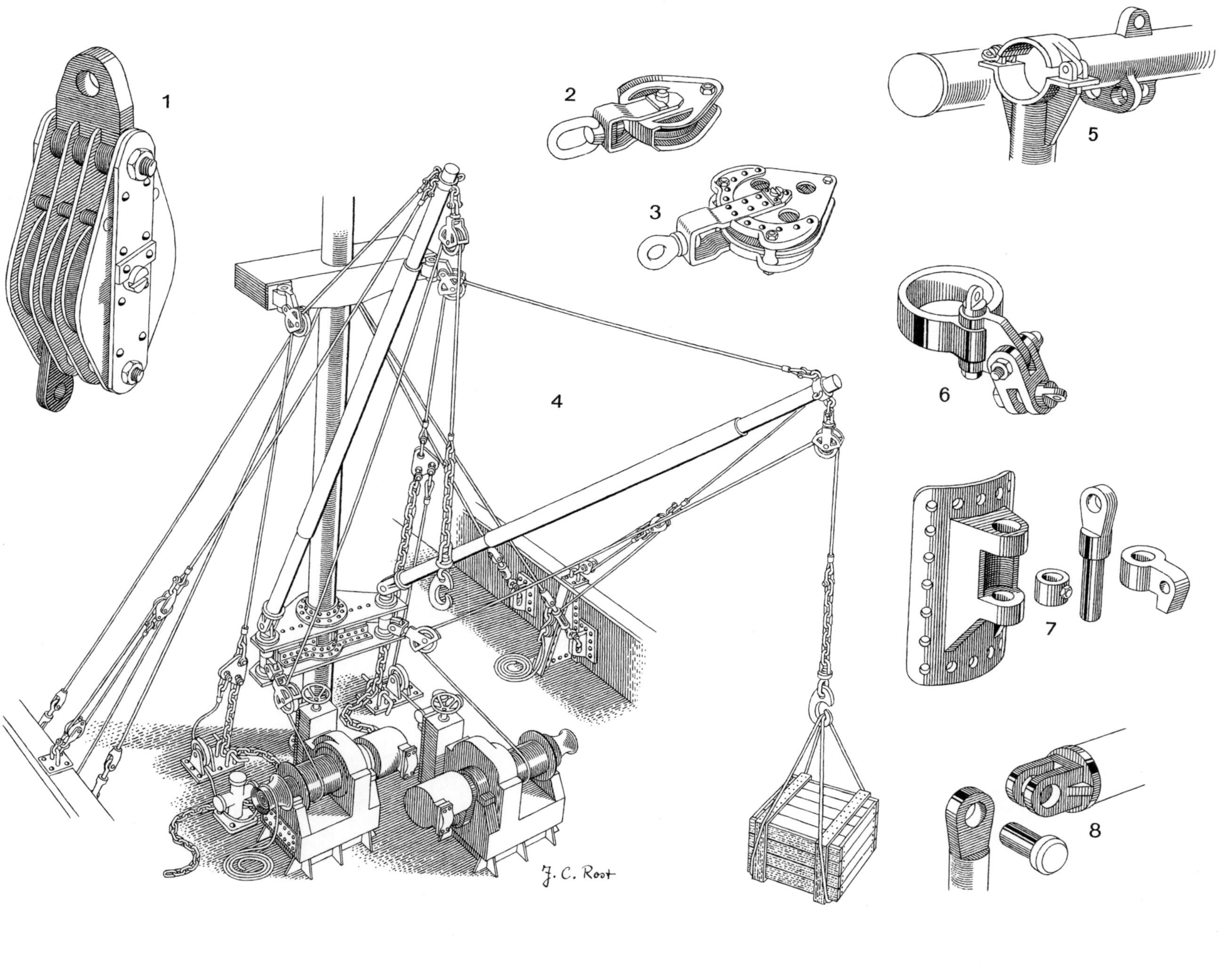

1 Schiffswippkran
2 Ladegeschirr mit Schwenk- oder Schwingbaum
3 Ladegeschirr mit durchschwenkbarem Ladebaum und Doppelhanger
4 Kopfblöcke des Schwergutladegeschirrs
5 Durchschwenken des Ladebaums

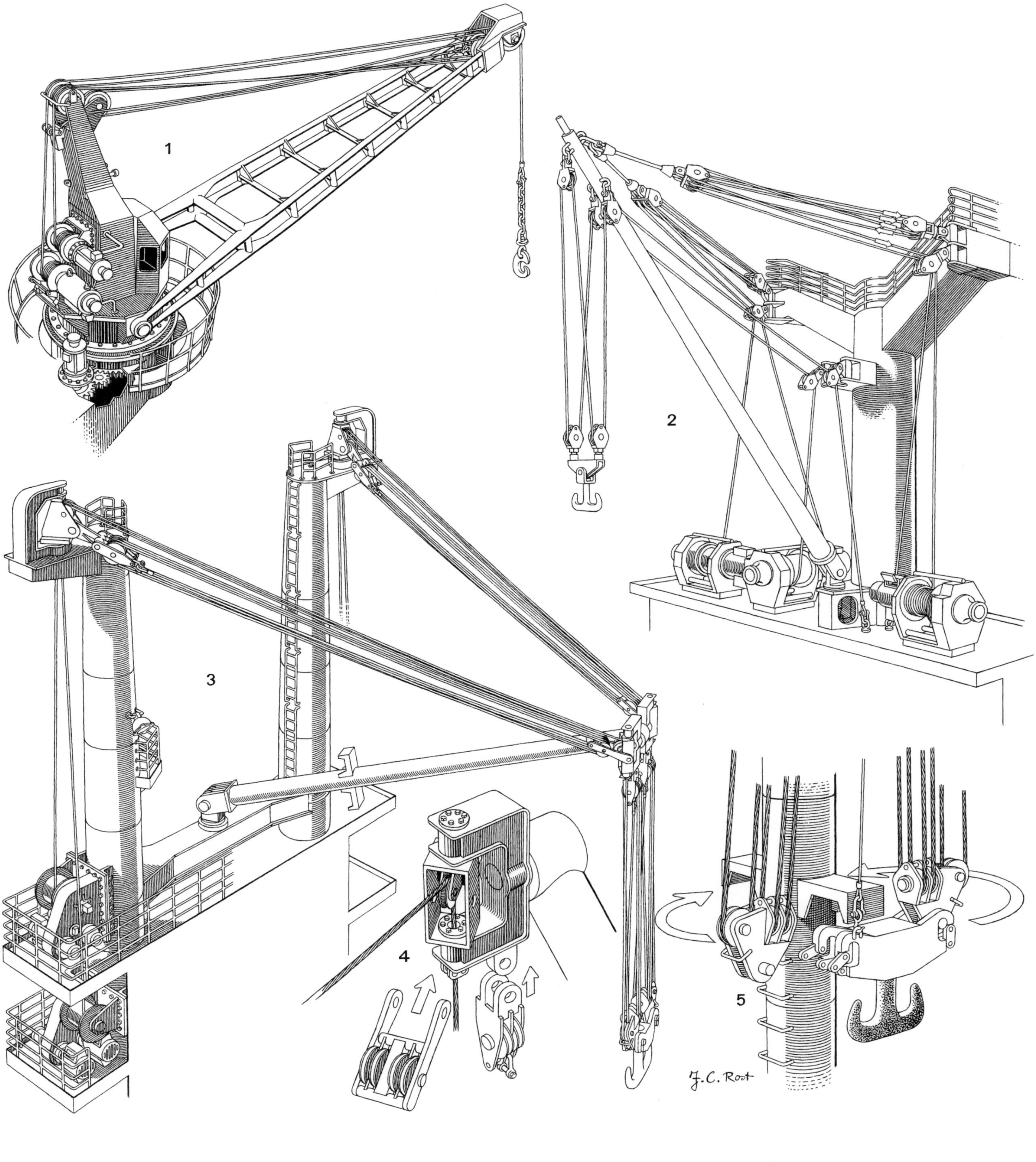

ment über Wasser von 516 t und unter Wasser von 651 t. Die Tauchzeit betrug 30 Sek., die zulässige Tauchtiefe war auf 50 m begrenzt. Die Besatzung bestand aus 3 Offizieren und 31 Mann.
Die 2 Sechszylinder-MAN Viertakt-Dieselmotoren mit einer Gesamtleistung von 810 kW (1100 PSe) trieben 2 Schrauben von je 1,4 m Durchmesser an, die dem Boot eine Überwassergeschwindigkeit von 13,6 kn gaben. Mit 6 kn Fahrt konnten 9040 Seemeilen gefahren werden. In der Unterwasserfahrt leisteten die Batterien 580 kW, mit denen 6 kn erreicht wurden. Mit 4 kn Fahrt konnten unter Wasser 55 Seemeilen gefahren werden.
Das Boot hatte 4 Bugrohre und ein Heck-Torpedoausstoßrohr. Es führte 10 Torpedos mit. Bewaffnet war es mit einer 8,8-cm-U-Boots-Kanone. Nach der Indienststellung wurde es im Mittelmeer eingesetzt und fuhr bei der K. u. K.-Marine als »U 80«. Nach Kriegsende war das Boot am 16. Januar 1919 auszuliefern; es wurde 1922 in Swansea abgebrochen.

»UB 49«, deutsches U-Boot zu Ende des ersten Weltkriegs

Übernahme-, Transport- und Kühlschiff: siehe *Fischerschiff* sowie *»KRISTALL«*

U-Boot, *Unterseeboot, Unterseefahrzeug, Unterwasserfahrzeug:* Sammelbezeichnung für alle bemannten und unbemannten Wasserfahrzeuge, die sich durch Eigen- oder Fremdantrieb unter Wasser aufhalten und operieren können. Die Mehrzahl der Typen sind Tauchboote, die in normaler Schwimmlage als Verdrängungsschiff auf dem Wasser und vollgetaucht über eine bestimmte Zeit in verschiedenen Tauchtiefen unter Wasser fahren können. Die Unterwasserfahrzeuge lassen sich 3 Hauptgruppen zuordnen: Tauchboote mit relativ begrenzter Tauchzeit aus der Zeit vom »BRANDTAUCHER« bis 1954; den neuzeitlichen Tauchbooten für Spezialaufgaben der Forschung, Unterwasserreparaturen, Bergungswesen u. a. in geringen Tauchtiefen und in der Tiefsee (siehe *Bathyplane*), sowie kernkraftgetriebenen Unterseebooten mit extrem langer Tauchzeit.
Der Entwicklungsbeginn der frühen Tauchboote geht bis auf den in England lebenden holländischen Arzt Cornelius van Drebbel zurück, der bereits 1624 ein Tauchboot baute und damit eine Tauchfahrt in der Themse von Westminster bis nach Greenwich unternahm. 150 Jahre später, im Jahr 1774, baute der Engländer Day ein Boot, mit dem er Tauchversuche unternahm und mit dem er unterging. Um die gleiche Zeit (1775) schuf der Nordamerikaner David Bushnell sein Tauchboot »TURTLE«, mit dem ein Jahr später Sergeant Ezra Lee versuchte, das englische Blockadeschiff »EAGLE« in die Luft zu sprengen.
1801 gab es von Robert Fulton das Tauchboot *»NAUTILUS«*, mit dem er und einige Leute sich fast einen halben Tag unter Wasser aufhielten.
1850 entstand von Wilhelm Bauer in Kiel sein »BRANDTAUCHER«, der später bei Tauchversuchen sank.
In den USA wurde das Tauchboot »H. L. HUNLEY« gebaut. Der Captain der Südarmee, Horace L. Hunley, finanzierte es, und die beiden Marineingenieure J. R. Mc. Clintok und Baxter Watson bauten das Boot. In der Nacht des 17. Februar 1864 versenkte die »H. L. HUNLEY« das Kriegsschiff der Nordstaaten »HOUSATONIC«. Das Tauchboot wurde bei der Explosion mit in die Tiefe gerissen.
Bis zu dieser Zeit wurden die Tauchboote durch Muskelkraft bewegt, und es gab nur erste Versuche mit einem maschinellen Antrieb. Um 1862 baute der Spanier Narciso Monturiol ein erstes U-Boot mit Dampfmaschinenantrieb für die Über- und Unterwasserfahrt. Es folgten 1863 in Frankreich Bougois und Brun mit ihrem Tauchboot »LE PLONGEUR« mit einer Druckluft-Kolbenmaschine. Die Druckluft wurde in 20-atü-Behältern mitgeführt. Das Boot hatte einen Spierentorpedo. In den 80er Jahren des 19. Jh. entwarf der Schwede Torsten Nordenfeldt eine Anzahl Tauchboote, die mit gespeichertem Wasserdampf angetrieben wurden und mit dem gerade entwickelten Whitehead-Torpedo ausgerüstet waren. Aufbauend auf diesen Vorentwicklungen vollzog sich um 1880 der Übergang zu den ersten Unterseebooten für längere Tauchfahrten.
1886 konstruierten die Engländer Andrew Campbell und James Ash das Boot »NAUTILUS«, das von 2 durch Akkumulatoren gespeisten 33,2-kW-E-Motoren angetrieben wurde. Mit 8 kn Geschwindigkeit hatte das Boot eine Reichweite von etwa 70 Seemeilen, eine beachtliche Fahrstrecke zu dieser Zeit. Es folgte das U-Boot »GYMNOTE« der beiden französischen Ingenieure Dupuy de Lome und Gustave Zede, das bereits mit einem Tiefenruder versehen war.
Seit etwa 1872 experimentierte der irisch-amerikanische Konstrukteur John Philip Holland mit Unterseebooten (siehe auch *Holland-U-Boot*), gewann 1896 einen Wettbewerb und baute sein U-Boot »PLUNGER«, das durch einen 36,8-kW-(50-PS-)Benzinmotor angetrieben war. Es machte über Wasser 7 kn und unter Wasser mit einem E-Motor 6 kn Fahrt. Kurz vor der Jahrhundertwende kaufte die britische Admiralität ein »Holland«-U-Boot und stellte später fünf solcher Boote in Dienst. Das erste wurde am 2. Oktober 1901 in Dienst gestellt, es befindet sich heute im Museum von Gosport. 1900 bestellten die USA ebenfalls sechs Holland-Boote.
Weitere Konstruktionen aus dieser Zeit sind die von Laubeuf, Romazotti, Lake, Alexandrowski und Drzewiecki, dessen Elektroboot im Marinemuseum in Leningrad steht.
Mit den ersten, von Verbrennungsmotoren angetriebenen Tauchbooten gab es noch einige schwerwiegende Unfälle. Petroleum, Gasolin und Benzin waren als Brennstoff sehr explosibel, und beim Laden der Batterien für die Unterwasserfahrt entwickelte sich Wasserstoffgas. So wurden 1902 allein neun schwere Unfälle durch Gasolindämpfe bekannt, wovon u. a. das französische U-Boot »FULTON« und das englische U-

Japanische U-Boote, 1905 in den USA für den russisch-japanischen Krieg nach Plänen der A-Klasse der 1. US-U-Bott-Flotte gefertigt und in Japan zusammengebaut

Deutsches Unterseebot in einer Werft

Blick in den Motorenraum eines U-Boots des ersten Weltkriegs

Boot »A 1« betroffen wurden. 1905 wurde das französische U-Boot »GYMNOTE« durch eine Knallgasexplosion infolge angesammelten Wasserstoffs zerrissen. Laubeuf hatte daher 1899 sein Tauchboot »NARWAL« mit einer Dampfanlage für die Überwasserfahrt in Dienst gestellt, dem noch verschiedene dampf-elektrische Boote folgten.
Es gab weitere Projekte, wie einen Dampf-Natronbetrieb nach den Ideen des deutschen Moritz Honigmann oder den Patenten des französischen Ingenieurs Raymond d' Equevilley-Monjustin aus der Zeit 1909 bis 1913, die aber bereits technisch nicht mehr erforderlich wurden. Auch die Druckluftmaschine nach einem Vorschlag von Del Proposto konnte das Problem des Antriebs nicht lösen. Abhilfe schuf erst der Einsatz der Dieselmotoren.
Die britische Marine begann 1902 und die Kaiserliche Marine 1905 mit dem Bau von Unterseebooten, läßt man das Versuchsboot »FORELLE« und einige Bauten für das Ausland unberücksichtigt. Am Anfang der deutschen U-Bootentwicklung steht das Boot »*U 1*«, das am 16. Dezember 1906 in Dienst gestellt wurde. Eine besondere, jedoch nur kurzzeitige Entwicklungsrichtung begann mit dem Handels-U-Boot *U-»DEUTSCHLAND«*. Der französische Unterseekreuzer »*SOURCOUF*« war bis zu seinem Untergang im Jahr 1942 das größte Unterseefahrzeug der Welt. Klein-U-Boote wurden im zweiten Weltkrieg von beiden Seiten eingesetzt. Der Schnorchel war im zweiten Weltkrieg eine Erfindung, um in geringer Tiefe mit Dieselmotoren fahren zu können. Er wurde schon vor dem zweiten Weltkrieg für niederländische U-Boote im Kolonialdienst entwickelt und dann von der Kriegsmarine übernommen, nachdem ein solches Boot erbeutet wurde. Eine Reihe von »VII C« und »IX«-U-Booten wurden mit Schnorchel ausgerüstet bzw. nachgerüstet. Die sog. »Elektroboote« des Typs »*XXI*« und »XXIII« besaßen eine höhere Batteriekapazität und erreichten damit im E-Maschinenbetrieb eine Unterwassergeschwindigkeit von 17,5 kn.
Eine technisch neuartige Lösung im U-Bootsantrieb stellte das *Walter-U-Boot* dar, das 1944/45

»U-968«, deutsches U-Boot vom Typ VII C

mit einem Wasserstoffsuperoxyd-Antrieb kurzzeitig auf eine Unterwassergeschwindigkeit von 25 kn kam. 1954 war dann das amerikanische U-Boot »*NAUTILUS*« das erste Kriegsschiff der Welt mit Nuklear-Antrieb.

U-Boot-Abwehrfregatte, *UAW-Fregatte:* im zweiten Weltkrieg durch Großbritannien entwikkelte hochseefähige *Fregatte* zur U-Boot-Abwehr. Ein Vorbild war der kleinere, vorwiegend für küstennahe Einsätze schon im ersten Weltkrieg entstandene U-Boot-Jäger (engl. Submarine chaser). Die U-Boot-Abwehrfregatte hatte um 1935 ein Deplacement von etwa 500 ts und wurde 1943 bereits mit 2030 ts gebaut. Die Schiffe hatten damit eine entsprechend verbesserte Seefähigkeit. Die Geschwindigkeit stieg in der gleichen Zeit von 16 kn auf 36 kn. Bei diesem Schiffstyp vollzog sich damit eine Parallelentwicklung zum amerikanischen *Geleit-Zerstörer*. Da die UAW-Fregatte nicht für Gefechte mit gegnerischen Überwasserstreitkräften vorgesehen waren, hatten sie zur Selbstverteidigung nur einige Universalgeschütze mittleren Kalibers und Flak an Bord. Das Hauptgewicht der Ausrüstung lag bei den seinerzeit modernsten akustischen und elektronischen Ortungs-Anlagen und einer verstärkten Bewaffnung mit Wasserbombenwerfern.

U-Boot-Begleitschiff: Hilfsschiff für U-Boot-Flottillen bis Ende des zweiten Weltkriegs. Die in den einzelnen Flotten ständig wachsende Zahl von U-Booten führte zur Bildung von U-Boot Flottillen, denen Hilfsschiffe zugeordnet wurden. Sie waren als schwimmende Stützpunkte Werkstattschiff, Versorgungsschiff sowie Torpedolager und dienten zur Betreuung der Besatzung.
Die ersten, noch als U-Boot-Tender bezeichneten Schiffe waren überwiegend kleine, umgebaute Handelsschiffe. Sie genügten den Anforderungen bald nicht mehr, blieben aber weiterhin in Dienst. Entsprechend der Kriegsvorbereitung Deutschlands auf den zweiten Weltkrieg wurden größere U-Boot-Begleitschiffe gebaut. Als schwimmende Stützpunkte sollten sie die Operationsbasen, zum Beispiel im okkupierten Frankreich, unterstützen, um deren Kapazität zu erweitern. Eine Anzahl dieser Schiffe waren bis 1945 in Dienst; siehe auch U-Boot-Begleitschiff »*WILHELM BAUER*«.

U-Boot-Falle, *Lockschiff:* engl. decoy ship, die auch als »Q-Ship« bezeichneten Fallen erhielten zur Geheimhaltung häufig wechselnde Namen, so hatte »Q 5« nacheinander die Namen »TULIP«, »LODERER« und »FARNBOROUGH«. Es waren sowohl zusätzlich ausgerüstete, äußerlich normal aussehende Trampdampfer oder auch Segelschiffe mit versteckten Geschützen, Torpedorohren und Wasserbomben zur Bekämpfung feindlicher U-Boote, wenn sie sich zur Untersuchung oder Aufbringung dem vermeintlichen Frachtschiff aufgetaucht näherten. Im ersten Weltkrieg schickte allein Britannien 180 solcher U-Boot-Fallen in See, die mindestens 14 deut-

1 Luke in Nietbauweise mit Gurtplatten an den Ekken, verstärkten Lukenendbalken und Lukenlängssüllen
2 Luke mit rollbaren Schiebebalken, erstmals 1929 verwendet. Mitte: Schalklatte mit Keil, Spannschraube und Spannband
3 Abdichten der Stoßkante zwischen einzelnen Lukendeckeln
4 Schiebe-Lukendeckel
5 »Single pull«-Lukendeckel mit fester Kette und Antrieb im Deckel
6 Hydraulisch betätigte Faltlukenpaare
7 Doppel-Faltlukendeckel von außerhalb der Luke hydraulisch betätigt

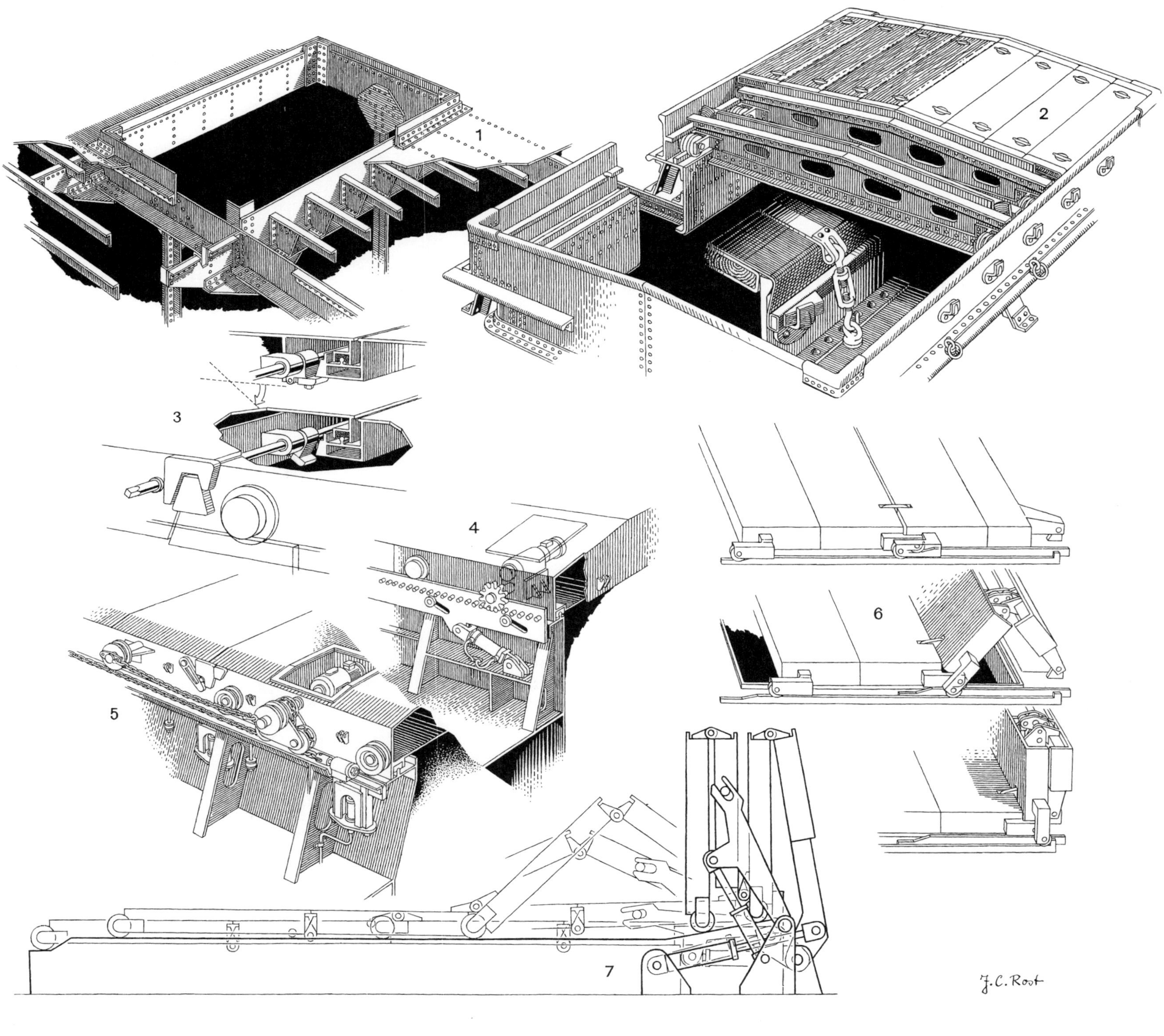

1 Faltdeckel mit hydraulischem Antrieb
2 »Single-pull«-Abdeckung. Einzeldeckel mit Ketten verbunden; Öffnen und Schließen durch Seilzug
3 u. 4 Anheben der »single-pull«-Lukendeckel durch Exzenter an den Rollen; Verzurren mit Spannschrauben
5 u. 6 Hydraulisch bewegter Riegel zum Verzurren
7, 8 u. 9 Durch Spanner wird die Lukenabdeckung verzurrt, der Deckel wird mit seinem Dichtungsgummi fest auf die Dichtungsschiene des Lukensülls gepreßt
10 »Single-pull«-Lukenabdeckung. Antrieb mit endloser Kette, die Deckel sind durch Gestänge verbunden
11 Rollbare Lukendeckel. Die Dichtungsschiene wird durch Federn niedergedrückt und beim Verschieben hydraulisch angehoben
12 Schema der Roll-Lukendeckel

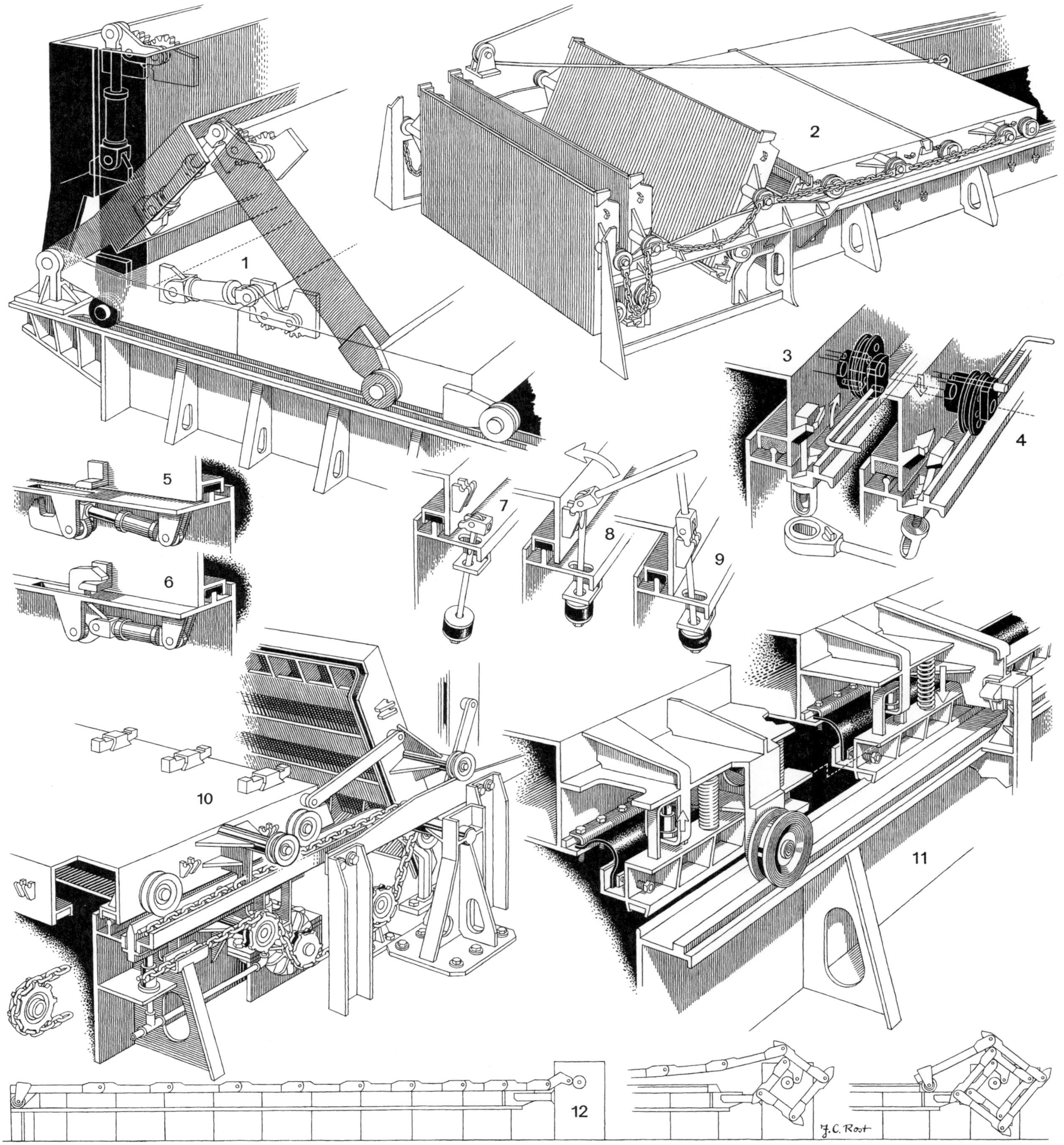

1 Lukendeckel geschlossen
2 Der Deckel wird angehoben
3 Herunterfahren unter den angehobenen zweiten Deckel
4 Der obere Deckel wird auf den fahrbaren abgesenkt, das Deckelpaar kann auf dem Süll verfahren werden
5 u. 6 Antrieb der Lukendeckel durch Ritzel und Zahnstange
7 u. 8 Hydraulische Absenkeinrichtung der Laufschienen
9 u. 10 Einrichtung zum hydraulischen Verzurren der Deckel
11 Wenzel/Bauer-Rolluke der Warnowwerft 1954
12 Faltdeckel mit speziellem Hebelwerk, das die Anordnung der Hydraulikzylinder im Deckel ermöglicht
13 Sliding-Zwischendecksluke während des Schließvorgangs

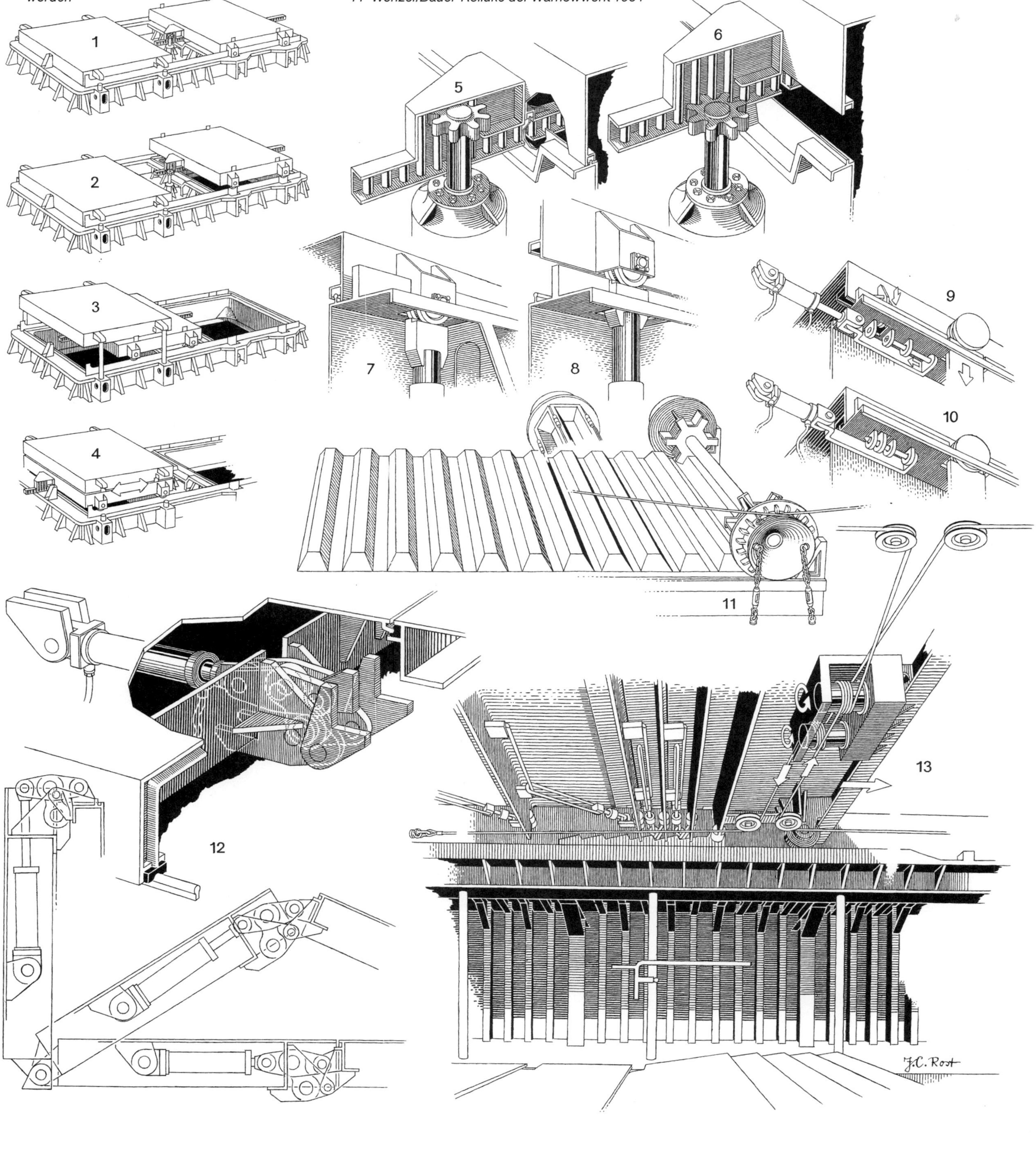

sche U-Boote vernichteten. Weiter gab es spezielle als U-Boot-Fallen gebaute Kriegsschiffe, wie die französischen *Kanonenboote* bzw. *Avisos* der Amiens-Klasse. Der erfolgreichste Fallenkommandant war Commander Campbell, der allein 3 deutsche U-Boote versenkte. Die Falle »STONECROP« unter Commander Morris Blackwood versenkte am 17. September 1917 das von Kapitänleutnant Schwieger geführte Boot »U 88« mit der gesamten Besatzung; Schwieger hatte im Mai 1915 die *»LUSITANIA«* versenkt. U-Boot-Fallen gab es auch im zweiten Weltkrieg, wenn auch nicht in größerer Anzahl.

U-Boot-Hebe- und Bergungsschiff: siehe *»VULCAN«*

U-Boot-Monitor: U-Boot mittlerer Größe mit einem oder zwei schweren Schiffsgeschützen. Zu Ende des ersten Weltkriegs baute Britannien 3 derartige U-Boote, Typbezeichnung M1 bis M3, von denen jedes ein Geschütz mit 30,5-cm-Kaliber und ein zusätzliches 7,5-cm-Fliegerabwehrgeschütz auf dem Hinterschiff hatte. Die U-Boot-Monitore sollten sich unbemerkt an Küstenziele annähern können, um sie dann überraschend zu beschießen; siehe auch *»SURCOUF«*.

U-Boot »WILHELM BAUER« der BRD, ex »U 2540«, Typ XXI, im Dock zur Herrichtung als Marinemuseum

U-Boot »Typ XXI«: vorletzter deutscher U-Bootstyp des zweiten Weltkriegs. Mit der Montage der in verschiedenen ausgelagerten Rüstungsstätten vorgefertigten Sektionen für die Neuentwicklung des ersten Boots U 2540 des Typs XXI wurde noch am 29. Oktober 1944 auf der Werft von Blohm & Voss in Hamburg begonnen. Bereits 53 Tage später, am 13. Januar 1945, war der Stapellauf und am 24. Februar 1945 wurde das Boot in Dienst gestellt und der 31. U-Flottille zugeteilt. Es durchlief seine technischen Erprobungen, kam aber nicht mehr zum Fronteinsatz und endete mit der Selbstversenkung durch seine Besatzung am 4. Mai 1945 in der Nähe des Flensburger Feuerschiffs. Nach der Bergung im Juni 1957 wurde es bei HDW Kiel überholt und am 1. September 1960 als U-Boot »WILHELM BAUER« neu in Dienst gestellt. Es diente danach als tauchender Erprobungsträger für U-Boot-Einrichtungen und U-Boot-Waffen sowie als Ziel- und Ausbildungsschiff unter der Natokennzeichnung »Y 880«.
Am 15. März 1982 wurde das Boot endgültig außer Dienst gestellt und am 27. April 1984 Ausstellungsobjekt im Schiffahrtsmuseum Bremerhaven.
Die internationale marinetechnische Bedeutung des Typs XXI liegt darin, daß es entscheidende Impulse für die U-Boot-Entwicklung nach dem zweiten Weltkrieg gab. Der Typ XXI war ein Zweihüllenboot, das aus 8 vollgeschweißten Sektionen bestand. Die Wanddicke des Druckkörpers lag zwischen 18 und 40 mm. Die äußere Hülle war mit 4···5 mm relativ dünn. Zwischen den beiden Hüllen lagen die Tauchzellen und Tanks. Die 5 druckfesten Schotte teilten das Boot in 6 wasserdichte Abteilungen. Abteilung 1 war der Bugtorpedoraum mit 6 Torpedorohren, Schnellladevorrichtung und einem Magazin für 17 Torpedos. In der Abteilung 2 waren der vordere Wohnraum sowie die Horch-, Funk-, Wasch- und Batterieräume. Abteilung 3 nahm die Zentrale, den Hilfsmaschinenraum, den Turm, die Kombüse und den darunter liegenden Maschinenraum auf. In der Abteilung 4 waren der hintere Waschraum, der Mannschaftswohnraum und die darunter liegenden Batterieräume. Abteilung 5 bildete den vorderen M-Raum mit den Dieselmotoren, Hilfsmaschinen, Kupplung, Getriebe und Kompressoren. Im hinteren Raum der Abteilung 5 waren die Haupt-E-Maschinen, Schleichmotoren und E-Maschinen-Getriebe. Abteilung 6 war der Heckraum mit den Antrieben für das Seiten- und hintere Tiefenruder, die Werkstatt, Bordschleuse und das achtere WC.
Das über Alles 76,70 m lange Boot hat eine Breite von 7,60 m. Die Länge des Druckkörpers beträgt 60,50 m, sein größter Durchmesser ist 5,30 m. Die Seitenhöhe von Unterkante Kiel bis Oberkante Turm beträgt 11,34 m, der Tiefgang auf Mitte Boot 6,32 m. Die Verdrängung liegt über Wasser bei 1621 m^3 und getaucht bei 1819 m^3. Die Antriebsanlage besteht aus 2 Sechszylinder-MAN-Viertakt-Dieselmotoren von je 1472 kW (2000 PS), 2 Haupt-E-Maschinen von je 1840 kW (2500 PS) und 2 Schleichmotoren von je 82,2 kW (113 PS). Die Elektroenergie wird in 2 Batterien mit je 3 × 62 Zellen gespeichert. Die Geschwindigkeit betrug über Wasser ca. 15,5 kn und unter Wasser ca. 17,5 kn. Die normale Tauchtiefe lag bei 133 m, die Gefechtstauchtiefe betrug 220 m und die Zerstörungstauchtiefe 330 m. Die Bewaffnung bestand aus den 6 Bugtorpedorohren sowie 2 × 2-cm-Flak in Zwillings-Lafetten. Die Besatzung war 58 Mann stark, davon 6 Offiziere. Die Boote besaßen eine erheblich gesteigerte Kampfkraft gegenüber dem vorherigen U-Boot »Typ VII« und »Typ IX«. Die Alliierten legten daher Wert darauf, Boote des Typs XXI als Kriegsbeute zu nehmen. Nach dem Krieg gab es verschiedene Nachbauten in Ost und West. Die nächste grundlegende technische Neuerung kam 10 Jahre später mit dem kernenergiegetriebenen U-Boot; siehe *»NAUTILUS«*.

U-Boot-Zerstörer: siehe *U-Boot-Abwehrfregatte* und *U-Jäger*

»U-DEUTSCHLAND«: erstes deutsches Handels-Unterseeboot für transatlantische Frachtfahrten. Die deutsche Regierung erteilte im ersten Kriegsjahr dem damaligen Generaldirektor des Norddeutschen Lloyd, Dr. Alfred Lohmann den Auftrag, alle für den Bau und Einsatz von Handels-Unterseebooten erforderlichen Maßnahmen einzuleiten. Verschiedene Werften waren an dem Auftrag interessiert. Unter anderen unterbreitete die »Germania-Werft« in Kiel-Gaarden am 4. Oktober 1915 dazu eine Sonderstudie, die vom Chefkonstrukteur der Werft für U-Boote, Hans Techel, ausgearbeitet war. Die Werft AG »Weser« war bereit, innerhalb von 11 Mon. ein Handels-Unterseeboot mit einer Tragfähigkeit bis zu 500 t zu bauen. Zur Vorbereitung und Koordinierung des Einsatzes wurde am 8. November 1915 die »Deutsche Ozeanreederei GmbH« gegründet. Schließlich baute die Flensburger Werft den Bootskörper für 775 t Tragfähigkeit mit einem 37,0 m langen Druckkörper und einer größten Breite von 5,8 m. Der Stapellauf des ersten Handels-Unterseeboots war am 28. März 1916. Im April absolvierte das Boot erfolgreich die Probefahrt und kam unter dem Kommando des Lloydkapitäns Paul König als erstes Handels-Unterseeboot mit einer Besatzung von 29 Mann in Dienst. Die Hauptdaten des U-Boots waren: Länge über Alles 65,0 m, Länge zwischen den Loten 57,0 m, größte Breite auf Spanten 8,9 m, Tiefgang bei Überwasserfahrt 4,5···5,3 m. Die Verdrängung betrug aufgetaucht 1512 t und getaucht 1857 t und die Vermessung 791 BRT und 414 NRT.
Die Antriebsanlage von 589 kW (800 PS) Leistung bestand aus 2 nicht umsteuerbaren Sechszylinder-Viertaktmotoren von der Motorenwerkstatt der »Germania-Werft« für die Überwasserfahrt und 2 Siemens-Schuckert Doppelmotor-Dy-

namomaschinen mit je 375 kW (510 PS) Leistung für die Unterwasserfahrt. Die Höchstgeschwindigkeit bei Überwasserfahrt lag bei 12,4 kn, die Unterwassergeschwindigkeit bei 6,71 kn, langzeitig bei 5,2 kn. Bei einem Brennstoffvorrat von 328 t hätte mit 5,5 kn eine Fahrtstrecke von 25000 Seemeilen zurückgelegt werden können. Zur ersten Atlantikfahrt lief die »U-DEUTSCHLAND« am 20. Juni 1916 mit einer Ladung Medikamente und Lackfarben aus und machte am 8. Juli 1916 nachts um 23.30 Uhr in Baltimore fest. Die Rückreise nach Bremen dauerte vom 1. bis 25. August 1916, wobei 350 t Gummi, 343 t Nickel, 83 t Zinn und 0,5 t Jute transportiert wurden. Die zweite Reise ging am 10. Oktober 1916 von Bremen nach New London, Connecticut. Die Rückreise wurde am 21. November 1916 angetreten und nach 19 Tagen in Bremen glücklich beendet.
Infolge Kriegseintritt der USA entfielen weitere Frachtfahrten. Das zweite Handels-Unterseeboot »U-BREMEN« wurde bereits bei der ersten Überfahrt von britischen Flotteneinheiten entdeckt und gilt seitdem als verschollen. Der ursprünglich geplante Bau 6 weiterer Handels-U-Boote wurde gestoppt und die U-Boote »U 151«, »U 152«, »U 153«, »U 154«, »U 156« und »U 157« ab Juli 1917 als Kampfboote in Dienst gestellt.
»U-DEUTSCHLAND« wurde ab Februar 1917 zum U-Kreuzer »U 155« umgerüstet. Es wurden zwei 15-cm-Seezielgeschütze und zwei 8,8-cm-U-Bootskanonen sowie sechs Torpedorohre eingebaut. In den ehemaligen Laderäumen konnten außerdem 100 Minen gefahren werden. Nach Kriegsende wurde »U 155« am 24. November 1918 nach England überführt und hier zur Besichtigung freigegeben. 1922 wurde das Boot in Morecambe verschrottet.

Handels-U-Boot »DEUTSCHLAND« nach der Rückfahrt von Amerika auf der Weser

U-Dock: siehe *Schwimmdock*

U-Jäger, *U-Bootjäger:* schnelles kleines Kriegsschiff zur Ortung, Abwehr und Bekämpfung gegnerischer U-Boote. Vor dem ersten Weltkrieg hatten Britannien und Frankreich die Bedeutung der U-Boote noch unterschätzt. Als gleich zu Kriegsbeginn das deutsche U-Boot »U 9« innerhalb weniger Stunden 3 britische Panzerkreuzer versenkte, wurde es schlagartig offenbar, welche gefährliche Waffe hier entwickelt worden war. Die Lage war um so prekärer, da es noch keine wirksame Gegenwaffe gab. Besonders die Versorgung Großbritanniens als Insel war durch den deutschen U-Bootkrieg gefährdet. In größter Eile wurden daher Fischdampfer, Motorboote, Yachten, Kutter und andere Schiffstypen armiert und als U-Bootjäger eingesetzt. Wurde ein U-Boot entdeckt, warf man von diesen ersten U-Bootjägern Wasserbomben über Bord. In den Jahren 1915 und 1916 wurden dann besonders britische Minensucher der »Flower«-Klasse von 1200 t Deplacement und 16 kn Geschwindigkeit zu U-Jägern umgerüstet, die teilweise noch mit geballten Handgranatenladungen angriffen. Eine gezielte U-Bootjagd war erst ab etwa 1917 möglich, als schnelle Torpedoboot-Zerstörer, die mit ersten einfachen Ortungsgeräten ausgerüstet waren, für diese Aufgaben zum Einsatz kamen. Später bildete sich dann ein neuer Schiffstyp »U-Jäger« als kleiner U-Bootjäger von 20···65 t Deplacement und großer U-Bootjäger von etwa 100 t Deplacement heraus. Beide erreichten im Einsatz bis zu 30 kn. Mit Wasserbomben, leichten Maschinenwaffen und U-Bootdrachen ausgerüstet, wurden die feindlichen U-Boote hauptsächlich in küstennahen Gewässern bekämpft. Der *Zerstörer* als schnelles Kampfschiff führte die U-Bootjagd auf hoher See weiter, da die kleinen U-Jäger dafür nicht seetüchtig genug waren.

U-Bootjäger

Auch im zweiten Weltkrieg wurden verschiedene Schiffstypen zur U-Bootjagd herangezogen. Der moderne U-Bootjäger bildete sich mit den Korvetten und Fregatten erst heraus, als die Aktivität der deutschen U-Boote sich weiter steigerte. Die *Korvette* von etwa 1300 ts und die *Fregatte* von etwa 1600 ts übernahmen die Sicherung der Geleitzüge. Die USA bauten etwa 370 solcher *Geleit-Zerstörer* (destroyer escorts), die mit modernen Mittel zur U-Bootortung und Bekämpfung ausgerüstet waren.
Moderne U-Jäger verfügen über hochempfindliche hydroakustische Ortungsanlagen, funktechnische und elektronische Geräte. U-Jäger fahren parallele Zickzack- und Schlängelkurse und orten gegnerische U-Boote durch deren Geräusche u. a. Effekte, um sie mit Wasserbombenwurf oder den Abschuß reaktiver Sprengsätze mit Werferbatterien zu vernichten. Zur Luftabwehr haben moderne U-Jäger vollautomatische Flak und Raketen. Heute ist der U-Jäger als Mehrzweck-Kriegsschiff für allgemeine Aufklärungsaufgaben, zur Minensuche und als Vorpostenschiff eingesetzt.
U-Jäger werden neuerdings durch die Satellitenbeobachtung und aus der Luft unterstützt. Unter anderem werden Hubschrauber eingesetzt, die hydroakustische Geräte auf eine günstige Eintauchtiefe absenken und so aufgefundene U-Boote selbst bekämpfen oder ihre Position an U-Jäger weitergeben. Hubschrauberträger wie die *»KIEW«* sind so in der Lage, schnell ganze Seegebiete nach U-Booten abzusuchen.

U-Kreuzer: Bezeichnung für einige U-Boote in der Zeit zwischen den beiden Weltkriegen, die die seinerzeit üblichen U-Boote bedeutend an Größe und Bewaffnung übertrafen. 1931 baute Frankreich den seinerzeit größten U-Kreuzer *»SURCOUF«* mit 2888 t Deplacement. Über Wasser fuhr dieser U-Kreuzer 18 kn und getaucht 10 kn. Er war mit 14 Torpedorohren und zwei 20,3-cm-Geschützen bestückt. Die noch 1918 gebauten deutschen U-Kreuzer der Baureihe U 139 bis U 141 hatten 2200 t Verdrängung und 4416 kW (6000 PS) Antriebsleistung. Auch das Handels-U-Boot *»U-DEUTSCHLAND«* wurde noch im ersten Weltkrieg zum U-Kreuzer umgebaut. Großbritannien hatte neben dem *U-Boot-Monitor* seit 1921 einen Versuchsbau X 1 zur Erprobung, der 1936 abgewrackt wurde. Obwohl die modernen Kernenergie-U-Boote bedeutend größer als alle seinerzeitigen U-Kreuzer sind, ist die Bezeichnung nicht mehr gebräuchlich.

ULCC: Abkürzung für Ultra Large Crude Carrier; siehe *Tanker* und *Supertanker*.

U-Minenleger: *U-Boot*, das vorwiegend zum Legen von Minen ausgerüstet ist. Minensperren sind dann besonders wirksam, wenn sie durch Unterwasserfahrzeuge unbemerkt in häufig passierten Einfahrten verlegt werden. Der russische Marineingenieur Naljoton plante 1904 während der Blockade des Hafens Port Arthur durch die Japaner den ersten U-Minenleger, der aber erst 1908 fertig wurde.
In Deutschland entstanden die ersten U-Minenleger im ersten Weltkrieg. Es waren unterschiedlich große Boote mit 168 bis 1163 t Deplacement in Einhüllen- und auch in Doppelhüllenbauweise. Sie führten vor der Bootsbezeichnung ein »U C«. Ein Teil dieser Boote hatte die Minen außerhalb des Druckkörpers und andere innerhalb des Boots, wozu entsprechende Auswurföffnungen nötig waren. Später gab es auch Minen vom Durchmesser der Torpedos, die durch die Torpedorohre ausgestoßen wurden.

Ungeschützter Kreuzer: siehe *Kreuzer*

»UNITAS«: deutsches Walfangmutterschiff. 1937 baute die Werft Deschimag AG. »Weser« für die »Jürgens van den Bergh-Margarine-Verkaufs Union Berlin« mit Sitz in Bremen das Walfangmutterschiff »UNITAS«. Das Schiff wurde in einer Rekordzeit von nur 12 Monaten zur Fangsaison 1937 fertiggestellt. Es lief am 5. Juli 1937 von Stapel und ging bereits im Oktober des gleichen Jahrs auf seine erste Fangreise.
Das 21 846 BRT (11 841 NRT) große Schiff hatte eine Tragfähigkeit von 30 000 t und war das seinerzeit größte Walfangmutterschiff der Welt. Es war über Alles 193 m und zwischen den Loten 183,6 m lang, 24,5 m breit und besaß einen Tiefgang von 12 ··· 15 m. Die Besatzung bestand aus 293 Mann. Zusätzlich waren an Bord Unterbringungsmöglichkeiten für weitere 120 Mann für die Fangboote. Als Besonderheit war ein 120-t-Hebegeschirr an Bord, um die Fangboote bei Reparaturen an Schraube und Ruder mit dem Heck aus dem Wasser heben zu können. Die Dampfmaschinenleistung betrug 4416 kW (6000 PS), mit der das Schiff 11 ··· 12 kn fuhr.

Walfangmutterschiff »UNITAS«

Das Schiff ging 1945 als Reparation an Großbritannien und fuhr hier noch als »EMPIRE VICTORY« und »ABRAHAM LARSEN«. Ab 1957 fuhr es als »NISSHIN MARU No. 2« und wurde 1965 in Japan abgewrackt.

»UNITED STATES«: US-Fahrgastschiff, schnellstes ziviles Schiff der Welt. Die USA hatten, obwohl Haupteinwanderungsland aus Europa, einen relativ kleinen Anteil am Schnelldienst auf der Nordatlantikroute. Außer der Collins-Line, New York, die um 1860 Bedeutung erlangte, war es hauptsächlich die Kapitalbeteiligung an britischen Reedereien wie der Inman- und White-Star Line, die den US-Anteil am Nordatlantikverkehr ausmachte. Erst 1924 schaltete sich die staatlich subventionierte »United States Line« mit der »LEVIATHAN« (ex *»VATERLAND«*) in den Schnelldienst ein. Dieses Schiff lag bei Ausbruch des ersten Weltkriegs in New York und wurde später von den USA beschlagnahmt. In den 30er Jahren kamen dann die in den USA erbauten *»MANHATTAN«* und *»WASHINGTON«* (je 24 000 BRT und 22 kn) hinzu. Ein drittes Schiff dieser Art, die »AMERICA« wurde erst im zweiten Weltkrieg fertig und dann unter dem Namen »WESTPOINT« als Truppentransporter eingesetzt.
1926 gab es aber schon Pläne, um ein »4-Tage-Schiff« für die Überfahrt von Pier zu Pier, seinerzeit noch New York–Southampton, zu bauen. Der Entwurf kam jedoch noch nicht zur Ausführung. Obwohl von den Erfolgen der *»BREMEN«* und *»EUROPA«* sichtlich beeindruckt, wurde auch ein weiterer Plan, 6 Schnelldampfer von der Größe der *»MAURETANIA«* (31 550 BRT 2335 Passagiere, 27,22 kn) zu bauen, nicht realisiert.
Nach dem zweiten Weltkrieg gaben dann die Leistungen der *»QUEEN ELIZABETH«* und der *»QUEEN MARY«*, die als Truppentransporter mit ihren Fahrten im zweiten Weltkrieg von insgesamt 493 000 bzw. 570 000 Seemeilen 811 000 bzw. 765 000 Soldaten befördert hatten, den Anlaß zum Bau der »UNITED STATES«. Die Konstruktionsarbeiten wurden dem Ingenieurbüro Gibbs & Cox übertragen, das auch die Entwürfe für die großen Schiffe und Flugzeugträger der US-Navy geschaffen hatte und so Erfahrungen bei großen schnellen Schiffen, jedoch nicht bei kommerziellen Schiffen hatte.
Die Kiellegung der »UNITED STATES« war am 8. Februar 1951 im Trockendock der »Newport News Shipsbuilding & Drydock Co« in Virginia. Am 23. Juni 1951 schwamm das 53 329 BRT große Schiff auf als größtes in den USA gebautes Passagierschiff. Das Schiff ist 301,75 m über Alles und 279,50 m zwischen den Loten lang, 31,10 m breit und hat einen Tiefgang von 10,98 m. Es hat 16 Decks, wobei die 4 oberen sowie die

Die »UNITED STATES«, durch Schlepper assistiert

1 *Fähre mit hochklappbarem »Bugvisier« und einer Rampe von 9 m Länge. Die erste Sektion der Rampe dient hochgeklappt als wasserdichter Verschluß*
2 *Bugöffnung, die mit zwei türähnlichen, hydraulisch betätigten Schalen verschlossen wird*
3 *Kombinierte Seitenpforten – Deckslukenabdekkung*
4 *Seitenrampe, die zugleich als wasserdichte Pforte dient*
5 *Seitenrampe geschlossen, Ansicht von innen*
6 *Hebelwerk zum Einklappen der zweiten Rampensektion um 180°*

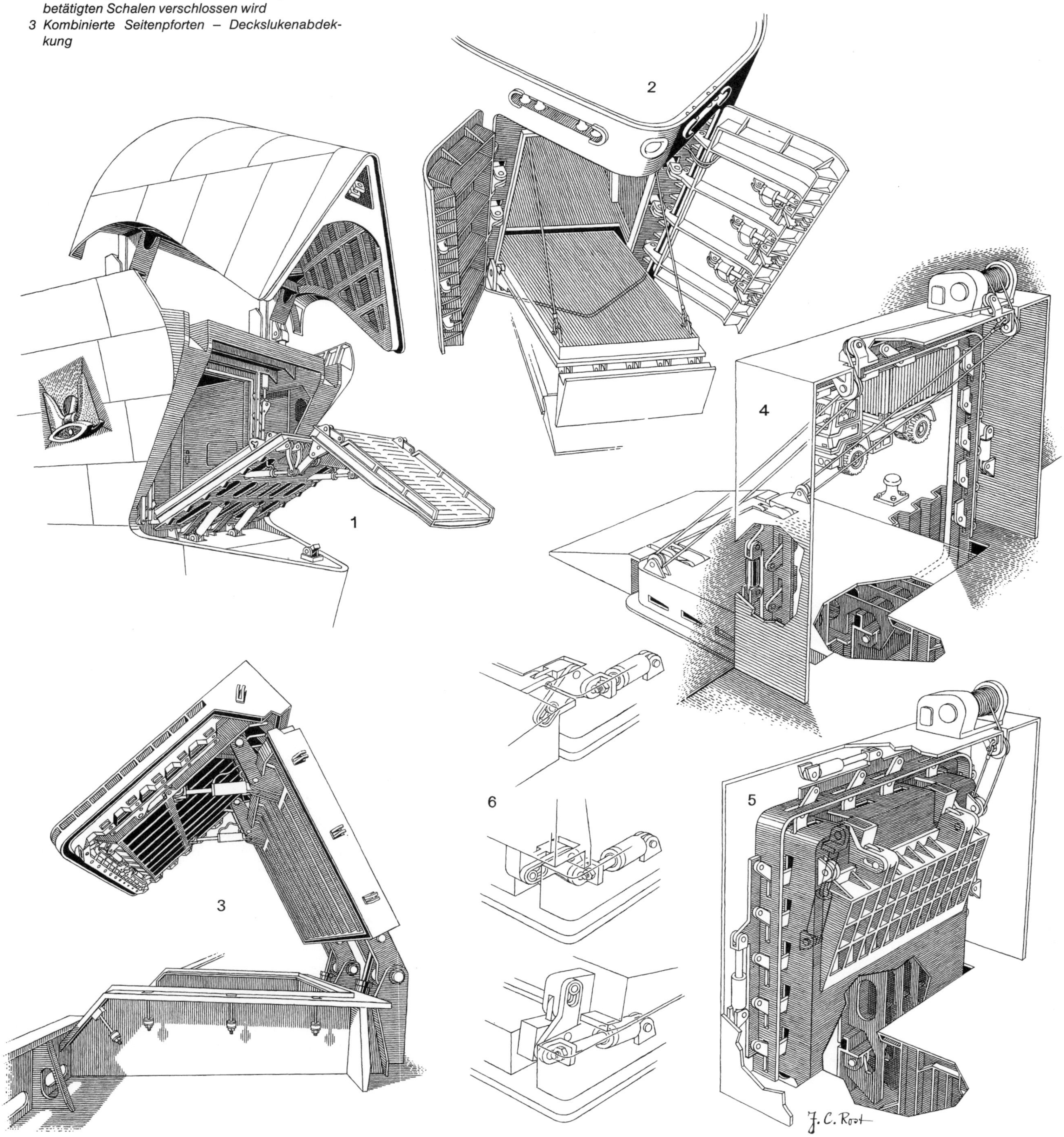

1 *Heckwinkelrampe von 45 m Länge. Der Antrieb der zweiten Sektion ist auf der ersten untergebracht*
2 *Seitlich schwenkbare Heckrampe von 35 m Länge und 7 m Breite*
3 *Horizontale und vertikale Bewegung der Rampe mit Taljen*
4 *Heckwinkelrampe einer Fähre*

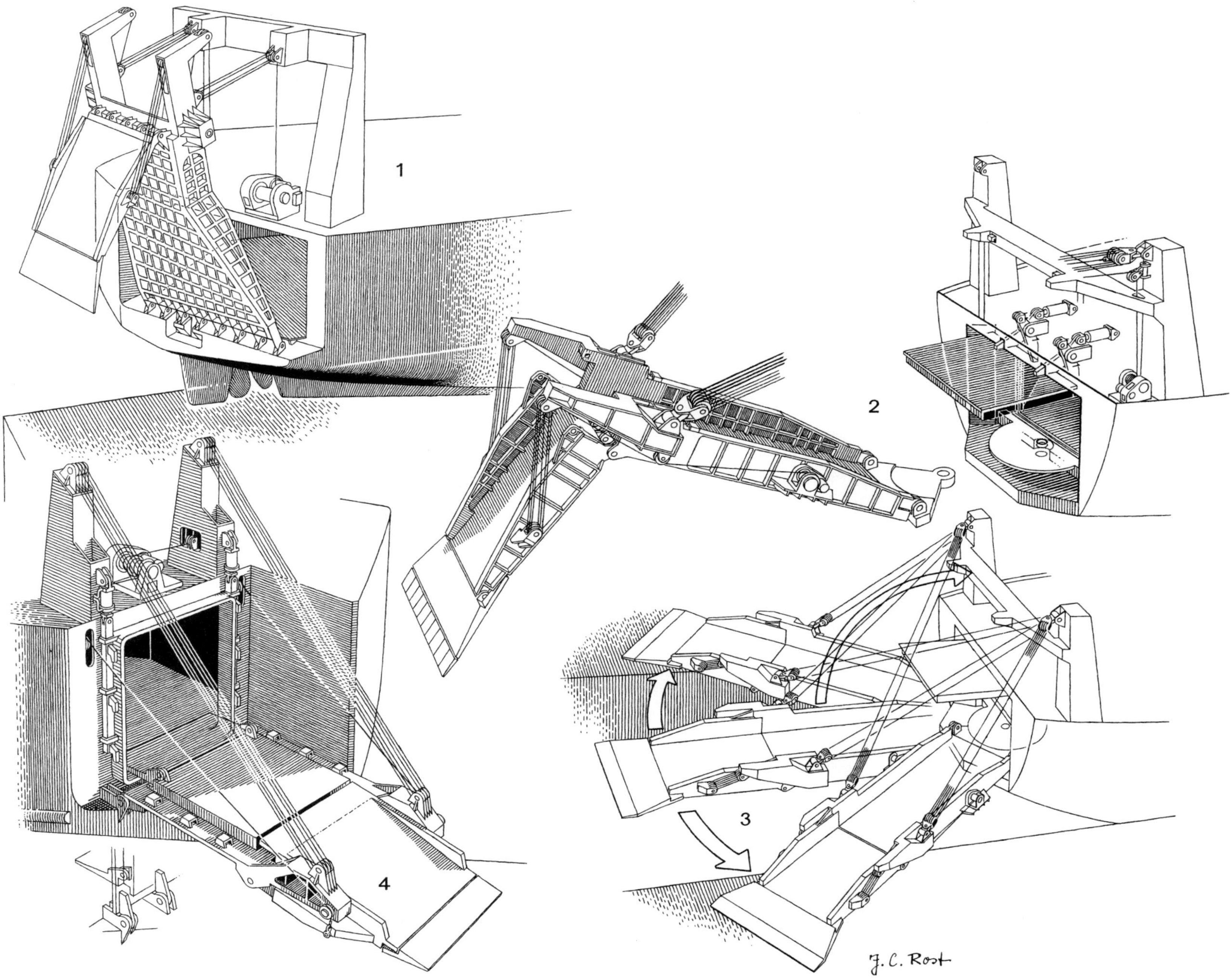

beiden mächtigen Schornsteine und die Masten aus Aluminium gefertigt wurden. Bei einer Besatzung von 1093 Mann konnte das Schiff 2008 Passagiere oder 14000 Soldaten befördern. In einem vorher nie erreichten Umfang wurde die Einrichtung aus nichtbrennbarem Material vorgenommen. In den 60 m langen Maschinenräumen wurden 4 Satz Getriebeturbinen installiert, die maximal 198720 kW (270000 PS) leisten (nach anderen Quellen 240000 PS). Um mögliche Vibrationen zu mindern, bekam das Vierschraubenschiff außen 4flüglige und innen 5flüglige Schrauben, mit denen eine Dienstgeschwindigkeit von 36 kn und eine Maximal-Geschwindigkeit von 42 kn erreicht wurde. Der Kesseldruck betrug 7,1 MPa (70 atü).
Das Schiff kostete 79,5 Mill. Dollar, davon wurden $^2/_3$ vom US-Pentagon getragen. Am 3. Juli 1952 schickte die United States Line das Schiff auf die Jungfernreise nach Europa, auf der es 35,59 kn fuhr und mit einer Reisedauer von 3 Tagen 10 Std. und 40 min. von Ambrose Feuerschiff bis Bishops Rock sofort das »Blaue Band« errang. Die »UNITED STATES« war damit 3,9 kn schneller als die »QUEEN Mary« 14 Jahre zuvor und ist bisher der letzte Träger des »Blauen Bandes«. Seit 1969 war das Schiff an einer Pier im Hafen von Norfolk in Virginia aufgelegt. Zeitweise wurde es als Reserve-Lazarettschiff von der US-Navy beansprucht. Im März 1981 kaufte R. L. Hadley, Präsident der Kreuzfahrtgesellschaft »United States Cruises Inc.« das Schiff für 5 Mill. Dollar.

Universalfrachtschiff: ein *Stückgutfrachtschiff*, das wahlweise alle Arten von Stückgütern, engl. general cargo, oder Schüttgüter einschließlich Getreide (siehe *Bulker*) laden kann. Mit der fortschreitenden Spezialisierung der Schiffstypen, der Größenentwicklung und der Containerisierung hat der traditionelle Universalfrachter an Bedeutung verloren. Die Kombination von Stückgut und Schüttgut ist nur noch auf ganz bestimmten Routen und bei größeren Bulkcarriern effektiv. Dennoch entstanden neue Schiffstypen mit einer größeren Ladungsflexibilität, wie das *Mehrzweckschiff*, *OBC* oder das *Lo/Ro-Schiff*.

»Unsinkbares« Schiff: ein Schiff mit einem derart in kleinere wasserdichte Abteilungen unterteilten Schiffskörper, daß die Wahrscheinlichkeit des Verlustes der Schwimmfähigkeit bei Wassereinbruch sehr gering ist. Durch eine solche Unterteilung würde jedoch die Nutzung sehr erschwert oder sogar unmöglich werden, so daß es ein wirklich unsinkbares Schiff nicht gibt, siehe dazu *Dreiabteilungsschiff*, *Einabteilungsschiff* und *Zweiabteilungsschiff*. Für spezielle Kriegsschiffe wie beim *Zielschiff* wird die Sinksicherheit durch zusätzliche Auftriebskörper oder Ausschäumen vergrößert.

Urlauberschiff: siehe *Fahrgastschiff*, *»ARKONA«*, *»FRITZ HECKERT«* und *»VÖLKERFREUNDSCHAFT«*

»USAMBARA«: Fracht- und Passagierdampfer der Deutschen Ostafrika-Linie (D. O. A. L.), Hamburg, und typischer Repräsentant dieses kombinierten Schiffstyps. Das 8690 BRT und 5104

Fracht- und Passagierdampfer »USAMBARA«, 8800 BRT, Baujahr 1922

NRT große Schiff wurde 1922 auf der Werft Blohm & Voss in Hamburg gebaut und war im Ostafrika-Dienst eingesetzt.
Die »USAMBARA« war 132,1 m lang und 17,8 m breit. Sie fuhr mit 138 Mann Besatzung und war für die Beförderung von 284 Personen eingerichtet. Die Antriebsanlage mit einer Dampfturbine von 2500 kW (3400 PSi) Leistung gab dem Schiff eine Geschwindigkeit von 14 kn. 1945 ist die »USAMBARA« in Stettin nach einem Bombentreffer gesunken und wurde später dort abgewrackt.

U-Spantschiff: ein Schiff, dessen Schiffskörper nicht nur im Mittelschiffsbereich, sondern auch an den Schiffsenden U-förmige Spantquerschnitte hat. Während am Vorschiff wegen der Schiffsumströmung und der besseren Stabilität und Stampfdämpfung V-Spanten und Bugwulste günstiger sind, werden am Hinterschiff zur gleichmäßigeren Propelleranströmung U-Spantformen mit Heckwulsten unterhalb der Propellerwellenachse bevorzugt.

UW-Labor, *Unterwasserlabor:* siehe *Bathyplane*

V

»VANDAL«: russisches Naphtha-Transportschiff, erstes Schiff der Welt mit Dieselmotorenantrieb. Im letzten Jahrzehnt des 19. Jh. begann mit den Erfindungen von RUDOLF DIESEL der Entwicklungsprozeß des Dieselmotors und des Dieselmotorschiffs bis zum heute dominierenden Schiffsantrieb. Nach und nach überholte der Dieselmotor mit seiner höheren Wirtschaftlichkeit die Kolbendampfmaschine, die Dampfturbine sowie die anfänglichen Gasmotoren und Petroleummotoren.
Die »VANDAL« wurde für den Transport von Naphtha (russische Bezeichnung für Rohöl und Petroleum) auf dem Ladogasee 1903 auf der Werft der Gebrüder Nobel in St. Petersburg gebaut. Sie fuhr auch von Baku auf Kaspi und Wolga. Als erstes Schiff der Welt erhielt sie einen Dieselmotor, der nach der Lizenz von Diesel in Stockholm von der A/B Diesels Motorer erbaut wurde. Es war ein Dieselmotor mit 3 Zylindern, der 88 kW (120 PS) bei 240 U/min leistete. Seinerzeit konnte man die ersten Dieselmotoren noch nicht umsteuern. Deshalb wählte man eine Lösung, bei der für die Vorausfahrt über eine Kupplung der Dieselmotor den Propeller direkt antrieb. Die Kupplung war ausrückbar. Für die Rückwärtsfahrt wurde die direkte Kupplung unterbrochen und die Propellerdrehrichtung dadurch umgekehrt, daß der Motor einen Generator antrieb, dessen Strom einen Elektro-Propellermotor speiste.

»VATERLAND«: größter deutscher Fahrgast-Schnelldampfer vor dem ersten Weltkrieg. Die vor dem ersten Weltkrieg stark ansteigenden Transatlantik-Fahrgastziffern waren der Grund für die von ALBERT BALLIN, Generaldirektor der HAPAG, in Auftrag gegebenen großen Fahrgastschiffe. Die zunehmende Schiffsgröße erforderte bei gleichbleibender Geschwindigkeit nur einen bestimmten Prozentsatz Mehrleistung. Außerdem waren großzügige, frei nutzbare Decksflächen und komfortable, bequeme Fahrgasteinrichtungen erwünscht. Ende 1911 wurde der Bauauftrag an Blohm & Voss in Hamburg erteilt, am 3. April 1913 war der Stapellauf und am

Die »VANDAL«, erstes russisches Dieselmotorenschiff

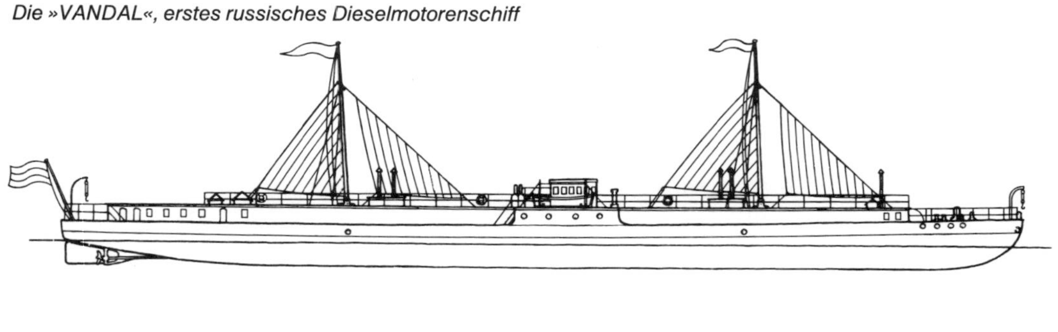

15. Mai 1914 wurde die Übergabe an die Reederei vollzogen.
Der Vierschrauben-Schnelldampfer »VATERLAND« war für 3677 Fahrgäste vorgesehen. Neben Staatszimmern mit jeweils Salon, Schlafzimmer und Bad führte die I. Klasse 752 Betten, in der II. Klasse gab es 535, in der III. Klasse 850 und in der Touristenklasse 1540 Plätze. Die Leitung des Schiffs oblag einem Kommodore und 4 assistierenden Kapitänen. Neben 7 nautischen Offizieren und 29 Ingenieuren befanden sich 1188 Mann Besatzung an Bord.
Dieses Spitzenschiff der damaligen Fahrgastflotte hatte eine Ladenstraße mit Bank und Reisebüro, Festräume, Rauchsalons sowie eine Telefon- und drahtlose Telegrafiezentrale. Der Speisesaal reichte durch mehrere Decks. Durch neu eingeführte einzelne Kesselschächte wurden günstigere Raumunterteilungen möglich. Weiter waren ein Ladungskühlraum und ein Automobilraum vorhanden.
Nach der »TITANIC«-Katastrophe wurden die Sicherheitseinrichtungen besonders erweitert. Das betraf sowohl die Unterteilung durch wasserdichte Schotte mit Schließeinrichtung als auch die Feuerisolierung der Haupttreppenhäuser, elektrische Loteinrichtungen und Unterwasser-Schallempfänger. Für Fahrgäste und Besatzung gab es 34 Rettungsboote.
Die wichtigsten technischen Daten der »VATERLAND« waren: 276,15 m Länge zwischen den Loten, 30,50 m Breite, 25,0 m Seitenhöhe und 11,73 m Tiefgang. Die Verdrängung betrug 55650 m^3, die Vermessung 54282 BRT. Das fahrbereite Schiff hatte eine Eigenmasse von 48900 t. Neben den Fahrgästen konnten 1200 t Fracht sowie 9000 t Kohle für die Kessel gefahren werden. Mit der Leistung von 44160 kW (60000 PS) fuhr das Schiff mit 23,5 kn Dienstgeschwindigkeit. Die Maximalleistung der Turbinen wurde mit 66240 kW (90000 PS) und die Höchstgeschwindigkeit mit 26 kn angegeben. Die Antriebsanlage bestand aus 4 Turbinen für die Vorausfahrt (1 Hochdruck-, 1 Mitteldruck- und 2 Niederdruckturbinen). Für die Rückwärtsfahrt waren ebenfalls 4 Turbinen (2 Hochdruck- und 2 Niederdruckturbinen) installiert. Den Dampf erzeugten 46 Wasserrohrkessel des Systemy Yarrow mit einer Gesamtheizfläche von 19540 m^2 bei 359 m^2 Gesamtrostfläche.
Vor Kriegsausbruch waren nur 3 Reisen möglich. Im New Yorker Hafen wurde die »Vaterland« und ihre Besatzung interniert. Das Schiff wurde 1917 bei Kriegseintritt der USA als Kriegsbeute beschlagnahmt. Unter dem Namen »LEVIATHAN« fuhr es danach als Truppentransporter. Nach dem ersten Weltkrieg wurde es das Flaggschiff der United States Lines. Im Jahr 1938 war die Abwrackung dieses größten Fahrgastschiffs, das jemals unter deutscher Flagge fuhr.

Die »VATERLAND« am Kai von Cuxhaven

Die »VATERLAND« nimmt langsame Fahrt auf

Verarbeitungsschiff: siehe *Fang- und Verarbeitungsschiff* sowie *Fabrikschiff*

Verarbeitungstrawler: siehe *Fabriktrawler*

Verbrennungsschiff: siehe *Chemikalien-Verbrennungsschiff*

Verdrängungsboot, *Verdrängungsschiff:* eine für alle Boote und Schiffe zutreffende Bezeichnung, deren Schwimmfähigkeit auf dem Prinzip des Archimedes beruht, wobei jeder ganz- oder teilweise in eine Flüssigkeit getauchte Körper einen Auftrieb entsprechend der Masse der verdrängten Flüssigkeit erfährt. Verdrängungsschiffe schwimmen somit infolge des Auftriebs des durch den eingetauchten Teil des Schiffskörpers verdrängten Wassers. Die Größe der Verdrängung wird in Kubikmeter angegeben. Die Größe des Auftriebs, das Deplacement in Tonnen, ergibt sich unter Berücksichtigung der Dichte des Wassers. Die durchschnittliche Seewasserdichte ist für die Ost- und Nordsee etwa 1,015 t/m^3 und für den Nordatlantik 1,025 t/m^3. Im Unterschied zum statischen Auftrieb haben das *Gleitboot*, *Tragflügelboot* oder *Aircraft-boat* bei der Fahrt vorwiegend dynamischen Auftrieb.

Verkehrsboot: hauptsächlich für die Personenbeförderung über kurze Strecken eingesetztes Boot. Die relativ kleinen, motorgetriebenen Fahrzeuge halten im kommerziellen oder staatlichen Betrieb den Verkehr zwischen Küstenorten besonders in Ländern mit einer ausgedehnten Küste aufrecht. Sie verbinden Fjorde, Schären und Inseln, transportieren Post, Gepäck, Fahrgäste und Lebensmittel und bringen auch medizinische Hilfe. Wegen der meistens kurzen Fahrtzeiten sind an Bord i. allg. keine Kabinen, sondern größere Aufenthaltsräume mit Schlafgelegenheiten. Eine Ladeausrüstung dient der Übernahme größerer Gegenstände. In neuerer Zeit können auch einige PKW an Bord genommen werden.
Im Hafen dienen *Barkassen* als Verkehrsboote zum Übersetzen von Werft- und Hafenarbeitern auf Schiffen, die im Nebenwasser an Dalben liegen. Auf Kriegsschiffen unterhalten Verkehrsboote wie *Barkassen* und *Pinassen* den Verkehr zwischen den auf Reede liegenden Schiffen und dem Land.

Vermessungsschiff: ein besonders ausgerüstetes und bemanntes Schiff zum Vermessen von Küsten, Fahrwasserstraßen, Meerestiefen, Strömungen, Magnetfelder u. a. Aufgaben, die zur Ergänzung und Aktualisierung von Seekarten bzw. für die Meeresforschung erforderlich sind; siehe auch *Forschungsschiff* und *»MÖWE«*.

Vermessungs- und Erkundungsbohrschiff: siehe *Bohrschiff*

Versenkbare Plattform: siehe *Bohrinsel*

1 Container-Portalkrane (Portainer) haben Spreader anstelle der Kranhaken, die ein automatisches Anschlagen der Container ermöglichen
2 u. 3 Hydraulisch betätigter Riegel zur Befestigung von Containern am Spreader – Position vor und nach dem Verriegeln
4 Laderaum eines Containerschiffs mit Containerstaugerüsten
5 Verbindungselemente für Deckscontainer

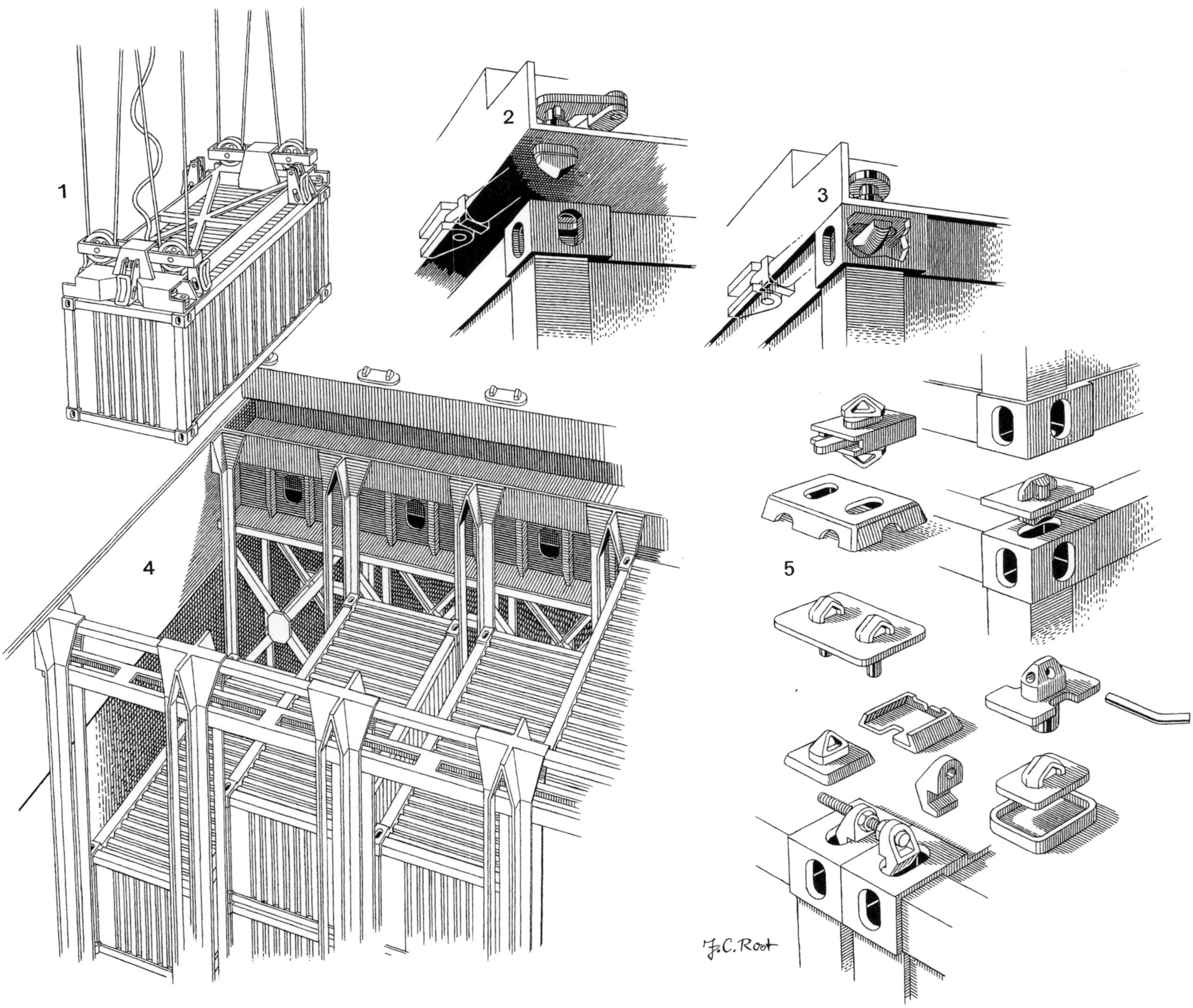

Versorgungsschiff: Hilfsschiff der Marine für unterschiedliche Versorgungsaufgaben zur Truppen-, Brennstoff-, Material-, Munitions- und Torpedoversorgung und für sonstige Versorgungsaufgaben.

Versorgungstanker: ein spezieller *Tanker* der Kriegsflotten zur Versorgung von Kampf-, Hilfskampf- und Hilfsschiffen mit flüssigen Verbrauchsstoffen auf See. Die Treibstoffübergabe geschieht mit Pumpen und flexiblen Schläuchen entweder in der Parallelfahrt, wobei gleichzeitig zwei Schiffe versorgt werden können oder in Kiellinie, wobei in der Regel der Versorgungstanker das zu versorgende Schiff schleppt. Der hohe Treibstoffbedarf der konventionellen Flugzeugträger für den Fahr- und Flugbetrieb erfordert beispielsweise eine Übergabemenge von 1000 bis 1500 t/h Treibstoff verschiedener Sorten.
In der zivilen Schiffahrt sind Versorgungstanker nur bei den Fischereiflotten der Fernfischerei und bei langen Einsatzzeiten konventioneller Eisbrecher nötig. Bei der Flottillen-Fernfischerei werden neben den eigenen Fangeinheiten auch die Fischereischiffe befreundeter Länder mitversorgt. So versorgen sowjetische Versorgungstanker auch Fang- und Verarbeitungsschiffe der DDR oder Polens auf den Fangplätzen mit Treibstoff. Teilweise werden die Aufgaben des Versorgungstankers auch durch kombinierte Schiffstypen wie Kühl- und Transportschiffe wahrgenommen; siehe *»KRISTALL«*.

Verwundetentransportschiff: im zweiten Weltkrieg speziell ausgerüstete Schiffe für die Verschiffung von Verwundeten. Diese Schiffe waren keine *Lazarettschiffe* im Sinne der Haager Konvention und hatten auch nicht deren Status, da sie bewaffnet waren. Sie wurden deshalb öfter angegriffen und versenkt, wobei es dann für die an Bord befindlichen Verwundeten keine Hilfe mehr gab. Ein solches Schiff war u. a. die 9523 BRT große »UBENA«, ein Fracht- und Passagierschiff der Deutschen Ostafrika Linie, Hamburg. Auch die Sowjetunion hatte im Großen Vaterländischen Krieg Verwundetentransporter (Sanitarnyj transport) im Einsatz. Bekannt wurde die »LWOW« durch ihre Transport- und Evakuierungsfahrten bei den Kämpfen um die Halbinsel Krim.

»VICTORIAN«: erstes turbinengetriebenes Fracht-Fahrgastschiff zu Beginn des 20. Jh. Ab 1903/04 setzte die kanadische Allan-Line für die Atlantikroute ihre beiden neuen Fracht-Fahrgastschiffe »VICTORIAN« und »VIRGINIAN« ein. Jedes Schiff konnte 800 t Fracht, darunter Kühlgüter, an Bord nehmen. Von den insgesamt 1650 Fahrgästen mußten 940 als Zwischendeck-Passagiere in Massenquartieren in den unteren Schiffsräumen fahren, während die der II. Klasse im Haupt- und Oberdeck und die der I. Klasse in den darüberliegenden Decks untergebracht waren.
Die Schiffe erreichten mit ihren Dampfturbinen bereits eine Maximal-Geschwindigkeit von 19,5 kn. Sie befanden sich damit in der Übergangsphase zwischen dem Fracht-Fahrgastschiff und den in den Folgejahren dominierenden Passagier-Schnelldampfern.

»Victory«-Schiff: siehe *»Liberty«-Schiff* und *Standardschiff*

Viehtransporter: Spezialfrachtschiff für den Transport von lebendem Schlachtvieh. Insbesondere haben die islamischen Staaten im Nahen Osten durch die Bevölkerungszunahme einen steigenden Fleischbedarf, für den infolge der Religionsvorschrift vorwiegend Hammelfleisch benötigt wird, das zumeist aus Australien als Lebendvieh importiert wird. Dieser Transport erfordert Spezialschiffe, wobei auch *Tanker* oder Containerschiffe speziell dafür umgebaut werden.
Ähnlich dem *Autotransporter* haben Viehtransporter hohe Decksaufbauten, in denen beispielsweise 21 000 Schafe auf 12 Ebenen bzw. 2100 Rinder auf 6 Ebenen geladen werden können. Für den Transport von Schafen werden Leichtmetall-Decksplatten verwendet, wobei eine Umrüstung für den Transport von Rindern innerhalb eines Tages möglich ist. Die Stahldecks haben rutschfesten Decksbelag. Über Be- und Entladerampen, die mit einem Deckskran ausgesetzt werden, kommen die Tiere durch Pforten in der Außenhaut an Bord. Das benötigte Futter wird aus den im vorderen Schiffsbereich befindlichen Silofutterraum durch eine Fütterungsversorgungsanlage in die Futter- und Trinkbehälter geführt. Eine Entmistungs- und Reinigungsanlage mit Deckwasch- und Jauchepumpen ist für die Reinhaltung der einzelnen Decks nötig. Das erforderliche Tränkwasser wird i. allg. in zwei Frischwasserverdampfern mit einer Tageskapazität von 60 t erzeugt. Für den Transport der Tiere durch tropische Zonen ist eine gute Durchlüftung der einzelnen Decks unerläßlich. Die Ventilatoren müssen unter Deck einen 35fachen und an Deck einen 15fachen Luftwechsel je Std. gewährleisten. Das Schiff muß außer Besatzungsunterkünften weitere Räume für die Tierpfleger haben.

»VILLE DE SAINT NAZAIRE«: Französisches Paketboot. Das 2673 BRT große Schiff wurde zusammen mit seinen beiden Schwesterschiffen »VILLE DE BORDEAUX« und »VILLE DE BREST« 1871 gebaut. Die »VILLE DES SAINT NAZAIRE« war bereits aus Stahl, hatte aber noch einen Rammsteven, um auf der Fahrtroute im Südpazifik gegen Piraten wehrhafter zu sein. Das Schiff war 88,50 m lang, 12,33 m breit und hatte, wie alle Schiffe aus dieser Zeit, noch eine Hilfsbesegelung, sie war barkähnlich getakelt und besaß noch eine offene »Brücke«. Der Steuerstand mit dem Ruderrad war am Heck direkt über dem Ruder, das noch durch eine Sorgleine gesichert war. Ein kleiner Deckskran diente der Übernahme von schwerem Gepäck. Der Stockanker wurde außenbords gefahren, aber die Ankerkette wurde schon durch eine Klüse geführt. Die Hecklaterne hing nach außenbords. Trotz der Größe von 2673 BRT wurden wegen der seinerzeit üblichen Postbeförderung in gebündelten Paketen auch diese Schiffe noch als *»Paketboot«* bezeichnet.
Die beiden Kolbendampfmaschinen leisteten zusammen 1913 kW (2600 PS) und gaben dem Zweischraubenschiff eine Geschwindigkeit von 12,5 kn. Drei querstehende schottische Kessel mit insgesamt 9 Feuerstellen erzeugten den Dampf. 1897 ging das Schiff durch Schiffbruch verloren; die beiden Schwesterschiffe wurden 1899 zum Abbruch verkauft.

»VIPER«: britischer Torpedobootzerstörer und Versuchsschiff zur Einführung der Parsons-Dampfturbine. Nach den erfolgreichen Fahrten der *»TURBINIA«* erteilte die britische Admiralität 1897 zunächst den Auftrag zum Bau des Torpedobootzerstörers »VIPER«, der die gleichen Abmessungen (Länge 64,0 m, Breite 6,4 m, Deplacement 370 ··· 376 ts) wie die bereits im Bau befindlichen 30-kn-Zerstörer erhalten, jedoch anstelle der Dampfmaschinen durch Dampfturbinen über 4 Wellen mit je 2 Schrauben bei 7360 kW (10 000 PS) Turbinenleistung angetrieben werden sollten.
Die »VIPER« wurde 1898 bei »Haxthorn Leslie & Co. Maschinenfabrik« gebaut und 1901 in Dienst gestellt. Auf jeder Schiffsseite kam ein Turbinensatz so zur Aufstellung, daß die inneren Wellen von den Niederdruckturbinen angetrieben wurden, die je eine Rückwärtsturbine erhielten, und die Hochdruckturbinen auf die äußeren Wellen wirkten. Die »VIPER« erreichte eine Geschwindigkeit von 33,4 kn, mit Überlast der Turbinen sogar 36,5 kn.

Schnittdarstellung des französischen Zweischraubers mit Rammsteven »VILLE DE SAINT NAZAIRE«, 1871

Gleichzeitig hatte Armstrong den Bau des Torpedobootzerstörers »COBRA« übernommen. Im Unterschied zur »VIPER« wurden bei der »COBRA« die 4 Wellen mit je 3 Schrauben versehen. Damit erreichte die »COBRA« sogar eine Höchstgeschwindigkeit von 37,1 kn. Endgültige Leistungen und Geschwindigkeiten konnten jedoch weder mit der »VIPER« noch mit der »COBRA« ermittelt werden. Die »VIPER« fuhr im Nebel auf einen Felsen und zerschellte, während die »COBRA« infolge zu schwacher Bauweise des Schiffskörpers und ungünstiger Bebunkerung mit Kohle bei Probefahrten in der Tyne-Mündung auseinanderbrach und mit der ganzen Besatzung sank. Die Kollision und die nicht ausreichende Festigkeit waren jedoch nicht auf den Einsatz von Turbinen zurückzuführen.

Der britische Torpedobootzerstörer »VIPER« mit Parsons-Dampfturbinen, 1901

»VIZEADMIRAL POPOW«: zweites Rundschiff nach den Plänen des zaristischen Vizeadmiral A. A. POPOW. Bereits ein Jahr nach der Fertigstellung des ersten Rundschiffs *»NOWGOROD«* ließ das Marineministerium im August 1874 in Nikolajew das zweite *Rundschiff* auf Kiel legen. Das mit 3610 t Deplacement um etwa 1000 t größere Schiff lief 1875 von Stapel, wurde zunächst auf den Namen »KIEW« getauft, jedoch kurz danach zu Ehren seines Konstrukteurs in »VIZEADMIRAL POPOW« umbenannt. Das aus Eisen gebaute Schiff hatte mit seinem größten Schiffsrumpfdurchmesser von 36,90 m einen um etwa 6 m größeren Durchmesser als die »NOWGOROD«. Der Rumpf war in 36 wasserdichte Abteilungen unterteilt. Er ging vorn 3,66 m und hinten 5,18 m tief, so daß sich ein mittlerer Tiefgang von 4,42 m ergab. Der Hauptspant hatte einen Querschnitt von 131,5 m^2, die Höhe im Raum betrug 4,27 m. Der Freibord war mit 0,46 m wie erwünscht sehr gering. Die Panzerung der Schiffsseiten reichte bis 1,47 m unter die Wasserlinie und war 40,6···45,7 cm dick. Das Deck war 7,5 cm dick gepanzert.

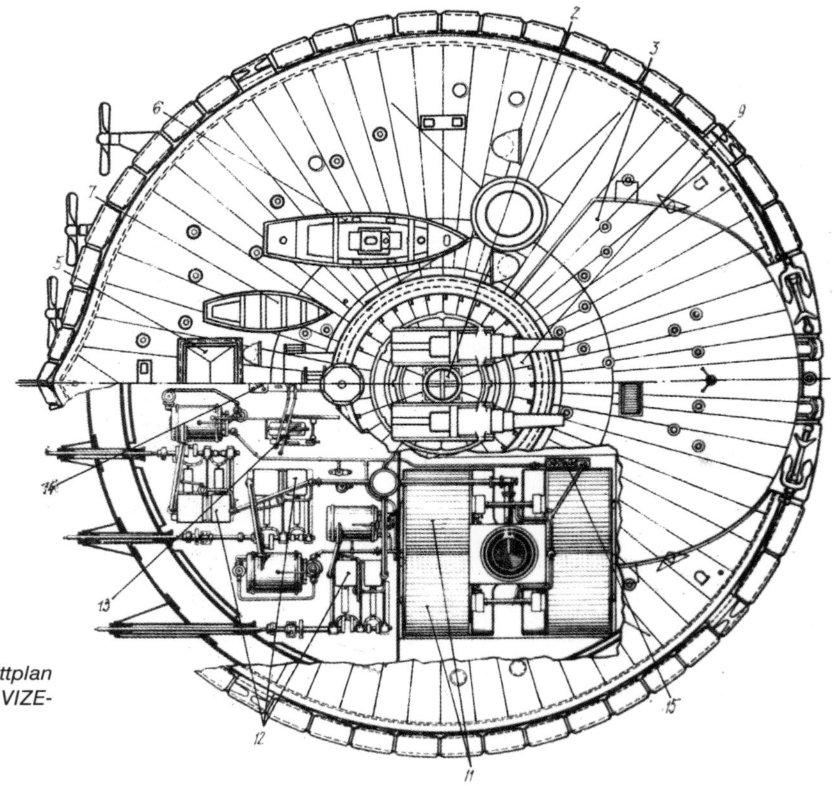

Draufsicht und Schnittplan des Panzerschiffs »VIZEADMIRAL POPOW«

Die »VIZEADMIRAL POPOW« war mit 2×30,5-cm-Hinterladerkanonen (Geschützmasse 40 t) bewaffnet, die auf Drehscheiben in einem oben offenen Barbetteturm standen. Außerdem waren 4 kleine 7,5-cm-Geschütze aufgestellt. Der Barbetteturm hatte 10,7 m Außendurchmesser, war wie der Wasserliniengürtel gepanzert und hatte eine Höhe über der Konstruktionswasserlinie von 4,02 m.

Die Maschinenanlage von Baird aus St. Petersburg bestand aus 8 liegenden Zweifach-Expansionsmaschinen mit etwa 3297 kW (4480 PS) Leistung, die auf 6 Schraubenwellen wirkten. Die äußeren Schrauben waren im Durchmesser größer und sollten nur im tiefen Wasser arbeiten. Sie wurden deshalb von 2 Maschinen angetrieben. Das Schiff konnte einen maximalen Kohlevorrat von 254 t an Bord nehmen. Die Besatzung bestand aus 205 Mann.

Wie bei der »NOWGOROD« verliefen die See- und Artillerieerprobungen gleich gut. Es zeigte sich auch ein gutes Seeverhalten. Am 15. Juni 1879 machte die »VIZEADMIRAL POPOW« trotz Seegang 7 noch eine Fahrt von 5,6 kn bei Rollwinkeln von nur 7°. Das Drehvermögen mit Ruderunterstützung war aber wesentlich geringer als bei herkömmlichen Schiffen und ein schnelles Drehen konnte nur mit Hilfe der äußeren Propeller erreicht werden. Die Arbeitsbedingungen in den Räumen waren wegen der schlechten Belüftung ungünstig. Im Maschinenraum entstanden Temperaturen von 43 °C, und im Kesselraum stieg das Thermometer bis auf 62 °C und sogar bis auf 78 °C. Später wurden auf der »VIZEADMIRAL POPOW« die beiden äußeren Maschinen wieder ausgebaut, da sie nur wenig Geschwindigkeitserhöhung gebracht hatten.

VLCC: Abkürzung für engl. Very Large Crude Carrier, also für »sehr große *Tanker*« über 100000 t Tragfähigkeit. Noch größere Tanker bis zu 500000 t Tragfähigkeit und darüber werden ULCC, Abkürzung für engl. Ultra Large Crude Carrier, genannt.

Voith-Schneider-Propeller-Schiff, *Voith-Schneider-Wassertrecker:* ein Schiff, das durch einen oder mehrere Drehflügelpropeller nach dem Prinzip von Voith-Schneider angetrieben und gesteuert wird. 1925 machte der österreichische Elektroingenieur Ernst Schneider aus Wien eine Erfindung, die noch heute in der Schiffahrt von Bedeutung ist. Es handelt sich um Propellerflügel, die auf einer sich drehenden Scheibe angeordnet sind und dabei Schwingbewegungen ausführen. Die Erfindung wurde am 7. Dezember 1925 in Österreich unter der Nr. 105723 und am 5. Juni 1926 in Deutschland unter der Nr. 453823 patentiert und der Firma J. M. Voith in Heidenheim und St. Pölten (Nieder-Österreich) als »neuartige Wasserturbine mit verstellbarer Steigung« zur Nutzung angeboten. Die Voith-Werke, die damals große Wasserturbinen, sog. »Kaplanturbinen« bauten, entwickelten die funktionsfähige Konstruktion. Der heutige Voith-Schneider-Antrieb sollte zunächst eine Wasserturbine werden, doch die Untersuchungen ergaben, daß die Schneider'sche Schwingflügelturbine dafür nicht besonders geeignet war. Man hatte aber erkannt, daß das Prinzip als »Antriebsmaschine« für den Antrieb von Schiffen von großer Bedeutung war. Die Schwingflügel gestatteten eine variable Richtung des Schubs, und durch Änderung der Steigung ließ sich auch die Schubgröße regulieren. Dementsprechend wurde die weitere Entwicklung auf das Propeller-Konzept konzentriert. Weitere Verbesserungen konnten übernommen und patentiert werden, bis 1929 die Arbeiten so weit gediehen waren, daß ein VS-Versuchsboot »TORQUEDO I« mit 44 kW (60 PS) Antriebsleistung und 0,8 m Flügelkreisdurchmesser von der Lürssen-Werft in Bremen-Vegesack gebaut und getestet werden konnte. Die in den Modellversuchen vorausgesagten Eigenschaften fanden ihre volle Bestätigung.

Der Voith-Schneider-Antrieb, damals noch Voith-Schneider-Treibmittel oder Flügelpropeller genannt, hatte seine Premiere an den Reichsbahn-Fahrgastschiffen auf dem Bodensee. Wegen der dortigen schwierigen Hafenverhältnisse suchte man nach neuen Antriebs- und Manövriersystemen. 1930 erprobte die Reederei »Bayrischer Lloyd« mit dem Motor-Schubschiff *»UHU«* als einem der ersten Schiffe die Brauchbarkeit des VS-Antriebs. In der Folgezeit wurden Fähren, Schlepper, Räumboote und Schwimmkrane mit diesem neuen Antriebssystem ausgerüstet. Der zweite Weltkrieg hemmte die Weiterentwicklung der VS-Anlagen und erst in den 1950er Jahren wurde der Propeller häufiger eingesetzt. Auf seegehenden Fährschiffen fand er als Bugsteuereinrichtung zur Verbesserung der Manövriereigenschaften Verwendung, wurde aber bald von den einfacheren Querstrahlanlagen mit Fest- und Verstellpropeller wieder verdrängt. Als kombiniertes Vortriebs- und Lenkmittel ersetzte der VS-Antrieb den Schraubenpropeller und das Ruder.

Die bisher größten VS-Anlagen hatten einen Flügelkreisdurchmesser von 4 m und eine Flügellänge von 2,5 m für ein 12000-t-Bohrschiff einer italienischen Ölgesellschaft. Sie übertrugen Antriebsleistungen von insgesamt 1910 kW (2600 PS). An einem runden Flügelträger, der mit dem Schiffsboden abschließt, befinden sich bis zu 6 verstellbare, senkrecht zum Flügelträger stehende Flügel. Die mit dem Flügelträger in Verbindung stehende Antriebswelle hat im Schiffsinnern eine rechtwinklige Lage zum Flügelträger und wird über Kegelradpaare angetrieben, wobei sie den Flügelträger in Drehung versetzt. Für die Schubrichtungs- und Schubkraftverstellung werden die Flügel über eine Exzentersteuerung in ihrer Steigung während des Umlaufs verändert.

Ein Anwendungsgebiet für VS-Anlagen sind heute noch Hafenschlepper, da an diese Fahrzeuge in engen Hafenrevieren besonders hohe Anforderungen hinsichtlich der Manövrierfähigkeit gestellt werden. Derartige Schlepper sind heute als Voith-Wassertrecker bekannt. Sie sind den konventionellen Schraubenschleppern dadurch überlegen, daß bei ihnen der Antrieb unter dem Vorschiff angeordnet ist und der Schlepphaken im hinteren Schiffsdrittel liegt. Dadurch entsteht eine günstige Lage zwischen dem vorn erzeugten Schub und dem hinten angreifenden Trossenzug. Der Wassertrecker nimmt so selbständig jeweils die Richtung der gestreckten Trosse ein, so daß ein Kentern des Schleppers durch Querzug fast ausgeschlossen ist. Der Schraubenschlepper muß hingegen bei eintretendem Kraftrichtungswechsel seine Position zum Schleppobjekt ständig verändern. Der VS-Antrieb gestattet außerdem die stufenlose Schubrichtungsänderung im gesamten Winkelbereich von 360 Grad. Voith-Wassertrecker haben je nach Einsatzgebiet und Einsatzbedingungen Antriebsleistungen von 2×440 kW bis 2×740 kW (2×600 PS bis 2×1000 PS).

6-flügliger Voith-Schneider-Propeller, Bauform 1938

»VÖLKERFREUNDSCHAFT«, ex *»Stockholm«* (3): Urlauberschiff des Freien Deutschen Gewerkschaftsbundes von 1960 bis 1985. Das Schiff wurde im Jahr 1948 als die dritte »STOCKHOLM« bei den Götaverken in Göteborg (Schweden) für die A. B. Svenska-Amerika-Linie gebaut. Als Fracht- und Fahrgastschiff wurde es mit 11650 BRT vermessen. Es erhielt eine Länge von 159,93 m; 21,03 m Breite und 7,55 m Tiefgang. Die Einrichtung ist für 395 Passagiere und 170 Mann Besatzung ausgelegt. Der Schiffskörper wurde bereits weitgehend geschweißt und die stromlinienförmigen Aufbauten unter Verwendung von 32 t Leichtmetall anstelle von 65 t Stahl hergestellt. Die 6 Laderäume einschließlich Kühlladeraum erhielten ein Fassungsvermögen von 8495 m^3. Jede der 6 Luken wird durch zwei 5-t-Ladebäume bedient. Für diese Zeit beachtlich war die Ausrüstung mit Flossenstabilisatoren zur Dämpfung der Rollbewegungen des Schiffs. Als Antriebsanlage dienten 2 langsamlaufende Kreuzkopf-Dieselmotoren von je 4416 kW (6000 PS) Leistung, mit denen das Schiff eine Geschwindigkeit von 18 kn erreichte. Am 26. Juli 1956 um 23.20 Uhr Ortszeit stieß die »STOCKHOLM« auf einer Amerika-Reise vor Nantucket-Island, 45 Seemeilen vor der USA-Küste, mit dem 29083 BRT großen italienischen Luxus-Fahrgastschiff »ANDREA DORIA« zusammen, das sich auf der 101. Überfahrt von Genua nach New York befand. Der Bug der »STOCKHOLM« drang 10 m tief in die Stb.-Seite der »ANDREA DORIA« ein. Die »ANDREA DORIA« sank am 27. Juli um 15.15 Uhr. Es war der erste folgenschwere »Radarunfall« in der Schiffahrtsgeschichte. Bei dem Unglück waren 40 Tote zu beklagen. Die »STOCKHOLM« erreichte mit eigener Kraft New York und wurde mit einem Kostenaufwand von 995000 USA-Dollar bei der Bethlehem Steel Company repariert. Am 5. November 1956 war das Schiff wieder einsatzbereit.

1960 wurde die »STOCKHOLM« vom FDGB-Feriendienst der DDR aus den Mitteln der »Stekkenpferd«-Bewegung angekauft und am 3. Januar 1960 als »VÖLKERFREUNDSCHAFT« in Dienst gestellt. Nach Umbauten und Neuvermessung von 12442 BRT beförderte das Schiff danach mit 230 Mann Besatzung 568 FDGB-Urlauber. Die Einrichtung mit Salons, Klubs, Kino, Schwimmbad und Dienstleistungsbereichen entsprach dem damaligen Stand in der Passagierschiffahrt. Als Urlauberschiff machte es Reisen in das Mittelmeer, Nordmeer, Schwarze Meer, in die Ostsee und nach Kuba. 1985 wurde das Schiff verkauft und durch die *»ARCONA«* ex »ASTOR« ersetzt.

Vollcontainerschiff: ein Schiff ausschließlich für den Containertransport in den Laderäumen und an Deck. Im Unterschied zum *Semi-Containerschiff* befinden sich zur zurrungsfreien Containerstauung in allen Laderäumen und soweit möglich auch auf den Lukendeckeln feste Containerstaugerüste entsprechend dem Containerraster, so daß i. allg. keine anderweitige Ladung gestaut werden kann; siehe *Containerschiff*.

Volldecker, *Volldeckschiff: Frachtschiff* mit einem weiteren durchlaufenden, wasserdichten und in die Festigkeitsberechnung einbezogenen Deck. Die Seitenwände und wasserdichte Schotte des Schiffs reichen bis zu diesem Deck, das als Freibord-Schottendeck bezeichnet wird. Die Bauweise wurde insbesondere beim *Mehrzweckschiff* für den Stückguttransport und Ladungen mit hoher Dichte günstig; siehe auch »Schiffsvermessung« im vorangestellten Abschnitt »Grundbegriffe«.

Vorderkajütboot: Bezeichnung für Motorboote unterschiedlicher Größe, bei denen das Vorschiff bis zum Hauptspant oder noch weiter eine Kajüte hat, deren Deck i. allg. gegenüber der Seitenhöhe des Boots erhöht ist.

Vorpostenboot: kleines Kriegsschiff für den Küstenschutz. In den beiden Weltkriegen bildeten Vorpostenboote im Seegebiet vor der eigenen Küste einen mehrfach gestaffelten Sicherungsgürtel. Sie beobachteten und meldeten als »Vorposten« feindliche Schiffsbewegungen auf See und zogen sich beim Erscheinen stärkerer Kampfverbände auf eine innere Linie zurück. Zur Selbstverteidigung und gelegentlichen U-Boot-Jagd waren sie mit Geschützen mittleren Kalibers, Flakwaffen und Wasserbomben ausgerüstet. Da sie ständig und bei jedem Wetter den Vorpostendienst versehen mußten, eigneten sich für diese Aufgaben *Fischdampfer* besonders gut. Sie wurden mit den Besatzungen in großer Zahl in den Marinedienst übernommen und umgerüstet. In beiden Weltkriegen gab es bei den Vorpostenbooten hohe Verluste. In den modernen Marinen gilt das Vorpostenboot als überholt. Trotzdem wurden nach 1945 noch viele Fischdampfer-Neubauten für diesen speziellen Zweck mit Verstärkungen unter der Back zum späteren Aufbau eines Geschützes entworfen und gebaut. Die deutsche Marine ließ in beiden Weltkriegen spezielle Kriegsfischdampfer entwerfen und bauen, die nach Kriegsende in den Zivildienst übergehen sollten.

»VORWÄRTS«: ex »JOHANN AHRENDS«, ex »GRETE CORDS«; kleiner Rostocker Frachtdampfer und später erstes Schiff der DDR-Handelsflotte. Das Schiff wurde 1903 unter der Baunummer 214 als »GRETE CORDS« von der »Rostocker Actien-Gesellschaft Neptun« Schiffswerft und Maschinenfabrik (heute VEB Schiffswerft »Neptun«) für die Reederei Cords &

Schmidt; Rostock (ab 1904 Reederei August Cords) nach den Vorschriften des Germanischen Lloyd aus Siemens-Martin-Stahl mit der Klasse^{+} 100^{A}_{4} L[E] gebaut. Das genietete Schiff war für die Ostsee und Nordsee vorgesehen und erhielt für Fahrten in gebrochenem Eis einen verstärkten Bug. Als Quarterdeckschiff hatte es 4 bis zum Hauptdeck reichende stählerne Querschotte, die den Schiffskörper in 5 wasserdichte Abteilungen so unterteilten, daß die Schwimmfähigkeit noch erhalten blieb, wenn die beiden kleinsten Abteilungen vollgelaufen wären. Zur Ladungssicherung waren eiserne und hölzerne Querschotte vorhanden. Es wurde mit 873 BRT und 538 NRT vermessen (Meßbrief 20. Februar 1905) und hatte eine Tragfähigkeit von etwa 1300 t. Der Frachter lief am 26. März 1903 von Stapel. Die Indienststellung war im Juni des gleichen Jahres.

Er war über Alles 67,0 m und zwischen den Loten 64,30 m lang, hatte eine Breite von 9,75 m über Alles und über Spanten 9,50 m. Die Seitenhöhe bis zum Hauptdeck betrug 4,91 m und die Raumtiefe 4,25 m. Zur vollen Besatzung gehörten 16 Mann. Die beiden Laderäume mit 1530 m^3 Volumen wurden über 3 Ladeluken von 3 × 3 t-Ladebäumen und 5 Zweizylinder-Dampfwinden bedient.

Als Antriebsmaschine diente eine in der Bauwerft hergestellte Dreizylinder-Dreifachexpansionsmaschine mit einer Leistung von 331 kW (450 PS), mit der das Schiff mit dem vierflügligen Propeller 8 kn erreichte. Den Dampf erzeugten 2 kohlegefeuerte »schottische« Zylinderkessel, ebenfalls aus der Bauwerft. Sie hatten insgesamt 154 m^2 Heizfläche und 12 kp/cm^2 Überdruck (1,3 MPa). Für Bordstrom sorgte ein kleiner 65-V-Dampfdynamo mit 1,7 kW Leistung. Die Aktionsweite des Schiffs lag bei 4000 Seemeilen.

Die »GRETE CORDS« war überwiegend für die Holzfahrt in der Nord- und Ostsee, aber auch für die Stückgutfahrt im Trampdienst eingesetzt. Bei Schiffen aus dieser Zeit war die offene Brücke noch typisch, die auf Ostseeschiffen noch bis zum Ende der 30er Jahre anzutreffen war und höchstens mit einer Schutzpersenning überdacht wurde. Seinerzeit war man noch der Ansicht, daß ein geschlossenes Ruderhaus die Wachsamkeit der Schiffsführung beeinträchtigen würde.

Bei Kriegsausbruch 1914 lag die »GRETE CORDS« mit einer Ladung Eichenholz löschbereit im französischen Hafen Brest und wurde dort beschlagnahmt. Sie durfte jedoch unter Begleitung schließlich zu einem neutralen spanischen Hafen auslaufen und sich dort internieren lassen. In Aviles lag das Schiff dann über 6 Jahre und konnte erst 1920 die Heimreise antreten.

Es kam 1921 wieder in Fahrt und ging später in den Besitz der Rostocker Reederei Erich Ahrends über und erhielt den Namen »JOHANN AHRENDS«. Während der Weltwirtschaftskrise war es wie viele andere Schiffe aufgelegt und kam erst wieder 1933 in Fahrt. 1945 lag der Frachter demoliert in der Wismarer Bucht, wurde im April 1950 nach Stralsund geschleppt und auf der dortigen Staatswerft generalüberholt. Am 13. Oktober 1950 wurde das Schiff unter dem neuen Namen »VORWÄRTS« wieder in Dienst gestellt und lief am 4. November 1950 mit einer ersten Ladung nach Ventspils (Lettische SSR)

Frachtdampfer »VORWÄRTS« ex »GRETE CORDS«

aus. Es wurde so zum ersten Schiff der neuen DDR-Handelsflotte. Damals noch von der »Deutschen Schiffahrts- und Umschlagzentrale« bereedert, wurde die »VORWÄRTS« am 1. Juli 1952 von der Deutschen Seereederei übernommen. Kapitän Willy Beykirch führte das Schiff drei Jahre im Ostseeraum auf 104 Reisen, bis die »VORWÄRTS« im April 1954 wegen wiederholter Kesselschäden endgültig außer Dienst gestellt werden mußte. Am 30. April begann der Umbau zum Pionierschiff der Pionierorganisation »Ernst Thälmann«, die das Schiff am 15. Juni 1955 übernahm. Im Rostocker Stadthafen liegend diente die »VORWÄRTS« bis 1988 als stationäres Ausbildungszentrum der Arbeitsgemeinschaft »Junge Matrosen«, deren Ausbildung auf diesem Schiff am 30. Mai 1957 begann.

V-Spantschiff: Schiff mit V-förmigen Querschnittsflächen im Vor- und/oder Hinterschiff. V-Spanten im Vorschiff erzeugen eine abwärtsgerichtete Umströmung im Bereich des Wasserlinieneintritts und vermindern den Reibungswiderstand sowie die Stampfbewegungen des Schiffs, u. a. war das ursprüngliche *Maierform-Schiff* ein V-Spantschiff. Im Hinterschiff sind V-Spanten wegen der ungleichmäßigen Anströmung des Propellers nicht so günstig. Moderne Schiffe haben am Vorschiff i. allg. einen getauchten Bugwulst und V-Spanten erst oberhalb des Wulstes. Demgegenüber ähneln die Hinterschiffsspanten im Bereich vor dem oberen Propellerhalbkreis stärker dem *U-Spantschiff*. Sie gehen ab Wellenmitte in einen Heckwulst über.

»VULCAN«: deutsches U-Boot-Dock- und Hebeschiff, eines der ersten Schiffe mit turboelektrischem Antrieb. Um 1902 hatte Geheimrat Dr. Emil Rathenau (1838–1915) – Gründer der »Deutschen Edison-Gesellschaft für angewandte Elektricität«, die ab 1887 zur »Allgemeine Elektricitäts Gesellschaft« umgewandelt wurde – als deren Leiter Projekte eines turboelektrischen Schiffsantriebs ausgearbeitet. Er wollte die Dampfturbine nicht mehr direkt als Antriebsmaschine verwenden, da diese nur bei hohen Drehzahlen wirtschaftlich arbeitet und weil es noch keine Untersetzungsgetriebe gab. Die Turbinen sollten Generatoren antreiben und der Strom sollte die E-Motoren der Propellerwelle speisen. Einen weiteren Vorteil sah man in der guten Regelbarkeit des E-Antriebs, um die Manövrierfähigkeit der Schiffe zu verbessern. Zur Erstanwendung dieses neuen Antriebs ließ die

Deutsches U-Boot-Bergungs-Dock- und Hebeschiff »VULCAN« 1907

Eine Bohrinsel wird zum Einsatzort geschleppt

Eine Bohrinsel im Betrieb

Eine Tripod-Bohrinsel im Einsatz

Bohrinselversorger – ein mit der modernen Meerestechnik entstandener neuer Schiffstyp

1 Vormast
2 Poller
3 Festmachpoller
4 Ankerwinden-Kettenführung
5 Ankerwinde
6 Kapitänskajüte (Schlafraum)
7 Kapitänskajüte (Tagesraum)
8 Laufgang
9 Offizierskajüten
10 Suchscheinwerfer
11 Radarantenne
12 Funkpeiler
13 Antennenkupplung
14 UKW- und Einseitenbandantennen
15 Positionslicht
16 Hauptsteuerstand
17 Kartentisch
18 Hinterer Steuerstand
19 Schleppwinden-Steuerkonsole
20 Schleppwinden-Steuerstand
21 Hauptmast
22 Aufblasbares Rettungsfloß
23 Kettenrohr
24 Mannschafts-Kajüten
25 Messe mit Vorraum
26 Deckstoilette
27 Wäscherei
28 4-Mann-Reservekajüte
29 Motoren des Bugstrahlruders
30 Abwasserbehandlungsanlage
31 Bugstrahlruder
32 Schlammtanks
33 Schleppwinde
34 Abgas-Schalldämpfer
35 Kettenkasten
36 Treibstofftanks
37 Ballasttanks
38 Windenrolle
39 Abgasleitung
40 Dieselmotoren
41 Antriebsgenerator
42 Schaltautomatik der Antriebsgeneratoren
43 Schlammkompressoren
44 E-Antriebsanlage
45 Untersetzungsgetriebe
46 Propellerwelle
47 5-flügliger Festpropeller
48 Kort-Festdüse
49 Ruder
50 Steuergestänge
51 Motorenleitstand
52 Schleusenkammer
53 Ladungsreeling
54 Kabelstopper
55 Wasserwerfer
56 Ruderraumzugang
57 Ankerspill
58 Heckrolle
59 Heckstrahlruderantrieb
60 Heckstrahlruder
61 Strahlaustritt

Kaiserliche Marine für die im Entstehen begriffene U-Boot-Kriegsflotte 1907 das Dock- und Hebeschiff »VULCAN« mit turboelektrischem Antrieb bauen. Bei diesem Schiff waren ungewöhnlich gute Manövriereigenschaften nötig, um ständig die Position über einem gesunkenen U-Boot beizubehalten.
Das Hebeschiff »VULCAN« wurde bei den Howaldtwerken in Kiel gebaut, lief am 28. September 1907 von Stapel und war am 4. März 1908 dienstbereit. Das 1410 BRT große Schiff mit einem Deplacement von 1595 t war über Alles 85,3 m und zwischen den Loten 78,0 m lang, 16,5 m breit und hatte 3,85 m Tiefgang. Die Besatzungsstärke betrug 124 Mann. Den Schiffskörper bildeten 2 parallele Pontons von je 5,0 m Breite, die vorn und achtern durch brückenähnliche Schiffsenden verbunden waren. Aus dem Abstand der Pontons ergab sich gleichzeitig die nutzbare Dockweite von 6,5 m. Die Hebelast des Schiffs betrug 500 t. Die Antriebsanlage bestand aus 2 Zoelly-Turbogeneratoren von 986,3 kW und 2 E-Motoren mit 450 kW. In jedem Ponton war ein Generator und ein Maschinenraum untergebracht. Der Dampf wurde mit 4 Kesseln und insgesamt 8 Feuern mit einem Druck von 1,6 MPa (15 atü) erzeugt. Der Kohlevorrat betrug 130 t. Das Schiff erreichte eine Geschwindigkeit von 12 kn. In der Einsatzzeit hat die »VULCAN« bis 1918 insgesamt 5 gesunkene deutsche U-Boote gehoben: »U 3« durch Unfall gesunken am 17. Januar 1911; »UB 25« durch Havarie gesunken am 19. März 1917, gehoben am 23. März 1917; »UB 84« durch Kollision gesunken am 7. Dezember 1917; »UB 106« durch Unfall gesunken am 15. März 1918, gehoben am 18. März 1918; »UC 91« durch Kollision gesunken am 5. September 1918, gehoben am 10. September 1918.
Das Hebeschiff sank 1919 während der Reparations-Ablieferungsfahrt nach Britannien in der Nähe von Helgoland. Für fast 30 Jahre sollte die »VULCAN« das einzige deutsche Schiff bleiben, das einen turboelektrischen Antrieb besaß.

Das Frachtmotorschiff »VULCAN« mit dem neuentwickelten Föttinger-Vulcan-Getriebe, Baujahr 1924

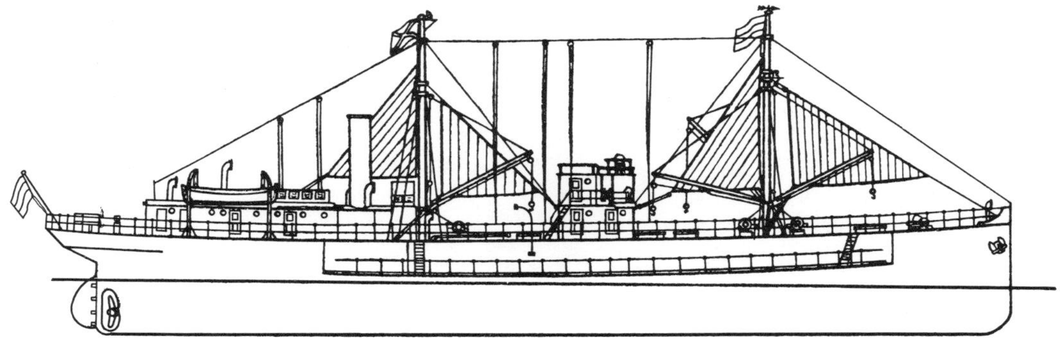

»VULCANUS«, 1910 erster seegehender Motortanker der Welt

»VULCANUS«: 1910 erstes von einem Dieselmotor angetriebenes seegehendes Schiff, während die *»VANDAL«* (1903) das erste *Binnenschiff* mit Dieselmotorantrieb war. Die »VULCANUS« wurde als *Tanker* von der Nederlandsche Scheepsbouw Matschappij in Amsterdam für die Nederlandsche-Indische Tank Stoomboot Matschappij gebaut. Sie war ein *Turmdecker* mit Back und Poop und sollte Erdöl und Raffinierieprodukte von Borneo in Niederländisch-Indien verteilen.
Das Schiff von 59,74 m Länge; 11,5 m Breite und 4 m Tiefgang hatte 1216 t Tragfähigkeit und war mit 1180 BRT vermessen. In drei voneinander getrennten Ladetanks, über denen das Turmdeck die Ausdehnungstanks bildete, konnten ohne Vermischung drei verschiedene Erdölprodukte gefahren werden, und es bestand auch noch die Möglichkeit, in einem vorderen »trockenen« Laderaum Faßöl zu fahren. Der neuartige Antrieb bestand aus einem einfachwirkenden Sechszylinder- Werkspoor-Viertaktdieselmotor mit 410 mm Zylinderbohrung und 600 mm Hub. Bei 165 U/min leistete der Motor 368 kW (500 PS). Das Schiff fuhr damit 8 kn. Aus Sicherheitsgründen wurden die Decksmaschinen mit Preßluft angetrieben. Als die »VULCANUS« Ende 1931 abgebrochen wurde, war der Dieselmotor noch voll funktionsfähig.

»VULKAN«: deutsches Frachtmotorschiff. Das 1314 BRT bzw. 681 NRT große Frachtmotorschiff wurde bei den »Vulkan-Werke AG« in Hamburg für eigene Rechnung gebaut, die Werft war gleichzeitig Eigner und Reeder. Das Schiff diente der Bauwerft vornehmlich als Versuchsschiff für das neuentwickelte »Vulkan«-Getriebe, eine Konstruktion von Hermann Föttinger. Es lief im Februar 1924 von Stapel und war 70,37 m lang und 11,00 m breit. Bei einer Seitenhöhe von 5,20 m und einer Raumtiefe von 4,54 m betrug die Tragfähigkeit ca. 2000 t. Die Antriebsanlage bestand aus zwei einfachwirkenden Viertakt-Gleichdruckdieselmotoren von je 242,8 kW (330 PS) Leistung, die über ein »Vulkan«-Getriebe auf den Propeller arbeiteten.

W

Wachboot, *Wachkutter*, *Wachschiff*: kleineres Marinefahrzeug für die Hafen-, Reede-, Küsten- und Wasserstraßenüberwachung. In den beiden Weltkriegen wurden u. a. viele Fischkutter zu Vorposten-Wachkuttern umgerüstet, leicht bewaffnet und als *Vorpostenboote* eingesetzt. Im britischen Blockadering wurden auch größere Schiffe zu Hilfskreuzern umgerüstet und als Wachschiffe genutzt.

Walfänger mit Beute

Walfangboot, *Walfänger:* ursprünglich gerudertes offenes Boot und danach dampf- und später motorangetriebenes Fahrzeug, das von einem *Walfangmutterschiff* oder einer Landstation aus Wale aufspürte, verfolgte und harpunierte. Mit der Einstellung des kommerziellen Walfangs gibt es nur noch vereinzelte Walfänger.
In der ersten Hälfte des 20. Jh. waren es sehr seetüchtige Fahrzeuge von 30···60 m Länge und 600···800 t Deplacement. Zu einem Walfangmutterschiff konnten bis zu 25 Walfänger gehören, die bei der Jagd bis zu 17 kn fuhren. Auf dem erhöhten Vorschiff stand die Harpunenkanone. Die Granatharpune hatte 1868 der Norweger Sven Foyn erfunden. War der Wal harpuniert, so wurde er mit Druckluft aufgeblasen und mit einem Fähnchen gekennzeichnet. Nach der Jagd schleppten die Walfänger oder spezielle *Walschlepper* die getöteten Wale zur Verarbeitung.

Walfangmutterschiff: *Fabrikmutterschiff* zur Schlachtung von Walen. Walfleisch diente schon früh der menschlichen Ernährung und bekam im 19. Jh. zunehmende Bedeutung bei der Gewinnung von tierischem Eiweiß aus dem Meer. Um die Jahrhundertwende wurde das Walöl dringend gebraucht, nachdem der Deutsche Normann ein Verfahren entwickelt hatte, mit dem durch Hydrieren und Raffination daraus ein hochwertiger Rohstoff für die Margarineherstellung entstand.
Blauwale sind die größten auf der Erde lebenden Tiere. Sie werden bis zu 35 m lang, und ihr Gewicht kann 100 t erreichen. Schon ein mittelgroßer Wal ergab 25···30 t Öl, eine Fettmenge, für die etwa 400 Kühe oder 50 Hektar Raps erforderlich sind. Außer dem Blauwal wurden hauptsächlich Finnwale gejagt. Daneben brachte der Walfang noch viele andere Grundstoffe für die Industrie. Schon in der Frühzeit jagten Phönizier, Karthager, Griechen und Römer den Wal, ihnen folgten die Wikinger, Basken u. a. Die Tiere wurden vom offenen Boot aus erlegt, der Speck in Fässern verstaut und mit Seglern abtransportiert. Um die Mitte des 19. Jh. begann die Südpolarjagd, wobei Vollschiffe und Klipper als Mutterschiffe eingesetzt wurden. Der norwegische Kapitän C. A. Larsen errichtete bereits 1904 auf Südgeorgien eine Landstation, wo der Tran gekocht und zu Lebertran verarbeitet wurde. Das hatte jedoch den Nachteil, daß die Fangboote bzw. Walschlepper die erlegten Tiere über weite Strecken schleppen mußten. Wenig später gab es die ersten Walfangmutterschiffe. Sie konnten als schwimmende Walkochereien den Fangbooten folgen, die Einsatzzeit der Fangboote erhöhte sich, und die Fangergebnisse stiegen sprunghaft an. 1910 waren im Südpolargebiet schon 6 Landstationen und 14 Mutterschiffe.
Vor dem zweiten Weltkrieg beteiligten sich neben Norwegen, Britannien, der Sowjetunion und Japan auch deutsche Unternehmer am Walfang. 1936 begann die Firma Henkel & Cie. GmbH; Düsseldorf, seinerzeit der größte Waschmittelproduzent in Europa, mit dem Aufbau einer deutschen Walfangflotte. Die »Deutsche Walfang GmbH« wurde ein selbständiges Tochterunternehmen mit Sitz in Wesermünde. Zur Teilnahme an der Fangsaison 1936/37 (November bis März) kaufte man von der HAL den Frachter »WÜRTTEMBERG« und ließ ihn bei Blohm & Voss innerhalb 7 Monaten zum Walfangmutterschiff »*JAN WELLEM*« umbauen. Das Schiff wurde auf einer Länge von 65 m um 4 m verbreitert, eine Heckslip und 5 m über dem bisherigen Hauptdeck ein Schlachtdeck eingebaut. Außerdem waren für die 270 Mann Besatzung Unterkünfte zu schaffen. Mit modernsten Anlagen konnte ein Wal von 100 t in etwa 1 Std. abgespeckt und in den Kochern verarbeitet werden. Zum Mutterschiff gehörten die 8 Fangboote »TREFF I« bis »TREFF VIII«, die nach Unterlagen des Norwegers Maartmann schnell auf verschiedenen Werften gebaut wurden. An der Saison 1936/37 konnten jedoch erst 6 Boote teilnehmen. Die Saison begann mit der Fahrt zur brasilianischen Insel Fernando Noronha, wo man sich mit den Fangbooten traf, die etwa 10 Tage später ausliefen. Dann ging es über Südgeorgien in das Wedell-Meer, dem eigentlichen Fanggebiet. Zur Flotte gehörten noch die von Norwegen gecharterten Mutterschiffe »SKYTTEREN« und »C. A. LARSEN« mit insgesamt 12 Fangbooten. In der Fangsaison 1936/37 waren 7 Länder mit 31 Fangflotten auf Walfang. Es wurden 46039 Wale erlegt, die 556722 t Öl brachten. 1938 stand Deutschland im Walfang an dritter Stelle. Die von Großbritannien 1937 angekaufte »SÜDMEER« war eine der größten schwimmenden Walkochereien, die in 90 Tagen 1000 Wale zu Öl verarbeitete, während die anderen Mutterschiffe Fischmehl und Konserven herstellten. In der Saison 1938/39 waren weltweit sogar schon 40 Flotten mit etwa 280 Fangbooten im Einsatz.
Der zweite Weltkrieg beendete den deutschen Walfang. Die Fangboote gingen zum großen Teil als Vorpostenboote der Kriegsmarine verloren, die 5 Mutterschiffe wurden versenkt oder waren als Reparationen 1945 abzuliefern.
Nach 1945 war die Welt-Walfangflotte auf 9 Mutterschiffe und 90 Fangboote vermindert. Durch ein internationales Abkommen in Washington wurde 1946 die jährliche Abschußquote auf 14500 Stück Blauwaleinheiten begrenzt. Doch bereits 1951 gab es schon wieder 19 Kochereien und 230 Fangboote im Südpolarmeer. Ein bekanntes Mutterschiff war die »*JURI DOLGORUKI*«. 1960 stellte die SU noch das seinerzeit modernste Walfangmutterschiff der Welt, die 44000 BRT große »SOWJETSKAJA ROSSIJA« in Dienst, die täglich 75 Wale verarbeiten konnte. Durch eine weit vorn liegende Brücke wurde ein großes Schlachtdeck geschaffen, unter dem die Maschinen- und Dampferzeugerräume sowie Wohnräume für die 500 Mann starke Verarbeitungsmannschafft lagen.
Seit 1970 konnte durch weitere internationale Abkommen der Walfang eingeschränkt werden, so daß er keine größere ökonomische Bedeutung mehr hat und auch die völlige Ausrottung der Wale verhindert wird.

Ein Wal an Deck des Walfangmutterschiffs »C. A. LARSEN«

Walrückenschiff: Frachtschiff mit einem gewölbten Wetterdeck, ähnlich einem Walrücken, insbesondere Schüttgutfrachter für den Transport von losen Gütern wie Erz, Apatit, Getreide und Kohle. Bei schwerer See besteht bei diesen Gutarten die Gefahr des Übergehens der Ladung nach der einen oder anderen Bordseite, wenn die Laderäume nicht vollständig gefüllt sind. Das Schiff kann dann kentern und verlorengehen.
Für den Erztransport auf den Großen Seen in Nordamerika wurden gegen Ende des 19. Jh. deshalb Schiffstypen entwickelt, die diese Gefahren vermindern sollten, engl. whalebacks. Das Walrückenschiff hatte ein gewölbtes Wetterdeck, worauf sich die Bezeichnung dieses Schiffstyps bezog. Die Bauform sollte auch ein Selbsttrimmen der Ladung ermöglichen. Der Nachteil lag aber darin, daß bei stürmischer See die Wellen ungehindert gegen die Aufbauten schlagen konnten, so daß mehrfach Beschädigungen auftraten.
Ein typischer Walrückendampfer war der 1895 bei der American Steel Barge Co. für den Getreidetransport gebaute 30000 t DW große »FRANK ROCKEFELLER«. Der Schiffstyp konnte sich jedoch nicht durchsetzen, so daß seine Anwendung beschränkt blieb. Bei den Kriegsschiffen

gab es unter den *Torpedobooten* ebenfalls eine ähnliche Bauweise.

»WALRUS«: modernes dieselelektrisches U-Boot der königlich niederländischen Marine. Das in Zusammenarbeit mit der Königlichen Marine entworfene U-Boot wurde am 11. Oktober 1979 bei der »Rotterdamse Droogdock Maatschapij« (RDM) auf Kiel gelegt und am 28. Oktober 1985 zu Wasser gelassen.
Das Typboot »WALRUS« (Walroß) ist mit dem Schwesterboot »ZEELEEUW« (Seelöwe) eine Folgeserie der »Zwaardvis«-(Schwertfisch-) Klasse. Die Boote zeichnen sich durch größere Tauchtiefen, größeren Aktionsradius, bessere Manövrierfähigkeit und geringere Geräusche aus. Der Bootskörper ist aus französischem Stahl gebaut und zeichnet sich durch eine günstigere Tropfenform aus. Alle anderen Bauelemente stammen aus der niederländischen Produktion.
Das über Wasser 1900 t und unter Wasser 2450 t verdrängende Boot ist 67,7 m lang, 8,5 m breit und hat 7 m Tiefgang. Die Besatzung besteht aus 49 Mann. Das Boot ist mit den modernsten Kommunikationsmitteln und elektronischen Geräten (Computer und Bildschirm), Sensoren, Datalink, Sonar, Radar sowie mit Geräten zur Satellitennavigation ausgerüstet. Eine Ankopplung von Unterwasser-Rettungsfahrzeugen, wie sie die US-Navy mit dem »Deep Sea Rescua Vehicle« (DSRV) besitzt, ist möglich.
Die Antriebsanlage besteht aus 3 Dieselmotoren mit angekuppeltem Generator und einem 4200-kW-E-Hauptmotor für die Überwasserfahrt und Batterien für die Unterwasserfahrt. Die Geschwindigkeit beträgt über Wasser 13 kn und unter Wassér 20 kn. Der Maschinenraum kann unbesetzt gefahren werden. Die Bewaffnung besteht aus 4 Torpedorohren für Torpedos des Typs MK 48 (Encapsulated Harpoons). Mit dem U-Boot können auch Minen gelegt werden.

Walschlepper: kleines Begleitboot einer Walfangflotte ohne Harpunierkanonen. Die von einem Mutterschiff mitgebrachten Walschlepper wurden im Fanggebiet zu Wasser gelassen. Sie sammelten die von Walfängern harpunierten Wale ein und schleppten meistens mehrere zugleich zum *Walfangmutterschiff* zur Verarbeitung.

Walter-U-Boot: deutsches *U-Boot* mit Turbinenantrieb nach dem Prinzip von H. Walter. Die Entwicklung dieser Antriebsvariante durch Professor Hellmuth Walter (1900 bis 1980) kann als eine Zwischenstufe auf dem Weg vom Motorantrieb zum *Kernenergie-U-Boot* mit Dampfturbinen betrachtet werden. Die erste Walter-Turbine wurde 1935 bei der H. Walter KG in Kiel fertiggestellt und hatte 2940 kW (4000 PS) Leistung. Das Arbeitsprinzip ging von einem geschlossenen, von der Außenluft unabhängigen, hochtourigen Turbinenantrieb aus, der mit einem Gas-Dampfgemisch betrieben wurde. Im geschlossenen Kreislauf wurde mit Hilfe chemischer Katalysatoren das mitgeführte 80···85 %ige Wasserstoffperoxyd H_2O_2 in Wasser und Sauerstoff zerlegt. H_2O_2 wurde als zähflüssige Masse in Tanks gebunkert. Die Herstellung und Lagerung des

Antriebsschema eines Walter-U-Boots
1 Wasserstoffperoxyd
2 Dieselkraftstoff
3 Frischwasser
4 Seewasser
5 Reaktionskessel / Brennkammer
6 Turbine
7 Heißwasser
8 Kühlwasser
9 Kompressoren
10 Getriebe
P Pumpen

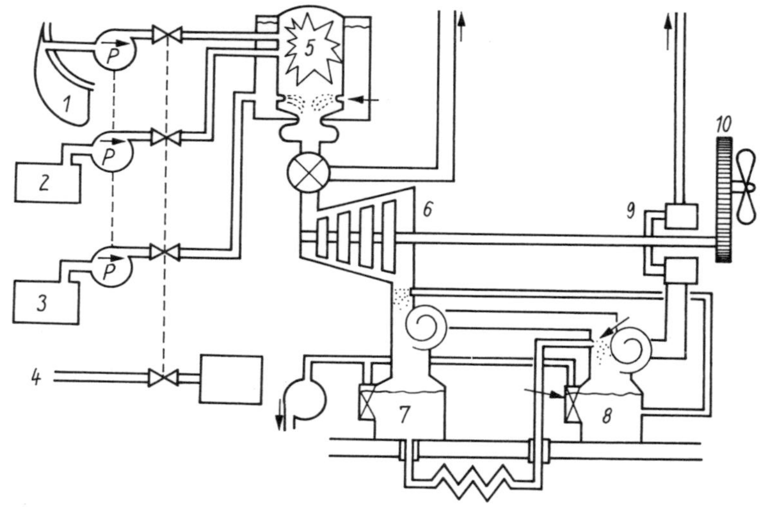

agressiven H_2O_2 mußte unter besonderen Schutzmaßnahmen vorgenommen werden, da es bereits bei geringen Verunreinigungen oder Erschütterungen unter hoher Wärmeabgabe explosiv zerfällt. Es wurde deshalb nicht in den Brennstoffbunkern, sondern unter dem Druckkörper in einem seewasserdurchfluteten Raum in Mipolan-Schläuchen (einer Art Buna-Gewebe) mitgeführt. Während Verunreinigungen zur Explosion geführt hätten, hätten Undichtigkeiten und das Eindringen von Seewasser zu einer selbständigen chemischen Umsetzung geführt und den Vorratsverlust bedeutet. Der Sauerstoffträger ging im Reaktionskessel eine Reaktion mit Kaliumpermanganat als Katalysator ein. Dabei entsteht Wasserdampf von etwa 600···700 °C und freier Sauerstoff als Gas-Dampf-Gemisch. Dieses Gemisch wurde in eine Brennkammer geleitet, in der Dieselkraftstoff eingespritzt und gezündet wurde und bei hohen Temperaturen von etwa 2000 °C verbrannte. Zusätzlich wurde Kühlwasser eingespritzt, das verdampfte und die Temperaturen auf 500···600 °C verringerte. Das Gas-Dampfgemisch von 35···40 kp/cm^2 wirkte wie Hochdruckdampf und trieb die Turbine an. Das Walter-U-Boot führte somit durch das H_2O_2 für die Tauchfahrt den Sauerstoff mit und konnte so länger tauchen und eine höhere Unterwassergeschwindigkeit entwickeln. Aus den Abgasen wurde der Wasserdampf niedergeschlagen und dem Kreislauf wieder zugeführt. Die entstandene Kohlensäure wurde nach außenbord gedrückt, wo sie sich spurenlos auflöste. Der Maschinenraum war vollkommen abgeschottet, denn Gase von 2000 °C waren äußerst gefährlich.
Die Walter-U-Boote waren relativ klein, erreichten aber eine Unterwassergeschwindigkeit von mehr als 25 kn gegenüber 9 kn der herkömmlichen U-Boote. H. Walter arbeitete seit 1930 an der Entwicklung von Gasturbinen und der Verwendung von Sauerstoffträgern. 1940 stellte die Germaniawerft in Kiel das Versuchs-Boot »V 80« fertig, das mit einer 1470-kW-(2000 PS)Walter-Turbine bei 14000 U/min eine Unterwassergeschwindigkeit von 28,1 kn erreichte. 1941 waren bereits etwa 80 erfolgreiche Versuchsfahrten absolviert. Dabei hatte sich auch gezeigt, daß vom Boot nur geringe Geräusche abgestrahlt wurden, so daß es mit den seinerzeitigen Horchgeräten kaum wahrnehmbar war. 1942 sollten 4 Boote von 250 t als weitere Versuchsträger gebaut und erprobt werden. Ab 1943 sollten dann 300-t-Boote folgen. Am 14. November 1943 stellte die Germaniawerft mit »U 794« das erste und einzige einsatzfähige 300-t-U-Boot des Typs WK 202 fertig, dem zwei Tage später bei Blohm & Voss in Hamburg noch das 236-t-U-Boot »U 792« und Anfang 1944 das Schwesterboot »U 793«, beides Prototypen von Wa 201, folgten. Die 3 Walter-U-Boote hatten je 12 Mann Besatzung und 2 Bugtorpedorohre.
Noch im Mai 1944 beschloß die deutsche Kriegsführung, 100 Walter-U-Boote zu bauen, wozu in Bad Lauterberg/Harz eine Anlage zur elektrolytischen Gewinnung von 15000 t Perhydrol pro Jahr in Betrieb genommen wurde, das aus Tar-

Die »WARNEMÜNDE« läuft in den Heimathafen ein

nungsgründen auch Ingolin, Aurol, Auxilin oder T-Stoff genannt wurde.
Weitere Typen waren geplant oder im Bau, so u. a. ein 1800-t-Atlantikboot, das eine Walter-Anlage von 11 025 kW (15 000 PS) erhalten sollte. Zum Kriegseinsatz kam keines der Walter-U-Boote mehr. Sie wurden am Ausrüstungskai zerbombt oder endeten durch Selbstversenkung.
»U 1406« und »U 1407« wurden nach dem Krieg gehoben und nach den USA bzw. nach Großbritannien überführt. »U 1407« lief noch bis 1950 als »METEORITE« der britischen Marine und wurde Vorbild der britischen Versuchsboote »EXPLORER« und »ECALIBUR«, die 1954 in Dienst gestellt wurden. Damit war auch die weitere Entwicklung der Walter-Turbine überholt, in den USA wurde zu dieser Zeit das erste Kernkraft-U-Boot *»NAUTILUS«* in Dienst gestellt.
Mit dem Walter-Verfahren wurden auch Torpedos angetrieben. Eine 367,5-kW-(500-PS-)Turbine ermöglichte Geschwindigkeiten von etwa 50 kn. Infolge der hohen Energiekonzentration hatten diese Torpedos beträchtliche Laufstrecken.
In den 50er Jahren entwickelte Professor Walter noch einen verbesserten Antrieb für Tiefseeforschungsboote, bei dem normaler Brennstoff ebenfalls mit H_2O_2 verbrannt wurde. Derartige Energieumwandler erbrachten Leistungen, die zwischen denen konventioneller und atomarer Antriebe lagen. H. Walter verstarb am 16. Dezember 1980 in den USA.

»WARNEMÜNDE«: vom VEB Schiffswerft »Neptun«, Rostock, 1972 für die Fährschiffslinie Warnemünde–Gedser der Deutschen Reichsbahn erbautes dreigleisiges *Eisenbahnfährschiff.* Das Fährschiff mit Bug- und Heckklappe hat insgesamt 136 m Gleislänge und ist über Alles 137,50 m und zwischen den Loten 125,00 m lang, auf Spanten 18,20 m breit und geht bei 7,50 m Seitenhöhe 5,40 m tief. Die Höchstgeschwindigkeit beträgt 18,5 kn. Es fährt als Zweischrauber mit Verstellpropellern und 4×1766-kW-Dieselmotoren innerhalb von 2 Std. und 18 Min. die 22,7 sm lange Strecke Warnemünde–Gedser. Bei einem Deplacement von 6796 t und 6146 BRT beträgt die Tragfähigkeit 1842 t DW.

»WASHINGTON«: eines der letzten für die französische Atlantikfahrt gebauten Schaufelradschiffe. Das Schaufelrad-Paketboot von 105,62 m Länge; 13,56 m Breite; 3204 BRT und 1684 t Tragfähigkeit wurde bei Scott & Co in Greenock in Britannien gebaut. Es eröffnete am 15. Juni 1864 den Liniendienst Le Havre–New York. Es hatte Plätze für 400 Fahrgäste in 3 Klassen. Mit den Schaufelrädern und der 625-kW-(850-PS-) Balancier-Dampfmaschine fuhr die »WASHINGTON« 12 kn. Das 1864 noch als Dreimaster getakelte Schiff wurde 1868 auf 2 Maste umgerüstet und erhielt 1873 eine neue Dampfmaschine; abgebrochen wurde die »WASHINGTON« erst 1899. Vorher gab es andere Schiffe gleichen Namens, wie die »WASHINGTON« von 1847.

Die französische »WASHINGTON« 1868 nach dem Umbau

Wasserreinigungsschiff: siehe *Öl-Abschöpfschiff*

Wasserstrahlantrieb-Schiff, *Hydroreaktiv-Schiff:* Boot oder Schiff, das nicht durch Schraubenpropeller, sondern durch Pumpen angetrieben wird, die Wasser ansaugen und ausstoßen. Vor mehr als 200 Jahren schon versuchte der Amerikaner Rumsey ein Fahrzeug zu schaffen, das die von Bernoulli entwickelte Theorie »der Reaktionskraft in Röhren fließendes Wassers« nutzen sollte. Die für die Reaktionswirkung erforderliche Pumpe war aber erst 1793 soweit verfügbar, daß ein Fahrzeug auf der Themse »gegen Wind und Flut eine Geschwindigkeit von 5 Knoten« erreichte. Dieses 30 Fuß lange und 6 Fuß breite Boot wurde noch durch Muskelkraft angetrieben. Mit Kolbenhüben von etwa 1,5 m wurde Wasser unter dem Bug durch horizontal angebrachte »Pumpenstiefel« angesaugt und unter dem Heck wieder ausgestoßen.
Der königliche britische Mühlenbaumeister James Linaker aus Portsmouth soll 1793 ebenfalls ähnliche Versuche durchgeführt haben, wobei er 8 Mann zur Bedienung der Pumpe benötigte und später eine Dampfmaschine der Firma Fenton, Murray & Wood aus Leeds einbauen ließ.
1856 baute der Schiffbaumeister Alexander Seydell nach den Plänen des Engländers Ruthven einen Dampfer mit Rückstoß-Antrieb. Der Reaktionsdampfer »ALBERT« fuhr für die »Stettiner Dampfschleppschiffahrt-Gesellschaft« und verkehrte einige Jahre zur Zufriedenheit zwischen Stettin und Schwedt. Seine beiden Ausstoß-Röhren waren verstellbar. Bei der vollen Vorausfahrt wurden sie nach hinten gerichtet und bei geringen Fahrtstufen oder Kursänderungen schräg angestellt. Bei vertikaler Stellung stand der Dampfer still, ohne daß die Maschine gestoppt werden mußte. War eine Röhre nach vorn und die andere nach achtern gerichtet, so drehte das Schiff. Es lief rückwärts, wenn beide Ausstöße nach vorn gerichtet wurden.
In Britannien war das 1866 gebaute 1279 ts große *Panzerschiff* »WATERWITCH« das erste »Reaktions-Seeschiff« mit Wasserstrahlantrieb. Das 49,38 m lange und 9,78 m breite Fahrzeug war mit vier 7-Zöllern bewaffnet. 1867 erwiesen Vergleiche zwischen der »WATERWITCH« und dem Doppelschrauben-Panzerfahrzeugen »VIPER« und »VIXEN« die Überlegenheit der Doppelschrauber. Die Geschwindigkeit war fast gleich, doch das Reaktionsschiff benötigte die doppelte Zeit zum Wendemanöver.
1874 besaß die deutsche Marine mit dem Torpedodampfer »RIVAL« ein Fahrzeug mit einer »Wasserschwall«-Maschine, doch auch diese Anlage bewährte sich nicht und man rüstete den Dampfer auf Schaufelradantrieb um.
Nach 1945 gab es international einige neue Impulse. Heute verwendet man Axialpumpen, die eine Stau-Eintrittsdüse zum Ansaugen und eine Ausstoßdüse zur Schuberzeugung haben. Als Pumpen werden Kreiselpumpen oder Propeller benutzt. Die Leistungen solcher Wasserstrahlpumpen erreichen 1 m^3/s und darüber. Leider gibt es einige Nachteile. Der Brennstoffverbrauch ist hoch und der Wirkungsgrad bei mittleren Fahrgeschwindigkeiten noch geringer als der eines schnelldrehenden Propellers, doch treten dafür verminderte Kavitationsprobleme auf.
Für flachgehende Schiffe, kleine Dienstfahrzeuge, Barkassen und Sportboote ist der Wasserstrahlantrieb dennoch geeignet. Die Steuerung erfolgt durch die lenkbare Ausstoßdüse oder herkömmliche Ruder. Die Fahrzeuge lassen sich selbst in derart flachen Gewässern einsetzen, wo propellerangetriebene Boote nicht mehr fahren können.
Das Haupteinsatzgebiet moderner Wasserstrahlantriebe ist der militärische Schiffbau, speziell bei Tragflügelbooten. Mit in den Tragflügeln eingebauten Strahlantrieben werden Geschwindigkeiten bis zu 50 kn erreicht.
Hydroreaktive Antriebe werden vereinzelt auch als Vortriebsmittel bei Torpedos eingesetzt, die eine Geschwindigkeit von 50···60 kn erreichen. Ein solcher Torpedo soll 360 000 Dollar kosten.

Wassertrecker: siehe *Voith-Schneider Propeller-Schiff*

Wechseldecker: *Frachtschiff,* das wahlweise als *Volldecker* oder als *Schutzdeckschiff* vermessen fährt. Diese Regelung gibt es erst seit 1957, um sicherheitsungünstige Öffnungen oder dgl. zu vermeiden. Anfangs wurden für das Schiff zwei gesonderte Meßbriefe als Volldecker bzw. als Schutzdecker ausgestellt, wobei jeweils entsprechend der Abladung nach Freibordvorschriften nur der zutreffende an Bord sein durfte und der andere im Vermessungsamt hinterlegt war. Seit 1967 können beide Vermessungen in einem Vermessungsbrief angegeben werden. Da Tragfähigkeit und Gebühren von der Vermessung abgab es unter den *Torpedobooten* ebenfalls eine ähnliche Bauweise.

»WALRUS«: modernes dieselelektrisches U-Boot der königlich niederländischen Marine. Das in Zusammenarbeit mit der Königlichen Marine entworfene U-Boot wurde am 11. Oktober 1979 bei der »Rotterdamse Droogdock Maatschapij« (RDM) auf Kiel gelegt und am 28. Oktober 1985 zu Wasser gelassen.
Das Typboot »WALRUS« (Walroß) ist mit dem Schwesterboot »ZEELEEUW« (Seelöwe) eine Folgeserie der »Zwaardvis«-(Schwertfisch-) Klasse. Die Boote zeichnen sich durch größere Tauchtiefen, größeren Aktionsradius, bessere Manövrierfähigkeit und geringere Geräusche aus. Der Bootskörper ist aus französischem Stahl gebaut und zeichnet sich durch eine günstigere Tropfenform aus. Alle anderen Bauelemente stammen aus der niederländischen Produktion.
Das über Wasser 1900 t und unter Wasser 2450 t verdrängende Boot ist 67,7 m lang, 8,5 m breit und hat 7 m Tiefgang. Die Besatzung besteht aus 49 Mann. Das Boot ist mit den modernsten Kommunikationsmitteln und elektronischen Geräten (Computer und Bildschirm), Sensoren, Datalink, Sonar, Radar sowie mit Geräten zur Satellitennavigation ausgerüstet. Eine Ankopplung von Unterwasser-Rettungsfahrzeugen, wie sie die US-Navy mit dem »Deep Sea Rescua Vehicle« (DSRV) besitzt, ist möglich.
Die Antriebsanlage besteht aus 3 Dieselmotoren mit angekuppeltem Generator und einem 4200-kW-E-Hauptmotor für die Überwasserfahrt und Batterien für die Unterwasserfahrt. Die Geschwindigkeit beträgt über Wasser 13 kn und unter Wasser 20 kn. Der Maschinenraum kann unbesetzt gefahren werden. Die Bewaffnung besteht aus 4 Torpedorohren für Torpedos des Typs MK 48 (Encapsulated Harpoons). Mit dem U-Boot können auch Minen gelegt werden.

Walschlepper: kleines Begleitboot einer Walfangflotte ohne Harpunierkanonen. Die von einem Mutterschiff mitgebrachten Walschlepper wurden im Fanggebiet zu Wasser gelassen. Sie sammelten die von Walfängern harpunierten Wale ein und schleppten meistens mehrere zugleich zum *Walfangmutterschiff* zur Verarbeitung.

Walter-U-Boot: deutsches *U-Boot* mit Turbinenantrieb nach dem Prinzip von H. Walter. Die Entwicklung dieser Antriebsvariante durch Professor Hellmuth Walter (1900 bis 1980) kann als eine Zwischenstufe auf dem Weg vom Motorantrieb zum *Kernenergie-U-Boot* mit Dampfturbinen betrachtet werden. Die erste Walter-Turbine wurde 1935 bei der H. Walter KG in Kiel fertiggestellt und hatte 2940 kW (4000 PS) Leistung. Das Arbeitsprinzip ging von einem geschlossenen, von der Außenluft unabhängigen, hochtourigen Turbinenantrieb aus, der mit einem Gas-Dampfgemisch betrieben wurde. Im geschlossenen Kreislauf wurde mit Hilfe chemischer Katalysatoren das mitgeführte 80···85 %ige Wasserstoffperoxyd H_2O_2 in Wasser und Sauerstoff zerlegt. H_2O_2 wurde als zähflüssige Masse in Tanks gebunkert. Die Herstellung und Lagerung des agressiven H_2O_2 mußte unter besonderen Schutzmaßnahmen vorgenommen werden, da es bereits bei geringen Verunreinigungen oder Erschütterungen unter hoher Wärmeabgabe explosiv zerfällt. Es wurde deshalb nicht in den Brennstoffbunkern, sondern unter dem Druckkörper in einem seewasserdurchfluteten Raum in Mipolan-Schläuchen (einer Art Buna-Gewebe) mitgeführt. Während Verunreinigungen zur Explosion geführt hätten, hätten Undichtigkeiten und das Eindringen von Seewasser zu einer selbständigen chemischen Umsetzung geführt und den Vorratsverlust bedeutet. Der Sauerstoffträger ging im Reaktionskessel eine Reaktion mit Kaliumpermanganat als Katalysator ein. Dabei entsteht Wasserdampf von etwa 600···700 °C und freier Sauerstoff als Gas-Dampf-Gemisch. Dieses Gemisch wurde in eine Brennkammer geleitet, in der Dieselkraftstoff eingespritzt und gezündet wurde und bei hohen Temperaturen von etwa 2000 °C verbrannte. Zusätzlich wurde Kühlwasser eingespritzt, das verdampfte und die Temperaturen auf 500···600 °C verringerte. Das Gas-Dampfgemisch von 35···40 kp/cm^2 wirkte wie Hochdruckdampf und trieb die Turbine an. Das Walter-U-Boot führte somit durch das H_2O_2 für die Tauchfahrt den Sauerstoff mit und konnte so länger tauchen und eine höhere Unterwassergeschwindigkeit entwickeln. Aus den Abgasen wurde der Wasserdampf niedergeschlagen und dem Kreislauf wieder zugeführt. Die entstandene Kohlensäure wurde nach außenbord gedrückt, wo sie sich spurenlos auflöste. Der Maschinenraum war vollkommen abgeschottet, denn Gase von 2000 °C waren äußerst gefährlich.
Die Walter-U-Boote waren relativ klein, erreichten aber eine Unterwassergeschwindigkeit von mehr als 25 kn gegenüber 9 kn der herkömmlichen U-Boote. H. Walter arbeitete seit 1930 an der Entwicklung von Gasturbinen und der Verwendung von Sauerstoffträgern. 1940 stellte die Germaniawerft in Kiel das Versuchs-Boot »V 80« fertig, das mit einer 1470-kW-(2000 PS)Walter-Turbine bei 14000 U/min eine Unterwassergeschwindigkeit von 28,1 kn erreichte. 1941 waren bereits etwa 80 erfolgreiche Versuchsfahrten absolviert. Dabei hatte sich auch gezeigt, daß vom Boot nur geringe Geräusche abgestrahlt wurden, so daß es mit den seinerzeitigen Horchgeräten kaum wahrnehmbar war. 1942 sollten 4 Boote von 250 t als weitere Versuchsträger gebaut und erprobt werden. Ab 1943 sollten dann 300-t-Boote folgen. Am 14. November 1943 stellte die Germaniawerft mit »U 794« das erste und einzige einsatzfähige 300-t-U-Boot des Typs WK 202 fertig, dem zwei Tage später bei Blohm & Voss in Hamburg noch das 236-t-U-Boot »U 792« und Anfang 1944 das Schwesterboot »U 793«, beides Prototypen von Wa 201, folgten. Die 3 Walter-U-Boote hatten je 12 Mann Besatzung und 2 Bugtorpedorohre.
Noch im Mai 1944 beschloß die deutsche Kriegsführung, 100 Walter-U-Boote zu bauen, wozu in Bad Lauterberg/Harz eine Anlage zur elektrolytischen Gewinnung von 15000 t Perhydrol pro Jahr in Betrieb genommen wurde, das aus Tar-

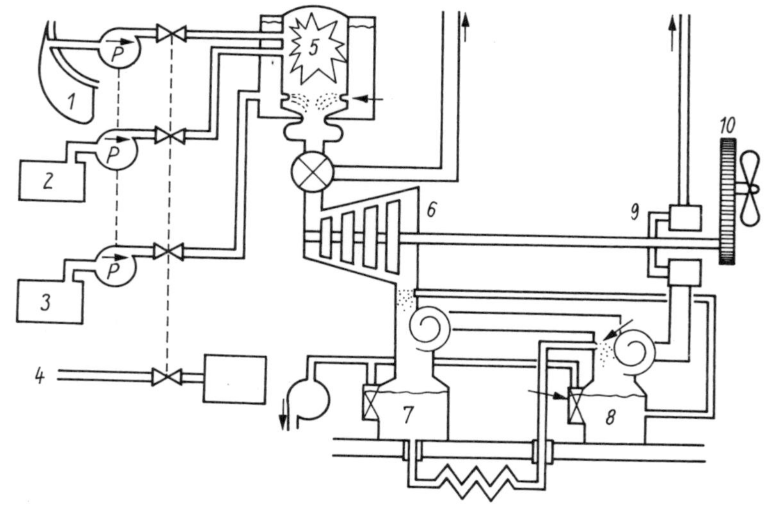

Antriebsschema eines Walter-U-Boots
1 Wasserstoffperoxyd
2 Dieselkraftstoff
3 Frischwasser
4 Seewasser
5 Reaktionskessel / Brennkammer
6 Turbine
7 Heißwasser
8 Kühlwasser
9 Kompressoren
10 Getriebe
P Pumpen

Die »WARNEMÜNDE« läuft in den Heimathafen ein

nungsgründen auch Ingolin, Aurol, Auxilin oder T-Stoff genannt wurde.
Weitere Typen waren geplant oder im Bau, so u. a. ein 1800-t-Atlantikboot, das eine Walter-Anlage von 11025 kW (15000 PS) erhalten sollte. Zum Kriegseinsatz kam keines der Walter-U-Boote mehr. Sie wurden am Ausrüstungskai zerbombt oder endeten durch Selbstversenkung.
»U 1406« und »U 1407« wurden nach dem Krieg gehoben und nach den USA bzw. nach Großbritannien überführt. »U 1407« lief noch bis 1950 als »METEORITE« der britischen Marine und wurde Vorbild der britischen Versuchsboote »EXPLORER« und »ECALIBUR«, die 1954 in Dienst gestellt wurden. Damit war auch die weitere Entwicklung der Walter-Turbine überholt, in den USA wurde zu dieser Zeit das erste Kernkraft-U-Boot »*NAUTILUS*« in Dienst gestellt.
Mit dem Walter-Verfahren wurden auch Torpedos angetrieben. Eine 367,5-kW-(500-PS-)Turbine ermöglichte Geschwindigkeiten von etwa 50 kn. Infolge der hohen Energiekonzentration hatten diese Torpedos beträchtliche Laufstrecken.
In den 50er Jahren entwickelte Professor Walter noch einen verbesserten Antrieb für Tiefseeforschungsboote, bei dem normaler Brennstoff ebenfalls mit H_2O_2 verbrannt wurde. Derartige Energieumwandler erbrachten Leistungen, die zwischen denen konventioneller und atomarer Antriebe lagen. H. Walter verstarb am 16. Dezember 1980 in den USA.

»WARNEMÜNDE«: vom VEB Schiffswerft »Neptun«, Rostock, 1972 für die Fährschiffslinie Warnemünde–Gedser der Deutschen Reichsbahn erbautes dreigleisiges *Eisenbahnfährschiff*. Das Fährschiff mit Bug- und Heckklappe hat insgesamt 136 m Gleislänge und ist über Alles 137,50 m und zwischen den Loten 125,00 m lang, auf Spanten 18,20 m breit und geht bei 7,50 m Seitenhöhe 5,40 m tief. Die Höchstgeschwindigkeit beträgt 18,5 kn. Es fährt als Zweischrauber mit Verstellpropellern und 4×1766-kW-Dieselmotoren innerhalb von 2 Std. und 18 Min. die 22,7 sm lange Strecke Warnemünde–Gedser. Bei einem Deplacement von 6796 t und 6146 BRT beträgt die Tragfähigkeit 1842 t DW.

»WASHINGTON«: eines der letzten für die französische Atlantikfahrt gebauten Schaufelradschiffe. Das Schaufelrad-Paketboot von 105,62 m Länge; 13,56 m Breite; 3204 BRT und 1684 t Tragfähigkeit wurde bei Scott & Co in Greenock in Britannien gebaut. Es eröffnete am 15. Juni 1864 den Liniendienst Le Havre–New York. Es hatte Plätze für 400 Fahrgäste in 3 Klassen. Mit den Schaufelrädern und der 625-kW-(850-PS-) Balancier-Dampfmaschine fuhr die »WASHINGTON« 12 kn. Das 1864 noch als Dreimaster getakelte Schiff wurde 1868 auf 2 Maste umgerüstet und erhielt 1873 eine neue Dampfmaschine; abgebrochen wurde die »WASHINGTON« erst 1899. Vorher gab es andere Schiffe gleichen Namens, wie die »WASHINGTON« von 1847.

Die französische »WASHINGTON« 1868 nach dem Umbau

Wasserreinigungsschiff: siehe *Öl-Abschöpfschiff*

Wasserstrahlantrieb-Schiff, *Hydroreaktiv-Schiff:* Boot oder Schiff, das nicht durch Schraubenpropeller, sondern durch Pumpen angetrieben wird, die Wasser ansaugen und ausstoßen. Vor mehr als 200 Jahren schon versuchte der Amerikaner Rumsey ein Fahrzeug zu schaffen, das die von Bernoulli entwickelte Theorie »der Reaktionskraft in Röhren fließendes Wassers« nutzen sollte. Die für die Reaktionswirkung erforderliche Pumpe war aber erst 1793 soweit verfügbar, daß ein Fahrzeug auf der Themse »gegen Wind und Flut eine Geschwindigkeit von 5 Knoten« erreichte. Dieses 30 Fuß lange und 6 Fuß breite Boot wurde noch durch Muskelkraft angetrieben. Mit Kolbenhüben von etwa 1,5 m wurde Wasser unter dem Bug durch horizontal angebrachte »Pumpenstiefel« angesaugt und unter dem Heck wieder ausgestoßen.
Der königliche britische Mühlenbaumeister James Linaker aus Portsmouth soll 1793 ebenfalls ähnliche Versuche durchgeführt haben, wobei er 8 Mann zur Bedienung der Pumpe benötigte und später eine Dampfmaschine der Firma Fenton, Murray & Wood aus Leeds einbauen ließ.
1856 baute der Schiffbaumeister Alexander Seydell nach den Plänen des Engländers Ruthven einen Dampfer mit Rückstoß-Antrieb. Der Reaktionsdampfer »ALBERT« fuhr für die »Stettiner Dampfschleppschiffahrt-Gesellschaft« und verkehrte einige Jahre zur Zufriedenheit zwischen Stettin und Schwedt. Seine beiden Ausstoß-Röhren waren verstellbar. Bei der vollen Vorausfahrt wurden sie nach hinten gerichtet und bei geringen Fahrtstufen oder Kursänderungen schräg angestellt. Bei vertikaler Stellung stand der Dampfer still, ohne daß die Maschine gestoppt werden mußte. War eine Röhre nach vorn und die andere nach achtern gerichtet, so drehte das Schiff. Es lief rückwärts, wenn beide Ausstöße nach vorn gerichtet wurden.
In Britannien war das 1866 gebaute 1279 ts große *Panzerschiff* »WATERWITCH« das erste »Reaktions-Seeschiff« mit Wasserstrahlantrieb. Das 49,38 m lange und 9,78 m breite Fahrzeug war mit vier 7-Zöllern bewaffnet. 1867 erwiesen Vergleiche zwischen der »WATERWITCH« und dem Doppelschrauben-Panzerfahrzeugen »VIPER« und »VIXEN« die Überlegenheit der Doppelschrauber. Die Geschwindigkeit war fast gleich, doch das Reaktionsschiff benötigte die doppelte Zeit zum Wendemanöver.
1874 besaß die deutsche Marine mit dem Torpedodampfer »RIVAL« ein Fahrzeug mit einer »Wasserschwall«-Maschine, doch auch diese Anlage bewährte sich nicht und man rüstete den Dampfer auf Schaufelradantrieb um.
Nach 1945 gab es international einige neue Impulse. Heute verwendet man Axialpumpen, die eine Stau-Eintrittsdüse zum Ansaugen und eine Ausstoßdüse zur Schuberzeugung haben. Als Pumpen werden Kreiselpumpen oder Propeller benutzt. Die Leistungen solcher Wasserstrahlpumpen erreichen 1 m^3/s und darüber. Leider gibt es einige Nachteile. Der Brennstoffverbrauch ist hoch und der Wirkungsgrad bei mittleren Fahrgeschwindigkeiten noch geringer als der eines schnelldrehenden Propellers, doch treten dafür verminderte Kavitationsprobleme auf.
Für flachgehende Schiffe, kleine Dienstfahrzeuge, Barkassen und Sportboote ist der Wasserstrahlantrieb dennoch geeignet. Die Steuerung erfolgt durch die lenkbare Ausstoßdüse oder herkömmliche Ruder. Die Fahrzeuge lassen sich selbst in derart flachen Gewässern einsetzen, wo propellerangetriebene Boote nicht mehr fahren können.
Das Haupteinsatzgebiet moderner Wasserstrahlantriebe ist der militärische Schiffbau, speziell bei Tragflügelbooten. Mit in den Tragflügeln eingebauten Strahlantrieben werden Geschwindigkeiten bis zu 50 kn erreicht.
Hydroreaktive Antriebe werden vereinzelt auch als Vortriebsmittel bei Torpedos eingesetzt, die eine Geschwindigkeit von 50···60 kn erreichen. Ein solcher Torpedo soll 360000 Dollar kosten.

Wassertrecker: siehe *Voith-Schneider Propeller-Schiff*

Wechseldecker: *Frachtschiff,* das wahlweise als *Volldecker* oder als *Schutzdeckschiff* vermessen fährt. Diese Regelung gibt es erst seit 1957, um sicherheitsungünstige Öffnungen oder dgl. zu vermeiden. Anfangs wurden für das Schiff zwei gesonderte Meßbriefe als Volldecker bzw. als Schutzdecker ausgestellt, wobei jeweils entsprechend der Abladung nach Freibordvorschriften nur der zutreffende an Bord sein durfte und der andere im Vermessungsamt hinterlegt war. Seit 1967 können beide Vermessungen in einem Vermessungsbrief angegeben werden. Da Tragfähigkeit und Gebühren von der Vermessung abhängig sind, ergeben sich entsprechende Vorteile. Beispielsweise können sich bei einem Frachter von 150 m Lpp; 18,4 m Breite und 11,5 m Seitenhöhe die Werte als Volldecker/Schutzdekker wie folgt unterscheiden: Bruttoraum 8127/5650 BRT; Nettoraum: 4698/3047 NRT; Zulässiger Tiefgang 8,68/5,57 m; Tragfähigkeit 11430/9050 t.

Weintanker: selten gebauter Spezial-Tanker für den Transport von Wein als unabgefüllte Ware. So kann der 22000 t große US-Weintanker »ANGELO PETRI« 9,5 Mill. Liter (9500 m^3) Wein in 26 gesonderten Tanks bunkern. Damit keine Qualitätsminderung des Weins eintritt, müssen die Tanks oder Behälter sowie alle Rohrleitungen, Ventile, Pumpen u. a. Teile aus rostfreiem Stahl oder mit Emaille oberflächenbeschichtet sein. Wichtig ist auch, daß die Tanks vollständig gefüllt sein müssen, damit keine freie Oberfläche entsteht, an der der Wein mit Luft in Berührung kommen kann.

Welldecker, *Welldeckschiff:* ein besonders bei älteren *Fahrgastschiffen* noch üblicher Schiffstyp mit langer Poop und langer Back, mit einer vom Oberdeck im Bereich des Vorschiffs bis zum Hauptdeck hinunterreichenden kurzen Decksunterbrechung, der »Well«. Wegen der gefährlichen Wirkung von überkommenden Brechern in der relativ kurzen Well wurde sie seemännisch auch als »Versaufloch« charakterisiert.

Werkstattschiff: ziviles Reparaturschiff oder Hilfsschiff der Marine, das an Küsten, in wenig erschlossenen Gebieten und auf Flüssen im Binnenland stationiert wird. Werkstattschiffe dienen zur technischen Hilfeleistung im Hafen, auf Reede und in küstennahen Gebieten. Sie haben zur Erfüllung dieser Aufgaben einen eigenen Antrieb sowie eine umfangreiche technische Ausrüstung für Schiffsreparaturen. An Bord befindet sich eine Anzahl technisch ausgebildeter Fachkräfte der wichtigsten Schiffbau-Berufe. Binnen-Werkstattschiffe haben sich auch in der Sowjetunion bei der Erschließung von neuen Industriegebieten bewährt. Diese Schiffe brauchen keinen eigenen Antrieb, sie werden durch *Schlepper* an ihren Standort geschleppt, wo sie oft für einige Jahre verankert werden. Um in den abgelegenen Gebieten den Wartungsaufwand so gering wie möglich zu halten, kann der pontonförmige Schiffskörper aus Stahlbeton ausgeführt sein. Die um 70 m langen und 14 m breiten Schiffe sollen jedoch nur einen Tiefgang von etwa 1,8 m haben. An Bord befinden sich Unterkünfte für die Besatzung sowie bis zu 100 Fachkräften.
Werkstattschiffe haben u. a. eine eigene Energie-Erzeugungsanlage, verschiedene Mechanik-Werkstätten, Kesselschmiede, Tischlerei und weitere Einrichtungen für die entsprechenden Aufgaben.

»WESER«: bzw. **»DIE WESER«** eines der ersten in Deutschland gebauten Dampfschiffe. Der Bremer Kaufmann Friedrich Schröder ließ 1816 auf der Werft von Johann Lange in Vegesack sein erstes Dampfschiff, die »WESER« erbauen, die am 30. Dezember 1816 von Stapel lief.

US-Panzerkreuzer »WEST VIRGINIA«, 15400 t Deplacement; 26100 PSi; 22 kn

Das Schiff war 25,9 m (85 Fuß) lang und 4,27 m (14 Fuß) breit. Die Höhe vom Kiel bis Oberdeck betrug 2,44 m (8 Fuß) und der Tiefgang war 0,91 m (3 Fuß), der Spantabstand war 0,20 m (8 Zoll). An Bord gab es 2 Kajüten, die hintere für Passagiere der I. Klasse und die vordere für Passagiere der II. Klasse. Es konnten bequem 60···80 Passagiere befördert werden, oft waren aber bis zu 250 Fahrgäste an Bord. An Fracht konnte das Schiff 30 Lasten aufnehmen, wobei für Bremer Schiffe die Roggenlast mit 4000 Pfund galt, d. h. es konnten 60 t geladen werden.
Die Einzylinder-Niederdruckmaschine arbeitete bereits mit einem Kondensator und war von der im Dampfmaschinenbau weltweit führenden Maschinenfabrik Boulton, Watt & Co in Soho bei Birmingham gefertigt worden. Bei einem Zylinderdurchmesser von 55,8 cm (22 Zoll) und einer Drehzahl von 22 U/min leistete sie 10,3 kW (14 PS) und gab dem Schiff eine Geschwindigkeit von 5,5 kn. Die Schaufelräder hatten 2,74 m (9 Fuß) Durchmesser und ließen sich bei wechselnden Tauchtiefen anheben oder absenken. Der 4,2 m lange, 1,2 m breite und 1,9 m hohe Kofferkessel war im Schiff auf der Stb.-Seite untergebracht, die Dampfmaschine stand auf der Bb.-Seite. Am 6. Mai 1817 hatte Kaufmann Schröder zur Jungfernfahrt eingeladen, und unter Führung von Kapitän Zacharias Spilker machte die »WESER« erstmals in Bremen fest. Ein Teil der geladenen Ehrengäste war allerdings nicht zur Eröffnungsfahrt erschienen aus Angst und wegen Vorbehalten gegenüber »... diesen neuen Dampfböten«.
Bis 1833 war die »WESER« auf der Unterweser in Fahrt, abgebrochen wurde sie wahrscheinlich 1834.

»WEST-VIRGINIA«: US-Panzerkreuzer, First Class Cruiser. Die Baufreigabe für die 15400 t große »WEST-VIRGINIA« wurde 1901 erteilt, und am 18. April 1903 erfolgte der Stapellauf. Das Schiff war 153,6 m lang; 21,2 m breit und hatte einen Tiefgang von 7,3 m. Die Besatzung bestand aus 880 Mann.
Zur Bewaffnung gehörten 4 × 20,3-cm-, 14 mal 15,2-cm- und 18 × 7,6-cm-Geschütze sowie 4 × 4,7-cm- und 2 × 3,7-cm-Kanonen und 4 Maschinengewehre. Zwei Torpedoausstoßrohre mit 45-cm-Kaliber waren seitlich unter Wasser installiert. Die Panzerdicken betrugen im Deck 3,8···10,2 cm, am Kommandoturm 22,9 cm, in der Wasserlinie 8,9···15,2 cm, für die schwere Artillerie 15,2···16,5 cm und für die mittlere Artillerie 12,7 cm.
Die beiden Kolbendampfmaschinen leisteten 19210 kW (26100 PSi) und gaben dem Doppelschraubenschiff eine Geschwindigkeit von 22 kn. Den benötigten Dampf lieferten 16 Babcok-Wilcox Kessel. Der Kohlevorrat lag zwischen 900 t und maximal 2000 t. Bei einer Geschwindigkeit von 10 kn konnte eine Dampfstrecke von 5000 Seemeilen gefahren werden. Am 11. November 1916 erhielt es den Namen »HUNTIGTON«. Es wurde 1917 kurzzeitig mit einem Katapult, 4 Flugzeugen und einem Fesselballon ausgerüstet. 1930 kam das Schiff zum Verkauf.

Wetterschiff: speziell für die Wetterbeobachtung eingesetztes *Forschungsschiff*. Für die weltweite Wetterforschung der ICAO – International Civil Aviation Organistion waren 1960 insgesamt 21 Schiffseinheiten ständig im Einsatz, davon ständig 9 Schiffe im Nordatlantik und 6 im nördlichen Pazifik. Zu den Aufgaben des Wetterschiffs gehört die Abgabe von Wettermeldungen sowie Veränderungen der Luft- und Wassertemperaturen in Abständen von 6 Std. an die Küstenstationen und der Funkkontakt mit allen Objekten, die das Beobachtungsgebiet durchfahren. Zusätzliche Informationen werden durch regelmäßig in verschiedene Höhen aufgelassene Pilotballons gewonnen. Wetterschiffe sind i. allg. 3 Wochen ununterbrochen im Meßgebiet, bevor sie durch ein Ablöseschiff ersetzt werden. Das Wetterschiff hat durch die Wettersateliten an Bedeutung verloren. Es wird weitgehend für Aufgaben der Meeresforschung eingesetzt.

Widderschiff: siehe *Rammsporn-Kriegsschiff*

»WILHELM BAUER«: deutsches U-Boot-Begleitschiff. Das 4700 t große Schiff wurde unter der Bau Nr. 759 von 1938 bis 1940 auf der Kriegsmarinewerft in Kiel gebaut. Stapellauf war am 20. Dezember 1938 und die Indienststellung am 30. April 1940. Das Schiff war über Alles 132,7 m und zwischen den Loten 126,2 m lang, 16 m breit und hatte 4,97 m Tiefgang. Die Besatzung bestand aus 289 Mann. An Bord konnten weitere 423 Mann untergebracht werden. Zur Bewaffnung gehörten 4 × 10,5-cm-, 1 × 4-cm-, 2 × 3,7-

Deutsches U-Boot-Begleitschiff »WILHELM BAUER«

cm- und 12 × 2-cm-Geschütze. Die Antriebsanlage mit 4 doppelwirkenden MAN-Zweitakt-Dieselmotoren hatte eine Leistung von insgesamt 9126,4 kW (12400 WPS), die dem Schiff über 2 Schrauben von je 2,4 m Durchmesser eine Geschwindigkeit von 20 kn gab. Bei 15 kn konnten 9000 Seemeilen gefahren werden.
Nach verschiedenen Einsätzen als U-Boot-Begleitschiff und -Mutterschiff wurde die »WILHELM BAUER« am 8. April 1945 vor Travemünde versenkt und im Zeitraum 1950/51 dort abgebrochen.

windkraftunterstütztes Schiff, *Windkraft-Schiff:* modernes Schiff mit Zusatz- oder Hilfseinrichtungen zur Erhöhung der Energiewirtschaftlichkeit durch Windkraftnutzung auf maschinenangetriebenen Schiffen. Bis in die Mitte des 19. Jh. war die Windkraft die fast ausschließliche Möglichkeit des Schiffsantriebs. In der Übergangszeit vom Segelschiff zum maschinenangetriebenen Schiff entwickelte sich der Maschinenantrieb vom Hilfsantrieb über die Gleichwertigkeit zum derzeitigen Alleinantrieb der kommerziellen Schiffstypen. Demgegenüber behauptete sich das Segel weiter als Antrieb für Sport- und Ausbildungsfahrzeuge und als Ausnahme für einige kleine Küsten- und Fischereischiffe. Mit dem überproportionalen Anstieg der Energiekosten, der sinnvollen Hinwendung zur Mitnutzung natürlicher Energiequellen und der Spezifik verschiedener neuer Schiffstypen entstanden verschiedene Projekte und Prototypen des modernen windkraftunterstützten maschinenangetriebenen Schiffs. Für Fahrtrouten in Passatgebieten, langsamfahrende *Bulker* und *Tanker* sowie Kreuzfahrten in küstennahen Erholungsgebieten und bei Fahrzeugen der kleinen Hochseefischerei werden die Vorzüge einer modernen Windunterstützung bereits als erwiesen angesehen, da neben der Energieeinsparung infolge der Stützwirkung der Segel günstigere Dämpfungen der Schiffsbewegungen und bessere Steuereigenschaften erreicht werden. Für größere Frachtschiffe gibt es einige Prototypen mit elastischen, starren und profilierten Segeln, die jeweils automatisch in die günstigste Anstellrichtung gebracht werden. Sofern eine Behinderung der Transport- und Umschlageigenschaften vermieden und die Ausrüstungs-, Instandhaltungs- und Betriebskosten den anteiligen Maschinenkosten entsprechen, wird eine Windkraftunterstützung schon ab 10 % der Maschinenleistung für rentabel erachtet. Außerdem gibt es verschiedene, jedoch wahrscheinlich nicht sehr zukunftsträchtige Konzepte, nach denen das Segel den Hauptantrieb und die Maschine den Hilfsantrieb übernehmen soll.
1967 legte der Hamburger Ingenieur W. Prölls der Schiffbautechnischen Gesellschaft seinen »Dynaschiff«-Entwurf vor, der 1979 eine Reihe von Windkanaltests und Computersimulationen erfolgreich durchlief. Der Entwurf sah einen Rahsegler mit 9600 m^2 synthetischem Segeltuch vor, das beim Reffen zur Mitte der elliptischen Hohlmasten hin zusammengeschoben und auf Trommeln im Mastinnern aufgerollt werden sollte. Das Segelsetzen und das Reffen sollten mechanisch erfolgen. Um den Umschlagprozeß nicht zu behindern, waren hochklappbare Rahen vorgesehen. Die zu erwartende Durchschnittsgeschwindigkeit wurde mit 11 kn angegeben. Als Besatzung waren 31 Mann vorgesehen. Das »Dynaschiff« kam über ein Projektstadium jedoch nicht hinaus.
Mitte 1979 lief in Japan mit der »MINI-DAIGO« der Prototyp eines 83-BRT-segelunterstützten-Tankers von Stapel. Das Versuchsschiff das im Auftrag der Regierung gebaut wurde, hat mit Windkraft und Hilfsmotor bis 14 kn erreicht.
Ende 1980 ging dann der 700 t große japanische Küstentanker »SHIN AITOKU MARU« auf seine erste Reise. Er war in zweijähriger Arbeit von der jap. Nippon-Werft (NKK) in Zusammenarbeit mit der Japan Marine Machinery Development Association (JAMDA) entwickelt und auf der Imamura-Werft in Kure gebaut worden. Die Baukosten beliefen sich auf 530 Mill. Yen, davon allein 60 Mill. Yen für die Segel. Es war der Prototyp eines Segeltankers mit Maschinenantrieb und gleichzeitig der erste kommerzielle Motorsegler der Nachkriegszeit in der Welt. Das Schiff ist 66,00 m lang; 10,60 m breit und hat eine Tragfähigkeit von 1500 t DW. Die Besatzung besteht aus 10 Mann. Zum Maschinenantrieb dient ein 1177 kW (1600 PS) Dieselmotor. Außerdem hat das Schiff 2 Kunststoffsegel von jeweils 100 m^2 Fläche (8 m × 12,5 m). Gegenüber Schiffen dieser Größe ohne Segel kann der Tanker jährlich 30 ··· 40 % Brennstoff einsparen. Bei einer Windgeschwindigkeit von 55 km/h kann das Schiff allein mit den Segeln etwa 15 kn erreichen. Die Segel sind in Metallrahmen befestigt und werden von computergesteuerten E-Motoren gespreizt oder gegen die Stahlmaste gefaltet. Der Computer kontrolliert konstant alle Segelmanöver und -einstellungen zur jeweils optimalen Nutzung der Windenergie.
Im November 1985 waren insgesamt 7 japanische Neubauten mit Hilfsbesegelung in Fahrt, davon 2 Küstentanker, 2 Bulkcarrier und 1 Gastanker von je 1500 t DW, 1 Bulkcarrier von 31000 t DW mit 2 × 176 m^2 Segelfläche und 1 Bulkcarrier von 26000 t DW mit 2 × 640 m^2 Segelfläche.
Der 26000-t-DW-Bulkcarrier, die »USUKI PIONEER«, wurde auf der Saiki-Werft der Usuki Iron Works in Japan mit Unterstützung der Japan Shipbuilding Industrie Foundation für die Tanaka Industries Ltd.; Oita gebaut. Das am 30. August 1984 von Stapel gelaufene Schiff kam am 18. November 1984 bei der Nakamura Steamship Co. Ltd. in Kobe in Dienst. Diese erste völlige Neukonstruktion einer modernen Hilfsbesegelung eines seegehenden Bulkcarriers ist für die regelmäßige Getreidefahrt zwischen Japan und der amerikanischen Westküste konzipiert. Das Schiff ist über Alles 162 m lang, 25 m breit und hat 14 m Seitenhöhe. Bei der Tragfähigkeit von 26000 t ist der Tiefgang 10,5 m. Die Hauptantriebsanlage besteht aus einem Dieselmotor mit einer Maximalleistung von 2430 kW (3300 PS), mit der das Einschraubenschiff eine Dienstgeschwindigkeit von 13,5 kn erreicht.
Die »USUKI PIONEER« ist mit 2 parallel angebrachten faltbaren Segeln von Aerofoil-Typ mit einer Gesamtsegelfläche von 640 m^2 ausgerüstet. Die Segel werden über Computer kontrolliert, die sie automatisch in die von Wind und Ge-

Schlanker V-förmiger Bugwulst eines Frachtschiffs, VEB Schiffswerft »Neptun«, Rostock

schwindigkeit abhängige optimale Stellung bringen. Sie sind über Computer außerdem mit der Hauptmaschine koordiniert, die ihre Antriebsleistung automatisch reduziert oder steigert in Übereinstimmung mit der Vortriebskraft der Segel für die Einhaltung der konstanten Dienstgeschwindigkeit.

Wohnschiff: zivile oder militärische schwimmende Wohneinheiten mit Kabinen und Gemeinschaftsräumen, die zur Ergänzung der Landunterkünfte an bestimmten Liegeplätzen festgelegt werden. Für militärische Zwecke wurden häufig ehemalige Passagierschiffe, wie die *»CAP ARCONA«*, aber auch Fracht- und Segelschiffe für Marine- und Luftwaffeneinheiten genutzt. Verschiedene deutsche U-Boot-Flottillen hatten eigene Wohnschiffe mit Freizeit- und Erholungseinrichtungen. Wohnschiffe für zivile Aufgaben benötigen i. allg. keinen Eigenantrieb. Sie werden an die jeweiligen Liegeplätze, z. B. in die Nähe wassernaher Erschließungsgebiete oder Baustellen geschleppt und dort für die Einsatzdauer festgemacht.

Wrack-Feuerschiff: siehe *Feuerschiff*

Wulstschiff: Schiff, dessen Unterwasser-Schiffskörper entweder einen Bugwulst oder Heckwulst oder beide Wulste hat. Die hydrodynamische Wirkung von wulstförmigen Verdickungen am Vorschiff erkannte bereits W. Froude bei seinen Versuchen mit Schiffsmodellen in den letzten Jahrzehnten des 19. Jh. Der US-Admiral und Leiter der Marine-Versuchsanstalt D. W. Taylor machte von 1907 bis 1910 weitere Versuche und schuf den nach ihm benannten »Taylor-Wulst«, der eine mäßige tiefliegende Verdickung des Vorstevens war, jedoch noch nicht zu einer Verlängerung der Vorschiffswasserlinien führte. Der Taylor-Wulst brachte jedoch bereits Verbesserungen und wurde u. a. auch bei den deutschen Schnelldampfern *»BREMEN«* und *»EUROPA«* 1929 ausgeführt. Mit den Fortschritten in Theorie und Experiment der Schiffsumströmung gehören Bug- und Heckwulste der verschiedenen Größen und Formen zu den wichtigsten Effekten, um den Wellen- und Reibungswiderstand von Schiffen zu verringern, die Stampfbewegungen im Seegang zu dämpfen und die Propelleranströmung zu vergleichmäßigen.

Y

YAMATO«: japanisches Schlachtschiff im zweiten Weltkrieg, seinerzeit mit der »MUSASHI« größtes Schlachtschiff der Welt. Unter strenger Geheimhaltung und durch Strohmatten gegen Sicht geschützt, begann Japan 1937/38 zwei Schlachtschiffe zu bauen, die die größten Kampfschiffe der Welt werden sollten. Nach den Vorstellungen der japanischen Admiralität sollten die »YAMATO« und die »MUSASHI« der japanischen Kampfflotte die Überlegenheit im Pazifik gegenüber der USA sichern.
Das Typschiff, die 72809 ts große »YAMATO«, lief am 8. August 1940 auf der Staatswerft in Kure von Stapel. Es war 263 m lang, 38,9 m breit und hatte einen Tiefgang von 10,4 m. Die Besatzung

Zylinderförmiger Bugwulst eines Schnellfrachters, VEB Warnowwerft, Rostock/Warnemünde

bestand aus 2330 Mann. Die größte Panzerdicke betrug 50,8 cm.
Die Bewaffnung bestand aus 9 × 45,7-cm-Geschützen in 3 Drillingstürmen. Das waren die größten Geschütze, die je ein Schlachtschiff an Bord hatte. Hinzu kamen noch 12 × 15,2-cm-Geschütze und 24 × 12,7-cm-Flakgeschütze sowie über 100 leichtere Flakkanonen, 10 Torpedorohre und 6 Bordflugzeuge mit 2 Katapulten.
Die Dampfturbinen leisteten insgesamt 112608 kW (153000 PS) und gaben dem Vierschraubenschiff eine Geschwindigkeit von maximal 27,7 kn, eine im Vergleich mit anderen Schlachtschiffen zu geringe Geschwindigkeit, wie sich später erwies. Das Schwesterschiff »MUSASHI« war im Dezember 1941 kampfbereit. Ein drittes Schiff dieses Typs, die »SHINANO«, wurde zum Flugzeugträger.
Die »MUSASHI« ging am 24. Oktober 1944 in der entscheidenden See- und Luftschlacht um die Philippinen in der Leyte-Bucht verloren. Nach 19 Torpedo- und 17 Bombentreffern kenterte sie gegen 19.35 Uhr und nahm den Konteradmiral Inoguchi sowie den größten Teil der Besatzung mit sich in die Tiefe.
Nach Einsätzen bei den Midway- und den Salomon-Inseln sowie in der Leyte-Bucht wurde die »YAMATO« im Hafen von Kure bei Hiroshima wegen Treibstoffmangels in Reserve gehalten. Während der im April 1945 um die Insel Okinawa tobenden Kämpfe beschloß die japanische Führung, das Schlachtschiff gegen die Invasionsarmee einzusetzen. Begleitet von nur einem Leichten Kreuzer und 8 Zerstörern lief es am 6. April 1945 zu seiner letzten Fahrt aus. Dazu wurden die letzten Treibstoffreserven eingesetzt, die aber nicht einmal mehr für eine Rückkehr gereicht hätten. Die »YAMATO« sollte deshalb bei Okinawa auf Grund gesetzt werden, um mit ihrer überschweren Artillerie die amerikanischen Landungsoperationen zu verhindern. Jedoch schon einen Tag nach dem Auslaufen wurde das Geleit von amerikanischen Aufklärern gesichtet. Die von ihnen alarmierten U-Boote sowie 380 Trägerflugzeuge stürzten sich auf die »YAMATO«. Nach etwa 12 Torpedotreffern und zahllosen Bombeneinschlägen explodierte das Schiff am 7. April 1945, brach auseinander und riß etwa 2070 Mann der 2330 Mann Besatzung mit sich in die Tiefe.
Im Sommer 1985 entdeckten japanische Bergungsspezialisten nach mehrwöchiger Suche das Wrack etwa 200 Kilometer südlich der japanischen Insel Kyushu im Ostchinesischen Meer in 340 m Tiefe. Sie berichteten, daß das Schiff in 2 Teile von jeweils 170 m und 80 m Länge auseinandergebrochen sei.

»YORK«: Passagierdampfer des Norddeutschen Lloyd; Bremen. Das 8909 BRT und 5117 NRT große Schiff wurde auf der Schichau-Werft in Danzig gebaut und lief am 10. April 1906 von Stapel. Die »YORK« war 146,26 m lang; 17,50 m breit und hatte eine Raumtiefe von 10,83 m. Bei einer Besatzungsstärke von 157 Mann, später 175 Mann, konnten 2078 Passagiere befördert werden, davon 108 in der I. Klasse, 112 in der II. Klasse und 1858 Zwischendeckspassagiere. Die Antriebsanlage bestand aus 2 Vierfach-Expansionsmaschinen mit einer Gesamtleistung von 4416 kW (6000 PSi), mit denen das Doppelschraubenschiff die Geschwindigkeit von 15 kn erreichte. Das Schiff wurde im November 1906 in Dienst gestellt und auf der Route Hamburg, Bremen – Ostasien auch als sog. »Reichspostdampfer« eingesetzt. Bei Kriegsausbruch 1914 befand es sich im japanischen Hafen Yokohama. Es wurde voll mit Kohle und ausreichend Proviant versorgt und zur Insel Pagan beordert, wo es am 10. August 1914 eintraf. Dort wurde es von den Schiffen des Auslandsgeschwaders des Grafen Spee erwartet, um die Vorräte zu übernehmen. Bis zum 25. Oktober 1914 blieb es als Troßschiff beim Kreuzergeschwader, wurde dann entlassen und ließ sich im November 1914 im chileni-

Die »YAMATO«, mit der »MUSASHI« größtes japanisches Schlachtschiff im zweiten Weltkrieg

schen Hafen Valparaiso internieren. 1920 wurde die »YORK« nach Europa geschleppt, da die Besatzung die Maschinen unbrauchbar gemacht hatte. Das Schiff kam dann noch bis 1929 für den Norddeutschen Lloyd zum Einsatz, da es entsprechend dem »Columbus-Abkommen« nicht der Ablieferung an die Siegermächte unterlag. Von 1929 bis 1932 war das Schiff aufgelegt. Im November 1932 wurde es an die ehemalige Bauwerft verkauft, die es 1933 abbrach.

»YORKTOWN«: US-Flugzeugträger (Aircraft Carrier). Der Bau des Trägers wurde mit dem Haushaltsplan 1933 bewilligt. Baubeginn war 1934 auf der Newport News Shipbuilding, wo der Träger am 4. April 1936 von Stapel lief. 1939 wurde das 19900 t große Schiff in Dienst gestellt. Es war 232 m lang, 25,3 m breit und hatte einen Tiefgang von 6,6 m. Das eigentliche Flugdeck war 246 m lang und 33,0 m breit. Die Besatzung bestand aus 1216 Mann. Als Geschützbewaffnung waren 8 × 12,7-cm-Geschütze aufgebaut. An Bord befanden sich 60 Flugzeuge.
Die Dampfturbinen-Antriebsanlage hatte eine Gesamtleistung von 88320 kW (120000 PS), die dem Flugzeugträger eine Geschwindigkeit von 34 kn gab. Der Dampf wurde in 9 Kesseln erzeugt.
Bei einem Angriff japanischer Trägerflugzeuge vom Flugzeugträger »HIRYO« während der Seeschlacht bei den Midway-Inseln am 4. Juni 1942 erhielt die »YORKTOWN« mindestens 3 schwere Bomben- und 2 Torpedotreffer. Der Träger bekam eine starke Schlagseite von 26° und wurde relativ früh von der Besatzung verlassen. Noch am 6. Juni befand sich der Träger im Schlepp des Minensuchers »VIRCO«, als er vom japanischen U-Boot »I 168« angegriffen wurde. Ein Torpedo zerriß den längsseits liegenden Zerstörer »HAMMANN«, der die Bergungsmannschaften mit Energie und Druckluft versorgte, ein anderer Torpedo traf den Träger selbst, der am 7. Juni 1942 um 6.00 Uhr auf 2000 m Tiefe sank.
Die Situation war ähnlich der des Trägers *»ARC ROYAL«* im Mittelmeer am 31. Oktober 1941. Die Träger wurden zu früh von der Besatzung verlassen. Bei sofortiger Erkennung der Lage und schnellem Gegenfluten wären sie wahrscheinlich weiter schwimmfähig geblieben.

Die sinkende »YORKTOWN« am 7. Juni 1942

Yourkewitschform-Schiff: ein Schiff mit speziellen, seinerzeit vom russischen Ingenieur Yourkewitsch entwickelten Schiffsformen mit ausfallendem Vorsteven, konkav gekrümmten Wasserlinien und einem Wulstbug. Einige der bekanntesten Schnelldampfer, wie *»BREMEN«*, *»EUROPA«*, *»NORMANDIE«*, wurden nach der Yourkewitschform gebaut.

Z

»ZÄHRINGEN«: deutsches Linienschiff vor dem ersten Weltkrieg und danach erstes deutsches Zielschiff mit Funk-Fernsteuerung. Das Linienschiff wurde von 1899 bis 1902 auf der Germaniawerft in Kiel gebaut, lief am 12. Juni 1901 von Stapel und wurde am 25. Oktober 1902 in Dienst gestellt. Die Baukosten beliefen sich auf 22,275 Mill. Mark.
Es hatte ein Deplacement von 12798/11774 t bei 8,04/7,95 m Tiefgang, war 126,8 m/125,2 m lang und 22,8/20,8 m breit. Die Besatzung bestand aus 683 Mann.
Die Panzerdicken waren an Deck 5 cm, an den Böschungen bis 12 cm, am Kommandoturm vorn 3···25 cm und achtern 3···14 cm, in der KWL bis 22,5 cm auf 10 cm Teakholz, an den Kasematten und der Zitadelle 14 cm, an den 24er Türmen 5···23 cm und den 15er Türmen 15 cm. Die Bewaffnung bestand aus 4 × 24 cm-, 18 × 15-cm- und 12 × 8,8-cm-Geschützen, zeitweise auch noch 12 Maschinenkanonen sowie insgesamt 6 Unterwassertorpedorohren des Kalibers 45 cm, jeweils eins an Bug und Heck und die anderen an den Seiten.
Die 3 stehenden Dreizylinder-Dreifach-Expansionsmaschinen hatten eine Gesamtleistung von 10948 kW (14875 PSi) und gaben über 3 Schrauben von jeweils 4,8 bzw. 4,5 m Durchmes-

Die »ZÄHRINGEN« im Originalzustand als Linienschiff

Die »ZÄHRINGEN« als ferngelenktes Zielschiff

ser dem Schiff eine Geschwindigkeit von 17,7 kn. 6 Marinekessel und 6 querstehende Zylinder-Kessel mit insgesamt 36 Feuerstellen erzeugten den Dampf von 1,6 MPa (15 atü). Der Kohlevorrat betrug 1800 t Kohle und 96 t Öl. Mit 10 kn Geschwindigkeit konnten 5850 Seemeilen gefahren werden.
Auf die Verwendung als Linienschiff folgte der Einsatz als Exerzierschiff (1916) und als Heizerschul- und Zielschiff (1917). Das Schiff wurde am 11. März 1920 aus der Flottenliste gestrichen und zunächst als Hulk in Wilhelmshaven verwendet. Von 1926 bis 1927 wurde es dann auf der Marinewerft in Wilhelmshaven zum ferngelenkten Zielschiff für die Reichsmarine und spätere Kriegsmarine umgebaut. Die mittlere Maschine baute man aus und verringerte die Zahl der Kessel von 12 auf 2, nunmehr ölgefeuerte Wasserrohrkessel mit insgesamt 16 Feuerstellen. Die Leistung der verbliebenen beiden Hauptmaschinen betrug dann noch 3675 kW (5000 PS). Das Schiff wurde mit großen Mengen Kork (man sprach von 2 Jahresernten aus Spanien) nahezu unsinkbar gemacht. Da es als Zielschiff mit scharfen Granaten beschossen werden sollte, konnte keine Besatzung auf dem Schiff bleiben, und es hatten sich besondere Probleme bei der Durchführung von Maschinenmanövern und Kursmanövern ergeben. Das Fernleitboot »KOMET« wurde deshalb ausgerüstet, um die während des Zielschießens besatzungslose »ZÄHRINGEN« telemechanisch zu steuern. Mit einem funktechnisch gesteuerten Aggregat mit automatischer Einrichtung wurde der Bordnetzbetrieb geregelt. Ein elektrisch auslösbares Fallgewicht sperrte auf mechanischem Weg die Dampferzeugung und die Dampfzufuhr zu den beiden Maschinen. Schwieriger gestaltete sich die Speisewasserregelung der Kessel sowie die Einstellung der Ölbrenner für die verschiedenen Lastbereiche. Dazu kamen ferngesteuerte automatische Regelungsanlagen der »Askania«-Werke aus Teltow bei Berlin zum Einsatz, die vorher auf dem Torpedoboot »G 7« erprobt wurden.
Damit wurde die »ZÄHRINGEN« als Zielschiff eines der ersten Schiffe, das lange bevor das Wort Schiffsautomatisierung allgemein geläufig war, teilautomatisiert.
Es gehörte zusammen mit dem Zielschiff »HESSEN« und dessen Fernleitboot »BLITZ« zum Fernlenkverband der Kriegsmarine.
Am 18. Dezember 1944 wurde die »ZÄHRINGEN« in Gdingen (Gotenhafen) durch Fliegerbomben versenkt und dort 1949/50 abgebrochen.

Zéde-U-Boot: vom französischen Konstrukteur Gustave Zéde zu Ende des 19. Jh. entwickeltes *U-Boot*. Gustave Zéde setzte die Arbeit des berühmten französischen Kriegsschiffbauers Dupuy de Lôme fort, der u. a. mit der *»GLOIRE«* 1854 das erste *Panzerschiff* geschaffen hatte und der auch erste Entwürfe für U-Boote erarbeitete. Über Admiral Aube kamen diese Pläne 1886 zu Gustave Zéde. Sein erstes U-Boot, die »GYMNOTE« wurde bereits aus Stahl gebaut, hatte 30 t Deplacement und eine Dampfmaschine mit 40 kW (55 PS). Als eine bahnbrechende Neuerung bekam es als erstes U-Boot ein ausfahrbares Sehrohr an dem Kommandostand. Es hatte aber noch keine Tauchtanks, sondern konnte nur während der Fahrt durch die hydrodynamische Wirkung seitlicher Höhenruder tauchen. Bewaffnet war die »GYMNOTE« mit 2 Torpedorohren für Whitehead-Torpedos. Das zweite, 1893 in Toulon gebaute U-Boot hieß *»GUSTAVE ZEDE«* zu Ehren des kurz zuvor verstorbenen Erbauers. Es hatte bereits 270 t Deplacement und für die Unterwasserfahrt 2 Elektromotoren mit je 265 kW (360 PS). Die größte Tauchtiefe lag bei 17 m. Die Bewaffnung bestand aus einem 18zölligen Bugrohr und 3 Torpedos. Die »GUSTAVE ZEDE« war bis 1901 das erste kriegseinsatzfähige U-Boot.

Zementfrachtschiff: dem *Tanker* ähnliches Spezialfrachtschiff für den Transport von schütt- oder pumpfähigem Zement. Der Zement wird in Bunkern gefahren, die denen von Öltankern ähneln. Die Zementbeladung geschieht i. allg. mit einer mittschiffs liegenden Ladeeinrichtung, von der die einzelnen Bunker über Rohrleitungen pneumatisch oder durch Transportschnecken, Kettenförderer o. ä. mechanisch beschickt werden. Auch die Entladung wird pneumatisch oder mechanisch vorgenommen.

Zerstörer: schnelles Kampfschiff in den Streitkräften vieler Staaten. Der Zerstörer entwickelte sich aus dem Torpedoboot-Zerstörer (siehe *Torpedoboot*) des ersten Weltkriegs, dessen Aufgabe es war, angreifende Torpedoboote vom Kern des Kampfgeschwaders fernzuhalten und möglichst zu vernichten. Die ersten Torpedoboot-Zerstörer entstanden in Britannien und wurden als »torpedo-boat-destroyer« bezeichnet. Der Torpedoboot-Zerstörer hatte noch große Ähnlichkeit mit den seinerzeitigen Torpedobooten. Er war aber bedeutend größer, schneller und stärker bewaffnet. Mit dem Zerstörer bildete sich dann ein neuer größerer Schiffstyp auf der Grundlage des früheren Torpedoboot-Zerstörers heraus. Seine Merkmale waren hohe Geschwindigkeit, eine für den Typ ausreichende Kampfkraft und eine starke Torpedobewaffnung in Drillings- und Vierlings-Rohrsätzen an Deck. Der Zerstörer wurde ein nahezu universelles Kriegsschiff für den Schutz eigener Großschiffe, zur Bekämpfung von U-Booten und feindlichen Transportschiffen, für Aufklärungsfahrten u. a. Bis 1914 lag das Durchnittsdeplacement zwischen 300 und 1200 t.
Im zweiten Weltkrieg erwies sich die Torpedobewaffnung als wenig wirkungsvoll, da es infolge der starken Mittelartillerie der größeren Schiffe nicht möglich war, auf Torpedoschußweite zu kommen. Die Hauptaufgabe bestand daher darin, Kampfverbände zu begleiten und diese gegen U-Boot-Angriffe zu schützen. Für die Geleitzugsicherung bildete sich im zweiten Weltkrieg in den USA aus dem Zerstörer eine Typvariante heraus, der *»Geleitzerstörer«* oder »Escorter«. Die Torpedobewaffnung trat mehr in den Hintergrund. Die Durchschnittsgröße stieg auf 800···2000 t. Diese Zerstörer hatten 3···6 Geschütze von 12···15-cm-Kaliber in Einzel- und Zwillingsaufstellung und zur Luftabwehr mittlere und leichte Flak sowie schwere MG. Sie erreichten Geschwindigkeiten bis 42 kn. Neuzeitliche Zerstörer sind i. allg. mit leistungsfähigen elektronischen Geräten, Feuerleitsystemen, Universal-Schnellfeuergeschützen, reaktiven Wasserbombenwerfern und Schiff-Schiff- und Schiff-Luft-Raketen ausgerüstet. Für den Antrieb werden die leichten Gasturbinen oder schnellaufende Dieselmotoren bevorzugt.

Zielschiff: ausgedientes Kriegs- oder Handelsschiff, das als Zielobjekt für das Seezielschießen der Schiffsartillerie und zur meßtechnischen Erprobung von Waffenleitsystemen und Fernsteuerungsanlagen dient. Um die Schwimmfähigkeit auch noch nach wirksamen Treffern zu gewährleisten, wurden Zielschiffe oft durch eine enge Unterteilung und auftriebserzeugende Beladung, z. B. mit leeren Fässern oder Kork, nahezu unsinkbar gemacht und als erste Schiffe ohne Besatzung gefahren und ferngelenkt. Man unterscheidet daher ferngelenkte Zielschiffe, hauptsächlich für das Artillerieschießen. Sie sind ohne Besatzung und werden über Funk ferngelenkt. Deutsche Zielschiffe waren u. a. die ehemaligen Linienschiffe *»ZÄHRINGEN«* (11800 t, Baujahr 1901) und »HESSEN« (13200 t, Baujahr 1903), die jeweils 1927 und 1937 zu Zielschiffen umgebaut wurden. Unbemannte Zielschiffe dienen als Übungsobjekt für U-Boote und sind mit Einrichtungen für die Trefferbeobachtung und -simulation ausgerüstet. Das U-Boot schießt Übungstorpedos mit einem Gefechtskopf ohne Sprengladung ab, oder der Torpedo unterläuft das Schiff und wird nach dem Auslaufen von einem Torpedofangboot aufgenommen. Weiter gibt es Scheibentender. Sie schleppen große schwimmende Scheiben, die von der Schiffsartillerie beschossen werden. Des weiteren werden ausgediente Handels- oder Kampfschiffe sowie Beuteschiffe mit scharfer Munition, Torpedos und Raketen als Zielobjekte für Artillerie und für Bombenabwürfe genutzt. Sie können mehrmals repariert oder gleich versenkt werden. So wurde der deutsche Schwere Kreuzer *»PRINZ EUGEN«* für Atom-Bomben-Versuche im Bikini-Atoll verwendet. In den USA wurden 1945/46 abgelieferte deutsche U-Boote nach Schießübungen versenkt. Einige Zielschiffe anderer Marinen waren die französische »L'IMPASSIBLE« (2500 t), die britischen Zerstörer »CENTURION« (2500 t, Baujahr 1911) und »SABRE« (905 t), das USA-Linienschiff »UTAH« (19800 t, Baujahr 1909) und die ehemaligen Zerstörer »BOGGS«, »DORSEY« und »ELLIOT« als Scheibentender. Italien benutzte den ehemaligen Panzerkreuzer »SAN MARCO« (8600 t, Baujahr 1908) und Japan das ehemalige Linienschiff »SETTU« (16130 t, Baujahr 1911).

»ZIETEN«: deutscher Passagier- und Frachtdampfer um die Jahrhundertwende. Die Schichau-Werft in Danzig baute 1902 für den Norddeutschen Lloyd, Bremen, den Doppelschrauben-Fracht- und Passagierdampfer »ZIETEN«. Das Schiff war 136, 91 m lang, 16,90 m breit und hatte einen Tiefgang von 10,92 m und war mit 8021 BRT (4836 NRT) vermessen. Die Besatzung bestand aus 175 Mann.
Die beiden, für den seinerzeitigen Dampfmaschinenbau dieser Größe typischen Dreifach-Expansionsdampfmaschinen mit einer Gesamtleistung von 4784 kW (6500 PSi) gaben dem Schiff eine Geschwindigkeit von 14,5 kn.

Bei Kriegsausbruch 1914 befand sich die »ZIETEN« auf einer Fernostreise. Kapitän van Senden bekam im August Funkverbindung mit dem Kreuzer »KÖNIGSBERG« und erhielt die Order, seinen restlichen Kohlevorrat an den Kreuzer abzugeben. Beide Schiffe trafen sich am 6. August 1914 im Persischen Golf auf der Reede von Bender Burum. Da der Kohlevorrat der »ZIETEN« fast aufgebraucht war, entließ der Kreuzer »KÖNIGSBERG« das Schiff nach der damals zu Portugiesisch-Ostafrika gehörenden Insel Moçambique, wo das Schiff interniert wurde.

zigarrenförmiges Schiff: Versuchsschiff mit spindelförmigem Rumpf. Besonders bekannt wurde das von den britischen Schiffbauern T. und W. Wynans 1866 in London gebaute zigarrenförmige Schiff; siehe *»ROSS WYNANS«*.

Zisternenschiff: ältere Bezeichnung für die ersten *Tankdampfer*, deren Flüssigladung in schiffsfesten Tanks, den »Zisternen« gefahren wurde.

Zitadellschiff: größeres *Panzerschiff*, bei dem etwa ab 1875 die Mittschiffsgeschütze einen Panzerschutz erhielten, so daß sie in einer »Zitadelle« standen.

Zollkreuzer: schnelles Dienstfahrzeug der Zollbehörden zur Überwachung der seeseitigen Ein- und Ausfuhrbestimmungen. Besonders in den 20er und 30er Jahren war der Zollkreuzer an der Ostseeküste unentbehrlich, um den Spritschmuggel zwischen Schweden und dem Festland zu unterbinden. Neben einer starken Funkanlage und einem Suchscheinwerfer hatten Zollkreuzer zu dieser Zeit für »alle Fälle« ein schweres Maschinengewehr. Besonders bekannt sind aus dieser Zeit der Warnemünder Zollkreuzer »BRUMMER« und der Swinemünder Zollkreuzer »BREMSE«. Diese sehr schnellen Zollkreuzer dienten aber auch der Erprobung von Hochdruck-Heißdampfturbinenanlagen für die im Aufbau begriffene deutsche Kriegsmarine. Beide Zollkreuzer gingen zum Kriegsende 1945 verloren. Heute hat dieser Typ des Zollkreuzers keine Bedeutung mehr. Seine Aufgaben wurden von der Küstensicherung übernommen. Außerdem erlauben die Küstenradarstationen ohnehin keine unbemerkte Annäherung.

»ZOROASTER«: russischer Rohöl-Tankdampfer, 1878 einer der ersten seegängigen Tanker der Welt. Dem Schweden Ludwig Nobel gelang 1878 mit der Indienststellung des Tankdampfers »ZOROASTER« eine umwälzende Neuerung im Seetransport von Erdöl. Es war der erste, speziell für den Öltransport zwischen Baku und der Wolgamündung entwickelte und gebaute Tankdampfer. Nach diesem Durchbruch folgten weitere größere Tankdampfer, so daß 1909 auf der Kaspisee bereits 129 Tanker fuhren. Damit war ein grundlegendes Problem des holzarmen Bakuer Reviers gelöst, daß darin bestanden hatte, für die reichlich geförderten Erdölmengen ausreichende Transportbehälter (Fässer) zu beschaffen. Der Eigner, die Naphtha-Gesellschaft Gebrüder Nobel, ließ die »ZOROASTER« auf der »Lindholmen Varv och Fabriks AB.« in Norrköping bauen.

Zollkreuzer »BRUMMER« der Dienststelle Warnemünde in voller Fahrt, 1934

Längs- und Querschnitt durch den ersten seegängigen Tanker der Welt, den russischen Rohöl-Tanker »ZOROASTER«

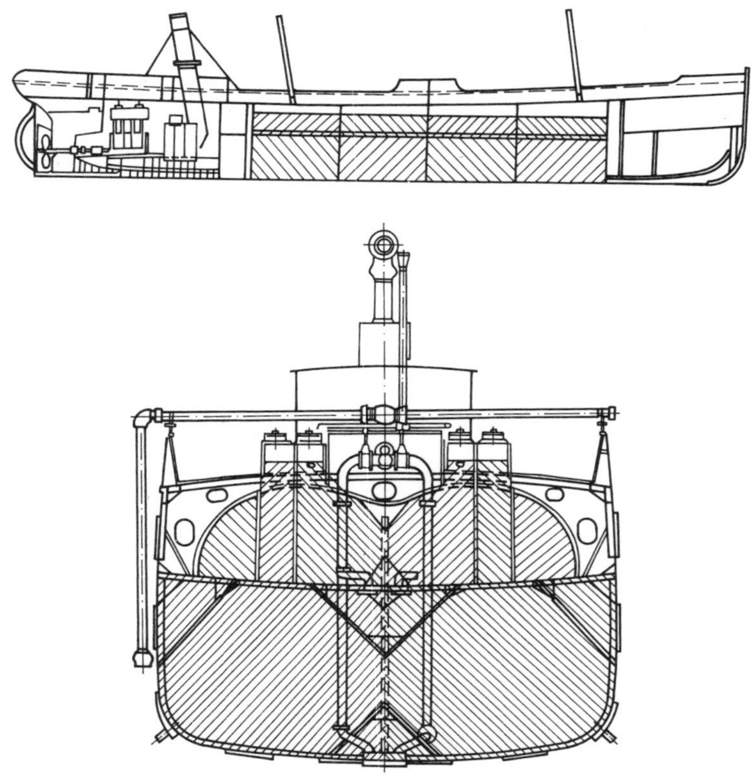

Der Dampfer hatte eine Länge von 56,0 m, eine Breite von 8,2 m und ging 2,8 m tief. Die Tragfähigkeit betrug 240 t. Eine Dampfmaschinenanlage gab dem Schiff eine Geschwindigkeit von 10 kn.

Zubringertrawler: *Fischereischiff* als *Trawler* für die Pelagial- und Grundnetz-Schleppfischerei, bei der der Zubringertrawler seinen Fang einem Verarbeitungsschiff »zubringt«, ohne ihn selbst tiefzufrosten und in eigenen Kühlräumen zu lagern. Diese Art der Arbeitsteilung, bei der Zubringertrawler ausschließlich als Fangschiffe arbeiten und den frischen Fang übergeben, ist ohne Qualitätseinbuße nur für kühlere Fanggebiete, z. B. oberhalb des 30. Breitengrads, und nicht in subtropischen Gebieten geeignet. Der DDR-Schiffbau baute für die Fernfischerei des eigenen Landes von 1966 bis 1968 eine Serie von 22 Zubringertrawlern, von denen jeweils 6···8 Schiffe mit einem Transport- und Verarbeitungsschiff (siehe *»JUNGE WELT«*) eine Fangflotte bilden. Der als *Hecktrawler* gebaute Typ »ARTHUR BECKER« ist mit 991 BRT vermessen, hat eine Länge über Alles von 62,60 m und zwischen den Loten von 54,00 m, ist 10,60 m breit und geht 4,70 m tief. Er hat eine Seitenhöhe von 6,80 m und ein seitliches Maschinenoberlicht sowie ein an der Backbordseite stehendes Deckshaus mit Rundsichtbrücke, Ortungseinrichtungen, Maschinen- und Windenfernbedienung. Mit dem dadurch möglichen langen Fangdeck von 54 % der Schiffslänge ist die Netzhandhabung vereinfacht, und ein gesamter Aussetz- und Einholvorgang erfordert weniger als 30 Min. Der an Deck gezogene Netzsteert wird in einen der 6 Auffangbunker von insgesamt 120 m^3 Bunkerinhalt gebracht und dort in Schuppeneis, das an Bord selbst erzeugt wird, zwischengelagert. Zur Übergabe wird der Bunkerinhalt durch Wasserstrahlpumpen in Übergabesteerts befördert, die mit Auftriebskörpern über die Heckslip zu Wasser gelassen und vom Transport- und Verarbeitungsschiff übernommen werden. Dadurch kann der Zubringertrawler die Zeit auf dem Fangplatz effektiv nutzen. Der Typ »ARTHUR BEK-

KER« hat einen direktwirkenden Zweitakt-Tauchkolbenmotor Typ 6 NZD 72 von 1288 kW (1750 PS) bei 225 U/min aus dem Dieselmotorenwerk Rostock, der auf einem Verstellpropeller mit 2,6 m Durchmesser in einer Ruderdüse arbeitet und dem Schiff eine Freifahrtgeschwindigkeit von 12,5 kn bzw. einen Trossenzug von 120 kN (12 Mp) bei 4,5 kn gibt. Von der Hauptmaschine wird außerdem ein 320-kW-Wellengenerator für die Netzwinde bzw. ein 400-kVA-Generator für das Bordnetz angetrieben. Das mit 22 Mann besetzte Schiff hat eine Selbständigkeitsdauer von mehr als 2 Monaten. In ihrem mehr als 20jährigen Einsatz hat sich diese Variante der Flottillenfischerei gut bewährt.

Zubringertrawler Typ »ARTHUR BECKER«

»ZULU«: schneller britischer Torpedobootzerstörer im ersten Weltkrieg, besonders bekannt durch eine ungewöhnliche Wiederinstandsetzung. Die »ZULU« gehörte mit den 5 Schwesterschiffen »AMAZON«, »CRUSADER«, »NUBIAN«, »SARACEN« und »VIKING« zur sog. »F«-Klasse, die mit dem britischen Verteidigungsetat 1906/07 bewilligt und 1908/09 gebaut wurde.
Bei 2,6···2,9 m Tiefgang hatten die Zerstörer ein Deplacement von 990···1100 t. Sie waren über Alles 85,3 m und zwischen den Loten 82,9 m lang, 7,9 m breit bei Tiefgang von 2,6 m; und 8,4 m breit bei Tiefgang von 2,9 m. Die Besatzungsstärke betrug 71 Mann. Angetrieben durch 3 Parsons-Turbinensätze mit insgesamt 11 408 kW (15 500 PSi) fuhren die Zerstörer 33,1···34,8 kn. Der maximale Heizölvorrat für die Kessel reichte bei 33 kn Fahrt für 1000 Seemeilen. Die Bewaffnung bestand aus 2 × 10,2-cm-Geschützen und 2 Torpedorohren Kaliber 45 cm.
Bei einem Angriff deutscher Torpedoboote gegen die Einheiten der britischen Kanalsperre Dover–Calais wurde dem Schwesterschiff der »ZULU«, der »NUBIAN« das Vorschiff schwer zerschossen, das noch schwimmfähige hintere Schiffsteil konnte jedoch in einen Hafen geschleppt werden. Wenige Tage später lief die »ZULU« auf eine Mine und verlor das Hinterschiff. Das Vorschiff der »ZULU« und das Hinterschiff der »NUBIAN« wurden in einer britischen Werft wieder zu einem Torpedobootzerstörer zusammengebaut, das neue Schiff erhielt als Kombination beider ursprünglicher Namen den neuen Namen »ZUBIAN«. – Die »ZUBIAN« versenkte am 4. Februar 1918 im Kanal mit Wasserbomben das deutsche U-Boot »UC 50«, auf dem es 29 Tote gab.

Zweiabteilungsschiff: ein Seeschiff, das durch wasserdichte Schotte so unterteilt ist, daß es auch noch dann schwimmfähig bleibt und die international im Schiffssicherheitsvertrag geforderte Leckstabilität behält, wenn zwei benachbarte Schiffsabteilungen leck werden und vollgelaufen sind. Beim *Einabteilungsschiff* ist die Schwimmfähigkeit nur bei Fluten einer Abteilung gewährleistet. Fahrgastschiffe sind zur größeren Sicherheit auch als *Dreiabteilungsschiffe* gebaut, oder sie haben die entsprechende Wahrscheinlichkeit des Überstehens von Außenhautbeschädigungen.

Zweideckschiff: im Unterschied zum *Eindeckschiff*, wie *Bulker, Containerschiff* oder Tanker, ein *Frachtschiff* mit 2 übereinanderliegenden Ladungsdecks, wie *Schüttgutschiff*, *RoIRo-Schiff* oder Zweideck-Fährschiffe; siehe *Fährschiff* und *»MUKRAN«*.

Zweihüllenboot: *U-Boot* mit Doppelhülle, im Unterschied zu früheren *Einhüllenbooten* und Eineinhalbhüllenbooten. Die innere Hülle bildet den eigentlichen zylindrischen und durch Spanten sowie Schotte versteiften Druckkörper. Die äußere, dünnwandige Hülle gibt dem U-Boot die strömungsgünstige Form. Zwischen den beiden Hüllen befinden sich die Tauch- und Vorratstanks. Zum Masseausgleich des verbrauchten Brennstoffs wird die gleiche Masse Wasserballast von unten in den teilentleerten Brennstofftanks oder in anderen Zellen aufgenommen. Das erste Zweihüllenboot baute 1862 der Spanier Monturiol.

Zweipunkt-Rennboot: im Unterschied zum *Gleitboot* mit Gleitstufen, ein Rennboottyp mit nur zwei kleineren Stützflächen, den »Stützpunkten«, auf denen das Boot bei hoher Fahrt gleitet.

Zweischrauber: Schiff mit 2 Schraubenpropellern. Als Vorläufer der ersten »Zweischrauber« der Welt gilt die 1804 von John Stevens gebaute »LITTLE JULIANA«; siehe dazu *Schraubenschiff*. Nachdem der Schraubenpropeller und die Dampfmaschine weiterentwickelt waren und größere Antriebsleistungen gebraucht wurden, gab es in der zweiten Hälfte des 19. Jh. Zweischrauber zunehmend für die Atlantikroute. Der Zweischrauber hat sich für verschiedene Schiffstypen mit erhöhten Sicherheits- und Manövrieranforderungen bis in unsere Zeit erhalten, wie bei Fahrgastschiffen, Fährschiffen und Kriegsschiffen sowie bei flachgehenden Binnenschiffen, obwohl der Propulsionsgütegrad wegen der begrenzten Nachstromnutzung geringer ist als bei Einschraubenschiffen.

Zweistufen-Gleitboot: siehe *Gleitboot*

Zwerg-U-Boot: siehe *Kleinst-U-Boot*

Der britische Torpedobootzerstörer »NUBIAN«, 1910

1 Robert Hooke 1683
2 William Lyttleton 1794
3 Shorter 1802
4 Colonel Stevens, New Jersey 1804
5 Delisle 1823
6 Josef Ressel 1826
7 Bennet Woodcroft 1832
8 Ericsson 1836
9 Francis Petit Smith 1836
10 »LIVERPOOL« 1838
11 »ARCHIMEDES« 1839
12 Rennie 1839
13 Französischer Propeller mit Fischschwanzform 1843
14 Napier 1841
15 »NAPOLEON« 1842
16 »GREAT BRITAIN« 1843
17 »RATTLER« 1843
18 Zweiflügliger Propeller um 1900
19 Vierflügliger Propeller heutiger Bauart
20 Fünfflügliger Propeller heutiger Bauart

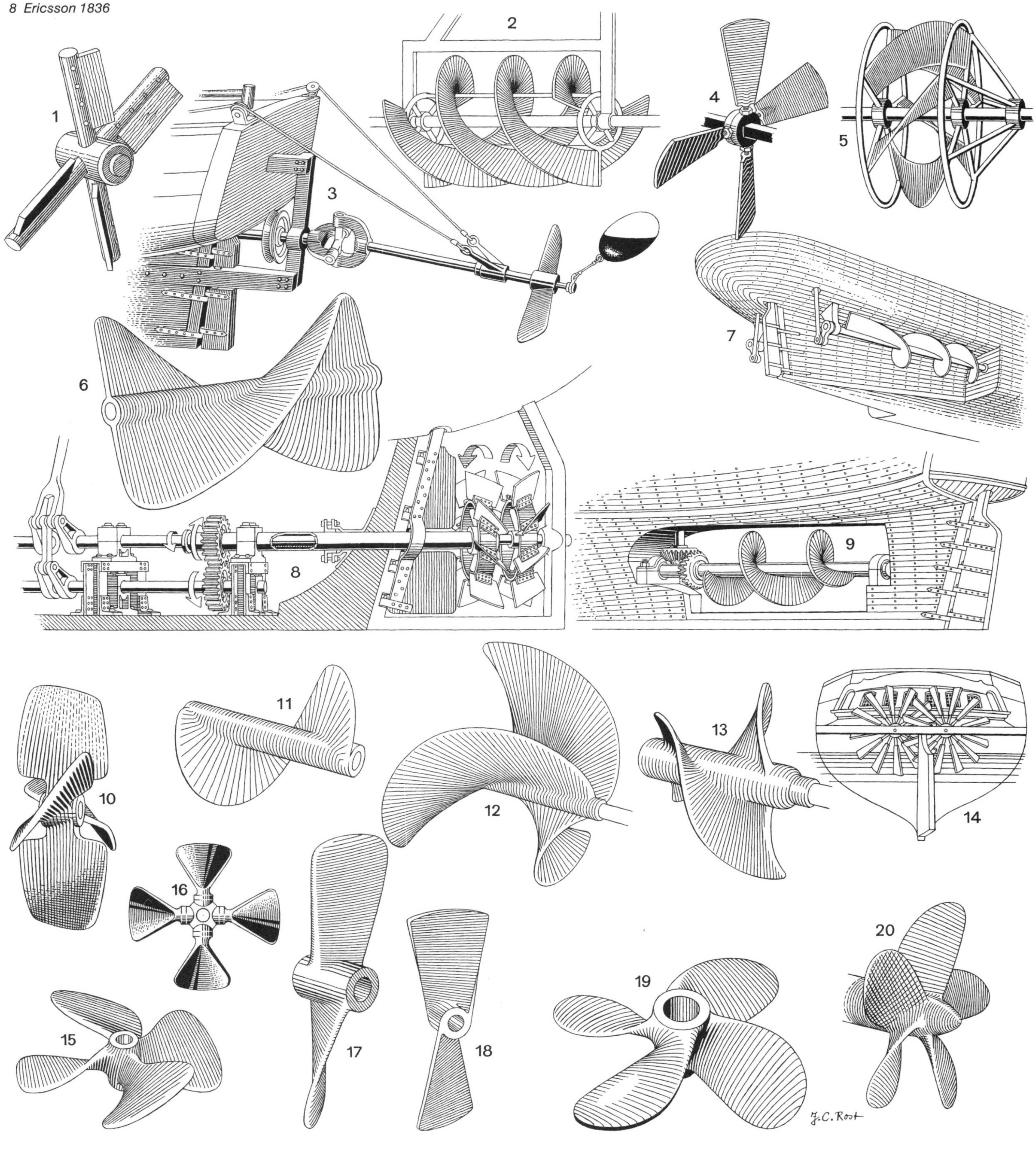

1 *Woodcroft 1844*
2 *Woodcroft 1851*
3 *Zerlegte Propellernabe mit dem Verstellgetriebe, Woodcroft 1851*
4 *Griffiths 1849*
5 *Voith-Schneider-Propeller, er wurde 1926 entwikkelt*
6 *Voith-Schneider-Propeller in der Stellung »Stop« und »Voll voraus«*
7 *Dreiflügliger Verstellpropeller*
8 *Dreiflügliger Verstellpropeller, linksdrehend für Vorausschub*
9 *Vierflügliger Verstellpropeller, Flügelstellung bei Nullschub*
10 *Vierflügliger Verstellpropeller, linksdrehend für Vorausschub*

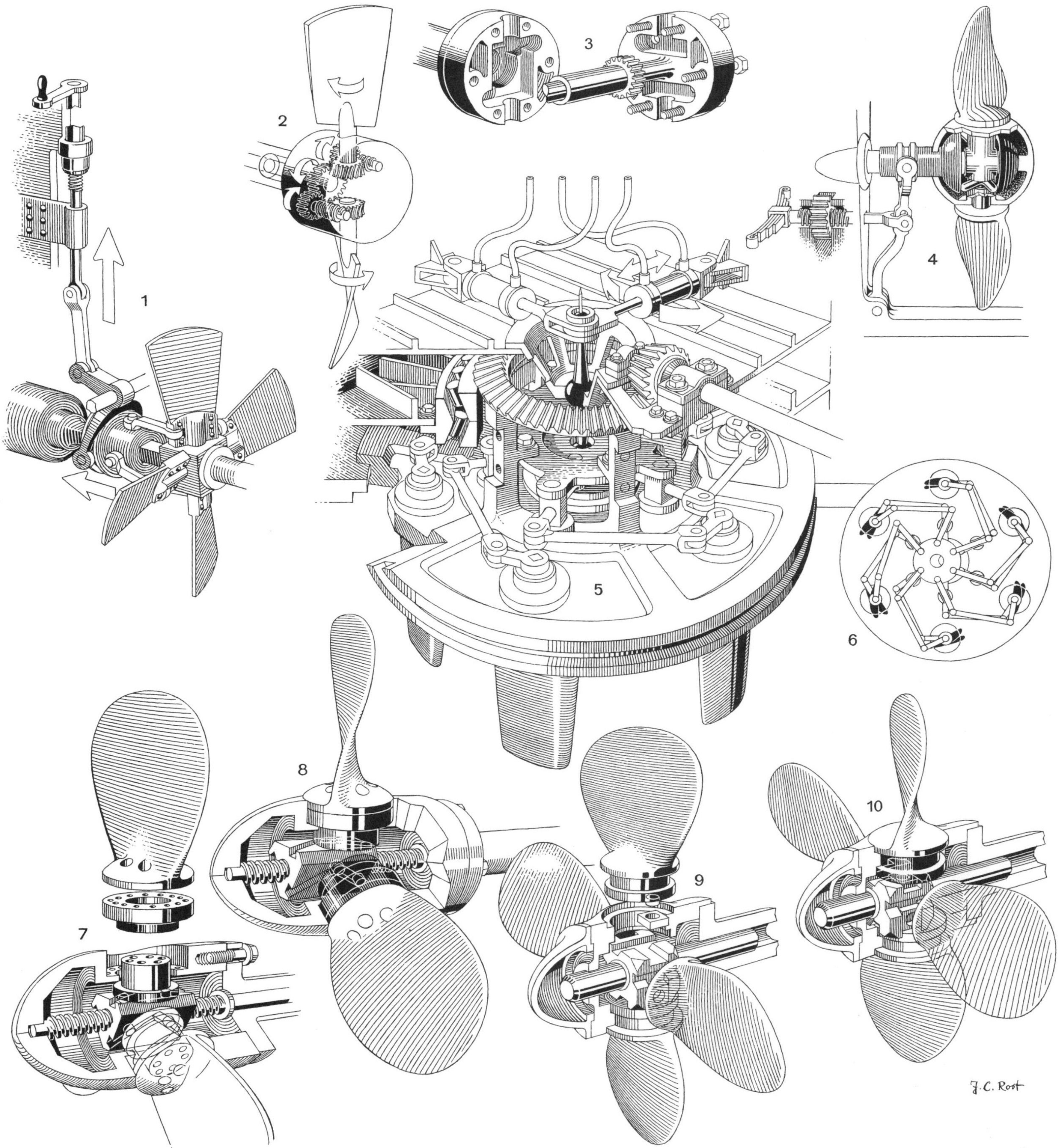

ALTE, R.; MATTHIESEN, H.: Schiffbau kurzgefaßt. Hamburg: Schiffbauverlag »Hansa«, Verlag C. Schroedter GmbH & Co. KG, 1980
ANGELUCCI, E.; CUCARI, A.: Ships. London: Verlag MacDonald and Jane's, 1977
ARENHOLD, L.: Die historische Entwicklung der Schiffstypen vom römischen Kriegsschiff bis zur Gegenwart. Kiel, Leipzig: Verlag Lipsius und Tischer, 1891
AUSGEWÄHLTE SCHWEISSKONSTRUKTIONEN von Schiffen. Berlin: Verlag VDI GmbH, 1933
BAKER, W.A.: Vom Raddampfer zum Atomschiff. Bielefeld/Berlin: Verlag Delius, Klasing & Co., 1967
BENNETT, G.; GEOFFREY, B.: Die Seeschlachten im zweiten Weltkrieg. München: Verlag Wilhelm Heyne, 1975
BENSON, B.; HECK, H.D.; WOLTER, J.: Schiffe. Wiesbaden: Falken-Verlag Erich Sikker, 1972
BEYLEN, J. van: Maritime Encyclopedie. Bussum: Uitgerverij C. de Boor, 1970/73
BILDER-ATLAS, F.A. Brockhaus, Ikonographische Encyklopädie der Wissenschaften und Künste, Leipzig
BI-Taschenlexikon Schiffbau/Schiffahrt. – 2. Aufl. – Leipzig: VEB Bibliographisches Institut, 1982
BLOHM & VOSS: Blohm & Voss, Hamburg 1877–1927. Berlin-Schöneberg, Meisenbach: Verlag Riffarth & Co., 1927
BOER, F.: Das Schiffbuch. Berlin: Weidmannsche Verlagsbuchhandlung, 1943
BREYER, S.: Schlachtschiffe und Schlachtkreuzer 1905–1970. München: J. F. Lehmann Verlag, 1970
BRIX, A.: Praktischer Schiffbau. – 6. Aufl. – Berlin: Akademischer Verein »Hütte«, Ernst & Sohn, 1929
BROMMY, R.; LITTROW, H.: Die Marine. Wien, Leipzig, Pest: A. Hartleben's Verlag, 1878
BUBNOW: Pionier der Entwicklung von U-Booten. Leningrad: Morski Sbornik, 1972
BUSLEY, C.: Schiffe des Mittelalters und der neueren Zeit. – In: Jahrbuch der Schiffbautechnischen Gesellschaft. · Berlin 1920
BUXTON, DAGGIT, KING: Cargo access equipment for merchant ships. Houston, London, Paris: Gulf Publishing Company, Book Division, 1979
CANBY, C.: Geschichte der Schiffahrt. Lausanne: Editions contre u. Erik Nitsche, International 1962
CHATTERTON, E.K.: Sailing Models, Ancient & Modern, London 1934
CLAIRMONT, J.: (Hrsg.): Das Buch der neuesten Erfindungen. Berlin: Verlag W. Herlet GmbH, 1913
CRONE, G.S.E.: Nederlandsche jachten, binnenschepen, vischervaartuigen en darmee verwannte kleine zeeschepen 1650–1900. Amsterdam: Verlag Swets & Zeitlinger, 1926
CSILLAG, M.; VARRO, I.: FRANZ I. Budapest: Közlekedesi Dokumentaries Vallalt, 1968
CULVER, H.B.; GRANT, G.: Forty Famous Ships. New York: Doubleday, Doran & Comp., 1936
CURTI, O.: Schiffsmodellbau. Eine Enzyklopädie. Rostock: VEB Hinstorff Verlag, 1972
DER GEÖFFNETE SEEHAFEN, Hamburg 1902. Hamburg: Nachdruck der Schiffbautechnischen Gesellschaft, 1954
DEUTSCHER SCHIFFBAU 1908. Berlin: Verlag Carl Marsfeld AG, 1908
DEUTSCHE TASCHENBUCHAUSGABE. Reinbeck b. Hamburg: Rowohlt Taschenbuch Verlag, 1969
DIESEL, R.: Die Entstehung der Dieselmotoren. – In: Jahrbuch der Schiffbautechnischen Gesellschaft. – Berlin 1913
DIESEL, E.: Der Mensch, Das Werk, Das Schicksal. Hamburg: Hanseatische Verlagsanstalt, 1937
DIESEL, E.: Das Phänomen der Technik. Leipzig u. Berlin: Philipp Reclam Jun. Verlag und VDI Verlag, 1939/40
DISLERE, P.: Guerre D'Eskadre. Paris: Gauthier-Villars, 1873
DOPATKA; PEREPECKO: Das Buch vom Schiff. Berlin: transpress, 1972
DUDSZUS, A.; DANCKWARDT, E.: Schiffstechnik – Einführung und Grundbegriffe. Berlin: VEB Verlag Technik, 1982
DURON, M.; ROUGERON, R.: Encyclopedia des Bateaux. Editions de la Courtille
EICHLER, C.: Vom Bug zum Heck. Seemännisches Hand- und Wörterbuch. – 3. Aufl. – Berlin: Verlag Klasing & Co., 1954
EINBAUM – DAMPFLOK – DÜSENKLIPPER: Berlin, Leipzig, Jena: Urania Verlag, 1969
ELLACOTT, S.E.: Komm mit an Bord. Stuttgart: Franckh'sche Verlagsbuchhandlung, 1957
ENGELMANN, I.; SCHÜCK, A.; ZÖLLNER, J.: Das Buch der Erfindungen. Leipzig, Berlin, 1879
EVERS, H.: Kriegsschiffbau. Berlin: Springer Verlag, 1943
FELDHAUS, F.M.: Die Technik der Vorzeit, der geschichtlichen Zeit und der Naturvölker. Leipzig, Berlin 1914: unveränderter Nachdruck 1970
FLETTNER, A.: Mein Weg zum Rotor. Leipzig 1926
FOCK; ROHWER: Monitore – ein vergessener Schiffstyp. – In: Marine-Rundschau. – 10 (1984)
FOREST, F.; NOALHAT, H.: Les Bateaux Sous-Marine. Paris: Verlag Ch. Dunod, 1900
FOSS: Marinekunde. Stuttgart, Berlin, Leipzig: Union Deutsche Verlagsgesellschaft,
FREYER, P.H.: Der Tod auf allen Meeren. Berlin: Deutscher Militärverlag, 1970
FRICK, C.: Autofähren und Passagierschiffe der Welt. Zürich und Stuttgart: Classen Verlag, 1975
FUCHS, W.: Cords – Eine Reedereifamilie. Hamburg: Eigenverlag, 1985
FUHLBERG, J.: Auto, Schiff und Flugzeug. Berlin: Ullstein Verlag, 1930
GEORGEN, O.: Geschichte des Kriegsschiffbaues vom Altertum bis zur Einführung der Dampfkraft. Berlin: Der Zirkel, Architekturverlag GmbH, 1919
GERDS, P.; GEHRKE, W.-D.: Und am Bug der Greif. Ein Beitrag zur Geschichte der Rostokker Schiffahrt. Rostock: VEB Hinstorff Verlag, 1977
GIESE, F.E.: Kleine Geschichte des deutschen Schiffbaus. Berlin: Haude & Spenersche Verlagsbuchhandlung, 1971
GROENER, E.: Die deutschen Kriegsschiffe 1845–1936. Berlin 1936
GROGGERT, K.: Spreefahrt tut not. Berlin: Haude & Spenersche Verlagsbuchhandlung, 1972
GÜNTHER, H.: Die Erprobung der Tiefe. Stuttgart 1928
GUTHRIE, I.: High pressure screw steam engines of the 19th and 20th century. – In: Zeitschrift Marine Engineers Review, Blackfriars Press Ltd. – Leicester 1978
HAGEDORN, B.: Die Entwicklung der wichtigsten Schiffstypen bis ins 19. Jahrhundert. Berlin: Verlag Karl Curtius, 1914
HÄGG, E.: Under tretungad flagga. Var seglande orlogflotta och dess män 1750–1900. Stockholm; Aktiebolaget Svens Litteratur, 1941
HANDBUCH DER WERFTEN. Hamburg: Hansa-Verlag, 1956 u.a. Jhrg.
HANDBUCH 1899, Deutsche Levante-Linie Hamburg. Hamburg: Verlagsanstalt und Drukkerei (vormals J. F. Richter)
HANKE, E.: Männer, Planken, Ozeane. Leipzig, Jena, Berlin: Urania-Verlag, 1964
HANSA Zeitschrift für Schiffahrt – Schiffbau – Hafen. Hamburg: Schiffahrtsverlag-Hansa C. Schroedter & Co. versch. Jhrg. (u.a. 107, 108, 109, 111, 115, 120, 121, 122)
HARDY, A.C.: The Book of the Ship. London 1947
HENNING, R.: Abhandlungen zur Geschichte der Schiffahrt. Jena 1928
HENRIOT, E.: Kurzgefaßte illustrierte Geschichte des Schiffbaus von den Anfängen bis zum Ausgang des 19. Jahrhunderts. Rostock: VEB Hinstorff Verlag, 1971
HENSCHKE, W., u.a.: Schiffbautechnisches Handbuch. Bd. 1 ... 6. Berlin: VEB Verlag Technik, 1958
HERBERT, C.: Kriegsfahrten deutscher Handelsschiffe. Hamburg: Verlagsbuchhandlung Brosche & Co., 1934
HISTOIRE DE LA MARINE. Illustration, Paris 1939
HISTOIRE DE LA COMPAGNIE TRANSATLANTIQUE 1855–1955. Paris: Verlag Transatlantique, 1955
HÖVER, O.: Deutsche Hochseegeschichte. Oldenburg 1936
HÖVER, O.: Deutsche Seegeschichte. Potsdam: Rütten & Loening Verlag, 1942
HUGHES, T.: Der Kampf um das Blaue Band. Oldenburg u. Hamburg: Gerhard Stalling Verlag AG, 1974
100 JAHRE BUCKAU-WOLF 1838–1938. Magdeburg: Buchdruckerei A. Wohlfeld, 1938
INDUSTRIE BIBLIOTHEK, Deutschlands Großbetriebe. Berlin: Verlag Max Schröder, 1927, Bd. 15
ISRAEL, U.; GEBAUER, J.: Segelkriegsschiffe. Berlin: Militärverlag der DDR, 1983
JAHRBUCH DER SCHIFFAHRT. Berlin: transpress. WEHNER, H.: Turbinia – Charles Algernon Parsons – Begründer der Turbinenschiffahrt. – In: Jahrbuch der Schiffahrt. – 1980. BIEBIG, P.; LAUE, U.: Weltseewirtschaft. – In: Jahrbuch der Schiffahrt 1979/80 u.a. Jhrg.
JAHRBÜCHER der Schiffbautechnischen Gesellschaft. BESCHOREN, K.: Über das Schleppen in der Binnenschiffahrt. – In: Jb.

1938 sowie weitere Jhrg. (1903, 1904, 1910, 1913, 1914, 1920, 1926, 1932, 1935, 1937, 1941 u.a.)

JAHRBUCH des Norddeutschen Lloyd, Bremen, versch. Jhrg.

KAEGBEIN, A.: Schiffahrt und Schiffbau des In- und Auslandes. Handbuch, Hamburg 1912

KALENDER des deutschen Flottenvereins, Berlin 1913

KEMP, O.K.; KEMP, P.: Famous Ships of the World. London: Frederik Müller, Ltd., 1956

KERCHOVE, R. de: International Maritime Dictionary. Princeton New Jersey: Nostrand 1961

KLOESS, H.K.: Über Schiffsformen und ihre Entwicklung. – In: Jahrbuch der Schiffbautechnischen Gesellschaft. – Bd. 45

KLUDAS, A.: Deutsche Ozean-Passagierschiffe 1850 bis 1895. Moers: Steiger-Verlag, 1983

KLUGER, O.: Elemente des Schiffbaukunde. Wien: Kaiserlich-königliche Staatsdruckerei, 1895

KOEHLER, P.: Die Basler Rheinschiffahrt vom Mittelalter bis zur Neuzeit. – In: Schriftenreihe der Basler Vereinigung für schweizerische Schiffahrt. – Basel 1944

KÖHLERS FLOTTENKALENDER 1910, 1937, 1938 u.a. Jhrg.

KOLBECK, R.: Zukunft der Schiffahrt. Berlin: Safari-Verlag, 1974

KONIJENENBURG, E. van: Der Schiffbau seit seiner Entstehung. Brüssel, 1913

KOZÁK, J.; POSPISIL, P.; RADA, M.: Taschenatlas der Schiffe. – 2. Aufl. – Hanau: Werner Deusien, 1975

KRAMER, H.: Der Mensch und die Erde. Berlin, Leipzig, Stuttgart, Wien, 1918

KRESS, W.: Hamburger Seeschiffe 1889–1914. Hamburg, Museum für Hamburgische Geschichte, 1974

KROSCHEL, G.; EVERS, A.L.: Die deutsche Flotte 1848–1945. Wilhelmshaven: Verlag Lohse-Eissing, 1962

LÄCHLER, P.; WIRZ, H: Die Schiffe der Völker. Traum, Geschichte, Technik. Olten/Freibg.: Walter-Verlag, 1962

LÄNDSTROM, B.: Das Schiff. Vom Einbaum zum Atomboot. Rekonstruktionen in Bild und Wort. Gütersloh: C. Bertelmann Verlag, 1961

LA RONCIERE, C.; CLERC-RAMPAL, G.: Histoire de la Marine Francaise. Paris: Librairie Larousse, 1934

LA VARENDE, J.: Die romantische Seefahrt. Hamburg: Rowohlt-Verlag, 1957

LEDER, W.: Schiffsmaschinenkunde Bd. 1; Schiffsdampfkessel. Leipzig: Fachbuchverlag, 1956

LEDER, W.: Schiffsmaschinenkunde Bd. 2; Schiffskolbendampfmaschine. Leipzig: Fachbuchverlag, 1957

LEITFADEN für den Unterricht im Schiffbau. Berlin: Verlag Mittler & Sohn, 1908

LEWIS, E.V.; O'BRIEN, R.: Schiffe. Reinbek bei Hamburg: Rowohlt Taschenbuchverlag GmbH, 1973

LOHMANN, W.: Die deutschen Kriegsschiffe. Potsdam: Verlag Rütten & Loening, 1941

LOON, H.W.: Männer und Meere. Siebentausend Jahre Seefahrt. Berlin: Verlag Ullstein, 1936

LUSAR, R.: Die deutschen Waffen und Geheimwaffen des 2. Weltkriegs und ihre Weiterentwicklung. München 1964, Bd. 7

LUTSCHINOW: Der junge Modellschiffbauer (russ.) Sudpromgis 1963

MACINTYRE, D.; BATHE, B.W.: Kriegsschiffe in 5000 Jahren. Bielefeld, Berlin: Verlag Delius, Klasing & Co.,

MACMULLEN, J.: Paddle-Wheel Days in California. Stanford: Stanford University Press, 1944

MARCHTALER, H.: Hundert Jahre Stülcken-Werft 1840–1940. Hamburg: Verlag Broschek & Co., 1940

MARINEKALENDER DER DDR 1970, 1976, 1977 u.a.; WACHS, R.: Rundschiffe. – In: Jhrg. 1974

MARTIN, J.H.; BENNETT, G.: Das große Buch der Schiffe. München: Südwest-Verlag, 1978

MATSCHOSS, C.: Die Entwicklung der Dampfmaschine Bd. 1 u. 2. Verlag Julius Springer, 1908

MATSCHOSS, C.: Dr. Ernst Alban. Deutsches Museum, Abhandlungen und Berichte. Berlin: VDI-Verlag GmbH, 1940

MAUEL, K.: Einführung der Dampfturbine als Schiffshauptmaschine. Oldenburg, Hamburg: Stalling Verlag, 1975

MAYER, A.; MANTEY, V.: 1000 Jahre Seefahrt. Berlin: Paul Franke Verlag, 1934

MEHL, H.: Torpedoboote und Zerstörer. Berlin: transpress, 1982

MEYER-BELITZ, F.: Schöne alte Dampfschiffe. Bayreuth: Gondrom Verlag, 1980

MODELLBAU – HEUTE. Berlin: 6/81, 11/81, 11/82, 12/82 u.a.

MULACH, C.A.: Die Schiffahrt im Wandel der Zeiten. Stuttgart: Verlag Dieck & Co., 1925

MULACH, C.A.: Die Schiffahrt im Bild, Bd. 2. Stuttgart: Verlag Dieck & Co., 1925/26

MÜNZ, L.: Bruegel, The Drawings, Bd. 1. London 1961

NAUTICUS, Jahrbuch für Seefahrt und Weltwirtschaft. Berlin/Frankfurt a. Main: Verlag E.S. Mittler & Sohn GmbH, 1905, 1908, 1909, 1912, 1914, 1960 u.a. Jhrg.

NEUDECK, G.: Die Dampfturbine. Kiel: Universitätsbuchhandlung 1904

NEUKIRCHEN, H.: Seefahrt gestern und heute. Berlin: transpress, 1971

NEUKIRCHEN, H.: Krieg zur See. Berlin: Deutscher Militärverlag, 1966

NEUKIRCHEN, H.: Häfen und Schiffe. Rostock: VEB Hinstorff Verlag, 1974

NEUKIRCHEN, H.: Seemacht im Spiegel der Geschichte. Berlin: transpress, 1982

NEUMANN, M.; STROBEL, D.: Vom Kutter zum Containerschiff. Berlin: VEB Verlag Technik, 1981

NORDDEUTSCHER LLOYD: Die Fortschritte des deutschen Schiffbaus. Berlin: Verlag Hobbing & Co., 1909

NORDDEUTSCHER LLOYD, versch. Jahrbücher 1914/15, 1916/17, 1922/23 u.a., Bremen

NORTH EAST COAST INSTITUTION of Engineers & Shipbuilders. London: W.H. Houldershaw Ltd.,

OESTERLE, B.: Die Marine- und Artilleriefährprähme der faschistischen deutschen Kriegsmarine. – In: Marinekalender der DDR. – 1985

PAASCH, H.: Illustrierte Marine Encyclopedia – Vom Kiel zum Flaggenknopf. Antwerpen 1901

PANORAMA-maritim; Mitteilungsblatt des DDR Arbeitskreises für Schiffahrts- und Marinegeschichte. Rostock Schiffahrtsmuseum, 1982, 1984, 1985 u.a. Jhrg. THEUERKAUF, H.: Historische Kriegsschiffe. – In: Jhrg. 1983. PREUSS, K.: »Monitor« – Geschichte eines bemerkenswerten Urahnen der Panzerschiffe. – In: Jhrg. 1978

PARIS, E.: Souvenirs de Marine. Bd. 6. Villach: Gauthier & fils, 1882/1908

PATAKY, E.; MARJAI, J.: Schiffahrt und Kunst. Budapest: Corvina-Verlag, 1973

PETERS, A.: Synchronoptische Weltgeschichte. München-Solln: Universum-Verlag, 1970

PLAUM, W.: Von der Idee zur Wirklichkeit. Der Weg des Dieselmotors in seinen ersten 50 Jahren. – In: Hansa. – 109 (1972) Messesondernummer

POSEIDON. Hrsg: Gesellschaft für Sport und Technik. Berlin: Militärverlag, H. 4/1978, H. 5/1978 u.a. H.

RACKWITZ, E.: Fremde Pfade – unbekannte Meere. Leipzig, Jena, Berlin: Urania-Verlag, 1977

RADUNZ, K.: 100 Jahre Dampfschiffahrt 1807 bis 1907. Rostock: Volkmann Verlag (C.J.E. Nachfolger), 1907

RAHDEN, H.: Die Schiffe der Rostocker Handelsflotte 1800–1917. Seestadt Rostock: Hinstorff Verlag, 1941

RANSOME-WALLIS: Eisenbahnfähren in Westeuropa. Zürich: Orell Füssli Verlag, 1969

REHM, A.: Schiff und See. Seestadt Bremerhaven. Eine fröhliche Verklarung für Küstenbewohner und Landratten. Bremerhaven: Nordwestdeutscher Verlag Dietzen & Co., 1971

RIEDLER, A.: »Über Dampfturbinen« – In: Jahrbuch der Schiffbautechnischen Gesellschaft. 1904

RITTMEISTER, W.; MAHLAU, A.: Die Schiffsfibel. Leipzig: Staakmann Verlag, 1939

RÖDING, J.H.: Allgemeines Wörterbuch der Marine. In allen europäischen Sprachen nebst vollständigen Erklärungen. Hamburg/Leipzig: Adam Friedrich Böhme, 1793/94, Bd. 4

ROGERS, ST.: Wunderliche Schiffe, Leipzig: Brockhaus, 1937

ROTHE, C.: Deutsche Passagierschiffe 1896 bis 1918. Berlin: transpress, 1986

RUDOLPH, W.: Boote Flöße, Schiffe. Leipzig 1974

SCHICHAU-WERKE. Die Schichau-Werke 1837–1912. Berlin-Schöneberg, Meisenbach 1912

SCHIFFBAUTECHNIK, Fachzeitschrift für Schiffbau. Berlin: VEB Verlag Technik, versch. Jhrg.

SCHIFFE der Meerestiefen. Berlin: Verlag des Ministeriums für Nationale Verteidigung, 1958

SCHIFF UND HAFEN, Organ der Schiffbautechnischen Gesellschaft e.V. Hamburg: Seehafen Verlag E. Blumenfeld, versch. Jhrg.

SCHLICK, O.: Handbuch für den Eisenschiffbau. Leipzig: Verlag Arthur Felix, 1901

SCHMELZKOPF, R.: Die deutsche Handelsschiffahrt 1919–1939. Oldenburg, Hamburg: Gerhard Stalling Verlag, 1974

SCHMIDT, F.: Schiffe und Schicksale. Berlin: Verlag Dietrich Reimer/Ernst Vohsen, 1934

SCHMIDT, G.: Der Schiffsanker im Wandel der

Zeiten. Rostock: VEB Hinstorff Verlag, 1982
SCHULTE, D.: »TITANIC«. – In: Jugend und Technik. – Berlin 4(1962)
SCHÜNEMANN, C.: Geschichte des Norddeutschen Lloyd. Bremen: Norddeutscher Lloyd, 1905
SCHWABE, H.R.: Die Entwicklung der schweizerischen Rheinschiffahrt 1904–1954. – In: Schriftenreihe der Basler Vereinigung für schweizerische Schiffahrt. – Basel 1954
SCHWADTKE, K.H.: Die deutsche Handelsflotte und ihr Schicksal. Hamburg: Eckhardt & Messtorf, Verlagsbuchhandlung 1953
SCHWARZ, T.: Die Entwicklung des Kriegsschiffbaues vom Altertum bis zur Neuzeit. 2 Bd. Leipzig 1909/12
SEEFAHRT, Nautisches Lexikon in Bildern. Göteborg (Schweden): Trykare Cagner & Co., 1963
SEEWIRTSCHAFT, Fachzeitschrift für Schiffahrt – Schiffbau – Seefischerei – Meeerestechnik. Berlin: VEB Verlag Technik, 1977, 1979 u.a. Jhrg.
SPENGEMANN, F.: Petroleumklipper. Bremen/St. Magnus 1951
SPENGEMANN, F.: Von Vegesacker Reedern, Schiffen und Kapitänen. Schiffsgeschichtliche Beiträge. Bremen/St. Magnus 1956
STENZEL, A.: Seekriegsgeschichte in ihren wichtigsten Abschnitten mit Berücksichtigung der Seetaktik. 6 Bd. Hannover/Leipzig: Hahn-Verlag, 1907/11
STENZEL, A.: Deutsches seemännisches Wörterbuch. Berlin: Verlag Mittler & Sohn, 1904
SHIPBUILDING and SHIPPING RECORD, Journal of Shipbuilding, Marine Engineering, Docks, Habours and Shipping, London, Westminster versch. Jhrg.
TABELLEN über die Kriegsschiffe der deutschen und ausländischen Marinen. Berlin: Verlag E.S. Mittler & Sohn, 1908
TASCHENATLAS der Schiffe. Prag: Verlag Artia, 1973
TECHEL, H.: Der Bau von U-Booten auf der Germaniawerft. Berlin/Leipzig: Deutsche Bücherei, 1924
THE ILLUSTRATED HISTORY OF SHIPS, New York: Published by Crescent Books, Verlag Cornwell Edward Lewis
THE MOTOR SHIP, Quadrant House, Sutton, Surrey, England, versch. Jhrg.
THE NAVAL ARCHITECT, Surrey: Unwin Brothers Limited Old Working versch. Jhrg.
THE OXFORD COMPANION to Ships & the Sea. London, New York, Melbourne: Edited by Peter Kemp, Oxford University Press 1976
THE SOCIETY OF NAVAL ARCHITECTS AND MARINE ENGINEERS, Construction of Steel Merchant Ships. – In: Jhrg. 1945 und 1955
THIEL, H.: Vom Wikingerboot zum Tragflügelschiff. Berlin: Verlag Junge Welt, 1966
TIMM, W.: Kapitänsbilder. Schiffsportäts seit 1872. Rostock: VEB Hinstorff Verlag, 1971
TIMM, W.: Schiffe und ihre Schicksale. Maritime Ereignisbilder. Rostock: VEB Hinstorff Verlag, 1976
TIMMERMANN, G.: Schiffsmodelle. Eine Geschichte der Schiffbaukunst. Hamburg: Urbes Verlag, 1958
TIMMERMANN, G.: Vom Pfahlewer zum Motorkutter. Berlin: Westliche Berliner Verlagsgesellschaft Hennemann KG.
TIMMERMANN, G.: Die nordeuropäischen Fischereifahrzeuge, Entwicklung und ihre Typen. (Handbuch der Seefischerei). Stuttgart: E. Schweizerbart'sche Verlagsbuchhandlung (Nägele u. Obermiller), 1932
TORKA, J.: Die Wunder der Technik. Eine illustrierte Geschichte der Erfindungen. Berlin: Verlag Deutsche Volksbibliothek A–G.,
TRANSPRESS-LEXIKON SEEFAHRT, Berlin: transpress, 1977
TRUSSOW, G.M.: U-Boote in der russischen und sowjetischen Flotte. Leningrad: Staatlicher Verlag der Schiffbauindustrie, 1957
TUNKL, F.; Freiherr von: Schiffahrt und Seewesen. Wien, Leipzig: A. Hartleben's Verlag, 1913
VERCEL, R.: Histoire de la Compagnie Générale Transatlantique. Paris: Transatlantique, 1955
VOCINO, M.: La Nave nel Tempo. Rom: Max Brettschneider, 1942
VOIGT, C.: Schiffs-Ästhetik. Die Schönheit des Schiffes in alter und neuer Zeit. Berlin: Verlag der Zeitschrift »Schiffbau«, Reinhold Strauss KG, 1922
VOIGT, C.: Von den Kriegsschiffen Kurbrandenburgs. – In: Schiffbau, Schiffahrt und Hafenbau. 31(1930)
WACHS, R.: Die Dampfer der ersten Dampfschiffahrtsgesellschaft. Rostock: VEB Hinstorff Verlag, 1975
WARNER, O.: Große Seeschlachten. Oldenburg, Hamburg: Gerhard Stalling Verlag, 1963
WASSERFURTH, S. u.a.: Fritz Heckert. Unser FDGB-Urlauberschiff. Berlin: VEB Verlag Technik, 1961
WÄTJEN, H.: Aus der Frühzeit des Nordatlantikverkehrs. Leipzig: Felix Meiner Verlag, 1932
WENZEL, H.: Mare aeternum. Leipzig 1969
WERFT-REEDEREI-HAFEN. Berlin: J. Springer-Verlag, versch. Jhrg.
WERNER, R.: Das Buch von der Norddeutschen Flotte. Bielefeld, Leipzig: Velhagen & Klasing, 1869
WESTPHAL, G.: Lexikon der Seefahrt. Hamburg, Klein-Flottenbek 1968
WEYERS Taschenbuch der Kriegsflotte. München: Lehmann's Verlag, versch. Jhrg.
WILDA, H.: Die Schiffsmaschine. Hannover: Verlag Gebrüder Jänecke, 1905
WITTHOFF, H.: Ballins dicke Dampfer. Herford: Köhlers Verlagsgesellschaft mbH., 1974

Borkumstr. 2, O-1100 Berlin
Verlagslektor: Dr. Eberhard Heinze
Gestaltung: Günter Nitzsche
Grafiken: Christian Rost
Druck und Bindung: Delo-Tiskarna, Ljubljana
Printed in Slovenia
ISBN 3-344-00374-7